U0896323

中国证券期货统计年鉴

CHINA SECURITIES AND FUTURES STATISTICAL YEARBOOK

2012

中国证券监督管理委员会 编

Edited by

CHINA SECURITIES REGULATORY COMMISSION

学林出版社

图书在版编目(CIP)数据

中国证券期货统计年鉴.2012 / 中国证券监督管理委员会编.—上海：学林出版社，2012.12

ISBN 978-7-5486-0438-9

Ⅰ.①中… Ⅱ.①中… Ⅲ.①资本市场—统计资料—中国—2012—年鉴②期货交易—统计资料—中国—2012—年鉴 Ⅳ.①F832.5-66

中国版本图书馆 CIP 数据核字(2012)第 246585 号

中国证券期货统计年鉴(2012)

编　　著—— 中国证券监督管理委员会
责任编辑—— 严　梧
特约编辑—— 李　东
封面设计—— 周剑峰

出　　版—— 上海世纪出版股份有限公司
学林出版社(上海钦州南路 81 号 3 楼)
电话：64515005　传真：64515005
发　　行—— 新华书店上海发行所
学林图书发行部(钦州南路 81 号 1 楼)
电话：64515012　传真：64844088
排　　版—— 南京展望文化发展有限公司
印　　刷—— 上海展强印刷有限公司
开　　本—— 889×1194　1/16
印　　张—— 31.75
字　　数—— 108 万
版　　次—— 2012 年 12 月第 1 版
2012 年 12 月第 1 次印刷
书　　号—— ISBN 978-7-5486-0438-9/Z·32
定　　价—— 238.00 元

编　者　说　明
Edit　Directions

一、《中国证券期货统计年鉴(2012)》(中英文)收录了 2011 年证券期货市场的统计数据以及与证券期货市场相关的部分宏观经济指标。

二、年鉴分为证券市场概况、股票市场、债券市场、证券投资基金及衍生品、上市公司、投资者结构、期货市场、证券期货中介机构、大事记 9 个部分,另附 2011 年世界交易所排名,上海、深圳证券交易所收费标准,中国证监会派出机构通讯录。

三、年鉴资料主要来自证监会各业务部门、交易所和登记结算公司的统计报表;宏观经济数据主要来自于国家统计局、中国人民银行、世界交易所联合会(WFE)。

四、年鉴部分数据合计数由于单位取舍不同而产生的计算误差均未作调整。

五、根据证券期货市场的发展需要,年鉴在内容上进行了扩充。

六、年鉴各表中,度量单位均在该表上方,对表中部分指标的注释、资料来源、汇率换算标准等在该表的下方。凡带续表的资料,对部分指标的注解一律在最后一张续表的下方。

中国证券监督管理委员会
2012 年 10 月

目　录
CONTENTS

编者说明
Edit Directions

一、概况
Summary

二、股票
Stocks

三、债券
Bonds

四、证券投资基金及衍生品

Securities Investment Funds & Derivatives

五、上市公司
Listed Companies

六、登记结算
Securities Depository and Clearing

七、期货
Futures

八、证券期货中介机构
Securities and Futures Intermediate Institutions

九、大事记
Events

附录
Appendix

2011 年证券市场情况概述

Summary for Securities Market in 2011

截至 2011 年 12 月 31 日，股票市场上市公司家数 2342 家，总市值 21.48 万亿元，流通市值 16.49 万亿元。

一、股票一级市场情况

2011 年共有 531 家公司发行 A 股股票、债券或权证，合计筹资 6780.47 亿元。其中，主板市场（含中小板）新股发行 230 家，筹资 3919.24 亿元；创业板市场新股发行 117 家，筹资 793.38 亿元。公开增发 10 家，筹资 132.05 亿元；定向增发 116 家，筹资 1664.50 亿元；配股 18 家，筹资 421.96 亿元；认股权证 7 家，筹资 29.49 亿元；可转债 8 家，筹资 413.20 亿元；公司债 25 家，筹资 1262.20 亿元。

二、股票二级市场情况

2011 年股指涨跌互现。沪深 300 指数开盘 3155.56 点，最高 3380.53 点，最低 2267.11 点，收盘 2345.74 点，较上年末下跌 25.01%；上证综指开盘 2825.33 点，最高 3067.46 点，最低 2134.02 点，收盘 2199.42 点，较上年末下跌 21.68%；深证综指开盘 1298.59 点，最高 1316.19 点，最低 828.83 点，收盘 866.65 点，较上年末下跌 32.86%。创业板指数开盘 1142.17 点，最高 1159.41 点，最低 700.11 点，收盘 729.50 点，较上年末下跌 35.88%。沪深两市股票日均成交 1728.07 亿元，较上年日均量减少 23.36%。

2011 年证券期货监管工作概述

Overview of Securities and Futures Regulatory Work in 2011

2011 年,世界经济金融形势异常复杂,国内经济运行中的不确定因素也明显增多。中国证监会坚持以科学发展观为指导,坚决贯彻落实党中央、国务院的决策和部署,稳步推进改革创新和对外开放,加强和改进市场监管,证券期货市场保持了平稳健康的运行态势。作为各种要素市场的基础,资本市场合理配置资源、服务经济转型的功能得到较好发挥。

一、证券期货市场保持平稳运行

2011 年,世界经济金融形势异常复杂严峻,国内经济运行中的不确定性因素也明显增多,中国证监会继续加强市场风险的监管和防范,证券期货市场总体平稳运行。2011 年,上市公司 2342 家,比上年增长 279 家,上市公司总股本 2.97 万亿股,流通股本 2.25 万亿股,分别比上年增长 10.00%,15.98%,总市值 21.48 万亿元;流通市值 16.49 万亿元,全年新投资者开户数约 0.14 亿户,投资者开户总数达 2.03 亿户,比上年增长 7.41%,机构投资者开户 96.17 万户,个人投资者开户数 2.02 亿户,分别比上年增长 49.75%,7.45%。2011 年,沪深股指跌幅较大,沪深 300 指数开盘 3155.56 点,最高 3380.53 点,最低 2267.12 点,收盘 2345.75 点,较年初下跌 25.01%;上证综指开盘 2825.33 点,最高 3067.46 点,最低 2134.02 点,收盘 2199.42 点,较年初下跌 21.68 %;深证综指开盘 1298.60 点,最高 1316.19 点,最低 828.83 点,收盘 866.65 点,较年初下跌 32.86%。创业板指数开盘 1142.17 点,最高 1159.41 点,最低 700.11 点,收盘 729.50 点,较年初下跌 35.88%。2011 年沪深两市股票日均成交 1728.07 亿元,较 2010 年日均成交减少 23.36%。

二、资本市场体系不断完善,创新机制促进市场焕发勃勃生机

(一) 股票市场继续得到发展完善。全面落实新股发行体制改革措施,督促市场主体归位尽责,新股发行的市场约束有所增强。实施保荐项目问核制度,加强对保荐结构执业行为监管。研究制定了修订主板融资制度的主要原则,初步拟定了创业板再融资制度,完善发行审核监管工作,做好主板、创业板发审委换届与管理,积极发挥创业板专家咨询委作用。2011 年共有 282 家企业在 A 股市场首发上市,220 家企业实施股权再融资,全年融资总额 5000 多亿元。与此同时,研究明确场外交易市场总体思路,进一步完善整体框架和配套制度,各项准备工作有序开展。

(二) 债券市场的统一规范迈出步伐。按照积极稳妥、分步实施的思路,将债券融资审核与股权融资审核相分离,优化债券审核机制与流程,审核周期明显缩短。启动创业板公司非公开发行公司债券,进一步拓展企业融资渠道。上市商业银行进入交易所债券市场试点进展顺利,16 家银行在交易所开立债券投资账户。全年上市公司债券融资 1700 亿元,创历史最高记录。加强与发改委、人民银行的联系协调,推进公司类信用债制度和规范的统一。初步建立起部际协调机制,相关部门之间在市场准入、信息披露、投资者适当性安排和风险防范等多个方面形成广泛共识。截至 2011 年底,我国全部公司类信用债余额约 4.6 万亿元,在世界上排名第三。

(三) 期货市场改革创新焕发勃勃生机。进一步完善期货市场功能,加强期货新品种研发论证。与相关部门及企业紧密合作,深入论证了国债期货、原油期货的方案框架,着手探索铁矿石等若干特殊重要大宗商品的期货形式。成功推出铅、焦炭和甲醇 3 个商品期货新品种。修改完善天然橡胶、燃料油、棕榈油等已上市期货合约和交割规则,试点铅、黄金等期货品种套保制度改革。铜、铝期货保税交割试点进展顺利。推动合格境外机构投资者(QFII)、信托公司参与股指期货市场。建立期货品种功能发挥评估指标体系并进行首次评估。加强运行监测监控,遏制过度投机。落实期货市场开户实名制和统一开户制度,启动期货市场历史账户清理和规范工作。

三、上市公司质量不断提升,投资中介机构规范健康发展

通过督促上市公司完善公司治理和决策机制,明确回报规划和分红政策,增强红利分配透明度。开展首批287家上市公司内控规范试点工作。修改上市公司重大资产重组与配套融资相关规定。推动部分改制上市公司整体上市。规范并购重组行政审批工作，公开审核标准，完善审核流程，提高审核质量。全年核准上市公司资产重组69项，交易金额2369亿元。稳步推进上市公司退市制度改革，拟定《关于完善创业板退市制度的方案》并向社会公开征求意见。推动建立非上市公众公司监管制度安排，研究拟定股东超过200人的股份公司监管方案。

加强证券公司风险监控，组织开展全行业统一压力测试。完善证券公司相关行政许可审核“三公开”制度。支持符合条件的证券公司上市和并购重组。鼓励开展债券质押式报价回购和现金管理等产品创新试点。有序推进融资融券业务由试点转向常规，成立了证券金融公司。截至2011年底，109家证券公司表内总资产1.57万亿元，净资本4634亿元，净利润389亿元，各项风控指标优于监管标准。实行基金产品分类审核，探索实施创新基金绿色通道审核机制。第三方支付机构参与基金销售业务试点取得实质性进展。修订基金公司特定客户资产管理业务相关规定，扩大专户理财等私募业务试点。对163家期货公司进行现场检查。完善期货公司分类监管指标体系，推出了期货投资者咨询业务。开始期货公司境外期货代理业务试点的筹备工作。规范证券投资咨询机构投资顾问业务。明确财务顾问执业要求，实行问责机制和执业评价。组织开展对审计、评估机构的现场检查，对违法违规的投资咨询机构、财务顾问、会计师事务所、律师事务所及责任人，依法采取取消业务资格等监管措施。

四、进一步加强市场法治和诚信建设

集中力量调查内幕交易案件，推动司法机关审批大案要案，有利震慑了内幕交易违法犯罪行为。在上市公司和证券期货监管系统，全面实施内幕信息知情人登记管理制度，36家证监局和地方政府建立了防控工作机制。严厉查处市场操纵、“老鼠仓”、虚假披露等违法违规行为。按照国务院部署，稳步有序推进交易场所清理整顿工作。开展《证券法》实施效果评估和《期货法》立法调研。推动最高法院和出台关于内幕交易等刑事案件、期货纠纷、证券行政处罚证据等司法解释。指导证券业、期货业协会加强会员和从业人员诚信管理。

五、对外开放和国际合作取得新的突破

启动离岸人民币投资境内资本市场(RQFII)试点，完成了境内投资港股交易所交易基金(港股ETF)的各项准备工作。新批29家机构合格境外机构投资者(QFII)资格，长期资金管理机构占比超过70%。研究修订合格境内机构投资者(QDII)办法及配套规则，新批基金22只。积极支持企业境外上市融资。完成金融部门评估规划项目(FSAP)证券期货市场评估工作。开展2012年国际证监会组织(IOSCO)第37届年会筹备工作。与美国证监会、公众公司会计监察委员会就跨境执法和会计监管等问题进行谈判协商，与加拿大、澳大利亚监管机构开展跨境执法合作。

2011年期货市场概述
Summary for Futures Market in 2011

2011年全年,国内期货市场成交量和成交金额分别为10.54亿手(单边,下同)和137.52万亿元,较去年同比分别下降32.72%和11.03%。其中,股指期货累计成交5041.19万手,成交金额43.77万亿元,分别占全期货市场的4.78%和31.83%。国内商品期货方面,期货价格走势基本与国际市场保持联动,但总体波动幅度小于国际市场。天胶期货跌幅最大,跌幅达35.04%。早籼稻涨幅最大,涨幅为7.72%。国内金融期货方面,沪深300股指期货跟随现货市场震荡下挫,年内累计下跌25.34%。

一、上市品种逐渐丰富

2011年我会继续指导和督促相关期货交易所积极推进期货品种创新和业务创新,实现了铅、焦炭、甲醇三个期货品种的平稳上市工作,并组织开展新品种的研究工作。

表1 我国已上市期货品种分类情况

类　别	品　　种	数　量
农产品	白糖、棉花、黄大豆1号、黄大豆2号、豆粕、豆油、玉米、强麦、硬麦、早籼稻、菜籽油、棕榈油、天然橡胶	13
金　属	铜、铝、锌、铅、黄金、螺纹钢、线材	7
能　源	燃料油	1
化　工	PTA、LLDPE、PVC、焦炭、甲醇	5
金　融	股指期货	1
合　计		27

二、商品期货交易规模居世界首位

美国期货业协会(FIA)统计报告显示,我国商品期货成交量连续三年世界第一;2011年郑商所、上期所、大商所、中金所交易量在全球交易所排名分列11、14、15、32位(详见表2)。

表2 2011年国际期货交易所交易量排名

排　名	交　易　所
1	韩国交易所
2	芝加哥商业交易所集团
3	欧洲期货交易所
4	纽交所——泛欧交易所集团
5	印度国家股票交易所
11	郑州商品交易所
14	上海期货交易所
15	大连商品交易所
32	中国金融期货交易所

三、市场流动性状况良好，持仓结构趋于合理

2006—2010 年，期货市场各品种的流动性显著提高；2011 年，在国家宏观调控及证监会抑制过度投机的背景下，成交量有一定程度的下降，由 2010 年的日均 647.46 万手下降至 2011 年的日均 432.02 万手，但市场流动性状况并未出现恶化，持仓量有所提高，高换手率情况得到缓解，且多空双方力量总体较为均衡。

四、市场秩序平稳规范

2011 年，我会按照“夯实基础、培育机制、加强监管、防范风险、服务实体经济发展”的要求和目标，认真落实国家稳定物价总水平的要求，加大对期货市场运行的预研预判和监测监控力度，陆续出台了 5 个加强交易所自律监管工作指引，督促期货交易所严厉打击违法违规行为，确保了市场稳定运行，夯实了期货市场规范发展基础。

2011 年证券期货市场情况概述

Summary for Securities and Futures Market in 2011

一、股票市场情况

截至 2011 年末，上市公司 2342 家，总市值 21.48 万亿元，流通市值 16.49 万亿元。

（一）一级市场情况

2011 年，上市公司通过公司发行股票和债券，合计筹资 6780.48 亿元。其中，通过发行 A 股股票筹资 5073.08 亿元。上市公司通过交易所发行债券筹资 1707.40 亿元。

A 股筹资中，通过新股发行筹资 2825.08 亿元。其中主板（不含中小板）首发 39 家，筹资 1014.41 亿元；中小板首发 115 家，筹资 1019.20 亿元；创业板首发 128 家，筹资 791.47 亿元。

A 股再筹资 2248 亿元。其中定向增发（现金认购）筹资 1664.50 亿元；公开增发筹资 132.05 亿元；配股筹资 421.96 亿元；权证行权筹资 29.49 亿元。

债券筹资中，上市公司通过发行公司债筹资 1262.20 亿元，发行可转债筹资 413.20 亿元，发行可分离债筹资 32.00 亿元。

另外，在上市公司定向增发（非现金资产认购部分）发生金额 2868.82 亿元，未计算在公司发行股票和债券的筹资中。

（二）二级市场情况

2011 年，沪深股指跌幅较大，日均成交金额降幅较大。沪深 300 指数开盘 3155.56 点，最高 3380.53 点，最低 2267.12 点，收盘 2345.75 点，较年初下跌 25.01%；上证综指开盘 2825.33 点，最高 3067.46 点，最低 2134.02 点，收盘 2199.42 点，较年初下跌 21.68 %；深证综指开盘 1298.60 点，最高 1316.19 点，最低 828.83 点，收盘 866.65 点，较年初下跌 32.86%。创业板指数开盘 1142.17 点，最高 1159.41 点，最低 700.11 点，收盘 729.50 点，较年初下跌 35.88%。2011 年沪深两市股票日均成交 1728.07 亿元，较 2010 年日均成交减少 23.36%。

二、影响市场的主要因素及市场运行特点

2011 年，世界经济金融形势异常复杂严峻，国内经济运行中的不确定性因素也明显增多，影响资本市场运行的主要因素有：

一是外部经济环境较为复杂。2011 年全球经济复苏势头不及预期，增长动力明显不足，宽松货币政策所带来的通胀压力从新兴经济体向发达经济体蔓延，欧美债务危机的发展演变超出市场预期。这些外部因素对我国经济运行和资本市场运行带来较大影响。

二是经济运行面临增速放缓和物价上涨较快双重压力。全年通胀成因的复杂性和通胀压力的持续性超出市场预期，经济增速逐季放缓，宏观政策面临两难选择，增加了市场政策预期的不稳定性。

三是资本市场资金面趋紧。货币信贷条件逐步向常态回归，市场流动性趋紧的现象在资本市场上有较为明显的体现。从股票市场看，股市交易保证金规模持续下降，2011 年底股市保证金余额不到 2010 年最高值的一半；从基金发行看，今年以来单只基金平均首募规模创下近 10 年来基金首募平均规模的最低水平。

2011 年，股票市场运行呈现出以下主要特点：

一是股票发行市场约束增强，首发融资金额大幅下降。随着新股发行制度改革不断推进，发行定价与发行节奏越来越多地由市场主导。发行市盈率由 1 月份的 80 倍下降到 12 月份的 37 倍，个别企业因询价对象达不到规定家数而中止发行。2011 年，首发融资 2825 亿元，同比减少 2058 亿元。

二是股市整体大幅下跌，成交金额逐季萎缩。全年市场整体下跌，上证综指下跌 21.68%，深证综指下跌 32.86%。股市成交量逐季萎缩，2011 年 1—4 季度，股票总成交金额分别为 13.56 万亿元、11.14 万亿

元、10.15 万亿元、7.32 万亿元，日均成交金额分别为 2337 亿元、1826 亿元、1561 亿元、1221 亿元。

三是市场估值水平大幅下降，处于历史较低水平。随着市场普遍下跌，市场平均估值水平明显下降。截至 2011 年末，全部 AB 股、沪深 300、中小板、创业板市盈率分别为 14.35 倍、12.06 倍、29.37 倍和 40.21 倍，分别较 2010 年末下降了 20.14%、17.68%、34.31%和 39.00%；全部 AB 股、沪深 300、中小板、创业板市净率分别为 2.15 倍、1.91 倍、3.67 倍和 4.12 倍，分别较 2010 年末下降了 19.17%、18.03%、28.46%和 16.43%。

三、期货市场概述

1. 交易情况

2011 年全年(均为单边)，期货市场(含金融期货)成交量 10.54 亿手，同比减少 32.7%；成交金额 137.52 万亿元，同比减少 10.7%。

2. 主要品种价格变动及分析

2011 年，国际大宗商品市场跌宕起伏，主要商品价格呈现先扬后抑之势。年初世界经济复苏形势尚好，市场对实体经济的复苏预期乐观，因此国际大宗商品价格延续了 2010 年的上涨态势。日本地震及海啸之后引发的日本基础建设需求、利比亚战争爆发造成的石油供应趋紧等意外因素也不同程度地推动了市场价格上扬。然而 5 月份，由于美国第二次量化宽松货币政策接近结束，令美元升值，导致主要商品出现环比下降。进入 8 月份，标普下调美国主权信用评级，欧债危机再次爆发，多重打击令投资者信心严重不足，导致商品价格一跌再跌。国内期货市场受国际市场影响，在 2011 年经历了大起大落，主要期货品种价格变动情况如下：

农产品期货：2011 年，郑州强麦期货收报 2398 元，比上年底下跌 8.65%；郑州硬麦期货收报 2127 元，比上年底下跌 3.23%；郑州棉花期货收报 20791 元，比上年底下跌 25.91%；郑州白糖期货收报 5942 元，比上年底下跌 15.37%；郑州菜籽油期货收报 9513 元，比上年底下跌 9.02%；郑州早籼稻期货收报 2531 元，比上年底上涨 4.98%；大连玉米期货收报 2268 元，比上年底下跌 0.92%；大连黄大豆 1 号期货收报 4309 元，比上年底下跌 3.99%；大连黄大豆 2 号期货收报 4723 元，比上年底上涨 1.07%；大连豆粕期货收报 2932 元，比上年底下跌 14.59%；大连豆油期货收报 8950 元，比上年底下跌 14.57%；大连棕榈油期货收报 8009 元，比上年底下跌 18.20%。

金属期货：2011 年，上海铜期货收报 55355 元，比上年底下跌 23.21%；上海铝期货收报 15866 元，比上年底下跌 5.86%；上海锌期货收报 14798 元，比上年底下跌 24.50%；上海铅期货(2011 年新上市品种)收报 15281 元，较挂牌基准价下跌 16.72%；上海螺纹钢期货收报 4209 元，比上年底下跌 12.71%；上海线材期货收报 4175 元，比上年底下跌 9.91%；上海黄金期货收报 319.47 元，比上年底上涨 3.36%。

能源期货：2011 年，上海燃料油期货收报 5059 元，比上年底上涨 6.17%。

化工期货：2011 年，上海天然橡胶期货收报 24221 元，比上年底下跌 34.71%；郑州 PTA 期货收报 8427 元，比上年底下跌 18.18%；郑州甲醇期货(2011 年新上市品种)收报 2728 元，较挂牌基准价下跌 10.56%；大连 LLDPE 期货收报 9568 元，比上年底下跌 21.30%；大连 PVC 期货收报 6887 元，比上年底下跌 16.57%；大连焦炭期货(2011 年新上市品种)收报 1979 元，较挂牌基准价下跌 9.22%。

金融期货：2011 年，沪深 300 股指期货收报 2363.1 点，比上年底下跌 25.72%。

一、概　　况

Summary

1－1　证券市场概况统计表

	1992	1993	1994	1995	1996	1997	1998
境内上市公司数(A、B股)(家) Number of Listed Companies (A、B share)	53	183	291	323	530	745	851
境内上市外资股(B股)(家)Number of Listed Companies (B share)	18	41	58	70	85	101	106
境外上市公司数(H股)(家)Number of Listed Companies (H share)		6	15	18	25	42	43
股票总发行股本(亿股) Total Issued Capital	68.87	387.73	684.54	848.42	1219.54	1942.67	2526.79
其中：流通股本(亿股) Negotiable Shares	21.18	107.88	226.04	301.46	429.85	671.44	861.94
股票市价总值(亿元) Total Market	1048.15	3541.52	3690.62	3474.28	9842.39	17529.24	19521.81
其中：股票流通市值(亿元) Negotiable Market Capitalization	—	861.62	968.89	938.22	2867.03	5204.42	5745.59
股票成交量(百万股) Trading Volume	3689.78	22656.47	101333.91	70530.78	253314.43	256001.89	215246.10
股票成交金额(亿元) Total Turnover	683.04	3627.20	8127.63	4036.45	21332.17	30721.83	23527.31
上证综合指数(收盘) Shanghai Stock Exchange Composite index	780.39	833.80	647.87	555.29	917.01	1194.10	1146.70
深证综合指数(收盘)Shenzhen Stock Exchange Composite index	241.20	238.27	140.63	113.24	327.45	381.29	343.85
投资者账户数(万户) Securities Accounts (10000)	216.65	835.17	1107.76	1294.19	2422.08	3480.26	4259.88
平均市盈率 PE Ratio							
上海 Shanghai	—	42.48	23.45	15.70	31.32	39.86	34.38
深圳 Shenzhen	—	42.69	10.28	9.46	35.42	41.24	32.31
平均换手率(%)Turnover Ratio							
上海 Shanghai			1134.65	528.72	913.43	701.81	453.63
深圳 Shenzhen			583.83	254.52	1350.35	817.43	406.56
国债发行额(亿元) Amount Issued of T-Bonds(100000000)	460.78	381.31	1137.55	1510.86	1847.77	2411.79	3808.77
企业债发行额(亿元) Amount Issued of Enterprise Bond (100000000)	683.71	235.84	161.75	300.80	268.92	255.23	147.89
债券成交量(万手) Bonds Transaction Volume (10000)				100660.50	174297.17	161732.38	203161.40
债券成交额(亿元) Bonds Turnover (100000000)				59367.61	18039.35	16476.89	21661.78
国债现货成交金额(亿元) Cash T-Bonds Turnover (100000000)	7.13	61.02	468.37	775.20	5029.24	3582.75	6059.95
国债回购成交金额(亿元) Repurchase T-bonds Turnover (100000000)	0.00	0.42	75.78	1248.52	13008.64	12876.06	15540.84
证券投资基金只数(只) Number of Securities Investment Funds							6.00
证券投资基金规模(亿元) Amount Issued of Securities Investment Funds (100000000)							120.00
证券投资基金成交金额(亿元) Turnover of Securities Investment Funds(1000000000)							555.33
商品期货总成交量(万手) Futures Transaction Volume (10000)		890.69	12110.72	63612.07	34256.77	15876.32	10445.57
商品期货总成交额量(亿元)Futures Turnover (100000000)		5521.99	31601.41	100565.30	84119.16	61170.66	36967.24
金融期货总成交量(万手) Futures Transaction Volume(10000)							
金融期货总成交额量(亿元)Futures Turnover(100000000)							

数据来源：本书各章相关表
此表中的股票总发行股本包括 A 股、B 股、H 股的股份
2008 年至 2011 年的投资者账户数为有效账户数
2010 年、2011 年商品期货总成交量、成交额，金融期货总成交量、成交额为单边
Source：Relative Tables followed

Summary for Securities Market

1999	2000	2001	2002	2003	2004	2005	2006	2007	2008	2009	2010	2011
949	1088	1160	1224	1287	1377	1381	1434	1550	1625	1718	2063	2342
108	114	112	111	111	110	109	109	109	109	108	108	108
46	52	60	75	93	111	122	143	148	153	159	165	171
3088.95	3791.71	5218.01	5875.45	6428.46	7149.43	7629.51	14926.35	22416.85	24522.85	26162.85	33184.35	36095.52
1079.65	1354.26	1813.17	2036.90	2269.92	2577.18	2914.77	5637.78	10331.52	12578.91	19759.53	25642.03	28850.26
26471.18	48090.94	43522.20	38329.13	42457.72	37055.57	32430.28	89403.89	327140.89	121366.44	243939.12	265422.59	214758.09
8213.97	16087.52	14463.17	12484.55	13178.52	11688.64	10630.51	25003.64	93064.35	45213.90	151258.65	193110.41	164921.30
293238.88	475838.21	315228.76	301619.49	416308.40	582773.29	662373.20	1614522.62	3640375.87	2413139.49	5110700.49	4215197.67	3395752.71
31319.60	60826.65	38305.18	27990.46	32115.27	42333.95	31664.78	90468.89	460556.22	267112.66	535986.76	545633.54	421649.73
1366.58	2073.48	1645.97	1357.65	1497.04	1266.50	1161.06	2675.47	5261.56	1820.81	3277.14	2808.08	2199.42
402.18	635.73	475.94	388.76	378.62	315.81	278.75	550.59	1447.02	553.30	1201.34	1290.86	866.65
4810.63	6123.24	6898.68	6841.84	6981.24	7215.74	7336.07	7854.00	13886.18	10449.69	12037.69	13391.04	14050.37
38.13	58.22	37.71	34.43	36.54	24.23	16.33	33.30	59.24	14.86	28.73	21.61	13.40
37.56	56.03	39.79	36.97	36.19	24.63	16.36	32.72	69.74	16.72	46.01	44.69	23.11
471.46	492.87	269.33	214.00	250.75	288.71	274.37	541.12	927.19	392.52	499.41	198.47	124.80
424.52	509.10	227.89	198.79	214.18	288.29	316.43	609.38	987.42	469.11	793.27	557.44	340.49
4015.00	4657.00	4884.00	5934.30	6280.10	6923.90	7042.00	8883.30	23139.10	8558.20	17927.24	19778.30	17100.10
158.20	83.00	147.00	325.00	358.00	327.00	2046.50	3938.30	5058.50	8435.40	15864.40	10043.38	21850.71
170716.33	197979.00	204707.68	329252.26	620194.41	504218.50	283714.36	182454.42	205794.72	288911.87	405677.32	760076.19	2162808.31
18284.12	19119.16	20417.76	33249.53	62136.36	50323.50	28367.85	18279.32	20667.21	28884.94	40635.06	7620602.65	21634952.45
5300.87	4157.49	4815.59	8708.68	5756.11	2966.46	2780.63	1540.71	1267.28	2122.51	2085.71	166165.63	125313.25
12890.53	14733.68	15487.63	24419.64	52999.85	44086.61	23621.17	15487.33	18345.08	24268.66	35929.25	7001759.45	20462126.53
22.00	34.00	51.00	71	95	161	218	307	346	439	557	704	914
510.00	562.00	804.23	1318.85	1614.67	3308.79	4714.18	6220.67	22339.80	25741.79	26767.05	24228.35	26510.37
1623.12	2465.79	2561.88	1166.58	682.65	479.47	773.15	2002.65	8620.09	5831.06	10249.58	8996.43	6365.81
7363.91	5461.07	12046.35	13943.37	27992.43	30569.76	32287.41	44950.82	72846.08	136395.97	215751.76	152097.09	100372.56
22343.01	16082.29	30144.98	39490.28	108396.59	146935.32	134463.38	210063.37	409740.77	719173.33	1305142.92	1129597.42	937503.89
											4587.33	5041.19
											410698.79	437658.55

1-2 1981—2011年国内有价证券分类发行情况

		1981—1985年	1986年	1987年	1988年	1989年	1990年	1991年	1992年	1993年	1994年	1995年
一、国债 Treasury Bond	发行额 Amount Issued	237.21	62.51	116.87	188.77	223.91	197.23	281.25	460.78	381.31	1137.55	1510.86
	兑付额 Amount Repayed		6.65	18.41	21.66	13.22	76.22	111.60	238.05	123.29	391.89	496.96
	期末余额 Balance	237.21	293.07	391.53	558.64	769.33	890.34	1059.99	1282.72	1540.74	2286.40	3300.30
1. 国库券 Treasury Bill	发行额 Amount Issued	237.21	62.51	62.87	92.16	56.07	93.46	199.41	395.64	314.77	1117.93	1486.76
	兑付额 Amount Repayed		6.65	18.41	21.66	13.22	49.59	106.65	120.41	105.75	349.76	297.99
	期末余额 Balance	237.21	293.07	337.53	408.03	450.88	494.75	587.51	862.74	1071.76	1839.93	3028.70
2. 财政证券 Financial Bond	发行额 Amount Issued				66.07		71.09	64.63	65.14	66.54		
	兑付额 Amount Repayed								0.02	9.38	0.42	126.66
	期末余额 Balance				66.07	66.07	137.16	201.79	266.91	324.07	323.65	196.99
3. 国家建设债券 State Construction Bond	发行额 Amount Issued				30.54							
	兑付额 Amount Repayed						21.58	4.95	2.25	0.90	0.29	0.45
	期末余额 Balance				30.54	30.54	8.96	4.01	1.76	0.86	0.57	0.12
4. 国家重点建设债券 State Key Construction Bond	发行额 Amount Issued			54.00								
	兑付额 Amount Repayed						5.05					41.13
	期末余额 Balance			54.00	54.00	54.00	48.95	48.95	48.95	48.95	48.95	7.82
5. 特种国债 Special Bond	发行额 Amount Issued					42.84	32.68	17.21				
	兑付额 Amount Repayed										39.81	30.02
	期末余额 Balance					42.84	75.52	92.73	92.73	92.73	52.92	22.90
6. 保值公债 Price Index Bond	发行额 Amount Issued					125.00						
	兑付额 Amount Repayed								115.37	7.26	1.61	0.71
	期末余额 Balance					125.00	125.00	125.00	9.63	2.37	0.76	0.05
7. 定向债券 Special Purchase Bond	发行额 Amount Issued										19.62	24.10
	兑付额 Amount Repayed											
	期末余额 Balance										19.62	43.72
二、政策性金融债 Policy Financial Bond	发行额 Amount Issued											
	兑付额 Amount Repayed											
	期末余额 Balance											1613.20
三、其他金融债券 Other Financial Bond	发行额 Amount Issued		30.00	60.00	65.00	60.66	64.40	66.91	55.00			
	兑付额 Amount Repayed		5.00	30.00	40.00	70.11	50.07	33.67	30.00	34.29	13.54	
	期末余额 Balance		25.00	55.00	80.00	70.55	84.88	118.12	143.12	108.83	95.29	95.29
四、企业债 Enterprise Bond	发行额 Amount Issued		100.00	30.00	75.41	75.26	126.37	249.96	683.71	235.84	161.75	300.80
	兑付额 Amount Repayed		16.23	27.42	46.72	43.94	77.29	114.31	192.76	255.48	282.04	336.30
	期末余额 Balance		83.77	86.35	115.04	146.36	195.44	331.09	822.04	802.40	682.11	646.61
1. 中央企业债券 Central Entreprise Bond	发行额 Amount Issued								74.10			77.50
	兑付额 Amount Repayed											
	期末余额 Balance								74.10	74.10	74.10	151.60

Issuing Summary of Domestic Securities by Category (1981—2011)

单位：亿元人民币 Unit：100000000 yuan

1996 年	1997 年	1998 年	1999 年	2000 年	2001 年	2002 年	2003 年	2004 年	2005 年	2006 年	2007 年	2008 年	2009 年	2010 年	2011 年
1847.77	2411.79	3808.77	4015.00	4657.00	4884.00	5934.30	6280.10	6923.90	7042.00	8883.30	23139.10	8558.20	17927.24	19778.30	17100.1
786.64	1264.29	1550.84	1238.70	2179.00	2286.00	2216.20	2755.80	3749.90	1045.50	6208.61	5846.80	7531.40	9745.06	10043.38	10958.5
4361.43	5508.88	7765.70	10542.00	13020.00	15618.00	19336.10	22603.60	25777.60	28774.00	31448.69	48741.00	49767.80	57949.98	67684.90	73826.5
1813.27	2382.44														
700.30	1192.23														
4141.67	5331.88														
65.05	65.40														
131.94	66.54														
0.09	0.03														
0.03	0.00														
3.92	3.63														
3.90	0.27														
17.23	3.00														
5.67	2.67														
0.05															
0.00	0.00														
34.50	29.35														
78.22	107.57														
1055.60	1431.50	1950.23	1800.89	1645.00	2590.00	3075.00	4561.40	4148.00	5851.70	8980.00	11090.20	10823.00	11678.10	13192.70	19972.7
254.50	312.30	320.40	473.20	709.20	1438.80	1555.70	2505.30	1778.70	2053.00	3790.00	4133.60	4063.80	3745.33	5648.37	7317
2399.70	3486.90	5121.13	6447.48	7383.28	8534.48	10054.10	11650.00	14019.30	17818.00	23008.00	29926.80	36686.00	44818.83	52363.16	65018.8
14.60	32.00							945.30	1265.30	540.00	1000.80	1564.00	3580.90		
								0.00	29.00	0.00	50.90	399.00	1318.70		
109.89	141.90							945.30	1911.60	2721.60	3701.90	5044.60	7306.78		
268.92	255.23	147.89	158.00	83.00	147.00	325.00	358.00	327.00	2046.50	3938.30	5058.50	8435.4	15864.4	15491.45	21850.71
317.80	219.81	105.25	56.50	0.00	0.00				37.00	1672.40	2880.90	3277.8	4309.12	5099.2285	10215.62
597.73	521.02	676.93	778.63	861.63	1008.63					5532.90	7683.30	12850.6	24405.9	34671.7497	46456.84
86.15	86.15														
	0.00														
237.75	238.00														

续表

		1981—1985 年	1986 年	1987 年	1988 年	1989 年	1990 年	1991 年	1992 年	1993 年	1994 年	1995 年
2. 地方企业债券 Local Enterprise Bond	发行额 Amount Issued		100.00	30.00	30.00	14.83	49.33	115.25	258.77	20.06	38.43	52.50
	兑付额 Amount Repayed		16.23	27.42	46.72	15.32	22.05	25.34	37.26	79.45	91.19	152.50
	期末余额 Balance		83.77	86.35	69.63	69.14	96.42	186.33	407.84	348.45	295.69	195.69
3. 短期融资券 Enterprise Short-term Bond	发行额 Amount Issued				11.72	29.72	50.15	104.44	228.53	215.78	123.32	170.80
	兑付额 Amount Repayed					14.74	32.73	60.03	111.27	176.03	190.85	173.00
	期末余额 Balance				11.72	26.70	44.12	88.53	205.79	245.54	178.01	175.81
4. 内部债券 Internal Bond	发行额 Amount Issued				33.69	30.71	26.89	30.27	111.51			
	兑付额 Amount Repayed					13.88	22.51	28.94	44.23			
	期末余额 Balance				33.69	50.52	54.90	56.23	123.51	123.51	123.51	123.51
5. 住宅建设债券 House Construction Bond	发行额 Amount Issued								6.43			
	兑付额 Amount Repayed											6.43
	期末余额 Balance								6.43	6.43	6.43	0.00
6. 地方投资公司债券 Local Investment Company Bond	发行额 Amount Issued								4.37			
	兑付额 Amount Repayed											4.37
	期末余额 Balance								4.37	4.37	4.37	0.00
7. 中期票据 Mid — term Bond	发行额 Amount Issued											
	兑付额 Amount Repayed											
	期末余额 Balance											
8. 公司债 Corporate Bond	发行额 Amount Issued											
	兑付额 Amount Repayed											
	期末余额 Balance											
五、国家投资债券 State Investment Bond	发行额 Amount Issued							95.00	60.00			
	兑付额 Amount Repayed									1.50	14.11	
	期末余额 Balance							95.00	155.00	153.50	139.39	139.39
六、国家投资公司债券 State Investment Company Bond	发行额 Amount Issued			30.00	90.00	22.53	6.15	2.29	8.01			
	兑付额 Amount Repayed							0.83	2.04	2.38	1.92	32.70
	期末余额 Balance			30.00	120.00	142.53	148.68	150.14	156.11	153.73	151.81	119.11
债券合计 Total of Bond	发行额 Amount Issued	237.21	192.51	236.87	419.18	382.36	394.15	695.41	1267.50	617.15	1299.30	1811.66
	兑付额 Amount Repayed	0.00	27.88	75.83	108.38	127.27	203.58	260.41	462.85	416.94	703.50	865.96
	期末余额 Balance	237.21	401.84	562.88	873.68	1128.77	1319.34	1754.34	2558.99	2759.20	3355.00	4300.70
七、股票(A 股) A Shares	发行量 Amount Issued			10.00	25.00	6.62	4.28	5.00	10.00	42.59	10.97	5.32
	筹资额 Raised Capital			10.00	25.00	6.62	4.28	5.00	50.00	194.83	49.62	22.68

注：1. 国债数据，企业债券和金融债券的数据由中国人民银行提供，股票数据由中国证监会提供；
2. 兑付额指还本金额；
3. 2004 年的其他金融债为次级债；
4. 1992 年以前的股票按面值发行，1992 年以后为溢价发行，其中 1992 年的筹资额为按照 5 倍溢价估算值；
5. 股票发行为首发 IPO；
6. A 股筹资不含定向增发资产。

数据来源：中国人民银行、中国证监会
Source：PBC and CSRC

Continued

1996年	1997年	1998年	1999年	2000年	2001年	2002年	2003年	2004年	2005年	2006年	2007年	2008年	2009年	2010年	2011年
62.15	99.66														
43.41	101.28														
214.43	213.61														
120.62	69.42								1392.50	2943.30	3349.10	4331.50	4612.05	6892.35	8032.3
150.88	118.53								12.00	1657.40	2819.40	3277.84	4264.72	5097.43	7151.27
145.55	69.41								1380.50	2666.40	3168.90	4221.86	4571.84	6366.76	7247.79
123.51															
0.00															
0.00															
0.00															
												1737	6987.37	4924	7269.7
															1073
												1737	8724.37	13648.37	19845.07
												288	734.9	603	1252.5
															51.05
												400	1134.9	1737.9	2842.85
139.39															
119.11															
3172.29															
1358.94															
6114.05															
38.29	105.65	86.30	98.11	145.68	93.00	134.20	83.64	54.88	13.80	351.11	413.27	114.91	244.47	561.33	258.82
224.45	655.06	409.09	497.88	812.37	534.29	516.96	453.51	353.42	56.74	1572.24	4590.62	1034.38	1879.00	4882.63	2825.07

1-3 股票市值与GDP的比率

Ratio of Market Capitalization to GDP

Unit：100000000 yuan　　单位：亿元

年份 Year	GDP	市价总值 Market Capitalization	%	GDP	流通市值 Negotiable Market Capitalization	%
1992	26923.48	1048.13	0.04	26923.48	—	—
1993	35333.92	3531.01	0.10	35333.92	—	—
1994	48197.86	3690.62	0.08	48197.86	964.82	0.02
1995	60793.73	3474.00	0.06	60793.73	937.94	0.02
1996	71176.59	9842.37	0.14	71176.59	2867.03	0.04
1997	78973.03	17529.23	0.22	78973.03	5204.43	0.07
1998	84402.28	19505.64	0.23	84402.28	5745.59	0.07
1999	89677.05	26471.17	0.30	89677.05	8213.97	0.09
2000	99214.55	48090.94	0.48	99214.55	16087.52	0.16
2001	109655.17	43522.19	0.40	109655.17	14463.16	0.13
2002	120332.69	38329.12	0.32	120332.69	12484.55	0.10
2003	135822.76	42457.72	0.31	135822.76	13178.52	0.10
2004	159878.34	37055.57	0.23	159878.34	11688.64	0.07
2005	184937.37	32430.28	0.18	184937.37	10630.51	0.06
2006	216314.43	89403.89	0.41	216314.43	25003.64	0.12
2007	265810.31	327140.89	1.23	265810.31	93064.35	0.35
2008	314045.43	121366.44	0.39	314045.43	45213.90	0.14
2009	340902.80	243939.12	0.72	340902.80	151258.65	0.44
2010	401202.00	265422.59	0.66	401202.00	193110.41	0.48
2011	471564.00	214758.09	0.46	471564.00	164921.30	0.35

注：历年GDP数据均按照经济普查资料进行了调整。
数据来源：国家统计局、中国证监会
Source：NBS and CSRC

市价总值与GDP的比率

Ratio of Market Capitalization to GDP

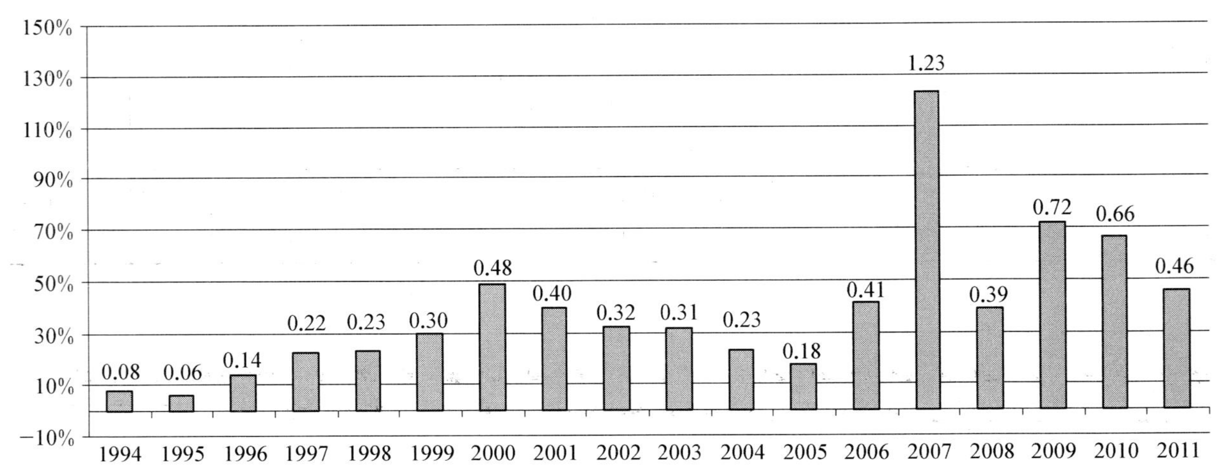

1-4　境内筹资与银行贷款增加额的比率

Ratio of Domestic Raised Capital in Stock Market to Amount of Loan of Bank

Unit：100000000 yuan　　　　单位：亿元

年份 Year	境内筹资额 Domestic Raised Capital	贷款增加额 Amount of Loan of Bank	%
1993	314.54	6335.40	4.96%
1994	138.05	7216.62	1.91%
1995	118.86	9339.82	1.27%
1996	341.52	10683.33	3.20%
1997	933.82	10712.47	8.72%
1998	803.57	11490.94	6.99%
1999	897.39	10846.36	8.27%
2000	1541.02	13346.61	11.55%
2001	1182.13	12439.41	9.50%
2002	779.75	18979.20	4.11%
2003	823.10	27702.30	2.97%
2004	862.67	19201.60	4.49%
2005	338.13	16492.60	2.05%
2006	2463.70	30594.90	8.05%
2007	7722.99	36405.60	21.21%
2008	3534.95	41703.70	8.48%
2009	5719.91	95940.00	5.27%
2010	10190.93	79510.73	12.82%
2011	9649.29	74700.00	12.92%

注：1. 此表中从2009年开始改动境内筹资额，境内筹资额＝A股IPO＋A股再筹资＋B股筹资＋债券筹资；
2. 债券筹资＝可转债＋可分离债＋公司债＋中小企业私募债；
3. A股再筹资＝公开增发＋定向增发(现金)＋定向增发(非现金)＋配股＋权证行权。
4. 2011年A股公开增发132.05亿元，定向增发(现金)1664.50亿元，定向增发非现金认购2868.82亿元，配股421.96亿元，权证行权29.49亿元。

数据来源：中国人民银行、中国证监会
Source：PBC NBS and CSRC

境内股票筹资和银行贷款增加额的比率

Ratio of Domestic Raised Capital in Stock Market to Amount of Loan of Bank

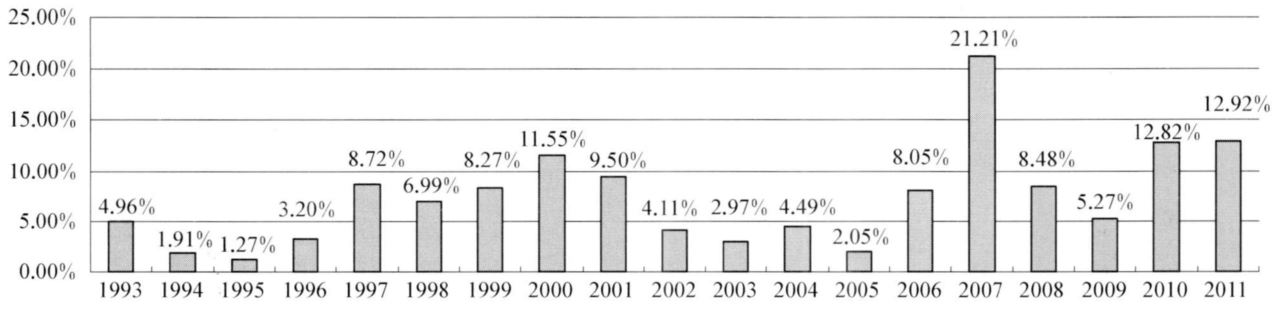

1－5 证券市场境外筹资与实际利用外资额的比率

Ratio of Foreign Raise Capital Through Stock Market to Utilization of Foreign Capital

Unit：100000000 yuan　　　　单位：亿元

年份 Year	境外筹资 Foreign Raised Capital	实际利用外资额 Total Amount of Foreign Capital Actually Utilized	%
1993	60.93	1596.16	3.82%
1994	188.73	2856.94	6.61%
1995	31.46	3114.16	1.01%
1996	83.56	3463.59	2.41%
1997	360.00	3756.58	9.58%
1998	37.95	3773.18	1.01%
1999	47.17	3338.50	1.41%
2000	562.21	3370.79	16.68%
2001	70.21	3881.66	1.81%
2002	181.99	4366.87	4.17%
2003	534.65	4430.63	12.07%
2004	648.08	5014.10	12.93%
2005	1544.38	4674.84	33.04%
2006	3130.59	4483.17	69.83%
2007	957.18	6622.32	14.45%
2008	317.26	6434.54	4.93%
2009	1073.18	6146.10	17.46%
2010	2365.62	7002.84	33.78%
2011	741.12	7309.74	10.14%

注：境外筹资仅指 H 股筹资；外商直接投资为实际使用额。
数据来源：国家统计局、中国证监会、商务部
Source：NBSC and CSRC and MOFCOM

境外筹资与实际利用外资额的比率

Ratio of Foreign Raise Capital Through Stock Market to Utilization of Foreign Capital

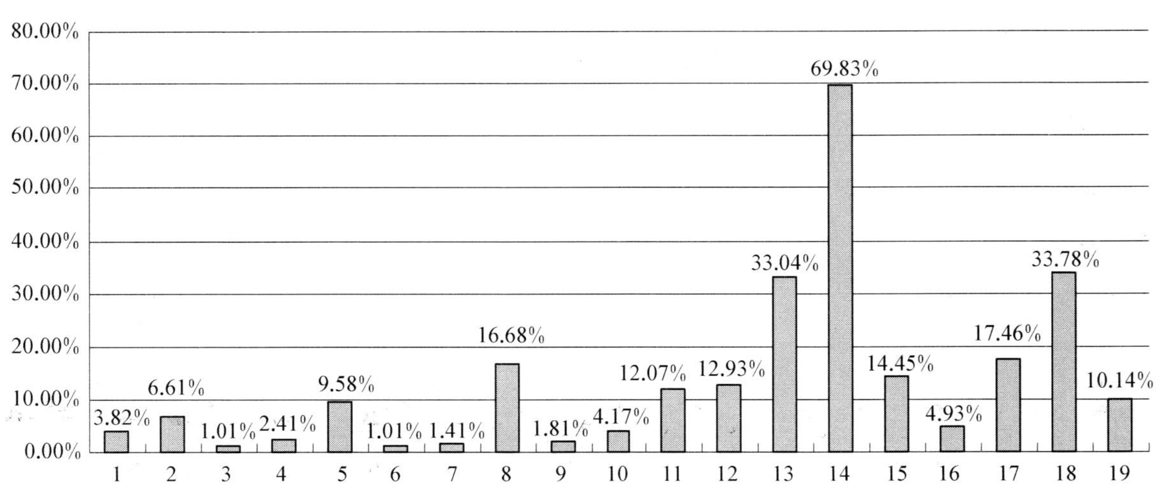

1－6　境内外股票筹资与固定资产投资额的比率

Ratio of Domestic & Foreign Raised Capital in Stock Market to Amount of Investment in Fixed-Assets

Unit：100000000 yuan　　　　单位：亿元

年份 Year	境内外筹资额 Domestic & Foreign Raised Capital	固定资产投资额 Amount of Investment in Fixed-Assets	%	境内筹资额 Domestic Raised Capital	固定资产投资 Investment in Fixed-Asset	%
1992	94.09	8080	1.16	94.09	8080	1.16
1993	375.47	13072	2.87	314.54	13072	2.41
1994	326.78	17042	1.92	138.05	17042	0.81
1995	150.32	20019	0.75	118.86	20019	0.59
1996	425.08	22914	1.86	341.52	22914	1.49
1997	1293.82	24941	5.19	933.82	24941	3.74
1998	841.52	28406	2.96	803.57	28406	2.83
1999	944.56	29475	3.20	897.39	29475	3.04
2000	2103.16	32918	6.39	1541.02	32918	4.68
2001	1252.28	27827	4.50	1182.13	27827	4.25
2002	961.75	32942	2.92	779.75	32942	2.37
2003	1357.75	55118	2.46	823.10	55118	1.49
2004	1519.94	70477	2.16	862.67	70477	1.22
2005	1882.51	88774	2.12	338.13	88774	0.38
2006	5594.29	109870	5.09	2463.70	109870	2.24
2007	8680.17	137239	6.32	7722.99	137239	5.63
2008	3852.21	172291	2.24	3534.95	172291	2.05
2009	6124.69	224846	2.72	5051.51	224846	2.25
2010	11977.39	278140	4.31	9611.77	278140	3.46
2011	9096.21	311022	2.92	8355.1	311022	2.69

注：1. 2011 年境内外筹资额包括 A、B、H 股筹资，不包括可转债、权证行权、定向增发非现金资产认购等部分；

2. 2011 年可转债筹资 413.20 亿元，权证行权筹资 29.49 亿元，定向增发非现金资产认购额为 2868.82 亿元。

数据来源：国家统计局、中国证监会

Source：NBSC and CSRC

境内外股票筹资与固定资产投资额的比率

Ratio of Domestic & Foreign Raised Capital in Stock Market to Amount of Investment in Fixed-Assets

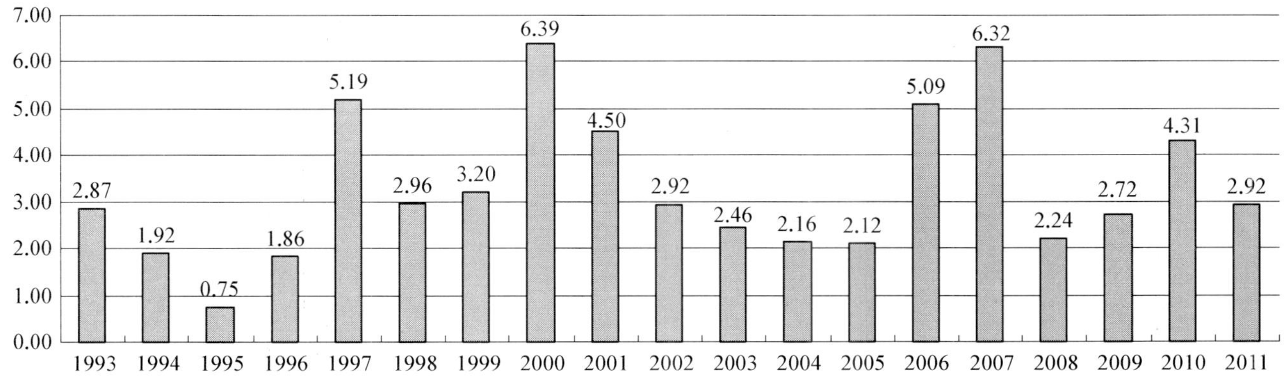

1-7 股票印花税在财政收入中的比重

Proportion of Stamp Duty In Revenue

Unit: 100000000 yuan　　　　单位：亿元

年份 Year	财政收入 Revenue	股票印花税 Stamp Duty	%	中央财政收入 Central Revenue	股票印花税 Stamp Duty	%
1993	4349	22.00	0.51	958	22.00	2.30
1994	5248	48.77	0.93	2907	48.77	1.68
1995	6242	24.22	0.39	3257	24.22	0.74
1996	7408	127.99	1.73	3661	127.99	3.50
1997	8651	250.76	2.90	4227	250.76	5.93
1998	9853	225.75	2.29	4885	225.75	4.62
1999	11377	248.07	2.18	5798	248.07	4.28
2000	13380	485.89	3.63	7584	485.89	6.41
2001	16386	291.31	1.78	8583	291.44	3.40
2002	18914	111.95	0.59	11020	111.95	1.02
2003	21715	128.35	0.59	11865	128.35	1.08
2004	26397	169.08	0.64	14503	169.08	1.17
2005	31649	66.35	0.21	16549	66.35	0.40
2006	35423	180.94	0.51	17272	180.94	1.05
2007	51304	2062.00	4.02	27739	2062.00	7.43
2008	61317	927.68	1.51	32672	927.68	2.84
2009	68518	510.38	0.74	35916	510.38	1.42
2010	83080	545.64	0.66	42471	545.64	1.28
2011	103740	421.66	0.41	51306	421.66	0.82

数据来源：财政部、中国证监会
Source: MOF and CSRC

股票印花税在财政收入中的比重

Proportion of Stamp Duty In Revenue

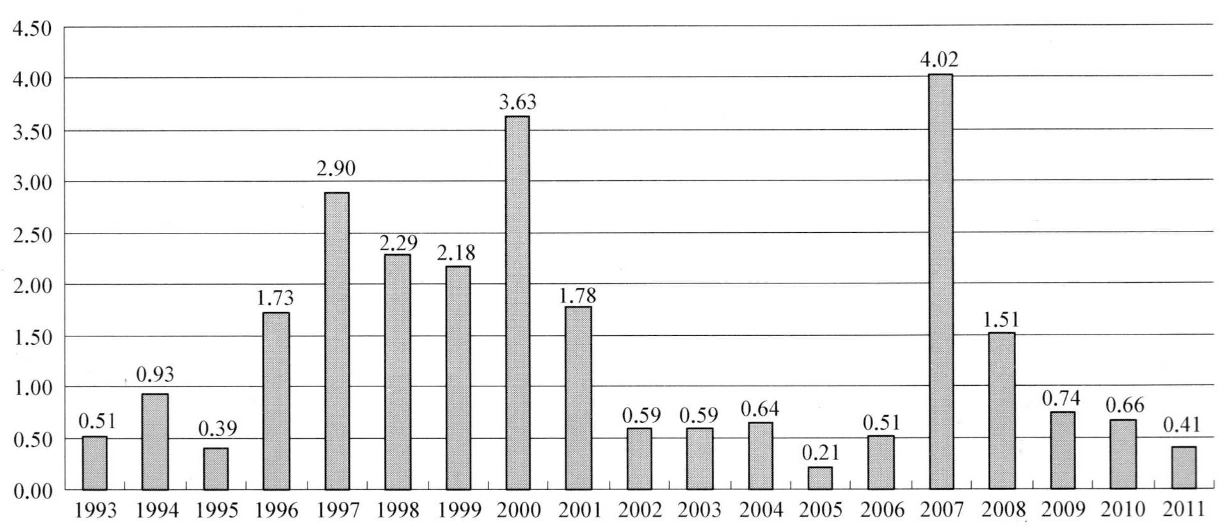

二、股　　票

Stocks

2011年上海证券交易所基本情况

Summary for Shanghai Stock Market in 2011

2011年底上海证券市场共有股票、国债、地方政府债、企业债、公司债、可转债、可分离债、基金、回购等九类品种,全年新增上市公司39家,新增公司债(含企业债等)138只。

沪市共有931家上市公司。股票市价总值为14.84万亿元,与2010年底相比减少17.11%,相当于2011年GDP的31.46%。年底上交所在全球主要交易所市值排名列第6位,亚洲第2位。

股票筹资总额3199.69亿元,较上年同期减少42.16%。其中首次发行筹资1014.01亿元,较上年同期减少46.39%。再次发行筹资2185.68亿元,较上年同期减少39.96%。全年上交所在全球主要交易所筹资额排名列第7位,亚洲列第4位。

上证综指收盘报2199.42点,跌幅21.68%。上证50指数、上证180指数跌幅分别为18.19%、23.14%。按照最新四个季度财务报告,以12月31日收盘价格计算的真实市盈率,上证综指、上证50、上证180指数的市盈率分别为11.48倍、9.64倍、10.05倍。与上年相比分别下降33.86%、26.32%、32.19%。按照2010年年报,以12月31日收盘价格计算的市盈率,上证综指、上证50、上证180指数的市盈率分别为13.40倍、11.20倍、11.68倍。与2010年底相比,分别下降37.97%、30.23%、35.90%。

全年上海市场总成交金额454651.56亿元。其中,股票、债券分别占沪市总成交额的52.25%、46.35%。其中股票日均成交金额为973.61亿元,同比减少22.58%。政府债日均成交金额为5.09亿元,同比减少22.46%;公司债(含企业债)日均成交金额为19.88亿元,同比增加45.48%。ETF日均成交金额为11.06亿元,同比减少36.29%。权证日均成交金额为23.48亿元,同比减少60.70%。2011年按非限售流通股计算的年度股票换手率为124.80%。A股新增开户数549.41万户,日均2.25万户,较上年同期日均下降27.00%,截至年底,沪市A股已开户投资者总数为8550.85万户,持股账户数3177.86万户。

2011 年深圳证券交易所基本情况

Summary for Shenzhen Stock Market in 2011

2011 年深圳市场指数普遍走低;股票与基金成交金额同比下降,债券成交增幅显著;股票筹资金额同比增长近 10%,主板增幅较大;深市各板块平均市盈率显著下降,市场估值日趋合理。

截至 2011 年 12 月 31 日,深证成分指数收报于 8918.82 点,较 2010 年底下跌 28.41%;深证综合指数收报 866.65 点,较 2010 年底下跌 32.86%;中小板指数和创业板指数分别收报于 4295.86 点和 729.50 点。

2011 年年末,深市上市公司总数为 1411 家,总股本 6278.46 亿股,总市值为 6.64 万亿元。其中中小板上市公司 646 家,总股本 1943.50 亿股,总市值 2.74 万亿元;创业板上市公司 281 家,总股本 399.53 亿股,总市值为 0.74 万亿元。股票平均市盈率为 23.11 倍,其中主板 18.32 倍,中小板 28.26 倍,创业板 37.62 倍。开户投资者总数为 10125 万户,本年新增 691 万户。

全年深市总成交金额为 19.32 万亿元。其中,股票成交金额 18.41 万亿元,同比减少 23.72%;基金成交金额 3464.40 亿元,同比减少 18.00%;债券成交金额 5634.65 亿元,增幅较大,同比增加 336.26%。

2011 年,深市股票累计筹资 4483.49 亿元,较上年增加 9.34%。主板融资 2207.96 亿元,同比增加 180.50%;中小板融资 1482.15 亿元,较 2010 年减少 36.93%;创业板全年融资 793.38 亿元,同比减少 17.64%。

2-1 1992—2011 年股票市场概况统计表

		1992	1993	1994	1995	1996	1997	1998
境内上市公司数(A、B股)(家)	Number of Listed Companies (A,B share)	53	183	291	323	530	745	851
其中：ST公司数(家)	Number of ST Listed Companies (A,B share)							29
中小板公司数(家)	Number of SME Board Listed Companies							
创业板公司数(家)	Number of ChiNext Board Listed Companies							
境内上市外资股(B股)(家)	Number of Listed Companies (B share)	18	41	58	70	85	101	106
其中：ST公司数(家)	Number of ST Listed Companies (B share)							4
发行股数(百万股)	Amount Issued (1000000)	7322.20	32867.50	63947.08	76563.11	111036.04	177123.19	234535.36
其中：中小板发行股数	SME Board Amount Issued							
创业板发行股数	ChiNext Board Amount Issued							
市价总值(百万元)	Market Capitalization(1000000)	104814.90	354152.07	369061.68	347427.64	984238.66	1752923.70	1952181.21
其中：中小板市价总值	SME Board Market Capitalization							
创业板市价总值	ChiNext Board Market Capitalization							
流通市值(百万元)	Negotiable Market Capitalization(1000000)		86162.97	96890.11	93821.91	286704.01	520442.39	574537.94
其中：中小板流通市值	SME Board Negotiable Market Capitalization							
创业板流通市值	ChiNext Board Negotiable Market Capitalization							
成交量(百万股)	合计 Sum	3689.78	22656.47	101333.91	70530.78	253314.43	256001.89	215246.10
Transcation Volume(1000000)	日平均 Daily Average	14.41	87.92	402.12	283.19	1025.57	1053.51	888.39
	中小板 SME Board							
	创业板 ChiNext Board							
成交金额(百万元)	合计 Sum	68303.73	362720.32	812762.89	403645.27	2133217.43	3072183.20	2352731.48
Turnover (1000000)	日平均 Daily Average	266.53	1407.49	3225.25	1618.56	8636.51	12642.73	9710.80
	中小板 SME Board							
	创业板 ChiNext Board							
平均换手率(%)	上海 Shanghai			1134.65	528.72	913.43	701.81	453.63
Turnover Rate (%)	深圳 Shenahen			583.83	254.52	1350.35	817.43	406.56
	中小板 SME Board							
	创业板 ChiNext Board							
平均市盈率	上海 Shanghai		42.48	23.45	15.70	31.32	39.86	34.38
PE Ratio	深圳 Shenahen		42.69	10.37	9.35	35.42	39.86	30.59
	中小板 SME Board							
	创业板 ChiNext Board							
上证指数	开盘 Open	293.74	802.14	837.70	637.72	550.26	914.06	1200.95
Shanghai Stock Exchange	最高 High	1429.01	1558.95	1052.94	926.41	1258.69	1510.18	1422.98
Composite Index	月日 YMD	19920526	19930216	19940913	19950522	19961211	19970512	19980604
	最低 Low	292.76	750.46	325.89	524.43	512.83	870.18	1043.02
	月日 YMD	19920102	19931220	19940729	19950207	19960119	19970220	19980818
	平均 Average	668.52	1013.39	674.10	657.80	764.65	1175.59	1261.04
	收盘 Close	780.39	833.80	647.87	555.29	917.02	1194.10	1146.70
深证指数	开盘 Open	110.53	241.21	238.28	139.62	112.85	326.33	382.85
Shenzhen Stock Exchange	最高 High	312.21	359.44	242.06	169.66	473.02	517.91	441.04
Composite Index	月日 YMD	19920526	19930222	19940107	19950522	19961211	19970512	19980603
	最低 Low	107.08	203.91	96.56	112.63	105.34	305.81	317.10
	月日 YMD	19920116	19930721	19940729	19951228	19960122	19970106	19980818
	平均 Average	215.76	277.51	165.86	131.00	224.67	388.16	384.70
	收盘 Close	241.21	238.28	140.63	113.25	327.34	381.29	343.85

注：本表中的发行股数不含同时发AH股公司发行的H股部分。

数据来源：上海、深圳证券交易所

Source: Shanghai Shenzhen Stock Exchange

Summary for Stock Market (1992—2011)

1999	2000	2001	2002	2003	2004	2005	2006	2007	2008	2009	2010	2011
949	1088	1160	1224	1287	1377	1381	1434	1550	1625	1718	2063	2342
56	61	47	89	99	135	115	139	154	153	139	153	137
					38	50	102	202	273	327	204	646
										36	117	281
108	114	112	111	111	110	109	109	109	109	108	108	108
11	11	7	13	14	20	15	15	19	15	14	14	15
290885.19	361339.05	483835.69	546299.21	599794.35	671473.31	716354.05	1268399.47	1700045.32	1890012.52	2060625.71	2698448.17	2974511.39
					3223.36	5614.41	14320.74	33964.15	59160.43	79412.75	136674.24	194350.29
										3460.31	17506.29	39953.34
2647117.52	4809094.43	4352220.39	3832912.86	4245771.60	3705556.82	3243028.14	8940389.44	32714088.89	12136643.60	24393912.39	26542259.25	21475809.59
					41343.14	48155.15	201529.59	1064683.65	626968.36	1687255.09	3536461.35	2742932.13
										161008.35	736521.89	743379.22
821396.38	1608751.96	1446317.01	1248455.65	1317851.70	1168863.95	1063051.43	2500363.88	9306434.57	4521389.95	15125865.55	19311041.23	16492130.07
					11996.09	18529.34	72362.66	382365.60	267267.52	750356.50	1615032.26	1434351.88
										29897.03	200564.10	250408.15
293238.88	475838.21	315228.76	301619.49	416308.40	582773.29	662373.20	1614522.62	3640375.87	2413139.49	5110700.49	4215197.67	3395752.71
1226.94	1990.96	1313.45	1272.66	1727.40	2398.25	2737.08	6699.26	15042.87	9809.51	20945.49	17418.17	13917.02
					5915.87	13029.95	29677.53	81556.38	118925.54	328364.84	405534.78	372974.08
										3854.50	40052.58	76163.82
3131960.25	6082664.99	3830518.00	2799045.51	3211527.00	4233394.72	3166477.62	9046888.99	46055622.12	26711266.04	53598676.49	54563354.26	42164973.27
13104.44	25450.48	15960.00	11810.32	13325.80	17421.38	13084.62	37538.96	190312.50	108582.38	219666.71	225468.41	172807.27
					82263.06	120392.27	307155.48	1617366.23	1663727.81	4827352.31	8583242.62	6902646.25
										182810.85	1571787.09	1887912.14
471.46	492.87	269.33	214.00	250.75	288.71	274.37	541.12	927.19	392.52	504.37	198.47	124.80
424.52	509.10	227.89	198.79	214.18	288.29	316.43	609.38	987.42	469.11	773.48	557.44	340.49
					617.75	999.70	997.12	1048.83	625.36	1084.83	775.06	412.95
										777.39	1762.22	739.95
38.13	58.22	37.71	34.43	36.54	24.23	16.33	33.30	59.24	14.85	28.73	21.61	13.40
36.30	56.04	39.79	36.97	36.19	24.63	16.36	32.72	69.74	16.72	46.01	44.69	23.11
					31.33	24.49	42.03	85.07	24.96	51.01	56.93	28.26
										105.38	78.53	37.62
1144.89	1368.69	2077.08	1643.49	1347.43	1492.72	1260.78	1163.88	2728.19	5265.00	1849.02	3289.75	2825.33
1756.18	2125.72	2245.00	1748.89	1649.60	1783.01	1328.53	2698.90	6124.04	5522.78	3478.01	3306.75	3067.46
19990630	20001123	20010613	20020625	20030416	20040407	20050225	20061229	20071016	20080114	20090804	20100111	20110418
1047.83	1361.21	1515.00	1339.20	1307.40	1259.43	998.23	1161.91	2541.53	1664.93	1844.09	2319.73	2134.02
19990517	20000104	20011022	20020129	20040407	2040913	20050606	20060104	20070206	20081028	20090105	20100702	20111228
1377.33	1882.00	1956.00	1567.23	1467.75	1482.85	1153.55	1629.93	4237.69	3031.83	2765.43	2830.99	2666.89
1366.58	2073.48	1645.97	1357.65	1497.04	1266.50	1161.06	2675.47	5261.56	1820.81	3277.13	2808.07	2199.42
343.29	402.71	636.62	475.14	386.61	377.93	313.81	278.99	555.26	1450.33	560.09	1207.33	1298.59
525.14	654.37	664.85	512.38	449.42	470.55	333.28	552.93	1567.74	1584.40	1240.64	1412.63	1316.18
19990629	20001123	20010613	20020624	20030415	20040407	20050309	20061229	20071008	20080115	20091204	20101111	20110106
310.65	414.69	439.36	371.79	350.74	315.17	237.18	278.99	547.89	452.33	557.68	890.23	828.83
19990518	20000104	20011022	20020122	20031118	20040913	20050718	20060104	20070105	20081104	20090105	20100702	20111228
407.62	579.61	580.90	455.65	404.08	379.43	282.64	399.95	1134.56	896.83	938.61	1162.22	1142.95
402.18	635.73	475.94	388.76	378.63	315.81	278.75	550.59	1447.02	553.30	1201.34	1290.86	866.65

2－2 1992—2011年A股市场概况统计表

		1992	1993	1994	1995	1996	1997	1998	1999
境内上市A股公司数	Number of Listed Companies (A share)	54	177	287	311	514	720	825	922
其中：ST公司数(家)	Number of ST Listed Companies (A share)							25	45
发行A股数(百万股)	Amount Issued (1000000)	6101.20	30018.10	59263.27	70407.74	102501.93	164613.45	220396.92	275788.28
市价总值(百万元)	Market Capitalization(1000000)	97808.98	332766.49	351603.46	331057.55	944855.53	1715419.29	1929929.76	2616762.88
流通市值(百万元)	Negotiable Market Capitalization(1000000)	15725.82	68302.71	81387.95	79093.97	251401.83	485608.17	555001.76	793746.31
成交量(百万股)	合计 Sum	3287.77	20916.50	98802.40	68106.57	246492.91	247129.88	209250.08	280974.70
Transcation Volume(1000000)	日平均 Daily Average	12.84	81.17	393.77	273.47	997.95	1016.99	850.61	1175.63
成交金额(百万元)	合计 Sum	65181.02	352254.70	800307.94	395858.73	2105229.62	3029521.28	2341772.32	3104955.32
Turnover (1000000)	日平均 Daily Average	254.34	1366.85	3187.19	1587.59	8523.20	12467.16	9519.40	12991.45
平均换手率(%)	上海 Shanghai			1471.48	630.32	1035.55	758.07	475.55	483.73
Turnover Rate (%)	深圳 Shenzhen	351.80	464.41	638.39	268.10	1295.32	813.95	396.09	399.09
平均市盈率	上海 Shanghai					32.65			38.14
PE Ratio	深圳 Shenzhen	57.52	44.21	10.67	9.80	38.88	42.66	32.31	37.56
	开盘 Open	293.74	840.32	851.96	656.80	569.77	951.80	1265.86	1217.69
	最高 High	1511.27	1640.71	1092.85	972.03	1313.92	1578.61	1508.41	1860.86
上证A股指数	月日 YMD	19920526	19930216	19940913	19950522	19961211	19970512	19980604	19990630
Shanghai Stock Exchange	最低 Low	292.76	765.58	321.20	539.86	527.85	905.50	1108.91	1113.16
Composite Index of A share	月日 YMD	19920102	19931220	19940729	19950207	19960119	19970220	19980818	19990517
	平均 Average	695.64	1052.82	690.90	681.91	798.37	1230.14	1337.31	1463.83
	收盘 Close	815.80	847.75	667.77	575.19	954.98	1258.49	1219.64	1451.90
	开盘 Open		255.05	245.69	142.63	116.57	340.70	408.15	369.51
	最高 High	285.84	379.07	249.71	176.77	498.45	546.02	471.99	561.56
深证A股指数	月日 YMD	19921004	19930222	19940110	19950522	19961211	19970512	19980603	19990629
Shenzhen Stock Exchange	最低 Low	169.04	214.89	95.26	116.32	107.93	319.25	341.00	333.77
Composite Index A share	月日 YMD	19921123	19930721	19940729	19951228	19960122	19970106	19980818	19990518
	平均 Average	234.21	293.37	169.96	134.85	236.72	409.42	412.42	438.08
	收盘 Close	255.05	245.69	143.73	117.02	341.81	406.45	370.12	431.84

数据来源：上海、深圳证券交易所
Source: Shanghai Shenzhen Stock Exchange

Summary for A share Stock Market(1992—2011)

2000	2001	2002	2003	2004	2005	2006	2007	2008	2009	2010	2011
1060	1140	1213	1277	1363	1358	1411	1527	1602	1696	2051	2320
50	42	82	92	132	107	130	143	151	136	153	133
343960.38	465045.49	528364.61	580832.35	650582.37	693607.63	1244565.12	1674662.04	1862977.75	2033276.87	2670151.53	2944859.56
4745574.96	4224555.53	3752655.97	4152050.18	1529582.09	3181054.94	8811395.95	32458773.85	12056655.54	24212701.06	26322054.34	21330984.00
1552420.75	1334489.09	1171875.09	1230593.63	1099864.59	1002843.48	2373126.03	9052651.38	4441910.35	14945596.78	19091710.13	16347906.43
455802.07	246340.74	285949.20	399230.05	567290.76	647087.49	1580861.88	3568392.58	2391277.76	5064891.36	4180642.14	3374872.15
1907.12	1026.42	1206.54	1656.56	2334.54	2673.91	6559.60	14745.43	9720.64	20757.75	17275.38	13831.44
6027867.66	3324204.42	2714203.88	3126998.65	4181748.94	3109937.69	8921710.73	45477130.00	26589043.03	53388940.16	54346591.40	42033918.78
25221.21	13850.85	11452.34	12977.09	17208.84	12850.99	37019.55	187922.02	108085.54	218807.13	224572.69	172270.16
506.33	216.67	208.74	268.58	288.71	290.70	564.50	953.16	401.60	511.46	199.27	125.09
493.58	190.30	194.37	219.74	311.78	350.64	671.34	1062.04	503.45	814.65	580.30	351.79
59.14	37.59	34.50	36.64	24.23	16.38	33.38	59.24	14.86	28.78	21.60	13.41
58.75	40.76	38.22	37.43	25.64	16.96	33.61	72.11	17.13	46.88	45.29	23.49
1454.17	2196.23	1710.02	1408.27	1492.72	1324.13	1223.93	2870.87	5525.15	1941.45	3450.73	2958.33
2251.89	2341.02	1825.77	1725.71	1783.01	1394.58	2839.92	6429.68	5796.72	3651.20	3468.27	3212.22
20001124	20010103	20020625	20030416	20040407	20050224	20061229	20071016	20080114	20090804	20100111	20110418
1446.12	1579.63	1397.01	1366.75	1259.43	1046.65	1221.80	2668.33	1749.02	1936.24	2431.61	2235.62
20000104	20011022	20020129	20031113	20040913	20050605	20060104	20070206	20081028	20090105	20100702	20111228
1998.04	2046.31	1635.76	1536.19	1482.85	1211.60	1712.25	4448.40	3181.86	2902.37	2967.18	2793.07
2192.38	1712.54	1419.12	1569.13	1266.50	1220.93	2815.13	5521.49	1911.79	3437.46	2940.24	2304.12
432.39	683.58	498.51	407.62	392.73	326.43	290.36	574.54	1524.53	588.74	1267.60	1359.26
703.97	698.10	540.59	472.88	490.56	344.05	572.04	1646.80	1667.91	1302.85	1478.97	1377.68
20001123	20010103	20020624	20030415	20040406	20050309	20061229	20071008	20080115	20091204	20101111	20110106
445.32	461.95	391.10	364.26	328.25	244.71	290.36	566.46	475.37	586.09	932.46	867.31
20000104	20011022	20020122	20031118	20040916	20050718	20060104	20070105	20081104	20090105	20100702	20111228
623.69	612.96	480.28	423.90	395.31	292.33	414.72	1187.35	942.12	986.49	1218.37	1196.66
682.61	499.39	409.95	393.47	328.69	290.06	569.58	1520.99	581.51	1261.26	1351.14	906.91

2-3 1992—2011年B股市场概况统计表

		1992	1993	1994	1995	1996	1997	1998
境内上市外资股	Number of Listed Companies (B share)	18	41	58	70	85	101	106
其中：ST公司数(家)	Number of ST Listed Companies (B share)							4
发行B股数(百万股)	Amount Issued (1000000)	1221.00	2849.40	4683.81	6155.37	8534.11	12509.74	14138.44
市价总值(百万元)	Market Capitalization (1000000)	7005.92	21385.58	17458.22	16370.09	39383.13	37504.41	20635.62
流通市值(百万元)	Negotiable Market Capitalization (1000000)	5123.35	17860.26	15502.16	14727.94	35302.19	34834.21	19558.43
成交量(百万股)	合计 Sum	402.02	1739.97	2531.51	2424.20	6821.52	8872.02	6160.48
Transcation Volume (1000000)	日平均 Daily Average	1.86	6.86	10.09	9.79	28.24	37.06	25.30
成交金额(百万元)	合计 Sum	3122.71	10465.62	12454.97	7786.54	27987.82	42661.92	12653.13
Turnover (1000000)	日平均 Daily Average	14.53	41.30	49.69	31.48	116.15	178.55	52.05
平均换手率(%)	上海 Shanghai			88.04	58.34	74.57	122.62	57.23
Turnover Rate (%)	深圳 Shenahen	130.91	86.80	35.13	37.28	139.26	99.88	34.10
平均市盈率	上海 Shanghai					14.04		
PE Ratio	深圳 Shenahen	35.56	20.11	7.02	6.01	14.07	10.67	5.71
上证B股指数	开盘 Open	0.00	66.09	103.15	62.80	47.69	67.03	55.88
Shanghai Stock Exchange	最高 High	140.85	105.78	104.71	63.81	87.12	99.31	59.58
Composite Index of B share	月日 YMD	19920525	19931231	19940106	19950829	19961211	19970506	19980302
	最低 Low	0.00	51.01	59.81	47.03	44.80	51.93	26.17
	月日 YMD	19920102	19930727	19941215	19951225	19961111	19971224	19980812
	平均 Average	78.19	75.32	73.98	55.43	51.67	73.43	40.63
	收盘 Close	66.22	103.15	62.80	47.69	67.03	55.88	28.71
深证B股指数	开盘 Open		111.87	141.44	86.66	59.48	145.45	98.97
Shenzhen Stock Exchange	最高 High	142.03	185.45	142.85	86.59	198.14	184.19	98.97
Composite Index B share	月日 YMD	19921006	19930208	19940106	19950105	19961209	19970506	19980210
	最低 Low	105.72	80.63	85.07	59.40	58.97	92.79	49.88
	月日 YMD	19921224	19930806	19941229	19951222	19960102	19971223	19980813
	平均 Average	117.34	120.60	112.32	70.64	84.82	139.61	75.49
	收盘 Close	111.87	141.44	86.66	59.48	145.48	98.97	53.58

数据来源：上海、深圳证券交易所
Source: Shanghai Shenzhen Stock Exchange

Summary for B share Stock Market(1992—2011)

1999	2000	2001	2002	2003	2004	2005	2006	2007	2008	2009	2010	2011
108	114	112	111	111	110	109	109	109	109	108	108	108
11	11	7	13	14	20	15	15	19	15	14	8	15
15096.91	17378.67	18790.20	17934.60	18962.00	20890.94	22746.42	23834.35	25383.28	27034.77	27348.85	28296.63	29651.83
30354.62	63519.48	127664.86	80256.89	93723.42	74622.12	61973.20	128993.49	255315.04	79988.06	181210.79	220204.91	144825.60
27650.06	56331.22	111827.92	76580.56	87260.08	69017.34	60207.95	127237.85	253783.20	79479.60	180268.52	219331.10	144223.64
12264.18	20036.13	68888.02	15670.29	17080.37	15482.53	15285.71	33660.76	71982.29	21861.73	45809.13	34555.53	20784.62
51.95	84.89	294.39	66.12	70.87	63.71	63.17	139.67	297.44	88.87	187.75	142.79	85.18
27004.93	54797.34	506313.30	84841.63	84530.38	75775.34	56539.93	125178.26	578493.13	122223.01	209736.33	216762.87	130539.66
114.64	232.23	2163.73	357.98	350.75	311.83	233.63	519.41	2390.46	496.85	859.58	895.71	534.99
116.19	145.13	452.26	95.99	64.26	58.29	58.49	149.81	351.60	87.88	165.79	118.97	86.80
86.63	115.30	423.47	83.55	138.17	110.04	88.21	154.65	280.12	84.35	177.18	131.85	64.04
10.05	25.23	43.39	30.61	30.32	20.15	12.40	23.97	59.30	11.70	21.58	23.91	12.28
10.38	13.06	25.30	17.51	20.92	12.90	9.11	21.01	26.71	7.30	21.83	23.10	9.63
28.71	37.91	89.55	170.99	113.40	104.87	75.56	61.99	130.84	365.45	112.21	252.70	305.87
62.56	89.90	241.61	171.72	131.41	122.94	84.22	130.44	394.21	373.77	267.76	322.44	329.54
19990629	20001226	20010601	20020104	20030416	20040219	20050309	20061228	20071017	20080104	20091116	20101111	20110415
21.25	35.47	77.62	109.98	96.23	75.46	49.32	61.99	130.57	86.44	112.21	195.43	206.00
19990310	20000316	20010212	20021127	20030820	20041231	20050720	20060104	20070105	20081028	20090105	20100521	20111215
37.08	56.85	165.09	141.86	113.54	97.66	68.67	96.09	278.32	206.76	187.58	255.54	276.20
37.91	89.55	171.53	113.51	104.94	75.65	62.02	130.12	365.93	110.92	252.41	304.35	215.26
53.58	84.96	137.63	265.74	186.92	271.74	221.26	195.29	434.83	709.94	272.31	627.39	828.35
125.42	137.69	435.57	262.31	281.78	315.81	276.84	435.45	803.61	730.95	650.79	888.38	849.88
19990629	20001229	20010525	20020705	20031106	20040407	20050309	20061229	20070515	20080110	20091116	20101111	20110217
41.56	75.92	124.60	185.52	184.89	212.02	186.53	195.00	434.34	215.82	272.31	510.56	529.71
19990310	20000316	20010213	20021126	20030102	20040823	20051028	20060104	20070105	20081028	20090105	20100521	20111215
75.28	106.00	282.61	222.27	228.76	257.39	225.93	299.57	658.22	454.21	460.18	672.06	710.96
84.66	137.69	265.67	186.98	272.05	219.80	195.61	433.32	709.69	271.28	625.95	824.82	567.04

2-4 1991—2011年股票发行情况统计表

	1991	1992	1993	1994	1995	1996	1997	1998	1999
股票发行量(亿股) Amount Issued	5	20.75	95.79	91.26	31.60	86.11	267.63	109.06	122.93
A 股 A Shares	5	10.00	42.59	10.97	5.32	38.29	105.65	86.30	98.11
B 股 B Shares		10.75	12.79	10.40	10.90	16.05	25.10	9.90	1.77
H 股 H Shares			40.41	69.89	15.38	31.77	136.88	12.86	23.05
股票筹资额(亿元人民币)Raised Capital	5	94.09	375.47	326.78	150.32	425.08	1293.82	838.02	944.56
A 股 A Shares	5	50.00	276.41	99.78	85.51	294.34	825.92	774.52	893.60
其中:首发 IPO	5	50.00	194.83	49.62	22.68	224.45	655.06	409.09	497.88
增发 Re-issue								30.46	59.75
配股 Right Issue			81.58	50.16	62.83	69.89	170.86	334.97	320.97
B 股 B Shares		44.09	38.13	38.27	33.35	47.18	107.90	25.55	3.79
H 股 H Shares			60.93	188.73	31.46	83.56	360.00	37.95	47.17

注:1. 折算汇率1992年 1美元=5.75元人民币 1港元=0.74元人民币
1993年 1美元=5.80元人民币 1港元=0.75元人民币
1994年 1美元=8.46元人民币 1港元=1.09元人民币
1995年 1美元=8.30元人民币 1港元=1.07元人民币
1996年 1美元=8.30元人民币 1港元=1.07元人民币
1997年 1美元=8.30元人民币 1港元=1.07元人民币
1998年 1美元=8.30元人民币 1港元=1.07元人民币
1999—2004年 1美元=8.28元人民币 1港元=1.07元人民币
2005—2011年外资股折算汇率为股票发行月的月末汇率;
2. A股发行量为IPO数量;
3. H股发行量、筹资额为IPO与增发之和;
4. 1991—2007年股票筹资额以发行日口径统计,2008年以来股票筹资额以上市日口径统计;
5. 配股包含权证行权筹资;
6. A股筹资对历史口径进行了调整,删除了历年数据包含的可转债筹资;
7. 2011年股票筹资额中增发项包含公开增发和定向增发现金,定向增发非现金资产认购部分,以及权证行权部分。

数据来源:中国证监会
Source:CSRC

Summary for Stock Issuance (1991—2011)

2000	2001	2002	2003	2004	2005	2006	2007	2008	2009	2010	2011	合计 total
512.04	141.48	291.74	281.43	227.92	567.05	1287.77	637.24	180.29	415.96	928.37	367.19	6668.61
145.68	93.00	134.20	83.64	54.88	13.80	351.11	413.27	114.91	260.38	561.33	258.82	2887.25
7.10	0.00	0.00	1.00	1.53	0.00	0.00	0.00	0.00	0.00	0.00	0.00	107.29
359.26	48.48	157.54	196.79	171.51	553.25	936.66	223.97	65.38	155.58	367.04	108.37	3674.07
2103.24	1252.34	920.25	1177.15	1301.91	1882.51	5554.25	8680.17	3852.21	6124.69	11953.66	8683.01	57938.53
1527.03	1182.13	738.25	638.96	626.68	338.13	2423.66	7668.39	3457.75	5004.90	8870.74	7941.89	43723.59
812.37	534.29	516.96	453.51	353.42	56.74	1572.24	4590.62	1034.38	1879.00	4882.63	2825.07	21619.84
166.70	217.21	164.68	110.66	168.72	278.77	847.10	2850.09	2271.8	3019.93	2549.83	4694.86	17430.56
519.46	430.63	56.61	74.79	104.54	2.62	4.32	227.68	151.57	105.97	1438.28	421.96	4629.69
13.99	0.00	0.00	3.54	27.16	0.00	0.00	0.00	0.00	0.00	0.00	0.00	382.95
562.21	70.21	181.99	534.65	648.08	1544.38	3130.59	1011.78	317.26	1073.18	2365.62	741.12	12990.88

2-5 2011年A股新发行情况一览表

Summary for A Share Issuance in 2011

公司名称	行业分类 Industry	地区 Area	发行时间 Issue Date	发行方式 Issue Method	发行量(万元面值) Issue Volume	发行价(元) Issue Price	筹资总额(万元) Raised Capital	中签率% Ratio of Placement	主承销 Lead Underwriter	上市地点 Listing Spot
文峰股份	H	江苏	2011-5-25	网下询价、网上定价	11000.00	20.000	220000.00	24.686400	安信证券股份有限公司	上海证券交易所
宝泰隆	C	黑龙江	2011-2-24	网下询价、网上定价	9700.00	18.000	174600.00	0.786900	第一创业证券有限责任公司	上海证券交易所
玉龙股份	C	江苏	2011-10-27	网下询价、网上定价	7950.00	10.800	85860.00	1.108500	平安证券有限责任公司	上海证券交易所
赛轮股份	C	山东	2011-6-22	网下询价、网上定价	9800.00	6.880	67424.00	1.407600	西南证券股份有限公司	上海证券交易所
恒立油缸	C	江苏	2011-10-19	网下询价、网上定价	10500.00	23.000	241500.00	7.223400	平安证券有限责任公司	上海证券交易所
华鼎锦纶	C	浙江	2011-4-26	网下询价、网上定价	8000.00	14.000	112000.00	1.438800	安信证券股份有限公司	上海证券交易所
三江购物	H	浙江	2011-2-21	网下询价、网上定价	6000.00	11.800	70800.00	0.469100	海通证券股份有限公司	上海证券交易所
博威合金	C	浙江	2011-1-19	网下询价、网上定价	5500.00	27.000	148500.00	2.574200	国信证券股份有限公司	上海证券交易所
江南水务	D	江苏	2011-3-9	网下询价、网上定价	5880.00	18.800	110544.00	0.478500	兴业证券股份有限公司	上海证券交易所
东材科技	C	四川	2011-5-12	网下询价、网上定价	8000.00	20.000	160000.00	8.333800	国海证券有限责任公司	上海证券交易所
内蒙君正	C	内蒙	2011-2-10	网下询价、网上定价	12000.00	25.000	300000.00	6.159800	国信证券股份有限公司	上海证券交易所
吉鑫科技	C	江苏	2011-4-26	网下询价、网上定价	5080.00	22.500	114300.00	5.549500	宏源证券股份有限公司	上海证券交易所
林洋电子	C	江苏	2011-8-1	网下询价、网上定价	7500.00	18.000	135000.00	2.240100	广发证券股份有限公司	上海证券交易所
桐昆股份	C	浙江	2011-5-5	网下询价、网上定价	12000.00	27.000	324000.00	8.090400	国信证券股份有限公司	上海证券交易所
庞大集团	H	河北	2011-4-18	网下询价、网上定价	14000.00	45.000	630000.00	21.568100	瑞银证券有限责任公司	上海证券交易所
骆驼股份	C	湖北	2011-5-25	网下询价、网上定价	8300.00	18.600	154380.00	9.582600	太平洋证券股份有限公司	上海证券交易所
新华保险	I	北京	2011-12-5	网下询价、网上定价	15854.00	23.250	368605.50	2.224400	中国国际金融有限公司	上海证券交易所
大智慧	G	上海	2011-1-20	网下询价、网上定价	11000.00	23.200	255200.00	1.829500	西南证券股份有限公司	上海证券交易所
东吴证券	I	江苏	2011-12-2	网下询价、网上定价	50000.00	6.500	325000.00	0.834000	中信证券股份有限公司	上海证券交易所
华锐风电	C	北京	2011-1-5	网下询价、网上定价	10510.00	90.000	945900.00	2.981000	安信证券股份有限公司	上海证券交易所
九牧王	C	福建	2011-5-19	网下询价、网上定价	12000.00	22.000	264000.00	9.640700	中信证券股份有限公司	上海证券交易所
三星电气	C	浙江	2011-6-2	网下询价、网上定价	6700.00	20.000	134000.00	12.046800	东方证券股份有限公司	上海证券交易所
鹿港科技	C	江苏	2011-5-18	网下询价、网上定价	5300.00	10.000	53000.00	0.780600	平安证券有限责任公司	上海证券交易所
广电电气	C	上海	2011-1-25	网下询价、网上定价	10500.00	19.000	199500.00	3.431600	东吴证券股份有限公司	上海证券交易所
长城汽车	C	河北	2011-9-19	网下询价、网上定价	30424.30	13.000	395515.90	7.521800	国泰君安证券股份有限公司	上海证券交易所
旗滨集团	C	湖南	2011-8-4	网下询价、网上定价	16800.00	9.000	151200.00	0.828500	中国建银投资证券有限责任公司	上海证券交易所
中国水电	E	北京	2011-9-27	网下询价、网上定价	300000.00	4.500	1350000.00	9.6953	中信建投证券有限责任公司	上海证券交易所
明泰铝业	C	河南	2011-9-7	网下询价、网上定价	6000.00	20.000	120000.00	0.9400	平安证券有限责任公司	上海证券交易所
风范股份	C	江苏	2011-1-6	网下询价、网上定价	5490.00	35.000	192150.00	1.6410	申银万国证券股份有限公司	上海证券交易所
宁波建工	E	浙江	2011-8-5	网下询价、网上定价	10000.00	6.390	63900.00	0.7839	中国建银投资证券有限责任公司	上海证券交易所
蓝科高新	C	甘肃	2011-6-10	网下询价、网上定价	8000.00	11.000	88000.00	1.0809	国信证券股份有限公司	上海证券交易所
星宇股份	C	江苏	2011-1-25	网下询价、网上定价	6000.00	21.240	127440.00	5.7693	国泰君安证券股份有限公司	上海证券交易所
江河幕墙	E	北京	2011-8-9	网下询价、网上定价	11000.00	20.000	220000.00	1.6593	平安证券有限责任公司	上海证券交易所
方正证券	I	湖南	2011-8-1	网下询价、网上定价	150000.00	3.900	585000.00	2.2408	平安证券有限责任公司	上海证券交易所
京运通	C	北京	2011-8-29	网下询价、网上定价	6000.00	42.000	252000.00	0.9706	中信证券股份有限公司	上海证券交易所

续表 1　Continued 1

公司名称	行业分类 Industry	地区 Area	发行时间 Issue Date	发行方式 Issue Method	发行量（万元面值） Issue Volume	发行价（元） Issue Price	筹资总额（万元） Raised Capital	中签率% Ratio of Placement	主承销 Lead Underwriter	上市地点 Listing Spot
凤凰传媒	L	江苏	2011-11-22	网下询价、网上定价	50900.00	8.800	447920.00	0.8662	中国国际金融有限公司	上海证券交易所
金隅股份	C	北京	2011-2-10		31600.80	0.000	0.00	0.0000	中银国际证券有限责任公司	上海证券交易所
丰林集团	C	广西	2011-9-20	网下询价、网上定价	5862.00	14.000	82068.00	0.8795	恒泰证券股份有限公司	上海证券交易所
安居宝	C57	广州	07-Jan-11	上网定价发行，网下申	1800	49	88200	1.3772	国信证券股份有限公司	深圳证券交易所
天立环保	C73	北京	07-Jan-11	上网定价发行，网下申	2005	58	116290	1.0126	西南证券股份有限公司	深圳证券交易所
恒泰艾普	B50	北京	07-Jan-11	上网定价发行，网下申	2222	57	126654	1.7095	中信证券股份有限公司	深圳证券交易所
振东制药	C81	山西	07-Jan-11	上网定价发行，网下申	3600	38.8	139680	1.0943	中信证券股份有限公司	深圳证券交易所
新研股份	C73	新疆	07-Jan-11	上网定价发行，网下申	1060	69.98	74178.8	1.2835	中国民族证券有限责任公司	深圳证券交易所
杭锅股份	C71	浙江	10-Jan-11	上网定价发行，网下申	4100	26	106600	0.6863	国信证券股份有限公司	深圳证券交易所
海立美达	C71	山东	10-Jan-11	上网定价发行，网下申	2500	40	100000	1.4511	安信证券股份有限公司	深圳证券交易所
林州重机	C73	河南	11-Jan-11	上网定价发行，网下申	5120	25	128000	1.1324	华泰联合证券有限责任	深圳证券交易所
西泵股份	C75	河南	11-Jan-11	上网定价发行，网下申	2400	36	86400	1.4268	华龙证券有限责任公司	深圳证券交易所
秀强股份	C61	江苏	13-Jan-11	上网定价发行，网下申	2340	35	81900	1.259	华泰证券股份有限公司	深圳证券交易所
华中数控	C71	湖北	13-Jan-11	上网定价发行，网下申	2700	26	70200	0.6025	国泰君安证券股份有限公司	深圳证券交易所
雷曼光电	C51	深圳	13-Jan-11	上网定价发行，网下申	1680	38	63840	0.636	中航证券有限公司	深圳证券交易所
先锋新材	C99	浙江	13-Jan-11	上网定价发行，网下申	2000	26	52000	0.6914	中国中投证券有限责任公司	深圳证券交易所
通源石油	B50	陕西	13-Jan-11	上网定价发行，网下申	1700	51.1	86870	0.9278	平安证券有限责任公司	深圳证券交易所
司尔特	C43	安徽	18-Jan-11	上网定价发行，网下申	3800	26	98800	0.8362	宏源证券股份有限公司	深圳证券交易所
新都化工	C43	四川	18-Jan-11	上网定价发行，网下申	4200	33.88	142296	2.4463	西南证券股份有限公司	深圳证券交易所
亚太科技	C67	江苏	18-Jan-11	上网定价发行，网下申	4000	40	160000	2.3862	东兴证券股份有限公司	深圳证券交易所
鸿路钢构	C69	安徽	18-Jan-11	上网定价发行，网下申	3400	41	139400	2.2792	广发证券股份有限公司	深圳证券交易所
天瑞仪器	C78	江苏	25-Jan-11	上网定价发行，网下申	1850	65	120250	1.0889	东方证券股份有限公司	深圳证券交易所
东方国信	G87	北京	25-Jan-11	上网定价发行，网下申	1017.6	55.36	56334.34	0.7386	广发证券股份有限公司	深圳证券交易所
迪威视讯	G85	深圳	25-Jan-11	上网定价发行，网下申	1112	51.28	57023.36	0.6169	中信建投证券股份有限公司	深圳证券交易所
万达信息	G87	上海	25-Jan-11	上网定价发行，网下申	3000	28	84000	0.4383	民生证券有限责任公司	深圳证券交易所
天晟新材	C49	江苏	25-Jan-11	上网定价发行，网下申	2350	32	75200	0.6476	平安证券有限责任公司	深圳证券交易所
中化岩土	E01	北京	28-Jan-11	上网定价发行，网下申	1680	37	62160	1.4093	海通证券股份有限公司	深圳证券交易所
万和电气	C76	广东	28-Jan-11	上网定价发行，网下申	5000	30	150000	2.0675	平安证券有限责任公司	深圳证券交易所
杰赛科技	G85	广州	28-Jan-11	上网定价发行，网下申	2200	28	61600	0.8743	国信证券股份有限公司	深圳证券交易所
汉得信息	G87	上海	01-Feb-11	上网定价发行，网下申	3000	25.32	75960	2.2355	兴业证券股份有限公司	深圳证券交易所
东富龙	C73	上海	01-Feb-11	上网定价发行，网下申	2000	86	172000	7.164	招商证券股份有限公司	深圳证券交易所
中电环保	K99	江苏	01-Feb-11	上网定价发行，网下申	2500	25.16	62900	1.0179	华泰证券股份有限公司	深圳证券交易所
松德股份	C73	广东	01-Feb-11	上网定价发行，网下申	1700	22.39	38063	1.5745	第一创业证券有限责任公司	深圳证券交易所
元力股份	C43	福建	01-Feb-11	上网定价发行，网下申	1700	24	40800	1.8907	国金证券股份有限公司	深圳证券交易所
东方铁塔	C69	山东	11-Feb-11	上网定价发行，网下申	4350	39.49	171781.5	10.1099	国金证券股份有限公司	深圳证券交易所
新联电子	C76	江苏	11-Feb-11	上网定价发行，网下申	2100	33.8	70980	3.9341	华泰证券股份有限公司	深圳证券交易所
朗源股份	A01	山东	15-Feb-11	上网定价发行，网下申	2700	17.1	46170	1.9047	国信证券股份有限公司	深圳证券交易所
鸿特精密	C71	广东	15-Feb-11	上网定价发行，网下申	2240	16.28	36467.2	1.1888	国金证券股份有限公司	深圳证券交易所

续表 2　Continued 2

公司名称	行业分类 Industry	地区 Area	发行时间 Issue Date	发行方式 Issue Method	发行量(万元面值) Issue Volume	发行价(元) Issue Price	筹资总额(万元) Raised Capital	中签率% Ratio of Placement	主承销 Lead Underwriter	上市地点 Listing Spot
中海达	G81	广州	15-Feb-11	上网定价发行,网下申	1250	46.8	58500	3.0241	国信证券股份有限公司	深圳证券交易所
腾邦国际	K34	深圳	15-Feb-11	上网定价发行,网下申	3000	21.9	65700	2.3507	国信证券股份有限公司	深圳证券交易所
四方达	C61	河南	15-Feb-11	上网定价发行,网下申	2000	24.75	49500	2.8724	国泰君安证券股份有限公司	深圳证券交易所
春兴精工	C69	江苏	18-Feb-11	上网定价发行,网下申	3600	16	57600	0.964	平安证券有限责任公司	深圳证券交易所
金新农	C01	深圳	18-Feb-11	上网定价发行,网下申	2400	24	57600	1.7228	光大证券股份有限公司	深圳证券交易所
凯美特气	C99	湖南	18-Feb-11	上网定价发行,网下申	2000	25.48	50960	1.9151	平安证券有限责任公司	深圳证券交易所
千红制药	C85	江苏	18-Feb-11	上网定价发行,网下申	4000	32	128000	2.7229	华泰证券股份有限公司	深圳证券交易所
华峰超纤	C49	上海	22-Feb-11	上网定价发行,网下申	4000	19.73	78920	4.1638	中国中投证券有限责任公司	深圳证券交易所
佐力药业	C81	浙江	22-Feb-11	上网定价发行,网下申	2000	23.5	47000	1.6534	西南证券股份有限公司	深圳证券交易所
捷成股份	G87	北京	22-Feb-11	上网定价发行,网下申	1400	55	77000	3.9228	华泰联合证券有限责任公司	深圳证券交易所
东软载波	G87	山东	22-Feb-11	上网定价发行,网下申	2500	41.45	103625	2.4006	中信证券股份有限公司	深圳证券交易所
力源信息	G87	湖北	22-Feb-11	上网定价发行,网下申	1670	20	33400	1.449	国信证券股份有限公司	深圳证券交易所
尚荣医疗	C73	深圳	25-Feb-11	上网定价发行,网下申	2050	46	94300	0.9173	国信证券股份有限公司	深圳证券交易所
宝鼎重工	C71	浙江	25-Feb-11	上网定价发行,网下申	2500	20	50000	0.3043	国信证券股份有限公司	深圳证券交易所
南方轴承	C71	江苏	25-Feb-11	上网定价发行,网下申	2200	17	37400	0.363	华泰证券股份有限公司	深圳证券交易所
惠博普	B50	北京	25-Feb-11	上网定价发行,网下申	3500	26	91000	0.5415	南京证券有限责任公司	深圳证券交易所
顺荣股份	C75	安徽	02-Mar-11	上网定价发行,网下申	1700	35	59500	0.6774	国元证券股份有限公司	深圳证券交易所
辉隆股份	H11	安徽	02-Mar-11	上网定价发行,网下申	3750	37.5	140625	1.0347	平安证券有限责任公司	深圳证券交易所
洽洽食品	C01	安徽	02-Mar-11	上网定价发行,网下申	5000	40	200000	2.0716	国元证券股份有限公司	深圳证券交易所
世纪游轮	K34	重庆	02-Mar-11	上网定价发行,网下申	1500	30	45000	0.4439	光大证券股份有限公司	深圳证券交易所
亚威股份	C71	江苏	03-Mar-11	上网定价发行,网下申	2200	40	88000	1.8113	光大证券股份有限公司	深圳证券交易所
通达股份	C76	河南	03-Mar-11	上网定价发行,网下申	2000	28.8	57600	1.4529	民生证券有限责任公司	深圳证券交易所
徐家汇	H11	上海	03-Mar-11	上网定价发行,网下申	7000	16	112000	1.1513	海通证券股份有限公司	深圳证券交易所
通裕重工	C73	山东	08-Mar-11	上网定价发行,网下申	9000	25	225000	2.2523	国金证券股份有限公司	深圳证券交易所
大华农	A09	广东	08-Mar-11	上网定价发行,网下申	6700	22	147400	1.0172	招商证券股份有限公司	深圳证券交易所
永清环保	K99	湖南	08-Mar-11	上网定价发行,网下申	1670	40	66800	0.7275	平安证券有限责任公司	深圳证券交易所
兄弟科技	C43	浙江	10-Mar-11	上网定价发行,网下申	2670	21	56070	0.2592	日信证券有限责任公司	深圳证券交易所
张化机	C73	江苏	10-Mar-11	上网定价发行,网下申	4800	29.5	141600	0.4882	国信证券股份有限公司	深圳证券交易所
森马服饰	H11	浙江	11-Mar-11	上网定价发行,网下申	7000	67	469000	2.5044	中国银河证券股份有限公司	深圳证券交易所
美亚柏科	G87	福建	16-Mar-11	上网定价发行,网下申	1350	40	54000	0.8987	国信证券股份有限公司	深圳证券交易所
神农大丰	A01	海南	16-Mar-11	上网定价发行,网下申	4000	24	96000	0.6461	平安证券有限责任公司	深圳证券交易所
维尔利	K01	江苏	16-Mar-11	上网定价发行,网下申	1330	58.5	77805	0.8458	国信证券股份有限公司	深圳证券交易所
潜能恒信	B50	北京	16-Mar-11	上网定价发行,网下申	2000	41.46	82920	1.0505	华鑫证券有限责任公司	深圳证券交易所
上海绿新	C31	上海	18-Mar-11	上网定价发行,网下申	3350	31.2	104520	1.0512	安信证券股份有限公司	深圳证券交易所
益盛药业	C81	吉林	18-Mar-11	上网定价发行,网下申	2760	39.9	110124	1.3768	民生证券有限责任公司	深圳证券交易所
科斯伍德	C43	江苏	22-Mar-11	上网定价发行,网下申	1850	22.82	42217	0.4207	东吴证券股份有限公司	深圳证券交易所
佳士科技	C57	深圳	22-Mar-11	上网定价发行,网下申	5550	26.5	147075	1.0046	国信证券股份有限公司	深圳证券交易所
福安药业	C81	重庆	22-Mar-11	上网定价发行,网下申	3340	41.88	139879.2	1.1441	国都证券有限责任公司	深圳证券交易所

续表 3　Continued 3

公司名称	行业分类 Industry	地区 Area	发行时间 Issue Date	发行方式 Issue Method	发行量（万元面值） Issue Volume	发行价（元） Issue Price	筹资总额（万元） Raised Capital	中签率％ Ratio of Placement	主承销 Lead Underwriter	上市地点 Listing Spot
唐人神	C01	湖南	25 - Mar - 11	上网定价发行，网下申	3500	27	94500	0.6516	招商证券股份有限公司	深圳证券交易所
百润股份	C43	上海	25 - Mar - 11	上网定价发行，网下申	2000	26	52000	0.4035	华龙证券有限责任公司	深圳证券交易所
长荣股份	C73	天津	29 - Mar - 11	上网定价发行，网下申	2500	40	100000	1.0098	渤海证券股份有限公司	深圳证券交易所
长海股份	C61	江苏	29 - Mar - 11	上网定价发行，网下申	3000	18.58	55740	0.3033	中国中投证券有限责任公司	深圳证券交易所
铁汉生态	E01	深圳	29 - Mar - 11	上网定价发行，网下申	1550	67.58	104749	0.9398	中航证券有限公司	深圳证券交易所
纳川股份	C49	福建	07 - Apr - 11	上网定价发行，网下申	2300	31	71300	1.3235	广发证券股份有限公司	深圳证券交易所
翰宇药业	C81	深圳	07 - Apr - 11	上网定价发行，网下申	2500	30.19	75475	1.2785	中信建投证券有限责任公司	深圳证券交易所
高盟新材	C43	北京	07 - Apr - 11	上网定价发行，网下申	2680	21.88	58638.4	0.7085	海通证券股份有限公司	深圳证券交易所
海伦哲	C73	江苏	07 - Apr - 11	上网定价发行，网下申	2000	21	42000	0.4479	民生证券有限责任公司	深圳证券交易所
步森股份	C13	浙江	12 - Apr - 11	上网定价发行，网下申	2334	16.88	39397.92	0.6673	第一创业证券有限责任公司	深圳证券交易所
贝因美	C03	浙江	12 - Apr - 11	上网定价发行，网下申	4300	42	180600	3.2992	平安证券有限责任公司	深圳证券交易所
德力股份	C61	安徽	12 - Apr - 11	上网定价发行，网下申	2200	28.8	63360	1.262	平安证券有限责任公司	深圳证券交易所
索菲亚	C25	广州	12 - Apr - 11	上网定价发行，网下申	1350	86	116100	7.3543	民生证券有限责任公司	深圳证券交易所
聚龙股份	C73	辽宁	15 - Apr - 11	上网定价发行，网下申	2120	22.38	47445.6	0.6326	中国民族证券有限责任公司	深圳证券交易所
聚光科技	C78	浙江	15 - Apr - 11	上网定价发行，网下申	4500	20	90000	0.5604	中信证券股份有限公司	深圳证券交易所
舒泰神	C85	北京	15 - Apr - 11	上网定价发行，网下申	1670	52.5	87675	1.4259	华泰证券股份有限公司	深圳证券交易所
天喻信息	C57	湖北	21 - Apr - 11	上网定价发行，网下申	1991	40	79640	2.9408	长江证券承销保荐有限公司	深圳证券交易所
理邦仪器	C73	深圳	21 - Apr - 11	上网定价发行，网下申	2500	38	95000	3.0819	平安证券有限责任公司	深圳证券交易所
欣旺达	C76	深圳	21 - Apr - 11	上网定价发行，网下申	4700	18.66	87702	0.7049	第一创业证券有限责任公司	深圳证券交易所
国电清新	K99	北京	22 - Apr - 11	上网定价发行，网下申	3800	45	171000	2.1	海通证券股份有限公司	深圳证券交易所
明牌珠宝	C99	浙江	22 - Apr - 11	上网定价发行，网下申	6000	32	192000	1.8563	财通证券有限责任公司	深圳证券交易所
群兴玩具	C37	广东	22 - Apr - 11	上网定价发行，网下申	3380	20	67600	1.3649	平安证券有限责任公司	深圳证券交易所
恒顺电气	C76	山东	26 - Apr - 11	上网定价发行，网下申	1750	25	43750	0.8016	兴业证券股份有限公司	深圳证券交易所
天泽信息	G85	江苏	26 - Apr - 11	上网定价发行，网下申	2000	34.28	68560	2.6338	国泰证券股份有限公司	深圳证券交易所
森远股份	C73	辽宁	26 - Apr - 11	上网定价发行，网下申	1900	22	41800	0.717	国信证券股份有限公司	深圳证券交易所
通达动力	C76	江苏	28 - Apr - 11	上网定价发行，网下申	3200	19	60800	1.7654	平安证券有限责任公司	深圳证券交易所
雷柏科技	G83	深圳	28 - Apr - 11	上网定价发行，网下申	3200	38	121600	2.8444	安信证券股份有限公司	深圳证券交易所
闽发铝业	C67	福建	28 - Apr - 11	上网定价发行，网下申	4300	15.18	65274	0.6497	海通证券股份有限公司	深圳证券交易所
亿通科技	G81	江苏	05 - May - 11	上网定价发行，网下申	1250	25.75	32187.5	1.4808	中国中投证券有限责任公司	深圳证券交易所
易华录	G87	北京	05 - May - 11	上网定价发行，网下申	1700	30.46	51782	2.7924	中航证券有限公司	深圳证券交易所
佳讯飞鸿	G81	北京	05 - May - 11	上网定价发行，网下申	2100	22	46200	1.1022	华泰联合证券有限责任公司	深圳证券交易所
中京电子	C51	广东	06 - May - 11	上网定价发行，网下申	2435	17	41395	1.037	光大证券股份有限公司	深圳证券交易所
圣阳股份	C76	山东	06 - May - 11	上网定价发行，网下申	1880	25.8	48504	2.5948	日信证券有限责任公司	深圳证券交易所
日科化学	C49	山东	11 - May - 11	上网定价发行，网下申	3500	22	77000	2.348	招商证券股份有限公司	深圳证券交易所
电科院	K20	江苏	11 - May - 11	上网定价发行，网下申	1150	76	87400	18.6913	东吴证券股份有限公司	深圳证券交易所
千山药机	C73	湖南	11 - May - 11	上网定价发行，网下申	1700	29.3	49810	4.028	华泰联合证券有限责任公司	深圳证券交易所
东方电热	C76	江苏	18 - May - 11	上网定价发行，网下申	2300	25.88	59524	5.9455	东海证券有限责任公司	深圳证券交易所
安利股份	C49	安徽	18 - May - 11	上网定价发行，网下申	2640	18	47520	2.8002	平安证券有限责任公司	深圳证券交易所

续表 4 Continued 4

公司名称	行业分类 Industry	地区 Area	发行时间 Issue Date	发行方式 Issue Method	发行量(万元面值) Issue Volume	发行价(元) Issue Price	筹资总额(万元) Raised Capital	中签率% Ratio of Placement	主承销 Lead Underwriter	上市地点 Listing Spot
鸿利光电	C51	广州	18-May-11	上网定价发行,网下申	3100	16	49600	0.9634	广发证券股份有限公司	深圳证券交易所
万昌科技	C43	山东	20-May-11	上网定价发行,网下申	2708	19	51452	1.3773	华泰联合证券有限责任公司	深圳证券交易所
好想你	C01	河南	20-May-11	上网定价发行,网下申	1860	46	85560	8.9287	招商证券股份有限公司	深圳证券交易所
金运激光	C57	湖北	25-May-11	上网定价发行,网下申	900	23.36	21024	0.7409	光大证券股份有限公司	深圳证券交易所
银禧科技	C49	广东	25-May-11	上网定价发行,网下申	2500	18	45000	2.2181	东莞证券有限责任公司	深圳证券交易所
科大智能	C76	上海	25-May-11	上网定价发行,网下申	1500	32.4	48600	2.7142	国元证券股份有限公司	深圳证券交易所
海能达	G81	深圳	27-May-11	上网定价发行,网下申	7000	19.9	139300	6.0223	招商证券股份有限公司	深圳证券交易所
北京君正	C51	北京	31-May-11	上网定价发行,网下申	2000	43.8	87600	10.1422	齐鲁证券有限公司	深圳证券交易所
正海磁材	C51	山东	31-May-11	上网定价发行,网下申	4000	21.09	84360	2.2416	光大证券股份有限公司	深圳证券交易所
金力泰	C43	上海	31-May-11	上网定价发行,网下申	1700	28	47600	1.5586	安信证券股份有限公司	深圳证券交易所
西陇化工	C43	广东	02-Jun-11	上网定价发行,网下申	5000	12.5	62500	1.2363	招商证券股份有限公司	深圳证券交易所
双星新材	C49	江苏	02-Jun-11	上网定价发行,网下申	5200	55	286000	65.5208	光大证券股份有限公司	深圳证券交易所
围海股份	E01	浙江	02-Jun-11	上网定价发行,网下申	2700	19	51300	2.1021	信达证券股份有限公司	深圳证券交易所
上海钢联	L20	上海	08-Jun-11	上网定价发行,网下申	1000	23	23000	1.4467	宏源证券股份有限公司	深圳证券交易所
光韵达	C51	深圳	08-Jun-11	上网定价发行,网下申	1700	12.98	22066	0.8831	信达证券股份有限公司	深圳证券交易所
富瑞特装	C73	江苏	08-Jun-11	上网定价发行,网下申	1700	24.98	42466	8.1867	中国民族证券有限责任公司	深圳证券交易所
奥拓电子	C57	深圳	10-Jun-11	上网定价发行,网下申	2100	16	33600	1.1201	广发证券股份有限公司	深圳证券交易所
史丹利	C43	山东	10-Jun-11	上网定价发行,网下申	3250	35	113750	19.1662	国泰君安证券股份有限公司	深圳证券交易所
瑞康医药	H01	山东	10-Jun-11	上网定价发行,网下申	2380	20	47600	3.119	平安证券有限责任公司	深圳证券交易所
万安科技	C75	浙江	10-Jun-11	上网定价发行,网下申	2334	15.6	36410.4	0.8833	国信证券股份有限公司	深圳证券交易所
拓尔思	G87	北京	15-Jun-11	上网定价发行,网下申	3000	15	45000	0.9957	长城证券有限责任公司	深圳证券交易所
永利带业	C49	上海	15-Jun-11	上网定价发行,网下申	2250	12.9	29025	0.8575	东海证券有限责任公司	深圳证券交易所
银信科技	G87	北京	15-Jun-11	上网定价发行,网下申	1000	19.62	19620	0.9846	兴业证券股份有限公司	深圳证券交易所
恒大高新	C69	江西	21-Jun-11	上网定价发行,网下申	2000	20	40000	1.5207	国信证券股份有限公司	深圳证券交易所
洲明科技	C51	深圳	22-Jun-11	上网定价发行,网下申	2000	18.57	37140	2.5089	中银国际证券有限责任公司	深圳证券交易所
金城医药	C43	山东	22-Jun-11	上网定价发行,网下申	3100	18.6	57660	2.0366	招商证券股份有限公司	深圳证券交易所
开尔新材	C61	浙江	22-Jun-11	上网定价发行,网下申	2000	12	24000	0.8168	海通证券股份有限公司	深圳证券交易所
日上集团	C75	福建	28-Jun-11	上网定价发行,网下申	5300	12.88	68264	1.5982	浙商证券有限责任公司	深圳证券交易所
豪迈科技	C73	山东	28-Jun-11	上网定价发行,网下申	5000	24	120000	9.9294	齐鲁证券有限公司	深圳证券交易所
方直科技	L99	深圳	29-Jun-11	上网定价发行,网下申	1100	19.6	21560	1.2694	平安证券有限责任公司	深圳证券交易所
上海新阳	C43	上海	29-Jun-11	上网定价发行,网下申	2150	11.07	23800.5	0.7771	宏源证券股份有限公司	深圳证券交易所
美晨科技	C48	山东	29-Jun-11	上网定价发行,网下申	1430	25.73	36793.9	2.5137	中国中投证券有限责任公司	深圳证券交易所
比亚迪	C99	深圳	30-Jun-11	上网定价发行,网下申	7900	18	142200	4.4866	瑞银证券有限责任公司	深圳证券交易所
冠昊生物	C73	广州	06-Jul-11	上网定价发行,网下申	1530	18.2	27846	0.6827	申银万国证券股份有限公司	深圳证券交易所
东宝生物	C85	内蒙古	06-Jul-11	上网定价发行,网下申	1900	9	17100	0.4022	东兴证券股份有限公司	深圳证券交易所
飞力达	F21	江苏	06-Jul-11	上网定价发行,网下申	2700	20	54000	3.6364	东吴证券股份有限公司	深圳证券交易所
海南瑞泽	C61	海南	07-Jul-11	上网定价发行,网下申	3400	12.15	41310	1.0763	广发证券股份有限公司	深圳证券交易所
金禾实业	C43	安徽	07-Jul-11	上网定价发行,网下申	3350	21.5	72025	3.4075	平安证券有限责任公司	深圳证券交易所

续表 5　Continued 5

公司名称	行业分类 Industry	地区 Area	发行时间 Issue Date	发行方式 Issue Method	发行量（万元面值） Issue Volume	发行价（元） Issue Price	筹资总额（万元） Raised Capital	中签率% Ratio of Placement	主承销 Lead Underwriter	上市地点 Listing Spot
山东章鼓	C71	山东	07-Jul-11	上网定价发行，网下申	4000	10	40000	0.722	齐鲁证券有限公司	深圳证券交易所
瑞丰光电	C51	深圳	12-Jul-11	上网定价发行，网下申	2700	10.8	29160	0.3922	华龙证券有限责任公司	深圳证券交易所
明家科技	C51	广东	12-Jul-11	上网定价发行，网下申	1900	10	19000	0.5264	民生证券有限责任公司	深圳证券交易所
瑞丰高材	C43	山东	12-Jul-11	上网定价发行，网下申	1350	16	21600	0.5509	平安证券有限责任公司	深圳证券交易所
盛通股份	C35	北京	15-Jul-11	上网定价发行，网下申	3300	10	33000	0.7502	招商证券股份有限公司	深圳证券交易所
江粉磁材	C51	广东	15-Jul-11	上网定价发行，网下申	7950	8	63600	0.5888	国信证券股份有限公司	深圳证券交易所
佰利联	C43	河南	15-Jul-11	上网定价发行，网下申	2400	55	132000	3.7377	中航证券有限公司	深圳证券交易所
迪安诊断	K37	浙江	19-Jul-11	上网定价发行，网下申	1280	23.5	30080	0.4165	平安证券有限责任公司	深圳证券交易所
天玑科技	G87	上海	19-Jul-11	上网定价发行，网下申	1700	20	34000	0.4188	安信证券股份有限公司	深圳证券交易所
宝莱特	C73	广东	19-Jul-11	上网定价发行，网下申	1050	25	26250	0.3955	平安证券有限责任公司	深圳证券交易所
世纪华通	C75	浙江	28-Jul-11	上网定价发行，网下申	4500	23	103500	0.809	东方证券股份有限公司	深圳证券交易所
以岭药业	C81	河北	28-Jul-11	上网定价发行，网下申	6500	34.56	224640	1.4544	中信证券股份有限公司	深圳证券交易所
龙力生物	C03	山东	28-Jul-11	上网定价发行，网下申	4660	21.5	100190	0.7022	华英证券有限责任公司	深圳证券交易所
桑乐金	C76	安徽	29-Jul-11	上网定价发行，网下申	2050	16	32800	0.3168	平安证券有限责任公司	深圳证券交易所
新开普	G87	河南	29-Jul-11	上网定价发行，网下申	1120	30	33600	0.5045	南京证券有限责任公司	深圳证券交易所
依米康	C73	四川	03-Aug-11	上网定价发行，网下申	1960	17.5	34300	0.3891	海际大和证券有限责任公司	深圳证券交易所
初灵股份	G81	浙江	03-Aug-11	上网定价发行，网下申	1000	25	25000	0.3004	国信证券股份有限公司	深圳证券交易所
光线传媒	L10	北京	03-Aug-11	上网定价发行，网下申	2740	52.5	143850	1.4244	中信建投证券有限责任公司	深圳证券交易所
姚记扑克	C37	上海	05-Aug-11	上网定价发行，网下申	2350	21	49350	0.6588	海通证券股份有限公司	深圳证券交易所
大连电瓷	C76	辽宁	05-Aug-11	上网定价发行，网下申	2500	17	42500	0.346	渤海证券股份有限公司	深圳证券交易所
亚夏汽车	H11	安徽	10-Aug-11	上网定价发行，网下申	2200	22.35	49170	0.6752	平安证券有限责任公司	深圳证券交易所
舜天船舶	C75	江苏	10-Aug-11	上网定价发行，网下申	3700	22.11	81807	0.709	国信证券股份有限公司	深圳证券交易所
捷顺科技	G87	深圳	15-Aug-11	上网定价发行，网下申	3000	14.5	43500	0.6041	招商证券股份有限公司	深圳证券交易所
爱康科技	C99	江苏	15-Aug-11	上网定价发行，网下申	5000	16	80000	0.9009	平安证券有限责任公司	深圳证券交易所
金信诺	C76	深圳	18-Aug-11	上网定价发行，网下申	2700	16.2	43740	0.6861	中航证券有限公司	深圳证券交易所
卫宁软件	G87	上海	18-Aug-11	上网定价发行，网下申	1350	27.5	37125	0.5769	招商证券股份有限公司	深圳证券交易所
仟源制药	C81	山西	19-Aug-11	上网定价发行，网下申	3380	13	43940	0.6921	中原证券股份有限公司	深圳证券交易所
常山药业	C85	河北	19-Aug-11	上网定价发行，网下申	2700	28	75600	1.4751	兴业证券股份有限公司	深圳证券交易所
星星科技	C51	浙江	19-Aug-11	上网定价发行，网下申	2500	21	52500	1.0392	国信证券股份有限公司	深圳证券交易所
开山股份	C71	浙江	19-Aug-11	上网定价发行，网下申	3600	63	226800	5.8636	中信证券股份有限公司	深圳证券交易所
精锻科技	C75	江苏	26-Aug-11	上网定价发行，网下申	2500	25	62500	0.3944	光大证券股份有限公司	深圳证券交易所
东方精工	C73	广东	30-Aug-11	上网定价发行，网下申	3400	15.5	52700	0.3132	中信建投证券有限责任公司	深圳证券交易所
朗姿股份	C13	北京	30-Aug-11	上网定价发行，网下申	5000	35	175000	1.4361	平安证券有限责任公司	深圳证券交易所
北玻股份	C73	河南	30-Aug-11	上网定价发行，网下申	6700	13.5	90450	0.3413	第一创业证券有限责任公司	深圳证券交易所
新天科技	C78	河南	31-Aug-11	上网定价发行，网下申	1900	21.9	41610	0.4342	海通证券股份有限公司	深圳证券交易所
新莱应材	C71	江苏	06-Sep-11	上网定价发行，网下申	1670	27	45090	0.3349	长江证券承销保荐有限公司	深圳证券交易所
雅本化学	C43	江苏	06-Sep-11	上网定价发行，网下申	2270	22	49940	0.3242	东方证券股份有限公司	深圳证券交易所
蒙发利	C76	福建	09-Sep-11	上网定价发行，网下申	3000	52	156000	1.5523	广发证券股份有限公司	深圳证券交易所

续表 6　Continued 6

公司名称	行业分类 Industry	地区 Area	发行时间 Issue Date	发行方式 Issue Method	发行量(万元面值) Issue Volume	发行价(元) Issue Price	筹资总额(万元) Raised Capital	中签率% Ratio of Placement	主承销 Lead Underwriter	上市地点 Listing Spot
哈尔斯	C69	浙江	09-Sep-11	上网定价发行,网下申	2280	18	41040	0.2526	海通证券股份有限公司	深圳证券交易所
巴安水务	K99	上海	16-Sep-11	上网定价发行,网下申	1670	18	30060	0.3448	平安证券有限责任公司	深圳证券交易所
隆华传热	C71	河南	16-Sep-11	上网定价发行,网下申	2000	33	66000	1.2647	光大证券股份有限公司	深圳证券交易所
佳创视讯	G81	深圳	16-Sep-11	上网定价发行,网下申	2600	16.5	42900	0.6385	招商证券股份有限公司	深圳证券交易所
通光线缆	C76	江苏	16-Sep-11	上网定价发行,网下申	3500	14.38	50330	0.4843	世纪证券有限责任公司	深圳证券交易所
长青集团	C69	广东	20-Sep-11	上网定价发行,网下申	3700	17.8	65860	0.5668	兴业证券股份有限公司	深圳证券交易所
露笑科技	C67	浙江	20-Sep-11	上网定价发行,网下申	3000	18	54000	0.3826	东兴证券股份有限公司	深圳证券交易所
丹邦科技	C51	深圳	20-Sep-11	上网定价发行,网下申	4000	13	52000	0.4009	国信证券股份有限公司	深圳证券交易所
兴源过滤	C71	浙江	27-Sep-11	上网定价发行,网下申	1400	26	36400	1.1348	中信建投证券有限责任公司	深圳证券交易所
尔康制药	C81	湖南	27-Sep-11	上网定价发行,网下申	4600	17.97	82662	0.4629	西部证券股份有限公司	深圳证券交易所
万福生科	C01	湖南	27-Sep-11	上网定价发行,网下申	1700	25	42500	0.3357	平安证券有限责任公司	深圳证券交易所
巨龙管业	C61	浙江	29-Sep-11	上网定价发行,网下申	2350	16.15	37952.5	0.679	长城证券有限责任公司	深圳证券交易所
瑞和股份	E05	深圳	29-Sep-11	上网定价发行,网下申	2000	30	60000	2.4228	太平洋证券股份有限公司	深圳证券交易所
大连三垒	C73	辽宁	29-Sep-11	上网定价发行,网下申	2500	24	60000	0.9372	平安证券有限责任公司	深圳证券交易所
联建光电	C57	深圳	12-Oct-11	上网定价发行,网下申	1840	20	36800	0.5821	东方证券股份有限公司	深圳证券交易所
中威电子	G81	浙江	12-Oct-11	上网定价发行,网下申	1000	35	35000	0.8607	国信证券股份有限公司	深圳证券交易所
亚玛顿	C61	江苏	13-Oct-11	上网定价发行,网下申	4000	38	152000	2.8857	中国中投证券有限责任公司	深圳证券交易所
永大集团	C76	吉林	18-Oct-11	上网定价发行,网下申	3800	20	76000	1.3803	广发证券股份有限公司	深圳证券交易所
紫光华宇	G87	北京	26-Oct-11	上网定价发行,网下申	1850	30.8	56980	1.3285	国信证券股份有限公司	深圳证券交易所
和佳股份	C73	广东	26-Oct-11	上网定价发行,网下申	3335	20	66700	0.8083	新时代证券有限责任公司	深圳证券交易所
金磊股份	C61	浙江	28-Oct-11	上网定价发行,网下申	2500	11.2	28000	0.3084	国信证券股份有限公司	深圳证券交易所
金达威	C03	福建	28-Oct-11	上网定价发行,网下申	2300	35	80500	1.0663	华泰联合证券有限责任公司	深圳证券交易所
开能环保	C76	上海	02-Nov-11	上网定价发行,网下申	2750	11.5	31625	0.3978	长江证券承销保荐有限公司	深圳证券交易所
阳光电源	C76	安徽	02-Nov-11	上网定价发行,网下申	4480	30.5	136640	4.3453	国元证券股份有限公司	深圳证券交易所
梅安森	G87	重庆	02-Nov-11	上网定价发行,网下申	1467	26	38142	0.8224	民生证券有限责任公司	深圳证券交易所
龙生股份	C75	浙江	03-Nov-11	上网定价发行,网下申	1933.8	11.18	21619.88	0.3685	齐鲁证券有限公司	深圳证券交易所
宜昌交运	F03	湖北	03-Nov-11	上网定价发行,网下申	3350	13	43550	0.6314	华龙证券有限责任公司	深圳证券交易所
成都路桥	E01	四川	03-Nov-11	上网定价发行,网下申	4200	20	84000	2.3099	招商证券股份有限公司	深圳证券交易所
仁智油服	B50	四川	03-Nov-11	上网定价发行,网下申	2861	15	42915	0.4518	民生证券有限责任公司	深圳证券交易所
八菱科技	C75	广西	11-Nov-11	上网定价发行,网下申	1890	17.11	32337.9	0.3139	民生证券有限责任公司	深圳证券交易所
华西能源	C71	四川	11-Nov-11	上网定价发行,网下申	4200	17	71400	0.485	西南证券股份有限公司	深圳证券交易所
德尔家居	C21	江苏	11-Nov-11	上网定价发行,网下申	4000	22	88000	0.7725	国信证券股份有限公司	深圳证券交易所
三丰智能	C73	湖北	15-Nov-11	上网定价发行,网下申	1500	25.5	38250	0.3429	海通证券股份有限公司	深圳证券交易所
道明光学	C43	浙江	22-Nov-11	上网定价发行,网下申	2667	23	61341	0.4077	海通证券股份有限公司	深圳证券交易所
申科股份	C71	浙江	22-Nov-11	上网定价发行,网下申	2500	14	35000	0.2088	兴业证券股份有限公司	深圳证券交易所
海联讯	G87	深圳	23-Nov-11	上网定价发行,网下申	1700	23	39100	0.4383	平安证券有限责任公司	深圳证券交易所
安洁科技	G83	江苏	25-Nov-11	上网定价发行,网下申	3000	23	69000	1.0333	安信证券股份有限公司	深圳证券交易所
金安国纪	C51	上海	25-Nov-11	上网定价发行,网下申	7000	11.2	78400	0.5258	华泰联合证券有限责任公司	深圳证券交易所

续表 7　Continued 7

公司名称	行业分类 Industry	地区 Area	发行时间 Issue Date	发行方式 Issue Method	发行量（万元面值） Issue Volume	发行价（元） Issue Price	筹资总额（万元） Raised Capital	中签率% Ratio of Placement	主承销 Lead Underwriter	上市地点 Listing Spot
赞宇科技	C43	浙江	25 - Nov - 11	上网定价发行,网下申	2000	36	72000	0.9791	齐鲁证券有限公司	深圳证券交易所
勤上光电	C76	广东	25 - Nov - 11	上网定价发行,网下申	4683.5	24	112404	1.1786	国信证券股份有限公司	深圳证券交易所
棒杰股份	C11	浙江	05 - Dec - 11	上网定价发行,网下申	1670	18.1	30227	0.2107	新时代证券有限责任公司	深圳证券交易所
雪人股份	C71	福建	05 - Dec - 11	上网定价发行,网下申	4000	19.8	79200	1.0587	国都证券有限责任公司	深圳证券交易所
百圆裤业	H11	山西	08 - Dec - 11	上网定价发行,网下申	1667	25.8	43008.6	0.7084	光大证券股份有限公司	深圳证券交易所
永高股份	C49	浙江	08 - Dec - 11	上网定价发行,网下申	5000	18	90000	0.5761	首创证券有限责任公司	深圳证券交易所
华昌达	C73	湖北	16 - Dec - 11	上网定价发行,网下申	2170	16.56	35935.2	0.4339	海通证券股份有限公司	深圳证券交易所
荣之联	G87	北京	20 - Dec - 11	上网定价发行,网下申	2500	25	62500	0.8665	国海证券股份有限公司	深圳证券交易所
烟台万润	C43	山东	20 - Dec - 11	上网定价发行,网下申	3446	25	86150	0.9458	中德证券有限责任公司	深圳证券交易所
华宏科技	C73	江苏	20 - Dec - 11	上网定价发行,网下申	1667	27	45009	0.9923	齐鲁证券有限公司	深圳证券交易所
佛慈制药	C81	甘肃	22 - Dec - 11	上网定价发行,网下申	2020	16	32320	0.4825	华龙证券有限责任公司	深圳证券交易所
青青稞酒	C05	青海	22 - Dec - 11	上网定价发行,网下申	6000	16	96000	0.6565	民生证券有限责任公司	深圳证券交易所
宏磊股份	C76	浙江	28 - Dec - 11	上网定价发行,网下申	4223	12.8	54054.4	0.7732	中国民族证券有限责任公司	深圳证券交易所
卫星石化	C43	浙江	28 - Dec - 11	上网定价发行,网下申	5000	40	200000	2.7688	国信证券股份有限公司	深圳证券交易所
和晶科技	C51	江苏	29 - Dec - 11	上网定价发行,网下申	1550	15.6	24180	0.527	申银万国证券股份有限公司	深圳证券交易所
南通锻压	C71	江苏	29 - Dec - 11	上网定价发行,网下申	3200	11	35200	0.5546	海通证券股份有限公司	深圳证券交易所
金明精机	C73	广东	29 - Dec - 11	上网定价发行,网下申	1500	25	37500	1.4545	广发证券股份有限公司	深圳证券交易所
汇冠股份	G83	北京	29 - Dec - 11	上网定价发行,网下申	1151	17.2	19797.2	0.4533	长城证券有限责任公司	深圳证券交易所

数据来源：上海、深圳证券交易所
Source：Shanghai Shenzhen Stock Exchange

2-6 2011年A股IPO发行量行业分布统计表
Industrial distribution of A Shares IPO Issue Volume in 2011

行　业 Industries	发行量(万股) Issue Volume	比例(%) Percent
农、林、牧、副、渔业 Agriculture, Forestry, Fishing and Hunting	13400	0.84
采掘业 Mining	12283	0.77
食品、饮料 Food, Beverage	31720	1.99
纺织、服装、毛皮 Textile, Apparel, Leather	46304	2.91
木材、家具 Wood Product	11212	0.70
造纸、印刷 Paper, Printing	12380	0.78
石油、化学、橡胶、塑料 Petroleum, Chemical Product, Plastics, Rubber	129961	8.16
电子 Electrical Equipment	58696	3.68
金属、非金属 Metal, Nonmetallic Mineral Product	122271	7.68
机械、设备、仪表 Machinery, Equipment, Meter	327106	20.53
医药、生物 Medicine, Biologic Product	40970	2.57
其他制造业 Other Manufacuring	22900	1.44
电力、蒸汽及水的生产及供应业 Electricity, Gas, Water Supply	5880	0.37
建筑业 Construction	333130	20.91
交通运输、仓储业 Transport, Storage	6050	0.38
信息技术业 Information, Technology	74188	4.66
批发和零售贸易 Wholesale and Retail Trade	54997	3.45
金融、保险业 Finance, Insurance	215854	13.55
房地产业 Real Estate	0	0.00
社会服务业 Social Services	17900	1.12
传播及文化产业 Transmission, Culture	55740	3.50
综合类 Conglomerat	0	0.00
合计	1592941	100.00

注：以发行日口径统计。
数据来源：上海、深圳证券交易所
Source: Shanghai Shenzhen Stock Exchange

2－7　2011年A股IPO筹资额行业分布统计表
Industrial distribution of A Shares IPO Raised Capital in 2011

行　　业 Industries	筹资总额(万元) Raised Capital	比例(%) Percent
农、林、牧、副、渔业 Agriculture, Forestry, Fishing and Hunting	289570	1.04
采掘业 Mining	430359	1.55
食品、饮料 Food, Beverage	937450	3.38
纺织、服装、毛皮 Textile, Apparel, Leather	997625	3.59
木材、家具 Wood Product	286168	1.03
造纸、印刷 Paper, Printing	254470	0.92
石油、化学、橡胶、塑料 Petroleum, Chemical Product, Plastics, Rubber	3081423	11.09
电子 Electrical Equipment	1111180	4.00
金属、非金属 Metal, Nonmetallic Mineral Product	1834278	6.60
机械、设备、仪表 Machinery, Equipment, Meter	8314089	29.94
医药、生物 Medicine, Biologic Product	1204095	4.34
其他制造业 Other Manufacuring	517160	1.86
电力、蒸汽及水的生产及供应业 Electricity, Gas, Water Supply	110544	0.40
建筑业 Construction	1996109	7.19
交通运输、仓储业 Transport, Storage	97550	0.35
信息技术业 Information, Technology	1977536	7.12
批发和零售贸易 Wholesale and Retail Trade	1782204	6.42
金融、保险业 Finance, Insurance	1278606	4.60
房地产业 Real Estate	0	0.00
社会服务业 Social Services	636745	2.29
传播及文化产业 Transmission, Culture	636330	2.29
综合类 Conglomerat	0	0.00
合计	27773491	100.00

注：以发行日口径统计。
数据来源：上海、深圳证券交易所
Source: Shanghai Shenzhen Stock Exchange

2-8 2011年A股IPO发行量地区分布

Regional Distribution of Issue Volume of A Shares IPO in 2011

地区 Region	发行量(万股) Issue Volume	比例(%) Percent	地区 Region	发行量(万股) Issue Volume	比例(%) Percent
安 徽	34570.00	2.17	辽 宁	9020.00	0.57
北 京	423280.40	26.57	内蒙古	13900.00	0.87
福 建	36250.00	2.28	宁 夏	0.00	0.00
甘 肃	10020.00	0.63	青 海	6000.00	0.38
广 东	140285.50	8.81	山 东	73304.00	4.60
广 西	7752.00	0.49	山 西	8647.00	0.54
贵 州	0.00	0.00	陕 西	1700.00	0.11
海 南	7400.00	0.46	上 海	71270.00	4.47
河 北	53624.30	3.37	四 川	25421.00	1.60
河 南	33500.00	2.10	天 津	2500.00	0.16
黑龙江	9700.00	0.61	西 藏	0.00	0.00
湖 北	22581.00	1.42	新 疆	1060.00	0.07
湖 南	181970.00	11.42	云 南	0.00	0.00
吉 林	6560.00	0.41	浙 江	143041.80	8.98
江 苏	261277.00	16.40	重 庆	6307.00	0.40
江 西	2000.00	0.13	合 计	1592941.00	100.00

数据来源：上海、深圳证券交易所
Source：Shanghai Shenzhen Stock Exchange

2－9　2011年A股IPO筹资金额地区分布表
Regional Distribution of A Shares IPO Raised Capital in 2011

地区 Region	筹资总额 Raised Capital		地区 Region	筹资总额 Raised Capital	
	金额(万元) Capital	(%)		金额(万元) Capital	(%)
安　徽	1039840	3.74	辽　宁	191746	0.69
北　京	4807506	17.31	内蒙古	317100	1.14
福　建	879338	3.17	宁　夏	0	0.00
甘　肃	120320	0.43	青　海	96000	0.35
广　东	3147416	11.33	山　东	1642810	5.92
广　西	114406	0.41	山　西	226629	0.82
贵　州	0	0.00	陕　西	86870	0.31
海　南	137310	0.49	上　海	1566686	5.64
河　北	1325756	4.77	四　川	534911	1.93
河　南	890720	3.21	天　津	100000	0.36
黑龙江	174600	0.63	西　藏	0	0.00
湖　北	476379	1.72	新　疆	74179	0.27
湖　南	1123432	4.04	云　南	0	0.00
吉　林	186124	0.67	浙　江	3482093	12.54
江　苏	4768300	17.17	重　庆	223021	0.80
江　西	40000	0.14			

数据来源：上海、深圳证券交易所
Source：Shanghai Shenzhen Stock Exchange

2－10　1991—2011 年股票市场历史交易记录一览表

年份 Year			1991	1992	1993	1994	1995	1996	1997	1998	1999
日收市综合指数 Daily Closing Composite Index	最高 high	上海 shanghai			1536.82	1033.47	897.42	1247.66	1500.40	1420.00	1739.21
		日期 date			19930215	19940913	19950522	19961209	19970512	19980603	19990629
		深圳 shenzhen	136.94	312.21	359.44	242.06	169.66	473.02	517.91	441.04	525.14
		日期 date	19911114	19920526	19930222	19940107	19950522	19961211	19970512	19980603	19990629
	最低 low	上海 shanghai			778.33	333.92	532.49	516.46	876.495	1070.41	1059.874
		日期 date			19931027	19940729	19950207	19960122	19970106	19980817	19990518
		深圳 shenzhen	45.66	107.08	203.91	96.56	112.63	105.34	305.81	317.10	310.65
		日期 date	19910906	19920116	19930721	19940729	19951228	19960122	19970106	19980818	19990518
	最大升幅％ Increase	上海 shanghai			16.44	33.46	30.99	9.83	7.58	5.11	6.59
		日期 date			19930602	19940801	19950518	19961202	19970219	19980819	19990909
		深圳 shenzhen	19.27	12.02	12.43	31.29	28.28	11.04	6.55	5.87	7.03
		日期 date	19911009	19920413	19930824	19940801	19950518	19960426	19970620	19980819	19990720
	最大跌幅％ decrease	上海 shanghai			−13.08	−12.68	−16.39	−9.91	−8.91	−8.36	−7.61
		日期 date			19931220	19940809	19950523	19961216	19970218	19980817	19990701
		深圳 shenzhen	−18.63	−10.04	−11.80	−12.66	−17.21	−10.00	−9.75	−8.32	−7.99
		日期 date	19911118	19921116	19930817	19941005	19950523	19961216	19970218	19980817	19990701
日成交金额（亿元） Daily Trading Value	最大 large	上海 shanghai			38.24	157.54	114.30	192.74	159.83	119.00	404.43
		日期 date			19931207	19940906	19950522	19961203	19970512	19980409	19990625
		深圳 shenzhen	1.1	5.06	22.71	74.49	42.15	189.57	215.81	101.37	353.36
		日期 date	19911113	19921201	19931118	19940906	19950522	19961120	19970507	19980511	19990625
	最小 Small	上海 shanghai			0.98	1.60	1.14	1.53	11.51	15.74	11.62
		日期 date			19930722	19940712	19950215	19960209	19971014	19981231	19990104
		深圳 shenzhen	0	0.11	0.02	0.03	0.02	0.51	11.59	14.77	10.51
		日期 date	19910420	19920202	19930717	19940707	19950617	19960207	19971007	19981231	19990104
市盈率　P/E Ratio	最高 high	上海 shanghai						42.78			47.39
		日期 date						19961209			19990629
		深圳 shenzhen	54.08	64.1	97.67	33.58	13.8	50.76	50.04	41.54	48.05
		日期 date	19910102	19920810	19930222	19940106	19950522	19961211	19970507	19980108	19990629
	最低 low	上海 shanghai						26.95			7.80
		日期 date						19960912			19990428
		深圳 shenzhen	11.46	21.3	28.56	7.37	8.52	8.84	31.56	28.31	28.05
		日期 date	19910906	19920405	19930721	19940729	19950510	19960122	19970819	19980818	19990208

数据来源：上海、深圳证券交易所
Source：Shanghai Shenzhen Stock Exchange

Historical Summary of Stock Trading Records (1991—2011)

2000	2001	2002	2003	2004	2005	2006	2007	2008	2009	2010	2011
2119.44	2242.42	1732.93	1631.47	1777.52	1317.27	2675.47	6092.06	5497.90	3471.44	3306.75	3057.33
20001123	20010613	20020708	20030415	20040406	20050307	20061229	20071016	20080114	20090804	20100111	20110418
654.37	664.85	512.38	449.42	470.55	333.28	552.93	1567.74	1584.40	1240.64	1412.64	1311.34
20001123	20010613	20020624	20030415	20040407	20050309	20061229	20071008	20080115	20091204	20101111	20110309
1406.371	1520.669	1357.654	1316.562	1260.316	1011.499	1180.963	2612.54	1706.70	1863.37	2319.74	2166.21
20000104	20011022	20021231	20031118	20040913	20050711	20060104	20070205	20081104	20090113	20100702	20111227
414.69	439.36	371.79	350.74	315.17	237.18	278.99	547.89	452.33	557.69	890.24	849.76
20000104	20011022	20020122	20031118	20040913	20050718	20060104	20070105	20081104	20090105	20100702	20111228
9.05	9.86	9.25	5.81	4.22	8.21	4.26	5.33	9.46	6.12	3.48	3.04
20000214	20011023	20020624	20030114	20040915	20050608	20060512	20070820	20080919	20090304	20100524	20111012
9.07	9.68	9.05	4.65	4.68	7.92	4.42	5.26	8.89	6.18	4.28	3.50
20000214	20011023	20020624	20030114	20040915	20050608	20060515	20070115	20080919	20090304	20100524	20111012
−4.40	−5.27	−6.33	−3.04	−3.88	−3.76	−5.34	−8.84	−7.73	−6.75	−5.16	−3.79
20000316	20010730	20020128	20030513	20041014	20050818	20060607	20070227	20080610	20090831	20101112	20110808
−4.75	−5.50	−6.59	−2.90	−4.99	−3.38	−5.79	−8.54	−8.02	−7.14	−6.12	−4.43
20000316	20010730	20020128	20030513	20041014	20050818	20060607	20070227	20080610	20090831	20101112	20110808
472.62	234.13	494.80	330.15	286.68	221.57	626.89	2712.94	1896.84	2969.29	3076.91	2080.93
20000217	20011024	20020624	20030416	20040924	20050818	20061206	20070530	20080424	20090729	20101102	20110307
408.34	187.97	325.87	189.41	185.24	137.72	341.23	1358.40	921.64	1781.92	2317.56	1459.64
20000217	20010323	20020624	20030416	20040924	20050818	20060516	20070530	20080108	20091124	20101102	20110222
42.92	27.27	26.60	27.24	31.67	36.75	67.63	502.08	217.96	461.01	432.14	364.74
20000927	20011115	20021008	20030103	20040907	20050707	20060313	20071123	20080909	20090105	20100705	20111229
46.73	14.41	16.15	17.59	17.45	24.74	37.05	241.00	89.79	246.16	403.31	307.93
20000925	20011115	20021209	20030922	20040907	20050104	20060314	20071123	20081103	20090105	20100705	20111010
60.00	62.35	44.40	41.24	43.20	25.19	33.30	71.38	61.94	29.86	28.77	23.79
20001123	20010417	20020708	20030415	20040406	20050308	20061229	20071016	20080114	20090804	20100105	20110418
57.63	57.21	47.97	41.57	40.46	24.68	32.72	73.8	76.13	46.72	47.37	45.41
20001123	20010103	20020624	20030602	20040220	20050113	20061229	20071009	20080115	20091203	20101110	20110104
38.01	34.98	31.29	31.78	24.08	14.92	16.60	32.84	13.89	15.20	18.11	13.20
20000114	20011022	20020128	20031112	20040913	20050711	20060104	20070105	20081104	20090113	20100715	20111227
37.42	36.53	31.36	33.27	24.38	14.66	16.63	32.99	13.52	17.32	30.24	22.65
20000104	20011022	20020122	20031118	20040913	20050718	20060104	20070104	20081104	20090105	20100705	20111228

2－11 1993—2011年全国股票交易统计表

	1993年	1994年	1995年	1996年	1997年	1998年	1999年
交易所会员总数 Number of Members	907	1046	1085	1066	840	659	628
其中：异地会员 Nonlocal Members	836	967	1002	986	773	632	603
上市公司数(个)Number of Listed Companies	183	291	323	530	745	851	949
上市股票数(只) Number of Listed Stocks	218	345	381	599	821	931	1029
其中 A股 A Shares	177	287	311	514	720	825	921
B股 B Shares	41	58	70	85	101	106	108
发行总股本(亿股)	328.67	639.65	765.63	1110.73	1771.42	2345.35	2908.85
其中 A股 A Shares	300.18	592.63	704.08	1025.23	1646.13	2203.96	2757.88
B股 B Shares	28.49	47.01	61.55	85.49	125.29	141.37	150.96
流通股本(亿股) Negotiable Shares	81.61	185.63	234.98	345.56	560.82	740.94	952.34
A股 A Shares	57.13	144.40	178.98	267.14	443.24	607.01	810.45
B股 B Shares	24.48	41.22	45.99	78.41	117.57	133.91	141.88
流通市值(亿元) Nego. Market Capitalization	861.62	968.89	938.22	2867.03	5204.42	5745.59	8213.96
A股 A Shares	683.03	813.87	790.94	2514.01	4856.08	5550.02	7937.46
B股 B Shares	178.59	155.01	147.28	353.01	348.33	195.57	276.49
市价总值(亿元) Total Market Capitalization	3531.01	3690.61	3474.28	9842.38	17529.24	19505.64	26471.17
其中 A股 A Shares	3318.67	3516.03	3310.57	9448.55	17154.19	19299.29	26167.62
B股 B Shares	212.35	174.57	163.70	394.02	375.04	206.34	303.54
成交金额(亿元) Total Turnover	3627.20	8127.62	4036.45	21332.17	30721.83	23544.25	31319.60
其中 A股 A Shares	3522.55	8003.08	3958.58	21052.29	30295.21	23417.72	31049.55
B股 B Shares	104.65	124.55	77.86	279.87	426.62	126.52	270.04
成交量(百万股) Trading Volume	22656.47	101333.91	70530.78	253314.43	256001.89	215410.56	293238.88
其中 A股 A Shares	20916.50	98802.40	68106.57	246492.91	247129.88	209250.08	280974.70
B股 B Shares	1739.97	2531.51	2424.20	6821.52	8872.02	6160.48	12264.18
最高上证综合股价指数 High Shanghai Composite Index	1558.95	1052.94	926.41	1258.69	1510.18	1422.98	1756.18
其中 A股 A Shares	1640.71	1092.85	972.03	1313.92	1578.61	1508.41	1860.86
B股 B Shares	105.78	104.71	63.81	87.12	99.31	59.58	62.56
最低上证综合股价指数 Low Shanghai Composite Index	750.46	325.89	524.43	512.83	870.18	1043.02	1047.83
其中 A股 A Shares	765.58	321.20	539.86	527.85	905.50	1108.91	1113.16
B股 B Shares	51.01	59.81	47.03	44.80	51.93	26.17	21.25
最高深证综合股价指数 High Shenzhen Composite Index	359.44	242.06	169.66	473.02	517.91	441.04	525.14
其中 A股 A Shares	379.07	249.71	176.77	498.45	546.02	471.99	561.56
B股 B Shares	185.45	142.85	86.59	198.14	184.19	98.97	125.42
最低深证综合股价指数 Low Shenzhen Composite Index	203.91	96.56	112.63	105.34	305.81	317.10	310.65
其中 A股 A Shares	214.89	95.26	116.32	107.93	319.25	341.00	333.77
B股 B Shares	80.63	85.07	59.40	58.97	92.79	49.88	41.56

数据来源：上海、深圳证券交易所
Source: Shanghai Shenzhen Stock Exchange

Summary for Stocks Trading(1993—2011)

2000 年	2001 年	2002 年	2003 年	2004 年	2005 年	2006 年	2007 年	2008 年	2009 年	2010 年	2011 年
631	547	437	382	350	328	329	265	233	221	219	228
603	521	406	348	315	290	289	232	—	—	96	99
1088	1160	1224	1287	1377	1381	1434	1550	1625	1718	2063	2342
1174	1240	1310	1372	1463	1467	1520	1636	1711	1804	2149	2428
1010	1130	1199	1261	1353	1358	1411	1527	1602	1696	2041	2320
114	110	111	111	110	109	109	109	109	108	108	108
3613.39	4838.35	5462.99	5997.93	6714.74	7163.54	12683.99	17000.45	18900.12	20606.26	26984.49	29745.11
3439.60	4650.45	5283.64	5808.31	6505.83	6936.08	12445.65	16746.62	18629.77	20332.77	26701.51	29448.59
173.79	187.90	179.34	189.62	208.91	227.47	238.34	253.84	270.35	273.49	282.97	296.52
1233.32	1480.88	1679.94	1897.32	2194.15	2498.89	3444.50	4933.64	6964.97	14200.19	19442.15	22499.86
1078.33	1315.21	1508.43	1717.93	1996.65	2280.84	3215.54	4682.77	6696.76	13928.71	19160.47	22204.54
154.99	165.67	171.51	179.39	197.50	218.05	228.96	250.87	268.21	271.48	281.69	295.32
16087.52	14463.17	12484.56	13178.52	11688.64	10630.52	25003.64	93064.35	45213.90	151258.65	193110.41	164921.30
15524.21	13344.90	11718.75	12505.92	10998.47	10028.44	23731.26	90526.52	44419.11	149455.96	190917.11	163479.06
563.31	1118.28	765.81	872.60	690.17	602.08	1272.38	2537.83	794.79	1802.68	2193.31	1442.24
48090.94	43522.20	38329.13	42457.71	37055.57	32430.28	89403.90	327140.89	121366.43	243939.12	265422.59	214758.09
47455.75	42245.56	37526.56	41520.48	36309.35	31810.55	88113.96	324587.74	120566.55	242127.01	263220.54	213309.34
635.19	1276.65	802.57	937.23	746.22	619.73	1289.94	2553.15	799.88	1812.10	2202.05	1448.26
60826.65	38305.18	27990.45	32115.27	42333.95	31664.78	90468.89	460556.23	267112.66	535986.77	545633.54	421649.73
60278.67	33242.04	27142.04	31269.96	41576.19	31099.38	89217.11	454771.30	265890.43	533889.40	543465.92	420339.19
547.97	5063.13	848.41	845.30	757.76	565.40	1251.78	5784.93	1222.23	2097.37	2167.63	1305.40
475838.21	315228.76	301619.49	416308.40	582773.29	662373.20	1614522.62	3640374.87	2413139.49	5110700.49	4215197.67	3395752.71
455802.07	246340.74	285949.20	399228.05	567290.76	647087.49	1580861.88	3568392.58	2391277.76	5064891.36	4180642.14	3374872.15
20036.13	68888.02	15670.29	17080.37	15482.53	15285.71	33660.76	71982.29	21861.73	45809.13	34555.53	20784.62
2125.72	2245.44	1748.89	1649.60	1783.01	12.00	2698.90	6124.04	5522.78	3478.01	3306.75	3067.46
2251.89	2341.02	1825.77	1725.71	1870.01	1394.58	2839.92	6429.68	5796.72	3651.20	3468.27	3212.22
89.90	241.61	171.72	131.41	122.94	84.22	130.44	394.21	373.77	267.76	322.44	329.54
1361.21	1514.86	1339.20	1307.40	1259.43	998.23	1161.91	2541.53	1664.93	1844.09	2319.74	2134.02
1446.12	1579.63	1397.01	1366.75	1321.16	1047.65	1221.80	2668.33	1749.02	1936.24	2431.61	2235.62
35.47	77.62	109.98	96.23	75.46	50.32	61.99	130.57	86.44	112.21	195.43	205.00
654.37	664.85	512.38	449.42	470.55	333.28	552.93	1567.74	1584.40	1240.64	1412.64	1315.19
703.97	698.10	540.59	472.88	490.56	344.05	572.04	1646.80	1667.91	1302.85	1478.97	1377.68
137.69	435.57	262.31	281.78	315.81	276.84	435.45	803.61	730.95	650.79	888.38	849.88
414.69	439.36	371.79	350.74	315.17	237.18	278.99	547.89	452.33	557.69	890.24	828.83
445.32	461.95	391.10	364.26	328.25	244.71	290.36	566.46	475.37	586.09	932.46	867.31
75.92	124.60	185.52	184.89	212.02	186.53	195.00	434.34	215.82	272.31	510.56	529.71

2-12 1993—2011年上海股票交易情况统计表

	1993年	1994年	1995年	1996年	1997年	1998年	1999年	2000年	2001年
交易所会员总数 Number of Members	481	550	553	524	467	330	310	305	263
其中：异地会员 Nonlocal Members	438	501	504	478	424	318	299	293	253
上市公司数(个)Number of Listed Companies	106	171	188	293	383	438	484	572	646
上市股票数(只) Number of Listed Stocks	123	203	220	329	422	477	525	614	690
其中 A股 A Shares	101	169	184	287	372	425	471	559	636
B股 B Shares	22	34	36	42	50	52	54	55	54
发行总股本(亿股)Total Issued Capital	206.62	419.06	498.25	671.19	975.57	1280.35	1580.15	2032.42	3164.44
其中 A股 A Shares	188.67	387.63	463.60	625.76	907.76	1206.11	1498.68	1947.35	3073.76
B股 B Shares	17.95	31.43	34.65	45.43	67.81	74.23	81.47	85.07	90.68
流通股本(亿股) Negotiable Shares	45.43	108.06	129.85	186.81	285.76	379.73	494.41	648.99	837.53
A股 A Shares	27.15	76.81	95.20	141.38	217.95	305.49	412.94	563.92	746.85
B股 B Shares	18.28	31.25	24.65	45.43	67.81	74.23	81.47	85.07	90.68
流通市值(亿元) Negotiable Market Capitalization	423.94	586.96	587.00	1408.74	2513.47	2947.45	4249.69	8481.33	8382.11
A股 A Shares	294.40	470.37	495.05	1247.06	2327.86	2846.92	4109.94	8146.79	7726.06
B股 B Shares	129.54	116.59	91.95	161.68	185.61	100.53	139.75	334.54	656.06
市价总值(亿元) Total Market Capitalization	2195.69	2600.13	2525.66	5477.81	9218.07	10625.91	14580.47	26930.86	27590.56
其中 A股 A Shares	2067.66	2483.54	2433.71	5316.13	9032.45	10525.38	14440.72	26596.32	26934.51
B股 B Shares	128.04	116.59	91.95	161.88	185.61	100.53	139.75	334.54	656.06
成交金额(亿元) Total Turnover	2340.54	5735.07	3103.46	9114.82	13763.17	12386.11	16965.79	31373.86	22709.38
其中 A股 A Shares	2261.68	5626.73	3042.63	9020.24	13550.24	12304.23	16826.20	31029.69	19876.84
B股 B Shares	78.86	108.35	60.83	94.57	212.93	81.88	139.59	344.17	2832.54
成交量(百万股) Trading Volume	14741.81	65676.03	51382.72	110188.37	121568.19	112795.49	156038.27	243765.39	181995.43
其中 A股 A Shares	13367.93	63432.75	49449.90	107400.20	116601.27	108541.93	148825.08	231087.66	142969.11
B股 B Shares	1373.88	2243.28	1932.82	2788.17	4966.92	4253.56	7213.19	12677.73	39026.32
最高综合股价指数 High Composite Index	1558.95	1052.94	926.41	1258.69	1510.18	1422.98	1756.18	2125.72	2245.44
其中 A股 A Shares	1640.71	1092.85	972.03	1313.92	1578.61	1508.41	1860.86	2251.89	2341.02
B股 B Shares	105.78	104.71	63.81	87.12	99.31	59.58	62.56	89.90	241.61
最低综合股价指数 Low Composite Index	750.46	325.89	524.43	512.83	870.18	1043.02	1047.83	1361.21	1514.86
其中 A股 A Shares	765.58	321.20	539.86	527.85	905.50	1108.91	1113.16	1446.12	1579.63
B股 B Shares	51.01	59.81	47.03	44.80	51.93	26.17	21.25	35.47	77.62

数据来源：上海证券交易所
Source: Shanghai Stock Exchange

Summary for Stocks Trading of Shanghai Stock Exchange (1993—2011)

2002 年	2003 年	2004 年	2005 年	2006 年	2007 年	2008 年	2009	2010	2011
200	177	161	151	153	142	109	107	106	112
186	161	144	133	135	126	—	—	—	—
715	780	837	834	842	860	864	870	894	931
759	824	881	878	886	904	908	914	938	975
705	770	827	824	832	850	854	860	884	921
54	54	54	54	54	54	54	54	54	54
3727.84	4170.39	4700.55	5023.05	10279.54	14173.10	15410.39	16659.96	21939.51	23466.65
3635.49	4075.54	4600.38	4919.54	10169.37	14057.73	15289.19	16536.42	21809.67	23332.37
92.35	94.85	100.17	103.51	110.17	115.38	121.19	123.54	129.84	134.28
992.53	1157.10	1366.58	1561.21	2254.48	3399.30	4916.04	11578.56	16031.30	17993.80
900.18	1062.25	1266.41	1457.70	2144.31	3283.92	4794.85	11455.02	15901.47	17859.52
92.35	94.85	100.17	103.51	110.17	115.38	121.19	123.54	129.84	134.28
7467.30	8201.14	7350.88	6754.61	16428.33	64532.17	32305.91	114305.00	142337.44	122851.36
7025.00	7796.87	7050.61	6514.55	15933.90	63190.57	31929.32	113949.64	141330.23	122167.89
442.30	404.27	300.27	240.06	494.43	1341.60	376.59	855.35	1007.22	683.47
25363.72	29804.92	26014.34	23096.13	71612.38	269838.87	97251.91	184655.23	179007.24	148376.22
24921.42	29400.65	25714.07	22856.07	71117.95	268497.27	96875.31	183799.87	178000.02	147692.76
442.30	404.27	300.27	240.06	494.43	1341.60	376.59	855.35	1007.22	683.47
16959.09	20824.14	26470.60	19240.21	57816.60	305434.29	180429.95	346511.91	304312.01	237560.45
16441.71	20541.24	26229.30	19061.49	57245.11	301960.29	179762.44	345443.26	303215.93	236809.12
517.38	282.89	241.30	178.72	571.49	3473.99	667.51	1068.65	1096.08	746.19
178109.61	269272.88	360774.17	398658.80	1028393.40	2432538.10	1631160.04	3367964.25	2596443.03	2119387.10
169353.26	263263.44	355087.88	392689.32	1012427.92	2393139.40	1620723.95	3347671.95	2581239.67	2107872.30
8756.35	6009.45	5686.29	5969.48	15965.49	39398.70	10436.09	20292.30	15203.36	11418.87
1748.89	1649.60	1783.01	1328.53	2698.90	6124.04	5522.78	3478.01	3306.75	3067.46
1825.77	1725.71	1870.01	1394.58	2839.92	6429.68	5796.72	3651.20	3468.27	3212.22
171.72	131.41	122.94	84.22	130.44	394.21	373.77	267.76	322.44	329.54
1339.20	1307.40	1259.43	998.23	1161.91	2541.53	1664.93	1844.09	2319.74	2134.02
1397.01	1366.75	1321.16	1047.65	1221.80	2668.33	1749.02	1936.24	2431.61	2235.62
109.98	96.23	75.46	50.32	61.99	130.57	86.44	112.21	195.43	206.00

2-13 1993—2011年深圳股票交易情况统计表

	1993年	1994年	1995年	1996年	1997年	1998年	1999年	2000年
交易所会员总数 Number of Members	426	496	532	542	373	329	318	326
其中:异地会员 Nonlocal Members	398	466	498	508	349	314	304	310
上市公司数(个)Number of Listed Companies	77	120	135	237	362	413	465	516
上市股票数(只) Number of Listed Stocks	95	142	161	270	399	454	504	560
其中 A股 A Shares	76	118	127	227	348	400	450	451
B股 B Shares	19	24	34	43	51	54	54	59
发行总股本(亿股)Total Issued Capital	122.05	220.59	267.38	439.54	795.85	1065.00	1328.70	1580.97
其中 A股 A Shares	111.51	205.00	240.48	399.47	738.37	997.85	1259.20	1492.25
B股 B Shares	10.54	15.58	26.90	40.06	57.48	67.14	69.49	88.72
流通股本(亿股) Negotiable Shares	36.18	77.57	105.13	158.75	275.06	361.21	457.93	584.33
A股 A Shares	29.98	67.59	83.78	125.76	225.29	301.52	397.51	514.41
B股 B Shares	6.20	9.97	21.34	32.98	49.76	59.68	60.41	69.92
流通市值(亿元) Negotiable Market Capitalization	437.68	381.93	351.22	1458.29	2690.95	2798.14	3964.27	7606.19
A股 A Shares	388.63	343.50	295.89	1266.95	2528.22	2703.10	3827.52	7377.42
B股 B Shares	49.05	38.42	55.33	191.33	162.72	95.04	136.74	228.77
市价总值(亿元) Total Market Capitalization	1335.32	1090.48	948.62	4364.57	8311.17	8879.73	11890.70	21160.08
其中 A股 A Shares	1251.01	1032.49	876.86	4132.42	8121.74	8773.91	11726.90	20859.43
B股 B Shares	84.31	57.98	71.75	232.14	189.43	105.81	163.79	300.65
成交金额(亿元) Total Turnover	1286.66	2392.55	932.99	12217.35	16958.66	11158.14	14353.81	29452.79
其中 A股 A Shares	1260.87	2376.35	915.95	12032.05	16744.97	11113.49	14223.35	29248.98
B股 B Shares	25.79	16.20	17.03	185.30	213.69	44.64	130.45	203.80
成交量(百万股) Trading Volume	7914.66	35657.88	19148.06	143126.06	134433.70	102615.07	137200.61	232072.82
其中 A股 A Shares	7548.57	35369.65	18656.67	139092.71	130528.61	100708.15	132149.62	224714.41
B股 B Shares	366.09	288.23	491.38	4033.35	3905.10	1906.92	5050.99	7358.40
最高综合股价指数 High Composite Index	359.44	242.06	169.66	473.02	517.91	441.04	525.14	654.37
其中 A股 A Shares	379.07	249.71	176.77	498.45	546.02	471.99	561.56	703.97
B股 B Shares	185.45	142.85	86.59	198.14	184.19	98.97	125.42	137.69
最低综合股价指数 Low Composite Index	203.91	96.56	112.63	105.34	305.81	317.10	310.65	414.69
其中 A股 A Shares	214.89	95.26	116.32	107.93	319.25	341.00	333.77	445.32
B股 B Shares	80.63	85.07	59.40	58.97	92.79	49.88	41.56	75.92

数据来源:深圳证券交易所
Source: Shenzhen Stock Exchange

Summary for Stocks Trading of Shenzhen Stock Exchange (1993—2011)

2001 年	2002 年	2003 年	2004 年	2005 年	2006 年	2007 年	2008 年	2009	2010 年	2011 年
284	237	205	189	177	176	123	124	114	113	116
268	220	187	171	157	154	106	—	97	96	99
514	509	507	540	547	592	690	761	848	1169	1411
550	551	548	582	589	634	732	803	890	1211	1453
494	494	491	526	534	579	677	748	836	1157	1399
56	57	57	56	55	55	55	55	54	54	54
1673.91	1735.15	1827.54	2014.19	2140.49	2404.45	2827.35	3489.74	3946.30	5044.98	6278.46
1576.69	1648.15	1732.77	1905.45	2016.54	2276.28	2688.89	3340.58	3796.35	4891.84	6116.22
97.22	86.99	94.77	108.74	123.96	128.17	138.46	149.16	149.95	153.13	162.24
643.35	687.41	740.22	827.57	937.68	1190.02	1534.34	2048.93	2621.63	3410.85	4506.06
568.36	608.25	655.68	730.24	823.14	1071.23	1398.85	1901.91	2473.69	3259.00	4345.02
74.99	79.16	84.54	97.33	114.54	118.79	135.49	147.02	147.94	151.85	161.04
6081.06	5017.26	4977.38	4337.76	3875.91	8575.31	28532.18	12907.99	36453.65	50772.97	42069.94
5618.84	4693.75	4509.05	3947.86	3513.89	7797.36	27335.95	12489.79	35506.32	49586.88	41311.17
462.22	323.51	468.33	389.90	362.02	777.95	1196.23	418.20	947.33	1186.09	758.77
15931.64	12965.41	12652.79	11041.23	9334.15	17791.52	57302.02	24114.53	59283.89	86415.35	66381.87
15311.05	12605.14	12119.83	10595.28	8954.48	16996.01	56090.47	23691.24	58327.14	85220.52	65617.08
620.59	360.27	532.96	445.95	379.67	795.51	1211.55	423.29	956.75	1194.83	764.79
15595.80	11031.36	11291.13	15863.35	12424.57	32652.29	155121.94	86682.71	189474.86	241321.53	184089.28
13365.20	10700.33	10728.72	15346.89	12037.89	31972.00	152811.01	86127.99	188446.14	240249.99	183530.07
2230.59	331.03	562.41	516.46	386.68	680.29	2310.94	554.72	1028.72	1071.55	559.21
133233.33	123509.88	147035.52	221999.12	263714.40	586129.22	1207836.77	781979.45	1742736.24	1618754.64	1276365.61
103371.63	116595.94	135964.61	212202.88	254398.17	568433.96	1175253.18	770553.81	1717219.41	1599402.47	1266999.85
29861.70	6913.94	11070.92	9796.24	9316.23	17695.27	32583.59	11425.64	25516.83	19352.17	9365.75
664.85	512.38	449.42	470.55	333.28	552.93	1567.74	1584.40	1240.64	1412.64	1315.19
698.10	540.59	472.88	490.56	344.05	572.04	1646.80	1667.91	1302.85	1478.97	1377.68
435.57	262.31	281.78	315.81	276.84	435.45	803.61	730.95	650.79	888.38	849.88
439.36	371.79	350.74	315.17	237.18	278.99	547.89	452.33	557.69	890.24	828.83
461.95	391.10	364.26	328.25	244.71	290.36	566.46	475.37	586.09	932.46	867.31
124.60	185.52	184.89	212.02	186.53	195.00	434.34	215.82	272.31	510.56	529.71

2－14　2011 年境外股票发行情况一览表

Summary of H Shares Offering in 2011

公司简称 Issuer	上市地点 Listing Venue	上市时间 Listing Date	发行价(港元) Issue Price (HK $)	发行量(百万股) Issue Volume (Mil shares)	筹资金额(百万港元) Raised Capital (HK $ mil)
上海医药	香港主板	2011－5－20	23.00	763.85	17568.46
华能新能源	香港主板	2011－6－10	2.50	2646.90	6617.25
中信证券	香港主板	2011－10－6	13.30	1071.21	14247.05
新华保险	香港主板	2011－12－15	28.50	358.42	10214.97
京能清洁能源	香港主板	2011－12－22	1.67	1264.90	2112.38
国电科环	香港主板	2011－12－30	2.16	1213.77	2621.74
天大石油**	香港主板	2011－4－11	3.96	196.00	776.16
山东威高**	香港主板	2011－4－28	20.60	85.62	1763.85
国药控股	香港主板	2011－4－22	25.00	138.06	3451.42
平安保险**	香港主板	2011－6－15	71.50	272.00	19448.00
中信银行	香港主板	2011－7－29	4.01	2480.36	9946.25
中国人保	香港主板	2011－12－30	5.50	345.60	1900.79
合　计					90668.32

注：**为增资发行。
数据来源：中国证监会
Source：CSRC

2－15　2011年全国股票分行业成交量、成交额

Trading Volume and Value for Stocks in 2011 (Categorized by Industries)

行　业 Industry	成交数量 Trading Volume (10000)		成交金额 Trading Turnover (10000)	
	数量(万股)	(%)	金额(万元)	(%)
合计　Total	339565677.33	100.00	4216445843.64	100.00
其中：15000万股以上	328063572.96	96.61	3957359980.50	93.86
5000万股—15000万股	11354481.76	3.34	254613311.21	6.04
5000万股以下	147622.60	0.04	4472551.92	0.11
农、林、牧、副、渔业 Agriculture, Forestry, Fishing and Hunting	6298217.27	1.85	86913577.30	2.06
采掘业 Mining	14768051.69	4.35	295208147.33	7.00
食品、饮料 Food, Beverage	10209865.62	3.01	190972218.37	4.53
纺织、服装、毛皮 Textile, Apparel, Leather	9037975.96	2.66	97196087.59	2.31
木材、家具 Wood Product	1191740.74	0.35	11095030.16	0.26
造纸、印刷 Paper, Printing	5190829.31	1.53	47155300.07	1.12
石油、化学、橡胶、塑料 Petroleum, Chemical Product, Plastics, Rubber	30180306.49	8.89	397464418.04	9.43
电子 Electrical Equipment	18658149.36	5.49	209126822.34	4.96
金属、非金属 Metal, Nonmetallic Mineral Product	36005154.67	10.60	498339328.97	11.82
机械、设备、仪表 Machinery, Equipment, Meter	45980845.10	13.54	677693697.07	16.07
医药、生物 Medicine, Biologic Product	13996725.26	4.12	226297790.85	5.37
其他制造业 Other Manufacuring	2704372.17	0.80	40901740.18	0.97
电力、蒸汽及水的生产及供应业 Electricity, Gas, Water Supply	14647542.57	4.31	122857222.24	2.91
建筑业 Construction	11531881.26	3.40	103572813.09	2.46
交通运输、仓储业 Transport, Storage	14576391.64	4.29	104885294.22	2.49
信息技术业 Information, Technology	14250555.84	4.20	198088471.35	4.70
批发和零售贸易 Wholesale and Retail Trade	14301261.62	4.21	176841564.73	4.19
金融、保险业 Finance, Insurance	29574897.33	8.71	286182718.80	6.79
房地产业 Real Estate	24414395.21	7.19	203452130.29	4.83
社会服务业 Social Services	6806486.56	2.00	81625251.63	1.94
传播及文化产业 Transmission, Culture	3085114.96	0.91	45023914.63	1.07
综合类 Conglomerat	12154916.61	3.58	115552304.28	2.74

数据来源：上海、深圳证券交易所
Source: Shanghai Shenzhen Stock Exchange

2－16　2011年上海股票分行业成交量、成交额

Trading Volume and Value of Shanghai Stock Exchange in 2011(Categorized by Industries)

行　业 Industry	成交数量 Trading Volume (10000)		成交金额 Trading Turnover (10000)	
	数量(万股)	(%)	金额(万元)	(%)
合计　Total	211929116.74	100.00	2375553042.15	100.00
其中：15000万股以上	209476056.01	98.84	2339467322.42	98.48
5000万股—15000万股	2443246.26	1.17	36032190.16	1.54
5000万股以下	9814.47	0.40	53529.57	0.15
农、林、牧、副、渔业 Agriculture, Forestry, Fishing and Hunting	3852206.42	1.82	42180778.41	1.78
采掘业 Mining	11640598.78	5.49	214284821.93	9.02
食品、饮料 Food, Beverage	5924663.02	2.80	97964855.69	4.12
纺织、服装、毛皮 Textile, Apparel, Leather	6119054.39	2.89	61949437.76	2.61
木材、家具 Wood Product	450805.49	0.21	3102490.93	0.13
造纸、印刷 Paper, Printing	2998551.12	1.41	23045539.59	0.97
石油、化学、橡胶、塑料 Petroleum, Chemical Product, Plastics, Rubber	14595872.32	6.89	189200098.83	7.96
电子 Electrical Equipment	6506312.87	3.07	66021709.08	2.78
金属、非金属 Metal, Nonmetallic Mineral Product	19479197.15	9.19	265370448.67	11.17
机械、设备、仪表 Machinery, Equipment, Meter	24612078.43	11.61	323610232.41	13.62
医药、生物 Medicine, Biologic Product	8563098.21	4.04	123140249.65	5.18
其他制造业 Other Manufacuring	1125099.84	0.53	10339473.12	0.44
电力、蒸汽及水的生产及供应业 Electricity, Gas, Water Supply	11025457.80	5.20	89494947.99	3.77
建筑业 Construction	10031254.58	4.73	76933345.69	3.24
交通运输、仓储业 Transport, Storage	12782028.71	6.03	87420655.50	3.68
信息技术业 Information, Technology	8025507.55	3.79	87007597.54	3.66
批发和零售贸易 Wholesale and Retail Trade	8942570.05	4.22	111380587.20	4.69
金融、保险业 Finance, Insurance	26838019.81	12.66	246021875.63	10.36
房地产业 Real Estate	14946171.61	7.05	130385962.74	5.49
社会服务业 Social Services	2975911.31	1.40	28842955.05	1.21
传播及文化产业 Transmission, Culture	2175411.19	1.03	27244417.57	1.15
综合类 Conglomerat	8319246.10	3.93	70610561.16	2.97

注：成交不含股票约定购回式。
数据来源：上海证券交易所
Source: Shanghai Stock Exchange

2－17　2011年深圳股票分行业成交量、成交额

Trading Volume and Value of Shenzhen Stock Exchange in 2011 (Categorized by Industries)

行　业 Industry	成交数量 Trading Volume (10000)		成交金额 Trading Turnover (10000)	
	数量(万股)	(%)	金额(万元)	(%)
合计　Total	127636560.59	100.00	1840892801.49	100.00
其中：15000万股以上	118587516.95	92.91	1617892658.08	87.89
5000万股—15000万股	8911235.50	6.98	218581121.05	11.87
5000万股以下	137808.13	0.11	4419022.35	0.24
农、林、牧、副、渔业 Agriculture, Forestry, Fishing and Hunting	2446010.85	1.92	44732798.89	2.43
采掘业 Mining	3127452.91	2.45	80923325.40	4.40
食品、饮料 Food, Beverage	4285202.60	3.36	93007362.68	5.05
纺织、服装、毛皮 Textile, Apparel, Leather	2918921.57	2.29	35246649.83	1.91
木材、家具 Wood Product	740935.25	0.58	7992539.23	0.43
造纸、印刷 Paper, Printing	2192278.19	1.72	24109760.48	1.31
石油、化学、橡胶、塑料 Petroleum, Chemical Product, Plastics, Rubber	15584434.17	12.21	208264319.21	11.31
电子 Electrical Equipment	12151836.49	9.52	143105113.26	7.77
金属、非金属 Metal, Nonmetallic Mineral Product	16525957.52	12.95	232968880.30	12.66
机械、设备、仪表 Machinery, Equipment, Meter	21368766.67	16.74	354083464.66	19.23
医药、生物 Medicine, Biologic Product	5433627.05	4.26	103157541.20	5.60
其他制造业 Other Manufacuring	1579272.33	1.24	30562267.06	1.66
电力、蒸汽及水的生产及供应业 Electricity, Gas, Water Supply	3622084.77	2.84	33362274.25	1.81
建筑业 Construction	1500626.68	1.18	26639467.40	1.45
交通运输、仓储业 Transport, Storage	1794362.93	1.41	17464638.72	0.95
信息技术业 Information, Technology	6225048.29	4.88	111080873.81	6.03
批发和零售贸易 Wholesale and Retail Trade	5358691.57	4.20	65460977.53	3.56
金融、保险业 Finance, Insurance	2736877.52	2.14	40160843.17	2.18
房地产业 Real Estate	9468223.60	7.42	73066167.55	3.97
社会服务业 Social Services	3830575.25	3.00	52782296.58	2.87
传播及文化产业 Transmission, Culture	909703.77	0.71	17779497.06	0.97
综合类 Conglomerat	3835670.51	3.01	44941743.12	2.44

数据来源：深圳证券交易所
Source: Shanghai Stock Exchange

2－18　2011年全国股票每日成交量、成交额

日期 Date	1月 Jan.		2月 Feb.		3月 Mar.		4月 Apr.		5月 May.		6月 Jun.	
	成交额 Turnover	成交量 Volume	成交额 Turnover	成交量 Volume	成交额 Turnover	成交量 Volume	成交额 Turnover	成交量 Volume	成交额 Turnover	成交量 Volume	成交额 Turnover	成交量 Volume
1	0.00	0.00	1469.08	107.08	2988.58	213.91	2023.26	151.95	0.00	0.00	1348.75	112.31
2	0.00	0.00	0.00	0.00	2781.10	201.70	0.00	0.00	0.00	0.00	1540.81	132.61
3	0.00	0.00	0.00	0.00	2926.99	220.37	0.00	0.00	1719.68	153.57	1344.16	109.19
4	2599.04	173.28	0.00	0.00	2368.29	177.02	0.00	0.00	1982.57	162.04	0.00	0.00
5	2429.15	162.11	0.00	0.00	0.00	0.00	0.00	0.00	1578.67	132.72	0.00	0.00
6	2046.92	136.18	0.00	0.00	0.00	0.00	2784.18	207.72	1732.10	140.32	0.00	0.00
7	2330.95	169.54	0.00	0.00	3428.89	244.84	2516.23	189.92	0.00	0.00	1326.43	105.32
8	0.00	0.00	0.00	0.00	2877.45	200.01	2473.47	178.64	0.00	0.00	1479.69	122.78
9	0.00	0.00	1689.37	126.11	2817.98	195.11	0.00	0.00	1565.09	125.88	1569.84	132.90
10	1957.21	139.57	1978.88	147.18	2885.10	194.79	0.00	0.00	1619.21	128.20	1381.28	117.27
11	1668.96	123.25	2237.29	166.03	2724.17	185.29	3052.77	229.32	1791.08	144.47	0.00	0.00
12	1536.04	120.19	0.00	0.00	0.00	0.00	2727.14	223.97	1902.94	156.32	0.00	0.00
13	1508.44	111.47	0.00	0.00	0.00	0.00	2452.57	197.89	1735.43	143.26	1213.37	100.38
14	1600.16	117.91	3043.16	229.21	2692.90	185.19	2502.91	201.35	0.00	0.00	1572.16	132.43
15	0.00	0.00	3113.28	226.12	3261.82	238.78	2504.81	200.76	0.00	0.00	1432.39	120.15
16	0.00	0.00	2767.74	195.93	2881.85	205.93	0.00	0.00	1653.25	137.92	1284.65	112.67
17	1803.07	138.59	2965.50	205.15	2908.04	211.93	0.00	0.00	1896.11	154.94	1206.57	100.85
18	1170.22	90.08	2555.45	177.80	2220.82	158.55	2719.07	217.54	1531.51	124.89	0.00	0.00
19	1526.82	116.14	0.00	0.00	0.00	0.00	2868.47	231.41	1565.72	128.17	0.00	0.00
20	1657.59	128.78	0.00	0.00	0.00	0.00	2475.83	191.27	1424.90	114.13	1085.93	93.45
21	1712.38	138.47	2645.33	188.18	2162.65	153.58	2624.66	202.50	0.00	0.00	1221.43	103.63
22	0.00	0.00	3377.63	236.78	2077.07	147.00	2390.46	194.31	0.00	0.00	1126.57	96.14
23	0.00	0.00	2432.38	171.33	2385.33	174.35	0.00	0.00	1851.20	156.72	1465.15	122.10
24	1588.59	126.53	2432.06	172.82	2404.78	173.36	0.00	0.00	1527.55	123.96	2417.04	198.58
25	1274.87	101.73	2246.82	158.40	2946.44	213.98	2428.49	187.35	1452.10	121.11	0.00	0.00
26	1137.66	89.69	0.00	0.00	0.00	0.00	1934.19	151.75	1522.62	125.32	0.00	0.00
27	1824.27	149.01	0.00	0.00	0.00	0.00	1962.57	162.47	1505.64	130.36	2063.86	167.30
28	1610.70	124.73	2620.44	186.98	3411.76	245.98	1952.55	162.35	0.00	0.00	1795.73	142.79
29	0.00	0.00	0.00	0.00	3343.88	259.65	1531.66	130.24	0.00	0.00	1710.45	141.31
30	0.00	0.00	0.00	0.00	2584.64	201.25	0.00	0.00	1203.36	103.81	1800.00	148.07
31	1716.26	131.66	0.00	0.00	2218.35	169.31	0.00	0.00	1312.20	110.16	0.00	0.00

数据来源：上海、深圳证券交易所
Source：Shanghai Shenzhen Stock Exchange

Daily Trading Volume and Value of Stocks in 2011

7月 Jul.		8月 Aug.		9月 Sep.		10月 Oct.		11月 Nov.		12月 Dec.	
成交额 Turnover	成交量 Volume	成交额 Turnover	成交量 Volume	成交额 Turnover	成交量 Volume	成交额 Turnover	成交量 Volume	成交额 Turnover	成交量 Volume	成交额 Turnover	成交量 Volume
1875.74	151.65	1287.70	98.90	1139.12	95.73	0.00	0.00	1662.89	149.71	1766.35	160.71
0.00	0.00	1505.82	117.64	1044.82	88.96	0.00	0.00	1999.68	178.30	1102.68	100.90
0.00	0.00	1495.44	112.38	0.00	0.00	0.00	0.00	2713.87	236.12	0.00	0.00
2499.99	199.20	1379.59	105.19	0.00	0.00	0.00	0.00	1930.54	172.16	0.00	0.00
2315.52	184.45	1670.26	131.83	1048.89	89.05	0.00	0.00	0.00	0.00	958.06	88.88
2193.73	172.58	0.00	0.00	948.67	79.70	0.00	0.00	0.00	0.00	826.67	77.19
2551.30	194.24	0.00	0.00	1161.35	98.93	0.00	0.00	1515.75	135.44	757.28	69.05
1858.78	144.43	2128.17	178.19	1120.08	92.03	0.00	0.00	1466.34	133.70	966.44	88.24
0.00	0.00	1966.57	167.93	980.63	82.72	0.00	0.00	1562.41	135.68	772.19	69.57
0.00	0.00	1956.52	162.61	0.00	0.00	708.01	67.65	1753.63	152.15	0.00	0.00
1859.84	144.61	1919.90	158.38	0.00	0.00	1111.37	102.73	1372.83	119.52	0.00	0.00
2080.43	164.73	1932.96	163.78	0.00	0.00	1484.32	144.93	0.00	0.00	698.33	66.67
2018.75	155.26	0.00	0.00	938.45	80.72	1511.72	144.54	0.00	0.00	960.93	97.02
2363.92	177.95	0.00	0.00	999.59	87.37	1096.69	101.50	1721.72	146.17	749.31	74.14
2485.35	187.60	1807.18	155.08	1045.30	91.76	0.00	0.00	1655.23	140.80	912.76	96.03
0.00	0.00	1735.96	143.43	950.47	81.79	0.00	0.00	1817.40	162.80	967.37	97.17
0.00	0.00	1424.03	120.41	0.00	0.00	1135.46	98.90	1361.10	116.96	0.00	0.00
2363.53	179.35	1502.92	123.15	0.00	0.00	1279.52	123.79	1421.74	127.00	0.00	0.00
2033.55	155.07	1411.28	116.77	907.85	82.30	1003.06	94.89	0.00	0.00	987.95	99.01
1827.89	140.44	0.00	0.00	892.75	78.55	1093.34	106.66	0.00	0.00	950.05	93.34
1767.97	136.79	0.00	0.00	1582.59	140.59	824.04	80.36	1009.28	88.14	899.37	87.22
1567.90	119.70	1263.56	101.76	1370.27	123.59	0.00	0.00	1017.47	89.39	991.25	103.95
0.00	0.00	1277.56	103.68	1217.73	109.64	0.00	0.00	1006.17	87.18	885.06	92.48
0.00	0.00	1464.17	114.07	0.00	0.00	1132.50	112.80	1043.18	92.49	0.00	0.00
2163.20	177.92	1887.25	164.46	0.00	0.00	1544.76	148.78	979.34	82.79	0.00	0.00
1428.58	117.40	1595.22	129.64	1048.13	95.80	1816.84	174.51	0.00	0.00	714.03	74.35
1682.32	131.25	0.00	0.00	1034.52	92.61	1412.48	135.07	0.00	0.00	773.57	80.70
1690.95	129.25	0.00	0.00	1028.70	92.58	1906.16	178.84	958.63	81.45	804.69	87.26
1543.36	121.91	1560.80	127.12	1041.61	98.39	0.00	0.00	1165.69	98.22	716.95	78.30
0.00	0.00	1561.29	127.66	814.83	78.29	0.00	0.00	1421.74	130.86	829.48	87.50
0.00	0.00	1238.86	100.22	0.00	0.00	1622.98	144.55	0.00	0.00	0.00	0.00

2－19 2011年上海股票每日成交量、成交额

日期 Date	1月 Jan.		2月 Feb.		3月 Mar.		4月 Apr.		5月 May.		6月 Jun.	
	成交额 Turnover	成交量 Volume	成交额 Turnover	成交量 Volume	成交额 Turnover	成交量 Volume	成交额 Turnover	成交量 Volume	成交额 Turnover	成交量 Volume	成交额 Turnover	成交量 Volume
1	0.00	0.00	901.22	73.37	1728.15	137.12	1258.95	99.95	0.00	0.00	776.53	68.57
2	0.00	0.00	0.00	0.00	1655.15	133.51	0.00	0.00	0.00	0.00	943.56	86.06
3	0.00	0.00	0.00	0.00	1778.95	150.64	0.00	0.00	1079.41	108.82	784.33	68.09
4	1466.88	110.86	0.00	0.00	1446.22	118.37	0.00	0.00	1255.28	111.67	0.00	0.00
5	1357.04	104.88	0.00	0.00	0.00	0.00	0.00	0.00	989.50	91.22	0.00	0.00
6	1134.81	84.96	0.00	0.00	0.00	0.00	1770.69	142.15	1054.09	91.25	0.00	0.00
7	1373.78	113.50	0.00	0.00	2080.93	160.23	1532.61	124.84	0.00	0.00	792.14	65.06
8	0.00	0.00	0.00	0.00	1687.58	126.75	1471.96	114.41	0.00	0.00	875.76	74.33
9	0.00	0.00	1048.45	87.27	1655.22	124.98	0.00	0.00	940.83	81.62	956.56	83.86
10	1110.12	90.92	1175.79	98.20	1666.18	123.89	0.00	0.00	985.59	83.89	834.91	73.64
11	945.22	80.58	1282.36	108.08	1528.46	116.11	1831.91	147.40	1072.56	92.59	0.00	0.00
12	882.78	79.46	0.00	0.00	0.00	0.00	1656.06	145.99	1144.25	100.45	0.00	0.00
13	880.81	74.98	0.00	0.00	0.00	0.00	1477.23	128.53	1039.52	93.31	732.62	63.14
14	908.17	76.99	1802.83	154.62	1527.05	117.00	1487.01	129.55	0.00	0.00	953.68	83.23
15	0.00	0.00	1876.97	152.65	1880.64	155.21	1489.87	128.68	0.00	0.00	856.66	75.07
16	0.00	0.00	1601.46	127.83	1662.12	131.06	0.00	0.00	958.62	84.76	766.68	70.98
17	1048.73	92.53	1691.59	130.51	1707.11	137.88	0.00	0.00	1099.51	94.96	744.48	64.47
18	677.80	60.41	1422.38	113.92	1278.80	100.81	1608.54	137.52	904.61	76.95	0.00	0.00
19	899.86	78.53	0.00	0.00	0.00	0.00	1663.93	142.15	912.99	77.11	0.00	0.00
20	958.54	86.05	0.00	0.00	0.00	0.00	1440.63	120.08	840.91	70.83	653.09	60.11
21	1029.29	95.73	1464.95	119.10	1225.65	96.81	1499.62	127.45	0.00	0.00	734.33	64.95
22	0.00	0.00	1917.99	153.02	1202.25	95.14	1401.56	125.88	0.00	0.00	647.60	58.55
23	0.00	0.00	1377.40	111.15	1390.03	113.11	0.00	0.00	1114.54	98.64	825.28	73.88
24	962.91	88.01	1374.15	109.85	1374.91	109.22	0.00	0.00	890.50	75.02	1427.90	125.93
25	756.90	69.62	1246.68	100.40	1712.11	136.51	1406.98	117.45	863.38	74.51	0.00	0.00
26	673.67	60.85	0.00	0.00	0.00	0.00	1125.97	95.27	932.52	79.03	0.00	0.00
27	1153.15	105.63	0.00	0.00	0.00	0.00	1150.86	105.65	919.94	82.60	1163.52	101.81
28	985.80	85.51	1483.58	118.72	1964.20	156.07	1161.67	105.88	0.00	0.00	1043.18	88.52
29	0.00	0.00	0.00	0.00	1998.36	168.92	933.16	87.59	0.00	0.00	995.75	88.81
30	0.00	0.00	0.00	0.00	1537.58	130.21	0.00	0.00	711.89	65.23	1034.91	91.42
31	1069.55	91.58	0.00	0.00	1346.47	109.02	0.00	0.00	781.10	67.99	0.00	0.00

数据来源：上海证券交易所
Source: Shanghai Stock Exchange

Daily Trading Volume and Value of Shanghai Stock Exchange in 2011

成交额：亿元　成交量：亿股

7月 Jul.		8月 Aug.		9月 Sep.		10月 Oct.		11月 Nov.		12月 Dec.	
成交额 Turnover	成交量 Volume	成交额 Turnover	成交量 Volume	成交额 Turnover	成交量 Volume	成交额 Turnover	成交量 Volume	成交额 Turnover	成交量 Volume	成交额 Turnover	成交量 Volume
1055.44	92.15	662.02	59.08	601.57	57.90	0.00	0.00	857.00	89.37	954.55	99.00
0.00	0.00	780.61	70.04	560.74	54.58	0.00	0.00	1025.68	105.96	573.60	59.88
0.00	0.00	735.58	64.10	0.00	0.00	0.00	0.00	1372.96	137.90	0.00	0.00
1439.65	122.12	695.65	59.00	0.00	0.00	0.00	0.00	1003.94	102.25	0.00	0.00
1289.57	110.31	879.52	78.68	564.44	55.08	0.00	0.00	0.00	0.00	488.49	52.36
1227.51	103.81	0.00	0.00	501.47	49.23	0.00	0.00	0.00	0.00	427.21	46.00
1402.92	116.67	0.00	0.00	620.86	59.79	0.00	0.00	796.86	79.63	398.06	41.61
1029.03	86.35	1176.00	110.33	600.77	55.31	0.00	0.00	773.71	79.10	494.98	51.91
0.00	0.00	1077.51	103.73	535.80	51.28	0.00	0.00	783.54	78.47	389.14	40.04
0.00	0.00	1040.75	100.40	0.00	0.00	400.08	41.80	861.03	87.80	0.00	0.00
1017.51	86.34	1002.24	95.69	0.00	0.00	628.65	64.04	652.54	66.32	0.00	0.00
1116.55	96.82	1002.09	97.32	0.00	0.00	847.46	91.68	0.00	0.00	367.18	39.93
1079.02	92.10	0.00	0.00	520.51	50.12	823.94	87.98	0.00	0.00	516.68	58.70
1260.94	105.16	0.00	0.00	550.28	54.26	585.26	60.83	827.41	81.43	386.59	44.14
1282.87	108.03	911.28	88.80	559.36	56.07	0.00	0.00	806.84	79.45	478.15	57.06
0.00	0.00	906.11	85.52	496.50	48.06	0.00	0.00	927.21	93.64	508.70	57.50
0.00	0.00	722.45	70.16	0.00	0.00	577.36	58.29	663.70	66.78	0.00	0.00
1296.31	108.15	770.49	71.86	0.00	0.00	696.71	80.00	713.77	73.00	0.00	0.00
1103.47	92.87	737.72	70.61	487.55	48.90	532.69	58.68	0.00	0.00	497.88	57.95
998.75	84.14	0.00	0.00	481.05	46.42	580.02	65.70	0.00	0.00	472.02	53.16
960.54	81.97	0.00	0.00	883.42	86.82	439.22	49.08	497.27	50.35	461.68	50.97
826.49	70.29	655.61	61.26	749.79	74.77	0.00	0.00	506.93	51.45	490.24	59.77
0.00	0.00	632.90	61.02	679.95	67.33	0.00	0.00	503.12	50.93	446.13	54.22
0.00	0.00	707.93	65.58	0.00	0.00	629.94	70.90	518.17	52.48	0.00	0.00
1208.74	111.26	1048.83	105.22	0.00	0.00	838.45	91.07	468.76	46.04	0.00	0.00
796.58	73.02	816.03	77.91	589.68	57.46	987.21	107.53	0.00	0.00	365.50	43.75
922.08	80.52	0.00	0.00	556.31	55.50	753.76	82.67	0.00	0.00	377.21	45.97
905.74	78.58	0.00	0.00	558.44	55.90	1043.09	110.26	466.30	46.41	404.14	50.26
837.97	75.49	798.64	76.03	572.05	59.30	0.00	0.00	577.93	55.94	364.74	45.63
0.00	0.00	801.17	76.47	461.14	48.83	0.00	0.00	723.90	76.71	429.91	52.39
0.00	0.00	623.90	59.31	0.00	0.00	818.84	84.38	0.00	0.00	0.00	0.00

2-20 2011年深圳股票每日成交量、成交额

日期 Date	1月 Jan.		2月 Feb.		3月 Mar.		4月 Apr.		5月 May.		6月 Jun.	
	成交额 Turnover	成交量 Volume	成交额 Turnover	成交量 Volume	成交额 Turnover	成交量 Volume	成交额 Turnover	成交量 Volume	成交额 Turnover	成交量 Volume	成交额 Turnover	成交量 Volume
1	0.00	0.00	567.86	33.71	1260.43	76.79	764.31	52.00	0.00	0.00	572.22	43.74
2	0.00	0.00	0.00	0.00	1125.95	68.19	0.00	0.00	0.00	0.00	597.25	46.55
3	0.00	0.00	0.00	0.00	1148.04	69.73	0.00	0.00	640.27	44.75	559.83	41.10
4	1132.16	62.42	0.00	0.00	922.07	58.65	0.00	0.00	727.29	50.37	0.00	0.00
5	1072.11	57.23	0.00	0.00	0.00	0.00	0.00	0.00	589.17	41.50	0.00	0.00
6	912.11	51.22	0.00	0.00	0.00	0.00	1013.49	65.57	678.01	49.07	0.00	0.00
7	957.17	56.04	0.00	0.00	1347.96	84.61	983.62	65.08	0.00	0.00	534.29	40.26
8	0.00	0.00	0.00	0.00	1189.87	73.26	1001.51	64.23	0.00	0.00	603.93	48.45
9	0.00	0.00	640.92	38.84	1162.76	70.13	0.00	0.00	624.26	44.26	613.28	49.04
10	847.09	48.65	803.09	48.98	1218.92	70.90	0.00	0.00	633.62	44.31	546.37	43.63
11	723.74	42.67	954.93	57.95	1195.71	69.18	1220.86	81.92	718.52	51.88	0.00	0.00
12	653.26	40.73	0.00	0.00	0.00	0.00	1071.08	77.98	758.69	55.87	0.00	0.00
13	627.63	36.49	0.00	0.00	0.00	0.00	975.34	69.36	695.91	49.95	480.75	37.24
14	691.99	40.92	1240.33	74.59	1165.85	68.19	1015.90	71.80	0.00	0.00	618.48	49.20
15	0.00	0.00	1236.31	73.47	1381.18	83.57	1014.94	72.08	0.00	0.00	575.73	45.08
16	0.00	0.00	1166.28	68.10	1219.73	74.87	0.00	0.00	694.63	53.16	517.97	41.69
17	754.34	46.06	1273.91	74.64	1200.93	74.05	0.00	0.00	796.60	59.98	462.09	36.38
18	492.42	29.67	1133.07	63.88	942.02	57.74	1110.53	80.02	626.90	47.94	0.00	0.00
19	626.96	37.61	0.00	0.00	0.00	0.00	1204.54	89.26	652.73	51.06	0.00	0.00
20	699.05	42.73	0.00	0.00	0.00	0.00	1035.20	71.19	583.99	43.30	432.84	33.34
21	683.09	42.74	1180.38	69.08	937.00	56.77	1125.04	75.05	0.00	0.00	487.10	38.68
22	0.00	0.00	1459.64	83.76	874.82	51.86	988.90	68.43	0.00	0.00	478.97	37.59
23	0.00	0.00	1054.98	60.18	995.30	61.24	0.00	0.00	736.66	58.08	639.87	48.22
24	625.68	38.52	1057.91	62.97	1029.87	64.14	0.00	0.00	637.05	48.94	989.14	72.65
25	517.97	32.11	1000.14	58.00	1234.33	77.47	1021.51	69.90	588.72	46.60	0.00	0.00
26	463.99	28.84	0.00	0.00	0.00	0.00	808.22	56.48	590.10	46.29	0.00	0.00
27	671.12	43.38	0.00	0.00	0.00	0.00	811.71	56.82	585.70	47.76	900.34	65.49
28	624.90	39.22	1136.86	68.26	1447.56	89.91	790.88	56.47	0.00	0.00	752.55	54.27
29	0.00	0.00	0.00	0.00	1345.52	90.73	598.50	42.65	0.00	0.00	714.70	52.50
30	0.00	0.00	0.00	0.00	1047.06	71.04	0.00	0.00	491.47	38.58	765.09	56.65
31	646.71	40.08	0.00	0.00	871.88	60.29	0.00	0.00	531.10	42.17	0.00	0.00

数据来源：深圳证券交易所
Source：Shenzhen Stock Exchange

Daily Trading Volume and Value of Shenzhen Stock Exchange in 2011

成交额：亿元　成交量：亿股

7月 Jul.		8月 Aug.		9月 Sep.		10月 Oct.		11月 Nov.		12月 Dec.	
成交额 Turnover	成交量 Volume	成交额 Turnover	成交量 Volume	成交额 Turnover	成交量 Volume	成交额 Turnover	成交量 Volume	成交额 Turnover	成交量 Volume	成交额 Turnover	成交量 Volume
820.30	59.50	625.68	39.82	537.55	37.83	0.00	0.00	805.89	60.34	811.80	51.71
0.00	0.00	725.21	47.60	484.08	34.38	0.00	0.00	974.00	72.34	529.08	41.02
0.00	0.00	759.86	48.28	0.00	0.00	0.00	0.00	1340.91	98.22	0.00	0.00
1060.34	77.08	683.94	46.19	0.00	0.00	0.00	0.00	926.60	69.91	0.00	0.00
1025.95	74.14	790.74	53.15	484.45	33.97	0.00	0.00	0.00	0.00	469.57	36.52
966.22	68.77	0.00	0.00	447.20	30.47	0.00	0.00	0.00	0.00	399.46	31.19
1148.38	77.57	0.00	0.00	540.49	39.14	0.00	0.00	718.89	55.81	359.22	27.44
829.75	58.08	952.17	67.86	519.31	36.72	0.00	0.00	692.63	54.60	471.46	36.33
0.00	0.00	889.06	64.20	444.83	31.44	0.00	0.00	778.87	57.21	383.05	29.53
0.00	0.00	915.77	62.21	0.00	0.00	307.93	25.85	892.60	64.35	0.00	0.00
842.33	58.27	917.66	62.69	0.00	0.00	482.72	38.69	720.29	53.20	0.00	0.00
963.88	67.91	930.87	66.46	0.00	0.00	636.86	53.25	0.00	0.00	331.15	26.74
939.73	63.16	0.00	0.00	417.94	30.60	687.78	56.56	0.00	0.00	444.25	38.32
1102.98	72.79	0.00	0.00	449.31	33.11	511.43	40.67	894.31	64.74	362.72	30.00
1202.48	79.57	895.90	66.28	485.94	35.69	0.00	0.00	848.39	61.35	434.61	38.97
0.00	0.00	829.85	57.91	453.97	33.73	0.00	0.00	890.19	69.16	458.67	39.67
0.00	0.00	701.58	50.25	0.00	0.00	558.10	40.61	697.40	50.18	0.00	0.00
1067.22	71.20	732.43	51.29	0.00	0.00	582.81	43.79	707.97	54.00	0.00	0.00
930.08	62.20	673.56	46.16	420.30	33.40	470.37	36.21	0.00	0.00	490.07	41.06
829.14	56.30	0.00	0.00	411.70	32.13	513.32	40.96	0.00	0.00	478.03	40.18
807.43	54.82	0.00	0.00	699.17	53.77	384.82	31.28	512.01	37.79	437.69	36.25
741.41	49.41	607.95	40.50	620.48	48.82	0.00	0.00	510.54	37.94	501.01	44.18
0.00	0.00	644.66	42.66	537.78	42.31	0.00	0.00	503.05	36.25	438.93	38.26
0.00	0.00	756.24	48.49	0.00	0.00	502.56	41.90	525.01	40.01	0.00	0.00
954.46	66.66	838.42	59.24	0.00	0.00	706.31	57.71	510.58	36.75	0.00	0.00
632.00	44.38	779.19	51.73	458.45	38.34	829.63	66.98	0.00	0.00	348.53	30.60
760.24	50.73	0.00	0.00	478.21	37.11	658.72	52.40	0.00	0.00	396.36	34.73
785.21	50.67	0.00	0.00	470.26	36.68	863.07	68.58	492.33	35.04	400.55	37.00
705.39	46.42	762.16	51.09	469.56	39.09	0.00	0.00	587.76	42.28	352.21	32.67
0.00	0.00	760.12	51.19	353.69	29.46	0.00	0.00	697.84	54.15	399.57	35.11
0.00	0.00	614.96	40.91	0.00	0.00	804.14	60.17	0.00	0.00	0.00	0.00

2-21 2011年全国A股每日成交量、成交额

日期 Date	1月 Jan.		2月 Feb.		3月 Mar.		4月 Apr.		5月 May.		6月 Jun.	
	成交额 Turnover	成交量 Volume	成交额 Turnover	成交量 Volume	成交额 Turnover	成交量 Volume	成交额 Turnover	成交量 Volume	成交额 Turnover	成交量 Volume	成交额 Turnover	成交量 Volume
1	0.00	0.00	1464.48	106.34	2980.15	212.63	2015.88	150.81	0.00	0.00	1344.27	111.64
2	0.00	0.00	0.00	0.00	2773.41	200.49	0.00	0.00	0.00	0.00	1536.36	131.88
3	0.00	0.00	0.00	0.00	2918.69	219.02	0.00	0.00	1713.67	152.60	1340.96	108.69
4	2590.85	172.16	0.00	0.00	2359.32	175.58	0.00	0.00	1976.51	161.07	0.00	0.00
5	2421.78	161.02	0.00	0.00	0.00	0.00	0.00	0.00	1574.49	132.09	0.00	0.00
6	2038.30	134.75	0.00	0.00	0.00	0.00	2775.73	206.60	1726.43	139.45	0.00	0.00
7	2322.23	168.10	0.00	0.00	3418.40	243.28	2507.96	188.74	0.00	0.00	1323.26	104.86
8	0.00	0.00	0.00	0.00	2869.01	198.67	2466.19	177.49	0.00	0.00	1474.98	122.17
9	0.00	0.00	1682.53	125.05	2810.25	193.91	0.00	0.00	1560.13	125.07	1561.11	131.62
10	1950.54	138.59	1971.39	146.09	2877.28	193.61	0.00	0.00	1614.96	127.45	1369.46	115.36
11	1662.38	122.29	2229.24	164.79	2716.07	184.01	3042.87	228.04	1785.70	143.62	0.00	0.00
12	1528.91	119.17	0.00	0.00	0.00	0.00	2718.07	222.54	1898.15	155.52	0.00	0.00
13	1502.72	110.71	0.00	0.00	0.00	0.00	2444.32	196.80	1730.96	142.55	1207.91	99.62
14	1594.91	117.12	3033.26	227.74	2684.18	183.74	2494.62	200.09	0.00	0.00	1566.26	131.43
15	0.00	0.00	3103.20	224.67	3249.26	236.72	2496.39	199.34	0.00	0.00	1428.23	119.44
16	0.00	0.00	2759.29	194.60	2873.30	204.42	0.00	0.00	1648.70	137.16	1280.86	112.07
17	1793.33	137.30	2956.69	203.92	2898.37	210.28	0.00	0.00	1890.10	153.88	1202.04	100.20
18	1163.93	89.37	2548.22	176.66	2214.88	157.61	2707.46	215.56	1526.48	124.04	0.00	0.00
19	1519.23	115.08	0.00	0.00	0.00	0.00	2858.51	229.77	1560.83	127.35	0.00	0.00
20	1651.21	127.86	0.00	0.00	0.00	0.00	2468.43	190.23	1421.10	113.51	1082.27	92.92
21	1705.03	137.40	2634.77	186.69	2157.53	152.76	2617.68	201.42	0.00	0.00	1217.24	103.00
22	0.00	0.00	3364.83	234.94	2071.56	146.14	2384.20	193.33	0.00	0.00	1122.26	95.52
23	0.00	0.00	2424.37	170.06	2379.69	173.49	0.00	0.00	1843.29	155.43	1459.37	121.21
24	1581.44	125.51	2423.67	171.55	2398.59	172.37	0.00	0.00	1522.07	123.10	2408.89	197.25
25	1269.56	100.86	2237.67	157.02	2936.70	212.44	2421.42	186.36	1447.46	120.30	0.00	0.00
26	1133.36	89.05	0.00	0.00	0.00	0.00	1928.03	150.88	1518.49	124.57	0.00	0.00
27	1816.96	147.90	0.00	0.00	0.00	0.00	1948.16	160.30	1500.35	129.46	2058.61	166.44
28	1605.37	123.98	2610.61	185.51	3400.90	244.42	1937.18	160.05	0.00	0.00	1791.62	142.16
29	0.00	0.00	0.00	0.00	3333.43	258.15	1523.98	128.96	0.00	0.00	1706.61	140.69
30	0.00	0.00	0.00	0.00	2577.47	200.21	0.00	0.00	1199.26	103.14	1794.52	147.21
31	1710.77	130.78	0.00	0.00	2211.57	168.30	0.00	0.00	1301.64	108.69	0.00	0.00

数据来源：上海、深圳证券交易所
Source: Shanghai Shenzhen Stock Exchange

Daily Trading Volume and Value of A Shares in 2011

成交额：亿元　成交量：亿股

7月 Jul.		8月 Aug.		9月 Sep.		10月 Oct.		11月 Nov.		12月 Dec.	
成交额 Turnover	成交量 Volume	成交额 Turnover	成交量 Volume	成交额 Turnover	成交量 Volume	成交额 Turnover	成交量 Volume	成交额 Turnover	成交量 Volume	成交额 Turnover	成交量 Volume
1871.84	151.04	1284.00	98.40	1135.32	95.02	0.00	0.00	1658.95	149.07	1759.73	159.43
0.00	0.00	1501.62	116.96	1042.02	88.48	0.00	0.00	1995.38	177.57	1099.69	100.26
0.00	0.00	1491.79	111.86	0.00	0.00	0.00	0.00	2708.62	235.12	0.00	0.00
2493.27	198.15	1375.91	104.70	0.00	0.00	0.00	0.00	1926.61	171.46	0.00	0.00
2308.09	183.32	1663.74	130.99	1046.50	88.65	0.00	0.00	0.00	0.00	955.54	88.39
2187.74	171.58	0.00	0.00	946.49	79.36	0.00	0.00	0.00	0.00	824.23	76.69
2544.61	193.17	0.00	0.00	1158.68	98.47	0.00	0.00	1513.24	134.98	755.30	68.61
1853.04	143.61	2118.18	176.72	1118.33	91.72	0.00	0.00	1463.75	133.22	963.57	87.47
0.00	0.00	1958.92	166.75	979.09	82.45	0.00	0.00	1558.65	135.08	770.39	69.17
0.00	0.00	1950.30	161.71	0.00	0.00	706.03	67.29	1750.38	151.63	0.00	0.00
1854.26	143.85	1914.87	157.68	0.00	0.00	1107.34	101.90	1370.98	119.18	0.00	0.00
2072.15	163.59	1927.37	162.93	0.00	0.00	1478.14	143.95	0.00	0.00	696.40	66.25
2012.05	154.26	0.00	0.00	936.41	80.39	1506.84	143.68	0.00	0.00	958.22	96.42
2357.94	177.08	0.00	0.00	996.98	86.94	1094.05	100.98	1718.01	145.53	747.61	73.72
2480.54	186.88	1803.20	154.28	1042.43	91.37	0.00	0.00	1652.34	140.23	909.94	95.40
0.00	0.00	1731.62	142.78	947.34	81.28	0.00	0.00	1813.44	162.04	964.75	96.59
0.00	0.00	1420.41	119.80	0.00	0.00	1132.98	98.51	1357.81	116.40	0.00	0.00
2358.69	178.63	1499.85	122.59	0.00	0.00	1276.95	123.30	1418.00	126.34	0.00	0.00
2028.42	154.33	1407.39	116.12	905.13	81.84	1000.91	94.46	0.00	0.00	985.89	93.52
1823.48	139.77	0.00	0.00	889.95	78.12	1090.64	106.10	0.00	0.00	947.07	92.68
1762.99	136.03	0.00	0.00	1577.45	139.66	822.48	80.03	1006.98	87.76	897.24	85.76
1563.60	119.08	1259.92	101.22	1366.27	122.87	0.00	0.00	1015.31	89.01	987.89	103.23
0.00	0.00	1274.08	103.20	1213.01	108.91	0.00	0.00	1003.42	86.62	880.98	91.82
0.00	0.00	1461.01	113.56	0.00	0.00	1129.43	112.21	1040.66	92.01	0.00	0.00
2155.86	176.67	1882.89	163.68	0.00	0.00	1541.10	148.06	977.35	82.41	0.00	0.00
1424.66	116.76	1592.96	129.18	1044.13	95.12	1812.24	173.77	0.00	0.00	712.96	74.06
1678.11	130.63	0.00	0.00	1031.40	92.11	1408.28	134.33	0.00	0.00	771.59	80.28
1686.60	128.66	0.00	0.00	1025.88	92.12	1900.09	177.85	956.67	81.08	802.95	86.84
1539.22	121.33	1558.16	126.71	1039.37	98.00	0.00	0.00	1162.09	97.55	715.23	77.91
0.00	0.00	1558.06	127.15	812.44	77.85	0.00	0.00	1414.38	129.42	827.66	87.08
0.00	0.00	1939.76	99.71	0.00	0.00	1618.10	143.65	0.00	0.00	0.00	0.00

2-22 2011年上海A股每日成交量、成交额

日期 Date	1月 Jan.		2月 Feb.		3月 Mar.		4月 Apr.		5月 May.		6月 Jun.	
	成交额 Turnover	成交量 Volume	成交额 Turnover	成交量 Volume	成交额 Turnover	成交量 Volume	成交额 Turnover	成交量 Volume	成交额 Turnover	成交量 Volume	成交额 Turnover	成交量 Volume
1	0.00	0.00	898.56	72.93	1722.89	136.29	1255.25	99.38	0.00	0.00	774.25	68.22
2	0.00	0.00	0.00	0.00	1650.80	132.80	0.00	0.00	0.00	0.00	941.10	85.64
3	0.00	0.00	0.00	0.00	1773.50	149.72	0.00	0.00	1075.50	108.20	782.64	67.83
4	1462.52	110.29	0.00	0.00	1440.53	117.45	0.00	0.00	1251.48	111.06	0.00	0.00
5	1353.02	104.21	0.00	0.00	0.00	0.00	0.00	0.00	987.11	90.86	0.00	0.00
6	1129.03	83.98	0.00	0.00	0.00	0.00	1766.09	141.57	1050.50	90.74	0.00	0.00
7	1368.97	112.69	0.00	0.00	2074.72	159.44	1528.25	124.18	0.00	0.00	790.26	64.80
8	0.00	0.00	0.00	0.00	1682.52	125.97	1468.01	113.70	0.00	0.00	872.87	73.97
9	0.00	0.00	1044.47	86.63	1650.11	124.19	0.00	0.00	937.86	81.13	950.63	83.04
10	1106.45	90.37	1171.25	97.57	1662.01	123.23	0.00	0.00	982.54	83.35	827.75	72.55
11	941.29	80.04	1278.14	107.34	1523.83	115.34	1826.29	146.70	1068.96	92.04	0.00	0.00
12	877.88	78.78	0.00	0.00	0.00	0.00	1651.39	145.24	1141.21	99.94	0.00	0.00
13	877.47	74.56	0.00	0.00	0.00	0.00	1472.59	127.90	1036.84	92.89	729.19	62.73
14	904.92	76.52	1797.75	153.87	1522.34	116.22	1481.77	128.77	0.00	0.00	950.17	82.69
15	0.00	0.00	1871.67	151.85	1872.82	153.93	1484.28	127.87	0.00	0.00	854.29	74.69
16	0.00	0.00	1597.04	127.06	1657.58	130.30	0.00	0.00	956.37	84.42	764.65	70.67
17	1043.14	91.85	1687.16	129.84	1701.25	136.84	0.00	0.00	1096.44	94.48	741.84	64.10
18	673.69	59.97	1418.65	113.25	1275.12	100.23	1601.90	136.48	902.67	76.61	0.00	0.00
19	895.88	77.98	0.00	0.00	0.00	0.00	1658.07	141.21	911.01	76.76	0.00	0.00
20	954.76	85.51	0.00	0.00	0.00	0.00	1436.43	119.51	839.07	70.50	650.71	59.79
21	1025.46	95.16	1458.98	118.22	1222.41	96.27	1495.90	126.89	0.00	0.00	731.69	64.60
22	0.00	0.00	1910.77	152.01	1199.09	94.62	1397.88	125.35	0.00	0.00	644.71	58.16
23	0.00	0.00	1372.24	110.34	1386.66	112.58	0.00	0.00	1110.50	97.95	822.08	73.43
24	958.87	87.35	1368.46	108.98	1371.04	108.53	0.00	0.00	887.94	74.62	1423.62	125.24
25	753.94	69.15	1240.67	99.46	1705.23	135.40	1402.93	116.88	860.48	73.99	0.00	0.00
26	671.40	60.48	0.00	0.00	0.00	0.00	1122.86	94.80	929.87	78.50	0.00	0.00
27	1149.30	105.03	0.00	0.00	0.00	0.00	1141.22	104.18	916.75	82.06	1160.91	101.36
28	983.04	85.13	1477.40	117.73	1958.24	155.10	1151.31	104.44	0.00	0.00	1040.79	88.17
29	0.00	0.00	0.00	0.00	1991.20	167.93	928.21	86.76	0.00	0.00	993.55	88.47
30	0.00	0.00	0.00	0.00	1533.86	129.60	0.00	0.00	709.72	64.84	1032.21	91.03
31	1066.61	91.13	0.00	0.00	1342.23	108.36	0.00	0.00	777.71	67.43	0.00	0.00

数据来源：上海证券交易所
Source: Shanghai Stock Exchange

Daily Trading Volume and Value of A Shares in Shanghai Stock Exchange in 2011

成交额：亿元　成交量：亿股

7月 Jul.		8月 Aug.		9月 Sep.		10月 Oct.		11月 Nov.		12月 Dec.	
成交额 Turnover	成交量 Volume	成交额 Turnover	成交量 Volume	成交额 Turnover	成交量 Volume	成交额 Turnover	成交量 Volume	成交额 Turnover	成交量 Volume	成交额 Turnover	成交量 Volume
1053.56	91.86	660.15	58.84	599.05	57.47	0.00	0.00	855.05	89.03	950.19	98.16
0.00	0.00	778.17	69.71	559.20	54.32	0.00	0.00	1023.14	105.56	571.54	59.47
0.00	0.00	733.61	63.87	0.00	0.00	0.00	0.00	1369.89	137.36	0.00	0.00
1436.17	121.61	693.22	58.74	0.00	0.00	0.00	0.00	1001.78	101.88	0.00	0.00
1285.63	109.73	874.99	78.21	563.05	54.88	0.00	0.00	0.00	0.00	486.79	52.04
1224.61	103.36	0.00	0.00	500.30	49.06	0.00	0.00	0.00	0.00	425.73	45.75
1399.34	116.14	0.00	0.00	619.31	59.53	0.00	0.00	795.46	79.40	396.85	41.41
1025.96	85.94	1169.47	109.48	599.63	55.12	0.00	0.00	772.39	78.88	493.70	51.68
0.00	0.00	1072.96	103.11	534.82	51.12	0.00	0.00	781.11	78.10	388.28	39.88
0.00	0.00	1037.59	99.95	0.00	0.00	399.02	41.64	859.30	87.55	0.00	0.00
1014.27	85.90	999.82	95.35	0.00	0.00	626.50	63.62	651.47	66.13	0.00	0.00
1111.73	96.25	999.53	96.99	0.00	0.00	843.37	91.18	0.00	0.00	366.18	39.75
1075.37	91.59	0.00	0.00	519.28	49.95	821.43	87.60	0.00	0.00	515.20	58.42
1257.23	104.68	0.00	0.00	548.77	54.03	583.93	60.58	825.35	81.09	385.58	43.93
1280.05	107.63	909.42	88.51	557.74	55.87	0.00	0.00	805.06	79.10	476.52	56.78
0.00	0.00	903.92	85.17	495.30	47.88	0.00	0.00	924.80	93.23	507.05	57.20
0.00	0.00	720.62	69.87	0.00	0.00	576.06	58.11	661.51	66.44	0.00	0.00
1293.55	107.78	768.90	71.63	0.00	0.00	695.16	79.71	711.56	72.64	0.00	0.00
1100.82	92.53	735.34	70.29	486.28	48.71	531.61	58.46	0.00	0.00	496.85	57.74
996.24	83.83	0.00	0.00	480.02	46.28	578.32	65.37	0.00	0.00	470.14	52.82
958.34	81.65	0.00	0.00	880.89	86.37	438.39	48.91	496.00	50.16	460.52	50.73
824.29	70.00	653.48	60.99	747.88	74.47	0.00	0.00	505.58	51.25	488.69	59.44
0.00	0.00	630.72	60.76	677.96	67.03	0.00	0.00	501.71	50.73	443.25	53.85
0.00	0.00	705.99	65.29	0.00	0.00	628.16	70.59	516.69	52.23	0.00	0.00
1204.27	110.67	1046.29	104.82	0.00	0.00	836.32	90.70	467.45	45.82	0.00	0.00
794.44	72.72	814.95	77.70	587.61	57.16	984.84	107.20	0.00	0.00	364.96	43.62
919.53	80.19	0.00	0.00	554.75	55.26	751.62	82.32	0.00	0.00	375.83	45.70
903.24	78.28	0.00	0.00	557.07	55.70	1040.14	109.82	465.26	46.22	403.07	50.03
835.72	75.23	797.33	75.84	570.55	59.09	0.00	0.00	575.77	55.57	363.78	45.42
0.00	0.00	799.48	76.26	459.93	48.63	0.00	0.00	718.79	75.82	429.04	52.21
0.00	0.00	621.84	59.04	0.00	0.00	815.88	83.85	0.00	0.00	0.00	0.00

2-23 2011年深圳A股每日成交量、成交额

日期 Date	1月 Jan.		2月 Feb.		3月 Mar.		4月 Apr.		5月 May.		6月 Jun.	
	成交额 Turnover	成交量 Volume	成交额 Turnover	成交量 Volume	成交额 Turnover	成交量 Volume	成交额 Turnover	成交量 Volume	成交额 Turnover	成交量 Volume	成交额 Turnover	成交量 Volume
1	0.00	0.00	565.92	33.41	1257.26	76.34	760.63	51.43	0.00	0.00	570.02	43.42
2	0.00	0.00	0.00	0.00	1122.61	67.69	0.00	0.00	0.00	0.00	595.26	46.24
3	0.00	0.00	0.00	0.00	1145.19	69.30	0.00	0.00	638.17	44.40	558.32	40.86
4	1128.33	61.87	0.00	0.00	918.79	58.13	0.00	0.00	725.03	50.01	0.00	0.00
5	1068.76	56.81	0.00	0.00	0.00	0.00	0.00	0.00	587.38	41.23	0.00	0.00
6	909.27	50.77	0.00	0.00	0.00	0.00	1009.64	65.03	675.93	48.71	0.00	0.00
7	953.26	55.41	0.00	0.00	1343.68	83.84	979.71	64.56	0.00	0.00	533.00	40.06
8	0.00	0.00	0.00	0.00	1186.49	72.70	998.18	63.79	0.00	0.00	602.11	48.20
9	0.00	0.00	638.06	38.42	1160.14	69.72	0.00	0.00	622.27	43.94	610.48	48.58
10	844.09	48.22	800.14	48.52	1215.27	70.38	0.00	0.00	632.42	44.10	541.71	42.81
11	721.09	42.25	951.10	57.45	1192.24	68.67	1216.58	81.34	716.74	51.58	0.00	0.00
12	651.03	40.39	0.00	0.00	0.00	0.00	1066.68	77.30	756.94	55.58	0.00	0.00
13	625.25	36.15	0.00	0.00	0.00	0.00	971.73	68.90	694.12	49.66	478.72	36.89
14	689.99	40.60	1235.51	73.87	1161.84	67.52	1012.85	71.32	0.00	0.00	616.09	48.74
15	0.00	0.00	1231.53	72.82	1376.44	82.79	1012.11	71.47	0.00	0.00	573.94	44.75
16	0.00	0.00	1162.25	67.54	1215.72	74.12	0.00	0.00	692.33	52.74	516.21	41.40
17	750.19	45.45	1269.53	74.08	1197.12	73.44	0.00	0.00	793.66	59.40	460.20	36.10
18	490.24	29.40	1129.57	63.41	939.76	57.38	1105.56	79.08	623.81	47.43	0.00	0.00
19	623.35	37.10	0.00	0.00	0.00	0.00	1200.44	88.56	649.82	50.59	0.00	0.00
20	696.45	42.35	0.00	0.00	0.00	0.00	1032.00	70.72	582.03	43.01	431.56	33.13
21	679.57	42.24	1175.79	68.47	935.12	56.49	1121.78	74.53	0.00	0.00	485.55	38.40
22	0.00	0.00	1454.06	82.93	872.47	51.52	986.32	67.98	0.00	0.00	477.55	37.36
23	0.00	0.00	1052.13	59.72	993.03	60.91	0.00	0.00	732.79	57.48	637.29	47.78
24	622.57	38.16	1055.21	62.57	1027.55	63.84	0.00	0.00	634.13	48.48	985.27	72.01
25	515.62	31.71	997.00	57.56	1231.47	77.04	1018.49	69.48	586.98	46.31	0.00	0.00
26	461.96	28.57	0.00	0.00	0.00	0.00	805.17	56.08	588.62	46.07	0.00	0.00
27	667.66	42.87	0.00	0.00	0.00	0.00	806.94	56.12	583.60	47.40	897.70	65.08
28	622.33	38.85	1133.21	67.78	1442.66	89.32	785.87	55.61	0.00	0.00	750.83	53.99
29	0.00	0.00	0.00	0.00	1342.23	90.22	595.77	42.20	0.00	0.00	713.06	52.22
30	0.00	0.00	0.00	0.00	1043.61	70.61	0.00	0.00	489.54	38.30	762.31	56.18
31	644.16	39.65	0.00	0.00	869.34	59.94	0.00	0.00	523.93	41.26	0.00	0.00

数据来源：深圳证券交易所
Source: Shenzhen Stock Exchange

Daily Trading Volume and Value of A Shares in Shenzhen Stock Exchange in 2011

成交额：亿元　成交量：亿股

7月 Jul.		8月 Aug.		9月 Sep.		10月 Oct.		11月 Nov.		12月 Dec.	
成交额 Turnover	成交量 Volume	成交额 Turnover	成交量 Volume	成交额 Turnover	成交量 Volume	成交额 Turnover	成交量 Volume	成交额 Turnover	成交量 Volume	成交额 Turnover	成交量 Volume
818.28	59.18	623.85	39.56	536.27	37.55	0.00	0.00	803.90	60.04	809.54	61.27
0.00	0.00	723.45	47.25	482.82	34.16	0.00	0.00	972.24	72.01	528.15	40.79
0.00	0.00	758.18	47.99	0.00	0.00	0.00	0.00	1338.73	97.76	0.00	0.00
1057.10	76.54	682.69	45.96	0.00	0.00	0.00	0.00	924.83	69.58	0.00	0.00
1022.46	73.59	788.75	52.78	483.45	33.77	0.00	0.00	0.00	0.00	468.75	36.35
963.13	68.22	0.00	0.00	446.19	30.30	0.00	0.00	0.00	0.00	398.50	30.94
1145.27	77.03	0.00	0.00	539.37	38.94	0.00	0.00	717.78	55.58	358.45	27.20
827.08	57.67	948.71	67.24	518.70	36.60	0.00	0.00	691.36	54.34	469.87	35.79
0.00	0.00	885.96	63.64	444.27	31.33	0.00	0.00	777.54	56.98	382.11	29.29
0.00	0.00	912.71	61.76	0.00	0.00	307.01	25.65	891.08	64.08	0.00	0.00
839.99	57.95	915.05	62.33	0.00	0.00	480.84	38.28	719.51	53.05	0.00	0.00
960.42	67.34	927.84	65.94	0.00	0.00	634.77	52.77	0.00	0.00	330.22	26.50
936.68	62.67	0.00	0.00	417.13	30.44	685.41	56.08	0.00	0.00	443.02	38.00
1100.71	72.40	0.00	0.00	448.21	32.91	510.12	40.40	892.66	64.44	362.03	29.79
1200.49	79.25	893.78	65.77	484.69	35.50	0.00	0.00	847.28	61.13	433.42	38.62
0.00	0.00	827.70	57.61	452.04	33.40	0.00	0.00	888.64	68.81	457.70	39.39
0.00	0.00	699.79	49.93	0.00	0.00	556.92	40.40	696.30	49.96	0.00	0.00
1065.14	70.85	730.95	50.96	0.00	0.00	581.79	43.59	706.44	53.70	0.00	0.00
927.60	61.80	672.05	45.83	418.85	33.13	469.30	36.00	0.00	0.00	489.04	40.78
827.24	55.94	0.00	0.00	409.93	31.84	512.32	40.73	0.00	0.00	476.93	39.86
804.65	54.38	0.00	0.00	696.56	53.29	384.09	31.12	510.98	37.60	436.72	36.03
739.31	49.08	606.44	40.23	618.39	48.40	0.00	0.00	509.73	37.76	499.20	43.79
0.00	0.00	643.36	42.44	535.05	41.88	0.00	0.00	501.71	35.89	437.73	37.97
0.00	0.00	755.02	48.27	0.00	0.00	501.27	41.62	523.97	39.78	0.00	0.00
951.59	66.00	836.60	58.86	0.00	0.00	704.78	57.36	509.90	36.59	0.00	0.00
630.22	44.04	778.01	51.48	456.52	37.96	827.40	66.57	0.00	0.00	348.00	30.44
758.58	50.44	0.00	0.00	476.65	36.85	656.66	52.01	0.00	0.00	395.76	34.58
783.36	50.38	0.00	0.00	468.81	36.42	859.95	68.03	491.41	34.86	399.88	36.81
703.50	46.10	760.83	50.87	468.82	38.91	0.00	0.00	586.32	41.98	351.45	32.49
0.00	0.00	758.58	50.89	352.51	29.22	0.00	0.00	695.59	53.60	398.62	34.87
0.00	0.00	1317.92	40.67	0.00	0.00	802.22	59.80	0.00	C.00	0.00	0.00

2-24 2011年全国B股每日成交量、成交额

日期 Date	1月 Jan.		2月 Feb.		3月 Mar.		4月 Apr.		5月 May.		6月 Jun.	
	成交额 Turnover	成交量 Volume	成交额 Turnover	成交量 Volume	成交额 Turnover	成交量 Volume	成交额 Turnover	成交量 Volume	成交额 Turnover	成交量 Volume	成交额 Turnover	成交量 Volume
1	0.00	0.00	4.60	0.74	8.43	1.29	7.38	1.14	0.00	0.00	4.48	0.67
2	0.00	0.00	0.00	0.00	7.69	1.21	0.00	0.00	0.00	0.00	4.46	0.73
3	0.00	0.00	0.00	0.00	8.30	1.36	0.00	0.00	6.02	0.97	3.20	0.50
4	8.19	1.12	0.00	0.00	8.97	1.44	0.00	0.00	6.06	0.97	0.00	0.00
5	7.36	1.08	0.00	0.00	0.00	0.00	0.00	0.00	4.18	0.62	0.00	0.00
6	8.63	1.44	0.00	0.00	0.00	0.00	8.45	1.12	5.65	0.87	0.00	0.00
7	8.72	1.45	0.00	0.00	10.49	1.56	8.28	1.17	0.00	0.00	3.17	0.46
8	0.00	0.00	0.00	0.00	8.43	1.33	7.30	1.15	0.00	0.00	4.70	0.62
9	0.00	0.00	6.84	1.06	7.73	1.19	0.00	0.00	4.95	0.81	8.73	1.28
10	6.66	0.99	7.49	1.09	7.82	1.18	0.00	0.00	4.26	0.75	11.82	1.91
11	6.58	0.96	8.04	1.24	8.10	1.28	9.91	1.30	5.38	0.85	0.00	0.00
12	7.13	1.02	0.00	0.00	0.00	0.00	9.07	1.43	4.79	0.81	0.00	0.00
13	5.71	0.76	0.00	0.00	0.00	0.00	8.24	1.09	4.46	0.70	5.45	0.76
14	5.25	0.78	9.90	1.46	8.72	1.45	8.29	1.26	0.00	0.00	5.90	0.99
15	0.00	0.00	10.08	1.45	12.55	2.04	8.42	1.42	0.00	0.00	4.16	0.72
16	0.00	0.00	8.45	1.32	8.55	1.51	0.00	0.00	4.54	0.76	3.79	0.59
17	9.74	1.29	8.81	1.23	9.67	1.65	0.00	0.00	6.01	1.06	4.54	0.65
18	6.28	0.70	7.22	1.15	5.93	0.94	11.60	1.98	5.03	0.85	0.00	0.00
19	7.58	1.05	0.00	0.00	0.00	0.00	9.96	1.64	4.90	0.83	0.00	0.00
20	6.37	0.93	0.00	0.00	0.00	0.00	7.40	1.04	3.80	0.63	3.65	0.54
21	7.35	1.09	10.57	1.49	5.10	0.82	6.98	1.08	0.00	0.00	4.19	0.63
22	0.00	0.00	12.80	1.84	5.52	0.86	6.26	0.98	0.00	0.00	4.31	0.63
23	0.00	0.00	8.01	1.27	5.64	0.88	0.00	0.00	7.92	1.29	5.76	0.90
24	7.15	1.02	8.39	1.28	6.19	0.98	0.00	0.00	5.48	0.86	8.16	1.34
25	5.31	0.87	9.16	1.37	9.74	1.55	7.08	1.00	4.63	0.81	0.00	0.00
26	4.30	0.63	0.00	0.00	0.00	0.00	6.15	0.88	4.14	0.75	0.00	0.00
27	7.32	1.11	0.00	0.00	0.00	0.00	14.41	2.17	5.28	0.90	5.25	0.86
28	5.32	0.75	9.83	1.47	10.86	1.56	15.37	2.29	0.00	0.00	4.11	0.62
29	0.00	0.00	0.00	0.00	10.45	1.49	7.68	1.28	0.00	0.00	3.83	0.61
30	0.00	0.00	0.00	0.00	7.17	1.05	0.00	0.00	4.10	0.67	5.47	0.86
31	5.48	0.87	0.00	0.00	6.78	1.01	0.00	0.00	10.56	1.47	0.00	0.00

数据来源：上海、深圳证券交易所
Source: Shanghai Shenzhen Stock Exchange

Daily Trading Volume and Value of B Shares in Shenzhen Stock Exchange in 2011

成交额：亿元　成交量：亿股

7月 Jul.		8月 Aug.		9月 Sep.		10月 Oct.		11月 Nov.		12月 Dec.	
成交额 Turnover	成交量 Volume	成交额 Turnover	成交量 Volume	成交额 Turnover	成交量 Volume	成交额 Turnover	成交量 Volume	成交额 Turnover	成交量 Volume	成交额 Turnover	成交量 Volume
2.02	0.32	1.83	0.26	1.28	0.28	0.00	0.00	1.99	0.30	2.27	0.44
0.00	0.00	1.77	0.35	1.26	0.22	0.00	0.00	1.76	0.33	0.93	0.23
0.00	0.00	1.67	0.28	0.00	0.00	0.00	0.00	2.19	0.46	0.00	0.00
3.24	0.55	1.24	0.22	0.00	0.00	0.00	0.00	1.78	0.34	0.00	0.00
3.49	0.55	2.00	0.37	1.00	0.20	0.00	0.00	0.00	0.00	0.83	0.17
3.09	0.55	0.00	0.00	1.01	0.17	0.00	0.00	0.00	0.00	0.97	0.25
3.12	0.54	0.00	0.00	1.12	0.20	0.00	0.00	1.11	0.23	0.77	0.24
2.67	0.41	3.46	0.63	0.61	0.13	0.00	0.00	1.27	0.26	1.59	0.53
0.00	0.00	3.10	0.56	0.56	0.11	0.00	0.00	1.33	0.23	0.95	0.24
0.00	0.00	3.06	0.45	0.00	0.00	0.93	0.21	1.52	0.27	0.00	0.00
2.34	0.32	2.61	0.36	0.00	0.00	1.88	0.41	0.78	0.15	0.00	0.00
3.45	0.57	3.03	0.51	0.00	0.00	2.09	0.48	0.00	0.00	0.93	0.24
3.05	0.49	0.00	0.00	0.81	0.16	2.37	0.48	0.00	0.00	1.23	0.32
2.27	0.39	0.00	0.00	1.09	0.20	1.31	0.27	1.65	0.30	0.70	0.21
1.98	0.32	2.12	0.51	1.25	0.20	0.00	0.00	1.10	0.22	1.19	0.35
0.00	0.00	2.15	0.30	1.93	0.33	0.00	0.00	1.56	0.34	0.97	0.28
0.00	0.00	1.78	0.32	0.00	0.00	1.18	0.21	1.10	0.22	0.00	0.00
2.08	0.35	1.48	0.32	0.00	0.00	1.01	0.20	1.53	0.31	0.00	0.00
2.48	0.40	1.52	0.33	1.45	0.27	1.07	0.20	0.00	0.00	1.03	0.27
1.90	0.36	0.00	0.00	1.78	0.29	1.00	0.24	0.00	0.00	1.10	0.32
2.77	0.44	0.00	0.00	2.61	0.48	0.73	0.16	1.04	0.20	0.97	0.22
2.10	0.33	1.50	0.27	2.08	0.43	0.00	0.00	0.81	0.19	1.81	0.39
0.00	0.00	1.30	0.22	2.73	0.44	0.00	0.00	1.33	0.36	1.20	0.29
0.00	0.00	1.22	0.22	0.00	0.00	1.29	0.27	1.03	0.23	0.00	0.00
2.87	0.66	1.82	0.37	0.00	0.00	1.53	0.35	0.68	0.17	0.00	0.00
1.77	0.34	1.18	0.25	1.92	0.37	2.23	0.41	0.00	0.00	0.53	0.16
1.66	0.28	0.00	0.00	1.56	0.27	2.06	0.39	0.00	0.00	0.60	0.16
1.85	0.28	0.00	0.00	1.46	0.26	3.12	0.55	0.91	0.19	0.67	0.19
1.90	0.32	1.32	0.22	0.73	0.18	0.00	0.00	1.44	0.30	0.76	0.18
0.00	0.00	1.53	0.30	1.17	0.24	0.00	0.00	2.25	0.55	0.95	0.24
0.00	0.00	1.14	0.24	0.00	0.00	1.92	0.36	0.00	0.00	0.00	0.00

2－27　2011年股票交易金额地区分布

Regional Distribution of Stock Trading Value in 2011

交易金额：百万元(1000000)

地区 Region	总交易金额 Trading Value	比例 (%)Percent
安　徽	2090975.60	2.48
北　京	10025930.80	11.89
福　建	3808756.99	4.52
甘　肃	942154.68	1.12
广　东	10538208.13	12.50
广　西	754263.86	0.89
贵　州	912162.77	1.08
海　南	756926.38	0.90
河　北	1104885.73	1.31
河　南	1934022.90	2.29
黑龙江	1292995.54	1.53
湖　北	2449275.18	2.90
湖　南	2272905.29	2.70
吉　林	828147.59	0.98
江　苏	5480902.18	6.50
江　西	1407774.76	1.67
辽　宁	1979813.07	2.35
内蒙古	1775049.40	2.10
宁　夏	209789.70	0.25
青　海	458753.79	0.54
山　东	3752320.21	4.45
山　西	2007866.94	2.38
陕　西	1280432.15	1.52
上　海	11427020.69	13.55
四　川	2838215.43	3.37
天　津	1269645.59	1.51
西　藏	289461.88	0.34
新　疆	1415558.73	1.68
云　南	885705.22	1.05
浙　江	7102049.32	8.42
重　庆	1024206.36	1.21
境外及其他	12739.99	0.02
合　计	84328916.85	100.00

注：交易金额为双边计算。

数据来源：上海、深圳证券交易所

Source: Shanghai Shenzhen Stock Exchange

2－28　2011年全国A股按成交量排序前50名

Top 50 of A Share Trading Volume in 2011

序号 No.	代码 Code	股票简称 Shares	年成交量(百万股) Trading Volume (1000000)	年成交金额(百万元) Turnover (1000000)	交易所 Exchange
1	000100	TCL 集团	33454.73	106479.13	深　圳
2	601288	农业银行	33048.77	89416.55	上　海
3	600016	民生银行	30668.87	174826.40	上　海
4	600010	包钢股份	25287.57	182476.12	上　海
5	601668	中国建筑	22585.89	82936.10	上　海
6	601899	紫金矿业	22118.01	138380.25	上　海
7	600050	中国联通	20457.57	112929.51	上　海
8	000725	京东方A	18956.44	52321.46	深　圳
9	600795	国电电力	18217.53	53554.44	上　海
10	601818	光大银行	18126.60	65509.34	上　海
11	600030	中信证券	16941.03	219392.17	上　海
12	601766	中国南车	16785.71	117119.84	上　海
13	600383	金地集团	16015.57	101365.87	上　海
14	601299	中国北车	15547.57	108516.57	上　海
15	600000	浦发银行	15442.18	176247.34	上　海
16	000709	河北钢铁	15277.16	66158.34	深　圳
17	600036	招商银行	14907.32	194025.99	上　海
18	000002	万科A	14291.00	117564.80	深　圳
19	601901	方正证券	13575.85	82214.34	上　海
20	000629	攀钢钒钛	12982.07	138984.24	深　圳
21	601166	兴业银行	12867.27	239823.38	上　海
22	601398	工商银行	12637.67	54764.38	上　海
23	601328	交通银行	12598.56	66814.86	上　海
24	600837	海通证券	12431.36	113600.80	上　海
25	601106	中国一重	12329.67	67342.43	上　海
26	000157	中联重科	11591.80	155224.50	深　圳
27	600019	宝钢股份	11160.08	71271.76	上　海
28	600839	四川长虹	10535.94	35814.30	上　海
29	600068	葛洲坝	10010.36	119619.76	上　海
30	601006	大秦铁路	9970.24	81984.71	上　海
31	601939	建设银行	9963.41	48679.49	上　海
32	601118	海南橡胶	9806.46	116719.48	上　海
33	600028	中国石化	9714.13	79924.07	上　海
34	601390	中国中铁	9573.16	39488.74	上　海
35	600029	南方航空	9483.45	74057.26	上　海
36	600868	ST梅雁	9244.14	33744.86	上　海
37	601618	中国中冶	9183.61	34859.39	上　海
38	600031	三一重工	9078.14	181299.19	上　海
39	600200	江苏吴中	8931.01	104541.93	上　海
40	000518	四环生物	8800.07	67778.95	深　圳
41	600048	保利地产	8798.25	102372.03	上　海
42	600583	海油工程	8511.88	62269.60	上　海
43	002024	苏宁电器	8121.42	96563.30	深　圳
44	601669	中国水电	7940.78	38237.88	上　海
45	600516	方大炭素	7798.08	117588.94	上　海
46	600115	东方航空	7713.92	44041.23	上　海
47	600022	济南钢铁	7676.34	37213.28	上　海
48	601117	中国化学	7591.33	55999.19	上　海
49	600078	澄星股份	7535.44	82966.45	上　海
50	601018	宁波港	7413.83	23705.01	上　海

数据来源：上海、深圳证券交易所

Source: Shanghai Shenzhen Stock Exchange

2-29 2011年上海A股按成交量排序前50名

Top 50 of Shanghai Stock Exchange A Share Trading Volume in 2011

序号 No.	代码 Code	股票简称 Shares	年成交量(百万股) Trading Volume (1000000)	年成交金额(百万元) Turnover (1000000)
1	601288	农业银行	33048.77	89416.55
2	600016	民生银行	30668.87	174826.40
3	600010	包钢股份	25287.57	182476.12
4	601668	中国建筑	22585.89	82936.10
5	601899	紫金矿业	22118.01	138380.25
6	600050	中国联通	20457.57	112929.51
7	600795	国电电力	18217.53	53554.44
8	601818	光大银行	18126.60	65509.34
9	600030	中信证券	16941.03	219392.17
10	601766	中国南车	16785.71	117119.84
11	600383	金地集团	16015.57	101365.87
12	601299	中国北车	15547.57	108516.57
13	600000	浦发银行	15442.18	176247.34
14	600036	招商银行	14907.32	194025.99
15	601901	方正证券	13575.85	82214.34
16	601166	兴业银行	12867.27	239823.38
17	601398	工商银行	12637.67	54764.38
18	601328	交通银行	12598.56	66814.86
19	600837	海通证券	12431.36	113600.80
20	601106	中国一重	12329.67	67342.43
21	600019	宝钢股份	11160.08	71271.76
22	600839	四川长虹	10535.94	35814.30
23	600068	葛洲坝	10010.36	119619.76
24	601006	大秦铁路	9970.24	81984.71
25	601939	建设银行	9963.41	48679.49
26	601118	海南橡胶	9806.46	116719.48
27	600028	中国石化	9714.13	79924.07
28	601390	中国中铁	9573.16	39488.74
29	600029	南方航空	9483.45	74057.26
30	600868	ST 梅雁	9244.14	33744.86
31	601618	中国中冶	9183.61	34859.39
32	600031	三一重工	9078.14	181299.19
33	600200	江苏吴中	8931.01	104541.93
34	600048	保利地产	8798.25	102372.03
35	600583	海油工程	8511.88	62269.60
36	601669	中国水电	7940.78	38237.88
37	600516	方大炭素	7798.08	117588.94
38	600115	东方航空	7713.92	44041.23
39	600022	济南钢铁	7676.34	37213.28
40	601117	中国化学	7591.33	55999.19
41	600078	澄星股份	7535.44	82966.45
42	601018	宁波港	7413.83	23705.01
43	601989	中国重工	7102.78	83213.39
44	601988	中国银行	7074.85	22518.56
45	600015	华夏银行	6997.78	79756.55
46	600069	银鸽投资	6974.82	69225.03
47	600005	武钢股份	6962.91	29776.13
48	600851	海欣股份	6839.08	72688.17
49	600900	长江电力	6780.38	50500.51
50	601333	广深铁路	6672.14	25374.17

数据来源：上海证券交易所
Source: Shanghai Stock Exchange

2－30　2011年深圳A股按成交量排序前50名

Top 50 of Shenzhen Stock Exchange A Share Trading Volume in 2011

序号 No.	代码 Code	股票简称 Shares	年成交量(百万股) Trading Volume(1000000)	年成交金额(百万元) Turnover (1000000)
1	000100	TCL 集团	33454.73	106479.13
2	000725	京东方 A	18956.44	52321.46
3	000709	河北钢铁	15277.16	66158.34
4	000002	万科 A	14291.00	117564.80
5	000629	攀钢钒钛	12982.07	138984.24
6	000157	中联重科	11591.80	155224.50
7	000518	四环生物	8800.07	67778.95
8	002024	苏宁电器	8121.42	96563.30
9	000594	国恒铁路	7183.39	27571.39
10	000009	中国宝安	6927.88	131435.22
11	000816	江淮动力	6807.61	52684.40
12	000012	南玻 A	6265.24	106355.11
13	000667	名流置业	6212.37	18884.82
14	000069	华侨城 A	5995.54	57135.65
15	000402	金融街	5953.12	40922.84
16	000983	西山煤电	5911.03	145699.80
17	000001	深发展 A	5714.94	95739.89
18	000630	铜陵有色	5611.90	145507.05
19	000825	太钢不锈	5456.83	30250.71
20	000707	双环科技	5385.97	54168.11
21	002202	金风科技	4963.98	80358.05
22	002233	塔牌集团	4851.59	66533.85
23	000858	五粮液	4850.68	170648.03
24	000758	中色股份	4618.73	145431.50
25	000651	格力电器	4498.81	93450.41
26	000822	山东海化	4350.50	40702.57
27	000659	珠海中富	4329.19	37485.16
28	002500	山西证券	4317.67	41301.43
29	000898	鞍钢股份	4296.18	30947.97
30	000752	西藏发展	4265.72	104651.01
31	000527	美的电器	4261.31	71878.57
32	000063	中兴通讯	4220.83	100070.61
33	000540	中天城投	4219.56	53032.00
34	000783	长江证券	4162.80	44796.16
35	000830	鲁西化工	4159.54	29479.45
36	000510	金路集团	4135.63	34846.65
37	002008	大族激光	4055.56	61661.90
38	000778	新兴铸管	4048.88	39774.83
39	000682	东方电子	4044.06	22503.71
40	000060	中金岭南	4024.55	66520.22
41	000039	中集集团	4018.03	83087.49
42	000680	山推股份	4001.98	71622.66
43	000751	锌业股份	3841.61	32734.89
44	002102	冠福家用	3658.71	39614.50
45	000571	新大洲 A	3643.41	25693.26
46	000937	冀中能源	3638.31	102118.83
47	000931	中关村	3592.68	28813.55
48	000503	海虹控股	3586.82	39160.03
49	000939	凯迪电力	3559.60	56792.08
50	000488	晨鸣纸业	3460.25	25682.36

数据来源：深圳证券交易所

Source: Shenzhen Stock Exchange

2-31 2011年全国A股按成交额排序前50名

Top 50 of A Share Turnover in 2011

序号 No.	代码 Code	股票简称 Shares	年成交额(百万元) Tutnover (1000000)	年成交量(百万股) Trading Volume (1000000)	交易所 Exchange
1	600111	包钢稀土	355940.85	5226.53	上　海
2	601318	中国平安	255566.52	5625.73	上　海
3	601166	兴业银行	239823.38	12867.27	上　海
4	600030	中信证券	219392.17	16941.03	上　海
5	600036	招商银行	194025.99	14907.32	上　海
6	600010	包钢股份	182476.12	25287.57	上　海
7	600031	三一重工	181299.19	9078.14	上　海
8	600000	浦发银行	176247.34	15442.18	上　海
9	600016	民生银行	174826.40	30668.87	上　海
10	000858	五粮液	170648.03	4850.68	深　圳
11	600585	海螺水泥	165942.57	6505.35	上　海
12	000157	中联重科	155224.50	11591.80	深　圳
13	600362	江西铜业	154774.39	4316.92	上　海
14	600348	阳泉煤业	150192.72	6075.27	上　海
15	000983	西山煤电	145699.80	5911.03	深　圳
16	000630	铜陵有色	145507.05	5611.90	深　圳
17	000758	中色股份	145431.50	4618.73	深　圳
18	601088	中国神华	143867.90	5207.56	上　海
19	600058	五矿发展	141442.50	4281.90	上　海
20	000629	攀钢钒钛	138984.24	12982.07	深　圳
21	600547	山东黄金	138831.34	2946.21	上　海
22	600519	贵州茅台	138613.26	714.32	上　海
23	601899	紫金矿业	138380.25	22118.01	上　海
24	000009	中国宝安	131435.22	6927.88	深　圳
25	600636	三爱富	130934.67	4596.97	上　海
26	600068	葛洲坝	119619.76	10010.36	上　海
27	600516	方大炭素	117588.94	7798.08	上　海
28	000002	万科A	117564.80	14291.00	深　圳
29	601766	中国南车	117119.84	16785.71	上　海
30	601118	海南橡胶	116719.48	9806.46	上　海
31	600837	海通证券	113600.80	12431.36	上　海
32	600050	中国联通	112929.51	20457.57	上　海
33	600160	巨化股份	112420.89	4091.38	上　海
34	000338	潍柴动力	110686.01	2253.20	深　圳
35	601299	中国北车	108516.57	15547.57	上　海
36	002155	辰州矿业	107936.16	3215.98	深　圳
37	601168	西部矿业	106482.29	6504.93	上　海
38	000100	TCL集团	106479.13	33454.73	深　圳
39	000012	南玻A	106355.11	6265.24	深　圳
40	601601	中国太保	106171.42	4896.00	上　海
41	000752	西藏发展	104651.01	4265.72	深　圳
42	600200	江苏吴中	104541.93	8931.01	上　海
43	601699	潞安环能	103281.95	2533.78	上　海
44	600048	保利地产	102372.03	8798.25	上　海
45	000937	冀中能源	102118.83	3638.31	深　圳
46	600383	金地集团	101365.87	16015.57	上　海
47	000063	中兴通讯	100070.61	4220.83	深　圳
48	601002	晋亿实业	99653.30	5107.39	上　海
49	600089	特变电工	99549.42	6394.83	上　海
50	600489	中金黄金	97132.21	3128.40	上　海

数据来源：上海、深圳证券交易所
Source: Shanghai Shenzhen Stock Exchange

2－32　2011年上海A股按成交额排序前50名

Top 50 of Shanghai Stock Exchange A Share Turnover in 2011

序号 No.	代码 Code	股票简称 Shares	年成交金额(百万元) Tutnover (1000000)	年成交量(百万股) Trading Volume (1000000)
1	600111	包钢稀土	355940.85	5226.53
2	601318	中国平安	255566.52	5625.73
3	601166	兴业银行	239823.38	12867.27
4	600030	中信证券	219392.17	16941.03
5	600036	招商银行	194025.99	14907.32
6	600010	包钢股份	182476.12	25287.57
7	600031	三一重工	181299.19	9078.14
8	600000	浦发银行	176247.34	15442.18
9	600016	民生银行	174826.40	30668.87
10	600585	海螺水泥	165942.57	6505.35
11	600362	江西铜业	154774.39	4316.92
12	600348	阳泉煤业	150192.72	6075.27
13	601088	中国神华	143867.90	5207.56
14	600058	五矿发展	141442.50	4281.90
15	600547	山东黄金	138831.34	2946.21
16	600519	贵州茅台	138613.26	714.32
17	601899	紫金矿业	138380.25	22118.01
18	600636	三爱富	130934.67	4596.97
19	600068	葛洲坝	119619.76	10010.36
20	600516	方大炭素	117588.94	7798.08
21	601766	中国南车	117119.84	16785.71
22	601118	海南橡胶	116719.48	9806.46
23	600837	海通证券	113600.80	12431.36
24	600050	中国联通	112929.51	20457.57
25	600160	巨化股份	112420.89	4091.38
26	601299	中国北车	108516.57	15547.57
27	601168	西部矿业	106482.29	6504.93
28	601601	中国太保	106171.42	4896.00
29	600200	江苏吴中	104541.93	8931.01
30	601699	潞安环能	103281.95	2533.78
31	600048	保利地产	102372.03	8798.25
32	600383	金地集团	101365.87	16015.57
33	601002	晋亿实业	99653.30	5107.39
34	600089	特变电工	99549.42	6394.83
35	600489	中金黄金	97132.21	3128.40
36	600188	兖州煤业	94852.70	3021.62
37	600497	驰宏锌锗	92200.94	3452.78
38	600072	中船股份	90497.96	3637.62
39	601958	金钼股份	89751.36	4026.05
40	601288	农业银行	89416.55	33048.77
41	600549	厦门钨业	84556.74	1886.62
42	601989	中国重工	83213.39	7102.78
43	600078	澄星股份	82966.45	7535.44
44	601668	中国建筑	82936.10	22585.89
45	600875	东方电气	82881.92	2938.81
46	601901	方正证券	82214.34	13575.85
47	601006	大秦铁路	81984.71	9970.24
48	600259	广晟有色	80540.44	1223.77
49	600028	中国石化	79924.07	9714.13
50	600015	华夏银行	79756.55	6997.78

数据来源：上海证券交易所

Source: Shanghai Stock Exchange

2-33 2011年深圳A股按成交额排序前50名
Top 50 of Shenzhen Stock Exchange A Share Turnover in 2011

序号 No.	代码 Code	股票简称 Shares	年成交金额(百万元) Tutnover (1000000)	年成交量(百万股) Trading Volume (1000000)
1	000858	五粮液	170648.03	4850.68
2	000157	中联重科	155224.50	11591.80
3	000983	西山煤电	145699.80	5911.03
4	000630	铜陵有色	145507.05	5611.90
5	000758	中色股份	145431.50	4618.73
6	000629	攀钢钒钛	138984.24	12982.07
7	000009	中国宝安	131435.22	6927.88
8	000002	万科A	117564.80	14291.00
9	000338	潍柴动力	110686.01	2253.20
10	002155	辰州矿业	107936.16	3215.98
11	000100	TCL集团	106479.13	33454.73
12	000012	南玻A	106355.11	6265.24
13	000752	西藏发展	104651.01	4265.72
14	000937	冀中能源	102118.83	3638.31
15	000063	中兴通讯	100070.61	4220.83
16	002024	苏宁电器	96563.30	8121.42
17	000001	深发展A	95739.89	5714.94
18	000651	格力电器	93450.41	4498.81
19	000425	徐工机械	93169.19	3353.71
20	000960	锡业股份	92042.37	2976.99
21	000039	中集集团	83087.49	4018.03
22	002202	金风科技	80358.05	4963.98
23	000970	中科三环	77227.66	3041.00
24	000969	安泰科技	72860.15	3428.47
25	000527	美的电器	71878.57	4261.31
26	000680	山推股份	71622.66	4001.98
27	000568	泸州老窖	71022.58	1622.75
28	000422	湖北宜化	69801.02	3341.96
29	002006	精功科技	69422.77	1585.80
30	000518	四环生物	67778.95	8800.07
31	002233	塔牌集团	66533.85	4851.59
32	000060	中金岭南	66520.22	4024.55
33	000709	河北钢铁	66158.34	15277.16
34	000776	广发证券	65393.37	1783.90
35	000423	东阿阿胶	64843.79	1403.59
36	002106	莱宝高科	64281.29	1875.63
37	000528	柳工	63127.60	2393.40
38	002008	大族激光	61661.90	4055.56
39	000933	神火股份	59575.08	3139.66
40	000623	吉林敖东	59093.44	1814.58
41	000401	冀东水泥	57901.83	2607.43
42	000792	盐湖股份	57373.20	1093.53
43	000069	华侨城A	57135.65	5995.54
44	000939	凯迪电力	56792.08	3559.60
45	000878	云南铜业	56675.06	2377.08
46	000707	双环科技	54168.11	5385.97
47	000540	中天城投	53032.00	4219.56
48	000816	江淮动力	52684.40	6807.61
49	000725	京东方A	52321.46	18956.44
50	000877	天山股份	52248.07	1604.03

数据来源：深圳证券交易所
Source: Shenzhen Stock Exchange

2－34　2011年全国B股按成交量排序前50名

Top 50 of B Share Trading Volume in 2011

序号 No.	代码 Code	股票简称 Shares	年成交量(百万股) Trading Volume (1000000)	年成交金额(百万元) Turnover (1000000)	交易所 Exchange
1	900917	海欣B股	856.13	3491.03	上　海
2	200012	南玻B	815.71	6432.24	深　圳
3	900950	新城B股	762.67	3292.18	上　海
4	900908	氯碱B股	732.70	2923.14	上　海
5	200725	京东方B	697.19	968.62	深　圳
6	200625	长安B	627.38	2516.49	深　圳
7	200002	万科B	624.61	4726.31	深　圳
8	900947	振华B股	548.69	2111.44	上　海
9	200039	中集B	541.16	5796.50	深　圳
10	900919	大江B股	467.96	1271.85	上　海
11	900948	伊泰B股	451.38	17874.11	上　海
12	900907	鼎立B股	451.32	2130.37	上　海
13	900936	鄂资B股	419.29	4533.74	上　海
14	900941	东信B股	416.33	1424.57	上　海
15	200512	闽灿坤B	387.08	566.88	深　圳
16	200761	本钢板B	376.61	1098.54	深　圳
17	200160	ST大路B	355.53	522.48	深　圳
18	200488	晨鸣B	312.73	1415.71	深　圳
19	200055	方大B	293.02	950.81	深　圳
20	900949	东电B股	284.99	1038.41	上　海
21	900910	海立B股	281.56	1170.44	上　海
22	200017	*ST中华B	274.10	504.43	深　圳
23	900921	丹科B股	265.18	1773.43	上　海
24	200726	鲁泰B	249.70	1525.90	深　圳
25	200016	深康佳B	249.61	545.21	深　圳
26	200152	山航B	247.84	2633.89	深　圳
27	900925	机电B股	245.29	1993.06	上　海
28	200539	粤电力B	239.69	728.23	深　圳
29	900903	大众B股	230.61	963.19	上　海
30	900946	*ST轻骑B	219.46	640.99	上　海
31	200011	深物业B	213.29	974.04	深　圳
32	900937	华电B股	209.30	496.98	上　海
33	900924	上工B股	205.60	894.50	上　海
34	900953	凯马B	195.97	797.28	上　海
35	900952	锦港B股	192.06	686.11	上　海
36	900918	耀皮B股	188.88	1040.64	上　海
37	900957	凌云B股	185.50	762.81	上　海
38	900932	陆家B股	184.76	1443.55	上　海
39	900955	九龙山B	181.66	591.71	上　海
40	900909	双钱B股	180.51	899.07	上　海
41	900902	*ST二纺B	171.59	455.16	上　海
42	900933	华新B股	169.04	2946.26	上　海
43	900905	老凤祥B	167.76	2911.87	上　海
44	200992	中鲁B	164.55	605.06	深　圳
45	900901	上电B股	162.18	565.72	上　海
46	200771	杭汽轮B	158.72	1702.55	深　圳
47	200024	招商局B	157.46	1676.29	深　圳
48	200553	沙隆达B	156.97	474.75	深　圳
49	900916	金山B股	151.70	616.67	上　海
50	900935	阳晨B股	150.13	906.28	上　海

数据来源：上海、深圳证券交易所

Source: Shanghai Shenzhen Stock Exchange

2－35　2011年上海B股按成交量排序前50名

Top 50 of Shanghai Stock Exchange B Share Trading Volume in 2011

序号 No.	代码 Code	股票简称 Shares	年成交量(百万股) Trading Volume(1000000)	年成交金额(百万元) Turnover (1000000)
1	900917	海欣B股	856.13	3491.03
2	900950	新城B股	762.67	3292.18
3	900908	氯碱B股	732.70	2923.14
4	900947	振华B股	548.69	2111.44
5	900919	大江B股	467.96	1271.85
6	900948	伊泰B股	451.38	17874.11
7	900907	鼎立B股	451.32	2130.37
8	900936	鄂资B股	419.29	4533.74
9	900941	东信B股	416.33	1424.57
10	900949	东电B股	284.99	1038.41
11	900910	海立B股	281.56	1170.44
12	900921	丹科B股	265.18	1773.43
13	900925	机电B股	245.29	1993.06
14	900903	大众B股	230.61	963.19
15	900946	*ST轻骑B	219.46	640.99
16	900937	华电B股	209.30	496.98
17	900924	上工B股	205.60	894.50
18	900953	凯马B	195.97	797.28
19	900952	锦港B股	192.06	686.11
20	900918	耀皮B股	188.88	1040.64
21	900957	凌云B股	185.50	762.81
22	900932	陆家B股	184.76	1443.55
23	900955	九龙山B	181.66	591.71
24	900909	双钱B股	180.51	899.07
25	900902	*ST二纺B	171.59	455.16
26	900933	华新B股	169.04	2946.26
27	900905	老凤祥B	167.76	2911.87
28	900901	上电B股	162.18	565.72
29	900916	金山B股	151.70	616.67
30	900935	阳晨B股	150.13	906.28
31	900920	上柴B股	135.64	835.09
32	900911	金桥B股	127.89	699.19
33	900938	ST天海B	123.17	375.19
34	900951	*ST大化B	120.22	383.24
35	900927	物贸B股	108.51	569.17
36	900940	ST华源B	107.90	236.11
37	900912	外高B股	107.73	616.26
38	900939	ST汇丽B	105.23	393.99
39	900928	自仪B股	104.72	547.82
40	900942	黄山B股	100.69	926.74
41	900945	海航B股	100.45	673.74
42	900923	友谊B股	96.54	1134.70
43	900906	ST中纺B	85.79	385.46
44	900914	锦投B股	82.18	509.60
45	900930	沪普天B	79.85	321.06
46	900943	开开B股	76.58	340.68
47	900915	中路B股	70.00	409.38
48	900926	宝信B股	68.48	661.57
49	900934	锦江B股	66.40	674.37
50	900956	东贝B股	61.49	322.47

数据来源：上海证券交易所

Source: Shanghai Stock Exchange

2-36　2011年深圳B股按成交量排序前50名

Top 50 of Shenzhen Stock Exchange B Share Trading Volume in 2011

序号 No.	代码 Code	股票简称 Shares	年成交量（百万股） Trading Volume(1000000)	年成交金额（百万元） Turnover (1000000)
1	200012	南玻B	815.71	6432.24
2	200725	京东方B	697.19	968.62
3	200625	长安B	627.38	2516.49
4	200002	万科B	624.61	4726.31
5	200039	中集B	541.16	5796.50
6	200512	闽灿坤B	387.08	566.88
7	200761	本钢板B	376.61	1098.54
8	200160	ST大路B	355.53	522.48
9	200488	晨鸣B	312.73	1415.71
10	200055	方大B	293.02	950.81
11	200017	*ST中华B	274.10	504.43
12	200726	鲁泰B	249.70	1525.90
13	200016	深康佳B	249.61	545.21
14	200152	山航B	247.84	2633.89
15	200539	粤电力B	239.69	728.23
16	200011	深物业B	213.29	974.04
17	200992	中鲁B	164.55	605.06
18	200771	杭汽轮B	158.72	1702.55
19	200024	招商局B	157.46	1676.29
20	200553	沙隆达B	156.97	474.75
21	200541	粤照明B	124.17	814.13
22	200413	宝石B	115.93	656.52
23	200056	深国商B	113.43	953.86
24	200429	粤高速B	110.13	280.68
25	200581	苏威孚B	105.02	2197.56
26	200026	飞亚达B	104.11	936.29
27	200986	粤华包B	96.78	373.12
28	200029	深深房B	89.44	228.68
29	200570	苏常柴B	89.13	349.91
30	200613	ST东海B	88.99	216.73
31	200168	ST雷伊B	86.37	152.41
32	200037	深南电B	85.55	231.28
33	200530	大冷B	78.46	508.81
34	200521	皖美菱B	75.82	437.92
35	200030	*ST盛润B	75.54	345.08
36	200706	瓦轴B	71.24	495.31
37	200505	ST珠江B	70.80	207.79
38	200869	张裕B	57.34	4117.52
39	200022	深赤湾B	57.01	582.75
40	200020	深华发B	55.40	169.82
41	200468	宁通信B	53.88	194.02
42	200054	建摩B	44.91	124.34
43	200053	深基地B	43.16	364.99
44	200550	江铃B	41.39	665.16
45	200596	古井贡B	39.44	1879.67
46	200018	ST中冠B	37.66	109.49
47	200513	丽珠B	36.63	629.14
48	200045	深纺织B	33.59	190.65
49	200019	深深宝B	32.61	164.44
50	200028	一致B	30.41	483.47

数据来源：深圳证券交易所

Source: Shenzhen Stock Exchange

2－37 2011年全国B股按成交额排序前50名

Top 50 of B Share Turnover in 2011

序号 No.	代码 Code	股票简称 Shares	年成交额(百万元) Tutnover (1000000)	年成交量(百万股) Trading Volume (1000000)	交易所 Exchange
1	900948	伊泰B股	17874.11	451.38	上 海
2	200012	南玻B	6432.24	815.71	深 圳
3	200039	中集B	5796.50	541.16	深 圳
4	200002	万科B	4726.31	624.61	深 圳
5	900936	鄂资B股	4533.74	419.29	上 海
6	200869	张裕B	4117.52	57.34	深 圳
7	900917	海欣B股	3491.03	856.13	上 海
8	900950	新城B股	3292.18	762.67	上 海
9	900933	华新B股	2946.26	169.04	上 海
10	900908	氯碱B股	2923.14	732.70	上 海
11	900905	老凤祥B	2911.87	167.76	上 海
12	200152	山航B	2633.89	247.84	深 圳
13	200625	长安B	2516.49	627.38	深 圳
14	200581	苏威孚B	2197.56	105.02	深 圳
15	900907	鼎立B股	2130.37	451.32	上 海
16	900947	振华B股	2111.44	548.69	上 海
17	900925	机电B股	1993.06	245.29	上 海
18	200596	古井贡B	1879.67	39.44	深 圳
19	900921	丹科B股	1773.43	265.18	上 海
20	200771	杭汽轮B	1702.55	158.72	深 圳
21	200024	招商局B	1676.29	157.46	深 圳
22	200726	鲁泰B	1525.90	249.70	深 圳
23	900932	陆家B股	1443.55	184.76	上 海
24	900941	东信B股	1424.57	416.33	上 海
25	200488	晨鸣B	1415.71	312.73	深 圳
26	900919	大江B股	1271.85	467.96	上 海
27	900910	海立B股	1170.44	281.56	上 海
28	900923	友谊B股	1134.70	96.54	上 海
29	200761	本钢板B	1098.54	376.61	深 圳
30	900918	耀皮B股	1040.64	188.88	上 海
31	900949	东电B股	1038.41	284.99	上 海
32	200011	深物业B	974.04	213.29	深 圳
33	200725	京东方B	968.62	697.19	深 圳
34	900903	大众B股	963.19	230.61	上 海
35	200056	深国商B	953.86	113.43	深 圳
36	200055	方大B	950.81	293.02	深 圳
37	200026	飞亚达B	936.29	104.11	深 圳
38	900942	黄山B股	926.74	100.69	上 海
39	900935	阳晨B股	906.28	150.13	上 海
40	900909	双钱B股	899.07	180.51	上 海
41	900924	上工B股	894.50	205.60	上 海
42	900920	上柴B股	835.09	135.64	上 海
43	200541	粤照明B	814.13	124.17	深 圳
44	900953	凯马B	797.28	195.97	上 海
45	900957	凌云B股	762.81	185.50	上 海
46	200539	粤电力B	728.23	239.69	深 圳
47	900911	金桥B股	699.19	127.89	上 海
48	900952	锦港B股	686.11	192.06	上 海
49	900934	锦江B股	674.37	66.40	上 海
50	900945	海航B股	673.74	100.45	上 海

数据来源：上海、深圳证券交易所

Source: Shanghai Shenzhen Stock Exchange

2－38　2011年上海B股按成交额排序前50名

Top 50 of Shanghai Stock Exchange B Share Trading Volume in 2011

序号 No.	代码 Code	股票简称 Shares	年成交金额(百万元) Tutnover (1000000)	年成交量(百万股) Trading Volume (1000000)
1	900948	伊泰B股	17874.11	451.38
2	900936	鄂资B股	4533.74	419.29
3	900917	海欣B股	3491.03	856.13
4	900950	新城B股	3292.18	762.67
5	900933	华新B股	2946.26	169.04
6	900908	氯碱B股	2923.14	732.70
7	900905	老凤祥B	2911.87	167.76
8	900907	鼎立B股	2130.37	451.32
9	900947	振华B股	2111.44	548.69
10	900925	机电B股	1993.06	245.29
11	900921	丹科B股	1773.43	265.18
12	900932	陆家B股	1443.55	184.76
13	900941	东信B股	1424.57	416.33
14	900919	大江B股	1271.85	467.96
15	900910	海立B股	1170.44	281.56
16	900923	友谊B股	1134.70	96.54
17	900918	耀皮B股	1040.64	188.88
18	900949	东电B股	1038.41	284.99
19	900903	大众B股	963.19	230.61
20	900942	黄山B股	926.74	100.69
21	900935	阳晨B股	906.28	150.13
22	900909	双钱B股	899.07	180.51
23	900924	上工B股	894.50	205.60
24	900920	上柴B股	835.09	135.64
25	900953	凯马B	797.28	195.97
26	900957	凌云B股	762.81	185.50
27	900911	金桥B股	699.19	127.89
28	900952	锦港B股	686.11	192.06
29	900934	锦江B股	674.37	66.40
30	900945	海航B股	673.74	100.45
31	900926	宝信B股	661.57	68.48
32	900946	*ST轻骑B	640.99	219.46
33	900916	金山B股	616.67	151.70
34	900912	外高B股	616.26	107.73
35	900955	九龙山B	591.71	181.66
36	900927	物贸B股	569.17	108.51
37	900901	上电B股	565.72	162.18
38	900928	自仪B股	547.82	104.72
39	900914	锦投B股	509.60	82.18
40	900937	华电B股	496.98	209.30
41	900902	*ST二纺B	455.16	171.59
42	900915	中路B股	409.38	70.00
43	900939	ST汇丽B	393.99	105.23
44	900906	ST中纺B	385.46	85.79
45	900951	*ST大化B	383.24	120.22
46	900938	ST天海B	375.19	123.17
47	900943	开开B股	340.68	76.58
48	900956	东贝B股	322.47	61.49
49	900930	沪普天B	321.06	79.85
50	900904	永生B股	278.55	49.03

数据来源：上海证券交易所

Source: Shanghai Stock Exchange

2-39 2011年深圳B股按成交额排序前50名

Top 50 of Shenzhen Stock Exchange B Share Turnover in 2011

序号 No.	代码 Code	股票简称 Shares	年成交金额(百万元) Tutnover (1000000)	年成交量(百万股) Trading Volume (1000000)
1	200012	南玻 B	6432.24	815.71
2	200039	中集 B	5796.50	541.16
3	200002	万科 B	4726.31	624.61
4	200869	张裕 B	4117.52	57.34
5	200152	山航 B	2633.89	247.84
6	200625	长安 B	2516.49	627.38
7	200581	苏威孚 B	2197.56	105.02
8	200596	古井贡 B	1879.67	39.44
9	200771	杭汽轮 B	1702.55	158.72
10	200024	招商局 B	1676.29	157.46
11	200726	鲁泰 B	1525.90	249.70
12	200488	晨鸣 B	1415.71	312.73
13	200761	本钢板 B	1098.54	376.61
14	200011	深物业 B	974.04	213.29
15	200725	京东方 B	968.62	697.19
16	200056	深国商 B	953.86	113.43
17	200055	方大 B	950.81	293.02
18	200026	飞亚达 B	936.29	104.11
19	200541	粤照明 B	814.13	124.17
20	200539	粤电力 B	728.23	239.69
21	200550	江铃 B	665.16	41.39
22	200413	宝石 B	656.52	115.93
23	200513	丽珠 B	629.14	36.63
24	200992	中鲁 B	605.06	164.55
25	200022	深赤湾 B	582.75	57.01
26	200512	闽灿坤 B	566.88	387.08
27	200016	深康佳 B	545.21	249.61
28	200160	ST 大路 B	522.48	355.53
29	200530	大冷 B	508.81	78.46
30	200017	* ST 中华 B	504.43	274.10
31	200706	瓦轴 B	495.31	71.24
32	200028	一致 B	483.47	30.41
33	200553	沙隆达 B	474.75	156.97
34	200521	皖美菱 B	437.92	75.82
35	200986	粤华包 B	373.12	96.78
36	200053	深基地 B	364.99	43.16
37	200570	苏常柴 B	349.91	89.13
38	200030	* ST 盛润 B	345.08	75.54
39	200418	小天鹅 B	317.75	27.34
40	200429	粤高速 B	280.68	110.13
41	200037	深南电 B	231.28	85.55
42	200029	深深房 B	228.68	89.44
43	200613	ST 东海 B	216.73	88.99
44	200505	ST 珠江 B	207.79	70.80
45	200468	宁通信 B	194.02	53.88
46	200045	深纺织 B	190.65	33.59
47	200020	深华发 B	169.82	55.40
48	200019	深深宝 B	164.44	32.61
49	200168	ST 雷伊 B	152.41	86.37
50	200054	建摩 B	124.34	44.91

数据来源：深圳证券交易所
Source：Shenzhen Stock Exchange

2－40　2011 年上海证券交易所每日收市综合指数

Daily Close Composite Index of Shanghai Stock Exchange in 2011

日期 Date	1月 Jan.	2月 Feb.	3月 Mar.	4月 Apr.	5月 May.	6月 Jun.	7月 Jul.	8月 Aug.	9月 Sep.	10月 Oct.	11月 Nov.	12月 Dec.
1	0.00	2798.96	2918.92	2967.41	0.00	2743.57	2759.36	2703.78	2556.04	0.00	2470.02	2386.86
2	0.00	0.00	2913.81	0.00	0.00	2705.18	0.00	2679.26	2528.28	0.00	2504.11	2360.66
3	0.00	0.00	2902.98	0.00	2932.19	2728.02	0.00	2678.49	0.00	0.00	2508.09	0.00
4	2852.65	0.00	2942.31	0.00	2866.02	0.00	2812.82	2684.04	0.00	0.00	2528.29	0.00
5	2838.59	0.00	0.00	0.00	2872.40	0.00	2816.36	2626.42	2478.74	0.00	0.00	2333.23
6	2824.20	0.00	0.00	3001.36	2863.89	0.00	2810.48	0.00	2470.52	0.00	0.00	2325.91
7	2838.80	0.00	2996.21	3007.91	0.00	2744.30	2794.27	0.00	2516.09	0.00	2509.80	2332.73
8	0.00	0.00	2999.94	3030.02	0.00	2750.29	2797.77	2526.82	2498.94	0.00	2503.84	2329.82
9	0.00	2774.07	3002.15	0.00	2872.46	2703.35	0.00	2526.07	2497.75	0.00	2524.92	2315.27
10	2791.81	2818.16	2957.14	0.00	2890.63	2705.14	0.00	2549.18	0.00	2344.79	2479.54	0.00
11	2804.05	2827.33	2933.80	3022.75	2883.42	0.00	2802.69	2581.51	0.00	2348.52	2481.08	0.00
12	2821.31	0.00	0.00	3021.37	2844.08	0.00	2754.58	2593.17	0.00	2420.00	0.00	2291.55
13	2827.71	0.00	0.00	3050.40	2871.03	2700.38	2795.48	0.00	2471.31	2438.79	0.00	2248.59
14	2791.34	2899.13	2937.63	3042.64	0.00	2730.04	2810.44	0.00	2484.83	2431.38	2528.71	2228.53
15	0.00	2899.24	2896.26	3050.53	0.00	2705.43	2820.17	2626.77	2479.06	0.00	2529.76	2180.90
16	0.00	2923.90	2930.80	0.00	2849.07	2664.28	0.00	2608.17	2482.34	0.00	2466.96	2224.84
17	2706.66	2926.96	2897.30	0.00	2852.77	2642.82	0.00	2601.26	0.00	2440.40	2463.05	0.00
18	2708.98	2899.79	2906.89	3057.33	2872.77	0.00	2816.69	2559.47	0.00	2383.49	2416.56	0.00
19	2758.10	0.00	0.00	2999.04	2859.57	0.00	2796.98	2534.36	2437.80	2377.51	0.00	2218.24
20	2677.65	0.00	0.00	3007.04	2858.46	2621.25	2794.21	0.00	2447.76	2331.37	0.00	2215.93
21	2715.29	2932.25	2909.14	3026.67	0.00	2646.48	2765.89	0.00	2512.96	2317.28	2415.13	2191.15
22	0.00	2855.52	2919.14	3010.52	0.00	2649.32	2770.79	2515.86	2443.06	0.00	2412.63	2186.30
23	0.00	2862.63	2948.48	0.00	2774.57	2688.25	0.00	2554.02	2433.16	0.00	2395.07	2204.78
24	2695.72	2878.60	2946.71	0.00	2767.06	2746.21	0.00	2541.09	0.00	2370.33	2397.55	0.00
25	2677.43	2878.57	2977.81	2964.95	2741.74	0.00	2688.75	2615.26	0.00	2409.67	2380.22	0.00
26	2708.81	0.00	0.00	2938.98	2736.53	0.00	2703.03	2612.19	2393.18	2427.48	0.00	2190.11
27	2749.15	0.00	0.00	2925.41	2709.95	2758.23	2723.49	0.00	2415.05	2435.61	0.00	2166.21
28	2752.75	2905.05	2984.01	2887.04	0.00	2759.20	2708.78	0.00	2392.06	2473.41	2383.03	2170.01
29	0.00	0.00	2958.08	2911.51	0.00	2728.48	2701.73	2576.41	2365.34	0.00	2412.39	2173.56
30	0.00	0.00	2955.77	0.00	2706.36	2762.08	0.00	2566.60	2359.22	0.00	2333.41	2199.42
31	2790.69	0.00	2928.11	0.00	2743.47	0.00	0.00	2567.34	0.00	2468.25	0.00	0.00

数据来源：上海证券交易所
Source: Shanghai Stock Exchange

2-41 2011年上海证券交易所每日收市A股指数

Daily Close A Share Composite Index of Shanghai Stock Exchange in 2011

日期 Date	1月 Jan.	2月 Feb.	3月 Mar.	4月 Apr.	5月 May.	6月 Jun.	7月 Jul.	8月 Aug.	9月 Sep.	10月 Oct.	11月 Nov.	12月 Dec.
1	0.00	2930.52	3056.34	3107.15	0.00	2873.11	2890.61	2831.60	2677.20	0.00	2587.02	2500.63
2	0.00	0.00	3051.00	0.00	0.00	2832.97	0.00	2805.82	2648.11	0.00	2622.79	2473.46
3	0.00	0.00	3039.68	0.00	3070.72	2856.90	0.00	2805.00	0.00	0.00	2626.91	0.00
4	2987.03	0.00	3080.89	0.00	3001.39	0.00	2946.49	2810.75	0.00	0.00	2648.16	0.00
5	2972.22	0.00	0.00	0.00	3008.12	0.00	2950.15	2750.53	2596.27	0.00	0.00	2444.86
6	2957.09	0.00	0.00	3142.80	2999.17	0.00	2943.88	0.00	2587.63	0.00	0.00	2436.96
7	2972.42	0.00	3137.44	3149.59	0.00	2874.17	2926.76	0.00	2635.32	0.00	2628.84	2444.07
8	0.00	0.00	3141.36	3172.79	0.00	2880.73	2930.40	2646.54	2617.31	0.00	2622.63	2440.90
9	0.00	2904.50	3143.70	0.00	3008.09	2832.45	0.00	2645.75	2616.10	0.00	2644.67	2425.63
10	2923.02	2950.75	3096.37	0.00	3027.17	2834.71	0.00	2669.92	0.00	2456.02	2597.12	0.00
11	2935.95	2960.31	3071.79	3165.13	3019.57	0.00	2935.48	2703.89	0.00	2460.09	2598.70	0.00
12	2953.98	0.00	0.00	3163.68	2978.36	0.00	2885.30	2715.98	0.00	2534.96	0.00	2400.79
13	2960.71	0.00	0.00	3194.12	3006.67	2829.99	2928.01	0.00	2588.43	2554.56	0.00	2355.96
14	2922.50	3035.72	3075.80	3185.92	0.00	2860.81	2943.65	0.00	2602.62	2546.80	2648.58	2334.89
15	0.00	3035.87	3032.50	3194.31	0.00	2834.89	2953.83	2751.24	2596.59	0.00	2649.63	2284.97
16	0.00	3061.70	3068.79	0.00	2983.62	2791.81	0.00	2731.68	2600.05	0.00	2583.77	2330.84
17	2833.84	3064.93	3033.72	0.00	2987.48	2769.23	0.00	2724.50	0.00	2556.27	2579.67	0.00
18	2836.37	3036.30	3043.67	3201.55	3008.45	0.00	2950.23	2680.65	0.00	2496.64	2531.06	0.00
19	2887.73	0.00	0.00	3140.19	2994.60	0.00	2929.58	2654.35	2553.37	2490.35	0.00	2323.92
20	2803.32	0.00	0.00	3148.50	2993.52	2746.48	2926.56	0.00	2563.82	2442.03	0.00	2321.48
21	2842.78	3070.36	3045.98	3169.08	0.00	2772.75	2896.90	0.00	2632.09	2427.27	2529.59	2295.52
22	0.00	2989.92	3056.42	3152.12	0.00	2775.50	2901.97	2635.12	2558.85	0.00	2526.96	2290.35
23	0.00	2997.32	3087.21	0.00	2905.75	2816.15	0.00	2675.18	2548.52	0.00	2508.58	2309.72
24	2822.25	3014.07	3085.33	0.00	2897.73	2877.05	0.00	2661.62	0.00	2482.81	2511.18	0.00
25	2803.12	3014.01	3118.04	3104.46	2871.30	0.00	2816.07	2739.38	0.00	2523.95	2493.03	0.00
26	2836.01	0.00	0.00	3077.22	2865.88	0.00	2831.00	2736.15	2506.77	2542.58	0.00	2294.31
27	2878.33	0.00	0.00	3063.83	2838.11	2889.59	2852.32	0.00	2529.71	2551.05	0.00	2269.37
28	2881.97	3041.77	3124.53	3023.88	0.00	2890.51	2836.85	0.00	2505.52	2590.57	2496.02	2273.30
29	0.00	0.00	3097.37	3049.19	0.00	2858.35	2829.47	2698.66	2477.53	0.00	2526.83	2277.03
30	0.00	0.00	3094.99	0.00	2834.53	2893.53	0.00	2688.33	2471.10	0.00	2444.45	2304.12
31	2921.82	0.00	3065.92	0.00	2873.06	0.00	0.00	2689.08	0.00	2585.10	0.00	0.00

数据来源：上海证券交易所
Source: Shanghai Stock Exchange

2－42　2011 年上海证券交易所每日收市 B 股指数

Daily Close B Share Composite Index of Shanghai Stock Exchange in 2011

日期 Date	1 月 Jan.	2 月 Feb.	3 月 Mar.	4 月 Apr.	5 月 May.	6 月 Jun.	7 月 Jul.	8 月 Aug.	9 月 Sep.	10 月 Oct.	11 月 Nov.	12 月 Dec.
1	0.00	306.58	315.71	320.24	0.00	289.58	272.48	282.29	260.53	0.00	253.27	230.61
2	0.00	0.00	314.93	0.00	0.00	284.19	0.00	281.52	257.96	0.00	255.47	222.61
3	0.00	0.00	313.35	0.00	307.85	286.51	0.00	281.64	0.00	0.00	256.76	0.00
4	307.04	0.00	317.00	0.00	301.58	0.00	280.03	283.55	0.00	0.00	257.05	0.00
5	307.25	0.00	0.00	0.00	301.41	0.00	281.31	275.27	251.77	0.00	0.00	217.06
6	306.59	0.00	0.00	322.06	301.11	0.00	282.97	0.00	251.80	0.00	0.00	220.90
7	307.60	0.00	320.79	323.97	0.00	283.86	283.97	0.00	257.02	0.00	254.30	222.35
8	0.00	0.00	321.05	325.38	0.00	278.95	285.00	258.42	256.37	0.00	252.90	224.47
9	0.00	302.98	320.70	0.00	303.27	256.91	0.00	258.63	255.43	0.00	255.84	223.59
10	306.14	306.49	319.74	0.00	304.25	249.91	0.00	261.60	0.00	237.09	251.50	0.00
11	305.24	308.11	319.71	325.43	304.37	0.00	286.82	262.74	0.00	234.26	252.48	0.00
12	307.83	0.00	0.00	325.54	300.36	0.00	277.94	266.33	0.00	241.62	0.00	221.00
13	308.16	0.00	0.00	327.86	301.61	244.14	284.42	0.00	252.18	245.15	0.00	213.40
14	306.55	311.70	320.15	328.27	0.00	251.95	286.71	0.00	253.01	244.09	257.61	212.44
15	0.00	310.91	315.33	326.87	0.00	252.13	287.77	268.46	252.17	0.00	258.67	208.40
16	0.00	313.35	316.82	0.00	300.08	247.60	0.00	268.03	252.06	0.00	253.81	215.87
17	297.19	313.36	312.97	0.00	300.94	247.33	0.00	266.32	0.00	244.86	253.51	0.00
18	295.63	313.71	315.65	325.29	302.48	0.00	286.58	263.52	0.00	239.30	247.17	0.00
19	302.24	0.00	0.00	325.20	301.66	0.00	284.77	261.04	247.98	239.32	0.00	215.42
20	296.87	0.00	0.00	327.22	299.97	248.30	286.68	0.00	248.71	234.47	0.00	215.62
21	299.98	315.87	316.86	328.83	0.00	253.78	283.85	0.00	255.94	232.98	246.48	213.05
22	0.00	309.27	318.56	328.03	0.00	258.40	285.55	256.30	249.07	0.00	246.34	214.38
23	0.00	311.21	320.35	0.00	289.52	264.83	0.00	258.40	247.31	0.00	244.18	216.20
24	298.66	312.35	320.67	0.00	291.56	267.04	0.00	257.42	0.00	239.15	244.56	0.00
25	296.28	312.76	321.47	322.27	287.40	0.00	276.47	263.43	0.00	244.37	242.93	0.00
26	299.00	0.00	0.00	320.35	286.00	0.00	278.46	263.38	240.88	246.59	0.00	215.60
27	301.93	0.00	0.00	303.26	281.95	269.22	282.79	0.00	242.60	248.41	0.00	211.11
28	304.63	315.14	321.95	294.82	0.00	271.13	282.48	0.00	242.25	253.59	242.14	212.58
29	0.00	0.00	319.38	303.36	0.00	267.78	281.70	260.12	239.74	0.00	244.11	212.71
30	0.00	0.00	318.52	0.00	278.25	271.31	0.00	260.05	239.33	0.00	229.16	215.26
31	306.45	0.00	317.45	0.00	288.40	0.00	0.00	260.64	0.00	254.35	0.00	0.00

数据来源：上海证券交易所

Source：Shanghai Stock Exchange

2－43　2011年上海证券交易所每日收市180指数
Daily Close 180 Shares Index of Shanghai Stock Exchange in 2011

日期 Date	1月 Jan.	2月 Feb.	3月 Mar.	4月 Apr.	5月 May.	6月 Jun.	7月 Jul.	8月 Aug.	9月 Sep.	10月 Oct.	11月 Nov.	12月 Dec.
1	0.00	6469.96	6770.84	6911.71	0.00	6373.42	6410.65	6214.32	5914.07	0.00	5713.10	5455.71
2	0.00	0.00	6758.05	0.00	0.00	6262.49	0.00	6163.36	5849.86	0.00	5811.54	5407.43
3	0.00	0.00	6742.74	0.00	6802.65	6318.31	0.00	6159.20	0.00	0.00	5805.30	0.00
4	6651.80	0.00	6845.30	0.00	6627.85	0.00	6564.44	6171.91	0.00	0.00	5848.65	0.00
5	6625.33	0.00	0.00	0.00	6616.95	0.00	6568.25	6031.70	5730.95	0.00	0.00	5351.62
6	6589.21	0.00	0.00	7020.27	6596.46	0.00	6541.21	0.00	5703.25	0.00	0.00	5336.90
7	6621.01	0.00	6982.67	7032.46	0.00	6353.32	6508.48	0.00	5818.31	0.00	5788.29	5369.20
8	0.00	0.00	6992.45	7084.29	0.00	6355.02	6525.78	5816.44	5767.94	0.00	5773.10	5364.82
9	0.00	6395.18	6991.37	0.00	6608.70	6239.59	0.00	5828.42	5764.66	0.00	5820.51	5323.36
10	6507.36	6509.92	6851.23	0.00	6662.80	6258.20	0.00	5876.71	0.00	5353.83	5698.58	0.00
11	6556.50	6531.50	6780.01	7045.52	6640.41	0.00	6523.25	5964.66	0.00	5359.40	5692.42	0.00
12	6606.10	0.00	0.00	7031.02	6546.91	0.00	6393.39	5973.99	0.00	5563.48	0.00	5273.06
13	6598.46	0.00	0.00	7129.13	6613.14	6235.81	6497.28	0.00	5701.09	5598.89	0.00	5152.48
14	6489.15	6734.99	6795.98	7088.42	0.00	6322.69	6522.61	0.00	5729.21	5584.44	5809.66	5105.00
15	0.00	6730.24	6672.59	7113.25	0.00	6259.26	6547.06	6070.00	5712.28	0.00	5796.09	4982.21
16	0.00	6776.59	6775.08	0.00	6551.46	6169.10	0.00	6032.32	5722.53	0.00	5632.71	5084.25
17	6261.72	6770.88	6677.23	0.00	6587.54	6114.68	0.00	6011.75	0.00	5609.53	5611.45	0.00
18	6264.11	6706.88	6717.32	7113.09	6640.38	0.00	6534.02	5901.71	0.00	5450.99	5503.55	0.00
19	6392.52	0.00	0.00	6959.24	6597.37	0.00	6481.29	5839.84	5607.14	5444.92	0.00	5071.07
20	6187.47	0.00	0.00	6962.51	6604.27	6084.41	6467.14	0.00	5633.75	5327.53	0.00	5056.79
21	6281.07	6779.67	6708.74	7014.97	0.00	6148.93	6389.86	0.00	5808.05	5313.86	5509.27	4982.74
22	0.00	6583.61	6751.23	6978.63	0.00	6145.45	6403.99	5785.16	5623.73	0.00	5507.97	4986.39
23	0.00	6611.37	6835.42	0.00	6403.91	6239.59	0.00	5881.37	5599.00	0.00	5447.40	5024.68
24	6229.83	6648.91	6805.57	0.00	6414.21	6391.36	0.00	5850.02	0.00	5469.12	5457.99	0.00
25	6202.75	6657.21	6898.47	6875.08	6337.62	0.00	6199.03	6057.70	0.00	5560.73	5417.20	0.00
26	6283.11	0.00	0.00	6840.38	6323.90	0.00	6217.25	6052.20	5463.81	5611.91	0.00	4975.95
27	6375.47	0.00	0.00	6802.62	6295.42	6406.77	6252.94	0.00	5523.96	5630.29	0.00	4925.61
28	6381.94	6730.26	6911.16	6723.75	0.00	6413.48	6203.89	0.00	5462.80	5735.24	5422.24	4934.79
29	0.00	0.00	6865.19	6772.46	0.00	6317.67	6204.38	5943.44	5420.10	0.00	5498.02	4938.94
30	0.00	0.00	6860.77	0.00	6280.80	6407.89	0.00	5925.80	5402.77	0.00	5315.46	5009.29
31	6464.51	0.00	6791.11	0.00	6377.67	0.00	0.00	5936.76	0.00	5704.49	0.00	0.00

数据来源：上海证券交易所
Source: Shanghai Stock Exchange

2-44　2011年深圳证券交易所每日收市综合指数

Daily Close Composite Index of Shenzhen Stock Exchange in 2011

日期 Date	1月 Jan.	2月 Feb.	3月 Mar.	4月 Apr.	5月 May.	6月 Jun.	7月 Jul.	8月 Aug.	9月 Sep.	10月 Oct.	11月 Nov.	12月 Dec.
1	0.0000	1198.1889	1298.8711	1266.5486	0.0000	1122.2886	1162.0687	1183.9794	1136.7535	0.0000	1041.5084	1014.1935
2	0.0000	0.0000	1292.9941	0.0000	0.0000	1105.9471	0.0000	1179.9872	1124.4388	0.0000	1060.1715	994.5393
3	0.0000	0.0000	1272.0030	0.0000	1214.1189	1124.3170	0.0000	1185.1740	0.0000	0.0000	1064.6163	0.0000
4	1311.3298	0.0000	1286.2221	0.0000	1187.2824	0.0000	1188.9146	1187.9013	0.0000	0.0000	1071.3354	0.0000
5	1310.1400	0.0000	0.0000	0.0000	1190.7972	0.0000	1195.8314	1164.9520	1097.0728	0.0000	0.0000	964.5614
6	1301.7924	0.0000	0.0000	1262.4555	1195.3076	0.0000	1200.5828	0.0000	1085.3466	0.0000	0.0000	966.4582
7	1292.0578	0.0000	1303.4803	1271.3235	0.0000	1132.6933	1202.3210	0.0000	1111.2295	0.0000	1065.3054	969.6799
8	0.0000	0.0000	1307.7134	1285.9878	0.0000	1136.5308	1201.4977	1113.3685	1100.5329	0.0000	1054.7359	970.9497
9	0.0000	1186.2157	1311.3430	0.0000	1203.0686	1113.0152	0.0000	1111.4015	1094.0304	0.0000	1071.0351	961.8121
10	1258.8592	1220.5764	1302.6503	0.0000	1210.2273	1113.3231	0.0000	1127.0252	0.0000	997.8397	1058.7165	0.0000
11	1251.6779	1234.1790	1299.6908	1275.5200	1212.2704	0.0000	1210.3439	1147.1730	0.0000	992.3106	1056.9439	0.0000
12	1257.1705	0.0000	0.0000	1272.2100	1194.8838	0.0000	1192.4862	1158.9628	0.0000	1027.0578	0.0000	949.7726
13	1257.3184	0.0000	0.0000	1286.7136	1201.3734	1110.8862	1214.8306	0.0000	1077.1275	1039.8873	0.0000	921.3186
14	1232.7330	1262.1067	1310.9910	1283.2415	0.0000	1128.4183	1223.7347	0.0000	1087.4986	1035.6229	1083.0385	906.4574
15	0.0000	1261.6041	1293.6098	1281.5048	0.0000	1118.1684	1232.8353	1175.4070	1089.8317	0.0000	1086.9444	886.0098
16	0.0000	1283.2606	1307.9587	0.0000	1198.7199	1097.1715	0.0000	1166.8388	1089.9924	0.0000	1059.2409	910.3543
17	1180.3896	1286.7307	1284.9570	0.0000	1197.0363	1085.1137	0.0000	1163.8679	0.0000	1040.8058	1060.5524	0.0000
18	1183.4819	1273.4211	1292.9312	1281.9900	1202.6966	0.0000	1232.5394	1142.9122	0.0000	1010.4602	1031.5434	0.0000
19	1211.6431	0.0000	0.0000	1269.3247	1197.3138	0.0000	1217.0306	1133.8430	1067.4797	1004.2013	0.0000	912.8459
20	1170.4673	0.0000	0.0000	1274.2533	1192.6588	1073.1943	1219.4634	0.0000	1071.5965	974.8559	0.0000	909.0247
21	1178.1559	1297.6602	1285.6875	1282.2367	0.0000	1088.7664	1206.0811	0.0000	1102.2891	959.1181	1031.5010	888.1551
22	0.0000	1262.8185	1284.8436	1274.7303	0.0000	1088.3471	1211.1481	1124.1731	1070.7849	0.0000	1031.1723	879.3694
23	0.0000	1273.9177	1299.9889	0.0000	1149.3930	1111.1773	0.0000	1144.0516	1060.6729	0.0000	1027.1446	885.3016
24	1150.0420	1279.6444	1299.5291	0.0000	1150.9132	1136.3949	0.0000	1144.7400	0.0000	977.0255	1026.9689	0.0000
25	1136.5798	1280.2964	1308.1772	1249.5816	1134.1948	0.0000	1165.7027	1166.7919	0.0000	1002.9009	1019.6868	0.0000
26	1154.4156	0.0000	0.0000	1232.8010	1123.1480	0.0000	1171.2670	1169.9541	1043.4748	1012.6957	0.0000	876.8996
27	1174.6653	0.0000	0.0000	1217.7454	1101.1104	1148.6326	1190.8346	0.0000	1047.6786	1013.1913	0.0000	853.9710
28	1185.6844	1295.8134	1299.4953	1183.6963	0.0000	1151.9956	1189.1304	0.0000	1032.1799	1035.8848	1020.5166	849.7599
29	0.0000	0.0000	1275.2822	1200.6223	0.0000	1139.8573	1178.7024	1159.5223	1006.1127	0.0000	1035.5510	850.9418
30	0.0000	0.0000	1264.5910	0.0000	1090.4990	1155.8885	0.0000	1148.2890	1004.5191	0.0000	994.0204	866.6534
31	1197.6721	0.0000	1253.6805	0.0000	1111.9002	0.0000	0.0000	1143.3380	0.0000	1040.9286	0.0000	0.0000

数据来源：深圳证券交易所
Source: Shenzhen Stock Exchange

2-45 2011年深圳证券交易所每日收市A股综合指数

Daily Close A Share Composite Index of Shenzhen Stock Exchange in 2011

日期 Date	1月 Jan.	2月 Feb.	3月 Mar.	4月 Apr.	5月 May.	6月 Jun.	7月 Jul.	8月 Aug.	9月 Sep.	10月 Oct.	11月 Nov.	12月 Dec.
1	0.0000	1252.6721	1359.7392	1325.3676	0.0000	1173.9736	1216.6342	1239.5999	1190.8606	0.0000	1091.2228	1062.7748
2	0.0000	0.0000	1353.7830	0.0000	0.0000	1156.8743	0.0000	1235.5113	1177.9140	0.0000	1110.8402	1042.0755
3	0.0000	0.0000	1331.5570	0.0000	1270.1664	1176.1549	0.0000	1240.9988	0.0000	0.0000	1115.4689	0.0000
4	1372.5753	0.0000	1346.3464	0.0000	1242.1608	0.0000	1244.7335	1243.8266	0.0000	0.0000	1122.4364	0.0000
5	1371.2908	0.0000	0.0000	0.0000	1245.8356	0.0000	1251.8892	1219.9617	1149.2474	0.0000	0.0000	1010.6203
6	1362.5313	0.0000	0.0000	1321.0415	1250.5632	0.0000	1256.8352	0.0000	1136.8745	0.0000	0.0000	1012.4474
7	1352.1622	0.0000	1364.4353	1330.4302	0.0000	1185.0120	1258.6982	0.0000	1164.0836	0.0000	1116.1696	1015.7700
8	0.0000	0.0000	1368.8838	1345.7537	0.0000	1189.1643	1257.8719	1166.1134	1152.8102	0.0000	1105.1191	1017.1313
9	0.0000	1240.2046	1372.6681	0.0000	1258.7483	1164.7827	0.0000	1164.2561	1145.9600	0.0000	1122.2920	1007.6225
10	1317.3015	1276.5350	1363.4037	0.0000	1266.3346	1165.5909	0.0000	1180.7074	0.0000	1046.2433	1109.5220	0.0000
11	1309.6670	1290.9616	1360.3576	1334.6411	1268.4828	0.0000	1267.2321	1201.9473	0.0000	1040.2936	1107.6396	0.0000
12	1315.4091	0.0000	0.0000	1331.0919	1250.2629	0.0000	1248.7252	1214.3021	0.0000	1076.5965	0.0000	994.9676
13	1315.5347	0.0000	0.0000	1346.3222	1257.1369	1163.2865	1272.0633	0.0000	1128.3417	1089.8682	0.0000	965.1519
14	1289.5957	1320.2675	1372.3931	1342.5820	0.0000	1181.5743	1281.4681	0.0000	1139.3981	1085.5259	1134.9341	949.5315
15	0.0000	1319.7427	1354.3512	1340.8328	0.0000	1170.7074	1291.0921	1231.5365	1142.0123	0.0000	1139.0794	928.0414
16	0.0000	1342.5766	1369.3690	0.0000	1254.4705	1148.4779	0.0000	1222.6449	1142.3723	0.0000	1110.0118	953.5614
17	1234.4822	1346.2586	1345.2045	0.0000	1252.5509	1135.8171	0.0000	1219.4789	0.0000	1090.9704	1111.4289	0.0000
18	1237.6061	1332.2791	1353.6271	1341.4092	1258.5008	0.0000	1290.8032	1197.3389	0.0000	1059.1376	1081.1202	0.0000
19	1267.0846	0.0000	0.0000	1328.1943	1252.9262	0.0000	1274.5125	1187.9212	1118.8722	1052.5056	0.0000	956.1476
20	1223.7043	0.0000	0.0000	1333.2909	1248.1375	1123.3288	1276.9761	0.0000	1123.5382	1021.7026	0.0000	952.0583
21	1231.5314	1357.9615	1345.7975	1341.6404	0.0000	1139.6822	1262.7273	0.0000	1155.8597	1005.1481	1081.2085	930.0046
22	0.0000	1321.5126	1344.7981	1333.7297	0.0000	1139.2007	1268.1270	1177.9518	1123.0101	0.0000	1080.8581	920.6713
23	0.0000	1333.2298	1360.7182	0.0000	1202.8921	1163.1301	0.0000	1198.8226	1112.5463	0.0000	1076.5994	926.8737
24	1201.8391	1339.2251	1360.1336	0.0000	1204.5730	1189.6039	0.0000	1199.5584	0.0000	1023.8467	1076.4085	0.0000
25	1187.7276	1340.1090	1369.3100	1307.0270	1186.9838	0.0000	1220.3826	1222.6321	0.0000	1050.9445	1068.7666	0.0000
26	1206.4746	0.0000	0.0000	1289.3027	1175.2908	0.0000	1226.2024	1226.1572	1094.6035	1061.2075	0.0000	918.0131
27	1227.8281	0.0000	0.0000	1273.7954	1152.0452	1202.5247	1246.7794	0.0000	1098.8589	1061.5888	0.0000	893.8625
28	1239.4879	1356.4934	1360.2352	1238.3188	0.0000	1206.0304	1245.1485	0.0000	1082.3574	1085.2621	1069.6755	889.3252
29	0.0000	0.0000	1334.6704	1255.9432	0.0000	1193.2833	1234.0762	1215.0806	1054.8788	0.0000	1085.3179	890.4525
30	0.0000	0.0000	1323.3986	0.0000	1140.8024	1210.1236	0.0000	1203.0825	1053.1352	0.0000	1041.6215	906.9093
31	1252.1222	0.0000	1311.8318	0.0000	1162.9885	0.0000	0.0000	1197.7014	0.0000	1090.5703	0.0000	0.0000

数据来源：深圳证券交易所
Source: Shenzhen Stock Exchange

2-46　2011年深圳证券交易所每日收市B股综合指数

Daily Close B Share Composite Index of Shenzhen Stock Exchange in 2011

日期 Date	1月 Jan.	2月 Feb.	3月 Mar.	4月 Apr.	5月 May.	6月 Jun.	7月 Jul.	8月 Aug.	9月 Sep.	10月 Oct.	11月 Nov.	12月 Dec.
1	0.0000	829.6763	818.4326	822.6112	0.0000	749.1385	725.3440	737.8485	673.2434	0.0000	609.9015	584.9118
2	0.0000	0.0000	805.8788	0.0000	0.0000	738.4768	0.0000	730.8018	668.3126	0.0000	617.5035	579.0817
3	0.0000	0.0000	803.9922	0.0000	804.0830	747.6459	0.0000	731.1794	0.0000	0.0000	621.5854	0.0000
4	837.3521	0.0000	817.2940	0.0000	783.0462	0.0000	742.4460	734.2612	0.0000	0.0000	629.3180	0.0000
5	838.2959	0.0000	0.0000	0.0000	785.4808	0.0000	750.9446	711.8012	652.0010	0.0000	0.0000	563.9888
6	833.9259	0.0000	0.0000	821.9256	788.0443	0.0000	755.3014	0.0000	649.6311	0.0000	0.0000	573.6223
7	835.5511	0.0000	827.1793	822.6655	0.0000	748.6897	754.2543	0.0000	660.0915	0.0000	623.1017	578.3205
8	0.0000	0.0000	829.0743	833.1954	0.0000	744.6277	751.9825	671.6885	657.2530	0.0000	615.6741	577.4216
9	0.0000	819.1470	832.0551	0.0000	790.0923	718.5157	0.0000	660.3078	655.3800	0.0000	620.1678	568.6083
10	819.2262	824.7438	834.0282	0.0000	790.2645	695.3965	0.0000	665.3302	0.0000	543.9667	605.7427	0.0000
11	819.7839	824.9860	829.7947	833.7258	791.1100	0.0000	752.6830	670.5317	0.0000	548.9019	606.0369	0.0000
12	823.5962	0.0000	0.0000	835.5262	781.0390	0.0000	732.2760	677.3198	0.0000	574.6145	0.0000	563.7291
13	824.9676	0.0000	0.0000	842.4853	781.3457	682.0159	748.9369	0.0000	640.7653	591.0029	0.0000	547.2525
14	818.2596	839.4857	827.5541	845.1762	0.0000	696.2132	750.4217	0.0000	636.9872	581.9487	623.7359	541.2083
15	0.0000	839.1082	809.6193	840.8934	0.0000	696.3591	751.3687	686.6776	629.5706	0.0000	623.2221	532.7808
16	0.0000	845.4731	818.3194	0.0000	774.4244	695.1482	0.0000	677.3217	619.7505	0.0000	609.2100	546.3170
17	799.1246	845.4521	808.2216	0.0000	780.7666	689.3996	0.0000	678.2872	0.0000	584.2417	607.6936	0.0000
18	806.0508	839.1356	809.8202	838.0279	783.1842	0.0000	750.1511	675.3737	0.0000	568.4939	586.1933	0.0000
19	823.9401	0.0000	0.0000	828.0127	776.9481	0.0000	743.1266	665.7733	602.0559	568.7090	0.0000	549.0751
20	809.9997	0.0000	0.0000	834.0339	770.0371	682.4084	748.7728	0.0000	586.1998	554.4977	0.0000	551.4203
21	824.6176	840.6296	816.5805	839.4368	0.0000	689.6985	752.2245	0.0000	595.6737	548.7028	579.1404	549.2442
22	0.0000	817.5248	821.3440	837.1480	0.0000	691.5083	750.6863	651.8421	569.0260	0.0000	579.2671	550.9587
23	0.0000	820.1199	827.9169	0.0000	740.5512	704.4353	0.0000	661.2574	556.3230	0.0000	578.9615	555.1234
24	818.4507	823.7218	832.3423	0.0000	737.2960	716.6714	0.0000	660.9185	0.0000	562.5051	579.2209	0.0000
25	810.7774	815.0754	832.1565	838.7703	730.8910	0.0000	730.5249	675.4001	0.0000	578.3226	575.6011	0.0000
26	818.6808	0.0000	0.0000	835.5664	729.9955	0.0000	734.2856	666.3813	542.2957	584.0234	0.0000	553.2838
27	824.5629	0.0000	0.0000	814.1917	724.3942	719.0246	741.9905	0.0000	552.4959	591.5122	0.0000	546.6929
28	825.9780	818.5299	826.0408	784.9020	0.0000	721.8650	733.2973	0.0000	557.0846	610.2020	573.9935	550.9380
29	0.0000	0.0000	820.7580	799.9894	0.0000	716.1845	734.5001	667.8277	550.5017	0.0000	588.6146	557.5784
30	0.0000	0.0000	817.6869	0.0000	724.0558	723.4453	0.0000	673.0055	553.4199	0.0000	574.0134	567.0357
31	829.7500	0.0000	817.4880	0.0000	747.8258	0.0000	0.0000	680.0833	0.0000	611.9202	0.0000	0.0000

数据来源：深圳证券交易所
Source: Shenzhen Stock Exchange

2－47　2011年深圳证券交易所每日收市成份指数
Daily Close Composite Component Index of Shenzhen Stock Exchange in 2011

日期 Date	1月 Jan.	2月 Feb.	3月 Mar.	4月 Apr.	5月 May.	6月 Jun.	7月 Jul.	8月 Aug.	9月 Sep.	10月 Oct.	11月 Nov.	12月 Dec.
1	0.0000	11991.5128	12948.7186	12699.4172	0.0000	11699.8275	12178.0832	12002.4161	11352.8641	0.0000	10441.7029	9917.8630
2	0.0000	0.0000	12880.2660	0.0000	0.0000	11506.5211	0.0000	11932.0427	11228.2957	0.0000	10581.7519	9808.2314
3	0.0000	0.0000	12698.1609	0.0000	12423.4625	11642.4010	0.0000	11922.3695	0.0000	0.0000	10624.1171	0.0000
4	12714.5149	0.0000	12893.8428	0.0000	12070.4053	0.0000	12441.1682	11934.4149	0.0000	0.0000	10699.4887	0.0000
5	12647.6297	0.0000	0.0000	0.0000	12085.9937	0.0000	12440.3708	11701.7636	10954.8992	0.0000	0.0000	9586.0844
6	12599.6562	0.0000	0.0000	12740.8703	12067.6099	0.0000	12425.6804	0.0000	10778.4345	0.0000	0.0000	9586.9444
7	12573.9370	0.0000	13140.8829	12890.6551	0.0000	11741.2597	12392.9277	0.0000	11011.1804	0.0000	10591.6606	9606.2470
8	0.0000	0.0000	13144.1829	13036.2325	0.0000	11761.1036	12404.3410	11312.6265	10933.3149	0.0000	10541.1024	9580.5171
9	0.0000	11807.9275	13158.2152	0.0000	12125.0138	11513.2034	0.0000	11315.0810	10892.3936	0.0000	10625.8810	9480.2666
10	12331.1581	12170.5123	13004.8550	0.0000	12216.9407	11593.3797	0.0000	11449.5823	0.0000	10170.7464	10477.5538	0.0000
11	12385.1725	12292.4914	12848.0194	12925.0463	12202.6207	0.0000	12438.5640	11627.4949	0.0000	10065.4721	10418.9346	0.0000
12	12409.9782	0.0000	0.0000	12902.2238	12072.2089	0.0000	12268.1888	11651.2902	0.0000	10425.9315	0.0000	9376.2796
13	12423.3437	0.0000	0.0000	13102.0835	12156.6051	11521.9847	12479.1540	0.0000	10775.2994	10481.8402	0.0000	9190.8751
14	12294.1650	12737.8049	12958.2924	12991.9253	0.0000	11732.0368	12440.8290	0.0000	10822.4030	10438.2619	10645.6843	9093.0259
15	0.0000	12711.5750	12705.3221	12965.7466	0.0000	11615.9690	12506.9366	11767.7426	10848.0205	0.0000	10582.9982	8871.0884
16	0.0000	12884.8700	12865.7542	0.0000	12051.2416	11435.9871	0.0000	11665.4127	10878.2285	0.0000	10313.3322	9081.9404
17	11734.6248	12788.3351	12650.6739	0.0000	12128.4957	11409.1574	0.0000	11598.2838	0.0000	10513.4892	10303.1603	0.0000
18	11771.5882	12613.1127	12721.9913	13001.3319	12230.6898	0.0000	12490.5506	11414.1593	0.0000	10226.9273	10025.1680	0.0000
19	12066.5475	0.0000	0.0000	12799.2417	12158.1121	0.0000	12381.4633	11301.5325	10657.6250	10105.7407	0.0000	9054.0808
20	11566.7408	0.0000	0.0000	12753.8463	12161.0261	11328.6707	12393.9886	0.0000	10679.2994	9796.2340	0.0000	9031.6696
21	11639.9598	12872.4667	12643.7319	12798.7514	0.0000	11509.9826	12301.4053	0.0000	10991.8499	9697.2129	10033.7935	8884.2531
22	0.0000	12473.3316	12667.2634	12708.4204	0.0000	11543.6548	12352.5028	11112.6386	10660.4655	0.0000	10028.2045	8909.3485
23	0.0000	12492.7054	12845.5291	0.0000	11742.1862	11775.3172	0.0000	11243.4199	10538.3979	0.0000	9957.3182	8976.5217
24	11488.9178	12578.4260	12771.4556	0.0000	11749.9245	11996.0807	0.0000	11238.9525	0.0000	9957.6226	9966.7439	0.0000
25	11446.3723	12633.8792	12942.0710	12508.0096	11615.4164	0.0000	11966.2445	11598.9299	0.0000	10203.4003	9886.2451	0.0000
26	11599.6711	0.0000	0.0000	12448.4849	11530.7001	0.0000	12008.5339	11568.1692	10328.4738	10315.7486	0.0000	8876.1948
27	11795.3303	0.0000	0.0000	12358.8823	11492.7128	12026.2933	12116.8614	0.0000	10448.6612	10323.2884	0.0000	8711.5521
28	11894.2271	12902.4353	12875.5178	12149.2472	0.0000	12047.0905	12085.9226	0.0000	10369.9321	10561.9938	9884.6963	8739.7281
29	0.0000	0.0000	12677.6084	12312.9911	0.0000	11913.2017	11990.4283	11372.3816	10287.9027	0.0000	10012.9377	8781.3195
30	0.0000	0.0000	12661.2169	0.0000	11478.2062	12110.9315	0.0000	11344.4521	10292.3340	0.0000	9693.3857	8918.8160
31	11994.6843	0.0000	12562.9013	0.0000	11665.1411	0.0000	0.0000	11397.4814	0.0000	10480.9121	0.0000	0.0000

数据来源：深圳证券交易所
Source: Shenzhen Stock Exchange

2－48　2011 年深圳证券交易所每日收市成份 A 股指数

Daily Close A Share Composite Component Index of Shenzhen Stock Exchange in 2011

日期 Date	1月 Jan.	2月 Feb.	3月 Mar.	4月 Apr.	5月 May.	6月 Jun.	7月 Jul.	8月 Aug.	9月 Sep.	10月 Oct.	11月 Nov.	12月 Dec.
1	0.0000	13011.7146	14050.3564	13779.8458	0.0000	12748.3524	13286.7155	13152.6650	12448.8701	0.0000	11449.7456	10875.3343
2	0.0000	0.0000	13976.0801	0.0000	0.0000	12537.7221	0.0000	13075.5474	12312.2759	0.0000	11603.3150	10755.1189
3	0.0000	0.0000	13778.4821	0.0000	13485.1753	12687.0398	0.0000	13064.9472	0.0000	0.0000	11649.7701	0.0000
4	13796.2272	0.0000	13990.8121	0.0000	13101.9458	0.0000	13573.7504	13078.1470	0.0000	0.0000	11732.4181	0.0000
5	13723.6516	0.0000	0.0000	0.0000	13118.8664	0.0000	13590.8270	12823.1997	12012.4857	0.0000	0.0000	10511.5258
6	13671.5967	0.0000	0.0000	13824.8256	13099.2020	0.0000	13580.9709	0.0000	11818.9851	0.0000	0.0000	10512.4688
7	13643.6894	0.0000	14258.8697	13987.3537	0.0000	12794.7688	13551.4097	0.0000	12074.2003	0.0000	11614.1803	10533.6349
8	0.0000	0.0000	14262.4505	14145.3164	0.0000	12816.3932	13577.0995	12396.7697	11988.8177	0.0000	11558.7412	10505.4210
9	0.0000	12812.5104	14277.6767	0.0000	13161.5131	12548.9820	0.0000	12399.4594	11943.9458	0.0000	11651.7044	10395.4923
10	13380.2556	13205.9428	14111.2691	0.0000	13261.2983	12639.6091	0.0000	12546.8506	0.0000	11152.6308	11489.0576	0.0000
11	13438.8654	13338.2995	13941.0904	14024.6709	13251.8125	0.0000	13614.5581	12741.8134	0.0000	11037.1933	11424.7793	0.0000
12	13465.7815	0.0000	0.0000	13999.9067	13110.1877	0.0000	13428.0749	12770.0235	0.0000	11432.4515	0.0000	10281.4664
13	13480.2841	0.0000	0.0000	14216.7699	13209.4588	12561.7711	13661.0964	0.0000	11815.5474	11493.7576	0.0000	10078.1630
14	13340.1153	13821.4989	14060.7451	14098.4132	0.0000	12790.7791	13619.1415	0.0000	11867.1983	11445.9723	11673.4195	9970.8674
15	0.0000	13793.0375	13786.2528	14070.0049	0.0000	12664.2369	13702.1826	12897.6574	11895.2889	0.0000	11604.6816	9727.5041
16	0.0000	13981.0759	13960.3340	0.0000	13094.9700	12469.2857	0.0000	12785.5020	11928.4132	0.0000	11308.9820	9958.7118
17	12732.9711	13876.3281	13726.9553	0.0000	13178.9149	12440.0318	0.0000	12711.9275	0.0000	11528.4620	11297.8282	0.0000
18	12773.0793	13686.1983	13804.3402	14108.6209	13291.9499	0.0000	13684.2307	12510.1237	0.0000	11214.2354	10992.9985	0.0000
19	13093.1329	0.0000	0.0000	13889.3192	13215.5848	0.0000	13564.7183	12386.6827	11686.5127	11081.3494	0.0000	9928.1626
20	12550.8042	0.0000	0.0000	13840.0576	13218.7523	12352.2727	13578.4406	0.0000	11710.2796	10741.9630	0.0000	9903.5878
21	12630.2525	13967.6173	13719.4227	13888.7872	0.0000	12553.6849	13477.0094	0.0000	12053.0038	10633.3824	11002.4567	9741.9397
22	0.0000	13534.5250	13744.9562	13790.7629	0.0000	12593.5125	13532.9901	12179.6516	11689.6275	0.0000	10996.3281	9769.4578
23	0.0000	13555.5470	13938.3883	0.0000	12763.4831	12846.2438	0.0000	12328.8601	11555.7755	0.0000	10918.5985	9843.1159
24	12466.3603	13648.5605	13858.0128	0.0000	12771.8945	13088.1445	0.0000	12323.9614	0.0000	10918.9321	10928.9342	0.0000
25	12420.1951	13708.7315	14043.1437	13573.2836	12625.6873	0.0000	13109.8184	12718.6911	0.0000	11188.4372	10840.6640	0.0000
26	12586.5361	0.0000	0.0000	13508.6893	12535.7451	0.0000	13156.1493	12684.9607	11325.5853	11311.6316	0.0000	9733.1034
27	12798.8414	0.0000	0.0000	13411.4555	12508.2214	13121.1075	13274.8293	0.0000	11457.3756	11319.8993	0.0000	9552.5661
28	12906.1521	14000.1355	13970.9284	13183.9663	0.0000	13143.7979	13240.9338	0.0000	11371.0460	11581.6493	10838.9657	9583.4622
29	0.0000	0.0000	13756.1815	13365.2629	0.0000	12997.7206	13139.5283	12470.2718	11281.0974	0.0000	10979.5875	9629.0688
30	0.0000	0.0000	13738.3955	0.0000	12492.4330	13213.4507	0.0000	12439.6460	11285.9565	0.0000	10629.1859	9779.8392
31	13015.1559	0.0000	13631.7155	0.0000	12706.3149	0.0000	0.0000	12497.7948	0.0000	11492.7400	0.0000	0.0000

数据来源：深圳证券交易所
Source：Shenzhen Stock Exchange

2－49　2011年深圳证券交易所每日收市成份B股指数

Daily Close B Share Composite Component Index of Shenzhen Stock Exchange in 2011

日期 Date	1月 Jan.	2月 Feb.	3月 Mar.	4月 Apr.	5月 May.	6月 Jun.	7月 Jul.	8月 Aug.	9月 Sep.	10月 Oct.	11月 Nov.	12月 Dec.
1	0.0000	5802.5212	5625.5211	5769.3457	0.0000	5540.2791	5317.9540	5392.1479	4966.1989	0.0000	4530.3515	4367.1332
2	0.0000	0.0000	5536.1911	0.0000	0.0000	5464.8789	0.0000	5349.0620	4937.9344	0.0000	4602.9866	4335.1632
3	0.0000	0.0000	5538.5064	0.0000	5801.9962	5528.9892	0.0000	5364.4843	0.0000	0.0000	4606.2164	0.0000
4	5835.2979	0.0000	5635.7776	0.0000	5671.0842	0.0000	5437.8218	5389.8329	0.0000	0.0000	4660.9616	0.0000
5	5828.1645	0.0000	0.0000	0.0000	5683.1612	0.0000	5503.6237	5222.5981	4799.8297	0.0000	0.0000	4226.4994
6	5801.4628	0.0000	0.0000	5794.1308	5704.8993	0.0000	5533.0568	0.0000	4777.8828	0.0000	0.0000	4312.0403
7	5836.3381	0.0000	5678.9180	5798.3451	0.0000	5526.8165	5500.3816	0.0000	4857.2039	0.0000	4616.2584	4338.6779
8	0.0000	0.0000	5714.7112	5843.0480	0.0000	5511.5923	5498.6513	4959.8071	4835.6434	0.0000	4545.2117	4351.3964
9	0.0000	5714.8380	5740.3439	0.0000	5678.0051	5314.1421	0.0000	4852.5366	4829.9889	0.0000	4581.1330	4263.7524
10	5737.8437	5715.8304	5750.0419	0.0000	5676.5653	5153.0562	0.0000	4889.8034	0.0000	3986.6927	4477.1994	0.0000
11	5749.0992	5703.4591	5717.3899	5896.7722	5692.2309	0.0000	5497.4756	4922.5402	0.0000	4064.6093	4464.3782	0.0000
12	5762.6715	0.0000	0.0000	5928.7188	5604.0698	0.0000	5367.0495	4952.3903	0.0000	4261.7811	0.0000	4211.5031
13	5774.8988	0.0000	0.0000	5994.7427	5589.9505	5050.4449	5482.3487	0.0000	4700.0189	4427.4338	0.0000	4103.1758
14	5730.0901	5804.6675	5713.4364	6012.5806	0.0000	5152.9132	5485.1951	0.0000	4625.8753	4325.8847	4600.7797	4058.4862
15	0.0000	5809.5954	5588.3112	5982.6885	0.0000	5162.7697	5486.7977	5016.5024	4562.3881	0.0000	4582.4330	4021.4743
16	0.0000	5835.1863	5655.9841	0.0000	5523.7225	5189.2135	0.0000	4946.8657	4527.3926	0.0000	4506.7376	4133.4821
17	5603.8607	5832.5541	5620.0789	0.0000	5584.8139	5119.1553	0.0000	4968.5286	0.0000	4334.4024	4459.6319	0.0000
18	5654.1551	5782.4394	5601.5256	5973.0603	5614.7350	0.0000	5444.1977	4974.9983	0.0000	4217.7473	4297.3144	0.0000
19	5798.2727	0.0000	0.0000	5892.2307	5589.6867	0.0000	5405.0077	4905.6334	4427.9664	4225.9057	0.0000	4184.3805
20	5712.1222	0.0000	0.0000	5927.7564	5551.4679	5042.2273	5452.3668	0.0000	4270.7573	4116.4584	0.0000	4191.5348
21	5796.8702	5789.1194	5686.4568	5984.3853	0.0000	5091.9154	5484.0399	0.0000	4325.0201	4052.9474	4235.7920	4177.9265
22	0.0000	5639.4666	5716.9964	5967.7177	0.0000	5135.2184	5488.8841	4775.8197	4082.4774	0.0000	4246.0075	4192.2984
23	0.0000	5658.1755	5764.8840	0.0000	5369.6141	5249.8381	0.0000	4843.1272	4012.3323	0.0000	4268.3727	4205.1962
24	5747.2913	5678.6461	5803.0692	0.0000	5363.8980	5303.6655	0.0000	4845.6083	0.0000	4133.2950	4247.8238	0.0000
25	5718.2965	5622.1142	5781.4236	6019.7145	5303.8113	0.0000	5364.6286	4933.3957	0.0000	4252.0971	4228.7332	0.0000
26	5771.9596	0.0000	0.0000	6014.7330	5309.5681	0.0000	5384.6577	4860.2144	3937.0962	4268.3737	0.0000	4177.0262
27	5788.2760	0.0000	0.0000	5899.4588	5322.0322	5302.3522	5431.4653	0.0000	4058.9097	4343.1463	0.0000	4133.8473
28	5804.4781	5627.9066	5736.5424	5682.5966	0.0000	5332.2567	5369.7584	0.0000	4136.9425	4518.8727	4219.9192	4159.6023
29	0.0000	0.0000	5724.5321	5778.5202	0.0000	5282.8911	5371.0425	4881.1985	4085.9970	0.0000	4379.1621	4231.0255
30	0.0000	0.0000	5693.1532	0.0000	5332.1707	5332.5437	0.0000	4921.7384	4089.8881	0.0000	4298.5731	4281.2170
31	5795.2409	0.0000	5700.4610	0.0000	5557.7059	0.0000	0.0000	5050.7333	0.0000	4541.7389	0.0000	0.0000

数据来源：深圳证券交易所

Source: Shenzhen Stock Exchange

2-50　2011年上海股票交易所A股平均市盈率、换手率

P/E Ratio and Turnover Velocity of A Shares in Shanghai Stock Exchange in 2011

年　份 Year	市盈率 P/E		换手率（%）Turnover Velocity
	发行股数平均 Total Shares	流通股数平均 Negotiable Shares	流通股平均换手率 Negotiable Shares
1992			
1993			
1994			
1995	16.32	13.66	519.41
1996	32.65	31.13	760.05
1997	43.43	42.44	534.99
1998	34.36	33.66	355.30
1999	38.13	36.59	421.55
2000	59.14	58.63	504.07
2001	37.59	41.39	216.67
2002	34.50	37.44	208.74
2003	36.64	37.22	268.58
2004	24.29	26.20	308.31
2005	16.38	17.84	290.70
2006	33.38	31.51	564.50
2007	59.24	70.11	953.16
2008	14.86	14.77	401.60
2009	28.78	27.78	511.46
2010	21.60	20.88	398.54
2011	13.41	13.30	125.10

数据来源：上海证券交易所
Source：Shanghai Stock Exchange

2-51　2011年深圳股票交易所A股平均市盈率、换手率

P/E Ratio and Turnover Velocity of A Shares in Shenzhen Stock Exchange in 2011

年　份 Year	市盈率 P/E		换手率（%）Turnover Velocity
	发行股数平均 Total Shares	流通股数平均 Negotiable Shares	流通股平均换手率 Negotiable Shares
1992	36.44	34.68	265.45
1993	35.94	37.90	324.44
1994	10.56	10.38	691.79
1995	9.97	9.39	309.56
1996	38.88	38.52	949.68
1997	42.66	42.38	662.32
1998	32.31	32.18	411.14
1999	37.56	38.28	371.61
2000	58.75	59.62	396.47
2001	40.76	41.02	189.97
2002	38.22	38.75	200.65
2003	37.43	37.55	216.97
2004	25.64	26.51	311.78
2005	16.96	17.79	350.64
2006	33.61	35.48	671.34
2007	72.11	76.15	1062.04
2008	17.13	17.38	503.45
2009	46.88	46.26	814.65
2010	45.29	41.56	580.30
2011	23.49	22.44	351.79

数据来源：深圳证券交易所
Source：Shenzhen Stock Exchange

2-52 2011年上海股票交易所B股平均市盈率、换手率

P/E Ratio and Turnover Velocity of B Shares in Shanghai Stock Exchange in 2011

年 份 Year	市盈率 P/E		换手率(%)Turnover Velocity
	发行股数平均 Total Shares	流通股数平均 Negotiable Shares	流通股平均换手率 Negotiable Shares
1992			
1993			
1994			
1995	8.00	8.00	56.26
1996	14.04	14.04	61.58
1997	11.99	11.99	74.60
1998	6.04	6.04	57.30
1999	10.05	10.05	92.59
2000	25.23	25.23	151.24
2001	43.39	43.39	452.26
2002	30.61	30.61	95.99
2003	30.32	30.32	64.26
2004	20.15	20.15	59.41
2005	12.40	12.40	58.49
2006	23.97	23.97	149.81
2007	59.30	59.30	351.60
2008	11.70	11.70	87.88
2009	21.58	21.58	165.79
2010	23.91	23.91	237.94
2011	12.28	12.28	86.80

数据来源：上海证券交易所
Source: Shanghai Stock Exchange

2-53 2011年深圳股票交易所B股平均市盈率、换手率

P/E Ratio and Turnover Velocity of B Shares in Shenzhen Stock Exchange in 2011

年 份 Year	市盈率 P/E		换手率(%)Turnover Velocity
	发行股数平均 Total Shares	流通股数平均 Negotiable Shares	流通股平均换手率 Negotiable Shares
1992	35.56	17.76	124.28
1993	20.11	16.24	52.58
1994	7.02	6.97	42.16
1995	6.01	5.86	30.79
1996	14.07	12.54	96.85
1997	10.66	10.71	131.32
1998	5.71	5.82	45.88
1999	10.38	10.39	95.40
2000	13.06	13.50	89.09
2001	25.30	25.59	417.47
2002	17.51	18.34	89.98
2003	20.92	21.57	133.87
2004	12.90	12.60	110.04
2005	9.11	8.97	88.21
2006	21.01	21.04	154.65
2007	26.71	26.75	280.12
2008	7.30	7.29	84.35
2009	21.83	22.03	177.18
2010	23.10	23.23	131.85
2011	9.63	9.66	64.04

数据来源：深圳证券交易所
Source: Shenzhen Stock Exchange

2－54　2011年上海股票交易所A股按行业平均市盈率、换手率
P/E Ratio and Turnover Velocity of A Shares in Shanghai Stock Exchange Classified by Industries in 2011

行　业 Industries	市盈率 P/E		换手率（%） Turnover Velocity
	发行股数平均 Total Shares	流通股数平均 Negotiable Shares	流通股换手率 Negotiable Shares
农、林、牧、副、渔业 Agriculture, Forestry, Fishing and Hunting	52.47	54.32	482.99
采掘业 Mining	12.87	12.71	38.70
食品、饮料 Food, Beverage	40.86	41.53	324.86
纺织、服装、毛皮 Textile, Apparel, Leather	16.39	17.18	474.82
木材、家具 Wood Product	22.06	21.87	292.56
造纸、印刷 Paper, Printing	40.82	40.71	463.90
石油、化学、橡胶、塑料 Petroleum, Chemical Product, Plastics, Rubber	27.38	28.83	461.47
电子 Electrical Equipment	34.23	31.27	351.43
金属、非金属 Metal, Nonmetallic Mineral Product	17.37	16.96	233.16
机械、设备、仪表 Machinery, Equipment, Meter	17.98	17.15	287.11
医药、生物 Medicine, Biologic Product	28.20	28.84	330.96
其他制造业 Other Manufacuring	26.61	23.68	271.43
电力、蒸汽及水的生产及供应业 Electricity, Gas, Water Supply	20.84	21.64	157.18
建筑业 Construction	11.10	11.26	189.93
交通运输、仓储业 Transport, Storage	10.65	10.34	110.73
信息技术业 Information, Technology	46.63	44.46	199.16
批发和零售贸易 Wholesale and Retail Trade	25.33	25.22	318.61
金融、保险业 Finance, Insurance	9.67	9.58	39.03
房地产业 Real Estate	15.14	14.39	288.94
社会服务业 Social Services	30.75	33.39	240.94
传播及文化产业 Transmission, Culture	31.08	31.10	505.12
综合类 Conglomerat	24.49	24.30	321.66

数据来源：上海证券交易所
Source: Shanghai Stock Exchange

2-55 2011年深圳证券交易所A股按行业平均市盈率、换手率
P/E Ratio and Turnover Velocity of A Shares in Shenzhen Stock Exchange Classified by Industries in 2011

行业 Industries	市盈率 P/E		换手率(%) Turnover Velocity
	发行股数平均 Total Shares	流通股数平均 Negotiable Shares	流通股换手率 Negotiable Shares
农、林、牧、副、渔业 Agriculture, Forestry, Fishing and Hunting	44.51	44.45	505.82
采掘业 Mining	21.55	20.68	351.42
食品、饮料 Food, Beverage	33.64	32.46	317.76
纺织、服装、毛皮 Textile, Apparel, Leather	29.48	29.53	390.71
木材、家具 Wood Product	26.04	25.01	542.26
造纸、印刷 Paper, Printing	23.80	22.00	449.56
石油、化学、橡胶、塑料 Petroleum, Chemical Product, Plastics, Rubber	23.56	24.86	453.40
电子 Electrical Equipment	34.77	35.21	467.38
金属、非金属 Metal, Nonmetallic Mineral Product	23.99	23.00	361.58
机械、设备、仪表 Machinery, Equipment, Meter	19.11	16.98	348.34
医药、生物 Medicine, Biologic Product	29.64	29.69	386.30
其他制造业 Other Manufacuring	19.69	22.88	585.30
电力、蒸汽及水的生产及供应业 Electricity, Gas, Water Supply	18.18	19.62	237.38
建筑业 Construction	33.09	34.92	450.92
交通运输、仓储业 Transport, Storage	16.52	16.15	217.88
信息技术业 Information, Technology	33.80	31.61	375.60
批发和零售贸易 Wholesale and Retail Trade	25.53	24.85	288.74
金融、保险业 Finance, Insurance	12.80	12.60	206.80
房地产业 Real Estate	14.10	14.00	232.97
社会服务业 Social Services	31.50	32.50	389.13
传播及文化产业 Transmission, Culture	51.38	46.58	401.38
综合类 Conglomerat	25.71	25.38	405.79

数据来源:深圳证券交易所
Source: Shenzhen Stock Exchange

三、债　　券

Bonds

2011 年债券市场概况

Summary for Chinese Bonds Market in 2011

一、上海证券交易所

2011 年底上交所上市债券现货品种 630 只,比 2010 年增加 147 只。截至 2011 年 12 月 31 日,上交所上市政府债现货 213 只,托管量 1938.01 亿元;公司债现货 417 只,托管总量 2204.80 亿元。标准券折算总量为 2159.60 亿元。

2011 年上证国债指数从年初 126.32 点上涨到 131.39 点。2011 年全年,上交所债券现券成交 6093.58 亿元,其中政府债成交 1243.11 亿元,公司债成交 4850.47 亿元;债券回购成交 204621.27 亿元;2011 年交易所债券总成交达 210714.87 亿元,比去年同期增加 135800.44 亿元。

二、深圳证券交易所

2011 年底,深交所上市债券现券品种共 321 只,比 2010 年底增加 48 只。截至 2011 年 12 月 31 日,深交所上市国债 222 只,托管量 51.12 亿元;企业债 106 只,托管量 173.59 亿元;可转换债券 6 只,托管量 74.16 亿元。

2011 年全年,深交所国债现券成交 10.02 亿元,比上年减少了 61.59 亿元,降幅为 86.00%;企业债现货成交 559.48 亿元;可转换债券成交 176.81 亿元。2011 年交易所债券总成交达到 5634.65 亿元,比 2010 年同期增加 4343.06 亿元,增幅为 336.26%。

3－1　历年全国债券发行情况汇总表(1990—2011)

Statistcis of Bonds Issuation (1990—2011)

单位：亿元　Unit：100000000 yuan

时期 Year	国债 T-Bonds			金融债 Financial Bonds			企业债 Enterprise Bonds			公司债 Listed Company Bonds		
	发行额 Amounts Issued	兑付额 Amounts Repayed	期末余额 The Ending Balance	发行额 Amounts Issued	兑付额 Amounts Repayed	期末余额 The Ending Balance	发行额 Amounts Issued	兑付额 Amounts Repayed	期末余额 The Ending Balance	发行额 Amounts Issued	兑付额 Amounts Repayed	期末余额 The Ending Balance
1990 年	197.23	76.22	890.34	64.40	50.07	84.88	126.37	77.29	195.44			
1991 年	281.25	111.60	1059.99	66.91	33.67	118.12	249.96	114.31	331.09			
1992 年	460.78	238.05	1282.72	55.00	30.00	143.12	683.71	192.76	822.04			
1993 年	381.31	123.29	1540.74		34.29	108.83	235.84	255.48	802.40			
1994 年	1137.55	391.89	2286.40		13.54	95.29	161.75	282.04	682.11			
1995 年	1510.86	496.96	3300.30			1708.49	300.80	336.30	646.61			
1996 年	1847.77	786.64	4361.43	1055.60	254.50	2509.59	268.92	317.80	597.73			
1997 年	2411.79	1264.29	5508.93	1431.50	312.30	3628.80	255.23	219.81	521.02			
1998 年	3808.77	2060.86	7765.70	1950.23	320.40	5121.13	147.89	105.25	676.93			
1999 年	4015.00	1238.70	10542.00	1800.89	473.20	6447.48	158.20	56.50	778.63			
2000 年	4657.00	2179.00	13020.00	1645.00	709.20	7383.28	83.00	0.00	861.63			
2001 年	4884.00	2286.00	15618.00	2590.00	1438.80	8534.48	147.00					
2002 年	5934.30	2216.20	19336.10	3075.00	1555.70	10054.10	325.00					
2003 年	6280.10	2755.80	22603.60	4561.40	2505.30	11650.00	358.00					
2004 年	6923.90	3749.90	25777.60	5008.70	1778.70	14880.00	327.00					
2005 年	7042.00	4045.50	28774.00	6818.00	2053.00	19703.10	2046.50	37.00				
2006 年	8883.30	6208.61	31448.69	9520.00	3790.00	25729.60	3938.30	1672.40				
2007 年	23139.10	5846.80	48741.00	11912.90	4133.60	33343.00	5058.50	2880.90	7683.30			
2008 年	8558.20	7531.43	49767.83	10822.98	4063.80	36686.00	8435.40	3277.84	12850.62			
2009 年	17927.24	9745.06	57949.98	11678.10	3745.33	44818.83	15864.40	4309.12	24405.90	638.43		1038.40
2010 年	19778.30	10043.38	67684.90	13192.70	5648.37	52363.16	15491.45	5099.23	34671.75	603.00		1641.40
2011 年	17100.10	10958.50	73826.50	19972.70	7317.04	65018.82	21850.71	10215.62	46456.84	1252.50	51.05	2842.85

数据来源：中国人民银行
Source：The People's Bank of China

3－2　债券筹资情况汇总表(2009—2011)

Statistcis of Bonds financing (2009—2011)

单位：亿元　Unit：100000000 yuan

时期 Year	筹资合计 Financing together	可转债 Convertible Bonds	可分离债 Bond with attached warrant	公司债 Listed Company Bonds	中小企业私募债 SME private placement bond
2009 年	715.01	46.61	30.00	638.40	0.00
2010 年	1320.30	717.30	0.00	603.00	0.00
2011 年	1707.40	413.20	32.00	1262.20	0.00

数据来源：上海交易所、深圳交易所
Source：Shanghai Shenzhen Stock Exchange

3－3 全国银行间债券市场现券买卖交易机构分类情况统计表

机构 日期	国有商业银行 State-Owned Commercial Banks			其他商业银行 Other Commercial Banks			其他金融机构 Other Financial Institutions		
	卖出 Sell	买入 Purchase	差额 Difference	卖出 Sell	买入 Purchase	差额 Difference	卖出 Sell	买入 Purchase	差额 Difference
2011.01	1885.0	2523.8	－638.8	15105.4	14876.9	228.5	8457.1	8449.4	7.6
2011.02	2091.6	2323.7	－232.1	12177.0	11971.8	205.2	4909.9	4833.2	76.6
2011.03	4204.2	4633.1	－428.9	28827.9	27623.8	1204.1	11330.9	11460.6	－129.7
2011.04	3158.4	3512.6	－354.2	24803.6	24091.3	712.3	14227.5	14188.0	39.4
2011.05	2271.4	2978.8	－707.4	27239.6	26511.9	727.7	16159.8	16025.3	134.5
2011.06	1945.5	2625.6	－680.1	26576.1	26026.5	549.7	20291.4	20408.3	－119.4
2011.07	2382.4	2867.4	－485.0	25186.8	25078.4	108.4	16686.4	16571.7	119.7
2011.08	2163.4	2883.6	－720.2	26670.8	25846.4	824.5	14119.0	14231.9	－106.9
2011.09	1926.8	2401.4	－474.5	19323.6	18944.2	379.4	9699.1	9837.8	－138.7
2011.10	1393.6	1477.0	－83.5	15420.5	15099.8	320.7	9792.6	9951.1	－158.6
2011.11	1655.5	2051.6	－396.0	19266.2	19187.4	78.7	12576.1	12575.3	0.8
2011.12	1966.3	2410.9	－444.5	28313.1	28142.3	170.8	14835.9	14639.2	177.3
2011年累计	27044.2	32689.4	－5645.2	268910.6	263400.6	5510.0	153085.7	153172.0	－97.2

注：1. 国有商业银行：工商银行、农业银行、中国银行和建设银行；2. 其他商业银行：股份制商业银行、城市商业银行；3. 其他金融机构：政策性银行、农村商业银行、农村合作银行、农信社联社、城市信用社、财务公司、信托投资公司、邮政储蓄、金融租赁公司、资产管理公司、社保基金、投资公司、企业年金、投资者保护基金、其他投资产品以及其他金融机构等；4. 证券及基金：证券公司、基金公司。

数据来源：中国人民银行

Source: The People's Bank of China

3－4 全国银行间市场质押式债券回购交易期限分类统计表

品种 Maturity	1天 Overnight		7天 7 Days		14天 14 Days		21天 21 Days		1个月 1 Month		2个月 2 Months	
日期 Date	成交金额 Turnover of Trading	加权平均利率 Weighted Average Interest Rate	成交金额 Turnover of Trading	加权平均利率 Weighted Average Interest Rate	成交金额 Turnover of Trading	加权平均利率 Weighted Average Interest Rate	成交金额 Turnover of Trading	加权平均利率 Weighted Average Interest Rate	成交金额 Turnover of Trading	加权平均利率 Weighted Average Interest Rate	成交金额 Turnover of Trading	加权平均利率 Weighted Average Interest Rate
2011.01	52910.30	3.91	8958.90	4.70	2601.90	7.57	1155.50	7.28	2165.80	5.96	364.50	6.36
2011.02	36629.60	2.48	10180.40	4.03	3228.60	4.56	460.20	4.74	427.70	4.68	519.80	4.87
2011.03	71438.10	1.82	10529.70	2.39	3235.50	2.92	1335.00	2.88	780.20	3.81	320.20	3.98
2011.04	67847.00	2.01	11962.90	2.91	2557.40	3.39	538.20	3.35	719.00	3.99	227.70	3.79
2011.05	68048.90	2.82	11110.10	3.78	2655.70	4.17	459.60	4.24	871.50	4.48	281.20	4.28
2011.06	53399.40	4.52	14133.20	5.95	3680.10	5.96	757.40	6.31	2135.10	6.21	546.90	5.55
2011.07	64941.80	4.34	15494.40	5.25	3529.50	5.89	654.40	6.06	1033.20	6.14	316.30	5.82
2011.08	65565.70	3.13	15966.60	3.91	3321.10	4.11	986.40	4.42	1134.60	5.17	580.10	5.44
2011.09	49906.60	3.45	10691.70	4.00	5989.70	4.67	1923.50	4.84	1429.40	5.58	541.50	5.67
2011.10	53262.80	3.62	13108.70	3.93	3375.20	4.22	576.40	4.45	834.20	5.35	236.20	5.44
2011.11	65813.50	3.35	17339.90	3.79	4493.70	4.05	623.80	4.18	1126.50	4.97	357.00	5.17
2011.12	78902.90	3.07	17546.30	4.02	5165.80	4.70	1864.70	4.44	1146.70	4.83	841.30	5.24
2011年累计	728666.70		157023.00		43834.20		11335.10		13804.00		5132.80	

数据来源：中国人民银行

Source: The People's Bank of China

Spot Trading of National Interbank Market (Categorized by Institutions)

单位：亿元　unit：100000000 yuan

保险公司 Insurance Companies			证券及基金 Securities Corporations and Funds			外资金融机构 Foreign Financial Institutions			成交金额合计 Total Turnover of Trading
卖出 Sell	买入 Purchase	差额 Difference	卖出 Sell	买入 Purchase	差额 Difference	卖出 Sell	买入 Purchase	差额 Difference	
293.2	296.3	−3.1	7030.8	6639.0	391.8	5832.8	5818.8	13.9	38604.2
220.8	176.3	44.5	3385.9	3373.8	12.2	3871.0	3977.4	−106.4	26656.2
375.4	351.4	24.0	8684.7	8835.2	−150.5	7499.7	8018.7	−518.9	60922.7
217.0	223.7	−6.6	8175.4	8182.8	−7.4	5580.1	5963.7	−383.6	56162.0
233.5	189.3	44.2	8959.9	8910.3	49.6	5906.3	6154.8	−248.6	60770.5
422.3	277.3	145.0	8663.8	8559.0	104.8	6271.4	6271.4	0.01	64170.6
186.1	206.6	−20.4	10431.7	10016.6	415.1	7413.8	7551.6	−137.88	62289.7
147.2	198.5	−51.2	11294.0	11084.3	209.7	7578.5	7734.4	−155.9	61976.0
178.5	166.0	12.5	8788.1	8463.3	324.8	6155.2	6258.6	−103.44	46071.3
307.7	231.3	76.4	7865.1	7921.6	−56.5	5271.3	5369.8	−98.56	40050.7
389.2	219.5	169.7	11694.5	11435.2	259.3	8829.7	8942.1	−112.44	54411.2
493.2	357.1	136.2	10819.1	10576.9	242.1	7910.0	8187.7	−277.73	64337.7
3464.2	2893.1	571.1	105793.0	103998.0	1795.0	78119.7	80249.1	−2129.4	636422.9

Collateral Bond Repurchase Trading of National Interbank Market (Categorized by Maturity)

单位：亿元人民币　unit：100000000 yuan

3个月 3 Months		4个月 4 Months		6个月 6 Months		9个月 9 Months		1年 1Year		成交金额合计 Total Turnover of Trading	加权平均利率 Weighted Average Interest Rate
成交金额 Turnover of Trading	加权平均利率 Weighted Average Interest Rate	成交金额 Turnover of Trading	加权平均利率 Weighted Average Interest Rate	成交金额 Turnover of Trading	加权平均利率 Weighted Average Interest Rate	成交金额 Turnover of Trading	加权平均利率 Weighted Average Interest Rate	成交金额 Turnover of Trading	加权平均利率 Weighted Average Interest Rate		
459.50	4.98	35.10	4.85	97.30	5.69	—	—	12.00	5.00	68760.90	4.29
731.10	4.84	246.60	4.71	94.50	5.16	—	—	—	—	52518.60	3.02
429.50	4.02	105.40	3.97	105.30	4.70	1.50	4.25			88280.30	1.98
326.30	3.94	12.40	4.23	35.60	4.49	—	—	—	—	84226.50	2.22
286.70	4.24	190.00	4.47	135.80	5.00	0.20	4.90	—	—	84039.70	3.03
430.40	5.91	28.70	4.96	174.30	5.35	—	—	1.60	5.60	75287.20	4.94
246.70	5.89	31.30	6.01	66.80	5.74	5.30	5.90	20.00	5.58	86339.80	4.61
484.80	5.19	22.30	5.48	32.30	5.66	5.00	5.45	22.00	5.68	88121.00	3.38
397.40	5.69	19.60	6.00	58.60	6.09	2.90	6.00	41.20	6.43	71002.30	3.75
414.20	5.67	111.10	5.88	68.50	6.08	15.60	5.97	46.90	5.69	72049.80	3.75
225.40	5.73	161.40	5.74	137.40	5.80	5.40	6.60	58.10	5.58	90342.30	3.52
80.80	5.57	64.00	5.48	45.70	5.60			23.00	5.51	105681.20	3.37
4513.00		1027.90		1052.10		35.90		224.90		966649.70	

3-5 全国银行间债券市场质押式债券回购交易机构分类统计表

机构 / 日期	国有商业银行 State-Owned Commercial Banks			其他商业银行 Other Commercial Banks			其他金融机构 Other Financial Institutions		
	回购 Repurchase	逆回购 Reverse Repurchase	正逆回购差额 Difference	回购 Repurchase	逆回购 Reverse Repurchase	正逆回购差额 Difference	回购 Repurchase	逆回购 Reverse Repurchase	正逆回购差额 Difference
2011.01	8875.0	13662.4	-4787.4	29601.9	26380.9	3221.0	19626.3	22316.7	-2690.4
2011.02	2959.3	18975.4	-16016.0	26599.7	15804.1	10795.6	15196.6	14479.2	717.4
2011.03	531.6	27442.1	-26910.5	39494.6	38987.6	507.0	33834.8	18974.8	14859.9
2011.04	5572.2	21107.5	-15535.3	36564.7	39012.7	-2448.1	28331.1	19411.5	8919.6
2011.05	3164.9	22480.5	-19315.6	39721.5	33820.2	5901.3	28606.1	21430.3	7175.8
2011.06	4582.6	19124.5	-14542.0	37131.2	24570.9	12560.3	20503.9	22070.3	-1566.5
2011.07	6154.5	26672.9	-20518.4	42061.9	26619.2	15442.7	23690.9	23117.5	573.4
2011.08	7236.2	24793.2	-17557.0	37805.8	34951.3	2854.5	27437.6	21241.7	6195.9
2011.09	6216.6	17246.8	-11030.2	30737.5	28270.8	2466.7	21786.7	18411.7	3375.1
2011.10	8542.0	19145.1	-10603.1	32430.0	27832.3	4597.7	20162.0	19224.1	937.9
2011.11	7599.6	22582.7	-14983.1	37821.8	35569.9	2251.8	27366.8	25889.7	1477.1
2011.12	12259.4	24556.8	-12297.5	45351.9	45340.8	11.1	27670.2	29759.4	-2089.2
2011 年累计	73694.0	257789.9	-184095.9	435322.4	377160.7	58161.7	294212.9	256326.9	37885.9

注：1. 国有商业银行包括工商银行、农业银行、中国银行和建设银行；2. 其他商业银行：股份制商业银行、城市商业银行；3. 其他金融机构：政策性银行、农村商业银行、农村合作银行、农信社联社、城市信用社、财务公司、信托投资公司、邮政储蓄、金融租赁公司、资产管理公司、社保基金、投资公司、企业年金、投资者保护基金、其他投资产品以及其他金融机构等；4. 证券及基金：证券公司、基金公司。

数据来源：中国人民银行

Source: The People's Bank of China

Collateral Bond Repurchase Trading of National Interbank Market (Categorized by Institutions)

单位：亿元　unit：100000000 yuan

保险公司 Insurance Companies			证券及基金 Securities Corporations and Funds			外资金融机构 Foreign Financial Institutions			交易日 Trading Days	成交金额合计 Total Turnover of Trading
回购 Repurchase	逆回购 Reverse Repurchase	正逆回购差额 Difference	回购 Repurchase	逆回购 Reverse Repurchase	正逆回购差额 Difference	回购 Repurchase	逆回购 Reverse Repurchase	正逆回购差额 Difference		
3941.4	2436.5	1504.9	4352.4	2650.0	1702.4	2364.0	1314.6	1049.4	21	68760.9
3016.8	1423.1	1593.7	3345.7	1081.3	2264.4	1400.5	755.5	645.0	16	52518.6
4263.4	869.3	3394.1	7909.5	1229.5	6680.0	2246.5	777.1	1469.4	23	88280.3
3454.2	1756.8	1697.4	7451.1	1890.3	5560.7	2853.4	1047.8	1805.6	20	84226.5
3046.9	1931.2	1115.7	7255.0	2700.0	4555.0	2245.3	1677.5	567.8	21	84039.7
4750.5	2169.2	2581.3	5941.0	4777.0	1164.0	2378.0	2575.1	−197.1	21	75287.2
4989.9	3087.0	1902.9	6905.4	4107.9	2797.5	2537.2	2735.3	−198.1	21	86339.8
5306.2	1582.0	3724.2	7464.2	2628.2	4836.0	2870.9	2924.5	−53.5	23	88121.0
3894.1	2366.3	1527.8	6091.6	2559.0	3532.6	2275.8	2147.8	128.0	21	71002.3
3263.3	2721.4	541.9	6009.0	1721.1	4287.9	1643.5	1405.9	237.6	18	72049.8
4647.7	3073.4	1574.3	9570.7	1909.5	7661.2	3335.6	1317.0	2018.7	22	90342.3
6108.1	2353.2	3754.9	10401.8	2153.6	8248.3	3889.9	1517.4	2372.5	23	105681.2
50682.6	25769.5	24913.1	82697.3	29407.4	53289.9	30040.6	20195.4	9845.2	250	966649.7

3-6 全国银行间债券市场质押式债券回购余额统计表

机构 日期	国有商业银行 State-Owned Commercial Banks			其他商业银行 Other Commercial Banks			其他金融机构 Other Financial Institutions		
	回购 Repurchase	逆回购 Reverse Repurchase	正逆回购差额 Difference	回购 Repurchase	逆回购 Reverse Repurchase	正逆回购差额 Difference	回购 Repurchase	逆回购 Reverse Repurchase	正逆回购差额 Difference
2011.01	635.90	1731.30	−1095.30	5557.90	2589.10	2968.80	2500.99	3721.75	−1220.76
2011.02	610.00	4332.60	−3722.60	6933.30	3273.40	3659.90	3054.29	4295.25	−1240.96
2011.03	56.20	5551.40	−5495.20	6287.10	4838.70	1448.30	4031.18	2501.10	1530.08
2011.04	1098.10	2773.50	−1675.40	5609.60	3598.70	2010.80	3431.97	4105.49	−673.52
2011.05	339.80	2278.00	−1938.20	5353.40	2870.00	2483.40	3065.65	3583.57	−517.93
2011.06	278.60	6558.80	−6280.10	8183.60	3948.90	4234.70	4264.29	3943.21	321.09
2011.07	904.40	3313.70	−2409.40	5413.20	3044.70	2368.40	3489.36	3665.03	−175.68
2011.08	825.20	3134.20	−2309.00	4707.40	2723.30	1984.20	3390.74	3830.23	−439.49
2011.09	612.40	4136.80	−3524.40	6519.30	3849.60	2669.80	3905.01	3613.32	291.69
2011.10	1871.60	2641.60	−770.00	5363.20	3773.00	1590.20	3229.34	4436.16	−1206.82
2011.11	1948.30	3894.30	−1946.00	5171.10	3879.90	1291.20	3385.52	3980.07	−594.56
2011.12	1254.80	5759.80	−4505.00	8155.20	5545.90	2609.30	3621.73	3735.54	−113.81

注：1. 国有商业银行包括工商银行、农业银行、中国银行和建设银行；2. 其他商业银行：股份制商业银行、城市商业银行；3. 其他金融机构：政策性银行、农村商业银行、农村合作银行、农信社联社、城市信用社、财务公司、信托投资公司、邮政储蓄、金融租赁公司、资产管理公司、社保基金、投资公司、企业年金、投资者保护基金、其他投资产品以及其他金融机构等；4. 证券及基金：证券公司、基金公司。

数据来源：中国人民银行

Source: The People's Bank of China

3-7 全国银行间市场买断式债券回购交易期限分类统计表

品种 Maturity	1天 Overnight		7天 7 Days		14天 14 Days		21天 21 Days	
日期 Date	成交金额 Turnover of Trading	加权平均利率 Weighted Average Interest Rate	成交金额 Turnover of Trading	加权平均利率 Weighted Average Interest Rate	成交金额 Turnover of Trading	加权平均利率 Weighted Average Interest Rate	成交金额 Turnover of Trading	加权平均利率 Weighted Average Interest Rate
2011.01	807.50	3.02	493.50	4.34	103.10	7.54	95.00	5.92
2011.02	593.20	2.59	375.00	4.17	173.10	4.21	28.80	3.67
2011.03	1222.30	1.93	611.50	2.64	239.80	3.24	85.90	3.22
2011.04	1100.50	2.10	784.50	3.06	144.40	3.63	33.50	3.41
2011.05	1279.30	2.95	549.60	3.80	128.50	4.35	17.80	4.45
2011.06	1493.50	4.56	668.70	5.98	118.80	6.68	43.50	6.83
2011.07	2033.40	4.45	904.60	5.54	135.80	5.86	28.30	6.11
2011.08	1597.80	3.31	821.10	4.23	124.30	4.51	38.60	4.66
2011.09	1237.00	3.59	531.60	4.21	290.70	4.88	75.70	5.16
2011.10	1005.20	3.66	613.70	4.13	105.00	4.50	26.20	4.94
2011.11	1558.20	3.46	988.80	4.03	167.30	4.39	39.00	4.69
2011.12	1615.80	3.08	1016.60	4.15	359.30	5.02	137.10	4.90
2011年累计	15543.70		8359.20		2090.10		649.40	

数据来源：中国人民银行

Source: The People's Bank of China

Balance Statistics of Collateral Bond Repurchase of National Interbank Market

保险公司 Insurance Companies			证券及基金 Securities Corporations and Funds			外资金融机构 Foreign Financial Institutions			余额 Balance
回购 Repurchase	逆回购 Reverse Repurchase	正逆回购差额 Difference	回购 Repurchase	逆回购 Reverse Repurchase	正逆回购差额 Difference	回购 Repurchase	逆回购 Reverse Repurchase	正逆回购差额 Difference	
944.40	592.80	351.60	299.60	896.30	−596.60	152.70	560.40	−407.70	10091.60
1431.80	347.50	1084.30	686.40	426.00	260.40	230.40	271.30	−40.90	12946.20
2278.50	230.20	2048.30	734.40	383.70	350.70	288.80	171.00	117.80	13676.20
843.00	413.30	429.70	622.50	607.70	14.80	190.80	297.20	−106.40	11795.90
738.10	326.60	411.40	553.60	784.90	−231.40	203.90	411.30	−207.40	10254.40
2475.20	297.10	2178.20	813.60	985.90	−172.30	292.30	573.80	−281.50	16307.70
1040.80	493.40	547.40	678.50	706.40	−27.90	250.90	553.80	−302.90	11777.00
1238.60	363.50	875.10	734.60	568.50	166.10	228.10	504.90	−276.80	11124.60
1518.20	372.30	1145.90	715.90	817.90	−101.90	255.80	736.80	−481.10	13526.70
1009.60	331.70	677.90	762.80	667.60	95.20	217.10	603.50	−386.50	12453.70
1226.20	307.70	918.50	986.90	402.40	584.50	271.80	525.40	−253.60	12989.70
2105.90	222.00	1883.90	1028.00	782.10	245.90	565.00	685.30	−120.30	16730.70

Bond Outright Repurchase Trading of National Interbank Market(Categorized by Maturity)

1个月 1 Month		2个月 2 Months		3个月 3 Months		成交金额合计 Total Turnover of Trading	加权平均利率 Weighted Average Interest Rate
成交金额 Turnover of Trading	加权平均利率 Weighted Average Interest Rate	成交金额 Turnover of Trading	加权平均利率 Weighted Average Interest Rate	成交金额 Turnover of Trading	加权平均利率 Weighted Average Interest Rate		
107.80	5.87	28.50	6.31	20.10	4.28	1655.50	4.12
22.00	4.09	22.50	4.05	4.10	3.81	1218.70	3.39
29.50	4.03	26.80	4.18	31.90	4.86	2247.80	2.40
12.70	2.91	0.50	0.70	16.60	4.92	2092.60	2.61
25.70	4.12	28.30	4.60	19.50	4.93	2048.70	3.33
104.00	6.58	10.00	5.57	29.10	6.19	2467.60	5.19
47.30	5.82	8.20	7.24	16.00	6.82	3173.70	4.87
56.30	5.43	21.00	5.67	30.50	5.28	2689.60	3.75
78.40	5.92	63.80	5.95	19.80	6.13	2297.00	4.11
66.90	5.64	18.40	5.51	8.40	6.01	1843.80	3.98
42.60	5.26	14.70	6.05	10.50	6.26	2821.10	3.79
97.90	5.22	72.00	5.17	30.30	6.00	3329.00	3.83
691.00		314.80		236.90		27885.10	

3－8　全国银行间债券市场买断式债券回购交易机构分类统计表

机构 日期	国有商业银行 State-Owned Commercial Banks			其他商业银行 Other Commercial Banks			其他金融机构 Other Financial Institutions		
	回购 Repurchase	逆回购 Reverse Repurchase	正逆回购差额 Difference	回购 Repurchase	逆回购 Reverse Repurchase	正逆回购差额 Difference	回购 Repurchase	逆回购 Reverse Repurchase	正逆回购差额 Difference
2011.01	120.60	407.20	－286.50	313.40	533.70	－220.30	334.40	598.90	－264.40
2011.02	138.20	335.60	－197.40	64.90	319.70	－254.80	371.10	477.60	－106.60
2011.03	186.90	610.40	－423.60	237.50	799.40	－561.90	516.60	708.40	－191.90
2011.04	117.40	607.90	－490.50	172.80	752.80	－580.10	380.80	617.00	－236.20
2011.05	176.30	790.00	－613.60	93.70	540.60	－446.90	556.50	594.50	－38.00
2011.06	86.90	790.60	－703.70	425.10	697.00	－271.90	718.70	595.00	123.70
2011.07	8.20	1189.60	－1181.40	521.80	870.10	－348.30	937.60	857.10	80.50
2011.08		830.90	－830.90	129.00	871.10	－742.20	880.20	682.80	197.40
2011.09	5.00	786.00	－781.00	78.60	679.90	－601.30	924.50	526.90	397.60
2011.10		704.10	－704.10	85.40	511.10	－425.70	662.40	424.30	238.10
2011.11		950.70	－950.70	168.40	899.20	－730.80	955.20	698.90	256.30
2011.12		885.80	－885.80	108.70	1269.00	－1160.30	1190.20	868.50	321.70
2011年累计	839.60	8888.70	－8049.20	2399.20	8743.50	－6344.30	8428.30	7650.10	778.20

注：1. 国有商业银行包括工商银行、农业银行、中国银行和建设银行；2. 其他商业银行：股份制商业银行、城市商业银行；3. 其他金融机构：政策性银行、农村商业银行、农村合作银行、农信社联社、城市信用社、财务公司、信托投资公司、邮政储蓄、金融租赁公司、资产管理公司、社保基金、投资公司、企业年金、投资者保护基金、其他投资产品以及其他金融机构等；4. 证券及基金：证券公司、基金公司。

数据来源：中国人民银行

Source：The People's Bank of China

3－9　全国银行间债券市场买断式债券回购余额统计表

机构 日期	国有商业银行 State-Owned Commercial Banks			其他商业银行 Other Commercial Banks			其他金融机构 Other Financial Institutions		
	回购 Repurchase	逆回购 Reverse Repurchase	正逆回购差额 Difference	回购 Repurchase	逆回购 Reverse Repurchase	正逆回购差额 Difference	回购 Repurchase	逆回购 Reverse Repurchase	正逆回购差额 Difference
2011.01		41.17	－41.17	112.36	185.27	－72.92	152.24	113.32	38.91
2011.02	34.65	84.23	－49.57	73.18	133.81	－60.64	146.08	139.92	6.16
2011.03	1.18	87.94	－86.76	137.60	347.21	－209.61	132.59	141.24	－8.65
2011.04	1.18	79.87	－78.69	105.37	249.81	－144.44	97.41	110.28	－12.86
2011.05		67.01	－67.01	92.17	148.67	－56.50	120.41	122.95	－2.53
2011.06		120.18	－120.18	180.52	211.65	－31.13	179.22	172.86	6.36
2011.07		70.50	－70.50	95.72	193.26	－97.54	120.95	130.92	－9.98
2011.08		56.63	－56.63	65.39	177.97	－112.58	128.23	165.92	－37.68
2011.09		92.27	－92.27	46.12	184.64	－138.52	161.30	180.03	－18.73
2011.10		69.41	－69.41	49.67	179.00	－129.33	134.56	145.23	－10.67
2011.11		82.62	－82.62	30.59	202.74	－172.15	179.90	199.09	－19.19
2011.12		48.71	－48.71	62.77	449.83	－387.06	266.25	269.21	－2.95

数据来源：中国人民银行

Source：The People's Bank of China

Bond Outright Repurchase Trading of National Interbank Market (Categorized by Institutions)

单位：亿元　unit：100000000 yuan

保险公司 Insurance Companies			证券及基金 Securities Corporations and Funds			外资金融机构 Foreign Financial Institutions			交易日 Trading Days	成交金额合计 Total Turnover of Trading
回购 Repurchase	逆回购 Reverse Repurchase	正逆回购差额 Difference	回购 Repurchase	逆回购 Reverse Repurchase	正逆回购差额 Difference	回购 Repurchase	逆回购 Reverse Repurchase	正逆回购差额 Difference		
			882.90	115.70	767.10	4.20	0.10	4.10	21	1655.50
			617.20	80.60	536.60	27.30	5.10	22.20	16	1218.70
1.00		1.00	1260.00	119.50	1140.50	45.90	10.10	35.80	23	2247.80
			1329.00	114.80	1214.10	92.60		92.60	20	2092.60
			1187.20	122.90	1064.30	35.00	0.70	34.30	21	2048.70
5.00		5.00	1223.50	379.40	844.10	8.50	5.60	2.80	21	2467.60
			1682.10	247.90	1434.20	24.00	9.00	15.00	21	3173.70
7.60		7.60	1653.90	300.70	1353.10	19.00	4.10	14.90	23	2689.60
	0.90	−0.90	1283.60	300.80	982.80	5.30	2.40	2.80	21	2297.00
			1095.80	204.30	891.50	0.20		0.20	18	1843.80
			1691.20	272.10	1419.10	6.30	0.20	6.10	22	2821.10
			2027.30	305.70	1721.60	2.70		2.70	23	3329.00
13.60	0.90	12.60	15933.60	2564.50	13369.10	270.90	37.30	233.60	250	27885.10

Balance Statistics of Bond Outright Repurchase of National Interbank Market

单位：亿元　unit：100000000 yuan

保险公司 Insurance Companies			证券及基金 Securities Corporations and Funds			外资金融机构 Foreign Financial Institutions			余额 Balance
回购 Repurchase	逆回购 Reverse Repurchase	正逆回购差额 Difference	回购 Repurchase	逆回购 Reverse Repurchase	正逆回购差额 Difference	回购 Repurchase	逆回购 Reverse Repurchase	正逆回购差额 Difference	
			131.70	56.53	75.17				396.30
			137.97	37.56	100.41	6.34	2.70	3.64	398.23
1.01		1.01	324.81	43.65	281.15	22.86		22.86	620.04
			237.49	32.01	205.48	30.52		30.52	471.97
			150.25	32.81	117.44	8.60		8.60	371.43
5.00		5.00	289.51	156.18	133.33	11.14	4.51	6.63	665.38
			268.47	95.26	173.21	11.06	6.25	4.81	496.20
7.58		7.58	279.73	87.02	192.71	9.87	3.27	6.60	490.80
7.58	0.94	6.64	365.97	125.90	240.07	4.27	1.46	2.82	585.24
7.58		7.58	285.08	87.53	197.54	4.27		4.27	481.17
			355.03	84.11	270.93	3.04		3.04	568.56
			591.61	152.88	438.72				920.64

3-10 1996—2011年交易所债券交易情况汇总表

		1996年	1997年	1998年	1999年	2000年	2001年
年末上市数目合计	Listed Numbers	43	42	39	43	46	54
金融债	Financial Bonds	2	0	0	0	0	0
企业债	Enterprise Bonds	6	7	7	12	12	13
企业债现货	Enterprise Bonds Spot	6	7	7	12	12	13
企业债回购	Enterprise Bonds Repurchase	0	0	0	0	0	0
可转换债券	Convertible Bonds	0	0	1	2	3	3
国债	T-Bonds	35	35	31	29	31	38
现货	T-Bond Spot	18	18	14	12	14	21
期货	T-Bond Futures	0	0	0	0	0	0
回购	T-Bond Repurchase	17	17	17	17	17	17
成交数量(万手)	Transaction Volume	174297.17	161732.38	203161.40	170716.33	197979.00	204707.68
金融债	Financial Bonds	0.00	0.00	0.00	0.00	0.00	0.00
企业债(万手)	Enterprise Bonds	38.00	356.12	946.39	471.12	906.15	672.13
企业债现货(万手)	Enterprise Bonds Spot	38.00	356.12	946.39	471.12	906.15	672.13
企业债回购(万手)	Enterprise Bonds Repurchase	0.00	0.00	0.00	0.00	0.00	0.00
可转换债券(万手)	Convertible Bonds	0.00	0.00	833.45	3133.54	11717.48	3684.55
国债(万手)	T-Bond	174259.17	161376.26	201381.56	167111.67	185355.37	200351.00
现货(万手)	T-Bond Spot	44172.76	32615.20	45973.57	38206.39	38018.57	45474.64
期货(万口)	T-Bond Future	0.00	0.00	0.00	0.00	0.00	0.00
回购(万手)	T-Bond Repurchase	130086.41	128761.06	155407.99	128905.28	147336.80	154876.36
成交金额(百万元)	Transaction Turnover	1803934.55	1647689.03	2166177.72	1828412.24	1911915.83	2041776.34
金融债	Financial Bonds	0.05	0.00	0.00	0.00	0.00	0.00
企业债	Enterprise Bonds	146.09	1808.10	4068.57	4799.48	9292.27	6884.31
企业债现货	Enterprise Bonds Spot	146.09	1808.10	4068.57	4799.48	9292.27	6884.31
企业债回购	Enterprise Bonds Repurchase	0.00	0.00	0.00	0.00	0.00	0.00
可转换债券	Convertible Bonds	0.00	0.00	2030.17	4473.35	13506.68	4568.04
国债	T-Bond	1803788.41	1645880.93	2160078.98	1819139.41	1889116.88	2030323.99
现货	T-Bond Spot	502924.30	358274.52	605994.78	530086.53	415748.83	481560.35
期货	T-Bond Future	0.00	0.00	0.00	0.00	0.00	0.00
回购	T-Bond Repurchase	1300864.12	1287606.41	1554084.00	1289052.88	1473368.05	1548763.64
成交笔数合计(笔)	Transaction Turnover	2546422	1535030	1700434	1586663	1937637	1161774
金融债	Financial Bonds	4	2	0	0	0	0
企业债	Enterprise Bonds	13400	51350	310499	233767	434395	173256
企业债现货	Enterprise Bonds Spot	13400	51350	310499	233767	434395	173256
企业债回购	Enterprise Bonds Repurchase	0	0	0	0	0	0
可转换债券	Convertible Bonds	0	0	172571	513702	827248	208841
国债	T-Bond	2533018	1483678	1217364	839194	675994	779677
现货	T-Bond Spot	1832141	1118563	796406	536532	385348	476656
期货	T-Bond Future	0	0	0	0	0	0
回购	T-Bond Repurchase	700877	365115	420958	302662	290646	303021

数据来源：上海、深圳证券交易所
Source: Shanghai Shenzhen Stock Exchange

Statistics of Bonds Trading (1996—2011)

2002年	2003年	2004年	2005年	2006年	2007年	2008年	2009年	2010年	2011年
74	115	155	245	289	299	356	648	822	1014
0	0	0	0	0	0	0	0	0	0
15	31	40	66	90	97	123	252	354	513
15	24	33	59	83	90	116	245	347	506
0	7	7	7	7	7	7	7	7	7
9	23	32	29	26	17	17	12	12	19
50	61	83	150	173	183	216	384	456	482
33	41	57	85	107	123	153	319	397	426
0	0	0	0	0	0	0	0	0	0
17	20	26	65	66	60	63	65	59	56
329252.26	620194.41	504218.50	283714.36	182454.42	205794.72	288911.87	405677.32	760076.19	2162808.31
0.00	0.00	0.00	0.00	0.00	0.00	0.00	0.00	0.00	0.00
639.81	26973.40	26356.20	14472.25	9858.32	7162.83	18539.85	21029.73	30045.10	83350.66
639.81	3439.33	1158.24	1493.43	1716.79	4458.31	18158.67	20570.33	26483.47	34467.31
0.00	23534.07	25197.96	12978.82	8141.54	2703.92	381.18	459.40	3561.62	48883.35
688.29	5830.70	5633.34	4822.40	2372.80	2415.19	3831.65	4792.90	13437.05	20672.09
328152.15	587390.31	472228.96	264419.71	170223.30	19179.37	263947.38	379854.67	716594.06	2058785.16
83955.76	57391.85	31362.82	28207.98	15350.03	12728.61	21260.87	20562.13	16418.12	12572.51
0.00	0.00	0.00	0.00	0.00	0.00	0.00	0.00	0.00	0.00
244196.39	529998.46	440866.14	236211.73	154873.27	183450.76	242686.51	359292.54	700175.94	2046212.65
3324952.62	6213635.97	5032349.66	2836785.47	1827931.64	2066721.23	2860149.09	4063506.16	7620602.65	21634952.45
0.00	0.00	0.00	0.00	0.00	0.00	0.00	0.00	0.00	0.00
7033.09	271701.63	263316.09	145259.32	97678.18	64188.54	150081.42	198369.61	296616.89	825714.82
7033.09	36360.93	11336.49	15471.12	16262.83	37149.36	146269.62	193775.61	261000.65	336881.31
0.00	235340.70	251979.60	129788.20	81415.35	27039.18	3811.80	4594.00	35616.24	488833.51
7369.70	66338.72	63726.37	51345.76	27450.02	40923.50	44213.18	63640.59	156060.68	221795.44
3312831.83	5875595.62	4705307.19	2640180.39	1702803.45	1961235.61	2639117.33	3801495.94	7167925.08	20587439.78
870867.90	575610.99	296645.79	278063.09	154070.75	126728.01	212252.23	208570.51	166165.63	125313.25
0.00	0.00	0.00	0.00	0.00	0.00	0.00	0.00	0.00	0.00
2441963.93	5299984.63	4408661.40	2362117.30	1548732.70	1834507.60	2426865.10	3592925.43	7001759.45	20462126.53
2136984	4789412	4719995	3447412	1776187	1734117	3804124	4055271	5208911	27409055
0	0	0	0	0	0	0	0	0	0
120462	333915	273821	199235	167685	371510	1638469	1935095	1118442	6389194
120462	207187	140237	133352	134029	366231	1637624	1934487	1110729	1331324
0	126728	133584	65883	33656	5279	845	608	7713	5057870
191200	665889	736253	507992	322202	491177	801276	690111	822207	1320797
1902951	3789608	3709921	2740185	1286300	865232	1029018	1430065	3268262	19699062
1105316	1299017	1576217	1766595	853805	494519	433907	406502	239507	168855
0	0	0	0	0	0	0	0	0	0
797635	2490591	2133704	973590	432495	370713	595111	1023563	3028755	19530207

3－11 1996—2011年上海债券交易情况统计表

		1996年	1997年	1998年	1999年	2000年	2001年
年末上市数目合计	Listed Numbers	24	22	20	23	25	31
金融债	Financial Bonds	2	0	0	0	0	0
企业债	Enterprise Bonds	5	5	5	9	10	12
企业债现货	Enterprise Bonds Spot	5	5	5	9	10	12
企业债回购	Enterprise Bonds Repurchase						
可转换债券	Convertible Bonds						
国债	T-Bonds	17	17	15	14	15	19
现货	T-Bond Spot	9	9	7	6	7	11
期货	T-Bond Futures	0	0	0	0	0	0
回购	T-Bond Repurchase	8	8	8	8	8	8
成交数量(万手)	Transaction Volume	167937.07	150768.00	197912.00	159528.81	165336.68	195274.87
金融债	Financial Bonds						
企业债(万手)	Enterprise Bonds	9.76	128.00	170.00	300.44	790.26	610.45
企业债现货(万手)	Enterprise Bonds Spot	9.76	128.00	170.00	300.44	790.26	610.45
企业债回购(万手)	Enterprise Bonds Repurchase						
可转换债券(万手)	Convertible Bonds						
国债(万手)	T-Bond	167927.31	150640.00	197742.00	159228.37	164546.42	194664.42
现货(万手)	T-Bond Spot	43535.71	31518.00	45857.00	37987.20	33074.28	41234.63
期货(万口)	T-Bond Future	0.00	0.00	0.00	0.00	0.00	0.00
回购(万手)	T-Bond Repurchase	124391.60	119122.00	151885.00	121241.17	131472.14	153429.79
成交金额(百万元)	Transaction Turnover	1740269.88	1539606.07	2126655.84	1744673.41	1689582.58	1979403.51
金融债	Financial Bonds	0.05	0.00	0.00	0.00	0.00	0.00
企业债	Enterprise Bonds	116.12	1550.32	3131.84	4584.47	9155.65	6799.92
企业债现货	Enterprise Bonds Spot	116.12	1550.32	3131.84	4584.47	9155.65	6799.92
企业债回购	Enterprise Bonds Repurchase						
可转换债券	Convertible Bonds						
国债	T-Bond	1740153.71	1538055.75	2123524.00	1740088.94	1680426.93	1972603.59
现货	T-Bond Spot	496237.71	346839.95	604669.80	527677.24	365705.53	438305.69
期货	T-Bond Future	0.00	0.00	0.00	0.00	0.00	0.00
回购	T-Bond Repurchase	1243916.00	1191215.80	1518854.00	1212411.70	1314721.40	1534297.90
成交笔数合计(笔)	Transaction Turnover	2502405	1501749	1509904	1054994	1047980	914158
金融债	Financial Bonds	4	2	0	0	0	0
企业债	Enterprise Bonds	11032	49205	304452	225834	427365	169902
企业债现货	Enterprise Bonds Spot	11032	49205	304452	225834	427365	169902
企业债回购	Enterprise Bonds Repurchase						
可转换债券	Convertible Bonds						
国债	T-Bond	2491369	1452542	1205452	829160	620615	744256
现货	T-Bond Spot	1805154	1096789	787783	531248	347069	443748
期货	T-Bond Future	0	0	0	0	0	0
回购	T-Bond Repurchase	686215	355753	417669	297912	273546	300508

数据来源：上海证券交易所
Source: Shanghai Stock Exchange

Statistics of Bonds Trading in Shanghai Stock Exchange (1996—2011)

2002年	2003年	2004年	2005年	2006年	2007年	2008年	2009年	2010年	2011年
39	65	90	165	196	198	225	411	536	680
0	0	0	0	0	0	0	0	0	0
11	22	27	50	66	71	82	186	280	407
11	19	24	47	63	68	79	183	277	404
	3	3	3	3	3	3	3	3	3
3	13	19	18	19	12	12	9	7	13
25	30	44	97	111	113	131	216	249	260
17	21	29	43	54	62	77	160	199	213
0	0	0	0	0	0	0	0	0	0
8	9	15	54	57	51	54	56	50	47
305478.71	615065.44	501277.76	281556.45	181070.11	203847.42	283780.00	397971.26	748056.82	2106868.46
		0.00	0.00	0.00	0.00	0.00	0.00	0.00	0.00
454.99	26523.60	26134.06	14180.84	9420.65	6350.09	15067.98	15311.81	20612.21	28883.51
454.99	2992.22	978.10	1202.02	1301.44	3711.02	14686.80	15311.81	20612.21	28883.51
	23531.38	25155.96	12978.82	8119.21	2638.47	381.18	0.00	0.00	0.00
228.00	3888.19	2971.42	3035.41	1459.64	1333.19	2640.49	3107.51	11570.10	19300.79
305023.72	584653.65	472172.28	264340.20	170189.82	19126.81	263478.54	379551.92	715874.52	2058683.75
60831.83	54838.27	31310.10	28128.47	15316.55	12676.05	20792.03	20259.38	15698.58	12471.10
0.00	0.00	0.00	0.00	0.00	0.00	0.00	0.00	0.00	0.00
244191.89	529815.38	440862.18	236211.73	154873.27	183450.76	242686.51	359292.54	700175.94	2046212.65
3085105.73	6159638.70	4999773.72	2813841.37	1813027.99	2039936.95	2809063.31	3980634.40	7491443.15	21071487.38
0.00	0.00	0.00	0.00	0.00	0.00	0.00	0.00	0.00	0.00
5103.67	266918.03	261147.37	142276.64	93653.14	57652.39	117712.41	140326.46	200659.21	280933.42
5103.67	31604.23	9587.77	12488.44	12461.04	31267.69	113900.61	140326.46	200659.21	280933.42
	235313.80	251559.60	129788.20	81192.10	26384.70	3811.80	0.00	0.00	0.00
2282.00	44531.21	33854.71	32168.02	16902.65	21183.22	30159.08	41832.46	130020.05	204114.04
3080002.06	5848189.46	4704771.64	2639396.71	1702472.20	1960727.76	2634454.66	3798475.46	7160763.90	20586437.51
638083.16	550035.66	296149.84	277279.41	153739.50	126220.16	207589.56	205550.03	159004.45	124310.98
0.00	0.00	0.00	0.00	0.00	0.00	0.00	0.00	0.00	0.00
2441918.90	5298153.80	4408621.80	2362117.30	1548732.70	1834507.60	2426865.10	3592925.43	7001759.45	20462126.53
1899455	4474444	4329965	3188216	1577380	1432892	3159637.00	3171936.00	4413781.00	21540953.00
0	0	0	0	0	0	0.00	0.00	0.00	0.00
104113	311351	257219	177830	134557	278719	1266961.00	1314982.00	633370.00	755214.00
104113	184647	123677	111947	100971	273510	1266116.00	1314982.00	633370.00	755214.00
	126704	133542	65883	33586	5209	845.00	0.00	0.00	0.00
77629	414286	388584	308610	185922	315095	565506.00	473436.00	542744.00	1109123.00
1795342	3748807	3684162	2701776	1256901	832880	991809.00	1383518.00	3237667.00	19676614.00
997717	1258530	1550466	1728186	824406	462167	396698.00	359955.00	208913.00	146411.00
0	0	0	0	0	0	0.00	0.00	0.00	0.00
797625	2490277	2133696	973590	432495	370713	595111.00	1023563.00	3028754.00	19530203.00

3-12 1996—2011年深圳债券交易情况统计表

		1996年	1997年	1998年	1999年	2000年	2001年
年末上市数目合计	Listed Numbers	19	20	19	20	21	23
金融债	Financial Bonds						
企业债	Enterprise Bonds	1	2	2	3	2	1
企业债现货	Enterprise Bonds Spot	1	2	2	3	2	1
企业债回购	Enterprise Bonds Repurchase						
可转换债券	Convertible Bonds			1	2	3	3
国债	T-Bonds	18	18	16	15	16	19
现货	T-Bond Spot	9	9	7	6	7	10
期货	T-Bond Futures						
回购	T-Bond Repurchase	9	9	9	9	9	9
成交数量(万手/口)	Transaction Volume	6360.10	10964.38	5249.40	11187.52	32642.32	9432.81
金融债	Financial Bonds						
企业债(万手)	Enterprise Bonds	28.24	228.12	776.39	170.68	115.89	61.68
企业债现货	Enterprise Bonds Spot	28.24	228.12	776.39	170.68	115.89	61.68
企业债回购	Enterprise Bonds Repurchase						
可转换债券(万手)	Convertible Bonds			833.45	3133.54	11717.48	3684.55
国债(万手)	T-Bond	6331.86	10736.26	3639.56	7883.30	20808.95	5686.58
现货(万手)	T-Bond Spot	637.05	1097.20	116.57	219.19	4944.29	4240.01
期货(万口)	T-Bond Future						
回购(万手)	T-Bond Repurchase	5694.81	9639.06	3522.99	7664.11	15864.66	1446.57
成交金额(百万元)	Transaction Turnover	63664.67	108082.96	39521.88	83738.83	222333.25	62372.83
金融债	Financial Bonds						
企业债	Enterprise Bonds	29.97	257.78	936.73	215.01	136.62	84.39
企业债现货	Enterprise Bonds Spot	29.97	257.78	936.73	215.01	136.62	84.39
企业债回购	Enterprise Bonds Repurchase						
可转换债券	Convertible Bonds			2030.17	4473.35	13506.68	4568.04
国债	T-Bond	63634.70	107825.18	36554.98	79050.47	208689.95	57720.40
现货	T-Bond Spot	6686.59	11434.57	1324.98	2409.29	50043.30	43254.66
期货	T-Bond Future						
回购	T-Bond Repurchase	56948.12	96390.61	35230.00	76641.18	158646.65	14465.74
成交笔数合计(笔)	Transaction Turnover	44017	33281	190530	531669	889657	247616
金融债	Financial Bonds						
企业债	Enterprise Bonds	2368	2145	6047	7933	7030	3354
企业债现货	Enterprise Bonds Spot	2368	2145	6047	7933	7030	3354
企业债回购	Enterprise Bonds Repurchase						
可转换债券	Convertible Bonds			172571	513702	827248	208841
国债	T-Bond	41649	31136	11912	10034	55379	35421
现货	T-Bond Spot	26987	21774	8623	5284	38279	32908
期货	T-Bond Future						
回购	T-Bond Repurchase	14662	9362	3289	4750	17100	2513

数据来源：深圳证券交易所
Source: Shenzhen Stock Exchange

Statistics of Bonds Trading in Shenzhen Stock Exchange (1996—2011)

2002 年	2003 年	2004 年	2005 年	2006 年	2007 年	2008 年	2009 年	2010 年	2011 年
35	50	65	80	93	101	131	237	286	334
4	9	13	16	24	26	41	66	74	106
4	5	9	12	20	22	37	62	70	102
	4	4	4	4	4	4	4	4	4
6	10	13	11	7	5	5	3	5	6
25	31	39	53	62	70	85	168	207	222
16	20	28	42	53	61	76	159	198	213
9	11	11	11	9	9	9	9	9	9
23773.55	5128.97	2940.74	2157.91	1384.31	1947.30	5131.87	7706.06	12019.37	55939.85
	0.00	0.00	0.00	0.00	0.00	0.00	0.00	0.00	
184.82	449.80	222.14	291.41	437.67	812.74	3471.87	5717.92	9432.89	54467.15
184.82	447.11	180.14	291.41	415.35	747.29	3471.87	5258.52	5871.26	5583.80
	2.69	42	0	22.33	65.45	0	459.40	3561.62	48883.35
460.29	1942.51	2661.92	1786.99	913.16	1082.00	1191.16	1685.39	1866.95	1371.30
23128.43	2736.66	56.68	79.51	33.48	52.56	468.84	302.75	719.54	101.41
23123.93	2553.58	52.72	79.51	33.48	52.56	468.84	302.75	719.54	101.41
		0.00	0.00	0.00	0.00	0.00	0.00	0.00	
4.50	183.08	3.96	0.00	0.00	0.00	0.00	0.00	0.00	0.00
239846.89	53997.27	32575.94	22944.10	14903.65	26784.28	51085.78	82871.76	129159.50	563465.07
0.00	0.00	0.00	0.00	0.00	0.00	0.00	0.00	0.00	
1929.42	4783.60	2168.72	2982.68	4025.04	6536.15	32369.01	58043.15	95957.68	544781.40
1929.42	4756.70	1748.72	2982.68	3801.79	5881.67	32369.01	53449.15	60341.44	55947.89
	26.9	420	0	223.25	654.48	0	4594.00	35616.24	488833.51
5087.70	21807.51	29871.66	19177.74	10547.37	19740.28	14054.10	21808.13	26040.63	17681.40
232829.77	27406.16	535.55	783.68	331.25	507.85	4662.67	3020.48	7161.18	1002.27
232784.74	25575.33	495.95	783.68	331.25	507.85	4662.67	3020.48	7161.18	1002.27
	0.00	0.00	0.00	0.00	0.00	0.00	0.00	0.00	
45.03	1830.83	39.60	0.00	0.00	0.00	0.00	0.00	0.00	0.00
237529	314968	390030	259196	198807	301225	644487	883335	795130	5868102
0	0	0	0	0	0	0	0	0	
16349	22564	16602	21405	33128	92791	371508	620113	485072	5633980
16349	22540	16560	21405	33058	92721	371508	619505	477359	576110
	24	42	0	70	70	0	608	7713	5057870
113571	251603	347669	199382	136280	176082	235770	216675	279463	211674
107609	40801	25759	38409	29399	32352	37209	46547	30595	22448
107599	40487	25751	38409	29399	32352	37209	46547	30594	22444
	0	0	0	0	0	0	0	0	
10	314	8	0	0	0	0	0	1	4

3－13 2011年全国国债现货每日成交额、成交量

日期 Date	1月 Jan.		2月 Feb.		3月 Mar.		4月 Apr.		5月 May.		6月 Jun.	
	成交额 Turnover	成交量 Volume	成交额 Turnover	成交量 Volume	成交额 Turnover	成交量 Volume	成交额 Turnover	成交量 Volume	成交额 Turnover	成交量 Volume	成交额 Turnover	成交量 Volume
1	0.00	0.00	10.82	482.16	8.32	272.20	9.17	508.26	0.00	0.00	16.79	375.70
2	0.00	0.00	9.76	661.50	6.81	327.53	9.82	723.22	0.00	0.00	10.51	696.57
3	0.00	0.00	13.85	679.06	8.16	628.63	0.00	0.00	0.00	0.00	15.10	1187.11
4	11.27	314.40	10.01	592.41	4.75	310.12	0.00	0.00	6.89	388.80	10.70	817.11
5	7.17	565.68	11.61	626.61	7.06	408.35	0.00	0.00	10.38	439.94	0.00	0.00
6	11.39	462.16	0.00	0.00	0.00	0.00	10.32	429.28	12.32	895.50	0.00	0.00
7	10.85	569.83	0.00	0.00	0.00	0.00	10.88	798.48	18.08	1331.45	5.76	411.33
8	6.69	376.05	11.13	591.37	11.43	311.56	10.71	685.45	0.00	0.00	9.81	301.90
9	0.00	0.00	13.83	1051.34	9.38	502.48	7.07	363.19	0.00	0.00	9.16	605.58
10	0.00	0.00	21.31	1404.77	33.14	2563.89	0.00	0.00	9.32	654.19	10.00	730.07
11	6.71	199.90	9.19	573.30	8.86	693.31	0.00	0.00	11.42	728.90	5.34	416.21
12	10.52	496.63	7.23	500.79	6.91	344.06	5.31	315.77	5.58	363.21	0.00	0.00
13	12.43	492.84	0.00	0.00	0.00	0.00	10.13	462.82	10.23	624.52	0.00	0.00
14	6.97	368.49	0.00	0.00	0.00	0.00	11.22	508.73	11.64	765.71	0.00	0.00
15	7.32	512.46	0.00	0.00	12.47	350.34	6.70	289.58	0.00	0.00	0.00	0.00
16	0.00	0.00	0.00	0.00	13.51	1018.11	10.67	742.62	0.00	0.00	0.00	0.00
17	0.00	0.00	0.00	0.00	9.50	432.52	0.00	0.00	13.57	831.12	11.20	194.55
18	7.45	157.71	0.00	0.00	6.19	384.80	0.00	0.00	12.31	797.84	7.59	573.06
19	10.33	828.14	0.00	0.00	7.34	443.35	14.30	550.38	16.42	1094.83	0.00	0.00
20	12.07	864.17	0.00	0.00	0.00	0.00	9.64	365.33	12.46	623.46	0.00	0.00
21	7.53	409.75	0.00	0.00	0.00	0.00	16.04	1010.69	14.11	721.98	8.54	472.87
22	12.44	967.17	13.99	507.28	8.73	411.47	8.94	420.65	0.00	0.00	9.18	395.05
23	0.00	0.00	8.06	503.79	26.90	2233.54	14.58	1008.88	0.00	0.00	5.10	377.63
24	0.00	0.00	33.85	2794.18	14.62	1102.94	0.00	0.00	21.57	1779.64	7.10	292.86
25	20.17	1286.11	22.56	1835.54	22.96	2045.31	0.00	0.00	13.44	1032.35	19.48	1189.47
26	18.40	1459.24	20.26	1634.50	12.21	1024.49	16.10	1166.95	13.80	1172.75	0.00	0.00
27	24.56	1972.56	0.00	0.00	0.00	0.00	11.13	739.32	8.61	422.20	0.00	0.00
28	20.70	1505.88	0.00	0.00	0.00	0.00	19.90	1409.28	7.83	406.68	6.14	329.13
29	15.12	711.11	0.00	0.00	21.98	1576.61	14.40	1090.15	0.00	0.00	16.86	1311.54
30	0.00	0.00	0.00	0.00	29.98	2516.41	7.80	519.68	0.00	0.00	8.60	627.59
31	0.00	0.00	0.00	0.00	12.44	847.94	0.00	0.00	12.31	983.23	0.00	0.00

数据来源：上海、深圳证券交易所
Source: Shanghai Shenzhen Stock Exchange

Daily Turnover and Volume of T-Bonds Spot Trading in 2011

成交额：亿元　成交量：万张

7月 Jul.		8月 Aug.		9月 Sep.		10月 Oct.		11月 Nov.		12月 Dec.	
成交额 Turnover	成交量 Volume	成交额 Turnover	成交量 Volume	成交额 Turnover	成交量 Volume	成交额 Turnover	成交量 Volume	成交额 Turnover	成交量 Volume	成交额 Turnover	成交量 Volume
12.76	457.64	0.00	0.00	14.02	278.48	0.00	0.00	14.94	569.47	14.99	1036.85
10.46	610.65	9.68	782.66	6.83	340.97	0.00	0.00	11.97	614.46	12.46	358.21
0.00	0.00	5.05	361.24	6.30	470.91	0.00	0.00	13.71	612.93	11.71	349.92
0.00	0.00	7.40	484.77	0.00	0.00	0.00	0.00	11.55	599.87	0.00	0.00
6.33	354.98	9.75	791.96	0.00	0.00	0.00	0.00	10.00	416.07	0.00	0.00
5.91	229.05	18.95	683.94	14.90	462.01	0.00	0.00	0.00	0.00	10.93	247.15
5.85	359.43	0.00	0.00	9.85	250.58	0.00	0.00	0.00	0.00	7.99	198.95
8.82	295.05	0.00	0.00	9.25	317.93	8.34	300.77	10.85	562.61	11.05	314.12
9.47	336.71	9.69	338.69	11.57	347.44	0.00	0.00	14.22	637.53	9.90	357.36
0.00	0.00	7.91	248.94	14.70	528.75	0.00	0.00	20.60	726.67	10.10	410.82
0.00	0.00	5.80	349.35	0.00	0.00	17.08	316.58	14.92	445.83	0.00	0.00
9.42	707.55	11.19	513.30	0.00	0.00	13.77	792.17	9.30	352.31	0.00	0.00
8.42	541.39	10.55	485.12	9.85	624.14	9.35	595.98	0.00	0.00	9.16	193.61
7.27	361.33	0.00	0.00	6.36	323.67	16.76	772.79	0.00	0.00	16.68	277.22
9.94	370.39	0.00	0.00	19.30	1376.15	8.19	285.97	12.89	528.99	9.04	272.55
10.83	458.91	7.51	319.05	15.95	247.82	0.00	0.00	15.38	544.74	8.82	333.66
0.00	0.00	6.09	231.25	6.38	331.59	0.00	0.00	16.37	1050.36	10.31	283.74
0.00	0.00	6.52	331.81	0.00	0.00	16.76	827.77	12.08	364.47	0.00	0.00
6.34	414.58	5.40	295.25	0.00	0.00	11.27	261.37	20.16	1149.75	0.00	0.00
9.89	504.42	7.96	258.92	10.64	612.50	11.93	373.05	0.00	0.00	15.38	343.89
11.36	704.46	0.00	0.00	8.70	250.64	11.67	613.16	0.00	0.00	14.08	205.28
10.82	644.34	0.00	0.00	0.00	0.00	8.91	467.76	21.97	469.64	8.24	253.07
13.82	708.63	7.70	254.02	0.00	0.00	0.00	0.00	15.52	698.59	8.94	429.93
0.00	0.00	9.87	741.08	0.00	0.00	0.00	0.00	10.16	280.75	13.44	514.99
0.00	0.00	13.00	806.37	0.00	0.00	11.41	424.33	14.79	547.37	0.00	0.00
5.12	326.09	11.73	582.50	0.00	0.00	15.34	1139.42	18.00	636.54	0.00	0.00
11.10	771.44	14.35	843.67	15.34	1258.53	24.48	2022.40	0.00	0.00	6.99	148.45
10.20	590.88	0.00	0.00	17.68	1199.93	9.47	480.44	0.00	0.00	18.72	267.25
11.72	737.52	0.00	0.00	17.58	1299.72	17.06	1158.11	23.27	553.36	19.43	948.81
11.37	716.43	12.27	657.83	9.88	628.77	0.00	0.00	21.63	1263.20	7.51	246.76
0.00	0.00	5.00	307.24	0.00	0.00	0.00	0.00	0.00	0.00	12.73	345.10

3-14 2011年上海政府债现货每日成交额、成交量

日期 Date	1月 Jan.		2月 Feb.		3月 Mar.		4月 Apr.		5月 May.		6月 Jun.	
	成交额 Turnover	成交量 Volume	成交额 Turnover	成交量 Volume	成交额 Turnover	成交量 Volume	成交额 Turnover	成交量 Volume	成交额 Turnover	成交量 Volume	成交额 Turnover	成交量 Volume
1	0.00	0.00	1.76	175.27	5.66	570.78	5.19	520.15	0.00	0.00	0.89	89.03
2	0.00	0.00	0.00	0.00	9.58	957.68	0.00	0.00	0.00	0.00	1.51	150.78
3	0.00	0.00	0.00	0.00	7.21	722.76	0.00	0.00	4.19	419.49	1.51	151.00
4	0.57	56.64	0.00	0.00	2.84	285.68	0.00	0.00	6.46	647.93	0.00	0.00
5	1.73	172.84	0.00	0.00	0.00	0.00	0.00	0.00	6.02	602.56	0.00	0.00
6	4.43	446.53	0.00	0.00	0.00	0.00	1.83	183.92	6.39	653.13	0.00	0.00
7	4.61	463.27	0.00	0.00	9.07	909.01	4.05	403.83	0.00	0.00	2.09	208.90
8	0.00	0.00	0.00	0.00	4.79	479.01	1.45	145.47	0.00	0.00	11.16	1119.68
9	0.00	0.00	1.02	101.97	7.17	718.71	0.00	0.00	4.38	437.23	2.62	262.72
10	3.44	346.25	2.96	295.79	5.25	525.60	0.00	0.00	2.97	298.72	3.24	325.43
11	5.44	547.32	2.88	288.19	5.59	565.64	1.50	149.99	4.83	485.37	0.00	0.00
12	3.26	327.00	0.00	0.00	0.00	0.00	5.67	569.49	7.60	770.70	0.00	0.00
13	4.11	408.82	0.00	0.00	0.00	0.00	3.73	376.52	2.87	289.07	37.73	3776.81
14	3.18	320.11	1.61	160.44	7.47	755.72	3.81	381.13	0.00	0.00	34.26	3429.54
15	0.00	0.00	2.44	244.08	2.62	262.62	2.12	212.45	0.00	0.00	3.58	358.71
16	0.00	0.00	4.64	464.52	6.80	680.79	0.00	0.00	2.59	259.98	6.56	667.07
17	1.91	191.99	5.33	534.25	5.61	564.72	0.00	0.00	7.26	726.61	1.34	135.87
18	0.86	85.75	12.59	1273.22	4.61	463.61	3.81	382.87	3.14	315.52	0.00	0.00
19	3.25	325.51	0.00	0.00	0.00	0.00	4.63	464.92	7.78	778.95	0.00	0.00
20	6.03	606.03	0.00	0.00	0.00	0.00	5.23	524.43	6.04	607.62	3.42	342.98
21	3.94	395.27	2.16	215.72	4.62	459.48	5.86	589.63	0.00	0.00	4.13	414.24
22	0.00	0.00	5.31	533.90	4.60	460.32	6.88	689.41	0.00	0.00	2.30	232.65
23	0.00	0.00	1.71	171.57	5.46	549.16	0.00	0.00	4.46	446.50	2.41	242.77
24	4.67	470.90	2.32	232.64	8.66	866.47	0.00	0.00	4.42	442.03	4.24	427.69
25	2.74	275.83	3.76	380.38	6.38	639.36	7.62	771.10	3.38	338.28	0.00	0.00
26	3.34	334.35	0.00	0.00	0.00	0.00	7.83	790.86	2.24	225.24	0.00	0.00
27	6.47	654.25	0.00	0.00	0.00	0.00	5.12	515.49	13.49	1361.59	2.80	282.47
28	2.29	229.75	3.59	359.45	6.34	636.24	7.24	725.63	0.00	0.00	5.58	562.13
29	0.00	0.00	0.00	0.00	8.87	890.88	3.13	315.80	0.00	0.00	4.40	442.53
30	0.00	0.00	0.00	0.00	11.99	1201.17	0.00	0.00	2.65	265.55	4.20	422.08
31	1.47	146.39	0.00	0.00	6.42	642.98	0.00	0.00	3.64	365.54	0.00	0.00

数据来源：上海证券交易所
Source：Shanghai Stock Exchange

Daily Turnover and Volume of T-Bonds Spot Trading in Shanghai Stock Exchange (2011)

成交额：亿元　成交量：万张

7月 Jul.		8月 Aug.		9月 Sep.		10月 Oct.		11月 Nov.		12月 Dec.	
成交额 Turnover	成交量 Volume	成交额 Turnover	成交量 Volume	成交额 Turnover	成交量 Volume	成交额 Turnover	成交量 Volume	成交额 Turnover	成交量 Volume	成交额 Turnover	成交量 Volume
2.05	207.14	1.56	155.52	13.49	1359.89	0.00	0.00	3.66	366.37	2.56	249.51
0.00	0.00	2.05	207.03	12.90	1305.26	0.00	0.00	6.35	633.69	1.37	134.05
0.00	0.00	5.10	526.40	0.00	0.00	0.00	0.00	9.54	956.80	0.00	0.00
4.52	452.81	2.48	248.52	0.00	0.00	0.00	0.00	4.62	461.27	0.00	0.00
3.16	317.94	5.38	539.81	3.15	315.22	0.00	0.00	0.00	0.00	2.24	219.79
2.84	283.91	0.00	0.00	4.63	466.03	0.00	0.00	0.00	0.00	1.33	130.96
3.82	381.14	0.00	0.00	2.04	204.34	0.00	0.00	2.71	272.91	2.03	200.46
2.17	216.53	4.52	453.94	3.95	395.63	0.00	0.00	2.55	254.07	0.91	89.66
0.00	0.00	3.19	319.49	8.52	863.60	0.00	0.00	2.12	214.72	2.79	279.17
0.00	0.00	1.76	175.99	0.00	0.00	4.76	473.28	2.90	286.13	0.00	0.00
2.85	285.18	3.18	320.15	0.00	0.00	3.24	324.58	3.61	361.94	0.00	0.00
6.60	662.38	8.50	853.64	0.00	0.00	5.46	540.91	0.00	0.00	2.37	235.47
10.00	1002.57	0.00	0.00	4.73	474.36	8.62	861.16	0.00	0.00	2.52	249.24
2.07	207.06	0.00	0.00	8.14	814.70	5.68	565.41	3.95	393.10	1.04	102.52
2.64	264.69	2.95	294.47	26.12	2640.00	0.00	0.00	9.12	906.83	2.94	291.99
0.00	0.00	7.86	796.46	6.62	665.12	0.00	0.00	6.19	621.56	2.27	223.65
0.00	0.00	4.32	432.04	0.00	0.00	4.38	438.95	6.85	685.42	0.00	0.00
9.68	968.18	7.85	795.29	0.00	0.00	7.63	764.13	3.62	360.50	0.00	0.00
3.67	368.66	5.14	512.88	8.08	814.92	7.52	757.99	0.00	0.00	1.10	109.09
10.20	1029.92	0.00	0.00	11.94	1199.83	4.83	479.62	0.00	0.00	1.85	181.94
4.08	408.48	0.00	0.00	5.29	530.25	8.07	792.88	4.13	415.11	10.80	1081.07
3.07	308.33	2.73	273.79	5.70	569.71	0.00	0.00	2.26	224.14	2.18	218.05
0.00	0.00	3.56	358.88	2.48	247.98	0.00	0.00	5.45	549.73	1.12	110.10
0.00	0.00	3.69	369.29	0.00	0.00	8.45	847.47	11.09	1123.55	0.00	0.00
6.38	639.07	12.39	1239.63	0.00	0.00	8.96	897.60	1.26	127.70	0.00	0.00
2.19	219.98	2.20	220.95	7.44	744.29	2.78	277.76	0.00	0.00	3.03	301.60
4.62	462.26	0.00	0.00	6.20	620.26	3.45	341.28	0.00	0.00	5.68	568.51
3.95	399.10	0.00	0.00	8.67	875.03	7.51	752.89	2.03	203.55	9.29	915.33
9.62	965.63	5.39	540.86	13.80	1380.44	0.00	0.00	5.74	577.41	2.05	202.55
0.00	0.00	4.08	408.94	6.24	627.09	0.00	0.00	1.34	134.94	1.79	178.06
0.00	0.00	7.28	741.34	0.00	0.00	6.97	700.51	0.00	0.00	0.00	0.00

3－15　2011年深圳国债现货每日成交额、成交量

日期 Date	1月 Jan.		2月 Feb.		3月 Mar.		4月 Apr.		5月 May.		6月 Jun.	
	成交额 Turnover	成交量 Volume	成交额 Turnover	成交量 Volume	成交额 Turnover	成交量 Volume	成交额 Turnover	成交量 Volume	成交额 Turnover	成交量 Volume	成交额 Turnover	成交量 Volume
1	0.00	0.00	5.05	0.05	10.69	0.10	8.28	0.08	0.00	0.00	11.19	0.11
2	0.00	0.00	0.00	0.00	11.59	0.11	0.00	0.00	0.00	0.00	13.12	0.13
3	0.00	0.00	0.00	0.00	7.27	0.07	0.00	0.00	10.90	0.11	14.22	0.14
4	11.58	0.10	0.00	0.00	11.37	0.11	0.00	0.00	8.44	0.08	0.00	0.00
5	6.49	0.05	0.00	0.00	0.00	0.00	0.00	0.00	8.10	0.08	0.00	0.00
6	7.88	0.07	0.00	0.00	0.00	0.00	12.01	0.12	10.92	0.11	0.00	0.00
7	8.50	0.08	0.00	0.00	13.22	0.12	11.11	0.10	0.00	0.00	17.66	0.18
8	0.00	0.00	0.00	0.00	9.03	0.09	8.65	0.09	0.00	0.00	15.91	0.16
9	0.00	0.00	21.11	0.21	12.16	0.12	0.00	0.00	10.75	0.11	14.12	0.14
10	4.55	0.04	11.08	0.10	9.29	0.09	0.00	0.00	11.94	0.12	20.77	0.21
11	8.14	0.06	8.61	0.08	9.57	0.09	10.16	0.10	11.76	0.11	0.00	0.00
12	6.72	0.06	0.00	0.00	0.00	0.00	8.46	0.08	11.21	0.11	0.00	0.00
13	7.47	0.07	0.00	0.00	0.00	0.00	9.79	0.10	16.29	0.16	12.67	0.13
14	4.25	0.04	9.17	0.08	8.43	0.08	8.79	0.09	0.00	0.00	10.70	0.11
15	0.00	0.00	7.58	0.07	9.59	0.09	10.11	0.10	0.00	0.00	20.02	0.20
16	0.00	0.00	23.66	0.22	10.44	0.10	0.00	0.00	11.38	0.11	15.64	0.16
17	4.27	0.03	14.35	0.13	7.65	0.07	0.00	0.00	11.19	0.11	23.91	0.24
18	18.73	0.18	12.28	0.11	9.12	0.09	12.30	0.12	8.96	0.09	0.00	0.00
19	9.34	0.08	0.00	0.00	0.00	0.00	12.15	0.12	9.46	0.09	0.00	0.00
20	11.12	0.10	0.00	0.00	0.00	0.00	6.27	0.06	15.15	0.15	16.70	0.17
21	8.08	0.07	15.14	0.14	12.38	0.12	13.19	0.13	0.00	0.00	17.32	0.17
22	0.00	0.00	7.36	0.07	8.00	0.08	12.51	0.11	0.00	0.00	24.92	0.25
23	0.00	0.00	10.66	0.10	8.03	0.08	0.00	0.00	13.14	0.13	20.89	0.21
24	5.58	0.05	10.86	0.10	9.15	0.09	0.00	0.00	18.57	0.19	26.36	0.26
25	14.20	0.14	6.83	0.07	10.25	0.10	15.37	0.15	15.55	0.15	0.00	0.00
26	5.76	0.06	0.00	0.00	0.00	0.00	13.46	0.13	11.79	0.12	0.00	0.00
27	9.72	0.09	0.00	0.00	0.00	0.00	9.91	0.09	15.72	0.16	20.38	0.20
28	10.90	0.10	8.82	0.08	7.88	0.08	7.89	0.08	0.00	0.00	18.09	0.18
29	0.00	0.00	0.00	0.00	11.39	0.11	11.92	0.12	0.00	0.00	20.38	0.20
30	0.00	0.00	0.00	0.00	8.32	0.08	0.00	0.00	12.64	0.13	15.71	0.16
31	6.71	0.06	0.00	0.00	8.18	0.08	0.00	0.00	14.84	0.15	0.00	0.00

数据来源：深圳证券交易所
Source：Shenzhen Stock Exchange

Daily Turnover and Volume of T-Bonds Spot Trading in Shenzhen Stock Exchange (2011)

成交额：亿元　成交量：万张

7月 Jul.		8月 Aug.		9月 Sep.		10月 Oct.		11月 Nov.		12月 Dec.	
成交额 Turnover	成交量 Volume	成交额 Turnover	成交量 Volume	成交额 Turnover	成交量 Volume	成交额 Turnover	成交量 Volume	成交额 Turnover	成交量 Volume	成交额 Turnover	成交量 Volume
25.14	0.25	24.45	0.24	28.18	0.28	0.00	0.00	45.32	0.45	40.51	0.41
0.00	0.00	22.91	0.23	32.13	0.32	0.00	0.00	44.48	0.45	44.11	0.44
0.00	0.00	19.07	0.19	0.00	0.00	0.00	0.00	40.34	0.40	0.00	0.00
22.29	0.22	22.81	0.23	0.00	0.00	0.00	0.00	43.72	0.44	0.00	0.00
21.04	0.21	22.56	0.22	34.01	0.34	0.00	0.00	0.00	0.00	51.03	0.51
16.29	0.16	0.00	0.00	32.44	0.32	0.00	0.00	0.00	0.00	44.10	0.44
19.75	0.20	0.00	0.00	26.55	0.27	0.00	0.00	41.26	0.41	41.06	0.41
25.65	0.26	21.08	0.21	27.76	0.28	0.00	0.00	40.47	0.41	38.84	0.39
0.00	0.00	21.63	0.22	31.73	0.32	0.00	0.00	42.16	0.42	41.16	0.41
0.00	0.00	30.91	0.31	0.00	0.00	49.66	0.50	36.66	0.37	0.00	0.00
21.42	0.21	24.83	0.25	0.00	0.00	37.89	0.38	42.21	0.42	0.00	0.00
20.52	0.20	22.78	0.23	0.00	0.00	30.41	0.31	0.00	0.00	49.41	0.49
16.24	0.16	0.00	0.00	35.69	0.36	29.20	0.29	0.00	0.00	37.41	0.37
21.38	0.21	0.00	0.00	22.24	0.22	34.03	0.34	43.06	0.43	42.97	0.43
24.86	0.25	24.98	0.25	23.67	0.24	0.00	0.00	38.18	0.38	45.65	0.46
0.00	0.00	23.93	0.24	30.72	0.31	0.00	0.00	38.54	0.39	45.77	0.46
0.00	0.00	20.77	0.21	0.00	0.00	43.44	0.44	38.88	0.39	0.00	0.00
25.28	0.25	33.59	0.34	0.00	0.00	30.46	0.31	41.32	0.41	0.00	0.00
21.16	0.21	32.99	0.33	24.87	0.25	28.88	0.29	0.00	0.00	58.40	0.58
15.55	0.15	0.00	0.00	31.90	0.32	32.62	0.33	0.00	0.00	45.92	0.46
19.76	0.20	0.00	0.00	25.68	0.26	31.65	0.32	47.32	0.47	50.70	0.51
28.78	0.29	37.42	0.37	28.62	0.29	0.00	0.00	41.82	0.42	54.89	0.55
0.00	0.00	28.88	0.29	34.25	0.34	0.00	0.00	44.02	0.44	52.98	0.53
0.00	0.00	26.08	0.26	0.00	0.00	38.73	0.39	35.36	0.35	0.00	0.00
26.10	0.26	23.69	0.24	0.00	0.00	36.46	0.36	54.71	0.55	0.00	0.00
20.69	0.21	31.15	0.31	26.49	0.27	32.97	0.33	0.00	0.00	56.44	0.56
20.18	0.20	0.00	0.00	29.36	0.29	37.19	0.37	0.00	0.00	53.87	0.54
20.01	0.20	0.00	0.00	32.75	0.33	40.54	0.41	48.99	0.49	49.10	0.49
25.35	0.25	34.14	0.34	22.40	0.23	0.00	0.00	42.35	0.42	46.60	0.47
0.00	0.00	30.04	0.30	32.64	0.33	0.00	0.00	41.10	0.41	57.35	0.57
0.00	0.00	25.78	0.26	0.00	0.00	44.73	0.45	0.00	0.00	0.00	0.00

3-16 2011年全国国债回购每日成交额、成交量

日期 Date	1月 Jan.		2月 Feb.		3月 Mar.		4月 Apr.		5月 May.		6月 Jun.	
	成交额 Turnover	成交量 Volume	成交额 Turnover	成交量 Volume	成交额 Turnover	成交量 Volume	成交额 Turnover	成交量 Volume	成交额 Turnover	成交量 Volume	成交额 Turnover	成交量 Volume
1	0.00	0.00	202.13	20213.49	284.72	28471.63	199.73	19973.15	0.00	0.00	454.84	45484.24
2	0.00	0.00	187.84	18783.99	250.65	25065.27	149.94	14993.76	0.00	0.00	243.97	24396.68
3	0.00	0.00	181.25	18125.28	197.05	19705.04	0.00	0.00	0.00	0.00	258.86	25885.98
4	222.21	22221.28	207.92	20791.77	180.50	18049.52	0.00	0.00	353.74	35373.80	266.74	26673.69
5	158.57	15857.29	187.94	18793.62	142.17	14217.43	0.00	0.00	255.95	25594.59	0.00	0.00
6	204.50	20449.69	0.00	0.00	0.00	0.00	323.64	32363.60	198.72	19871.57	0.00	0.00
7	190.72	19072.15	0.00	0.00	0.00	0.00	316.25	31624.90	185.89	18589.50	224.08	22407.64
8	215.43	21542.72	218.30	21829.95	263.95	26395.00	241.86	24185.68	0.00	0.00	257.50	25750.40
9	0.00	0.00	183.23	18322.56	266.66	26666.42	203.65	20364.88	0.00	0.00	235.75	23575.32
10	0.00	0.00	209.63	20962.92	223.36	22336.01	0.00	0.00	200.90	20090.01	377.47	37747.37
11	185.52	18551.93	151.90	15190.03	235.76	23575.76	0.00	0.00	284.16	28415.60	288.51	28851.33
12	199.48	19947.84	98.67	9866.53	160.38	16037.94	183.14	18314.37	256.62	25662.08	0.00	0.00
13	243.79	24378.95	0.00	0.00	0.00	0.00	306.18	30618.00	218.87	21887.22	0.00	0.00
14	184.28	18427.85	0.00	0.00	0.00	0.00	274.49	27448.85	200.17	20016.61	0.00	0.00
15	176.60	17660.02	0.00	0.00	270.81	27080.64	204.82	20482.19	0.00	0.00	0.00	0.00
16	0.00	0.00	0.00	0.00	244.47	24446.83	175.20	17519.81	0.00	0.00	0.00	0.00
17	0.00	0.00	0.00	0.00	189.98	18998.45	0.00	0.00	180.27	18027.32	554.00	55399.65
18	188.89	18889.44	0.00	0.00	206.82	20681.51	0.00	0.00	261.17	26117.46	356.62	35662.21
19	213.01	21301.45	0.00	0.00	152.82	15281.56	190.75	19074.96	227.21	22720.52	0.00	0.00
20	181.00	18099.93	0.00	0.00	0.00	0.00	288.20	28820.43	229.58	22958.47	0.00	0.00
21	169.11	16911.23	0.00	0.00	0.00	0.00	243.46	24345.67	276.67	27666.56	285.04	28503.65
22	234.40	23440.05	358.73	35873.33	271.52	27151.64	191.56	19156.08	0.00	0.00	227.20	22719.75
23	0.00	0.00	203.83	20382.83	273.87	27386.91	225.79	22578.54	0.00	0.00	217.55	21755.07
24	0.00	0.00	172.19	17218.61	211.87	21187.27	0.00	0.00	253.51	25351.00	391.29	39129.10
25	197.68	19767.53	211.30	21129.72	212.91	21291.43	0.00	0.00	288.56	28856.34	344.62	34461.71
26	180.77	18077.26	135.60	13559.98	198.43	19843.41	213.75	21374.94	223.42	22341.95	0.00	0.00
27	172.69	17269.29	0.00	0.00	0.00	0.00	289.78	28978.11	269.58	26958.49	0.00	0.00
28	171.83	17182.66	0.00	0.00	0.00	0.00	194.58	19457.66	308.99	30898.96	329.44	32944.19
29	176.94	17693.77	0.00	0.00	266.53	26653.21	214.76	21475.64	0.00	0.00	260.71	26071.46
30	0.00	0.00	0.00	0.00	280.54	28053.78	203.61	20360.95	0.00	0.00	258.20	25819.99
31	0.00	0.00	0.00	0.00	190.30	19029.87	0.00	0.00	299.06	29906.06	0.00	0.00

数据来源：上海、深圳证券交易所
Source: Shanghai Shenzhen Stock Exchange

Daily Turnover and Volume of T-Bonds Repurchase Trading in 2011

成交额：亿元 成交量：万张

7月 Jul.		8月 Aug.		9月 Sep.		10月 Oct.		11月 Nov.		12月 Dec.	
成交额 Turnover	成交量 Volume	成交额 Turnover	成交量 Volume	成交额 Turnover	成交量 Volume	成交额 Turnover	成交量 Volume	成交额 Turnover	成交量 Volume	成交额 Turnover	成交量 Volume
357.31	35731.31	0.00	0.00	261.13	26112.69	0.00	0.00	273.65	27364.52	364.04	36404.47
302.31	30231.29	287.02	28702.35	304.29	30428.61	0.00	0.00	311.54	31153.60	430.09	43009.40
0.00	0.00	296.76	29676.46	300.70	30069.91	0.00	0.00	242.94	24294.26	435.11	43510.56
0.00	0.00	274.10	27409.57	0.00	0.00	0.00	0.00	315.89	31589.29	0.00	0.00
344.25	34425.18	276.51	27651.49	0.00	0.00	0.00	0.00	329.47	32947.35	0.00	0.00
298.98	29898.17	313.34	31334.31	373.74	37374.28	0.00	0.00	0.00	0.00	545.11	54511.12
258.93	25892.78	0.00	0.00	374.15	37414.97	0.00	0.00	0.00	0.00	398.24	39823.74
328.21	32820.57	0.00	0.00	287.05	28704.83	445.42	44542.08	274.53	27452.83	363.03	36302.78
309.02	30902.04	328.49	32849.17	359.56	35956.17	0.00	0.00	303.31	30330.77	342.70	34270.22
0.00	0.00	298.95	29894.56	327.98	32797.78	0.00	0.00	258.22	25821.51	422.31	42230.97
0.00	0.00	233.83	23383.18	0.00	0.00	316.42	31641.76	278.60	27860.16	0.00	0.00
317.77	31776.99	250.11	25010.76	0.00	0.00	234.53	23453.09	357.02	35701.59	0.00	0.00
288.13	28812.67	309.72	30972.34	408.02	40802.50	275.22	27522.20	0.00	0.00	420.64	42064.23
340.02	34002.16	0.00	0.00	342.03	34202.53	332.20	33219.63	0.00	0.00	461.54	46154.19
419.58	41957.69	0.00	0.00	276.24	27624.09	358.39	35839.44	300.63	30063.11	482.00	48200.39
303.69	30369.39	296.39	29638.80	353.95	35394.91	0.00	0.00	309.73	30972.55	381.35	38134.98
0.00	0.00	322.39	32239.42	323.37	32337.22	0.00	0.00	255.00	25500.10	430.84	43083.93
0.00	0.00	273.25	27325.02	0.00	0.00	314.36	31435.96	388.79	38879.02	0.00	0.00
316.92	31691.79	277.11	27711.43	0.00	0.00	316.16	31615.73	386.61	38660.60	0.00	0.00
230.18	23017.70	308.47	30847.14	418.69	41868.58	235.69	23569.49	0.00	0.00	414.55	41455.37
255.46	25546.06	0.00	0.00	319.01	31900.73	259.20	25919.98	0.00	0.00	485.63	48562.72
286.37	28637.45	0.00	0.00	0.00	0.00	294.24	29423.80	398.04	39803.97	508.64	50864.14
297.57	29756.58	307.82	30781.57	0.00	0.00	0.00	0.00	303.12	30311.91	588.85	58885.31
0.00	0.00	321.39	32139.34	0.00	0.00	0.00	0.00	329.89	32989.16	465.81	46580.97
0.00	0.00	300.67	30067.31	0.00	0.00	312.01	31200.61	384.05	38404.93	0.00	0.00
303.47	30346.61	339.73	33972.73	0.00	0.00	311.84	31183.76	460.41	46040.81	0.00	0.00
284.56	28455.68	415.78	41577.70	481.11	48111.19	293.34	29334.12	0.00	0.00	591.10	59109.59
240.34	24034.09	0.00	0.00	371.01	37101.41	262.24	26223.53	0.00	0.00	463.12	46311.66
275.10	27509.51	0.00	0.00	300.53	30052.78	343.88	34387.60	446.03	44602.51	436.26	43626.14
266.73	26673.47	556.90	55689.94	213.71	21370.90	0.00	0.00	436.62	43662.25	401.75	40174.88
0.00	0.00	340.77	34076.68	0.00	0.00	0.00	0.00	0.00	0.00	390.53	39052.51

3－17　2011年上海债券回购每日成交额、成交量

日期 Date	1月 Jan.		2月 Feb.		3月 Mar.		4月 Apr.		5月 May.		6月 Jun.	
	成交额 Turnover	成交量 Volume	成交额 Turnover	成交量 Volume	成交额 Turnover	成交量 Volume	成交额 Turnover	成交量 Volume	成交额 Turnover	成交量 Volume	成交额 Turnover	成交量 Volume
1	0.00	0.00	364.36	36435.86	527.55	52755.25	491.36	49135.95	0.00	0.00	653.06	65305.67
2	0.00	0.00	0.00	0.00	549.31	54930.61	0.00	0.00	0.00	0.00	677.76	67776.43
3	0.00	0.00	0.00	0.00	507.20	50720.08	0.00	0.00	682.51	68250.80	683.55	68354.97
4	523.66	52366.05	0.00	0.00	487.53	48753.33	0.00	0.00	689.43	68942.65	0.00	0.00
5	552.22	55221.86	0.00	0.00	0.00	0.00	0.00	0.00	636.69	63668.55	0.00	0.00
6	459.98	45997.74	0.00	0.00	0.00	0.00	678.11	67811.14	643.45	64345.24	0.00	0.00
7	479.24	47923.67	0.00	0.00	569.09	56909.35	580.54	58053.64	0.00	0.00	782.50	78250.09
8	0.00	0.00	0.00	0.00	546.03	54602.85	559.43	55942.54	0.00	0.00	687.21	68721.44
9	0.00	0.00	869.19	86918.52	525.00	52500.27	0.00	0.00	571.45	57145.36	769.06	76905.63
10	380.43	38043.24	651.17	65117.42	555.03	55502.85	0.00	0.00	591.76	59175.61	758.42	75841.99
11	470.38	47037.83	486.50	48650.01	505.01	50501.06	514.34	51434.49	616.22	61622.22	0.00	0.00
12	531.61	53160.78	0.00	0.00	0.00	0.00	453.73	45372.95	611.96	61196.21	0.00	0.00
13	519.71	51970.87	0.00	0.00	0.00	0.00	602.30	60230.25	616.09	61608.65	672.45	67245.24
14	453.87	45386.73	466.07	46607.16	554.35	55435.02	534.58	53457.62	0.00	0.00	749.35	74934.95
15	0.00	0.00	448.49	44848.92	515.16	51516.05	593.41	59341.33	0.00	0.00	833.39	83339.24
16	0.00	0.00	544.37	54437.13	484.33	48433.00	0.00	0.00	606.73	60672.62	803.85	80384.71
17	428.76	42876.28	483.58	48358.26	534.20	53419.56	0.00	0.00	624.20	62420.38	851.00	85100.43
18	489.77	48976.71	473.38	47337.98	555.60	55560.31	534.42	53441.77	638.17	63816.67	0.00	0.00
19	610.71	61071.08	0.00	0.00	0.00	0.00	521.59	52159.00	666.93	66693.27	0.00	0.00
20	581.00	58099.71	0.00	0.00	0.00	0.00	532.29	53228.66	709.23	70922.81	812.47	81247.30
21	543.50	54349.99	569.06	56906.13	645.20	64520.24	625.39	62539.00	0.00	0.00	912.12	91211.86
22	0.00	0.00	678.42	67842.32	552.54	55254.41	678.36	67835.93	0.00	0.00	981.84	98183.74
23	0.00	0.00	568.96	56896.33	499.97	49996.54	0.00	0.00	707.27	70726.93	900.50	90050.44
24	637.44	63744.19	630.06	63006.05	556.70	55669.95	0.00	0.00	694.98	69498.38	1012.29	101228.74
25	618.13	61813.34	489.23	48923.27	530.25	53025.45	684.20	68420.14	713.72	71372.34	0.00	0.00
26	662.89	66289.34	0.00	0.00	0.00	0.00	567.33	56732.65	743.48	74348.33	0.00	0.00
27	636.10	63610.29	0.00	0.00	0.00	0.00	589.72	58971.80	706.14	70614.31	1026.97	102697.25
28	562.35	56234.79	450.97	45097.36	564.04	56404.35	520.38	52037.58	0.00	0.00	979.98	97997.52
29	0.00	0.00	0.00	0.00	544.74	54474.24	581.34	58134.19	0.00	0.00	924.23	92422.58
30	0.00	0.00	0.00	0.00	447.50	44750.35	0.00	0.00	746.65	74665.04	849.77	84977.35
31	381.29	38128.97	0.00	0.00	464.75	46475.45	0.00	0.00	690.74	69073.93	0.00	0.00

数据来源：上海证券交易所
Source: Shanghai Stock Exchange

Daily Turnover and Volume of T-Bonds Repurchase in Shanghai (2011)

成交额：亿元　成交量：万张

7月 Jul.		8月 Aug.		9月 Sep.		10月 Oct.		11月 Nov.		12月 Dec.	
成交额 Turnover	成交量 Volume	成交额 Turnover	成交量 Volume	成交额 Turnover	成交量 Volume	成交额 Turnover	成交量 Volume	成交额 Turnover	成交量 Volume	成交额 Turnover	成交量 Volume
1020.62	102061.52	1080.27	108027.13	1030.09	103008.53	0.00	0.00	1132.49	113248.82	1042.65	104265.30
0.00	0.00	974.44	97444.48	1161.91	116190.66	0.00	0.00	1027.17	102716.80	1107.94	110793.97
0.00	0.00	942.90	94289.85	0.00	0.00	0.00	0.00	981.09	98108.54	0.00	0.00
938.21	93820.56	894.81	89481.26	0.00	0.00	0.00	0.00	1075.03	107502.85	0.00	0.00
929.99	92998.69	979.39	97938.99	1168.49	116848.77	0.00	0.00	0.00	0.00	1192.85	119285.49
959.32	95931.55	0.00	0.00	1063.45	106344.97	0.00	0.00	0.00	0.00	1054.65	105465.42
902.20	90219.90	0.00	0.00	960.58	96057.56	0.00	0.00	1125.99	112599.19	1037.70	103769.93
1088.90	108890.27	952.17	95216.70	934.32	93431.53	0.00	0.00	1061.68	106167.66	971.33	97133.15
0.00	0.00	907.87	90787.19	990.17	99017.28	0.00	0.00	994.53	99452.94	1106.60	110659.78
0.00	0.00	974.56	97456.17	0.00	0.00	1374.14	137413.80	929.53	92953.11	0.00	0.00
1111.57	111156.82	918.52	91851.62	0.00	0.00	997.72	99772.29	1141.24	114123.91	0.00	0.00
1005.66	100566.42	1068.02	106802.16	0.00	0.00	946.78	94678.39	0.00	0.00	1252.00	125199.54
975.67	97567.22	0.00	0.00	1237.00	123699.70	904.75	90475.25	0.00	0.00	1063.42	106342.15
989.02	98901.70	0.00	0.00	1075.96	107596.38	1118.48	111848.26	1109.28	110927.79	979.89	97988.71
1042.25	104224.78	1062.52	106251.76	1023.58	102358.47	0.00	0.00	1022.74	102273.79	913.59	91358.56
0.00	0.00	1028.62	102862.23	1113.56	111356.28	0.00	0.00	953.00	95300.33	1141.27	114127.04
0.00	0.00	1091.96	109195.76	0.00	0.00	1272.34	127234.15	970.97	97096.97	0.00	0.00
1099.49	109948.88	1264.72	126471.57	0.00	0.00	1047.18	104718.16	1085.80	108579.79	0.00	0.00
1038.70	103870.20	1118.51	111850.51	996.44	99643.99	976.84	97683.64	0.00	0.00	1195.91	119590.99
1016.38	101637.76	0.00	0.00	1059.03	105902.57	910.64	91063.58	0.00	0.00	1074.90	107490.07
969.23	96923.36	0.00	0.00	955.12	95511.56	1071.61	107161.46	1194.47	119447.21	1058.19	105818.85
1098.38	109837.81	1188.02	118801.84	959.37	95936.94	0.00	0.00	1042.10	104210.22	1008.17	100816.57
0.00	0.00	1076.64	107663.91	1080.53	108053.16	0.00	0.00	1011.24	101124.30	1227.11	122710.75
0.00	0.00	1010.13	101012.54	0.00	0.00	1182.06	118205.57	966.37	96637.01	0.00	0.00
1153.36	115335.72	991.97	99196.77	0.00	0.00	1054.75	105474.91	1242.51	124250.59	0.00	0.00
1096.27	109626.98	1175.98	117598.25	977.18	97718.40	1028.47	102847.19	0.00	0.00	1300.56	130056.08
1051.71	105171.37	0.00	0.00	976.51	97650.98	1044.16	104416.13	0.00	0.00	1125.15	112515.28
925.58	92557.96	0.00	0.00	910.95	91094.82	1197.73	119773.23	1274.95	127494.65	1125.58	112558.01
1229.65	122965.39	1107.76	110775.97	745.39	74539.06	0.00	0.00	1097.10	109710.00	996.71	99671.46
0.00	0.00	994.62	99461.85	906.17	90617.04	0.00	0.00	1040.30	104031.03	1116.99	111698.56
0.00	0.00	962.70	96269.95	0.00	0.00	1195.53	119554.29	0.00	0.00	0.00	0.00

3－18　2011年深圳国债回购每日成交额、成交量

日期 Date	1月 Jan.		2月 Feb.		3月 Mar.		4月 Apr.		5月 May.		6月 Jun.	
	成交额 Turnover	成交量 Volume	成交额 Turnover	成交量 Volume	成交额 Turnover	成交量 Volume	成交额 Turnover	成交量 Volume	成交额 Turnover	成交量 Volume	成交额 Turnover	成交量 Volume
1	0.00	0.00	0.00	0.00	0.00	0.00	0.00	0.00	0.00	0.00	0.00	0.00
2	0.00	0.00	0.00	0.00	0.00	0.00	0.00	0.00	0.00	0.00	0.00	0.00
3	0.00	0.00	0.00	0.00	0.00	0.00	0.00	0.00	0.00	0.00	0.00	0.00
4	0.00	0.00	0.00	0.00	0.00	0.00	0.00	0.00	0.00	0.00	0.00	0.00
5	0.00	0.00	0.00	0.00	0.00	0.00	0.00	0.00	0.00	0.00	0.00	0.00
6	0.00	0.00	0.00	0.00	0.00	0.00	0.00	0.00	0.00	0.00	0.00	0.00
7	0.00	0.00	0.00	0.00	0.00	0.00	0.00	0.00	0.00	0.00	0.00	0.00
8	0.00	0.00	0.00	0.00	0.00	0.00	0.00	0.00	0.00	0.00	0.00	0.00
9	0.00	0.00	0.00	0.00	0.00	0.00	0.00	0.00	0.00	0.00	0.00	0.00
10	0.00	0.00	0.00	0.00	0.00	0.00	0.00	0.00	0.00	0.00	0.00	0.00
11	0.00	0.00	0.00	0.00	0.00	0.00	0.00	0.00	0.00	0.00	0.00	0.00
12	0.00	0.00	0.00	0.00	0.00	0.00	0.00	0.00	0.00	0.00	0.00	0.00
13	0.00	0.00	0.00	0.00	0.00	0.00	0.00	0.00	0.00	0.00	0.00	0.00
14	0.00	0.00	0.00	0.00	0.00	0.00	0.00	0.00	0.00	0.00	0.00	0.00
15	0.00	0.00	0.00	0.00	0.00	0.00	0.00	0.00	0.00	0.00	0.00	0.00
16	0.00	0.00	0.00	0.00	0.00	0.00	0.00	0.00	0.00	0.00	0.00	0.00
17	0.00	0.00	0.00	0.00	0.00	0.00	0.00	0.00	0.00	0.00	0.00	0.00
18	0.00	0.00	0.00	0.00	0.00	0.00	0.00	0.00	0.00	0.00	0.00	0.00
19	0.00	0.00	0.00	0.00	0.00	0.00	0.00	0.00	0.00	0.00	0.00	0.00
20	0.00	0.00	0.00	0.00	0.00	0.00	0.00	0.00	0.00	0.00	0.00	0.00
21	0.00	0.00	0.00	0.00	0.00	0.00	0.00	0.00	0.00	0.00	0.00	0.00
22	0.00	0.00	0.00	0.00	0.00	0.00	0.00	0.00	0.00	0.00	0.00	0.00
23	0.00	0.00	0.00	0.00	0.00	0.00	0.00	0.00	0.00	0.00	0.00	0.00
24	0.00	0.00	0.00	0.00	0.00	0.00	0.00	0.00	0.00	0.00	0.00	0.00
25	0.00	0.00	0.00	0.00	0.00	0.00	0.00	0.00	0.00	0.00	0.00	0.00
26	0.00	0.00	0.00	0.00	0.00	0.00	0.00	0.00	0.00	0.00	0.00	0.00
27	0.00	0.00	0.00	0.00	0.00	0.00	0.00	0.00	0.00	0.00	0.00	0.00
28	0.00	0.00	0.00	0.00	0.00	0.00	0.00	0.00	0.00	0.00	0.00	0.00
29	0.00	0.00	0.00	0.00	0.00	0.00	0.00	0.00	0.00	0.00	0.00	0.00
30	0.00	0.00	0.00	0.00	0.00	0.00	0.00	0.00	0.00	0.00	0.00	0.00
31	0.00	0.00	0.00	0.00	0.00	0.00	0.00	0.00	0.00	0.00	0.00	0.00

注：本年深圳交易所国债回购没有交易。
数据来源：深圳证券交易所
Source: Shenzhen Stock Exchange

Daily Turnover and Volume of Enterprise Bonds Spot in Shanghai (2011)

成交额：亿元　成交量：万张

7月 Jul.		8月 Aug.		9月 Sep.		10月 Oct.		11月 Nov.		12月 Dec.	
成交额 Turnover	成交量 Volume	成交额 Turnover	成交量 Volume	成交额 Turnover	成交量 Volume	成交额 Turnover	成交量 Volume	成交额 Turnover	成交量 Volume	成交额 Turnover	成交量 Volume
8.81	867.10	14.68	1484.75	10.07	1042.97	0.00	0.00	19.46	2001.92	8.49	868.40
0.00	0.00	23.13	2324.01	5.23	544.07	0.00	0.00	13.66	1413.09	7.20	735.55
0.00	0.00	7.84	833.26	0.00	0.00	0.00	0.00	9.26	958.43	0.00	0.00
13.39	1332.10	7.83	827.94	0.00	0.00	0.00	0.00	25.99	2656.51	0.00	0.00
13.06	1318.56	5.23	550.41	8.99	929.90	0.00	0.00	0.00	0.00	16.40	1889.18
10.84	1095.99	0.00	0.00	13.09	1338.27	0.00	0.00	0.00	0.00	13.79	1399.50
10.29	1034.09	0.00	0.00	5.14	538.12	0.00	0.00	14.71	1515.56	9.14	942.89
4.55	463.38	5.92	623.62	2.96	312.52	0.00	0.00	14.39	1481.30	7.70	807.95
0.00	0.00	8.99	932.99	6.91	722.81	0.00	0.00	17.75	1838.56	15.16	1553.29
0.00	0.00	8.28	844.09	0.00	0.00	21.16	2255.60	12.59	1285.80	0.00	0.00
8.09	827.26	12.23	1247.72	0.00	0.00	21.69	2316.43	12.25	1256.32	0.00	0.00
22.00	2218.64	5.85	598.14	0.00	0.00	7.38	804.47	0.00	0.00	12.00	1236.02
9.85	969.75	0.00	0.00	11.56	1182.79	14.61	1560.05	0.00	0.00	13.72	1399.68
10.08	1010.08	0.00	0.00	6.09	623.78	12.47	1354.50	7.66	784.14	11.28	1165.80
10.53	1057.13	7.17	726.12	8.44	866.95	0.00	0.00	12.91	1314.87	15.42	1588.93
0.00	0.00	20.57	2074.16	14.69	1619.52	0.00	0.00	7.89	804.98	15.61	1684.87
0.00	0.00	8.00	811.48	0.00	0.00	15.26	1607.74	6.16	621.60	0.00	0.00
11.89	1198.15	3.77	391.95	0.00	0.00	17.02	1804.75	7.64	783.16	0.00	0.00
26.64	2655.53	4.02	412.42	13.89	1430.58	19.31	2038.78	0.00	0.00	28.61	3013.93
9.24	931.60	0.00	0.00	20.58	2116.70	14.38	1507.35	0.00	0.00	20.87	2150.44
6.74	681.21	0.00	0.00	11.07	1144.31	14.36	1500.77	6.56	674.28	19.76	2173.79
7.07	714.37	21.01	2422.76	25.09	2685.88	0.00	0.00	6.61	679.65	24.46	2504.01
0.00	0.00	19.09	1927.69	25.35	2795.22	0.00	0.00	6.39	650.05	17.67	1806.91
0.00	0.00	18.98	1995.12	0.00	0.00	28.14	3117.59	7.18	730.29	0.00	0.00
9.09	903.28	19.28	1968.18	0.00	0.00	18.67	1915.93	14.25	1441.69	0.00	0.00
9.34	961.68	11.87	1197.16	35.08	3565.60	29.52	3145.74	0.00	0.00	31.06	3145.67
5.23	548.39	0.00	0.00	23.72	2536.17	10.93	1123.43	0.00	0.00	25.28	2677.88
11.26	1148.87	0.00	0.00	21.25	2262.03	8.70	907.52	15.95	1610.46	37.22	3855.20
5.16	537.43	8.85	915.47	16.18	1755.16	0.00	0.00	9.92	1003.37	14.32	1459.55
0.00	0.00	16.40	1652.48	10.64	1155.90	0.00	0.00	6.33	649.36	18.30	1834.20
0.00	0.00	13.96	1407.79	0.00	0.00	7.76	812.92	0.00	0.00	0.00	0.00

3-21 2011年深圳企业债现货每日成交额、成交量

日期 Date	1月 Jan.		2月 Feb.		3月 Mar.		4月 Apr.		5月 May.		6月 Jun.	
	成交额 Turnover	成交量 Volume	成交额 Turnover	成交量 Volume	成交额 Turnover	成交量 Volume	成交额 Turnover	成交量 Volume	成交额 Turnover	成交量 Volume	成交额 Turnover	成交量 Volume
1	0.00	0.00	0.88	0.01	3.11	0.03	1.48	0.01	0.00	0.00	1.22	0.01
2	0.00	0.00	0.00	0.00	1.80	0.02	0.00	0.00	0.00	0.00	2.55	0.03
3	0.00	0.00	0.00	0.00	0.50	0.00	0.00	0.00	1.39	0.01	0.61	0.01
4	5.35	0.05	0.00	0.00	4.83	0.05	0.00	0.00	0.92	0.01	0.00	0.00
5	1.15	0.01	0.00	0.00	0.00	0.00	0.00	0.00	1.24	0.01	0.00	0.00
6	3.51	0.03	0.00	0.00	0.00	0.00	2.44	0.02	1.44	0.01	0.00	0.00
7	2.62	0.03	0.00	0.00	5.19	0.05	2.29	0.02	0.00	0.00	3.76	0.04
8	0.00	0.00	0.00	0.00	1.17	0.01	2.51	0.02	0.00	0.00	2.64	0.03
9	0.00	0.00	0.82	0.01	2.78	0.03	0.00	0.00	3.95	0.04	1.89	0.02
10	1.72	0.02	1.69	0.02	3.12	0.03	0.00	0.00	4.14	0.04	2.04	0.02
11	2.35	0.02	1.37	0.01	0.87	0.01	3.96	0.04	2.30	0.02	0.00	0.00
12	0.71	0.01	0.00	0.00	0.00	0.00	2.72	0.03	3.15	0.03	0.00	0.00
13	1.49	0.01	0.00	0.00	0.00	0.00	3.39	0.03	1.19	0.01	1.43	0.01
14	1.58	0.02	1.28	0.01	3.50	0.03	3.16	0.03	0.00	0.00	1.49	0.01
15	0.00	0.00	2.16	0.02	3.85	0.04	1.64	0.02	0.00	0.00	2.01	0.02
16	0.00	0.00	9.83	0.09	1.79	0.02	0.00	0.00	2.87	0.03	2.23	0.02
17	0.44	0.00	3.59	0.03	2.29	0.02	0.00	0.00	2.52	0.02	2.80	0.03
18	0.42	0.00	3.36	0.03	1.01	0.01	4.40	0.04	1.17	0.01	0.00	0.00
19	1.13	0.01	0.00	0.00	0.00	0.00	7.02	0.07	1.87	0.02	0.00	0.00
20	2.58	0.03	0.00	0.00	0.00	0.00	2.13	0.02	3.99	0.04	2.94	0.03
21	0.46	0.00	5.82	0.06	0.87	0.01	5.27	0.05	0.00	0.00	1.27	0.01
22	0.00	0.00	0.83	0.01	2.01	0.02	3.04	0.03	0.00	0.00	2.09	0.02
23	0.00	0.00	1.04	0.01	1.24	0.01	0.00	0.00	1.25	0.01	0.91	0.01
24	0.42	0.00	2.37	0.02	1.40	0.01	0.00	0.00	2.85	0.03	0.59	0.01
25	0.34	0.00	1.73	0.02	1.34	0.01	3.90	0.04	2.14	0.02	0.00	0.00
26	1.86	0.02	0.00	0.00	0.00	0.00	4.34	0.04	0.97	0.01	0.00	0.00
27	2.47	0.02	0.00	0.00	0.00	0.00	1.09	0.01	1.17	0.01	0.79	0.01
28	4.26	0.04	3.61	0.04	1.77	0.02	1.54	0.01	0.00	0.00	0.80	0.01
29	0.00	0.00	0.00	0.00	2.63	0.03	0.97	0.01	0.00	0.00	0.92	0.01
30	0.00	0.00	0.00	0.00	1.83	0.02	0.00	0.00	1.81	0.02	0.76	0.01
31	2.37	0.02	0.00	0.00	3.15	0.03	0.00	0.00	2.81	0.03	0.00	0.00

数据来源：深圳证券交易所
Source：Shenzhen Stock Exchange

Daily Turnover and Volume of Enterprise Bonds Spot in Shenzhen (2011)

成交额：亿元　成交量：万张

7月 Jul.		8月 Aug.		9月 Sep.		10月 Oct.		11月 Nov.		12月 Dec.	
成交额 Turnover	成交量 Volume	成交额 Turnover	成交量 Volume	成交额 Turnover	成交量 Volume	成交额 Turnover	成交量 Volume	成交额 Turnover	成交量 Volume	成交额 Turnover	成交量 Volume
0.54	0.01	0.53	0.01	4.13	0.04	0.00	0.00	4.96	0.05	2.07	0.02
0.00	0.00	2.32	0.02	1.76	0.02	0.00	0.00	5.97	0.06	0.83	0.01
0.00	0.00	1.12	0.01	0.00	0.00	0.00	0.00	5.30	0.05	0.00	0.00
0.94	0.01	1.60	0.02	0.00	0.00	0.00	0.00	3.90	0.04	0.00	0.00
0.86	0.01	2.28	0.02	3.20	0.03	0.00	0.00	0.00	0.00	1.42	0.01
1.90	0.02	0.00	0.00	2.65	0.03	0.00	0.00	0.00	0.00	1.73	0.02
0.70	0.01	0.00	0.00	2.55	0.03	0.00	0.00	4.21	0.04	2.62	0.03
1.23	0.01	2.13	0.02	1.13	0.01	0.00	0.00	3.11	0.03	2.19	0.02
0.00	0.00	1.69	0.02	0.92	0.01	0.00	0.00	4.28	0.04	3.01	0.03
0.00	0.00	1.57	0.02	0.00	0.00	1.71	0.02	6.48	0.07	0.00	0.00
0.83	0.01	1.87	0.02	0.00	0.00	3.66	0.04	2.85	0.03	0.00	0.00
1.00	0.01	1.02	0.01	0.00	0.00	2.35	0.02	0.00	0.00	2.44	0.02
0.45	0.00	0.00	0.00	2.11	0.02	3.24	0.03	0.00	0.00	1.55	0.02
0.49	0.00	0.00	0.00	1.56	0.02	2.59	0.03	6.25	0.06	2.45	0.03
1.52	0.02	2.63	0.03	1.23	0.01	0.00	0.00	2.14	0.02	2.00	0.02
0.00	0.00	2.98	0.03	0.67	0.01	0.00	0.00	3.34	0.03	1.73	0.02
0.00	0.00	1.18	0.01	0.00	0.00	2.60	0.03	2.90	0.03	0.00	0.00
1.70	0.02	0.97	0.01	0.00	0.00	2.18	0.02	2.23	0.02	0.00	0.00
1.30	0.01	1.57	0.02	1.31	0.01	2.44	0.03	0.00	0.00	9.35	0.09
0.65	0.01	0.00	0.00	1.41	0.01	3.24	0.03	0.00	0.00	2.23	0.02
1.33	0.01	0.00	0.00	1.63	0.02	2.94	0.03	2.15	0.02	2.22	0.02
0.71	0.01	1.95	0.02	1.11	0.01	0.00	0.00	1.33	0.01	2.27	0.02
0.00	0.00	1.86	0.02	2.01	0.02	0.00	0.00	3.20	0.03	3.19	0.03
0.00	0.00	0.38	0.00	0.00	0.00	2.00	0.02	1.41	0.01	0.00	0.00
1.55	0.02	1.81	0.02	0.00	0.00	3.42	0.03	3.72	0.04	0.00	0.00
1.73	0.02	3.80	0.04	2.48	0.03	2.40	0.02	0.00	0.00	2.42	0.02
1.55	0.02	0.00	0.00	1.72	0.02	4.46	0.05	0.00	0.00	4.18	0.04
0.69	0.01	0.00	0.00	1.27	0.01	2.06	0.02	1.11	0.01	2.07	0.02
0.55	0.01	6.05	0.06	1.78	0.02	0.00	0.00	2.46	0.03	3.22	0.03
0.00	0.00	3.85	0.04	1.55	0.02	0.00	0.00	2.23	0.02	5.28	0.05
0.00	0.00	3.47	0.03	0.00	0.00	5.25	0.05	0.00	0.00	0.00	0.00

3-22 2011年全国企业债回购每日成交额、成交量

日期 Date	1月 Jan.		2月 Feb.		3月 Mar.		4月 Apr.		5月 May.		6月 Jun.	
	成交额 Turnover	成交量 Volume	成交额 Turnover	成交量 Volume	成交额 Turnover	成交量 Volume	成交额 Turnover	成交量 Volume	成交额 Turnover	成交量 Volume	成交额 Turnover	成交量 Volume
1	0.00	0.00	3.24	0.03	4.02	0.04	6.51	0.07	0.00	0.00	9.91	0.10
2	0.00	0.00	0.00	0.00	8.28	0.08	0.00	0.00	0.00	0.00	10.45	0.10
3	0.00	0.00	0.00	0.00	4.91	0.05	0.00	0.00	9.10	0.09	13.56	0.14
4	3.38	0.03	0.00	0.00	5.61	0.06	0.00	0.00	6.41	0.06	0.00	0.00
5	2.96	0.03	0.00	0.00	0.00	0.00	0.00	0.00	5.75	0.06	0.00	0.00
6	2.86	0.03	0.00	0.00	0.00	0.00	8.70	0.09	9.08	0.09	0.00	0.00
7	4.58	0.05	0.00	0.00	5.12	0.05	6.56	0.07	0.00	0.00	13.83	0.14
8	0.00	0.00	0.00	0.00	7.03	0.07	5.82	0.06	0.00	0.00	13.22	0.13
9	0.00	0.00	19.03	0.19	8.53	0.09	0.00	0.00	6.25	0.06	12.15	0.12
10	1.08	0.01	7.91	0.08	5.58	0.06	0.00	0.00	7.22	0.07	18.40	0.18
11	0.70	0.01	6.31	0.06	7.85	0.08	4.68	0.05	8.11	0.08	0.00	0.00
12	3.41	0.03	0.00	0.00	0.00	0.00	4.11	0.04	7.45	0.07	0.00	0.00
13	4.55	0.05	0.00	0.00	0.00	0.00	5.93	0.06	14.49	0.14	11.22	0.11
14	1.74	0.02	5.92	0.06	4.46	0.04	4.22	0.04	0.00	0.00	9.16	0.09
15	0.00	0.00	4.55	0.05	4.93	0.05	7.38	0.07	0.00	0.00	17.97	0.18
16	0.00	0.00	11.37	0.11	7.63	0.08	0.00	0.00	8.02	0.08	13.25	0.13
17	1.75	0.02	8.68	0.09	4.80	0.05	0.00	0.00	7.79	0.08	21.02	0.21
18	15.04	0.15	6.22	0.06	7.32	0.07	7.13	0.07	7.62	0.08	0.00	0.00
19	4.67	0.05	0.00	0.00	0.00	0.00	4.05	0.04	7.49	0.07	0.00	0.00
20	6.24	0.06	0.00	0.00	0.00	0.00	3.66	0.04	10.96	0.11	13.65	0.14
21	5.69	0.06	8.13	0.08	11.10	0.11	6.95	0.07	0.00	0.00	15.89	0.16
22	0.00	0.00	5.70	0.06	5.22	0.05	5.73	0.06	0.00	0.00	22.56	0.23
23	0.00	0.00	8.40	0.08	6.00	0.06	0.00	0.00	11.35	0.11	19.91	0.20
24	2.62	0.03	7.20	0.07	6.98	0.07	0.00	0.00	15.34	0.15	25.66	0.26
25	12.95	0.13	4.33	0.04	8.28	0.08	10.35	0.10	13.10	0.13	0.00	0.00
26	3.22	0.03	0.00	0.00	0.00	0.00	8.46	0.08	10.50	0.10	0.00	0.00
27	5.67	0.06	0.00	0.00	0.00	0.00	7.24	0.07	14.47	0.14	19.34	0.19
28	4.98	0.05	4.04	0.04	5.87	0.06	6.01	0.06	0.00	0.00	17.18	0.17
29	0.00	0.00	0.00	0.00	8.55	0.09	9.61	0.10	0.00	0.00	19.31	0.19
30	0.00	0.00	0.00	0.00	6.18	0.06	0.00	0.00	10.58	0.11	14.76	0.15
31	3.37	0.03	0.00	0.00	4.37	0.04	0.00	0.00	11.97	0.12	0.00	0.00

数据来源：上海、深圳证券交易所
Source：Shanghai Shenzhen Stock Exchange

Daily Turnover and Volume of Enterprise Bonds Repurchase in 2011

成交额：亿元　成交量：万张

7月 Jul.		8月 Aug.		9月 Sep.		10月 Oct.		11月 Nov.		12月 Dec.	
成交额 Turnover	成交量 Volume	成交额 Turnover	成交量 Volume	成交额 Turnover	成交量 Volume	成交额 Turnover	成交量 Volume	成交额 Turnover	成交量 Volume	成交额 Turnover	成交量 Volume
24.58	0.25	23.72	0.24	23.67	0.24	0.00	0.00	39.49	0.39	37.71	0.38
0.00	0.00	20.51	0.21	29.46	0.29	0.00	0.00	37.66	0.38	43.01	0.43
0.00	0.00	17.85	0.18	0.00	0.00	0.00	0.00	34.52	0.35	0.00	0.00
21.31	0.21	19.46	0.19	0.00	0.00	0.00	0.00	39.26	0.39	0.00	0.00
20.11	0.20	19.46	0.19	29.31	0.29	0.00	0.00	0.00	0.00	49.23	0.49
14.19	0.14	0.00	0.00	28.03	0.28	0.00	0.00	0.00	0.00	42.30	0.42
18.78	0.19	0.00	0.00	22.97	0.23	0.00	0.00	36.70	0.37	38.31	0.38
23.78	0.24	18.36	0.18	26.20	0.26	0.00	0.00	36.39	0.36	36.20	0.36
0.00	0.00	19.68	0.20	30.44	0.30	0.00	0.00	37.71	0.38	38.05	0.38
0.00	0.00	20.70	0.21	0.00	0.00	47.76	0.48	29.76	0.30	0.00	0.00
20.38	0.20	21.68	0.22	0.00	0.00	34.03	0.34	38.53	0.39	0.00	0.00
19.40	0.19	20.17	0.20	0.00	0.00	27.43	0.27	0.00	0.00	46.72	0.47
15.61	0.16	0.00	0.00	33.46	0.33	25.36	0.25	0.00	0.00	35.51	0.36
20.69	0.21	0.00	0.00	19.55	0.20	31.12	0.31	36.61	0.37	40.23	0.40
23.19	0.23	21.96	0.22	22.33	0.22	0.00	0.00	35.84	0.36	43.38	0.43
0.00	0.00	20.39	0.20	29.89	0.30	0.00	0.00	34.70	0.35	43.89	0.44
0.00	0.00	18.96	0.19	0.00	0.00	39.21	0.39	35.20	0.35	0.00	0.00
23.44	0.23	31.53	0.32	0.00	0.00	27.97	0.28	38.05	0.38	0.00	0.00
19.54	0.20	31.13	0.31	23.31	0.23	26.27	0.26	0.00	0.00	48.58	0.49
14.09	0.14	0.00	0.00	30.35	0.30	28.82	0.29	0.00	0.00	43.22	0.43
18.32	0.18	0.00	0.00	23.79	0.24	28.47	0.28	45.02	0.45	48.38	0.48
27.80	0.28	34.72	0.35	27.29	0.27	0.00	0.00	40.41	0.40	52.25	0.52
0.00	0.00	26.80	0.27	31.83	0.32	0.00	0.00	40.78	0.41	49.39	0.49
0.00	0.00	25.44	0.25	0.00	0.00	36.40	0.36	33.55	0.34	0.00	0.00
24.29	0.24	21.17	0.21	0.00	0.00	32.65	0.33	50.89	0.51	0.00	0.00
18.91	0.19	27.14	0.27	23.19	0.23	30.10	0.30	0.00	0.00	53.19	0.53
18.57	0.19	0.00	0.00	27.16	0.27	32.43	0.32	0.00	0.00	49.45	0.49
19.22	0.19	0.00	0.00	30.92	0.31	37.69	0.38	47.76	0.48	46.64	0.47
24.39	0.24	26.74	0.27	20.30	0.20	0.00	0.00	39.27	0.39	42.65	0.43
0.00	0.00	24.20	0.24	30.69	0.31	0.00	0.00	37.85	0.38	51.60	0.52
0.00	0.00	21.80	0.22	0.00	0.00	38.82	0.39	0.00	0.00	0.00	0.00

3-23 2011年上海企业债回购每日成交额、成交量

日期 Date	1月 Jan.		2月 Feb.		3月 Mar.		4月 Apr.		5月 May.		6月 Jun.	
	成交额 Turnover	成交量 Volume	成交额 Turnover	成交量 Volume	成交额 Turnover	成交量 Volume	成交额 Turnover	成交量 Volume	成交额 Turnover	成交量 Volume	成交额 Turnover	成交量 Volume
1	0.00	0.00	0.00	0.00	0.00	0.00	0.00	0.00	0.00	0.00	0.00	0.00
2	0.00	0.00	0.00	0.00	0.00	0.00	0.00	0.00	0.00	0.00	0.00	0.00
3	0.00	0.00	0.00	0.00	0.00	0.00	0.00	0.00	0.00	0.00	0.00	0.00
4	0.00	0.00	0.00	0.00	0.00	0.00	0.00	0.00	0.00	0.00	0.00	0.00
5	0.00	0.00	0.00	0.00	0.00	0.00	0.00	0.00	0.00	0.00	0.00	0.00
6	0.00	0.00	0.00	0.00	0.00	0.00	0.00	0.00	0.00	0.00	0.00	0.00
7	0.00	0.00	0.00	0.00	0.00	0.00	0.00	0.00	0.00	0.00	0.00	0.00
8	0.00	0.00	0.00	0.00	0.00	0.00	0.00	0.00	0.00	0.00	0.00	0.00
9	0.00	0.00	0.00	0.00	0.00	0.00	0.00	0.00	0.00	0.00	0.00	0.00
10	0.00	0.00	0.00	0.00	0.00	0.00	0.00	0.00	0.00	0.00	0.00	0.00
11	0.00	0.00	0.00	0.00	0.00	0.00	0.00	0.00	0.00	0.00	0.00	0.00
12	0.00	0.00	0.00	0.00	0.00	0.00	0.00	0.00	0.00	0.00	0.00	0.00
13	0.00	0.00	0.00	0.00	0.00	0.00	0.00	0.00	0.00	0.00	0.00	0.00
14	0.00	0.00	0.00	0.00	0.00	0.00	0.00	0.00	0.00	0.00	0.00	0.00
15	0.00	0.00	0.00	0.00	0.00	0.00	0.00	0.00	0.00	0.00	0.00	0.00
16	0.00	0.00	0.00	0.00	0.00	0.00	0.00	0.00	0.00	0.00	0.00	0.00
17	0.00	0.00	0.00	0.00	0.00	0.00	0.00	0.00	0.00	0.00	0.00	0.00
18	0.00	0.00	0.00	0.00	0.00	0.00	0.00	0.00	0.00	0.00	0.00	0.00
19	0.00	0.00	0.00	0.00	0.00	0.00	0.00	0.00	0.00	0.00	0.00	0.00
20	0.00	0.00	0.00	0.00	0.00	0.00	0.00	0.00	0.00	0.00	0.00	0.00
21	0.00	0.00	0.00	0.00	0.00	0.00	0.00	0.00	0.00	0.00	0.00	0.00
22	0.00	0.00	0.00	0.00	0.00	0.00	0.00	0.00	0.00	0.00	0.00	0.00
23	0.00	0.00	0.00	0.00	0.00	0.00	0.00	0.00	0.00	0.00	0.00	0.00
24	0.00	0.00	0.00	0.00	0.00	0.00	0.00	0.00	0.00	0.00	0.00	0.00
25	0.00	0.00	0.00	0.00	0.00	0.00	0.00	0.00	0.00	0.00	0.00	0.00
26	0.00	0.00	0.00	0.00	0.00	0.00	0.00	0.00	0.00	0.00	0.00	0.00
27	0.00	0.00	0.00	0.00	0.00	0.00	0.00	0.00	0.00	0.00	0.00	0.00
28	0.00	0.00	0.00	0.00	0.00	0.00	0.00	0.00	0.00	0.00	0.00	0.00
29	0.00	0.00	0.00	0.00	0.00	0.00	0.00	0.00	0.00	0.00	0.00	0.00
30	0.00	0.00	0.00	0.00	0.00	0.00	0.00	0.00	0.00	0.00	0.00	0.00
31	0.00	0.00	0.00	0.00	0.00	0.00	0.00	0.00	0.00	0.00	0.00	0.00

数据来源：上海证券交易所
Source: Shanghai Stock Exchange

Daily Turnover and Volume of Enterprise Bonds Repurchase in Shanghai (2011)

成交额：亿元　成交量：万张

7月 Jul.		8月 Aug.		9月 Sep.		10月 Oct.		11月 Nov.		12月 Dec.	
成交额 Turnover	成交量 Volume	成交额 Turnover	成交量 Volume	成交额 Turnover	成交量 Volume	成交额 Turnover	成交量 Volume	成交额 Turnover	成交量 Volume	成交额 Turnover	成交量 Volume
0.00	0.00	0.00	0.00	0.00	0.00	0.00	0.00	0.00	0.00	0.00	0.00
0.00	0.00	0.00	0.00	0.00	0.00	0.00	0.00	0.00	0.00	0.00	0.00
0.00	0.00	0.00	0.00	0.00	0.00	0.00	0.00	0.00	0.00	0.00	0.00
0.00	0.00	0.00	0.00	0.00	0.00	0.00	0.00	0.00	0.00	0.00	0.00
0.00	0.00	0.00	0.00	0.00	0.00	0.00	0.00	0.00	0.00	0.00	0.00
0.00	0.00	0.00	0.00	0.00	0.00	0.00	0.00	0.00	0.00	0.00	0.00
0.00	0.00	0.00	0.00	0.00	0.00	0.00	0.00	0.00	0.00	0.00	0.00
0.00	0.00	0.00	0.00	0.00	0.00	0.00	0.00	0.00	0.00	0.00	0.00
0.00	0.00	0.00	0.00	0.00	0.00	0.00	0.00	0.00	0.00	0.00	0.00
0.00	0.00	0.00	0.00	0.00	0.00	0.00	0.00	0.00	0.00	0.00	0.00
0.00	0.00	0.00	0.00	0.00	0.00	0.00	0.00	0.00	0.00	0.00	0.00
0.00	0.00	0.00	0.00	0.00	0.00	0.00	0.00	0.00	0.00	0.00	0.00
0.00	0.00	0.00	0.00	0.00	0.00	0.00	0.00	0.00	0.00	0.00	0.00
0.00	0.00	0.00	0.00	0.00	0.00	0.00	0.00	0.00	0.00	0.00	0.00
0.00	0.00	0.00	0.00	0.00	0.00	0.00	0.00	0.00	0.00	0.00	0.00
0.00	0.00	0.00	0.00	0.00	0.00	0.00	0.00	0.00	0.00	0.00	0.00
0.00	0.00	0.00	0.00	0.00	0.00	0.00	0.00	0.00	0.00	0.00	0.00
0.00	0.00	0.00	0.00	0.00	0.00	0.00	0.00	0.00	0.00	0.00	0.00
0.00	0.00	0.00	0.00	0.00	0.00	0.00	0.00	0.00	0.00	0.00	0.00
0.00	0.00	0.00	0.00	0.00	0.00	0.00	0.00	0.00	0.00	0.00	0.00
0.00	0.00	0.00	0.00	0.00	0.00	0.00	0.00	0.00	0.00	0.00	0.00
0.00	0.00	0.00	0.00	0.00	0.00	0.00	0.00	0.00	0.00	0.00	0.00
0.00	0.00	0.00	0.00	0.00	0.00	0.00	0.00	0.00	0.00	0.00	0.00
0.00	0.00	0.00	0.00	0.00	0.00	0.00	0.00	0.00	0.00	0.00	0.00
0.00	0.00	0.00	0.00	0.00	0.00	0.00	0.00	0.00	0.00	0.00	0.00
0.00	0.00	0.00	0.00	0.00	0.00	0.00	0.00	0.00	0.00	0.00	0.00
0.00	0.00	0.00	0.00	0.00	0.00	0.00	0.00	0.00	0.00	0.00	0.00
0.00	0.00	0.00	0.00	0.00	0.00	0.00	0.00	0.00	0.00	0.00	0.00
0.00	0.00	0.00	0.00	0.00	0.00	0.00	0.00	0.00	0.00	0.00	0.00
0.00	0.00	0.00	0.00	0.00	0.00	0.00	0.00	0.00	0.00	0.00	0.00
0.00	0.00	0.00	0.00	0.00	0.00	0.00	0.00	0.00	0.00	0.00	0.00

3-24 2011年深圳企业债回购每日成交额、成交量

日期 Date	1月 Jan.		2月 Feb.		3月 Mar.		4月 Apr.		5月 May.		6月 Jun.	
	成交额 Turnover	成交量 Volume	成交额 Turnover	成交量 Volume	成交额 Turnover	成交量 Volume	成交额 Turnover	成交量 Volume	成交额 Turnover	成交量 Volume	成交额 Turnover	成交量 Volume
1	0.00	0.00	3.24	0.03	4.02	0.04	6.51	0.07	0.00	0.00	9.91	0.10
2	0.00	0.00	0.00	0.00	8.28	0.08	0.00	0.00	0.00	0.00	10.45	0.10
3	0.00	0.00	0.00	0.00	4.91	0.05	0.00	0.00	9.10	0.09	13.56	0.14
4	3.38	0.03	0.00	0.00	5.61	0.06	0.00	0.00	6.41	0.06	0.00	0.00
5	2.96	0.03	0.00	0.00	0.00	0.00	0.00	0.00	5.75	0.06	0.00	0.00
6	2.86	0.03	0.00	0.00	0.00	0.00	8.70	0.09	9.08	0.09	0.00	0.00
7	4.58	0.05	0.00	0.00	5.12	0.05	6.56	0.07	0.00	0.00	13.83	0.14
8	0.00	0.00	0.00	0.00	7.03	0.07	5.82	0.06	0.00	0.00	13.22	0.13
9	0.00	0.00	19.03	0.19	8.53	0.09	0.00	0.00	6.25	0.06	12.15	0.12
10	1.08	0.01	7.91	0.08	5.58	0.06	0.00	0.00	7.22	0.07	18.40	0.18
11	0.70	0.01	6.31	0.06	7.85	0.08	4.68	0.05	8.11	0.08	0.00	0.00
12	3.41	0.03	0.00	0.00	0.00	0.00	4.11	0.04	7.45	0.07	0.00	0.00
13	4.55	0.05	0.00	0.00	0.00	0.00	5.93	0.06	14.49	0.14	11.22	0.11
14	1.74	0.02	5.92	0.06	4.46	0.04	4.22	0.04	0.00	0.00	9.16	0.09
15	0.00	0.00	4.55	0.05	4.93	0.05	7.38	0.07	0.00	0.00	17.97	0.18
16	0.00	0.00	11.37	0.11	7.63	0.08	0.00	0.00	8.02	0.08	13.25	0.13
17	1.75	0.02	8.68	0.09	4.80	0.05	0.00	0.00	7.79	0.08	21.02	0.21
18	15.04	0.15	6.22	0.06	7.32	0.07	7.13	0.07	7.62	0.08	0.00	0.00
19	4.67	0.05	0.00	0.00	0.00	0.00	4.05	0.04	7.49	0.07	0.00	0.00
20	6.24	0.06	0.00	0.00	0.00	0.00	3.66	0.04	10.96	0.11	13.65	0.14
21	5.69	0.06	8.13	0.08	11.10	0.11	6.95	0.07	0.00	0.00	15.89	0.16
22	0.00	0.00	5.70	0.06	5.22	0.05	5.73	0.06	0.00	0.00	22.56	0.23
23	0.00	0.00	8.40	0.08	6.00	0.06	0.00	0.00	11.35	0.11	19.91	0.20
24	2.62	0.03	7.20	0.07	6.98	0.07	0.00	0.00	15.34	0.15	25.66	0.26
25	12.95	0.13	4.33	0.04	8.28	0.08	10.35	0.10	13.10	0.13	0.00	0.00
26	3.22	0.03	0.00	0.00	0.00	0.00	8.46	0.08	10.50	0.10	0.00	0.00
27	5.67	0.06	0.00	0.00	0.00	0.00	7.24	0.07	14.47	0.14	19.34	0.19
28	4.98	0.05	4.04	0.04	5.87	0.06	6.01	0.06	0.00	0.00	17.18	0.17
29	0.00	0.00	0.00	0.00	8.55	0.09	9.61	0.10	0.00	0.00	19.31	0.19
30	0.00	0.00	0.00	0.00	6.18	0.06	0.00	0.00	10.58	0.11	14.76	0.15
31	3.37	0.03	0.00	0.00	4.37	0.04	0.00	0.00	11.97	0.12	0.00	0.00

数据来源：深圳证券交易所
Source：Shenzhen Stock Exchange

Daily Turnover and Volume of Enterprise Bonds Repurchase in Shenzhen (2011)

成交额：亿元　成交量：万张

7月 Jul.		8月 Aug.		9月 Sep.		10月 Oct.		11月 Nov.		12月 Dec.	
成交额 Turnover	成交量 Volume	成交额 Turnover	成交量 Volume	成交额 Turnover	成交量 Volume	成交额 Turnover	成交量 Volume	成交额 Turnover	成交量 Volume	成交额 Turnover	成交量 Volume
24.58	0.25	23.72	0.24	23.67	0.24	0.00	0.00	39.49	0.39	37.71	0.38
0.00	0.00	20.51	0.21	29.46	0.29	0.00	0.00	37.66	0.38	43.01	0.43
0.00	0.00	17.85	0.18	0.00	0.00	0.00	0.00	34.52	0.35	0.00	0.00
21.31	0.21	19.46	0.19	0.00	0.00	0.00	0.00	39.26	0.39	0.00	0.00
20.11	0.20	19.46	0.19	29.31	0.29	0.00	0.00	0.00	0.00	49.23	0.49
14.19	0.14	0.00	0.00	28.03	0.28	0.00	0.00	0.00	0.00	42.30	0.42
18.78	0.19	0.00	0.00	22.97	0.23	0.00	0.00	36.70	0.37	38.31	0.38
23.78	0.24	18.36	0.18	26.20	0.26	0.00	0.00	36.39	0.36	36.20	0.36
0.00	0.00	19.68	0.20	30.44	0.30	0.00	0.00	37.71	0.38	38.05	0.38
0.00	0.00	20.70	0.21	0.00	0.00	47.76	0.48	29.76	0.30	0.00	0.00
20.38	0.20	21.68	0.22	0.00	0.00	34.03	0.34	38.53	0.39	0.00	0.00
19.40	0.19	20.17	0.20	0.00	0.00	27.43	0.27	0.00	0.00	46.72	0.47
15.61	0.16	0.00	0.00	33.46	0.33	25.36	0.25	0.00	0.00	35.51	0.36
20.69	0.21	0.00	0.00	19.55	0.20	31.12	0.31	36.61	0.37	40.23	0.40
23.19	0.23	21.96	0.22	22.33	0.22	0.00	0.00	35.84	0.36	43.38	0.43
0.00	0.00	20.39	0.20	29.89	0.30	0.00	0.00	34.70	0.35	43.89	0.44
0.00	0.00	18.96	0.19	0.00	0.00	39.21	0.39	35.20	0.35	0.00	0.00
23.44	0.23	31.53	0.32	0.00	0.00	27.97	0.28	38.05	0.38	0.00	0.00
19.54	0.20	31.13	0.31	23.31	0.23	26.27	0.26	0.00	0.00	48.58	0.49
14.09	0.14	0.00	0.00	30.35	0.30	28.82	0.29	0.00	0.00	43.22	0.43
18.32	0.18	0.00	0.00	23.79	0.24	28.47	0.28	45.02	0.45	48.38	0.48
27.80	0.28	34.72	0.35	27.29	0.27	0.00	0.00	40.41	0.40	52.25	0.52
0.00	0.00	26.80	0.27	31.83	0.32	0.00	0.00	40.78	0.41	49.39	0.49
0.00	0.00	25.44	0.25	0.00	0.00	36.40	0.36	33.55	0.34	0.00	0.00
24.29	0.24	21.17	0.21	0.00	0.00	32.65	0.33	50.89	0.51	0.00	0.00
18.91	0.19	27.14	0.27	23.19	0.23	30.10	0.30	0.00	0.00	53.19	0.53
18.57	0.19	0.00	0.00	27.16	0.27	32.43	0.32	0.00	0.00	49.45	0.49
19.22	0.19	0.00	0.00	30.92	0.31	37.69	0.38	47.76	0.48	46.64	0.47
24.39	0.24	26.74	0.27	20.30	0.20	0.00	0.00	39.27	0.39	42.65	0.43
0.00	0.00	24.20	0.24	30.69	0.31	0.00	0.00	37.85	0.38	51.60	0.52
0.00	0.00	21.80	0.22	0.00	0.00	38.82	0.39	0.00	0.00	0.00	0.00

3-25 2011年全国可转债每日成交额、成交量

日期 Date	1月 Jan.		2月 Feb.		3月 Mar.		4月 Apr.		5月 May.		6月 Jun.	
	成交额 Turnover	成交量 Volume	成交额 Turnover	成交量 Volume	成交额 Turnover	成交量 Volume	成交额 Turnover	成交量 Volume	成交额 Turnover	成交量 Volume	成交额 Turnover	成交量 Volume
1	0.00	0.00	2.95	181.48	10.54	627.58	6.75	578.70	0.00	0.00	5.25	453.62
2	0.00	0.00	0.00	0.00	8.66	634.95	0.00	0.00	0.00	0.00	6.42	561.60
3	0.00	0.00	0.00	0.00	16.63	1305.48	0.00	0.00	4.16	330.34	5.93	526.99
4	10.08	609.48	0.00	0.00	10.93	890.02	0.00	0.00	5.60	436.01	0.00	0.00
5	9.00	587.39	0.00	0.00	0.00	0.00	0.00	0.00	7.18	579.41	0.00	0.00
6	4.06	219.10	0.00	0.00	0.00	0.00	11.91	1011.34	8.77	740.88	0.00	0.00
7	6.66	463.07	0.00	0.00	84.26	7491.02	10.43	717.03	0.00	0.00	4.04	350.26
8	0.00	0.00	0.00	0.00	20.34	1774.31	8.91	754.85	0.00	0.00	3.15	276.66
9	0.00	0.00	3.76	223.74	19.75	1703.22	0.00	0.00	8.76	695.98	4.57	407.86
10	6.28	388.73	5.24	341.67	12.45	1072.73	0.00	0.00	5.59	420.42	5.67	484.21
11	13.70	751.62	5.88	453.79	15.63	1317.02	16.05	1268.41	8.65	626.90	0.00	0.00
12	8.63	549.47	0.00	0.00	0.00	0.00	15.15	1182.64	9.61	775.43	0.00	0.00
13	5.60	384.82	0.00	0.00	0.00	0.00	8.92	748.64	8.17	647.68	4.69	428.21
14	4.26	285.86	14.05	1075.61	6.19	522.26	16.86	1325.43	0.00	0.00	3.82	341.38
15	0.00	0.00	21.12	1741.30	11.04	932.95	15.62	1256.78	0.00	0.00	2.43	211.30
16	0.00	0.00	9.16	596.75	4.44	312.44	0.00	0.00	5.13	398.45	4.99	440.69
17	7.55	474.81	7.48	493.38	7.90	653.76	0.00	0.00	6.37	514.57	7.37	669.90
18	11.09	692.02	8.31	510.93	7.66	617.24	9.89	805.61	4.30	359.19	0.00	0.00
19	9.55	586.34	0.00	0.00	0.00	0.00	12.32	974.14	2.79	233.03	0.00	0.00
20	11.01	763.61	0.00	0.00	0.00	0.00	11.32	946.07	4.61	380.60	5.09	461.19
21	12.13	924.49	8.90	675.51	8.16	702.46	7.96	622.96	0.00	0.00	6.40	569.73
22	0.00	0.00	5.51	427.64	4.44	326.99	11.77	742.66	0.00	0.00	6.23	548.84
23	0.00	0.00	4.78	318.28	7.58	603.02	0.00	0.00	7.19	584.25	6.06	542.65
24	5.71	334.79	5.82	408.04	5.67	439.11	0.00	0.00	7.22	608.63	9.12	827.49
25	7.75	619.39	6.76	548.92	15.00	1269.78	10.67	873.76	4.06	336.03	0.00	0.00
26	3.93	295.66	0.00	0.00	0.00	0.00	6.53	519.56	3.66	289.99	0.00	0.00
27	5.40	357.70	0.00	0.00	0.00	0.00	7.54	525.49	5.90	513.21	5.69	491.69
28	3.42	152.19	9.54	748.27	13.28	1150.76	8.25	692.27	0.00	0.00	6.76	599.36
29	0.00	0.00	0.00	0.00	9.10	779.04	9.73	813.53	0.00	0.00	6.65	590.23
30	0.00	0.00	0.00	0.00	7.02	591.32	0.00	0.00	7.79	665.54	5.26	457.34
31	8.81	696.70	0.00	0.00	16.66	1376.49	0.00	0.00	5.44	486.11	0.00	0.00

数据来源：上海、深圳证券交易所
Source：Shanghai Shenzhen Stock Exchange

Daily Turnover and Volume of Convertible Bonds in 2011

成交额：亿元　成交量：万张

7月 Jul.		8月 Aug.		9月 Sep.		10月 Oct.		11月 Nov.		12月 Dec.	
成交额 Turnover	成交量 Volume	成交额 Turnover	成交量 Volume	成交额 Turnover	成交量 Volume	成交额 Turnover	成交量 Volume	成交额 Turnover	成交量 Volume	成交额 Turnover	成交量 Volume
3.61	321.57	5.58	501.56	10.25	993.92	0.00	0.00	14.28	1333.40	17.30	1632.97
0.00	0.00	4.37	405.41	35.24	3531.52	0.00	0.00	15.67	1462.25	5.56	530.03
0.00	0.00	4.27	393.98	0.00	0.00	0.00	0.00	17.46	1635.37	0.00	0.00
6.17	562.47	10.30	795.75	0.00	0.00	0.00	0.00	14.98	1391.34	0.00	0.00
4.77	423.23	7.16	601.04	25.26	2478.72	0.00	0.00	0.00	0.00	5.43	494.43
4.52	391.03	0.00	0.00	20.81	1993.22	0.00	0.00	0.00	0.00	3.80	369.87
5.36	459.88	0.00	0.00	19.83	1961.92	0.00	0.00	9.67	899.55	4.96	480.08
3.07	220.26	7.13	638.38	8.25	773.84	0.00	0.00	10.66	1007.53	4.10	361.22
0.00	0.00	8.99	828.03	10.82	1054.81	0.00	0.00	9.42	903.19	2.44	234.48
0.00	0.00	13.12	427.13	0.00	0.00	2.13	206.52	21.99	2203.77	0.00	0.00
2.68	216.93	10.73	868.35	0.00	0.00	6.83	697.55	11.00	994.11	0.00	0.00
1.37	112.48	13.34	1121.10	0.00	0.00	13.16	1284.39	0.00	0.00	3.56	330.28
2.63	216.85	0.00	0.00	6.05	611.91	13.23	1328.86	0.00	0.00	6.12	584.71
4.06	355.21	0.00	0.00	7.67	731.18	7.96	813.53	8.55	811.41	5.95	569.03
1.68	135.55	8.73	785.32	6.58	668.87	0.00	0.00	5.64	528.45	4.95	456.18
0.00	0.00	5.90	503.60	3.46	332.34	0.00	0.00	7.50	688.96	15.16	1489.87
0.00	0.00	6.10	519.39	0.00	0.00	10.05	969.92	8.32	733.43	0.00	0.00
3.22	278.43	6.19	478.47	0.00	0.00	8.94	878.81	11.11	1006.89	0.00	0.00
7.48	655.82	6.52	600.83	6.30	630.52	6.79	691.94	0.00	0.00	8.02	747.93
18.14	1635.07	0.00	0.00	4.69	459.84	10.17	1012.97	0.00	0.00	7.53	599.83
11.22	1017.24	0.00	0.00	7.63	750.53	7.71	773.59	6.23	605.95	6.96	583.50
10.42	949.89	4.49	367.45	4.96	476.70	0.00	0.00	4.74	463.57	7.63	729.76
0.00	0.00	7.54	686.55	13.21	1345.00	0.00	0.00	4.10	395.97	7.87	740.76
0.00	0.00	2.76	239.25	0.00	0.00	7.82	775.49	4.83	435.25	0.00	0.00
4.76	423.95	7.42	637.80	0.00	0.00	12.61	1211.38	5.98	591.34	0.00	0.00
2.59	241.99	2.59	225.21	11.73	1180.09	15.12	1473.16	0.00	0.00	9.10	830.24
4.22	390.95	0.00	0.00	12.28	1272.12	10.94	1076.26	0.00	0.00	7.91	783.16
5.44	505.37	0.00	0.00	8.63	859.77	48.39	4826.16	3.73	355.80	8.24	800.80
7.50	656.90	32.43	3078.00	8.97	912.78	0.00	0.00	4.52	396.18	21.26	2095.62
0.00	0.00	34.71	3284.74	9.83	1008.69	0.00	0.00	12.13	1109.27	17.36	1700.23
0.00	0.00	9.01	854.43	0.00	0.00	15.24	1449.44	0.00	0.00	0.00	0.00

3-26 2011年上海可转债每日成交额、成交量

日期 Date	1月 Jan.		2月 Feb.		3月 Mar.		4月 Apr.		5月 May.		6月 Jun.	
	成交额 Turnover	成交量 Volume	成交额 Turnover	成交量 Volume	成交额 Turnover	成交量 Volume	成交额 Turnover	成交量 Volume	成交额 Turnover	成交量 Volume	成交额 Turnover	成交量 Volume
1	0.00	0.00	2.02	181.47	6.98	627.55	6.47	578.70	0.00	0.00	5.19	453.62
2	0.00	0.00	0.00	0.00	7.16	634.94	0.00	0.00	0.00	0.00	6.31	561.60
3	0.00	0.00	0.00	0.00	14.77	1305.47	0.00	0.00	3.82	330.34	5.88	526.99
4	7.24	609.47	0.00	0.00	10.01	890.01	0.00	0.00	5.00	436.00	0.00	0.00
5	6.62	587.38	0.00	0.00	0.00	0.00	0.00	0.00	6.55	579.40	0.00	0.00
6	2.56	219.09	0.00	0.00	0.00	0.00	11.24	1011.33	8.38	740.88	0.00	0.00
7	5.37	463.06	0.00	0.00	81.36	7491.00	8.17	717.01	0.00	0.00	3.98	350.26
8	0.00	0.00	0.00	0.00	19.52	1774.30	8.61	754.85	0.00	0.00	3.10	276.66
9	0.00	0.00	2.51	223.73	18.91	1703.21	0.00	0.00	8.21	695.98	4.50	407.86
10	4.53	388.72	3.77	341.66	11.87	1072.73	0.00	0.00	5.02	420.42	5.35	484.21
11	8.61	751.59	4.97	453.78	14.79	1317.01	14.55	1268.40	7.32	626.89	0.00	0.00
12	6.34	549.46	0.00	0.00	0.00	0.00	13.53	1182.63	9.00	775.42	0.00	0.00
13	4.47	384.81	0.00	0.00	0.00	0.00	8.45	748.64	7.56	647.68	4.67	428.21
14	3.34	285.85	12.08	1075.60	5.76	522.26	15.46	1325.42	0.00	0.00	3.78	341.38
15	0.00	0.00	20.25	1741.29	10.24	932.94	14.53	1256.77	0.00	0.00	2.40	211.30
16	0.00	0.00	6.70	596.74	3.44	312.43	0.00	0.00	4.64	398.45	4.83	440.69
17	5.47	474.80	5.50	493.37	7.34	653.76	0.00	0.00	5.97	514.57	7.29	669.90
18	7.83	692.00	5.82	510.92	6.88	617.23	9.23	805.60	4.15	359.19	0.00	0.00
19	6.61	586.32	0.00	0.00	0.00	0.00	11.26	974.13	2.70	233.03	0.00	0.00
20	8.72	763.60	0.00	0.00	0.00	0.00	10.86	946.07	4.41	380.60	4.98	461.19
21	10.45	924.48	7.72	675.50	7.75	702.46	7.05	622.95	0.00	0.00	6.24	569.73
22	0.00	0.00	4.69	427.63	3.68	326.98	8.44	742.64	0.00	0.00	6.04	548.84
23	0.00	0.00	3.56	318.27	6.80	603.01	0.00	0.00	6.65	584.25	6.01	542.65
24	3.67	334.78	4.54	408.03	4.91	439.10	0.00	0.00	6.85	608.63	9.11	827.49
25	6.90	619.38	5.99	548.92	14.38	1269.78	9.95	873.75	3.75	336.03	0.00	0.00
26	3.32	295.66	0.00	0.00	0.00	0.00	5.88	519.55	3.33	289.99	0.00	0.00
27	3.93	357.69	0.00	0.00	0.00	0.00	5.97	525.48	5.82	513.21	5.44	491.69
28	1.77	152.18	8.37	748.26	13.04	1150.76	7.91	692.27	0.00	0.00	6.66	599.36
29	0.00	0.00	0.00	0.00	8.90	779.04	9.40	813.53	0.00	0.00	6.50	590.23
30	0.00	0.00	0.00	0.00	6.72	591.32	0.00	0.00	7.55	665.54	5.08	457.34
31	7.85	696.69	0.00	0.00	16.01	1376.48	0.00	0.00	5.38	486.11	0.00	0.00

数据来源：上海证券交易所
Source: Shanghai Stock Exchange

Daily Turnover and Volume of Convertible Bonds in Shanghai(2011)

成交额：亿元　成交量：万张

7月 Jul.		8月 Aug.		9月 Sep.		10月 Oct.		11月 Nov.		12月 Dec.	
成交额 Turnover	成交量 Volume	成交额 Turnover	成交量 Volume	成交额 Turnover	成交量 Volume	成交额 Turnover	成交量 Volume	成交额 Turnover	成交量 Volume	成交额 Turnover	成交量 Volume
3.60	321.57	5.38	501.56	9.88	993.92	0.00	0.00	13.41	1333.39	16.58	1632.96
0.00	0.00	4.30	405.41	34.34	3531.51	0.00	0.00	14.82	1462.24	5.29	530.03
0.00	0.00	4.18	393.98	0.00	0.00	0.00	0.00	16.95	1635.37	0.00	0.00
6.14	562.47	8.55	795.73	0.00	0.00	0.00	0.00	14.43	1391.33	0.00	0.00
4.70	423.23	6.35	601.03	23.76	2478.70	0.00	0.00	0.00	0.00	5.05	494.43
4.39	391.03	0.00	0.00	19.06	1993.20	0.00	0.00	0.00	0.00	3.73	369.87
5.09	459.88	0.00	0.00	18.80	1961.91	0.00	0.00	9.32	899.55	4.84	480.08
2.44	220.25	6.64	638.38	7.82	773.84	0.00	0.00	10.29	1007.53	3.67	361.22
0.00	0.00	8.74	828.03	10.45	1054.81	0.00	0.00	9.26	903.19	2.35	234.48
0.00	0.00	4.48	427.05	0.00	0.00	1.96	206.52	21.58	2203.77	0.00	0.00
2.47	216.93	9.46	868.34	0.00	0.00	6.63	697.55	10.17	994.10	0.00	0.00
1.25	112.48	11.76	1121.08	0.00	0.00	12.58	1284.38	0.00	0.00	3.31	330.28
2.45	216.85	0.00	0.00	5.93	611.91	12.63	1328.85	0.00	0.00	5.78	584.71
3.88	355.21	0.00	0.00	7.13	731.17	7.65	813.53	8.35	811.41	5.67	569.03
1.52	135.55	8.37	785.32	6.47	668.87	0.00	0.00	5.45	528.45	4.68	456.18
0.00	0.00	5.34	503.59	3.30	332.34	0.00	0.00	7.01	688.96	15.02	1489.87
0.00	0.00	5.52	519.38	0.00	0.00	9.43	969.91	7.54	733.42	0.00	0.00
3.09	278.43	5.10	478.46	0.00	0.00	8.64	878.81	10.08	1006.88	0.00	0.00
7.16	655.82	6.24	600.83	6.06	630.52	6.62	691.94	0.00	0.00	7.55	747.93
17.33	1635.06	0.00	0.00	4.55	459.84	9.62	1012.96	0.00	0.00	7.07	699.83
11.10	1017.24	0.00	0.00	7.38	750.53	7.47	773.59	6.09	605.95	6.86	683.50
10.15	949.89	3.77	367.44	4.73	476.70	0.00	0.00	4.67	463.57	7.27	729.76
0.00	0.00	7.33	686.55	12.81	1345.00	0.00	0.00	4.07	395.97	7.49	740.76
0.00	0.00	2.50	239.25	0.00	0.00	7.50	775.49	4.44	435.25	0.00	0.00
4.51	423.95	6.70	637.79	0.00	0.00	12.21	1211.38	5.88	591.34	0.00	0.00
2.55	241.99	2.38	225.21	10.93	1180.08	14.65	1473.16	0.00	0.00	8.27	830.23
4.16	390.95	0.00	0.00	11.80	1272.12	10.65	1076.26	0.00	0.00	7.68	783.16
5.33	505.37	0.00	0.00	8.08	859.76	47.61	4826.15	3.61	355.80	7.85	800.80
7.10	656.90	31.08	3077.99	8.66	912.78	0.00	0.00	3.90	396.17	20.53	2095.61
0.00	0.00	32.71	3284.72	9.44	1008.69	0.00	0.00	11.13	1109.26	16.90	1700.23
0.00	0.00	8.51	854.43	0.00	0.00	14.59	1449.43	0.00	0.00	0.00	0.00

3-27 2011年深圳可转债每日成交额、成交量

日期 Date	1月 Jan.		2月 Feb.		3月 Mar.		4月 Apr.		5月 May.		6月 Jun.	
	成交额 Turnover	成交量 Volume	成交额 Turnover	成交量 Volume	成交额 Turnover	成交量 Volume	成交额 Turnover	成交量 Volume	成交额 Turnover	成交量 Volume	成交额 Turnover	成交量 Volume
1	0.00	0.00	0.93	0.01	3.56	0.03	0.28	0.00	0.00	0.00	0.06	0.00
2	0.00	0.00	0.00	0.00	1.50	0.01	0.00	0.00	0.00	0.00	0.11	0.00
3	0.00	0.00	0.00	0.00	1.86	0.01	0.00	0.00	0.34	0.00	0.05	0.00
4	2.84	0.01	0.00	0.00	0.92	0.01	0.00	0.00	0.60	0.01	0.00	0.00
5	2.38	0.01	0.00	0.00	0.00	0.00	0.00	0.00	0.63	0.01	0.00	0.00
6	1.50	0.01	0.00	0.00	0.00	0.00	0.67	0.01	0.39	0.00	0.00	0.00
7	1.29	0.01	0.00	0.00	2.90	0.02	2.26	0.02	0.00	0.00	0.06	0.00
8	0.00	0.00	0.00	0.00	0.82	0.01	0.30	0.00	0.00	0.00	0.05	0.00
9	0.00	0.00	1.25	0.01	0.84	0.01	0.00	0.00	0.55	0.00	0.07	0.00
10	1.75	0.01	1.47	0.01	0.58	0.00	0.00	0.00	0.57	0.00	0.32	0.00
11	5.09	0.03	0.91	0.01	0.84	0.01	1.50	0.01	1.33	0.01	0.00	0.00
12	2.29	0.01	0.00	0.00	0.00	0.00	1.62	0.01	0.61	0.01	0.00	0.00
13	1.13	0.01	0.00	0.00	0.00	0.00	0.47	0.00	0.61	0.00	0.02	0.00
14	0.92	0.01	1.97	0.01	0.43	0.00	1.40	0.01	0.00	0.00	0.04	0.00
15	0.00	0.00	0.87	0.01	0.80	0.01	1.09	0.01	0.00	0.00	0.03	0.00
16	0.00	0.00	2.46	0.01	1.00	0.01	0.00	0.00	0.49	0.00	0.16	0.00
17	2.08	0.01	1.98	0.01	0.56	0.00	0.00	0.00	0.40	0.00	0.08	0.00
18	3.26	0.02	2.49	0.01	0.78	0.01	0.66	0.01	0.15	0.00	0.00	0.00
19	2.94	0.02	0.00	0.00	0.00	0.00	1.06	0.01	0.09	0.00	0.00	0.00
20	2.29	0.01	0.00	0.00	0.00	0.00	0.46	0.00	0.20	0.00	0.11	0.00
21	1.68	0.01	1.18	0.01	0.41	0.00	0.91	0.01	0.00	0.00	0.16	0.00
22	0.00	0.00	0.82	0.01	0.76	0.01	3.33	0.02	0.00	0.00	0.19	0.00
23	0.00	0.00	1.22	0.01	0.78	0.01	0.00	0.00	0.54	0.00	0.05	0.00
24	2.04	0.01	1.28	0.01	0.76	0.01	0.00	0.00	0.37	0.00	0.01	0.00
25	0.85	0.01	0.77	0.00	0.62	0.00	0.72	0.01	0.31	0.00	0.00	0.00
26	0.61	0.00	0.00	0.00	0.00	0.00	0.65	0.01	0.33	0.00	0.00	0.00
27	1.47	0.01	0.00	0.00	0.00	0.00	1.57	0.01	0.08	0.00	0.25	0.00
28	1.65	0.01	1.17	0.01	0.24	0.00	0.34	0.00	0.00	0.00	0.10	0.00
29	0.00	0.00	0.00	0.00	0.20	0.00	0.33	0.00	0.00	0.00	0.15	0.00
30	0.00	0.00	0.00	0.00	0.30	0.00	0.00	0.00	0.24	0.00	0.18	0.00
31	0.96	0.01	0.00	0.00	0.65	0.01	0.00	0.00	0.06	0.00	0.00	0.00

数据来源：深圳证券交易所
Source: Shenzhen Stock Exchange

Daily Turnover and Volume of Convertible Bonds in Shenzhen (2011)

成交额：亿元　成交量：万张

7月 Jul.		8月 Aug.		9月 Sep.		10月 Oct.		11月 Nov.		12月 Dec.	
成交额 Turnover	成交量 Volume	成交额 Turnover	成交量 Volume	成交额 Turnover	成交量 Volume	成交额 Turnover	成交量 Volume	成交额 Turnover	成交量 Volume	成交额 Turnover	成交量 Volume
0.01	0.00	0.20	0.00	0.37	0.00	0.00	0.00	0.87	0.01	0.72	0.01
0.00	0.00	0.07	0.00	0.90	0.01	0.00	0.00	0.85	0.01	0.27	0.00
0.00	0.00	0.09	0.00	0.00	0.00	0.00	0.00	0.51	0.00	0.00	0.00
0.03	0.00	1.75	0.02	0.00	0.00	0.00	0.00	0.55	0.01	0.00	0.00
0.07	0.00	0.81	0.01	1.50	0.02	0.00	0.00	0.00	0.00	0.38	0.00
0.13	0.00	0.00	0.00	1.75	0.02	0.00	0.00	0.00	0.00	0.07	0.00
0.27	0.00	0.00	0.00	1.03	0.01	0.00	0.00	0.35	0.00	0.12	0.00
0.63	0.01	0.49	0.00	0.43	0.00	0.00	0.00	0.37	0.00	0.43	0.00
0.00	0.00	0.25	0.00	0.37	0.00	0.00	0.00	0.16	0.00	0.09	0.00
0.00	0.00	8.64	0.08	0.00	0.00	0.17	0.00	0.41	0.00	0.00	0.00
0.21	0.00	1.27	0.01	0.00	0.00	0.20	0.00	0.83	0.01	0.00	0.00
0.12	0.00	1.58	0.02	0.00	0.00	0.58	0.01	0.00	0.00	0.25	0.00
0.18	0.00	0.00	0.00	0.12	0.00	0.60	0.01	0.00	0.00	0.34	0.00
0.18	0.00	0.00	0.00	0.54	0.01	0.31	0.00	0.20	0.00	0.28	0.00
0.16	0.00	0.36	0.00	0.11	0.00	0.00	0.00	0.19	0.00	0.27	0.00
0.00	0.00	0.56	0.01	0.16	0.00	0.00	0.00	0.49	0.00	0.14	0.00
0.00	0.00	0.58	0.01	0.00	0.00	0.62	0.01	0.78	0.01	0.00	0.00
0.13	0.00	1.09	0.01	0.00	0.00	0.30	0.00	1.03	0.01	0.00	0.00
0.32	0.00	0.28	0.00	0.24	0.00	0.17	0.00	0.00	0.00	0.47	0.00
0.81	0.01	0.00	0.00	0.14	0.00	0.55	0.01	0.00	0.00	0.46	0.00
0.12	0.00	0.00	0.00	0.25	0.00	0.24	0.00	0.14	0.00	0.10	0.00
0.27	0.00	0.72	0.01	0.23	0.00	0.00	0.00	0.07	0.00	0.36	0.00
0.00	0.00	0.21	0.00	0.40	0.00	0.00	0.00	0.03	0.00	0.38	0.00
0.00	0.00	0.26	0.00	0.00	0.00	0.32	0.00	0.39	0.00	0.00	0.00
0.25	0.00	0.72	0.01	0.00	0.00	0.40	0.00	0.10	0.00	0.00	0.00
0.04	0.00	0.21	0.00	0.80	0.01	0.47	0.00	0.00	0.00	0.83	0.01
0.06	0.00	0.00	0.00	0.48	0.00	0.29	0.00	0.00	0.00	0.23	0.00
0.11	0.00	0.00	0.00	0.55	0.01	0.78	0.01	0.12	0.00	0.39	0.00
0.40	0.00	1.35	0.01	0.31	0.00	0.00	0.00	0.62	0.01	0.73	0.01
0.00	0.00	2.00	0.02	0.39	0.00	0.00	0.00	1.00	0.01	0.46	0.00
0.00	0.00	0.50	0.00	0.00	0.00	0.65	0.01	0.00	0.00	0.00	0.00

3-28 2011年国债发行统计表

Statistics of T-Bond Issuation In 2011

单位：亿元 Unit：100000000 yuan

	发行对象 Issue Target	期限(年) Maturity	利率(%) InterestRate	累计发行额 TotalAmount Issued
一、当年国债发行与兑付				17100.10
(一) 储蓄国债				2949.90
1. 储蓄国债(凭证式)				1400.00
2011年第1期	社会公众	1	3.45	120.00
2011年第1期	社会公众	3	5.18	300.00
2011年第1期	社会公众	5	5.75	180.00
2011年第2期	社会公众	1	3.70	60.00
2011年第2期	社会公众	3	5.43	150.00
2011年第2期	社会公众	5	6.00	90.00
2011年第3期	社会公众	1	3.85	60.00
2011年第3期	社会公众	3	5.58	150.00
2011年第3期	社会公众	5	6.15	90.00
2011年第4期	社会公众	1	3.85	20.00
2011年第4期	社会公众	3	5.58	100.00
2011年第4期	社会公众	5	6.15	80.00
2. 储蓄国债(电子式)				1549.90
2011年第1期	个人	1	3.70	91.90
2011年第2期	个人	3	5.43	232.00
2011年第3期	个人	5	6.00	148.80
2011年第4期	个人	1	3.70	59.30
2011年第5期	个人	3	5.43	149.30
2011年第6期	个人	5	6.00	89.80
2011年第10期	个人	1	3.85	38.40
2011年第11期	个人	3	5.58	99.60
2011年第12期	个人	5	6.15	59.90
2011年第13期	个人	1	3.85	42.10
2011年第14期	个人	3	5.58	149.60
2011年第15期	个人	5	6.15	90.00
2011年第16期	个人	1	3.85	29.70
2011年第17期	个人	3	5.58	149.60

续表 1　Continued 1

	发行对象 Issue Target	期限(年) Maturity	利率(%) InterestRate	累计发行额 TotalAmount Issued
2011 年第 18 期	个人	5	6.15	119.80
(二)记账式国债				12150.20
1. 记账式附息国债				11532.60
2011 年第 1 期	银行间/交易所	1	2.81	300.00
2011 年第 2 期	银行间/交易所	10	3.94	300.00
2011 年第 3 期	银行间/交易所	7	3.83	300.00
2011 年第 4 期	银行间/交易所	5	3.60	300.00
2011 年第 5 期	银行间/交易所	30	4.31	280.00
2011 年第 6 期	银行间/交易所	7	3.75	300.00
2011 年第 7 期	银行间/交易所	3	3.22	280.00
2011 年第 8 期	银行间/交易所	10	3.83	300.00
2011 年第 9 期	银行间/交易所	1	2.80	300.00
2011 年第 10 期	银行间/交易所	20	4.15	300.00
2011 年第 4 期(续发)	银行间/交易所	5	3.60	639.70
2011 年第 1 期(续发)	银行间/交易所	1	2.81	500.00
2011 年第 7 期(续发)	银行间/交易所	3	3.22	580.00
2011 年第 11 期	银行间/交易所	1	2.77	301.80
2011 年第 3 期	银行间/交易所	7	3.83	625.20
2011 年第 1 期(续发)	银行间/交易所	1	2.81	417.10
2011 年第 2 期(续发)	银行间/交易所	10	3.94	620.60
2011 年第 12 期	银行间/交易所	50	4.48	300.00
2011 年第 13 期	银行间/交易所	3	3.26	300.00
2011 年第 14 期	银行间/交易所	5	3.44	300.00
2011 年第 15 期	银行间/交易所	10	3.99	300.00
2011 年第 9 期(续发)	银行间/交易所	1	2.80	433.50
2011 年第 16 期	银行间/交易所	30	4.50	300.00
2011 年第 17 期	银行间/交易所	7	3.70	300.00
2011 年第 18 期	银行间/交易所	1	3.48	300.00
2011 年第 15 期(续发)	银行间/交易所	10	4.06	610.30
2011 年第 10 期(续发)	银行间/交易所	20	4.48	580.00
2011 年第 14 期(续发)	银行间/交易所	5	3.44	600.00
2011 年第 17 期(续发)	银行间/交易所	7	3.70	600.00
2011 年第 19 期	银行间/交易所	10	3.93	300.00
2011 年第 16 期(续发)	银行间/交易所	30	4.50	580.00
2011 年第 19 期(续发)	银行间/交易所	10	3.93	630.50

续表 2　Continued 2

	发行对象 Issue Target	期限(年) Maturity	利率(%) InterestRate	累计发行额 TotalAmount Issued
2011 年第 20 期	银行间/交易所	1	3.90	325.10
2011 年第 21 期	银行间/交易所	7	3.65	300.00
2011 年第 22 期	银行间/交易所	5	3.55	280.00
2011 年第 23 期	银行间/交易所	50	4.33	280.00
2011 年第 24 期	银行间/交易所	10	3.57	280.50
2011 年第 21 期(续发)	银行间/交易所	7	3.65	586.30
2011 年第 24 期(续发)	银行间/交易所	3	2.82	280.00
2011 年第 25 期	银行间/交易所	10	3.57	280.00
2. 记账式贴现国债				617.60
2011 年第 1 期	银行间/交易所	91/365	2.55	100.00
2011 年第 2 期	银行间/交易所	182/365	2.91	100.00
2011 年第 3 期	银行间/交易所	182/365	3.70	117.60
2011 年第 4 期	银行间/交易所	273/365	3.89	150.00
2011 年第 5 期	银行间/交易所	182/365	3.94	150.00
(三) 地方政府债				2000.00
11 地方债第 1 期	银行间/交易所	5	3.84	254.00
11 地方债第 2 期	银行间/交易所	3	3.93	239.40
11 地方债第 3 期	银行间/交易所	3	4.07	226.60
11 地方债第 4 期	银行间/交易所	5	4.12	220.00
11 地方债第 5 期	银行间/交易所	3	4.01	236.00
11 地方债第 6 期	银行间/交易所	5	4.30	240.00
11 地方债第 7 期	银行间/交易所	3	3.67	176.00
11 地方债第 8 期	银行间/交易所	5	3.70	179.00
广东省人民政府	银行间/交易所	3	3.08	34.50
广东省人民政府	银行间/交易所	5	3.29	34.50
上海市政府	银行间/交易所	5	3.30	35.00
上海市政府	银行间/交易所	3	3.10	36.00
深圳市人民政府	银行间/交易所	3	3.03	11.00
深圳市人民政府	银行间/交易所	5	3.25	11.00
浙江省人民政府	银行间/交易所	3	3.01	33.00
浙江省人民政府	银行间/交易所	5	3.24	34.00
(四) 定向国债				
(五) 特别国债				
二、上年末国债发行与兑付				19778.30
三、当年累计				17100.10

3－29 1990—2011年国债余额一览表

The Balance of T-Bond (1990—2011)

单位：亿元 unit：100000000 yuan

年 份 Year	年底余额 The Ending Balance	年 份 Year	年底余额 The Ending Balance
1990	890.34	2001	15618.00
1991	1059.99	2002	19336.10
1992	1282.72	2003	22603.60
1993	1540.74	2004	25777.60
1994	2286.40	2005	28774.00
1995	3300.30	2006	31448.70
1996	4361.43	2007	48741.00
1997	5508.93	2008	49767.83
1998	7765.70	2009	57949.98
1999	10542.00	2010	67684.90
2000	13020.00	2011	73826.50

数据来源：中国人民银行
Source：The People's Bank of China

3－30 可分离债基本信息

Summary of Bond with Attached Warrant

公司名称 Company name	债券代码 Bond Code	债券名称 Bond Name	发行规模(亿元) Issued Value	发行年限 Terms	发行日期 Issue date	到期日 Expiration date	上市日 Listing date	票面利率 coupon rate	权证代码 warrant code	行权标的 underlying security	上市地点 Trading Spot
宝山钢铁股份有限公司	126016	08宝钢债	100.00	6	20080620	20140619	20080704	0.80	580024	600019	上 海
广东康美药业股份有限公司	126015	08康美债	9.00	6	20080508	20140508	20080526	0.80	580023	600518	上 海
国电电力发展股份有限公司	126014	08国电债	39.95	6	20080507	20140507	20080522	1.00	580022	600795	上 海
江西赣粤高速公路股份有限公司	126009	08赣粤债	12.00	6	20080128	20140127	20080228	0.80	580017	600269	上 海
江西铜业股份有限公司	126018	08江铜债	68.00	8	20080922	20160922	20081010	1.00	580026	600362	上 海
马鞍山钢铁股份有限公司	126001	06马钢债	55.00	5	20061113	20111113	20061129	1.40	580010	600808	上 海
青岛啤酒股份有限公司	126013	08青啤债	15.00	6	20080402	20140402	20080418	0.80	580021	600600	上 海
日照港股份有限公司	126007	07日照债	8.80	6	20071127	20131127	20071212	1.40	580015	600017	上 海
上海国际港务(集团)股份有限公司	126012	08上港债	24.50	3	20080220	20110220	20080307	0.60	580020	600018	上 海
上海汽车集团股份有限公司	126008	08上汽债	63.00	6	20071219	20131219	20080108	0.80	580016	600104	上 海
深圳高速公路股份有限公司	126006	07深高债	15.00	6	20071009	20131009	20071030	1.00	580014	600548	上 海
四川长虹电器股份有限公司	126019	09长虹债	30.00	6	20090731	20150730	20090819	0.80	580027	600839	上 海
武汉钢铁股份有限公司	126005	07武钢债	75.00	5	20070326	20120325	20070417	1.20	580013	600005	上 海
云南云天化股份有限公司	126003	07云化债	10.00	6	20070129	20130128	20070308	1.20	580012	600096	上 海
中国葛洲坝集团股份有限公司	126017	08葛洲债	13.90	6	20080626	20140625	20080711	0.60	580025	600068	上 海
中国石油化工股份有限公司	126011	08石化债	300.00	6	20080220	20140220	20080304	0.80	580019	600028	上 海
中化国际(控股)股份有限公司	126002	06中化债	12.00	6	20061201	20121201	20061218	1.80	580011	600500	上 海
中远航运股份有限公司	126010	08中远债	10.50	6	20080128	20140128	20080226	0.80	580018	600428	上 海
攀枝花新钢钒股份有限公司认股权和债券分离交易的可转换公司债券	115001	钒钛债1	32.00	6	20061127	20121127	20061212	1.600	115001	000629	深 圳
中信国安信息产业股份有限公司认股权和债券分离交易的可转换公司债券	115002	国安债1	17.00	6	20070914	20130913	20070925	1.200	115002	000839	深 圳
中兴通讯股份有限公司认股权与债券分离交易的可转换公司债券	115003	中兴债1	40.00	5	20080130	20130130	20080222	0.800	115003	000063	深 圳

数据来源：上海、深圳证券交易所
Source：Shanghai Shenzhen Stock Exchange

3-31 可分离债年度成交

Trading of Bond with Attached Warrant

债券代码 Bond Code	债券名称 Bond Name	开盘价 Open	最高价 High	最低价 Low	收盘价 Close	涨跌% Change	成交金额(亿元) Trading value	成交数量(亿张) TradingVolume	上市地点 Trading Spot
126001	06 马钢债	98.200	100.200	93.000	0.000	-100.000	31.857	3213.830	上 海
126002	06 中化债	94.910	98.360	93.000	97.200	2.370	13.639	1425.430	上 海
126003	07 云化债	93.580	96.320	90.010	96.200	2.767	6.446	681.080	上 海
126005	07 武钢债	96.480	99.880	96.000	99.070	2.716	82.005	8403.490	上 海
126006	07 深高债	90.690	97.480	82.080	94.000	3.285	0.925	100.830	上 海
126007	07 日照债	91.000	93.470	88.010	93.470	3.488	1.951	212.950	上 海
126008	08 上汽债	90.000	95.000	81.660	93.440	3.203	18.685	2052.360	上 海
126009	08 赣粤债	88.540	98.060	85.700	92.250	3.897	4.093	451.830	上 海
126010	08 中远债	87.300	92.490	86.000	92.290	3.720	13.214	1464.170	上 海
126011	08 石化债	89.280	96.060	88.750	92.330	3.718	137.649	15257.020	上 海
126012	08 上港债	99.540	99.960	99.480	0.000	-100.000	14.528	1455.150	上 海
126013	08 青啤债	87.800	98.000	80.590	91.980	3.838	10.177	1134.540	上 海
126014	08 国电债	87.710	98.750	82.010	91.850	4.411	12.147	1366.540	上 海
126015	08 康美债	85.970	89.810	85.020	89.510	4.604	7.230	827.090	上 海
126016	08 宝钢债	87.700	93.730	86.250	91.410	4.266	48.996	5498.860	上 海
126017	08 葛洲债	87.000	89.990	81.770	89.800	2.864	5.996	685.390	上 海
126018	08 江铜债	77.520	83.550	77.000	83.520	7.504	62.885	7905.180	上 海
126019	09 长虹债	79.460	83.100	78.150	82.930	4.367	23.674	2915.350	上 海
115001	钒钛债 1	95.000	96.760	94.002	96.700	1.789	6.305	0.066	深 圳
115002	国安债 1	89.750	92.773	89.300	92.650	3.047	13.147	0.144	深 圳
115003	中兴债 1	92.520	99.019	92.520	96.399	3.655	12.736	0.135	深 圳

数据来源：上海、深圳证券交易所
Source: Shanghai Shenzhen Stock Exchange

3－32 公司债基本信息

Summary of Corporate Bonds

公司名称 Company Name	债券代码 Bond Code	债券名称 Bond Name	发行规模(亿元) issue volume	发行年限 Terms	发行日期 issue date	到期日期 expiration date	上市日 Listing date	票面利率 coupon rate
2008年广东电力发展股份有限公司公司债券	112001	08粤电债	20.00	7	2008/03/10	2015/03/10	2008－3－27	5.500
2008年长沙中联重工科技发展股份有限公司公司债券	112002	08中联债	11.00	8	2008/04/21	2016/04/21	2008－5－9	6.500
2008年天津泰达股份有限公司公司债券	112003	08泰达债	6.00	5	2008/08/12	2013/08/12	2008－9－1	7.100
2008年中粮地产(集团)股份有限公司公司债券	112004	08中粮债	12.00	10	2008/08/25	2018/08/25	2008－9－4	6.060
2008年万科企业股份有限公司公司债券(有担保)	112005	08万科G1	30.00	5	2008/09/05	2013/09/05	2008－9－18	5.500
2008年万科企业股份有限公司公司债券(无担保)	112006	08万科G2	29.00	5	2008/09/05	2013/09/05	2008－9－18	7.000
2009年金融街控股股份有限公司第一期公司债券(3年期)	112007	09金街01	22.40	3	2009/09/01	2012/09/01	2009－9－15	4.700
2009年金融街控股股份有限公司第一期公司债券(5年期)	112008	09金街02	33.60	5	2009/09/01	2014/09/01	2009－9－15	5.700
2009年广东省高速公路发展股份有限公司公司债券	112009	09粤高债	8.00	5	2009/09/21	2014/09/21	2009－10－16	5.100
2009年山西西山煤电股份有限公司公司债券(5年期)	112010	09西煤债	30.00	5	2009/10/19	2014/10/19	2009－10－19	5.380
2009年东北制药集团股份有限公司公司债券	112011	09东药债	6.00	5	2009/11/02	2014/11/02	2009－11－2	7.050
2009年名流置业集团股份有限公司公司债券	112012	09名流债	18.00	5	2009/11/03	2014/11/03	2009－11－3	7.050
2009年亿城集团股份有限公司公司债券	112013	09亿城债	7.30	5	2009/11/04	2014/11/04	2009－11－4	8.500
2009年沈阳银基发展股份有限公司公司债券	112014	09银基债	5.50	6	2009/11/06	2015/11/06	2009－11－6	8.000
2009年泛海建设集团股份有限公司公司债券	112015	09泛海债	32.00	5	2009/11/13	2014/11/13	2009－11－13	7.200
2009年宏润建设集团股份有限公司公司债券	112016	09宏润债	5.00	5	2009/11/13	2014/11/13	2009－11－13	7.800
2009年四川新希望农业股份有限公司公司债券	112017	09希望债	8.00	5	2009/11/25	2014/11/25	2009－11－25	6.100
2009年天津津滨发展股份有限公司公司债券	112018	09津滨债	7.00	5	2009/11/26	2014/11/26	2009－11－26	7.200
2009年湖北宜化化工股份有限公司公司债	112019	09宜化债	7.00	10	2009/12/17	2019/12/17	2010－3－1	5.750
2010年大亚科技股份有限公司公司债券	112020	10大亚债	7.70	5	2010/01/29	2015/01/29	2010－3－10	5.500

续表 1 Continued 1

公司名称 Company Name	债券代码 Bond Code	债券名称 Bond Name	发行规模(亿元) issue volume	发行年限 Terms	发行日期 issue date	到期日期 expiration date	上市日 Listing date	票面利率 coupon rate
2010 中国南玻集团股份有限公司公司债券-5 年期	112021	10 南玻 01	10.00	5	2010/10/20	2015/10/20	2010-11-10	5.330
2010 中国南玻集团股份有限公司公司债券-7 年期	112022	10 南玻 02	10.00	7	2010/10/20	2017/10/20	2010-11-10	5.330
2010 年太原煤气化股份有限公司公司债券(5 年期)	112023	10 煤气 01	3.00	5	2010/11/04	2015/11/03	2010-12-20	5.350
2010 年太原煤气化股份有限公司公司债券(7 年期)	112024	10 煤气 02	7.00	7	2010/11/04	2017/11/03	2010-12-20	5.500
中国长江电力股份有限公司	122000	07 长电债	40.00	10	2007-9-24	2017-9-24	2007-10-12	5.35
海洋石油工程股份有限公司	122001	07 海工债	12.00	10	2007-11-9	2017-11-9	2007-11-19	5.77
华能国际电力股份有限公司	122002	07 华能 G1	10.00	5	2007-12-25	2012-12-25	2008-1-15	5.67
华能国际电力股份有限公司	122003	07 华能 G2	17.00	7	2007-12-25	2014-12-25	2008-1-15	5.75
华能国际电力股份有限公司	122004	07 华能 G3	33.00	10	2007-12-25	2017-12-25	2008-1-15	5.90
承德新新钒钛股份有限公司	122005	08 钒钛债	13.00	5	2008-2-28	2013-2-28	2008-3-18	6.80
金地(集团)股份有限公司	122006	08 金地债	12.00	8	2008-3-10	2016-3-10	2008-3-20	5.50
莱芜钢铁股份有限公司	122007	08 莱钢债	20.00	10	2008-3-25	2018-3-25	2008-4-18	6.55
华能国际电力股份有限公司	122008	08 华能 G1	40.00	10	2008-5-8	2018-5-8	2008-5-21	5.20
新湖中宝股份有限公司	122009	08 新湖债	14.00	8	2008-7-2	2016-7-2	2008-7-18	9.00
江苏沪宁高速公路股份有限公司	122010	08 宁沪债	11.00	3	2008-7-28	2011-7-28	2008-8-12	5.40
金发科技股份有限公司	122011	08 金发债	10.00	5	2008-7-24	2013-7-24	2008-8-12	8.20
保利房地产(集团)股份有限公司	122012	08 保利债	43.00	5	2008-7-11	2013-7-11	2008-7-21	7.00
北京市北辰实业股份有限公司	122013	08 北辰债	17.00	5	2008-7-18	2013-7-18	2008-7-30	8.20
上海豫园旅游商城股份有限公司	122014	09 豫园债	5.00	5	2009-7-17	2014-7-17	2009-8-19	5.90
中国长江电力股份有限公司	122015	09 长电债	35.00	10	2009-7-30	2019-7-30	2009-8-19	4.78
中国中材股份有限公司	122016	09 中材债	25.00	7	2009-7-29	2016-7-29	2009-8-19	5.40
大唐国际发电股份有限公司	122017	09 大唐债	30.00	10	2009-8-17	2019-8-17	2009-9-24	5.00
中国交通建设股份有限公司	122018	09 中交 G1	21.00	5	2009-8-21	2014-8-21	2009-9-30	4.70
中国交通建设股份有限公司	122019	09 中交 G2	79.00	10	2009-8-21	2019-8-21	2009-9-30	5.20
复地(集团)股份有限公司	122020	09 复地债	19.00	5	2009-9-22	2014-9-22	2009-11-3	7.30
新疆广汇实业股份有限公司	122021	09 广汇债	10.00	7	2009-8-26	2016-8-26	2009-9-29	6.95
上海城投控股股份有限公司	122022	09 城控债	20.00	5	2009-9-11	2014-9-11	2009-9-29	5.00
上海万业企业股份有限公司	122023	09 万业债	10.00	5	2009-9-17	2014-9-17	2009-9-30	7.30
山西国阳新能股份有限公司	122024	09 国阳债	14.00	5	2009-9-15	2014-9-15	2009-9-30	5.38
首创置业股份有限公司	122025	09 首置债	10.00	5	2009-9-24	2014-9-24	2009-10-21	6.50
北汽福田汽车股份有限公司	122026	09 福田债	10.00	5	2009-9-23	2014-9-23	2009-10-15	5.68
北京城建投资发展股份有限公司	122027	09 京城建	9.00	7	2009-9-28	2016-9-28	2009-10-21	6.80
珠海华发实业股份有限公司	122028	09 华发债	18.00	8	2009-10-16	2017-10-16	2009-11-11	7.00
北京万通地产股份有限公司	122029	09 万通债	10.00	5	2009-10-14	2014-10-14	2009-11-3	7.00

续表 2　Continued 2

公司名称 Company Name	债券代码 Bond Code	债券名称 Bond Name	发行规模(亿元) issue volume	发行年限 Terms	发行日期 issue date	到期日期 expiration date	上市日 Listing date	票面利率 coupon rate
北京华联综合超市股份有限公司	122030	09京综超	7.00	6	2009-11-2	2015-11-2	2009-12-10	5.80
天津市房地产发展(集团)股份有限公司	122031	09天房债	3.00	3	2009-10-19	2012-10-19	2009-11-3	7.30
上海隧道工程股份有限公司	122032	09隧道债	14.00	7	2009-10-21	2016-10-21	2009-11-9	5.55
广州富力地产股份有限公司	122033	09富力债	55.00	5	2009-10-23	2014-10-23	2009-11-12	6.85
中华企业股份有限公司	122034	09中企债	12.00	5	2009-10-27	2014-10-27	2009-12-10	7.10
苏州新区高新技术产业股份有限公司	122035	09苏高新	10.00	5	2009-11-9	2014-11-9	2009-11-16	5.50
上海张江高科技园区开发股份有限公司	122036	09沪张江	20.00	5	2009-12-9	2014-12-9	2009-12-31	5.90
唐山三友化工股份有限公司	122037	09三友债	9.60	8	2009-11-26	2017-11-26	2009-12-18	6.32
南京新港高科技股份有限公司	122038	09宁高科	10.00	5	2009-12-8	2014-12-8	2010-1-21	5.36
安徽皖通高速公路股份有限公司	122039	09皖通债	20.00	5	2009-12-17	2014-12-17	2010-1-21	5.00
上海新黄浦置业股份有限公司	122040	09新黄浦	10.00	5	2009-12-16	2014-12-16	2010-6-30	5.90
招金矿业股份有限公司	122041	09招金债	15.00	7	2009-12-23	2016-12-23	2010-1-15	5.00
上海金丰投资股份有限公司	122042	09金丰债	6.00	3	2009-12-25	2012-12-25	2010-1-27	5.90
上海紫江企业集团股份有限公司	122043	09紫江债	10.00	8	2009-12-28	2017-12-28	2010-1-20	6.10
广东省宜华木业股份有限公司	123000	09宜华债	10.00	5	2009-10-26	2014-10-26	2010-5-31	7.95
上海爱使股份有限公司	123001	09爱使债	2.50	5	2009-11-17	2014-11-17	2010-11-24	7.60
广州东华实业股份有限公司	123002	09东华债	3.00	6	2009-12-28	2015-12-28	2010-6-7	8.50
河南瑞贝卡发制品股份有限公司	123003	09瑞贝卡	3.00	6	2009-12-28	2015-12-28	2010-6-2	7.20
中国高科集团股份有限公司	123004	10中科债	2.80	7	2010-2-2	2017-2-2	2010-6-25	8.50
江苏连云港港口股份有限公司	122044	10连云债	6.50	5	2010-1-25	2015-1-25	2010-2-9	5.50
中国中铁股份有限公司	122045	10中铁G1	10.00	5	2010-1-27	2015-1-27	2010-3-3	4.48
中国中铁股份有限公司	122046	10中铁G2	50.00	10	2010-1-27	2020-1-27	2010-3-3	4.88
北京首都国际机场股份有限公司	122047	10首机01	19.00	5	2010-2-3	2015-2-3	2010-3-10	4.45
北京首都国际机场股份有限公司	122048	10首机02	30.00	7	2010-2-3	2017-2-3	2010-3-10	4.65
营口港务股份有限公司	122049	10营口港	12.00	8	2010-3-2	2018-3-2	2010-3-23	5.90
宁波杉杉股份有限公司	122050	10杉杉债	6.00	7	2010-3-26	2017-3-26	2010-4-14	5.96
中国石油化工股份有限公司	122051	10石化01	110.00	5	2010-5-21	2015-5-21	2010-6-9	3.75
中国石油化工股份有限公司	122052	10石化02	90.00	10	2010-5-21	2020-5-21	2010-6-9	4.05
泰豪科技股份有限公司	122053	10泰豪债	5.00	5	2010-9-27	2015-9-27	2010-10-18	5.30
中国中铁股份有限公司	122054	10中铁G3	25.00	10	2010-10-19	2020-10-19	2010-11-3	4.34
中国中铁股份有限公司	122055	10中铁G4	35.00	15	2010-10-19	2025-10-19	2010-11-3	4.50
龙源电力集团股份有限公司	122056	10龙源01	20.00	5	2010-12-10	2015-12-10	2010-12-30	4.89
龙源电力集团股份有限公司	122057	10龙源02	20.00	10	2010-12-10	2020-12-10	2010-12-30	5.05
上海豫园旅游商城股份有限公司	122058	10豫园债	5.00	5	2010-12-22	2015-12-22	2011-1-6	5.90
重庆钢铁股份有限公司	122059	10重钢债	20.00	7	2010-12-9	2017-12-9	2010-12-31	6.20
河南银鸽实业投资股份有限公司	122060	10银鸽债	7.50	7	2010-12-22	2017-12-22	2010-12-30	7.09

续表 3 Continued 3

公司名称 Company Name	债券代码 Bond Code	债券名称 Bond Name	发行规模(亿元) issue volume	发行年限 Terms	发行日期 issue date	到期日期 expiration date	上市日 Listing date	票面利率 coupon rate
西部矿业股份有限公司	122061	11 西矿 01	20.00	5	2011-1-17	2016-1-17	2011-2-18	5.00
西部矿业股份有限公司	122062	11 西矿 02	20.00	10	2011-1-17	2021-1-17	2011-2-18	5.30
龙源电力集团股份有限公司	122063	11 龙源 01	15.00	5	2011-1-21	2016-1-21	2011-3-16	4.89
龙源电力集团股份有限公司	122064	11 龙源 02	15.00	10	2011-1-21	2021-1-21	2011-3-16	5.04
上海国际港务(集团)股份有限公司	122065	11 上港 01	50.00	5	2011-3-30	2016-3-30	2011-4-8	4.69
大唐国际发电股份有限公司	122066	11 大唐 01	30.00	10	2011-4-20	2021-4-20	2011-4-29	5.25
南京钢铁股份有限公司	122067	11 南钢债	40.00	7	2011-5-6	2018-5-6	2011-5-17	5.80
安徽海螺水泥股份有限公司	122068	11 海螺 01	70.00	5	2011-5-23	2016-5-23	2011-6-15	5.08
安徽海螺水泥股份有限公司	122069	11 海螺 02	25.00	7	2011-5-23	2018-5-23	2011-6-15	5.20
海南航空股份有限公司	122070	11 海航 01	35.60	5	2011-5-24	2016-5-24	2011-6-14	5.60
海南航空股份有限公司	122071	11 海航 02	14.40	10	2011-5-24	2021-5-24	2011-6-14	6.20
大连港股份有限公司	122072	11 大连港	23.50	10	2011-5-23	2021-5-23	2011-6-22	5.30
云南云维股份有限公司	122073	11 云维债	10.00	7	2011-6-1	2018-6-1	2011-6-22	5.65
杭州士兰微电子股份有限公司	122074	11 士兰微	6.00	5	2011-6-9	2016-6-9	2011-6-24	5.35
柳州钢铁股份有限公司	122075	11 柳钢债	20.00	8	2011-6-1	2019-6-1	2011-6-27	5.70
浙江康恩贝制药股份有限公司	122076	11 康恩贝	6.00	5	2011-6-8	2016-6-8	2011-6-24	5.30
西宁特殊钢股份有限公司	122077	11 西钢债	10.00	8	2011-6-15	2019-6-15	2011-7-11	5.75
广东东阳光铝业股份有限公司	122078	11 东阳光	9.00	5	2011-6-15	2016-6-15	2011-7-19	5.50
上海国际港务(集团)股份有限公司	122079	11 上港 02	30.00	5	2011-7-6	2016-7-6	2011-7-15	5.05
康美药业股份有限公司	122080	11 康美债	25.00	7	2011-6-21	2018-6-21	2011-7-5	6.00
广东肇庆星湖生物科技股份有限公司	122081	11 星湖债	6.40	6	2011-7-7	2017-7-7	2011-7-29	5.80
南海发展股份有限公司	122082	11 发展债	6.50	5	2011-7-7	2016-7-7	2011-7-29	5.65
保定天威保变电气股份有限公司	122083	11 天威债	16.00	7	2011-7-11	2018-7-11	2011-7-22	5.75
湘潭电机股份有限公司	122084	11 湘电债	9.50	5	2011-7-15	2016-7-15	2011-8-15	6.18
深圳高速公路股份有限公司	122085	11 深高速	15.00	5	2011-7-27	2016-7-27	2011-8-9	6.00
浙江正泰电器股份有限公司	122086	11 正泰债	15.00	5	2011-7-20	2016-7-20	2011-8-8	6.05
凌源钢铁股份有限公司	122087	11 凌钢债	14.80	8	2011-8-1	2019-8-1	2011-8-15	6.58
江苏综艺股份有限公司	122088	11 综艺债	7.00	5	2011-8-31	2016-8-31	2011-9-19	7.50
马鞍山钢铁股份有限公司	122089	11 马钢 01	31.60	3	2011-8-25	2014-8-25	2011-9-13	5.63
马鞍山钢铁股份有限公司	122090	11 马钢 02	23.40	5	2011-8-25	2016-8-25	2011-9-13	5.74
重庆机电股份有限公司	122091	11 重机债	10.00	5	2011-8-17	2016-8-17	2011-9-1	6.59
大秦铁路股份有限公司	122092	11 大秦 01	40.00	2	2011-8-18	2013-8-18	2011-8-31	5.48

续表 4　Continued 4

公司名称 Company Name	债券代码 Bond Code	债券名称 Bond Name	发行规模(亿元) issue volume	发行年限 Terms	发行日期 issue date	到期日期 expiration date	上市日 Listing date	票面利率 coupon rate
河南中孚实业股份有限公司	122093	11 中孚债	15.00	8	2011-8-29	2019-8-29	2011-9-22	7.30
浙江海正药业股份有限公司	122094	11 海正债	8.00	5	2011-8-25	2016-8-25	2011-9-19	6.50
杭州钢铁股份有限公司	122095	11 杭钢债	14.00	3	2011-8-24	2014-8-24	2011-9-14	6.35
健康元药业集团股份有限公司	122096	11 健康元	10.00	7	2011-10-28	2018-10-28	2011-11-28	7.10
上海浦东路桥建设股份有限公司	122097	11 浦路桥	7.00	5	2011-10-24	2016-10-24	2011-11-11	6.90
新疆八一钢铁股份有限公司	122098	11 八钢债	12.00	3	2011-9-16	2014-9-16	2011-10-20	6.78
大连港股份有限公司	122099	11 连港 02	26.50	7	2011-9-26	2018-9-26	2011-11-18	6.05
华仪电气股份有限公司	122100	11 华仪债	7.00	5	2011-11-9	2016-11-9	2011-11-28	7.70
新疆广汇实业股份有限公司	122102	11 广汇 01	20.00	6	2011-11-3	2017-11-3	2011-11-28	6.90
中国大唐集团新能源股份有限公司	122106	11 唐新 01	42.00	5	2011-11-8	2016-11-8	2011-11-25	5.40
安阳钢铁股份有限公司	122107	11 安钢 01	10.00	7	2011-11-11	2018-11-11	2011-11-28	6.87
新天绿色能源股份有限公司	122108	11 新天 01	10.00	6	2011-11-18	2017-11-18	2011-12-23	5.30
新天绿色能源股份有限公司	122109	11 新天 02	10.00	7	2011-11-18	2018-11-18	2011-12-23	5.40
新疆众和股份有限公司	122110	11 众和债	13.70	7	2011-11-17	2018-11-17	2011-12-13	6.85
贵州长征电气股份有限公司	123008	11 长征债	4.00	3	2011-11-16	2014-11-16	2011-12-8	9.00
中银国际证券有限责任公司	123490	11 中银债	14.00	10	2011-10-28	2021-10-28	2011-12-28	6.50
国泰君安证券股份有限公司	123495	11 国君债	30.00	6	2011-1-28	2017-1-28	2011-3-7	4.90
2011 年珠海港股份有限公司公司债券	112025	11 珠海债	5.00	8	2011/03/01	2019/03/01	2011-3-25	6.800
2011 年新兴铸管股份有限公司公司债券(5 年期)	112026	11 新兴 01	30.00	5	2011/03/18	2016/03/18	2011-4-18	5.250
2011 年新兴铸管股份有限公司公司债券(10 年期)	112027	11 新兴 02	10.00	10	2011/03/18	2021/03/18	2011-4-18	5.390
2011 年冀中能源股份有限公司公司债券	112028	11 冀能债	40.00	5	2011/05/04	2016/05/04	2011-6-3	4.900
2011 年软控股份有限公司公司债券	112029	11 软控债	9.50	5	2011/06/02	2016/06/02	2011-7-25	5.480
2011 年鲁西化工集团股份有限公司公司债券	112030	11 鲁西债	19.00	7	2011/07/06	2018/07/06	2011-8-5	6.180
2011 年山东晨鸣纸业集团股份有限公司公司债券	112031	11 晨鸣债	20.00	5	2011/07/06	2016/07/06	2011-8-8	5.950
2011 年广西柳工机械股份有限公司公司债券(第一期五年期)	112032	11 柳工 01	3.00	5	2011/07/20	2016/07/20	2011-8-26	5.400
2011 年广西柳工机械股份有限公司公司债券(第一期七年期)	112033	11 柳工 02	17.00	7	2011/07/20	2018/07/20	2011-8-26	5.850
2011 年陕西省天然气股份有限公司公司债券	112034	11 陕气债	10.00	8	2011/07/22	2019/07/22	2011-8-26	6.200

续表 5　Continued 5

公司名称 Company Name	债券代码 Bond Code	债券名称 Bond Name	发行规模(亿元) issue volume	发行年限 Terms	发行日期 issue date	到期日期 expiration date	上市日 Listing date	票面利率 coupon rate
2011年国脉科技股份有限公司公司债券	112035	11国脉债	4.00	7	2011/07/26	2018/07/26	2011-8-26	6.800
2011年福建三钢闽光股份有限公司公司债券(第一期)	112036	11三钢01	6.00	7	2011/08/01	2018/08/01	2011-8-26	6.700
2011年焦作万方铝业股份有限公司公司债券	112037	11万方债	8.00	5	2011/08/12	2016/08/12	2011-9-19	6.700
2011年云南锡业股份有限公司公司债券	112038	11锡业债	12.00	7	2011/08/17	2018/08/17	2011-9-19	6.600
2011年贵州轮胎股份有限公司公司债券	112039	11黔轮债	8.00	6	2011/08/22	2017/08/22	2011-9-30	6.800
2011年河北建投能源投资股份有限公司公司债券	112040	11建能债	4.50	6	2011/08/29	2017/08/29	2011-10-21	6.200
2011年唐山冀东水泥股份有限公司公司债券(第一期)	112041	11冀东01	16.00	7	2011/08/30	2018/08/30	2011-10-21	6.280
2011年东莞发展控股股份有限公司公司债券(三年期)	112042	11东控01	4.00	3	2011/09/22	2014/09/22	2011-10-31	7.250
2011年东莞发展控股股份有限公司公司债券(五年期)	112043	11东控02	3.00	5	2011/09/22	2016/09/22	2011-10-31	7.400
2011年新疆中泰化学(集团)股份有限公司公司债券(第一期)	112044	11中泰01	13.00	7	2011/11/03	2018/11/03	2011-11-28	7.300
2011年重庆宗申动力机械股份有限公司公司债券	112045	11宗申债	7.50	6	2011/11/14	2017/11/14	2011-12-19	7.450
2011年华孚色纺股份有限公司公司债券(第一期)	112046	11华孚01	6.00	5	2011/11/18	2016/11/18	2011-12-19	7.800
2011年广东海大集团股份有限公司公司债券	112047	11海大债	8.00	5	2011/11/18	2016/11/18	2011-12-19	7.000
2011年武汉凯迪电力股份有限公司公司债券	112048	11凯迪债	11.80	7	2011/11/21	2018/11/21	2011-12-19	8.500
2011年安泰科技股份有限公司公司债券(第一期)	112049	11安泰01	6.00	5	2011/11/22	2016/11/22	2011-12-19	6.400
2011年浙江报喜鸟服饰股份有限公司公司债券(5年期)	112050	11报喜01	3.00	5	2011/11/24	2016/11/24	2011-12-19	7.000
2011年浙江报喜鸟服饰股份有限公司公司债券(7年期)	112051	11报喜02	3.00	7	2011/11/24	2018/11/24	2011-12-19	7.400
2011年许继电气股份有限公司公司债券	112052	11许继债	7.00	7	2011/11/30	2018/11/30	2011-12-29	6.750
2011年成都市新筑路桥机械股份有限公司公司债券	112053	11新筑债	5.00	5	2011/12/07	2016/12/07	2011-12-29	8.500

数据来源：上海、深圳证券交易所
Source：Shanghai Shenzhen Stock Exchange

3－33　公司债年度成交

Trading of Corporate Bonds in 2011

债券代码 Bond Code	债券名称 Bond Name	开盘价 Open	最高价 High	最低价 Low	收盘价 Close	涨跌% change	成交金额(亿元) Trading value	成交数量(亿份) Trading volume
122000	07长电债	100.11	110.18	92	100.97	－0.5222	0.13	13.02
122001	07海工债	123.88	125	88.88	102.5	－15.2893	0.7	71.72
122002	07华能G1	104.2	107	96.8	100.99	－7.5183	4.03	396.38
122003	07华能G2	97.26	105.98	97.26	104	－5.0055	0.43	42.19
122004	07华能G3	99.68	113	98	100	－9.9099	0.57	56.96
122005	08钒钛债	104.58	110.55	99.92	101.5	－2.4039	11.7	1130.59
122006	08金地债	105.8	105.8	99.31	101.5	－4.0643	1.95	190.98
122007	08莱钢债	104	107.4	90	101	－5.413	8.61	838.48
122008	08华能G1	104.5	113	94.5	100.98	－1	1.03	102.9
122009	08新湖债	108.29	110.89	100.25	102.83	－5.1559	35.69	3328.12
122010	08宁沪债	101.34	101.59	98	0	－100	7.26	722.08
122011	08金发债	105.95	107.05	101.2	103.08	－2.718	15.96	1526.03
122012	08保利债	106.5	106.71	95.79	102.8	－3.9163	9.77	941.9
122013	08北辰债	106.5	107.5	100.5	101.87	－4.7766	18.8	1783.97
122014	09豫园债	103.8	103.8	95.01	101.6	－2.1948	6.35	624.56
122015	09长电债	99.69	99.69	82.44	99	－0.6922	0.37	38.82
122016	09中材债	99.45	101	90.55	98	－3.4483	0	0.42
122017	09大唐债	98.55	100	90.38	98	－0.5581	0.01	0.8
122018	09中交G1	99.01	99.5	98.31	99.5	－0.3006	4.57	461.03
122019	09中交G2	106	119.98	106	119.98	19.3237	2.2	220
122020	09复地债	104.79	107.77	95.2	98.7	－5.8116	33.79	3373.49
122021	09广汇债	106	106	93.28	100.6	－5.0047	26.44	2603.97
122022	09城控债	0	0	0	100	0	0	0
122023	09万业债	105	107.2	93.29	94.05	－10.42	13.42	1351.43
122024	09国阳债	101	102.15	95.5	99.01	－8.3919	3.07	304.83
122025	09首置债	100	112	80.19	99.38	－11.2679	9.3	935.77
122026	09福田债	100	125	98.4	98.4	－1.6	1.09	110.18
122027	09京城建	104.95	107	95	99.9	－7.5	8.47	848.37
122028	09华发债	105	105.56	93.88	98.41	－6.0525	19.49	2017.27
122029	09万通债	103.2	108.7	95	101.79	－3.4159	9.74	975.58
122030	09京综超	102.51	110.6	92.89	100	－2.439	7.87	781.77
122031	09天房债	103.8	104.3	97.8	100.1	－4.1004	5.98	594.78
122032	09隧道债	101.6	102.99	93.2	97.21	－4.3209	0.53	53.38
122033	09富力债	103.77	104.53	95.06	100.23	－4.2693	72.87	7270.56
122034	09中企债	105.5	115.01	95	98.48	－8.8148	3.47	350.86
122035	09苏高新	101	107	92.01	99.99	－1.3419	9.47	956.26
122036	09沪张江	102.5	110	90.62	98.49	－3.9122	21.48	2156.32
122037	09三友债	103.6	103.6	102	103	－0.4831	16.34	1590.37
122038	09宁高科	101.01	102.2	91	99.45	－2.1065	2.18	223.12

续表1 Continued 1

债券代码 Bond Code	债券名称 Bond Name	开盘价 Open	最高价 High	最低价 Low	收盘价 Close	涨跌% change	成交金额(亿元) Trading value	成交数量(亿份) Trading volume
122039	09 皖通债	0	0	0	104.55	0	0	0
122040	09 新黄浦	100.44	108	91.01	96.69	−4.0869	10.36	1041.14
122041	09 招金债	100	102	98	102	1.2407	3.38	336
122042	09 金丰债	100.81	106.66	85.08	99.18	−4.1739	7.91	785.57
122043	09 紫江债	104.99	106.9	91.05	97.33	−7.3048	7.37	741.24
122044	10 连云债	101.45	102.63	82.05	99.6	−1.8719	9.57	948.35
122045	10 中铁 G1	100	100	99	100	−2.629	3.38	338.05
122046	10 中铁 G2	105	119.93	105	119.93	19.274	0	0
122047	10 首机 01	98.32	106	97.6	106	6	7.8	789.86
122048	10 首机 02	0	0	0	100	0	0	0
122049	10 营口港	102	103.2	94.15	98.4	−2.661	20.41	2021.17
122050	10 杉杉债	99.4	100	88.66	96.68	−2.442	7.27	738.99
122051	10 石化 01	96.6	105	88.03	99.85	3.2575	25.19	2608.98
122052	10 石化 02	98.95	99.75	85.03	94.99	−4.002	4.53	490.85
122053	10 泰豪债	95	110	95	102.99	3.5075	3.69	369.33
122054	10 中铁 G3	96	96.5	71.11	91.5	−2.139	0.04	4.2
122055	10 中铁 G4	94.2	101.64	82.03	90	−7.2165	0.01	0.86
122056	10 龙源 01	0	0	0	100	0	0	0
122057	10 龙源 02	0	0	0	100	0	0	0
122058	10 豫园债	100.05	110	93.02	100.55	0	7.92	784.06
122059	10 重钢债	100.89	102.7	91.5	97.77	−4.1189	27.45	2752.2
122060	10 银鸽债	101.82	105.8	88.88	93.49	−8.1631	18.15	1908.25
122061	11 西矿 01	100.5	100.5	99.1	100	0	0.19	19.45
122062	11 西矿 02	0	0	0	100	0	1.51	150
122063	11 龙源 01	0	0	0	100	0	0	0
122064	11 龙源 02	0	0	0	100	0	0	0
122065	11 上港 01	100	105	88.01	104.51	0	50.69	5108.16
122066	11 大唐 01	98.75	101.9	96	100	0	0.24	24.76
122067	11 南钢债	100.5	110	90	98	0	38.24	3846.34
122068	11 海螺 01	99.8	100.49	97.5	99.86	0	39.73	3984.95
122069	11 海螺 02	100	100.5	95	100.5	0	3.24	323.89
122070	11 海航 01	99.5	100	90.01	98.49	0	77.79	7803.21
122071	11 海航 02	99.6	105	90	98.49	0	73.65	7386.38
122072	11 大连港	99.89	99.99	90.8	99.9	0	1.05	104.57
122073	11 云维债	99	103	95.68	98.56	0	2.25	230.83
122074	11 士兰微	99.59	99.6	95	97	0	1.96	201.02
122075	11 柳钢债	100	100	90	97.99	0	2.83	287.4
122076	11 康恩贝	100	100	95.8	97.5	0	1.14	118.38
122077	11 西钢债	90.9	99.77	90.1	98	0	1.28	131.19
122078	11 东阳光	99.01	99.4	90	98.69	0	8.46	864.73
122079	11 上港 02	100	106	93.01	105.53	0	4.95	496.64
122080	11 康美债	100.96	101.5	97	100.83	0	25.75	2576.07

续表 2　Continued 2

债券代码 Bond Code	债券名称 Bond Name	开盘价 Open	最高价 High	最低价 Low	收盘价 Close	涨跌% change	成交金额(亿元) Trading value	成交数量(亿份) Trading volume
122081	11 星湖债	100	103	88.2	103	0	4.1	410.01
122082	11 发展债	0	0	0	100	0	3.5	350
122083	11 天威债	100.09	102	90	102	0	3.67	367.41
122084	11 湘电债	99.56	100	89.45	99.89	0	0.51	50.97
122085	11 深高速	99.6	102	91	100.5	0	1.1	110.33
122086	11 正泰债	95.05	101	92	100.75	0	2.54	255.29
122087	11 凌钢债	100.05	102	100	102	0	0.32	32
122088	11 综艺债	99.98	99.98	92	95.2	0	4.16	417.6
122089	11 马钢 01	99	103	90	102.53	0	57.18	6015.32
122090	11 马钢 02	100	103.86	100	102.5	0	22.61	2709.94
122091	11 重机债	99.99	103	99.6	103	0	0.52	51.72
122092	11 大秦 01	99.95	101.92	99.46	101.18	0	22.12	2204.9
122093	11 中孚债	96.19	99.8	95.4	97.77	0	9.99	1001.61
122094	11 海正债	100	102	100	102	0	0.4	40
122095	11 杭钢债	99.9	101	98.3	100	0	7.6	760.14
122096	11 健康元	100.5	104.18	100	103	0	3.02	302.33
122097	11 浦路桥	103	103	101	102.2	0	4	395.92
122098	11 八钢债	101.5	103	101.5	102.3	0	4.14	399.57
122099	11 连港 02	0	0	0	100	0	0	0
122100	11 华仪债	100	100.83	99	99.98	0	2.62	261.61
122102	11 广汇 01	101.99	102	100.5	101.15	0	6.25	622.59
122106	11 唐新 01	100.5	110	100.5	101.99	0	20.63	2214.16
122107	11 安钢 01	102	102	100	101.46	0	3.47	344.77
122108	11 新天 01	100.01	100.98	99	100.12	0	0.04	3.53
122109	11 新天 02	0	0	0	100	0	2	200
122110	11 众和债	99.9	100.5	99.9	100.5	0	3.81	380.8
123000	09 宜华债	99.62	101.224	95.364	100.8	1.1845	36.76	3712
123001	09 爱使债	100	100	99.981	99.981	−0.019	2.15	215
123002	09 东华债	100	100	99	99	−1	2.2	220
123003	09 瑞贝卡	99.987	99.37	99.355	99.355	−0.6321	0.4	40
123004	10 中科债	102.395	0	0	102.395	0	0	0
123008	11 长征债	99.679	100	99.24	100	0	0.8	80
123495	11 国君债	100	100	97.85	98.1	0	10.96	1100
112001	08 粤电债	100	109.05	92.1	100.5	−0.109	0.08	0.001
112002	08 中联债	103.2	104.99	97.1	101	−2.415	12.653	0.123
112003	08 泰达债	106	106	92	102	−5.556	11.834	0.113
112004	08 中粮债	104	113	100.089	104.818	−2.039	3.349	0.032
112005	08 万科 G1	101.01	102.5	92.022	100.7	−2.987	11.197	0.111
112006	08 万科 G2	105.05	108.99	99.1	102.1	−3.223	36.064	0.35
112007	09 金街 01	101.28	102	97	99.4	−1.114	12.489	0.125
112008	09 金街 02	100.51	104.5	98.49	99.49	−2.461	9.475	0.094
112009	09 粤高债	100.1	100.1	100.1	100.1	0	0	0
112010	09 西煤债	96.8	102.05	96.8	100.5	−1.519	3.951	0.039

续表 3 Continued 3

债券代码 Bond Code	债券名称 Bond Name	开盘价 Open	最高价 High	最低价 Low	收盘价 Close	涨跌% change	成交金额(亿元) Trading value	成交数量(亿份) Trading volume
112011	09 东药债	105.98	107.5	93.8	99.15	−6.453	6.118	0.061
112012	09 名流债	101.7	102.4	91.5	98.238	−3.584	57.186	0.579
112013	09 亿城债	101	105.38	90	100.6	0.1	10.078	0.1
112014	09 银基债	104.3	105.57	92	99.217	−5.146	18.957	0.188
112015	09 泛海债	103.87	104.2	91.003	93.535	−9.95	43.076	0.435
112016	09 宏润债	104.35	105.58	91.5	97.51	−6.707	9.14	0.091
112017	09 希望债	100.6	102.18	90.47	98.499	−2.37	7.142	0.072
112018	09 津滨债	100	100.12	99.12	100	0	3.495	0.035
112019	09 宜化债	102.58	103.65	90.006	98.101	−4.366	9.074	0.09
112020	10 大亚债	100.32	101.5	90.2	97.5	−2.5	8.641	0.087
112021	10 南玻 01	97.48	99.67	88	98.097	0.612	3.469	0.036
112022	10 南玻 02	97.5	101	89.8	101	3.59	5.699	0.059
112023	10 煤气 01	100	100.05	90	100.02	1.153	0.275	0.003
112024	10 煤气 02	100.66	100.66	100.66	100.66	0	0	0
112025	11 珠海债	105	105	95.21	99.388	−0.612	4.452	0.044
112026	11 新兴 01	100	100.96	91.009	100.96	0.96	10.555	0.105
112027	11 新兴 02	98	102	97.999	98.8	−1.2	0.003	0
112028	11 冀能债	99.8	100.5	94.5	99.75	−0.25	7.67	0.078
112029	11 软控债	98	98.5	92.19	97.95	−2.05	0.419	0.004
112030	11 鲁西债	99.4	99.4	89.939	98.478	−1.522	5.52	0.056
112031	11 晨鸣债	98.5	99.89	90.1	98.8	−1.2	0.806	0.008
112032	11 柳工 01	97.11	100.1	92.818	97.818	−2.182	0.714	0.007
112033	11 柳工 02	98	106	91.502	102.09	2.09	0.165	0.002
112034	11 陕气债	100	103.42	91.26	103.42	3.42	0.645	0.006
112035	11 国脉债	100	100	86.5	95	−5	2.108	0.021
112036	11 三钢 01	98	99.89	90	97.3	−2.7	2.389	0.024
112037	11 万方债	99	100	98.5	100	0	2.073	0.021
112038	11 锡业债	100	100.5	97.8	99.49	−0.51	1.282	0.013
112039	11 黔轮债	98	99.879	91.5	97.777	−2.223	0.828	0.009
112040	11 建能债	100.9	101.98	100.9	101.2	1.2	0.304	0.003
112041	11 冀东 01	90.001	101	90.001	100	0	0.23	0.002
112042	11 东控 01	100	101.5	99.5	101	1	0.873	0.009
112043	11 东控 02	100	102.7	92	101	1	1.305	0.013
112044	11 中泰 01	100.5	102.8	93	101.1	1.1	2.845	0.028
112045	11 宗申债	98	98.979	96.5	98.492	−1.508	1.43	0.014
112046	11 华孚 01	99.12	99.88	97.39	99.497	−0.503	1.733	0.017
112047	11 海大债	100.01	100.48	100	100	0	3.245	0.032
112048	11 凯迪债	99.882	101.3	99.19	101.24	1.24	2.823	0.028
112049	11 安泰 01	100	100.9	90.09	100.9	0.9	0.024	0
112050	11 报喜 01	99.99	100.49	99.983	100.1	0.1	0.909	0.009
112051	11 报喜 02	96.7	100.5	96.7	100.103	0.103	0.715	0.007
112052	11 许继债	101	101	101	101	1	0.7	0.007
112053	11 新筑债	100.13	100.58	99.995	100	0	0.995	0.01

数据来源：上海、深圳证券交易所
Source：Shanghai Shenzhen Stock Exchange

四、证券投资基金及衍生品

Securities Investment Funds & Derivatives

2011 年证券投资基金监管综述

Summary for Securities Investment Funds Market Supervising in 2011

2011 年基金业平稳健康发展。截至 12 月底,共有基金管理公司 69 家,管理资产 27424 亿元,管理基金 914 只,总规模为 26510.37 亿份,基金资产净值为 21918.55 亿元;基金持股市值 12928.69 亿元,占沪深股市流通市值的 7.82%;完成募集的境内基金 211 只,募集规模 2781.49 亿元;共批准 QFII135 家,QFII 获批外汇额度 216.40 亿美元。

一、坚持市场化改革方向,理顺机制,力求制度突破

实行市场化改革,充分发挥市场机制的约束作用,是资本市场发展的内在要求,也是我们坚持的一项基本原则。

1. 推动立法,全面巩固基金行业发展的制度基础。为进一步增强基金行业管理国民财富的功能和作用,促进经济社会和资本市场的和谐发展,我们积极推动《证券投资基金法》的修改工作。

2. 完善机制,继续提高审核工作效率。一是继续贯彻落实基金产品分类审核制度,专门开辟指数类股票基金审核通道,支持指数基金发展。二是进一步简化审核程序、提高审核效率,推出偏股型基金产品合同填报指引,为将来对基金产品实行注册制打好基础。三是适应市场需求,加快对基金公司设立的审核进度。

3. 降低门槛,促进市场主体的差异化发展。一是修订了《基金管理公司特定客户资产管理业务试点办法》及两个配套合同准则,为降低专户理财的门槛标准、扩大专户理财业务试点、进一步优化业务规则奠定了法规基础,为公司的差异化发展创造了条件。二是修订发布《证券投资基金销售管理办法》,制定《证券投资基金销售结算资金管理暂行规定》,降低了销售机构准入的门槛,突出专业性的要求,强化了资金安全管理,有利于销售机构的多元化、专业化发展。

4. 推动创新,提升基金行业的内在竞争力。一是贯彻落实创新基金的绿色通道审核制度,完善了支持产品创新的具体措施,进一步明确了创新产品的认定机制和程序,并为创新产品设定了 6 个月的保护期。二是积极推动第三方支付机构试点参与基金销售业务,目前已取得实质性进展。

二、依法强化监管,净化市场环境,维护市场良好的秩序

良好的市场秩序和行业文化是基金行业健康发展的基石,我们在坚持市场化改革、推动创新的同时,以对背信行为"零容忍"的态度,加大对违法违规行为的查处力度,努力创造公平有序的市场环境。

1. 继续保持对基金管理公司"老鼠仓"、非公平交易和各种形式的利益输送行为的高压态势。一是严厉打击"老鼠仓"行为。2011 年共查处三起"老鼠仓"案件,并将 2 名涉案人员移交司法机关追究刑事责任,起到了很好的震慑作用,也有效教育了行业。二是修订并发布《证券投资基金管理公司公平交易制度指导意见》,不断完善公平交易监管标准和工作流程,进一步发挥公司自律和外部约束机制的作用,提高从业人员的合规意识。

2. 继续组织和督促相关单位做好现场检查工作。一是完成对 14 家基金公司的全面现场检查和 78 家次基金公司的专项检查。二是完成对 2010 年基金销售现场检查的全面总结工作,对 2010 年接受检查的 27 家商业银行、35 家证券公司、9 家基金管理公司和 1 家证券投资咨询机构出具了现场检查反馈意见。

3. 继续强化非现场检查工作。一是加强对货币市场基金等固定收益类基金产品的日常监控与风险提示,及时跟进基金债券投资的信用风险。二是落实快速反应机制,及时跟踪处置多起停牌估值事件,监测和控制系统性风险。

三、稳步扩大对外开放,关注国际金融形势,不断提升基金行业国际竞争力

1. 稳步推进 QDII 业务。修订《合格境内机构投资者境外证券投资管理试行办法》及配套规则,降低门槛,鼓励基金管理公司按照市场化原则差异化发展。

2. 积极支持境内基金管理公司在香港地区发展业务。稳妥推进基金管理公司在香港地区设立子公司及向子公司增资事项，同时，适当放松对在香港地区子公司兼任职务的管制，允许基金管理公司高管人员及与跨境业务紧密相关的人员在香港地区子公司兼任职务。

3. 有序推动两岸证券期货业经营机构和资金的相互准入。为深化两岸金融合作，我们积极推动台资金融机构参股设立基金管理公司，并首次批准了1家与台资合资的基金管理公司——方正富邦基金公司。同时，批准了8家台湾地区金融机构的QFII资格。

4-1 封闭式基金概况

List of Close Securities Investment Funds

序号 No.	基金名称 Investment Funds	发行时间 Issue Date	基金规模 (亿份)Size	基金总资产净值(亿元) Net Value of Total Assets	基金管理公司 Administrant	基金托管银行 Fund Custodian Bank	上市地点 Listing Spot
1	南方开元封闭	1998-03-23	20.00	16.20	南方	中国工商银行股份有限公司	深圳
2	国泰金泰封闭	1998-03-23	20.00	17.99	国泰	中国工商银行股份有限公司	上海
3	华夏兴华封闭	1998-04-22	20.00	17.40	华夏	中国建设银行股份有限公司	上海
4	华安安信封闭	1998-06-16	20.00	18.24	华安	中国工商银行股份有限公司	上海
5	博时裕阳封闭	1998-07-17	20.00	16.82	博时	中国农业银行股份有限公司	上海
6	鹏华普惠封闭	1998-12-30	20.00	18.45	鹏华	交通银行股份有限公司	深圳
7	嘉实泰和封闭	1999-04-01	20.00	17.47	嘉实	中国建设银行股份有限公司	上海
8	长盛同益封闭	1999-04-02	20.00	17.15	长盛	中国工商银行股份有限公司	深圳
9	大成景宏封闭	1999-04-27	20.00	17.59	大成	中国银行股份有限公司	深圳
10	富国汉盛封闭	1999-04-30	20.00	20.82	富国	中国农业银行股份有限公司	上海
11	博时裕隆封闭	1999-06-09	30.00	26.95	博时	中国农业银行股份有限公司	深圳
12	华安安顺封闭	1999-06-09	30.00	28.38	华安	交通银行股份有限公司	上海
13	鹏华普丰封闭	1999-07-08	30.00	25.31	鹏华	中国工商银行股份有限公司	深圳
14	华夏兴和封闭	1999-07-08	30.00	27.17	华夏	中国建设银行股份有限公司	上海
15	南方天元封闭	1999-08-18	30.00	24.86	南方	中国工商银行股份有限公司	深圳
16	国泰金鑫封闭	1999-10-15	30.00	28.19	国泰	中国建设银行股份有限公司	上海
17	长盛同盛封闭	1999-11-01	30.00	30.32	长盛	中国银行股份有限公司	深圳
18	大成景福封闭	1999-12-24	30.00	27.02	大成	中国农业银行股份有限公司	深圳
19	富国汉兴封闭	1999-12-24	30.00	26.86	富国	交通银行股份有限公司	上海
20	融通通乾封闭	2001-08-23	20.00	19.77	融通	中国建设银行股份有限公司	上海
21	宝盈鸿阳封闭	2001-11-28	20.00	13.64	宝盈	中国农业银行股份有限公司	深圳
22	易方达科瑞封闭	2002-02-28	30.00	27.31	易方达	交通银行股份有限公司	上海
23	嘉实丰和价值封闭	2002-03-15	30.00	26.50	嘉实	中国农业银行股份有限公司	深圳
24	长城久嘉封闭	2002-07-01	20.00	16.41	长城	中国农业银行股份有限公司	深圳
25	银河银丰封闭	2002-08-08	30.00	27.04	银河	中国建设银行股份有限公司	上海
26	国投瑞银瑞福分级封闭	2007-07-09	60.00	37.65	国投瑞银	中国工商银行股份有限公司	深圳
27	大成优选封闭	2007-07-23	46.74	35.22	大成	中国银行股份有限公司	深圳
28	建信优势动力封闭	2008-02-18	46.43	38.22	建信	交通银行股份有限公司	深圳
29	长盛同庆封闭	2009-05-06	146.87	118.61	长盛	中国建设银行股份有限公司	深圳
30	国泰估值优势分级封闭	2010-01-18	8.43	7.21	国泰	中国工商银行股份有限公司	深圳
31	银华信用债券封闭	2010-05-24	22.96	23.48	银华	中国建设银行股份有限公司	深圳
32	招商信用添利债券封闭	2010-06-01	21.17	21.62	招商	中国农业银行股份有限公司	深圳
33	富国汇利分级债券	2010-09-01	29.99	30.52	富国	中国农业银行股份有限公司	
34	华富强债	2010-09-01	19.99	19.43	华富	中国建设银行股份有限公司	深圳
35	信诚增强收益债券	2010-09-13	22.66	22.38	信诚	中国建设银行股份有限公司	深圳
36	大成景丰分级债券	2010-09-20	32.45	30.79	大成	中国农业银行股份有限公司	深圳
37	易方达岁丰添利债券	2010-11-01	26.79	26.99	易方达	中国银行股份有限公司	深圳
38	鹏华丰润债券封闭	2010-11-03	13.36	13.50	鹏华	中国建设银行股份有限公司	
39	天弘添利分级债券	2010-11-25	24.18	24.14	天弘	中国工商银行股份有限公司	深圳
40	泰信债券周期回报	2010-12-31	6.99	7.04	泰信	中信银行股份有限公司	
41	交银信用添利债券	2011-01-06	18.95	18.47	交银施罗德	中国农业银行股份有限公司	深圳
42	工银四季收益债券	2011-01-11	24.03	24.40	工银瑞信	中国农业银行股份有限公司	
43	国投瑞银双债债券封闭	2011-02-24	12.38	12.32	国投瑞银	中国建设银行股份有限公司	深圳
44	泰达聚利债券	2011-04-06	15.82	16.14	泰达宏利	中国银行股份有限公司	
45	中欧鼎利分级债券	2011-05-09	8.75	8.70	中欧	中信银行股份有限公司	深圳
46	富国天盈分级债券	2011-05-16	24.14	24.37	富国	中国工商银行股份有限公司	深圳
47	万家添利分级债券	2011-05-16	16.08	15.78	万家	中国邮政储蓄银行有限责任公司	深圳
48	建信信用增强债券	2011-05-16	7.61	7.87	建信	交通银行股份有限公司	深圳
49	博时裕祥分级债券	2011-05-25	24.24	24.50	博时	招商银行股份有限公司	深圳
50	长信利鑫分级债券	2011-06-08	5.68	5.76	长信	中国邮政储蓄银行有限责任公司	深圳
51	广发聚利债券	2011-07-04	3.36	3.52	广发	中国建设银行股份有限公司	深圳
52	海富通稳进增利分级债券(LOF)	2011-07-25	2.21	2.25	海富通	中国建设银行股份有限公司	深圳
53	华泰柏瑞信用增利债券	2011-07-25	2.12	2.15	华泰柏瑞	中国银行股份有限公司	深圳
54	天治稳定收益债券	2011-10-12	2.21	2.21	天治	中信银行股份有限公司	
55	天弘丰利分级债券	2011-10-24	16.68	16.84	天弘	中国邮政储蓄银行有限责任公司	
56	鹏华丰泽分级债券	2011-11-02	28.98	29.14	鹏华	中国邮政储蓄银行有限责任公司	深圳
57	浦银安盛增利分级债券	2011-11-07	9.06	9.08	浦银安盛	上海银行股份有限公司	深圳

4-2 开放式基金概况

List of Open Securities Investment Funds

序号 No.	基金名称 Investment Funds	成立时间 Date Founded	基金规模 (亿份)Size	基金总资产净值 (亿元)Net Value of Total Assets	基金管理公司 Administrant	基金托管银行 Fund Custodian Bank
1	华安创新混合	2001-09-21	97.8832	56.4163	华安	交通银行股份有限公司
2	南方稳健成长混合	2001-09-28	51.0656	41.2381	南方	中国工商银行股份有限公司
3	华夏成长混合	2001-12-18	96.9095	86.8000	华夏	中国建设银行股份有限公司
4	国泰金鹰增长股票	2002-05-08	40.9743	31.2613	国泰	交通银行股份有限公司
5	鹏华行业成长混合	2002-05-24	9.9647	8.4196	鹏华	中国工商银行股份有限公司
6	富国天源平衡混合	2002-08-16	9.9208	8.7300	富国	中国农业银行股份有限公司
7	易方达平稳增长混合	2002-08-23	18.4043	21.6212	易方达	中国银行股份有限公司
8	融通新蓝筹混合	2002-09-13	154.4413	103.9200	融通	中国建设银行股份有限公司
9	长盛成长价值混合	2002-09-18	10.2521	8.1200	长盛	中国农业银行股份有限公司
10	南方宝元债券	2002-09-20	12.1416	13.8116	南方	中国工商银行股份有限公司
11	宝盈鸿利收益混合	2002-10-08	8.6332	4.0000	宝盈	中国农业银行股份有限公司
12	博时价值增长混合	2002-10-09	215.1193	154.6600	博时	中国建设银行股份有限公司
13	华夏债券	2002-10-23	32.0601	32.8827	华夏	交通银行股份有限公司
14	嘉实成长收益混合	2002-11-05	72.7336	45.8121	嘉实	中国银行股份有限公司
15	华安中国A股增强指数	2002-11-08	66.9933	43.0134	华安	中国工商银行股份有限公司
16	大成价值增长混合	2002-11-11	121.1138	80.4900	大成	中国农业银行股份有限公司
17	银华优势企业混合	2002-11-13	28.3170	27.6499	银华	中国银行股份有限公司
18	万家180指数	2003-03-17	97.2673	50.7781	万家	中国银行股份有限公司
19	国投瑞银融华债券	2003-04-16	9.1722	10.2300	国投瑞银	中国光大银行股份有限公司
20	泰达宏利成长股票	2003-04-26	19.0266	16.7037	泰达宏利	交通银行股份有限公司
21	泰达宏利周期股票	2003-04-26	8.7646	6.8441	泰达宏利	交通银行股份有限公司
22	泰达宏利稳定股票	2003-04-26	2.8739	1.7518	泰达宏利	交通银行股份有限公司
23	招商安泰股票	2003-04-28	13.9866	4.5200	招商	招商银行股份有限公司
24	招商安泰平衡混合	2003-04-28	1.1083	1.0800	招商	招商银行股份有限公司
25	招商安泰债券	2003-04-28	23.7966	26.9500	招商	招商银行股份有限公司
26	大成债券	2003-06-12	3.6941	3.7400	大成	中国农业银行股份有限公司
27	金鹰成份优选混合	2003-06-16	19.2050	10.5245	金鹰	中国银行股份有限公司
28	南方避险增值贰号混合	2003-06-27	39.9262	95.8343	南方	中国工商银行股份有限公司
29	嘉实增长混合	2003-07-09	9.2281	40.2399	嘉实	中国银行股份有限公司
30	嘉实稳健混合	2003-07-09	136.3156	100.5381	嘉实	中国银行股份有限公司
31	嘉实债券	2003-07-09	8.2541	11.0259	嘉实	中国银行股份有限公司
32	鹏华普天债券	2003-07-12	2.8490	3.2746	鹏华	交通银行股份有限公司
33	鹏华普天收益混合	2003-07-12	34.2033	24.9853	鹏华	交通银行股份有限公司
34	华宝兴业宝康消费品混合	2003-07-15	20.3622	25.2600	华宝兴业	中国建设银行股份有限公司
35	华宝兴业宝康配置混合	2003-07-15	7.3041	8.5000	华宝兴业	中国建设银行股份有限公司
36	华宝兴业宝康债券	2003-07-15	2.2222	2.4500	华宝兴业	中国建设银行股份有限公司
37	银河稳健混合	2003-08-04	15.1073	13.1900	银河	中国农业银行股份有限公司
38	银河收益债券	2003-08-04	1.6334	2.4400	银河	中国农业银行股份有限公司
39	国联安稳健混合	2003-08-08	2.2830	1.9307	国联安	中国工商银行股份有限公司
40	海富通精选混合	2003-08-22	134.7662	88.9864	海富通	交通银行股份有限公司
41	博时沪深300指数	2003-08-26	141.4472	91.3700	博时	中国建设银行股份有限公司
42	华夏回报混合	2003-09-05	82.3657	98.7263	华夏	中国银行股份有限公司
43	融通债券	2003-09-30	1.9472	1.9613	融通	中国工商银行股份有限公司
44	融通深证100指数	2003-09-30	137.1904	128.0745	融通	中国工商银行股份有限公司
45	融通蓝筹成长混合	2003-09-30	17.8750	17.4362	融通	中国工商银行股份有限公司
46	景顺长城优选股票	2003-10-24	14.2944	12.9367	景顺长城	中国银行股份有限公司
47	景顺长城货币	2003-10-24	4.0348	4.0349	景顺长城	中国银行股份有限公司

续表 1 Continued 1

序号 No.	基金名称 Investment Funds	成立时间 Date Founded	基金规模 (亿份)Size	基金总资产净值 (亿元)Net Value of Total Assets	基金管理公司 Administrant	基金托管银行 Fund Custodian Bank
48	景顺长城动力平衡混合	2003-10-24	72.2471	41.4614	景顺长城	中国银行股份有限公司
49	长盛全债指数增强债券	2003-10-25	3.3851	3.8000	长盛	中国农业银行股份有限公司
50	长城久恒平衡混合	2003-10-31	1.7129	1.8800	长城	中国建设银行股份有限公司
51	富国天利增长债券	2003-12-02	20.2978	23.3748	富国	中国工商银行股份有限公司
52	广发聚富混合	2003-12-03	47.5417	49.5252	广发	中国工商银行股份有限公司
53	国泰金龙债券	2003-12-05	8.8691	8.6400	国泰	上海浦东发展银行股份有限公司
54	国泰金龙行业混合	2003-12-05	8.9259	4.4600	国泰	上海浦东发展银行股份有限公司
55	易方达策略成长混合	2003-12-09	12.2480	40.0047	易方达	中国银行股份有限公司
56	华安现金富利货币	2003-12-30	183.9224	183.9224	华安	中国工商银行股份有限公司
57	招商现金增值货币	2004-01-14	114.5567	114.5600	招商	招商银行股份有限公司
58	博时现金收益货币	2004-01-16	224.8787	224.8787	博时	交通银行股份有限公司
59	泰信天天收益货币	2004-02-10	5.7726	5.7726	泰信	中国银行股份有限公司
60	银华保本增值混合	2004-03-02	33.2045	33.6400	银华	中国建设银行股份有限公司
61	南方现金增利货币	2004-03-05	243.6192	243.6192	南方	中国工商银行股份有限公司
62	海富通收益增长混合	2004-03-12	46.4784	31.1341	海富通	中国银行股份有限公司
63	华夏经典混合	2004-03-15	14.3510	12.9900	华夏	招商银行股份有限公司
64	长信利息收益货币	2004-03-19	57.2145	57.2100	长信	中国农业银行股份有限公司
65	易方达上证 50 指数	2004-03-22	313.1874	194.3435	易方达	交通银行股份有限公司
66	大摩基础行业混合	2004-03-26	1.6696	0.6800	摩根士丹利华鑫	中国光大银行股份有限公司
67	银河银泰混合	2004-03-30	28.9096	26.8488	银河	中国工商银行股份有限公司
68	嘉实服务增值行业混合	2004-04-01	17.4284	61.2877	嘉实	中国银行股份有限公司
69	华夏现金增利货币	2004-04-07	91.3812	91.3800	华夏	中国建设银行股份有限公司
70	申万菱信盛利精选混合	2004-04-09	18.2378	13.7803	申万菱信	中国工商银行股份有限公司
71	国联安小盘精选混合	2004-04-12	24.2111	16.3782	国联安	中国工商银行股份有限公司
72	国投瑞银景气行业混合	2004-04-29	40.7952	33.2400	国投瑞银	中国光大银行股份有限公司
73	融通行业景气混合	2004-04-29	39.0079	25.1297	融通	交通银行股份有限公司
74	华宝兴业多策略股票	2004-05-11	94.3229	44.7600	华宝兴业	中国建设银行股份有限公司
75	兴全可转债混合	2004-05-11	38.6172	39.4919	兴业	中国工商银行股份有限公司
76	鹏华中国 50 混合	2004-05-12	36.7353	39.7264	鹏华	交通银行股份有限公司
77	长城久泰沪深 300 指数	2004-05-21	15.6560	14.5100	长城	招商银行股份有限公司
78	诺安平衡混合	2004-05-21	96.7118	58.4980	诺安	中国工商银行股份有限公司
79	长盛动态精选混合	2004-05-21	13.1735	11.8200	长盛	中国农业银行股份有限公司
80	金鹰中小盘精选混合	2004-05-27	22.3310	15.6345	金鹰	交通银行股份有限公司
81	招商先锋混合	2004-06-01	82.4408	46.9110	招商	中国银行股份有限公司
82	大成蓝筹稳健混合	2004-06-03	165.2378	99.8857	大成	中国银行股份有限公司
83	富国天益价值股票	2004-06-15	101.8433	81.3605	富国	交通银行股份有限公司
84	国泰金马稳健混合	2004-06-18	76.9824	53.5800	国泰	中国建设银行股份有限公司
85	博时精选股票	2004-06-22	70.0856	80.0572	博时	中国工商银行股份有限公司
86	景顺长城内需增长股票	2004-06-25	7.9333	26.1300	景顺长城	中国农业银行股份有限公司
87	泰信先行策略混合	2004-06-28	75.6531	36.1200	泰信	中国光大银行股份有限公司
88	天治财富增长混合	2004-06-29	3.0963	1.9700	天治	上海浦东发展银行股份有限公司
89	泰达宏利精选股票	2004-07-09	9.2702	37.6080	泰达宏利	中国银行股份有限公司
90	广发稳健增长混合	2004-07-26	53.4327	65.9429	广发	中国工商银行股份有限公司
91	华夏大盘精选混合	2004-08-11	6.2265	62.8904	华夏	中国银行股份有限公司
92	银华-道琼斯 88 指数	2004-08-11	104.3524	76.5500	银华	中国建设银行股份有限公司
93	华安宝利配置混合	2004-08-24	45.3029	43.8071	华安	交通银行股份有限公司
94	光大保德信量化股票	2004-08-27	117.4758	85.0900	光大保德信	中国光大银行股份有限公司
95	易方达积极成长混合	2004-09-09	76.4789	58.9814	易方达	中国银行股份有限公司
96	上投摩根中国优势混合	2004-09-15	28.6283	48.4500	上投摩根	中国建设银行股份有限公司
97	万家增强收益债券	2004-09-28	5.7962	6.0300	万家	中国农业银行股份有限公司
98	中海优质成长混合	2004-09-28	71.0587	33.9345	中海	交通银行股份有限公司

续表 2 Continued 2

序号 No.	基金名称 Investment Funds	成立时间 Date Founded	基金规模 (亿份)Size	基金总资产净值 (亿元)Net Value of Total Assets	基金管理公司 Administrant	基金托管银行 Fund Custodian Bank
99	南方积极配置股票(LOF)	2004-10-14	19.5899	18.1454	南方	中国工商银行股份有限公司
100	东方龙混合	2004-11-25	14.2875	8.7900	东方	中国建设银行股份有限公司
101	申万菱信盛利强化配置混合	2004-11-29	0.5253	0.5066	申万菱信	中国工商银行股份有限公司
102	诺安货币	2004-12-06	29.6981	29.6981	诺安	中国工商银行股份有限公司
103	大成精选增值混合	2004-12-15	26.2789	19.3300	大成	中国农业银行股份有限公司
104	银河银富货币	2004-12-20	25.7810	25.7811	银河	交通银行股份有限公司
105	华夏上证 50ETF	2004-12-30	128.2557	209.3271	华夏	中国工商银行股份有限公司
106	中银中国混合(LOF)	2005-01-04	31.2536	33.3228	中银	中国工商银行股份有限公司
107	海富通货币	2005-01-04	29.7068	29.7069	海富通	中国银行股份有限公司
108	博时主题行业股票(LOF)	2005-01-06	64.2326	100.9100	博时	中国建设银行股份有限公司
109	天治品质优选混合	2005-01-12	1.3184	1.0045	天治	中国民生银行股份有限公司
110	长信银利精选股票	2005-01-17	31.8455	18.9200	长信	中国农业银行股份有限公司
111	银华货币	2005-01-31	32.0364	32.0364	银华	交通银行股份有限公司
112	东吴嘉禾优势精选混合	2005-02-01	33.7665	23.4352	东吴	中国工商银行股份有限公司
113	易方达货币	2005-02-02	203.2666	203.2667	易方达	中国银行股份有限公司
114	广发小盘成长股票(LOF)	2005-02-02	47.5761	77.5700	广发	上海浦东发展银行股份有限公司
115	华富竞争力优选混合	2005-03-02	17.6125	8.7500	华富	中国建设银行股份有限公司
116	宝盈泛沿海增长股票	2005-03-08	55.0173	20.9416	宝盈	中国工商银行股份有限公司
117	景顺长城鼎益股票(LOF)	2005-03-16	57.4484	45.4980	景顺长城	中国银行股份有限公司
118	嘉实货币	2005-03-18	201.2329	201.2329	嘉实	中国银行股份有限公司
119	华宝兴业现金宝货币	2005-03-31	46.7187	46.7200	华宝兴业	中国建设银行股份有限公司
120	富国天瑞强势混合	2005-04-05	71.3510	49.3700	富国	中国农业银行股份有限公司
121	泰达宏利风险预算混合	2005-04-05	2.5829	2.6217	泰达宏利	交通银行股份有限公司
122	鹏华货币	2005-04-12	51.4252	51.4300	鹏华	中国农业银行股份有限公司
123	国富中国收益混合	2005-04-12	18.0632	8.6240	国海富兰克林	中国工商银行股份有限公司
124	上投摩根货币	2005-04-13	142.3504	142.3500	上投摩根	中国建设银行股份有限公司
125	中信现金优势货币	2005-04-20	9.7255	9.7300	华夏	招商银行股份有限公司
126	华泰柏瑞盛世中国股票	2005-04-27	125.9842	64.5853	华泰柏瑞	中国银行股份有限公司
127	融通巨潮 100 指数(LOF)	2005-05-12	28.5323	20.4305	融通	中国工商银行股份有限公司
128	广发货币	2005-05-20	194.0130	194.0130	广发	中国工商银行股份有限公司
129	长城货币	2005-05-30	7.0745	7.0745	长城	华夏银行股份有限公司
130	大成货币	2005-06-03	89.4538	89.4500	大成	中国光大银行股份有限公司
131	中银货币	2005-06-07	154.2754	154.2754	中银	中国工商银行股份有限公司
132	光大保德信货币	2005-06-09	7.3370	7.3400	光大保德信	招商银行股份有限公司
133	中海分红增利混合	2005-06-16	29.1991	20.3400	中海	中国农业银行股份有限公司
134	国泰货币	2005-06-21	47.8069	47.8100	国泰	中国农业银行股份有限公司
135	华夏红利混合	2005-06-30	124.4068	169.8700	华夏	中国建设银行股份有限公司
136	南方高增长股票(LOF)	2005-07-13	25.6554	31.3501	南方	中国银行股份有限公司
137	国联安安心成长混合	2005-07-13	0.9162	0.6297	国联安	中国工商银行股份有限公司
138	万家公用事业行业股票(LOF)	2005-07-15	10.0151	5.7672	万家	交通银行股份有限公司
139	海富通股票	2005-07-29	63.8849	35.2480	海富通	中国银行股份有限公司
140	博时稳定价值债券	2005-08-24	7.1737	6.8600	博时	中国建设银行股份有限公司
141	汇添富优势精选混合	2005-08-25	14.6084	28.3588	汇添富	中国工商银行股份有限公司
142	嘉实沪深 300 指数(LOF)	2005-08-29	420.4387	260.4608	嘉实	中国银行股份有限公司
143	工银核心价值股票	2005-08-31	308.5037	85.1391	工银瑞信	中国银行股份有限公司
144	新华优选分红混合	2005-09-16	17.4425	12.5100	新华	中国农业银行股份有限公司
145	易方达稳健收益债券	2005-09-19	5.5461	5.6673	易方达	中国银行股份有限公司
146	大摩资源优选混合(LOF)	2005-09-27	19.7118	35.7000	摩根士丹利华鑫	中国光大银行股份有限公司
147	银华价值优选股票	2005-09-27	100.8879	113.9000	银华	中国建设银行股份有限公司
148	交银精选股票	2005-09-29	76.6093	51.2400	交银施罗德	中国农业银行股份有限公司
149	天弘精选混合	2005-10-08	52.3201	28.1828	天弘	中国工商银行股份有限公司

续表 3 Continued 3

序号 No.	基金名称 Investment Funds	成立时间 Date Founded	基金规模(亿份)Size	基金总资产净值(亿元)Net Value of Total Assets	基金管理公司 Administrant	基金托管银行 Fund Custodian Bank
150	上投摩根阿尔法股票	2005-10-11	15.6350	35.1300	上投摩根	中国建设银行股份有限公司
151	兴全趋势投资混合(LOF)	2005-11-03	128.1589	104.2500	兴业	兴业银行股份有限公司
152	泰达宏利货币	2005-11-10	0.8756	0.8800	泰达宏利	中国农业银行股份有限公司
153	申万菱信新动力股票	2005-11-10	41.6414	21.7522	申万菱信	中国工商银行股份有限公司
154	富国天惠成长混合(LOF)	2005-11-16	39.5319	48.6949	富国	中国工商银行股份有限公司
155	招商优质成长股票(LOF)	2005-11-17	35.9803	36.5429	招商	中信银行股份有限公司
156	华宝兴业动力组合股票	2005-11-17	25.0979	18.6211	华宝兴业	中国银行股份有限公司
157	华夏收入股票	2005-11-17	14.8290	32.3800	华夏	中国建设银行股份有限公司
158	建信恒久价值股票	2005-12-01	102.6929	50.4504	建信	中信银行股份有限公司
159	长盛货币	2005-12-12	45.7399	45.7400	长盛	兴业银行股份有限公司
160	诺安股票	2005-12-19	155.3622	122.5687	诺安	中国工商银行股份有限公司
161	广发聚丰股票	2005-12-23	304.1973	185.3866	广发	中国工商银行股份有限公司
162	国联安精选股票	2005-12-28	30.3541	20.4932	国联安	华夏银行股份有限公司
163	东方精选混合	2006-01-11	54.4679	49.1655	东方	中国民生银行股份有限公司
164	融通易支付货币	2006-01-19	19.5713	19.5713	融通	中国民生银行股份有限公司
165	天治核心成长股票(LOF)	2006-01-20	47.7454	21.4970	天治	交通银行股份有限公司
166	交银货币	2006-01-20	83.8654	83.8700	交银施罗德	中国农业银行股份有限公司
167	景顺长城资源垄断股票(LOF)	2006-01-26	94.1268	61.5400	景顺长城	中国农业银行股份有限公司
168	中银增长股票	2006-03-17	114.6389	67.5965	中银	中国工商银行股份有限公司
169	工银货币	2006-03-20	213.6261	213.6300	工银瑞信	中国建设银行股份有限公司
170	汇添富货币	2006-03-23	40.5241	40.5200	汇添富	上海浦东发展银行股份有限公司
171	易方达深证100ETF	2006-03-24	307.7283	174.6268	易方达	中国银行股份有限公司
172	光大保德信红利股票	2006-03-24	10.1892	20.4100	光大保德信	兴业银行股份有限公司
173	南方多利中短期债券	2006-03-27	7.8330	7.9478	南方	中国工商银行股份有限公司
174	泰达宏利效率优选混合(LOF)	2006-03-29	50.5276	35.3500	泰达宏利	中国建设银行股份有限公司
175	长城消费增值股票	2006-04-06	52.1685	39.5700	长城	中国建设银行股份有限公司
176	大成沪深300指数	2006-04-06	75.6363	54.5000	大成	中国农业银行股份有限公司
177	华安上证180ETF	2006-04-13	178.7022	90.0100	华安	中国建设银行股份有限公司
178	华泰柏瑞稳本增利债券	2006-04-13	1.1674	1.2100	华泰柏瑞	招商银行股份有限公司
179	国投瑞银核心企业股票	2006-04-19	60.2109	43.3851	国投瑞银	中国工商银行股份有限公司
180	建信货币	2006-04-25	83.5047	83.5047	建信	中国工商银行股份有限公司
181	嘉实超短债债券	2006-04-26	8.4278	8.4883	嘉实	中国银行股份有限公司
182	上投摩根双息平衡混合	2006-04-26	30.6563	21.8000	上投摩根	中国建设银行股份有限公司
183	兴全货币	2006-04-27	9.7222	9.7200	兴业	兴业银行股份有限公司
184	信诚四季红混合	2006-04-29	44.1223	32.0300	信诚	中国农业银行股份有限公司
185	长信金利趋势股票	2006-04-30	102.2180	63.6900	长信	上海浦东发展银行股份有限公司
186	广发策略优选混合	2006-05-17	73.0597	86.2087	广发	中国工商银行股份有限公司
187	汇丰晋信2016周期混合	2006-05-23	4.8821	6.8242	汇丰晋信	交通银行股份有限公司
188	万家货币	2006-05-24	60.8996	60.8997	万家	华夏银行股份有限公司
189	海富通强化回报混合	2006-05-25	32.2330	19.9900	海富通	招商银行股份有限公司
190	博时平衡配置混合	2006-05-31	28.0351	21.6773	博时	中国工商银行股份有限公司
191	富国天时货币	2006-06-05	54.2504	54.2500	富国	中国农业银行股份有限公司
192	华夏中小板ETF	2006-06-08	20.9887	42.2700	华夏	中国建设银行股份有限公司
193	银华优质增长股票	2006-06-09	47.2695	62.1252	银华	中国银行股份有限公司
194	易方达价值精选股票	2006-06-13	56.6903	53.9552	易方达	中国工商银行股份有限公司
195	国富弹性市值股票	2006-06-14	39.4381	42.5800	国海富兰克林	中国农业银行股份有限公司
196	华宝兴业收益增长混合	2006-06-15	11.5133	29.3700	华宝兴业	中国建设银行股份有限公司
197	泰信双息双利债券	2006-06-15	1.1650	1.1593	泰信	中国工商银行股份有限公司
198	华富货币	2006-06-21	10.9097	10.9100	华富	中国建设银行股份有限公司
199	交银稳健配置混合	2006-06-24	35.8855	42.2600	交银施罗德	中国建设银行股份有限公司
200	景顺长城新兴成长股票	2006-06-28	34.1371	22.7095	景顺长城	中国工商银行股份有限公司

续表 4　Continued 4

序号 No.	基金名称 Investment Funds	成立时间 Date Founded	基金规模（亿份）Size	基金总资产净值（亿元）Net Value of Total Assets	基金管理公司 Administrant	基金托管银行 Fund Custodian Bank
201	天治天得利货币	2006-07-05	0.7914	0.7915	天治	中国民生银行股份有限公司
202	招商安本增利债券	2006-07-11	17.4628	17.3000	招商	中国光大银行股份有限公司
203	申万菱信收益宝货币	2006-07-13	1.3589	1.3589	申万菱信	中国工商银行股份有限公司
204	工银精选平衡混合	2006-07-13	105.1021	56.5400	工银瑞信	中国建设银行股份有限公司
205	益民货币	2006-07-17	0.7915	0.7900	益民	中国农业银行股份有限公司
206	鹏华价值优势股票(LOF)	2006-07-18	134.8554	97.9000	鹏华	中国建设银行股份有限公司
207	中信稳定双利债券	2006-07-20	12.0159	12.1200	华夏	中国建设银行股份有限公司
208	嘉实主题混合	2006-07-21	83.3749	97.0581	嘉实	中国银行股份有限公司
209	南方稳健成长贰号混合	2006-07-25	87.3089	38.6606	南方	中国工商银行股份有限公司
210	东方金账簿货币	2006-08-02	4.0009	4.0010	东方	中国民生银行股份有限公司
211	汇添富均衡增长股票	2006-08-07	233.5520	137.7706	汇添富	中国工商银行股份有限公司
212	华夏稳增混合	2006-08-09	33.5078	41.3700	华夏	中国农业银行股份有限公司
213	华夏回报二号混合	2006-08-14	50.9745	52.1349	华夏	中国银行股份有限公司
214	易方达策略成长二号混合	2006-08-16	31.8295	38.6686	易方达	中国银行股份有限公司
215	大摩货币	2006-08-17	4.2619	4.2620	摩根士丹利华鑫	交通银行股份有限公司
216	长城安心回报混合	2006-08-22	115.8201	70.7200	长城	中国农业银行股份有限公司
217	华安宏利股票	2006-09-06	37.3559	75.4700	华安	中国建设银行股份有限公司
218	建信优选成长股票	2006-09-08	30.8394	23.4049	建信	中国工商银行股份有限公司
219	大成 2020 生命周期混合	2006-09-13	127.7955	79.9499	大成	中国银行股份有限公司
220	光大保德信新增长股票	2006-09-14	9.4814	9.4900	光大保德信	招商银行股份有限公司
221	兴全全球视野股票	2006-09-20	12.6294	40.1600	兴业	兴业银行股份有限公司
222	上投摩根成长先锋股票	2006-09-20	22.5471	27.1000	上投摩根	中国建设银行股份有限公司
223	博时价值增长贰号混合	2006-09-27	80.9453	53.1800	博时	中国建设银行股份有限公司
224	汇丰晋信龙腾股票	2006-09-27	14.1481	16.4303	汇丰晋信	交通银行股份有限公司
225	中邮核心优选股票	2006-09-28	80.9004	76.7200	中邮创业	中国农业银行股份有限公司
226	国泰金鹏蓝筹混合	2006-09-29	20.1868	16.4166	国泰	中国银行股份有限公司
227	中银收益混合	2006-10-11	31.9796	25.7121	中银	中国工商银行股份有限公司
228	景顺长城内需贰号股票	2006-10-11	47.6213	42.1500	景顺长城	中国农业银行股份有限公司
229	海富通风格优势股票	2006-10-19	43.7767	35.0900	海富通	中国建设银行股份有限公司
230	交银成长股票	2006-10-23	26.1262	59.6700	交银施罗德	中国农业银行股份有限公司
231	华宝兴业先进成长股票	2006-11-07	9.4918	14.0544	华宝兴业	中国银行股份有限公司
232	长信增利动态策略股票	2006-11-09	41.9778	24.9785	长信	中国民生银行股份有限公司
233	富国天合稳健股票	2006-11-15	35.7006	26.8300	富国	招商银行股份有限公司
234	国投瑞银创新动力股票	2006-11-15	46.0443	30.3600	国投瑞银	中国光大银行股份有限公司
235	融通动力先锋股票	2006-11-15	19.8406	18.1948	融通	中国工商银行股份有限公司
236	银华富裕主题股票	2006-11-16	78.2681	75.9400	银华	中国建设银行股份有限公司
237	南方绩优成长股票	2006-11-16	76.0078	79.5356	南方	中国工商银行股份有限公司
238	华泰柏瑞上证红利 ETF	2006-11-17	10.2417	18.2500	华泰柏瑞	招商银行股份有限公司
239	诺安价值增长股票	2006-11-21	89.6115	67.1797	诺安	中国工商银行股份有限公司
240	益民红利成长混合	2006-11-21	21.0945	9.8030	益民	华夏银行股份有限公司
241	长盛中证 100 指数	2006-11-22	12.2432	8.3000	长盛	中国农业银行股份有限公司
242	华夏优势增长股票	2006-11-24	133.2436	145.0800	华夏	中国建设银行股份有限公司
243	信诚精萃成长股票	2006-11-27	22.3377	16.4700	信诚	中国建设银行股份有限公司
244	万家和谐增长混合	2006-11-30	34.8042	16.8700	万家	兴业银行股份有限公司
245	泰达宏利首选企业股票	2006-12-01	13.0499	11.9600	泰达宏利	中国农业银行股份有限公司
246	申万菱信新经济混合	2006-12-06	57.6210	31.2366	申万菱信	中国工商银行股份有限公司
247	工银稳健成长股票	2006-12-06	40.0429	46.8900	工银瑞信	中国建设银行股份有限公司
248	嘉实策略混合	2006-12-12	73.6441	72.3043	嘉实	中国工商银行股份有限公司
249	泰信优质生活股票	2006-12-15	21.1235	15.5075	泰信	中国银行股份有限公司
250	东吴双动力股票	2006-12-15	24.0326	25.3900	东吴	中国农业银行股份有限公司
251	长盛同智优势混合(LOF)	2007-01-05	25.5664	19.2263	长盛	中国银行股份有限公司

续表 5 Continued 5

序号 No.	基金名称 Investment Funds	成立时间 Date Founded	基金规模 (亿份)Size	基金总资产净值 (亿元)Net Value of Total Assets	基金管理公司 Administrant	基金托管银行 Fund Custodian Bank
252	鹏华动力增长混合(LOF)	2007-01-09	63.0794	59.7900	鹏华	中国农业银行股份有限公司
253	大成积极成长股票	2007-01-16	24.0851	19.4700	大成	中国农业银行股份有限公司
254	宝盈策略增长股票	2007-01-19	25.7568	19.6600	宝盈	中国农业银行股份有限公司
255	国联安优势股票	2007-01-24	8.3514	6.7600	国联安	招商银行股份有限公司
256	中欧新趋势股票(LOF)	2007-01-29	17.7716	11.2100	中欧	兴业银行股份有限公司
257	长城久富股票(LOF)	2007-02-12	21.1662	20.2654	长城	交通银行股份有限公司
258	建信优化配置混合	2007-03-01	92.9955	67.7976	建信	中国工商银行股份有限公司
259	信达澳银领先增长股票	2007-03-08	47.3718	46.4200	信达澳银	中国建设银行股份有限公司
260	汇添富成长焦点股票	2007-03-12	70.4196	70.9886	汇添富	中国工商银行股份有限公司
261	中海能源策略混合	2007-03-13	61.1102	36.6534	中海	中国工商银行股份有限公司
262	银河银信添利债券	2007-03-14	2.4064	2.3516	银河	中信银行股份有限公司
263	华富成长趋势股票	2007-03-19	20.1615	10.6200	华富	招商银行股份有限公司
264	国富潜力组合股票	2007-03-22	45.7431	41.3923	国海富兰克林	中国银行股份有限公司
265	招商核心价值混合	2007-03-30	45.6885	35.5198	招商	中国工商银行股份有限公司
266	易方达价值成长混合	2007-04-02	154.9689	171.5904	易方达	中国工商银行股份有限公司
267	海富通精选贰号混合	2007-04-09	28.6614	17.8245	海富通	中国银行股份有限公司
268	汇丰晋信动态策略混合	2007-04-09	20.2303	19.3723	汇丰晋信	交通银行股份有限公司
269	华安中小盘成长股票	2007-04-11	64.8131	57.1891	华安	中国工商银行股份有限公司
270	国泰金鼎价值混合	2007-04-11	65.1208	38.6500	国泰	中国建设银行股份有限公司
271	博时第三产业股票	2007-04-12	67.5627	63.0721	博时	中国工商银行股份有限公司
272	上投摩根内需动力股票	2007-04-13	86.3621	74.1759	上投摩根	中国工商银行股份有限公司
273	诺德价值优势股票	2007-04-19	29.4374	23.1500	诺德	中国建设银行股份有限公司
274	华夏蓝筹混合(LOF)	2007-04-24	118.0796	81.4857	华夏	交通银行股份有限公司
275	鹏华优质治理股票(LOF)	2007-04-25	57.9889	46.0987	鹏华	中国工商银行股份有限公司
276	富国天博创新股票	2007-04-27	84.2537	62.3600	富国	中国建设银行股份有限公司
277	融通领先成长股票(LOF)	2007-04-30	38.5845	27.9900	融通	中国建设银行股份有限公司
278	工银增强收益债券	2007-05-11	37.3696	38.5400	工银瑞信	中国建设银行股份有限公司
279	南方成份精选股票	2007-05-14	112.1587	88.2578	南方	中国工商银行股份有限公司
280	华商领先企业混合	2007-05-15	62.0962	52.2870	华商	中国民生银行股份有限公司
281	国泰金牛创新股票	2007-05-18	32.9662	29.5500	国泰	中国农业银行股份有限公司
282	华泰柏瑞积极成长混合	2007-05-29	29.5865	21.9330	华泰柏瑞	中国银行股份有限公司
283	大成创新成长混合	2007-06-12	105.4674	72.7300	大成	中国农业银行股份有限公司
284	广发大盘成长混合	2007-06-13	121.9558	72.5278	广发	中国工商银行股份有限公司
285	华宝兴业行业精选股票	2007-06-14	130.7603	102.9400	华宝兴业	中国建设银行股份有限公司
286	景顺长城精选蓝筹股票	2007-06-18	120.4405	81.2236	景顺长城	中国工商银行股份有限公司
287	博时新兴成长股票	2007-07-06	203.9309	106.8455	博时	交通银行股份有限公司
288	益民创新优势混合	2007-07-11	45.7528	34.6000	益民	中国农业银行股份有限公司
289	工银红利股票	2007-07-18	34.5740	28.0400	工银瑞信	中国建设银行股份有限公司
290	华安策略优选股票	2007-08-02	145.0816	86.6725	华安	交通银行股份有限公司
291	泰达宏利市值优选股票	2007-08-03	81.4368	51.8200	泰达宏利	中国建设银行股份有限公司
292	长城品牌优选股票	2007-08-06	145.6924	98.0900	长城	中国建设银行股份有限公司
293	交银蓝筹股票	2007-08-08	123.9602	80.0200	交银施罗德	中国建设银行股份有限公司
294	金元比联宝石动力混合	2007-08-15	5.0885	3.9346	金元比联	中国工商银行股份有限公司
295	中邮核心成长股票	2007-08-17	293.8414	137.9600	中邮创业	中国农业银行股份有限公司
296	光大保德信优势配置股票	2007-08-24	138.7028	85.1400	光大保德信	招商银行股份有限公司
297	诺安优化收益债券	2007-08-29	6.4388	7.4240	诺安	华夏银行股份有限公司
298	华夏复兴股票	2007-09-10	28.6104	30.3500	华夏	中国农业银行股份有限公司
299	南方全球精选配置(QDII-FOF)	2007-09-19	181.8001	109.6954	南方	中国工商银行股份有限公司
300	华夏全球股票(QDII)	2007-10-09	191.8736	138.4654	华夏	中国建设银行股份有限公司
301	嘉实海外中国股票(QDII)	2007-10-12	190.9196	98.0746	嘉实	中国银行股份有限公司
302	上投摩根亚太优势股票(QDII)	2007-10-22	214.0625	108.2862	上投摩根	中国工商银行股份有限公司

续表 6 Continued 6

序号 No.	基金名称 Investment Funds	成立时间 Date Founded	基金规模 (亿份) Size	基金总资产净值 (亿元) Net Value of Total Assets	基金管理公司 Administrant	基金托管银行 Fund Custodian Bank
303	长盛同德主题股票	2007-10-25	76.3254	57.1800	长盛	中国农业银行股份有限公司
304	南方隆元产业主题股票	2007-11-09	95.7501	49.3015	南方	中国工商银行股份有限公司
305	国泰沪深 300 指数	2007-11-11	105.5746	50.6836	国泰	中国银行股份有限公司
306	华夏行业股票(LOF)	2007-11-22	79.4803	62.2603	华夏	中国银行股份有限公司
307	嘉实优质企业股票	2007-12-08	87.3243	70.2000	嘉实	上海浦东发展银行股份有限公司
308	大成景阳领先股票	2007-12-17	41.7610	26.4200	大成	中国农业银行股份有限公司
309	易方达科讯股票	2007-12-18	73.1035	42.6174	易方达	交通银行股份有限公司
310	国投瑞银成长优选股票	2008-01-10	32.4915	19.9175	国投瑞银	中国工商银行股份有限公司
311	国投瑞银稳定增利债券	2008-01-11	20.1269	20.6594	国投瑞银	中国银行股份有限公司
312	工银全球股票(QDII)	2008-02-14	11.7690	9.6314	工银瑞信	中国银行股份有限公司
313	汇添富增强收益债券	2008-03-06	12.9998	13.0673	汇添富	中国工商银行股份有限公司
314	华夏希望债券	2008-03-10	26.7921	27.7325	华夏	中国工商银行股份有限公司
315	易方达增强回报债券	2008-03-19	29.4694	31.4900	易方达	中国建设银行股份有限公司
316	南方盛元红利股票	2008-03-21	31.9258	22.5800	南方	中国建设银行股份有限公司
317	广发增强债券	2008-03-27	24.7985	26.9470	广发	中国工商银行股份有限公司
318	交银增利债券	2008-03-31	13.6192	12.8800	交银施罗德	中国建设银行股份有限公司
319	中银策略股票	2008-04-03	19.6311	17.2778	中银	中国工商银行股份有限公司
320	中海稳健收益债券	2008-04-10	2.8826	2.8944	中海	中国工商银行股份有限公司
321	工银添利债券	2008-04-14	29.0988	28.9000	工银瑞信	中国建设银行股份有限公司
322	宝盈资源优选股票	2008-04-15	4.9355	4.3300	宝盈	中国建设银行股份有限公司
323	浦银安盛价值成长股票	2008-04-16	7.6808	5.5394	浦银安盛	中国工商银行股份有限公司
324	天弘永利债券	2008-04-18	1.2263	1.2100	天弘	兴业银行股份有限公司
325	东吴行业轮动股票	2008-04-23	34.4684	25.2041	东吴	华夏银行股份有限公司
326	华安稳定收益债券	2008-04-30	7.0500	7.3200	华安	中国建设银行股份有限公司
327	兴全社会责任股票	2008-04-30	40.3811	45.6600	兴业	中国建设银行股份有限公司
328	华宝兴业海外中国股票(QDII)	2008-05-07	0.7747	0.6593	华宝兴业	中国建设银行股份有限公司
329	天治创新先锋股票	2008-05-08	1.9482	1.8907	天治	交通银行股份有限公司
330	宝盈增强收益债券	2008-05-15	9.6476	9.6800	宝盈	中国建设银行股份有限公司
331	诺安灵活配置混合	2008-05-20	39.9475	35.9751	诺安	中国工商银行股份有限公司
332	上投摩根双核平衡混合	2008-05-21	5.1380	4.9629	上投摩根	中国工商银行股份有限公司
333	益民多利债券	2008-05-21	0.7709	0.7700	益民	招商银行股份有限公司
334	银华全球优选(QDII-FOF)	2008-05-26	1.0642	0.8728	银华	中国银行股份有限公司
335	银河成长股票	2008-05-26	1.6551	1.5853	银河	中国银行股份有限公司
336	嘉实研究精选股票	2008-05-27	20.9742	26.1015	嘉实	中国银行股份有限公司
337	博时特许价值股票	2008-05-28	12.6136	12.5000	博时	中国建设银行股份有限公司
338	富国天成红利混合	2008-05-28	8.4284	9.3000	富国	中国农业银行股份有限公司
339	鹏华丰收债券	2008-05-28	4.2373	4.5200	鹏华	中国建设银行股份有限公司
340	华富收益增强债券	2008-05-28	17.1354	18.3700	华富	中国建设银行股份有限公司
341	东方策略成长股票	2008-06-03	0.6305	0.7900	东方	中国建设银行股份有限公司
342	长盛创新先锋混合	2008-06-04	1.7576	1.7273	长盛	中国银行股份有限公司
343	信诚盛世蓝筹股票	2008-06-04	12.9694	20.8700	信诚	中国建设银行股份有限公司
344	国投瑞银稳健增长混合	2008-06-11	39.3821	35.1052	国投瑞银	中国工商银行股份有限公司
345	国泰金鹿保本混合	2008-06-12	16.5922	16.5047	国泰	中国银行股份有限公司
346	南方优选价值股票	2008-06-18	21.0990	20.0598	南方	中国工商银行股份有限公司
347	易方达中小盘股票	2008-06-19	18.5416	26.0419	易方达	中国银行股份有限公司
348	招商大盘蓝筹股票	2008-06-19	7.1596	6.2799	招商	中国工商银行股份有限公司
349	长信双利优选混合	2008-06-19	1.6043	1.2600	长信	中国农业银行股份有限公司
350	泰信优势增长混合	2008-06-25	0.6932	0.5755	泰信	中国工商银行股份有限公司
351	建信稳定增利债券	2008-06-25	29.5999	33.8675	建信	中国工商银行股份有限公司
352	万家双引擎灵活配置混合	2008-06-27	0.8178	0.6900	万家	兴业银行股份有限公司
353	海富通中国海外股票(QDII)	2008-06-27	1.9724	2.2386	海富通	中国建设银行股份有限公司

续表 7 Continued 7

序号 No.	基金名称 Investment Funds	成立时间 Date Founded	基金规模(亿份)Size	基金总资产净值(亿元)Net Value of Total Assets	基金管理公司 Administrant	基金托管银行 Fund Custodian Bank
354	国富深化价值股票	2008-07-03	12.7621	15.1700	国海富兰克林	中国农业银行股份有限公司
355	申万菱信竞争优势股票	2008-07-04	3.1446	2.8500	申万菱信	中国农业银行股份有限公司
356	汇添富蓝筹稳健混合	2008-07-08	3.1878	3.4892	汇添富	中国工商银行股份有限公司
357	广发核心精选股票	2008-07-16	15.2190	19.9667	广发	中国工商银行股份有限公司
358	华泰柏瑞价值增长股票	2008-07-16	8.3571	8.3972	华泰柏瑞	中国银行股份有限公司
359	汇丰晋信2026周期混合	2008-07-23	0.9515	0.9200	汇丰晋信	中国建设银行股份有限公司
360	中欧新蓝筹混合	2008-07-25	1.1151	0.9400	中欧	中国建设银行股份有限公司
361	新华优选成长股票	2008-07-25	22.0852	31.7300	新华	中国农业银行股份有限公司
362	信达澳银精华配置混合	2008-07-30	1.0431	1.0200	信达澳银	中国建设银行股份有限公司
363	工银大盘蓝筹股票	2008-08-04	8.1938	6.2875	工银瑞信	中国银行股份有限公司
364	农银行业成长股票	2008-08-04	36.0391	35.6754	农银汇理	交通银行股份有限公司
365	大成强化收益债券	2008-08-06	1.1857	1.1400	大成	中国建设银行股份有限公司
366	银华领先策略股票	2008-08-20	11.2229	11.6345	银华	中国银行股份有限公司
367	交银环球精选股票(QDII)	2008-08-22	1.3623	1.6062	交银施罗德	中国建设银行股份有限公司
368	长城稳健增利债券	2008-08-27	0.6806	0.7100	长城	中国建设银行股份有限公司
369	金元比联成长动力混合	2008-09-03	0.8733	0.6900	金元比联	中国农业银行股份有限公司
370	嘉实多元债券	2008-09-10	12.0387	12.8994	嘉实	中国工商银行股份有限公司
371	华商盛世成长股票	2008-09-23	47.1493	79.1000	华商	中国建设银行股份有限公司
372	泰达宏利集利债券	2008-09-26	0.6544	0.6436	泰达宏利	中国银行股份有限公司
373	信诚三得益债券	2008-09-27	0.6801	0.6500	信诚	中国建设银行股份有限公司
374	华宝兴业大盘精选股票	2008-10-07	6.1057	7.5951	华宝兴业	中国银行股份有限公司
375	长盛积极配置债券	2008-10-08	9.1011	9.7300	长盛	中国建设银行股份有限公司
376	易方达科汇灵活配置混合	2008-10-09	17.9431	18.2830	易方达	交通银行股份有限公司
377	鹏华盛世创新股票(LOF)	2008-10-10	5.7474	6.1500	鹏华	中国建设银行股份有限公司
378	华安核心股票	2008-10-22	2.7825	2.3000	华安	中国建设银行股份有限公司
379	招商安心收益债券	2008-10-22	2.9967	3.2190	招商	中国工商银行股份有限公司
380	国联安红利股票	2008-10-22	0.6243	0.4800	国联安	招商银行股份有限公司
381	景顺长城公司治理股票	2008-10-22	2.3800	2.1944	景顺长城	中国工商银行股份有限公司
382	华夏策略混合	2008-10-23	12.1689	25.7050	华夏	中国银行股份有限公司
383	富国天丰强化债券封闭	2008-10-24	13.7259	13.5200	富国	中国建设银行股份有限公司
384	国富强化收益债券	2008-10-24	1.6820	1.6918	国海富兰克林	中国银行股份有限公司
385	海富通稳健添利债券	2008-10-24	2.8588	2.8336	海富通	中国工商银行股份有限公司
386	光大保德信增利收益债券	2008-10-29	2.3480	2.3500	光大保德信	中国建设银行股份有限公司
387	天治稳健双盈债券	2008-11-05	0.6013	0.5700	天治	中国农业银行股份有限公司
388	诺德灵活配置混合	2008-11-05	0.7124	0.8100	诺德	中国建设银行股份有限公司
389	东吴优信稳健债券	2008-11-05	0.7778	0.7400	东吴	中国建设银行股份有限公司
390	南方恒元保本混合	2008-11-12	39.0363	39.0501	南方	中国工商银行股份有限公司
391	中银增利债券	2008-11-13	21.8513	23.2849	中银	中国工商银行股份有限公司
392	易方达科翔股票	2008-11-14	4.3774	4.7552	易方达	中国工商银行股份有限公司
393	富国天鼎中证指数增强	2008-11-21	9.5117	9.3599	富国	中国工商银行股份有限公司
394	建信核心精选股票	2008-11-25	18.4338	17.9350	建信	中国工商银行股份有限公司
395	大成策略回报股票	2008-11-26	11.8159	9.9700	大成	中国光大银行股份有限公司
396	天弘永定价值成长股票	2008-12-02	0.7473	0.5800	天弘	兴业银行股份有限公司
397	银华增强收益债券	2008-12-03	4.8323	5.0900	银华	中国建设银行股份有限公司
398	中海蓝筹混合	2008-12-03	0.9152	0.7400	中海	中国农业银行股份有限公司
399	汇丰晋信平稳增利债券	2008-12-03	0.6453	0.6351	汇丰晋信	交通银行股份有限公司
400	金鹰红利价值混合	2008-12-04	1.3510	1.1522	金鹰	交通银行股份有限公司
401	申万菱信添益宝债券	2008-12-04	1.7190	1.7338	申万菱信	中国工商银行股份有限公司
402	东方稳健回报债券	2008-12-10	3.3019	3.4200	东方	中国建设银行股份有限公司
403	农银恒久增利债券	2008-12-23	2.3063	2.3252	农银汇理	交通银行股份有限公司
404	华富策略精选混合	2008-12-24	0.8782	0.6600	华富	中国建设银行股份有限公司

续表 8 Continued 8

序号 No.	基金名称 Investment Funds	成立时间 Date Founded	基金规模 (亿份)Size	基金总资产净值 (亿元)Net Value of Total Assets	基金管理公司 Administrant	基金托管银行 Fund Custodian Bank
405	长信利丰债券	2008-12-29	1.7423	1.6600	长信	中国农业银行股份有限公司
406	广发沪深300指数	2008-12-30	22.4976	22.9394	广发	中国工商银行股份有限公司
407	浦银安盛优化收益债券	2008-12-30	0.5226	0.5313	浦银安盛	中国工商银行股份有限公司
408	长城双动力股票	2009-01-15	1.3769	1.1500	长城	中国建设银行股份有限公司
409	国投瑞银货币	2009-01-19	54.4281	54.4281	国投瑞银	中国工商银行股份有限公司
410	上投摩根中小盘股票	2009-01-21	8.5755	9.5300	上投摩根	中国建设银行股份有限公司
411	交银保本混合	2009-01-21	17.2262	18.4749	交银施罗德	中国工商银行股份有限公司
412	汇添富价值精选股票	2009-01-23	27.6360	27.4933	汇添富	中国工商银行股份有限公司
413	华商收益增强债券	2009-01-23	8.9858	8.7500	华商	中国建设银行股份有限公司
414	华宝兴业增强收益债券	2009-02-17	0.8631	0.8532	华宝兴业	中国工商银行股份有限公司
415	光大保德信均衡精选股票	2009-03-04	1.4123	1.2600	光大保德信	中国建设银行股份有限公司
416	诺德增强收益债券	2009-03-04	0.6391	0.6200	诺德	中国建设银行股份有限公司
417	工银沪深300指数	2009-03-05	44.8480	37.0000	工银瑞信	中国建设银行股份有限公司
418	诺安成长股票	2009-03-10	32.1275	27.0787	诺安	中国工商银行股份有限公司
419	国泰双利债券	2009-03-11	15.5176	15.5100	国泰	中国建设银行股份有限公司
420	国联安增利债券	2009-03-11	7.2858	7.2858	国联安	中国工商银行股份有限公司
421	信诚经典优债债券	2009-03-11	3.0823	3.0100	信诚	中国建设银行股份有限公司
422	宝盈核心优势混合	2009-03-17	1.0728	0.7495	宝盈	中国银行股份有限公司
423	嘉实量化阿尔法股票	2009-03-20	10.4216	8.5581	嘉实	中国工商银行股份有限公司
424	金元比联丰利债券	2009-03-23	1.0400	0.9400	金元比联	中国农业银行股份有限公司
425	南方沪深300指数	2009-03-25	27.4061	22.1381	南方	中国工商银行股份有限公司
426	兴全有机增长混合	2009-03-25	16.8134	18.0000	兴业	兴业银行股份有限公司
427	国富成长动力股票	2009-03-25	10.7829	8.6065	国海富兰克林	中国银行股份有限公司
428	易方达行业领先股票	2009-03-26	11.5850	11.6759	易方达	中国工商银行股份有限公司
429	民生加银品牌蓝筹混合	2009-03-27	3.5879	3.1400	民生加银	中国建设银行股份有限公司
430	鹏华沪深300指数(LOF)	2009-04-03	7.4011	6.1827	鹏华	中国工商银行股份有限公司
431	中银优选混合	2009-04-03	6.8975	6.3185	中银	中国工商银行股份有限公司
432	信达澳银稳定价值债券	2009-04-08	0.6223	0.6500	信达澳银	中国建设银行股份有限公司
433	农银平衡双利混合	2009-04-08	10.5515	9.8196	农银汇理	交通银行股份有限公司
434	泰达宏利品质生活混合	2009-04-09	5.9241	5.9600	泰达宏利	中国建设银行股份有限公司
435	交银先锋股票	2009-04-10	16.8909	15.8600	交银施罗德	中国农业银行股份有限公司
436	华安强化收益债券	2009-04-13	3.3297	3.3189	华安	中国工商银行股份有限公司
437	融通内需驱动股票	2009-04-22	6.2362	3.8007	融通	中国工商银行股份有限公司
438	泰信蓝筹精选股票	2009-04-22	9.1332	6.2203	泰信	中国银行股份有限公司
439	中欧稳健收益债券	2009-04-24	3.1767	3.2100	中欧	中国建设银行股份有限公司
440	银河行业股票	2009-04-24	20.8274	19.9300	银河	中国建设银行股份有限公司
441	银华和谐主题混合	2009-04-27	12.6848	11.9316	银华	中国工商银行股份有限公司
442	海富通领先成长股票	2009-04-30	15.2688	13.7500	海富通	中国建设银行股份有限公司
443	华泰柏瑞货币	2009-05-06	2.0953	2.0954	华泰柏瑞	中国银行股份有限公司
444	东吴进取策略混合	2009-05-06	14.1191	11.9000	东吴	中国农业银行股份有限公司
445	万家精选股票	2009-05-18	2.7254	1.9500	万家	中国建设银行股份有限公司
446	国泰区位优势股票	2009-05-27	7.5512	7.7365	国泰	中国银行股份有限公司
447	诺安增利债券	2009-05-27	0.8726	0.9082	诺安	中国工商银行股份有限公司
448	建信收益增强债券	2009-06-02	7.9609	8.6100	建信	中国农业银行股份有限公司
449	浦银安盛精致生活	2009-06-04	1.1252	0.9100	浦银安盛	中国建设银行股份有限公司
450	博时信用债券	2009-06-10	9.0461	8.7131	博时	中国工商银行股份有限公司
451	富国优化增强债券	2009-06-10	7.0107	6.7800	富国	中国建设银行股份有限公司
452	申万菱信消费增长股票	2009-06-12	5.4629	4.1940	申万菱信	中国工商银行股份有限公司
453	广发聚瑞股票	2009-06-16	31.2972	30.8987	广发	中国工商银行股份有限公司
454	招商行业领先股票	2009-06-19	13.0298	11.3031	招商	中国银行股份有限公司
455	上投摩根纯债债券	2009-06-24	1.5236	1.5632	上投摩根	中国工商银行股份有限公司

续表 9　Continued 9

序号 No.	基金名称 Investment Funds	成立时间 Date Founded	基金规模(亿份)Size	基金总资产净值(亿元)Net Value of Total Assets	基金管理公司 Administrant	基金托管银行 Fund Custodian Bank
456	中海量化策略股票	2009-06-24	6.0958	5.2028	中海	中国工商银行股份有限公司
457	东方核心动力股票	2009-06-24	1.9244	1.4014	东方	中国银行股份有限公司
458	汇丰晋信大盘股票	2009-06-24	10.6325	10.2625	汇丰晋信	交通银行股份有限公司
459	长城景气行业龙头混合	2009-06-30	2.5745	2.3200	长城	中国建设银行股份有限公司
460	银华内需精选股票(LOF)	2009-07-01	21.3319	14.1200	银华	中国农业银行股份有限公司
461	金鹰行业优势股票	2009-07-01	12.9933	9.6275	金鹰	中国银行股份有限公司
462	汇添富上证综合指数	2009-07-01	61.7328	44.3851	汇添富	中国工商银行股份有限公司
463	华夏沪深300指数	2009-07-10	259.7071	175.5581	华夏	中国工商银行股份有限公司
464	新华泛资源优势混合	2009-07-13	7.3606	6.6920	新华	中国工商银行股份有限公司
465	天治趋势精选混合	2009-07-15	0.5652	0.5200	天治	中国建设银行股份有限公司
466	华富价值增长混合	2009-07-15	2.8341	1.9792	华富	深圳发展银行股份有限公司
467	民生加银增强收益债券	2009-07-21	2.6386	2.7500	民生加银	中国建设银行股份有限公司
468	兴全磐稳增利债券	2009-07-23	1.7184	1.6593	兴业	交通银行股份有限公司
469	中欧价值发现股票	2009-07-24	6.1180	5.2600	中欧	中国建设银行股份有限公司
470	泰信债券增强收益	2009-07-29	2.0703	2.0073	泰信	中国银行股份有限公司
471	长信恒利优势股票	2009-07-30	3.3047	2.2600	长信	中国建设银行股份有限公司
472	华泰柏瑞行业领先股票	2009-08-03	19.4229	12.4606	华泰柏瑞	中国工商银行股份有限公司
473	宝盈货币	2009-08-05	2.5967	2.6000	宝盈	中国建设银行股份有限公司
474	博时策略混合	2009-08-11	22.9890	18.4200	博时	中国建设银行股份有限公司
475	万家稳健增利债券	2009-08-12	2.0554	2.1079	万家	中国银行股份有限公司
476	嘉实回报混合	2009-08-18	22.0592	19.2336	嘉实	中国银行股份有限公司
477	易方达沪深300指数	2009-08-26	88.4459	64.3400	易方达	中国建设银行股份有限公司
478	国联安主题驱动股票	2009-08-26	2.1889	1.8200	国联安	中国建设银行股份有限公司
479	工银上证央企50ETF	2009-08-26	6.8295	7.2400	工银瑞信	招商银行股份有限公司
480	信诚优胜精选股票	2009-08-26	14.1068	10.7300	信诚	中国建设银行股份有限公司
481	国富沪深300指数增强	2009-09-03	9.9534	8.3600	国海富兰克林	中国农业银行股份有限公司
482	中银中证100指数增强	2009-09-04	22.3208	15.2900	中银	中国建设银行股份有限公司
483	大成行业轮动股票	2009-09-08	4.0864	3.1200	大成	中国农业银行股份有限公司
484	鹏华精选成长股票	2009-09-09	13.3096	9.5600	鹏华	中国建设银行股份有限公司
485	金元比联价值增长股票	2009-09-11	1.0261	0.8100	金元比联	中国建设银行股份有限公司
486	大摩领先优势股票	2009-09-22	13.9218	12.8900	摩根士丹利华鑫	中国建设银行股份有限公司
487	诺德成长优势股票	2009-09-22	0.8097	0.7100	诺德	中国建设银行股份有限公司
488	南方中证500指数(LOF)	2009-09-25	49.5603	40.3400	南方	中国农业银行股份有限公司
489	交银上证180公司治理ETF	2009-09-25	48.2252	28.9200	交银施罗德	中国农业银行股份有限公司
490	华安上证180ETF联接	2009-09-29	11.7439	8.8100	华安	中国建设银行股份有限公司
491	华宝兴业中证100指数	2009-09-29	15.6549	10.7600	华宝兴业	中国建设银行股份有限公司
492	交银上证180公司治理ETF联接	2009-09-29	41.8343	28.6600	交银施罗德	中国农业银行股份有限公司
493	农银策略价值股票	2009-09-29	13.9680	13.0300	农银汇理	中国建设银行股份有限公司
494	银华沪深300指数(LOF)	2009-10-14	5.3401	3.8700	银华	中国建设银行股份有限公司
495	国投瑞银沪深300指数分级	2009-10-15	14.0703	12.5424	国投瑞银	中国工商银行股份有限公司
496	国泰中小盘成长股票(LOF)	2009-10-19	9.1742	7.8600	国泰	中国建设银行股份有限公司
497	景顺长城能源基建股票	2009-10-20	18.7314	17.5100	景顺长城	中国农业银行股份有限公司
498	诺安中证100指数	2009-10-27	16.3935	10.8189	诺安	中国工商银行股份有限公司
499	光大保德信动态优选混合	2009-10-28	1.9963	1.6700	光大保德信	中国建设银行股份有限公司
500	中邮核心优势灵活配置混合	2009-10-28	19.9431	16.5600	中邮创业	中国农业银行股份有限公司
501	海富通中证100指数(LOF)	2009-10-30	14.4924	9.8015	海富通	中国银行股份有限公司
502	建信沪深300指数(LOF)	2009-11-05	48.6393	32.8750	建信	中国工商银行股份有限公司
503	华商动态阿尔法混合	2009-11-24	39.6657	33.0400	华商	中国建设银行股份有限公司
504	长盛量化红利股票	2009-11-25	2.9097	2.4078	长盛	中国工商银行股份有限公司
505	广发中证500指数(LOF)	2009-11-26	38.8584	28.7207	广发	中国工商银行股份有限公司
506	易方达深证100ETF联接	2009-12-01	108.1620	76.5313	易方达	中国银行股份有限公司

续表 10 Continued 10

序号 No.	基金名称 Investment Funds	成立时间 Date Founded	基金规模(亿份)Size	基金总资产净值(亿元)Net Value of Total Assets	基金管理公司 Administrant	基金托管银行 Fund Custodian Bank
507	信达澳银中小盘股票	2009-12-01	5.9289	4.8100	信达澳银	中国建设银行股份有限公司
508	泰达宏利红利先锋股票	2009-12-03	11.0641	10.9900	泰达宏利	中国建设银行股份有限公司
509	浦银安盛红利精选股票	2009-12-03	1.6702	1.2363	浦银安盛	中国工商银行股份有限公司
510	南方深证成份 ETF	2009-12-04	30.6055	27.7385	南方	中国工商银行股份有限公司
511	南方深证成份 ETF 联接	2009-12-09	23.6773	16.3549	南方	中国工商银行股份有限公司
512	华夏盛世股票	2009-12-11	108.9424	74.3400	华夏	中国建设银行股份有限公司
513	汇丰晋信中小盘股票	2009-12-11	6.3207	4.5600	汇丰晋信	中国建设银行股份有限公司
514	富国沪深 300 指数增强	2009-12-16	53.2569	41.6902	富国	中国工商银行股份有限公司
515	天弘周期策略股票	2009-12-17	2.6474	2.2488	天弘	中国工商银行股份有限公司
516	华安动态灵活配置混合	2009-12-22	13.9568	12.1470	华安	中国工商银行股份有限公司
517	汇添富策略回报股票	2009-12-22	12.0216	10.7257	汇添富	中国工商银行股份有限公司
518	招商中小盘股票	2009-12-25	5.8865	4.7982	招商	中国工商银行股份有限公司
519	银河沪深 300 价值指数	2009-12-28	5.7992	4.0100	银河	中国建设银行股份有限公司
520	博时上证超大盘 ETF 联接	2009-12-29	16.1623	10.1200	博时	中国建设银行股份有限公司
521	大摩强收益债券	2009-12-29	3.3398	3.5297	摩根士丹利华鑫	中国银行股份有限公司
522	博时上证超大盘 ETF	2009-12-29	75.6445	12.5500	博时	中国建设银行股份有限公司
523	嘉实基本面 50 指数(LOF)	2009-12-30	33.2825	21.0104	嘉实	中国工商银行股份有限公司
524	中欧中小盘股票(LOF)	2009-12-30	2.9419	2.1562	中欧	中国邮政储蓄银行有限责任公司
525	华富中证 100 指数	2009-12-30	2.0151	1.3490	华富	交通银行股份有限公司
526	东吴新经济	2009-12-30	3.8880	3.6800	东吴	中国建设银行股份有限公司
527	易方达亚洲精选股票(QDII)	2010-01-21	1.2810	0.9894	易方达	中国工商银行股份有限公司
528	上投摩根行业轮动股票	2010-01-28	16.6082	12.7300	上投摩根	招商银行股份有限公司
529	大成中证红利指数	2010-02-02	3.2146	2.5500	大成	中国建设银行股份有限公司
530	新华钻石品质企业股票	2010-02-03	7.2410	6.2200	新华	中国建设银行股份有限公司
531	民生加银精选股票	2010-02-03	9.9398	6.9300	民生加银	中国建设银行股份有限公司
532	鹏华中证 500 指数(LOF)	2010-02-05	13.0319	8.9533	鹏华	中国工商银行股份有限公司
533	宝盈中证 100 指数增强	2010-02-08	0.6606	0.4700	宝盈	中国建设银行股份有限公司
534	工银瑞信中小盘股票	2010-02-10	8.4070	6.4000	工银瑞信	中国农业银行股份有限公司
535	信诚中小盘股票	2010-02-10	2.3935	1.6300	信诚	中国建设银行股份有限公司
536	中银蓝筹混合	2010-02-11	18.6709	15.4700	中银	招商银行股份有限公司
537	申万沪深 300 价值指数	2010-02-11	13.6327	9.5357	申万菱信	中国工商银行股份有限公司
538	金元比联核心动力股票	2010-02-11	0.8374	0.6204	金元比联	中国工商银行股份有限公司
539	招商全球资源股票(QDII)	2010-03-25	1.7333	1.6933	招商	中国工商银行股份有限公司
540	中海上证 50 指数增强	2010-03-25	4.3543	2.9994	中海	中国工商银行股份有限公司
541	农银中小盘股票	2010-03-25	14.6223	14.0300	农银汇理	中国建设银行股份有限公司
542	长信中证中央企业 100 指数(LOF)	2010-03-26	1.0046	0.7800	长信	中国建设银行股份有限公司
543	易方达上证中盘 ETF	2010-03-29	4.4349	9.6323	易方达	中国工商银行股份有限公司
544	南方策略优化股票	2010-03-30	10.5673	7.0100	南方	招商银行股份有限公司
545	易方达上证中盘 ETF 联接	2010-03-31	8.8916	6.8173	易方达	中国工商银行股份有限公司
546	国投瑞银沪深 300 金融地产指数(LOF)	2010-04-09	34.4096	24.3964	国投瑞银	中国工商银行股份有限公司
547	金鹰稳健成长股票	2010-04-14	4.5951	3.1182	金鹰	中国工商银行股份有限公司
548	光大保德信中小盘股票	2010-04-14	12.9968	11.0557	光大保德信	交通银行股份有限公司
549	海富通中小盘股票	2010-04-14	13.2053	11.5878	海富通	中国工商银行股份有限公司
550	国联安双禧中证 100 指数分级	2010-04-16	46.3910	39.7200	国联安	中国建设银行股份有限公司
551	广发内需增长混合	2010-04-19	47.6125	36.4500	广发	中国建设银行股份有限公司
552	兴全合润分级股票	2010-04-22	15.8035	13.5500	兴业	招商银行股份有限公司
553	泰达宏利财富大盘指数	2010-04-23	4.7225	3.9756	泰达宏利	中国银行股份有限公司
554	华宝兴业上证 180 价值 ETF 联接	2010-04-23	5.7240	4.6625	华宝兴业	中国工商银行股份有限公司
555	华宝兴业上证 180 价值 ETF	2010-04-23	5.2353	11.3893	华宝兴业	中国工商银行股份有限公司
556	诺安中小盘精选股票	2010-04-28	22.7458	21.0588	诺安	中国工商银行股份有限公司
557	国泰纳斯达克 100 指数(QDII)	2010-04-29	2.2305	2.3430	国泰	中国建设银行股份有限公司

续表 11 Continued 11

序号 No.	基金名称 Investment Funds	成立时间 Date Founded	基金规模(亿份)Size	基金总资产净值(亿元)Net Value of Total Assets	基金管理公司 Administrant	基金托管银行 Fund Custodian Bank
558	汇添富民营活力股票	2010-05-05	5.8881	5.3643	汇添富	中国工商银行股份有限公司
559	银华深证100指数分级	2010-05-07	90.2323	74.9806	银华	中国民生银行股份有限公司
560	华安行业轮动股票	2010-05-11	7.5631	6.4849	华安	中国银行股份有限公司
561	东吴货币	2010-05-11	4.7435	4.7400	东吴	中国农业银行股份有限公司
562	富国通胀通缩主题股票	2010-05-12	2.7714	2.2886	富国	中国工商银行股份有限公司
563	大摩卓越成长股票	2010-05-18	9.8291	8.9000	摩根士丹利华鑫	中国建设银行股份有限公司
564	中邮核心主题股票	2010-05-19	13.8822	10.1000	中邮创业	招商银行股份有限公司
565	工银全球精选股票(QDII)	2010-05-25	1.2375	1.0627	工银瑞信	中国建设银行股份有限公司
566	长盛环球行业股票(QDII)	2010-05-26	0.6800	0.5507	长盛	中国银行股份有限公司
567	建信上证社会责任ETF	2010-05-28	4.6008	3.5321	建信	中国工商银行股份有限公司
568	建信上证社会责任ETF联接	2010-05-28	4.0535	3.5940	建信	中国工商银行股份有限公司
569	鹏华信用增利债券	2010-05-31	3.6635	3.6886	鹏华	交通银行股份有限公司
570	博时创业成长股票	2010-06-01	5.7960	4.8900	博时	中国农业银行股份有限公司
571	嘉实价值优势股票	2010-06-07	42.7916	38.3375	嘉实	中国银行股份有限公司
572	汇丰晋信低碳先锋股票	2010-06-08	5.6909	4.8301	汇丰晋信	交通银行股份有限公司
573	国投瑞银新兴市场股票(QDII-LOF)	2010-06-10	0.6327	0.5271	国投瑞银	中国工商银行股份有限公司
574	华商产业升级股票	2010-06-18	5.1094	3.3800	华商	中国建设银行股份有限公司
575	大成核心双动力股票型	2010-06-22	2.2605	1.7021	大成	中国工商银行股份有限公司
576	招商深证100指数	2010-06-22	2.2954	1.8600	招商	中国工商银行股份有限公司
577	国联安信心增益债券	2010-06-22	9.4302	9.0366	国联安	中信银行股份有限公司
578	华泰柏瑞量化先行股票	2010-06-22	1.3702	1.0990	华泰柏瑞	中国银行股份有限公司
579	中欧沪深300指数增强(LOF)	2010-06-24	2.4685	1.9200	中欧	兴业银行股份有限公司
580	汇添富亚澳成熟优选股票(QDII)	2010-06-25	0.9170	0.7686	汇添富	中国工商银行股份有限公司
581	长信中短债债券	2010-06-28	1.2867	1.2955	长信	中国邮政储蓄银行有限责任公司
582	诺德中小盘股票	2010-06-28	3.0143	2.4598	诺德	中国银行股份有限公司
583	东吴新创业股票	2010-06-29	1.9523	1.6262	东吴	中国工商银行股份有限公司
584	民生加银稳健成长股票	2010-06-29	2.1019	1.3668	民生加银	中国银行股份有限公司
585	交银主题优选混合	2010-06-30	10.2589	8.3000	交银施罗德	中国建设银行股份有限公司
586	银河蓝筹股票	2010-07-16	1.0795	0.8900	银河	中国建设银行股份有限公司
587	新华行业周期轮换股票	2010-07-21	1.2790	1.2506	新华	中国工商银行股份有限公司
588	博时大中华亚太精选股票(QDII)	2010-07-27	0.8223	0.6586	博时	中国工商银行股份有限公司
589	博时宏观回报债券	2010-07-27	5.8360	5.9643	博时	中国银行股份有限公司
590	中海货币	2010-07-28	12.8030	12.8030	中海	中国工商银行股份有限公司
591	信达澳银红利回报股票	2010-07-28	2.3323	1.7100	信达澳银	中国建设银行股份有限公司
592	信诚深度价值股票(LOF)	2010-07-30	2.3773	1.8500	信诚	中国建设银行股份有限公司
593	长盛沪深300指数(LOF)	2010-08-04	2.2746	1.7600	长盛	招商银行股份有限公司
594	鹏华上证民企50ETF联接	2010-08-05	3.3825	2.7082	鹏华	中国工商银行股份有限公司
595	鹏华上证民企50ETF	2010-08-05	3.6462	3.3629	鹏华	中国工商银行股份有限公司
596	华商稳健双利债券	2010-08-09	6.9894	6.4700	华商	中国建设银行股份有限公司
597	天弘深证成份指数(LOF)	2010-08-12	1.0858	0.7637	天弘	中国工商银行股份有限公司
598	国泰价值经典股票(LOF)	2010-08-13	4.5144	3.4300	国泰	中国建设银行股份有限公司
599	工银瑞信双利债券	2010-08-16	17.7830	18.3019	工银瑞信	交通银行股份有限公司
600	广发亚太精选股票	2010-08-18	1.6095	1.2861	广发	中国工商银行股份有限公司
601	易方达消费行业股票	2010-08-20	46.1748	38.5600	易方达	中国农业银行股份有限公司
602	中银价值混合	2010-08-25	17.9095	13.7700	中银	招商银行股份有限公司
603	南方小康ETF联接	2010-08-27	3.3614	2.4711	南方	中国工商银行股份有限公司
604	南方小康ETF	2010-08-27	9.2806	3.0331	南方	中国工商银行股份有限公司
605	嘉实稳固收益债券	2010-09-01	16.0839	16.1711	嘉实	中国工商银行股份有限公司
606	农银大盘蓝筹股票	2010-09-01	28.0159	21.7300	农银汇理	中国建设银行股份有限公司
607	国投瑞银优化增强债券	2010-09-08	9.5869	9.1700	国投瑞银	中国建设银行股份有限公司
608	建信全球机遇股票(QDII)	2010-09-14	3.3628	2.6799	建信	中国工商银行股份有限公司

续表 12 Continued 12

序号 No.	基金名称 Investment Funds	成立时间 Date Founded	基金规模 (亿份)Size	基金总资产净值 (亿元)Net Value of Total Assets	基金管理公司 Administrant	基金托管银行 Fund Custodian Bank
609	诺安主题精选股票	2010-09-15	17.0966	13.5300	诺安	中国建设银行股份有限公司
610	金元比联消费主题股票	2010-09-15	0.9970	0.8051	金元比联	中国工商银行股份有限公司
611	海富通上证周期 ETF	2010-09-19	1.9022	3.7729	海富通	中国工商银行股份有限公司
612	华安香港精选股票(QDII)	2010-09-20	2.6810	2.0774	华安	中国工商银行股份有限公司
613	汇添富医药保健股票	2010-09-21	39.1078	30.0753	汇添富	中国工商银行股份有限公司
614	海富通上证周期 ETF 联接	2010-09-28	3.5212	2.5821	海富通	中国工商银行股份有限公司
615	嘉实 H 股指数(QDII)	2010-09-30	1.9935	1.3816	嘉实	中国建设银行股份有限公司
616	银华成长先锋混合	2010-10-08	22.7223	18.2870	银华	中国工商银行股份有限公司
617	鹏华环球发现(QDII-FOF)	2010-10-12	1.3979	1.1623	鹏华	中国建设银行股份有限公司
618	富国全球债券(QDII-FOF)	2010-10-20	1.6749	1.6037	富国	中国工商银行股份有限公司
619	申万深证成分分级	2010-10-22	33.0184	21.7758	申万菱信	中国工商银行股份有限公司
620	兴全沪深 300 指数(LOF)	2010-11-02	21.2060	16.3600	兴业	中国农业银行股份有限公司
621	南方广利回报债券	2010-11-03	14.9140	13.9905	南方	中国工商银行股份有限公司
622	工银深证红利 ETF	2010-11-05	13.5844	9.3900	工银瑞信	中国农业银行股份有限公司
623	工银深证红利 ETF 联接	2010-11-09	13.2825	9.3000	工银瑞信	中国农业银行股份有限公司
624	华商策略精选混合	2010-11-09	99.0970	72.4606	华商	中国民生银行股份有限公司
625	融通深证成分指数	2010-11-15	11.0799	8.1044	融通	中国工商银行股份有限公司
626	建信内生动力股票	2010-11-16	40.2942	33.3033	建信	中国工商银行股份有限公司
627	华安上证龙头 ETF 联接	2010-11-18	7.9189	6.2559	华安	中国工商银行股份有限公司
628	华安上证龙头 ETF	2010-11-18	3.8365	7.7417	华安	中国工商银行股份有限公司
629	长信量化先锋股票	2010-11-18	1.9409	1.3807	长信	交通银行股份有限公司
630	广发行业领先股票	2010-11-23	34.5900	25.7249	广发	中国工商银行股份有限公司
631	国富中小盘股票	2010-11-23	17.1446	14.4196	国海富兰克林	中国银行股份有限公司
632	海富通稳固收益债券	2010-11-23	6.4324	6.2704	海富通	中国工商银行股份有限公司
633	农银货币	2010-11-23	9.3113	9.3113	农银汇理	中国工商银行股份有限公司
634	博时转债增强债券	2010-11-24	27.0344	24.0600	博时	中国光大银行股份有限公司
635	中银双利债券	2010-11-24	20.4279	20.8500	中银	招商银行股份有限公司
636	国联安上证商品 ETF	2010-11-26	4.2722	9.0252	国联安	中国银行股份有限公司
637	国联安上证商品 ETF 联接	2010-12-01	9.6790	6.4498	国联安	中国银行股份有限公司
638	中欧增强回报债券	2010-12-02	16.7658	16.5005	中欧	广东发展银行股份有限公司
639	华泰柏瑞亚洲领导企业股票(QDII)	2010-12-02	0.9368	0.7036	华泰柏瑞	中国银行股份有限公司
640	银华信用双利债券	2010-12-03	11.5794	11.3500	银华	中国建设银行股份有限公司
641	大摩消费领航混合基金	2010-12-03	30.1895	23.1600	摩根士丹利华鑫	中国建设银行股份有限公司
642	银华抗通胀主题(QDII-FOF-LOF)	2010-12-06	4.5322	3.8798	银华	中国建设银行股份有限公司
643	嘉实主题新动力股票	2010-12-07	49.5652	38.2173	嘉实	中国工商银行股份有限公司
644	华宝兴业新兴产业	2010-12-07	28.7003	21.8000	华宝兴业	中国建设银行股份有限公司
645	富国可转债	2010-12-08	30.1494	26.6300	富国	中国农业银行股份有限公司
646	招商上证消费 80ETF 联接	2010-12-08	16.6459	12.4752	招商	中国工商银行股份有限公司
647	招商上证消费 80ETF	2010-12-08	5.7953	13.0216	招商	中国工商银行股份有限公司
648	汇丰晋信消费红利股票	2010-12-08	21.5123	17.6093	汇丰晋信	交通银行股份有限公司
649	南方金砖四国指数(QDII)	2010-12-09	2.5885	2.0071	南方	中国工商银行股份有限公司
650	中海环保新能源混合	2010-12-09	6.1155	4.6627	中海	中国工商银行股份有限公司
651	博时行业轮动股票	2010-12-10	8.3103	6.0000	博时	中国建设银行股份有限公司
652	浦银安盛沪深 300 指数增强	2010-12-10	2.4282	1.8200	浦银安盛	中国建设银行股份有限公司
653	泰信发展主题股票基金	2010-12-15	3.6059	2.7948	泰信	中国工商银行股份有限公司
654	国投瑞银中证消费服务指数(LOF)	2010-12-16	6.4244	5.0060	国投瑞银	中国工商银行股份有限公司
655	信诚四国配置(QDII-FOF-LOF)	2010-12-17	0.8925	0.7066	信诚	中国银行股份有限公司
656	金鹰主题优势股票	2010-12-20	11.7818	7.6392	金鹰	中国工商银行股份有限公司
657	上投摩根大盘蓝筹股票	2010-12-20	9.7441	7.4300	上投摩根	中国建设银行股份有限公司
658	华安稳固收益债券	2010-12-21	10.6563	11.1351	华安	中国工商银行股份有限公司
659	大成深证成长 40ETF 联接	2010-12-21	21.1371	15.7600	大成	中国农业银行股份有限公司

续表 13 Continued 13

序号 No.	基金名称 Investment Funds	成立时间 Date Founded	基金规模 (亿份)Size	基金总资产净值 (亿元)Net Value of Total Assets	基金管理公司 Administrant	基金托管银行 Fund Custodian Bank
660	大成深证成长40ETF	2010-12-21	21.0163	15.2200	大成	中国农业银行股份有限公司
661	交银趋势股票	2010-12-22	22.3629	16.7788	交银施罗德	中国工商银行股份有限公司
662	鹏华消费优选股票	2010-12-28	11.2492	9.3135	鹏华	中国工商银行股份有限公司
663	银河创新股票	2010-12-29	9.0212	7.3900	银河	招商银行股份有限公司
664	诺安全球黄金(QDII-FOF)	2011-01-13	13.0802	13.6630	诺安	中国工商银行股份有限公司
665	建信保本混合	2011-01-18	26.0153	25.7096	建信	中国工商银行股份有限公司
666	纽银策略优选股票	2011-01-25	6.2399	4.6000	纽银西部	中国建设银行股份有限公司
667	泰达宏利中小盘股票	2011-01-26	16.7451	13.4300	泰达宏利	中国农业银行股份有限公司
668	国联安货币	2011-01-26	1.1797	1.1800	国联安	上海浦东发展银行股份有限公司
669	华泰柏瑞上证中小盘ETF联接	2011-01-26	0.8993	0.6046	华泰柏瑞	中国银行股份有限公司
670	汇添富保本混合	2011-01-26	20.3472	20.5952	汇添富	中国工商银行股份有限公司
671	华泰柏瑞上证中小盘ETF	2011-01-26	0.4822	1.1687	华泰柏瑞	中国银行股份有限公司
672	长城中小盘股票	2011-01-27	4.4265	3.5060	长城	中国银行股份有限公司
673	海富通大中华股票(QDII)	2011-01-27	1.0540	0.7437	海富通	中国银行股份有限公司
674	易方达医疗行业股票	2011-01-28	38.4531	33.1798	易方达	中国银行股份有限公司
675	新华中小市值优选股票	2011-01-28	4.9500	4.0400	新华	中国建设银行股份有限公司
676	民生加银内需增长股票	2011-01-28	7.3287	5.4500	民生加银	兴业银行股份有限公司
677	富国上证综指ETF联接	2011-01-30	4.7906	3.6910	富国	中国工商银行股份有限公司
678	南方优选成长混合	2011-01-30	17.5852	14.6100	南方	中国建设银行股份有限公司
679	富国上证综指ETF	2011-01-30	1.8264	4.0604	富国	中国工商银行股份有限公司
680	上投摩根全球新兴市场股票(QDII)	2011-01-31	0.9395	0.7440	上投摩根	中国建设银行股份有限公司
681	东吴中证新兴	2011-02-01	17.9703	12.1000	东吴	中国农业银行股份有限公司
682	中欧新动力股票(LOF)	2011-02-10	2.7113	2.2300	中欧	中国光大银行股份有限公司
683	招商标普金砖四国指数(QDII-LOF)	2011-02-11	1.5987	1.1810	招商	中国银行股份有限公司
684	信诚中证500指数	2011-02-11	5.0637	3.5500	信诚	中国建设银行股份有限公司
685	申万菱信稳益宝债券	2011-02-11	2.0833	2.1084	申万菱信	华夏银行股份有限公司
686	中银全球策略(QDII-FOF)	2011-03-03	5.2954	4.3878	中银	中国建设银行股份有限公司
687	浦银安盛货币	2011-03-09	4.3044	4.3045	浦银安盛	中信银行股份有限公司
688	华宝兴业成熟市场	2011-03-15	0.9493	0.8462	华宝兴业	中国银行股份有限公司
689	广发聚祥保本混合	2011-03-15	34.3982	34.9655	广发	中国工商银行股份有限公司
690	华商稳定增利债券	2011-03-15	15.2213	14.6800	华商	中国建设银行股份有限公司
691	银华中证等权90指数分级	2011-03-17	31.2150	22.2200	银华	中国建设银行股份有限公司
692	万家中证红利指数(LOF)	2011-03-17	7.4696	6.0900	万家	中国建设银行股份有限公司
693	招商安瑞进取债券	2011-03-17	14.0861	12.9800	招商	中国农业银行股份有限公司
694	景顺长城中小盘股票	2011-03-22	15.6797	12.4754	景顺长城	中国工商银行股份有限公司
695	大成标普500等权重指数QDII	2011-03-23	1.5046	1.3280	大成	中国银行股份有限公司
696	嘉实多利分级债券(LOF)	2011-03-23	13.9680	13.9900	嘉实	招商银行股份有限公司
697	中海增强收益债券	2011-03-23	2.2241	2.1730	中海	中国工商银行股份有限公司
698	信诚货币	2011-03-23	6.3045	6.3000	信诚	中国建设银行股份有限公司
699	景顺长城稳定收益债券	2011-03-25	4.4208	4.2941	景顺长城	中国银行股份有限公司
700	汇添富社会责任股票	2011-03-29	37.3549	31.5300	汇添富	中国农业银行股份有限公司
701	长信标普100等权重指数(QDII)	2011-03-30	0.4961	0.4709	长信	中国银行股份有限公司
702	国泰上证180金融ETF联接	2011-03-31	11.4994	9.3703	国泰	中国银行股份有限公司
703	国泰上证180金融ETF	2011-03-31	3.8626	10.7620	国泰	中国银行股份有限公司
704	华富量子生命力股票	2011-04-01	1.4273	1.0635	华富	深圳发展银行股份有限公司
705	诺安上证新兴产业ETF联接	2011-04-07	6.6864	4.6485	诺安	中国工商银行股份有限公司
706	诺安上证新兴产业ETF	2011-04-07	9.1898	6.2567	诺安	中国工商银行股份有限公司
707	长城积极增利债券	2011-04-12	5.5950	5.3600	长城	中国建设银行股份有限公司
708	农银沪深300指数	2011-04-12	28.7646	20.7124	农银汇理	中国工商银行股份有限公司
709	东方保本混合型基金	2011-04-14	11.3010	11.3281	东方	中国邮政储蓄银行有限责任公司
710	国泰保本混合	2011-04-19	23.2949	22.6800	国泰	招商银行股份有限公司

续表 14 Continued 14

序号 No.	基金名称 Investment Funds	成立时间 Date Founded	基金规模 (亿份)Size	基金总资产净值 (亿元)Net Value of Total Assets	基金管理公司 Administrant	基金托管银行 Fund Custodian Bank
711	大成保本混合	2011-04-20	11.7836	12.0462	大成	中国工商银行股份有限公司
712	工银消费服务股票	2011-04-21	20.7511	17.5100	工银瑞信	中国农业银行股份有限公司
713	华安升级主题股票	2011-04-22	17.5352	14.2200	华安	中国建设银行股份有限公司
714	博时卓越品牌股票(LOF)	2011-04-22	4.4134	3.9541	博时	中国工商银行股份有限公司
715	海富通上证非周期 ETF	2011-04-22	2.1149	3.6198	海富通	中国工商银行股份有限公司
716	博时抗通胀增强回报(QDII-FOF)	2011-04-25	10.0029	8.1414	博时	中国银行股份有限公司
717	鹏华丰盛债券	2011-04-25	10.5867	10.5953	鹏华	中国工商银行股份有限公司
718	华宝兴业可转债债券	2011-04-27	10.3545	9.3100	华宝兴业	招商银行股份有限公司
719	海富通上证非周期 ETF 联接	2011-04-27	2.5937	1.9261	海富通	中国工商银行股份有限公司
720	诺德 30 股票	2011-05-05	7.6274	6.0279	诺德	中国银行股份有限公司
721	易方达黄金主题(QDII-LOF-FOF)	2011-05-06	10.0256	9.4510	易方达	中国农业银行股份有限公司
722	兴全绿色投资股票(LOF)	2011-05-06	16.3129	14.6929	兴业	中国工商银行股份有限公司
723	建信双利分级股票	2011-05-06	20.0435	16.9400	建信	招商银行股份有限公司
724	中邮中小盘灵活配置混合	2011-05-10	9.8056	8.0900	中邮创业	中国农业银行股份有限公司
725	诺安保本混合	2011-05-13	23.8123	24.4900	诺安	招商银行股份有限公司
726	光大保德信信用添益债券	2011-05-16	5.4652	5.7432	光大保德信	中国民生银行股份有限公司
727	华安大中华升级股票(QDII)	2011-05-17	1.1367	0.9067	华安	中国银行股份有限公司
728	南方中证 50 债券指数(LOF)	2011-05-17	11.3393	11.8670	南方	中国工商银行股份有限公司
729	金鹰保本混合	2011-05-17	7.9382	8.1137	金鹰	中国工商银行股份有限公司
730	大摩多因子策略股票	2011-05-17	7.8477	6.3600	摩根士丹利华鑫	中国建设银行股份有限公司
731	浙商聚潮产业成长股票	2011-05-17	9.0973	7.6200	浙商基金	中国农业银行股份有限公司
732	国联安优选行业股票	2011-05-23	8.5796	7.3455	国联安	中国银行股份有限公司
733	长盛同鑫保本混合	2011-05-24	20.9305	21.4023	长盛	中国银行股份有限公司
734	华夏亚债中国指数	2011-05-25	29.1768	-30.4932	华夏	交通银行股份有限公司
735	嘉实领先成长股票	2011-05-31	16.5460	14.8900	嘉实	中国农业银行股份有限公司
736	银河保本混合	2011-05-31	8.6760	8.8000	银河	中国建设银行股份有限公司
737	华商价值精选股票	2011-05-31	4.6567	3.9700	华商	中国建设银行股份有限公司
738	金鹰中证技术领先指数增强	2011-06-01	1.3110	0.9835	金鹰	中国银行股份有限公司
739	广发中小板 300ETF	2011-06-03	9.8859	7.8800	广发	中国农业银行股份有限公司
740	广发中小板 300 联接	2011-06-08	7.8186	5.7400	广发	中国农业银行股份有限公司
741	泰信中证 200 指数基金	2011-06-09	1.3591	0.9583	泰信	中国银行股份有限公司
742	博时深证基本面 200ETF 联接	2011-06-10	2.0050	1.4510	博时	交通银行股份有限公司
743	博时深证基本面 200ETF	2011-06-10	2.9522	2.1023	博时	交通银行股份有限公司
744	信达澳银产业升级股票	2011-06-13	4.4093	3.6600	信达澳银	中国建设银行股份有限公司
745	大成内需增长股票	2011-06-14	6.5201	5.3945	大成	中国银行股份有限公司
746	鹏华新兴产业股票	2011-06-15	9.6228	9.1500	鹏华	招商银行股份有限公司
747	申万菱信量化小盘股票(LOF)	2011-06-16	2.5555	1.9951	申万菱信	中国工商银行股份有限公司
748	中银上证国企 100ETF	2011-06-16	2.6483	1.8200	中银	招商银行股份有限公司
749	汇添富可转换债券	2011-06-17	6.3343	6.2274	汇添富	中国工商银行股份有限公司
750	易方达安心回报债券	2011-06-21	8.6015	8.6564	易方达	中国工商银行股份有限公司
751	南方保本混合	2011-06-21	45.7055	46.6800	南方	中国农业银行股份有限公司
752	建信新兴市场股票(QDII)	2011-06-21	1.6482	1.3987	建信	中国工商银行股份有限公司
753	华安可转债债券	2011-06-22	7.9454	7.6200	华安	招商银行股份有限公司
754	交银先进制造股票	2011-06-22	6.9972	5.8500	交银施罗德	中国农业银行股份有限公司
755	深证 TMT50ETF	2011-06-27	1.7252	4.0254	招商	中国银行股份有限公司
756	招商深证 TMT50ETF 联接	2011-06-27	3.7040	2.6919	招商	中国银行股份有限公司
757	银华永祥保本混合	2011-06-28	12.3267	12.6991	银华	中国银行股份有限公司
758	广发全球农业指数(QDII)	2011-06-28	3.6610	3.1093	广发	中国工商银行股份有限公司
759	中银转债增强债券	2011-06-29	4.7459	4.7300	中银	招商银行股份有限公司
760	农银增强收益债券	2011-07-01	3.0937	3.1997	农银汇理	渤海银行股份有限公司
761	富国全球顶级消费品股票(QDII)	2011-07-13	2.7438	2.5580	富国	中国工商银行股份有限公司

续表 15 Continued 15

序号 No.	基金名称 Investment Funds	成立时间 Date Founded	基金规模(亿份)Size	基金总资产净值(亿元)Net Value of Total Assets	基金管理公司 Administrant	基金托管银行 Fund Custodian Bank
762	上投摩根新兴动力股票	2011-07-13	2.9845	2.6300	上投摩根	中国农业银行股份有限公司
763	新华灵活主题股票	2011-07-13	2.3593	1.9137	新华	中信银行股份有限公司
764	泰达宏利全球新格局(QDII-FOF)	2011-07-20	0.7895	0.7730	泰达宏利	中国建设银行股份有限公司
765	国投瑞银中证上游资源产业指数(LOF)	2011-07-21	3.9184	3.0568	国投瑞银	中国工商银行股份有限公司
766	汇丰晋信科技先锋股票	2011-07-27	4.4878	3.9400	汇丰晋信	中国建设银行股份有限公司
767	东吴增利债券	2011-07-27	4.2212	4.2817	东吴	中信银行股份有限公司
768	银河消费股票	2011-07-29	3.6352	3.3500	银河	中国建设银行股份有限公司
769	嘉实深证基本面120联接	2011-08-01	3.8405	3.2377	嘉实	中国银行股份有限公司
770	嘉实深证基本面120ETF	2011-08-01	5.8690	4.7409	嘉实	中国银行股份有限公司
771	信诚新机遇股票(LOF)	2011-08-01	2.8062	2.4800	信诚	中国建设银行股份有限公司
772	国富策略回报混合	2011-08-02	7.7118	6.6400	国海富兰克林	中国农业银行股份有限公司
773	兴全保本混合	2011-08-03	13.1614	12.9700	兴业	兴业银行股份有限公司
774	嘉实黄金(QDII-FOF-LOF)	2011-08-04	3.8808	3.6086	嘉实	中国工商银行股份有限公司
775	天治成长精选股票	2011-08-04	3.3315	3.0500	天治	上海银行股份有限公司
776	上证180成长ETF	2011-08-04	6.1675	5.4374	华宝兴业	中国银行股份有限公司
777	华宝兴业上证180成长ETF联接	2011-08-09	3.3052	3.0219	华宝兴业	中国银行股份有限公司
778	诺安多策略股票	2011-08-09	8.3257	6.6700	诺安	中国建设银行股份有限公司
779	富国低碳环保股票	2011-08-10	7.3930	6.4500	富国	招商银行股份有限公司
780	上投摩根强化回报债券	2011-08-10	3.2036	3.2200	上投摩根	中国建设银行股份有限公司
781	工银添颐债券	2011-08-10	13.2672	13.8632	工银瑞信	中国民生银行股份有限公司
782	易方达资源行业股票	2011-08-16	12.1342	11.1424	易方达	中国银行股份有限公司
783	金元比联保本混合	2011-08-16	1.8668	1.9000	金元比联	中国农业银行股份有限公司
784	国泰事件驱动股票	2011-08-17	2.1234	2.0600	国泰	中国建设银行股份有限公司
785	纽银新动向混合	2011-08-18	1.3419	1.2000	纽银西部	中国建设银行股份有限公司
786	汇添富黄金及贵金属(QDII-LOF-FOF)	2011-08-31	5.2692	4.5305	汇添富	中国工商银行股份有限公司
787	金鹰策略配置股票	2011-09-01	3.8547	3.6804	金鹰	中信银行股份有限公司
788	招商安达保本混合	2011-09-01	7.7517	8.1400	招商	中国农业银行股份有限公司
789	民营ETF	2011-09-02	1.6827	4.2800	鹏华	中国建设银行股份有限公司
790	华安深圳300指数(LOF)	2011-09-02	3.9909	3.3313	华安	中国银行股份有限公司
791	鹏华深证民营ETF联接	2011-09-02	2.0373	1.6200	鹏华	中国建设银行股份有限公司
792	农银策略精选股票	2011-09-06	9.0916	8.4541	农银汇理	中信银行股份有限公司
793	深证基本面60ETF	2011-09-08	2.3006	3.6576	建信	中国民生银行股份有限公司
794	建信深证基本面60ETF联接	2011-09-08	3.8940	3.3647	建信	中国民生银行股份有限公司
795	嘉实信用债券	2011-09-14	18.7863	19.1295	嘉实	中国银行股份有限公司
796	汇添富深证300ETF	2011-09-16	4.5915	3.8435	汇添富	中国工商银行股份有限公司
797	南方上证380ETF	2011-09-16	2.6444	2.1500	南方	中国建设银行股份有限公司
798	易方达创业板ETF联接	2011-09-20	2.0580	1.9121	易方达	中国工商银行股份有限公司
799	易方达创业板ETF	2011-09-20	5.3945	3.9465	易方达	中国工商银行股份有限公司
800	南方上证380ETF联接	2011-09-20	1.6009	1.3200	南方	中国建设银行股份有限公司
801	广发制造业精选股票	2011-09-20	4.6335	4.4948	广发	中国工商银行股份有限公司
802	平安大华行业先锋股票	2011-09-20	25.4234	22.9686	平安大华	中国银行股份有限公司
803	富安达优势成长股票	2011-09-21	4.4130	4.2097	富安达	交通银行股份有限公司
804	交银深证300价值ETF	2011-09-22	1.0032	0.9100	交银施罗德	中国农业银行股份有限公司
805	景顺长城大中华股票(QDII)	2011-09-22	0.5322	0.5079	景顺长城	中国工商银行股份有限公司
806	诺安全球收益不动产(QDII)	2011-09-23	5.3296	5.3485	诺安	中国工商银行股份有限公司
807	南方中国中小盘股票指数(QDII-LOF)	2011-09-26	1.0786	1.0714	南方	中国农业银行股份有限公司
808	交银双利债券	2011-09-26	2.9279	2.9500	交银施罗德	中国建设银行股份有限公司

续表 16 Continued 16

序号 No.	基金名称 Investment Funds	成立时间 Date Founded	基金规模 (亿份)Size	基金总资产净值 (亿元)Net Value of Total Assets	基金管理公司 Administrant	基金托管银行 Fund Custodian Bank
809	诺安油气能源(QDII-FOF-LOF)	2011-09-27	8.6825	8.7172	诺安	招商银行股份有限公司
810	银华消费分级股票	2011-09-28	2.0075	1.8400	银华	中国建设银行股份有限公司
811	汇添富深证300ETF联接	2011-09-28	2.3201	2.1152	汇添富	中国工商银行股份有限公司
812	交银深证300价值ETF联接	2011-09-28	0.7590	0.6900	交银施罗德	中国农业银行股份有限公司
813	东吴新产业精选股票	2011-09-28	2.3272	2.2000	东吴	中国建设银行股份有限公司
814	华宝油气	2011-09-29	1.1525	1.1276	华宝兴业	中国建设银行股份有限公司
815	富国中证500指数增强(LOF)	2011-10-12	1.9986	1.7000	富国	中国农业银行股份有限公司
816	长信内需成长股票	2011-10-20	1.3338	1.1400	长信	中国农业银行股份有限公司
817	工银主题策略股票	2011-10-24	6.3182	6.1594	工银瑞信	交通银行股份有限公司
818	长盛同祥泛资源股票	2011-10-26	2.2841	2.2800	长盛	中国建设银行股份有限公司
819	泰信中小盘精选	2011-10-26	1.5046	1.4879	泰信	中国银行股份有限公司
820	汇丰晋信货币	2011-11-02	1.3875	1.3875	汇丰晋信	交通银行股份有限公司
821	博时回报混合	2011-11-08	2.8014	2.8100	博时	中国建设银行股份有限公司
822	大成中证内地消费主题指数	2011-11-08	8.5111	8.4800	大成	中国农业银行股份有限公司
823	中海消费股票	2011-11-09	0.8345	0.8300	中海	中国农业银行股份有限公司
824	大摩深证300指数增强	2011-11-15	4.2192	3.9500	摩根士丹利华鑫	中国建设银行股份有限公司
825	海富通国策导向股票	2011-11-16	5.5328	5.5428	海富通	中国银行股份有限公司
826	建信恒稳价值混合	2011-11-22	8.6831	8.7000	建信	中国光大银行股份有限公司
827	中邮上证380指数增强	2011-11-22	2.0489	2.0406	中邮创业	中国银行股份有限公司
828	民生加银景气行业股票	2011-11-22	31.9927	32.0100	民生加银	中国建设银行股份有限公司
829	中银中小盘成长股票	2011-11-23	30.4572	30.5300	中银	招商银行股份有限公司
830	鹏华美国房地产(QDII)	2011-11-25	2.8494	2.8484	鹏华	中国建设银行股份有限公司
831	农银中证500指数	2011-11-29	7.1135	7.0641	农银汇理	交通银行股份有限公司
832	大成可转债增强债券	2011-11-30	9.8583	9.8786	大成	中国工商银行股份有限公司
833	易方达双债增强债券	2011-12-01	16.0411	16.0800	易方达	中国建设银行股份有限公司
834	泰达宏利500指数分级	2011-12-01	2.4679	2.4197	泰达宏利	中国银行股份有限公司
835	财通价值动量混合	2011-12-01	10.5857	10.5829	财通基金	中国工商银行股份有限公司
836	富国产业债	2011-12-05	10.7799	10.7827	富国	中国工商银行股份有限公司
837	长盛同禧信用增利债券	2011-12-06	37.0086	37.0776	长盛	中国银行股份有限公司
838	长盛同瑞中证200分级	2011-12-06	6.2319	6.2400	长盛	中国农业银行股份有限公司
839	华安信用四季红债券	2011-12-08	9.5592	9.5760	华安	中国工商银行股份有限公司
840	嘉实周期优选股票	2011-12-08	8.0014	7.9940	嘉实	中国工商银行股份有限公司
841	银华中证内地资源指数分级	2011-12-08	1.1773	1.1854	银华	中国银行股份有限公司
842	申万菱信可转债债券	2011-12-09	6.4955	6.5091	申万菱信	中国工商银行股份有限公司
843	华富中小板指数增强	2011-12-09	0.7723	0.7800	华富	中国建设银行股份有限公司
844	国投瑞银新兴产业混合(LOF)	2011-12-13	6.5003	6.5000	国投瑞银	中国建设银行股份有限公司
845	建信双息红利债券	2011-12-13	19.5167	19.5384	建信	中信银行股份有限公司
846	华安科技动力股票	2011-12-20	8.9781	8.9800	华安	中国建设银行股份有限公司
847	国投瑞银瑞源保本混合	2011-12-20	4.6422	4.6478	国投瑞银	中国民生银行股份有限公司
848	信诚全球商品主题(QDII-FOF-LOF)	2011-12-20	2.9485	2.9493	信诚	中国银行股份有限公司
849	景顺长城核心竞争力股票	2011-12-20	9.4028	9.4100	景顺长城	中国农业银行股份有限公司
850	汇添富信用债债券	2011-12-20	7.1962	7.1900	汇添富	中国农业银行股份有限公司
851	平安大华深证300指数增强	2011-12-20	4.1771	4.1810	平安大华	中国银行股份有限公司
852	方正富邦创新动力股票	2011-12-26	13.1357	13.1200	方正富邦	中国建设银行股份有限公司
853	工银保本混合	2011-12-27	34.2989	34.4200	工银瑞信	中国光大银行股份有限公司
854	嘉实安心货币	2011-12-28	17.7186	17.7187	嘉实	中国银行股份有限公司
855	银华永泰积极债券	2011-12-28	11.9357	11.9400	银华	上海浦东发展银行股份有限公司
856	东方增长中小盘混合	2011-12-28	3.3586	3.3593	东方	中国邮政储蓄银行有限责任公司
857	国泰信用互利分级债券	2011-12-29	5.3969	5.4000	国泰	中国建设银行股份有限公司

4－3 QFII概况表
List of QFII

序号 No.	QFII名称 QFII	QFII资格批准时间 Date Approved	批准额度 (亿美元)	资产净值(亿元) Net Asset Value
1	瑞士银行	2003－5－23	7.90	235.15
2	野村证券株式会社	2003－5－23	3.50	39.37
3	摩根士丹利国际股份有限公司	2003－6－5	4.00	119.67
4	花旗环球金融有限公司	2003－6－5	5.50	96.69
5	高盛公司	2003－7－4	3.00	60.23
6	德意志银行	2003－7－30	4.00	89.38
7	香港上海汇丰银行有限公司	2003－8－4	4.00	98.22
8	荷兰安智银行股份有限公司	2003－9－10	4.00	56.86
9	摩根大通银行	2003－9－30	1.50	47.55
10	瑞士信贷(香港)有限公司	2003－10－24	5.00	102.93
11	渣打银行(香港)有限公司	2003－12－11	0.75	18.86
12	日兴资产管理有限公司	2003－12－11	4.50	20.93
13	美林国际	2004－4－30	3.00	97.43
14	恒生银行有限公司	2004－5－10	1.00	25.79
15	大和证券资本市场株式会社	2004－5－10	0.50	9.32
16	雷曼兄弟国际(欧洲)公司	2004－7－6	2.00	3.55
17	比尔及梅林达盖茨信托基金会	2004－7－19	3.00	49.71
18	景顺资产管理有限公司	2004－8－4	3.50	30.25
19	苏格兰皇家银行有限公司	2004－9－2	1.75	47.39
20	法国兴业银行	2004－9－2	0.50	5.80
21	巴克莱银行	2004－9－15	4.00	6.28
22	德国商业银行	2004－9－27	0.75	184.52
23	富通银行	2004－9－29	5.00	53.60
24	法国巴黎银行	2004－9－29	2.00	14.47
25	加拿大鲍尔公司	2004－10－15	0.50	43.41
26	东方汇理银行	2004－10－15	0.75	22.48
27	高盛国际资产管理公司	2005－5－9	5.00	44.16
28	马丁可利投资管理有限公司	2005－10－25	1.20	36.84
29	新加坡政府投资有限公司	2005－10－25	3.00	10.26
30	柏瑞投资有限责任公司	2005－11－14	1.50	5.66
31	淡马锡富敦投资有限公司	2005－11－15	3.00	33.33
32	JF资产管理有限公司	2005－12－28	3.75	35.82
33	日本第一生命保险株式会社	2005－12－28	2.00	22.63
34	星展银行有限公司	2006－2－13	1.00	15.31
35	安保资本投资有限公司	2006－4－10	3.00	28.23
36	加拿大丰业银行	2006－4－10	1.50	16.90
37	比联金融产品英国有限公司	2006－4－10	0.20	10.14
38	法国爱德蒙得洛希尔银行	2006－4－10	1.00	21.44
39	耶鲁大学	2006－4－14	1.50	28.06
40	摩根士丹利投资管理公司	2006－7－7	4.50	31.72
41	英国保诚资产管理(香港)有限公司	2006－7－7	3.00	17.91
42	斯坦福大学	2006－8－5	1.00	13.60
43	通用电气资产管理公司	2006－8－5	3.50	23.85
44	大华银行有限公司	2006－8－5	0.50	3.98
45	施罗德投资管理有限公司	2006－8－29	3.00	18.08
46	汇丰环球投资管理(香港)有限公司	2006－9－5	3.50	18.17
47	瑞穗证券株式会社	2006－9－5	0.50	2.76

续表 1 Continued 1

序号 No.	QFII 名称 QFII	QFII 资格批准时间 Date Approved	批准额度 (亿美元)	资产净值(亿元) Net Asset Value
48	瑞银环球资产管理(新加坡)有限公司	2006-9-25	2.50	15.64
49	三井住友资产管理株式会社	2006-9-25	3.50	17.31
50	挪威中央银行	2006-10-24	7.00	43.10
51	百达资产管理有限公司	2006-10-25	1.00	6.97
52	哥伦比亚大学	2008-3-12	1.00	9.93
53	保德信资产运用株式会社	2008-4-7	0.75	3.73
54	荷宝基金管理公司	2008-5-5	1.50	9.17
55	道富环球投资管理亚洲有限公司	2008-5-16	0.50	1.85
56	铂金投资管理有限公司	2008-6-2	1.50	9.75
57	比利时联合资产管理有限公司	2008-6-2	2.10	2.70
58	未来资产基金管理公司	2008-7-25	2.50	12.17
59	安达国际控股有限公司	2008-8-5	1.50	10.87
60	魁北克储蓄投资集团	2008-8-22	2.00	16.51
61	哈佛大学	2008-8-22	2.00	2.71
62	三星资产运用株式会社	2008-8-25	3.00	18.62
63	联博有限公司	2008-8-28	1.50	8.98
64	华侨银行有限公司	2008-8-28	1.50	10.07
65	首域投资管理(英国)有限公司	2008-9-11	1.20	6.51
66	大和证券投资信托株式会社	2008-9-11	2.00	8.90
67	壳牌资产管理有限公司	2008-9-12	0.00	0.00
68	普信国际公司	2008-9-12	1.10	9.62
69	瑞士信贷银行股份有限公司	2008-10-14	2.00	5.72
70	大华资产管理有限公司	2008-11-28	0.50	3.09
71	阿布达比投资局	2008-12-3	2.00	14.02
72	德盛安联资产管理卢森堡	2008-12-16	1.00	4.90
73	资本国际公司	2008-12-18	1.00	6.56
74	三菱日联摩根士丹利证券股份有限公司	2008-12-29	1.00	2.70
75	韩华投资信托管理株式会社	2009-2-5	0.70	3.36
76	新兴市场管理有限公司	2009-2-10	0.50	3.52
77	DWS 投资管理有限公司	2009-2-24	2.00	3.14
78	韩国产业银行	2009-4-23	1.00	6.10
79	韩国友利银行股份有限公司	2009-5-4	0.50	2.61
80	马来西亚国家银行	2009-5-19	2.00	14.40
81	罗祖儒投资管理(香港)有限公司	2009-5-27	0.50	2.08
82	邓普顿投资顾问有限公司	2009-6-5	2.00	13.06
83	东亚联丰投资管理有限公司	2009-6-18	1.00	2.13
84	日本住友信托银行股份有限公司	2009-6-26	0.50	2.64
85	韩国投资信托运用株式会社	2009-7-21	1.00	6.00
86	霸菱资产管理有限公司	2009-8-6	2.00	11.23
87	安石投资管理有限公司	2009-9-14	2.00	11.38
88	纽约梅隆资产管理国际有限公司	2009-11-6	1.50	9.83
89	宏利资产管理(香港)有限公司	2009-11-20	2.00	11.37
90	野村资产管理株式会社	2009-11-23	2.00	11.36
91	东洋资产运用(株)	2009-12-11	1.00	5.15

续表 2 Continued 2

序号 No.	QFII 名称 QFII	QFII 资格批准时间 Date Approved	批准额度 (亿美元)	资产净值(亿元) Net Asset Value
92	加拿大皇家银行	2009-12-23	1.00	5.27
93	英杰华投资集团全球服务有限公司	2009-12-28	1.00	5.83
94	常青藤资产管理公司	2010-2-8	1.00	4.93
95	达以安资产管理公司	2010-4-20	1.00	3.43
96	法国欧菲资产管理公司	2010-5-21	1.50	6.10
97	安本亚洲资产管理公司	2010-7-6	2.00	12.31
98	KB资产运用	2010-8-9	1.00	4.76
99	富达基金(香港)有限公司	2010-9-1	1.50	7.61
100	美盛投资(欧洲)有限公司	2010-10-8	1.00	5.71
101	香港金融管理局	2010-10-27	3.00	18.31
102	富邦证券投资信托股份有限公司	2010-10-29	1.00	5.69
103	群益证券投资信托股份有限公司	2010-10-29	1.00	5.58
104	蒙特利尔银行投资公司	2010-12-6	0.00	0.00
105	瑞士宝盛银行	2010-12-14	1.00	5.87
106	科提比资产运用株式会社	2010-12-28	1.00	0.00
107	领先资产管理	2011-2-16	1.00	0.00
108	宝来证券投资信托股份有限公司	2011-3-4	1.00	0.00
109	忠利保险有限公司	2011-3-18	1.00	0.00
110	西班牙对外银行有限公司	2011-5-6	1.00	0.00
111	国泰证券投资信托股份有限公司	2011-6-9	1.00	0.00
112	复华证券投资信托股份有限公司	2011-6-9	1.00	0.00
113	亢简资产管理公司	2011-6-24	0.00	0.00
114	东方汇理资产管理香港有限公司	2011-7-14	0.00	0.00
115	贝莱德机构信托公司	2011-7-14	0.00	0.00
116	GMO有限责任公司	2011-8-9	0.00	0.00
117	新加坡金融管理局	2011-10-8	0.00	0.00
118	中国人寿保险股份有限公司(台湾)	2011-10-26	0.00	0.00
119	新光人寿保险股份有限公司	2011-10-26	0.00	0.00
120	普林斯顿大学	2011-11-25	0.00	0.00
121	新光投信株式会社	2011-11-25	0.00	0.00
122	加拿大年金计划投资委员会	2011-12-9	0.00	0.00
123	泛达公司	2011-12-9	0.00	0.00
124	瀚博环球投资公司	2011-12-13	0.00	0.00
125	安耐德合伙人有限公司	2011-12-13	0.00	0.00
126	泰国银行	2011-12-16	0.00	0.00
127	科威特政府投资局	2011-12-21	0.00	0.00
128	北美信托环球投资公司	2011-12-21	0.00	0.00
129	台湾人寿保险股份有限公司	2011-12-21	0.00	0.00
130	韩国银行	2011-12-21	0.00	0.00
131	安大略省教师养老金计划委员会	2011-12-22	0.00	0.00
132	韩国投资公司	2011-12-28	0.00	0.00
133	罗素投资爱尔兰有限公司	2011-12-28	0.00	0.00
134	迈世勒资产管理有限责任公司	2011-12-31	0.00	0.00
135	华宜资产运用有限公司	2011-12-31	0.00	0.00

数据来源：中国证监会
Source：CSRC

4-4 QDII 概况表

List of QDII

序号 No.	QDII 名称 QDII	单位基金净值(元) Unit Net Value of Fund	基金份额(亿份) Fund Share
1	南方全球精选配置(QDII-FOF)	0.6034	181.8001
2	华夏全球股票(QDII)	0.7216	191.8736
3	嘉实海外中国股票(QDII)	0.5137	190.9196
4	上投摩根亚太优势股票(QDII)	0.5059	214.0625
5	工银全球股票(QDII)	0.8184	11.7690
6	华宝兴业海外中国股票(QDII)	0.8511	0.7747
7	银华全球优选(QDII-FOF)	0.8201	1.0642
8	海富通中国海外股票(QDII)	1.1350	1.9724
9	交银环球精选股票(QDII)	1.1791	1.3623
10	易方达亚洲精选股票(QDII)	0.7723	1.2810
11	招商全球资源股票(QDII)	0.9770	1.7333
12	国泰纳斯达克 100 指数(QDII)	1.0504	2.2305
13	工银全球精选股票(QDII)	0.8588	1.2375
14	长盛环球行业股票(QDII)	0.8098	0.6800
15	国投瑞银新兴市场股票(QDII-LOF)	0.8331	0.6327
16	汇添富亚澳成熟优选股票(QDII)	0.8382	0.9170
17	博时大中华亚太精选股票(QDII)	0.8009	0.8223
18	广发亚太精选股票	0.7991	1.6095
19	建信全球机遇股票(QDII)	0.7969	3.3628
20	华安香港精选股票(QDII)	0.7749	2.6810
21	嘉实 H 股指数(QDII)	0.6930	1.9935
22	鹏华环球发现(QDII-FOF)	0.8314	1.3979
23	富国全球债券(QDII-FOF)	0.9575	1.6749
24	华泰柏瑞亚洲领导企业股票(QDII)	0.7511	0.9368
25	银华抗通胀主题(QDII-FOF-LOF)	0.8561	4.5322
26	南方金砖四国指数(QDII)	0.7754	2.5885
27	信诚四国配置(QDII-FOF-LOF)	0.7917	0.8925
28	诺安全球黄金(QDII-FOF)	1.0446	13.0802
29	海富通大中华股票(QDII)	0.7056	1.0540
30	上投摩根全球新兴市场股票(QDII)	0.7919	0.9395
31	招商标普金砖四国指数(QDII-LOF)	0.7388	1.5987
32	中银全球策略(QDII-FOF)	0.8286	5.2954
33	华宝兴业成熟市场	0.8914	0.9493
34	大成标普 500 等权重指数 QDII	0.8827	1.5046
35	长信标普 100 等权重指数(QDII)	0.9493	0.4961
36	博时抗通胀增强回报(QDII-FOF)	0.8139	10.0029
37	易方达黄金主题(QDII-LOF-FOF)	0.9427	10.0256
38	华安大中华升级股票(QDII)	0.7977	1.1367
39	建信新兴市场股票(QDII)	0.8486	1.6482
40	广发全球农业指数(QDII)	0.8493	3.6610
41	富国全球顶级消费品股票(QDII)	0.9323	2.7438
42	泰达宏利全球新格局(QDII-FOF)	0.9791	0.7895
43	嘉实黄金(QDII-FOF-LOF)	0.9298	3.8808
44	汇添富黄金及贵金属(QDII-LOF-FOF)	0.8598	5.2692
45	景顺长城大中华股票(QDII)	0.9543	0.5322
46	诺安全球收益不动产(QDII)	1.0036	5.3296
47	南方中国中小盘股票指数(QDII-LOF)	0.9934	1.0786
48	诺安油气能源(QDII-FOF-LOF)	1.0040	8.6825
49	华宝油气	0.9785	1.1525
50	鹏华美国房地产(QDII)	0.9996	2.8494
51	信诚全球商品主题(QDII-FOF-LOF)	1.0002	2.9485
合　计		43.8354	913.4512

数据来源：中国证监会
Source：CSRC

4-5 2011年QFII统计表

Statistics of QFII

时间 Date	QFII数量(家) Number of QFII	QFII资产净值(亿元) Asset-Net Value	QFII持股市值(亿元) Market Capitalization of Holding stocks
2011.01	106	2915.47	2312.96
2011.02	107	3028.34	2426.60
2011.03	109	3028.22	2417.86
2011.04	109	3050.29	2422.27
2011.05	109	2942.27	2311.21
2011.06	113	3002.17	2343.25
2011.07	115	2954.24	2295.69
2011.08	116	2886.01	2142.48
2011.09	116	2679.54	1809.29
2011.10	119	2786.75	1979.05
2011.11	121	2619.08	1850.03
2011.12	135	2530.17	1777.68

数据来源：中国证监会
Source：CSRC

4-6 2011年QDII统计表

Statistics of QDII

时间 Date	QDII数量(家) Number of QDII	QDII产品数量(个) Number of Products	QDII资产净值(亿元) Asset-Net Value	QDII股权类投资(亿元) Stocks Investment
2011.01	31	31	757.49	521.17
2011.02	31	32	738.44	503.50
2011.03	31	36	766.66	517.39
2011.04	31	37	767.30	519.40
2011.05	31	39	772.63	504.40
2011.06	31	41	742.00	484.79
2011.07	31	43	721.25	486.42
2011.08	31	45	655.02	424.67
2011.09	32	50	575.01	320.03
2011.10	32	50	628.65	383.69
2011.11	32	51	589.47	353.19
2011.12	32	51	576.02	354.60

数据来源：中国证监会
Source：CSRC

4-7 基金托管人概况

Summary of Securities Investment Funds Custodian

序号 No.	托管人名称 Custodian Name	注册地域 Registered in	取得托管资格时间 Founding Date	托管基金只数 Number of Funds Custodied	托管基金总规模（亿份） Fund Share	托管基金资产净值（亿元） Asset-Net Value
1	中国工商银行股份有限公司	北京	1998-02-24	251	7736.19	6503.24
2	中国建设银行股份有限公司	北京	1998-03-18	224	5943.64	5115.02
3	中国农业银行股份有限公司	北京	1998-05-29	116	3163.25	2581.88
4	交通银行股份有限公司	上海	1998-07-03	60	2316.93	1734.28
5	中国银行股份有限公司	北京	1998-07-07	137	4557.83	3592.65
6	中国光大银行股份有限公司	北京	2002-10-23	14	501.98	417.55
7	招商银行股份有限公司	深圳	2002-11-06	41	777.15	662.02
8	上海浦东发展银行股份有限公司	上海	2003-09-10	9	311.65	280.17
9	中国民生银行股份有限公司	北京	2004-07-09	14	403.12	330.52
10	中信银行股份有限公司	北京	2004-08-18	13	211.81	158.50
11	华夏银行股份有限公司	北京	2005-02-23	7	162.41	133.01
12	兴业银行股份有限公司	福建	2005-04-25	14	301.58	289.18
13	北京银行股份有限公司	北京	2008-06-03	0		
14	深圳发展银行股份有限公司	深圳	2008-08-06	2	4.26	3.04
15	广东发展银行股份有限公司	广东	2009-05-04	1	16.77	16.50
16	中国邮政储蓄银行有限责任公司	北京	2009-07-16	8	86.31	85.66
17	上海银行股份有限公司	上海	2009-08-18	2	12.39	12.13
18	渤海银行股份有限公司	天津	2010-06-29	1	3.09	3.20

数据来源：中国证监会
Source：CSRC

4－8　基金管理公司概况

Summary of Securities Investment Funds Management Corp.

序号 No.	基金管理公司 Name	注册资本(元) Registered Capital	注册地点 Registered in	办公地域 Office Location	成立时间 Date Founded	管理基金只数 Fund Amounts	管理基金规模(亿份) Fund Share	管理基金规模(亿元) Market Capitalization of Holding stocks
1	国泰基金管理有限公司	110000000.0000	上海	上海	1998－3－5	23	567.5953389	438.0966839
2	南方基金管理有限公司	150000000.0000	深圳	深圳	1998－3－6	32	1346.83245	1152.930088
3	华夏基金管理有限公司	238000000.0000	北京	北京	1998－3－9	26	1756.072711	1790.911574
4	华安基金管理有限公司	150000000.0000	上海	上海	1998－5－4	26	990.7188018	795.3428697
5	博时基金管理有限公司	100000000.0000	深圳	深圳	1998－7－13	28	1384.079471	1094.115646
6	鹏华基金管理有限公司	150000000.0000	深圳	深圳	1998－12－22	27	577.2867484	502.119697
7	长盛基金管理有限公司	150000000.0000	深圳	北京	1999－3－26	19	466.7310158	403.4452598
8	嘉实基金管理有限公司	150000000.0000	上海	北京	1999－3－25	31	1657.143175	1377.912621
9	大成基金管理有限公司	200000000.0000	深圳	深圳	1999－4－12	26	1012.610353	743.1714951
10	富国基金管理有限公司	180000000.0000	上海	上海	1999－4－13	26	677.347863	597.9570662
11	易方达基金管理有限公司	120000000.0000	珠海	广州	2001－4－17	31	1742.257574	1433.126672
12	宝盈基金管理有限公司	100000000.0000	深圳	深圳	2001－5－18	9	128.3205	76.0711
13	融通基金管理有限公司	125000000.0000	深圳	深圳	2001－5－22	12	494.3066	394.3834
14	银华基金管理有限公司	200000000.0000	深圳	北京	2001－5－28	23	691.5052393	651.2222942
15	长城基金管理有限公司	150000000.0000	深圳	深圳	2001－12－27	13	393.9441	281.5659
16	银河基金管理有限公司	150000000.0000	上海	上海	2002－5－14	13	154.5313	143.6068
17	泰达宏利基金管理有限公司	180000000.0000	上海	北京	2002－7－4	17	246.5967123	219.8745122
18	国投瑞银基金管理有限公司	100000000.0000	深圳	深圳	2002－6－13	18	455.2153993	363.1423318
19	万家基金管理有限公司	100000000.0000	上海	上海	2002－8－23	10	237.9336	166.9668
20	金鹰基金管理有限公司	250000000.0000	珠海	广州	2002－12－25	9	85.3611	60.4737
21	招商基金管理有限公司	210000000.0000	深圳	深圳	2002－12－27	22	440.5950216	388.6723728
22	华宝兴业基金管理有限公司	150000000.0000	上海	上海	2003－2－7	21	432.7803465	370.1380611
23	摩根士丹利华鑫基金管理有限公司	100000000.0000	深圳	深圳	2003－3－3	9	94.9904	99.4317
24	国联安基金管理有限公司	150000000.0000	上海	上海	2003－3－25	14	155.7465	128.5347
25	海富通基金管理有限公司	150000000.0000	上海	上海	2003－4－1	20	452.6613301	324.8991978
26	长信基金管理有限责任公司	150000000.0000	上海	上海	2003－4－9	13	251.6497822	180.8047321
27	泰信基金管理有限公司	200000000.0000	上海	上海	2003－5－8	11	129.0734	79.642
28	天治基金管理有限公司	130000000.0000	上海	上海	2003－5－27	9	61.6037	33.5018
29	景顺长城基金管理有限公司	130000000.0000	深圳	深圳	2003－6－12	15	503.4306033	384.0758736
30	广发基金管理有限公司	120000000.0000	珠海	广州	2003－7－5	21	1122.013679	983.8173305
31	兴业全球基金管理有限公司	150000000.0000	上海	上海	2003－9－30	11	314.5244	316.5141
32	诺安基金管理有限公司	150000000.0000	深圳	深圳	2003－12－9	18	582.1124052	464.5320755
33	申万菱信基金管理有限公司	150000000.0000	上海	上海	2003－12－15	13	187.4963	119.3365
34	中海基金管理有限公司	146666700.0000	上海	上海	2004－3－18	11	197.593	123.2332

续表 1 Continued 1

序号 No.	基金管理公司 Name	注册资本(元) Registered Capital	注册地点 Registered in	办公地域 Office Location	成立时间 Date Founded	管理基金只数 Fund Amounts	管理基金规模(亿份) Fund Share	管理基金规模(亿元) Market Capitalization of Holding stocks
35	光大保德信基金管理有限公司	160000000.0000	上海	上海	2004-4-22	10	307.4048	229.5489
36	华富基金管理有限公司	120000000.0000	上海	上海	2004-3-19	10	93.7381	73.9117
37	上投摩根基金管理有限公司	250000000.0000	上海	上海	2004-4-12	15	588.958691	500.1022513
38	东方基金管理有限责任公司	100000000.0000	北京	北京	2004-6-11	8	93.2727	82.2553
39	中银基金管理有限公司	100000000.0000	上海	上海	2004-6-12	15	503.0032555	434.6357841
40	东吴基金管理有限公司	100000000.0000	上海	上海	2004-8-2	11	142.2669	115.2972
41	国海富兰克林基金管理有限公司	220000000.0000	南宁	上海	2004-9-15	9	163.2812	147.4842
42	天弘基金管理有限公司	100000000.0000	天津	天津	2004-10-8	7	98.8875	73.9605
43	华泰柏瑞基金管理有限公司	200000000.0000	上海	上海	2004-11-18	12	202.6630742	134.6550893
44	新华基金管理有限公司	160000000.0000	重庆	北京	2004-12-9	7	62.7176	64.3563
45	汇添富基金管理有限公司	100000000.0000	上海	上海	2005-1-3	19	606.0084249	489.038642
46	工银瑞信基金管理有限公司	200000000.0000	北京	北京	2005-6-21	21	992.9218531	698.6451941
47	交银施罗德基金管理有限公司	200000000.0000	上海	上海	2005-7-26	18	548.8646042	477.4099373
48	信诚基金管理有限公司	200000000.0000	上海	上海	2005-8-22	14	142.7454778	125.6058908
49	建信基金管理有限责任公司	200000000.0000	北京	北京	2005-9-9	21	603.1181749	486.9555558
50	华商基金管理有限公司	100000000.0000	北京	北京	2005-9-19	9	288.9708	274.1376
51	汇丰晋信基金管理有限公司	200000000.0000	上海	上海	2005-10-1	11	90.889	86.7713
52	益民基金管理有限公司	100000000.0000	重庆	北京	2005-12-12	4	68.4097	45.963
53	中邮创业基金管理有限公司	100000000.0000	北京	北京	2006-2-14	6	420.4216	251.4706
54	信达澳银基金管理有限公司	100000000.0000	深圳	深圳	2006-4-17	6	61.7077	58.27
55	诺德基金管理有限公司	100000000.0000	上海	上海	2006-5-11	6	42.2403	33.7777
56	中欧基金管理有限公司	120000000.0000	上海	上海	2006-7-19	9	61.8214	52.1231
57	金元惠理基金管理有限公司	150000000.0000	上海	上海	2006-11-25	7	11.7291	9.7001
58	浦银安盛基金管理有限公司	200000000.0000	上海	上海	2007-7-17	7	26.79	23.4215
59	农银汇理基金管理有限公司	200000001.0000	上海	上海	2008-2-25	11	162.8778	145.3518
60	民生加银基金管理有限公司	200000000.0000	深圳	深圳	2008-10-15	6	57.5896	51.6468
61	纽银梅隆西部基金管理有限公司	200000000.0000	上海	上海	2010-7-20	2	7.5818	5.8
62	浙商基金管理有限公司	100000000.0000	浙江	浙江	2010-10-21	1	9.0973	7.62
63	平安大华基金管理有限公司	300000000.0000	深圳	深圳	2011-1-7	2	29.6005	27.1496
64	富安达基金管理有限公司	160000000.0000	上海	上海	2011-4-27	1	4.413	4.2097
65	财通基金管理有限公司	100000000.0000	上海	上海	2011-6-21	1	10.5857	10.5829
66	方正富邦基金管理有限公司	200000000.0000	北京	北京	2011-7-1	1	13.1357	13.12
67	长安基金管理有限公司	100000000.0000	上海	上海	2011-8-25	0	0	0
68	国金通用基金管理有限公司	160000000.0000	北京	北京	2011-10-14	0	0	0
69	安信基金管理有限责任公司	200000000.0000	深圳	深圳	2011-11-24	0	0	0

数据来源：中国证监会
Source：CSRC

4-9 基金销售机构概况

Summary of Securities Investment Fund Distributors

序号 No.	销售机构名称 Name of Distributors	销售机构类型 Type of Distributors	取得销售资格 时间 Iiscening Date	注册地域 Registered in
1	中国工商银行股份有限公司	银行	2001 年 8 月	北京
2	中国农业银行股份有限公司	银行	2001 年 12 月	北京
3	中国银行股份有限公司	银行	2001 年 12 月	北京
4	中国建设银行股份有限公司	银行	2001 年 7 月	北京
5	交通银行股份有限公司	银行	2001 年 9 月	上海
6	中信银行股份有限公司	银行	2002 年 1 月	北京
7	深圳发展银行股份有限公司	银行	2002 年 5 月	深圳
8	上海浦东发展银行股份有限公司	银行	2002 年 7 月	上海
9	招商银行股份有限公司	银行	2001 年 12 月	深圳
10	兴业银行股份有限公司	银行	2002 年 8 月	福建
11	中国民生银行股份有限公司	银行	2002 年 9 月	北京
12	中国光大银行股份有限公司	银行	2003 年 1 月	北京
13	北京银行股份有限公司	银行	2004 年 10 月	北京
14	华夏银行股份有限公司	银行	2004 年 11 月	北京
15	上海银行股份有限公司	银行	2005 年 1 月	上海
16	广发银行股份有限公司	银行	2005 年 7 月	广东
17	平安银行股份有限公司	银行	2006 年 7 月	深圳
18	中国邮政储蓄银行有限责任公司	银行	2006 年 7 月	北京
19	宁波银行股份有限公司	银行	2008 年 2 月	宁波
20	上海农村商业银行股份有限公司	银行	2008 年 2 月	上海
21	北京农村商业银行股份有限公司	银行	2008 年 4 月	北京
22	青岛银行股份有限公司	银行	2008 年 5 月	青岛
23	徽商银行股份有限公司	银行	2008 年 7 月	安徽
24	浙商银行股份有限公司	银行	2008 年 8 月	浙江
25	东莞银行股份有限公司	银行	2008 年 10 月	广东
26	南京银行股份有限公司	银行	2008 年 10 月	江苏
27	杭州银行股份有限公司	银行	2009 年 1 月	浙江
28	临商银行股份有限公司	银行	2009 年 2 月	山东
29	温州银行股份有限公司	银行	2009 年 5 月	浙江
30	汉口银行股份有限公司	银行	2009 年 6 月	湖北
31	江苏银行股份有限公司	银行	2009 年 9 月	江苏
32	渤海银行股份有限公司	银行	2009 年 10 月	天津
33	江苏张家港农村商业银行股份有限公司	银行	2009 年 12 月	江苏
34	深圳农村商业银行股份有限公司	银行	2010 年 1 月	深圳
35	洛阳银行股份有限公司	银行	2010 年 1 月	河南
36	乌鲁木齐市商业银行股份有限公司	银行	2010 年 2 月	新疆
37	烟台银行股份有限公司	银行	2010 年 6 月	山东
38	齐商银行股份有限公司	银行	2010 年 9 月	山东
39	浙江民泰商业银行股份有限公司	银行	2010 年 10 月	浙江
40	大连银行股份有限公司	银行	2010 年 10 月	辽宁
41	哈尔滨银行股份有限公司	银行	2010 年 10 月	黑龙江
42	重庆银行股份有限公司	银行	2010 年 11 月	重庆
43	浙江稠州商业银行股份有限公司	银行	2010 年 11 月	浙江
44	天津银行股份有限公司	银行	2011 年 2 月	天津
45	东莞农村商业银行股份有限公司	银行	2011 年 2 月	广东
46	河北银行股份有限公司	银行	2011 年 5 月	河北
47	嘉兴银行股份有限公司	银行	2011 年 6 月	浙江
48	广州银行股份有限公司	银行	2011 年 7 月	广东
49	常熟农村商业银行股份有限公司	银行	2011 年 7 月	江苏

续表 1　Continued 1

序号 No.	销售机构名称 Name of Distributors	销售机构类型 Type of Distributors	取得销售资格 时间 Iiscening Date	注册地域 Registered in
50	重庆农村商业银行股份有限公司	银行	2011 年 8 月	重庆
51	顺德农村商业银行股份有限公司	银行	2011 年 8 月	广东
52	西安银行股份有限公司	银行	2011 年 9 月	陕西
53	长沙银行股份有限公司	银行	2011 年 9 月	湖南
54	金华银行股份有限公司	银行	2011 年 9 月	浙江
55	包商银行股份有限公司	银行	2011 年 9 月	内蒙古
56	吴江农村商业银行股份有限公司	银行	2011 年 9 月	江苏
57	江南农村商业银行股份有限公司	银行	2011 年 9 月	江苏
58	江阴农村商业银行股份有限公司	银行	2011 年 9 月	江苏
59	昆山农村商业银行股份有限公司	银行	2011 年 10 月	江苏
60	国泰君安证券股份有限公司	券商	2002 年 7 月	上海
61	广发证券股份有限公司	券商	2002 年 8 月	广东
62	国信证券股份有限公司	券商	2002 年 8 月	深圳
63	招商证券股份有限公司	券商	2002 年 8 月	深圳
64	华泰联合证券有限责任公司	券商	2002 年 8 月	深圳
65	中信证券股份有限公司	券商	2002 年 8 月	北京
66	海通证券股份有限公司	券商	2002 年 10 月	上海
67	申银万国股份有限公司	券商	2002 年 10 月	上海
68	西南证券股份有限公司	券商	2003 年 1 月	重庆
69	华龙证券有限责任公司	券商	2003 年 1 月	甘肃
70	大同证券经纪有限责任公司	券商	2003 年 1 月	山西
71	民生证券有限责任公司	券商	2003 年 1 月	北京
72	山西证券股份有限公司	券商	2003 年 1 月	山西
73	长江证券股份有限公司	券商	2003 年 2 月	湖北
74	中信万通证券有限责任公司	券商	2003 年 2 月	山东
75	广州证券有限责任公司	券商	2003 年 2 月	广东
76	兴业证券股份有限公司	券商	2003 年 2 月	福建
77	华泰证券股份有限公司	券商	2003 年 2 月	江苏
78	渤海证券股份有限公司	券商	2003 年 2 月	天津
79	中信金通证券有限责任公司	券商	2003 年 2 月	浙江
80	万联证券有限责任公司	券商	2003 年 2 月	广东
81	国元证券有限责任公司	券商	2003 年 2 月	安徽
82	湘财证券有限责任公司	券商	2003 年 3 月	湖南
83	东吴证券股份有限公司	券商	2003 年 12 月	江苏
84	东方证券股份有限公司	券商	2004 年 4 月	上海
85	光大证券股份有限公司	券商	2004 年 4 月	上海
86	上海证券有限责任公司	券商	2004 年 5 月	上海
87	国联证券股份有限公司	券商	2004 年 6 月	江苏
88	浙商证券有限责任公司	券商	2004 年 6 月	浙江
89	平安证券有限责任公司	券商	2004 年 8 月	深圳
90	华安证券有限责任公司	券商	2004 年 8 月	安徽
91	东北证券股份有限公司	券商	2004 年 7 月	吉林
92	南京证券有限责任公司	券商	2004 年 8 月	江苏
93	长城证券有限责任公司	券商	2004 年 8 月	深圳
94	国海证券有限责任公司	券商	2004 年 9 月	广西
95	财富证券有限责任公司	券商	2004 年 9 月	湖南
96	东莞证券有限责任公司	券商	2004 年 9 月	广东
97	中原证券股份有限公司	券商	2004 年 10 月	河南
98	国都证券有限责任公司	券商	2004 年 11 月	北京
99	恒泰证券股份有限公司	券商	2004 年 11 月	内蒙古
100	中银国际证券有限责任公司	券商	2004 年 11 月	上海
101	齐鲁证券有限公司	券商	2004 年 11 月	山东
102	华西证券有限责任公司	券商	2004 年 11 月	四川

续表 2 Continued 2

序号 No.	销售机构名称 Name of Distributors	销售机构类型 Type of Distributors	取得销售资格 时间 Iiscening Date	注册地域 Registered in
103	国盛证券有限责任公司	券商	2004 年 11 月	江西
104	新时代证券有限责任公司	券商	2004 年 11 月	北京
105	华林证券有限责任公司	券商	2004 年 11 月	深圳
106	中国国际金融有限公司	券商	2004 年 12 月	北京
107	宏源证券股份有限公司	券商	2004 年 12 月	新疆
108	广发华福证券有限责任公司	券商	2005 年 1 月	福建
109	世纪证券有限责任公司	券商	2005 年 2 月	深圳
110	德邦证券有限责任公司	券商	2005 年 2 月	上海
111	金元证券股份有限公司	券商	2005 年 4 月	海南
112	西部证券股份有限公司	券商	2005 年 4 月	陕西
113	东海证券有限责任公司	券商	2004 年 9 月	江苏
114	中航证券有限公司	券商	2005 年 4 月	江西
115	第一创业证券有限责任公司	券商	2005 年 3 月	深圳
116	中信建投证券有限责任公司	券商	2005 年 12 月	北京
117	财通证券有限责任公司	券商	2006 年 7 月	浙江
118	安信证券股份有限公司	券商	2007 年 4 月	深圳
119	中国银河证券股份有限公司	券商	2007 年 5 月	北京
120	华鑫证券有限责任公司	券商	2008 年 1 月	深圳
121	瑞银证券有限责任公司	券商	2008 年 2 月	北京
122	国金证券股份有限公司	券商	2008 年 3 月	四川
123	中国建银投资证券有限责任公司	券商	2008 年 3 月	深圳
124	中山证券有限责任公司	券商	2008 年 3 月	深圳
125	红塔证券股份有限公司	券商	2008 年 3 月	云南
126	日信证券有限责任公司	券商	2008 年 5 月	内蒙古
127	西藏同信证券股份有限公司	券商	2008 年 5 月	西藏
128	方正证券股份有限公司	券商	2008 年 6 月	湖南
129	联讯证券有限责任公司	券商	2008 年 6 月	广东
130	天源证券经纪有限公司	券商	2008 年 8 月	青海
131	江海证券有限公司	券商	2008 年 8 月	黑龙江
132	银泰证券有限责任公司	券商	2008 年 12 月	深圳
133	中国民族证券有限责任公司	券商	2008 年 12 月	北京
134	华宝证券有限责任公司	券商	2009 年 1 月	上海
135	厦门证券有限公司	券商	2009 年 1 月	厦门
136	爱建证券有限责任公司	券商	2009 年 1 月	上海
137	英大证券有限责任公司	券商	2009 年 3 月	深圳
138	信达证券股份有限公司	券商	2009 年 7 月	北京
139	东兴证券股份有限公司	券商	2009 年 7 月	北京
140	华融证券股份有限公司	券商	2009 年 9 月	北京
141	天风证券有限责任公司	券商	2009 年 11 月	湖北
142	大通证券股份有限公司	券商	2009 年 12 月	辽宁
143	财达证券有限责任公司	券商	2009 年 12 月	河北
144	中天证券有限责任公司	券商	2010 年 1 月	辽宁
145	财富里昂证券有限责任公司	券商	2010 年 2 月	上海
146	五矿证券经纪有限责任公司	券商	2010 年 4 月	深圳
147	高盛高华证券有限责任公司	券商	2010 年 5 月	北京
148	华创证券有限责任公司	券商	2010 年 6 月	贵州
149	恒泰长财证券有限责任公司	券商	2010 年 7 月	吉林
150	万和证券经纪有限公司	券商	2010 年 9 月	海南
151	中邮证券有限责任公司	券商	2010 年 11 月	陕西
152	首创证券有限责任公司	券商	2011 年 2 月	北京
153	国开证券有限责任公司	券商	2011 年 5 月	北京
154	天相投资顾问有限公司	咨询机构	2005 年 12 月	北京

数据来源：中国证监会
Source：CSRC

4-10 历年全国交易所上市基金交易情况汇总表（1994—2011）

Trading Summary of Funds Traded in Stock Exchange in Recent Years (1994—2011)

年份 Year	基金数量（只） Number of Funds	成交数量（亿份） Trading Volume(100000000)	成交金额（亿元） Turnover(100000000)
1994 年	20	237.89	357.50
1995 年	22	241.80	510.19
1996 年	25	474.30	1566.50
1997 年	25	228.72	807.91
1998 年	29	555.33	1016.89
1999 年	42	1623.12	2485.48
2000 年	36	2180.62	2801.84
2001 年	48	2208.62	2561.88
2002 年	54	1218.60	1166.62
2003 年	54	849.18	682.65
2004 年	54	589.72	479.47
2005 年	65	1098.41	773.15
2006 年	72	2058.16	2002.65
2007 年	72	2058.16	2002.65
2008 年	64	3742.28	5831.05
2009 年	73	6531.40	10340.02
2010 年	118	6582.01	8996.44
2011 年	187	6125.90	6365.84

注：2000 年以前数据中包括非证券投资基金；2005—2011 年数据包括 LOF 和 ETF。
数据来源：上海、深圳证券交易所
Source: Shanghai、Shenzhen Stock Exchange

4-11 历年上交所基金交易情况汇总表（1994—2011）

Trading Summary of Funds in Shanghai Stock Exchange (1994—2011)

年份 Year	基金数量(只) Number of Funds	成交数量(亿份) Trading Volume(100000000)	成交金额(亿元) Turnover(100000000)
1994 年	12	56.73	117.34
1995 年	12	107.21	305.67
1996 年	15	128.01	497.38
1997 年	15	55.57	219.53
1998 年	19	329.58	605.28
1999 年	26	827.95	1365.82
2000 年	18	995.32	1334.18
2001 年	23	1148.35	1348.92
2002 年	25	573.69	556.77
2003 年	25	441.62	362.16
2004 年	25	297.78	249.10
2005 年	26	778.73	576.78
2006 年	26	1042.85	1024.35
2007 年	17	1981.36	4298.24
2008 年	16	2001.43	3700.23
2009 年	18	3690.94	6549.06
2010 年	25	3580.37	4771.71
2011 年	36	2370.84	2901.41

注：2000 年以前数据中包括非证券投资基金；2005—2011 年数据包括 ETF。
数据来源：上海证券交易所
Source: Shanghai Stock Exchange

4－12 历年深交所基金交易情况汇总表(1994—2011)

Trading Summary of Funds in Shenzhen Stock Exchange(1994—2011)

年份 Year	基金数量(只) Number of Funds	成交数量(亿份) Trading Volume (100000000)	成交金额(亿元) Turnover (100000000)
1994 年	8	181.16	240.16
1995 年	10	134.59	204.52
1996 年	10	346.29	1069.12
1997 年	10	173.15	588.38
1998 年	10	225.75	411.61
1999 年	16	795.17	1119.66
2000 年	18	1185.30	1467.66
2001 年	25	1060.27	1212.96
2002 年	29	644.91	609.85
2003 年	29	407.56	320.49
2004 年	29	291.94	230.37
2005 年	39	319.68	196.37
2006 年	46	1015.31	978.30
2007 年	48	2349.16	4321.85
2008 年	48	1740.85	2130.82
2009 年	55	2840.46	3790.96
2010 年	93	3001.64	4224.73
2011 年	151	3755.06	3464.40

注：2000 年以前数据中包括非证券投资基金；2005—2011 年数据包括 LOF 和 ETF。
数据来源：深圳证券交易所
Source: Shenzhen Stock Exchange

4－13 2011 年全国交易所上市基金成交概况

Trading Summary of Funds Traded in Stock Exchange in 2011

		本年	上年	增减(%)
交易日数(天)	Trading Days	244	242	0.83
基金上市品种(个)	Variety	187	118	58.47
其中：ETF	ETF	37	15	146.67
LOF	LOF	78	55	41.82
基金成交金额(亿元)	Turnover (100000000)	6365.81	8996.44	－29.24
其中：ETF	ETF	4213.25	6450.80	－34.69
LOF	LOF	214.16	307.07	－30.26
基金日均成交金额(亿元)	Average Turnover (100000000)	26.09	37.18	－29.83
基金成交股数(亿份)	Transcation Volume(100000000)	6125.90	6582.01	－6.93
其中：ETF	ETF	3933.13	4020.86	－2.18
LOF	LOF	238.34	324.26	－26.50
基金成交笔数(百万笔)	No. of Transcation(1000000)	16.71	23.42	－28.65
其中：ETF	ETF	6.76	9.92	－31.85
LOF	LOF	1.03	1.94	－46.91
上证基金指数开市	Open Composite Index of Shanghai Stock Exchange	4580.40	4785.96	－4.29
上证基金指数最高	High	4854.30	5038.23	－3.65
上证基金指数最低	Low	3516.42	3752.78	－6.30
上证基金指数收市	Close	3592.26	4557.66	－21.18
深证基金指数开市	Open Composite Index of Shenzhen Stock Exchange	5672.33	4739.89	19.67
深证基金指数最高	High	6005.05	5976.42	0.48
深证基金指数最低	Low	4200.91	4191.79	0.22
深证基金指数收市	Close	4274.31	5655.98	－24.43

数据来源：上海、深圳证券交易所
Source: Shanghai、Shenzhen Stock Exchange

4－14 2011年上海证券交易所基金成交概况
Trading Summary of Securities Investment Funds in Shanghai Stock Exchange in 2011

		本年	上年	增减(%)
交易日数(天)	Trading Days	244	242	0.83
基金上市品种(个)	Variety	36	25	44.00
其中：ETF	ETF	23	12	91.67
LOF	LOF	0	0	—
基金成交金额(亿元)	Turnover (100000000)	2901.41	4771.71	−39.20
其中：ETF	ETF	2699.13	4201.81	−35.76
LOF	LOF	0.00	0.00	—
基金日均成交金额(亿元)	Average Turnover (100000000)	11.89	19.72	−39.71
基金成交份数(亿份)	Transcation Volume(100000000)	2370.84	3580.37	−33.78
其中：ETF	ETF	2176.54	3068.75	−29.07
LOF	LOF	0.00	0.00	—
基金成交笔数(百万笔)	No. of Transcation(1000000)	5.88	10.58	−44.42
其中：ETF	ETF	4.36	6.98	−37.54
LOF	LOF	0.00	0.00	—
上证基金指数开市	Open Composite Index of Shanghai Stock Exchange	4580.40	4785.96	−4.29
上证基金指数最高	High	4854.30	5038.23	−3.65
上证基金指数最低	Low	3516.42	3752.78	−6.30
上证基金指数收市	Close	3592.26	4557.66	−21.18

数据来源：上海证券交易所
Source：Shanghai Stock Exchange

4－15 2011年深圳证券交易所基金成交概况
Trading Summary of Securities Investment Funds in Shenzhen Stock Exchange in 2011

		本年	上年	增减(%)
交易日数(天)	Trading Days	244	242	0.83
基金上市品种(个)	Variety	151	93	62.37
其中：ETF	ETF	14	3	366.67
LOF	LOF	78	55	41.82
基金成交金额(亿元)	Turnover (100000000)	3464.40	4224.73	−18.00
其中：ETF	ETF	1514.12	2248.99	−32.68
LOF	LOF	214.16	307.07	−30.26
基金日均成交金额(亿元)	Average Turnover (100000000)	14.20	17.46	−18.67
基金成交份数(亿份)	Transcation Volume(100000000)	3755.06	3001.64	25.10
其中：ETF	ETF	1756.59	952.11	84.49
LOF	LOF	238.34	324.26	−26.50
基金成交笔数(百万笔)	No. of Transcation(1000000)	10.83	12.84	−15.65
其中：ETF	ETF	2.40	2.94	−18.37
LOF	LOF	1.03	1.94	−46.91
深证基金指数开市	Open Composite Index of Shenzhen Stock Exchange	5672.33	4739.89	19.67
深证基金指数最高	High	6005.05	5976.42	0.48
深证基金指数最低	Low	4200.91	4191.79	0.22
深证基金指数收市	Close	4274.31	5655.98	−24.43

数据来源：深圳证券交易所
Source：Shenzhen Stock Exchange

4－16　2011年全国交易所上市证券投资基金每日成交量、成交额

日期 Date	1月 Jan.		2月 Feb.		3月 Mar.		4月 Apr.		5月 May.		6月 Jun.	
	成交额 Turnover	成交量 Volume	成交额 Turnover	成交量 Volume	成交额 Turnover	成交量 Volume	成交额 Turnover	成交量 Volume	成交额 Turnover	成交量 Volume	成交额 Turnover	成交量 Volume
1	0.00	0.00	14.93	13.54	42.38	36.79	28.05	22.33	0.00	0.00	22.87	23.38
2	0.00	0.00	0.00	0.00	38.71	32.18	0.00	0.00	0.00	0.00	25.20	24.64
3	0.00	0.00	0.00	0.00	42.60	35.11	0.00	0.00	25.67	23.78	18.61	17.36
4	35.44	33.49	0.00	0.00	35.80	30.81	0.00	0.00	28.70	27.06	0.00	0.00
5	31.28	29.14	0.00	0.00	0.00	0.00	0.00	0.00	18.37	15.34	0.00	0.00
6	28.24	26.02	0.00	0.00	0.00	0.00	39.19	31.75	24.08	21.78	0.00	0.00
7	46.57	43.40	0.00	0.00	54.28	47.18	30.58	24.80	0.00	0.00	16.62	16.53
8	0.00	0.00	0.00	0.00	36.60	28.30	34.62	29.08	0.00	0.00	18.81	18.35
9	0.00	0.00	22.26	20.56	32.66	26.91	0.00	0.00	16.63	15.18	15.30	13.89
10	34.78	32.14	27.80	25.19	39.89	32.38	0.00	0.00	16.37	13.00	16.94	16.06
11	30.31	28.69	30.10	28.15	40.95	35.76	37.25	30.36	14.91	13.27	0.00	0.00
12	27.77	25.61	0.00	0.00	0.00	0.00	30.34	26.74	16.63	15.06	0.00	0.00
13	22.99	20.85	0.00	0.00	0.00	0.00	30.34	24.58	25.82	23.26	15.87	14.64
14	22.73	20.99	56.63	48.77	30.01	25.65	30.17	24.86	0.00	0.00	17.23	15.89
15	0.00	0.00	47.81	41.21	50.12	45.84	34.19	27.01	0.00	0.00	14.38	13.32
16	0.00	0.00	35.92	30.76	31.21	26.15	0.00	0.00	17.67	15.88	15.66	15.09
17	40.07	38.13	37.20	30.60	31.55	26.83	0.00	0.00	22.79	20.69	16.93	15.20
18	26.70	26.85	35.15	30.01	22.29	18.92	33.30	25.88	17.73	15.40	0.00	0.00
19	25.37	25.88	0.00	0.00	0.00	0.00	32.62	24.88	17.01	15.71	0.00	0.00
20	24.32	25.80	0.00	0.00	0.00	0.00	20.70	17.98	13.41	12.01	18.57	18.24
21	33.57	32.91	39.69	35.19	26.89	23.06	20.62	18.19	0.00	0.00	17.35	17.35
22	0.00	0.00	59.74	51.71	31.58	26.33	16.69	14.03	0.00	0.00	17.34	16.37
23	0.00	0.00	30.51	25.47	35.56	30.17	0.00	0.00	26.62	24.39	22.98	20.90
24	23.15	22.70	27.52	23.95	22.46	19.49	0.00	0.00	20.82	19.18	38.02	35.14
25	23.71	22.62	33.34	27.77	46.69	37.66	28.76	24.89	20.58	19.75	0.00	0.00
26	18.72	17.27	0.00	0.00	0.00	0.00	27.12	24.22	18.01	17.24	0.00	0.00
27	31.89	30.00	0.00	0.00	0.00	0.00	27.98	24.87	24.84	24.52	23.85	22.19
28	20.15	18.38	34.58	30.41	39.63	31.68	37.80	32.65	0.00	0.00	18.99	17.64
29	0.00	0.00	0.00	0.00	38.51	28.75	33.38	29.42	0.00	0.00	19.10	17.94
30	0.00	0.00	0.00	0.00	34.20	27.59	0.00	0.00	22.24	21.96	27.66	26.27
31	20.89	20.13	0.00	0.00	25.64	20.14	0.00	0.00	25.36	24.87	0.00	0.00

数据来源：上海、深圳证券交易所
Source：Shanghai、Shenzhen Stock Exchange

Daily Trading Volume and Value of Securities Investment Funds in Stock Exchange in 2011

成交量：亿份　成交额：亿元

7月 Jul.		8月 Aug.		9月 Sep.		10月 Oct.		11月 Nov.		12月 Dec.	
成交额 Turnover	成交量 Volume	成交额 Turnover	成交量 Volume	成交额 Turnover	成交量 Volume	成交额 Turnover	成交量 Volume	成交额 Turnover	成交量 Volume	成交额 Turnover	成交量 Volume
23.96	24.68	11.78	11.19	17.33	16.78	0.00	0.00	32.75	34.66	52.00	54.03
0.00	0.00	17.45	16.39	16.85	16.52	0.00	0.00	40.78	43.19	20.11	20.78
0.00	0.00	15.25	14.59	0.00	0.00	0.00	0.00	44.75	47.73	0.00	0.00
33.90	34.22	9.23	8.78	0.00	0.00	0.00	0.00	28.63	29.96	0.00	0.00
21.95	20.12	25.00	24.86	18.21	18.52	0.00	0.00	0.00	0.00	22.68	24.10
21.14	18.49	0.00	0.00	19.13	19.77	0.00	0.00	0.00	0.00	17.80	19.84
31.73	28.75	0.00	0.00	20.76	20.53	0.00	0.00	22.64	23.14	16.40	17.48
21.82	19.69	40.01	43.28	16.86	17.01	0.00	0.00	25.05	26.46	22.80	25.11
0.00	0.00	38.54	40.57	24.72	27.42	0.00	0.00	27.58	27.99	19.13	21.22
0.00	0.00	27.85	30.02	0.00	0.00	17.56	21.06	33.29	35.05	0.00	0.00
18.66	17.00	27.44	30.13	0.00	0.00	29.57	32.89	26.79	27.07	0.00	0.00
22.32	20.35	23.06	22.75	0.00	0.00	47.02	51.73	0.00	0.00	17.35	19.23
21.82	19.48	0.00	0.00	14.24	14.85	34.30	39.05	0.00	0.00	28.66	34.96
20.52	18.93	0.00	0.00	20.70	21.09	22.86	23.35	32.07	32.06	20.08	24.13
20.75	19.51	21.03	19.81	16.81	17.41	0.00	0.00	21.39	22.24	29.61	35.67
0.00	0.00	16.48	15.45	13.02	13.04	0.00	0.00	32.46	32.13	35.85	45.73
0.00	0.00	12.26	11.42	0.00	0.00	23.42	23.74	20.93	21.32	0.00	0.00
19.77	18.09	17.70	17.57	0.00	0.00	25.56	25.38	25.83	27.31	0.00	0.00
16.35	15.50	21.76	21.53	14.98	15.93	21.10	22.68	0.00	0.00	33.87	43.89
17.64	16.33	0.00	0.00	20.28	21.07	27.50	31.33	0.00	0.00	28.42	33.63
27.26	26.57	0.00	0.00	35.58	36.89	24.98	27.71	17.99	18.61	20.34	23.11
14.76	13.94	15.58	16.25	24.17	24.50	0.00	0.00	20.02	20.73	31.84	38.82
0.00	0.00	15.88	15.58	37.13	40.84	0.00	0.00	24.15	25.70	26.25	30.12
0.00	0.00	13.03	13.31	0.00	0.00	34.68	36.04	24.74	26.27	0.00	0.00
23.86	23.82	33.36	31.75	0.00	0.00	39.23	43.68	18.53	19.08	0.00	0.00
16.06	15.66	24.17	22.24	27.19	28.81	35.90	37.50	0.00	0.00	17.54	22.14
22.29	22.64	0.00	0.00	24.34	26.35	22.49	24.17	0.00	0.00	19.40	21.57
20.90	19.72	0.00	0.00	19.98	20.85	39.04	40.71	22.53	23.37	21.13	26.82
18.43	17.00	22.57	22.36	24.21	26.39	0.00	0.00	22.64	23.91	16.24	19.82
0.00	0.00	26.58	25.86	23.28	24.75	0.00	0.00	32.73	36.53	21.21	26.34
0.00	0.00	19.25	19.28	0.00	0.00	24.45	24.84	0.00	0.00	0.00	0.00

4-17 2011年上交所证券投资基金每日成交量、成交额

日期 Date	1月 Jan.		2月 Feb.		3月 Mar.		4月 Apr.		5月 May.		6月 Jun.	
	成交额 Turnover	成交量 Volume	成交额 Turnover	成交量 Volume	成交额 Turnover	成交量 Volume	成交额 Turnover	成交量 Volume	成交额 Turnover	成交量 Volume	成交额 Turnover	成交量 Volume
1	0.00	0.00	6.79	5.30	16.63	12.09	15.54	10.38	0.00	0.00	11.58	10.89
2	0.00	0.00	0.00	0.00	16.15	10.73	0.00	0.00	0.00	0.00	12.75	10.79
3	0.00	0.00	0.00	0.00	21.31	14.34	0.00	0.00	14.51	11.94	8.52	6.73
4	14.39	12.53	0.00	0.00	15.62	10.99	0.00	0.00	15.59	12.90	0.00	0.00
5	13.41	10.66	0.00	0.00	0.00	0.00	0.00	0.00	11.10	7.78	0.00	0.00
6	11.41	8.56	0.00	0.00	0.00	0.00	22.17	15.07	14.25	11.51	0.00	0.00
7	21.45	17.76	0.00	0.00	23.24	17.40	13.69	9.15	0.00	0.00	7.69	6.76
8	0.00	0.00	0.00	0.00	17.74	10.59	14.20	9.48	0.00	0.00	9.46	8.13
9	0.00	0.00	10.60	8.40	15.04	10.26	0.00	0.00	7.77	6.06	7.25	5.24
10	15.51	12.02	11.31	8.94	17.63	11.44	0.00	0.00	9.38	6.29	8.01	6.24
11	13.06	10.45	10.53	9.06	16.22	11.85	16.35	10.90	6.82	5.11	0.00	0.00
12	11.94	9.06	0.00	0.00	0.00	0.00	15.15	11.97	8.09	6.19	0.00	0.00
13	9.68	7.61	0.00	0.00	0.00	0.00	15.27	10.38	13.81	10.56	8.94	6.69
14	9.89	7.79	24.02	16.99	12.70	8.67	16.28	11.31	0.00	0.00	8.61	6.76
15	0.00	0.00	21.80	15.67	21.70	17.32	20.13	13.21	0.00	0.00	6.41	4.54
16	0.00	0.00	15.69	11.42	13.59	9.27	0.00	0.00	8.69	6.50	7.16	5.53
17	19.72	16.31	15.61	10.62	13.95	9.62	0.00	0.00	10.84	8.05	8.49	5.80
18	11.01	9.58	14.60	10.64	10.04	7.17	20.58	13.28	9.76	6.99	0.00	0.00
19	10.41	10.29	0.00	0.00	0.00	0.00	18.00	11.59	7.97	6.41	0.00	0.00
20	10.26	10.89	0.00	0.00	0.00	0.00	11.07	8.58	6.02	4.41	9.31	7.57
21	17.36	14.81	15.23	11.15	12.18	8.34	9.32	6.82	0.00	0.00	8.21	6.74
22	0.00	0.00	26.40	18.42	16.62	11.35	8.29	5.85	0.00	0.00	7.30	5.43
23	0.00	0.00	13.68	9.36	14.69	10.21	0.00	0.00	13.01	9.52	10.14	7.32
24	11.40	9.84	12.61	9.42	9.73	7.35	0.00	0.00	9.88	7.70	16.90	13.67
25	12.54	10.59	15.66	10.28	25.30	17.16	15.54	10.97	8.23	6.47	0.00	0.00
26	8.00	6.30	0.00	0.00	0.00	0.00	14.40	11.34	9.26	7.55	0.00	0.00
27	13.94	11.72	0.00	0.00	0.00	0.00	14.52	11.22	12.86	11.09	9.72	8.55
28	8.12	5.90	12.39	8.57	20.97	13.83	20.73	16.04	0.00	0.00	8.56	6.70
29	0.00	0.00	0.00	0.00	20.97	12.10	18.75	14.46	0.00	0.00	7.57	6.35
30	0.00	0.00	0.00	0.00	18.98	12.88	0.00	0.00	10.29	8.64	13.42	11.36
31	8.16	6.90	0.00	0.00	12.53	7.83	0.00	0.00	12.58	10.53	0.00	0.00

数据来源：上海证券交易所
Source: Shanghai Stock Exchange

Daily Trading Volume and Value of Securities Investment Funds in Shanghai Stock Exchange in 2011

成交量：亿份　成交额：亿元

7月 Jul.		8月 Aug.		9月 Sep.		10月 Oct.		11月 Nov.		12月 Dec.	
成交额 Turnover	成交量 Volume	成交额 Turnover	成交量 Volume	成交额 Turnover	成交量 Volume	成交额 Turnover	成交量 Volume	成交额 Turnover	成交量 Volume	成交额 Turnover	成交量 Volume
9.91	9.82	4.68	3.72	7.82	5.93	0.00	0.00	13.96	12.21	24.03	21.21
0.00	0.00	7.98	6.22	7.99	6.41	0.00	0.00	17.65	15.60	9.32	7.59
0.00	0.00	6.24	4.89	0.00	0.00	0.00	0.00	20.18	18.68	0.00	0.00
17.29	16.46	3.12	2.38	0.00	0.00	0.00	0.00	12.03	10.62	0.00	0.00
8.99	7.11	10.80	9.47	7.64	6.48	0.00	0.00	0.00	0.00	11.84	10.52
9.01	6.90	0.00	0.00	8.49	7.47	0.00	0.00	0.00	0.00	9.03	8.74
12.45	10.23	0.00	0.00	9.99	8.22	0.00	0.00	10.50	9.11	8.46	7.56
8.37	6.03	17.69	17.08	6.32	5.59	0.00	0.00	11.97	10.76	9.41	8.35
0.00	0.00	18.15	16.66	11.98	13.15	0.00	0.00	11.88	10.20	7.43	6.94
0.00	0.00	10.93	10.80	0.00	0.00	9.16	10.34	14.93	14.14	0.00	0.00
7.01	5.77	11.86	12.73	0.00	0.00	14.60	14.86	10.49	8.83	0.00	0.00
8.58	7.00	8.97	8.13	0.00	0.00	24.00	23.51	0.00	0.00	7.74	7.18
9.82	7.73	0.00	0.00	6.24	5.49	15.01	16.34	0.00	0.00	14.79	16.30
6.42	5.19	0.00	0.00	8.40	7.12	8.13	6.96	14.48	12.16	8.91	9.21
8.54	7.39	9.80	7.84	7.90	7.12	0.00	0.00	9.01	7.56	13.28	12.39
0.00	0.00	7.23	5.67	5.51	4.48	0.00	0.00	15.56	13.22	17.64	20.49
0.00	0.00	5.86	4.46	0.00	0.00	11.77	9.93	8.57	7.04	0.00	0.00
6.45	5.36	9.19	7.86	0.00	0.00	13.20	11.06	11.02	9.93	0.00	0.00
5.82	4.46	10.01	9.13	6.22	5.89	8.78	7.74	0.00	0.00	16.47	18.37
6.17	4.52	0.00	0.00	8.29	7.22	11.09	10.91	0.00	0.00	12.88	12.49
8.75	6.99	0.00	0.00	14.59	13.08	10.30	9.52	7.97	6.38	9.29	8.33
5.19	4.25	7.32	6.71	9.68	8.44	0.00	0.00	9.46	7.71	14.74	14.84
0.00	0.00	7.33	6.06	18.19	17.70	0.00	0.00	11.75	10.55	12.00	10.35
0.00	0.00	4.88	4.37	0.00	0.00	15.27	12.86	10.80	9.67	0.00	0.00
9.03	8.16	14.67	11.90	0.00	0.00	16.65	15.85	9.05	7.90	0.00	0.00
5.70	4.97	10.57	7.77	12.94	12.39	17.11	15.19	0.00	0.00	6.73	6.92
8.62	8.15	0.00	0.00	9.52	8.95	9.78	8.92	0.00	0.00	9.98	8.71
6.34	4.39	0.00	0.00	7.66	6.58	18.42	16.01	12.42	10.99	9.20	10.14
8.94	6.94	7.76	6.33	11.17	10.50	0.00	0.00	11.41	10.59	6.79	6.64
0.00	0.00	11.03	8.91	9.99	9.05	0.00	0.00	16.37	15.76	9.04	9.97
0.00	0.00	8.18	6.45	0.00	0.00	10.67	8.81	0.00	0.00	0.00	0.00

4-18 2011年深交所证券投资基金每日成交量、成交额

日期 Date	1月 Jan.		2月 Feb.		3月 Mar.		4月 Apr.		5月 May.		6月 Jun.	
	成交额 Turnover	成交量 Volume	成交额 Turnover	成交量 Volume	成交额 Turnover	成交量 Volume	成交额 Turnover	成交量 Volume	成交额 Turnover	成交量 Volume	成交额 Turnover	成交量 Volume
1	0.00	0.00	8.14	8.24	25.75	24.70	12.51	11.95	0.00	0.00	11.29	12.49
2	0.00	0.00	0.00	0.00	22.56	21.45	0.00	0.00	0.00	0.00	12.45	13.85
3	0.00	0.00	0.00	0.00	21.29	20.77	0.00	0.00	11.16	11.84	10.09	10.63
4	21.05	20.96	0.00	0.00	20.18	19.82	0.00	0.00	13.11	14.16	0.00	0.00
5	17.87	18.48	0.00	0.00	0.00	0.00	0.00	0.00	7.27	7.56	0.00	0.00
6	16.83	17.46	0.00	0.00	0.00	0.00	17.02	16.68	9.83	10.27	0.00	0.00
7	25.12	25.64	0.00	0.00	31.04	29.78	16.89	15.65	0.00	0.00	8.93	9.77
8	0.00	0.00	0.00	0.00	18.86	17.71	20.42	19.60	0.00	0.00	9.35	10.22
9	0.00	0.00	11.66	12.16	17.62	16.65	0.00	0.00	8.86	9.12	8.05	8.65
10	19.27	20.12	16.49	16.25	22.26	20.94	0.00	0.00	6.99	6.71	8.93	9.82
11	17.25	18.24	19.57	19.09	24.73	23.91	20.90	19.46	8.09	8.16	0.00	0.00
12	15.83	16.55	0.00	0.00	0.00	0.00	15.19	14.77	8.54	8.87	0.00	0.00
13	13.31	13.24	0.00	0.00	0.00	0.00	15.07	14.20	12.01	12.70	6.93	7.95
14	12.84	13.20	32.61	31.78	17.31	16.98	13.89	13.55	0.00	0.00	8.62	9.13
15	0.00	0.00	26.01	25.54	28.42	28.52	14.06	13.80	0.00	0.00	7.97	8.78
16	0.00	0.00	20.23	19.34	17.62	16.88	0.00	0.00	8.98	9.38	8.50	9.56
17	20.35	21.82	21.59	19.98	17.60	17.21	0.00	0.00	11.95	12.64	8.44	9.40
18	15.69	17.27	20.55	19.37	12.25	11.75	12.72	12.60	7.97	8.41	0.00	0.00
19	14.96	15.59	0.00	0.00	0.00	0.00	14.62	13.29	9.04	9.30	0.00	0.00
20	14.06	14.91	0.00	0.00	0.00	0.00	9.63	9.40	7.39	7.60	9.26	10.67
21	16.21	18.10	24.46	24.04	14.71	14.72	11.30	11.37	0.00	0.00	9.14	10.61
22	0.00	0.00	33.34	33.29	14.96	14.98	8.40	8.18	0.00	0.00	10.04	10.94
23	0.00	0.00	16.83	16.11	20.87	19.96	0.00	0.00	13.61	14.87	12.84	13.58
24	11.75	12.86	14.91	14.53	12.73	12.14	0.00	0.00	10.94	11.48	21.12	21.47
25	11.17	12.03	17.68	17.49	21.39	20.50	13.22	13.92	12.35	13.28	0.00	0.00
26	10.72	10.97	0.00	0.00	0.00	0.00	12.72	12.88	8.75	9.69	0.00	0.00
27	17.95	18.28	0.00	0.00	0.00	0.00	13.46	13.65	11.98	13.43	14.13	13.64
28	12.03	12.48	22.19	21.84	18.66	17.85	17.07	16.61	0.00	0.00	10.43	10.94
29	0.00	0.00	0.00	0.00	17.54	16.65	14.63	14.96	0.00	0.00	11.53	11.59
30	0.00	0.00	0.00	0.00	15.22	14.71	0.00	0.00	11.95	13.32	14.24	14.91
31	12.73	13.23	0.00	0.00	13.11	12.31	0.00	0.00	12.78	14.34	0.00	0.00

数据来源：深圳证券交易所
Source：Shenzhen Stock Exchange

Daily Trading Volume and Value of Securities Investment Funds in Shenzhen Stock Exchange in 2011

成交量：亿份　成交额：亿元

7月 Jul.		8月 Aug.		9月 Sep.		10月 Oct.		11月 Nov.		12月 Dec.	
成交额 Turnover	成交量 Volume	成交额 Turnover	成交量 Volume	成交额 Turnover	成交量 Volume	成交额 Turnover	成交量 Volume	成交额 Turnover	成交量 Volume	成交额 Turnover	成交量 Volume
14.05	14.86	7.10	7.47	9.51	10.85	0.00	0.00	18.79	22.45	27.97	32.82
0.00	0.00	9.47	10.17	8.86	10.11	0.00	0.00	23.13	27.59	10.79	13.19
0.00	0.00	9.01	9.70	0.00	0.00	0.00	0.00	24.57	29.05	0.00	0.00
16.61	17.76	6.11	6.40	0.00	0.00	0.00	0.00	16.60	19.34	0.00	0.00
12.96	13.01	14.20	15.39	10.57	12.04	0.00	0.00	0.00	0.00	10.84	13.58
12.13	11.59	0.00	0.00	10.64	12.30	0.00	0.00	0.00	0.00	8.77	11.10
19.28	18.52	0.00	0.00	10.77	12.31	0.00	0.00	12.14	14.03	7.94	9.92
13.45	13.66	22.32	26.20	10.54	11.42	0.00	0.00	13.08	15.70	13.39	16.76
0.00	0.00	20.39	23.91	12.74	14.27	0.00	0.00	15.70	17.79	11.70	14.28
0.00	0.00	16.92	19.22	0.00	0.00	8.40	10.72	18.36	20.91	0.00	0.00
11.65	11.23	15.58	17.40	0.00	0.00	14.97	18.03	16.30	18.24	0.00	0.00
13.74	13.35	14.09	14.62	0.00	0.00	23.02	28.22	0.00	0.00	9.61	12.05
12.00	11.75	0.00	0.00	8.00	9.36	19.29	22.71	0.00	0.00	13.87	18.66
14.10	13.74	0.00	0.00	12.30	13.97	14.73	16.39	17.59	19.90	11.17	14.92
12.21	12.12	11.23	11.97	8.91	10.29	0.00	0.00	12.38	14.68	16.33	23.28
0.00	0.00	9.25	9.78	7.51	8.56	0.00	0.00	16.90	18.91	18.21	25.24
0.00	0.00	6.40	6.96	0.00	0.00	11.65	13.81	12.36	14.28	0.00	0.00
13.32	12.73	8.51	9.71	0.00	0.00	12.36	14.32	14.81	17.38	0.00	0.00
10.53	11.04	11.75	12.40	8.76	10.04	12.32	14.94	0.00	0.00	17.40	25.52
11.47	11.81	0.00	0.00	11.99	13.85	16.41	20.42	0.00	0.00	15.54	21.14
18.51	19.58	0.00	0.00	20.99	23.81	14.68	18.19	10.02	12.23	11.05	14.78
9.57	9.69	8.26	9.54	14.49	16.06	0.00	0.00	10.56	13.02	17.10	23.98
0.00	0.00	8.55	9.52	18.94	23.14	0.00	0.00	12.40	15.15	14.25	19.77
0.00	0.00	8.15	8.94	0.00	0.00	19.41	23.18	13.94	16.60	0.00	0.00
14.83	15.66	18.69	19.85	0.00	0.00	22.58	27.83	9.48	11.18	0.00	0.00
10.36	10.69	13.60	14.47	14.25	16.42	18.79	22.31	0.00	0.00	10.81	15.22
13.67	14.49	0.00	0.00	14.82	17.40	12.71	15.25	0.00	0.00	9.42	12.86
14.56	15.33	0.00	0.00	12.32	14.27	20.62	24.70	10.11	12.38	11.93	16.68
9.49	10.06	14.81	16.03	13.04	15.89	0.00	0.00	11.23	13.32	9.45	13.18
0.00	0.00	15.55	16.95	13.29	15.70	0.00	0.00	16.36	20.77	12.17	16.37
0.00	0.00	11.07	12.83	0.00	0.00	13.78	16.03	0.00	0.00	0.00	0.00

4-19 2011年上海证券交易所每日收市基金指数

Daily Close Fund Index of Shanghai Stock Exchange in 2011

日期 Date	1月 Jan.	2月 Feb.	3月 Mar.	4月 Apr.	5月 May.	6月 Jun.	7月 Jul.	8月 Aug.	9月 Sep.	10月 Oct.	11月 Nov.	12月 Dec.
1	0.00	4544.94	4670.17	4750.23	0.00	4415.19	4472.67	4367.02	4245.59	0.00	4045.38	3911.97
2	0.00	0.00	4673.98	0.00	0.00	4355.15	0.00	4334.88	4209.79	0.00	4103.43	3877.21
3	0.00	0.00	4681.21	0.00	4668.33	4404.27	0.00	4333.97	0.00	0.00	4111.29	0.00
4	4616.34	0.00	4728.15	0.00	4566.99	0.00	4560.29	4342.42	0.00	0.00	4137.44	0.00
5	4613.62	0.00	0.00	0.00	4556.11	0.00	4552.55	4268.34	4139.79	0.00	0.00	3843.23
6	4611.18	0.00	0.00	4793.67	4541.73	0.00	4538.71	0.00	4120.51	0.00	0.00	3834.19
7	4646.05	0.00	4783.16	4793.67	0.00	4425.49	4530.32	0.00	4181.56	0.00	4101.70	3849.95
8	0.00	0.00	4774.22	4822.90	0.00	4424.23	4536.29	4151.42	4160.93	0.00	4093.41	3839.14
9	0.00	4501.05	4776.15	0.00	4545.80	4373.37	0.00	4164.33	4154.01	0.00	4119.87	3815.00
10	4582.57	4561.03	4709.07	0.00	4567.76	4377.53	0.00	4195.53	0.00	3860.62	4057.36	0.00
11	4595.51	4569.61	4676.04	4810.24	4556.49	0.00	4535.52	4239.22	0.00	3859.14	4056.47	0.00
12	4625.47	0.00	0.00	4799.77	4512.61	0.00	4462.57	4256.04	0.00	3980.58	0.00	3784.64
13	4625.88	0.00	0.00	4845.09	4542.93	4361.63	4517.74	0.00	4112.58	3987.73	0.00	3713.84
14	4569.68	4680.44	4687.09	4823.30	0.00	4402.48	4532.73	0.00	4121.36	3978.33	4129.47	3687.70
15	0.00	4674.55	4627.21	4836.34	0.00	4379.23	4546.49	4314.08	4112.89	0.00	4113.48	3609.68
16	0.00	4686.44	4676.41	0.00	4511.28	4327.13	0.00	4289.53	4114.02	0.00	4020.09	3674.79
17	4436.13	4677.48	4627.61	0.00	4532.02	4301.62	0.00	4283.57	0.00	3991.76	4004.98	0.00
18	4443.72	4651.17	4647.70	4828.37	4559.02	0.00	4551.76	4227.65	0.00	3898.36	3936.42	0.00
19	4510.06	0.00	0.00	4760.57	4544.74	0.00	4521.60	4196.98	4057.80	3892.40	0.00	3668.32
20	4404.93	0.00	0.00	4756.54	4555.95	4272.81	4516.56	0.00	4063.44	3814.39	0.00	3662.86
21	4433.61	4685.29	4636.38	4785.19	0.00	4304.07	4478.28	0.00	4154.95	3808.95	3939.71	3623.04
22	0.00	4591.83	4655.19	4767.22	0.00	4302.60	4485.20	4173.14	4052.04	0.00	3935.80	3616.19
23	0.00	4601.44	4693.94	0.00	4454.35	4365.66	0.00	4223.48	4017.91	0.00	3915.88	3641.25
24	4391.77	4618.73	4674.07	0.00	4456.22	4461.51	0.00	4208.27	0.00	3889.42	3919.81	0.00
25	4389.10	4623.57	4730.27	4718.69	4426.93	0.00	4374.40	4321.75	0.00	3949.07	3897.18	0.00
26	4437.97	0.00	0.00	4689.85	4423.90	0.00	4373.75	4312.16	3932.87	3976.50	0.00	3611.50
27	4493.85	0.00	0.00	4679.50	4405.70	4464.92	4391.05	0.00	3956.23	3984.28	0.00	3568.19
28	4496.99	4644.13	4731.14	4661.93	0.00	4454.35	4362.25	0.00	3933.08	4059.09	3905.18	3552.10
29	0.00	0.00	4713.76	4668.43	0.00	4410.66	4368.31	4246.01	3902.82	0.00	3939.86	3547.62
30	0.00	0.00	4714.04	0.00	4367.10	4462.09	0.00	4240.55	3895.33	0.00	3839.13	3592.26
31	4532.48	0.00	4682.80	0.00	4427.37	0.00	0.00	4253.25	0.00	4039.85	0.00	0.00

数据来源：上海证券交易所
Source: Shanghai Stock Exchange

4-20 2011年深圳证券交易所每日收市基金指数
Daily Close Fund Index of Shenzhen Stock Exchange in 2011

日期 Date	1月 Jan.	2月 Feb.	3月 Mar.	4月 Apr.	5月 May.	6月 Jun.	7月 Jul.	8月 Aug.	9月 Sep.	10月 Oct.	11月 Nov.	12月 Dec.
1	0.00	5746.24	5933.68	5911.55	0.00	5502.37	5655.94	5522.34	5417.87	0.00	5022.97	4867.02
2	0.00	0.00	5942.87	0.00	0.00	5451.28	0.00	5477.92	5387.64	0.00	5069.19	4814.07
3	0.00	0.00	5948.92	0.00	5792.28	5523.07	0.00	5476.00	0.00	0.00	5112.27	0.00
4	5695.03	0.00	5972.00	0.00	5702.91	0.00	5742.24	5501.24	0.00	0.00	5141.15	0.00
5	5726.64	0.00	0.00	0.00	5687.51	0.00	5738.38	5428.27	5312.16	0.00	0.00	4751.15
6	5780.48	0.00	0.00	5916.41	5670.36	0.00	5735.51	0.00	5288.27	0.00	0.00	4743.65
7	5823.66	0.00	5987.68	5912.98	0.00	5555.44	5735.13	0.00	5346.82	0.00	5105.70	4754.64
8	0.00	0.00	5971.25	5950.34	0.00	5567.38	5748.62	5308.84	5320.62	0.00	5077.04	4677.65
9	0.00	5711.95	5978.03	0.00	5683.07	5519.22	0.00	5341.60	5316.56	0.00	5098.59	4611.00
10	5750.85	5769.75	5917.97	0.00	5682.71	5528.26	0.00	5377.97	0.00	4939.44	5040.42	0.00
11	5753.40	5779.28	5901.32	5949.99	5678.09	0.00	5736.33	5418.09	0.00	4914.60	5037.55	0.00
12	5781.42	0.00	0.00	5961.69	5638.19	0.00	5639.24	5453.68	0.00	5032.48	0.00	4526.67
13	5783.06	0.00	0.00	5980.97	5659.54	5509.55	5703.98	0.00	5263.85	5037.31	0.00	4452.18
14	5730.89	5865.78	5925.24	5965.41	0.00	5546.56	5715.49	0.00	5277.73	5021.32	5110.54	4416.76
15	0.00	5856.77	5875.72	5968.47	0.00	5513.05	5727.61	5488.78	5275.25	0.00	5093.78	4331.42
16	0.00	5865.81	5921.95	0.00	5613.53	5442.59	0.00	5464.67	5282.36	0.00	5003.09	4407.66
17	5555.99	5850.44	5888.58	0.00	5638.79	5422.78	0.00	5476.62	0.00	5031.36	4976.72	0.00
18	5585.00	5836.96	5913.33	5946.58	5657.67	0.00	5751.49	5438.05	0.00	4931.21	4898.74	0.00
19	5651.33	0.00	0.00	5886.77	5636.87	0.00	5703.29	5401.45	5221.14	4902.34	0.00	4396.88
20	5553.55	0.00	0.00	5892.23	5651.18	5391.20	5704.04	0.00	5224.20	4798.79	0.00	4402.64
21	5555.32	5886.82	5879.43	5909.52	0.00	5421.23	5649.34	0.00	5315.07	4796.91	4890.47	4372.38
22	0.00	5809.04	5853.62	5876.63	0.00	5429.52	5659.76	5383.13	5206.28	0.00	4889.12	4366.26
23	0.00	5823.27	5875.88	0.00	5567.63	5507.50	0.00	5417.62	5158.36	0.00	4886.42	4403.25
24	5494.55	5859.91	5878.04	0.00	5575.52	5615.51	0.00	5407.07	0.00	4860.30	4893.37	0.00
25	5512.48	5867.17	5916.29	5820.94	5554.52	0.00	5541.90	5506.86	0.00	4929.44	4885.86	0.00
26	5596.93	0.00	0.00	5793.23	5548.53	0.00	5549.64	5481.82	5064.15	4963.11	0.00	4361.69
27	5678.55	0.00	0.00	5799.56	5522.57	5634.17	5560.80	0.00	5057.84	4953.67	0.00	4288.53
28	5701.28	5893.48	5916.69	5786.47	0.00	5607.42	5534.81	0.00	5045.09	5039.36	4885.46	4245.79
29	0.00	0.00	5876.55	5802.86	0.00	5572.96	5536.35	5420.16	4986.95	0.00	4908.39	4234.41
30	0.00	0.00	5861.53	0.00	5439.40	5616.68	0.00	5418.45	4982.53	0.00	4807.14	4274.31
31	5745.33	0.00	5825.94	0.00	5501.61	0.00	0.00	5429.43	0.00	5024.91	0.00	0.00

数据来源：深圳证券交易所
Source：Shenzhen Stock Exchange

4－21 2011年上市权证概况表

Summary of Warrants in 2011

权证代码 Warrant Code	权证简称 Warrant Name	权证类别 (认购\认沽) Warrant Type	标的证券 Target Security	行权方式 Strike type	年末行权价格(元) Exercising Price	上市日 Listing date	到期日 Expire date	年末流通数量 Negotiable Volume	上市地点 Trading Spot
580027	长虹 CWB1	认购	600839	欧式	3.48	20090819	20110818	111023104.00	上海
038011	攀钢 AGP1	认沽	000629	百幕大混合式	0.00			0.00	深圳
038012	攀钢 AGP2	认沽	000629	百幕大混合式	0.00			0.00	深圳
038013	攀钢 AGP3	认沽	000629	百幕大混合式	0.00			0.00	深圳
038014	钾肥 JFP1	认沽	000792	百幕大混合式	0.00			0.00	深圳
038015	盐湖 YHP1	认沽	000578	百幕大混合式	0.00			0.00	深圳
038016	集琦 JQP1	认沽	000750	百幕大混合式	0.00			0.00	深圳

数据来源：上海、深圳证券交易所
Source：Shanghai、Shenzhen Stock Exchange

4－22 2011年权证年度成交

Trading Summary of Warrants in 2011

权证代码 Warrant Code	权证简称 Warrant Name	年末流通数量 Negotiable Volume	本年开盘(元) Open	本年最高(元) High	本年最低(元) Low	本年收盘(元) Close	年成交金额(亿元) Trading Value	年成交数量(亿份) Trading Volume	年度流通换手率(%) Turnover Rate	上市地点 Trading Spot
580027	长虹 CWB1	111023104.000	2.549	3.560	0.803	0.863	3474.823	1395.935	24361.872	上海
038011	攀钢 AGP1	0.000	0.000	0.000	0.000	0.000	0.000	0.000	0.000	深圳
038012	攀钢 AGP2	0.000	0.000	0.000	0.000	0.000	0.000	0.000	0.000	深圳
038013	攀钢 AGP3	0.000	0.000	0.000	0.000	0.000	0.000	0.000	0.000	深圳
038014	钾肥 JFP1	0.000	0.000	0.000	0.000	0.000	0.000	0.000	0.000	深圳
038015	盐湖 YHP1	0.000	0.000	0.000	0.000	0.000	0.000	0.000	0.000	深圳
038016	集琦 JQP1	0.000	0.000	0.000	0.000	0.000	0.000	0.000	0.000	深圳

数据来源：上海、深圳证券交易所
Source：Shanghai Shenzhen Stock Exchange

五、上市公司

Listed Companies

2011 年上市公司综述

Summary for Listed Companies Supervising in 2011

截至 2012 年 4 月 30 日，沪深两市 2342 家上市公司均如期披露了年报。以下简单介绍 2011 年上市公司业绩情况。

2342 家公司中，实现盈利公司 2177 家，占 92.95%；亏损公司 165 家，占 7.05%，与 2010 年年报亏损公司占比 6.45%相比，亏损面上升了 0.6 个百分点。

截至 2011 年 12 月 31 日，2342 家上市公司资产总额 102.88 万亿元，与 2010 年底上市公司资产总额 86.22 万亿元相比，增加 16.66 万亿元，增幅 19.32%；2011 年度 2342 家上市公司共实现主营业务收入 18.54 万亿元，与 2010 年度主营业务收入 14.46 万亿元相比，增加了 4.08 万亿元，增幅 28.22%。

2011 年度，2342 家上市公司共实现净利润 19110 亿元，与 2010 年度上市公司净利润 16457 亿元相比，上升 2653 亿元，增幅 16.12%。2011 年度每股平均收益 0.53 元，与 2010 年度每股平均收益 0.49 元相比，每股收益上升 0.04 元。2011 年度净资产收益率为 14.08%，与 2010 年度净资产收益率为 14.42%相比，上升了 0.34 个百分点。

5-1 1990—2011 年上市公司数量
Number of Listed Companies (1990—2011)

年份 Year	全国 National	上交所 Shanghai Stock Exchange	深交所 Shenzhen Stock Exchange
1990 年	10	8	2
1991 年	14	8	6
1992 年	53	29	24
1993 年	183	106	77
1994 年	291	171	120
1995 年	323	188	135
1996 年	530	293	237
1997 年	745	383	362
1998 年	851	438	413
1999 年	949	484	465
2000 年	1088	572	516
2001 年	1160	646	514
2002 年	1224	715	509
2003 年	1287	780	507
2004 年	1377	837	540
2005 年	1381	834	547
2006 年	1434	842	592
2007 年	1550	860	690
2008 年	1625	864	761
2009 年	1718	870	848
2010 年	2063	894	1169
2011 年	2342	931	1411

数据来源：上海、深圳证券交易所
Source: Shanghai Shenzhen Stock Exchange

5-2 2011 年上市公司行业分类
Industrial Distribution of Listed Companies in 2011

行业 Industries	全国合计 Total		上交所 Shanghai Stock Exchange		深交所 Shenzhen Stock Exchange	
	公司数量 No. of Listed Companies	占总额 (%)	公司数量 No. of Listed Companies	占总额 (%)	公司数量 No. of Listed Companies	占总额 (%)
农、林、牧、副、渔业 Agriculture, Forestry, Fishing and Hunting	46	1.96%	20	2.15%	26	1.84%
采掘业 Mining	54	2.31%	31	3.33%	23	1.63%
食品、饮料 Food, Beverage	90	3.84%	37	3.97%	53	3.76%
纺织、服装、毛皮 Textile, Apparel, Leather	78	3.33%	33	3.54%	45	3.19%
木材、家具 Wood Product	12	0.51%	3	0.32%	9	0.64%
造纸、印刷 Paper, Printing	43	1.84%	14	1.50%	29	2.06%
石油、化学、橡胶、塑料 Petroleum, Chemical Product, Plastics, Rubber	252	10.76%	79	8.49%	173	12.26%
电子 Electrical Equipment	140	5.98%	33	3.54%	107	7.58%
金属、非金属 Metal, Nonmetallic Mineral Product	187	7.98%	73	7.84%	114	8.08%
机械、设备、仪表 Machinery, Equipment, Meter	449	19.17%	143	15.36%	306	21.69%
医药、生物 Medicine, Biologic Product	144	6.15%	59	6.34%	85	6.02%
其他制造业 Other Manufacuring	26	1.11%	6	0.64%	20	1.42%
电力、蒸汽及水的生产及供应业 Electricity, Gas, Water Supply	72	3.07%	47	5.05%	25	1.77%
建筑业 Construction	51	2.18%	28	3.01%	23	1.63%
交通运输、仓储业 Transport, Storage	75	3.20%	51	5.48%	24	1.70%
信息技术业 Information, Technology	182	7.77%	44	4.73%	138	9.78%
批发和零售贸易 Wholesale and Retail Trade	122	5.21%	64	6.87%	58	4.11%
金融、保险业 Finance, Insurance	41	1.75%	31	3.33%	10	0.71%
房地产业 Real Estate	122	5.21%	64	6.87%	58	4.11%
社会服务业 Social Services	70	2.99%	21	2.26%	49	3.47%
传播及文化产业 Transmission, Culture	29	1.24%	13	1.40%	16	1.13%
综合类 Conglomerat	57	2.43%	37	3.97%	20	1.42%
合计 Total	2342	100.00%	931	100.00%	1411	100.00%

数据来源：上海、深圳证券交易所
Source: Shanghai Shenzhen Stock Exchange

5-3 2011年新上市公司行业分类

Industrial Distribution of Newly Listed Companies in 2011

行业 Industries	全国合计 Total		上交所 Shanghai Stock Exchange		深交所 Shenzhen Stock Exchange	
	公司数量 No. of Listed Companies	占总额(%) Percent	公司数量 No. of Listed Companies	占总额(%) Percent	公司数量 No. of Listed Companies	占总额(%) Percent
农、林、牧、副、渔业 Agriculture,Forestry,Fishing and Hunting	4	1.42%	1	2.56%	3	1.23%
采掘业 Mining	5	1.77%	0	0.00%	5	2.06%
制造业 Manufacuring	205	72.70%	26	66.67%	179	73.66%
其中：食品、饮料 Food,Beverage	9	3.19%	0	0.00%	9	3.70%
纺织、服装、毛皮 Textile,Apparel,Leather	7	2.48%	4	10.26%	3	1.23%
木材、家具 Wood Product	3	1.06%	1	2.56%	2	0.82%
造纸、印刷 Paper,Printing	4	1.42%	0	0.00%	4	1.65%
石油、化学、橡胶、塑料 Petroleum,Chemical Product,Plastics,Rubber	35	12.41%	4	10.26%	31	12.76%
电子 Electrical Equipment	20	7.09%	0	0.00%	20	8.23%
金属、非金属 Metal,Nonmetallic Mineral Product	23	8.16%	5	12.82%	18	7.41%
机械、设备、仪表 Machinery,Equipment,Meter	86	30.50%	12	30.77%	74	30.45%
医药、生物 Medicine,Biologic Product	13	4.61%	0	0.00%	13	5.35%
其他制造业 Other Manufacuring	5	1.77%	0	0.00%	5	2.06%
电力、蒸汽及水的生产及供应业 Electricity,Gas,Water Supply	1	0.35%	1	2.56%	0	0.00%
建筑业 Construction	8	2.84%	3	7.69%	5	2.06%
交通运输、仓储业 Transport,Storage	2	0.71%	0	0.00%	2	0.82%
信息技术业 Information,Technology	32	11.35%	1	2.56%	31	12.76%
批发和零售贸易 Wholesale and Retail Trade	9	3.19%	3	7.69%	6	2.47%
金融、保险业 Finance,Insurance	3	1.06%	3	7.69%	0	0.00%
房地产业 Real Estate	0	0.00%	0	0.00%	0	0.00%
社会服务业 Social Services	9	3.19%	0	0.00%	9	3.70%
传播及文化产业 Transmission,Culture	4	1.42%	1	2.56%	3	1.23%
综合类 Conglomerat	0	0.00%	0	0.00%	0	0.00%
合计 Total	282	100.00%	39	100.00%	243	100.00%

数据来源：上海、深圳证券交易所
Source: Shanghai Shenzhen Stock Exchange

5-4 1994—2011年全国按股份类别划分的上市公司年末数量

Number of Listed Companies by Stock Type (1994—2011)

年份 Year	1994	1995	1996	1997	1998	1999	2000	2001	2002	2003	2004	2005	2006	2007	2008	2009	2010	2011
仅发A股 Only A Shares	227	242	431	627	727	822	955	1025	1085	1146	1236	1240	1287	1389	1459	1549	1892	2162
仅发A、H股 A&H Shares	6	11	14	17	18	19	19	23	28	30	31	32	38	52	57	61	63	72
仅发A、B股 A&B Shares	54	58	69	76	80	82	86	88	87	87	86	86	86	86	85	85	85	85
仅发B股 Only B Shares	4	12	16	25	26	26	28	24	24	24	24	23	23	23	23	22	22	22
发A、B、H股 A&B&H Shares	0	0	0	0	0	0	0	0	0	0	0	0	0	0	1	1	1	1
合计 Total	291	323	530	745	851	949	1088	1160	1224	1287	1377	1381	1434	1550	1625	1718	2063	2342
A股合计 Total of A Shares	287	311	514	720	825	923	1060	1136	1200	1263	1353	1358	1411	1527	1602	1696	2041	2320
B股合计 Total of B Shares	58	70	85	101	106	108	114	112	111	111	110	109	109	109	109	108	108	108

数据来源：上海、深圳证券交易所
Source: Shanghai Shenzhen Stock Exchange

5-5 上交所按股份类别划分的上市公司年末数量

Number of Listed Companies by Stock Type (Shanghai Stock Exchange)

年份 Year	1994	1995	1996	1997	1998	1999	2000	2001	2002	2003	2004	2005	2006	2007	2008	2009	2010	2011
仅发 A 股 Only A Shares	131	142	240	321	373	417	504	573	639	702	759	755	756	761	760	762	784	816
仅发 A、H 股 A&H Shares	6	10	11	12	13	13	13	19	22	24	24	25	32	45	50	54	56	61
仅发 A、B 股 A&B Shares	32	32	36	39	39	41	42	44	44	44	44	44	44	44	44	44	44	44
仅发 B 股 Only B Shares	2	4	6	11	13	13	13	10	10	10	10	10	10	10	10	10	10	10
合计 Total	171	188	293	383	438	484	572	646	715	780	837	834	842	860	864	870	894	931
A 股合计 Total of A Shares	169	184	287	372	425	471	559	636	705	770	827	824	832	850	854	860	884	921
B 股合计 Total of B Shares	34	36	42	50	52	54	55	54	54	54	54	54	54	54	54	54	54	54

数据来源：上海证券交易所
Source: Shanghai Stock Exchange

5-6 深交所按股份类别划分的上市公司年末数量

Number of Listed Companies by Stock Type (Shenzhen Stock Exchange)

年份 Year	1994	1995	1996	1997	1998	1999	2000	2001	2002	2003	2004	2005	2006	2007	2008	2009	2010	2011
仅发 A 股 Only A Shares	96	100	191	306	354	405	451	452	446	444	477	485	531	628	699	787	1108	1346
仅发 A、H 股 A&H Shares	0	1	3	5	5	6	6	4	6	6	7	7	6	7	7	7	7	11
仅发 A、B 股 A&B Shares	22	26	33	37	41	41	44	44	43	43	42	42	42	42	41	41	41	41
仅发 B 股 Only B Shares	2	8	10	14	13	13	15	14	14	14	14	13	13	13	13	12	12	12
发 A、B、H 股 A&B&H Shares	0	0	0	0	0	0	0	0	0	0	0	0	0	0	1	1	1	1
合计 Total	120	135	237	362	413	465	516	514	509	507	540	547	592	690	761	848	1169	1411
A 股合计 Total of A Shares	118	127	227	348	400	452	501	500	495	493	526	534	579	677	748	836	1157	1399
B 股合计 Total of B Shares	24	34	43	51	54	54	59	58	57	57	56	55	55	55	55	54	54	54

数据来源：深圳证券交易所，截至 2009 年底，晨鸣纸业是唯一一家发行 A、B、H 股的公司
Source: Shenzhen Stock Exchange

5-7 2011 年按股本规模划分的上市公司年末数量

Number of Listed Companies by Equity Scale in 2011

股本规模 Stock Capital	上海 Shanghai	深圳 Shenzhen	合计 Total
1 亿以下	10	167	177
1—2 亿	82	402	484
2—3 亿	112	284	396
3—5 亿	235	251	486
5—10 亿	226	189	415
10 亿以上	266	118	384
合计 Total	931	1411	2342

数据来源：上海、深圳证券交易所
Source: Shanghai Shenzhen Stock Exchange

5-8 2011年全国上市公司股本结构

Equity Structure of Listed Companies in 2011

	期初数 No. at the Beginning of 2011	比重 Ratio (%)	本期增减 Change				期末数 No. at the End of 2011	比重 Ratio (%)
			首发 First Issuing	配股 Right Issuing	送股 Bonus Shares	其他 Others		
股本总数 Total Capitalization	2705568.14	100.00%	70623.62	56662.15	150896.25	−6856.95	2976893.19	100.00%
一、流通股股数 Negotiable Shares	2695955.23	99.64%	70469.22	56662.15	150803.46	−5839.50	2968050.54	99.70%
(一)已上市部分 Listed Shares	1965286.03	72.64%	11017.44	56651.12	102116.84	131224.65	2266296.06	76.13%
A股 A-shares	1937108.58	71.60%	11017.44	56651.12	100761.64	131224.65	2236763.42	75.14%
B股 B-shares	28177.45	1.04%	0.00	0.00	1355.20	0.00	29532.64	0.99%
(二)暂未上市部分 Non-listed Shares	730669.20	27.01%	59451.78	11.03	48686.62	−137064.15	701754.48	23.57%
A股 A-shares	730669.20	27.01%	59451.78	11.03	48686.62	−137064.15	701754.48	23.57%
B股 B-shares	0.00	0.00%	0.00	0.00	0.00	0.00	0.00	0.00%
二、非流通股股数 Non-negotiable Shares	9612.91	0.36%	154.40	0.00	92.79	−1017.45	8842.65	0.30%
国家股 State-owned Shares	163.86	0.01%	0.00	0.00	92.27	−116.95	139.18	0.00%
国有法人股 State-owned Legal Person's Shares	5976.57	0.22%	0.00	0.00	0.00	−260.02	5716.55	0.19%
境内法人股 Domestic Legal Person's Shares	2429.12	0.09%	0.00	0.00	0.00	−476.42	1952.70	0.07%
境外法人股 Foreign Legal Person's Shares	1034.21	0.04%	0.00	0.00	0.00	0.00	1034.21	0.03%
职工股 Staff Shares	9.15	0.00%	0.00	0.00	0.52	−9.66	0.01	0.00%
其他 Others	0.00	0.00%	154.40	0.00	0.00	−154.40	0.00	0.00%

数据来源：中国证券登记结算公司，与交易所相关数据统计口径不同
Source: China Securities Depository and Clearing Corporation Limited

5-9(1) 2011年中小板上市公司股份结构

Capital Structure Figures of SME Board in 2011

单位：亿(100000000)

股份结构 Capital Structure	股份数量 Number
发起人股 Sponsor's Shares	0.00
国家股 State-owned Shares	0.00
发起人法人股 Sponsor's Legal Person's Shares	0.00
境外法人股 Foreign Legal Person's Shares	0.00
定向募集法人股 Private Placement of Legal Person's Shares	0.00
其他发起人股 Others Sponsor's Shares	13.12
其他未流通股 Other Nonnegotiable Shares	669.81
尚未流通股份合计 Total Nonnegotiable Shares	682.93
境内上市人民币普通股 A Shares	1257.54
境内上市外资股 B Shares	0.00
境外上市外资股 H Shares	9.21
其他已流通股 Other Negotiable Shares	0.00
已流通股份合计 Negotiable Shares	1266.75
股份总数 Total Shares	1949.69

数据来源：深圳证券交易所
Source: Shenzhen Stock Exchange

5-9(2) 2011年创业板上市公司股份结构

Capital Structure Figures of SME Board in 2011

单位：亿(100000000)

股份结构 Capital Structure	股份数量 Number
发起人股 Sponsor's Shares	0.00
国家股 State-owned Shares	0.00
发起人法人股 Sponsor's Legal Person's Shares	0.00
境外法人股 Foreign Legal Person's Shares	0.00
定向募集法人股 Private Placement of Legal Person's Shares	0.00
其他发起人股 Others Sponsor's Shares	0.31
其他未流通股 Other Nonnegotiable Shares	239.83
尚未流通股份合计 Total Nonnegotiable Shares	240.14
境内上市人民币普通股 A Shares	150.29
境内上市外资股 B Shares	0.00
境外上市外资股 H Shares	0.00
其他已流通股 Other Negotiable Shares	0.00
已流通股份合计 Negotiable Shares	150.29
股份总数 Total Shares	390.43

数据来源：深圳证券交易所
Source：Shenzhen Stock Exchange

5-10(1) 2011年中小板上市公司分行业信息汇总

Information for SME Board Listed Companies by Industries in 2011

	家数 Number	总股本（万股） Total Shares	流通股本（万股） Negotiable Shares	总市值（万元） Market Capitalization	流通市值（万元） Negotiable Capitalization	成交金额（万元） Turnover	每股收益 EPS	市盈率 PE Ratio	换手率（%） Turnover Rate	平均价格（元） Average Price	筹资总额（万元） Rasied Capital
农林牧渔 Agriculture	11	337285.26	205683.77	6735057.19	4277012.77	22156627.33	0.42	47.58	534.19	19.97	313965.00
采掘业 Mining	7	280990.19	229587.66	5600641.56	3985650.48	17615307.17	0.76	25.53	274.96	19.93	237665.00
食品饮料 Food & Beverage	27	736089.43	275533.48	22685941.48	9064118.96	23397144.98	0.68	45.04	439.32	30.82	1004843.00
纺织服装 Textiles & Apparel	29	730786.04	453995.53	9538466.27	5318771.94	20242882.77	0.43	30.34	405.54	13.05	267471.31
木材家具 Timber & Furnishings	7	196953.39	113821.61	1770413.69	712880.84	5463940.34	0.30	29.88	717.83	8.99	283407.80
造纸印刷 Paper & Printing	21	578382.78	325147.55	6541851.91	3263582.83	15391010.41	0.44	25.94	385.57	11.31	433965.20
石化塑胶 Petrochemicals	89	2354272.19	1351460.66	28997907.72	14285668.30	97698944.18	0.44	25.72	480.27	12.32	2286010.11
电子 Electronics	55	1688391.32	1065649.83	25302835.06	13986424.70	68337179.15	0.42	35.15	418.38	14.99	624677.99
金属非金属 Metals & Non-metals	67	1861224.99	962404.76	20268702.78	9902692.43	82404503.73	0.37	28.14	624.95	10.89	1414948.82
机械设备 Machinery	151	3929483.85	2232466.99	48527164.74	25220435.65	148331887.89	0.51	24.43	446.51	12.35	3984149.25
医药生物 Pharmaceuticals	33	1022977.85	539864.99	20442907.62	10489262.19	37160505.00	0.72	26.97	346.69	19.98	725324.48
其他制造业	16	519110.97	205820.21	7855315.39	2517561.35	22681281.28	0.63	24.12	612.86	15.13	536217.46
水电煤气 Utilities	3	114001.78	88354.41	1760246.48	1372722.56	4426130.52	0.58	26.59	502.42	15.44	108000.00
建筑业 Construction	17	558068.60	313852.37	9787424.45	5351750.53	19289112.68	0.47	37.58	469.05	17.54	579777.38
运输仓储 Transportation	6	131807.80	82983.76	1410584.28	792457.98	3757324.65	0.36	29.56	338.33	10.70	43550.00
信息技术 IT	57	1312255.59	738414.23	21193872.77	11185855.29	44874735.16	0.41	38.46	369.70	16.15	789564.99
批发零售 Wholesale & Retail	22	1504682.35	883026.72	21071352.02	10874731.29	24950131.46	0.61	23.04	202.29	14.00	972009.80
金融保险 Financials	2	528362.05	393842.96	4194250.21	3215416.22	8009073.84	0.59	13.55	285.50	7.94	0.00
房地产业 Real Estate	7	578227.69	421407.56	4121941.60	3053032.10	7334224.24	0.49	14.53	244.52	7.13	0.00
社会服务 Social Services	16	379419.03	285343.38	5385240.06	3618651.93	12580745.92	0.32	43.06	288.56	14.19	216000.00
传播文化 Media	2	67056.19	53397.28	934776.12	785480.42	2046747.48	0.15	91.61	320.33	13.94	0.00
综合类 Conglomerates	1	25200.00	24398.07	166320.00	161027.26	2115185.10	0.25	26.40	373.70	6.60	0.00

数据来源：深圳证券交易所
Source：Shenzhen Stock Exchange

5-10(2) 2011年创业板上市公司分行业信息汇总
Information for SME Board Listed Companies by Industries in 2011

	家数 Number	总股本 (万股) Total Shares	流通股本 (万股) Negotiable Shares	总市值 (万元) Market Capitalization	流通市值 (万元) Negotiable Capitalization	成交金额 (万元) Turnover	每股收益 EPS	市盈率 PE Ratio	换手率 (%) Turnover Rate	平均价格(元) Average Price	筹资总额 (万元) Rasied Capital
农林牧渔 Agriculture	7	138440.00	48506.62	1660542.00	581936.55	6992527.91	0.34	35.17	1139.14	12.00	289570.00
采掘业 Mining	4	46496.00	15962.29	964102.40	275634.97	2325345.85	0.46	45.56	819.92	20.74	296444.00
食品饮料 Food & Beverage	3	31036.00	8913.63	1140751.40	332005.84	2032920.65	0.72	51.23	1106.13	36.76	42500.00
造纸印刷 Paper & Printing	2	58040.00	21060.49	616124.00	226182.21	1095753.79	0.24	43.53	341.03	10.62	0.00
石化塑胶 Petrochemicals	31	343710.28	109341.59	5468485.38	1741405.56	14860416.15	0.54	29.70	822.39	15.91	803014.80
电子 Electronics	34	546686.62	190146.49	9202527.14	3212017.39	29915830.30	0.52	32.59	889.00	16.83	842185.00
金属非金属 Metals & Non-metals	10	164538.82	73502.56	2247710.63	931358.02	7851063.47	0.36	37.59	714.58	13.66	211140.00
机械设备 Machinery	81	1129777.37	383530.11	20749795.01	6582588.95	50841494.15	0.52	35.54	753.69	18.37	2689395.08
医药生物 Pharmaceuticals	22	353728.65	125809.72	7265214.82	2353115.28	13382681.47	0.56	36.85	566.63	20.54	709011.20
其他制造业	3	21900.00	8029.27	335775.00	120608.49	831344.74	0.38	40.05	633.99	15.33	52000.00
建筑业 Construction	2	33416.51	10085.00	655339.38	177989.80	1510652.08	0.40	49.64	852.19	19.61	104749.00
运输仓储 Transportation	2	19700.00	6246.00	253398.00	74919.06	916019.78	0.57	22.55	870.22	12.86	54000.00
信息技术 IT	55	651817.59	250295.90	12708519.12	4523804.32	31408112.13	0.52	37.26	660.31	19.50	1230650.89
批发零售 Wholesale & Retail	2	62540.00	29689.68	908509.40	424401.32	2516482.19	0.19	76.06	696.45	14.53	0.00
社会服务 Social Services	14	234361.85	73203.75	6139145.41	1922768.05	11673058.88	0.48	55.07	658.49	26.20	420745.00
传播文化 Media	9	159144.25	67879.48	4021982.87	1560079.32	10637510.25	0.42	60.52	732.22	25.27	188410.00

数据来源：深圳证券交易所
Source: Shenzhen Stock Exchange

5－11　2011 年上市公司地区分布

Regional Distribution of Listed Companies in 2011

地区 Area	上市公司家数 Listed Companies		
	上交所 Shanghai	深交所 Shenzhen	全国合计 National
安　徽	29	48	77
北　京	95	99	194
福　建	32	51	83
甘　肃	11	13	24
广　东	39	300	339
广　西	12	17	29
贵　州	9	10	19
海　南	8	17	25
河　北	18	29	47
河　南	22	40	62
黑龙江	23	7	30
湖　北	36	45	81
湖　南	21	48	69
吉　林	17	20	37
江　苏	77	137	214
江　西	16	15	31
辽　宁	27	38	65
内蒙古	15	7	22
宁　夏	4	8	12
青　海	6	3	9
山　东	50	97	147
山　西	17	16	33
陕　西	17	20	37
上　海	149	50	199
四　川	34	52	86
天　津	17	18	35
西　藏	6	3	9
新　疆	21	16	37
云　南	13	16	29
浙　江	73	151	224
重　庆	17	20	37
总　计	931	1411	2342

数据来源：上海、深圳证券交易所

Source：Shanghai Shenzhen Stock Exchange

5－12 2011年上市公司行业、地区交叉分布

	安徽	北京	福建	甘肃	广东	广西	贵州	海南	河北	河南	黑龙江	湖北	湖南
农、林、牧、副、渔业 Agriculture, Forestry, Fishing and Hunting	2	4	3	2	4	0	0	3	1	2	2	1	4
采掘业 Mining	2	10	1	2	2	0	1	1	2	3	0	0	1
食品、饮料 Food, Beverage	4	3	2	4	12	3	1	1	2	4	1	2	5
纺织、服装、毛皮 Textile, Apparel, Leather	2	2	6	1	6	0	0	1	3	2	0	2	2
木材、家具 Wood Product	0	0	0	0	3	1	0	0	0	0	1	0	0
造纸、印刷 Paper, Printing	1	1	5	0	13	1	0	0	0	1	1	0	1
石油、化学、橡胶、塑料 Petroleum, Chemical Product, Plastics, Rubber	16	4	3	2	22	5	4	0	11	6	4	13	7
电子 Electrical Equipment	2	8	7	1	55	0	2	0	2	3	0	7	1
金属、非金属 Metal, Nonmetallic Mineral Product	10	12	6	3	14	1	1	2	5	13	0	4	5
机械、设备、仪表 Machinery, Equipment, Meter	18	20	15	3	51	4	4	2	8	17	7	16	16
医药、生物 Medicine, Biologic Product	2	8	1	2	16	5	3	2	4	4	3	6	5
其他制造业 Other Manufacuring	0	0	2	0	5	1	0	0	1	0	0	1	1
电力、蒸汽及水的生产及供应业 Electricity, Gas, Water Supply	1	5	1	1	11	2	1	0	2	1	3	4	2
建筑业 Construction	3	11	0	0	9	0	0	0	0	0	1	1	0
交通运输、仓储业 Transport, Storage	2	4	4	0	12	2	0	4	1	1	1	3	2
信息技术业 Information, Technology	3	42	9	0	38	0	1	0	1	2	1	5	3
批发和零售贸易 Wholesale and Retail Trade	3	11	5	2	15	1	0	1	2	0	1	5	4
金融、保险业 Finance, Insurance	1	11	2	0	6	1	0	0	0	0	0	1	1
房地产业 Real Estate	2	16	5	1	23	1	0	3	2	1	1	6	1
社会服务业 Social Services	1	13	1	0	10	1	0	1	0	1	0	2	4
传播及文化产业 Transmission, Culture	2	7	0	0	3	0	0	1	0	1	0	1	3
综合类 Conglomerat	0	2	5	0	9	0	1	3	0	0	3	1	1
合 计	77	194	83	24	339	29	19	25	47	62	30	81	69

数据来源：上海、深圳证券交易所
Source: Shanghai Shenzhen Stock Exchange

Industries-Region Distribution of Listed Companies in 2011

吉林	江苏	江西	辽宁	内蒙古	宁夏	青海	山东	山西	陕西	上海	四川	天津	西藏	新疆	云南	浙江	重庆	合计
1	0	0	2	0	0	0	8	0	0	1	0	0	0	4	2	0	0	46
0	0	1	0	4	0	2	4	7	2	1	2	2	1	1	1	0	1	54
1	3	1	1	2	0	1	8	1	1	4	7	0	2	7	0	5	2	90
0	13	0	2	1	1	1	6	0	0	7	3	0	0	1	0	16	0	78
0	2	0	1	0	0	0	0	0	0	0	2	0	0	0	0	2	0	12
1	0	0	1	0	1	0	6	0	1	3	1	0	0	1	0	4	0	43
2	33	2	6	5	2	2	28	7	1	18	16	0	0	4	3	24	2	252
1	11	1	1	0	0	0	3	0	3	7	4	2	0	0	0	19	0	140
3	21	6	6	3	4	0	14	5	3	6	6	0.	1	6	8	18	1	187
6	60	10	16	3	2	1	33	2	11	37	13	8	0	3	3	53	7	449
7	8	3	3	3	1	2	8	4	1	9	3	6	2	0	3	13	7	144
1	2	0	0	0	0	0	1	0	1	3	0	1	0	0	0	6	0	26
2	2	2	6	1	0	0	3	2	2	2	6	1	0	1	1	3	4	72
0	3	0	0	0	0	0	1	0	1	5	3	0	1	3	0	8	1	51
1	6	2	4	0	0	0	3	1	0	9	3	4	0	0	1	3	2	75
2	15	0	3	0	0	0	7	1	3	18	7	1	0	0	1	16	3	182
3	15	1	5	0	1	0	5	2	2	14	3	2	0	3	1	13	2	122
1	3	0	0	0	0	0	0	1	1	7	1	0	0	1	1	1	1	41
4	4	1	3	0	0	0	5	0	1	18	2	5	1	1	2	10	3	122
0	7	0	2	0	0	0	1	0	2	12	2	2	1	1	2	3	1	70
0	1	1	1	0	0	0	0	0	1	3	2	0	0	0	0	2	0	29
1	5	0	2	0	0	0	3	0	0	15	0	1	0	0	0	5	0	57
37	214	31	65	22	12	9	147	33	37	199	86	35	9	37	29	224	37	2342

5-13　1992—2011年上市公司主要财务指标一览表

Financial Figures of Listed Companies(1992—2011)

年份 Year	资产总额 (亿元) Total Assets (100000000)	净资产额 (亿元) Net Assets (100000000)	主营收入 (亿元) Revernue (100000000)	利润总额 (亿元) Total Profit (100000000)	净利润 (亿元) Net Profit (100000000)	资产 负债率% Asset-Liability Ratio	净资产 收益率% ROE	每股净 资产(元) Net Asset Per Share	每股 收益(元) EPS
1992年	481.00	168.27	225.55	31.64	24.03	65.02	14.28	2.44	0.35
1993年	1821.00	933.00	954.00	157.00	137.00	48.76	14.68	2.44	0.36
1994年	3309.00	1628.00	1680.00	256.00	214.12	50.80	13.15	2.39	0.31
1995年	4295.00	1958.00	2204.00	256.00	211.00	54.41	10.78	2.31	0.25
1996年	6352.00	2940.00	3235.00	344.00	282.00	53.72	9.59	2.41	0.23
1997年	9660.58	4824.77	5076.51	577.33	467.76	50.06	9.69	2.47	0.24
1998年	12407.52	6266.76	6269.71	614.40	466.97	49.49	7.45	2.48	0.19
1999年	16107.36	7639.35	7974.56	806.31	628.88	52.57	8.23	2.48	0.20
2000年	21673.88	10079.77	10783.87	1007.43	769.22	53.49	7.63	2.66	0.20
2001年	29257.03	12975.66	15475.80	1016.48	694.22	55.65	5.35	2.49	0.13
2002年	41526.17	14636.98	19001.97	1298.89	826.95	64.75	5.65	2.49	0.14
2003年	53246.30	17044.80	25047.16	1890.11	1256.83	67.99	7.37	2.39	0.19
2004年	63472.40	19261.59	34064.44	2671.98	1757.06	69.65	9.12	2.71	0.25
2005年	72712.99	20461.59	41042.29	2627.31	1674.82	71.86	8.19	2.74	0.22
2006年	218489.62	33418.35	50774.97	5109.75	3400.76	84.70	10.18	2.25	0.23
2007年	414151.60	67772.61	73144.42	13433.60	9962.23	83.64	14.70	3.31	0.37
2008年	486892.35	72228.88	88241.06	10738.72	8199.28	85.17	11.35	2.85	0.37
2009年	617852.11	77364.18	85305.95	13678.97	10032.22	85.93	12.97	2.96	0.38
2010年	862227.27	114143.88	144619.94	22208.87	16457.13	86.76	14.42	3.44	0.49
2011年	1028842.52	135767.78	185414.53	26099.41	19110.74	84.24	14.08	3.78	0.53

数据来源：上海、深圳证券交易所
Source：Shanghai Shenzhen Stock Exchange

5－14　2011年报上市公司分地区主要财务指标

Regional Statistics of Financial Figures for Listed Companies 2011

	总资产（亿元）Total Assets	股东权益（亿元）Stockholders' Equtiy	净利润（亿元）Net Profit	每股收益（元）EPS	净资产收益率（%）ROE	资产负债率（%）Asset-liability Ratio	每股净资产（元）Net Asset Per Share
安　徽	5005.94	2265.62	281.78	0.60	12.44	51.88	4.86
北　京	701432.18	67711.56	11106.87	0.56	16.40	89.86	3.44
福　建	28181.40	2771.07	476.21	0.92	17.18	89.60	5.36
甘　肃	2242.86	481.36	38.45	0.26	7.99	73.22	3.20
广　东	90760.73	14217.24	1773.16	0.68	12.47	70.05	5.45
广　西	1574.92	539.70	51.18	0.32	9.48	58.70	3.40
贵　州	1343.69	621.49	125.06	1.30	20.12	51.71	6.46
海　南	1491.17	571.57	49.09	0.24	8.59	61.06	2.78
河　北	5142.08	1774.89	190.68	0.46	10.74	64.43	4.29
河　南	3139.93	1262.64	117.00	0.38	9.27	58.81	4.11
黑龙江	1558.15	678.78	41.86	0.18	6.17	54.84	2.93
湖　北	5455.55	1839.33	141.70	0.28	7.70	61.17	3.70
湖　南	4443.79	1716.90	237.16	0.51	13.81	60.73	3.67
吉　林	1885.03	696.69	54.84	0.28	7.87	55.69	3.49
江　苏	12773.55	4644.63	482.60	0.44	10.39	62.57	4.19
江　西	2341.01	1077.63	134.82	0.69	12.51	52.57	5.53
辽　宁	6484.69	2140.46	122.79	0.21	5.74	64.06	3.58
内蒙古	2403.16	863.66	170.57	0.80	19.75	57.61	4.03
宁　夏	365.49	129.78	8.09	0.21	6.24	63.34	3.43
青　海	775.73	343.95	43.06	0.62	12.52	53.96	4.94
山　东	10022.76	3939.39	471.67	0.55	11.97	58.76	4.59
山　西	4403.34	1960.87	281.22	0.62	14.34	51.72	4.30
陕　西	1613.80	791.07	30.85	0.14	3.90	49.63	3.53
上　海	105711.41	14518.77	1750.01	0.52	12.05	83.82	4.30
四　川	5215.56	2027.19	246.61	0.47	12.17	59.27	3.87
天　津	4023.94	1389.64	－15.48	－0.04	－1.11	60.30	3.53
西　藏	319.07	128.24	13.21	0.25	10.30	58.41	2.42
新　疆	2645.60	1003.16	67.86	0.29	6.76	55.07	4.32
云　南	1968.97	679.46	47.51	0.28	6.99	63.48	3.99
浙　江	11678.70	4440.06	511.86	0.46	11.53	39.97	4.02
重　庆	2389.24	864.15	56.70	0.21	6.56	63.07	3.16

数据来源：上海、深圳证券交易所
Source：Shanghai Shenzhen Stock Exchange

5-15 2011年报上市公司分行业主要财务指标

Industry Summary of Financial Figures for Listed Companies 2011

	总资产(亿元) Total Assets	股东权益(亿元) Stockholders' Equtiy	净利润(亿元) Net Profit	每股收益(元) EPS	净资产收益率(%) ROE	资产负债率(%) Asset-Liability Ratio	每股净资产(元) Net Asset Per Share
农、林、牧、副、渔业 Agriculture,Forestry,Fishing and Hunting	1223.23	639.40	42.70	0.21	6.68	47.73	3.08
采掘业 Mining	43810.77	21370.85	3221.55	0.89	15.07	51.22	5.90
食品、饮料 Food,Beverage	4061.22	2218.91	398.86	0.84	17.98	45.36	4.69
纺织、服装、毛皮 Textile,Apparel,Leather	2650.00	1174.32	114.63	0.35	9.76	55.69	3.61
木材、家具 Wood Product	366.84	208.40	15.59	0.31	7.48	43.19	4.13
造纸、印刷 Paper,Printing	1874.55	766.39	24.93	0.14	3.25	59.12	4.19
石油、化学、橡胶、塑料 Petroleum,Chemical Product,Plastics,Rubber	9415.51	4168.37	343.76	0.32	8.25	55.73	3.87
电子 Electrical Equipment	5478.71	2605.10	205.63	0.27	7.89	52.45	3.42
金属、非金属 Metal,Nonmetallic Mineral Product	24221.01	9301.76	681.78	0.34	7.33	61.60	4.61
机械、设备、仪表 Machinery,Equipment,Meter	29637.57	11701.88	1464.04	0.54	12.51	60.52	4.30
医药、生物 Medicine,Biologic Product	4526.24	2659.33	321.28	0.53	12.08	41.25	4.42
其他制造业 Other Manufacuring	1208.00	514.46	53.16	0.48	10.33	57.41	4.68
电力、蒸汽及水的生产及供应业 Electricity,Gas,Water Supply	17640.31	4341.27	273.71	0.20	6.30	75.39	3.21
建筑业 Construction	23180.22	4018.08	483.70	0.41	12.04	82.67	3.44
交通运输、仓储业 Transport,Storage	15380.84	6211.33	511.29	0.26	8.23	59.62	3.22
信息技术业 Information,Technology	9714.21	3212.21	228.84	0.29	7.12	66.93	4.05
批发和零售贸易 Wholesale and Retail Trade	8131.07	2674.65	332.69	0.49	12.44	67.11	3.96
金融、保险业 Finance,Insurance	800529.24	52386.04	9508.08	0.60	18.15	93.46	3.32
房地产业 Real Estate	18190.76	4728.70	579.85	0.47	12.26	74.00	3.81
社会服务业 Social Services	3127.98	1302.30	137.89	0.37	10.59	58.37	3.53
传播及文化产业 Transmission,Culture	992.66	607.70	59.34	0.39	9.76	38.78	3.94
综合类 Conglomerat	3481.55	1314.19	107.43	0.23	8.17	62.25	2.76

数据来源：上海、深圳证券交易所

Source: Shanghai Shenzhen Stock Exchange

5-16 2011年报上市公司分行业每股收益分布
EPS of Listed Companies by Industries 2011

	1.00元以上	1.00—0.80	0.80—0.50	0.50—0.20	0.20—0.10	0.10—0.05	0.05—0.00	亏损	合计
农、林、牧、副、渔业 Agriculture, Forestry, Fishing and Hunting	3	0	7	14	5	5	5	7	46
采掘业 Mining	17	9	12	9	6	0	1	0	54
食品、饮料 Food, Beverage	16	6	15	21	9	10	6	7	90
纺织、服装、毛皮 Textile, Apparel, Leather	6	5	10	20	10	11	10	6	78
木材、家具 Wood Product	2	1	1	4	1	0	2	1	12
造纸、印刷 Paper, Printing	0	0	9	16	5	2	6	5	43
石油、化学、橡胶、塑料 Petroleum, Chemical Product, Plastics, Rubber	18	10	40	75	32	21	23	33	252
电子 Electrical Equipment	10	5	24	47	22	8	17	7	140
金属、非金属 Metal, Nonmetallic Mineral Product	18	8	37	53	19	12	20	20	187
机械、设备、仪表 Machinery, Equipment, Meter	45	28	100	147	46	30	32	21	449
医药、生物 Medicine, Biologic Product	20	10	26	46	14	5	15	8	144
其他制造业 Other Manufacuring	3	2	3	7	7	0	2	2	26
电力、蒸汽及水的生产及供应业 Electricity, Gas, Water Supply	1	1	7	26	11	8	10	8	72
建筑业 Construction	7	2	11	17	5	4	2	3	51
交通运输、仓储业 Transport, Storage	3	0	15	32	14	2	4	5	75
信息技术业 Information, Technology	14	16	42	55	25	13	9	8	182
批发和零售贸易 Wholesale and Retail Trade	13	13	15	46	12	7	8	8	122
金融、保险业 Finance, Insurance	11	3	5	12	7	1	1	1	41
房地产业 Real Estate	8	6	21	40	15	13	12	7	122
社会服务业 Social Services	2	5	17	20	10	9	4	3	70
传播及文化产业 Transmission, Culture	2	3	6	12	2	1	1	2	29
综合类 Conglomerat	1	2	5	12	8	10	16	3	57
合 计	220	135	428	731	285	172	206	165	2342

注：各区间包括下限不包括上限。
数据来源：上海、深圳证券交易所
Source: Shanghai Shenzhen Stock Exchange

5-17 2011年报上市公司分行业每股净资产分布

Net Asset Per Share of Listed Companies by Industries 2011

	5元以上	5—3元	2—3元	1—2元	0.5—1元	0—0.5元	小于0元	合计
农、林、牧、副、渔业 Agriculture, Forestry, Fishing and Hunting	13	11	6	14	1	1	0	46
采掘业 Mining	28	19	4	3	0	0	0	54
食品、饮料 Food, Beverage	34	22	13	14	5	2	0	90
纺织、服装、毛皮 Textile, Apparel, Leather	24	23	11	13	5	1	1	78
木材、家具 Wood Product	4	6	0	2	0	0	0	12
造纸、印刷 Paper, Printing	16	14	5	5	0	0	3	43
石油、化学、橡胶、塑料 Petroleum, Chemical Product, Plastics, Rubber	89	70	44	24	13	4	8	252
电子 Electrical Equipment	56	34	27	15	4	3	1	140
金属、非金属 Metal, Nonmetallic Mineral Product	80	56	26	13	2	5	5	187
机械、设备、仪表 Machinery, Equipment, Meter	205	126	55	34	10	14	5	449
医药、生物 Medicine, Biologic Product	53	38	19	23	4	1	6	144
其他制造业 Other Manufacuring	10	5	6	3	0	2	0	26
电力、蒸汽及水的生产及供应业 Electricity, Gas, Water Supply	9	30	19	10	3	0	1	72
建筑业 Construction	20	12	11	6	1	1	0	51
交通运输、仓储业 Transport, Storage	14	33	21	5	0	1	1	75
信息技术业 Information, Technology	83	49	23	16	2	3	6	182
批发和零售贸易 Wholesale and Retail Trade	29	45	20	21	2	3	2	122
金融、保险业 Finance, Insurance	19	12	7	3	0	0	0	41
房地产业 Real Estate	15	34	32	33	7	0	1	122
社会服务业 Social Services	24	19	14	9	2	2	0	70
传播及文化产业 Transmission, Culture	10	11	4	1	0	2	1	29
综合类 Conglomerat	5	14	14	16	3	3	2	57
合 计	840	683	381	283	64	48	43	2342

注：各区间包括下限不包括上限。

数据来源：上海、深圳证券交易所

Source: Shanghai Shenzhen Stock Exchange

5－18 2011年报上市公司分行业净资产收益率分布
ROE of Listed Companies by Industries 2011

	100%以上	60%—100%	40%—60%	30%—40%	20%—30%	10%—20%	5%—10%	0%—5%	小于0	合计
农、林、牧、副、渔业 Agriculture, Forestry, Fishing and Hunting	0	0	0	0	4	8	14	13	7	46
采掘业 Mining	0	1	0	4	14	19	11	5	0	54
食品、饮料 Food, Beverage	1	0	2	4	6	24	28	18	7	90
纺织、服装、毛皮 Textile, Apparel, Leather	0	0	0	0	3	23	23	23	6	78
木材、家具 Wood Product	0	1	0	0	0	0	7	3	1	12
造纸、印刷 Paper, Printing	1	1	0	0	0	5	18	15	3	43
石油、化学、橡胶、塑料 Petroleum, Chemical Product, Plastics, Rubber	1	2	2	3	8	55	85	67	29	252
电子 Electrical Equipment	0	0	2	2	7	32	49	40	8	140
金属、非金属 Metal, Nonmetallic Mineral Product	1	2	0	5	9	38	61	53	18	187
机械、设备、仪表 Machinery, Equipment, Meter	1	0	2	4	22	109	195	95	21	449
医药、生物 Medicine, Biologic Product	0	0	0	1	17	52	42	26	6	144
其他制造业 Other Manufacuring	1	0	0	0	1	8	10	4	2	26
电力、蒸汽及水的生产及供应业 Electricity, Gas, Water Supply	0	0	0	0	2	17	22	24	7	72
建筑业 Construction	0	0	0	1	4	19	15	9	3	51
交通运输、仓储业 Transport, Storage	0	0	0	1	3	28	29	10	4	75
信息技术业 Information, Technology	0	0	0	0	8	49	77	41	7	182
批发和零售贸易 Wholesale and Retail Trade	0	0	1	1	14	47	33	18	8	122
金融、保险业 Finance, Insurance	0	0	0	1	5	15	12	7	1	41
房地产业 Real Estate	0	1	0	2	12	46	32	23	6	122
社会服务业 Social Services	0	0	0	1	1	23	25	17	3	70
传播及文化产业 Transmission, Culture	1	0	0	0	1	11	12	3	1	29
综合类 Conglomerat	0	0	0	1	2	11	16	24	3	57
合　计	7	8	9	31	143	639	816	538	151	2342

注：各区间包括下限不包括上限。
数据来源：上海、深圳证券交易所
Source: Shanghai Shenzhen Stock Exchange

5－19　2011年报上市公司每股未分配利润分布

Retained Profits after Appropriation Per Share of Listed Companies by Industries(2011)

	3.00元以上	2.50—3.00	2.00—2.50	1.50—2.00	1.00—1.50	0.50—1.00	0.00—0.50	小于0	合计
农、林、牧、副、渔业 Agriculture, Forestry, Fishing and Hunting	0	0	3	3	6	15	7	12	46
采掘业 Mining	13	3	8	9	8	9	1	3	54
食品、饮料 Food, Beverage	10	5	7	5	13	25	5	20	90
纺织、服装、毛皮 Textile, Apparel, Leather	4	4	1	9	15	17	9	19	78
木材、家具 Wood Product	0	0	2	1	3	2	3	1	12
造纸、印刷 Paper, Printing	0	0	5	6	8	9	9	6	43
石油、化学、橡胶、塑料 Petroleum, Chemical Product, Plastics, Rubber	12	5	17	31	47	61	35	44	252
电子 Electrical Equipment	4	5	4	11	25	43	32	16	140
金属、非金属 Metal, Nonmetallic Mineral Product	14	6	12	31	39	36	21	28	187
机械、设备、仪表 Machinery, Equipment, Meter	27	11	25	57	116	124	41	48	449
医药、生物 Medicine, Biologic Product	10	6	14	20	23	31	22	18	144
其他制造业 Other Manufacuring	1	0	3	1	7	8	4	2	26
电力、蒸汽及水的生产及供应业 Electricity, Gas, Water Supply	1	0	3	3	8	20	25	12	72
建筑业 Construction	3	2	4	5	15	11	7	4	51
交通运输、仓储业 Transport, Storage	7	1	2	9	11	26	12	7	75
信息技术业 Information, Technology	7	5	16	25	45	46	18	20	182
批发和零售贸易 Wholesale and Retail Trade	7	5	8	15	26	28	22	11	122
金融、保险业 Finance, Insurance	5	2	3	7	8	7	7	2	41
房地产业 Real Estate	10	3	5	20	17	26	23	18	122
社会服务业 Social Services	0	2	0	14	15	17	10	12	70
传播及文化产业 Transmission, Culture	0	0	2	5	6	12	1	3	29
综合类 Conglomerat	0	0	4	3	10	9	18	13	57
合　计	135	65	148	290	471	582	332	319	2342

注：各区间包括下限不包括上限。
数据来源：上海、深圳证券交易所
Source: Shanghai Shenzhen Stock Exchange

5-20 2011年报上市公司每股经营活动现金分布

Cash Flow from Operating Activities Per Share of Listed Companies by Industries (2011)

	3.00元以上	2.50—3.00	2.00—2.50	1.50—2.00	1.00—1.50	0.50—1.00	0.00—0.50	小于0	合计
农、林、牧、副、渔业 Agriculture, Forestry, Fishing and Hunting	0	0	0	4	1	6	19	16	46
采掘业 Mining	4	1	4	7	9	9	10	10	54
食品、饮料 Food, Beverage	4	3	2	5	6	19	35	16	90
纺织、服装、毛皮 Textile, Apparel, Leather	0	1	1	3	3	14	32	24	78
木材、家具 Wood Product	0	0	0	0	1	2	7	2	12
造纸、印刷 Paper, Printing	0	0	0	0	4	7	21	11	43
石油、化学、橡胶、塑料 Petroleum, Chemical Product, Plastics, Rubber	5	1	1	2	12	42	103	86	252
电子 Electrical Equipment	0	0	0	0	6	23	61	50	140
金属、非金属 Metal, Nonmetallic Mineral Product	2	2	3	7	10	25	72	66	187
机械、设备、仪表 Machinery, Equipment, Meter	1	2	2	6	11	51	182	194	449
医药、生物 Medicine, Biologic Product	0	0	2	3	5	31	72	31	144
其他制造业 Other Manufacuring	0	1	0	0	0	2	11	12	26
电力、蒸汽及水的生产及供应业 Electricity, Gas, Water Supply	1	0	4	1	10	21	28	7	72
建筑业 Construction	0	1	0	0	3	3	15	29	51
交通运输、仓储业 Transport, Storage	1	0	1	4	8	20	31	10	75
信息技术业 Information, Technology	2	0	2	1	4	27	82	64	182
批发和零售贸易 Wholesale and Retail Trade	7	0	5	4	9	21	33	43	122
金融、保险业 Finance, Insurance	11	0	0	0	1	4	1	24	41
房地产业 Real Estate	0	0	0	0	3	8	31	80	122
社会服务业 Social Services	1	1	1	1	8	17	28	13	70
传播及文化产业 Transmission, Culture	0	0	0	1	2	8	8	10	29
综合类 Conglomerat	0	0	0	0	1	9	27	20	57
合　计	39	13	28	49	117	369	909	818	2342

注：各区间包括下限不包括上限。

数据来源：上海、深圳证券交易所

Source: Shanghai Shenzhen Stock Exchange

5-21 2011年上市公司配股情况一览表

Rights Issuing of Listed Companies in 2011

序号 No.	股权登记日 Register Date	交易所 Exchange	股票代码 Code	公司简称 Companies	配股比例 Proportion	配股价(元/股) Price	配股前总股本(股) Shares Before Rights Issue	配股后总股本(股) Shares After Rights Issue	筹资总额(万元) Raised Capital	增加股本(股) Shares Changes
1	2011-1-4	上交所	600428	中远航运	3.00	5.56	1310423625	1690446393	211292.66	380022768
2	2010-12-27	上交所	600518	康美药业	3.00	6.88	1694370052	2198714483	346988.97	504344431
3	2011-1-10	上交所	600595	中孚实业	3.00	7.32	1183060069	1514873778	242887.63	331813709
4	2010-12-17	上交所	600963	岳阳纸业	3.00	7.70	652200110	843159148	147038.46	190959038
5	2011-3-25	上交所	600005	武钢股份	3.00	3.70	7838152333	10093779823	834582.17	2255627490
6	2011-4-6	上交所	600550	天威保变	1.80	11.94	1168000000	1372990906	244759.14	204990906
7	2011-6-28	上交所	601998	中信银行	2.00	3.33	39033344054	44306966538	1756116.29	5273622484
8	2011-1-10	深交所	000589	黔轮胎	3.00	6.86	254327065	325936203	49123.87	71609138
9	2011-1-24	深交所	000816	江淮动力	3.00	2.78	846000000	1088803318	67499.32	242803318
10	2011-2-16	深交所	002003	伟星股份	2.50	7.33	207411040	258988006	37805.92	51576966
11	2011-2-22	深交所	002015	霞客环保	2.00	5.88	201088000	239942410	22846.39	38854410
12	2011-4-11	深交所	000419	通程控股	3.00	5.69	351016310	452985546	58020.50	101969236
13	2011-5-25	深交所	002130	沃尔核材	2.00	7.18	244575000	290886345	33251.55	46311345
14	2011-10-24	深交所	000962	东方钽业	2.50	10.68	356400000	440832644	90174.06	84432644
15	2011-12-15	深交所	002203	海亮股份	3.00	6.66	400100000	516012209	77197.53	115912209

数据来源：上海、深圳证券交易所

Source: Shanghai Shenzhen Stock Exchange

5-22 2011年上市公司送转股情况一览表

Bonus Shares of Listed Companies in 2011

单位：股

序号 No.	交易所 Exchange	股票代码 Code	公司简称 Companies	送转股比例 Proportion	股权登记日期 Register Date	送转股上市交易日 Bonus Shares Trading Date	送转股前总股本 Previous Shares	送股股本数 Bonus Shares 1	转股股本数 Bonus Shares 2	送转股后总股本 Shares Now
1	上交所	600113	浙江东日	0.35	2011-3-23	2011-3-25	236000000	59000000	23600000	318600000
2	上交所	600160	巨化股份	0.30	2011-3-24	2011-3-28	612480000	0	183744000	796224000
3	上交所	600256	广汇股份	0.50	2011-3-29	2011-3-31	1238467581	619233791	0	1857701372
4	上交所	600406	国电南瑞	1.00	2011-3-24	2011-3-28	525179429	0	525179429	1050358858
5	上交所	600891	SST 秋林	0.34	2011-2-25	2011-3-1	243564134	0	81964690	325528945
6	上交所	601678	滨化股份	0.50	2011-3-9	2011-3-11	440000000	0	220000000	660000000
7	上交所	600031	三一重工	0.50	2011-4-21	2011-4-25	5062470758	2531235379	0	7593706137
8	上交所	600122	宏图高科	1.00	2011-4-20	2011-4-22	566394800	113278960	453115840	1132789600
9	上交所	600139	西部资源	0.40	2011-3-31	2011-4-6	237118702	94847481	0	331966183
10	上交所	600234	ST 天龙	0.40	2011-4-20	2011-4-22	144604200	0	57841680	202445880
11	上交所	600261	阳光照明	0.50	2011-4-15	2011-4-19	249768480	0	124884240	374652720
12	上交所	600268	国电南自	1.00	2011-4-25	2011-4-27	317623217	0	317623217	635246434
13	上交所	600276	恒瑞医药	0.50	2011-4-25	2011-4-27	749433164	224829949	149886633	1124149746
14	上交所	600310	桂东电力	0.50	2011-4-27	2011-4-29	183950000	0	91975000	275925000
15	上交所	600376	首开股份	0.30	2011-4-21	2011-4-25	1149750000	0	344925000	1494675000
16	上交所	600433	冠豪高新	0.20	2011-4-12	2011-4-14	286000000	0	57200000	343200000
17	上交所	600458	时代新材	1.20	2011-4-18	2011-4-20	235155200	94062080	188124160	517341440
18	上交所	600466	迪康药业	1.50	2011-4-7	2011-4-11	175602342	0	263403513	439005855
19	上交所	600496	精工钢构	0.50	2011-4-12	2011-4-14	387000000	0	193500000	580500000
20	上交所	600503	华丽家族	0.35	2011-4-13	2011-4-15	527350000	184572500	0	711922500
21	上交所	600572	康恩贝	1.00	2011-4-22	2011-4-26	351800000	70360000	281440000	703600000
22	上交所	600743	华远地产	0.30	2011-4-7	2011-4-11	972661408	291798422	0	1264459830
23	上交所	600794	保税科技	0.20	2011-4-6	2011-4-8	178263322	0	35652664	213915986
24	上交所	600873	梅花集团	1.69	2011-4-8	2011-4-12	1008236603	0	1699999835	2708236603
25	上交所	600979	广安爱众	1.00	2011-4-26	2011-4-28	296446073	29644607	266801466	592892146
26	上交所	601369	陕鼓动力	0.50	2011-4-21	2011-4-25	1092513489	0	546256745	1638770233
27	上交所	600048	保利地产	0.30	2011-5-16	2011-5-18	4575637430	0	1372691229	5948328659
28	上交所	600100	同方股份	1.00	2011-5-10	2011-5-12	993850554	0	993850554	1987701108
29	上交所	600111	包钢稀土	0.50	2011-5-11	2011-5-13	807348000	403674000	0	1211022000
30	上交所	600125	铁龙物流	0.30	2011-5-5	2011-5-9	1004247595	0	301274279	1305521874
31	上交所	600166	福田汽车	1.00	2011-5-13	2011-5-17	1054835800	1054835800	0	2109671600
32	上交所	600238	海南椰岛	0.50	2011-5-20	2011-5-24	298800000	149400000	0	448200000
33	上交所	600290	华仪电气	0.50	2011-5-13	2011-5-17	351255772	0	175627886	526883658
34	上交所	600303	曙光股份	1.00	2011-5-18	2011-5-20	287252998	0	287252998	574505996
35	上交所	600307	酒钢宏兴	1.00	2011-5-13	2011-5-17	2045678712	0	2045678712	4091357424
36	上交所	600309	烟台万华	0.30	2011-5-11	2011-5-13	1663334400	499000320	0	2162334720

续表 1　Continued 1

序号 No.	交易所 Exchange	股票代码 Code	公司简称 Companies	送转股比例 Proportion	股权登记日期 Register Date	送转股上市交易日 Bonus Shares Trading Date	送转股前总股本 Previous Shares	送股股本数 Bonus Shares 1	转股股本数 Bonus Shares 2	送转股后总股本 Shares Now
37	上交所	600339	天利高新	0.10	2011－5－27	2011－5－31	525595171	0	52559517	578154688
38	上交所	600356	恒丰纸业	0.20	2011－5－27	2011－5－31	193000000	38600000	0	231600000
39	上交所	600360	华微电子	0.30	2011－5－23	2011－5－25	521600000	52160000	104320000	678080000
40	上交所	600459	贵研铂业	0.30	2011－5－12	2011－5－16	111735000	0	33520500	145255500
41	上交所	600491	龙元建设	1.00	2011－5－25	2011－5－27	473800000	236900000	236900000	947600000
42	上交所	600493	凤竹纺织	0.60	2011－5－26	2011－5－30	170000000	51000000	51000000	272000000
43	上交所	600521	华海药业	0.20	2011－5－9	2011－5－11	448839404	0	89767881	538607285
44	上交所	600525	长园集团	1.00	2011－5－9	2011－5－11	431755056	215877528	215877528	863510112
45	上交所	600551	时代出版	0.20	2011－5－12	2011－5－16	421521080	0	84304216	505825296
46	上交所	600560	金自天正	0.50	2011－5－13	2011－5－17	99398000	49699000	0	149097000
47	上交所	600606	金丰投资	0.15	2011－5－11	2011－5－13	429250591	64387589	0	493638180
48	上交所	600666	西南药业	0.50	2011－5－13	2011－5－17	193430865	96715433	0	290146298
49	上交所	600703	三安光电	1.20	2011－5－20	2011－5－24	656369898	0	787643878	1444013776
50	上交所	600736	苏州高新	0.20	2011－5－5	2011－5－9	881568000	88156800	88156800	1057881600
51	上交所	600796	钱江生化	0.10	2011－5－5	2011－5－9	274001949	27400195	0	301402144
52	上交所	600801	华新水泥	1.00	2011－5－25	2011－5－27	239600000	0	239600000	479200000
53	上交所	600805	悦达投资	0.30	2011－5－19	2011－5－23	545445188	163633556	0	709078745
54	上交所	600807	天业股份	1.00	2011－5－24	2011－5－26	160575600	0	160575600	321151200
55	上交所	600828	成商集团	0.20	2011－5－13	2011－5－17	365666447	73133289	0	438799736
56	上交所	600970	中材国际	0.20	2011－5－13	2011－5－17	759234208	151846842	0	911081050
57	上交所	600993	马应龙	1.00	2011－5－19	2011－5－23	165789958	66315983	99473975	331579916
58	上交所	601166	兴业银行	0.80	2011－5－5	2011－5－9	5992450630	0	4793960504	10786411134
59	上交所	600000	浦发银行	0.30	2011－6－2	2011－6－7	14348824165	4304647250	0	18653471415
60	上交所	600053	中江地产	0.20	2011－6－8	2011－6－10	361284000	0	72256800	433540800
61	上交所	600072	中船股份	0.20	2011－6－27	2011－6－29	398691322	0	79738264	478429586
62	上交所	600087	长航油运	0.80	2011－6－16	2011－6－20	1885660670	169709460	1338819076	3394189206
63	上交所	600089	特变电工	0.30	2011－6－3	2011－6－8	2027353723	0	608206117	2635559840
64	上交所	600157	永泰能源	0.51	2011－6－13	2011－6－15	375544632	14777681	177328420	567650733
65	上交所	600158	中体产业	0.05	2011－6－15	2011－6－17	803557498	40177875	0	843735373
66	上交所	600169	太原重工	1.00	2011－6－3	2011－6－8	807985000	323194000	484791000	1615970000
67	上交所	600175	美都控股	0.10	2011－6－8	2011－6－10	1133288640	56664432	56664432	1246617504
68	上交所	600215	长春经开	0.30	2011－6－2	2011－6－7	357717600	0	107315280	465032880
69	上交所	600239	云南城投	0.30	2011－6－10	2011－6－14	633407064	190022119	0	823429184
70	上交所	600252	中恒集团	1.00	2011－6－22	2011－6－24	545873764	300230570	245643194	1091747528
71	上交所	600340	ST 国祥	0.60	2011－5－31	2011－6－2	145324675	0	87194805	232519480
72	上交所	600366	宁波韵升	0.30	2011－6－10	2011－6－14	395767500	118730250	0	514497750
73	上交所	600400	红豆股份	0.30	2011－6－17	2011－6－21	431076646	0	129322994	560399640
74	上交所	600415	小商品城	1.00	2011－6－23	2011－6－27	1360803544	0	1360803544	2721607088
75	上交所	600416	湘电股份	1.00	2011－6－10	2011－6－14	304242271	0	304242271	608484542
76	上交所	600461	洪城水业	0.50	2011－6－1	2011－6－3	220000000	0	110000000	330000000
77	上交所	600470	六国化工	0.60	2011－6－15	2011－6－17	326000000	0	195600000	521600000
78	上交所	600489	中金黄金	0.30	2011－6－8	2011－6－10	1423090746	0	426927224	1850017970

续表 2 Continued 2

序号 No.	交易所 Exchange	股票代码 Code	公司简称 Companies	送转股比例 Proportion	股权登记日期 Register Date	送转股上市交易日 Bonus Shares Trading Date	送转股前总股本 Previous Shares	送股股本数 Bonus Shares 1	转股股本数 Bonus Shares 2	送转股后总股本 Shares Now
79	上交所	600497	驰宏锌锗	0.30	2011-6-16	2011-6-20	1007765961	0	302329788	1310095749
80	上交所	600502	安徽水利	0.50	2011-6-2	2011-6-7	223080000	44616000	66924000	334620000
81	上交所	600540	新赛股份	0.30	2011-6-22	2011-6-24	232852672	0	69855802	302708474
82	上交所	600575	芜湖港	1.00	2011-6-15	2011-6-17	523402585	0	523402585	1046805170
83	上交所	600580	卧龙电气	0.60	2011-6-21	2011-6-23	430363460	0	257365096	687728756
84	上交所	600585	海螺水泥	0.50	2011-6-15	2011-6-17	3532868386	0	1766434193	5299302579
85	上交所	600586	金晶科技	1.00	2011-6-2	2011-6-7	711353700	0	711353700	1422707400
86	上交所	600620	天宸股份	0.30	2011-6-8	2011-6-10	352142109	105642633	0	457784742
87	上交所	600626	申达股份	0.50	2011-6-2	2011-6-7	473495211	94699042	142048563	710242816
88	上交所	600642	申能股份	0.50	2011-6-23	2011-6-27	3152516040	630503208	945754812	4728774060
89	上交所	600761	安徽合力	0.20	2011-6-13	2011-6-15	356954477	0	71390895	428345372
90	上交所	600783	鲁信创投	1.00	2011-6-28	2011-6-30	372179647	0	372179647	744359294
91	上交所	600826	兰生股份	0.50	2011-5-30	2011-6-1	280428192	0	140214096	420642288
92	上交所	600829	三精制药	0.50	2011-6-13	2011-6-15	386592398	0	193296199	579888597
93	上交所	600839	四川长虹	0.25	2011-6-23	2011-6-27	2847317127	0	711829282	3559146409
94	上交所	600845	宝信软件	0.30	2011-5-31	2011-6-2	174244070	52273221	0	226517291
95	上交所	600867	通化东宝	0.35	2011-6-7	2011-6-9	574972238	0	201240283	776212521
96	上交所	600887	伊利股份	1.00	2011-6-10	2011-6-14	799322750	0	799322750	1598645500
97	上交所	600893	航空动力	1.00	2011-6-10	2011-6-14	544786618	0	544786618	1089573236
98	上交所	601558	华锐风电	1.00	2011-6-3	2011-6-8	1005100000	1005100000	0	2010200000
99	上交所	601666	平煤股份	0.30	2011-6-17	2011-6-21	1816280755	544884227	0	2361164982
100	上交所	601699	潞安环能	1.00	2011-6-27	2011-6-29	1150542000	690325200	460216800	2301084000
101	上交所	601890	亚星锚链	0.30	2011-6-7	2011-6-9	360000000	0	108000000	468000000
102	上交所	900926	宝信 B 股	0.30	2011-6-3	2011-6-8	88000000	26400000	0	114400000
103	上交所	900933	华新 B 股	1.00	2011-5-31	2011-6-2	164000000	0	164000000	328000000
104	上交所	900950	新城 B 股	0.50	2011-6-10	2011-6-14	1062124800	531062400	0	1593187200
105	上交所	600085	同仁堂	1.50	2011-7-11	2011-7-13	520826278	260413139	520826278	1302065695
106	上交所	600150	中国船舶	0.60	2011-7-14	2011-7-18	662556538	0	397533923	1060090460
107	上交所	600208	新湖中宝	0.20	2011-6-30	2011-7-4	5133483639	1026696728	0	6160180367
108	上交所	600284	浦东建设	0.20	2011-7-5	2011-7-7	346000000	0	69200000	415200000
109	上交所	600323	南海发展	0.20	2011-6-30	2011-7-4	271068419	54213684	0	325282103
110	上交所	600353	旭光股份	1.00	2011-6-30	2011-7-4	135930000	27186000	108744000	271860000
111	上交所	600405	动力源	0.20	2011-7-4	2011-7-6	218250200	0	43650040	261900240
112	上交所	600477	杭萧钢构	0.20	2011-7-5	2011-7-7	386215181	77243036	0	463458217
113	上交所	600501	航天晨光	0.20	2011-7-14	2011-7-18	324403000	0	64880600	389283600
114	上交所	600519	贵州茅台	0.10	2011-6-30	2011-7-4	943800000	94380000	0	1038180000
115	上交所	600578	京能热电	0.20	2011-7-13	2011-7-15	656021290	0	131204258	787225548
116	上交所	600612	老凤祥	0.30	2011-7-8	2011-7-12	203275404	0	60982621	264258025
117	上交所	600629	棱光实业	0.20	2011-7-25	2011-7-27	289999844	0	57999969	347999813
118	上交所	600684	珠江实业	0.30	2011-7-27	2011-7-29	187039387	0	56111816	243151203
119	上交所	600685	广船国际	0.30	2011-7-19	2011-7-21	494677580	0	148403274	643080854
120	上交所	600690	青岛海尔	1.00	2011-7-15	2011-7-19	1339961770	0	1339961770	2679923540

续表 3 Continued 3

序号 No.	交易所 Exchange	股票代码 Code	公司简称 Companies	送转股比例 Proportion	股权登记日期 Register Date	送转股上市交易日 Bonus Shares Trading Date	送转股前总股本 Previous Shares	送股股本数 Bonus Shares 1	转股股本数 Bonus Shares 2	送转股后总股本 Shares Now
121	上交所	600704	物产中大	0.50	2011-7-8	2011-7-12	439175408	87835082	131752622	658763112
122	上交所	600713	南京医药	1.00	2011-7-7	2011-7-11	346790340	0	346790340	693580680
123	上交所	600739	辽宁成大	0.50	2011-6-30	2011-7-4	909446544	454723272	0	1364169816
124	上交所	600755	厦门国贸	0.30	2011-6-30	2011-7-4	1023719914	0	307115974	1330835888
125	上交所	600833	第一医药	0.40	2011-7-14	2011-7-18	159347391	55771587	7967370	223086347
126	上交所	600985	雷鸣科化	0.20	2011-7-8	2011-7-12	108000000	0	21600000	129600000
127	上交所	600999	招商证券	0.30	2011-7-13	2011-7-15	3585461407	0	1075638422	4661099829
128	上交所	601101	昊华能源	1.20	2011-7-1	2011-7-5	454000000	545998560	0	999998560
129	上交所	601328	交通银行	0.10	2011-7-18	2011-7-20	56259641398	5625964140	0	61885605538
130	上交所	601899	紫金矿业	0.50	2011-7-1	2011-7-5	14541309100	0	7270654550	21811963650
131	上交所	900905	老凤祥 B	0.30	2011-7-13	2011-7-15	132056496	0	39616949	171673445
132	上交所	600308	华泰股份	0.80	2011-8-5	2011-8-9	648645233	64864523	454051663	1167561419
133	上交所	600381	ST 贤成	0.50	2011-8-24	2011-8-26	453329796	0	226664898	679994694
134	上交所	600426	华鲁恒升	0.50	2011-8-11	2011-8-15	635750000	317875000	0	953625000
135	上交所	600503	华丽家族	0.60	2011-8-26	2011-8-30	711922500	427153500	0	1139076000
136	上交所	600664	哈药股份	0.30	2011-7-29	2011-8-2	1242005473	0	372601642	1614607115
137	上交所	600063	皖维高新	1.00	2011-9-23	2011-9-27	468079150	187231660	280847490	936158300
138	上交所	600446	金证股份	0.90	2011-9-22	2011-9-26	137440000	0	123696000	261136000
139	上交所	600468	百利电气	0.20	2011-9-20	2011-9-22	380160000	76032000	0	456192000
140	上交所	600681	ST 万鸿	0.21	2011-9-6	2011-9-8	208068030	0	43402991	251477550
141	上交所	601233	桐昆股份	1.00	2011-9-5	2011-9-7	481800000	0	481800000	963600000
142	上交所	600971	恒源煤电	1.28	2011-9-29	2011-10-10	438473273	0	561530797	1000004070
143	上交所	601258	庞大集团	1.50	2011-10-11	2011-10-13	1048600000	0	1572900000	2621500000
144	上交所	601989	中国重工	0.60	2011-10-31	2011-11-2	9167316560	0	5500389936	14667706496
145	深交所	000979	中弘地产	8.0000	2011-02-23	2011-02-24	562273671	0	449818936	1012092607
146	深交所	002299	圣农发展	10.0000	2011-02-23	2011-02-24	410000000	0	410000000	820000000
147	深交所	002176	江特电机	8.0000	2011-02-24	2011-02-25	108446568	0	86757254	195203822
148	深交所	002171	精诚铜业	10.0000	2011-02-28	2011-03-01	163020000	0	163020000	326040000
149	深交所	002349	精华制药	2.5000	2011-02-28	2011-03-01	80000000	0	20000000	100000000
150	深交所	300074	华平股份	15.0000	2011-02-28	2011-03-01	40000000	0	60000000	100000000
151	深交所	002481	双塔食品	10.0000	2011-03-01	2011-03-02	60000000	0	60000000	120000000
152	深交所	002230	科大讯飞	5.0000	2011-03-02	2011-03-03	160749000	0	80374500	241123500
153	深交所	000850	华茂股份	5.0000	2011-03-03	2011-03-04	629110007	188733001	125822001	943665009
154	深交所	300008	上海佳豪	7.0000	2011-03-04	2011-03-07	85680000	0	59976000	145656000
155	深交所	002479	富春环保	10.0000	2011-03-08	2011-03-09	214000000	0	214000000	428000000
156	深交所	300108	双龙股份	3.0000	2011-03-09	2011-03-10	52000000	0	15600000	67600000
157	深交所	002014	永新股份	3.0000	2011-03-16	2011-03-17	140784000	0	42235200	183019200
158	深交所	000788	西南合成	4.0000	2011-03-17	2011-03-18	416274897	166509958	0	582784855
159	深交所	002161	远望谷	3.0000	2011-03-18	2011-03-21	256800000	77040000	0	333840000
160	深交所	300118	东方日升	10.0000	2011-03-22	2011-03-23	175000000	0	175000000	350000000
161	深交所	300143	星河生物	12.0000	2011-03-24	2011-03-25	67000000	0	80400000	147400000
162	深交所	002168	深圳惠程	10.0000	2011-03-25	2011-03-28	315460320	0	315460320	630920640

续表 4 Continued 4

序号 No.	交易所 Exchange	股票代码 Code	公司简称 Companies	送转股比例 Proportion	股权登记日期 Register Date	送转股上市交易日 Bonus Shares Trading Date	送转股前总股本 Previous Shares	送股股本数 Bonus Shares 1	转股股本数 Bonus Shares 2	送转股后总股本 Shares Now
163	深交所	300048	合康变频	10.0000	2011-03-25	2011-03-28	123064000	0	123064000	246128000
164	深交所	000428	华天酒店	3.0000	2011-03-28	2011-03-29	553020000	0	165906000	718926000
165	深交所	002410	广联达	5.0000	2011-03-28	2011-03-29	180000000	0	90000000	270000000
166	深交所	002437	誉衡药业	10.0000	2011-03-28	2011-03-29	140000000	0	140000000	280000000
167	深交所	002367	康力电梯	5.0000	2011-03-29	2011-03-30	160200000	0	80100000	240300000
168	深交所	002503	搜于特	10.0000	2011-03-29	2011-03-30	80000000	0	80000000	160000000
169	深交所	300043	星辉车模	10.0000	2011-03-29	2011-03-30	79200000	0	79200000	158400000
170	深交所	300099	尤洛卡	15.0000	2011-03-29	2011-03-30	41340000	0	62010000	103350000
171	深交所	300121	阳谷华泰	8.0000	2011-03-29	2011-03-30	60000000	0	48000000	108000000
172	深交所	002081	金 螳 螂	5.0000	2011-03-30	2011-03-31	319194000	159597000	0	478791000
173	深交所	300024	机器人	12.0000	2011-03-30	2011-03-31	135300000	67650000	94710000	297660000
174	深交所	002058	威尔泰	10.0000	2011-03-31	2011-04-01	62368840	6236884	56131956	124737680
175	深交所	002425	凯撒股份	10.0000	2011-03-31	2011-04-01	107000000	0	107000000	214000000
176	深交所	002240	威华股份	6.0000	2011-04-01	2011-04-06	306690000	0	184014000	490704000
177	深交所	002488	金固股份	5.0000	2011-04-01	2011-04-06	120000000	0	60000000	180000000
178	深交所	002132	恒星科技	10.0000	2011-04-06	2011-04-07	269934900	0	269934900	539869800
179	深交所	002177	御银股份	3.0000	2011-04-06	2011-04-07	264946500	0	79483950	344430450
180	深交所	002211	宏达新材	5.0000	2011-04-06	2011-04-07	288317186	0	144158593	432475779
181	深交所	002468	艾迪西	2.0000	2011-04-06	2011-04-07	160000000	0	32000000	192000000
182	深交所	000558	莱茵置业	7.0000	2011-04-07	2011-04-08	370746559	259522591	0	630269150
183	深交所	002135	东南网架	5.0000	2011-04-07	2011-04-08	200000000	0	100000000	300000000
184	深交所	002331	皖通科技	7.0000	2011-04-07	2011-04-08	71411600	0	49988120	121399720
185	深交所	300091	金通灵	15.0000	2011-04-07	2011-04-08	83600000	0	125400000	209000000
186	深交所	002026	山东威达	3.0000	2011-04-08	2011-04-11	135000000	40500000	0	175500000
187	深交所	002170	芭田股份	3.0000	2011-04-08	2011-04-11	304560000	91368000	0	395928000
188	深交所	002282	博深工具	3.0000	2011-04-08	2011-04-11	173400000	0	52020000	225420000
189	深交所	002441	众业达	10.0000	2011-04-08	2011-04-11	116000000	0	116000000	232000000
190	深交所	300082	奥克股份	6.0000	2011-04-08	2011-04-11	162000000	0	97200000	259200000
191	深交所	002389	南洋科技	10.0000	2011-04-12	2011-04-13	67000000	0	67000000	134000000
192	深交所	000069	华侨城 A	8.0000	2011-04-13	2011-04-14	3107478020	1553739010	932243406	5593460436
193	深交所	002137	实益达	2.0000	2011-04-13	2011-04-14	260130000	0	52026000	312156000
194	深交所	002335	科华恒盛	10.0000	2011-04-13	2011-04-14	78000000	0	78000000	156000000
195	深交所	002084	海鸥卫浴	2.0000	2011-04-14	2011-04-15	279652765	0	55930553	335583318
196	深交所	002278	神开股份	2.0000	2011-04-14	2011-04-15	217936070	0	43587214	261523284
197	深交所	002493	荣盛石化	10.0000	2011-04-14	2011-04-15	556000000	0	556000000	1112000000
198	深交所	300027	华谊兄弟	8.0000	2011-04-14	2011-04-15	336000000	0	268800000	604800000
199	深交所	300064	豫金刚石	10.0000	2011-04-14	2011-04-15	152000000	0	152000000	304000000
200	深交所	300131	英唐智控	12.0000	2011-04-14	2011-04-15	46000000	0	55200000	101200000
201	深交所	300133	华策影视	10.0000	2011-04-14	2011-04-15	56480000	0	56480000	112960000
202	深交所	000790	华神集团	3.0000	2011-04-15	2011-04-18	269280440	53856088	26928044	350064572
203	深交所	000801	四川九洲	10.0000	2011-04-15	2011-04-18	189994086	0	189994086	379988172
204	深交所	002160	常铝股份	10.0000	2011-04-15	2011-04-18	170000000	51000000	119000000	340000000
205	深交所	002198	嘉应制药	2.5000	2011-04-15	2011-04-18	164000000	41000000	0	205000000
206	深交所	002405	四维图新	2.0000	2011-04-15	2011-04-18	400229579	0	80045915	480275494

续表 5 Continued 5

序号 No.	交易所 Exchange	股票代码 Code	公司简称 Companies	送转股比例 Proportion	股权登记日期 Register Date	送转股上市交易日 Bonus Shares Trading Date	送转股前总股本 Previous Shares	送股股本数 Bonus Shares 1	转股股本数 Bonus Shares 2	送转股后总股本 Shares Now
207	深交所	002431	棕榈园林	10.0000	2011-04-15	2011-04-18	192000000	0	192000000	384000000
208	深交所	002506	超日太阳	10.0000	2011-04-15	2011-04-18	263600000	0	263600000	527200000
209	深交所	300086	康芝药业	10.0000	2011-04-15	2011-04-18	100000000	0	100000000	200000000
210	深交所	300101	国腾电子	10.0000	2011-04-15	2011-04-18	69500000	0	69500000	139000000
211	深交所	300129	泰胜风能	8.0000	2011-04-15	2011-04-18	120000000	0	96000000	216000000
212	深交所	002477	雏鹰农牧	10.0000	2011-04-18	2011-04-19	133500000	0	133500000	267000000
213	深交所	300090	盛运股份	10.0000	2011-04-18	2011-04-19	127636085	0	127636085	255272170
214	深交所	300132	青松股份	8.0000	2011-04-18	2011-04-19	67000000	0	53600000	120600000
215	深交所	002324	普利特	10.0000	2011-04-19	2011-04-20	135000000	0	135000000	270000000
216	深交所	002415	海康威视	10.0000	2011-04-19	2011-04-20	500000000	0	500000000	1000000000
217	深交所	300002	神州泰岳	2.0000	2011-04-19	2011-04-20	316000000	0	63200000	379200000
218	深交所	002169	智光电气	5.0000	2011-04-20	2011-04-21	177648250	0	88824125	266472375
219	深交所	002275	桂林三金	3.0000	2011-04-20	2011-04-21	454000000	0	136200000	590200000
220	深交所	002353	杰瑞股份	10.0000	2011-04-20	2011-04-21	114818000	0	114818000	229636000
221	深交所	300046	台基股份	10.0000	2011-04-20	2011-04-21	71040000	0	71040000	142080000
222	深交所	300078	中瑞思创	15.0000	2011-04-20	2011-04-21	67000000	0	100500000	167500000
223	深交所	300120	经纬电材	3.0000	2011-04-20	2011-04-21	87000000	0	26100000	113100000
224	深交所	002069	獐子岛	5.0000	2011-04-21	2011-04-22	474074796	0	237037398	711112194
225	深交所	002153	石基信息	3.8000	2011-04-21	2011-04-22	224000000	0	85120000	309120000
226	深交所	002305	南国置业	10.0000	2011-04-21	2011-04-22	480000000	0	480000000	960000000
227	深交所	002384	东山精密	2.0000	2011-04-21	2011-04-22	160000000	0	32000000	192000000
228	深交所	300025	华星创业	5.0000	2011-04-21	2011-04-22	80000000	0	40000000	120000000
229	深交所	300050	世纪鼎利	10.0000	2011-04-21	2011-04-22	108000000	0	108000000	216000000
230	深交所	300170	汉得信息	4.0000	2011-04-21	2011-04-22	115724482	0	46289792	162014274
231	深交所	002533	金杯电工	10.0000	2011-04-22	2011-04-25	140000000	0	140000000	280000000
232	深交所	300119	瑞普生物	10.0000	2011-04-22	2011-04-25	74148000	0	74148000	148296000
233	深交所	000055	方大集团	5.0000	2011-04-25	2011-04-26	280639145	0	140319572	420958717
234	深交所	002196	方正电机	5.0000	2011-04-25	2011-04-26	77150000	0	38575000	115725000
235	深交所	002360	同德化工	10.0000	2011-04-25	2011-04-26	60000000	0	60000000	120000000
236	深交所	002444	巨星科技	10.0000	2011-04-25	2011-04-26	253500000	0	253500000	507000000
237	深交所	200055	方大 B	5.0000	2011-04-25	2011-04-26	111983729	0	111983730	223967459
238	深交所	000026	飞亚达 A	4.0000	2011-04-26	2011-04-27	222228479	0	88891391	311119870
239	深交所	002038	双鹭药业	5.0000	2011-04-26	2011-04-27	252980000	96132400	30357600	379470000
240	深交所	002497	雅化集团	10.0000	2011-04-26	2011-04-27	160000000	0	160000000	320000000
241	深交所	002524	光正钢构	10.0000	2011-04-26	2011-04-27	90380000	0	90380000	180760000
242	深交所	200026	飞亚达 B	4.0000	2011-04-26	2011-04-27	34992000	0	23328000	58320000
243	深交所	300115	长盈精密	10.0000	2011-04-26	2011-04-27	86000000	0	86000000	172000000
244	深交所	300169	天晟新材	5.0000	2011-04-26	2011-04-27	93500000	0	46750000	140250000
245	深交所	000650	仁和药业	5.0000	2011-04-27	2011-04-28	420165361	210082680	0	630248041
246	深交所	002033	丽江旅游	3.0000	2011-04-27	2011-04-28	116323048	0	34896914	151219962
247	深交所	002101	广东鸿图	10.0000	2011-04-27	2011-04-28	82000000	82000000	0	164000000
248	深交所	002151	北斗星通	5.0000	2011-04-27	2011-04-28	100550015	0	50275007	150825022
249	深交所	002362	汉王科技	10.0000	2011-04-27	2011-04-28	107051396	0	107051396	214102792
250	深交所	300005	探路者	10.0000	2011-04-27	2011-04-28	134000000	0	134000000	268000000

续表 6 Continued 6

序号 No.	交易所 Exchange	股票代码 Code	公司简称 Companies	送转股比例 Proportion	股权登记日期 Register Date	送转股上市交易日 Bonus Shares Trading Date	送转股前总股本 Previous Shares	送股股本数 Bonus Shares 1	转股股本数 Bonus Shares 2	送转股后总股本 Shares Now
251	深交所	300012	华测检测	5.0000	2011-04-27	2011-04-28	122655000	0	61327500	183982500
252	深交所	300021	大禹节水	10.0000	2011-04-27	2011-04-28	139300000	0	139300000	278600000
253	深交所	300057	万顺股份	10.0000	2011-04-27	2011-04-28	211000000	0	211000000	422000000
254	深交所	002091	江苏国泰	2.0000	2011-04-28	2011-04-29	300000000	30000000	30000000	360000000
255	深交所	002123	荣信股份	5.0000	2011-04-28	2011-04-29	336000000	0	168000000	504000000
256	深交所	002156	通富微电	6.0000	2011-04-28	2011-04-29	406166700	0	243700020	649866720
257	深交所	002291	星期六	3.0000	2011-04-28	2011-04-29	279500000	0	83850000	363350000
258	深交所	002399	海普瑞	10.0000	2011-04-28	2011-04-29	400100000	0	400100000	800200000
259	深交所	002407	多氟多	3.0000	2011-04-28	2011-04-29	107000000	0	32100000	139100000
260	深交所	002419	天虹商场	10.0000	2011-04-28	2011-04-29	400100000	200050000	200050000	800200000
261	深交所	002421	达实智能	3.0000	2011-04-28	2011-04-29	78000000	0	23400000	101400000
262	深交所	002422	科伦药业	10.0000	2011-04-28	2011-04-29	240000000	0	240000000	480000000
263	深交所	002442	龙星化工	6.0000	2011-04-28	2011-04-29	200000000	0	120000000	320000000
264	深交所	002456	欧菲光	10.0000	2011-04-28	2011-04-29	96000000	0	96000000	192000000
265	深交所	002469	三维工程	7.0000	2011-04-28	2011-04-29	66244056	0	46370839	112614895
266	深交所	002483	润邦股份	8.0000	2011-04-28	2011-04-29	200000000	0	160000000	360000000
267	深交所	002519	银河电子	10.0000	2011-04-28	2011-04-29	70400000	0	70400000	140800000
268	深交所	300039	上海凯宝	5.0000	2011-04-28	2011-04-29	175360000	0	87680000	263040000
269	深交所	300041	回天胶业	6.0000	2011-04-28	2011-04-29	65998016	0	39598809	105596825
270	深交所	300066	三川股份	10.0000	2011-04-28	2011-04-29	52000000	0	52000000	104000000
271	深交所	300071	华谊嘉信	10.0000	2011-04-28	2011-04-29	51755272	0	51755272	103510544
272	深交所	300126	锐奇股份	8.0000	2011-04-28	2011-04-29	84200000	0	67360000	151560000
273	深交所	300136	信维通信	10.0000	2011-04-28	2011-04-29	66670000	0	66670000	133340000
274	深交所	300153	科泰电源	10.0000	2011-04-28	2011-04-29	80000000	0	80000000	160000000
275	深交所	300159	新研股份	12.0000	2011-04-28	2011-04-29	41000000	0	49200000	90200000
276	深交所	300171	东富龙	10.0000	2011-04-28	2011-04-29	80000000	48000000	32000000	160000000
277	深交所	002294	信立泰	6.0000	2011-04-29	2011-05-03	227000000	0	136200000	363200000
278	深交所	002365	永安药业	10.0000	2011-04-29	2011-05-03	93500000	0	93500000	187000000
279	深交所	002501	利源铝业	10.0000	2011-04-29	2011-05-03	93600000	0	93600000	187200000
280	深交所	002520	日发数码	5.0000	2011-04-29	2011-05-03	64000000	0	32000000	96000000
281	深交所	300124	汇川技术	10.0000	2011-04-29	2011-05-03	108000000	0	108000000	216000000
282	深交所	002148	北纬通信	5.0000	2011-05-03	2011-05-04	75600000	0	37800000	113400000
283	深交所	002222	福晶科技	5.0000	2011-05-03	2011-05-04	190000000	0	95000000	285000000
284	深交所	002285	世联地产	5.0000	2011-05-03	2011-05-04	217600000	32640000	76160000	326400000
285	深交所	300049	福瑞股份	3.0000	2011-05-03	2011-05-04	96200000	0	28860000	125060000
286	深交所	002390	信邦制药	10.0000	2011-05-04	2011-05-05	86800000	0	86800000	173600000
287	深交所	300105	龙源技术	8.0000	2011-05-04	2011-05-05	88000000	0	70400000	158400000
288	深交所	300142	沃森生物	5.0000	2011-05-04	2011-05-05	100000000	0	50000000	150000000
289	深交所	000060	中金岭南	3.0000	2011-05-05	2011-05-06	1586877600	0	476063280	2062940880
290	深交所	000407	胜利股份	3.0000	2011-05-05	2011-05-06	499409265	149822779	0	649232044
291	深交所	002173	山下湖	10.0000	2011-05-05	2011-05-06	100500000	0	100500000	201000000
292	深交所	002392	北京利尔	10.0000	2011-05-05	2011-05-06	135000000	0	135000000	270000000
293	深交所	002408	齐翔腾达	8.0000	2011-05-05	2011-05-06	259560000	0	207648000	467208000
294	深交所	002471	中超电缆	3.0000	2011-05-05	2011-05-06	160000000	0	48000000	208000000

续表 7 Continued 7

序号 No.	交易所 Exchange	股票代码 Code	公司简称 Companies	送转股比例 Proportion	股权登记日期 Register Date	送转股上市交易日 Bonus Shares Trading Date	送转股前总股本 Previous Shares	送股股本数 Bonus Shares 1	转股股本数 Bonus Shares 2	送转股后总股本 Shares Now
295	深交所	300001	特锐德	5.0000	2011-05-05	2011-05-06	133600000	0	66800000	200400000
296	深交所	300009	安科生物	2.5000	2011-05-05	2011-05-06	151200000	0	37800000	189000000
297	深交所	300047	天源迪科	5.0000	2011-05-05	2011-05-06	104600000	0	52300000	156900000
298	深交所	300102	乾照光电	15.0000	2011-05-05	2011-05-06	118000000	0	177000000	295000000
299	深交所	300155	安居宝	15.0000	2011-05-05	2011-05-06	72000000	0	108000000	180000000
300	深交所	002521	齐峰股份	4.0000	2011-05-06	2011-05-09	147250000	0	58900000	206150000
301	深交所	002540	亚太科技	3.0000	2011-05-06	2011-05-09	160000000	0	48000000	208000000
302	深交所	002560	通达股份	3.1000	2011-05-06	2011-05-09	78880000	0	24452800	103332800
303	深交所	300020	银江股份	5.0000	2011-05-06	2011-05-09	160000000	0	80000000	240000000
304	深交所	300068	南都电源	2.0000	2011-05-06	2011-05-09	248000000	0	49600000	297600000
305	深交所	300130	新国都	8.0000	2011-05-06	2011-05-09	63500000	0	50800000	114300000
306	深交所	300137	先河环保	3.0000	2011-05-06	2011-05-09	120000000	0	36000000	156000000
307	深交所	300149	量子高科	10.0000	2011-05-06	2011-05-09	67000000	0	67000000	134000000
308	深交所	300182	捷成股份	10.0000	2011-05-06	2011-05-09	56000000	0	56000000	112000000
309	深交所	002079	苏州固锝	3.0000	2011-05-09	2011-05-10	276000000	0	82800000	358800000
310	深交所	002140	东华科技	6.0000	2011-05-09	2011-05-10	278771584	83631475	83631475	446034534
311	深交所	002351	漫步者	10.0000	2011-05-09	2011-05-10	147000000	0	147000000	294000000
312	深交所	002374	丽鹏股份	6.0000	2011-05-09	2011-05-10	53500000	0	32100000	85600000
313	深交所	002391	长青股份	3.0000	2011-05-09	2011-05-10	158272000	0	47481600	205753600
314	深交所	002400	省广股份	8.0000	2011-05-09	2011-05-10	82371755	0	65897404	148269159
315	深交所	300103	达刚路机	8.0000	2011-05-09	2011-05-10	65350000	0	52280000	117630000
316	深交所	300117	嘉寓股份	10.0000	2011-05-09	2011-05-10	108600000	0	108600000	217200000
317	深交所	300154	瑞凌股份	10.0000	2011-05-09	2011-05-10	111750000	0	111750000	223500000
318	深交所	002152	广电运通	3.0000	2011-05-10	2011-05-11	342141624	102642487	0	444784111
319	深交所	002182	云海金属	5.0000	2011-05-10	2011-05-11	192000000	0	96000000	288000000
320	深交所	002218	拓日新能	5.0000	2011-05-10	2011-05-11	326500000	0	163250000	489750000
321	深交所	002232	启明信息	4.0000	2011-05-10	2011-05-11	291820325	0	116728130	408548455
322	深交所	002292	奥飞动漫	6.0000	2011-05-10	2011-05-11	256000000	0	153600000	409600000
323	深交所	002312	三泰电子	5.0000	2011-05-10	2011-05-11	118300000	0	59150000	177450000
324	深交所	002522	浙江众成	6.0000	2011-05-10	2011-05-11	106670000	0	64002000	170672000
325	深交所	002532	新界泵业	10.0000	2011-05-10	2011-05-11	80000000	0	80000000	160000000
326	深交所	300051	三五互联	10.0000	2011-05-10	2011-05-11	80250000	0	80250000	160500000
327	深交所	002089	新海宜	5.0000	2011-05-11	2011-05-12	235259200	0	117629600	352888800
328	深交所	002126	银轮股份	3.0000	2011-05-11	2011-05-12	100000000	0	30000000	130000000
329	深交所	002163	中航三鑫	10.0000	2011-05-11	2011-05-12	401775000	0	401775000	803550000
330	深交所	002180	万力达	5.0000	2011-05-11	2011-05-12	83322000	0	41661000	124983000
331	深交所	002515	金字火腿	3.0000	2011-05-11	2011-05-12	73500000	0	22050000	95550000
332	深交所	300072	三聚环保	10.0000	2011-05-11	2011-05-12	97270000	0	97270000	194540000
333	深交所	300113	顺网科技	12.0000	2011-05-11	2011-05-12	60000000	0	72000000	132000000
334	深交所	300173	松德股份	3.0000	2011-05-11	2011-05-12	67000000	0	20100000	87100000
335	深交所	000887	中鼎股份	4.0000	2011-05-12	2011-05-13	425555136	170222054	0	595777190
336	深交所	002121	科陆电子	5.0000	2011-05-12	2011-05-13	264460000	0	132230000	396690000
337	深交所	002283	天润曲轴	10.0000	2011-05-12	2011-05-13	240000000	72000000	168000000	480000000
338	深交所	002296	辉煌科技	7.0000	2011-05-12	2011-05-13	104550000	0	73185000	177735000

续表 8 Continued 8

序号 No.	交易所 Exchange	股票代码 Code	公司简称 Companies	送转股比例 Proportion	股权登记日期 Register Date	送转股上市交易日 Bonus Shares Trading Date	送转股前总股本 Previous Shares	送股股本数 Bonus Shares 1	转股股本数 Bonus Shares 2	送转股后总股本 Shares Now
339	深交所	002304	洋河股份	10.0000	2011-05-12	2011-05-13	450000000	0	450000000	900000000
340	深交所	002317	众生药业	5.0000	2011-05-12	2011-05-13	120000000	0	60000000	180000000
341	深交所	002359	齐星铁塔	5.0000	2011-05-12	2011-05-13	109000000	0	54500000	163500000
342	深交所	002375	亚厦股份	10.0000	2011-05-12	2011-05-13	211000000	0	211000000	422000000
343	深交所	002436	兴森科技	10.0000	2011-05-12	2011-05-13	111700000	0	111700000	223400000
344	深交所	002480	新筑股份	10.0000	2011-05-12	2011-05-13	140000000	0	140000000	280000000
345	深交所	002508	老板电器	6.0000	2011-05-12	2011-05-13	160000000	0	96000000	256000000
346	深交所	300010	立思辰	5.0000	2011-05-12	2011-05-13	157725000	0	78862500	236587500
347	深交所	300030	阳普医疗	10.0000	2011-05-12	2011-05-13	74000000	37000000	37000000	148000000
348	深交所	300114	中航电测	5.0000	2011-05-12	2011-05-13	80000000	40000000	0	120000000
349	深交所	300123	太阳鸟	6.0000	2011-05-12	2011-05-13	86940951	0	52164570	139105521
350	深交所	300140	启源装备	10.0000	2011-05-12	2011-05-13	61000000	0	61000000	122000000
351	深交所	300144	宋城股份	12.0000	2011-05-12	2011-05-13	168000000	0	201600000	369600000
352	深交所	002095	生意宝	2.0000	2011-05-13	2011-05-16	135000000	0	27000000	162000000
353	深交所	002295	精艺股份	5.0000	2011-05-13	2011-05-16	141200000	0	70600000	211800000
354	深交所	002535	林州重机	10.0000	2011-05-13	2011-05-16	204800000	102400000	102400000	409600000
355	深交所	300004	南风股份	10.0000	2011-05-13	2011-05-16	94000000	0	94000000	188000000
356	深交所	300062	中能电气	10.0000	2011-05-13	2011-05-16	77000000	0	77000000	154000000
357	深交所	300107	建新股份	10.0000	2011-05-13	2011-05-16	66900000	0	66900000	133800000
358	深交所	300128	锦富新材	10.0000	2011-05-13	2011-05-16	100000000	0	100000000	200000000
359	深交所	300145	南方泵业	8.0000	2011-05-13	2011-05-16	80000000	0	64000000	144000000
360	深交所	000812	陕西金叶	2.0000	2011-05-16	2011-05-17	372813043	37281304	37281304	447375651
361	深交所	002013	中航精机	3.0000	2011-05-16	2011-05-17	167076000	0	50122800	217198800
362	深交所	002080	中材科技	10.0000	2011-05-16	2011-05-17	200000000	0	200000000	400000000
363	深交所	002164	东力传动	10.0000	2011-05-16	2011-05-17	222812500	0	222812500	445625000
364	深交所	002369	卓翼科技	10.0000	2011-05-16	2011-05-17	100000000	0	100000000	200000000
365	深交所	002457	青龙管业	6.0000	2011-05-16	2011-05-17	139580000	0	83748000	223328000
366	深交所	300077	国民技术	15.0000	2011-05-16	2011-05-17	108800000	54400000	108800000	272000000
367	深交所	002044	江苏三友	3.8000	2011-05-17	2011-05-18	162500000	0	61750000	224250000
368	深交所	002206	海利得	5.0000	2011-05-17	2011-05-18	298387000	0	149193500	447580500
369	深交所	002212	南洋股份	10.0000	2011-05-17	2011-05-18	255130000	0	255130000	510260000
370	深交所	002357	富临运业	10.0000	2011-05-17	2011-05-18	97965324	0	97965324	195930648
371	深交所	002564	张化机	6.0000	2011-05-17	2011-05-18	189910000	0	113946000	303856000
372	深交所	300070	碧水源	12.0000	2011-05-17	2011-05-18	147000000	0	176400000	323400000
373	深交所	300087	荃银高科	10.0000	2011-05-17	2011-05-18	52800000	0	52800000	105600000
374	深交所	300098	高新兴	3.0000	2011-05-17	2011-05-18	68400000	0	20520000	88920000
375	深交所	300104	乐视网	12.0000	2011-05-17	2011-05-18	100000000	20000000	100000000	220000000
376	深交所	300167	迪威视讯	5.0000	2011-05-17	2011-05-18	44480000	0	22240000	66720000
377	深交所	000100	TCL 集团	10.0000	2011-05-18	2011-05-19	4238109417	0	4238109417	8476218834
378	深交所	000903	云内动力	8.0000	2011-05-18	2011-05-19	378200000	0	302560000	680760000
379	深交所	000937	冀中能源	10.0000	2011-05-18	2011-05-19	1156442103	693865261	462576840	2312884204
380	深交所	002010	传化股份	10.0000	2011-05-18	2011-05-19	243990000	0	243990000	487980000
381	深交所	002011	盾安环境	10.0000	2011-05-18	2011-05-19	372363730	0	372363730	744727460
382	深交所	002041	登海种业	10.0000	2011-05-18	2011-05-19	176000000	0	176000000	352000000
383	深交所	002063	远光软件	2.9854	2011-05-18	2011-05-19	259809485	77566300	0	337375785
384	深交所	002178	延华智能	4.0000	2011-05-18	2011-05-19	96000000	0	38400000	134400000
385	深交所	002219	独一味	2.5000	2011-05-18	2011-05-19	298880000	59776000	14944000	373600000

续表 9 Continued 9

序号 No.	交易所 Exchange	股票代码 Code	公司简称 Companies	送转股比例 Proportion	股权登记日期 Register Date	送转股上市交易日 Bonus Shares Trading Date	送转股前总股本 Previous Shares	送股股本数 Bonus Shares 1	转股股本数 Bonus Shares 2	送转股后总股本 Shares Now
386	深交所	002341	新纶科技	10.0000	2011-05-18	2011-05-19	73200000	0	73200000	146400000
387	深交所	002496	辉丰股份	6.0000	2011-05-18	2011-05-19	100000000	0	60000000	160000000
388	深交所	300016	北陆药业	5.0000	2011-05-18	2011-05-19	101832736	0	50916368	152749104
389	深交所	300026	红日药业	5.0000	2011-05-18	2011-05-19	100684000	0	50342000	151026000
390	深交所	300100	双林股份	5.0000	2011-05-18	2011-05-19	93500000	0	46750000	140250000
391	深交所	002017	东信和平	1.0000	2011-05-19	2011-05-20	198562504	0	19856250	218418754
392	深交所	002100	天康生物	3.0000	2011-05-19	2011-05-20	226736900	0	68021070	294757970
393	深交所	002388	新亚制程	8.0000	2011-05-19	2011-05-20	111000000	0	88800000	199800000
394	深交所	002463	沪电股份	2.0000	2011-05-19	2011-05-20	692030326	0	138406065	830436391
395	深交所	002482	广田股份	10.0000	2011-05-19	2011-05-20	160000000	160000000	0	320000000
396	深交所	002542	中化岩土	5.0000	2011-05-19	2011-05-20	66800000	33400000	0	100200000
397	深交所	300067	安诺其	5.0000	2011-05-19	2011-05-20	107000000	0	53500000	160500000
398	深交所	300073	当升科技	10.0000	2011-05-19	2011-05-20	80000000	0	80000000	160000000
399	深交所	300125	易世达	10.0000	2011-05-19	2011-05-20	59000000	29500000	29500000	118000000
400	深交所	002106	莱宝高科	4.0000	2011-05-20	2011-05-23	428854400	0	171541760	600396160
401	深交所	002118	紫鑫药业	10.0000	2011-05-20	2011-05-23	256495691	0	256495691	512991382
402	深交所	002157	正邦科技	6.0000	2011-05-20	2011-05-23	269410355	0	161646213	431056568
403	深交所	002233	塔牌集团	10.0000	2011-05-20	2011-05-23	447083124	0	440216586	887299710
404	深交所	002272	川润股份	5.0000	2011-05-20	2011-05-23	113700000	0	56850000	170550000
405	深交所	002381	双箭股份	5.0000	2011-05-20	2011-05-23	78000000	0	39000000	117000000
406	深交所	002398	建研集团	3.0000	2011-05-20	2011-05-23	120000000	0	36000000	156000000
407	深交所	002412	汉森制药	10.0000	2011-05-20	2011-05-23	74000000	0	74000000	148000000
408	深交所	002473	圣莱达	10.0000	2011-05-20	2011-05-23	80000000	0	80000000	160000000
409	深交所	002556	辉隆股份	6.0000	2011-05-20	2011-05-23	149500000	0	89700000	239200000
410	深交所	300053	欧比特	10.0000	2011-05-20	2011-05-23	100000000	0	100000000	200000000
411	深交所	300135	宝利沥青	10.0000	2011-05-20	2011-05-23	80000000	0	80000000	160000000
412	深交所	300147	香雪制药	10.0000	2011-05-20	2011-05-23	123000000	0	123000000	246000000
413	深交所	002245	澳洋顺昌	10.0000	2011-05-23	2011-05-24	182400000	54720000	127680000	364800000
414	深交所	002268	卫士通	3.0000	2011-05-23	2011-05-24	132855435	0	39856630	172712065
415	深交所	002337	赛象科技	6.0000	2011-05-23	2011-05-24	120000000	0	72000000	192000000
416	深交所	002368	太极股份	10.0000	2011-05-23	2011-05-24	98789200	0	98789200	197578400
417	深交所	002458	益生股份	3.0000	2011-05-23	2011-05-24	108000000	0	32400000	140400000
418	深交所	002459	天业通联	3.0000	2011-05-23	2011-05-24	171000000	0	51300000	222300000
419	深交所	002466	天齐锂业	5.0000	2011-05-23	2011-05-24	98000000	0	49000000	147000000
420	深交所	002505	大康牧业	6.0000	2011-05-23	2011-05-24	102800000	20560000	41120000	164480000
421	深交所	300146	汤臣倍健	10.0000	2011-05-23	2011-05-24	54680000	0	54680000	109360000
422	深交所	300156	天立环保	10.0000	2011-05-23	2011-05-24	80200000	0	80200000	160400000
423	深交所	300165	天瑞仪器	6.0000	2011-05-23	2011-05-24	74000000	0	44400000	118400000
424	深交所	000559	万向钱潮	3.0000	2011-05-24	2011-05-25	1225587365	0	367676209	1593263574
425	深交所	000591	桐君阁	4.0000	2011-05-24	2011-05-25	196164988	78465995	0	274630983
426	深交所	000616	亿城股份	2.0000	2011-05-24	2011-05-25	993218351	0	198643670	1191862021
427	深交所	002108	沧州明珠	8.0000	2011-05-24	2011-05-25	167586000	33517200	100551600	301654800
428	深交所	002183	怡亚通	5.0000	2011-05-24	2011-05-25	556084161	0	278042080	834126241
429	深交所	002187	广百股份	5.0000	2011-05-24	2011-05-25	190234760	0	95117380	285352140
430	深交所	002430	杭氧股份	5.0000	2011-05-24	2011-05-25	401000000	0	200500000	601500000
431	深交所	300022	吉峰农机	10.0000	2011-05-24	2011-05-25	178700000	0	178700000	357400000
432	深交所	000848	承德露露	2.0000	2011-05-25	2011-05-26	304137600	60827520	0	364965120

续表 10　Continued 10

序号 No.	交易所 Exchange	股票代码 Code	公司简称 Companies	送转股比例 Proportion	股权登记日期 Register Date	送转股上市交易日 Bonus Shares Trading Date	送转股前总股本 Previous Shares	送股股本数 Bonus Shares 1	转股股本数 Bonus Shares 2	送转股后总股本 Shares Now
433	深交所	002284	亚太股份	5.0000	2011-05-25	2011-05-26	191360000	0	95680000	287040000
434	深交所	002340	格林美	10.0000	2011-05-25	2011-05-26	121316000	0	121316000	242632000
435	深交所	002343	禾欣股份	10.0000	2011-05-25	2011-05-26	99060000	0	99060000	198120000
436	深交所	002344	海宁皮城	10.0000	2011-05-25	2011-05-26	280000000	0	280000000	560000000
437	深交所	002383	合众思壮	2.0000	2011-05-25	2011-05-26	120000000	0	24000000	144000000
438	深交所	002387	黑牛食品	8.0000	2011-05-25	2011-05-26	133500000	0	106800000	240300000
439	深交所	002404	嘉欣丝绸	3.0000	2011-05-25	2011-05-26	133500000	0	40050000	173550000
440	深交所	002455	百川股份	5.0000	2011-05-25	2011-05-26	87800000	0	43900000	131700000
441	深交所	002475	立讯精密	5.0000	2011-05-25	2011-05-26	173800000	0	86900000	260700000
442	深交所	002476	宝莫股份	5.0000	2011-05-25	2011-05-26	120000000	0	60000000	180000000
443	深交所	300034	钢研高纳	8.0000	2011-05-25	2011-05-26	117771197	0	94216957	211988154
444	深交所	300075	数字政通	5.0000	2011-05-25	2011-05-26	56000000	0	28000000	84000000
445	深交所	300151	昌红科技	5.0000	2011-05-25	2011-05-26	67000000	0	33500000	100500000
446	深交所	300157	恒泰艾普	10.0000	2011-05-25	2011-05-26	88880000	0	88880000	177760000
447	深交所	000528	柳工	5.0000	2011-05-26	2011-05-27	750161424	0	375080712	1125242136
448	深交所	000933	神火股份	6.0000	2011-05-26	2011-05-27	1050000000	630000000	0	1680000000
449	深交所	002045	广州国光	5.0000	2011-05-26	2011-05-27	277936000	0	138968000	416904000
450	深交所	002051	中工国际	3.0000	2011-05-26	2011-05-27	339000000	0	101700000	440700000
451	深交所	002154	报喜鸟	10.0000	2011-05-26	2011-05-27	293747524	0	293747524	587495048
452	深交所	002195	海隆软件	5.0000	2011-05-26	2011-05-27	74620000	0	37310000	111930000
453	深交所	002223	鱼跃医疗	6.0000	2011-05-26	2011-05-27	255580000	0	153348000	408928000
454	深交所	002225	濮耐股份	3.0000	2011-05-26	2011-05-27	561896218	0	168568865	730465083
455	深交所	002329	皇氏乳业	10.0000	2011-05-26	2011-05-27	107000000	0	107000000	214000000
456	深交所	002364	中恒电气	5.0000	2011-05-26	2011-05-27	66800000	0	33400000	100200000
457	深交所	002406	远东传动	5.0000	2011-05-26	2011-05-27	187000000	0	93500000	280500000
458	深交所	002428	云南锗业	3.0000	2011-05-26	2011-05-27	125600000	0	37680000	163280000
459	深交所	002432	九安医疗	10.0000	2011-05-26	2011-05-27	124000000	0	124000000	248000000
460	深交所	002460	赣锋锂业	5.0000	2011-05-26	2011-05-27	100000000	0	50000000	150000000
461	深交所	002495	佳隆股份	8.0000	2011-05-26	2011-05-27	104000000	0	83200000	187200000
462	深交所	300055	万邦达	10.0000	2011-05-26	2011-05-27	114400000	0	114400000	228800000
463	深交所	300079	数码视讯	10.0000	2011-05-26	2011-05-27	112000000	0	112000000	224000000
464	深交所	300109	新开源	10.0000	2011-05-26	2011-05-27	36000000	0	36000000	72000000
465	深交所	300148	天舟文化	3.0000	2011-05-26	2011-05-27	75000000	0	22500000	97500000
466	深交所	002361	神剑股份	10.0000	2011-05-27	2011-05-30	80000000	0	80000000	160000000
467	深交所	002382	蓝帆股份	5.0000	2011-05-27	2011-05-30	80000000	0	40000000	120000000
468	深交所	002031	巨轮股份	5.0000	2011-05-30	2011-05-31	265274356	0	132637178	397911534
469	深交所	002102	冠福家用	10.0000	2011-05-30	2011-05-31	204630000	0	204630000	409260000
470	深交所	002146	荣盛发展	3.0000	2011-05-30	2011-05-31	1433600000	286720000	143360000	1863680000
471	深交所	002224	三力士	2.0000	2011-05-30	2011-05-31	133200000	0	26640000	159840000
472	深交所	002446	盛路通信	3.0000	2011-05-30	2011-05-31	102152738	15322910	15322910	132798558
473	深交所	002472	双环传动	8.0000	2011-05-30	2011-05-31	118800000	0	95040000	213840000
474	深交所	300112	万讯自控	5.0000	2011-05-30	2011-05-31	71630000	0	35815000	107445000
475	深交所	002300	太阳电缆	5.0000	2011-05-31	2011-06-01	201000000	0	100500000	301500000
476	深交所	002379	鲁丰股份	10.0000	2011-05-31	2011-06-01	77500000	0	77500000	155000000
477	深交所	002394	联发股份	10.0000	2011-05-31	2011-06-01	107900000	0	107900000	215800000
478	深交所	002402	和而泰	5.0000	2011-05-31	2011-06-01	66700000	0	33350000	100050000
479	深交所	002129	中环股份	5.0000	2011-06-01	2011-06-02	482829609	96565921	144848882	724244412

续表 11 Continued 11

序号 No.	交易所 Exchange	股票代码 Code	公司简称 Companies	送转股比例 Proportion	股权登记日期 Register Date	送转股上市交易日 Bonus Shares Trading Date	送转股前总股本 Previous Shares	送股股本数 Bonus Shares 1	转股股本数 Bonus Shares 2	送转股后总股本 Shares Now
480	深交所	002150	江苏通润	6.0000	2011-06-01	2011-06-02	156375000	0	93825000	250200000
481	深交所	002443	金洲管道	3.0000	2011-06-01	2011-06-02	133500000	0	40050000	173550000
482	深交所	002070	众和股份	3.0000	2011-06-02	2011-06-03	289148000	0	86744400	375892400
483	深交所	002241	歌尔声学	10.0000	2011-06-02	2011-06-03	375791275	0	375791275	751582550
484	深交所	002261	拓维信息	5.0000	2011-06-02	2011-06-03	145355816	0	72677908	218033724
485	深交所	002308	威创股份	5.0000	2011-06-02	2011-06-03	427600000	0	213800000	641400000
486	深交所	002311	海大集团	10.0000	2011-06-02	2011-06-03	291200000	0	291200000	582400000
487	深交所	002454	松芝股份	3.0000	2011-06-02	2011-06-03	240000000	0	72000000	312000000
488	深交所	300028	金亚科技	5.0000	2011-06-02	2011-06-03	176400000	0	88200000	264600000
489	深交所	300085	银之杰	10.0000	2011-06-02	2011-06-03	60000000	0	60000000	120000000
490	深交所	300059	东方财富	5.0000	2011-06-03	2011-06-07	140000000	0	70000000	210000000
491	深交所	002201	九鼎新材	3.0000	2011-06-07	2011-06-08	135200000	0	40560000	175760000
492	深交所	002236	大华股份	10.0000	2011-06-07	2011-06-08	139540200	69770100	69770100	279080400
493	深交所	002254	烟台氨纶	5.0000	2011-06-07	2011-06-08	261040000	0	130520000	391560000
494	深交所	002376	新北洋	10.0000	2011-06-07	2011-06-08	150000000	0	150000000	300000000
495	深交所	002516	江苏旷达	2.5000	2011-06-07	2011-06-08	200000000	0	50000000	250000000
496	深交所	300014	亿纬锂能	5.0000	2011-06-07	2011-06-08	132000000	0	66000000	198000000
497	深交所	300088	长信科技	10.0000	2011-06-07	2011-06-08	125500000	0	125500000	251000000
498	深交所	000623	吉林敖东	2.0000	2011-06-08	2011-06-09	573357970	114671594	0	688029564
499	深交所	002158	汉钟精机	2.0000	2011-06-08	2011-06-09	181728750	0	36345750	218074500
500	深交所	002238	天威视讯	2.0000	2011-06-08	2011-06-09	267000000	0	53400000	320400000
501	深交所	002554	惠博普	5.0000	2011-06-08	2011-06-09	135000000	40500000	27000000	202500000
502	深交所	000088	盐田港	2.0000	2011-06-09	2011-06-10	1245000000	249000000	0	1494000000
503	深交所	000503	海虹控股	2.0000	2011-06-09	2011-06-10	749018504	0	149803700	898822204
504	深交所	002141	蓉胜超微	6.0000	2011-06-09	2011-06-10	113680000	22736000	45472000	181888000
505	深交所	002228	合兴包装	6.0000	2011-06-09	2011-06-10	217190000	0	130314000	347504000
506	深交所	002320	海峡股份	6.0000	2011-06-09	2011-06-10	204750000	0	122850000	327600000
507	深交所	002326	永太科技	8.0000	2011-06-09	2011-06-10	133500000	0	106800000	240300000
508	深交所	002348	高乐股份	6.0000	2011-06-09	2011-06-10	148000000	0	88800000	236800000
509	深交所	002417	三元达	5.0000	2011-06-09	2011-06-10	120000000	0	60000000	180000000
510	深交所	002418	康盛股份	6.0000	2011-06-09	2011-06-10	143000000	0	85800000	228800000
511	深交所	002450	康得新	10.0000	2011-06-09	2011-06-10	161600000	0	161600000	323200000
512	深交所	002544	杰赛科技	10.0000	2011-06-09	2011-06-10	85960000	85960000	0	171920000
513	深交所	300164	通源石油	2.0000	2011-06-09	2011-06-10	66000000	0	13200000	79200000
514	深交所	002215	诺普信	6.0000	2011-06-10	2011-06-13	221300000	0	132780000	354080000
515	深交所	002271	东方雨虹	10.0000	2011-06-10	2011-06-13	171760000	0	171760000	343520000
516	深交所	300094	国联水产	1.0000	2011-06-10	2011-06-13	320000000	0	32000000	352000000
517	深交所	000006	深振业A	3.0000	2011-06-13	2011-06-14	760774893	228232467	0	989007360
518	深交所	000589	黔轮胎A	5.0000	2011-06-14	2011-06-15	325936203	0	162968101	488904304
519	深交所	002008	大族激光	5.0000	2011-06-14	2011-06-15	696264400	0	348132200	1044396600
520	深交所	300045	华力创通	10.0000	2011-06-14	2011-06-15	67000000	0	67000000	134000000
521	深交所	000027	深圳能源	2.0000	2011-06-15	2011-06-16	2202495332	0	440499066	2642994398
522	深交所	000043	中航地产	5.0000	2011-06-15	2011-06-16	222320472	0	111160236	333480708
523	深交所	000679	大连友谊	5.0000	2011-06-15	2011-06-16	237600000	0	118800000	356400000
524	深交所	002325	洪涛股份	5.0000	2011-06-15	2011-06-16	150000000	0	75000000	225000000
525	深交所	002498	汉缆股份	5.0000	2011-06-15	2011-06-16	470000000	0	235000000	705000000
526	深交所	002549	凯美特气	5.0000	2011-06-15	2011-06-16	80000000	40000000	0	120000000

续表 12 Continued 12

序号 No.	交易所 Exchange	股票代码 Code	公司简称 Companies	送转股比例 Proportion	股权登记日期 Register Date	送转股上市交易日 Bonus Shares Trading Date	送转股前总股本 Previous Shares	送股股本数 Bonus Shares 1	转股股本数 Bonus Shares 2	送转股后总股本 Shares Now
527	深交所	300036	超图软件	6.0000	2011-06-15	2011-06-16	75000000	0	45000000	120000000
528	深交所	300054	鼎龙股份	5.0000	2011-06-15	2011-06-16	60000000	0	30000000	90000000
529	深交所	300069	金利华电	3.0000	2011-06-15	2011-06-16	60000000	0	18000000	78000000
530	深交所	300083	劲胜股份	10.0000	2011-06-15	2011-06-16	100000000	50000000	50000000	200000000
531	深交所	300084	海默科技	10.0000	2011-06-15	2011-06-16	64000000	0	64000000	128000000
532	深交所	002030	达安基因	2.0000	2011-06-16	2011-06-17	288921600	28892160	28892160	346705920
533	深交所	002074	东源电器	8.0000	2011-06-16	2011-06-17	140760000	42228000	70380000	253368000
534	深交所	002555	顺荣股份	10.0000	2011-06-16	2011-06-17	67000000	67000000	0	134000000
535	深交所	300035	中科电气	3.0000	2011-06-16	2011-06-17	92250000	0	27675000	119925000
536	深交所	000725	京东方A	2.0000	2011-06-17	2011-06-20	10152401951	0	2030480390	12182882341
537	深交所	200725	京东方B	2.0000	2011-06-17	2011-06-20	892440000	0	223110000	1115550000
538	深交所	000960	锡业股份	1.0000	2011-06-20	2011-06-21	824109447	0	82410944	906520391
539	深交所	002266	浙富股份	10.0000	2011-06-20	2011-06-21	149640000	0	149640000	299280000
540	深交所	002358	森源电气	10.0000	2011-06-20	2011-06-21	86000000	25800000	60200000	172000000
541	深交所	002552	宝鼎重工	5.0000	2011-06-20	2011-06-21	100000000	0	50000000	150000000
542	深交所	000811	烟台冰轮	5.0000	2011-06-21	2011-06-22	263064945	131532472	0	394597417
543	深交所	002288	超华科技	2.0000	2011-06-21	2011-06-22	137488000	0	27497600	164985600
544	深交所	002411	九九久	8.0000	2011-06-21	2011-06-22	129000000	0	103200000	232200000
545	深交所	002197	证通电子	6.0000	2011-06-23	2011-06-24	131145000	0	78687000	209832000
546	深交所	002427	尤夫股份	3.0000	2011-06-23	2011-06-24	183227600	0	54968280	238195880
547	深交所	002440	闰土股份	3.0000	2011-06-23	2011-06-24	295000000	0	88500000	383500000
548	深交所	002551	尚荣医疗	5.0000	2011-06-23	2011-06-24	82000000	0	41000000	123000000
549	深交所	200771	杭汽轮B	3.0000	2011-06-21	2011-06-27	83486000	145002000	0	228488000
550	深交所	000819	岳阳兴长	1.0000	2011-06-27	2011-06-28	193712443	19371244	0	213083687
551	深交所	002377	国创高新	10.0000	2011-06-27	2011-06-28	107000000	0	107000000	214000000
552	深交所	002396	星网锐捷	10.0000	2011-06-27	2011-06-28	175530000	0	175530000	351060000
553	深交所	002512	达华智能	8.0000	2011-06-28	2011-06-29	117994000	0	94395200	212389200
554	深交所	300093	金刚玻璃	8.0000	2011-06-28	2011-06-29	120000000	0	96000000	216000000
555	深交所	000939	凯迪电力	6.0000	2011-06-29	2011-06-30	589568000	353740800	0	943308800
556	深交所	002371	七星电子	3.0000	2011-06-30	2011-07-01	65000000	0	19500000	84500000
557	深交所	002462	嘉事堂	5.0000	2011-07-01	2011-07-04	160000000	0	80000000	240000000
558	深交所	000718	苏宁环球	2.0000	2011-07-04	2011-07-05	1702660469	170266046	170266046	2043192561
559	深交所	002447	壹桥苗业	10.0000	2011-07-04	2011-07-05	67000000	0	67000000	134000000
560	深交所	002528	英飞拓	6.0000	2011-07-04	2011-07-05	147000000	0	88200000	235200000
561	深交所	002316	键桥通讯	4.0000	2011-07-05	2011-07-06	156000000	0	62400000	218400000
562	深交所	002370	亚太药业	7.0000	2011-07-05	2011-07-06	120000000	0	84000000	204000000
563	深交所	002397	梦洁家纺	6.0000	2011-07-05	2011-07-06	94500000	0	56700000	151200000
564	深交所	000063	中兴通讯	2.0000	2011-07-06	2011-07-07	2342077146	0	468415429	2810492575
565	深交所	000625	长安汽车	8.0000	2011-07-06	2011-07-07	2089388870	835755548	835755548	3760899966
566	深交所	002429	兆驰股份	5.0000	2011-07-06	2011-07-07	472542500	0	236271250	708813750
567	深交所	200625	长安B	8.0000	2011-07-06	2011-07-07	119286955	238573906	238573906	596434767
568	深交所	300096	易联众	10.0000	2011-07-06	2011-07-07	86000000	0	86000000	172000000
569	深交所	000882	华联股份	2.0000	2011-07-07	2011-07-08	744418701	0	148883740	893302441
570	深交所	000540	中天城投	4.0000	2011-07-11	2011-07-12	913437352	365374940	0	1278812292
571	深交所	000758	中色股份	2.0000	2011-07-11	2011-07-12	638880000	127776000	0	766656000
572	深交所	000949	新乡化纤	3.0000	2011-07-11	2011-07-12	637862695	127572538	63786269	829221502
573	深交所	300006	莱美药业	10.0000	2011-07-11	2011-07-12	91500000	0	91500000	183000000
574	深交所	002065	东华软件	2.0000	2011-07-12	2011-07-13	442286667	88457333	0	530744000
575	深交所	000157	中联重科	3.0000	2011-07-14	2011-07-15	4827634742	0	1448290422	6275925164

续表 13 Continued 13

序号 No.	交易所 Exchange	股票代码 Code	公司简称 Companies	送转股比例 Proportion	股权登记日期 Register Date	送转股上市交易日 Bonus Shares Trading Date	送转股前总股本 Previous Shares	送股股本数 Bonus Shares 1	转股股本数 Bonus Shares 2	送转股后总股本 Shares Now
576	深交所	000807	云铝股份	3.0000	2011-07-14	2011-07-15	1183979219	0	355193765	1539172984
577	深交所	002424	贵州百灵	10.0000	2011-07-14	2011-07-15	235200000	0	235200000	470400000
578	深交所	300080	新大新材	10.0000	2011-07-14	2011-07-15	140000000	0	140000000	280000000
579	深交所	000046	泛海建设	10.0000	2011-07-15	2011-07-18	2278655885	455731176	1822924707	4557311768
580	深交所	000659	珠海中富	7.0000	2011-07-26	2011-07-27	756295600	0	529406920	1285702520
581	深交所	000521	美菱电器	2.0000	2011-08-09	2011-08-10	417274449	83454889	0	500729338
582	深交所	002127	新民科技	2.0000	2011-08-09	2011-08-10	372049085	0	74409817	446458902
583	深交所	200521	皖美菱 B	2.0000	2011-08-09	2011-08-10	90480000	22620000	0	113100000
584	深交所	000598	兴蓉投资	10.0000	2011-08-15	2011-08-16	576785850	0	576785850	1153571700
585	深交所	002445	中南重工	10.5000	2011-08-15	2011-08-16	123000000	0	129150000	252150000
586	深交所	002557	洽洽食品	3.0000	2011-08-23	2011-08-24	200000000	0	60000000	260000000
587	深交所	300058	蓝色光标	5.0000	2011-08-23	2011-08-24	120000000	0	60000000	180000000
588	深交所	002250	联化科技	5.0000	2011-08-24	2011-08-25	264661700	0	132330850	396992550
589	深交所	002572	宁基股份	10.0000	2011-08-25	2011-08-26	53500000	0	53500000	107000000
590	深交所	002546	新联电子	10.0000	2011-08-29	2011-08-30	84000000	0	84000000	168000000
591	深交所	300175	朗源股份	12.0000	2011-08-30	2011-08-31	107000000	0	128400000	235400000
592	深交所	300215	电科院	10.0000	2011-08-30	2011-08-31	45000000	0	45000000	90000000
593	深交所	002042	华孚色纺	10.0000	2011-08-31	2011-09-01	277664191	0	277664191	555328382
594	深交所	300134	大富科技	10.0000	2011-09-02	2011-09-05	160000000	0	160000000	320000000
595	深交所	300015	爱尔眼科	6.0000	2011-09-05	2011-09-06	267000000	0	160200000	427200000
596	深交所	002093	国脉科技	10.0000	2011-09-08	2011-09-09	432500000	0	432500000	865000000
597	深交所	002545	东方铁塔	5.0000	2011-09-08	2011-09-09	173500000	0	86750000	260250000
598	深交所	002006	精功科技	10.0000	2011-09-09	2011-09-13	151720000	0	151720000	303440000
599	深交所	002434	万里扬	10.0000	2011-09-13	2011-09-14	170000000	0	170000000	340000000
600	深交所	002565	上海绿新	6.0000	2011-09-15	2011-09-16	133500000	0	80100000	213600000
601	深交所	300195	长荣股份	4.0000	2011-09-15	2011-09-16	100000000	0	40000000	140000000
602	深交所	002439	启明星辰	10.0000	2011-09-16	2011-09-19	98759123	0	98759123	197518246
603	深交所	002573	国电清新	10.0000	2011-09-16	2011-09-19	148000000	0	148000000	296000000
604	深交所	000982	中银绒业	10.0000	2011-09-20	2011-09-21	278000000	0	278000000	556000000
605	深交所	002307	北新路桥	10.0000	2011-09-20	2011-09-21	214356600	0	214356600	428713200
606	深交所	002259	升达林业	8.0000	2011-09-22	2011-09-23	357400000	0	285920000	643320000
607	深交所	002539	新都化工	10.0000	2011-09-22	2011-09-23	165520000	0	165520000	331040000
608	深交所	002136	安纳达	10.0000	2011-09-23	2011-09-26	107510000	0	107510000	215020000
609	深交所	002226	江南化工	5.0000	2011-09-23	2011-09-26	263759664	0	131879832	395639496
610	深交所	002392	北京利尔	10.0000	2011-09-23	2011-09-26	270000000	0	270000000	540000000
611	深交所	300197	铁汉生态	9.0000	2011-09-23	2011-09-26	61560600	0	55404540	116965140
612	深交所	002264	新华都	10.0000	2011-09-26	2011-09-27	160320000	0	160320000	320640000
613	深交所	300162	雷曼光电	10.0000	2011-09-26	2011-09-27	67000000	0	67000000	134000000
614	深交所	300198	纳川股份	5.0000	2011-09-26	2011-09-27	92000000	0	46000000	138000000
615	深交所	002068	黑猫股份	6.0000	2011-09-27	2011-09-28	299812000	0	179887200	479699200
616	深交所	002111	威海广泰	8.0000	2011-09-27	2011-09-28	170705964	0	136564771	307270735
617	深交所	000547	闽福发 A	10.0000	2011-09-28	2011-09-29	309214164	61842832	247371330	618428326
618	深交所	002401	中海科技	10.0000	2011-09-28	2011-09-29	53200000	0	53200000	106400000
619	深交所	002513	蓝丰生化	8.0000	2011-09-29	2011-09-30	74000000	0	59200000	133200000
620	深交所	002413	常发股份	5.0000	2011-09-30	2011-10-10	147000000	0	73500000	220500000
621	深交所	002342	巨力索具	10.0000	2011-10-10	2011-10-11	480000000	0	480000000	960000000
622	深交所	002407	多氟多	6.0000	2011-10-17	2011-10-18	139100000	0	83460000	222560000
623	深交所	000523	广州浪奇	10.0000	2011-10-20	2011-10-21	222581794	0	222581794	445163588
624	深交所	300133	华策影视	7.0000	2011-10-28	2011-10-31	112960000	0	79072000	192032000
625	深交所	300177	中海达	10.0000	2011-10-28	2011-10-31	50000000	0	50000000	100000000
626	深交所	002416	爱施德	10.0000	2011-11-07	2011-11-08	493300000	0	493300000	986600000

数据来源：上海、深圳证券交易所
Source: Shanghai Shenzhen Stock Exchange

5-23 2011年上市公司红利分配一览表

Summary for Dividend Distributions of Listed Companies in 2011

序号 No.	年月 YM	交易所 Exchange	公司代码 Code	公司简称 Companies	红利派发日 Ex-dividend Date	每股现金红利 Dividend Per Share (人民币元)	现金分配合计 (万元) Total Dividend
1	2011年2月	上交所	601186	中国铁建	2011-2-14	0.05	51306.23
2	2011年3月	上交所	600420	现代制药	2011-3-2	0.10	2877.33
3	2011年3月	上交所	601678	滨化股份	2011-3-10	0.10	4400.00
4	2011年3月	上交所	600527	江南高纤	2011-3-17	0.05	1756.39
5	2011年3月	上交所	600113	浙江东日	2011-3-24	0.05	1180.00
6	2011年3月	上交所	600160	巨化股份	2011-3-25	0.25	15312.00
7	2011年3月	上交所	600406	国电南瑞	2011-3-25	0.10	5251.79
8	2011年3月	上交所	600499	科达机电	2011-3-25	0.10	5983.78
9	2011年3月	上交所	601268	二重重装	2011-3-29	0.05	8450.00
10	2011年3月	上交所	600256	广汇能源	2011-3-30	0.06	7430.81
11	2011年3月	上交所	600660	福耀玻璃	2011-3-31	0.57	114170.22
12	2011年4月	上交所	600139	西部资源	2011-4-1	0.05	1067.03
13	2011年4月	上交所	600743	华远地产	2011-4-8	0.10	9726.61
14	2011年4月	上交所	600873	梅花集团	2011-4-11	0.50	50411.83
15	2011年4月	上交所	600561	江西长运	2011-4-12	0.18	3343.03
16	2011年4月	上交所	600422	昆明制药	2011-4-13	0.15	4712.64
17	2011年4月	上交所	600433	冠豪高新	2011-4-13	0.03	858.00
18	2011年4月	上交所	600496	精工钢构	2011-4-13	0.05	1935.00
19	2011年4月	上交所	600500	中化国际	2011-4-14	0.15	21563.84
20	2011年4月	上交所	600503	华丽家族	2011-4-14	0.50	26367.50
21	2011年4月	上交所	600261	阳光照明	2011-4-18	0.15	3746.53
22	2011年4月	上交所	600675	中华企业	2011-4-18	0.10	14144.39
23	2011年4月	上交所	600710	常林股份	2011-4-18	0.05	2431.00
24	2011年4月	上交所	600183	生益科技	2011-4-19	0.30	28710.70
25	2011年4月	上交所	600298	安琪酵母	2011-4-19	0.15	4590.70
26	2011年4月	上交所	600458	时代新材	2011-4-19	0.10	2351.55
27	2011年4月	上交所	600488	天药股份	2011-4-19	0.03	1628.67
28	2011年4月	上交所	600015	华夏银行	2011-4-21	0.20	99810.57
29	2011年4月	上交所	600114	东睦股份	2011-4-21	0.10	1955.00
30	2011年4月	上交所	600122	宏图高科	2011-4-21	0.03	1699.18
31	2011年4月	上交所	600031	三一重工	2011-4-22	0.06	30374.82
32	2011年4月	上交所	600161	天坛生物	2011-4-22	0.10	5154.67
33	2011年4月	上交所	600370	三房巷	2011-4-22	0.10	3188.98
34	2011年4月	上交所	600376	首开股份	2011-4-22	0.20	22995.00
35	2011年4月	上交所	600409	三友化工	2011-4-22	0.12	12714.96
36	2011年4月	上交所	600850	华东电脑	2011-4-22	0.05	855.16
37	2011年4月	上交所	600971	恒源煤电	2011-4-22	0.80	35077.86
38	2011年4月	上交所	601000	唐山港	2011-4-22	0.12	12000.00
39	2011年4月	上交所	601369	陕鼓动力	2011-4-22	0.50	54625.67

续表 1　Continued 1

序号 No.	年月 YM	交易所 Exchange	公司代码 Code	公司简称 Companies	红利派发日 Ex-dividend Date	每股现金红利 Dividend Per Share （人民币元）	现金分配合计 （万元） Total Dividend
40	2011 年 4 月	上交所	600572	康恩贝	2011-4-25	0.10	3518.00
41	2011 年 4 月	上交所	600246	万通地产	2011-4-26	0.17	20685.60
42	2011 年 4 月	上交所	600268	国电南自	2011-4-26	0.15	4764.35
43	2011 年 4 月	上交所	600276	恒瑞医药	2011-4-26	0.10	7494.33
44	2011 年 4 月	上交所	600321	国栋建设	2011-4-26	0.07	3188.64
45	2011 年 4 月	上交所	600522	中天科技	2011-4-26	0.10	3208.03
46	2011 年 4 月	上交所	601137	博威合金	2011-4-26	0.20	4300.00
47	2011 年 4 月	上交所	600398	凯诺科技	2011-4-27	0.10	6466.04
48	2011 年 4 月	上交所	600410	华胜天成	2011-4-27	0.12	6058.35
49	2011 年 4 月	上交所	600979	广安爱众	2011-4-27	0.02	592.89
50	2011 年 4 月	上交所	600310	桂东电力	2011-4-28	0.50	9197.50
51	2011 年 4 月	上交所	600315	上海家化	2011-4-29	0.25	10575.80
52	2011 年 5 月	上交所	600563	法拉电子	2011-5-4	0.45	10125.00
53	2011 年 5 月	上交所	600567	山鹰纸业	2011-5-4	0.06	3211.48
54	2011 年 5 月	上交所	900949	东电 B 股	2011-5-4	0.12	25100.38
55	2011 年 5 月	上交所	600651	飞乐音响	2011-5-5	0.04	2463.55
56	2011 年 5 月	上交所	600368	五洲交通	2011-5-6	0.11	6114.54
57	2011 年 5 月	上交所	600736	苏州高新	2011-5-6	0.01	1057.88
58	2011 年 5 月	上交所	600796	钱江生化	2011-5-6	0.02	548.00
59	2011 年 5 月	上交所	601166	兴业银行	2011-5-6	0.46	275652.73
60	2011 年 5 月	上交所	600132	重庆啤酒	2011-5-9	0.30	14519.14
61	2011 年 5 月	上交所	600168	武汉控股	2011-5-9	0.03	1279.34
62	2011 年 5 月	上交所	600521	华海药业	2011-5-10	0.10	4488.39
63	2011 年 5 月	上交所	600525	长园集团	2011-5-10	0.10	4317.55
64	2011 年 5 月	上交所	600662	强生控股	2011-5-10	0.08	6508.31
65	2011 年 5 月	上交所	600888	新疆众和	2011-5-10	0.10	3520.59
66	2011 年 5 月	上交所	600100	同方股份	2011-5-11	0.10	9938.51
67	2011 年 5 月	上交所	600350	山东高速	2011-5-11	0.10	34983.52
68	2011 年 5 月	上交所	600111	包钢稀土	2011-5-12	0.10	8073.48
69	2011 年 5 月	上交所	600267	海正药业	2011-5-12	0.15	7872.27
70	2011 年 5 月	上交所	600271	航天信息	2011-5-12	0.40	36936.00
71	2011 年 5 月	上交所	600309	烟台万华	2011-5-12	0.40	66533.38
72	2011 年 5 月	上交所	600588	用友软件	2011-5-12	0.22	17952.68
73	2011 年 5 月	上交所	600606	金丰投资	2011-5-12	0.05	2146.25
74	2011 年 5 月	上交所	600182	S 佳通	2011-5-13	0.10	3400.00
75	2011 年 5 月	上交所	600439	瑞贝卡	2011-5-13	0.10	7861.01
76	2011 年 5 月	上交所	600459	贵研铂业	2011-5-13	0.07	804.49
77	2011 年 5 月	上交所	600551	时代出版	2011-5-13	0.10	4215.21
78	2011 年 5 月	上交所	600066	宇通客车	2011-5-16	0.30	15596.75
79	2011 年 5 月	上交所	600143	金发科技	2011-5-16	0.10	13965.00
80	2011 年 5 月	上交所	600166	福田汽车	2011-5-16	0.28	29535.40
81	2011 年 5 月	上交所	600231	凌钢股份	2011-5-16	0.04	3216.01

续表 2 Continued 2

序号 No.	年月 YM	交易所 Exchange	公司代码 Code	公司简称 Companies	红利派发日 Ex-dividend Date	每股现金红利 Dividend Per Share (人民币元)	现金分配合计 (万元) Total Dividend
82	2011 年 5 月	上交所	600236	桂冠电力	2011-5-16	0.05	11402.25
83	2011 年 5 月	上交所	600287	江苏舜天	2011-5-16	0.03	1310.39
84	2011 年 5 月	上交所	600290	华仪电气	2011-5-16	0.05	1756.28
85	2011 年 5 月	上交所	600300	维维股份	2011-5-16	0.06	10032.00
86	2011 年 5 月	上交所	600307	酒钢宏兴	2011-5-16	0.10	20456.79
87	2011 年 5 月	上交所	600560	金自天正	2011-5-16	0.10	993.98
88	2011 年 5 月	上交所	600581	八一钢铁	2011-5-16	0.22	16861.88
89	2011 年 5 月	上交所	600666	西南药业	2011-5-16	0.10	1934.31
90	2011 年 5 月	上交所	600828	成商集团	2011-5-16	0.03	1097.00
91	2011 年 5 月	上交所	600970	中材国际	2011-5-16	0.03	1898.09
92	2011 年 5 月	上交所	601700	风范股份	2011-5-16	0.35	7686.00
93	2011 年 5 月	上交所	601777	力帆股份	2011-5-16	0.35	33300.58
94	2011 年 5 月	上交所	600048	保利地产	2011-5-17	0.21	97461.08
95	2011 年 5 月	上交所	600123	兰花科创	2011-5-17	0.50	28560.00
96	2011 年 5 月	上交所	600230	沧州大化	2011-5-17	0.13	3371.31
97	2011 年 5 月	上交所	600263	路桥建设	2011-5-17	0.03	1224.40
98	2011 年 5 月	上交所	600463	空港股份	2011-5-17	0.08	2016.00
99	2011 年 5 月	上交所	600570	恒生电子	2011-5-17	0.05	3118.75
100	2011 年 5 月	上交所	600798	宁波海运	2011-5-17	0.04	3484.58
101	2011 年 5 月	上交所	601168	西部矿业	2011-5-17	0.18	42894.00
102	2011 年 5 月	上交所	600486	扬农化工	2011-5-18	0.20	3443.32
103	2011 年 5 月	上交所	600595	中孚实业	2011-5-18	0.05	7574.37
104	2011 年 5 月	上交所	600021	上海电力	2011-5-19	0.05	10698.70
105	2011 年 5 月	上交所	600273	华芳纺织	2011-5-19	0.10	3150.00
106	2011 年 5 月	上交所	600277	亿利能源	2011-5-19	0.30	27058.05
107	2011 年 5 月	上交所	600303	曙光股份	2011-5-19	0.07	2010.77
108	2011 年 5 月	上交所	600460	士兰微	2011-5-19	0.06	2604.48
109	2011 年 5 月	上交所	600750	江中药业	2011-5-19	0.30	9334.50
110	2011 年 5 月	上交所	600861	北京城乡	2011-5-19	0.12	3801.66
111	2011 年 5 月	上交所	601519	大智慧	2011-5-19	0.15	10425.00
112	2011 年 5 月	上交所	600101	明星电力	2011-5-20	0.07	2269.25
113	2011 年 5 月	上交所	600126	杭钢股份	2011-5-20	0.06	5033.63
114	2011 年 5 月	上交所	600262	北方股份	2011-5-20	0.10	1700.00
115	2011 年 5 月	上交所	600418	江淮汽车	2011-5-20	0.20	25774.73
116	2011 年 5 月	上交所	600647	同达创业	2011-5-20	0.03	321.10
117	2011 年 5 月	上交所	600725	云维股份	2011-5-20	0.10	6162.35
118	2011 年 5 月	上交所	600805	悦达投资	2011-5-20	0.20	10908.90
119	2011 年 5 月	上交所	600993	马应龙	2011-5-20	0.05	828.95
120	2011 年 5 月	上交所	600173	卧龙地产	2011-5-23	0.07	5076.03
121	2011 年 5 月	上交所	600200	江苏吴中	2011-5-23	0.02	1247.40
122	2011 年 5 月	上交所	600238	海南椰岛	2011-5-23	0.06	1673.28
123	2011 年 5 月	上交所	600279	重庆港九	2011-5-23	0.04	1368.37

续表 3 Continued 3

序号 No.	年月 YM	交易所 Exchange	公司代码 Code	公司简称 Companies	红利派发日 Ex-dividend Date	每股现金红利 Dividend Per Share (人民币元)	现金分配合计 (万元) Total Dividend
124	2011年5月	上交所	600547	山东黄金	2011-5-23	0.10	14230.72
125	2011年5月	上交所	600597	光明乳业	2011-5-23	0.12	12590.32
126	2011年5月	上交所	600703	三安光电	2011-5-23	0.20	13127.40
127	2011年5月	上交所	600897	厦门空港	2011-5-23	0.09	2680.29
128	2011年5月	上交所	600102	莱钢股份	2011-5-24	0.06	5533.64
129	2011年5月	上交所	600360	华微电子	2011-5-24	0.01	573.76
130	2011年5月	上交所	600382	广东明珠	2011-5-24	0.03	1025.24
131	2011年5月	上交所	600425	青松建化	2011-5-24	0.40	19147.80
132	2011年5月	上交所	600535	天士力	2011-5-24	0.60	30985.28
133	2011年5月	上交所	600546	山煤国际	2011-5-24	0.30	22500.00
134	2011年5月	上交所	600748	上实发展	2011-5-24	0.04	3791.80
135	2011年5月	上交所	600824	益民集团	2011-5-24	0.06	4391.78
136	2011年5月	上交所	600056	中国医药	2011-5-25	0.05	1554.79
137	2011年5月	上交所	600518	康美药业	2011-5-25	0.05	10993.57
138	2011年5月	上交所	600596	新安股份	2011-5-25	0.10	6791.85
139	2011年5月	上交所	600648	外高桥	2011-5-25	0.14	14150.93
140	2011年5月	上交所	600491	龙元建设	2011-5-26	0.10	4738.00
141	2011年5月	上交所	600584	长电科技	2011-5-26	0.06	5118.80
142	2011年5月	上交所	600801	华新水泥	2011-5-26	0.20	8072.00
143	2011年5月	上交所	600997	开滦股份	2011-5-26	0.10	12346.40
144	2011年5月	上交所	600060	海信电器	2011-5-27	0.20	17333.03
145	2011年5月	上交所	600221	海南航空	2011-5-27	0.05	20627.45
146	2011年5月	上交所	600226	升华拜克	2011-5-27	0.15	6083.24
147	2011年5月	上交所	600493	凤竹纺织	2011-5-27	0.05	850.00
148	2011年5月	上交所	600776	东方通信	2011-5-27	0.12	15072.00
149	2011年5月	上交所	601116	三江购物	2011-5-27	0.10	4107.59
150	2011年5月	上交所	600007	中国国贸	2011-5-30	0.09	9065.54
151	2011年5月	上交所	600177	雅戈尔	2011-5-30	0.50	111330.58
152	2011年5月	上交所	600289	亿阳信通	2011-5-30	0.05	2815.77
153	2011年5月	上交所	600339	天利高新	2011-5-30	0.15	7883.93
154	2011年5月	上交所	600356	恒丰纸业	2011-5-30	0.10	1852.80
155	2011年5月	上交所	600528	中铁二局	2011-5-30	0.11	16051.20
156	2011年5月	上交所	600573	惠泉啤酒	2011-5-30	0.08	2000.00
157	2011年5月	上交所	600858	银座股份	2011-5-30	0.05	1444.63
158	2011年5月	上交所	600995	文山电力	2011-5-30	0.06	2871.16
159	2011年5月	上交所	600008	首创股份	2011-5-31	0.13	28600.00
160	2011年5月	上交所	600067	冠城大通	2011-5-31	0.05	3677.51
161	2011年5月	上交所	600487	亨通光电	2011-5-31	0.20	4141.65
162	2011年5月	上交所	600826	兰生股份	2011-5-31	0.03	841.28
163	2011年6月	上交所	600258	首旅股份	2011-6-1	0.45	10413.00
164	2011年6月	上交所	600845	宝信软件	2011-6-1	0.30	7867.32
165	2011年6月	上交所	600966	博汇纸业	2011-6-1	0.05	2522.89

续表 4 Continued 4

序号 No.	年月 YM	交易所 Exchange	公司代码 Code	公司简称 Companies	红利派发日 Ex-dividend Date	每股现金红利 Dividend Per Share (人民币元)	现金分配合计 (万元) Total Dividend
166	2011年6月	上交所	600981	汇鸿股份	2011-6-1	0.05	2580.53
167	2011年6月	上交所	601299	中国北车	2011-6-1	0.05	41500.00
168	2011年6月	上交所	601857	中国石油	2011-6-1	0.18	2972403.58
169	2011年6月	上交所	600325	华发股份	2011-6-2	0.10	8170.46
170	2011年6月	上交所	600327	大东方	2011-6-2	0.10	5217.12
171	2011年6月	上交所	600383	金地集团	2011-6-2	0.06	26829.05
172	2011年6月	上交所	600461	洪城水业	2011-6-2	0.10	2200.00
173	2011年6月	上交所	600531	豫光金铅	2011-6-2	0.10	2952.51
174	2011年6月	上交所	600998	九州通	2011-6-2	0.10	14205.16
175	2011年6月	上交所	900948	伊泰B股	2011-6-2	1.45	211568.00
176	2011年6月	上交所	600000	浦发银行	2011-6-3	0.16	229581.19
177	2011年6月	上交所	600098	广州控股	2011-6-3	0.20	41184.00
178	2011年6月	上交所	600116	三峡水利	2011-6-3	0.10	2675.33
179	2011年6月	上交所	600502	安徽水利	2011-6-3	0.07	1561.56
180	2011年6月	上交所	600548	深高速	2011-6-3	0.16	22932.33
181	2011年6月	上交所	600621	上海金陵	2011-6-3	0.10	5240.82
182	2011年6月	上交所	600626	申达股份	2011-6-3	0.10	4734.95
183	2011年6月	上交所	600658	电子城	2011-6-3	0.13	7251.22
184	2011年6月	上交所	600967	北方创业	2011-6-3	0.20	3464.60
185	2011年6月	上交所	600987	航民股份	2011-6-3	0.18	7623.72
186	2011年6月	上交所	601002	晋亿实业	2011-6-3	0.20	14769.40
187	2011年6月	上交所	601126	四方股份	2011-6-3	0.20	8014.68
188	2011年6月	上交所	601668	中国建筑	2011-6-3	0.06	186000.00
189	2011年6月	上交所	601788	光大证券	2011-6-3	0.45	153810.00
190	2011年6月	上交所	601799	星宇股份	2011-6-3	0.23	5445.48
191	2011年6月	上交所	600089	特变电工	2011-6-7	0.10	20273.54
192	2011年6月	上交所	600169	太原重工	2011-6-7	0.05	4039.93
193	2011年6月	上交所	600255	鑫科材料	2011-6-7	0.05	2247.50
194	2011年6月	上交所	600305	恒顺醋业	2011-6-7	0.08	953.63
195	2011年6月	上交所	600377	宁沪高速	2011-6-7	0.36	137366.91
196	2011年6月	上交所	600549	厦门钨业	2011-6-7	0.20	13639.60
197	2011年6月	上交所	600557	康缘药业	2011-6-7	0.06	2493.88
198	2011年6月	上交所	600571	信雅达	2011-6-7	0.05	972.77
199	2011年6月	上交所	600676	交运股份	2011-6-7	0.12	8776.75
200	2011年6月	上交所	600779	水井坊	2011-6-7	0.23	11236.55
201	2011年6月	上交所	600806	昆明机床	2011-6-7	0.05	1950.95
202	2011年6月	上交所	600835	上海机电	2011-6-7	0.20	20454.79
203	2011年6月	上交所	601098	中南传媒	2011-6-7	0.06	10776.00
204	2011年6月	上交所	601158	重庆水务	2011-6-7	0.19	90240.00
205	2011年6月	上交所	601558	华锐风电	2011-6-7	1.00	100510.00
206	2011年6月	上交所	601801	皖新传媒	2011-6-7	0.10	9100.00
207	2011年6月	上交所	601877	正泰电器	2011-6-7	0.40	40200.00

续表 5 Continued 5

序号 No.	年月 YM	交易所 Exchange	公司代码 Code	公司简称 Companies	红利派发日 Ex-dividend Date	每股现金红利 Dividend Per Share (人民币元)	现金分配合计 (万元) Total Dividend
208	2011年6月	上交所	600079	人福医药	2011-6-8	0.04	1886.34
209	2011年6月	上交所	600333	长春燃气	2011-6-8	0.10	4615.20
210	2011年6月	上交所	600623	双钱股份	2011-6-8	0.11	9606.25
211	2011年6月	上交所	600708	海博股份	2011-6-8	0.10	5103.70
212	2011年6月	上交所	600857	工大首创	2011-6-8	0.03	672.96
213	2011年6月	上交所	600960	渤海活塞	2011-6-8	0.10	1628.24
214	2011年6月	上交所	600963	岳阳林纸	2011-6-8	0.03	2107.90
215	2011年6月	上交所	601890	亚星锚链	2011-6-8	0.15	5400.00
216	2011年6月	上交所	900950	新城B股	2011-6-8	0.06	6156.29
217	2011年6月	上交所	600016	民生银行	2011-6-9	0.10	225876.02
218	2011年6月	上交所	600019	宝钢股份	2011-6-9	0.30	525361.44
219	2011年6月	上交所	600051	宁波联合	2011-6-9	0.15	4536.00
220	2011年6月	上交所	600064	南京高科	2011-6-9	0.10	5162.19
221	2011年6月	上交所	600068	葛洲坝	2011-6-9	0.10	34874.59
222	2011年6月	上交所	600175	美都控股	2011-6-9	0.01	1133.29
223	2011年6月	上交所	600489	中金黄金	2011-6-9	0.10	14230.91
224	2011年6月	上交所	600536	中国软件	2011-6-9	0.11	2482.63
225	2011年6月	上交所	600558	大西洋	2011-6-9	0.10	1381.72
226	2011年6月	上交所	600729	重庆百货	2011-6-9	0.20	7461.87
227	2011年6月	上交所	600785	新华百货	2011-6-9	0.30	6222.94
228	2011年6月	上交所	600841	上柴股份	2011-6-9	0.05	2401.55
229	2011年6月	上交所	600982	宁波热电	2011-6-9	0.10	1680.00
230	2011年6月	上交所	601808	中海油服	2011-6-9	0.18	53288.42
231	2011年6月	上交所	601933	永辉超市	2011-6-9	0.10	7679.00
232	2011年6月	上交所	600036	招商银行	2011-6-10	0.29	512317.80
233	2011年6月	上交所	600481	双良节能	2011-6-10	0.30	24302.68
234	2011年6月	上交所	601111	中国国航	2011-6-10	0.12	98451.99
235	2011年6月	上交所	601988	中国银行	2011-6-10	0.15	2854664.53
236	2011年6月	上交所	600026	中海发展	2011-6-13	0.17	35845.39
237	2011年6月	上交所	600058	五矿发展	2011-6-13	0.15	16078.66
238	2011年6月	上交所	600119	长江投资	2011-6-13	0.05	1537.00
239	2011年6月	上交所	600152	维科精华	2011-6-13	0.06	1760.97
240	2011年6月	上交所	600195	中牧股份	2011-6-13	0.30	11700.00
241	2011年6月	上交所	600216	浙江医药	2011-6-13	0.70	31504.20
242	2011年6月	上交所	600239	云南城投	2011-6-13	0.03	2153.58
243	2011年6月	上交所	600295	鄂尔多斯	2011-6-13	0.10	10320.00
244	2011年6月	上交所	600366	宁波韵升	2011-6-13	0.10	3957.68
245	2011年6月	上交所	600456	宝钛股份	2011-6-13	0.10	4302.66
246	2011年6月	上交所	600510	黑牡丹	2011-6-13	0.15	11932.84
247	2011年6月	上交所	600565	迪马股份	2011-6-13	0.01	720.00
248	2011年6月	上交所	600616	金枫酒业	2011-6-13	0.15	6580.07
249	2011年6月	上交所	600795	国电电力	2011-6-13	0.10	153945.71

续表 6　Continued 6

序号 No.	年月 YM	交易所 Exchange	公司代码 Code	公司简称 Companies	红利派发日 Ex-dividend Date	每股现金红利 Dividend Per Share (人民币元)	现金分配合计 (万元) Total Dividend
250	2011年6月	上交所	600889	南京化纤	2011-6-13	0.05	1535.35
251	2011年6月	上交所	600893	航空动力	2011-6-13	0.11	5992.65
252	2011年6月	上交所	600976	武汉健民	2011-6-13	0.30	4601.96
253	2011年6月	上交所	600983	合肥三洋	2011-6-13	0.10	5328.00
254	2011年6月	上交所	601088	中国神华	2011-6-13	0.75	1236827.85
255	2011年6月	上交所	601107	四川成渝	2011-6-13	0.09	18815.84
256	2011年6月	上交所	601169	北京银行	2011-6-13	0.22	134515.34
257	2011年6月	上交所	601377	兴业证券	2011-6-13	0.15	33000.00
258	2011年6月	上交所	601898	中煤能源	2011-6-13	0.16	143073.22
259	2011年6月	上交所	601958	金钼股份	2011-6-13	0.25	80665.11
260	2011年6月	上交所	600012	皖通高速	2011-6-14	0.21	24477.60
261	2011年6月	上交所	600037	歌华有线	2011-6-14	0.10	10603.61
262	2011年6月	上交所	600141	兴发集团	2011-6-14	0.10	3654.80
263	2011年6月	上交所	600157	永泰能源	2011-6-14	0.01	295.55
264	2011年6月	上交所	600235	民丰特纸	2011-6-14	0.10	2634.00
265	2011年6月	上交所	600270	外运发展	2011-6-14	0.10	9054.82
266	2011年6月	上交所	600337	美克股份	2011-6-14	0.05	3163.40
267	2011年6月	上交所	600517	置信电气	2011-6-14	0.40	24748.20
268	2011年6月	上交所	600530	交大昂立	2011-6-14	0.07	2184.00
269	2011年6月	上交所	600761	安徽合力	2011-6-14	0.30	10708.63
270	2011年6月	上交所	600787	中储股份	2011-6-14	0.04	3360.41
271	2011年6月	上交所	600829	三精制药	2011-6-14	0.49	18943.03
272	2011年6月	上交所	600896	中海海盛	2011-6-14	0.02	1162.63
273	2011年6月	上交所	600171	上海贝岭	2011-6-15	0.01	673.81
274	2011年6月	上交所	600322	天房发展	2011-6-15	0.05	5528.50
275	2011年6月	上交所	600345	长江通信	2011-6-15	0.20	3960.00
276	2011年6月	上交所	600352	浙江龙盛	2011-6-15	0.10	14684.16
277	2011年6月	上交所	600545	新疆城建	2011-6-15	0.05	3378.93
278	2011年6月	上交所	601009	南京银行	2011-6-15	0.20	59378.66
279	2011年6月	上交所	601398	工商银行	2011-6-15	0.18	4824942.28
280	2011年6月	上交所	600030	中信证券	2011-6-16	0.50	497285.07
281	2011年6月	上交所	600078	澄星股份	2011-6-16	0.01	652.24
282	2011年6月	上交所	600151	航天机电	2011-6-16	0.02	1914.95
283	2011年6月	上交所	600158	中体产业	2011-6-16	0.01	803.56
284	2011年6月	上交所	600343	航天动力	2011-6-16	0.10	2396.83
285	2011年6月	上交所	600470	六国化工	2011-6-16	0.15	4890.00
286	2011年6月	上交所	600479	千金药业	2011-6-16	0.25	7620.48
287	2011年6月	上交所	600585	海螺水泥	2011-6-16	0.30	79994.05
288	2011年6月	上交所	600764	中电广通	2011-6-16	0.02	659.45
289	2011年6月	上交所	601179	中国西电	2011-6-16	0.06	26142.00
290	2011年6月	上交所	601818	光大银行	2011-6-16	0.09	382513.11
291	2011年6月	上交所	600087	*ST长油	2011-6-17	0.01	1885.66

续表 7 Continued 7

序号 No.	年月 YM	交易所 Exchange	公司代码 Code	公司简称 Companies	红利派发日 Ex-dividend Date	每股现金红利 D vidend Per Share (人民币元)	现金分配合计 (万元) Total Dividend
292	2011年6月	上交所	600497	驰宏锌锗	2011-6-17	0.30	30232.98
293	2011年6月	上交所	600511	国药股份	2011-6-17	0.15	7182.00
294	2011年6月	上交所	600717	天津港	2011-6-17	0.10	16747.69
295	2011年6月	上交所	600834	申通地铁	2011-6-17	0.06	2864.29
296	2011年6月	上交所	600884	杉杉股份	2011-6-17	0.08	3286.87
297	2011年6月	上交所	601288	农业银行	2011-6-17	0.05	1587898.59
298	2011年6月	上交所	600028	中国石化	2011-6-20	0.13	908986.52
299	2011年6月	上交所	600232	金鹰股份	2011-6-20	0.10	3647.19
300	2011年6月	上交所	600400	红豆股份	2011-6-20	0.05	2155.38
301	2011年6月	上交所	600512	腾达建设	2011-6-20	0.02	1473.88
302	2011年6月	上交所	600513	联环药业	2011-6-20	0.05	585.00
303	2011年6月	上交所	600533	栖霞建设	2011-6-20	0.18	18900.00
304	2011年6月	上交所	600830	香溢融通	2011-6-20	0.05	2271.61
305	2011年6月	上交所	600853	龙建股份	2011-6-20	0.01	536.81
306	2011年6月	上交所	601106	中国一重	2011-6-20	0.02	13599.04
307	2011年6月	上交所	601628	中国人寿	2011-6-20	0.40	832941.20
308	2011年6月	上交所	601666	平煤股份	2011-6-20	0.20	36325.62
309	2011年6月	上交所	600006	东风汽车	2011-6-21	0.12	24000.00
310	2011年6月	上交所	600118	中国卫星	2011-6-21	0.05	3525.38
311	2011年6月	上交所	600475	华光股份	2011-6-21	0.10	2560.00
312	2011年6月	上交所	600508	上海能源	2011-6-21	0.25	18067.95
313	2011年6月	上交所	600663	陆家嘴	2011-6-21	0.15	28015.26
314	2011年6月	上交所	600741	华域汽车	2011-6-21	0.22	56830.40
315	2011年6月	上交所	600992	贵绳股份	2011-6-21	0.06	986.22
316	2011年6月	上交所	601688	华泰证券	2011-6-21	0.15	84000.00
317	2011年6月	上交所	601919	中国远洋	2011-6-21	0.09	68721.07
318	2011年6月	上交所	600188	兖州煤业	2011-6-22	0.59	174640.00
319	2011年6月	上交所	600580	卧龙电气	2011-6-22	0.08	3431.72
320	2011年6月	上交所	600682	南京新百	2011-6-22	0.10	3583.22
321	2011年6月	上交所	600791	京能置业	2011-6-22	0.05	2264.40
322	2011年6月	上交所	600809	山西汾酒	2011-6-22	0.50	21646.21
323	2011年6月	上交所	601616	广电电气	2011-6-22	0.30	15543.00
324	2011年6月	上交所	601888	中国国旅	2011-6-22	0.10	8800.00
325	2011年6月	上交所	601989	中国重工	2011-6-22	0.07	59770.90
326	2011年6月	上交所	600005	武钢股份	2011-6-23	0.10	100937.80
327	2011年6月	上交所	600011	华能国际	2011-6-23	0.20	210000.00
328	2011年6月	上交所	600190	锦州港	2011-6-23	0.05	7808.94
329	2011年6月	上交所	600252	中恒集团	2011-6-23	0.07	3548.18
330	2011年6月	上交所	600436	片仔癀	2011-6-23	0.70	9800.00
331	2011年6月	上交所	600529	山东药玻	2011-6-23	0.10	2573.80
332	2011年6月	上交所	600540	新赛股份	2011-6-23	0.04	931.41
333	2011年6月	上交所	600644	乐山电力	2011-6-23	0.06	1958.88

续表 8　Continued 8

序号 No.	年月 YM	交易所 Exchange	公司代码 Code	公司简称 Companies	红利派发日 Ex-dividend Date	每股现金红利 Dividend Per Share (人民币元)	现金分配合计 (万元) Total Dividend
334	2011年6月	上交所	600765	中航重机	2011-6-23	0.04	3112.01
335	2011年6月	上交所	600778	友好集团	2011-6-23	0.05	1557.46
336	2011年6月	上交所	600837	海通证券	2011-6-23	0.15	123417.32
337	2011年6月	上交所	600883	博闻科技	2011-6-23	0.06	1416.53
338	2011年6月	上交所	600900	长江电力	2011-6-23	0.26	422053.50
339	2011年6月	上交所	601333	广深铁路	2011-6-23	0.09	50870.13
340	2011年6月	上交所	601766	中国南车	2011-6-23	0.04	39264.00
341	2011年6月	上交所	600052	浙江广厦	2011-6-24	0.05	4358.95
342	2011年6月	上交所	600162	香江控股	2011-6-24	0.02	1535.63
343	2011年6月	上交所	600219	南山铝业	2011-6-24	0.10	19341.55
344	2011年6月	上交所	600611	大众交通	2011-6-24	0.08	12608.66
345	2011年6月	上交所	600642	申能股份	2011-6-24	0.10	31525.16
346	2011年6月	上交所	600875	东方电气	2011-6-24	0.13	21630.18
347	2011年6月	上交所	601601	中国太保	2011-6-24	0.35	220034.50
348	2011年6月	上交所	601918	国投新集	2011-6-24	0.20	37007.74
349	2011年6月	上交所	601939	建设银行	2011-6-24	0.21	203577.41
350	2011年6月	上交所	600361	华联综超	2011-6-27	0.15	9987.12
351	2011年6月	上交所	600978	宜华木业	2011-6-27	0.05	5763.31
352	2011年6月	上交所	601518	吉林高速	2011-6-27	0.02	2547.72
353	2011年6月	上交所	601872	招商轮船	2011-6-27	0.04	15106.95
354	2011年6月	上交所	600622	嘉宝集团	2011-6-28	0.15	7714.56
355	2011年6月	上交所	600719	大连热电	2011-6-28	0.01	262.99
356	2011年6月	上交所	600819	耀皮玻璃	2011-6-28	0.04	2742.19
357	2011年6月	上交所	601699	潞安环能	2011-6-28	1.00	115054.20
358	2011年6月	上交所	600010	包钢股份	2011-6-29	0.01	7708.37
359	2011年6月	上交所	600170	上海建工	2011-6-29	0.15	15630.89
360	2011年6月	上交所	600783	鲁信创投	2011-6-29	0.09	3349.62
361	2011年6月	上交所	600871	S仪化	2011-6-29	0.03	7800.00
362	2011年6月	上交所	601006	大秦铁路	2011-6-29	0.35	520337.70
363	2011年6月	上交所	601139	深圳燃气	2011-6-29	0.13	15990.00
364	2011年7月	上交所	600050	中国联通	2011-7-1	0.03	55111.15
365	2011年7月	上交所	600104	上汽集团	2011-7-1	0.20	184848.43
366	2011年7月	上交所	600105	永鼎股份	2011-7-1	0.05	1904.77
367	2011年7月	上交所	600208	新湖中宝	2011-7-1	0.03	12833.71
368	2011年7月	上交所	600210	紫江企业	2011-7-1	0.20	28734.72
369	2011年7月	上交所	600323	南海发展	2011-7-1	0.20	5421.37
370	2011年7月	上交所	600348	阳泉煤业	2011-7-1	0.10	24050.00
371	2011年7月	上交所	600353	旭光股份	2011-7-1	0.05	679.65
372	2011年7月	上交所	600388	龙净环保	2011-7-1	0.48	10262.88
373	2011年7月	上交所	600519	贵州茅台	2011-7-1	2.30	217074.00
374	2011年7月	上交所	600598	北大荒	2011-7-1	0.16	27554.04
375	2011年7月	上交所	600686	金龙汽车	2011-7-1	0.10	4425.97

续表 9　Continued 9

序号 No.	年月 YM	交易所 Exchange	公司代码 Code	公司简称 Companies	红利派发日 Ex-dividend Date	每股现金红利 Dividend Per Share （人民币元）	现金分配合计 （万元） Total Dividend
376	2011年7月	上交所	600739	辽宁成大	2011-7-1	0.10	9094.47
377	2011年7月	上交所	600755	厦门国贸	2011-7-1	0.10	10237.20
378	2011年7月	上交所	600782	新钢股份	2011-7-1	0.06	8360.58
379	2011年7月	上交所	600881	亚泰集团	2011-7-1	0.10	18947.32
380	2011年7月	上交所	600055	华润万东	2011-7-4	0.07	1515.15
381	2011年7月	上交所	600062	华润双鹤	2011-7-4	0.23	13149.01
382	2011年7月	上交所	600096	云天化	2011-7-4	0.20	13872.69
383	2011年7月	上交所	600592	龙溪股份	2011-7-4	0.10	3000.00
384	2011年7月	上交所	600655	豫园商城	2011-7-4	0.05	7186.61
385	2011年7月	上交所	600886	国投电力	2011-7-4	0.03	4987.75
386	2011年7月	上交所	601018	宁波港	2011-7-4	0.03	38400.00
387	2011年7月	上交所	601101	昊华能源	2011-7-4	0.70	31780.00
388	2011年7月	上交所	601899	紫金矿业	2011-7-4	0.10	105358.69
389	2011年7月	上交所	600346	大橡塑	2011-7-5	0.02	315.00
390	2011年7月	上交所	600405	动力源	2011-7-5	0.05	1091.25
391	2011年7月	上交所	600523	贵航股份	2011-7-5	0.13	3638.80
392	2011年7月	上交所	600697	欧亚集团	2011-7-5	0.30	4772.64
393	2011年7月	上交所	601727	上海电气	2011-7-5	0.07	64128.15
394	2011年7月	上交所	601999	出版传媒	2011-7-5	0.03	1652.74
395	2011年7月	上交所	600284	浦东建设	2011-7-6	0.13	4428.80
396	2011年7月	上交所	600329	中新药业	2011-7-6	0.20	10786.17
397	2011年7月	上交所	600477	杭萧钢构	2011-7-6	0.03	1158.65
398	2011年7月	上交所	600635	大众公用	2011-7-6	0.05	8224.35
399	2011年7月	上交所	600820	隧道股份	2011-7-6	0.20	14670.43
400	2011年7月	上交所	600874	创业环保	2011-7-6	0.11	11959.51
401	2011年7月	上交所	600973	宝胜股份	2011-7-6	0.15	3047.31
402	2011年7月	上交所	601117	中国化学	2011-7-6	0.03	14799.00
403	2011年7月	上交所	600587	新华医疗	2011-7-7	0.10	1343.94
404	2011年7月	上交所	600742	一汽富维	2011-7-7	0.30	6345.70
405	2011年7月	上交所	600233	大杨创世	2011-7-8	0.15	2475.00
406	2011年7月	上交所	600589	广东榕泰	2011-7-8	0.03	1504.33
407	2011年7月	上交所	600713	南京医药	2011-7-8	0.04	1387.16
408	2011年7月	上交所	600038	哈飞股份	2011-7-11	0.10	3373.50
409	2011年7月	上交所	600196	复星医药	2011-7-11	0.10	19043.92
410	2011年7月	上交所	600250	*ST南纺	2011-7-11	0.01	258.69
411	2011年7月	上交所	600269	赣粤高速	2011-7-11	0.10	23354.07
412	2011年7月	上交所	600650	锦江投资	2011-7-11	0.30	16548.30
413	2011年7月	上交所	600704	物产中大	2011-7-11	0.03	1317.53
414	2011年7月	上交所	600754	锦江股份	2011-7-11	0.38	22923.15
415	2011年7月	上交所	600985	雷鸣科化	2011-7-11	0.12	1296.00
416	2011年7月	上交所	601118	海南橡胶	2011-7-11	0.08	31449.37
417	2011年7月	上交所	601588	北辰实业	2011-7-11	0.02	5320.00

续表 10　Continued 10

序号 No.	年月 YM	交易所 Exchange	公司代码 Code	公司简称 Companies	红利派发日 Ex-dividend Date	每股现金红利 Dividend Per Share (人民币元)	现金分配合计 (万元) Total Dividend
418	2011年7月	上交所	601992	金隅股份	2011-7-11	0.07	21800.48
419	2011年7月	上交所	900929	锦旅B股	2011-7-11	0.20	2705.21
420	2011年7月	上交所	600085	同仁堂	2011-7-12	0.35	18228.92
421	2011年7月	上交所	600153	建发股份	2011-7-12	0.10	22377.51
422	2011年7月	上交所	600280	南京中商	2011-7-12	0.16	2296.67
423	2011年7月	上交所	600509	天富热电	2011-7-12	0.16	10491.15
424	2011年7月	上交所	600566	洪城股份	2011-7-12	0.01	138.20
425	2011年7月	上交所	600808	马钢股份	2011-7-12	0.05	29838.76
426	2011年7月	上交所	600815	厦工股份	2011-7-12	0.10	7797.10
427	2011年7月	上交所	600081	东风科技	2011-7-13	0.12	3762.72
428	2011年7月	上交所	600674	川投能源	2011-7-13	0.04	3358.52
429	2011年7月	上交所	600864	哈投股份	2011-7-13	0.05	2731.89
430	2011年7月	上交所	601001	大同煤业	2011-7-13	0.21	34812.96
431	2011年7月	上交所	601003	柳钢股份	2011-7-13	0.15	38441.90
432	2011年7月	上交所	600018	上港集团	2011-7-14	0.11	245755.94
433	2011年7月	上交所	600469	风神股份	2011-7-14	0.10	3749.42
434	2011年7月	上交所	600483	福建南纺	2011-7-14	0.03	865.45
435	2011年7月	上交所	600578	京能热电	2011-7-14	0.10	6560.21
436	2011年7月	上交所	600999	招商证券	2011-7-14	0.30	107563.84
437	2011年7月	上交所	600150	中国船舶	2011-7-15	0.60	39753.39
438	2011年7月	上交所	600332	广州药业	2011-7-15	0.05	2955.00
439	2011年7月	上交所	600432	吉恩镍业	2011-7-15	0.10	8111.22
440	2011年7月	上交所	600590	泰豪科技	2011-7-15	0.05	2276.63
441	2011年7月	上交所	600833	第一医药	2011-7-15	0.05	796.74
442	2011年7月	上交所	600128	弘业股份	2011-7-18	0.08	1974.14
443	2011年7月	上交所	600351	亚宝药业	2011-7-18	0.05	3164.76
444	2011年7月	上交所	600395	盘江股份	2011-7-18	0.85	93786.27
445	2011年7月	上交所	600498	烽火通信	2011-7-18	0.20	8846.72
446	2011年7月	上交所	600690	青岛海尔	2011-7-18	0.10	13399.62
447	2011年7月	上交所	600825	新华传媒	2011-7-18	0.05	5224.44
448	2011年7月	上交所	601007	金陵饭店	2011-7-18	0.10	3000.00
449	2011年7月	上交所	601186	中国铁建	2011-7-18	0.05	51306.23
450	2011年7月	上交所	600097	开创国际	2011-7-19	0.05	1012.99
451	2011年7月	上交所	600138	中青旅	2011-7-19	0.20	8307.00
452	2011年7月	上交所	600316	洪都航空	2011-7-19	0.20	14342.29
453	2011年7月	上交所	600328	兰太实业	2011-7-19	0.02	538.68
454	2011年7月	上交所	601328	交通银行	2011-7-19	0.02	59471.01
455	2011年7月	上交所	601390	中国中铁	2011-7-19	0.06	94008.81
456	2011年7月	上交所	600685	广船国际	2011-7-20	0.10	3372.80
457	2011年7月	上交所	600088	中视传媒	2011-7-21	0.09	2817.09
458	2011年7月	上交所	600371	万向德农	2011-7-21	0.20	3410.00
459	2011年7月	上交所	600688	S上石化	2011-7-21	0.10	48700.00

续表 11 Continued 11

序号 No.	年月 YM	交易所 Exchange	公司代码 Code	公司简称 Companies	红利派发日 Ex-dividend Date	每股现金红利 Dividend Per Share （人民币元）	现金分配合计 （万元） Total Dividend
460	2011 年 7 月	上交所	600810	神马股份	2011－7－21	0.05	2211.40
461	2011 年 7 月	上交所	601318	中国平安	2011－7－21	0.40	191456.39
462	2011 年 7 月	上交所	601600	中国铝业	2011－7－21	0.01	10921.80
463	2011 年 7 月	上交所	600189	吉林森工	2011－7－22	0.10	3105.00
464	2011 年 7 月	上交所	600362	江西铜业	2011－7－22	0.20	41504.95
465	2011 年 7 月	上交所	600661	新南洋	2011－7－22	0.03	521.03
466	2011 年 7 月	上交所	600859	王府井	2011－7－22	0.30	12529.26
467	2011 年 7 月	上交所	601188	龙江交通	2011－7－22	0.02	2183.76
468	2011 年 7 月	上交所	601208	东材科技	2011－7－22	0.30	9236.40
469	2011 年 7 月	上交所	600099	林海股份	2011－7－25	0.04	876.48
470	2011 年 7 月	上交所	600266	北京城建	2011－7－25	0.15	13338.00
471	2011 年 7 月	上交所	600559	老白干酒	2011－7－25	0.10	1400.00
472	2011 年 7 月	上交所	600600	青岛啤酒	2011－7－26	0.18	12526.45
473	2011 年 7 月	上交所	600020	中原高速	2011－7－27	0.10	21403.54
474	2011 年 7 月	上交所	600550	天威保变	2011－7－28	0.20	27459.82
475	2011 年 8 月	上交所	600283	钱江水利	2011－8－1	0.20	5706.60
476	2011 年 8 月	上交所	600664	哈药股份	2011－8－1	0.58	72036.32
477	2011 年 8 月	上交所	600895	张江高科	2011－8－1	0.10	15486.90
478	2011 年 8 月	上交所	600285	羚锐制药	2011－8－2	0.05	1003.60
479	2011 年 8 月	上交所	600702	沱牌舍得	2011－8－2	0.06	2023.80
480	2011 年 8 月	上交所	900956	东贝 B 股	2011－8－2	0.10	2278.07
481	2011 年 8 月	上交所	600720	祁连山	2011－8－4	0.15	7123.54
482	2011 年 8 月	上交所	600797	浙大网新	2011－8－4	0.01	842.01
483	2011 年 8 月	上交所	600363	联创光电	2011－8－5	0.02	741.61
484	2011 年 8 月	上交所	600638	新黄浦	2011－8－5	0.17	9539.79
485	2011 年 8 月	上交所	600033	福建高速	2011－8－8	0.10	27444.00
486	2011 年 8 月	上交所	600308	华泰股份	2011－8－8	0.01	778.37
487	2011 年 8 月	上交所	601618	中国中冶	2011－8－8	0.05	76323.30
488	2011 年 8 月	上交所	600601	方正科技	2011－8－9	0.01	2194.89
489	2011 年 8 月	上交所	600009	上海机场	2011－8－12	0.10	19269.58
490	2011 年 8 月	上交所	600426	华鲁恒升	2011－8－12	0.10	6357.50
491	2011 年 8 月	上交所	600569	安阳钢铁	2011－8－12	0.02	4787.37
492	2011 年 8 月	上交所	600582	天地科技	2011－8－12	0.10	10116.00
493	2011 年 8 月	上交所	600649	城投控股	2011－8－15	0.10	22980.95
494	2011 年 8 月	上交所	601880	大连港	2011－8－15	0.05	16817.00
495	2011 年 8 月	上交所	600639	浦东金桥	2011－8－16	0.10	9288.25
496	2011 年 8 月	上交所	600667	太极实业	2011－8－16	0.06	2578.50
497	2011 年 8 月	上交所	600004	白云机场	2011－8－17	0.30	34500.00
498	2011 年 8 月	上交所	600035	楚天高速	2011－8－18	0.08	7453.22
499	2011 年 8 月	上交所	600628	新世界	2011－8－19	0.11	5849.79
500	2011 年 8 月	上交所	600832	东方明珠	2011－8－23	0.10	31863.35
501	2011 年 8 月	上交所	600197	伊力特	2011－8－24	0.20	8820.00

续表 12 Continued 12

序号 No.	年月 YM	交易所 Exchange	公司代码 Code	公司简称 Companies	红利派发日 Ex-dividend Date	每股现金红利 Dividend Per Share (人民币元)	现金分配合计 (万元) Total Dividend
502	2011 年 8 月	上交所	600428	中远航运	2011-8-24	0.04	6761.79
503	2011 年 8 月	上交所	601607	上海医药	2011-8-24	0.14	26922.23
504	2011 年 8 月	上交所	600503	华丽家族	2011-8-29	0.07	4983.46
505	2011 年 9 月	上交所	601318	中国平安	2011-9-2	0.15	71796.14
506	2011 年 9 月	上交所	601233	桐昆股份	2011-9-6	0.80	38544.00
507	2011 年 9 月	上交所	601857	中国石油	2011-9-15	0.16	2627833.40
508	2011 年 9 月	上交所	600028	中国石化	2011-9-19	0.10	699220.40
509	2011 年 9 月	上交所	600970	中材国际	2011-9-20	0.45	40998.65
510	2011 年 9 月	上交所	600468	百利电气	2011-9-21	0.02	874.37
511	2011 年 9 月	上交所	600063	皖维高新	2011-9-26	0.07	3276.55
512	2011 年 10 月	上交所	600282	南钢股份	2011-10-13	0.20	77515.05
513	2011 年 10 月	上交所	600278	东方创业	2011-10-14	0.12	4820.69
514	2011 年 10 月	上交所	601717	郑煤机	2011-10-19	0.45	31500.00
515	2011 年 10 月	上交所	601991	大唐发电	2011-10-19	0.07	69960.52
516	2011 年 10 月	上交所	601718	际华集团	2011-10-26	0.03	9642.50
517	2011 年 11 月	上交所	601998	中信银行	2011-11-11	0.06	175478.40
518	2011 年 11 月	上交所	600369	西南证券	2011-11-28	0.55	127740.50
519	2011 年 12 月	上交所	600362	江西铜业	2011-12-20	0.20	41504.95
520	2011 年 2 月	深交所	002299	圣农发展	2011-02-24	0.25	10250.00
521	2011 年 2 月	深交所	002176	江特电机	2011-02-25	0.04	379.56
522	2011 年 3 月	深交所	002171	精诚铜业	2011-03-01	0.20	3260.40
523	2011 年 3 月	深交所	002250	联化科技	2011-03-01	0.20	4907.32
524	2011 年 3 月	深交所	002349	精华制药	2011-03-01	0.10	800.00
525	2011 年 3 月	深交所	300074	华平股份	2011-03-01	1.00	4000.00
526	2011 年 3 月	深交所	002249	大洋电机	2011-03-02	0.28	11995.20
527	2011 年 3 月	深交所	002481	双塔食品	2011-03-02	0.30	1800.00
528	2011 年 3 月	深交所	002230	科大讯飞	2011-03-03	0.20	3214.98
529	2011 年 3 月	深交所	000850	华茂股份	2011-03-04	0.03	2138.97
530	2011 年 3 月	深交所	300008	上海佳豪	2011-03-07	0.30	2570.40
531	2011 年 3 月	深交所	002479	富春环保	2011-03-09	0.50	10700.00
532	2011 年 3 月	深交所	300108	双龙股份	2011-03-10	0.12	624.00
533	2011 年 3 月	深交所	000785	武汉中商	2011-03-11	0.10	2512.22
534	2011 年 3 月	深交所	300134	大富科技	2011-03-15	1.23	19680.00
535	2011 年 3 月	深交所	002014	永新股份	2011-03-17	0.40	5631.36
536	2011 年 3 月	深交所	000788	西南合成	2011-03-18	0.10	4162.75
537	2011 年 3 月	深交所	002161	远望谷	2011-03-21	0.04	898.80
538	2011 年 3 月	深交所	300118	东方日升	2011-03-23	0.50	8750.00
539	2011 年 3 月	深交所	300048	合康变频	2011-03-28	0.25	3076.60
540	2011 年 3 月	深交所	002410	广联达	2011-03-29	0.60	10800.00
541	2011 年 3 月	深交所	002437	誉衡药业	2011-03-29	0.50	7000.00
542	2011 年 3 月	深交所	000565	渝三峡 A	2011-03-30	0.10	1734.37
543	2011 年 3 月	深交所	002367	康力电梯	2011-03-30	0.30	4806.00

续表 13 Continued 13

序号 No.	年月 YM	交易所 Exchange	公司代码 Code	公司简称 Companies	红利派发日 Ex-dividend Date	每股现金红利 Dividend Per Share （人民币元）	现金分配合计 （万元） Total Dividend
544	2011年3月	深交所	002503	搜于特	2011-03-30	1.00	8000.00
545	2011年3月	深交所	300043	星辉车模	2011-03-30	0.20	1584.00
546	2011年3月	深交所	300099	尤洛卡	2011-03-30	0.30	1240.20
547	2011年3月	深交所	002081	金螳螂	2011-03-31	0.20	6383.88
548	2011年3月	深交所	002523	天桥起重	2011-03-31	0.20	3200.00
549	2011年3月	深交所	300024	机器人	2011-03-31	0.10	1353.00
550	2011年4月	深交所	002058	威尔泰	2011-04-01	0.06	374.21
551	2011年4月	深交所	002425	凯撒股份	2011-04-01	0.15	1605.00
552	2011年4月	深交所	000563	陕国投A	2011-04-06	0.05	1792.07
553	2011年4月	深交所	002488	金固股份	2011-04-06	0.30	3600.00
554	2011年4月	深交所	002132	恒星科技	2011-04-07	0.10	2699.35
555	2011年4月	深交所	002468	艾迪西	2011-04-07	0.30	4800.00
556	2011年4月	深交所	000558	莱茵置业	2011-04-08	0.08	2891.82
557	2011年4月	深交所	002135	东南网架	2011-04-08	0.05	1000.00
558	2011年4月	深交所	002331	皖通科技	2011-04-08	0.20	1428.23
559	2011年4月	深交所	300011	鼎汉技术	2011-04-08	0.18	1849.54
560	2011年4月	深交所	300091	金通灵	2011-04-08	0.20	1672.00
561	2011年4月	深交所	002026	山东威达	2011-04-11	0.10	1350.00
562	2011年4月	深交所	002099	海翔药业	2011-04-11	0.20	3210.00
563	2011年4月	深交所	002170	芭田股份	2011-04-11	0.05	1522.80
564	2011年4月	深交所	002282	博深工具	2011-04-11	0.25	4335.00
565	2011年4月	深交所	002441	众业达	2011-04-11	0.50	5800.00
566	2011年4月	深交所	300082	奥克股份	2011-04-11	0.40	6480.00
567	2011年4月	深交所	002035	华帝股份	2011-04-13	0.30	6699.09
568	2011年4月	深交所	002389	南洋科技	2011-04-13	0.20	1340.00
569	2011年4月	深交所	000069	华侨城A	2011-04-14	0.06	18644.87
570	2011年4月	深交所	000936	华西村	2011-04-14	0.06	4488.08
571	2011年4月	深交所	001696	宗申动力	2011-04-14	0.40	40842.19
572	2011年4月	深交所	002335	科华恒盛	2011-04-14	0.80	6240.00
573	2011年4月	深交所	300122	智飞生物	2011-04-14	0.20	8000.00
574	2011年4月	深交所	000417	合肥百货	2011-04-15	0.10	4797.23
575	2011年4月	深交所	000950	建峰化工	2011-04-15	0.10	5987.99
576	2011年4月	深交所	002130	沃尔核材	2011-04-15	0.05	1222.88
577	2011年4月	深交所	002278	神开股份	2011-04-15	0.15	3269.04
578	2011年4月	深交所	002493	荣盛石化	2011-04-15	0.80	44480.00
579	2011年4月	深交所	300027	华谊兄弟	2011-04-15	0.20	6720.00
580	2011年4月	深交所	300064	豫金刚石	2011-04-15	0.20	3040.00
581	2011年4月	深交所	300131	英唐智控	2011-04-15	0.20	920.00
582	2011年4月	深交所	300133	华策影视	2011-04-15	0.60	3388.80
583	2011年4月	深交所	000790	华神集团	2011-04-18	0.03	807.84
584	2011年4月	深交所	002160	常铝股份	2011-04-18	0.04	680.00
585	2011年4月	深交所	002198	嘉应制药	2011-04-18	0.05	820.00

续表 14 Continued 14

序号 No.	年月 YM	交易所 Exchange	公司代码 Code	公司简称 Companies	红利派发日 Ex-dividend Date	每股现金红利 Dividend Per Share (人民币元)	现金分配合计 (万元) Total Dividend
586	2011年4月	深交所	002333	罗普斯金	2011-04-18	0.10	2508.80
587	2011年4月	深交所	002405	四维图新	2011-04-18	0.15	6003.44
588	2011年4月	深交所	002431	棕榈园林	2011-04-18	0.10	1920.00
589	2011年4月	深交所	002449	国星光电	2011-04-18	0.25	5375.00
590	2011年4月	深交所	002506	超日太阳	2011-04-18	0.40	10544.00
591	2011年4月	深交所	300086	康芝药业	2011-04-18	0.30	3000.00
592	2011年4月	深交所	300101	国腾电子	2011-04-18	0.30	2085.00
593	2011年4月	深交所	300129	泰胜风能	2011-04-18	0.20	2400.00
594	2011年4月	深交所	002477	雏鹰农牧	2011-04-19	0.45	6007.50
595	2011年4月	深交所	300132	青松股份	2011-04-19	0.30	2010.00
596	2011年4月	深交所	002012	凯恩股份	2011-04-20	0.10	1947.89
597	2011年4月	深交所	002263	大东南	2011-04-20	0.10	4657.14
598	2011年4月	深交所	002324	普利特	2011-04-20	0.10	1350.00
599	2011年4月	深交所	002415	海康威视	2011-04-20	0.60	30000.00
600	2011年4月	深交所	002543	万和电气	2011-04-20	0.25	5000.00
601	2011年4月	深交所	002559	亚威股份	2011-04-20	0.20	1760.00
602	2011年4月	深交所	300002	神州泰岳	2011-04-20	0.30	9480.00
603	2011年4月	深交所	002037	久联发展	2011-04-21	0.20	3460.60
604	2011年4月	深交所	002169	智光电气	2011-04-21	0.04	710.59
605	2011年4月	深交所	002275	桂林三金	2011-04-21	0.22	9988.00
606	2011年4月	深交所	002353	杰瑞股份	2011-04-21	0.80	9185.44
607	2011年4月	深交所	002393	力生制药	2011-04-21	0.90	16420.95
608	2011年4月	深交所	300046	台基股份	2011-04-21	0.60	4262.40
609	2011年4月	深交所	300078	中瑞思创	2011-04-21	1.50	10050.00
610	2011年4月	深交所	300120	经纬电材	2011-04-21	0.20	1740.00
611	2011年4月	深交所	002069	獐子岛	2011-04-22	0.50	23703.74
612	2011年4月	深交所	002153	石基信息	2011-04-22	0.10	2240.00
613	2011年4月	深交所	002305	南国置业	2011-04-22	0.12	5760.00
614	2011年4月	深交所	300025	华星创业	2011-04-22	0.10	800.00
615	2011年4月	深交所	300050	世纪鼎利	2011-04-22	0.40	4320.00
616	2011年4月	深交所	300170	汉得信息	2011-04-22	0.30	3471.73
617	2011年4月	深交所	000629	攀钢钒钛	2011-04-25	0.12	68717.97
618	2011年4月	深交所	002510	天汽模	2011-04-25	0.12	2469.12
619	2011年4月	深交所	002533	金杯电工	2011-04-25	0.20	2800.00
620	2011年4月	深交所	300119	瑞普生物	2011-04-25	1.00	7414.80
621	2011年4月	深交所	300163	先锋新材	2011-04-25	0.30	2370.00
622	2011年4月	深交所	000823	超声电子	2011-04-26	0.10	4404.36
623	2011年4月	深交所	002196	方正电机	2011-04-26	0.15	1157.25
624	2011年4月	深交所	002342	巨力索具	2011-04-26	0.15	7200.00
625	2011年4月	深交所	002360	同德化工	2011-04-26	0.30	1800.00
626	2011年4月	深交所	002444	巨星科技	2011-04-26	1.00	25350.00
627	2011年4月	深交所	000026	飞亚达A	2011-04-27	0.10	2222.28

续表 15 Continued 15

序号 No.	年月 YM	交易所 Exchange	公司代码 Code	公司简称 Companies	红利派发日 Ex-dividend Date	每股现金红利 Dividend Per Share （人民币元）	现金分配合计 （万元） Total Dividend
628	2011 年 4 月	深交所	002038	双鹭药业	2011－04－27	0.25	6324.50
629	2011 年 4 月	深交所	002290	禾盛新材	2011－04－27	0.15	2257.20
630	2011 年 4 月	深交所	002409	雅克科技	2011－04－27	0.20	2217.60
631	2011 年 4 月	深交所	002497	雅化集团	2011－04－27	0.30	4800.00
632	2011 年 4 月	深交所	002524	光正钢构	2011－04－27	0.05	451.90
633	2011 年 4 月	深交所	300003	乐普医疗	2011－04－27	0.25	20300.00
634	2011 年 4 月	深交所	300115	长盈精密	2011－04－27	0.60	5160.00
635	2011 年 4 月	深交所	300169	天晟新材	2011－04－27	0.50	4675.00
636	2011 年 4 月	深交所	000650	仁和药业	2011－04－28	0.06	2336.12
637	2011 年 4 月	深交所	000837	秦川发展	2011－04－28	0.08	2789.74
638	2011 年 4 月	深交所	000852	江钻股份	2011－04－28	0.20	8008.00
639	2011 年 4 月	深交所	002101	广东鸿图	2011－04－28	0.20	1640.00
640	2011 年 4 月	深交所	002115	三维通信	2011－04－28	0.15	3218.40
641	2011 年 4 月	深交所	002147	方圆支承	2011－04－28	0.15	3877.83
642	2011 年 4 月	深交所	002151	北斗星通	2011－04－28	0.30	3016.50
643	2011 年 4 月	深交所	002221	东华能源	2011－04－28	0.02	444.00
644	2011 年 4 月	深交所	002264	新华都	2011－04－28	0.10	1603.20
645	2011 年 4 月	深交所	002489	浙江永强	2011－04－28	1.00	24000.00
646	2011 年 4 月	深交所	002548	金新农	2011－04－28	0.30	2820.00
647	2011 年 4 月	深交所	300005	探路者	2011－04－28	0.10	1340.00
648	2011 年 4 月	深交所	300012	华测检测	2011－04－28	0.30	3679.65
649	2011 年 4 月	深交所	300021	大禹节水	2011－04－28	0.10	1393.00
650	2011 年 4 月	深交所	300057	万顺股份	2011－04－28	0.18	3798.00
651	2011 年 4 月	深交所	000728	国元证券	2011－04－29	0.30	58923.00
652	2011 年 4 月	深交所	000969	安泰科技	2011－04－29	0.12	10258.48
653	2011 年 4 月	深交所	002091	江苏国泰	2011－04－29	0.12	3600.00
654	2011 年 4 月	深交所	002244	滨江集团	2011－04－29	0.07	9464.00
655	2011 年 4 月	深交所	002280	新世纪	2011－04－29	0.20	2140.00
656	2011 年 4 月	深交所	002399	海普瑞	2011－04－29	2.00	80020.00
657	2011 年 4 月	深交所	002407	多氟多	2011－04－29	0.20	2140.00
658	2011 年 4 月	深交所	002419	天虹商场	2011－04－29	0.60	24006.00
659	2011 年 4 月	深交所	002422	科伦药业	2011－04－29	0.50	12000.00
660	2011 年 4 月	深交所	002442	龙星化工	2011－04－29	0.20	4000.00
661	2011 年 4 月	深交所	002456	欧菲光	2011－04－29	0.16	1536.00
662	2011 年 4 月	深交所	002469	三维工程	2011－04－29	0.30	1987.32
663	2011 年 4 月	深交所	002474	榕基软件	2011－04－29	0.60	6222.00
664	2011 年 4 月	深交所	002519	银河电子	2011－04－29	0.50	3520.00
665	2011 年 4 月	深交所	300033	同花顺	2011－04－29	0.21	2822.40
666	2011 年 4 月	深交所	300039	上海凯宝	2011－04－29	0.40	7014.40
667	2011 年 4 月	深交所	300041	回天胶业	2011－04－29	0.60	3959.88
668	2011 年 4 月	深交所	300063	天龙集团	2011－04－29	0.30	2010.00
669	2011 年 4 月	深交所	300066	三川股份	2011－04－29	0.40	2080.00

续表 16 Continued 16

序号 No.	年月 YM	交易所 Exchange	公司代码 Code	公司简称 Companies	红利派发日 Ex-dividend Date	每股现金红利 Dividend Per Share (人民币元)	现金分配合计 (万元) Total Dividend
670	2011年4月	深交所	300071	华谊嘉信	2011-04-29	0.10	517.55
671	2011年4月	深交所	300126	锐奇股份	2011-04-29	0.12	1010.40
672	2011年4月	深交所	300136	信维通信	2011-04-29	0.30	2000.10
673	2011年4月	深交所	300153	科泰电源	2011-04-29	0.30	2400.00
674	2011年4月	深交所	300159	新研股份	2011-04-29	0.30	1230.00
675	2011年4月	深交所	300171	东富龙	2011-04-29	0.80	6400.00
676	2011年5月	深交所	002231	奥维通信	2011-05-03	0.10	1605.00
677	2011年5月	深交所	002294	信立泰	2011-05-03	0.60	13620.00
678	2011年5月	深交所	002365	永安药业	2011-05-03	0.30	2805.00
679	2011年5月	深交所	002501	利源铝业	2011-05-03	0.30	2808.00
680	2011年5月	深交所	002520	日发数码	2011-05-03	1.00	6400.00
681	2011年5月	深交所	200026	飞亚达B	2011-05-03	0.10	583.18
682	2011年5月	深交所	300052	中青宝	2011-05-03	0.20	2600.00
683	2011年5月	深交所	300124	汇川技术	2011-05-03	1.20	12960.00
684	2011年5月	深交所	002055	得润电子	2011-05-04	0.05	1015.79
685	2011年5月	深交所	002148	北纬通信	2011-05-04	0.17	1285.20
686	2011年5月	深交所	002222	福晶科技	2011-05-04	0.20	3800.00
687	2011年5月	深交所	002242	九阳股份	2011-05-04	0.50	38047.50
688	2011年5月	深交所	002285	世联地产	2011-05-04	0.20	4352.00
689	2011年5月	深交所	002445	中南重工	2011-05-04	0.20	2460.00
690	2011年5月	深交所	300049	福瑞股份	2011-05-04	0.30	2886.00
691	2011年5月	深交所	300127	银河磁体	2011-05-04	0.28	4524.05
692	2011年5月	深交所	002122	天马股份	2011-05-05	0.10	11880.00
693	2011年5月	深交所	002229	鸿博股份	2011-05-05	0.15	2040.00
694	2011年5月	深交所	002338	奥普光电	2011-05-05	0.50	4000.00
695	2011年5月	深交所	002390	信邦制药	2011-05-05	0.30	2604.00
696	2011年5月	深交所	002529	海源机械	2011-05-05	0.31	5000.00
697	2011年5月	深交所	002534	杭锅股份	2011-05-05	0.30	12015.60
698	2011年5月	深交所	300105	龙源技术	2011-05-05	0.12	1056.00
699	2011年5月	深交所	000060	中金岭南	2011-05-06	0.02	3173.76
700	2011年5月	深交所	000407	胜利股份	2011-05-06	0.06	2996.46
701	2011年5月	深交所	002028	思源电气	2011-05-06	0.80	35174.40
702	2011年5月	深交所	002049	晶源电子	2011-05-06	0.11	1485.00
703	2011年5月	深交所	002056	横店东磁	2011-05-06	0.07	2981.30
704	2011年5月	深交所	002199	东晶电子	2011-05-06	0.13	1641.37
705	2011年5月	深交所	002251	步步高	2011-05-06	0.30	8110.80
706	2011年5月	深交所	002253	川大智胜	2011-05-06	0.30	2246.40
707	2011年5月	深交所	002315	焦点科技	2011-05-06	0.80	9400.00
708	2011年5月	深交所	002322	理工监测	2011-05-06	0.30	2001.00
709	2011年5月	深交所	002392	北京利尔	2011-05-06	0.25	3375.00
710	2011年5月	深交所	002408	齐翔腾达	2011-05-06	0.50	12978.00
711	2011年5月	深交所	002471	中超电缆	2011-05-06	0.30	4800.00

续表 17　Continued 17

序号 No.	年月 YM	交易所 Exchange	公司代码 Code	公司简称 Companies	红利派发日 Ex-dividend Date	每股现金红利 Dividend Per Share（人民币元）	现金分配合计（万元） Total Dividend
712	2011年5月	深交所	002538	司尔特	2011-05-06	0.20	2960.00
713	2011年5月	深交所	300001	特锐德	2011-05-06	0.30	4008.00
714	2011年5月	深交所	300009	安科生物	2011-05-06	0.25	3780.00
715	2011年5月	深交所	300047	天源迪科	2011-05-06	0.30	3138.00
716	2011年5月	深交所	300102	乾照光电	2011-05-06	0.50	5900.00
717	2011年5月	深交所	300155	安居宝	2011-05-06	0.80	5760.00
718	2011年5月	深交所	300168	万达信息	2011-05-06	0.10	1200.00
719	2011年5月	深交所	000062	深圳华强	2011-05-09	0.05	3334.75
720	2011年5月	深交所	000637	茂化实华	2011-05-09	0.17	8837.88
721	2011年5月	深交所	002521	齐峰股份	2011-05-09	0.10	1472.50
722	2011年5月	深交所	002540	亚太科技	2011-05-09	0.20	3200.00
723	2011年5月	深交所	300020	银江股份	2011-05-09	0.10	1600.00
724	2011年5月	深交所	300068	南都电源	2011-05-09	0.10	2480.00
725	2011年5月	深交所	300130	新国都	2011-05-09	0.20	1270.00
726	2011年5月	深交所	300149	量子高科	2011-05-09	0.14	904.50
727	2011年5月	深交所	300182	捷成股份	2011-05-09	0.50	2800.00
728	2011年5月	深交所	000988	华工科技	2011-05-10	0.10	4076.08
729	2011年5月	深交所	002140	东华科技	2011-05-10	0.15	4181.57
730	2011年5月	深交所	002293	罗莱家纺	2011-05-10	1.42	19931.56
731	2011年5月	深交所	002351	漫步者	2011-05-10	0.40	5880.00
732	2011年5月	深交所	002374	丽鹏股份	2011-05-10	0.10	535.00
733	2011年5月	深交所	002391	长青股份	2011-05-10	0.30	4748.16
734	2011年5月	深交所	002400	省广股份	2011-05-10	0.16	1317.95
735	2011年5月	深交所	300103	达刚路机	2011-05-10	0.20	1307.00
736	2011年5月	深交所	300117	嘉寓股份	2011-05-10	0.10	1086.00
737	2011年5月	深交所	300154	瑞凌股份	2011-05-10	0.50	5587.50
738	2011年5月	深交所	000536	华映科技	2011-05-11	0.30	21014.81
739	2011年5月	深交所	000686	东北证券	2011-05-11	0.20	12786.25
740	2011年5月	深交所	000690	宝新能源	2011-05-11	0.03	5179.84
741	2011年5月	深交所	002024	苏宁电器	2011-05-11	0.10	69962.12
742	2011年5月	深交所	002092	中泰化学	2011-05-11	0.05	5771.70
743	2011年5月	深交所	002152	广电运通	2011-05-11	0.20	6842.83
744	2011年5月	深交所	002218	拓日新能	2011-05-11	0.05	1632.50
745	2011年5月	深交所	002292	奥飞动漫	2011-05-11	0.30	7680.00
746	2011年5月	深交所	002332	仙琚制药	2011-05-11	0.35	11949.00
747	2011年5月	深交所	002435	长江润发	2011-05-11	0.10	1320.00
748	2011年5月	深交所	002522	浙江众成	2011-05-11	0.20	2133.40
749	2011年5月	深交所	002526	山东矿机	2011-05-11	0.30	8010.00
750	2011年5月	深交所	002532	新界泵业	2011-05-11	0.10	800.00
751	2011年5月	深交所	300051	三五互联	2011-05-11	0.40	3210.00
752	2011年5月	深交所	300166	东方国信	2011-05-11	0.50	2025.00
753	2011年5月	深交所	000596	古井贡酒	2011-05-12	0.35	6125.00

续表 18 Continued 18

序号 No.	年月 YM	交易所 Exchange	公司代码 Code	公司简称 Companies	红利派发日 Ex-dividend Date	每股现金红利 Dividend Per Share (人民币元)	现金分配合计 (万元) Total Dividend
754	2011年5月	深交所	000711	天伦置业	2011-05-12	0.02	214.53
755	2011年5月	深交所	000780	平庄能源	2011-05-12	0.10	10143.06
756	2011年5月	深交所	000868	安凯客车	2011-05-12	0.03	767.52
757	2011年5月	深交所	002022	科华生物	2011-05-12	0.30	14768.32
758	2011年5月	深交所	002089	新海宜	2011-05-12	0.15	3528.89
759	2011年5月	深交所	002109	兴化股份	2011-05-12	0.09	3225.60
760	2011年5月	深交所	002126	银轮股份	2011-05-12	0.08	800.00
761	2011年5月	深交所	002155	辰州矿业	2011-05-12	0.15	8211.00
762	2011年5月	深交所	002163	中航三鑫	2011-05-12	0.10	4017.75
763	2011年5月	深交所	002180	万力达	2011-05-12	0.10	833.22
764	2011年5月	深交所	002194	武汉凡谷	2011-05-12	0.25	13897.00
765	2011年5月	深交所	002216	三全食品	2011-05-12	0.20	3740.00
766	2011年5月	深交所	002313	日海通讯	2011-05-12	0.30	3000.00
767	2011年5月	深交所	002515	金字火腿	2011-05-12	0.20	1470.00
768	2011年5月	深交所	300037	新宙邦	2011-05-12	0.30	3210.00
769	2011年5月	深交所	300072	三聚环保	2011-05-12	0.15	1459.05
770	2011年5月	深交所	300113	顺网科技	2011-05-12	0.25	1500.00
771	2011年5月	深交所	300173	松德股份	2011-05-12	0.20	1340.00
772	2011年5月	深交所	000731	四川美丰	2011-05-13	0.10	5023.22
773	2011年5月	深交所	000858	五粮液	2011-05-13	0.30	113879.00
774	2011年5月	深交所	000887	中鼎股份	2011-05-13	0.05	2127.78
775	2011年5月	深交所	002111	威海广泰	2011-05-13	0.15	2211.39
776	2011年5月	深交所	002121	科陆电子	2011-05-13	0.05	1322.30
777	2011年5月	深交所	002283	天润曲轴	2011-05-13	0.10	2400.00
778	2011年5月	深交所	002296	辉煌科技	2011-05-13	0.35	3659.25
779	2011年5月	深交所	002304	洋河股份	2011-05-13	1.00	45000.00
780	2011年5月	深交所	002317	众生药业	2011-05-13	0.50	6000.00
781	2011年5月	深交所	002328	新朋股份	2011-05-13	0.20	6000.00
782	2011年5月	深交所	002336	人人乐	2011-05-13	0.50	20000.00
783	2011年5月	深交所	002359	齐星铁塔	2011-05-13	0.15	1635.00
784	2011年5月	深交所	002372	伟星新材	2011-05-13	0.30	7602.00
785	2011年5月	深交所	002375	亚厦股份	2011-05-13	0.25	5275.00
786	2011年5月	深交所	002436	兴森科技	2011-05-13	0.40	4468.00
787	2011年5月	深交所	002480	新筑股份	2011-05-13	0.30	4200.00
788	2011年5月	深交所	002492	恒基达鑫	2011-05-13	0.20	2400.00
789	2011年5月	深交所	002508	老板电器	2011-05-13	0.30	4800.00
790	2011年5月	深交所	002530	丰东股份	2011-05-13	0.20	2680.00
791	2011年5月	深交所	002546	新联电子	2011-05-13	0.50	4200.00
792	2011年5月	深交所	300010	立思辰	2011-05-13	0.20	3154.50
793	2011年5月	深交所	300030	阳普医疗	2011-05-13	0.10	740.00
794	2011年5月	深交所	300114	中航电测	2011-05-13	0.12	960.00
795	2011年5月	深交所	300123	太阳鸟	2011-05-13	0.10	869.41

续表 19 Continued 19

序号 No.	年月 YM	交易所 Exchange	公司代码 Code	公司简称 Companies	红利派发日 Ex-dividend Date	每股现金红利 Dividend Per Share （人民币元）	现金分配合计 （万元） Total Dividend
796	2011 年 5 月	深交所	300140	启源装备	2011－05－13	0.50	3050.00
797	2011 年 5 月	深交所	300144	宋城股份	2011－05－13	0.30	5040.00
798	2011 年 5 月	深交所	300152	燃控科技	2011－05－13	0.30	3240.00
799	2011 年 5 月	深交所	002095	生意宝	2011－05－16	0.10	1350.00
800	2011 年 5 月	深交所	002295	精艺股份	2011－05－16	0.15	2118.00
801	2011 年 5 月	深交所	002535	林州重机	2011－05－16	0.13	2560.00
802	2011 年 5 月	深交所	300004	南风股份	2011－05－16	0.10	940.00
803	2011 年 5 月	深交所	300062	中能电气	2011－05－16	0.25	1925.00
804	2011 年 5 月	深交所	300107	建新股份	2011－05－16	0.45	3010.50
805	2011 年 5 月	深交所	300128	锦富新材	2011－05－16	0.40	4000.00
806	2011 年 5 月	深交所	300145	南方泵业	2011－05－16	0.20	1600.00
807	2011 年 5 月	深交所	000507	珠海港	2011－05－17	0.04	1207.49
808	2011 年 5 月	深交所	000564	西安民生	2011－05－17	0.05	1521.56
809	2011 年 5 月	深交所	000789	江西水泥	2011－05－17	0.08	3167.28
810	2011 年 5 月	深交所	000812	陕西金叶	2011－05－17	0.01	447.38
811	2011 年 5 月	深交所	000826	桑德环境	2011－05－17	0.10	4133.56
812	2011 年 5 月	深交所	002013	中航精机	2011－05－17	0.03	501.23
813	2011 年 5 月	深交所	002080	中材科技	2011－05－17	0.30	6000.00
814	2011 年 5 月	深交所	002164	东力传动	2011－05－17	0.20	4456.25
815	2011 年 5 月	深交所	002248	华东数控	2011－05－17	0.05	1287.48
816	2011 年 5 月	深交所	002281	光迅科技	2011－05－17	0.25	4000.00
817	2011 年 5 月	深交所	002369	卓翼科技	2011－05－17	0.50	5000.00
818	2011 年 5 月	深交所	002457	青龙管业	2011－05－17	0.30	4187.40
819	2011 年 5 月	深交所	002491	通鼎光电	2011－05－17	0.10	2678.00
820	2011 年 5 月	深交所	200596	古井贡 B	2011－05－17	0.35	2100.02
821	2011 年 5 月	深交所	300015	爱尔眼科	2011－05－17	0.15	4005.00
822	2011 年 5 月	深交所	300040	九洲电气	2011－05－17	0.10	1389.00
823	2011 年 5 月	深交所	300058	蓝色光标	2011－05－17	0.20	2400.00
824	2011 年 5 月	深交所	300077	国民技术	2011－05－17	0.50	5440.00
825	2011 年 5 月	深交所	300174	元力股份	2011－05－17	0.20	1360.00
826	2011 年 5 月	深交所	000514	渝开发	2011－05－18	0.03	2091.99
827	2011 年 5 月	深交所	000562	宏源证券	2011－05－18	0.26	38429.67
828	2011 年 5 月	深交所	000860	顺鑫农业	2011－05－18	0.25	10963.50
829	2011 年 5 月	深交所	002044	江苏三友	2011－05－18	0.05	812.50
830	2011 年 5 月	深交所	002088	鲁阳股份	2011－05－18	0.10	2339.79
831	2011 年 5 月	深交所	002206	海利得	2011－05－18	0.33	9846.77
832	2011 年 5 月	深交所	002212	南洋股份	2011－05－18	0.12	3061.56
833	2011 年 5 月	深交所	002262	恩华药业	2011－05－18	0.05	1170.00
834	2011 年 5 月	深交所	002277	友阿股份	2011－05－18	0.15	5238.00
835	2011 年 5 月	深交所	002357	富临运业	2011－05－18	0.10	979.65
836	2011 年 5 月	深交所	002517	泰亚股份	2011－05－18	0.30	2652.00
837	2011 年 5 月	深交所	002564	张化机	2011－05－18	0.10	1899.10

续表 20　Continued 20

序号 No.	年月 YM	交易所 Exchange	公司代码 Code	公司简称 Companies	红利派发日 Ex-dividend Date	每股现金红利 Dividend Per Share (人民币元)	现金分配合计 (万元) Total Dividend
838	2011 年 5 月	深交所	300070	碧水源	2011-05-18	0.30	4410.00
839	2011 年 5 月	深交所	300087	荃银高科	2011-05-18	0.30	1584.00
840	2011 年 5 月	深交所	300098	高新兴	2011-05-18	0.30	2052.00
841	2011 年 5 月	深交所	300104	乐视网	2011-05-18	0.15	1500.00
842	2011 年 5 月	深交所	300167	迪威视讯	2011-05-18	0.20	889.60
843	2011 年 5 月	深交所	000903	云内动力	2011-05-19	0.20	7564.00
844	2011 年 5 月	深交所	000937	冀中能源	2011-05-19	0.50	57822.11
845	2011 年 5 月	深交所	002001	新和成	2011-05-19	0.50	36297.30
846	2011 年 5 月	深交所	002010	传化股份	2011-05-19	0.05	1219.95
847	2011 年 5 月	深交所	002011	盾安环境	2011-05-19	0.30	11170.91
848	2011 年 5 月	深交所	002041	登海种业	2011-05-19	0.20	3520.00
849	2011 年 5 月	深交所	002063	远光软件	2011-05-19	0.10	2585.63
850	2011 年 5 月	深交所	002179	中航光电	2011-05-19	0.07	2811.38
851	2011 年 5 月	深交所	002210	飞马国际	2011-05-19	0.03	918.00
852	2011 年 5 月	深交所	002219	独一味	2011-05-19	0.03	836.86
853	2011 年 5 月	深交所	002279	久其软件	2011-05-19	0.30	3296.16
854	2011 年 5 月	深交所	002303	美盈森	2011-05-19	0.30	5364.00
855	2011 年 5 月	深交所	002341	新纶科技	2011-05-19	0.30	2196.00
856	2011 年 5 月	深交所	002426	胜利精密	2011-05-19	0.08	3003.08
857	2011 年 5 月	深交所	002496	辉丰股份	2011-05-19	0.60	6000.00
858	2011 年 5 月	深交所	300016	北陆药业	2011-05-19	0.20	2036.65
859	2011 年 5 月	深交所	300026	红日药业	2011-05-19	0.25	2517.10
860	2011 年 5 月	深交所	300100	双林股份	2011-05-19	0.50	4675.00
861	2011 年 5 月	深交所	000042	深长城	2011-05-20	0.60	14367.78
862	2011 年 5 月	深交所	000859	国风塑业	2011-05-20	0.05	2102.40
863	2011 年 5 月	深交所	000978	桂林旅游	2011-05-20	0.12	4321.20
864	2011 年 5 月	深交所	002017	东信和平	2011-05-20	0.30	5956.88
865	2011 年 5 月	深交所	002036	宜科科技	2011-05-20	0.05	1011.24
866	2011 年 5 月	深交所	002100	天康生物	2011-05-20	0.05	1133.68
867	2011 年 5 月	深交所	002287	奇正藏药	2011-05-20	0.28	11368.00
868	2011 年 5 月	深交所	002309	中利科技	2011-05-20	0.10	2403.00
869	2011 年 5 月	深交所	002452	长高集团	2011-05-20	0.10	1000.00
870	2011 年 5 月	深交所	002461	珠江啤酒	2011-05-20	0.05	3400.81
871	2011 年 5 月	深交所	002463	沪电股份	2011-05-20	0.20	13840.61
872	2011 年 5 月	深交所	002482	广田股份	2011-05-20	0.20	3200.00
873	2011 年 5 月	深交所	002542	中化岩土	2011-05-20	0.10	668.00
874	2011 年 5 月	深交所	300067	安诺其	2011-05-20	0.30	3210.00
875	2011 年 5 月	深交所	300073	当升科技	2011-05-20	0.20	1600.00
876	2011 年 5 月	深交所	300125	易世达	2011-05-20	0.20	1180.00
877	2011 年 5 月	深交所	300138	晨光生物	2011-05-20	0.15	1346.78
878	2011 年 5 月	深交所	300150	世纪瑞尔	2011-05-20	0.50	6750.00
879	2011 年 5 月	深交所	002032	苏泊尔	2011-05-23	0.28	16163.06

续表 21　Continued 21

序号 No.	年月 YM	交易所 Exchange	公司代码 Code	公司简称 Companies	红利派发日 Ex-dividend Date	每股现金红利 Dividend Per Share （人民币元）	现金分配合计 （万元） Total Dividend
880	2011年5月	深交所	002106	莱宝高科	2011-05-23	0.20	8577.09
881	2011年5月	深交所	002233	塔牌集团	2011-05-23	0.08	3521.73
882	2011年5月	深交所	002380	科远股份	2011-05-23	0.25	1700.00
883	2011年5月	深交所	002381	双箭股份	2011-05-23	0.20	1560.00
884	2011年5月	深交所	002398	建研集团	2011-05-23	0.15	1800.00
885	2011年5月	深交所	002412	汉森制药	2011-05-23	1.00	7400.00
886	2011年5月	深交所	002473	圣莱达	2011-05-23	0.20	1600.00
887	2011年5月	深交所	002556	辉隆股份	2011-05-23	0.20	2990.00
888	2011年5月	深交所	300135	宝利沥青	2011-05-23	0.60	4800.00
889	2011年5月	深交所	300147	香雪制药	2011-05-23	0.30	3690.00
890	2011年5月	深交所	002054	德美化工	2011-05-24	0.12	3707.61
891	2011年5月	深交所	002133	广宇集团	2011-05-24	0.15	7479.00
892	2011年5月	深交所	002245	澳洋顺昌	2011-05-24	0.05	912.00
893	2011年5月	深交所	002252	上海莱士	2011-05-24	0.40	10880.00
894	2011年5月	深交所	002268	卫士通	2011-05-24	0.20	2657.11
895	2011年5月	深交所	002337	赛象科技	2011-05-24	0.25	3000.00
896	2011年5月	深交所	002368	太极股份	2011-05-24	0.60	5927.35
897	2011年5月	深交所	002458	益生股份	2011-05-24	0.30	3240.00
898	2011年5月	深交所	002459	天业通联	2011-05-24	0.40	6840.00
899	2011年5月	深交所	002466	天齐锂业	2011-05-24	0.10	980.00
900	2011年5月	深交所	002505	大康牧业	2011-05-24	0.05	514.00
901	2011年5月	深交所	300146	汤臣倍健	2011-05-24	1.00	5468.00
902	2011年5月	深交所	300158	振东制药	2011-05-24	0.30	4320.00
903	2011年5月	深交所	300165	天瑞仪器	2011-05-24	0.30	2220.00
904	2011年5月	深交所	000559	万向钱潮	2011-05-25	0.30	36767.62
905	2011年5月	深交所	000591	桐君阁	2011-05-25	0.10	1961.65
906	2011年5月	深交所	000616	亿城股份	2011-05-25	0.10	9932.18
907	2011年5月	深交所	000635	英力特	2011-05-25	0.20	3541.22
908	2011年5月	深交所	002108	沧州明珠	2011-05-25	0.03	502.76
909	2011年5月	深交所	002183	怡亚通	2011-05-25	0.11	6116.93
910	2011年5月	深交所	002187	广百股份	2011-05-25	0.20	3804.70
911	2011年5月	深交所	002227	奥特迅	2011-05-25	0.10	1085.77
912	2011年5月	深交所	002352	鼎泰新材	2011-05-25	0.50	3891.54
913	2011年5月	深交所	002385	大北农	2011-05-25	0.25	10020.00
914	2011年5月	深交所	002430	杭氧股份	2011-05-25	0.20	8020.00
915	2011年5月	深交所	002448	中原内配	2011-05-25	0.20	1850.21
916	2011年5月	深交所	002453	天马精化	2011-05-25	0.20	2400.00
917	2011年5月	深交所	002518	科士达	2011-05-25	0.30	3450.00
918	2011年5月	深交所	002550	千红制药	2011-05-25	0.25	4000.00
919	2011年5月	深交所	300022	吉峰农机	2011-05-25	0.10	1787.00
920	2011年5月	深交所	300029	天龙光电	2011-05-25	0.15	3000.00
921	2011年5月	深交所	000513	丽珠集团	2011-05-26	0.10	1837.28

续表 22　Continued 22

序号 No.	年月 YM	交易所 Exchange	公司代码 Code	公司简称 Companies	红利派发日 Ex-dividend Date	每股现金红利 Dividend Per Share (人民币元)	现金分配合计 (万元) Total Dividend
922	2011 年 5 月	深交所	000552	靖远煤电	2011-05-26	0.03	533.61
923	2011 年 5 月	深交所	000777	中核科技	2011-05-26	0.12	2556.12
924	2011 年 5 月	深交所	000848	承德露露	2011-05-26	0.60	18248.26
925	2011 年 5 月	深交所	000957	中通客车	2011-05-26	0.05	1192.52
926	2011 年 5 月	深交所	002003	伟星股份	2011-05-26	0.30	7769.64
927	2011 年 5 月	深交所	002128	露天煤业	2011-05-26	0.50	66334.31
928	2011 年 5 月	深交所	002149	西部材料	2011-05-26	0.20	3492.60
929	2011 年 5 月	深交所	002162	斯米克	2011-05-26	0.05	2090.00
930	2011 年 5 月	深交所	002204	大连重工	2011-05-26	0.12	2461.00
931	2011 年 5 月	深交所	002284	亚太股份	2011-05-26	0.10	1913.60
932	2011 年 5 月	深交所	002340	格林美	2011-05-26	0.10	1213.16
933	2011 年 5 月	深交所	002343	禾欣股份	2011-05-26	0.50	4953.00
934	2011 年 5 月	深交所	002344	海宁皮城	2011-05-26	0.50	14000.00
935	2011 年 5 月	深交所	002383	合众思壮	2011-05-26	0.40	4800.00
936	2011 年 5 月	深交所	002387	黑牛食品	2011-05-26	0.10	1335.00
937	2011 年 5 月	深交所	002404	嘉欣丝绸	2011-05-26	0.30	4005.00
938	2011 年 5 月	深交所	002455	百川股份	2011-05-26	0.30	2634.00
939	2011 年 5 月	深交所	002465	海格通信	2011-05-26	0.60	19950.39
940	2011 年 5 月	深交所	002475	立讯精密	2011-05-26	0.30	5214.00
941	2011 年 5 月	深交所	002476	宝莫股份	2011-05-26	0.10	1200.00
942	2011 年 5 月	深交所	002499	科林环保	2011-05-26	0.18	1350.00
943	2011 年 5 月	深交所	002539	新都化工	2011-05-26	0.30	4965.60
944	2011 年 5 月	深交所	300018	中元华电	2011-05-26	0.15	1950.00
945	2011 年 5 月	深交所	300019	硅宝科技	2011-05-26	0.15	1530.00
946	2011 年 5 月	深交所	300034	钢研高纳	2011-05-26	0.08	942.17
947	2011 年 5 月	深交所	300075	数字政通	2011-05-26	0.20	1120.00
948	2011 年 5 月	深交所	300151	昌红科技	2011-05-26	0.50	3350.00
949	2011 年 5 月	深交所	300190	维尔利	2011-05-26	0.50	2650.00
950	2011 年 5 月	深交所	000002	万科 A	2011-05-27	0.10	96802.55
951	2011 年 5 月	深交所	000528	柳工	2011-05-27	0.50	37508.07
952	2011 年 5 月	深交所	000933	神火股份	2011-05-27	0.20	21000.00
953	2011 年 5 月	深交所	002045	广州国光	2011-05-27	0.12	3335.23
954	2011 年 5 月	深交所	002050	三花股份	2011-05-27	0.50	14868.43
955	2011 年 5 月	深交所	002051	中工国际	2011-05-27	0.35	11865.00
956	2011 年 5 月	深交所	002076	雪莱特	2011-05-27	0.10	1842.71
957	2011 年 5 月	深交所	002090	金智科技	2011-05-27	0.05	1020.00
958	2011 年 5 月	深交所	002117	东港股份	2011-05-27	0.20	2482.48
959	2011 年 5 月	深交所	002154	报喜鸟	2011-05-27	0.20	5874.95
960	2011 年 5 月	深交所	002195	海隆软件	2011-05-27	0.10	746.20
961	2011 年 5 月	深交所	002225	濮耐股份	2011-05-27	0.08	4495.17
962	2011 年 5 月	深交所	002269	美邦服饰	2011-05-27	0.53	53265.00
963	2011 年 5 月	深交所	002270	法因数控	2011-05-27	0.10	1455.00

续表 23　Continued 23

序号 No.	年月 YM	交易所 Exchange	公司代码 Code	公司简称 Companies	红利派发日 Ex-dividend Date	每股现金红利 Dividend Per Share（人民币元）	现金分配合计（万元） Total Dividend
964	2011 年 5 月	深交所	002329	皇氏乳业	2011-05-27	0.10	1070.00
965	2011 年 5 月	深交所	002345	潮宏基	2011-05-27	0.35	6300.00
966	2011 年 5 月	深交所	002364	中恒电气	2011-05-27	0.20	1336.00
967	2011 年 5 月	深交所	002403	爱仕达	2011-05-27	0.20	4800.00
968	2011 年 5 月	深交所	002406	远东传动	2011-05-27	0.30	5610.00
969	2011 年 5 月	深交所	002428	云南锗业	2011-05-27	0.15	1884.00
970	2011 年 5 月	深交所	002432	九安医疗	2011-05-27	0.20	2480.00
971	2011 年 5 月	深交所	002460	赣锋锂业	2011-05-27	0.40	4000.00
972	2011 年 5 月	深交所	002486	嘉麟杰	2011-05-27	0.15	3120.00
973	2011 年 5 月	深交所	002495	佳隆股份	2011-05-27	0.20	2080.00
974	2011 年 5 月	深交所	300055	万邦达	2011-05-27	0.10	1144.00
975	2011 年 5 月	深交所	300079	数码视讯	2011-05-27	0.50	5600.00
976	2011 年 5 月	深交所	300109	新开源	2011-05-27	0.20	720.00
977	2011 年 5 月	深交所	300148	天舟文化	2011-05-27	0.15	1125.00
978	2011 年 5 月	深交所	000911	南宁糖业	2011-05-30	0.35	10032.40
979	2011 年 5 月	深交所	000918	嘉凯城	2011-05-30	0.06	9923.05
980	2011 年 5 月	深交所	002265	西仪股份	2011-05-30	0.01	320.13
981	2011 年 5 月	深交所	002361	神剑股份	2011-05-30	0.15	1200.00
982	2011 年 5 月	深交所	002378	章源钨业	2011-05-30	0.25	10705.34
983	2011 年 5 月	深交所	002382	蓝帆股份	2011-05-30	0.20	1600.00
984	2011 年 5 月	深交所	300187	永清环保	2011-05-30	0.20	1335.60
985	2011 年 5 月	深交所	000089	深圳机场	2011-05-31	0.05	7606.09
986	2011 年 5 月	深交所	000151	中成股份	2011-05-31	0.02	591.96
987	2011 年 5 月	深交所	000651	格力电器	2011-05-31	0.30	84536.66
988	2011 年 5 月	深交所	000652	泰达股份	2011-05-31	0.10	14755.74
989	2011 年 5 月	深交所	000729	燕京啤酒	2011-05-31	0.20	24205.34
990	2011 年 5 月	深交所	002031	巨轮股份	2011-05-31	0.06	1591.65
991	2011 年 5 月	深交所	002039	黔源电力	2011-05-31	0.17	3394.00
992	2011 年 5 月	深交所	002046	轴研科技	2011-05-31	0.13	1437.60
993	2011 年 5 月	深交所	002067	景兴纸业	2011-05-31	0.10	3920.00
994	2011 年 5 月	深交所	002098	浔兴股份	2011-05-31	0.20	3100.00
995	2011 年 5 月	深交所	002146	荣盛发展	2011-05-31	0.10	14336.00
996	2011 年 5 月	深交所	002209	达意隆	2011-05-31	0.05	976.22
997	2011 年 5 月	深交所	002224	三力士	2011-05-31	0.05	666.00
998	2011 年 5 月	深交所	002255	海陆重工	2011-05-31	0.20	2582.00
999	2011 年 5 月	深交所	002307	北新路桥	2011-05-31	0.05	947.25
1000	2011 年 5 月	深交所	002318	久立特材	2011-05-31	0.10	2080.00
1001	2011 年 5 月	深交所	002438	江苏神通	2011-05-31	0.10	1040.00
1002	2011 年 5 月	深交所	002446	盛路通信	2011-05-31	0.20	2043.05
1003	2011 年 5 月	深交所	002470	金正大	2011-05-31	0.10	7000.00
1004	2011 年 5 月	深交所	002472	双环传动	2011-05-31	0.30	3564.00
1005	2011 年 5 月	深交所	002527	新时达	2011-05-31	0.12	2400.00

续表 24　Continued 24

序号 No.	年月 YM	交易所 Exchange	公司代码 Code	公司简称 Companies	红利派发日 Ex-dividend Date	每股现金红利 Dividend Per Share (人民币元)	现金分配合计 (万元) Total Dividend
1006	2011 年 5 月	深交所	200513	丽珠 B	2011－05－31	0.10	1119.90
1007	2011 年 5 月	深交所	300112	万讯自控	2011－05－31	0.15	1074.45
1008	2011 年 5 月	深交所	300172	中电环保	2011－05－31	0.10	1000.00
1009	2011 年 5 月	深交所	300179	四方达	2011－05－31	0.10	800.00
1010	2011 年 6 月	深交所	000039	中集集团	2011－06－01	0.35	43117.04
1011	2011 年 6 月	深交所	000418	小天鹅 A	2011－06－01	0.10	4414.52
1012	2011 年 6 月	深交所	000422	湖北宜化	2011－06－01	0.10	5423.78
1013	2011 年 6 月	深交所	000821	京山轻机	2011－06－01	0.04	1208.34
1014	2011 年 6 月	深交所	002300	太阳电缆	2011－06－01	0.45	9045.00
1015	2011 年 6 月	深交所	002339	积成电子	2011－06－01	0.10	860.00
1016	2011 年 6 月	深交所	002379	鲁丰股份	2011－06－01	0.10	775.00
1017	2011 年 6 月	深交所	002394	联发股份	2011－06－01	0.30	3237.00
1018	2011 年 6 月	深交所	002402	和而泰	2011－06－01	0.30	2001.00
1019	2011 年 6 月	深交所	002467	二六三	2011－06－01	0.40	4800.00
1020	2011 年 6 月	深交所	002484	江海股份	2011－06－01	0.38	6000.00
1021	2011 年 6 月	深交所	002536	西泵股份	2011－06－01	0.20	1920.00
1022	2011 年 6 月	深交所	200002	万科 B	2011－06－01	0.10	13149.73
1023	2011 年 6 月	深交所	000708	大冶特钢	2011－06－02	0.50	22470.42
1024	2011 年 6 月	深交所	000726	鲁泰 A	2011－06－02	0.25	13803.81
1025	2011 年 6 月	深交所	002042	华孚色纺	2011－06－02	0.20	5553.28
1026	2011 年 6 月	深交所	002124	天邦股份	2011－06－02	0.10	2055.00
1027	2011 年 6 月	深交所	002129	中环股份	2011－06－02	0.03	1448.49
1028	2011 年 6 月	深交所	002150	江苏通润	2011－06－02	0.15	2345.62
1029	2011 年 6 月	深交所	002434	万里扬	2011－06－02	0.20	3400.00
1030	2011 年 6 月	深交所	002443	金洲管道	2011－06－02	0.10	1335.00
1031	2011 年 6 月	深交所	002504	东光微电	2011－06－02	0.20	2140.00
1032	2011 年 6 月	深交所	000012	南玻 A	2011－06－03	0.35	45974.57
1033	2011 年 6 月	深交所	000024	招商地产	2011－06－03	0.12	16535.49
1034	2011 年 6 月	深交所	000989	九芝堂	2011－06－03	0.40	11904.21
1035	2011 年 6 月	深交所	002029	七匹狼	2011－06－03	0.20	5658.00
1036	2011 年 6 月	深交所	002186	全聚德	2011－06－03	0.50	7078.00
1037	2011 年 6 月	深交所	002241	歌尔声学	2011－06－03	0.20	7515.83
1038	2011 年 6 月	深交所	002261	拓维信息	2011－06－03	0.10	1453.56
1039	2011 年 6 月	深交所	002308	威创股份	2011－06－03	0.20	8552.00
1040	2011 年 6 月	深交所	002311	海大集团	2011－06－03	0.20	5824.00
1041	2011 年 6 月	深交所	002454	松芝股份	2011－06－03	0.50	12000.00
1042	2011 年 6 月	深交所	002507	涪陵榨菜	2011－06－03	0.30	4650.00
1043	2011 年 6 月	深交所	300028	金亚科技	2011－06－03	0.20	3528.00
1044	2011 年 6 月	深交所	300085	银之杰	2011－06－03	0.60	3600.00
1045	2011 年 6 月	深交所	300111	向日葵	2011－06－03	0.40	20360.00
1046	2011 年 6 月	深交所	002514	宝馨科技	2011－06－07	0.58	3944.00
1047	2011 年 6 月	深交所	200039	中集 B	2011－06－07	0.35	50067.12

续表 25　Continued 25

序号 No.	年月 YM	交易所 Exchange	公司代码 Code	公司简称 Companies	红利派发日 Ex-dividend Date	每股现金红利 Dividend Per Share (人民币元)	现金分配合计 (万元) Total Dividend
1048	2011 年 6 月	深交所	200418	小天鹅 B	2011-06-07	0.10	1910.33
1049	2011 年 6 月	深交所	300059	东方财富	2011-06-07	0.15	2100.00
1050	2011 年 6 月	深交所	000877	天山股份	2011-06-08	0.40	15557.81
1051	2011 年 6 月	深交所	000905	厦门港务	2011-06-08	0.03	1593.00
1052	2011 年 6 月	深交所	002213	特尔佳	2011-06-08	0.05	1030.00
1053	2011 年 6 月	深交所	002236	大华股份	2011-06-08	0.50	6977.01
1054	2011 年 6 月	深交所	002254	泰和新材	2011-06-08	0.80	20883.20
1055	2011 年 6 月	深交所	002376	新北洋	2011-06-08	0.30	4500.00
1056	2011 年 6 月	深交所	002478	常宝股份	2011-06-08	0.10	4001.00
1057	2011 年 6 月	深交所	002516	江苏旷达	2011-06-08	0.10	2000.00
1058	2011 年 6 月	深交所	200726	鲁泰 B	2011-06-08	0.25	11067.81
1059	2011 年 6 月	深交所	300014	亿纬锂能	2011-06-08	0.15	1980.00
1060	2011 年 6 月	深交所	300088	长信科技	2011-06-08	0.30	3765.00
1061	2011 年 6 月	深交所	300177	中海达	2011-06-08	0.20	1000.00
1062	2011 年 6 月	深交所	300186	大华农	2011-06-08	0.30	8010.00
1063	2011 年 6 月	深交所	000527	美的电器	2011-06-09	0.10	33843.48
1064	2011 年 6 月	深交所	000623	吉林敖东	2011-06-09	0.03	1720.07
1065	2011 年 6 月	深交所	000715	中兴商业	2011-06-09	0.10	2790.06
1066	2011 年 6 月	深交所	000778	新兴铸管	2011-06-09	0.10	19168.72
1067	2011 年 6 月	深交所	000999	华润三九	2011-06-09	0.30	29367.00
1068	2011 年 6 月	深交所	002158	汉钟精机	2011-06-09	0.30	5451.86
1069	2011 年 6 月	深交所	002238	天威视讯	2011-06-09	0.10	2670.00
1070	2011 年 6 月	深交所	002554	惠博普	2011-06-09	0.20	2700.00
1071	2011 年 6 月	深交所	200012	南玻 B	2011-06-09	0.35	26690.68
1072	2011 年 6 月	深交所	200024	招商局 B	2011-06-09	0.12	4072.08
1073	2011 年 6 月	深交所	000088	盐田港	2011-06-10	0.03	3735.00
1074	2011 年 6 月	深交所	000159	国际实业	2011-06-10	0.04	1924.56
1075	2011 年 6 月	深交所	000753	漳州发展	2011-06-10	0.05	1581.51
1076	2011 年 6 月	深交所	000816	江淮动力	2011-06-10	0.01	1088.80
1077	2011 年 6 月	深交所	000962	东方钽业	2011-06-10	0.05	1782.00
1078	2011 年 6 月	深交所	002141	蓉胜超微	2011-06-10	0.04	454.72
1079	2011 年 6 月	深交所	002142	宁波银行	2011-06-10	0.20	57676.41
1080	2011 年 6 月	深交所	002181	粤传媒	2011-06-10	0.03	1050.49
1081	2011 年 6 月	深交所	002228	合兴包装	2011-06-10	0.06	1303.14
1082	2011 年 6 月	深交所	002259	升达林业	2011-06-10	0.05	1787.00
1083	2011 年 6 月	深交所	002320	海峡股份	2011-06-10	0.60	12285.00
1084	2011 年 6 月	深交所	002321	华英农业	2011-06-10	0.20	2940.00
1085	2011 年 6 月	深交所	002347	泰尔重工	2011-06-10	0.20	2080.00
1086	2011 年 6 月	深交所	002348	高乐股份	2011-06-10	0.30	4440.00
1087	2011 年 6 月	深交所	002350	北京科锐	2011-06-10	0.20	2568.00
1088	2011 年 6 月	深交所	002417	三元达	2011-06-10	0.25	3000.00
1089	2011 年 6 月	深交所	002418	康盛股份	2011-06-10	0.15	2145.00

续表 26 Continued 26

序号 No.	年月 YM	交易所 Exchange	公司代码 Code	公司简称 Companies	红利派发日 Ex-dividend Date	每股现金红利 Dividend Per Share (人民币元)	现金分配合计 (万元) Total Dividend
1090	2011年6月	深交所	002423	中原特钢	2011-06-10	0.06	2932.71
1091	2011年6月	深交所	002450	康得新	2011-06-10	0.05	727.20
1092	2011年6月	深交所	002494	华斯股份	2011-06-10	0.10	1135.00
1093	2011年6月	深交所	002500	山西证券	2011-06-10	0.15	35997.00
1094	2011年6月	深交所	002537	海立美达	2011-06-10	0.30	3000.00
1095	2011年6月	深交所	002544	杰赛科技	2011-06-10	0.25	2149.00
1096	2011年6月	深交所	300007	汉威电子	2011-06-10	0.10	1180.00
1097	2011年6月	深交所	300013	新宁物流	2011-06-10	0.05	450.00
1098	2011年6月	深交所	300056	三维丝	2011-06-10	0.40	2080.00
1099	2011年6月	深交所	300139	福星晓程	2011-06-10	0.50	2740.00
1100	2011年6月	深交所	300164	通源石油	2011-06-10	0.50	3300.00
1101	2011年6月	深交所	002215	诺普信	2011-06-13	0.20	4426.00
1102	2011年6月	深交所	002271	东方雨虹	2011-06-13	0.25	4294.00
1103	2011年6月	深交所	002314	雅致股份	2011-06-13	0.25	7250.00
1104	2011年6月	深交所	002420	毅昌股份	2011-06-13	0.10	4010.00
1105	2011年6月	深交所	002490	山东墨龙	2011-06-13	0.15	4062.92
1106	2011年6月	深交所	300032	金龙机电	2011-06-13	0.25	3567.50
1107	2011年6月	深交所	000006	深振业A	2011-06-14	0.06	4564.65
1108	2011年6月	深交所	000748	长城信息	2011-06-14	0.05	1877.81
1109	2011年6月	深交所	000869	张裕A	2011-06-14	1.40	48834.24
1110	2011年6月	深交所	002062	宏润建设	2011-06-14	0.20	9000.00
1111	2011年6月	深交所	000589	黔轮胎A	2011-06-15	0.05	1629.68
1112	2011年6月	深交所	000930	中粮生化	2011-06-15	0.04	3375.44
1113	2011年6月	深交所	002008	大族激光	2011-06-15	0.25	17406.61
1114	2011年6月	深交所	002066	瑞泰科技	2011-06-15	0.15	1732.50
1115	2011年6月	深交所	002395	双象股份	2011-06-15	0.30	2682.09
1116	2011年6月	深交所	002502	骅威股份	2011-06-15	0.20	1760.00
1117	2011年6月	深交所	300045	华力创通	2011-06-15	0.20	1340.00
1118	2011年6月	深交所	000027	深圳能源	2011-06-16	0.10	22024.95
1119	2011年6月	深交所	000028	一致药业	2011-06-16	0.12	2799.17
1120	2011年6月	深交所	000043	中航地产	2011-06-16	0.15	3334.81
1121	2011年6月	深交所	000679	大连友谊	2011-06-16	0.04	950.40
1122	2011年6月	深交所	000886	海南高速	2011-06-16	0.08	7910.63
1123	2011年6月	深交所	002007	华兰生物	2011-06-16	0.30	17286.14
1124	2011年6月	深交所	002015	霞客环保	2011-06-16	0.02	402.14
1125	2011年6月	深交所	002096	南岭民爆	2011-06-16	0.15	1983.00
1126	2011年6月	深交所	002191	劲嘉股份	2011-06-16	0.10	6420.00
1127	2011年6月	深交所	002325	洪涛股份	2011-06-16	0.15	2250.00
1128	2011年6月	深交所	002464	金利科技	2011-06-16	0.45	6075.00
1129	2011年6月	深交所	002498	汉缆股份	2011-06-16	0.20	9400.00
1130	2011年6月	深交所	002549	凯美特气	2011-06-16	0.12	960.00
1131	2011年6月	深交所	300036	超图软件	2011-06-16	0.20	1500.00

续表 27 Continued 27

序号 No.	年月 YM	交易所 Exchange	公司代码 Code	公司简称 Companies	红利派发日 Ex-dividend Date	每股现金红利 Dividend Per Share (人民币元)	现金分配合计 (万元) Total Dividend
1132	2011年6月	深交所	300054	鼎龙股份	2011-06-16	0.50	3000.00
1133	2011年6月	深交所	300069	金利华电	2011-06-16	0.20	1200.00
1134	2011年6月	深交所	300083	劲胜股份	2011-06-16	0.20	2000.00
1135	2011年6月	深交所	300084	海默科技	2011-06-16	0.20	1280.00
1136	2011年6月	深交所	300160	秀强股份	2011-06-16	0.26	2428.40
1137	2011年6月	深交所	000032	深桑达A	2011-06-17	0.08	1862.91
1138	2011年6月	深交所	000065	北方国际	2011-06-17	0.06	974.62
1139	2011年6月	深交所	000066	长城电脑	2011-06-17	0.05	6617.97
1140	2011年6月	深交所	000810	华润锦华	2011-06-17	0.20	2593.31
1141	2011年6月	深交所	000897	津滨发展	2011-06-17	0.02	3234.54
1142	2011年6月	深交所	002030	达安基因	2011-06-17	0.01	346.71
1143	2011年6月	深交所	002053	云南盐化	2011-06-17	0.05	929.25
1144	2011年6月	深交所	002074	东源电器	2011-06-17	0.08	1126.08
1145	2011年6月	深交所	002159	三特索道	2011-06-17	0.05	600.00
1146	2011年6月	深交所	002174	梅花伞	2011-06-17	0.05	414.70
1147	2011年6月	深交所	002189	利达光电	2011-06-17	0.02	478.18
1148	2011年6月	深交所	002205	国统股份	2011-06-17	0.10	1161.52
1149	2011年6月	深交所	002239	金飞达	2011-06-17	0.02	402.00
1150	2011年6月	深交所	002298	鑫龙电器	2011-06-17	0.08	1320.00
1151	2011年6月	深交所	002356	浩宁达	2011-06-17	0.30	2400.00
1152	2011年6月	深交所	002531	天顺风能	2011-06-17	0.20	4115.00
1153	2011年6月	深交所	002555	顺荣股份	2011-06-17	0.20	1340.00
1154	2011年6月	深交所	200053	深基地B	2011-06-17	0.13	2951.68
1155	2011年6月	深交所	200869	张裕B	2011-06-17	1.40	24984.93
1156	2011年6月	深交所	300035	中科电气	2011-06-17	0.20	1845.00
1157	2011年6月	深交所	000021	长城开发	2011-06-20	0.15	19789.17
1158	2011年6月	深交所	002060	粤水电	2011-06-20	0.08	2659.20
1159	2011年6月	深交所	002208	合肥城建	2011-06-20	0.10	3201.00
1160	2011年6月	深交所	002234	民和股份	2011-06-20	0.10	1075.00
1161	2011年6月	深交所	300042	朗科科技	2011-06-20	0.10	668.00
1162	2011年6月	深交所	000488	晨鸣纸业	2011-06-21	0.30	33398.35
1163	2011年6月	深交所	000548	湖南投资	2011-06-21	0.05	2496.08
1164	2011年6月	深交所	000636	风华高科	2011-06-21	0.20	13419.33
1165	2011年6月	深交所	000793	华闻传媒	2011-06-21	0.02	2720.27
1166	2011年6月	深交所	000898	鞍钢股份	2011-06-21	0.15	92235.12
1167	2011年6月	深交所	000960	锡业股份	2011-06-21	0.12	9889.31
1168	2011年6月	深交所	000985	大庆华科	2011-06-21	0.10	1296.40
1169	2011年6月	深交所	002110	三钢闽光	2011-06-21	0.02	1069.40
1170	2011年6月	深交所	002217	联合化工	2011-06-21	0.06	1337.90
1171	2011年6月	深交所	002266	浙富股份	2011-06-21	0.23	3441.72
1172	2011年6月	深交所	002358	森源电气	2011-06-21	0.30	2580.00
1173	2011年6月	深交所	002552	宝鼎重工	2011-06-21	0.20	2000.00

续表 28 Continued 28

序号 No.	年月 YM	交易所 Exchange	公司代码 Code	公司简称 Companies	红利派发日 Ex-dividend Date	每股现金红利 Dividend Per Share (人民币元)	现金分配合计 (万元) Total Dividend
1174	2011 年 6 月	深交所	200028	一致 B	2011-06-21	0.12	658.62
1175	2011 年 6 月	深交所	300161	华中数控	2011-06-21	0.30	3234.90
1176	2011 年 6 月	深交所	000701	厦门信达	2011-06-22	0.15	3603.75
1177	2011 年 6 月	深交所	000776	广发证券	2011-06-22	0.50	125352.29
1178	2011 年 6 月	深交所	000786	北新建材	2011-06-22	0.17	9489.98
1179	2011 年 6 月	深交所	000811	烟台冰轮	2011-06-22	0.20	5261.30
1180	2011 年 6 月	深交所	000825	太钢不锈	2011-06-22	0.10	56962.48
1181	2011 年 6 月	深交所	000828	东莞控股	2011-06-22	0.18	18711.31
1182	2011 年 6 月	深交所	000948	南天信息	2011-06-22	0.05	1052.75
1183	2011 年 6 月	深交所	000951	中国重汽	2011-06-22	0.25	10485.64
1184	2011 年 6 月	深交所	002025	航天电器	2011-06-22	0.10	3300.00
1185	2011 年 6 月	深交所	002144	宏达高科	2011-06-22	0.15	2270.08
1186	2011 年 6 月	深交所	002288	超华科技	2011-06-22	0.10	1374.88
1187	2011 年 6 月	深交所	002411	九九久	2011-06-22	0.08	1032.00
1188	2011 年 6 月	深交所	000532	力合股份	2011-06-23	0.05	1723.54
1189	2011 年 6 月	深交所	000541	佛山照明	2011-06-23	0.25	18833.47
1190	2011 年 6 月	深交所	000619	海螺型材	2011-06-23	0.10	3600.00
1191	2011 年 6 月	深交所	000900	现代投资	2011-06-23	0.20	7983.32
1192	2011 年 6 月	深交所	000961	中南建设	2011-06-23	0.10	11678.39
1193	2011 年 6 月	深交所	002246	北化股份	2011-06-23	0.30	5936.73
1194	2011 年 6 月	深交所	002363	隆基机械	2011-06-23	0.10	1200.00
1195	2011 年 6 月	深交所	002485	希努尔	2011-06-23	0.50	10000.00
1196	2011 年 6 月	深交所	200152	山航 B	2011-06-23	0.30	4200.00
1197	2011 年 6 月	深交所	000600	建投能源	2011-06-24	0.03	2740.98
1198	2011 年 6 月	深交所	000630	铜陵有色	2011-06-24	0.10	14216.07
1199	2011 年 6 月	深交所	000707	双环科技	2011-06-24	0.05	2320.73
1200	2011 年 6 月	深交所	000713	丰乐种业	2011-06-24	0.05	1494.38
1201	2011 年 6 月	深交所	000970	中科三环	2011-06-24	0.07	3553.20
1202	2011 年 6 月	深交所	002103	广博股份	2011-06-24	0.15	3276.46
1203	2011 年 6 月	深交所	002112	三变科技	2011-06-24	0.04	448.00
1204	2011 年 6 月	深交所	002247	帝龙新材	2011-06-24	0.30	3006.00
1205	2011 年 6 月	深交所	002427	尤夫股份	2011-06-24	0.10	1832.28
1206	2011 年 6 月	深交所	002440	闰土股份	2011-06-24	0.50	14750.00
1207	2011 年 6 月	深交所	002551	尚荣医疗	2011-06-24	0.20	1640.00
1208	2011 年 6 月	深交所	200488	晨鸣 B	2011-06-24	0.30	16724.86
1209	2011 年 6 月	深交所	000982	中银绒业	2011-06-27	0.06	1668.00
1210	2011 年 6 月	深交所	002192	路翔股份	2011-06-27	0.05	607.00
1211	2011 年 6 月	深交所	002214	大立科技	2011-06-27	0.10	1000.00
1212	2011 年 6 月	深交所	002319	乐通股份	2011-06-27	0.10	1000.00
1213	2011 年 6 月	深交所	200771	杭汽轮 B	2011-06-27	0.40	19333.71
1214	2011 年 6 月	深交所	300038	梅泰诺	2011-06-27	0.15	1373.55
1215	2011 年 6 月	深交所	300097	智云股份	2011-06-27	0.05	300.00

续表 29　Continued 29

序号 No.	年月 YM	交易所 Exchange	公司代码 Code	公司简称 Companies	红利派发日 Ex-dividend Date	每股现金红利 Dividend Per Share （人民币元）	现金分配合计 （万元） Total Dividend
1216	2011 年 6 月	深交所	000798	中水渔业	2011－06－28	0.05	1597.28
1217	2011 年 6 月	深交所	000819	岳阳兴长	2011－06－28	0.02	387.42
1218	2011 年 6 月	深交所	002048	宁波华翔	2011－06－28	0.16	9074.24
1219	2011 年 6 月	深交所	002104	恒宝股份	2011－06－28	0.10	4406.40
1220	2011 年 6 月	深交所	002116	中国海诚	2011－06－28	0.32	3648.00
1221	2011 年 6 月	深交所	002396	星网锐捷	2011－06－28	0.10	1755.30
1222	2011 年 6 月	深交所	200541	粤照明 B	2011－06－28	0.25	5630.59
1223	2011 年 6 月	深交所	000061	农产品	2011－06－29	0.11	8453.59
1224	2011 年 6 月	深交所	000927	一汽夏利	2011－06－29	0.03	4785.52
1225	2011 年 6 月	深交所	002267	陕天然气	2011－06－29	0.20	10168.37
1226	2011 年 6 月	深交所	002512	达华智能	2011－06－29	0.28	3303.83
1227	2011 年 6 月	深交所	300093	金刚玻璃	2011－06－29	0.10	1200.00
1228	2011 年 6 月	深交所	000939	凯迪电力	2011－06－30	0.10	5895.68
1229	2011 年 6 月	深交所	300017	网宿科技	2011－06－30	0.10	1542.14
1230	2011 年 6 月	深交所	300065	海兰信	2011－06－30	0.30	1661.89
1231	2011 年 7 月	深交所	000861	海印股份	2011－07－01	0.03	1476.57
1232	2011 年 7 月	深交所	002371	七星电子	2011－07－01	0.10	650.00
1233	2011 年 7 月	深交所	002462	嘉事堂	2011－07－04	0.20	3200.00
1234	2011 年 7 月	深交所	000402	金融街	2011－07－05	0.25	75677.00
1235	2011 年 7 月	深交所	000718	苏宁环球	2011－07－05	0.12	20431.93
1236	2011 年 7 月	深交所	000761	本钢板材	2011－07－05	0.10	27360.00
1237	2011 年 7 月	深交所	000983	西山煤电	2011－07－05	0.50	157560.00
1238	2011 年 7 月	深交所	002082	栋梁新材	2011－07－05	0.15	3570.00
1239	2011 年 7 月	深交所	002447	壹桥苗业	2011－07－05	0.30	2010.00
1240	2011 年 7 月	深交所	002528	英飞拓	2011－07－05	0.30	4410.00
1241	2011 年 7 月	深交所	000530	大冷股份	2011－07－06	0.15	3525.22
1242	2011 年 7 月	深交所	000783	长江证券	2011－07－06	0.30	71137.02
1243	2011 年 7 月	深交所	002193	山东如意	2011－07－06	0.06	960.00
1244	2011 年 7 月	深交所	002203	海亮股份	2011－07－06	0.12	4801.20
1245	2011 年 7 月	深交所	002316	键桥通讯	2011－07－06	0.05	780.00
1246	2011 年 7 月	深交所	002323	中联电气	2011－07－06	0.30	2482.80
1247	2011 年 7 月	深交所	002327	富安娜	2011－07－06	0.70	9373.00
1248	2011 年 7 月	深交所	002370	亚太药业	2011－07－06	0.15	1800.00
1249	2011 年 7 月	深交所	002397	梦洁家纺	2011－07－06	0.50	4725.00
1250	2011 年 7 月	深交所	002433	太安堂	2011－07－06	0.50	5000.00
1251	2011 年 7 月	深交所	000063	中兴通讯	2011－07－07	0.30	70262.31
1252	2011 年 7 月	深交所	000090	深天健	2011－07－07	0.08	3424.78
1253	2011 年 7 月	深交所	000301	东方市场	2011－07－07	0.07	8527.66
1254	2011 年 7 月	深交所	000538	云南白药	2011－07－07	0.10	6942.66
1255	2011 年 7 月	深交所	000625	长安汽车	2011－07－07	0.08	16715.11
1256	2011 年 7 月	深交所	000655	金岭矿业	2011－07－07	0.10	5953.40
1257	2011 年 7 月	深交所	002184	海得控制	2011－07－07	0.05	1100.00
1258	2011 年 7 月	深交所	002355	兴民钢圈	2011－07－07	0.12	2419.60
1259	2011 年 7 月	深交所	002429	兆驰股份	2011－07－07	0.30	14176.28

续表 30 Continued 30

序号 No.	年月 YM	交易所 Exchange	公司代码 Code	公司简称 Companies	红利派发日 Ex-dividend Date	每股现金红利 Dividend Per Share (人民币元)	现金分配合计 (万元) Total Dividend
1260	2011 年 7 月	深交所	300096	易联众	2011-07-07	0.20	1720.00
1261	2011 年 7 月	深交所	000049	德赛电池	2011-07-08	0.10	1368.29
1262	2011 年 7 月	深交所	000338	潍柴动力	2011-07-08	0.43	54235.53
1263	2011 年 7 月	深交所	000400	许继电气	2011-07-08	0.10	3782.72
1264	2011 年 7 月	深交所	000539	粤电力 A	2011-07-08	0.10	21321.11
1265	2011 年 7 月	深交所	000568	泸州老窖	2011-07-08	1.00	139423.95
1266	2011 年 7 月	深交所	000759	中百集团	2011-07-08	0.12	8172.26
1267	2011 年 7 月	深交所	000833	贵糖股份	2011-07-08	0.10	2960.68
1268	2011 年 7 月	深交所	000882	华联股份	2011-07-08	0.06	4466.51
1269	2011 年 7 月	深交所	000998	隆平高科	2011-07-08	0.05	1386.00
1270	2011 年 7 月	深交所	002119	康强电子	2011-07-08	0.05	971.00
1271	2011 年 7 月	深交所	002581	万昌科技	2011-07-08	0.40	4331.20
1272	2011 年 7 月	深交所	200761	本钢板 B	2011-07-08	0.10	3999.86
1273	2011 年 7 月	深交所	000016	深康佳 A	2011-07-11	0.01	798.30
1274	2011 年 7 月	深交所	002040	南京港	2011-07-11	0.02	491.74
1275	2011 年 7 月	深交所	200530	大冷 B	2011-07-11	0.15	1725.01
1276	2011 年 7 月	深交所	000540	中天城投	2011-07-12	0.10	9134.37
1277	2011 年 7 月	深交所	000685	中山公用	2011-07-12	0.20	11979.74
1278	2011 年 7 月	深交所	000758	中色股份	2011-07-12	0.03	1916.64
1279	2011 年 7 月	深交所	000881	大连国际	2011-07-12	0.20	6178.37
1280	2011 年 7 月	深交所	000949	新乡化纤	2011-07-12	0.06	3827.18
1281	2011 年 7 月	深交所	002078	太阳纸业	2011-07-12	0.15	15072.16
1282	2011 年 7 月	深交所	002097	山河智能	2011-07-12	0.03	1261.35
1283	2011 年 7 月	深交所	002386	天原集团	2011-07-12	0.10	4797.71
1284	2011 年 7 月	深交所	200625	长安 B	2011-07-12	0.08	4771.29
1285	2011 年 7 月	深交所	300006	莱美药业	2011-07-12	0.10	915.00
1286	2011 年 7 月	深交所	000158	常山股份	2011-07-13	0.02	1437.72
1287	2011 年 7 月	深交所	000610	西安旅游	2011-07-13	0.02	393.50
1288	2011 年 7 月	深交所	000680	山推股份	2011-07-13	0.20	15183.29
1289	2011 年 7 月	深交所	000895	双汇发展	2011-07-13	0.50	30299.74
1290	2011 年 7 月	深交所	002065	东华软件	2011-07-13	0.10	4422.87
1291	2011 年 7 月	深交所	200539	粤电力 B	2011-07-13	0.10	6653.40
1292	2011 年 7 月	深交所	000916	华北高速	2011-07-14	0.08	8720.00
1293	2011 年 7 月	深交所	000959	首钢股份	2011-07-14	0.10	29665.26
1294	2011 年 7 月	深交所	002071	江苏宏宝	2011-07-14	0.04	736.08
1295	2011 年 7 月	深交所	002373	联信永益	2011-07-14	0.10	685.30
1296	2011 年 7 月	深交所	200016	深康佳 B	2011-07-14	0.01	405.67
1297	2011 年 7 月	深交所	300095	华伍股份	2011-07-14	0.10	770.00
1298	2011 年 7 月	深交所	000099	中信海直	2011-07-15	0.05	2568.00
1299	2011 年 7 月	深交所	000157	中联重科	2011-07-15	0.26	125518.50
1300	2011 年 7 月	深交所	000543	皖能电力	2011-07-15	0.02	1546.02
1301	2011 年 7 月	深交所	000671	阳光城	2011-07-15	0.10	5360.06
1302	2011 年 7 月	深交所	000807	云铝股份	2011-07-15	0.03	3551.94
1303	2011 年 7 月	深交所	000910	大亚科技	2011-07-15	0.10	5275.00

续表 31　Continued 31

序号 No.	年月 YM	交易所 Exchange	公司代码 Code	公司简称 Companies	红利派发日 Ex-dividend Date	每股现金红利 Dividend Per Share （人民币元）	现金分配合计 （万元） Total Dividend
1304	2011 年 7 月	深交所	002064	华峰氨纶	2011－07－15	0.10	7384.00
1305	2011 年 7 月	深交所	002424	贵州百灵	2011－07－15	0.60	14112.00
1306	2011 年 7 月	深交所	300080	新大新材	2011－07－15	0.40	5600.00
1307	2011 年 7 月	深交所	000014	沙河股份	2011－07－18	0.04	705.97
1308	2011 年 7 月	深交所	000046	泛海建设	2011－07－18	0.05	11393.28
1309	2011 年 7 月	深交所	000550	江铃汽车	2011－07－18	0.79	41017.91
1310	2011 年 7 月	深交所	000752	西藏发展	2011－07－18	0.01	263.76
1311	2011 年 7 月	深交所	002346	柘中建设	2011－07－18	0.10	1350.00
1312	2011 年 7 月	深交所	002591	恒大高新	2011－07－18	0.15	1200.00
1313	2011 年 7 月	深交所	000739	普洛股份	2011－07－19	0.02	513.47
1314	2011 年 7 月	深交所	000919	金陵药业	2011－07－20	0.15	7560.00
1315	2011 年 7 月	深交所	000429	粤高速 A	2011－07－21	0.10	9083.68
1316	2011 年 7 月	深交所	000668	荣丰控股	2011－07－21	0.06	881.05
1317	2011 年 7 月	深交所	000700	模塑科技	2011－07－21	0.01	309.04
1318	2011 年 7 月	深交所	000883	湖北能源	2011－07－21	0.20	42183.11
1319	2011 年 7 月	深交所	000917	电广传媒	2011－07－21	0.08	3047.84
1320	2011 年 7 月	深交所	200550	江铃 B	2011－07－21	0.79	27176.07
1321	2011 年 7 月	深交所	000022	深赤湾 A	2011－07－22	0.46	21523.40
1322	2011 年 7 月	深交所	000987	广州友谊	2011－07－22	0.40	14358.32
1323	2011 年 7 月	深交所	000990	诚志股份	2011－07－22	0.04	1188.13
1324	2011 年 7 月	深交所	200429	粤高速 B	2011－07－26	0.10	3487.62
1325	2011 年 7 月	深交所	000031	中粮地产	2011－07－27	0.02	3627.46
1326	2011 年 7 月	深交所	000659	珠海中富	2011－07－27	0.09	6806.66
1327	2011 年 7 月	深交所	200022	深赤湾 B	2011－07－27	0.46	8329.17
1328	2011 年 7 月	深交所	000666	经纬纺机	2011－07－29	0.07	2961.00
1329	2011 年 7 月	深交所	000800	一汽轿车	2011－07－29	0.30	48825.00
1330	2011 年 7 月	深交所	000839	中信国安	2011－07－29	0.10	15679.31
1331	2011 年 8 月	深交所	000009	中国宝安	2011－08－03	0.02	2181.50
1332	2011 年 8 月	深交所	000888	峨眉山 A	2011－08－05	0.12	2822.26
1333	2011 年 8 月	深交所	000938	紫光股份	2011－08－05	0.08	1648.64
1334	2011 年 8 月	深交所	000521	美菱电器	2011－08－10	0.05	2086.37
1335	2011 年 8 月	深交所	002127	新民科技	2011－08－10	0.05	1860.25
1336	2011 年 8 月	深交所	000423	东阿阿胶	2011－08－12	0.30	19620.65
1337	2011 年 8 月	深交所	000601	韶能股份	2011－08－12	0.02	1851.10
1338	2011 年 8 月	深交所	200521	皖美菱 B	2011－08－15	0.05	565.53
1339	2011 年 8 月	深交所	200706	瓦轴 B	2011－08－15	0.04	1610.50
1340	2011 年 8 月	深交所	000598	兴蓉投资	2011－08－16	0.10	5886.68
1341	2011 年 8 月	深交所	000581	威孚高科	2011－08－17	0.44	19677.49
1342	2011 年 8 月	深交所	000617	石油济柴	2011－08－19	0.03	805.11
1343	2011 年 8 月	深交所	000756	新华制药	2011－08－19	0.05	1536.56
1344	2011 年 8 月	深交所	002567	唐人神	2011－08－19	0.21	2898.00
1345	2011 年 8 月	深交所	200581	苏威孚 B	2011－08－22	0.44	4998.99
1346	2011 年 8 月	深交所	000782	美达股份	2011－08－23	0.04	1618.05
1347	2011 年 8 月	深交所	002202	金风科技	2011－08－23	0.34	74614.40

续表 32 Continued 32

序号 No.	年月 YM	交易所 Exchange	公司代码 Code	公司简称 Companies	红利派发日 Ex-dividend Date	每股现金红利 Dividend Per Share (人民币元)	现金分配合计 (万元) Total Dividend
1348	2011 年 8 月	深交所	002557	洽洽食品	2011-08-24	0.70	14000.00
1349	2011 年 8 月	深交所	300099	尤洛卡	2011-08-24	0.30	3100.50
1350	2011 年 8 月	深交所	002087	新野纺织	2011-08-25	0.04	2079.03
1351	2011 年 8 月	深交所	000534	万泽股份	2011-08-26	0.10	2551.11
1352	2011 年 8 月	深交所	000993	闽东电力	2011-08-26	0.12	4476.00
1353	2011 年 8 月	深交所	002572	索菲亚	2011-08-26	0.80	4280.00
1354	2011 年 8 月	深交所	000522	白云山 A	2011-08-30	0.05	2345.27
1355	2011 年 8 月	深交所	002568	百润股份	2011-08-31	0.40	3200.00
1356	2011 年 8 月	深交所	300215	电科院	2011-08-31	1.00	4500.00
1357	2011 年 9 月	深交所	300134	大富科技	2011-09-05	0.60	9600.00
1358	2011 年 9 月	深交所	002561	徐家汇	2011-09-08	0.32	13304.42
1359	2011 年 9 月	深交所	002215	诺普信	2011-09-09	0.12	4248.96
1360	2011 年 9 月	深交所	002394	联发股份	2011-09-09	0.15	3237.00
1361	2011 年 9 月	深交所	002565	上海绿新	2011-09-16	0.30	4005.00
1362	2011 年 9 月	深交所	300142	沃森生物	2011-09-16	0.30	4500.00
1363	2011 年 9 月	深交所	300195	长荣股份	2011-09-16	1.00	10000.00
1364	2011 年 9 月	深交所	002191	劲嘉股份	2011-09-20	0.35	22470.00
1365	2011 年 9 月	深交所	002388	新亚制程	2011-09-20	0.15	2997.00
1366	2011 年 9 月	深交所	002569	步森股份	2011-09-20	0.40	3733.60
1367	2011 年 9 月	深交所	002579	中京电子	2011-09-20	0.20	1947.00
1368	2011 年 9 月	深交所	002085	万丰奥威	2011-09-21	0.50	19504.95
1369	2011 年 9 月	深交所	002369	卓翼科技	2011-09-22	0.10	2000.00
1370	2011 年 9 月	深交所	300235	方直科技	2011-09-22	0.20	880.00
1371	2011 年 9 月	深交所	002073	软控股份	2011-09-23	0.08	5938.92
1372	2011 年 9 月	深交所	002414	高德红外	2011-09-23	0.40	12000.00
1373	2011 年 9 月	深交所	300206	理邦仪器	2011-09-23	0.20	2000.00
1374	2011 年 9 月	深交所	002226	江南化工	2011-09-26	0.60	15825.58
1375	2011 年 9 月	深交所	002366	丹甫股份	2011-09-26	0.45	6007.50
1376	2011 年 9 月	深交所	300162	雷曼光电	2011-09-27	0.10	670.00
1377	2011 年 9 月	深交所	300198	纳川股份	2011-09-27	0.30	2760.00
1378	2011 年 9 月	深交所	000531	穗恒运 A	2011-09-28	0.74	25348.06
1379	2011 年 9 月	深交所	000547	闽福发 A	2011-09-29	0.02	711.19
1380	2011 年 9 月	深交所	002242	九阳股份	2011-09-29	0.70	53266.50
1381	2011 年 9 月	深交所	000637	茂化实华	2011-09-30	0.03	1507.64
1382	2011 年 9 月	深交所	002513	蓝丰生化	2011-09-30	0.30	2220.00
1383	2011 年 10 月	深交所	002413	常发股份	2011-10-10	0.10	1470.00
1384	2011 年 10 月	深交所	002584	西陇化工	2011-10-13	0.15	3000.00
1385	2011 年 10 月	深交所	300086	康芝药业	2011-10-14	0.15	3000.00
1386	2011 年 10 月	深交所	002015	霞客环保	2011-10-27	0.02	359.91
1387	2011 年 10 月	深交所	300225	金力泰	2011-10-27	0.30	2010.00
1388	2011 年 10 月	深交所	300133	华策影视	2011-10-31	0.30	3388.80

注：上交所纯 B 股公司每股红利及红利总额统一用 2011 年 12 月 31 日人民币美元汇率换算。

数据来源：上海、深圳证券交易所

Source: Shanghai Shenzhen Stock Exchange

5－24　2011年上市公司增发一览表

Summary for Re-Issuing of Listed Companies in 2011

序号 No.	交易所 Exchage	股票代码 Code	公司简称 Companies	增发公告日 Issue Date	流通股上市日 Trading Date of Negotiable Shares	增发总股数 Shares Changes	每股增发价格 Re-Issueing Price	筹资总额 Rised Capital
1	上交所	600015	华夏银行	2011－4－28	2011－4－29	1859197460	10.87	20209476390.20
2	上交所	600017	日照港	2011－4－16	2011－4－19	365478600	3.94	1439985684.00
3	上交所	600018	上港集团	2011－4－9	2011－4－12	1764379518	4.49	7922064035.82
4	上交所	600057	*ST夏新	2011－7－23	2011－7－26	430000000	3.71	1595300000.00
5	上交所	600063	皖维高新	2011－3－15	2011－3－16	100000000	9.16	916000000.00
6	上交所	600073	上海梅林	2011－12－17	2011－12－20	142227358	10.60	1507609994.80
7	上交所	600077	ST百科	2011－10－21	2011－10－24	377709359	8.63	3259631768.17
8	上交所	600087	长航油运	2011－3－5	2011－3－8	275000000	5.63	1548250000.00
9	上交所	600094	*ST华源	2011－6－24	2011－6－27	1039471959	2.23	2318022468.57
10	上交所	600096	云天化	2011－5－24	2011－5－25	103513229	17.93	1855992195.97
11	上交所	600104	上海汽车	2011－12－30	2012－1－4	1783144938	16.53	29475385825.14
12	上交所	600139	西部资源	2011－10－10	2011－10－11	35750766	19.58	699999998.28
13	上交所	600157	永泰能源	2011－3－29	2011－3－30	80000000	22.50	1800000000.00
14	上交所	600160	巨化股份	2011－9－27	2011－9－28	89350000	18.00	1608300000.00
15	上交所	600165	宁夏恒力	2011－7－9	2011－7－12	80000000	7.02	561600000.00
16	上交所	600170	上海建工	2011－8－3	2011－8－4	114301930	14.90	1703098757.00
17	上交所	600172	黄河旋风	2011－4－29	2011－5－3	45742434	14.21	649999987.14
18	上交所	600176	中国玻纤	2011－8－9	2011－8－10	154361000	19.03	2937489830.00
19	上交所	600183	生益科技	2011－5－17	2011－5－18	137606016	9.24	1271479587.84
20	上交所	600187	国中水务	2011－2－16	2011－2－17	100000000	7.50	750000000.00
21	上交所	600256	广汇股份	2011－5－27	2011－5－30	89166666	24.00	2139999984.00
22	上交所	600267	海正药业	2011－3－17	2011－3－18	41038161	33.28	1365749998.08
23	上交所	600278	东方创业	2011－5－4	2011－5－5	81724414	12.20	997037850.80
24	上交所	600290	华仪电气	2011－1－28	2011－1－31	77235772	12.30	949999995.60
25	上交所	600292	九龙电力	2011－7－27	2011－7－28	177372636	9.17	1626507072.12
26	上交所	600298	安琪酵母	2011－8－25	2011－8－26	23585800	34.50	813710100.00
27	上交所	600321	国栋建设	2011－5－25	2011－5－26	134920000	6.30	849996000.00
28	上交所	600340	ST国祥	2011－9－17	2011－9－20	355427060	3.95	1403936887.00
29	上交所	600350	山东高速	2011－7－12	2011－7－13	1447365857	5.19	7511828797.83
30	上交所	600353	旭光股份	2011－4－6	2011－4－7	22689550	13.80	313115790.00
31	上交所	600354	敦煌种业	2011－2－15	2011－2－16	17580000	25.00	439500000.00
32	上交所	600361	华联综超	2011－4－13	2011－4－14	181000000	7.18	1299580000.00
33	上交所	600372	ST昌河	2011－6－2	2011－6－3	337073801	7.59	2558390149.59
34	上交所	600375	星马汽车	2011－7－20	2011－7－21	218259347	8.18	1785361458.46
35	上交所	600381	ST贤成	2011－1－18	2011－1－19	146945796	3.41	501085164.36
36	上交所	600381	ST贤成	2011－12－27	2011－12－28	262267300	5.91	1549999743.00
37	上交所	600391	成发科技	2011－4－29	2011－5－3	52109181	20.15	1049999997.15
38	上交所	600401	*ST申龙	2011－12－21	2011－12－22	778370375	3.00	2335111125.00
39	上交所	600403	大有能源	2011－10－10	2011－10－11	706182963	11.64	8219969689.32

续表 1　Continued 1

序号 No.	交易所 Exchage	股票代码 Code	公司简称 Companies	增发公告日 Issue Date	流通股上市日 Trading Date of Negotiable Shares	增发总股数 Shares Changes	每股增发价格 Re-Issueing Price	筹资总额 Rised Capital
40	上交所	600409	三友化工	2011-2-19	2011-2-22	120444325	6.29	757594804.25
41	上交所	600410	华胜天成	2011-9-7	2011-9-8	39034003	12.94	505099998.82
42	上交所	600449	宁夏建材	2011-12-23	2011-12-26	113775543	22.13	2517852766.59
43	上交所	600459	贵研铂业	2011-8-10	2011-8-11	12807000	22.74	291231180.00
44	上交所	600461	洪城水业	2011-1-7	2011-1-10	80000000	14.50	1160000000.00
45	上交所	600467	好当家	2011-11-30	2011-12-1	96897152	11.45	1109472390.40
46	上交所	600487	亨通光电	2011-1-29	2011-2-1	40962505	14.62	598871823.10
47	上交所	600489	中金黄金	2011-8-18	2011-8-19	112134561	24.97	2799999988.17
48	上交所	600499	科达机电	2011-12-15	2011-12-16	24929900	15.70	391399430.00
49	上交所	600522	中天科技	2011-7-13	2011-8-1	70588235	23.80	1679999993.00
50	上交所	600527	江南高纤	2011-7-2	2011-7-5	49766355	8.56	425999998.80
51	上交所	600537	海通集团	2011-11-30	2011-12-1	255837301	8.31	2126007971.31
52	上交所	600567	山鹰纸业	2011-5-6	2011-5-9	220000000	4.80	1056000000.00
53	上交所	600577	精达股份	2011-7-8	2011-7-11	66086900	9.20	607999480.00
54	上交所	600586	金晶科技	2011-3-17	2011-3-18	121270000	13.00	1576510000.00
55	上交所	600633	浙报传媒	2011-9-9	2011-9-13	277682917	7.78	2160373094.26
56	上交所	600637	百视通	2011-12-17	2011-12-20	404871522	7.67	3105364573.74
57	上交所	600662	强生控股	2011-6-2	2011-6-3	239823174	7.03	1685956913.22
58	上交所	600699	ST 得亨	2011-12-17	2011-12-20	206324766	4.30	887196493.80
59	上交所	600710	常林股份	2011-6-4	2011-6-8	47370000	10.90	516333000.00
60	上交所	600712	南宁百货	2011-10-13	2011-10-14	80000000	8.32	665600000.00
61	上交所	600723	西单商场	2011-6-18	2011-6-21	248689516	9.92	2466999998.72
62	上交所	600749	西藏旅游	2011-4-30	2011-5-4	24137931	14.50	349999999.50
63	上交所	600770	综艺股份	2011-4-14	2011-4-15	69800000	19.72	1376456000.00
64	上交所	600780	通宝能源	2011-6-24	2011-6-27	273561545	5.63	1540151498.35
65	上交所	600792	*ST 马龙	2011-10-20	2011-10-21	274000000	7.94	2175560000.00
66	上交所	600803	威远生化	2011-1-11	2011-1-12	75388977	7.31	551093421.87
67	上交所	600827	友谊股份	2011-9-9	2011-9-13	302394810	15.57	4708287191.70
68	上交所	600855	航天长峰	2012-1-7	2012-1-10	39013425	9.02	351901093.50
69	上交所	600859	王府井	2011-10-28	2011-10-31	45126182	41.21	1859649960.22
70	上交所	600866	星湖科技	2011-4-26	2011-4-27	29290936	13.13	384589989.68
71	上交所	600869	三普药业	2011-11-26	2011-11-29	67589000	21.69	1466005410.00
72	上交所	600886	国投电力	2011-11-3	2011-11-22	350000000	6.23	2180500000.00
73	上交所	600888	新疆众和	2011-7-5	2011-7-6	58983541	20.05	1182619997.05
74	上交所	600973	宝胜股份	2011-3-11	2011-3-14	47154300	18.05	851135115.00
75	上交所	601000	唐山港	2011-8-25	2011-8-26	127973058	6.80	870216794.40
76	上交所	601008	连云港	2011-3-26	2011-3-29	86734693	5.88	509999994.84
77	上交所	601139	深圳燃气	2011-12-14	2011-12-15	90300000	10.90	984270000.00
78	上交所	601989	中国重工	2011-2-18	2011-2-21	2516316560	6.93	17438073760.80
79	上交所	601991	大唐发电	2011-6-1	2011-6-2	1000000000	6.74	6740000000.00
80	深交所	300048	合康变频	2010-12-01	2011-01-14	3064000	22.39	68602960.00
81	深交所	002118	紫鑫药业	2010-12-31	2011-01-04	49875311	20.05	999999986.00

续表 2 Continued 2

序号 No.	交易所 Exchage	股票代码 Code	公司简称 Companies	增发公告日 Issue Date	流通股上市日 Trading Date of Negotiable Shares	增发总股数 Shares Changes	每股增发价格 Re-Issueing Price	筹资总额 Rised Capital
82	深交所	002172	澳洋科技	2011-01-05	2011-01-06	34220977	8.10	277189914.00
83	深交所	002168	深圳惠程	2011-01-06	2011-01-07	15021600	30.11	452300376.00
84	深交所	000521	美菱电器	2011-01-07	2011-01-10	116731500	10.28	1199999820.00
85	深交所	000625	长安汽车	2011-01-07	2011-01-28	360166022	9.74	3508017054.00
86	深交所	002205	国统股份	2011-01-10	2011-01-11	16152018	27.00	436104486.00
87	深交所	002039	黔源电力	2011-01-11	2011-01-12	63343108	17.05	1079999991.00
88	深交所	002259	升达林业	2011-01-12	2011-01-13	56400000	5.67	319788000.00
89	深交所	000882	华联股份	2011-01-13	2011-01-14	250568200	6.60	1653750120.00
90	深交所	002093	国脉科技	2011-01-13	2011-01-14	32000000	15.50	496000000.00
91	深交所	002199	东晶电子	2011-01-17	2011-01-18	21478873	14.20	304999997.00
92	深交所	000528	柳工	2011-01-21	2011-01-24	100000000	30.00	3000000000.00
93	深交所	000639	金德发展	2011-01-21	2011-01-24	52683621	14.83	781298099.00
94	深交所	002271	东方雨虹	2011-01-24	2011-01-25	13480000	35.00	471800000.00
95	深交所	002068	黑猫股份	2011-02-15	2011-02-16	49900000	9.16	457084000.00
96	深交所	002056	横店东磁	2011-02-18	2011-02-21	15000000	8.92	133800000.00
97	深交所	000982	中银绒业	2011-02-23	2011-02-24	29000000	10.00	290000000.00
98	深交所	002065	东华软件	2011-02-23	2011-02-24	16301577	19.63	319999957.00
99	深交所	000783	长江证券	2011-03-02	2011-03-21	200000000	12.67	2534000000.00
100	深交所	000523	广州浪奇	2011-03-03	2011-03-04	50000000	10.40	520000000.00
101	深交所	002136	安纳达	2011-03-07	2011-03-08	28590000	13.20	377388000.00
102	深交所	000527	美的电器	2011-03-10	2011-03-11	264082374	16.51	4359999995.00
103	深交所	000830	鲁西化工	2011-03-10	2011-03-11	418627450	5.10	2134999995.00
104	深交所	002055	得润电子	2011-03-10	2011-03-11	28571428	21.00	599999988.00
105	深交所	002187	广百股份	2011-03-10	2011-03-11	21351469	24.50	523110991.00
106	深交所	002069	獐子岛	2011-03-11	2011-03-14	21674796	36.90	799799972.00
107	深交所	000792	盐湖钾肥	2011-03-12	2011-03-28	1057798607	73.25	77483747963.00
108	深交所	002218	拓日新能	2011-03-15	2011-03-16	38500000	21.00	808500000.00
109	深交所	000925	众合机电	2011-03-16	2011-03-17	22290000	18.60	414594000.00
110	深交所	000932	华菱钢铁	2011-03-16	2011-03-17	278000000	5.57	1548460000.00
111	深交所	002138	顺络电子	2011-03-22	2011-03-23	18060000	23.80	429828000.00
112	深交所	002206	海利得	2011-03-30	2011-03-31	48387000	18.60	899998200.00
113	深交所	002273	水晶光电	2011-04-01	2011-04-06	2930000	17.92	52505600.00
114	深交所	002250	联化科技	2011-04-07	2011-04-25	19295700	35.50	684997350.00
115	深交所	000935	四川双马	2011-04-12	2011-04-13	296452000	7.61	2255999720.00
116	深交所	000598	兴蓉投资	2011-04-18	2011-04-19	114755813	17.20	1973799984.00
117	深交所	000430	ST 张家界	2011-04-28	2011-04-29	100799732	6.36	641086296.00
118	深交所	000802	北京旅游	2011-04-29	2011-05-03	50000000	10.75	537500000.00
119	深交所	002221	东华能源	2011-05-04	2011-05-13	2900000	6.04	17516000.00
120	深交所	002230	科大讯飞	2011-05-09	2011-05-10	10953751	40.65	445269978.00
121	深交所	000762	西藏矿业	2011-05-12	2011-05-13	41615335	29.18	1214335475.00
122	深交所	000547	闽福发 A	2011-05-14	2011-05-16	64367816	8.70	559999999.00
123	深交所	002038	双鹭药业	2011-05-17	2011-05-18	1230000	1.66	2041800.00

续表 3 Continued 3

序号 No.	交易所 Exchage	股票代码 Code	公司简称 Companies	增发公告日 Issue Date	流通股上市日 Trading Date of Negotiable Shares	增发总股数 Shares Changes	每股增发价格 Re-Issueing Price	筹资总额 Rised Capital
124	深交所	000007	ST 零七	2011-05-19	2011-05-20	46000000	7.06	324760000.00
125	深交所	002006	精功科技	2011-05-23	2011-05-24	7720000	60.10	463972000.00
126	深交所	000531	穗恒运 A	2011-05-26	2011-05-27	76020150	15.53	1180592930.00
127	深交所	300011	鼎汉技术	2011-05-26	2011-05-27	2880000	19.15	55152000.00
128	深交所	002054	德美化工	2011-05-31	2011-06-01	8618064	7.45	64230431.00
129	深交所	002299	圣农发展	2011-06-02	2011-06-03	90900000	16.50	1499850000.00
130	深交所	000620	*ST 圣方	2011-06-07	2011-06-02	1286343609	2.27	2919999992.00
131	深交所	000703	恒逸石化	2011-06-07	2011-06-08	432883813	9.78	4233603691.00
132	深交所	000988	华工科技	2011-06-07	2011-06-08	37950500	20.00	759010000.00
133	深交所	000981	*ST 兰光	2011-06-08	2011-05-30	698005200	4.75	3315524700.00
134	深交所	002125	湘潭电化	2011-06-08	2011-06-09	11556635	19.53	225701082.00
135	深交所	002226	江南化工	2011-06-21	2011-06-22	123800000	14.18	1755484000.00
136	深交所	002151	北斗星通	2011-06-22	2011-06-23	428595	7.71	3304467.00
137	深交所	002161	远望谷	2011-06-22	2011-06-23	36038700	19.26	694105362.00
138	深交所	000417	合肥百货	2011-06-23	2011-06-24	40200000	17.55	705510000.00
139	深交所	000969	安泰科技	2011-06-24	2011-06-24	4011300	9.51	38147463.00
140	深交所	002167	东方锆业	2011-06-30	2011-07-01	27270000	30.06	819736200.00
141	深交所	000019	深深宝 A	2011-07-01	2011-07-04	68977066	8.70	600100474.00
142	深交所	000719	*ST 鑫安	2011-07-01	2011-06-29	285262343	4.80	1369259246.00
143	深交所	002067	景兴纸业	2011-07-01	2011-07-04	154975500	6.13	949999815.00
144	深交所	002307	北新路桥	2011-07-07	2011-07-22	24906600	16.06	399999996.00
145	深交所	002249	大洋电机	2011-07-08	2011-07-25	48951900	21.64	1059319116.00
146	深交所	002190	成飞集成	2011-07-12	2011-07-13	59302325	17.20	1019999990.00
147	深交所	000415	ST 汇通	2011-07-13	2011-07-14	676012606	9.00	6084113454.00
148	深交所	000878	云南铜业	2011-07-13	2011-07-14	159710000	18.64	2976994400.00
149	深交所	002229	鸿博股份	2011-07-15	2011-07-18	20940000	13.60	284784000.00
150	深交所	002176	江特电机	2011-07-19	2011-07-20	17010000	22.00	374220000.00
151	深交所	300056	三维丝	2011-07-19	2011-07-20	496000	19.29	9567840.00
152	深交所	002085	万丰奥威	2011-07-20	2011-07-21	105748968	7.85	830129399.00
153	深交所	002220	天宝股份	2011-07-22	2011-07-25	36363600	16.50	599999400.00
154	深交所	002325	洪涛股份	2011-07-22	2011-07-25	5250000	11.56	60690000.00
155	深交所	002111	威海广泰	2011-07-25	2011-08-09	23280159	20.06	466999990.00
156	深交所	002165	红宝丽	2011-07-25	2011-07-26	16230844	15.16	246059595.00
157	深交所	000596	古井贡酒	2011-08-02	2011-08-03	16800000	75.00	1260000000.00
158	深交所	000001	深发展 A	2011-08-04	2011-08-05	1638336654	17.75	29080475609.00
159	深交所	000750	SST 集琦	2011-08-04	2011-08-05	501723229	3.72	1866410412.00
160	深交所	300170	汉得信息	2011-08-10	2011-09-23	5993500	9.73	58144975.00
161	深交所	002283	天润曲轴	2011-08-11	2011-08-12	79411764	13.60	1079999990.00
162	深交所	000726	鲁泰 A	2011-08-18	2011-09-08	14090000	5.03	70802250.00
163	深交所	002043	兔宝宝	2011-08-19	2011-08-22	52009890	9.10	473289999.00
164	深交所	000656	金科股份	2011-08-22	2011-08-23	908498204	5.18	4706020697.00
165	深交所	000776	广发证券	2011-08-25	2011-08-26	452600000	26.91	12179466000.00
166	深交所	002237	恒邦股份	2011-08-25	2011-08-26	36000000	35.64	1283040000.00
167	深交所	000566	海南海药	2011-08-30	2011-08-31	34745982	23.50	816530577.00

续表 1 Continued 1

序号 No.	证券代码 Code	名称 Companies	实施复牌日 Resumption of Trading Date	类型 Type	对价方案摘要 Abstract of Compensation Package
30	600038	哈飞股份	2006-8-24	送股,派现	上市公司向全体股东每10股派现金3.37元,非流通股东向流通股东每10股送1.3股和现金7.71元,流通股东每10股实得1.3股和现金11.08元。
31	600039	四川路桥	2007-1-8	送股,回购	上市公司向流通股东每10股转增6股(相当于流通股股东每10股获送2.9股),定向回购部分非流通股份。
32	600050	中国联通	2006-5-19	送股	非流通股东向流通股东每10股送2.8股。
33	600051	宁波联合	2006-5-16	送股	非流通股东向流通股东每10股送3.2股。
34	600052	浙江广厦	2007-4-13	资产重组	公司本次股权分置改革拟与定向发行股份购买优质资产、豁免广厦控股及其一致行动人全面要约收购义务相结合,通过定向发行股份购买优质资产。
35	600053	中江地产	2006-12-29	资产重组	通过向江中集团非公开发行股票换取优质资产置入公司、解决原控股股东占款和公司违规担保问题作为对价安排。
36	600054	黄山旅游	2006-2-17	送股	非流通股东向A股流通股东每10股送2.9股。
37	600055	万东医疗	2006-4-11	送股	非流通股东向流通股东每10股送3.8股。
38	600056	中国医药	2006-6-13	送股	上市公司向全体流通股东每10股转增4.91股(相当于流通股股东每10股获得3股的对价)。
39	600057	*ST夏新	2006-3-3	送股	非流通股东向流通股东每10股送3.5股。
40	600058	五矿发展	2006-4-5	送股	非流通股东向流通股东每10股送3股。
41	600059	古越龙山	2006-3-13	送股	非流通股东向流通股东每10股送3股。
42	600060	海信电器	2006-6-12	送股	非流通股东向流通股东每10股送2.5股。
43	600061	中纺投资	2006-7-24	送股	上市公司向全体股东每10股转增1.5股,非流通股东向流通股东每10股送3.8股(流通股东实得5.86455股)。
44	600062	双鹤药业	2006-4-6	送股	非流通股东向流通股东每10股送3.2股。
45	600063	皖维高新	2006-4-13	送股	非流通股东向流通股东每10股送3.2股。
46	600064	南京高科	2006-4-3	送股	非流通股东向流通股东每10股送3.2股。
47	600066	宇通客车	2006-3-6	送股,派现	非流通股东向流通股东每10股送0.2股和现金6.5元。
48	600067	冠城大通	2006-1-5	送股	非流通股东向流通股股东每10股送1股。
49	600068	葛洲坝	2006-5-17	送股	上市公司向全体流通股东每10股转增10股(相当于流通股股东每10股获得3.42股的对价)。
50	600069	银鸽投资	2005-8-23	送股	非流通股东向流通股东每10股送4股。
51	600070	浙江富润	2006-5-17	送股	上市公司向全体流通股东每10股转增7.8股(相当于流通股股东每10股获得2.997股的对价)。
52	600071	凤凰光学	2006-5-30	送股	非流通股东向流通股东每10股送3.1股。
53	600072	中船股份	2006-4-12	送股	非流通股东向流通股东每10股送3.2股。
54	600073	上海梅林	2005-12-15	送股	非流通股东向流通股东每10股送3.3股。
55	600074	中达股份	2006-6-26	送股	上市公司向全体股东转增股本每10股转增7.61392405股,非流通股股东向流通股股东每10股支付4.38607595股对价,流通股股东每10股实得12股。
56	600075	新疆天业	2006-5-12	送股,回购	非流通股东向流通股东每10股送1股,上市公司向全体流通股东每10股转增1.8股,公司以下属的非主业资产东阜城农场截至2005年12月31日经审计的净资产24027万元定向回购2500万股股份并注销。
57	600076	*ST华光	2006-8-8	送股	上市公司向全体流通股东每10股转增9股(相当于流通股股东每10股获得3.16股的对价)。
58	600077	百科集团	2006-12-15	送股	上市公司向全体流通股东每10股转增6.94股(相当于流通股股东每10股获得3.5股的对价)。
59	600078	澄星股份	2006-6-28	送股	非流通股东向流通股东每10股送1股。
60	600079	人福科技	2005-8-19	送股	非流通股东向流通股东每10股送2股。
61	600080	ST金花	2006-6-14	送股	上市公司向全体流通股东每10股转增7.458股(相当于流通股股东每10股获得3.2股的对价)。

续表 2 Continued 2

序号 No.	证券代码 Code	名称 Companies	实施复牌日 Resumption of Trading Date	类型 Type	对价方案摘要 Abstract of Compensation Package
62	600081	东风科技	2007-1-10	送股	非流通股东向流通股东每10股送4股。
63	600082	海泰发展	2006-5-17	送股	非流通股东向流通股东每10股送2.2股。
64	600083	ST博信	2007-1-16	资产重组	福地公司代本公司一次性以现金1650万元的方式清偿广东发展银行东莞分行东城支行3000万元的债务;福地公司同意豁免本公司上述1650万元的债务。控股股东福地公司与东莞市盈丰油粕工业有限公司签署协议,福地公司将其所持有的29.57%的股份以每股0.1元转让给盈丰公司。
65	600084	ST新天	2006-4-21	送股	非流通股东向流通股东每10股送3.8股。
66	600085	同仁堂	2005-11-30	送股	非流通股东向流通股东每10股送2.5股。
67	600086	东方金钰	2006-5-29	送股,资产重组	非流通股东向流通股东每10股送0.5股。公司股东云南兴龙实业有限公司以资产重组作为对价,通过向公司注入优质资产并同时置出不良资产。
68	600087	长航油运	2005-12-20	送股	非流通股东向流通股东每10股送3.0股。
69	600088	中视传媒	2006-7-4	送股	非流通股东向流通股东每10股送3股。
70	600089	特变电工	2006-5-8	送股	上市公司向全体股东每10股转增1股,非流通股东向流通股东每10股送1.883股(流通股东实得3.07股)。
71	600090	啤酒花	2006-2-23	送股,资产重组	非流通股东向流通股东每10股送1股,公司控股股东新疆蓝剑嘉酿投资有限公司将新疆乌苏啤酒有限责任公司50%的股权以及179979046元现金资产以捐赠方式注入公司作为本次股权分置改革利益平衡的对价。
72	600091	明天科技	2006-5-31	送股	非流通股东向流通股东每10股送2.4股。
73	600093	禾嘉股份	2006-12-6	送股	上市公司向全体流通股东每10股转增3.1股,非流通股东向流通股东每10股送0.7股(流通股东实得3.8股)。
74	600094	*ST华源	2007-3-19	送股	上市公司向全体A股流通股东每10股转增7.222股(相当于流通股股东每10股获得3.4547股的对价)。
75	600095	哈高科	2006-7-28	送股	上市公司向全体流通股东每10股转增6.6股(相当于流通股股东每10股获得2.02股的对价)。
76	600096	云天化	2006-4-5	送股,派现	上市公司向全体股东每10股送10元。非流通股股东向流通股股东每10股送1.2股和现金17.14元,流通股股东每10股实际得到1.2股和现金27.14元。
77	600097	开创国际	2006-6-8	送股	非流通股东向流通股东每10股送3.3股。
78	600098	广州控股	2005-8-22	送股	非流通股东向流通股东每10股送2.8股。
79	600099	林海股份	2006-8-8	送股	非流通股东向流通股东每10股送3.2股。
80	600100	同方股份	2006-2-10	送股	非流通股东向流通股东每10股送3.8股。
81	600101	明星电力	2007-2-26	送股	非流通股东向流通股东每10股送1股,上市公司向流通股东每10股转增4股(相当于流通股股东每10股获送2.3股)
82	600102	莱钢股份	2007-1-18	送股,派现	非流通股东向流通股东每10股送1股和现金10.84元。
83	600103	青山纸业	2006-12-27	送股	上市公司向全体流通股东每10股转增4股(相当于流通股股东每10股获得1.17股的对价)。
84	600104	上海汽车	2005-10-24	送股	非流通股东向流通股东每10股送3.4股。
85	600105	永鼎股份	2005-11-23	送股	非流通股东向流通股东每10股送3.5股。
86	600106	重庆路桥	2005-10-24	送股	非流通股东向流通股东每10股送3.8股。
87	600107	美尔雅	2007-2-16	送股	非流通股东向流通股东每10股送4股。
88	600108	亚盛集团	2006-6-14	送股,派现	上市公司向流通股东每10股定向转增3.4股、每10股定向送红股6.8股、派现金0.358元,流通股东每10股实得10.2股和现金0.358元。
89	600109	国金证券	2007-3-29	资产重组	本公司与大股东持有的国金证券合计51.76%的股权进行资产重组。
90	600110	中科英华	2006-7-27	送股	非流通股东向流通股东每10股送2.3股。
91	600111	包钢稀土	2006-4-13	送股	非流通股东向流通股东每10股送3.2股。
92	600112	长征电气	2006-2-27	送股	上市公司向全体股东每10股转增1.5518股,非流通股东向流通股东每10股送3.1股(流通股东实得5.1329股)。

续表 3 Continued 3

序号 No.	证券代码 Code	名称 Companies	实施复牌日 Resumption of Trading Date	类型 Type	对价方案摘要 Abstract of Compensation Package
93	600113	浙江东日	2006－2－8	送股	非流通股东向流通股东每10股送3.8股。
94	600114	东睦股份	2006－2－22	送股	非流通股东向流通股东每10股送2.8股。
95	600115	ST东航	2007－1－12	送股	非流通股东向A股流通股东每10股送3.2股。
96	600116	三峡水利	2006－12－27	送股	上市公司向全体流通股东每10股转增6股(相当于流通股股东每10股获得3.34股的对价)。
97	600117	西宁特钢	2006－3－27	送股	非流通股东向流通股东每10股送3股。
98	600118	中国卫星	2006－5－26	送股,资产重组	非流通股东向流通股东每10股送1股股票对价,五院拟将其持有的东方红公司14.79%股权作为自身及公司第二大非流通股股东北京航天卫星应用总公司应支付的股权注入到公司。
99	600119	长江投资	2006－1－4	送股	非流通股东向流通股股东每10股送3.5股。
100	600120	浙江东方	2006－1－23	送股	非流通股东向流通股东每10股送3股。
101	600121	郑州煤电	2005－8－22	送股	非流通股东向流通股东每10股送3.8股。
102	600122	宏图高科	2006－9－5	送股,资产重组	非流通股东向流通股东每10股送1.7股,三胞集团有限公司以其持有的账面价值为335532411.40元的南京源久房地产开发有限公司97.11%的股权置换宏图高科持有的账面价值为334454857.56元的应收及预付账款,差额部分以现金补齐。
103	600123	兰花科创	2006－2－28	送股	非流通股东向流通股东每10股送3股。
104	600125	铁龙物流	2006－3－27	送股	非流通股东向流通股东每10股送2.5股。
105	600126	杭钢股份	2006－1－19	送股	非流通股东向流通股股东每10股送3.6股。
106	600127	金健米业	2006－11－24	送股	上市公司向全体股东每10股转增6.135股,非流通股东向流通股东每10股送2.9股(流通股东实得10.81股)。
107	600128	弘业股份	2006－3－14	送股	非流通股东向流通股东每10股送3.5股。
108	600129	太极集团	2006－1－6	送股	非流通股东向流通股股东每10股送3.2股。
109	600130	*ST波导	2006－4－6	送股	非流通股东向流通股东每10股送3.8股。
110	600131	岷江水电	2007－1－18	送股	非流通股东向流通股东每10股送3.2股。
111	600132	重庆啤酒	2006－9－27	送股	上市公司向全体流通股东每10股转增3.85455股(相当于流通股股东每10股获得2.4股的对价)。
112	600133	东湖高新	2007－8－14	送股	非流通股东向流通股东每10股送2.5股。
113	600135	乐凯胶片	2008－3－13	送股	非流通股东向流通股东每10股送3股。
114	600136	ST道博	2006－10－16	送股,资产重组	公司第一、二大股东以资产置换方式支付股改对价;公司除第一、二大股东以外的其余非流通股东向流通股股东每10股送1股。
115	600137	浪莎股份	2007－4－13	送股,资产重组	非流通股东向流通股东每10股送2.5股,大股东对公司进行资产重组。
116	600138	中青旅	2006－2－16	送股	非流通股东向流通股东每10股送3股。
117	600139	西部资源	2007－2－15	送股	上市公司向全体流通股东每10股转增2股(相当于流通股股东每10股获得1.138股的对价)。
118	600141	兴发集团	2006－4－5	送股	非流通股东向流通股东每10股送3.5股。
119	600143	金发科技	2005－8－9	送股,派现	上市公司向全体股东每10股派现金0.5556元,非流通股东向流通股东每10股送3股和现金1.4446元。
120	600145	四维控股	2006－11－9	送股,派现	非流通股东向流通股东每10股送1.3股,上市公司向流通股东每10股送红股2.5股,派现0.10008元(相当于流通股股东每10股获送2.8股)。
121	600146	大元股份	2006－2－23	送股	非流通股东向流通股股东每10股送3.2股。
122	600148	长春一东	2006－7－3	送股	非流通股东向流通股股东每10股送3.3股。
123	600149	华夏建通	2007－3－15	送股	上市公司向全体流通股东每10股转增6股(相当于流通股股东每10股获得2.86股的对价)。
124	600150	中国船舶	2005－11－30	送股	非流通股东向流通股东每10股送3.2股。

续表 4 Continued 4

序号 No.	证券代码 Code	名称 Companies	实施复牌日 Resumption of Trading Date	类型 Type	对价方案摘要 Abstract of Compensation Package
125	600151	航天机电	2006-4-7	送股	非流通股东向流通股东每10股送3.2股。
126	600152	维科精华	2006-6-21	送股	非流通股东向流通股东每10股送3股。
127	600153	建发股份	2006-4-10	送股	非流通股东向流通股东每10股送1股。
128	600155	*ST宝硕	2006-4-26	送股	非流通股东向流通股东每10股送3.4股。
129	600156	华升股份	2006-6-27	送股	非流通股东向流通股东每10股送3.7股。
130	600157	鲁润股份	2007-12-25	送股	非流通股东向流通股东每10股送2.3股。
131	600158	中体产业	2007-2-1	送股	非流通股东向流通股东每10股送2.8股。
132	600159	大龙地产	2006-2-6	送股	非流通股东向流通股东每10股送2股。
133	600160	巨化股份	2006-1-25	送股	非流通股东向流通股东每10股送3.5股。
134	600161	天坛生物	2006-5-23	送股	非流通股东向流通股东每10股送3股。
135	600162	香江控股	2006-10-27	送股,资产重组	上市公司向全体流通股东每10股转增1.6股。
136	600163	福建南纸	2006-5-15	送股	非流通股东向流通股东每10股送3.3股。
137	600165	宁夏恒力	2006-2-27	送股,回购	公司以截至2005年9月30日对伊斯兰国际信托投资有限公司长期投资账面价值18000万元为对价,以2.671元为每股价格,按非流通股股东的持股比例向其共计回购67390490股非流通股股份,并将回购股份予以注销。并向流通股东每10股转增1股。
138	600166	福田汽车	2006-5-31	送股	上市公司向全体流通股东每10股转增5.4股(相当于流通股股东每10股获得3股的对价)。
139	600167	联美控股	2007-3-26	送股	上市公司向全体流通股东每10股转增3.0股(相当于流通股股东每10股获得1.71股的对价)。
140	600168	武汉控股	2006-4-20	送股	非流通股东向流通股东每10股送3.2股。
141	600169	太原重工	2006-4-11	送股	非流通股东向流通股东每10股送3.3股。
142	600170	上海建工	2005-11-8	送股	非流通股东向流通股东每10股送3.4股。
143	600171	上海贝岭	2006-1-23	送股	非流通股东向流通股股东每10股送3股。
144	600172	黄河旋风	2005-11-18	送股	非流通股东向流通股东每10股送3股。
145	600173	卧龙地产	2007-10-8	送股,资产重组	与浙江卧龙进行全部资产置换,非流通股东向流通股东每10股送0.5股。
146	600175	美都控股	2006-1-12	送股	非流通股东向流通股股东每10股送2.5股。
147	600176	中国玻纤	2006-8-17	送股,派现	非流通股东向流通股东每10股送2股和现金3.5元。
148	600177	雅戈尔	2006-5-16	权证	非流通股东向流通股东每10股派发1份存续期12个月、行权价3.80元的欧式认购权证,派发7份存续期12个月、行权价4.25元的欧式认沽权证。
149	600178	东安动力	2006-7-5	送股	非流通股东向流通股东每10股送3.5股。
150	600179	黑化股份	2006-6-23	送股	上市公司向全体流通股东每10股转增6股(相当于流通股股东每10股获得3.54股的对价)。
151	600180	*ST九发	2006-1-24	送股	非流通股东向流通股东每10股送3股。
152	600183	生益科技	2006-3-9	送股	非流通股东向流通股东每10股送3.3股。
153	600184	新华光	2006-11-23	送股,资产重组	非流通股东向流通股东每10股送0.6股,与西光集团进行资产重组,获赠4131.52万股云南天达光伏科技股份有限公司股份。
154	600185	*ST海星	2006-3-15	送股	上市公司向流通股股东每10股转增5.6股。
155	600186	莲花味精	2007-2-16	送股	非流通股东向流通股东每10股送2.5股。
156	600187	ST国中	2009-4-17	派现,资产重组	非流通股东向流通股东每10股送现金0.20元。公司潜在控股股东国中水务同意进行股权分置改革,以豁免本公司欠国中水务的部分债务作为对价支付给流通股股东,以换取所持非流通股股份的上市流通权。
157	600188	兖州煤业	2006-4-3	送股	非流通股东向A股流通股东每10股送2.5股
158	600189	吉林森工	2005-12-19	送股	非流通股东向流通股东每10股送3.8股。
159	600190	锦州港	2006-7-11	送股	上市公司向全体股东每10股转增1.1515股,非流通股东向A股流通股东每10股送2.5股(流通股东实得3.9393股)。

续表 5 Continued 5

序号 No.	证券代码 Code	名称 Companies	实施复牌日 Resumption of Trading Date	类型 Type	对价方案摘要 Abstract of Compensation Package
160	600191	华资实业	2006-3-8	送股	非流通股东向流通股东每10股送3.2股。
161	600192	长城电工	2006-8-9	送股	非流通股东向流通股东每10股送3.1股。
162	600193	创兴置业	2006-2-7	送股	非流通股东向流通股东每10股送3股。
163	600195	中牧股份	2006-3-28	送股	非流通股东向流通股东每10股送3.5股。
164	600196	复星医药	2006-4-26	派现	上市公司向全体股东每10股派送现金3.4元(含税),非流通股东向流通股东每10股送现金4.3143元(流通股东实得7.7143元(含税)。
165	600197	伊力特	2006-8-1	送股	非流通股东向流通股东每10股送3股。
166	600198	大唐电信	2006-5-30	送股	非流通股东向流通股东每10股送3.4股。
167	600199	金种子酒	2006-7-4	送股	非流通股东向流通股东每10股送3股。
168	600200	江苏吴中	2005-12-1	送股	非流通股东向流通股东每10股送5股。
169	600201	金宇集团	2006-7-12	送股	上市公司向全体流通股东每10股转增6.2股(相当于流通股股东每10股获得2.6股的对价)。
170	600202	哈空调	2006-9-5	送股	非流通股东向流通股东每10股送3.0股。
171	600203	福日电子	2006-8-23	送股	上市公司向全体流通股东每10股转增6.47股(相当于流通股股东每10股获得4股的对价)。
172	600206	有研硅股	2006-4-17	送股	非流通股东向流通股东每10股送3.5股。
173	600207	ST安彩	2006-6-28	送股	非流通股东向流通股东每10股送3.4股。
174	600208	新湖中宝	2006-2-14	送股	上市公司向全体流通股股东每10股转增6股。
175	600209	罗顿发展	2006-7-28	送股	非流通股东向流通股东每10股送3.5股。
176	600210	紫江企业	2005-7-29	送股	非流通股东向流通股东每10股送3股。
177	600211	西藏药业	2007-9-11	送股	上市公司向全体流通股东每10股转增3.58股(相当于流通股股东每10股获得2股的对价)。
178	600212	*ST江泉	2006-6-26	送股	上市公司向全体流通股东每10股转增10股(相当于流通股股东每10股获得3.75股的对价)。
179	600213	亚星客车	2007-7-5	送股	上市公司向全体流通股东每10股转增5股(相当于流通股股东每10股获得2.95股的对价)。
180	600215	长春经开	2006-12-27	送股,资产重组	非流通股东向流通股东每10股送3股。
181	600216	浙江医药	2006-3-8	送股	非流通股东向流通股东每10股送3.3股。
182	600217	ST秦岭	2006-7-13	送股	非流通股东向流通股东每10股送3.8股。
183	600218	全柴动力	2006-3-6	送股	非流通股东向流通股东每10股送3.5股。
184	600219	南山铝业	2006-3-31	送股	上市公司向全体流通股股东每10股转增10股。
185	600220	江苏阳光	2006-3-7	送股	非流通股东向流通股东每10股送1.0股。
186	600221	海南航空	2006-9-29	送股	非流通股东向A股流通股东每10股送3.3股。
187	600222	太龙药业	2006-8-28	送股	上市公司向全体流通股东每10股转增4.6股(相当于流通股股东每10股获得3.055股的对价)。
188	600223	ST万杰	2006-2-21	送股	非流通股东向流通股东每10股送2.5股。
189	600225	天津松江	2009-10-28	送股,资产重组	资产重组增加的公司股东权益作为股权分置改革的对价安排的一部分,流通股股东每股获得了2.16元权益资产,向流通股股东每10股转增1.8988790股,向滨海控股每10股转增0.8171627股,相当于流通股股东每10股再获送1股。在通过股权分置改革每10股增加1.8988790股的基础上,每10股再增加1.1011210股,即每10股定向转增3股。
190	600226	升华拜克	2006-2-10	送股	非流通股东向流通股股东每10股送3股。
191	600227	赤天化	2006-1-24	送股	非流通股东向流通股东每10股送3.5股。
192	600228	昌九生化	2006-6-6	送股	非流通股东向流通股东每10股送3.5股。
193	600229	青岛碱业	2006-7-20	送股	非流通股东向流通股东每10股送2.5股。

续表 6　Continued 6

序号 No.	证券代码 Code	名称 Companies	实施复牌日 Resumption of Trading Date	类型 Type	对价方案摘要 Abstract of Compensation Package
194	600230	沧州大化	2006-4-7	送股	非流通股东向流通股东每 10 股送 3.3 股。
195	600231	凌钢股份	2006-2-22	送股	非流通股东向流通股东每 10 股送 3.2 股。
196	600232	金鹰股份	2006-2-10	送股	非流通股东向流通股东每 10 股送 3.2 股。
197	600233	大杨创世	2005-11-15	送股	非流通股东向流通股东每 10 股送 3.2 股。
198	600234	*ST 天龙	2007-2-9	送股,资产重组	上市公司向全体流通股东每 10 股转增 6.8 股,六家债权人收购天龙集团及珠海金正的不良债权 158172543.37 元,并豁免珠海金正债务 55521769.60 元,天龙集团拟用资本公积金向债权人共转增 21504200 股股份,本次债务重组导致天龙集团净资产增加 20301777.03 元。
199	600235	民丰特纸	2006-4-28	送股	非流通股东向流通股东每 10 股送 3.5 股。
200	600236	桂冠电力	2006-7-6	送股	非流通股东向流通股东每 10 股送 2.5 股。
201	600237	铜峰电子	2005-12-7	送股	非流通股东向流通股东每 10 股送 3.2 股。
202	600238	海南椰岛	2006-2-15	送股	非流通股东向流通股东每 10 股送 3.6 股。
203	600239	云南城投	2007-11-30	送股	上市公司向全体股东每 10 股转增 1.320229 股,非流通股东向流通股东每 10 股送 2 股(流通股东实得 3.5843 股)。
204	600240	华业地产	2005-12-26	送股	非流通股东向流通股东每 10 股送 1.5 股。
205	600241	时代万恒	2006-4-11	送股	非流通股东向流通股东每 10 股送 3.6 股。
206	600242	ST 华龙	2009-1-5	送股	上海兴铭向全体流通股股东送股 7564543 股,流通股股东每 10 股可获送 0.86 股,上海兴铭将其持有的舟山市普陀中昌海运有限公司 70%股权捐赠给公司,上海兴铭豁免公司对其债务 30000000 元,流通股股东可享有的股东权益为 15162000 元。上述三项对价安排合计相当于全体流通股股东每 10 股可获送 2.404 股。
207	600243	青海华鼎	2006-12-25	送股	上市公司向全体流通股东每 10 股转增 5.5 股(相当于流通股股东每 10 股获得 3 股的对价)。
208	600246	万通地产	2006-9-8	送股	非流通股东向流通股东每 10 股送 3.3 股。
209	600247	成城股份	2005-8-17	送股	非流通股东向流通股东每 10 股送 5 股。
210	600248	延长化建	2007-2-15	送股	上市公司向全体股东每 10 股转增 1 股,非流通股东向流通股东每 10 股送 1.53 股(流通股东实得 2.6838 股),控股股东种业集团将 929.85 公顷林地使用权及地面附着物租赁给秦丰农业经营,种业集团承诺提供经营租赁资产所需要的资金和相关支持,租赁期限自 2006 年 11 月 1 日至 2009 年 10 月 31 日,预计租赁期内秦丰农业在不投入资金和不承担风险的情况下将合计取得 6000 万元租赁经营收益。
211	600249	两面针	2006-5-10	送股	非流通股东向流通股东每 10 股送 3.3 股。
212	600250	南纺股份	2006-7-20	送股	非流通股东向流通股东每 10 股送 3 股。
213	600251	冠农股份	2006-5-26	送股	非流通股东向流通股东每 10 股送 3.2 股。
214	600252	中恒集团	2006-12-20	送股	非流通股东向流通股东每 10 股送 2.8 股。
215	600253	天方药业	2006-4-19	送股	非流通股东向流通股东每 10 股送 2.664 股及送 2.49 元现金。
216	600255	鑫科材料	2006-6-21	送股	非流通股东向流通股东每 10 股送 3 股。
217	600256	广汇股份	2006-4-14	送股	非流通股东向流通股东每 10 股送 2.5 股。
218	600257	大湖股份	2006-4-25	送股	泓鑫控股向公司无偿注入 9761.93 万元经营性资产;上市公司向全体股东每 10 股转增 3 股,非流通股东向流通股东每 10 股送 0.8787 股(流通股东实得 4.1423 股)。
219	600258	首旅股份	2007-1-18	送股	非流通股东向流通股东每 10 股送 3 股。
220	600259	广晟有色	2009-1-19	送股	非流通股东向流通股东每 10 股送 0.50 股,公司第一大股东华顺实业以豁免本公司 6000 万元债务作为本次股权分置改革的对价安排,相当于公司流通股股东获送 2659.79 万元。
221	600260	凯乐科技	2005-12-22	送股	非流通股东向流通股东每 10 股送 4 股。
222	600261	浙江阳光	2005-11-9	送股	非流通股东向流通股东每 10 股送 3 股和现金 1.88 元。

续表 7 Continued 7

序号 No.	证券代码 Code	名称 Companies	实施复牌日 Resumption of Trading Date	类型 Type	对价方案摘要 Abstract of Compensation Package
223	600262	北方股份	2006-6-28	送股	非流通股东向流通股东每 10 股送 2 股和现金 4.84 元。相当于每 10 股获送 3.2 股。
224	600263	路桥建设	2006-3-29	送股	非流通股东向流通股东每 10 股送 3.7 股。
225	600265	景谷林业	2006-9-21	送股	上市公司向全体流通股东每 10 股转增 6.2 股(相当于流通股股东每 10 股获得 3.105 股的对价)。
226	600266	北京城建	2006-2-9	送股	非流通股东向流通股东每 10 股送 3.9 股。
227	600267	海正药业	2006-2-16	送股	非流通股东向流通股股东每 10 股送 3.1 股。
228	600268	国电南自	2006-4-25	送股	非流通股东向流通股东每 10 股送 3.2 股。
229	600269	赣粤高速	2006-6-19	送股	非流通股东向流通股东每 10 股送 1.9 股,公司向控股公司收购温厚高速和九景高速全部资产及相关权益。
230	600270	外运发展	2006-11-2	送股	非流通股东向流通股东每 10 股送 2.9 股。
231	600271	航天信息	2006-5-16	送股	非流通股东向流通股东每 10 股送 2.7 股。
232	600272	开开实业	2007-4-17	送股	非流通股东向 A 股流通股东每 10 股送 2 股。
233	600273	华芳纺织	2005-12-12	送股	非流通股东向流通股东每 10 股送 3.3 股。
234	600275	ST 昌鱼	2006-11-7	送股	上市公司向全体流通股东每 10 股转增 5 股(相当于流通股股东每 10 股获得 3.12股的对价)。
235	600276	恒瑞医药	2006-6-20	送股	非流通股东向流通股东每 10 股送 2.5 股。
236	600277	亿利能源	2006-3-9	送股	非流通股东向流通股东每 10 股送 3.2 股。
237	600278	东方创业	2005-11-23	送股	非流通股东向流通股东每 10 股送 3.5 股。
238	600279	重庆港九	2005-12-9	送股	非流通股东向流通股东每 10 股送 3.2 股。
239	600280	南京中商	2006-8-21	送股	非流通股东向流通股东每 10 股送 1.56 股。
240	600281	太化股份	2006-10-9	送股	非流通股东向流通股东每 10 股送 3.2 股。太化集团以有关土地评估报告中列示的用于抵债的 24 宗共 494784.51 平方米土地使用权评估价值 19944.32 万元及供汽装置评估价值 5020.23 万元为基础值,折抵债务,偿还占用公司的非经营性占款 1914.38 万元及经营性占款 22281.85 万元,其差额 768.32 万元挂公司其他应付款账目。
241	600282	南钢股份	2006-10-25	派现	上市公司向全体股东每 10 股派现 2.8 元,非流通股东向流通股东每 10 股送现金 3.82 元(相当于流通股股东每 10 股获送 1.1 股)。
242	600283	钱江水利	2006-12-27	送股	非流通股东向流通股东每 10 股送 3.5 股。
243	600284	浦东建设	2005-12-21	送股	非流通股东向流通股东每 10 股送 3.2 股。
244	600285	羚锐制药	2006-3-13	送股	非流通股东向流通股东每 10 股送 3 股。
245	600287	江苏舜天	2006-4-12	送股	非流通股东向流通股东每 10 股送 3.7 股。
246	600288	大恒科技	2006-3-1	送股	非流通股东向流通股东每 10 股送 3.5 股。
247	600289	亿阳信通	2006-6-26	送股	上市公司向全体流通股东每 10 股转增 4.08054 股(相当于流通股股东每 10 股获得 2.2 股的对价)。
248	600290	华仪电气	2007-2-1	送股	非流通股东向流通股东每 10 股送 1 股。本次资产置换和股权分置改革获得临时股东大会及相关股东会议表决通过,华仪集团将预先向本公司支付 6000 万元的土地补偿净收益。如果未来土地补偿净额超过 6000 万元,华仪集团将在审计机构出具专项审计报告后的 10 日内,用现金补足差额部分;如果土地补偿净额小于 6000 万元,则本公司无需向华仪集团支付差额。
249	600291	西水股份	2006-3-29	送股	非流通股东向流通股东每 10 股送 3.2 股。
250	600292	九龙电力	2006-1-19	送股	非流通股东向流通股股东每 10 股送 3.2 股。
251	600293	三峡新材	2006-6-19	送股	上市公司向全体流通股东每 10 股转增 6.5 股(相当于流通股股东每 10 股获得 3.14 股的对价)。
252	600295	鄂尔多斯	2006-2-8	送股	非流通股东向 A 股流通股股东每 10 股送 2 股。
253	600297	美罗药业	2006-11-24	送股	上市公司向全体股东每 10 股送红股 1.913043478 股,并派现金 0.068938504 元(含税)。非流通股股东向流通股股东支付 3.586956522 股和现金 0.129259696 元对价,流通股股东每 10 股实际可获得 5.5 股和现金 0.1981982 元。

续表 8 Continued 8

序号 No.	证券代码 Code	名称 Companies	实施复牌日 Resumption of Trading Date	类型 Type	对价方案摘要 Abstract of Compensation Package
254	600298	安琪酵母	2006-4-28	送股	非流通股东向流通股东每10股送3.2股。
255	600299	*ST新材	2006-8-3	送股	非流通股东向流通股东每10股送3股。
256	600300	维维股份	2006-1-16	送股	非流通股东向流通股股东每10股送3股。
257	600301	*ST南化	2005-10-25	送股	非流通股东向流通股东每10股送4股。
258	600302	标准股份	2006-3-8	送股	非流通股东向流通股东每10股送3.3股。
259	600303	曙光股份	2005-12-13	送股	非流通股东向流通股东每10股送2.5股。
260	600305	恒顺醋业	2006-6-9	送股	非流通股东向流通股东每10股送3股。
261	600306	商业城	2006-3-17	送股	非流通股东向流通股东每10股送3股。
262	600307	酒钢宏兴	2006-4-17	送股	非流通股东向流通股东每10股送3.2股。
263	600308	华泰股份	2005-11-14	送股	非流通股东向流通股东每10股送2股。
264	600309	烟台万华	2006-4-24	送股	非流通股东向流通股东每10股送1.6股,派发2份存续期12个月、行权价9元的欧式认购权证和3份存续期12个月、行权价13元的欧式认沽权证。
265	600310	桂东电力	2006-8-3	送股	非流通股东向流通股东每10股送3.3股。
266	600311	荣华实业	2006-7-31	送股	上市公司向全体流通股东每10股转增7股(相当于流通股股东每10股获得3.28股的对价)。
267	600312	平高电气	2006-5-22	送股	上市公司向全体流通股东每10股转增5.218股(相当于流通股股东每10股获得3股的对价)。
268	600313	*ST中农	2007-12-24	送股	上市公司向全体流通股东每10股转增6.50股(相当于流通股股东每10股获得3.6795股的对价)。
269	600315	上海家化	2006-7-24	送股	上市公司向全体股东每10股转增0.46股,非流通股东向流通股东每10股送2.2股(流通股东实得2.76股)。
270	600316	洪都航空	2006-9-19	资产重组	公司控股股东江西洪都飞机工业有限公司将其除对公司的长期股权投资外主要经营性资产及负债注入公司。
271	600317	营口港	2006-1-17	送股	非流通股东向流通股股东每10股送2股和现金9元,上市公司向全体股东每10股派9.6元。流通股东每10股实得2股,现金18.6元(税前)。
272	600318	巢东股份	2007-7-18	送股	上市公司向全体流通股东每10股转增5.25股(相当于流通股股东每10股获得2.6股的对价)。
273	600319	亚星化学	2006-4-26	送股	非流通股东向流通股东每10股送3.3股。
274	600320	振华重工	2006-3-29	送股	非流通股东向A股流通股东每10股送2.5股。
275	600321	国栋建设	2006-7-6	送股	非流通股东向流通股东每10股送3股。
276	600322	天房发展	2006-3-28	送股	非流通股东向流通股东每10股送3.7股。
277	600323	南海发展	2006-5-23	送股	上市公司向全体股东每10股送1.5元,非流通股东向流通股东每10股送1.3股和1.6元现金,流通股东每10股实得1.3股和现金3.1元。
278	600325	华发股份	2005-8-23	送股	非流通股东向流通股东每10股送3股。
279	600326	西藏天路	2006-6-8	送股	非流通股东向流通股东每10股送2.8股。
280	600327	大厦股份	2006-9-26	送股	非流通股东向流通股东每10股送2.7股。
281	600328	兰太实业	2006-4-18	送股	非流通股东向流通股东每10股送3.2股。
282	600329	中新药业	2006-7-19	送股	非流通股东向A股流通股东每10股送2.8股。
283	600330	天通股份	2006-5-22	送股	非流通股东向流通股东每10股送3股。
284	600331	宏达股份	2005-12-27	送股	非流通股东向流通股东每10股送2.5股。
285	600332	广州药业	2006-4-24	送股	非流通股东向A股流通股东每10股送3股。
286	600333	长春燃气	2006-12-22	送股	上市公司向全体流通股东每10股转增3.4股(相当于流通股股东每10股获得1.80股的对价)。
287	600335	鼎盛天工	2006-12-8	送股	上市公司向全体流通股东每10股转增6.1股(相当于流通股股东每10股获得3.61股的对价)。

续表 9　Continued 9

序号 No.	证券代码 Code	名称 Companies	实施复牌日 Resumption of Trading Date	类型 Type	对价方案摘要 Abstract of Compensation Package
288	600336	澳柯玛	2005-12-12	送股	非流通股东向流通股东每 10 股送 4.2 股。
289	600337	美克股份	2006-3-1	送股	非流通股东向流通股东每 10 股送 2.5 股。
290	600338	ST 珠峰	2006-10-23	送股	非流通股东向流通股东每 10 股送 2.5 股，收购西部矿业股份有限公司拥有的 1 万吨、3 万吨锌冶炼生产系统经营性资产和负债以及西部矿业股份有限公司持有的西部铟业公司 51%股权。
291	600339	天利高新	2006-4-10	送股	公司以新疆金融租赁有限公司 9.63%股权及新疆证券有限责任公司 4.62%股权向非流通股股东回购 47043456 股股份，全体非流通股股东以其持有的非流通股份按照 1∶0.7217 的缩股比例进行单向缩股
292	600340	*ST 国祥	2006-6-12	送股	公司以所拥有的上海贵麟瑞通信设备有限公司全部 90%股权回购陈和贵先生 4675325 股非流通股，非流通股东向流通股东每 10 股送 3 股。
293	600343	航天动力	2006-5-16	送股	非流通股东向流通股东每 10 股送 2.9 股。
294	600345	长江通信	2006-8-10	送股	非流通股东向流通股东每 10 股送 4 股。
295	600346	大橡塑	2006-7-11	送股	非流通股东向流通股东每 10 股送 3.8 股。
296	600348	国阳新能	2005-12-29	送股	非流通股东向流通股股东每 10 股送 3.0 股。
297	600350	山东高速	2006-4-24	送股	非流通股东向流通股东每 10 股送 3.2 股。
298	600351	亚宝药业	2006-2-16	缩股	非流通股份按照 1∶0.65 的缩股比例进行缩股。
299	600352	浙江龙盛	2005-8-5	送股	非流通股东向流通股东每 10 股送 4 股。
300	600353	旭光股份	2006-10-27	送股	上市公司向流通股股东每 10 股转增 4.3 股(相当于流通股股东每 10 股获送 2 股)。
301	600354	敦煌种业	2006-9-27	送股	非流通股东向流通股东每 10 股送 3.2 股。
302	600355	*ST 精伦	2006-5-29	送股	非流通股东向流通股东每 10 股送 4.3 股。
303	600356	恒丰纸业	2005-11-29	送股	非流通股东向流通股东每 10 股送 3.3 股。
304	600358	国旅联合	2006-7-18	送股	非流通股东向流通股东每 10 股送 3 股。
305	600359	新农开发	2006-5-24	送股	非流通股东向流通股东每 10 股送 3.5 股。
306	600360	华微电子	2006-6-9	送股	非流通股东向流通股东每 10 股送 2.5 股。
307	600361	华联综超	2005-8-29	送股	非流通股东向流通股东每 10 股送 2.3 股。
308	600362	江西铜业	2006-4-19	送股	非流通股东向 A 股流通股东每 10 股送 2.2 股。
309	600363	联创光电	2006-5-31	送股	非流通股东向流通股东每 10 股送 3.3 股。
310	600365	通葡股份	2006-3-17	送股	非流通股东向流通股东每 10 股送 3 股。
311	600366	宁波韵升	2005-12-6	送股	非流通股东向流通股东每 10 股送 3.2 股。
312	600367	红星发展	2005-12-2	送股	非流通股东向流通股东每 10 股送 3.9 股。
313	600368	五洲交通	2006-7-5	送股	非流通股东向流通股东每 10 股送 3.2 股。
314	600369	西南证券	2006-7-21	送股	上市公司向全体流通股东每 10 股转增 10 股(相当于流通股股东每 10 股获得 4.07 股的对价)。
315	600370	三房巷	2006-8-7	送股	非流通股东向流通股东每 10 股送 2 股。
316	600371	万向德农	2006-9-20	送股	非流通股东向流通股东每 10 股送 0.36667 股和现金 8.61866 元。
317	600372	*ST 昌河	2006-8-9	送股	非流通股东向流通股东每 10 股送 3.5 股。
318	600373	*ST 鑫新	2006-2-13	送股	非流通股东向流通股东每 10 股送 3.41 股。
319	600375	星马汽车	2006-1-13	送股	非流通股东向流通股股东每 10 股送 3.3 股。
320	600376	首开股份	2006-2-16	送股	非流通股东向流通股东每 10 股送 3 股。
321	600377	宁沪高速	2006-5-16	送股	非流通股东向 A 股流通股东每 10 股送 3.2 股。
322	600378	天科股份	2006-11-9	送股	上市公司向全体流通股东每 10 股转增 6.58 股(相当于流通股股东每 10 股获得 3.2 股的对价)。
323	600379	宝光股份	2007-11-5	送股	上市公司向全体流通股东每 10 股转增 4.1361 股(相当于流通股股东每 10 股获得 2.50 股的对价)。
324	600380	健康元	2006-11-24	送股	非流通股东向流通股东每 10 股送 3.8 股。

续表 10 Continued 10

序号 No.	证券代码 Code	名称 Companies	实施复牌日 Resumption of Trading Date	类型 Type	对价方案摘要 Abstract of Compensation Package
325	600381	ST 贤成	2006-11-27	送股	上市公司向全体流通股东每 10 股转增 2.24 股(相当于流通股股东每 10 股获得 1.43 股的对价)。
326	600382	广东明珠	2006-6-26	送股	非流通股东向流通股东每 10 股送 3.3 股。
327	600383	金地集团	2006-8-24	送股	非流通股东向流通股东每 10 股送 2.5 股。
328	600385	ST 金泰	2006-9-12	送股	上市公司向全体流通股东每 10 股转增 1 股,非流通股东向流通股东每 10 股送 1.083 股,流通股东每 10 股实得 2.083 股。
329	600386	北巴传媒	2006-4-5	送股	非流通股东向流通股东每 10 股送 4 股。
330	600387	海越股份	2006-10-16	送股	非流通股东向流通股东每 10 股送 3 股。
331	600388	龙净环保	2006-5-15	送股	非流通股东向流通股东每 10 股送 2.8 股。
332	600389	江山股份	2006-5-25	送股	非流通股东向流通股东每 10 股送 3.5 股。
333	600390	金瑞科技	2006-4-20	送股	非流通股东向流通股东每 10 股送 5 股。
334	600391	成发科技	2006-8-7	送股	非流通股东向流通股东每 10 股送 1.7229 股。公司非流通股股东以非流通股加现金的方式购买公司经营业绩不佳的燃气轮机修理业务相关资产,并将此部分非流通股予以注销,相当于每 10 股流通股获送 0.7523 股非流通股。
335	600392	太工天成	2005-11-10	送股	非流通股东向流通股东每 10 股送 3.5 股。
336	600393	东华实业	2005-11-7	送股	非流通股东向流通股东每 10 股送 3 股。
337	600395	盘江股份	2006-7-28	送股	非流通股东向流通股东每 10 股送 3.2 股。
338	600396	金山股份	2005-10-31	送股	非流通股东向流通股东每 10 股送 3.8 股。
339	600397	安源股份	2006-8-30	送股	上市公司向全体流通股东每 10 股转增 6.154 股(相当于流通股股东每 10 股获得 3.2 股的对价)。
340	600398	凯诺科技	2005-8-5	送股	非流通股东向流通股东每 10 股送 3 股。
341	600399	抚顺特钢	2006-3-20	送股	非流通股东向流通股东每 10 股送 3.4 股。
342	600400	红豆股份	2006-2-15	送股	非流通股东向流通股股东每 10 股送 3 股。
343	600401	*ST 申龙	2005-11-24	送股	非流通股东向流通股东每 10 股送 4.5 股。
344	600403	欣网视讯	2006-7-12	送股	非流通股东向流通股东每 10 股送 3 股。
345	600405	动力源	2006-2-9	送股	非流通股东向流通股东每 10 股送 3.8 股。
346	600406	国电南瑞	2006-12-18	送股	非流通股东向流通股东每 10 股送 1.8 股。
347	600408	安泰集团	2005-11-1	送股	非流通股东向流通股东每 10 股送 3 股。
348	600409	三友化工	2005-12-7	送股	非流通股东向流通股东每 10 股送 3.40 股。
349	600410	华胜天成	2006-5-19	送股	非流通股东向流通股东每 10 股送 2.8 股。
350	600415	小商品城	2006-8-14	送股	非流通股东向流通股东每 10 股送 0.84 股。
351	600416	湘电股份	2005-12-8	送股	非流通股东向流通股东每 10 股送 3.1 股。
352	600418	江淮汽车	2005-12-14	送股	上市公司向全体股东每 10 股转增 6.04 股,非流通股东向流通股东每 10 股送 4.96 股(流通股东实得 11 股)。
353	600419	ST 天宏	2006-5-26	送股	非流通股东向流通股东每 10 股送 3.5 股。
354	600420	现代制药	2006-4-4	送股	非流通股东向流通股东每 10 股送 2.5 股。
355	600421	ST 国药	2006-6-30	送股	上市公司向全体流通股东每 10 股转增 6 股(相当于流通股股东每 10 股获得 3.35 股的对价)。
356	600422	昆明制药	2006-3-21	送股	非流通股东向流通股东每 10 股送 3 股。
357	600423	柳化股份	2005-11-3	送股	非流通股东向流通股东每 10 股送 3 股。
358	600425	青松建化	2006-1-9	送股	非流通股东向流通股股东每 10 股送 3.5 股。
359	600426	华鲁恒升	2006-2-22	送股	非流通股东向流通股东每 10 股送 3.3 股。
360	600428	中远航运	2005-12-9	送股	非流通股东向流通股东每 10 股送 3.0 股。
361	600429	三元股份	2006-4-19	送股	非流通股东向流通股东每 10 股送 4.2 股。

续表 11　Continued 11

序号 No.	证券代码 Code	名称 Companies	实施复牌日 Resumption of Trading Date	类型 Type	对价方案摘要 Abstract of Compensation Package
362	600432	吉恩镍业	2006－3－15	送股	非流通股东向流通股东每 10 股送 2.7 股。
363	600433	冠豪高新	2006－5－24	送股	非流通股东向流通股东每 10 股送 3.2 股。
364	600435	中兵光电	2006－5－22	送股	非流通股东向流通股东每 10 股送 3.3 股。
365	600436	片仔癀	2006－5－22	送股	非流通股东向流通股东每 10 股送 2.8 股。
366	600438	通威股份	2006－3－3	送股	非流通股东向流通股股东每 10 股送 1.5 股。
367	600439	瑞贝卡	2005－11－8	送股	非流通股东向流通股东每 10 股送 3.5 股。
368	600444	＊ST 国通	2005－12－26	送股	非流通股东向流通股东每 10 股送 3.2 股。
369	600446	金证股份	2006－4－7	送股	非流通股东向流通股东每 10 股送 3.2 股。
370	600448	华纺股份	2006－6－29	送股	上市公司向全体流通股东每 10 股转增 8 股(相当于流通股股东每 10 股获得 3.79 股的对价)。
371	600449	赛马实业	2006－8－15	送股	上市公司向全体流通股东每 10 股转增 4.42 股(相当于流通股股东每 10 股获得 2.3 股的对价)。
372	600452	涪陵电力	2006－1－11	送股	非流通股东向流通股股东每 10 股送 3.2 股。
373	600455	＊ST 博通	2006－7－25	送股	非流通股东向流通股东每 10 股送 1.3 股。四家非流通股股东拟以其持有的西安博发科技有限责任公司 69.23%股权(2006 年 3 月 24 日评估价值为人民币 9003.68 万元)与公司审计后账面值为 9000 万元的资产进行置换,置入资产价值与置出资产价值之间的差额,前述四家非流通股股东同意对公司予以豁免。同时,上述四家非流通股股东委托公司管理和处置全部置出资产,上述资产的经营管理和处置收益归公司所有。
374	600456	宝钛股份	2005－12－30	送股	非流通股东向流通股股东每 10 股送 2.6 股。
375	600458	时代新材	2006－3－27	送股	非流通股东向流通股东每 10 股送 3 股。
376	600459	贵研铂业	2006－6－5	送股	非流通股东向流通股东每 10 股送 1.4 股,云锡公司将其所持有的元江镍业 98%的股权无偿转让给公司。
377	600460	士兰微	2005－11－2	送股	非流通股东向流通股东每 10 股送 3.6 股。
378	600461	洪城水业	2006－4－12	送股	非流通股东向流通股东每 10 股送 2.8 股。
379	600462	＊ST 石岘	2007－3－22	送股	上市公司向全体流通股东每 10 股转增 7 股(相当于流通股股东每 10 股获得 4.1 股的对价)。
380	600463	空港股份	2006－2－6	送股	非流通股东向流通股东每 10 股送 3.6 股。
381	600466	迪康药业	2007－1－23	送股	上市公司向全体流通股东每 10 股转增 6.694 股(相当于流通股股东每 10 股获得 3.221 股的对价)。
382	600467	好当家	2006－6－6	送股	上市公司向全体流通股东每 10 股转增 3 股(相当于流通股股东每 10 股获得 1.818 股的对价)。好当家集团以其所属的远近洋捕捞业务的相关资产出资与公司共同成立捕捞公司作为对价的资产安排部分。
383	600468	百利电气	2005－12－8	送股	非流通股东向流通股东每 10 股送 3.8 股。
384	600469	风神股份	2005－8－16	送股	非流通股东向流通股东每 10 股送 4.2 股。
385	600470	六国化工	2006－4－18	送股	非流通股东向流通股东每 10 股送 2.8 股。
386	600475	华光股份	2006－5－24	送股	非流通股东向流通股东每 10 股送 2.8 股。
387	600476	湘邮科技	2006－4－28	送股	非流通股东向流通股东每 10 股送 3 股。
388	600477	杭萧钢构	2006－2－16	送股	非流通股东向流通股东每 10 股送 3.2 股。
389	600478	科力远	2007－3－29	送股	非流通股东向流通股东每 10 股送 3.2 股。
390	600479	千金药业	2006－1－12	送股	非流通股东向流通股东每 10 股送 1.4 股和现金 15.79 元,流通股东每 10 股实际得到 1.4 股和现金 25.79 元。
391	600480	凌云股份	2006－3－1	送股	非流通股东向流通股东每 10 股送 3.3 股。
392	600481	双良股份	2006－1－12	送股	非流通股东向流通股东每 10 股送 3.0 股。
393	600482	风帆股份	2006－2－17	送股	非流通股东向流通股东每 10 股送 3.3 股。

续表 12 Continued 12

序号 No.	证券代码 Code	名称 Companies	实施复牌日 Resumption of Trading Date	类型 Type	对价方案摘要 Abstract of Compensation Package
394	600483	福建南纺	2006-5-29	送股	非流通股东向流通股东每10股送2股,上市公司向全体股东每10股派送现金红利2.162元,流通股股东每10股获得非流通股东3元对价。流通股东每10股实得2股和5.162元。
395	600485	中创信测	2006-3-28	送股	非流通股东向流通股东每10股送4股。
396	600486	扬农化工	2006-7-5	送股	非流通股东向流通股东每10股送3.3股。
397	600487	亨通光电	2005-8-8	送股	非流通股东向流通股东每10股送4.5股。
398	600488	天药股份	2005-10-24	送股	非流通股东向流通股东每10股送3.8股。
399	600489	中金黄金	2006-6-14	送股	非流通股东向流通股东每10股送2.8股。
400	600490	*ST合臣	2006-6-15	送股	上市公司向全体流通股东每10股转增4股(相当于流通股股东每10股获得2.0909股的对价)。
401	600491	龙元建设	2005-11-15	送股	非流通股东向流通股东每10股送2.5股。
402	600493	凤竹纺织	2006-1-9	送股	非流通股东向流通股东每10股送2.5股和现金1.5元。
403	600495	晋西车轴	2005-12-29	送股	非流通股东向流通股东每10股送3.4股。
404	600496	精工钢构	2005-11-10	送股	非流通股东向流通股东每10股送2.3股。
405	600497	驰宏锌锗	2006-6-12	送股	非流通股东向流通股东每10股送2.7股。
406	600498	烽火通信	2006-3-7	送股	非流通股东向流通股东每10股送4.8股。
407	600499	科达机电	2006-5-10	送股	非流通股东向流通股东每10股送3.2股。
408	600500	中化国际	2005-8-12	送股	非流通股东向流通股东每10股送1.75股和现金5.58元。
409	600501	航天晨光	2006-2-15	送股	非流通股东向流通股东每10股送2.5股。
410	600502	安徽水利	2006-6-5	送股	非流通股东向流通股东每10股送3.2股。
411	600503	华丽家族	2008-7-16	送股	上市公司向全体流通股东每10股转增3.5股(相当于流通股股东每10股获得1.98股的对价)。
412	600505	西昌电力	2007-3-8	送股	上市公司向全体流通股东每10股转增6.5股(相当于流通股股东每10股获得3.44股的对价)。
413	600506	*ST香梨	2006-7-18	送股	非流通股东向流通股东每10股送3.2股。以其他应收款和应收账款回购公司股东新疆巴音郭楞蒙古自治州沙依东园艺场8534004股股份和新疆库尔勒市库尔楚园艺场4259123股股份,并注销。
414	600507	方大特钢	2005-8-19	送股	非流通股东向流通股东每10股送3.5股。
415	600508	上海能源	2006-1-25	送股	非流通股东向流通股东每10股送3股。
416	600509	天富热电	2006-5-9	送股	非流通股东向流通股东每10股送3.3股。
417	600510	黑牡丹	2006-4-3	送股	非流通股东向流通股东每10股送3股。
418	600511	国药股份	2006-8-23	送股	非流通股东向流通股东每10股送3股。
419	600512	腾达建设	2006-4-17	送股	非流通股东向流通股东每10股送2.6股。
420	600513	联环药业	2006-3-22	送股	非流通股东向流通股股东每10股送3.5股。
421	600515	*ST筑信	2007-4-13	送股	上市公司向全体流通股东每10股转增4股(相当于流通股股东每10股获得1.5375股的对价)。
422	600516	方大炭素	2007-1-25	送股,资产重组	上市公司向公司潜在控股股东辽宁方大每10股定向转增10股;向全体流通股东每10股转增12.096股(相当于流通股股东每10股获得1.048股的对价),并清偿大股东资金占用和重大资产购买相结合。
423	600517	置信电气	2006-3-30	送股	非流通股东向流通股东每10股送2.5股。
424	600518	康美药业	2005-10-25	送股	非流通股东向流通股东每10股送2.5股。
425	600519	贵州茅台	2006-5-25	送股	上市公司向全体股东每10股转增10股。以转增后股本数每10股派现金5.91元,非流通股东向流通股东每10股送1.2股和现金14.75元,派发16份存续期12个月、行权价30.3的欧式认沽权证。以转增前股本流通股东每10股实得12.4股、现金41.32元,32份存续期12个月、行权价30.3的欧式认沽权证。
426	600520	三佳科技	2006-7-14	送股	非流通股东向流通股东每10股送2.8股。

续表 13 Continued 13

序号 No.	证券代码 Code	名称 Companies	实施复牌日 Resumption of Trading Date	类型 Type	对价方案摘要 Abstract of Compensation Package
427	600521	华海药业	2005-8-16	送股	非流通股东向流通股东每10股送2.5股和现金4.643元。
428	600522	中天科技	2006-5-24	送股	非流通股东向流通股东每10股送3.2股。
429	600523	贵航股份	2006-9-14	送股	非流通股东向流通股东每10股送3股。
430	600525	长园集团	2005-12-23	送股	非流通股东向流通股股东每10股送3.3股。
431	600526	菲达环保	2006-3-8	送股	非流通股东向流通股东每10股送3股。
432	600527	江南高纤	2005-11-3	送股	非流通股东向流通股东每10股送3股。
433	600528	中铁二局	2005-12-5	送股	非流通股东向流通股东每10股送3.8股。
434	600529	山东药玻	2006-2-17	送股	非流通股东向流通股东每10股送2.6股。
435	600530	交大昂立	2006-2-27	送股	非流通股东向流通股东每10股送3.4股。
436	600531	豫光金铅	2005-12-21	送股	非流通股东向流通股东每10股送3.5股。
437	600532	华阳科技	2006-4-12	送股	非流通股东向流通股东每10股送3.5股。
438	600533	栖霞建设	2006-1-23	送股	非流通股东向流通股东每10股送2.8股。
439	600535	天士力	2005-12-30	送股	非流通股东向流通股股东每10股送2.9股。
440	600536	中国软件	2006-5-15	送股	上市公司向全体股东每10股转增0.65股，非流通股东向流通股东每10股送2.51股(流通股东实得3.31股)。
441	600537	海通集团	2005-12-15	送股	非流通股东向流通股东每10股送3股。
442	600538	*ST国发	2006-1-10	送股	非流通股东向流通股股东和内部职工股股东每10股送2.1股。
443	600539	狮头股份	2007-5-23	送股	非流通股东向流通股东每10股送2股。
444	600540	新赛股份	2006-6-15	送股	非流通股东向流通股东每10股送3.2股。
445	600543	莫高股份	2006-7-10	送股	非流通股东向流通股东每10股送3.3股。
446	600545	新疆城建	2006-3-29	送股	非流通股东向流通股东每10股送3.5股。
447	600546	山煤国际	2006-7-27	送股	非流通股东向流通股东每10股送3.4股。
448	600547	山东黄金	2006-3-31	送股	非流通股东向流通股东每10股送2.5股。
449	600548	深高速	2006-2-28	送股	非流通股东向A股流通股东每10股送3.2股。
450	600549	厦门钨业	2006-3-29	送股	非流通股东向流通股东每10股送2.9股。
451	600550	天威保变	2005-8-19	送股	非流通股东向流通股东每10股送4股。
452	600551	时代出版	2006-7-4	送股	非流通股东向流通股东每10股送3.3股。
453	600552	方兴科技	2006-7-18	送股	非流通股东向流通股东每10股送3股。
454	600553	太行水泥	2006-3-1	送股	非流通股东向流通股东每10股送3.3股。
455	600555	九龙山	2006-2-21	送股	非流通股东向A股流通股东每10股送3.5股。
456	600556	*ST北生	2006-3-14	送股	上市公司向全体股东每10股转增7.58股，非流通股东向流通股东每10股送3.5股，流通股东每10股实得13.73股。
457	600557	康缘药业	2005-11-16	送股	非流通股东向流通股东每10股送2.6股。
458	600558	大西洋	2006-8-16	送股	非流通股东向流通股东每10股送3.2股。
459	600559	老白干酒	2006-8-30	送股	非流通股东向流通股东每10股送3.0股。
460	600560	金自天正	2006-5-12	送股	非流通股东向流通股东每10股送3.5股。
461	600561	江西长运	2006-4-26	送股	非流通股东向流通股东每10股送1.4376股，长运集团向江西长运注入现金80643684元，作为资本公积为全体股东共享。
462	600562	*ST高陶	2006-4-13	送股	非流通股东向流通股东每10股送3.5股。
463	600563	法拉电子	2006-4-28	送股	非流通股东向流通股东每10股送2.5股。
464	600565	迪马股份	2006-2-20	送股	非流通股东向流通股东每10股送2.6股。
465	600566	洪城股份	2006-4-12	送股	非流通股东向流通股东每10股送3.5股。
466	600567	山鹰纸业	2006-5-18	送股	非流通股东向流通股东每10股送2.3771股。
467	600568	中珠控股	2006-8-10	送股	非流通股东向流通股东每10股送0.6股，上市公司向流通股东每10股转增3股(相当于流通股股东每10股获送1.85股)。

续表 14 Continued 14

序号 No.	证券代码 Code	名称 Companies	实施复牌日 Resumption of Trading Date	类型 Type	对价方案摘要 Abstract of Compensation Package
468	600569	安阳钢铁	2006-5-25	送股	非流通股东向流通股东每 10 股送 3.4 股。
469	600570	恒生电子	2005-8-9	送股	非流通股东向流通股东每 10 股送 4 股。
470	600571	信雅达	2005-11-30	送股	非流通股东向流通股东每 10 股送 3.8 股。
471	600572	康恩贝	2005-12-27	送股	非流通股东向流通股东每 10 股送 3.2 股。
472	600573	惠泉啤酒	2006-7-7	送股	非流通股东向流通股东每 10 股送 2.1 股。
473	600575	芜湖港	2006-6-30	送股	非流通股东向流通股东每 10 股送 3 股。
474	600576	万好万家	2007-1-25	送股	上市公司向全体流通股东每 10 股转增 4 股(相当于流通股股东每 10 股获得 2.4594 股的对价)。从庆丰股份置换出所有的资产(短期投资除外)和负债,将潜在第一大股东万好万家集团有限公司所拥有的优质资产(浙江万家房地产开发有限公司 99%的股权及浙江新宇之星宾馆有限公司 100%的股权)注入上市公司,以提高公司盈利能力及资产质量、实现公司可持续发展,并以此作为主要对价安排方式。
475	600577	精达股份	2006-4-18	送股	非流通股东向流通股东每 10 股送 2.5 股。
476	600578	京能热电	2006-4-3	送股	非流通股东向流通股东每 10 股送 3.4 股。
477	600579	ST 黄海	2006-11-2	送股	上市公司向全体流通股东每 10 股转增 5.5 股(相当于流通股股东每 10 股获得 3.09 股的对价)。
478	600580	卧龙电气	2005-8-8	送股	非流通股东向流通股东每 10 股送 3.5 股。
479	600581	八一钢铁	2006-2-17	送股	非流通股东向流通股东每 10 股送 3.2 股。
480	600582	天地科技	2007-1-15	送股	非流通股东向流通股东每 10 股送 1.2 股。天地科技股份有限公司以非公开发行 2200 万股流通股收购控股股东煤炭科学研究总院所持有的煤炭科学研究总院山西煤机装备有限公司 51%的股权。
481	600583	海油工程	2006-1-24	送股	非流通股东向流通股东每 10 股送 2.4 股。
482	600584	长电科技	2005-12-29	送股	非流通股东向流通股东每 10 股送 3.2 股。
483	600585	海螺水泥	2006-3-2	派现	非流通股东向 A 股流通股东每 10 股送 15.00 元现金对价。
484	600586	金晶科技	2006-1-10	送股	非流通股东向流通股股东每 10 股送 3.0 股。
485	600587	新华医疗	2006-6-9	送股	非流通股东向流通股东每 10 股送 3.1 股。
486	600588	用友软件	2006-2-28	送股	非流通股东向流通股东每 10 股送 5 股。
487	600589	广东榕泰	2005-11-2	送股	非流通股东向流通股东每 10 股送 3.5 股。
488	600590	泰豪科技	2005-10-25	缩股	非流通股份按照 1∶0.65 的缩股比例单向缩股。
489	600592	龙溪股份	2006-2-14	送股	非流通股东向流通股东每 10 股送 3 股。
490	600593	大连圣亚	2006-8-11	送股	非流通股东向流通股东每 10 股送 3.4 股。
491	600594	益佰制药	2005-12-5	送股	非流通股东向流通股东每 10 股送 3 股。
492	600595	中孚实业	2005-8-29	送股	非流通股东向流通股东每 10 股送 1 股。
493	600596	新安股份	2006-4-11	送股	上市公司向全体流通股股东每 10 股转增 5.7 股,相当于流通股股东每持有 10 股获送 2.5 股。
494	600597	光明乳业	2006-10-10	送股	非流通股东向流通股东每 10 股送 1.2 股和现金 8.46 元。
495	600598	北大荒	2006-1-4	送股	非流通股东向流通股股东每 10 股送 3.4 股。
496	600599	熊猫烟花	2007-1-15	送股	非流通股东向流通股东每 10 股送 2 股。
497	600600	青岛啤酒	2006-12-20	送股	非流通股东向 A 股流通股东每 10 股送 1.78777 股,派现 2.4 元(相当于流通股股东每 10 股获送 2 股)。
498	600602	广电电子	2006-1-13	送股	非流通股东向 A 股流通股股东每 10 股送 1.9 股。
499	600604	ST 二纺	2006-3-3	送股	非流通股东向 A 股流通股东每 10 股送 3.5 股。
500	600604	汇通能源	2006-8-3	送股	非流通股东向流通股东每 10 股送 5.5 股。
501	600604	金丰投资	2006-6-7	送股	非流通股东向流通股东每 10 股送 3.7 股。
502	600608	*ST 沪科	2007-6-28	送股	斯威特集团第一大股东西安通邮向上市公司注入银洞山铁矿探矿权作为斯威特集团和南京泽天向流通股股东支付的对价,除斯威特集团和南京泽天外其他五家非流通股股东向流通股股东每 10 股支付 0.15 股对价;以资本公积金向流通股股东每 10 股定向转增 4.5 股(流通股股东每 10 股实得 4.65 股)。

续表 15　Continued 15

序号 No.	证券代码 Code	名称 Companies	实施复牌日 Resumption of Trading Date	类型 Type	对价方案摘要 Abstract of Compensation Package
503	600609	*ST 金杯	2006－8－10	送股	非流通股东向流通股东每 10 股送 3.7 股。
504	600611	大众交通	2006－7－19	送股	非流通股东向 A 股流通股东每 10 股送 2 股。
505	600612	老凤祥	2006－2－8	送股	非流通股东向 A 股流通股股东每 10 股送 3.5 股。
506	600613	永生投资	2006－7－28	送股	非流通股东向 A 股流通股东每 10 股送 2.2 股。
507	600614	鼎立股份	2006－6－20	送股	非流通股东向 A 股流通股东每 10 股送 7 股。
508	600615	丰华股份	2007－3－1	送股	上市公司向全体股东每 10 股转增 2.5 股，沿海投资将所获转增股份保留，其他非流通股东向流通股东每 10 股送 3.02 股(流通股东实得 6.27 股)。本公司将目前所持有的红狮公司 90％股权和即将持有的红狮公司 10％股权按照16027.01万元协商确定的转让价格 16000 万元出售给尔泰公司；本公司将3601 号房产按照基于评估值 11560 万元协商确定的转让价格 11500 万元出售给尔泰公司等股权转让。流通股东相当于每 10 股获得了 5.68 股。
509	600616	金枫酒业	2005－11－24	送股	非流通股东向流通股东每 10 股送 3.5 股。
510	600617	*ST 联华	2007－2－5	送股	非流通股东向 A 股流通股东每 10 股送 3 股。公司以合法拥有的上海联华化纤有限公司 90％的股权、江苏中元实业有限公司 43.95％的股权、苏州恒舜达织造有限公司 18.2％的股权和部分固定资产(机器设备)与南方家园合法所拥有的资产(3.34 万平方米可售商业房屋和 150 亩土地使用权)进行置换。本次资产置换中的置出资产作价为 105407737.11 元，置入资产作价为 115758073.46 元，置换差价 10350336.35 元由公司以本次置入资产经营所产生的现金流支付。
511	600618	氯碱化工	2006－1－11	送股	非流通股东向 A 股流通股股东每 10 股送 4.3 股。
512	600619	海立股份	2005－12－21	送股	非流通股东向 A 股流通股东每 10 股送 3.5 股。
513	600620	天宸股份	2006－3－29	送股	非流通股东向流通股东每 10 股送 3.3 股。
514	600621	上海金陵	2005－10－21	送股	非流通股东向流通股东每 10 股送 4 股。
515	600622	嘉宝集团	2006－2－27	送股	非流通股东向流通股东每 10 股送 2.5 股。
516	600623	双钱股份	2006－5－22	送股	非流通股东向 A 股流通股东每 10 股送 7 股。
517	600624	复旦复华	2006－5－17	送股	上市公司向全体股东每 10 股转增 3.1 股，非流通股东向流通股东每 10 股送 1.489股(流通股东实得 5.05 股)。
518	600626	申达股份	2006－1－19	送股	非流通股东向流通股东每 10 股送 3.3 股。
519	600628	新世界	2006－3－30	送股	非流通股东向流通股东每 10 股送 3 股。
520	600629	棱光实业	2007－10－26	资产重组	建材集团对公司债务豁免和注入优质资产。
521	600630	龙头股份	2006－2－16	送股	非流通股东向流通股东每 10 股送 3.3 股。
522	600631	百联股份	2006－4－18	送股	非流通股东向流通股东每 10 股送 3.0 股。
523	600633	*ST 白猫	2006－6－13	送股	非流通股东向流通股东每 10 股送 5 股。
524	600634	*ST 海鸟	2006－9－20	送股	非流通股东向流通股东每 10 股送 2 股。
525	600635	大众公用	2006－4－17	送股	上市公司向全体股东每 10 股转增股本 3 股，非流通股东向流通股东每 10 股送 1.52 股，流通股东实得 4.98 股。
526	600636	三爱富	2006－5－22	送股	非流通股东向流通股东每 10 股送 2.8 股。
527	600637	广电信息	2006－3－7	送股	非流通股东向流通股东每 10 股送 2.1 股。广电集团以“专项资金”收购广电信息部分资产(价值 420000213.73 元)，并且承诺资产的处置所得归上市公司所有。
528	600638	新黄浦	2006－5－11	送股	非流通股东向流通股东每 10 股送 3 股。
529	600639	浦东金桥	2006－1－12	送股	非流通股东向 A 股流通股股东每 10 股送 3.5 股。
530	600640	中卫国脉	2006－4－25	送股	非流通股东向流通股东每 10 股送 3.5 股。
531	600641	万业企业	2006－7－26	送股	非流通股东向流通股东每 10 股送 1.5 股，三林万业以 75％的折让比例将其持有宝山置业 90％的股权转让给上市公司。
532	600642	申能股份	2005－8－17	送股	非流通股东向流通股东每 10 股送 3.2 股。
533	600643	爱建股份	2008－1－29	送股	上市公司向全体股东每10 股转增 3.69865124 股，非流通股东向流通股东每 10 股送 1.30134876 股(流通股东实得 5.00 股)。

续表 16 Continued 16

序号 No.	证券代码 Code	名称 Companies	实施复牌日 Resumption of Trading Date	类型 Type	对价方案摘要 Abstract of Compensation Package
534	600644	乐山电力	2007-1-5	送股	非流通股东向流通股东每10股送0.9股,上市公司向流通股东每10股转增5.9912股(相当于流通股股东每10股获送2.9股)。
535	600645	ST中源	2007-1-25	送股	上市公司向全体流通股东每10股转增6.983股,对除提出股改动议的4家股东外的109家非流通股东每10股非流通股转增3股(相当于流通股股东每10股获得3.06股的对价)。
536	600647	同达创业	2006-4-27	送股	非流通股东向流通股东每10股送3.9股。
537	600648	外高桥	2006-2-16	送股	非流通股东向A股流通股东每10股送3.8股。
538	600649	城投控股	2006-4-14	送股	非流通股东向流通股东每10股送2.2股,派发5份存续期300个自然日、行权价5元的欧式认沽权证。
539	600650	锦江投资	2006-2-13	送股	非流通股东向A股流通股东每10股送3.5股。
540	600654	飞乐股份	2005-12-13	送股	非流通股东向流通股东每10股送1.6股。
541	600655	豫园商城	2006-6-5	送股	非流通股东向流通股东每10股送1股。
542	600656	ST方源	2008-7-1	送股	上市公司向全体股东每10股转增2.30股,非流通股东向流通股东每10股送0.70股(流通股东实得3.00股)。公司实际控制人麦校勋及第二大股东许志榕决定将其合计持有的方达环宇51%的股权无偿注入上市公司。
543	600657	信达地产	2006-8-4	送股	上市公司向全体流通股东每10股转增11股(相当于流通股股东每10股获得2.86股的对价)。
544	600658	电子城	2006-6-26	送股	非流通股东向流通股东每10股送3.2股。
545	600660	福耀玻璃	2006-3-15	送股	非流通股东向流通股东每10股送1股。
546	600661	新南洋	2006-2-14	送股	非流通股东向流通股东每10股送3.5股。
547	600662	强生控股	2006-9-5	送股	非流通股东向流通股东每10股送2.5股。
548	600663	陆家嘴	2006-1-6	送股	非流通股东向A股流通股东每10股送3.5股。
549	600664	哈药股份	2008-9-4	资产重组	哈尔滨市政府同意以豁免哈药股份对哈尔滨市财政局技改项目借款等合计131958333元债务的方式代哈药集团向流通股股东支付对价,相当于流通股股东每10股获得0.07股。
550	600665	天地源	2006-5-11	送股	非流通股东向流通股东每10股送3.3股。
551	600666	西南药业	2006-4-12	送股	非流通股东向流通股东每10股送3股。
552	600667	太极实业	2007-1-8	送股	非流通股东向流通股东每10股送2.5股。
553	600668	尖峰集团	2006-8-7	送股	非流通股东向流通股东每10股送3.2股。
554	600671	天目药业	2006-12-18	送股	非流通股东向流通股东每10股送0.8股。
555	600673	东阳光铝	2006-1-4	送股	上市公司向全体股东每10股转增1.4386107股,非流通股东向流通股东每10股送1.802股,流通股东每10股实得3.5股。
556	600674	川投能源	2006-7-14	送股	非流通股东向流通股东每10股送3.4股。
557	600675	中华企业	2005-12-19	送股	非流通股东向流通股东每10股送3.0股。
558	600676	交运股份	2005-12-27	送股	非流通股东向流通股股东每10股送3.5股。
559	600677	航天通信	2006-6-9	送股	非流通股东向流通股东每10股送2.5股。
560	600678	ST金顶	2006-8-17	送股	非流通股东向流通股东每10股送3.0股。
561	600679	金山开发	2006-2-16	送股	非流通股东向A股流通股东每10股送3.9股。
562	600680	上海普天	2006-7-27	送股	非流通股东向A股流通股东每10股送3.5股。
563	600682	南京新百	2008-5-6	送股	上市公司向全体流通股东每10股转增8.38股(相当于流通股股东每10股获得1.81股的对价)。
564	600683	京投银泰	2006-7-4	送股	上市公司向全体流通股东每10股转增4股(相当于流通股股东每10股获得1.86股的对价)。
565	600684	珠江实业	2006-4-7	送股	非流通股东向流通股东每10股送3股。
566	600685	广船国际	2006-5-24	送股	非流通股东向A股流通股东每10股送2.7股。

续表 17　Continued 17

序号 No.	证券代码 Code	名称 Companies	实施复牌日 Resumption of Trading Date	类型 Type	对价方案摘要 Abstract of Compensation Package
567	600686	金龙汽车	2006－3－30	送股	非流通股东向流通股东每 10 股送 3 股。
568	600687	刚泰控股	2006－4－27	送股	上市公司向全体流通股东每 10 股转增 4 股(相当于流通股股东每 10 股获得 2.14股的对价)。
569	600689	上海三毛	2006－8－22	送股	非流通股东向 A 股流通股东每 10 股送 3 股。
570	600690	青岛海尔	2006－5－17	送股	非流通股东向流通股东每 10 股送 1 股,派发 9 份存续期 12 个月、行权价 4.39 元的欧式认沽权证。
571	600691	*ST 东碳	2007－5－25	送股	上市公司向全体流通股东每 10 股转增 8 股,四川香凤企业有限公司为减轻上市公司及其控股子公司的财务负担,承担东新电碳股份有限公司及其控股子公司自贡机械密封件有限责任公司(控股比例为 99.97%)的债务 2894 万元(其中,承担上市公司债务 26671727.92 元,承担自贡机械密封件有限责任公司债务 2268272.08 元),并予以豁免(相当于流通股股东每 10 股获得 3.42 股的对价)。
572	600692	亚通股份	2005－12－7	送股	非流通股东向流通股东每 10 股送 3.4 股。
573	600693	东百集团	2006－8－30	送股	非流通股东向流通股东每 10 股送 1 股。
574	600694	大商股份	2006－11－17	送股	非流通股东向流通股东每 10 股送 2.3 股。
575	600695	大江股份	2006－9－20	送股	非流通股东向 A 股流通股股东每 10 股送 3 股。
576	600696	多伦股份	2006－6－28	送股	非流通股东向流通股东每 10 股送 2.7 股。
577	600697	欧亚集团	2006－10－27	送股	非流通股东向流通股东每 10 股送 1 股,上市公司向流通股东每 10 股转增 2 股(相当于流通股股东每 10 股获送 1.727 股)。
578	600698	ST 轻骑	2008－11－7	送股	非流通股东向 A 股流通股东每 10 股送 3 股,大股东向上市公司注入资产,抵偿债务(相当于流通股股东每 10 股获付 3.9 股)。
579	600699	*ST 得亨	2006－8－8	送股	非流通股东向流通股东每 10 股送 3.8 股。
580	600701	*ST 工新	2007－2－13	送股	上市公司向全体流通股东每 10 股转增 10 股(相当于流通股股东每 10 股获得 3 股的对价)。
581	600702	沱牌曲酒	2006－4－6	送股	非流通股东向流通股东每 10 股送 3.9 股。
582	600703	三安光电	2008－7－8	送股	上市公司向全体流通股东每 10 股转增 2 股(相当于流通股股东每 10 股获得 1 股的对价),公司潜在控股股东三安集团拟将其控股子公司三安电子的 LED 外延片及芯片经营性资产通过上市公司向其发行股份购买资产的方式注入天颐科技。
583	600704	中大股份	2006－2－17	送股	非流通股东向流通股东每 10 股送 3.5 股。
584	600706	ST 长信	2006－5－11	送股	非流通股东向流通股东每 10 股送 3 股。
585	600707	彩虹股份	2006－7－31	送股	非流通股东向流通股东每 10 股送 4.2 股。
586	600708	海博股份	2005－12－22	送股	非流通股东向流通股东每 10 股送 3.5 股。
587	600710	常林股份	2006－5－9	送股	非流通股东向流通股东每 10 股送 3.2 股。
588	600711	ST 雄震	2007－1－22	送股	上市公司向全体流通股东每 10 股转增 5 股(相当于流通股股东每 10 股获得 3.33股的对价)。
589	600712	南宁百货	2007－1－5	送股	非流通股东向流通股东每 10 股送 2.8 股。
590	600713	南京医药	2006－7－17	送股	上市公司向全体流通股东每 10 股转增 6.8 股(相当于流通股股东每 10 股获得 3 股的对价)。
591	600714	ST 金瑞	2006－9－27	送股	非流通股东向流通股东每 10 股送 3 股。
592	600715	ST 松辽	2006－11－14	资产重组	华汇销售豁免上市公司所欠其债务 12000 万元,并以此作为全体非流通股股东对流通股股东的对价安排。
593	600716	凤凰股份	2006－7－21	送股	非流通股东向流通股东每 10 股送 4 股。
594	600717	天津港	2005－12－27	送股	非流通股东向流通股东每 10 股送 1.85 股和现金 8.12 元,相当于控股股东向流通股股东每持有 10 股股份送 3.18 股股份。
595	600718	东软集团	2006－4－4	送股	非流通股东向流通股东每 10 股送 2.5 股,派现金 3.65 元。

续表 18　Continued 18

序号 No.	证券代码 Code	名称 Companies	实施复牌日 Resumption of Trading Date	类型 Type	对价方案摘要 Abstract of Compensation Package
596	600719	大连热电	2006-6-22	送股	非流通股东向流通股东每 10 股送 3 股。
597	600720	祁连山	2006-7-20	送股	非流通股东向流通股东每 10 股送 3 股。
598	600721	ST 百花	2008-1-24	送股	非流通股东向流通股东每 10 股送 1.0192 股,股东兵团国资和一〇二团向公司捐赠现金 26303660.50 元,向特定对象非公开发行股票购买资产,高于认购股票总价款的金额 19909510.46 元,由农六师国资捐赠给公司。
599	600722	*ST 金化	2006-11-17	送股	非流通股东向流通股东每 10 股送 3.4 股。
600	600723	西单商场	2006-8-2	送股	非流通股东向流通股东每 10 股送 3.5 股。
601	600724	宁波富达	2006-12-22	送股	非流通股东向流通股东每 10 股送 1 股,上市公司向流通股东每 10 股转增 5.1 股(相当于流通股股东每 10 股获送 3.2 股)。
602	600725	云维股份	2006-2-10	送股	非流通股东向流通股东每 10 股送 3.5 股。
603	600726	华电能源	2006-9-27	送股	非流通股东向 A 股流通股东每 10 股送 3.2 股。
604	600727	*ST 鲁北	2006-7-21	送股	非流通股东向流通股东每 10 股送 4 股。
605	600728	*ST 新太	2010-6-9	送股	公司控股股东佳都集团将其持有的广州高新链 100%的股权以及第二大股东番禺通信将其持有的 6000 万元现金资产赠与上市公司;向全体流通股股东每 10 股转增 9 股,相当于流通股股东每 10 股获送 2.178 股的对价安排,总体对价水平为流通股股东每 10 股获送 3.128 股。
606	600729	重庆百货	2006-5-29	送股	非流通股东向流通股东每 10 股送 2.8 股。
607	600730	中国高科	2006-6-15	送股	非流通股东向流通股东每 10 股送 3 股。
608	600731	湖南海利	2006-3-10	送股	非流通股东向流通股东每 10 股送 3.3 股。
609	600732	上海新梅	2005-11-29	送股	非流通股东向流通股东每 10 股送 2.7 股。
610	600734	实达集团	2008-12-26	送股	(一) 股票支付:公司除潜在股东昂展置业和中兴鸿基以外的非流通股股东向全体流通股股东支付每 10 股送出 3 股;相当于流通股股东按其持有的流通股每 10 股获付 2.6514 股股份。 (二) 资产捐赠:公司潜在股东昂展置业、中兴鸿基以其合计持有长春融创 40.146%的股权赠与给上市公司。 (三) 资产置换:S*ST 实达以其持有成都东方龙马 100%的股权置换公司潜在股东昂展置业、中兴鸿基合计持有长春融创 10.854%的股权。
611	600735	新华锦	2007-8-15	资产重组	重组方鲁锦集团剥离公司亏损资产及置入优质资产、清偿欠款、赠送资产,增加公司净资产值。
612	600736	苏州高新	2006-3-24	送股	非流通股东向流通股东每 10 股送 3.4 股。
613	600737	中粮屯河	2007-1-23	资产重组	中国粮油食品(集团)有限公司拟以其所持有的中粮新疆四方糖业(集团)有限责任公司 100%的股权和朔州中粮糖业有限公司 100%的股权赠送给公司作为非流通股股东在本次股权分置改革中的对价安排,以获得其所持有非流通股的流通权。
614	600738	兰州民百	2006-6-8	资产重组	上市公司向全体流通股东每 10 股转增 2.16212 股和非流通股东向流通股东每 10 股送 0.73059 股以及公司第一大非流通股股东红楼集团向公司无偿注入兰州红楼房地产开发有限公司 36.6045%股权。
615	600739	辽宁成大	2006-1-24	送股	非流通股东向流通股东每 10 股送 3 股。
616	600740	*ST 山焦	2006-5-10	送股	非流通股东向流通股东每 10 股送 3 股。
617	600741	华域汽车	2006-3-31	送股	非流通股东向流通股东每 10 股送 3 股。
618	600742	一汽富维	2006-4-18	送股	非流通股东向流通股东每 10 股送 3.8 股。
619	600743	华远地产	2008-8-28	送股	作为股权分置改革的前提条件本公司全体股东所持股份以每 1 股减为 0.4 股的方式减少注册资本,本公司重大资产出售暨以新增股份换股吸收合并华远地产。
620	600744	华银电力	2006-7-18	送股	非流通股东向流通股东每 10 股送 3.4832 股和现金 0.34 元。
621	600745	中茵股份	2008-7-8	送股,资产重组	非流通股东向流通股东每 10 股送 1.447 股,公司本次股权分置改革与重大资产重组相结合进行。
622	600746	江苏索普	2006-7-25	送股	非流通股东向流通股东每 10 股送 3.2 股。

续表 19　Continued 19

序号 No.	证券代码 Code	名称 Companies	实施复牌日 Resumption of Trading Date	类型 Type	对价方案摘要 Abstract of Compensation Package
623	600747	大连控股	2006-6-13	送股	上市公司向全体流通股东每10股转增8股(相当于流通股股东每10股获得3.15股的对价)。
624	600748	上实发展	2005-12-26	送股	非流通股东向流通股东每10股送3.2股。
625	600749	西藏旅游	2006-1-18	送股	非流通股东向流通股东每10股送3股。
626	600750	江中药业	2006-5-17	送股	非流通股东向流通股东每10股送3.2股。
627	600753	东方银星	2006-7-17	送股	非流通股东向流通股东每10股送3.2股。
628	600754	锦江股份	2006-1-23	送股	非流通股东向A股流通股股东每10股送3.1股。
629	600755	厦门国贸	2006-7-10	送股	上市公司向全体流通股东每10股转增4.5股,厦门市商贸国有资产投资有限公司向公司注入3000万元货币资金,作为资本公积为全体股东共享。
630	600756	浪潮软件	2006-5-24	送股	非流通股东向流通股东每10股送2.4股。
631	600757	*ST源发	2007-4-25	送股	上市公司向全体流通股东每10股转增5.7股(相当于流通股股东每10股获得3.42股的对价)。
632	600758	红阳能源	2007-2-7	资产重组	与非流通股股东沈煤集团进行资产重组。
633	600759	正和股份	2007-11-19	送股,资产重组	公司向北方发展出售所有资产;公司以新增股份向广西正和购买资产;北方发展对公司进行债务重组。潜在非流通股东广西正和向全体流通股东每10股送2股。
634	600760	东安黑豹	2006-3-2	送股	非流通股东向流通股东每10股送3股。
635	600761	安徽合力	2005-10-28	送股	非流通股东向流通股东每10股送2.6股。
636	600763	通策医疗	2006-11-9	送股	大股东宝群实业收购上市公司债权,并向上市公司赠送资产,注入现金(相当于流通股股东每10股获得2.72股的股票对价)。
637	600764	中电广通	2006-3-10	送股	非流通股东向流通股东每10股送3股。
638	600765	中航重机	2006-6-20	送股	非流通股东向流通股东每10股送3股。
639	600766	园城股份	2006-9-21	送股	非流通股东园城集团向公司注入资产,非流通股东向流通股东每10股送1.3股(相当于流通股股东每10股获送4.3股)。
640	600767	运盛实业	2006-12-28	送股	非流通股东向流通股东每10股送2.5股。
641	600768	宁波富邦	2006-12-26	送股	非流通股东向流通股东每10股送2.7股。
642	600769	*ST祥龙	2006-9-26	送股	上市公司向全体股东每10股转增0.75股,非流通股东向流通股东每10股送4.65股,流通股东每10股实得(相当于流通股股东每10股获送4.5股)。
643	600770	综艺股份	2005-10-24	送股	非流通股东向流通股东每10股送3.5股。
644	600771	ST东盛	2006-7-11	送股	上市公司向全体流通股东每10股转增2.6股(相当于流通股股东每10股获得1.788股的对价)。
645	600773	西藏城投	2007-3-7	送股	上市公司向全体流通股东每10股转增7股(相当于流通股股东每10股获得3.4股的对价)。
646	600774	汉商集团	2006-5-23	送股	非流通股东向流通股东每10股送3.6股。
647	600775	南京熊猫	2006-9-11	送股	非流通股东向A股流通股东每10股送3.5股。
648	600776	东方通信	2006-7-26	送股	非流通股东向A股流通股东每10股送3.3股。
649	600777	新潮实业	2006-5-17	送股	上市公司向全体流通股东每10股转增5股(相当于流通股股东每10股获得1.56股的对价)。
650	600778	友好集团	2006-6-20	送股	非流通股东向流通股东每10股送2.8股。
651	600779	水井坊	2006-1-18	送股	非流通股东向流通股东每10股送2.8股。
652	600780	通宝能源	2005-10-31	送股	上市公司向全体股东派现金3元,非流通股东向流通股东每10股送2.2股和2.17元现金(流通股东实得2.2股和5.17元现金)。
653	600781	上海辅仁	2006-7-3	送股	辅仁药业拟将其所持有的河南辅仁堂制药有限公司95%的股权与公司拥有的低效资产进行置换;非流通股东向流通股东每10股送1股。
654	600782	新钢股份	2006-10-24	送股	非流通股东向流通股东每10股送3.3股。

续表 20 Continued 20

序号 No.	证券代码 Code	名称 Companies	实施复牌日 Resumption of Trading Date	类型 Type	对价方案摘要 Abstract of Compensation Package
655	600783	鲁信高新	2006-4-27	送股	非流通股东向流通股东每10股送3.1股。
656	600784	鲁银投资	2006-6-5	送股	非流通股东向流通股东每10股送0.6股。
657	600785	新华百货	2006-9-1	送股	上市公司向全体股东每10股转增2股,物美商业向全体流通股股东每10股免费派送10份认沽权利。
658	600787	中储股份	2006-1-10	送股	非流通股东向流通股股东每10股送3.7股。
659	600789	鲁抗医药	2006-10-31	送股	上市公司向全体流通股东每10股转增7股,向中国资本每10股转增4.12股(相当于流通股股东每10股获得2.04股的对价)。
660	600790	轻纺城	2006-12-25	送股	精功集团在债务重组中实际支付81436086.42元,上市公司向全体股东转增2.8股,非流通股东向流通股东每10股送0.240167股对价(流通股股东每10股实得3.107413股)。
661	600791	京能置业	2006-2-10	送股	非流通股东向流通股东每10股送3股。
662	600792	ST马龙	2006-7-17	送股	非流通股东向流通股东每10股送3.2股。
663	600793	ST宜纸	2006-9-20	送股	非流通股东向流通股东每10股送3.3股。
664	600794	保税科技	2006-7-20	送股	非流通股东向流通股东每10股送3股。
665	600795	国电电力	2006-8-31	送股	非流通股东向流通股东每10股送2.5股,派发2份存续期为12个月、行权价4.80元的的欧式认购权证(相当于流通股股东每10股获送2.9股)。
666	600796	钱江生化	2006-5-11	送股	非流通股东向流通股东每10股送3.8股。
667	600797	浙大网新	2005-10-31	送股	非流通股东向流通股东每10股送2.8股。
668	600798	宁波海运	2006-4-26	送股	非流通股东向流通股东每10股送2.8股。
669	600800	ST磁卡	2009-3-4	送股	上市公司向全体股东每10股转增2.28股,非流通股东向流通股东每10股送1.22股(流通股东实得3.5股),控股股东豁免公司7亿元债务而折算出相当于流通股股东每10股获得2.68股,流通股股东合计每10股获送4.86股。
670	600801	华新水泥	2005-12-29	送股	非流通股东向A股流通股东每10股送3.0股。
671	600802	福建水泥	2006-8-23	送股	上市公司向全体流通股东每10股转增6股(相当于流通股股东每10股获得2.624股的对价)。
672	600803	威远生化	2006-4-17	送股	非流通股东向流通股东每10股送2.5股。
673	600804	鹏博士	2006-7-6	送股	上市公司向全体流通股东每10股转增3.5股(相当于流通股股东每10股获得1.1股的对价)。
674	600805	悦达投资	2006-10-23	送股	非流通股东向流通股东每10股送2股,与大股东悦达集团进行资产置换,通过以资抵债方式解决悦达集团截至2006年6月30日占用公司的资金。
675	600806	昆明机床	2007-3-7	送股	上市公司向全体股东每10股转增1.5606股,非流通股东向A股流通股东每10股送2.7股(流通股东实得4.6819925股)。
676	600807	天业股份	2007-1-15	送股	非流通股东向流通股东每10股送0.5股。
677	600808	马钢股份	2006-3-31	送股	非流通股东向全体A股流通股东每10股送3.4股。
678	600809	山西汾酒	2006-5-9	送股	非流通股东向流通股东每10股送3.3股。
679	600810	神马股份	2006-4-17	送股	非流通股东向流通股东每10股送4.7股。
680	600811	东方集团	2006-8-14	送股	上市公司向全体流通股东每10股转增2.5股(相当于流通股股东每10股获得0.6385股的对价)。
681	600812	华北制药	2006-8-16	送股	上市公司向全体股东每10股转增3.5股,非流通股东向流通股东每10股送2.18股(流通股东实得5.68股)。
682	600814	杭州解百	2006-6-12	送股	上市公司向全体流通股东每10股转增7.2股(相当于流通股股东每10股获得3.154股的对价)。
683	600815	厦工股份	2006-3-15	送股	非流通股东向流通股东每10股送3.2股。
684	600816	安信信托	2006-5-8	资产重组	非流通股东决定将股权分置改革与资产重组相结合,通过资产置换,注入优质资产,置出不良资产。
685	600817	*ST宏盛	2005-8-17	送股	非流通股东向流通股东每10股送5股。

续表 21 Continued 21

序号 No.	证券代码 Code	名称 Companies	实施复牌日 Resumption of Trading Date	类型 Type	对价方案摘要 Abstract of Compensation Package
686	600818	中路股份	2005-12-13	送股	非流通股东向A股流通股东每10股送5股。
687	600819	耀皮玻璃	2006-2-8	送股	非流通股东向A股流通股股东每10股送3.5股。
688	600820	隧道股份	2006-1-11	送股,资产重组	公司本次股权分置改革拟与重大资产重组相结合,非流通股东向流通股东每10股送3.0股。
689	600821	津劝业	2006-8-25	送股	上市公司向全体流通股东每10股转增8.5股(相当于流通股股东每10股获得3股的对价)。
690	600822	上海物贸	2006-1-13	送股	非流通股东向A股流通股股东每10股送3.0股。
691	600823	世茂股份	2006-8-22	送股	上市公司向全体流通股东每10股转增2.59股(相当于流通股股东每10股获得1.2股的对价)。
692	600824	益民商业	2005-12-1	送股	非流通股东向流通股东每10股送3.2股。
693	600825	新华传媒	2006-10-17	派现,资产重组	新华集团以其持有的新华传媒100%股权与公司除尚未使用的募集资金以外的全部商业类资产(含负债)进行资产置换;上市公司向全体股东每10派2.3元,新华集团拟向流通股股东每10股送13.2元对价,流通股东每10股实得15.5元现金。
694	600826	兰生股份	2006-1-19	送股	非流通股东向流通股东每10股送4股。
695	600827	友谊股份	2006-7-3	送股	非流通股东向A股流通股东每10股送2.5股。
696	600828	成商集团	2006-6-8	送股	非流通股东向流通股东每10股送2股。
697	600829	三精制药	2006-11-9	派现	非流通股东向流通股东每10股送现金23.65元。
698	600830	香溢融通	2006-10-24	送股	上市公司向全体流通股东每10股转增6.6股(相当于流通股股东每10股获得2股的对价)。
699	600831	广电网络	2006-1-17	送股,派现	上市公司向全体股东每10股送红股0.439股派现金0.0488元(含税),非流通股股东向流通股股东每10股送2.06997股,流通股股东每10股实得2.6股和现金0.0488元。
700	600832	东方明珠	2005-8-5	送股	非流通股东向流通股东每10股送4股。
701	600833	第一医药	2006-7-12	送股	非流通股东向流通股东每10股送2.5股。
702	600834	申通地铁	2005-11-9	送股	非流通股东向流通股东每10股送3股。
703	600835	上海机电	2006-8-17	派现,资产重组	非流通股东向A股流通股东每10股送现金5元。电气集团以现金方式收购公司所持有的永新彩管24%股权。
704	600836	界龙实业	2005-11-2	送股	非流通股东向流通股东每10股送3股。
705	600837	海通证券	2005-11-8	送股	非流通股东向流通股东每10股送3股。
706	600838	上海九百	2006-3-22	送股	非流通股东向流通股东每10股送3股。
707	600839	四川长虹	2006-4-12	送股	非流通股东向流通股东每10股送3.4股。
708	600840	新湖创业	2006-10-30	送股	非流通股东向流通股东每10股送0.75股,上市公司向流通股东每10股转增1股(相当于流通股股东每10股获送1.27股)。
709	600841	上柴股份	2006-5-15	派现	非流通股东向A股流通股东每10股送现金16元。
710	600842	中西药业	2006-1-18	资产重组	上药集团向中西药业注入现金人民币3.5亿元和上海远东制药机械总厂权益性资产,接替申华控股为中西药业借款所承担的连带担保责任和其他义务。五家非流通股股东向上药集团支付其持有公司股份的30%。
711	600843	上工申贝	2006-6-15	送股	非流通股东向A股流通股东每10股送6股。
712	600844	丹化科技	2007-4-26	送股	非流通股东向A股流通股东每10股送3股。
713	600845	宝信软件	2006-6-28	送股	非流通股东向A股流通股东每10股送3.4股。

续表 22 Continued 22

序号 No.	证券代码 Code	名称 Companies	实施复牌日 Resumption of Trading Date	类型 Type	对价方案摘要 Abstract of Compensation Package
714	600846	同济科技	2006-3-10	送股	非流通股东向流通股东每10股送3股。
715	600847	ST渝万里	2006-6-30	送股	非流通股东向流通股东每10股送2.5股。
716	600848	自仪股份	2006-10-26	送股	非流通股东向A股流通股东每10股送4.5股。
717	600849	上海医药	2006-7-17	派现,认沽权利	非流通股东向流通股股东每10股派送10份认沽权利。即方案实施之日起第十个完整月份的倒数第三个交易日登记在册的全体无限售条件的流通股股东,在该月份最后一个交易日,有权将其持有的无限售条件的流通股份以每股5.1元的行权价格出售给上药集团。
718	600850	华东电脑	2006-3-6	送股	非流通股东向流通股股东每10股送3.4股。
719	600851	海欣股份	2006-2-9	送股	非流通股东向A股流通股东每10股送3.2股。
720	600853	龙建股份	2006-10-13	送股	上市公司向全体流通股东每10股转增6股(相当于流通股股东每10股获得3.5股的对价)。
721	600854	*ST春兰	2006-7-17	送股	非流通股东向流通股东每10股送3.3股。
722	600855	航天长峰	2006-5-18	送股	上市公司向全体流通股东每10股转增5.72股(相当于流通股股东每10股获得2.1股的对价)。
723	600856	长百集团	2006-8-31	送股	上市公司向全体流通股东每10股转增6.06343股(相当于流通股股东每10股获得2.5股的对价)。
724	600857	工大首创	2006-8-11	送股	上市公司向全体流通股东每10股转增3.5股(相当于流通股股东每10股获得1.57股的对价)。
725	600858	银座股份	2006-5-18	送股	非流通股东向流通股东每10股送1.5股。
726	600859	王府井	2006-12-18	派现	非流通股东向流通股东每10股送30元现金。
727	600860	北人股份	2006-3-31	送股	非流通股东向A股流通股股东每10股送3.8股。
728	600861	北京城乡	2006-6-9	缩股	非流通股份按照1:0.627的缩股比例单向缩股。
729	600862	南通科技	2008-1-18	送股,注资	南通科工贸向纵横国际划付现金47723732.47元,注资6500万元,非流通股东向流通股东每10股送1股。
730	600863	内蒙华电	2006-4-24	送股	非流通股东向流通股东每10股送3.5股。
731	600864	哈投股份	2006-6-15	送股	非流通股东向流通股东每10股送3股。
732	600865	百大集团	2008-5-14	送股,派现	上市公司向全体股东每10股转增3.95股,非流通股东向流通股东每10股送0.333股,派现9.91元(流通股股东每10股实得4.4148股,现金13.82元,相当于每10股获送2.83股)。
733	600866	星湖科技	2005-11-28	送股	非流通股东向流通股东每10股送3.5股。
734	600867	通化东宝	2006-6-7	送股	非流通股东向流通股东每10股送1股,上市公司向全体流通股东每10股转增4股,流通股东每10股实得5股。
735	600868	ST梅雁	2006-8-28	送股	上市公司向全体股东每10股转增4.9股,非流通股东向流通股东每10股送1股(流通股东实得6.39股)。
736	600869	三普药业	2006-1-16	送股	非流通股东向流通股股东每10股送2.0股。
737	600870	*ST厦华	2006-9-8	送股	非流通股东向流通股东每10股送2.5股。
738	600872	中炬高新	2006-5-17	送股	上市公司向全体流通股东每10股转增11股(相当于流通股股东每10股获得3.05股的对价)。
739	600873	五洲明珠	2006-6-6	送股	非流通股东向流通股东每10股送2.8股。
740	600874	创业环保	2006-4-20	送股	非流通股东向A股流通股东每10股送3.7股。
741	600875	东方电气	2006-4-17	送股	非流通股东向A股流通股东每10股送2.7股。

续表 23 Continued 23

序号 No.	证券代码 Code	名称 Companies	实施复牌日 Resumption of Trading Date	类型 Type	对价方案摘要 Abstract of Compensation Package
742	600876	ST 洛玻	2006-6-8	送股	非流通股东向 A 股流通股东每 10 股送 4.2 股。
743	600877	中国嘉陵	2006-8-11	送股	上市公司向全体流通股东每 10 股转增 9.718 股(相当于流通股股东每 10 股获得 3.6 股的对价)。
744	600879	火箭股份	2006-2-13	送股	上市公司向全体流通股东每 10 股转增 6.8 股。
745	600880	博瑞传播	2006-1-18	送股	非流通股东向流通股股东每 10 股送 3.1 股。
746	600881	亚泰集团	2006-8-10	送股	非流通股东向流通股东每 10 股送 1.5 股,上市公司向流通股东每 10 股转增 6 股。流通股东每 10 股实得 7.5 股。
747	600882	大成股份	2006-4-17	送股	非流通股东向流通股东每 10 股送 3.2 股。
748	600883	博闻科技	2006-7-7	送股	上市公司向全体流通股东每 10 股送 2.263 转增 3.737 股(相当于流通股股东每 10 股获得 3.43 股的对价)。
749	600884	杉杉股份	2006-4-25	送股	非流通股东向流通股东每 10 股送 1 股。
750	600885	力诺太阳	2006-8-3	送股	上市公司向全体流通股东每 10 股转增 4.8 股(相当于流通股股东每 10 股获得 2.5 股的对价)。
751	600886	国投电力	2005-8-9	送股	非流通股东向流通股东每 10 股送 2.6 股。
752	600887	*ST 伊利	2006-4-24	送股,权证,派现	上市公司向全体股东按每 10 股转增股本 3.2 股,非流通股东向流通股东每 10 股送 1.19 股(基于转增前股本)(流通股东实得 4.39 股),派发 3 份存期续 1 年、行权价 8 元的欧式认股权证;上市公司向全体股东每 10 股派送现金 2.6 元,非流通股东向流通股东每 10 股送现金 1.347 元(基于转增前股本)。
753	600888	新疆众和	2006-5-24	送股	上市公司向全体流通股东每 10 股转增 5.09 股(相当于流通股股东每 10 股获得 3.2 股的对价)。
754	600889	南京化纤	2006-11-1	送股	非流通股东向流通股东每 10 股送 3.2 股。
755	600890	*ST 中房	2007-1-5	送股	上市公司向全体流通股东每 10 股转增 4.6 股(相当于流通股股东每 10 股获得 2.2 股的对价)。
756	600891	ST 秋林	2011-3-1	送股	全体非流通股股东将其持有的股份,按每 10 股送 2.2 股比例向颐和黄金定向送股;上市公司向流通股东定向转增,流通股东每 10 股转增 5 股。
757	600892	*ST 湖科	2009-2-27	送股,资产重组	向全体股东每 10 股转增 2.5 股,流通股股东每 10 股将增加为 15.809 股,相当于流通股股东每 10 股流通股获送 2.65 股对价股份;华星氟化学以豁免湖大科教公司 1400 万元债务作为对价,相当于流通股股东每 10 股获付 0.60 股。相当于每持有 10 股流通股可获付 3.25 股。
758	600893	航空动力	2008-11-20	送股,资产重组	非流通股东向流通股东每 10 股送 0.50 股。
759	600894	广钢股份	2006-4-17	缩股	非流通股份按照 1∶0.6608 的缩股比例单向缩股,相当于流通股股东每 10 股流通股获付 3.5 股股份。
760	600895	张江高科	2005-10-24	送股	非流通股东向流通股东每 10 股送 3.5 股。
761	600896	中海海盛	2006-4-24	送股	上市公司向全体流通股股东每 10 股转增 8.32 股。
762	600897	厦门空港	2006-7-3	送股	上市公司向全体流通股东每 10 股转增 4.12 股(相当于流通股股东每 10 股获得 2.8 股的对价)。
763	600898	*ST 三联	2007-7-12	送股	上市公司向全体流通股东每 10 股送股 3 股(相当于流通股股东每 10 股获得 1.18股的对价)。
764	600900	长江电力	2005-8-15	送股,权证,派现	上市公司向全体股东每 10 股送 0.421 股和 1.74 元现金,非流通股东向流通股东每 10 股送 1.25 股和现金 4.14 元(按转增前股本),流通股东每 10 股实得 1.67股和 5.88 元。上市公司向全体股东派发 1.5 份存续期 18 个月、行权价 5.5元的欧式认股权证。
765	600960	滨州活塞	2006-3-28	送股	非流通股东向流通股东每 10 股送 3.2 股。

续表 24 Continued 24

序号 No.	证券代码 Code	名称 Companies	实施复牌日 Resumption of Trading Date	类型 Type	对价方案摘要 Abstract of Compensation Package
766	600961	株冶集团	2005-11-2	送股	非流通股东向流通股东每10股送3.5股。
767	600962	国投中鲁	2006-3-28	送股	非流通股东向流通股东每10股送3.5股。
768	600963	岳阳纸业	2005-12-6	送股	非流通股东向流通股东每10股送3股。
769	600965	福成五丰	2006-7-11	送股	非流通股东向流通股东每10股送3股。
770	600966	博汇纸业	2005-11-7	送股	非流通股东向流通股东每10股送3股。
771	600967	北方创业	2006-5-11	送股	非流通股东向流通股东每10股送3.4股。
772	600969	郴电国际	2006-7-7	送股	非流通股东向流通股东每10股送3.2股。
773	600970	中材国际	2006-7-6	送股	非流通股东向流通股东每10股送2.5股。
774	600971	恒源煤电	2006-2-15	送股,派现	上市公司向全体股东每10股送10元,非流通股东向流通股东每10股送2.2股和6元现金,流通股东每10股实得2.2股和现金16元。
775	600973	宝胜股份	2005-8-11	送股	非流通股东向流通股东每10股送3.5股。
776	600975	新五丰	2006-9-6	送股	非流通股东向流通股东每10股送3.5股。
777	600976	武汉健民	2006-5-8	送股	非流通股东向流通股东每10股送2.5股。
778	600978	宜华木业	2005-12-21	送股	非流通股东向流通股东每10股送3股。
779	600979	广安爱众	2006-9-28	送股	非流通股东向流通股东每10股送2.8股。
780	600980	北矿磁材	2006-4-24	送股	非流通股东向流通股东每10股送3.3股。
781	600981	江苏开元	2006-4-6	送股	非流通股东向流通股东每10股送3.5股。
782	600982	宁波热电	2006-3-20	送股	非流通股东向流通股股东每10股送3股。
783	600983	合肥三洋	2006-4-11	送股	非流通股东向流通股东每10股送3股。
784	600984	ST建机	2006-8-1	送股	非流通股东向流通股东每10股送3.8股。
785	600985	雷鸣科化	2006-2-9	送股	非流通股东向流通股东每10股送3.32股。
786	600986	科达股份	2006-4-7	送股	非流通股东向流通股东每10股送2.7股。
787	600987	航民股份	2006-5-25	送股	上市公司向全体流通股东每10股转增4.8股(相当于流通股股东每10股获得2.95股的对价)。
788	600988	ST宝龙	2007-4-20	送股	上市公司向全体流通股东每10股转增3.6232股(相当于流通股股东每10股获得2.38股的对价)。
789	600990	四创电子	2006-6-21	送股	非流通股东向流通股东每10股送3.1股。
790	600991	长丰汽车	2006-7-27	送股	非流通股东向流通股东每10股送3.8股。
791	600992	贵绳股份	2006-7-6	送股	非流通股东向流通股东每10股送3.3股。
792	600993	马应龙	2006-7-19	送股,派现	非流通股东向流通股东每10股送2股和现金5.43元。
793	600995	文山电力	2006-9-22	送股	上市公司向全体流通股东每10股转增6.44股(相当于流通股股东每10股获得3股的对价)。
794	600997	开滦股份	2006-1-13	送股	非流通股东向流通股股东每10股送3.3股。

数据来源:上海证券交易所
Source: Shanghai Stock Exchange

5-26 深圳证券交易所股改公司一览表

List of Nontradable Shares Reform Listed Companies in Shenzhen Stock Exchange

序号 No.	证券代码 Code	名称 Companies	实施复牌日 Resumption of Trading Date	类型 Type	对价方案摘要 Abstract of Compensation Package
1	000001	深发展A	2007-6-20	送股，权证，派现	上市公司向全体流通股东每10股送红股1股派现金0.09元(相当于流通股股东每10股获得0.257股的对价)，派发1份存续期6个月、行权价19元的百慕大式认股权证，派发0.5份存续期12个月、行权价19元的百慕大式认股权证。
2	000002	万科A	2005-12-2	权证	非流通股东向A股流通股东每10股派发8份存续期9个月、行权价3.73元的百慕大式认沽权证。
3	000004	*ST国农	2006-8-18	送股	非流通股东向流通股东每10股送2.5股。
4	000005	世纪星源	2006-7-31	送股	上市公司向全体流通股股东每10股转增5.5股和非流通股东向流通股东每10股送1股。
5	000006	深振业A	2006-1-12	送股	非流通股东向流通股东每10股送2股。
6	000007	ST达声	2006-8-14	送股	上市公司向全体流通股东每10股转增5.2股(相当于流通股股东每10股获得1.8股的对价)。
7	000008	ST宝利来	2005-12-13	送股	非流通股东向流通股东每10股送2.0股。
8	000009	中国宝安	2008-5-16	送股	上市公司向流通股东每10股转增1.37996股，非流通股东向流通股东每10股送1.492283股，流通股东每10股实得2.872243股。
9	000011	深物业A	2009-11-3	送股	非流通股东向A股流通股东每10股送3.9股。
10	000012	南玻A	2006-5-24	送股	非流通股东向A股流通股东每10股送3.55股。
11	000014	沙河股份	2006-3-6	送股	非流通股东向流通股股东每10股送2.7股。
12	000016	深康佳A	2006-3-30	送股	非流通股东向A股流通股东每10股送2.5股。
13	000017	*ST中华A	2010-3-18	送股	上市公司向全体流通股东每10股转增1.5股，非流通股东向A股流通股东每10股送3.173股(流通股东实得5.149股)。
14	000018	*ST中冠A	2006-6-16	送股	非流通股东向A股流通股东每10股送3.5股。
15	000019	深深宝A	2006-7-27	送股	非流通股东向A股流通股东每10股送3.8股。
16	000020	深华发A	2007-5-18	送股，资产重组	中恒集团对公司进行资产重组，非流通股东向A股流通股东每10股送1.5股。
17	000021	长城开发	2006-5-22	送股	非流通股东向流通股东每10股送3股。
18	000022	深赤湾A	2006-5-30	送股，派现，认沽权利	非流通股东向A股流通股东每10股送1股和现金11.5元，并向A股流通股东每10股赋予8份存续期12个月、行权价13元的认沽权利。
19	000023	深天地A	2006-3-17	送股	非流通股东向流通股东每10股送3.1股。
20	000024	招商地产	2006-2-9	送股，派现	非流通股东向A股流通股东每10股送2股及现金3.14元。
21	000025	特力A	2006-1-4	送股	非流通股东向A股流通股东每10股送4股。
22	000026	飞亚达A	2007-11-9	送股	非流通股东向A股流通股东每10股送3.1股。
23	000027	深圳能源	2006-4-26	送股，权证，派现	非流通股东向流通股东每10股送1.35股和现金2.6元，派发9份存续期6个月、行权价7.12元的百慕大式认沽权证。
24	000028	一致药业	2006-4-28	送股	非流通股东向A股流通股东每10股送3股。
25	000029	深深房A	2006-2-17	送股	非流通股东向A股流通股股东每10股送4.8股。
26	000030	*ST盛润A	2008-12-29	送股	非流通股东向A股流通股东每10股送5股。
27	000031	中粮地产	2006-2-14	送股，派现	非流通股东向流通股股东每10股送2.6股和现金1.7元(不含税)，流通股股东每10股实际得到2.6股和现金2.7元(含税0.1元)。
28	000032	深桑达A	2006-2-7	送股	非流通股东向流通股股东每10股送3.2股。
29	000033	新都酒店	2006-4-13	送股	上市公司向全体流通股股东每10股转增6.2股。
30	000034	*ST深泰	2008-7-14	送股	上市公司向全体流通股东每10股转增5.5321股(相当于流通股股东每10股获得3.5股的对价)。

续表 1 Continued 1

序号 No.	证券代码 Code	名称 Companies	实施复牌日 Resumption of Trading Date	类型 Type	对价方案摘要 Abstract of Compensation Package
31	000035	ST 科健	2007-1-16	送股	上市公司向全体流通股东每10股转增8股(相当于流通股股东每10股获得3.91股的对价)。
32	000036	*ST 华控	2006-3-28	送股	上市公司向全体股东每10股转增15股,非流通股东向流通股东每10股送1.5股(流通股东实得18.75股)。
33	000037	深南电 A	2006-3-28	送股,派现	非流通股东向A股流通股东每10股送2.3474股和现金4.1522元。
34	000038	*ST 大通	—	送股,资产重组	上市公司向全体流通股东每10股转增3股(相当于流通股股东每10股获得2.22股的对价),潜在非流通股股东亚星实业向深大通赠与资产(资产为2家房地产公司股权,股权对应净资产合计约2.09亿元),公司原有非流通股股东按10∶6.5的比例向亚星实业赠送股份。
35	000039	中集集团	2006-5-24	权证	非流通股东向A股流通股东每10股派发7份存续期18个月、行权价10元的百慕大式认沽权证。
36	000040	深鸿基	2006-2-28	送股	非流通股东向流通股股东每10股送2.8股。
37	000042	深长城	2006-9-1	送股,派现	非流通股东向流通股东每10股送2.158股和现金8.841元。
38	000043	中航地产	2006-4-11	送股	非流通股东向流通股股东每10股送3.0股。
39	000045	深纺织 A	2006-9-11	送股	非流通股东向A股流通股东每10股送4.1股。
40	000046	泛海建设	2006-3-24	送股	非流通股东向流通股东每10股送2.2股。
41	000048	ST 康达尔	2006-2-14	送股,资产重组	非流通股东向流通股股东每10股送3.3股。非流通股股东向流通股股东和中国长城资产管理有限公司共计送出49122069股本公司非流通股股份,相当于流通股股东每持有10股获得3.59股对价安排。
42	000049	德赛电池	2005-12-27	送股	非流通股东向流通股东每10股送2.8股。
43	000050	深天马 A	2006-4-26	送股	非流通股东向流通股东每10股送3.2股。
44	000055	方大 A	2006-4-10	送股	上市公司向全体A股流通股东每10股转增6.8324股(相当于A股流通股股东每10股获得4.145股的对价)。
45	000056	深国商	2006-1-6	送股	非流通股东向A股流通股东每10股送3.5股。
46	000058	ST 赛格	2006-6-14	送股	上市公司向全体A股流通股东每10股转增4.6445股(相当于A股流通股股东每10股获得3.55股的对价)。
47	000059	辽通化工	2005-10-25	送股	非流通股东向流通股东每10股送3.8股。
48	000060	中金岭南	2005-11-18	送股	非流通股东向流通股东每10股送2.8股。
49	000061	农产品	2005-9-12	认沽权利	深圳市国资委以承诺形式赋予全体流通股股东以4.25元/股的价格溢价出售股票的权利。
50	000062	深圳华强	2006-5-15	送股	上市公司向全体流通股东每10股转增3股(相当于流通股股东每10股获得1.3786股的对价)。
51	000063	中兴通讯	2005-12-29	送股	非流通股东向A股流通股东每10股送2.5股。
52	000065	北方国际	2005-11-11	送股	非流通股东向流通股东每10股送3.6股。
53	000066	长城电脑	2006-5-15	送股	非流通股东向流通股东每10股送3.2股。
54	000068	赛格三星	2008-1-14	送股	上市公司向全体流通股东每10股转增4.6028股(相当于流通股股东每10股获得2.8股的对价)。
55	000069	华侨城 A	2006-1-6	送股,权证	非流通股东向流通股东每10股送2.8股,上市公司向流通股股东每10股派发3.8份存续期12月、行权价7元的的百慕大式认股权证。
56	000070	特发信息	2006-1-10	送股	非流通股东向流通股东每10股送3.8股。
57	000078	海王生物	2006-4-13	送股	上市公司向全体流通股东每10股转增8.85股(相当于流通股股东每10股获得3.203股的对价)。
58	000088	盐田港	2006-3-17	送股,派现	非流通股东向流通股东每10股送2.5股和现金6.53元。
59	000089	深圳机场	2005-12-16	送股,资产重组	非流通股东向流通股东每10股送2.6股。
60	000090	深天健	2006-1-11	送股	非流通股东向流通股东每10股送3.1股。

续表 2 Continued 2

序号 No.	证券代码 Code	名称 Companies	实施复牌日 Resumption of Trading Date	类型 Type	对价方案摘要 Abstract of Compensation Package
61	000096	广聚能源	2006-2-6	送股	非流通股东向流通股股东每 10 股送 3.6 股。
62	000099	中信海直	2006-2-7	送股	非流通股东向流通股股东每 10 股送 3.2 股。
63	000100	TCL 集团	2006-4-20	送股	非流通股东向流通股股东每 10 股送 2.5 股。
64	000150	宜华地产	2007-11-2	送股,资产重组	非流通股东向流通股东每 10 股送 1 股。与青鸟天桥,宜华集团进行资产重组,以改善公司财务状况与资产质量、提高公司盈利能力、促进公司可持续发展作为对价安排。
65	000151	中成股份	2006-3-31	送股	非流通股东向流通股东每 10 股送 3.3 股。
66	000153	丰原药业	2006-1-13	送股	非流通股东向流通股东每 10 股送 3.5 股。
67	000155	川化股份	2006-3-21	送股	非流通股东向流通股股东每 10 股送 3.2 股。
68	000156	*ST 嘉瑞	—	送股	上市公司向全体流通股东每 10 股转增 5.4062 股(相当于流通股股东每 10 股获得 2.5 股的对价)。
69	000157	中联重科	2006-7-14	送股	非流通股东向流通股东每 10 股送 3.2 股。
70	000158	常山股份	2006-1-13	送股	非流通股东向流通股东每 10 股送 3.5 股。
71	000159	国际实业	2006-7-20	送股	上市公司向全体流通股东每 10 股转增 4.68 股(相当于流通股股东每 10 股获得 2.33 股的对价)。
72	000301	东方市场	2006-5-24	差价补偿	股权分置改革方案实施后首个交易日起十二个月内最后 30 个交易日,如果股票加权平均价格低于 3.50 元/股,流通股东可以获得的现金差价按上述 30 个交易日公司每股加权平均价格与 3.50 元的差额计算。每股最高补差限额为 1.7 元。
73	000400	许继电气	2005-11-17	送股	非流通股东向流通股东每 10 股送 3.2 股。
74	000401	冀东水泥	2006-5-24	送股	非流通股东向流通股东每 10 股送 3.2 股。
75	000402	金融街	2006-4-5	送股	非流通股东向流通股东每 10 股送 2.1 股。
76	000404	华意压缩	2006-12-20	送股	上市公司向全体流通股东每 10 股转增 6.674 股(相当于流通股股东每 10 股获得 3.4 股的对价)。
77	000407	胜利股份	2006-7-11	送股	上市公司向全体流通股东每 10 股转增 4 股(相当于流通股股东每 10 股获得 1.294 股的对价)。
78	000408	ST 玉源	2006-7-3	送股	上市公司向全体流通股东每 10 股转增 6.25 股(相当于流通股股东每 10 股获得 3.3 股的对价)。
79	000409	ST 泰格	2006-9-26	资产重组	蚌埠市第一污水处理厂以 5299.25 万元现金置换公司合计经审计账面原值 5299.25 万元的应收款项和提取受限的银行存款。
80	000410	沈阳机床	2006-3-1	送股	非流通股东向流通股东每 10 股送 3.3 股。
81	000411	英特集团	2006-9-12	送股	非流通股东向流通股东每 10 股送 2.8 股。
82	000413	宝石 A	2006-3-29	送股	非流通股东向 A 股流通股东每 10 股送 4.3 股。
83	000415	汇通集团	2006-6-27	送股	上市公司向全体股东每 10 股转增 2.88 股,非流通股东向流通股东每 10 股送 3.2 股(流通股东实得 7 股)。
84	000416	民生投资	2006-8-9	送股	上市公司向全体流通股东每 10 股送 5.5 股(相当于流通股股东每 10 股获得 1.9股的对价)。
85	000417	合肥百货	2006-2-28	送股	非流通股东向流通股东每 10 股送 3.2 股。
86	000418	小天鹅 A	2006-8-7	送股	非流通股东向 A 股流通股东每 10 股送 2.5 股。
87	000419	通程控股	2006-6-21	送股	非流通股东向流通股东每 10 股送 3.7 股。
88	000420	吉林化纤	2006-4-6	送股	非流通股东向流通股东每 10 股送 3.2 股。
89	000421	南京中北	2007-1-9	送股,资产重组	上市公司向全体流通股东每 10 股转增 3.71955 股(相当于流通股股东每 10 股获得 2 股的对价)。南京城建集团承担不良债权及其损失,南京万众企业归还剩余占用款。
90	000422	湖北宜化	2006-4-20	送股	非流通股东向流通股东每 10 股送 2.5 股。

续表 3 Continued 3

序号 No.	证券代码 Code	名称 Companies	实施复牌日 Resumption of Trading Date	类型 Type	对价方案摘要 Abstract of Compensation Package
91	000423	东阿阿胶	2007-6-1	送股,权证	上市公司向全体流通股东每 10 股转增 4 股(相当于流通股股东每 10 股获得 0.925股的对价),转增后向全体股东每 10 股派 2.5 份行权价为 5.5 元的认购权证。
92	000425	徐工科技	2006-12-28	送股	非流通股东向流通股东每 10 股送 3.2 股。
93	000426	富龙热电	2006-4-7	送股	非流通股东向流通股东每 10 股送 3.5 股。
94	000428	华天酒店	2006-3-13	送股	非流通股东向流通股东每 10 股送 3.8 股。
95	000429	粤高速 A	2006-2-17	送股	非流通股东向 A 股流通股东每 10 股送 3.1 股。
96	000430	ST 张家界	2009-6-8	送股	上市公司向流通股东每 10 股转增 4.9 股(相当于流通股股东每 10 股获送 2.43273 股)。
97	000488	晨鸣纸业	2006-3-29	送股	非流通股东向 A 股流通股东每 10 股送 2.6 股。
98	000498	*ST 丹化	2006-4-18	送股	非流通股东向流通股股东每 10 股送 3.4 股。
99	000501	鄂武商 A	2006-4-3	送股	非流通股东向流通股东每 10 股送 3.5 股。
100	000502	绿景地产	2007-1-10	送股	上市公司向全体流通股东每 10 股转增 5.1 股(相当于流通股股东每 10 股获得 2.72 股的对价)。
101	000503	海虹控股	2006-5-16	送股	非流通股东向流通股东每 10 股送 3 股。
102	000504	赛迪传媒	2007-1-15	送股	非流通股东向流通股东每 10 股送 3 股。
103	000505	*ST 珠江	2006-8-17	送股,资产重组	珠江控股将其持有的北京飞凯生物技术、北京新立基真空玻璃技术、北京市万网元通信技术、北京市迪瑞计算机技术、中经网数据五家科技类公司的股权溢价出售给北京新兴,冲减珠江控股向北京新兴借款本金 6404.89 万元,同时豁免应支付给北京新兴的借款利息 5995.02 万元。
104	000506	ST 中润	2009-6-5	送股	上市公司向全体流通股东每 10 股转增 3.5 股(相当于流通股股东每 10 股获得 1.2248 股的对价)。
105	000507	粤富华	2006-12-26	送股,资产重组	与珠海国资委进行资产置换,非流通股东向流通股东每 10 股送 2 股。
106	000510	金路集团	2006-7-11	送股	非流通股东向流通股东每 10 股送 2 股。
107	000511	银基发展	2006-6-15	送股	上市公司向全体流通股东每 10 股转增 3.8 股(相当于流通股股东每 10 股获得 1.028 股的对价)。
108	000513	丽珠集团	2006-12-11	送股	非流通股东向 A 股流通股东每 10 股送 1 股。
109	000514	渝开发	2005-12-1	送股,注资	全体非流通股股东向上市公司注入 1.0226 亿元现金,上市公司以现金注入而增加的部分资本公积金向全体股东每 10 股转增 5 股。
110	000516	开元控股	2006-3-31	送股	上市公司向流通股东每 10 股转增 4.091 股。
111	000517	*ST 成功	—	送股,派现	非流通股东向流通股东每 10 股送 1.00 股和现金 2.92 元。
112	000518	*ST 生物	2006-12-6	送股	非流通股东向流通股东每 10 股送 0.8 股。
113	000519	银河动力	2006-3-24	送股	非流通股东向流通股东每 10 股送 3.2 股。
114	000520	长航凤凰	2006-7-14	送股	非流通股东向流通股东每 10 股送 1 股,上市公司向流通股东每 10 股转增 5.27 股(相当于流通股股东每 10 股获送 2.75 股)。
115	000521	美菱电器	2007-8-27	送股	非流通股东向 A 股流通股东每 10 股送 1.5 股。
116	000522	白云山 A	2006-4-17	送股	上市公司向全体流通股东每 10 股转增 6.05 股(相当于流通股股东每 10 股获得 2.809 股的对价)。
117	000523	广州浪奇	2005-12-30	缩股	非流通股份按照 1∶0.58 的缩股比例单向缩股。
118	000524	东方宾馆	2006-2-22	送股	非流通股东向流通股东每 10 股送 3.2 股。
119	000525	红太阳	2006-6-7	送股	非流通股东向流通股东每 10 股送 3.4 股。
120	000526	旭飞投资	2006-3-1	送股	上市公司向全体流通股东每 10 股转增 5.17 股。
121	000527	美的电器	2006-3-22	送股,派现	非流通股东向流通股东每 10 股送 1.0 股和 5 元现金。
122	000528	柳工	2006-3-17	送股	非流通股东向流通股东每 10 股送 3 股。

续表 4　Continued 4

序号 No.	证券代码 Code	名称 Companies	实施复牌日 Resumption of Trading Date	类型 Type	对价方案摘要 Abstract of Compensation Package
123	000529	*ST 美雅	—	送股,资产重组	广弘公司以豁免本公司 21919.11 万元债务和赠送 9000 万元现金作为本次股权分置改革的对价,非流通股东向流通股东每 10 股送 1.00 股。
124	000530	大冷股份	2006-1-9	送股	非流通股东向 A 股流通股东每 10 股送 3.0 股。
125	000531	穗恒运 A	2006-2-20	送股,派现	非流通股东向流通股东每 10 股送 1 股和现金 9.27 元,流通股股东每 10 股实际得到 1 股和现金 15.57 元(含税)。
126	000532	力合股份	2006-9-28	送股	非流通股东向流通股东每 10 股送 0.9 股,上市公司向流通股东每 10 股转增 5 股(相当于流通股股东每 10 股获送 3.0956 股)。
127	000533	万家乐	2007-2-15	送股,资产重组	非流通股东向流通股东每 10 股送 1.5 股。公司控股股东广州汇顺之实际控制人广州三新协调顺德区政府共同出资收购构成万家乐不良资产的七宗物业。其中广州三新收购两宗物业,作价 131715182.18 元。
128	000534	汕电力 A	2006-8-11	送股	上市公司向全体流通股东每 10 股转增 5.31 股(相当于流通股股东每 10 股获得 2.5 股的对价)。
129	000536	闽闽东	2009-4-9	送股	上市公司向全体流通股东每 10 股转增 5.00 股(相当于流通股股东每 10 股获得 2.64 股的对价)。
130	000537	广宇发展	2006-3-17	送股	上市公司向流通股东每 10 股转增 6.411 股。
131	000538	云南白药	2006-5-29	送股	上市公司向全体流通股东每 10 股转增 3.5815 股(相当于流通股股东每 10 股获得 2.2 股的对价)。
132	000539	粤电力 A	2006-1-19	送股	非流通股东向 A 股流通股东每 10 股送 3.1 股。
133	000540	中天城投	2007-5-9	资产重组	拟采取股权转让后的潜在控股股东金世旗控股低价(1 元人民币)向公司转让一笔价值不低于 7000 万元的现金收益权,以提高公司资产质量的形式作为对价安排;其余非流通股股东将各自所持公司股份的 33.00%支付给金世旗控股。相当于每 10 股流通股获得非流通股股东支付的 1.90 股对价股份。
134	000541	佛山照明	2006-4-24	派现	非流通股东向 A 股流通股东每 10 股派现金 24.5 元。
135	000543	皖能电力	2006-3-7	送股	非流通股东向流通股东每 10 股送 3.3 股。
136	000544	中原环保	2007-1-16	送股,资产重组	本公司将和磨料磨具业务相关的资产及部分负债与郑州市污水净化有限公司拥有的王新庄污水处理厂经营性资产进行置换,非流通股东向流通股东每 10 股送 0.5 股。
137	000545	吉林制药	2006-7-28	送股	非流通股东向流通股东每 10 股送 0.6 股,上市公司向流通股东每 10 股转增 3.32 股。
138	000546	光华控股	2006-5-12	送股,资产重组	非流通股东向流通股东每 10 股送 1.8 股,转让子公司股权作价 62000000 元,由光华实业以现金的形式支付给吉光华。
139	000547	闽福发 A	2006-6-8	送股	上市公司向全体股东每 10 股转增 2.5 股,非流通股东向流通股东每 10 股送 1.327914 股(流通股东实得 4.159892 股)。
140	000548	湖南投资	2006-8-18	送股	上市公司向全体流通股东每 10 股转增 9 股(相当于流通股股东每 10 股获得 2.96股的对价)。
141	000550	江铃汽车	2006-2-14	派现	非流通股东向流通 A 股股东每 10 股送现金 13.40 元。
142	000551	创元科技	2006-3-28	送股,派现	非流通股东向流通股东每 10 股送 2.5 股和 2.3 元现金。
143	000552	靖远煤电	2006-3-30	资产重组	大股东靖远煤业有限责任公司豁免公司所欠的债务 59006356.01 元,因豁免债务而使公司增加的资本公积金为全体股东共同享有。
144	000553	沙隆达 A	2006-8-3	送股	非流通股东向 A 股流通股东每 10 股送 2.2 股。
145	000554	泰山石油	2007-3-19	送股	非流通股东向流通股东每 10 股送 2.3 股。
146	000555	ST 太光	2006-6-8	送股	上市公司向全体流通股东每 10 股转增 4 股(相当于流通股股东每 10 股获得 2.64股的对价)。
147	000557	ST 银广夏	2006-6-26	送股,资产重组	上市公司向流通股东每 10 股转增 3 股,非流通股股东承担公司与中小股民诉讼有关负债 104031710.66 元,非流通股股东向流通股东每 10 股追送 0.57176 股(转增前),流通股东实得 3.57176 股。

续表 5 Continued 5

序号 No.	证券代码 Code	名称 Companies	实施复牌日 Resumption of Trading Date	类型 Type	对价方案摘要 Abstract of Compensation Package
148	000558	莱茵置业	2006-4-19	送股,资产重组	非流通股东向流通股东每10股送2股,莱茵达集团将其拥有的仪征公司44%股权、扬州公司16%股权与公司的无形资产——档口使用权(建筑面积为4491.1718平方米)进行置换。
149	000559	万向钱潮	2006-4-21	送股	非流通股东向流通股东每10股送2.5股。
150	000560	昆百大A	2006-9-25	送股	非流通股东向流通股东每10股送3股。
151	000562	宏源证券	2006-6-21	送股	非流通股东向流通股东每10股送3.2股。
152	000563	陕国投A	2006-7-25	送股,资产重组	与大股东陕西省高速公路建设集团公司进行资产重组,上市公司向流通股东每10股转增3.5股。
153	000564	西安民生	2006-3-14	送股	上市公司向流通股东每10股转增5股。
154	000565	渝三峡A	2006-5-18	送股,资产重组	非流通股东向流通股东每10股送1.8股,化医集团、渝三峡签订的《资产置换协议》,化医集团以其拟出资设立的三峡英力54.93%股权,置换渝三峡截至2005年12月31日合计经审计账面净值5492万元的应收款项、存货和固定资产。
155	000566	海南海药	2005-11-21	送股	非流通股东向流通股东每10股送3股。
156	000567	海德股份	2006-2-17	送股	非流通股东向流通股股东每10股送2.5股。
157	000568	泸州老窖	2005-11-3	送股	非流通股东向流通股东每10股送3股。
158	000570	苏常柴A	2006-6-19	送股	非流通股东向A股流通股东每10股送3.2股。
159	000571	新大洲A	2006-11-13	送股	非流通股东向流通股东每10股送2.3股。
160	000572	海马股份	2005-12-5	送股	非流通股东向流通股东每10股送3.0股。
161	000573	粤宏远A	2006-6-16	送股	上市公司向全体流通股东每10股转增5.869589股(相当于流通股股东每10股获得1.5股的对价)。
162	000576	*ST甘化	2006-3-13	送股	上市公司向流通股东每10股转增9.7股。
163	000578	盐湖集团	2008-3-11	送股,资产重组	非流通股东向流通股东每10股送1.1747股。数码网络拟实施重组,本次重组方案包括盐湖集团受让数码网络股份、数码网络以新增股份换股吸收合并盐湖集团暨注销盐湖集团受让股份。公司本次股权分置改革方案与重组方案同步实施,互为前提。
164	000581	威孚高科	2006-4-5	送股	非流通股东向A股流通股东每10股送1.7股。
165	000582	北海港	2007-5-22	送股	非流通股东向流通股东每10股送3.2股。
166	000584	友利控股	2006-3-28	送股	非流通股东向流通股东每10股送3.5股。
167	000585	*ST东电	2006-5-16	送股	非流通股东向A股流通股东每10股送2.5股。
168	000586	*ST汇源	2005-12-29	送股	非流通股东向流通股东每10股送3.8股。
169	000589	黔轮胎A	2006-4-6	送股	非流通股东向流通股东每10股送3.6股。
170	000590	紫光古汉	2006-8-31	送股	非流通股东向流通股东每10股送3.5股。
171	000591	桐君阁	2007-2-1	送股	上市公司向全体流通股东每10股转增5.466股(相当于流通股股东每10股获得2.99股的对价)。
172	000592	中福实业	2008-4-14	送股,资产重组	昌源投资股份有限公司本次股权分置改革拟与资产重组方案相结合。上市公司向全体流通股东每10股转增3股(相当于流通股股东每10股获得1.94股的对价)。
173	000593	大通燃气	2006-9-12	送股	上市公司向全体流通股东每10股转增5.3股(相当于流通股股东每10股获得3.037股的对价)。
174	000594	国恒铁路	2006-1-10	送股	非流通股东向流通股股东每10股送3.0股。
175	000595	西北轴承	2006-4-21	送股	上市公司向全体流通股东每10股转增6.36股(相当于流通股股东每10股获得3.2股的对价)。
176	000596	古井贡酒	2006-6-19	送股	非流通股东向A股流通股东每10股送4股。
177	000597	东北制药	2006-2-14	送股	非流通股东向流通股股东每10股送3.6股。

续表 6　Continued 6

序号 No.	证券代码 Code	名称 Companies	实施复牌日 Resumption of Trading Date	类型 Type	对价方案摘要 Abstract of Compensation Package
178	000598	蓝星清洗	2006－4－17	送股	非流通股东向流通股东每 10 股送 3 股。
179	000599	青岛双星	2005－12－5	送股	非流通股东向流通股东每 10 股送 3.5 股。
180	000600	建投能源	2005－11－28	送股	非流通股东向流通股东每 10 股送 3.2 股。
181	000601	韶能股份	2006－2－23	送股	上市公司向全体流通股股东每 10 股转增 8.733 股。
182	000602	金马集团	2005－12－20	送股	非流通股东向流通股东每 10 股送 3 股。
183	000603	*ST 威达	2006－6－30	送股	上市公司向全体流通股东每 10 股转增 10 股(相当于流通股股东每 10 股获得 5.94 股的对价)。
184	000605	ST 四环	2006－6－21	送股	上市公司向全体流通股东每 10 股转增 5.2 股(相当于流通股股东每 10 股获得 3.45 股的对价)。
185	000606	青海明胶	2006－1－23	送股	非流通股东向流通股股东每 10 股送 3.2 股。
186	000607	华立药业	2005－12－22	送股	上市公司向全体流通股东每 10 股转增 6 股。
187	000608	阳光股份	2006－1－13	送股	非流通股东向流通股东每 10 股送 3.3 股。
188	000609	绵世股份	2007－1－29	送股	上市公司向全体股东每 10 股转增 1.5 股,非流通股东向流通股东每 10 股送 2.4562股(相当于流通股股东每 10 股获送 2.1359 股)。
189	000610	西安旅游	2006－2－14	送股	非流通股东向流通股股东每 10 股送 3.2 股。
190	000611	时代科技	2006－8－2	送股	上市公司向全体流通股东每 10 股转增 5.5 股(相当于流通股股东每 10 股获得 2.53 股的对价)。
191	000612	焦作万方	2006－9－22	送股	非流通股东向流通股东每 10 股送 3 股。
192	000613	ST 东海 A	2007－8－8	送股,资产重组	非流通股东向 A 股流通股东每 10 股送 3 股,控股股东海口食品有限公司组织协调债务重组事宜,承接并最终豁免上市公司约 158974468.35 元的债务,从根本上改善上市公司的财务状况。
193	000615	湖北金环	2006－2－15	送股	上市公司向全体流通股股东每 10 股转增 8 股。
194	000616	亿城股份	2006－7－18	送股	非流通股东向流通股东每 10 股送 1.3 股,上市公司向流通股东每 10 股转增 2.1股(相当于流通股股东每 10 股获送 2.33 股)。
195	000617	石油济柴	2007－3－6	送股	非流通股东向流通股东每 10 股送 2.8 股。
196	000619	海螺型材	2006－3－17	送股	非流通股东向流通股东每 10 股送 3 股。
197	000623	吉林敖东	2005－8－4	缩股,派现	非流通股份按照 1∶0.6074 的缩股比例进行缩股,非流通股东向流通股东每 10 股送 1.86 元。
198	000625	长安汽车	2006－5－11	送股	非流通股东向 A 股流通股东每 10 股送 3.2 股。
199	000626	如意集团	2006－12－28	送股	非流通股东向流通股东每 10 股送 3 股。
200	000627	天茂集团	2005－11－9	送股	非流通股东向流通股东每 10 股送 3.2 股。
201	000628	高新发展	2006－7－12	送股,资产重组,注资	上市公司向全体流通股股东每 10 股转增 3 股和高投集团豁免公司对其 1.1 亿元的债务,同时向公司注入 3750 万元现金以及其他非流通股股东将其所持公司非流通股股份的 35%支付给高投集团
202	000629	攀钢钢钒	2005－11－7	送股,权证	上市公司向全体股东每 10 股转增 3 股,非流通股东向流通股东每 10 股送1.5385股(实得 5 股),派发 4 份存续期 18 个月、行权价 4.85 元的欧式认沽权证。
203	000630	铜陵有色	2005－10－27	送股	非流通股东向流通股东每 10 股送 2.5 股。
204	000631	顺发恒业	2009－6－5	送股	上市公司向全体流通股东每 10 股转增 6 股(相当于流通股股东每 10 股获得 2.440股的对价)。
205	000632	三木集团	2006－8－31	送股	上市公司向全体流通股东每 10 股转增 5 股(相当于流通股股东每 10 股获得 3.03股的对价)。
206	000635	英力特	2005－11－22	送股	非流通股东向流通股东每 10 股送 3.5 股。
207	000636	风华高科	2006－4－6	送股	上市公司向全体流通股东每 10 股转增 8 股(相当于流通股股东每 10 股获得 3.82股的对价)。

续表 7 Continued 7

序号 No.	证券代码 Code	名称 Companies	实施复牌日 Resumption of Trading Date	类型 Type	对价方案摘要 Abstract of Compensation Package
208	000637	茂化实华	2008-2-25	送股	非流通股东向流通股东每10股送3.3股。
209	000638	万方地产	2009-6-5	资产重组	公司潜在控股股东北京万方源房地产开发有限公司及其控股股东万方投资控股(集团)有限公司通过向上市公司赠送资产的方式,向全体流通股股东作出对价安排,换取非流通股股份的上市流通权。
210	000639	金德发展	2006-9-26	送股	非流通股东向流通股东每10股送3股。
211	000650	仁和药业	2007-3-29	送股	上市公司向全体流通股东每10股转增3.045股(相当于流通股股东每10股获得1.86股的对价)。
212	000651	格力电器	2006-3-8	送股	非流通股东向流通股股东每10股2.7股。
213	000652	泰达股份	2005-12-12	送股	非流通股东向流通股东每10股送3.0股。
214	000655	金岭矿业	2006-9-20	资产重组	与山东金岭铁矿进行重大资产重组。
215	000656	ST东源	2006-8-24	送股	上市公司向全体流通股东每10股转增6股(相当于流通股股东每10股获得3.2股的对价)。
216	000657	*ST中钨	2006-10-26	送股	上市公司向全体流通股东每10股转增6.91股(相当于流通股股东每10股获得3股的对价)。
217	000659	珠海中富	2005-10-27	送股,派现	非流通股东向流通股东每10股送2.5股以及0.772元的现金。
218	000661	长春高新	2007-1-19	送股,资产重组	非流通股东向流通股东每10股送1.5股。本公司控股股东发展总公司拟以其所持本公司45475210股股份(占本公司总股本34.63%)与创业科技共同出资设立长春超达,本公司拟与本公司全资子公司开发公司成立长春科建。
219	000662	索芙特	2005-11-4	送股	非流通股东向流通股东每10股送4股。
220	000663	永安林业	2006-9-1	送股	上市公司向全体流通股东每10股转增6股(相当于流通股股东每10股获得3.196股的对价)。
221	000665	武汉塑料	2006-12-12	送股,资产重组	上市公司向全体流通股东每10股转增5股,向控股股东武汉经开及非流通股股东工业联社每10股转增2.6股股份,武汉塑料控股股东武汉经开将其合法持有的神龙塑胶100%股权赠与武汉塑料(相当于流通股股东每10股获得3.08股的对价)。
222	000666	经纬纺机	2006-8-8	送股,派现	非流通股东向A股流通股东每10股送1.2股和现金2.5元。
223	000667	名流置业	2006-2-20	送股	上市公司以资本公积金向流通股股东每10股转增1.37股,以盈余公积金向流通股股东每10股转增2.5股,流通股股东每10股实得3.87股。
224	000668	荣丰控股	2009-1-23	送股	非流通股东向流通股东每10股送3.5股。
225	000669	领先科技	2006-6-16	送股,资产重组	非流通股东向流通股东每10股送1.24股,公司全体非流通股股东提供合计589.6万股非流通股股份,作为信托财产设立信托计划,用于专项偿还公司历史遗留债务(截至2005年12月31日,该笔债务本息合计52803265.48元)。
226	000671	阳光城	2006-7-17	送股	非流通股东向流通股东每10股送1股。
227	000672	*ST铜城	2007-4-23	送股	上市公司向全体流通股东每10股转增9股(相当于流通股股东每10股获得3.4股的对价)。
228	000673	ST大水	2007-2-15	送股	上市公司向全体流通股东每10股转增6.8股(相当于流通股股东每10股获得4股的对价)。
229	000676	思达高科	2006-7-31	送股	非流通股东向流通股东每10股送3.2股。
230	000677	山东海龙	2006-1-23	送股	非流通股东向流通股东每10股送3.2股。
231	000678	襄阳轴承	2006-7-13	送股	上市公司向全体流通股东每10股转增3.4股(相当于流通股股东每10股获得1.25股的对价)。
232	000679	大连友谊	2006-7-18	送股,派现	非流通股东向流通股东每10股送2.7股和现金2元。
233	000680	山推股份	2006-5-29	送股,派现	非流通股股东向流通股股东每10股支付1股股份,公司向全体股东每10股派发现金红利1.23元,流通股股东每10股获0.53元现金对价,公司向全体流通股东每10股转增1股(实得现金1.76元和2股股份)。
234	000681	*ST远东	2006-8-28	送股	非流通股东向流通股东每10股送3股。

续表 8 Continued 8

序号 No.	证券代码 Code	名称 Companies	实施复牌日 Resumption of Trading Date	类型 Type	对价方案摘要 Abstract of Compensation Package
235	000682	东方电子	2006-10-16	送股,资产重组	上市公司向全体流通股东每10股转增1股,非流通股东向流通股东每10股送1.3股。流通股东每10股实得2.3股股份。
236	000683	远兴能源	2006-5-22	送股	非流通股东向流通股东每10股送3股。
237	000685	中山公用	2006-1-24	送股	非流通股东向流通股股东每10股送3.2股。
238	000686	东北证券	2007-8-27	送股,回购,资产重组	定向回购并注销中油锦州所持公司全部股份,以新增股份吸收合并东北证券,非流通股东向流通股东每10股送4股,上市公司向全体股东每10股转增8股(本方案相当于流通股每10股获送2.22223股)。
239	000687	保定天鹅	2005-12-26	送股	非流通股东向流通股东每10股送3.8股。
240	000690	宝新能源	2005-12-27	送股	非流通股东向流通股东每10股送3股。
241	000691	*ST联油	2006-10-9	送股	上市公司向全体流通股东每10股转增5股(相当于流通股股东每10股获得1.98股的对价)。
242	000692	ST惠天	2006-3-16	送股	非流通股东向流通股东每10股送3.6股。
243	000695	滨海能源	2005-11-14	送股	非流通股东向流通股东每10股送3股。
244	000697	*ST偏转	2006-8-4	送股	非流通股东向流通股东每10股送3.2股。
245	000698	沈阳化工	2006-3-22	送股	非流通股东向流通股东每10股送3.5股。
246	000700	模塑科技	2006-2-1C	送股	非流通股东向流通股股东每10股送3.5股。
247	000701	厦门信达	2006-7-28	送股	非流通股东向流通股东每10股送1.5股,上市公司向流通股东每10股转增3.5股(相当于流通股股东每10股获送2.49股)。
248	000702	正虹科技	2006-3-29	送股	非流通股东向流通股东每10股送2.8股。
249	000703	世纪光华	2006-11-24	送股	非流通股东向流通股东每10股送2.7股。
250	000705	浙江震元	2006-7-10	送股,资产重组	绍兴震元集团国有资本投资有限公司注入价值1885.16万的商业房地产,非流通股东向流通股东每10股送2股。
251	000707	双环科技	2006-6-8	送股	非流通股东向流通股东每10股送2.8股。
252	000708	大冶特钢	2006-2-7	认沽权利	湖北新冶钢有限公司承诺赋予流通股股东在股权分置改革方案实施之日起第十二个月最后一个交易日当日结束后登记在册的全体股东,有权将其持有的全部无限售条件的流通股,在之后三十日内的任何一个交易日内,以每股3.80元的价格出售给湖北新冶钢有限公司。
253	000709	唐钢股份	2005-12-21	送股	上市公司向全体流通股股东每10股转增5.5股,相当于每10股流通股获送3.3708股。
254	000710	天兴仪表	2006-9-1	送股	非流通股东向流通股东每10股送3.8股。
255	000711	天伦置业	2006-4-7	送股	非流通股东向流通股东每10股送3股。
256	000712	锦龙股份	2006-3-27	送股	非流通股东向流通股东每10股送3.3股。
257	000713	丰乐种业	2006-2-14	送股	非流通股东向流通股东每10股送3.3股。
258	000715	中兴商业	2006-8-18	送股	非流通股东向流通股东每10股送3.0股。
259	000716	ST南方	2006-11-27	送股,注资	南方投资向上市公司注资3700万元,非流通股东向流通股东每10股送1股。
260	000717	韶钢松山	2005-8-18	送股	非流通股东向流通股东每10股送3.5股。
261	000718	苏宁环球	2005-12-26	资产重组	苏宁集团通过收购*ST吉纸控股权将成为*ST吉纸股东以将经营性资产注入*ST吉纸的方式,向全体流通股股东做出对价安排。
262	000720	*ST能山	2006-6-7	送股	非流通股东向流通股东每10股送2.8股。
263	000721	西安饮食	2007-3-5	送股	上市公司向全体流通股东每10股转增4.5股(相当于流通股股东每10股获得2.5股的对价)。
264	000722	*ST金果	2006-4-13	送股,资产重组	金果实业第一大股东湖南湘投控股集团有限公司将其拥有的36.988%的湖南电子信息产业集团股权与金果实业的相关资产进行置换,上市公司向全体流通股股东每10股转增3股。

续表 9 Continued 9

序号 No.	证券代码 Code	名称 Companies	实施复牌日 Resumption of Trading Date	类型 Type	对价方案摘要 Abstract of Compensation Package
265	000723	美锦能源	2007-9-5	送股,资产重组	与美锦能源集团有限公司进行资产置换,非流通股东向流通股东每10股送0.8股。
266	000725	京东方A	2005-11-30	送股	非流通股东向A股流通股东每10股送4.2股。
267	000726	鲁泰A	2006-6-12	送股	非流通股东向A股流通股东每10股送0.7股。
268	000727	华东科技	2006-5-9	送股	非流通股东向流通股东每10股送3.2股。
269	000728	国元证券	2007-10-30	送股,回购,资产重组	北京化二定向回购东方石化持有其的24121万股非流通股股份并注销;北京化二向东方石化整体出售其拥有的全部资产和负债。以新增股份吸收合并国元证券在回购并注销东方石化所持公司全部股份时,本公司将以新增股份吸收合并国元证券。
270	000729	燕京啤酒	2006-5-16	送股	非流通股东向流通股东每10股送2.7股。
271	000731	四川美丰	2007-3-23	送股	上市公司向全体流通股东每10股转增6.6股(相当于流通股股东每10股获得3.05股的对价)。
272	000733	振华科技	2006-7-17	送股	非流通股东向流通股东每10股送2.85股。
273	000735	罗牛山	2006-4-18	送股	上市公司向全体流通股东每10股转增9.0股。
274	000736	ST重实	2008-12-5	送股,资产重组	上市公司向全体流通股东每10股转增4.06505股,增发后的非流通股东每10股向流通股送0.87635股对价,每10股流通股实得4.9414股。重庆渝富公司以豁免上市公司1.5亿元债务方式参与本次股权分置改革的对价安排。
275	000737	南风化工	2006-4-28	送股	非流通股东向流通股东每10股送3.5股。
276	000738	ST宇航	2006-4-21	送股	非流通股东向流通股东每10股送3.5股。
277	000739	普洛股份	2006-2-15	送股	非流通股东向流通股东每10股送2.5股。
278	000748	长城信息	2006-6-5	送股,资产重组	公司以低效资产冲抵控股股东持有的2600万股公司非流通股股份,完成后公司将该部分股份予以注销。非流通股股东向流通股股东每10股支付1.8股股份。
279	000751	*ST锌业	2006-4-10	送股	上市公司向全体流通股股东每10股转增6.6股。
280	000752	西藏发展	2006-9-4	送股	非流通股东向流通股东每10股送2股。
281	000753	漳州发展	2006-7-14	送股,回购	定向回购法人股44453591股,非流通股东向流通股东每10股送3.5股。
282	000755	山西三维	2006-4-12	送股	非流通股东向流通股东每10股送3.1股。
283	000756	新华制药	2006-6-6	送股	非流通股东向A股流通股东每10股送3.5股。
284	000757	*ST方向	2007-1-8	送股	上市公司向全体流通股东每10股转增7股(相当于流通股股东每10股获得3.58股的对价)。
285	000758	中色股份	2006-6-7	送股	非流通股东向流通股东每10股送2.5股。
286	000759	武汉中百	2006-3-28	送股	非流通股东向流通股东每10股送1.25股。
287	000760	博盈投资	2006-9-25	送股,资产重组	以现金清偿原控股股东对上市公司部分欠款,流通股股东每10股可获转增股份4.6股,动议方股东嘉利恒德、环球京彩每10股可获得转增股份1.45股。
288	000761	本钢板材	2006-3-15	送股	非流通股东向A股流通股东每10股送3.4股。
289	000762	西藏矿业	2006-2-10	送股	向全体股东每10股转增2.5股,非流通股股东将获得的转增股份作为对价,流通股股东每10股获得3.21股的对价(实得6.51股)。
290	000766	通化金马	2006-8-8	资产重组	永信投资与东方资产签订了《债权转让合同》,永信投资以现金和所持通化金马股份的30%——计35397983股收购东方资产拥有的通化金马全部债权本金及利息875100435.86元,永信投资成为通化金马上述债务的债权人。
291	000767	漳泽电力	2005-12-30	送股	非流通股东向流通股东每10股送3.2股。
292	000768	西飞国际	2006-5-9	送股	非流通股东向流通股东每10股送2.5股。
293	000777	中核科技	2006-5-16	送股	非流通股东向流通股东每10股送3.2股。
294	000778	新兴铸管	2005-11-10	送股	非流通股东向流通股东每10股送3股。

续表 10 Continued 10

序号 No.	证券代码 Code	名称 Companies	实施复牌日 Resumption of Trading Date	类型 Type	对价方案摘要 Abstract of Compensation Package
295	000779	ST 派神	2007-2-12	送股	非流通股东向流通股东每 10 股送 1 股,上市公司向全体流通股东每 10 股转增 4 股,流通股东每 10 股实得 5 股(相当于流通股股东每 10 股获得 2.27 股的对价)。
296	000780	平庄能源	2006-4-6	送股	上市公司向全体流通股东每 10 股转增 11.02155 股(相当于流通股股东每 10 股获得 4 股的对价)。
297	000782	美达股份	2006-5-12	送股	上市公司向全体流通股东每 10 股转增 4.903 股(相当于流通股股东每 10 股获得 2.6 股的对价)。
298	000783	长江证券	2007-12-27	送股,回购,资产重组	本次股权分置改革方案以公司向中国石化出售全部资产,中国石化以承担公司全部债务作为全部资产收购的对价(重大资产出售);同时公司以 1 元人民币现金为对价回购中国石化所持本公司全部股份并注销(定向股份回购);以新增股份吸收合并长江证券(吸收合并)。
299	000785	武汉中商	2006-4-3	送股	非流通股东向流通股东每 10 股送 3.9 股。
300	000786	北新建材	2006-6-29	送股,派现	非流通股东向流通股东每 10 股送 2 股和现金 3.83 元。
301	000787	*ST 创智	2007-2-9	送股	上市公司向全体流通股东每 10 股转增 9 股(相当于流通股股东每 10 股获得 2.58股的对价)。
302	000788	西南合成	2006-4-20	送股	上市公司向全体流通股东每 10 股转增 5.01 股(相当于流通股股东每 10 股获得 3.3 股的对价)。
303	000789	江西水泥	2006-8-9	送股	非流通股东向流通股东每 10 股送 3 股。
304	000790	华神集团	2006-2-21	送股	非流通股东向流通股东每 10 股送 3.2 股。
305	000791	西北化工	2006-6-12	送股	非流通股东向流通股东每 10 股送 3.3 股。
306	000792	盐湖钾肥	2006-6-29	送股,权证,派现	非流通股东向流通股东每 10 股送 1.2 股和现金 12 元,派发 4 份存续期 12 个月、行权价 15.1 元的百慕大式认沽权证。
307	000793	华闻传媒	2006-2-27	送股	非流通股东向流通股股东每 10 股送 3.0 股。
308	000795	太原刚玉	2006-3-7	送股	非流通股东向流通股东每 10 股送 3 股。
309	000796	宝商集团	2006-9-12	送股	上市公司向全体流通股东每 10 股转增 4 股(相当于流通股股东每 10 股获得 0.93股的对价)。
310	000797	中国武夷	2006-10-13	送股	非流通股东向流通股东每 10 股送 3 股。
311	000798	中水渔业	2006-4-27	送股	非流通股东向流通股东每 10 股送 3.8 股。
312	000799	酒鬼酒	2008-1-11	送股	非流通股东向流通股东每 10 股送 2 股。
313	000800	一汽轿车	2006-4-11	送股	非流通股东向流通股东每 10 股送 3.3 股。
314	000801	四川湖山	2006-8-2	送股	非流通股东向流通股东每 10 股送 3.5 股。
315	000802	北京旅游	2006-5-29	送股	上市公司向全体流通股东每 10 股转增 5.4462 股(相当于流通股股东每 10 股获得 3.06 股的对价)。
316	000803	金宇车城	2006-8-8	送股	上市公司向全体流通股东每 10 股转增 5.41 股(相当于流通股股东每 10 股获得 2.23 股的对价)。
317	000805	*ST 炎黄	—	送股	上市公司向全体流通股东每 10 股转增 4.46 股(相当于流通股股东每 10 股获得 3 股的对价)。
318	000806	银河科技	2006-1-9	送股	上市公司以资本公积金向全体股东每 10 股转增 3.8 股(流通股东实得 6.709 股)。
319	000807	云铝股份	2006-5-23	送股	非流通股东向流通股东每 10 股送 3.2 股。
320	000809	中汇医药	2006-7-21	送股	非流通股东向流通股东每 10 股送 2.6 股。
321	000810	华润锦华	2006-11-17	资产重组	上市公司受让华润锦纶 20%股权和华润纤维 20%股权,与第一大股东华润纺织资产重组,受赠其他非流通股股东现金,土地等资产。
322	000811	烟台冰轮	2006-6-1	送股	非流通股东向流通股东每 10 股送 3 股。
323	000812	陕西金叶	2006-7-31	送股	非流通股东向流通股东每 10 股送 2.8 股。
324	000813	天山纺织	2006-6-1	送股	非流通股东向流通股东每 10 股送 3.6 股。

续表 11 Continued 11

序号 No.	证券代码 Code	名称 Companies	实施复牌日 Resumption of Trading Date	类型 Type	对价方案摘要 Abstract of Compensation Package
325	000815	美利纸业	2005-12-29	送股	非流通股东向流通股东每10股送3.2股。
326	000816	江淮动力	2006-4-18	送股	非流通股东向流通股东每10股送2.6股。
327	000818	锦化氯碱	2006-3-13	送股	非流通股东向流通股东每10股送3.6股。
328	000819	岳阳兴长	2007-3-28	送股	上市公司向全体流通股东每10股转增5.485股(相当于流通股股东每10股获得3.2股的对价)。
329	000820	金城股份	2006-8-28	送股,资产重组	向非流通股股东转增3000万股,非流通股股东承担公司7500万元债务,上市公司向流通股东每10股转增6股(相当于流通股股东每10股获送3.54股)。
330	000821	京山轻机	2005-12-5	送股	非流通股东向流通股东每10股送3.2股。
331	000822	山东海化	2006-3-22	送股	非流通股东向流通股东每10股送3股。
332	000823	超声电子	2006-3-20	送股	非流通股东向流通股东每10股送3.5股。
333	000825	太钢不锈	2006-3-7	送股	非流通股东向流通股东每10股送3.4股。
334	000826	合加资源	2006-2-10	送股	非流通股东向流通股东每10股送2.5股。
335	000828	东莞控股	2005-12-30	送股,缩股,派现	非流通股份按照1:0.8的缩股比例进行缩股,非流通股东向流通股东每10股送2股和4.3592元现金。
336	000829	天音控股	2006-9-5	送股	非流通股东向流通股东每10股送2.6股。
337	000830	鲁西化工	2005-8-23	送股	非流通股东向流通股东每10股送4股。
338	000831	关铝股份	2006-4-11	送股	非流通股东向流通股东每10股送3.4股。
339	000833	贵糖股份	2007-4-13	送股	上市公司向全体流通股东每10股转增4.4股(相当于流通股股东每10股获得2.3股的对价)。
340	000835	四川圣达	2006-5-19	送股	非流通股东向流通股东每10股送3股。
341	000836	鑫茂科技	2006-2-20	送股,资产重组	第一大股东与上市公司进行资产置换,以向上市公司注入优质资产并从上市公司置出不良资产的形式作为此次股权分置改革的对价安排,非流通股东向流通股东每10股送1.82股。
342	000837	秦川发展	2006-2-6	送股	非流通股东向流通股股东每10股送3.05股。
343	000838	国兴地产	2007-10-19	送股	非流通股东向流通股东每10股送3股。
344	000839	中信国安	2006-2-6	送股	非流通股东向流通股东每10股送3.5股。
345	000848	承德露露	2006-6-7	派现	非流通股东向流通股东每10股送现金6.27元。
346	000850	华茂股份	2006-1-12	送股	非流通股东向流通股股东每10股送3.4股。
347	000851	高鸿股份	2006-6-30	送股	非流通股东向流通股东每10股送3股。
348	000852	江钻股份	2007-3-19	送股	非流通股东向流通股东每10股送3股。
349	000856	*ST唐陶	2007-1-15	送股	上市公司向全体流通股东每10股转增8股(相当于流通股股东每10股获得3.9股的对价)。
350	000858	五粮液	2006-3-31	送股,权证	非流通股东向流通股东每10股送1.7股,派发4.1份存续期24个月、行权价7.96元的百慕大式认沽权证,派发3.9份存续期24个月、行权价6.93元的百慕大式认购权证。
351	000859	国风塑业	2006-2-10	送股	非流通股东向流通股股东每10股送3.7股。
352	000860	顺鑫农业	2005-10-27	送股	非流通股东向流通股东每10股送3.5股。
353	000861	海印股份	2006-7-4	送股	非流通股东向流通股东每10股送2股。
354	000862	银星能源	2006-7-18	送股	非流通股东向流通股东每10股送2.4股,公司向全体流通股东每10股转增1.5股,流通股东实得3.9股。
355	000863	*ST商务	2007-1-31	送股	上市公司向全体流通股东每10股转增10股(相当于流通股股东每10股获得5.553股的对价)。
356	000868	安凯客车	2006-6-1	送股	上市公司向全体股东每10股转增3.4412股,非流通股东向流通股东每10股送3.0197股(流通股东实得7.5股)。

续表 12 Continued 12

序号 No.	证券代码 Code	名称 Companies	实施复牌日 Resumption of Trading Date	类型 Type	对价方案摘要 Abstract of Compensation Package
357	000869	张裕 A	2006－3－21	送股	非流通股东向 A 股流通股东每 10 股送 2.8 股。
358	000875	吉电股份	2006－7－26	送股	上市公司向流通股东每 10 股转增 3 股(相当于流通股股东每 10 股获送 0.51 股)。
359	000876	新希望	2006－2－7	送股	非流通股东向流通股东每 10 股送 3 股。
360	000877	天山股份	2006－5－26	送股	非流通股东向流通股东每 10 股送 3.2 股。
361	000878	云南铜业	2006－3－6	送股	非流通股东向流通股东每 10 股送 3 股。
362	000880	潍柴重机	2007－4－30	资产重组	以山东巨力的重大资产重组为基础，相当于流通股股东获得 11584.42 万元的对价，即每 10 股获得 8.8 元的对价。
363	000881	大连国际	2005－12－27	送股	非流通股东向流通股东每 10 股送 2.8 股。
364	000882	华联股份	2006－7－11	送股	非流通股东向流通股东每 10 股送 3 股。
365	000883	三环股份	2006－6－6	送股	非流通股东向流通股东每 10 股送 3.3 股。
366	000885	同力水泥	2007－8－7	送股，资产重组	河南建投与公司实施重大资产置换，非流通股东向流通股东每 10 股送 0.5 股(相当于流通股股东每 10 股获送 2.5 股)。
367	000886	海南高速	2006－7－19	送股	非流通股东向流通股东每 10 股送 3.9 股。
368	000887	中鼎股份	2006－12－22	送股，资产重组	股权收购方中鼎股份的全资子公司密封件公司与飞彩股份进行资产置换。公司向全体股东每 10 股转增 22 股，再由非流通股股东将其获增股份中的 29120000 股转送给流通股股东，全体股东以每 10 股减 6.7335 股的方式减资弥补亏损。
369	000888	峨眉山 A	2006－5－25	送股	非流通股东向流通股东每 10 股送 3.2 股。
370	000889	渤海物流	2006－6－21	送股	非流通股东向流通股东每 10 股送 2.5 股。
371	000890	法尔胜	2006－4－3	送股	非流通股东向流通股东每 10 股送 3 股。
372	000892	ST 星美	2009－4－8	资产重组	鑫以实业拟提供现金代上市公司向选择现金受偿的债权人偿还债务，并获得对上市公司的债权，本次改革方案为全体非流通股股东以其持有的星美联合非流通股的 50％为上市公司偿还债务作为对价，其中 40000000 股偿还给太极集团有限公司等债权人、剩余 106938440 股偿还给鑫以实业。
373	000893	广州冷机	2006－9－25	送股，派现	非流通股东向流通股东每 10 股送 3.1 股，上市公司向全体股东每 10 股派送现金红利 0.2054 元，流通股股东每 10 股获送 0.59 元的现金对价(流通股东实得 0.8 元和 3.1 股)。
374	000895	双汇发展	2007－6－29	送股	上市公司向全体股东每 10 股转增 1.8 股，非流通股东向流通股东每 10 股送 2.36 股(流通股东实得 4.58 股)。
375	000897	津滨发展	2005－11－11	送股	上市公司向全体股东每 10 股转增 2.1 股，非流通股东向流通股东每 10 股送 3.8 股(流通股东实得 6.7 股)。
376	000898	鞍钢股份	2005－12－2	送股，权证	非流通股东向 A 股流通股东每 10 股送 2.5 股，派发 1.5 份存续期 366 天、行权价 3.6 元的的欧式认购权证。
377	000899	赣能股份	2006－3－31	送股	非流通股东向流通股东每 10 股送 3.3 股。
378	000900	现代投资	2006－6－28	送股，派现	上市公司向全体股东每 10 股派现 7.57 元和非流通股东向流通股东每 10 股送 2.2 股及将所获现金红利每 10 股送 6.53 元(流通股东实得现金 14.10 元)。
379	000901	航天科技	2006－4－25	送股	非流通股东向流通股东每 10 股送 2.9 股。
380	000902	中国服装	2007－3－26	送股	非流通股东向流通股东每 10 股送 2.6 股。
381	000903	云内动力	2006－2－13	送股	非流通股东向流通股股东每 10 股送 3.5 股。
382	000905	厦门港务	2006－10－17	送股，派现	上市公司向全体股东每 10 股转增 8 股，非流通股东向流通股东每 10 股送 0.505 股和现金 7.47 元(流通股东实得 8.909 股和现金 13.446 元)。
383	000906	南方建材	2008－6－13	送股	非流通股东向流通股东每 10 股送 3 股。
384	000908	天一科技	2008－6－10	送股	非流通股东向流通股东每 10 股送 2.6 股。
385	000909	数源科技	2006－1－10	送股	非流通股东向流通股股东每 10 股送 3.7 股。

续表 13 Continued 13

序号 No.	证券代码 Code	名称 Companies	实施复牌日 Resumption of Trading Date	类型 Type	对价方案摘要 Abstract of Compensation Package
386	000910	大亚科技	2006-5-15	送股,资产重组	非流通股东向流通股东每10股送1股,大亚集团拟将其分别持有的三个人造板公司各75%的股权注入到大亚科技。
387	000911	南宁糖业	2006-5-17	送股	非流通股东向流通股东每10股送3.3股。
388	000912	泸天化	2006-2-13	送股,派现	非流通股东向流通股股东每10股送2.2股和现金5.12元,流通股股东每10股实际得到2.2股和现金7.68元(含税)。
389	000913	钱江摩托	2006-4-11	送股	非流通股东向流通股东每10股送3.2股。
390	000915	山大华特	2006-7-20	送股	非流通股东向流通股东每10股送0.33股,上市公司向流通股东每10股转增3.41股(相当于流通股股东每10股获送1.7股)。
391	000916	华北高速	2006-4-19	送股,派现	上市公司向流通股东每10股派现1.26元,非流通股东向流通股东每10股送2.1股和2.77元现金(实得4.03元)。
392	000917	电广传媒	2005-12-12	送股	非流通股东向流通股东每10股送2.8股。
393	000918	*ST亚华	2009-4-30	送股,资产重组	非流通股东向流通股东每10股送2.00股。
394	000919	金陵药业	2006-2-7	送股	非流通股东向流通股股东每10股送3.5股。
395	000920	南方汇通	2006-6-26	送股	非流通股东向流通股东每10股送3.3股。
396	000921	ST科龙	2007-3-29	送股	非流通股东向A股流通股东每10股送1.2股。
397	000922	ST阿继	2007-4-11	送股	非流通股东向流通股东每10股送2.8股。
398	000923	河北宣工	2008-5-5	送股	上市公司向全体流通股东每10股转增6股(相当于流通股股东每10股获得3.3333股的对价)。
399	000925	浙江海纳	2009-4-30	送股,资产重组	上市公司向全体流通股东每10股转增1.6股,非流通股东向流通股东每10股送0.6股(流通股东实得2.2股)。
400	000926	福星股份	2005-11-9	缩股	非流通股东每10股缩6.3股。
401	000927	一汽夏利	2006-7-26	送股	非流通股东向流通股东每10股送3.6股。
402	000928	中钢吉炭	2006-6-5	送股,资产重组,认沽权利	非流通股东向流通股东每10股送0.7股,流通股东每10股将获得3份行权价格为4元认沽权利。中钢集团和吉林省国资委全力推动和直接支持下,偿还占用资金,并协调安排吉林炭素的债务重组,吉林炭素净资产增加303763575.56元。
403	000929	兰州黄河	2006-12-1	送股	非流通股东向流通股东每10股送2股,上市公司向流通股东每10股转增2.75股(相当于流通股股东每10股获送4.75股)。
404	000930	丰原生化	2005-11-7	送股	非流通股东向流通股东每10股送2.2496股。
405	000931	中关村	2007-1-9	送股	非流通股东向流通股东每10股送1.6股。
406	000932	华菱钢铁	2006-3-1	权证	非流通股东向流通股东每10股派发7.19206份存续期24个月、行权价4.90元的欧式认沽权证。
407	000933	神火股份	2006-1-10	送股	非流通股东向流通股东每10股送3股。
408	000935	ST双马	2007-6-6	送股	非流通股东向流通股东每10股送3股。
409	000936	华西村	2005-11-8	送股	非流通股东向流通股东每10股送4.7股。
410	000937	金牛能源	2005-6-28	送股	非流通股东向流通股东每10股送2.5股。
411	000938	紫光股份	2006-3-8	送股	非流通股东向流通股东每10股送5股。
412	000939	凯迪电力	2006-9-7	送股	非流通股东向流通股东每10股送2.285股。
413	000948	南天信息	2006-8-7	送股	上市公司向全体流通股东每10股转增5.1376股(相当于流通股股东每10股获得3.2股的对价)。
414	000949	新乡化纤	2006-6-8	送股	非流通股东向流通股东每10股送3.4股。
415	000950	建峰化工	2005-12-27	送股,资产重组	公司本次股权分置改革拟与重大资产重组相结合,非流通股东向流通股东每10股送1.5股。

续表 14 Continued 14

序号 No.	证券代码 Code	名称 Companies	实施复牌日 Resumption of Trading Date	类型 Type	对价方案摘要 Abstract of Compensation Package
416	000951	中国重汽	2006-2-13	送股	非流通股东向流通股东每10股送2.8股。
417	000952	广济药业	2006-7-24	送股,资产重组	由非流通股东按持股比例承担广济药业持有的安华酒店7973.64万元不良债权,上市公司向流通股股东每10股转增10.5627股,向四家非流通股东每10股转增1.43247股。
418	000953	河池化工	2006-11-13	送股	非流通股东向流通股东每10股送3股。
419	000955	*ST欣龙	2006-3-23	送股	非流通股东向流通股东每10股送3.2股。
420	000957	中通客车	2006-6-20	送股	非流通股东向流通股东每10股送3股。
421	000958	东方热电	2006-6-9	送股	非流通股东向流通股东每10股送3.8股。
422	000959	首钢股份	2005-11-18	送股,派现	非流通股东向流通股东每10股送2.4股和现金2.71元。
423	000960	锡业股份	2006-2-14	送股	非流通股东向流通股股东每10股送3.0股。
424	000961	大连金牛	2006-3-21	送股	非流通股东向流通股东每10股送3.4股。
425	000962	东方钽业	2006-3-16	送股	非流通股东向流通股东每10股送3.4股。
426	000963	华东医药	2006-11-1	送股	上市公司向全体流通股东每10股转增4.278股(相当于流通股股东每10股获得2.5股的对价)。
427	000965	天保基建	2007-9-27	资产重组	天保控股通过重大资产重组以优质房地产公司的全部股权置换出上市公司原有房地产类等盈利能力较差的资产,同时向全体流通股股东承诺未来三年上市公司经营业绩。
428	000966	长源电力	2006-7-31	送股	非流通股东向流通股东每10股送3.5股。
429	000967	上风高科	2006-9-21	送股,资产重组	非流通股东向流通股东每10股送1.7股,盈峰集团拟将其持有的佛山市威奇电工材料有限公司75%的股权按经审计后的净资产的75%作价75477760.53元注入到上风高科。
430	000968	煤气化	2005-12-5	送股	非流通股东向流通股东每10股送3.0股。
431	000969	安泰科技	2005-12-5	送股	非流通股东向流通股东每10股送3.2股。
432	000970	中科三环	2006-3-17	送股	非流通股东向流通股东每10股送2.3股。
433	000971	*ST迈亚	2005-12-29	送股	非流通股东向流通股东每10股送3.5股。
434	000972	新中基	2005-10-26	送股	非流通股东向流通股东每10股送3.3股。
435	000973	佛塑股份	2006-1-16	送股	非流通股东向流通股股东每10股送3.7股。
436	000975	科学城	2008-1-24	送股,缩股,派现	非流通股股份按每10股缩为6.254股的比例单向缩股,上市公司向全体股东每10股转增3.485股,送1.3635股,派现0.1515元(相当于公司流通股股东每10股获得2.7股股份的对价)。
437	000976	春晖股份	2006-5-31	送股	上市公司向全体流通股东每10股转增8.944股(相当于流通股股东每10股获得3.6股的对价)。
438	000977	浪潮信息	2006-3-7	送股	非流通股东向流通股东每10股送3.3股。
439	000978	桂林旅游	2006-5-19	送股	非流通股东向流通股东每10股送3.2股。
440	000979	*ST科苑	2006-8-2	送股	上市公司向全体流通股东每10股转增7.5股(相当于流通股股东每10股获得3.27股的对价)。
441	000980	金马股份	2006-4-7	送股	非流通股东向流通股东每10股送3.5股。
442	000982	中银绒业	2008-1-28	送股,资产重组	上市公司向全体流通股东每10股转增3股(相当于流通股股东每10股获得1.6股的对价),中银绒业与公司进行资产置换,与圣雪绒集团进行股权转让,中银绒业将成为本公司控股股东。
443	000983	西山煤电	2005-10-28	送股	非流通股东向流通股东每10股送2.8股。

续表 15　Continued 15

序号 No.	证券代码 Code	名称 Companies	实施复牌日 Resumption of Trading Date	类型 Type	对价方案摘要 Abstract of Compensation Package
444	000985	大庆华科	2006-10-16	送股	上市公司向全体股东每 10 股转增 1.273 股,非流通股东向流通股每 10 股送 3.2股对价,每 10 股流通股实际获得的股数为 4.88 股。
445	000987	广州友谊	2006-1-20	送股	非流通股东向流通股股东每 10 股送 3 股。
446	000988	华工科技	2005-11-22	送股	非流通股东向流通股东每 10 股送 4.6 股。
447	000989	九芝堂	2006-5-22	送股,派现	非流通股东向流通股东每 10 股送 2 股;上市公司向全体股东每 10 股送现金红利 2 元(含税),非流通股东向流通股东每 10 股送 2.2369 元(流通股东实得 4.2369 元(含税))。
448	000990	诚志股份	2006-1-23	送股	非流通股东向流通股股东每 10 股送 3.4 股。
449	000993	闽东电力	2006-8-2	送股	上市公司向全体流通股东每 10 股转增 7.3 股(相当于流通股股东每 10 股获得 3.9 股的对价)。
450	000995	*ST 皇台	2006-7-19	送股	上市公司向全体流通股东每 10 股转增 5.32 股(相当于流通股股东每 10 股获得 3.3 股的对价)。
451	000996	中国中期	2006-4-3	送股	非流通股东向流通股东每 10 股送 3.4 股。
452	000997	新大陆	2005-11-10	送股	非流通股东向流通股东每 10 股送 3.7 股。
453	000998	隆平高科	2006-3-14	送股	上市公司向全体股东每 10 股转增 5 股,非流通股东向流通股东每 10 股送 2 股(流通股东实得 8 股)。
454	000999	三九医药	2008-12-5	送股	非流通股东向流通股东每 10 股送 3.00 股。
455	001696	宗申动力	2006-1-25	送股	非流通股东向流通股股东每 10 股送 3.0 股。
456	001896	豫能控股	2006-7-26	派现	非流通股东向流通股东每 10 股送现金 8 元。
457	002001	新和成	2005-8-19	送股	非流通股东向流通股东每 10 股送 3.5 股。
458	002002	*ST 琼花	2005-10-24	送股	非流通股东向流通股东每 10 股送 4.5 股。
459	002003	伟星股份	2005-9-8	送股	非流通股东向流通股东每 10 股送 4 股。
460	002004	华邦制药	2005-11-4	送股	非流通股东向流通股东每 10 股送 3.3 股。
461	002005	德豪润达	2005-11-4	送股	非流通股东向流通股东每 10 股送 3.6 股。
462	002006	精工科技	2005-10-28	送股	非流通股东向流通股东每 10 股送 3.5 股。
463	002007	华兰生物	2005-11-22	送股	非流通股东向流通股东每 10 股送 3.6 股。
464	002008	大族激光	2005-11-28	送股	非流通股东向流通股东每 10 股送 3.5 股。
465	002009	天奇股份	2005-11-2	送股	非流通股东向流通股东每 10 股送 3.3 股。
466	002010	传化股份	2005-8-4	送股	非流通股东向流通股东每 10 股送 4.5 股。
467	002011	盾安环境	2005-11-10	送股	非流通股东向流通股东每 10 股送 3 股。
468	002012	凯恩股份	2005-11-1	送股	非流通股东向流通股东每 10 股送 3.5 股。
469	002013	中航精机	2005-11-1	送股	非流通股东向流通股东每 10 股送 3 股。
470	002014	永新股份	2005-9-8	送股	非流通股东向流通股东每 10 股送 4 股。
471	002015	霞客环保	2005-11-15	送股	非流通股东向流通股东每 10 股送 3 股。
472	002016	世荣兆业	2005-10-28	送股	向全体股东每 10 股转增 1.49 股,流通股东每 10 股获送 3.3011 股对价股份。
473	002017	东信和平	2005-11-8	送股	非流通股东向流通股东每 10 股送 3.5 股。
474	002018	华星化工	2005-10-28	送股	非流通股东向流通股东每 10 股送 4 股。
475	002019	鑫富药业	2005-8-12	送股	非流通股东向流通股东每 10 股送 4.5 股。

续表 16　Continued 16

序号 No.	证券代码 Code	名称 Companies	实施复牌日 Resumption of Trading Date	类型 Type	对价方案摘要 Abstract of Compensation Package
476	002020	京新药业	2005-11-10	送股	非流通股东向流通股东每 10 股送 3.8 股。
477	002021	中捷股份	2005-9-8	送股	非流通股东向流通股东每 10 股送 4.5 股。
478	002022	科华生物	2005-10-28	送股	非流通股东向流通股东每 10 股送 3.6 股。
479	002023	海特高新	2005-8-9	送股	非流通股东向流通股东每 10 股送 3.8 股。
480	002024	苏宁电器	2005-8-11	送股	非流通股东向流通股东每 10 股送 2.5 股。
481	002025	航天电器	2005-11-4	送股	非流通股东向流通股东每 10 股送 2.5 股。
482	002026	山东威达	2005-11-14	送股	非流通股东向流通股东每 10 股送 2.5 股。
483	002027	七喜控股	2005-11-10	送股	非流通股东向流通股东每 10 股送 3 股。
484	002028	思源电气	2005-11-10	送股	非流通股东向流通股东每 10 股送 3 股。
485	002029	七匹狼	2005-8-9	送股	非流通股东向流通股东每 10 股送 3 股。
486	002030	达安基因	2005-11-18	送股	非流通股东向流通股东每 10 股送 3.0 股。
487	002031	巨轮股份	2005-10-25	送股	非流通股东向流通股东每 10 股送 3.5 股。
488	002032	苏泊尔	2005-8-8	送股	非流通股东向流通股东每 10 股送 3.5 股。
489	002033	丽江旅游	2005-11-3	送股	非流通股东向流通股东每 10 股送 3.5 股。
490	002034	美欣达	2005-10-27	送股	非流通股东向流通股东每 10 股送 3.6 股。
491	002035	华帝股份	2005-10-31	送股	非流通股东向流通股东每 10 股送 3.3 股。
492	002036	宜科科技	2005-11-15	送股	非流通股东向流通股东每 10 股送 3.5 股。
493	002037	久联发展	2005-10-28	送股	非流通股东向流通股东每 10 股送 3.3 股。
494	002038	双鹭药业	2005-11-9	送股	非流通股东向流通股东每 10 股送 3.2 股。
495	002039	黔源电力	2005-11-30	送股	非流通股东向流通股东每 10 股送 3.2 股。
496	002040	南京港	2005-11-9	送股	非流通股东向流通股东每 10 股送 3 股。
497	002041	登海种业	2005-11-28	送股,派现	非流通股东向流通股东每 10 股送 2.7 股,公司向全体股东派发股利,每 10 股流通股实际得到 5 元现金(含税)。
498	002042	华孚色纺	2005-11-7	送股	非流通股东向流通股东每 10 股送 3 股。
499	002043	兔宝宝	2005-11-24	送股	非流通股东向流通股东每 10 股送 3.2 股。
500	002044	江苏三友	2005-11-28	送股	非流通股东向流通股东每 10 股送 3 股。
501	002045	广州国光	2005-11-25	送股	非流通股东向流通股东每 10 股送 3.3 股。
502	002046	轴研科技	2005-11-10	送股	非流通股东向流通股东每 10 股送 3.0 股。
503	002047	成霖股份	2005-11-30	送股	上市公司向全体股东每 10 股转增 1.1331 股,非流通股东向流通股东每 10 股送 3 股(流通股东实得 4.4731 股)。
504	002048	宁波华翔	2005-11-11	送股	非流通股东向流通股东每 10 股送 3.5 股。
505	002049	晶源电子	2005-11-7	送股	非流通股东向流通股东每 10 股送 3.5 股。
506	002050	三花股份	2005-11-21	送股	非流通股东向流通股东每 10 股送 3 股。

数据来源：深圳证券交易所
Source：Shenzhen Stock Exchange

5-27 上海证券交易所上市公司名录
Listed Companies in Shanghai Stock Exchange

代码 Code	股票简称 Abbreviation	公司全称 Companies	行业代码 Industries Code	董事长 Board Chairman	地址 Address	电话 Telephone Number
600000	浦发银行	上海浦东发展银行股份有限公司	I	吉晓辉	上海市中山东一路12号	021-61618731
600012	皖通高速	安徽皖通高速公路股份有限公司	F	周仁强	安徽省合肥市望江西路520号	0551-5338681
600120	浙江东方	浙江东方集团股份有限公司	H	高　康	杭州西湖大道12号	0571-87600320
600121	郑州煤电	郑州煤电股份有限公司	B	杜工会	郑州市中原区中原西路188号	0371-87785169
600122	宏图高科	江苏宏图高科技股份有限公司	H	袁亚非	南京市中山北路219号20/21层	025-83274691
600123	兰花科创	山西兰花科技创业股份有限公司	B	郝跃洲	山西省晋城市凤台东街2288号	0356-2189698
600125	铁龙物流	中铁铁龙集装箱物流股份有限公司	F	朱友文	辽宁省大连市中山区新安街1号	0411-82590881
600126	杭钢股份	杭州钢铁股份有限公司	C6	李世中	浙江省杭州市半山路178号	0571-88132917
600127	金健米业	湖南金健米业股份有限公司	C0	肖立成	湖南省常德市德山经济开发区金健米业总部办公大楼	0736-2588216
600128	弘业股份	江苏弘业股份有限公司	H	李结祥	江苏省南京市中华路50号弘业大厦	025-52308738
600129	太极集团	重庆太极实业(集团)股份有限公司	C8	白礼西	重庆市涪陵区太极大道1号	023-89886719
600130	ST波导	宁波波导股份有限公司	G	徐立华	浙江省奉化市大成东路999号	0574-88918939
600015	华夏银行	华夏银行股份有限公司	I	吴　建	北京市东城区建国门内大街22号华夏银行大厦	010-85238888
600131	岷江水电	四川岷江水利电力股份有限公司	D	张有才	四川省都江堰市奎光路301号	028-89745611
600132	重庆啤酒	重庆啤酒股份有限公司	C0	黄明贵	重庆市北部新区大竹林恒山东路9号	023-89139399
600133	东湖高新	武汉东湖高新集团股份有限公司	M	丁振国	武汉市东湖开发区佳园路1号东湖高新大楼	027-87172021
600135	乐凯胶片	乐凯胶片股份有限公司	C4	张建恒	河北省保定市乐凯南大街6号	0312-3302372
600136	道博股份	武汉道博股份有限公司	J	杜晓玲	武汉东湖新技术开发区关凤大道特二号C栋二楼	027-81732221
600137	浪莎股份	四川浪莎控股股份有限公司	C1	翁荣金	四川省宜宾市外南街63号进出口大厦8楼	0831-8216216
600138	中青旅	中青旅控股股份有限公司	K	张　骏	北京市东城区东直门南大街5号中青旅大厦	010-58158777
600139	西部资源	四川西部资源控股股份有限公司	B	王　成	四川省成都市锦江区锦江工业开发区毕升路168号	028-85915709
600141	兴发集团	湖北兴发化工集团股份有限公司	C4	李国璋	湖北宜昌市解放路52号三峡商城B805(通讯地址)	0717-6760049
600143	金发科技	金发科技股份有限公司	C4	袁志敏	广州市天河区柯木塱高唐工业区	020-87037616
600016	民生银行	中国民生银行股份有限公司	I	董文标	北京市西城区复兴门内大街2号	010-68946790
600145	ST国创	贵州国创能源控股(集团)股份有限公司	E	杨国荣	贵州省贵阳市正新街9号富水花园D座30-3号	023-61088888
600146	大元股份	宁夏大元化工股份有限公司	C4	赵　海	北京市朝阳区北辰东路8号北辰时代大厦1406室	010-84989022
600148	长春一东	长春一东离合器股份有限公司	C7	李长江	吉林省长春市高新技术产业开发区超然街2555号	0431-85158520
600149	*ST建通	华夏建通科技开发股份有限公司	C7	杨文军	北京市朝阳区望京西路卷石天地大厦B座12层	021-53960935
600150	中国船舶	中国船舶工业股份有限公司	C7	陈小津	上海市浦东大道1号	021-68860618
600151	航天机电	上海航天汽车机电股份有限公司	C7	姜文正	上海市漕溪路222号航天大厦南楼八楼	021-64827176
600152	维科精华	宁波维科精华集团股份有限公司	C1	何承命	宁波市和义路99号维科大厦10楼	0574-87341480
600153	建发股份	厦门建发股份有限公司	H	黄文洲	厦门市鹭江道52号海滨大厦七楼	0592-2263616
600155	*ST宝硕	河北宝硕股份有限公司	C4	赵力宾	河北省保定市国家高新技术产业开发区朝阳北大街1098号	0312-3109614
600156	华升股份	湖南华升股份有限公司	C1	刘　政	湖南省长沙市芙蓉中路三段420号	0731-85237877
600017	日照港	日照港股份有限公司	F	杜传志	山东省日照市海滨二路81号	0633-8388802
600157	永泰能源	永泰能源股份有限公司	M	王金余	北京市西城区宣武门西大街127号永泰A座	010-84351369
600158	中体产业	中体产业集团股份有限公司	K	谢亚龙	北京市朝阳区朝外大街225号	010-65536158-121
600159	大龙地产	北京市大龙伟业房地产开发股份有限公司	J	李绍林	北京市顺义区府前东街甲2号	010-69445636
600160	巨化股份	浙江巨化股份有限公司	C4	杜世源	浙江省衢州市柯城区	0570-3091758
600161	天坛生物	北京天坛生物制品股份有限公司	C8	杨晓明	北京市朝阳区三间房南里四号(此为通讯地址!)	010-65762911
600162	香江控股	深圳香江控股股份有限公司	J	翟美卿	广东省广州市番禺区迎宾路锦绣香江花园香江控股办公楼	020-34821006

续表 1 Continued 1

代码 Code	股票简称 Abbreviation	公司全称 Companies	行业代码 Industries Code	董事长 Board Chairman	地址 Address	电话 Telephone Number
600163	福建南纸	福建省南纸股份有限公司	C3	黄金镖	福建省南平市滨江北路 177 号	0599 - 8808806
600165	新日恒力	宁夏新日恒力钢丝绳股份有限公司	C6	肖家守	宁夏回族自治区石嘴山市惠农区河滨街	0952 - 3671222
600166	福田汽车	北汽福田汽车股份有限公司	C7	徐和谊	北京市昌平区沙河镇沙阳路	010 - 80716459
600167	联美控股	联美控股股份有限公司	D	朱昌一	沈阳市浑南新区新明街 8 号	024 - 83782067
600018	上港集团	上海国际港务(集团)股份有限公司	F	陈戌源	上海市虹口区东大名路 358 号国际港务大厦	021 - 35308108
600168	武汉控股	武汉三镇实业控股股份有限公司	D	陈莉茜	武汉市武昌区友谊大道长江隧道出口处长江隧道公司管理大楼	027 - 85790699
600169	太原重工	太原重工股份有限公司	C7	岳普煜	太原市万柏林区玉河街 53 号	0351 - 6361155
600170	上海建工	上海建工集团股份有限公司	E	徐 征	上海市虹口区东大名路 666 号上海建工大厦	021 - 35312079
600171	上海贝岭	上海贝岭股份有限公司	C5	赵贵武	上海市漕河泾开发区宜山路 810 号	021 - 64853333
600172	黄河旋风	河南黄河旋风股份有限公司	C6	乔秋生	河南省长葛市人民路 200 号	0374 - 6108899
600173	卧龙地产	卧龙地产集团股份有限公司	J	陈建成	浙江省上虞市经济开发区人民西路 1801 号	0575 - 82177017
600175	美都控股	美都控股股份有限公司	M	闻掌华	杭州市拱墅区密渡桥路 70 号美都恒升名楼 4F	0571 - 88301608
600176	中国玻纤	中国玻纤股份有限公司	C6	曹江林	北京市海淀区西三环中路 10 号	010 - 88028919
600177	雅戈尔	雅戈尔集团股份有限公司	C1	李如成	浙江宁波鄞县大道西段 2 号	0574 - 87425136
600178	东安动力	哈尔滨东安汽车动力股份有限公司	C7	连 刚	哈尔滨市平房区保国街 51 号	0451 - 86528173
600019	宝钢股份	宝山钢铁股份有限公司	C6	何文波	上海市宝山区富锦路 885 号宝钢指挥中心	021 - 26647000
600179	ST 黑化	黑龙江黑化股份有限公司	C4	王宏伟	黑龙江省齐齐哈尔市富拉基尔区向阳大街 2 号	0452 - 8927129
600180	ST 九发	山东九发食用菌股份有限公司	A	纪晓文	山东省烟台市幸福中路 62 号幸福大厦 1811 号	0535 - 6603280
600182	S 佳通	佳通轮胎股份有限公司	C4	李怀靖	上海市长宁区临虹路 280 - 2 号	021 - 22073138
600183	生益科技	广东生益科技股份有限公司	C5	李 锦	广东省东莞市万江区莞穗大道 411 号	0769 - 22271828 - 8183
600184	光电股份	北方光电股份有限公司	C7	王小鹏	陕西省西安市长乐中路 35 号	0710 - 3349838
600185	格力地产	西安格力地产股份有限公司	J	鲁君四	西安市高新技术产业开发区科技路 48 号创业广场 B 座 1303 室董秘处	029 - 87997923
600186	莲花味精	河南莲花味精股份有限公司	C0	郑献锋	河南省项城市莲花大道 18 号	0394 - 4298889
600187	国中水务	黑龙江国中水务股份有限公司	D	朱勇军	北京市东城区灯市口大街 33 号国中商业大厦 10 层	010 - 51695610
600188	兖州煤业	兖州煤业股份有限公司	B	李位民	山东省邹城市凫山南路 298 号	0537 - 5384031
600189	吉林森工	吉林森林工业股份有限公司	A	柏广新	吉林省长春市朝阳区延安大街 1399 号	0431 - 88480580
600020	中原高速	河南中原高速公路股份有限公司	F	关 健	郑州市中原路 93 号	0371 - 67717696
600190	锦州港	锦州港股份有限公司	F	张宏伟	锦州经济技术开发区锦港大街一段 1 号	0416 - 3586462
600191	华资实业	包头华资实业股份有限公司	C0	宋卫东	包头市东河区	0472 - 6957558
600192	长城电工	兰州长城电工股份有限公司	C7	杨 林	兰州市城关区农民巷 215 号	0931 - 8415501
600193	创兴资源	上海创兴资源开发股份有限公司	M	陈冠全	上海市浦东新区康桥路 1388 号 2 楼	0592 - 5311811
600195	中牧股份	中牧实业股份有限公司	C8	张春新	北京市丰台区南四环西路 188 号总部基地八区 16 号楼	010 - 63701951
600196	复星医药	上海复星医药(集团)股份有限公司	C8	陈启宇	上海市复兴东路 2 号	021 - 63321165
600197	伊力特	新疆伊力特实业股份有限公司	C0	徐勇辉	新疆乌鲁木齐市昆明路 148 号新捷小区 1 号楼 2 单元 102 室	0991 - 3667490
600198	大唐电信	大唐电信科技股份有限公司	G	曹 斌	北京市海淀区永嘉北路 6 号	010 - 62303607
600199	金种子酒	安徽金种子酒业股份有限公司	C0	锁炳勋	安徽省阜阳市莲花路 259 号	0558 - 2210568
600200	江苏吴中	江苏吴中实业股份有限公司	C8	赵唯一	江苏省苏州市吴中区宝带东路 388 号	0512 - 65272131
600021	上海电力	上海电力股份有限公司	D	王运丹	上海市中山南路 268 号 1 号楼 36 层	021 - 51171078
600201	金宇集团	内蒙古金宇集团股份有限公司	C8	张翀宇	内蒙古呼和浩特市鄂尔多斯大街 26 号	0471 - 3336211
600202	哈空调	哈尔滨空调股份有限公司	C7	于明升	哈尔滨高新技术开发区迎宾路集中区滇池街 7 号	0451 - 84612279
600203	* ST 福日	福建福日电子股份有限公司	C5	卞志航	福州市五一北路 169 号福日大厦	0591 - 83315984
600206	有研硅股	有研半导体材料股份有限公司	C5	周旗钢	北京市新街口外大街 2 号	010 - 62355380
600207	ST 安彩	河南安彩高科股份有限公司	C5	蔡志端	河南省安阳市中州路南段	0372 - 3932916 - 3820

续表 2　Continued 2

代码 Code	股票简称 Abbreviation	公司全称 Companies	行业代码 Industries Code	董事长 Board Chairman	地址 Address	电话 Telephone Number
600208	新湖中宝	新湖中宝股份有限公司	J	林俊波	浙江省杭州市西溪路128号新湖商务大厦11层	0571－87395003
600209	ST罗顿	罗顿发展股份有限公司	M	李　维	海南省海口市人民大道68号北12楼	0898－66266364
600210	紫江企业	上海紫江企业集团股份有限公司	C9	沈　雯	上海市虹桥路2272号上海虹桥商务大厦7楼C座	021－62377118－858
600211	西藏药业	西藏诺迪康药业股份有限公司	C8	陈达彬	拉萨市北京中路93号	028－86653915
600212	江泉实业	山东江泉实业股份有限公司	D	于孝燕	山东省临沂市罗庄区江泉工业园三江路6号	0539－7100388
600022	济南钢铁	济南钢铁股份有限公司	C6	蔡漳平	济南市工业北路21号	0531－88865480
600213	亚星客车	扬州亚星客车股份有限公司	C7	金长山	扬州市渡江南路41号	0514－82989880
600215	长春经开	长春经开(集团)股份有限公司	J	陈　平	吉林省长春市自由大路5188号	0431－84644225
600216	浙江医药	浙江医药股份有限公司	C8	李春波	浙江省杭州市拱墅区登云路268号	0571－87213883
600217	ST秦岭	陕西秦岭水泥(集团)股份有限公司	C6	于九洲	陕西省铜川市耀州区东郊	0919－6233649
600218	全柴动力	安徽全柴动力股份有限公司	C7	谢　力	安徽省全椒县襄河镇吴敬梓路788号	0550－5038369
600219	南山铝业	山东南山铝业股份有限公司	C6	宋建波	山东省龙口市东江镇南山村	0535－8666352
600220	江苏阳光	江苏阳光股份有限公司	C1	陈丽芬	江苏省江阴市新桥镇马嘶桥	0510－86121688
600221	海南航空	海南航空股份有限公司	F	王英明	海南省海口市国兴大道7号海航大厦	0898－66739996
600222	太龙药业	河南太龙药业股份有限公司	C8	赵庆新	郑州市高新技术产业开发区金梭路8号	0371－67982194
600223	鲁商置业	鲁商置业股份有限公司	J	尹　鹏	山东省济南市历下区经十路9777号8层	0531－66697709
600026	中海发展	中海发展股份有限公司	F	李绍德	东大名路700号海运大楼	021－65967160
600225	天津松江	天津松江股份有限公司	J	张锦珠	天津市河西区梅江蓝水园24号楼	022－88388166
600226	升华拜克	浙江升华拜克生物股份有限公司	C8	张文骏	浙江省德清县钟管工业区	0572－8402738
600227	赤天化	贵州赤天化股份有限公司	C4	郑才友	贵州省赤水市化工路	0852－2878788
600228	*ST昌九	江西昌九生物化工股份有限公司	C4	周应华	江西省南昌市青山湖区尤氨路	0791－8504560
600229	青岛碱业	青岛碱业股份有限公司	C4	罗方辉	青岛市四流北路78号	0532－88082817
600230	沧州大化	沧州大化股份有限公司	C4	赵桂春	河北省沧州市永济东路20号沧州大化办公楼	0317－3556143
600231	凌钢股份	凌源钢铁股份有限公司	C6	张振勇	辽宁省凌源市钢铁路3号	0421－6838192
600232	金鹰股份	浙江金鹰股份有限公司	C1	傅国定	浙江省舟山市定海区小沙镇	0580－8021228
600233	大杨创世	大连大杨创世股份有限公司	C1	李桂莲	大连经济技术开发区哈尔滨路23号	0411－87555199
600234	ST天龙	太原天龙集团股份有限公司	H	王英杰	太原市迎泽大街289号	0351－2025168
600004	白云机场	广州白云国际机场股份有限公司	F	卢光霖	广州白云国际机场南工作区机场股份公司机关办公楼	020－36063593
600027	华电国际	华电国际电力股份有限公司	D	云公民	北京市西城区宣武门内大街2号B座12至16层	8610－83567779
600235	民丰特纸	民丰特种纸股份有限公司	C3	吴立东	浙江省嘉兴市甪里街70号	0573－82812992
600236	桂冠电力	广西桂冠电力股份有限公司	D	杨　庆	中国广西南宁市民族大道126号	0771－6118608
600237	铜峰电子	安徽铜峰电子股份有限公司	C5	王晓云	安徽省铜陵市石城大道中段978号	0562－2819188
600238	海南椰岛	海南椰岛(集团)股份有限公司	C0	张春昌	海南省海口市龙昆北路13－1号	0898－66522612
600239	云南城投	云南城投置业股份有限公司	J	许　雷	云南省昆明市民航路400号云南城投大厦三楼	0871－7199767
600240	华业地产	北京华业地产股份有限公司	J	徐　红	北京市朝阳区东四环中路39号华业国际中心A座16层	010－85710731
600241	时代万恒	辽宁时代万恒股份有限公司	C1	王忠岩	大连市中山区港湾街7号时代大厦	0411－82798001－1212
600242	中昌海运	中昌海运股份有限公司	A	周健民	广东省阳江市江城区安宁路A7号金达商贸大厦7－8楼	0662－2881777
600243	青海华鼎	青海华鼎实业股份有限公司	C7	于世光	青海省西宁市七一路318号	0971－7111668
600246	万通地产	北京万通地产股份有限公司	J	许　立	北京市朝阳区朝外大街甲6号万通中心写字楼D座4层	010－59070788
600028	中国石化	中国石油化工股份有限公司	B	苏树林	中国北京市朝阳区朝阳门北大街22号	010－59962208
600247	成城股份	吉林成城集团股份有限公司	H	成卫文	北京市朝阳区慧忠里103楼洛克时代中心C座5A层	010－57593160
600248	延长化建	陕西延长石油化建股份有限公司	E	张恺颙	杨凌农业高新技术产业示范区新桥北路2号	029－87016796
600249	两面针	柳州两面针股份有限公司	C9	马朝梅	广西柳州市东环路282号	0772－2506159

续表 3　Continued 3

代码 Code	股票简称 Abbreviation	公司全称 Companies	行业代码 Industries Code	董事长 Board Chairman	地址 Address	电话 Telephone Number
600250	南纺股份	南京纺织品进出口股份有限公司	H	管春华	南京市鼓楼区云南北路 77 号	025－83331602
600251	冠农股份	新疆冠农果茸集团股份有限公司	C0	李　愈	新疆库尔勒市团结南路 48 号小区	0996－2113816
600252	中恒集团	广西梧州中恒集团股份有限公司	C8	许淑清	广西梧州工业园区工业大道 1 号第 1 幢	0774－3939138
600253	天方药业	河南天方药业股份有限公司	C8	年大明	河南省驻马店市光明路 2 号	0396－3823535
600255	鑫科材料	安徽鑫科新材料股份有限公司	C6	周瑞庭	安徽省芜湖市经济技术开发区珠江路 23 号	0553－5847323
600256	广汇股份	新疆广汇实业股份有限公司	J	尚继强	乌鲁木齐市新华北路 165 号中天广场 27 层	0991－3762327
600257	大湖股份	大湖水殖股份有限公司	A	罗祖亮	湖南省常德市洞庭大道西段 388 号	0736－7252796
600029	南方航空	中国南方航空股份有限公司	F	司献民	广东省广州市机场路 278 号	020－86124738;020－861
600258	首旅股份	北京首都旅游股份有限公司	K	杨　华	北京市西城区复兴门内大街 51 号(民族饭店四层)	010－66014466－446
600259	广晟有色	广晟有色金属股份有限公司	B	叶列理	广州市广州大道北 613 号振兴商业大厦四楼	0898－68669470
600260	凯乐科技	湖北凯乐科技股份有限公司	C4	朱弟雄	湖北省武汉市武昌区武珞路五巷 46 号凯乐花园 7 号楼 1 单元 2004 室	027－87312527
600261	阳光照明	浙江阳光照明电器集团股份有限公司	C7	陈森洁	浙江省上虞市凤山路 485 号阳光大厦	0575－2027721
600262	北方股份	内蒙古北方重型汽车股份有限公司	C7	李建平	内蒙古包头稀土高新技术产业开发区北方股份大厦	0472－2207888
600263	路桥建设	路桥集团国际建设股份有限公司	E	毛志远	北京东城区东中街 9 号东环广场 A 座写字楼八层	010－64181913
600265	景谷林业	云南景谷林业股份有限公司	A	杨松宇	云南省景谷傣族彝族自治县林纸路 201 号	0879－5228739、0871－6
600266	北京城建	北京城建投资发展股份有限公司	J	刘龙华	北京市朝阳区北土城西路 11 号城建开发大厦	010－82275538
600267	海正药业	浙江海正药业股份有限公司	C8	白　骅	浙江省台州市椒江区外沙路 46 号	0571－85278141
600268	国电南自	国电南京自动化股份有限公司	C7	王日文	江苏省南京市新模范马路 38 号	025－83410173
600030	中信证券	中信证券股份有限公司	I	王东明	深圳市福田区中心三路 8 号中信证券大厦；北京市朝阳区亮马桥路 48 号中信证券大厦	010－84588581
600269	赣粤高速	江西赣粤高速公路股份有限公司	F	黄　铮	南昌市西湖区朝阳洲中路 367 号赣粤大厦	0791－6539322
600270	外运发展	中外运空运发展股份有限公司	F	张建卫	北京市顺义区北京天竺空港工业区 A 区天柱路 20 号	010－80418268
600271	航天信息	航天信息股份有限公司	G	于　滨	北京市海淀区杏石口路甲 18 号	010－88439766
600272	开开实业	上海开开实业股份有限公司	C1	何才彪	上海市江宁路 565 号 4 楼	86－21－62876092
600273	华芳纺织	华芳纺织股份有限公司	C1	戴云达	张家港市塘桥镇人民南路 1 号	0512－58438222
600275	ST 昌鱼	湖北武昌鱼股份有限公司	A	翦英海	湖北省鄂州市鄂城区南浦南路特一号	0711－3200330
600276	恒瑞医药	江苏恒瑞医药股份有限公司	C8	孙飘扬	连云港市新浦区人民东路 145 号	0518－85469805
600277	亿利能源	内蒙古亿利能源股份有限公司	C4	尹成国	内蒙古鄂尔多斯市东胜区鄂尔多斯西街亿利大厦	0477－8372394
600278	东方创业	东方国际创业股份有限公司	H	蔡鸿生	上海市娄山关路 85 号 A 座 2003 室	021－62785489
600279	重庆港九	重庆港九股份有限公司	F	孙万发	重庆市江北区海尔路 318 号	023－63100830
600031	三一重工	三一重工股份有限公司	C7	梁稳根	湖南省长沙经济技术开发区	0731－84031640
600280	南京中商	南京中央商场(集团)股份有限公司	H	胡晓军	江苏省南京市建邺区雨润路 10 号	025－84717539
600281	*ST 太化	太原化工股份有限公司	C4	邢亚东	山西省太原市晋源区义井街 20 号主楼五层	0351－5638016
600282	南钢股份	南京钢铁股份有限公司	C6	杨思明	江苏省南京市六合区卸甲甸	025－57052160
600283	钱江水利	钱江水利开发股份有限公司	D	何中辉	浙江省杭州市三台山路 3 号	0571－87974399
600284	浦东建设	上海浦东路桥建设股份有限公司	E	葛培健	上海市浦东新区东方路 971 号钱江大厦 24 楼	021－68765762
600285	羚锐制药	河南羚锐制药股份有限公司	C8	熊维政	河南省新县向阳路 232 号	0376－2973569
600287	江苏舜天	江苏舜天股份有限公司	H	徐志远	南京市宁南大道 21 号 B 座	025－52875624
600288	大恒科技	大恒新纪元科技股份有限公司	G	张家林	北京市海淀区苏州街 3 号大恒科技大厦十五层	010－82827855
600289	亿阳信通	亿阳信通股份有限公司	G	常学群	北京市海淀区杏石口路 99 号西山赢府商务中心 B 座、哈尔滨南岗区高新技术产业开发区 1 号楼	010－88158921
600290	华仪电气	华仪电气股份有限公司	C7	陈道荣	浙江省乐清市经济开发区(盐盆新区)纬四路	0577－62661122
600033	福建高速	福建发展高速公路股份有限公司	F	吴庭锵	福州市东水路 18 号福建交通综合大楼 26 层	0591－87077366
600291	西水股份	内蒙古西水创业股份有限公司	C6	初育国	内蒙古乌海市海南区	0473－4661666

续表 4 Continued 4

代码 Code	股票简称 Abbreviation	公司全称 Companies	行业代码 Industries Code	董事长 Board Chairman	地址 Address	电话 Telephone Number
600292	九龙电力	重庆九龙电力股份有限公司	D	刘渭清	重庆市九龙坡区杨家坪前进支路 15 号	023 - 68787928
600293	三峡新材	湖北三峡新型建材股份有限公司	C6	徐 麟	湖北省当阳市经济技术开发区	0717 - 3280108
600295	鄂尔多斯	内蒙古鄂尔多斯资源股份有限公司	C1	王林祥	内蒙古鄂尔多斯市东胜区达拉特南路 102 号	0477 - 8543509
600297	美罗药业	美罗药业股份有限公司	C8	张成海	大连市甘井子区营升路 9 号	0411 - 84820297
600298	安琪酵母	安琪酵母股份有限公司	C0	俞学锋	湖北省宜昌市城东大道 168 号	0717 - 6371088
600299	ST 新材	蓝星化工新材料股份有限公司	C4	陆晓宝	北京市朝阳区北三环东路 19 号	010 - 64428859
600300	维维股份	维维食品饮料股份有限公司	C0	杨启典	江苏省徐州市维维大道 300 号	0516 - 83398078
600301	ST 南化	南宁化工股份有限公司	C4	陈载华	广西南宁市南建路 26 号	0771 - 4835135
600302	标准股份	西安标准工业股份有限公司	C7	李广晖	西安市太白南路 335 号	029 - 88279352
600035	楚天高速	湖北楚天高速公路股份有限公司	F	祝向军	武汉市汉阳区龙阳大道 9 号	027 - 84863942
600303	曙光股份	辽宁曙光汽车集团股份有限公司	C7	李进巅	丹东市振安区曙光路 50 号	0415 - 4139071
600305	恒顺醋业	江苏恒顺醋业股份有限公司	C0	叶有伟	镇江市丹徒新城恒园路 1 号	0511 - 85307602
600306	商业城	沈阳商业城股份有限公司	H	张殿华	沈阳市沈河区中街路 212 号	024 - 24865838
600307	酒钢宏兴	甘肃酒钢集团宏兴钢铁股份有限公司	C6	程子建	甘肃省嘉峪关市雄关东路 10 号 诚信广场 6 楼 6015 房间	0937 - 6715370
600308	华泰股份	山东华泰纸业股份有限公司	C3	李建华	山东省东营市广饶县大王镇	0546 - 7798848
600309	烟台万华	烟台万华聚氨酯股份有限公司	C4	丁建生	烟台市幸福南路 7 号	0535 - 6698898
600310	桂东电力	广西桂东电力股份有限公司	D	温昌伟	广西贺州市平安西路 12 号	0774 - 5297796
600311	荣华实业	甘肃荣华实业(集团)股份有限公司	C0	张严德	甘肃省武威市东关街荣华路 1 号	0935 - 6151222
600312	平高电气	河南平高电气股份有限公司	C7	魏光林	河南省平顶山市南环东路 22 号	0375 - 3804022
600313	ST 中农	中垦农业资源开发股份有限公司	A	李学林	北京市西城区阜外大街甲 28 号京润大厦 12 层(西楼)	010 - 83607371
600036	招商银行	招商银行股份有限公司	I	傅育宁	深圳市福田区深南大道 7088 号招商银行大厦	0755 - 83195105
600315	上海家化	上海家化联合股份有限公司	C4	葛文耀	上海市保定路 527 号	021 - 65123206
600316	洪都航空	江西洪都航空工业股份有限公司	C7	宋承志	南昌市新溪桥	0791 - 8467456
600317	营口港	营口港务股份有限公司	F	高宝玉	辽宁省营口市鲅鱼圈区营港路一号	0417 - 6268506
600318	巢东股份	安徽巢东水泥股份有限公司	C6	黄炳钧	巢湖市长江西路 269 号	0565 - 2389232
600319	亚星化学	潍坊亚星化学股份有限公司	C4	曹希波	山东省潍坊市奎文区鸢飞路 899 号	0536 - 8677319
600320	振华重工	上海振华重工(集团)股份有限公司	C7	周纪昌	上海市浦东南路 3470 号	021 - 58395000
600321	国栋建设	四川国栋建设股份有限公司	C2	王春鸣	四川省成都市金盾路 52 号国栋中央商务大厦 28 楼	028 - 86119148
600322	天房发展	天津市房地产发展(集团)股份有限公司	J	张建台	天津市和平区常德道 80 号	022 - 23317192
600323	南海发展	南海发展股份有限公司	D	何向明	广东省佛山市南海区桂城南海大道建行大厦	0757 - 86324868
600325	华发股份	珠海华发实业股份有限公司	J	袁小波	广东省珠海市昌盛路 155 号	0756 - 8282111
600037	歌华有线	北京歌华有线电视网络股份有限公司	L	郭章鹏	北京市东城区东直门内北小街青龙胡同甲 1 号歌华大厦七层	010 - 62035573
600326	西藏天路	西藏天路股份有限公司	E	多吉罗布	西藏拉萨市夺底路 14 号	0891 - 6902702
600327	大东方	无锡商业大厦大东方股份有限公司	H	潘霄燕	江苏省无锡市中山路 343 号	0510 - 82702093
600328	兰太实业	内蒙古兰太实业股份有限公司	C4	李德禄	内蒙古阿拉善经济开发区	0473 - 3443696
600329	中新药业	天津中新药业集团股份有限公司	C8	郝非非	天津市南开区白堤路 17 号	022 - 27020892
600330	天通股份	天通控股股份有限公司	C5	潘建清	浙江省海宁经济开发区双联路 129 号	0573 - 80701333
600331	宏达股份	四川宏达股份有限公司	C6	杨 骞	成都市锦里东路 2 号宏达国际广场 28 楼	028 - 86141081
600332	广州药业	广州药业股份有限公司	C8	杨荣明	中国广东省广州市沙面北街 45 号	020 - 81218084
600333	长春燃气	长春燃气股份有限公司	D	张志超	长春市朝阳区延安大街 421 号	0431 - 85954615
600335	* ST 盛工	国机汽车股份有限公司	C7	丁宏祥	天津市新技术产业园华苑产业区(环外)海泰南北大街 5 号	022 - 58396200
600336	澳柯玛	澳柯玛股份有限公司	C7	李 蔚	青岛市经济技术开发区前湾港路 315 号	0532 - 86765129
600038	哈飞股份	哈尔滨航空工业股份有限公司	C7	曲景文	哈尔滨市平房区友协大街 15 号	0451 - 86528350

续表 5 Continued 5

代码 Code	股票简称 Abbreviation	公司全称 Companies	行业代码 Industries Code	董事长 Board Chairman	地址 Address	电话 Telephone Number
600337	美克股份	美克国际家具股份有限公司	H	寇卫平	新疆乌鲁木齐市北京南路506号美克大厦	0991-3836028
600338	ST珠峰	西藏珠峰工业股份有限公司	C6	陈汛桥	上海市闸北区柳营路305号7楼	021-66284960
600339	天利高新	新疆独山子天利高新技术股份有限公司	C4	付德新	新疆独山子区大庆东路2号	0992-3658000
600340	华夏幸福	浙江国祥制冷工业股份有限公司	C5	王文学	浙江省上虞市百官镇中塘	010-84518366
600343	航天动力	陕西航天动力高科技股份有限公司	C7	王新敏	西安高新区锦业路78号	029-81881823
600345	长江通信	武汉长江通信产业集团股份有限公司	G	熊瑞忠	武汉市东湖开发区关东工业园文华路2号	027-67840268
600346	大橡塑	大连橡胶塑料机械股份有限公司	C7	洛少宁	辽宁省大连市甘井子区周水子广场1号	0411-86641378
600348	阳泉煤业	阳泉煤业(集团)股份有限公司	B	白 英	山西省阳泉市北大街5号	0353-7078568
600350	山东高速	山东高速公路股份有限公司	F	孙 亮	济南市文化东路29号	0531-89260008
600351	亚宝药业	亚宝药业集团股份有限公司	C8	任武贤	山西省风陵渡经济开发区工业大道1号	0359-3388078
600005	武钢股份	武汉钢铁股份有限公司	C6	邓崎琳	武汉市青山区沿港路3号	027-86802031
600039	四川路桥	四川路桥建设股份有限公司	E	孙 云	成都市高新区九兴大道12号	028-85126085
600352	浙江龙盛	浙江龙盛集团股份有限公司	C4	阮伟祥	浙江省上虞市道墟镇	0575-82040698
600353	旭光股份	成都旭光电子股份有限公司	C5	葛 行	成都市新都区电子路172号	028-83967599
600354	敦煌种业	甘肃省敦煌种业股份有限公司	A	王大和	甘肃省酒泉市肃州区肃州路28号	0937-2669328
600355	ST精伦	精伦电子股份有限公司	C5	张学阳	湖北省武汉市东湖开发区光谷大道70号	027-87921111-3231
600356	恒丰纸业	牡丹江恒丰纸业股份有限公司	C3	徐 祥	黑龙江省牡丹江市阳明区恒丰路11号	0453-6886668
600358	国旅联合	国旅联合股份有限公司	K	张建华	南京汉中路89号金鹰国际商城18层A座	010-64336289
600359	新农开发	新疆塔里木农业综合开发股份有限公司	A	李新海	新疆阿克苏市南大街2号新农大厦19楼	0997-2134018
600360	华微电子	吉林华微电子股份有限公司	C5	夏增文	吉林省吉林市高新区深圳街99号	0432-64678411
600361	华联综超	北京华联综合超市股份有限公司	H	彭小海	北京市大兴区青云店镇祥云路北四条208号	010-68365027
600362	江西铜业	江西铜业股份有限公司	C6	李贻煌	江西省贵溪市冶金大道15号	0701-3777736
600048	保利地产	保利房地产(集团)股份有限公司	J	宋广菊	广州市海珠区阅江中路688号保利国际广场北塔29-33层	020-89898882
600363	联创光电	江西联创光电科技股份有限公司	C5	蒋国忠	南昌国家高新产业开发区京东大道168号	0791-8161956
600365	*ST通葡	通化葡萄酒股份有限公司	C0	王 鹏	通化市前兴路28号	0435-3530506
600366	宁波韵升	宁波韵升股份有限公司	C5	竺韵德	浙江省宁波国家高新区扬帆路1号	0574-87776804
600367	红星发展	贵州红星发展股份有限公司	C4	姜志光	贵州省安顺市镇宁县丁旗镇	0853-6780066
600368	五洲交通	广西五洲交通股份有限公司	F	何国纯	广西南宁市民族大道115-1号现代国际大厦27楼	0771-5568918
600369	西南证券	西南证券股份有限公司	I	王珠林	重庆市江北区桥北苑8号西南证券大厦	010-88091989
600370	三房巷	江苏三房巷实业股份有限公司	C1	卞平刚	江苏江阴周庄镇三房巷	0510-86229867
600371	万向德农	万向德农股份有限公司	A	管大源	黑龙江省哈尔滨市南岗区玉山路18号	0451-82368408-8807
600372	中航电子	中航航空电子设备股份有限公司	C7	卢广山	北京市朝阳区京顺路5号曙光大厦A座705室	010-84409808
600373	中文传媒	中文天地出版传媒股份有限公司	L	钟健华	江西出版大厦(江西省南昌市阳明路310号)	0791-6895306
600050	中国联通	中国联合网络通信股份有限公司	G	常小兵	上海市长宁区长宁路1033号联通大厦29楼	010-66259055
600375	星马汽车	安徽星马汽车股份有限公司	C7	沈伟良	安徽省马鞍山市经济技术开发区	0555-8323012
600376	首开股份	北京首都开发股份有限公司	J	刘希模	北京市西城区复兴门内大街156号	010-66428156
600377	宁沪高速	江苏宁沪高速公路股份有限公司	F	杨根林	中华人民共和国江苏省南京市马群大道6号	8625-84469332
600378	天科股份	四川天一科技股份有限公司	C4	古共伟	四川省成都市机场路445信箱	028-85963417
600379	宝光股份	陕西宝光真空电器股份有限公司	C7	祁 勇	陕西省宝鸡市宝光路53号	0917-3561879
600380	健康元	健康元药业集团股份有限公司	C8	朱保国	深圳市南山区科技园北区郎山路17号健康元药业集团股份有限公司大厦	0755-86252388
600381	ST贤成	青海贤成矿业股份有限公司	C1	臧静涛	广州市天河区珠江新城华夏路8号国际金融广场32楼02单元	020-38880777
600382	广东明珠	广东明珠集团股份有限公司	C7	涂传岚	广东省兴宁市兴城镇赤巷口	0753-3337228

续表 6　Continued 6

代码 Code	股票简称 Abbreviation	公司全称 Companies	行业代码 Industries Code	董事长 Board Chairman	地址 Address	电话 Telephone Number
600383	金地集团	金地(集团)股份有限公司	J	凌　克	深圳市福田区福强路金地商业大楼 5-6 楼	0755-82039866
600385	ST 金泰	山东金泰集团股份有限公司	C8	林　云	山东省济南市洪楼西路 29 号	0531-88902341
600051	宁波联合	宁波联合集团股份有限公司	M	李水荣	宁波开发区东海路 1 号联合大厦	0574-86222002
600386	北巴传媒	北京巴士传媒股份有限公司	L	晏　明	北京市海淀区紫竹院路 32 号	010-68477383
600387	海越股份	浙江海越股份有限公司	F	吕小奎	浙江省诸暨市西施大街 59 号	0575-87016161
600388	龙净环保	福建龙净环保股份有限公司	C7	周苏华	福建省龙岩市新罗区陵园路 81 号	0597-2210288
600389	江山股份	南通江山农药化工股份有限公司	C4	李大军	江苏省南通市经济技术开发区江山路 998 号	0513-83558270
600390	金瑞科技	金瑞新材料科技股份有限公司	C6	朱希英	湖南省长沙市岳麓区麓山南路 966 号	0731-88657400
600391	成发科技	四川成发航空科技股份有限公司	C7	陈　锦	成都市新都区三河场蜀龙大道成发工业园	028-89358616
600392	太工天成	太原理工天成科技股份有限公司	G	郑　涛	太原高新技术产业开发区亚日街 2 号	0351-7035787
600393	东华实业	广州东华实业股份有限公司	J	杨树坪	广州市越秀区寺右新马路 170 号第四层	020-87397172
600395	盘江股份	贵州盘江精煤股份有限公司	B	张仕和	贵州省六盘水市红果经济开发区干沟桥	0858-3703046
600396	金山股份	沈阳金山能源股份有限公司	D	彭兴宇	沈阳市和平区南五马路 183 号泰宸商务大厦 B 座 23-26 层	024-23229022
600052	浙江广厦	浙江广厦股份有限公司	J	彭　涛	浙江省杭州市玉古路 166 号	0571-87974176
600397	安源股份	安源实业股份有限公司	B	李良仕	江西省萍乡市高新技术工业园郑和路 8 号	0799-6776685
600398	凯诺科技	凯诺科技股份有限公司	C1	陶晓华	江苏省江阴市新桥镇	0510-86121388-3180
600399	抚顺特钢	抚顺特殊钢股份有限公司	C6	赵明远	辽宁省抚顺市望花区鞍山路东段 8 号	0413-6676495
600400	红豆股份	江苏红豆实业股份有限公司	C1	周鸣江	江苏省无锡市锡山区港下镇	0510-66868422
600401	*ST 申龙	海润光伏科技股份有限公司	C4	张　健	江苏省江阴市徐霞客镇璜塘工业园区	0510-86620263
600403	大有能源	河南大有能源股份有限公司	G	田富军	河南省义马市千秋路 6 号	025-84669898
600405	动力源	北京动力源科技股份有限公司	C5	何振亚	北京丰台科学城星火路 8 号	010-83681321
600406	国电南瑞	国电南瑞科技股份有限公司	G	肖世杰	南京市高新技术产业开发区高新路 20 号	025-83097495
600408	安泰集团	山西安泰集团股份有限公司	C4	李安民	山西省介休市安泰工业区安泰集团	0354-7531070
600409	三友化工	唐山三友化工股份有限公司	C4	么志义	河北省唐山市南堡开发区	0315-8511337
600053	中江地产	江西中江地产股份有限公司	J	钟虹光	江西省南昌市高新区火炬大街 788 号	0791-8164127
600410	华胜天成	北京华胜天成科技股份有限公司	G	胡联奎	北京市海淀区学清路 8 号科技财富中心 A 座 10-11 层	010-82733615
600415	小商品城	浙江中国小商品城集团股份有限公司	M	金方平	浙江省义乌市福田路 105 号海洋商务写字楼	0579-85182700
600416	湘电股份	湘潭电机股份有限公司	C7	周建雄	湖南省湘潭市下摄司街 302 号	0731-58596588
600418	江淮汽车	安徽江淮汽车股份有限公司	C7	左延安	安徽合肥市东流路 176 号	0551-2296838
600419	ST 天宏	新疆天宏纸业股份有限公司	C3	李　侠	新疆石河子市西三路 17 号	0993-7526008
600420	现代制药	上海现代制药股份有限公司	C8	周　斌	上海市愚园路 858 号	021-62510786
600421	ST 国药	武汉国药科技股份有限公司	C8	龚晓超	武汉市武昌武珞路 628 号亚洲贸易广场 B 座	027-87654767
600422	昆明制药	昆明制药集团股份有限公司	C8	何　勤	云南省昆明市国家高新技术开发区科医路 166 号	0871-8324311
600423	柳化股份	柳州化工股份有限公司	C4	廖能成	广西壮族自治区柳州市北雀路 67 号	0772-2516580
600425	青松建化	新疆青松建材化工(集团)股份有限公司	C6	甘　军	新疆维吾尔自治区阿克苏市林园	0997-2811282
600054	黄山旅游	黄山旅游发展股份有限公司	K	程迎峰	安徽黄山市黄山风景区温泉	0559-5580567
600426	华鲁恒升	山东华鲁恒升化工股份有限公司	C4	程广辉	山东德州市德城区天衢西路 24 号	0534-2465426
600428	中远航运	中远航运股份有限公司	F	许立荣	广州市五羊新城江月路颐景轩 2-3 楼	020-62621007
600429	三元股份	北京三元食品股份有限公司	C0	张福平	北京市海淀区西二旗中路 29 号	010-62848002
600432	吉恩镍业	吉林吉恩镍业股份有限公司	C6	吴　术	吉林省磐石市红旗岭镇	0432-65610887
600433	冠豪高新	广东冠豪高新技术股份有限公司	C3	童来明	广东省湛江经济技术开发区乐怡路 6 号	0759-2820858
600435	中兵光电	中兵光电科技股份有限公司	C7	才长伟	北京亦庄经济技术开发区科创十五街 2 号	010-58089788
600436	片仔癀	漳州片仔癀药业股份有限公司	C8	冯忠铭	福建省漳州市芗城区上街 1 号	0596-2302666

续表 7 Continued 7

代码 Code	股票简称 Abbreviation	公司全称 Companies	行业代码 Industries Code	董事长 Board Chairman	地址 Address	电话 Telephone Number
600438	通威股份	通威股份有限公司	C0	刘汉元	四川省成都市二环路南四段十一号	028-86168571
600439	瑞贝卡	河南瑞贝卡发制品股份有限公司	C1	郑有全	河南许昌市瑞贝卡大道 666 号	0374-5136699
600444	ST 国通	安徽国通高新管业股份有限公司	C4	钱 俊	安徽省合肥市经济技术开发区繁华大道国通工业园	0551-3817860
600055	万东医疗	北京万东医疗装备股份有限公司	C7	贺 旋	北京市朝阳区酒仙桥东路 9 号 A3	010-84569688
600446	金证股份	深圳市金证科技股份有限公司	G	杜 宣	深圳市南山区高新南五道金证大楼(8-9 层)	0755-86393989
600448	华纺股份	华纺股份有限公司	C1	杜淑明	山东省滨州市黄河二路 819 号	0543-3288255
600449	宁夏建材	宁夏建材集团股份有限公司	C6	王广林	宁夏银川市西夏区新小线二公里处	0951-2085256
600452	涪陵电力	重庆涪陵电力实业股份有限公司	D	洪 涛	重庆市涪陵区望州路 20 号	023-72286101
600455	*ST 博通	西安交大博通资讯股份有限公司	G	韩东升	西安市高新技术开发区东区火炬路 3 号楼 10 层 C 座	029-86135059
600456	宝钛股份	宝鸡钛业股份有限公司	C6	邹武装	宝鸡市钛城路 1 号	0917-3382636
600458	时代新材	株洲时代新材料科技股份有限公司	C4	曾鸿平	株洲市天元区海天路 18 号	0731-22837718
600459	贵研铂业	贵研铂业股份有限公司	C6	汪云曙	云南省昆明市高新技术开发区科技路 988 号	0871-8329909
600460	士兰微	杭州士兰微电子股份有限公司	C5	陈向东	浙江省杭州市黄姑山路 4 号	0571-88210155
600461	洪城水业	江西洪城水业股份有限公司	D	熊一江	江西省南昌市灌婴路 99 号	0791-5210336
600056	中国医药	中国医药保健品股份有限公司	H	张本智	北京市崇文区光明中街 18 号美康大厦	010-67121157
600462	*ST 石岘	延边石岘白麓纸业股份有限公司	C3	郑艳民	吉林省图们市石岘镇	0433-3810015
600463	空港股份	北京空港科技园区股份有限公司	J	田建国	北京天竺空港工业区 B 区裕民大街甲 6 号 5 层	010-80489306
600466	迪康药业	四川迪康科技药业股份有限公司	C8	陈 敏	成都市高新区西部园区迪康大道 1 号	028-87838282
600467	好当家	山东好当家海洋发展股份有限公司	A	唐传勤	荣成市虎山镇沙咀子	0631-7438073
600468	百利电气	天津百利特精电气股份有限公司	C7	张文利	天津市西青经济开发区民和道 12 号	022-83962538
600469	风神股份	风神轮胎股份有限公司	C4	曹朝阳	河南省焦作市焦东南路 48 号	0391-3999006
600470	六国化工	安徽六国化工股份有限公司	C4	黄化锋	安徽省铜陵市铜港路	0562-3801675
600475	华光股份	无锡华光锅炉股份有限公司	C7	王福军	无锡市城南路 3 号	0510-85225852
600476	湘邮科技	湖南湘邮科技股份有限公司	G	李 雄	长沙市高新技术产业开发区麓谷基地玉兰路 2 号	0731-88998688
600477	杭萧钢构	浙江杭萧钢构股份有限公司	E	单银木	杭州市中河中路 258 号瑞丰国际商务大厦七楼证券办	0571-87246788-8216
600057	象屿股份	福建省厦门象屿股份有限公司	C5	王龙雏	厦门现代物流园区象兴四路 21 号银盛大厦 9 楼	0592-6516003
600478	科力远	湖南科力远新能源股份有限公司	C5	钟发平	长沙市岳麓区长沙国家高新技术产业开发区桐梓坡西路 348 号	0731-88980623
600479	千金药业	株洲千金药业股份有限公司	C8	江端预	株洲市荷塘区金钩山路 15 号	0731-22490083
600480	凌云股份	凌云工业股份有限公司	C4	李喜增	河北省涿州市松林店镇	0312-3951002
600481	双良节能	江苏双良空调设备股份有限公司	C7	缪志强	江苏江阴利港双良工业区	0510-86632358
600482	风帆股份	风帆股份有限公司	C7	刘宝生	河北省保定市富昌路 8 号	0312-3208588
600483	福建南纺	福建南纺股份有限公司	C1	陈军华	福建省南平市安丰路 63 号	0599-8813009
600485	中创信测	北京中创信测科技股份有限公司	G	贾 林	北京市海淀区中关村南大街甲 18 号北京国际 C 座 12-14 层	010-62100109
600486	扬农化工	江苏扬农化工股份有限公司	C4	戚明珠	江苏省扬州市文峰路 39 号	0514-85888888-7486
600487	亨通光电	江苏亨通光电股份有限公司	G	钱建林	江苏省吴江市经济开发区亨通路 100 号	0512-63430985
600488	天药股份	天津天药药业股份有限公司	C8	杨凤翙	天津市河东区八纬路 109 号	022-24160861
600006	东风汽车	东风汽车股份有限公司	C7	徐 平	湖北省武汉经济技术开发区创业路 136 号	027-84287977
600058	五矿发展	五矿发展股份有限公司	H	周中枢	北京市海淀区三里河路 5 号 B 座	010-68494205
600489	中金黄金	中金黄金股份有限公司	B	孙兆学	北京市东城区安外大街 9 号	010-84121198
600490	ST 合臣	上海中科合臣股份有限公司	C4	张富强	上海市虹桥路 2188 弄 41、47 号楼	021-61677397
600491	龙元建设	龙元建设集团股份有限公司	E	赖振元	上海市逸仙路 768 号	021-65615689
600493	凤竹纺织	福建凤竹纺织科技股份有限公司	C1	陈澄清	福建省晋江市青阳凤竹工业区	0595-85656506
600495	晋西车轴	晋西车轴股份有限公司	C7	李照智	山西省太原市和平北路北巷 5 号	0351-6629027

续表 8 Continued 8

代码 Code	股票简称 Abbreviation	公司全称 Companies	行业代码 Industries Code	董事长 Board Chairman	地址 Address	电话 Telephone Number
600496	精工钢构	长江精工钢结构(集团)股份有限公司	E	方朝阳	安徽省六安市经济技术开发区长江精工工业园	021-54452492-2222
600497	驰宏锌锗	云南驰宏锌锗股份有限公司	B	董　英	云南省曲靖市经济技术开发区翠峰路延长线	0874-8966698
600498	烽火通信	烽火通信科技股份有限公司	G	童国华	武汉市洪山区关东科技园东信路6号线缆楼	027-87694185
600499	科达机电	广东科达机电股份有限公司	C7	边　程	广东省佛山市顺德区陈村镇广隆工业园环镇西路1号	0757-23836333
600500	中化国际	中化国际(控股)股份有限公司	H	潘正义	上海市浦东新区世纪大道88号金茂大厦三区18层	021-50475048
600059	古越龙山	浙江古越龙山绍兴酒股份有限公司	C0	傅建伟	浙江省绍兴市北海桥	0575-85158435
600501	航天晨光	航天晨光股份有限公司	C7	潘旭东	南京市江宁经济技术开发区天元中路188号	025-52826007
600502	安徽水利	安徽水利开发股份有限公司	E	赵时运	安徽省蚌埠市东海大道张公山南侧	0552-3950270
600503	华丽家族	华丽家族股份有限公司	J	王伟林	上海市虹桥路2272号虹桥商务中心3楼L座	021-62376199
600505	西昌电力	四川西昌电力股份有限公司	D	何永祥	四川省西昌市胜利路66号	0834-3830006
600506	ST香梨	新疆库尔勒香梨股份有限公司	A	刘建文	新疆库尔勒市圣果路圣果名苑	0996-2115936
600507	方大特钢	方大特钢科技股份有限公司	C7	钟崇武	南昌市青山湖区冶金大道475号	0791-8394025
600508	上海能源	上海大屯能源股份有限公司	B	高建军	上海市浦东新区浦东南路256华夏银行大厦12层	021-68865597
600509	天富热电	新疆天富热电股份有限公司	D	刘　伟	新疆石河子市红星路54号	0993-2902860
600510	黑牡丹	黑牡丹(集团)股份有限公司	M	胥大有	江苏省常州市青洋北路47号	0519-68866958
600511	国药股份	国药集团药业股份有限公司	H	刘　勇	北京市东城区永外三元西巷甲12号	010-67262920
600060	海信电器	青岛海信电器股份有限公司	C5	于淑珉	青岛市经济技术开发区前湾港路218号	0532-83889556
600512	腾达建设	腾达建设集团股份有限公司	E	叶洋友	上海市浦东新区向城路58号11楼东方国际科技大厦	021-68406906
600513	联环药业	江苏联环药业股份有限公司	C8	姚兴田	江苏省扬州市文峰路21号	0514-87813082
600515	ST海建	海南筑信投资股份有限公司	H	李同双	海南省海口市美兰区大英山西四路9号海南迎宾馆	0898-65206213
600516	方大炭素	方大炭素新材料科技股份有限公司	C6	何忠华	甘肃省兰州市红古区海石湾镇2号街坊354号	0931-6239320
600517	置信电气	上海置信电气股份有限公司	C7	费维武	上海虹桥路2239号	021-62623388
600518	康美药业	康美药业股份有限公司	C8	马兴田	广东省普宁市长春路中段	0663-2913819
600519	贵州茅台	贵州茅台酒股份有限公司	C0	袁仁国	贵州省仁怀市茅台镇	0852-2386002
600520	中发科技	铜陵中发三佳科技股份有限公司	C7	黄言勇	安徽省铜陵市石城路电子工业区	0562-2627520
600521	华海药业	浙江华海药业股份有限公司	C8	陈保华	浙江省临海市汛桥镇利庄浙江华海药业股份有限公司证券办	0576-85016009
600522	中天科技	江苏中天科技股份有限公司	G	薛济萍	江苏省南通经济技术开发区中天6号	0513-83599505
600061	中纺投资	中纺投资发展股份有限公司	C4	常俊传	上海市延安西路1228号嘉利大厦33层	021-62838888
600523	贵航股份	贵州贵航汽车零部件股份有限公司	C7	迟耀勇	贵阳市小河经济技术开发区锦江路110号	0851-3802670
600525	长园集团	长园集团股份有限公司	C5	许晓文	深圳市南山区高新区科苑中路长园新材料港F栋5楼	0755-26719476
600526	菲达环保	浙江菲达环保科技股份有限公司	C7	舒英钢	浙江诸暨市	0575-7385602
600527	江南高纤	江苏江南高纤股份有限公司	C4	陶国平	江苏省苏州市相城区黄埭镇	0512-65481181
600528	中铁二局	中铁二局股份有限公司	E	唐志成	成都市马家花园10号中铁二局大厦	028-66752811
600529	山东药玻	山东省药用玻璃股份有限公司	C6	柴　文	山东省淄博市沂源县城药玻路	0533-3259028
600530	交大昂立	上海交大昂立股份有限公司	C8	杨国平	上海市宜山路700号	54271688-118
600531	豫光金铅	河南豫光金铅股份有限公司	C6	杨安国	河南省济源市荆梁南街1号	0391-6665835
600532	华阳科技	山东华阳科技股份有限公司	C4	孙　利	山东省宁阳县磁窑镇	0538-5826209
600533	栖霞建设	南京栖霞建设股份有限公司	J	陈兴汉	南京市龙蟠路9号兴隆大厦	025-85633668-2101
600062	双鹤药业	北京双鹤药业股份有限公司	C8	卫华诚	北京市朝阳区望京利泽东二路1号	010-64742227-681
600535	天士力	天津天士力制药股份有限公司	C8	闫希军	天津市北辰科技园区天士力现代中药城	022-26736699
600536	中国软件	中国软件与技术服务股份有限公司	G	程春平	北京市昌平区昌盛路18号	010-51508699
600537	亿晶光电	海通食品集团股份有限公司	C0	陈龙海	浙江慈溪市海通路528号	0574-63039922
600538	ST国发	北海国发海洋生物产业股份有限公司	C8	潘利斌	广西壮族自治区北海市北京路西侧9号	0779-3200619

续表 9 Continued 9

代码 Code	股票简称 Abbreviation	公司全称 Companies	行业代码 Industries Code	董事长 Board Chairman	地址 Address	电话 Telephone Number
600539	ST 狮头	太原狮头水泥股份有限公司	C6	郑守信	山西省太原市万柏林区开城街一号	0351-2857002
600540	新赛股份	新疆赛里木现代农业股份有限公司	A	何 伟	新疆博乐市红星路 158 号	0909-2268156
600543	莫高股份	甘肃莫高实业发展股份有限公司	C0	赵国柱	甘肃省兰州市城关区东岗西路 638 号兰州财富中心 23 层	0931-8776219
600545	新疆城建	新疆城建(集团)股份有限公司	E	刘 军	新疆维吾尔自治区乌鲁木齐市南湖路 133 号	0991-4889803
600546	山煤国际	山煤国际能源集团股份有限公司	B	杜建华	太原市长风大街 115 号世纪广场 B 座	0351-4645546
600547	山东黄金	山东黄金矿业股份有限公司	B	陈玉民	济南市舜华路 2000 号舜泰广场 3 号楼	0531-67710379
600063	皖维高新	安徽皖维高新材料股份有限公司	C4	吴福胜	安徽省巢湖市皖维路 56 号	0565-2317280
600548	深高速	深圳高速公路股份有限公司	F	杨 海	深圳市福田区益田路江苏大厦裙楼 2—4 层	0755-82853319
600549	厦门钨业	厦门钨业股份有限公司	C6	刘同高	厦门市湖滨南路 619 号 16 层	0592-5363891
600550	天威保变	保定天威保变电气股份有限公司	C7	丁 强	河北省保定市天威西路 2222 号	0312-3301300
600551	时代出版	时代出版传媒股份有限公司	L	王亚非	安徽省合肥市蜀山区圣泉路 1118 号 时代出版传媒股份有限公司	0551-3533027
600552	方兴科技	安徽方兴科技股份有限公司	C6	关长文	安徽省蚌埠市涂山路 767 号	0552-4077780
600555	九龙山	上海九龙山股份有限公司	K	李勤夫	上海市浦东新区世纪大道 1500 号东方大厦 4 楼	0086-21-68407880-896
600556	*ST 北生	广西北生药业股份有限公司	C8	何京云	广西北海市北海大道西 16 号海富大厦 17 层 D 座	0779-2228937
600557	康缘药业	江苏康缘药业股份有限公司	C8	肖 伟	江苏省连云港市海昌南路 58 号	0518-85521997
600558	大西洋	四川大西洋焊接材料股份有限公司	C6	李欣雨	四川省自贡市大安区马冲口街 2 号	0813-5100549
600559	老白干酒	河北衡水老白干酒业股份有限公司	C0	张新广	河北省衡水市人民东路 809 号衡水老白干酒董秘办	0318-2122755
600064	南京高科	南京新港高科技股份有限公司	J	徐益民	南京经济技术开发区新港大道 129 号	025-85800728
600560	金自天正	北京金自天正智能控制股份有限公司	C7	张剑武	北京市丰台区科学城富丰路 6 号	010-63713213
600561	江西长运	江西长运股份有限公司	F	葛黎明	江西省南昌市八一大道 199 号	0791-8283072
600562	ST 高陶	江苏高淳陶瓷股份有限公司	C6	孔德双	江苏南京高淳县固城镇	025-57377918
600563	法拉电子	厦门法拉电子股份有限公司	C5	曾福生	福建省厦门市新园路 99 号	0592-6208590
600565	迪马股份	重庆市迪马实业股份有限公司	C7	罗韶颖	重庆市南岸区南城大道 199 号正联大厦 22 楼	023-89021877
600566	洪城股份	湖北洪城通用机械股份有限公司	C7	王洪运	湖北省荆州市红门路 3 号	0716-8221198
600567	山鹰纸业	安徽山鹰纸业股份有限公司	C3	王德贤	安徽省马鞍山市勤俭路 3 号	0555-2826275
600568	中珠控股	中珠控股股份有限公司	C8	叶继革	湖北省武汉经济技术开发区高科技产业园 28 号	0756-8131018
600569	安阳钢铁	安阳钢铁股份有限公司	C6	王子亮	河南省安阳市殷都区梅元庄	0372-3120175
600570	恒生电子	恒生电子股份有限公司	G	彭政纲	杭州市滨江区江南大道 3588 号恒生大厦	0571-28829702
600066	宇通客车	郑州宇通客车股份有限公司	C7	汤玉祥	郑州市管城回族区宇通路宇通工业园	0371-66806003
600571	信雅达	信雅达系统工程股份有限公司	G	郭华强	杭州市滨江区江南大道 3888 号	0571-56686627
600572	康恩贝	浙江康恩贝制药股份有限公司	C8	胡季强	浙江省杭州市高新技术开发区滨江科技经济园滨康路 568 号	0571-87774711
600573	惠泉啤酒	福建省燕京惠泉啤酒股份有限公司	C0	李秉骥	福建省惠安县螺城镇建设大街 157 号	0595-87371186
600575	芜湖港	芜湖港储运股份有限公司	F	孔祥喜	安徽省芜湖市芜湖经济开发区内	0553-5840528
600576	万好万家	浙江万好万家实业股份有限公司	J	孔德永	浙江省杭州市密渡桥路 1 号白马大厦 12 楼	0571-85866518
600577	精达股份	铜陵精达特种电磁线股份有限公司	C7	王世根	安徽铜陵经济技术开发区	0562-2809086
600578	京能热电	北京京能热电股份有限公司	D	刘海峡	北京石景山区广宁路 10 号	010-88992758
600579	ST 黄海	青岛黄海橡胶股份有限公司	C4	孙振华	山东省青岛市沧安路 1 号	0532-84678058
600580	卧龙电气	卧龙电气集团股份有限公司	C7	王建乔	浙江上虞人民西路 1801 号	0575-82176628
600581	八一钢铁	新疆八一钢铁股份有限公司	C6	沈东新	新疆乌鲁木齐市头屯河区新钢路	0991-3890166
600067	冠城大通	冠城大通股份有限公司	C7	韩国龙	福建省福州市鼓楼区五一中路 32 号元洪大厦 26 层	0591-83350026
600582	天地科技	天地科技股份有限公司	C7	王金华	北京朝阳区和平里青年沟东路 5 号天地大厦 6 层	010-84262803
600583	海油工程	海洋石油工程股份有限公司	B	周学仲	天津市塘沽区丹江路 1078 号	022-66908035

续表 10　Continued 10

代码 Code	股票简称 Abbreviation	公司全称 Companies	行业代码 Industries Code	董事长 Board Chairman	地址 Address	电话 Telephone Number
600584	长电科技	江苏长电科技股份有限公司	C5	王新潮	江苏省江阴市滨江中路 275 号	0510 - 86199015
600585	海螺水泥	安徽海螺水泥股份有限公司	C6	郭文叁	安徽省芜湖市九华南路 1011 号海螺国际会议中心	0553 - 8398918
600586	金晶科技	山东金晶科技股份有限公司	C6	王　刚	淄博市高新技术开发区宝石镇王庄	0533 - 3586666
600587	新华医疗	山东新华医疗股份有限公司	C7	赵毅新	山东省淄博高新技术产业开发区新华医疗科技园	0533 - 3587766
600588	用友软件	用友软件股份有限公司	G	王文京	北京市海淀区北清路 68 号	010 - 62436838
600589	广东榕泰	广东榕泰实业股份有限公司	C4	杨启昭	广东省揭阳市榕城区新兴东二路 1 号	0663 - 8676616
600590	泰豪科技	泰豪科技股份有限公司	C7	毛　勇	江西省南昌高新开发区泰豪大厦 B 座 3 楼	0791 - 8102663
600592	龙溪股份	福建龙溪轴承(集团)股份有限公司	C7	曾凡沛	福建省漳州市延安北路	0596 - 2072155
600068	葛洲坝	中国葛洲坝集团股份有限公司	E	丁焰章	湖北省武汉市解放大道 558 号葛洲坝大酒店 B 座 7 层	027 - 83790801
600593	大连圣亚	大连圣亚旅游控股股份有限公司	K	刘　达	大连市沙河区中山路 608－6—8 号	0411 - 84685225
600594	益佰制药	贵州益佰制药股份有限公司	C8	窦啟玲	贵州省贵阳市白云大道 220 - 1 号	0851 - 4705177
600595	中孚实业	河南中孚实业股份有限公司	C6	贺怀钦	河南省巩义市新华路 31 号	0371 - 64569088
600596	新安股份	浙江新安化工集团股份有限公司	C4	王　伟	浙江省建德市新安江镇新安东路 555 号	0571 - 64715693
600597	光明乳业	光明乳业股份有限公司	C0	庄国蔚	上海市吴中路 578 号	021 - 64658100
600598	北大荒	黑龙江北大荒农业股份有限公司	A	王道明	黑龙江省哈尔滨市南岗区汉水路 263 号	0451 - 55196916
600599	熊猫烟花	熊猫烟花集团股份有限公司	C4	李　民	湖南省浏阳市浏阳大道 271 号	0731 - 83620963
600600	青岛啤酒	青岛啤酒股份有限公司	C0	金志国	青岛市香港中路五四广场青啤大厦	0532 - 85713831
600601	方正科技	方正科技集团股份有限公司	G	方中华	上海市浦东南路 360 号新上海国际大厦 36 楼	021 - 58407668 - 650
600602	广电电子	上海广电电子股份有限公司	C5	黄　峰	上海市田林路 168 号 4—5 楼	021 - 51962045
600007	中国国贸	中国国际贸易中心股份有限公司	K	洪敬南	北京市建国门外大街 1 号国贸西楼 6 层	010 - 65052288
600069	银鸽投资	河南银鸽实业投资股份有限公司	C3	程志伟	河南省漯河市人民东路与东环路交叉口银鸽投资研发大厦 603 室	0395 - 2355681
600603	ST 兴业	上海兴业能源控股股份有限公司	M	陈铁铭	上海市吴淞路 218 号(宝矿国际大厦)33 楼	021 - 63563309
600604	＊ST 二纺	上海二纺机股份有限公司	C7	夏斯成	上海市场中路 687 号	021 - 65318494
600605	汇通能源	上海汇通能源股份有限公司	C7	郑树昌	上海南京西路 1576 号	021 - 62560000 - 108
600606	金丰投资	上海金丰投资股份有限公司	J	王文杰	上海市南京西路 338 号天安中心 29 楼	021 - 63592020
600608	ST 沪科	上海宽频科技股份有限公司	G	史佩欣	上海市万航渡路 889 号悦达广场 29 楼	021 - 62319566
600609	ST 金杯	金杯汽车股份有限公司	C7	祁玉民	沈阳市沈河区万柳塘路 38 号	024 - 24133426
600610	SST 中纺	中国纺织机械股份有限公司	C7	李培忠	上海市长阳路 1687 号	021 - 65701961
600611	大众交通	大众交通(集团)股份有限公司	K	杨国平	上海市中山西路 1515 号大众大厦 11 楼	021 - 64285708
600612	老凤祥	老凤祥股份有限公司	C9	胡书刚	上海浦东金桥出口加工区川桥路 1295 号	021 - 58543307
600613	永生投资	上海永生投资管理股份有限公司	C8	张芝庭	上海市威海路 128 号长发大厦 613 室	021 - 53750009
600070	浙江富润	浙江富润股份有限公司	C1	赵林中	浙江省诸暨市陶朱南路 12 号	0575 - 87016551
600614	鼎立股份	上海鼎立科技发展(集团)股份有限公司	J	许宝星	上海杨浦区国权路 39 号财富广场(金座)18 楼	021 - 35071889 - 698
600615	丰华股份	上海丰华(集团)股份有限公司	J	陶　林	上海浦东新区浦建路 76 号 901 室	021 - 50890600
600616	金枫酒业	上海金枫酒业股份有限公司	C0	葛俊杰	上海市浦东新区张杨路 579 号(三鑫大厦内)	021 - 58352625
600617	ST 联华	上海联华合纤股份有限公司	C4	程　鹏	上海浦东新区世纪大道 1600 号浦项商务广场 12 - 5	021 - 61103869
600618	氯碱化工	上海氯碱化工股份有限公司	C4	李　军	上海市龙吴路 4747 号	021 - 64340601
600619	海立股份	上海海立(集团)股份有限公司	C7	沈建芳	上海市浦东新区金桥出口加工区宁桥路 888 号	021 - 50326956
600620	天宸股份	上海市天宸股份有限公司	M	叶茂菁	上海市长宁区仙霞路 8 号 29 楼	021 - 62788696
600621	上海金陵	上海金陵股份有限公司	C5	毛　辰	上海福州路 666 号 26 楼	021 - 63222658
600622	嘉宝集团	上海嘉宝实业(集团)股份有限公司	M	钱　明	上海市嘉定区清河路 55 号嘉宝商厦 6—7F	021 - 59529711
600623	双钱股份	双钱集团股份有限公司	C4	刘训峰	上海市四川中路 63 号	021 - 63390372

续表 11 Continued 11

代码 Code	股票简称 Abbreviation	公司全称 Companies	行业代码 Industries Code	董事长 Board Chairman	地址 Address	电话 Telephone Number
600071	凤凰光学	凤凰光学股份有限公司	C7	罗小勇	江西省上饶市光学路 1 号	0793 - 8259523
600624	复旦复华	上海复旦复华科技股份有限公司	M	王生洪	上海国权路 525 号	021 - 63872288
600626	申达股份	上海申达股份有限公司	C1	席时平	上海市武宁南路 488 号(智慧广场)18 楼	021 - 62310242
600628	新世界	上海新世界股份有限公司	H	徐若海	上海市南京西路 2 号- 88 号	021 - 63587734
600629	棱光实业	上海棱光实业股份有限公司	C6	施德容	上海市延安西路 2558 号 2 号楼	021 - 63392321
600630	龙头股份	上海龙头(集团)股份有限公司	C1	朱　勇	上海市制造局路 584 号 A 座 4 楼	021 - 34061116
600633	浙报传媒	浙报传媒集团股份有限公司	L	高海浩	浙江省杭州市体育场路 178 号浙报产业大厦	021 - 32023251
600634	* ST 海鸟	上海海鸟企业发展股份有限公司	J	鲍崇宪	上海市眉州路 756 号	021 - 62696296
600635	大众公用	上海大众公用事业(集团)股份有限公司	M	杨国平	上海中山西路 1515 号大众大厦 8 楼	021 - 64288888 - 5609
600636	三爱富	上海三爱富新材料股份有限公司	C4	魏建华	上海市漕溪路 250 号银海大楼 A805 室	021 - 64347258
600637	百视通	百视通新媒体股份有限公司	C5	裘　新	上海市静安区威海路 232 号招商局广场南楼 2 楼	021 - 64756991
600072	中船股份	中船江南重工股份有限公司	C7	谭作钧	上海市鲁班路 600 号江南造船大厦 11—13 楼	021 - 53023456 - 672
600638	新黄浦	上海新黄浦置业股份有限公司	J	王伟旭	上海北京东路 668 号东楼 32、33 层	021 - 53086681
600639	浦东金桥	上海金桥出口加工区开发股份有限公司	J	张素心	上海浦东新金桥路 27 号 1 号楼	021 - 50307702
600640	中卫国脉	中卫国脉通信股份有限公司	G	元建兴	上海市江宁路 1207 号国脉大厦	021 - 62762171
600641	万业企业	上海万业企业股份有限公司	J	程　光	上海市浦东大道 720 号 9 层	021 - 50367878
600642	申能股份	申能股份有限公司	D	吴建雄	上海市虹井路 159 号 5 楼	021 - 63900133
600643	爱建股份	上海爱建股份有限公司	I	徐　风	上海市零陵路 599 号(爱建城内)	021 - 64396600
600644	乐山电力	乐山电力股份有限公司	D	廖政权	四川省乐山市市中区嘉定北路 46 号	0833 - 2408836
600645	ST 中源	中源协和干细胞生物工程股份公司	K	王　勇	天津市和平区大理道 106 号	022 - 23318350 - 8007
600647	同达创业	上海同达创业投资股份有限公司	M	周立武	上海浦东商城路 660 号乐凯大厦 21 楼	021 - 50318029
600648	外高桥	上海外高桥保税区开发股份有限公司	J	舒榕斌	上海外高桥保税区杨高北路 2001 号	021 - 58668890
600073	上海梅林	上海梅林正广和股份有限公司	C0	周海鸣	上海市通北路 400 号	021 - 65411993
600649	城投控股	上海城投控股股份有限公司	M	孔庆伟	上海市浦东南路 500 号国家开发银行大厦 39 楼	021 - 58772103
600650	锦江投资	上海锦江国际实业投资股份有限公司	F	沈懋兴	上海市延安东路 100 号 28 楼	021 - 63218800 - 705
600651	飞乐音响	上海飞乐音响股份有限公司	C7	邵礼群	上海市嘉定区嘉新公路 1001 号	021 - 59978606
600652	爱使股份	上海爱使股份有限公司	M	肖　勇	上海市肇嘉浜路 666 号	021 - 64710022 - 8811
600653	申华控股	上海申华控股股份有限公司	M	祁玉民	上海市宁波路 1 号申华金融大厦上海申华控股股份有限公司 证券法律部	021 - 63372010
600654	飞乐股份	上海飞乐股份有限公司	C5	黄　峰	上海市永和路 398 号	021 - 62515242
600655	豫园商城	上海豫园旅游商城股份有限公司	H	吴　平	上海市方浜中路 269 号	021 - 63552405
600656	ST 博元	珠海市博元投资股份有限公司	C4	余蒂妮	广东省珠海市香洲区人民西路 291 号日荣大厦 8 楼 806 室	0756 - 2660313 - 818
600657	信达地产	信达地产股份有限公司	J	贾　放	北京市海淀区中关村南大街甲 18 号北京国际大厦 C 座 16 层	010 - 82190959
600658	电子城	北京电子城投资开发股份有限公司	J	王　岩	北京市朝阳区酒仙桥路北路 10 号院 205 楼 6 层(电子城 IT 产业园 B5 楼 6 层)	010 - 64316696
600074	* ST 中达	江苏中达新材料集团股份有限公司	C4	童爱平	江苏省江阴市滨江西路 589 号亚包商务大厦 906 室	0510 - 86686352
600660	福耀玻璃	福耀玻璃工业集团股份有限公司	C6	曹德旺	福建省福清市福耀工业村	0591 - 85363956
600661	新南洋	上海新南洋股份有限公司	M	钱天东	上海番禺路 667 号六楼	021 - 62826347
600662	强生控股	上海强生控股股份有限公司	K	洪任初	上海南京西路 920 号 18 楼	021 - 62582098
600663	陆家嘴	上海陆家嘴金融贸易区开发股份有限公司	J	李晋昭	上海峨山路 101 号 1 号楼	021 - 33848816
600664	哈药股份	哈药集团股份有限公司	C8	张利君	哈尔滨市道里区友谊路 431 号	0451 - 84856695
600665	天地源	天地源股份有限公司	J	俞向前	西安高新技术产业开发区科技路 33 号国际商务中心数码大厦 27 层	029 - 88337300

续表 12 Continued 12

代码 Code	股票简称 Abbreviation	公司全称 Companies	行业代码 Industries Code	董事长 Board Chairman	地址 Address	电话 Telephone Number
600666	西南药业	西南药业股份有限公司	C8	李　标	重庆市沙坪坝区天星桥 21 号	023 - 89855628
600667	太极实业	无锡市太极实业股份有限公司	C4	顾　斌	无锡市华清大桥南堍	0510 - 85419120
600668	尖峰集团	浙江尖峰集团股份有限公司	C6	蒋晓萌	浙江金华市婺江东路 88 号	0579 - 82320582
600671	* ST 天目	杭州天目山药业股份有限公司	C8	范建国	浙江省临安市苕溪南路 78 号	0571 - 63920009
600075	新疆天业	新疆天业股份有限公司	C4	侯国俊	新疆石河子市经济技术开发区北三东路 36 号	0993 - 2623118
600673	东阳光铝	广东东阳光铝业股份有限公司	C5	郭京平	广东东莞市长安镇上沙村第五工业区	0751 - 5282740
600674	川投能源	四川川投能源股份有限公司	D	黄顺福	四川省成都市小南街 23 号	028 - 86098646
600675	中华企业	中华企业股份有限公司	J	朱胜杰	上海市华山路 2 号中华企业大厦	021 - 62170088
600676	交运股份	上海交运股份有限公司	C7	陈辰康	上海市平武路 38 号仁达商务楼三楼	021 - 62116009
600677	航天通信	航天通信控股集团股份有限公司	C1	杜　尧	浙江省杭州市解放路 138 号	0571 - 87916327
600678	* ST 金顶	四川金顶(集团)股份有限公司	C6	杨学品	四川省峨眉山市乐都镇	0833 - 5578301
600679	金山开发	金山开发建设股份有限公司	C7	夏　杰	上海市吴中路 369 号 15 楼	021 - 31351508
600680	上海普天	上海普天邮通科技股份有限公司	G	曹宏斌	上海市宜山路 700 号	021 - 64834310
600681	ST 万鸿	万鸿集团股份有限公司	L	戚围岳	武汉市武昌武珞路 28 号长信大厦四楼	027 - 88066666 - 8888
600682	南京新百	南京新街口百货商店股份有限公司	H	杨怀珍	南京市中山南路 1 号	025 - 84761613
600076	ST 华光	潍坊北大青鸟华光科技股份有限公司	G	周燕军	山东省潍坊市高新技术产业开发区北宫东街 6 号	0536 - 2991601
600683	京投银泰	京投银泰股份有限公司	J	王　琪	北京市朝阳区建国门外大街 2 号银泰中心 C 座 17 层	010 - 65636689
600684	珠江实业	广州珠江实业开发股份有限公司	J	郑暑平	广州市环市东路 362—366 号好世界广场 30 楼	020 - 83752355
600685	广船国际	广州广船国际股份有限公司	C7	陈景奇	广州市荔湾区芳村大道南 40 号	020 - 81807839
600686	金龙汽车	厦门金龙汽车集团股份有限公司	C7	谷　涛	厦门市厦禾路 668 号 22—23 层	0592 - 2969855
600687	刚泰控股	浙江刚泰控股(集团)股份有限公司	M	徐建刚	上海陆家嘴环路 958 号华能联合大厦 18 楼	021 - 68865396
600688	S 上石化	中国石化上海石油化工股份有限公司	C4	戎光道	上海市金山区金一路 48 号	8621 - 57943143
600689	上海三毛	上海三毛企业(集团)股份有限公司	C1	张文卿	上海斜土路 791 号 C 幢 7 楼	021 - 63059496
600690	青岛海尔	青岛海尔股份有限公司	C7	杨绵绵	青岛市崂山区海尔信息产业园创牌大楼北 305B 青岛海尔证券部	0532 - 88935978
600691	* ST 东碳	东新电碳股份有限公司	C6	刘　平	四川自贡自井区东光路桌子山 22 号	0813 - 2606903
600692	亚通股份	上海亚通股份有限公司	F	黄　胜	上海市崇明县南门路 281 号	021 - 69692714
600077	宋都股份	辽宁百科集团(控股)股份有限公司	G	俞建午	辽宁省沈阳市和平区青年大街 390 号万鑫国际大厦 A 座 33 层	0571 - 86052389
600693	东百集团	福建东百集团股份有限公司	H	毕德才	福建省福州市八一七北路 84 号东百大厦 18 层	0591 - 87531724
600694	大商股份	大商股份有限公司	H	牛　钢	辽宁省大连市中山区青三街 1 号	0411 - 83643215
600695	大江股份	上海大江(集团)股份有限公司	C0	陈国邦	上海莲花路 1555 号华一大厦 7 楼	021 - 34225027
600696	多伦股份	上海多伦实业股份有限公司	J	林建星	上海市虹口区甜爱路 36 号	021 - 56715833
600697	欧亚集团	长春欧亚集团股份有限公司	H	曹和平	长春市绿园区南阳路 418 号	0431 - 87666905
600698	* ST 轻骑	济南轻骑摩托车股份有限公司	C7	刘　波	济南市历下区和平路 34 号	0531 - 86599896
600699	ST 得亨	辽源得亨股份有限公司	C7	王剑峰	吉林省辽源市福兴路 3 号	0437 - 3512077
600701	工大高新	哈尔滨工大高新技术产业开发股份有限公司	M	张大成	哈尔滨市南岗区西大直街 118 号	0451 - 86269018
600702	沱牌舍得	四川沱牌舍得酒业股份有限公司	C0	李家顺	四川省射洪县沱牌镇沱牌大道 999 号	0825 - 6618268
600703	三安光电	三安光电股份有限公司	C5	林秀成	厦门市思明区吕岭路 1721—1725 号	0716 - 4138696
600078	澄星股份	江苏澄星磷化工股份有限公司	C4	李　兴	江苏省江阴市梅园大街 618 号	0510 - 86281316 - 432
600704	物产中大	浙江中大集团股份有限公司	H	陈继达	杭州市中大广场 A 座 29 楼	0571 - 85777029
600705	S* ST 北亚	北亚实业(集团)股份有限公司	M	王则瑞	哈尔滨市道里区友谊路 111 号新吉财富大厦 23 层	0451 - 84878663
600706	ST 长信	长安信息产业(集团)股份有限公司	G	骆志松	陕西省西安市高新区唐延路 1 号旺座国际城 B 座 30 层	029 - 88858950
600707	彩虹股份	彩虹显示器件股份有限公司	C5	李　淼	陕西省咸阳市彩虹路一号	029 - 33332866

续表 13 Continued 13

代码 Code	股票简称 Abbreviation	公司全称 Companies	行业代码 Industries Code	董事长 Board Chairman	地址 Address	电话 Telephone Number
600708	海博股份	上海海博股份有限公司	F	洪明德	上海市宜山路 829 号	021-61132700
600710	常林股份	常林股份有限公司	C7	吴培国	江苏省常州市新北区黄河西路 898 号	0519-86781168
600711	盛屯矿业	盛屯矿业集团股份有限公司	M	陈　东	厦门市湖滨北路 72 号中闽大厦 9 楼 2 单元	0592-5891697
600712	南宁百货	南宁百货大楼股份有限公司	H	黄永干	广西南宁市朝阳路 39—41,45 号	0771-2610906
600713	南京医药	南京医药股份有限公司	H	周耀平	江苏省南京市中山东路 486 号南京医药大厦	025-84552628
600714	金瑞矿业	青海金瑞矿业发展股份有限公司	B	程国勋	青海省西宁市新宁路 36 号	0971-6321867
600008	首创股份	北京首创股份有限公司	D	刘晓光	北京市朝阳区北三环东路 8 号静安中心七层	010-64689035
600079	人福医药	武汉人福医药集团股份有限公司	C8	王学海	武汉市洪山区关山街鲁磨路 369 号	027-87597232
600715	* ST 松辽	松辽汽车股份有限公司	C7	李小平	辽宁省沈阳市苏家屯区白松路 22 号(110101)	024-31489909
600716	凤凰股份	江苏凤凰置业投资股份有限公司	J	陈海燕	南京市中央路 389 号凤凰国际大厦六楼	025-83566267
600717	天津港	天津港股份有限公司	F	田长松	天津市塘沽区津港路 99 号	022-25702708
600718	东软集团	东软集团股份有限公司	G	刘积仁	沈阳市浑南新区新秀街 2 号东软软件园	024-83663371
600719	大连热电	大连热电股份有限公司	D	于长敏	大连市西岗区沿海街 90 号	0411-84498988
600720	祁连山	甘肃祁连山水泥集团股份有限公司	C6	脱利成	兰州市城关区酒泉路力行新村 3 号祁连山大厦	0931-4900606
600721	百花村	新疆百花村股份有限公司	H	刘威东	乌鲁木齐市中山路 141 号	0991-2356620
600722	ST 金化	河北金牛化工股份有限公司	C4	王社平	河北省沧州市黄河东路 20 号	0317-3509970
600723	首商股份	北京首商集团股份有限公司	H	于学忠	北京市西城区北三环中路 23 号燕莎盛世大厦二层	010-66024984
600724	宁波富达	宁波富达股份有限公司	J	王宏祥	宁波市江东区和济街 68 号城投大厦 26 楼	0574-62814275
600080	ST 金花	金花企业(集团)股份有限公司	C8	吴一坚	西安高新技术产业开发区高新 2 路 16 号(710075)	029-82301805
600725	云维股份	云南云维股份有限公司	C4	张跃龙	云南省曲靖市沾益县盘江镇花山工业区	0874-3068588
600726	华电能源	华电能源股份有限公司	D	任书辉	哈尔滨市南岗区大成街 209 号	0451-82525998
600727	ST 鲁北	山东鲁北化工股份有限公司	C4	陈树常	山东省无棣县埕口镇	0543-6451265
600728	新太科技	新太科技股份有限公司	G	刘　伟	广州市天河高新技术产业开发区工业园建工路 4 号	020-85520635
600729	重庆百货	重庆百货大楼股份有限公司	H	肖诗新	重庆市渝中区中山三路 86 号	023-63843058
600730	中国高科	中国高科集团股份有限公司	H	周伯勤	上海市浦东新金桥路 1122 号方正大厦 9—10 层	021-50326432
600731	湖南海利	湖南海利化工股份有限公司	C4	王晓光	湖南长沙市芙蓉中路二段 251 号	0731-85357829
600732	上海新梅	上海新梅置业股份有限公司	J	张静静	上海天目中路 585 号 20 楼	021-51005380
600733	S 前锋	成都前锋电子股份有限公司	J	杨晓斌	四川省成都市人民南路四段 1 号	028-86316723
600734	实达集团	福建实达集团股份有限公司	J	臧家顺	福州市洪山园路 68 号招标大厦 A 座 6 楼	0591-83725878
600081	东风科技	东风电子科技股份有限公司	C7	欧阳洁	上海市中山北路 2000 号 22 楼	021-62033003-52
600735	新华锦	山东新华锦国际股份有限公司	C0	张建华	青岛市彰化路 4 号八号楼	0532-85877680
600736	苏州高新	苏州新区高新技术产业股份有限公司	J	纪向群	苏州市高新区狮山路 35 号金河大厦 25 层	0512-68096283
600737	中粮屯河	中粮屯河股份有限公司	C0	郑弘波	新疆乌市黄河路 2 号招商银行大厦 20 楼	0991-5571601
600738	兰州民百	兰州民百(集团)股份有限公司	H	杜永忠	兰州市中山路 368 号亚欧商厦 9—10 层	0931-8435839
600739	辽宁成大	辽宁成大股份有限公司	H	尚书志	辽宁省大连市中山区人民路 71 号	0411-82512731
600740	山西焦化	山西焦化股份有限公司	C4	潘得国	山西洪洞广胜寺镇	0357-6626012
600741	华域汽车	华域汽车系统股份有限公司	C7	胡茂元	上海市威海路 489 号	021-22011701
600742	一汽富维	长春一汽富维汽车零部件股份有限公司	C7	滕铁骑	吉林省长春市东风南街 1399 号	0431-85765798
600743	华远地产	华远地产股份有限公司	J	任志强	北京市西城区北展北街 11 号华远·企业中心 11 号楼	010-68036966
600744	华银电力	大唐华银电力股份有限公司	D	王　琳	湖南省长沙市芙蓉中路 3 段 255 号五华酒店 915 房	0731-85388003
600082	海泰发展	天津海泰科技发展股份有限公司	J	徐蔚莉	天津新技术产业园区华苑产业区海泰西路 18 号	022-85689891
600745	中茵股份	中茵股份有限公司	J	高建荣	湖北省黄石市团城山开发区杭州西路 91 号金山大楼三楼	0714-6358389
600746	江苏索普	江苏索普化工股份有限公司	C4	宋勤华	江苏省镇江市谏壁越河街 50 号	0511-3366244

续表 14 Continued 14

代码 Code	股票简称 Abbreviation	公司全称 Companies	行业代码 Industries Code	董事长 Board Chairman	地址 Address	电话 Telephone Number
600747	大连控股	大连大显控股股份有限公司	C5	代 威	大连市甘井子区革镇堡	0411-66888612
600748	上实发展	上海实业发展股份有限公司	J	陆 申	淮海中路98号20楼	021-53859026
600749	西藏旅游	西藏旅游股份有限公司	K	欧阳旭	拉萨市林廓东路6号喜马拉雅饭店三层	0891-6339150
600750	江中药业	江中药业股份有限公司	C8	易敏之	江西省南昌市火炬大道788号	0791-8169323
600751	SST天海	天津市海运股份有限公司	F	李维艰	天津空港经济区中心大道华盈大厦八层	022-58679088
600753	东方银星	河南东方银星投资股份有限公司	J	李大明	河南省商丘市神火大道99号悦华大酒店25层	0370-2790635
600754	锦江股份	上海锦江国际酒店发展股份有限公司	K	俞敏亮	上海市延安东路100号25楼	021-63217132
600755	厦门国贸	厦门国贸集团股份有限公司	H	何福龙	中国福建省厦门市湖滨南路国贸大厦16—18层	0592-5898578
600083	*ST博信	广东博信投资控股股份有限公司	C5	朱凤廉	广东省清远市新城方正二街1号自来水大厦	0755-86278086
600756	浪潮软件	山东浪潮齐鲁软件产业股份有限公司	G	王茂昌	山东省济南市山大路224号	0531-85105606
600757	ST源发	上海华源企业发展股份有限公司	C1	王建辉	湖北省武汉市武昌雄楚大街268号B座11楼	021-58796556
600758	红阳能源	辽宁红阳能源投资股份有限公司	D	林守信	沈阳市皇姑区黄河南大街96-6号启运大厦	024-86131806
600759	正和股份	海南正和实业集团股份有限公司	J	林 端	海南省海口市国贸大道2号海南时代广场17层	0898-66787367
600760	中航黑豹	中航黑豹股份有限公司	C7	田学应	山东省文登市龙山路107号	0631-8087751
600761	安徽合力	安徽合力股份有限公司	C7	张德进	安徽省合肥市望江西路15号	0551-3689002
600763	通策医疗	通策医疗投资股份有限公司	K	赵玲玲	浙江省杭州市天目山路327号"合生国贸中心"5号楼	0571-28808278
600764	中电广通	中电广通股份有限公司	G	倪剑云	北京市海淀区中关村南大街17号韦伯时代中心C座21层	010-88578820
600765	中航重机	中航重机股份有限公司	C7	刘志伟	北京市东三环中路乙10号艾维克大厦16层	0851-3808871
600766	ST园城	烟台园城企业集团股份有限公司	J	徐诚惠	山东省烟台市南大街261号	0535-6636608
600084	ST中葡	中信国安葡萄酒业股份有限公司	C0	李建一	新疆维吾尔自治区乌鲁木齐市西虹东路751号	0991-8871867
600767	运盛实业	运盛(上海)实业股份有限公司	J	钱仁高	上海市浦东新区仁庆路509号12号楼	021-68544220
600768	宁波富邦	宁波富邦精业集团股份有限公司	C6	郑锦浩	宁波市鄞州区天童北路702号工业城办公大楼三楼	0574-87410500
600769	ST祥龙	武汉祥龙电业股份有限公司	C4	杨守峰	武汉市洪山区葛化街化工路31号	027-87602482
600770	综艺股份	江苏综艺股份有限公司	M	昝圣达	江苏省通州市兴东镇综艺数码城	0513-86639987
600771	ST东盛	东盛科技股份有限公司	C8	张 斌	陕西省西安市高新技术开发区唐延路23号东盛大厦	029-88330835
600773	西藏城投	西藏城市发展投资股份有限公司	J	朱贤麟	上海市闸北区天目中路380号北方大厦22楼	021-63536929
600774	汉商集团	武汉市汉商集团股份有限公司	H	张宪华	湖北省武汉市汉阳大道134号	027-84774966
600775	南京熊猫	南京熊猫电子股份有限公司	G	李安建	南京市中山东路301号	025-84801442
600776	东方通信	东方通信股份有限公司	G	张泽熙	中国浙江省杭州市滨江高新技术开发区东信大道66号研发楼B413室	0571-86676199
600777	新潮实业	烟台新潮实业股份有限公司	M	宋向阳	山东省烟台市莱山区港城东大街301号南山世纪大厦B座14楼	0535-4259777
600085	同仁堂	北京同仁堂股份有限公司	C8	顾海鸥	北京市东城区崇外大街42号,北京市东城区东兴隆街52号	010-67020018
600778	友好集团	新疆友好(集团)股份有限公司	H	聂如旋	乌鲁木齐市友好南路30号	0991-4541008
600779	水井坊	四川水井坊股份有限公司	C0	黄建勇	四川省成都市金牛区全兴路9号	028-86252847
600780	通宝能源	山西通宝能源股份有限公司	D	常小刚	太原市长治路272号	0351-7021857
600781	上海辅仁	上海辅仁实业(集团)股份有限公司	C8	朱文臣	上海市建国西路285号(科投大厦)13楼	021-51573890
600782	新钢股份	新余钢铁股份有限公司	C6	熊小星	江西省新余市冶金路	0790-6292577
600783	鲁信创投	鲁信创业投资集团股份有限公司	C6	陈道江	山东省济南市解放路166号鲁信大厦	0531-86566764
600784	鲁银投资	鲁银投资集团股份有限公司	C6	刘相学	山东省济南市经十路20518号	0531-82024116
600785	新华百货	银川新华百货商店股份有限公司	H	蒙进暹	宁夏银川市兴庆区新华东街97号	0951-4010058
600787	中储股份	中储发展股份有限公司	F	韩铁林	北京市丰台区南四环西路188号6区18号楼	010-83673209
600789	鲁抗医药	山东鲁抗医药股份有限公司	C8	高祥友	山东省济宁市太白楼西路152号	0537-2983174

续表 15 Continued 15

代码 Code	股票简称 Abbreviation	公司全称 Companies	行业代码 Industries Code	董事长 Board Chairman	地址 Address	电话 Telephone Number
600086	东方金钰	东方金钰股份有限公司	C9	赵兴龙	深圳市罗湖区贝丽北路正福国际珠宝交易中心(水贝工业区)2栋3楼	0755-25601399
600790	轻纺城	浙江中国轻纺城集团股份有限公司	M	沈小军	浙江省绍兴县柯桥街道鉴湖路1号中轻大厦	0575-84116158
600791	京能置业	京能置业股份有限公司	J	徐京付	北京市海淀区彩和坊路8号天创科技大厦12层西侧	010-62698639
600792	云煤能源	云南煤业能源股份有限公司	C6	张鸿鸣	昆明市拓东路75号集成广场5楼	0871-3018278
600793	ST宜纸	宜宾纸业股份有限公司	C3	易 从	四川省宜宾市岷江西路54号	0831-3560668
600794	保税科技	张家港保税科技股份有限公司	F	徐品云	江苏省张家港保税区北京路保税科技大厦六楼	0512-58320358
600795	国电电力	国电电力发展股份有限公司	D	朱永芃	北京市朝阳区安慧北里安园19号楼	010-58682200
600796	钱江生化	浙江钱江生物化学股份有限公司	C8	高云跃	浙江省海宁市西山路598号7楼	0573-87042800
600797	浙大网新	浙大网新科技股份有限公司	G	陈 纯	杭州市天目山路226号中融大厦12层	0571-87950500
600798	宁波海运	宁波海运股份有限公司	F	管雄文	宁波市北岸财富中心1幢	0574-87352405
600800	ST磁卡	天津环球磁卡股份有限公司	C9	阮 强	天津市河西区解放南路325号	022-58585662
600087	长航油运	中国长江航运集团南京油运股份有限公司	F	刘锡汉	南京市中山北路324号油运大厦	025-58586158
600801	华新水泥	华新水泥股份有限公司	C6	陈木森	湖北黄石市黄石大道897号	027-87773896
600802	福建水泥	福建水泥股份有限公司	C6	郑盛端	福州市杨桥东路118号宏扬新城建福大厦	0591-87617751
600803	威远生化	河北威远生物化工股份有限公司	C4	王玉锁	石家庄市和平东路393号	0311-85915898
600804	鹏博士	成都鹏博士电信传媒集团股份有限公司	G	杨学平	四川省成都市顺城大街229号顺城大厦5楼	028-86755190
600805	悦达投资	江苏悦达投资股份有限公司	M	陈云华	江苏省盐城市世纪大道东路2号	0515-88202778
600806	昆明机床	沈机集团昆明机床股份有限公司	C7	高明辉	中华人民共和国云南省昆明市茨坝路23号	0871-6166612
600807	天业股份	山东天业恒基股份有限公司	J	曾昭秦	济南市高新开发区新宇南路1号济南国际会展中心A区	0531-82685365
600808	马钢股份	马鞍山钢铁股份有限公司	C6	苏鉴钢	安徽省马鞍山市九华西路8号	0555-2888158
600809	山西汾酒	山西杏花村汾酒厂股份有限公司	C0	李秋喜	山西汾阳市杏花村	0358-7320948
600810	神马股份	神马实业股份有限公司	C4	马 源	河南平顶山建设路中段63号	0375-2729337
600088	中视传媒	中视传媒股份有限公司	L	李 建	上海浦东新区福山路450号新天国际大厦17层A座	010-65999008
600811	东方集团	东方集团股份有限公司	M	张宏伟	哈尔滨市南岗区花园街235号	0451-53666028
600812	华北制药	华北制药股份有限公司	C8	王社平	河北省石家庄市和平东路388号	0311-86696493
600814	杭州解百	杭州解百集团股份有限公司	H	周自力	杭州市上城区解放路251号	0571-87016888-5015
600815	厦工股份	厦门厦工机械股份有限公司	C7	陈 玲	厦门市灌口南路668号之八	0592-6389388
600816	安信信托	安信信托投资股份有限公司	I	张春景	上海广东路689号海通证券大厦29层	021-63529786
600817	*ST宏盛	西安宏盛科技发展股份有限公司	M	郭永明	西安市曲江新区雁南五路商通大道曲江综合服务中心	021-58765800
600818	中路股份	中路股份有限公司	C7	陈 荣	上海市浦东新区花木路832号	021-50596906
600819	耀皮玻璃	上海耀皮玻璃集团股份有限公司	C6	林益彬	上海市浦东新区莲溪路1210号1号楼	021-58801177
600820	隧道股份	上海隧道工程股份有限公司	E	杨 磊	上海市大连路118号	021-65869999-5072
600821	津劝业	天津劝业场(集团)股份有限公司	H	张立津	天津市和平区和平路290号	022-27304989
600009	上海机场	上海国际机场股份有限公司	F	俞吾炎	上海市浦东新区启航路900号	021-68341609
600089	特变电工	特变电工股份有限公司	C7	张 新	新疆昌吉市延安南路52号	0994-2724766
600822	上海物贸	上海物资贸易股份有限公司	H	贺 涛	上海南苏州路325号	021-63231818-4062
600823	世茂股份	上海世茂股份有限公司	J	许薇薇	上海市浦东新区银城中路68号43楼	021-20203388
600824	益民集团	上海益民商业集团股份有限公司	H	杨传华	上海市淮海中路809号甲	021-64339888
600825	新华传媒	上海新华传媒股份有限公司	H	陈剑峰	上海市汉口路266号15—16楼	021-61371385
600826	兰生股份	上海兰生股份有限公司	H	张黎明	上海市中山北二路1800号	021-65446061
600827	友谊股份	上海友谊集团股份有限公司	H	黄真诚	上海市商城路518号10楼	021-58883307
600828	成商集团	成商集团股份有限公司	H	王福琴	成都市东御街19号	028-86651945
600829	三精制药	哈药集团三精制药股份有限公司	C8	刘占滨	哈尔滨市香坊区哈平路233号	0451-86649908

续表 16 Continued 16

代码 Code	股票简称 Abbreviation	公司全称 Companies	行业代码 Industries Code	董事长 Board Chairman	地址 Address	电话 Telephone Number
600830	香溢融通	香溢融通控股集团股份有限公司	H	孙建华	宁波市开明街 130 弄 48 号	0574 - 87315310
600831	广电网络	陕西广电网络传媒(集团)股份有限公司	L	吕晓明	西安市高新区高新一路 15 号	029 - 87991255
600090	啤酒花	新疆啤酒花股份有限公司	C0	王克勤	新疆乌鲁木齐市长春南路西二巷津城茗苑 5 号楼	0991 - 3687305
600832	东方明珠	上海东方明珠(集团)股份有限公司	M	薛沛建	上海浦东世纪大道 1 号	021 - 58799306
600833	第一医药	上海第一医药股份有限公司	H	盛小洪	上海市徐汇区乌鲁木齐南路 158 号	021 - 64337282
600834	申通地铁	上海申通地铁股份有限公司	K	俞光耀	上海市桂林路 909 号 3 号楼 2 楼	021 - 54259985
600835	上海机电	上海机电股份有限公司	C7	徐建国	上海市浦东新区民生路 1286 号汇商大厦 9 楼(200135)	021 - 68547507
600836	界龙实业	上海界龙实业集团股份有限公司	C3	费屹立	上海市浦东新区川周路 7111 号	021 - 63746888
600837	海通证券	海通证券股份有限公司	I	王开国	上海市黄浦区广东路 689 号	021 - 63411298
600838	上海九百	上海九百股份有限公司	H	龚祥荣	上海市常德路 940 号	021 - 62569867
600839	四川长虹	四川长虹电器股份有限公司	C5	赵　勇	四川省绵阳市高新区绵兴东路 35 号	0816 - 2418866
600841	上柴股份	上海柴油机股份有限公司	C7	肖国普	上海军工路 2636 号	021 - 60652707
600843	上工申贝	上工申贝(集团)股份有限公司	C7	张　敏	上海市浦东新区世纪大道 1500 号东方大厦 12 楼	021 - 68407700 - 617
600091	ST 明科	包头明天科技股份有限公司	C4	董　琦	包头稀土高新技术产业开发区曙光路 22 号	0472 - 2207068
600844	丹化科技	丹化化工科技股份有限公司	C4	曾晓宁	上海市闵行区虹许路 788 号名都城别墅 61 幢	021 - 64015598
600845	宝信软件	上海宝信软件股份有限公司	G	张朔共	上海市浦东新区张江高科技园区郭守敬路 515 号	021 - 50801155 - 1462
600846	同济科技	上海同济科技实业股份有限公司	M	丁洁民	上海市杨浦区四平路 1398 号同济联合广场 B 座 20 层	021 - 65983325
600847	ST 渝万里	重庆万里控股(集团)股份有限公司	C7	刘悉承	重庆市江津区双福街道创业大道 2 号	023 - 62596943
600848	自仪股份	上海自动化仪表股份有限公司	C7	徐子瑛	上海市虹漕路 41 号	021 - 54262329
600850	华东电脑	上海华东电脑股份有限公司	G	游小明	上海北京东路 668 号科技京城东楼 23 层	021 - 23060388
600851	海欣股份	上海海欣集团股份有限公司	C1	徐文彬	上海市福州路 666 号金陵海欣大厦 18 楼	63917000 - 1832
600853	龙建股份	龙建路桥股份有限公司	E	张　厚	黑龙江省哈尔滨市南岗区嵩山路 109 - 1 号	0451 - 82281860
600854	ST 春兰	江苏春兰制冷设备股份有限公司	C7	许承业	江苏省泰州市春兰工业园区春兰路 1 号	0523 - 86217958
600855	航天长峰	北京航天长峰股份有限公司	C7	敖　刚	北京市 142 信箱 39 分箱(邮信地址)	010 - 88219815
600093	禾嘉股份	四川禾嘉股份有限公司	C7	宋　浩	四川省成都市高新技术开发区九兴大道 3 号	028 - 85155498
600856	长百集团	长春百货大楼集团股份有限公司	H	林大湑	长春市人民大街 1881 号	0431 - 8965414
600857	工大首创	哈工大首创科技股份有限公司	H	龚东升	宁波市海曙区和义路 77 号汇金大厦 21 层	0574 - 87367060
600858	银座股份	银座集团股份有限公司	H	刘希举	山东省济南市泺源大街 22 号中银大厦 20F	0531 - 86961088
600859	王府井	北京王府井百货(集团)股份有限公司	H	郑万河	中国北京王府井大街 253 号	010 - 65125960
600860	ST 北人	北人印刷机械股份有限公司	C7	赵国荣	北京市北京经济技术开发区荣昌东街 6 号	010 - 67802690
600861	北京城乡	北京城乡贸易中心股份有限公司	H	周和平	北京市海淀区复兴路甲 23 号	010 - 68296595
600862	南通科技	南通科技投资集团股份有限公司	C7	陈照东	江苏省南通市港闸区永和路 1 号	0513 - 83580393
600863	内蒙华电	内蒙古蒙电华能热电股份有限公司	D	吴景龙	内蒙古呼和浩特市锡林南路工艺厂巷电力科技楼六楼	0471 - 6228403
600864	哈投股份	哈尔滨哈投投资股份有限公司	D	冯晓江	哈尔滨市南岗区汉水路 172 号二楼	0451 - 82332828
600865	百大集团	百大集团股份有限公司	H	陈顺华	杭州市延安路 546 号	0571 - 85823002
600094	ST 华源	上海大名城企业股份有限公司	C4	董云雄	上海闵行区红松东路 1116 号上海虹桥元一大厦 5 楼	021 - 62478900
600866	星湖科技	广东肇庆星湖生物科技股份有限公司	C0	李　成	广东省肇庆市工农北路 67 号	0758 - 2237526
600867	通化东宝	通化东宝药业股份有限公司	C8	李一奎	吉林省通化东宝新村	0435 - 5088025
600868	ST 梅雁	广东梅雁水电股份有限公司	M	汪汝俊	广东省梅州市梅县新县城梅雁科技园	0753 - 2218286
600869	三普药业	三普药业股份有限公司	C8	蒋锡培	江苏省宜兴市高塍远东大道 6 号	0510 - 87249788
600870	ST 厦华	厦门华侨电子股份有限公司	C5	王炎元	厦门市湖里大道 22 号	0592 - 5620620
600871	S 仪化	中国石化仪征化纤股份有限公司	C4	卢立勇	江苏省仪征市	0514 - 83232997
600872	中炬高新	中炬高新技术实业(集团)股份有限公司	M	熊　炜	广东省中山市中山火炬高技术产业开发区火炬大厦	0760 - 85599947
600873	梅花集团	梅花生物科技集团股份有限公司	C0	孟庆山	廊坊市经济技术开发区华祥路 66 号	0536 - 8363802

续表 17 Continued 17

代码 Code	股票简称 Abbreviation	公司全称 Companies	行业代码 Industries Code	董事长 Board Chairman	地址 Address	电话 Telephone Number
600874	创业环保	天津创业环保集团股份有限公司	K	张文辉	天津市南开区卫津南路 76 号创业环保大厦	022-23930128
600875	东方电气	东方电气股份有限公司	C7	斯泽夫	四川省成都市金牛区蜀汉路 333 号	028-87583088
600095	哈高科	哈尔滨高科技(集团)股份有限公司	C0	杨登瑞	哈尔滨开发区迎宾路集中区天平路 2 号	0451-84348141
600876	洛阳玻璃	洛阳玻璃股份有限公司	C6	宋建明	河南省洛阳市西工区唐宫中路 9 号	0379-63908507
600877	中国嘉陵	中国嘉陵工业股份有限公司(集团)	C7	陈永强	重庆市沙坪坝区双碑	023-65192750
600879	航天电子	航天时代电子技术股份有限公司	C7	刘眉玄	武汉经济技术开发区高科技园	010-88106033
600880	博瑞传播	成都博瑞传播股份有限公司	L	孙旭军	成都市花牌坊街 185 号	028-87651183
600881	亚泰集团	吉林亚泰(集团)股份有限公司	M	宋尚龙	长春市吉林大路 1801 号	0431-84956688
600882	大成股份	山东大成农药股份有限公司	C4	王继文	山东省淄博市张店区洪沟路 25 号	0533-2111919
600883	博闻科技	云南博闻科技实业股份有限公司	C6	刘志波	云南省昆明国际会展中心写字楼 2-303 室	0871-7197370
600884	杉杉股份	宁波杉杉股份有限公司	C1	庄　巍	宁波市鄞州区日丽中路 777 号杉杉商务大厦 8 层	0574-88323048
600885	ST 力阳	武汉力诺太阳能集团股份有限公司	C4	王国亮	武汉市解放大道 12 号西楼 406 室	027-68850733
600886	国投电力	国投华靖电力控股股份有限公司	D	胡　刚	北京市西城区西直门南小街 147 号 5 号楼 12 层	010-88006380
600096	云天化	云南云天化股份有限公司	C4	张嘉庆	云南省水富县向家坝镇	0870-8662000
600887	伊利股份	内蒙古伊利实业集团股份有限公司	C0	潘　刚	内蒙古呼和浩特市金川开发区金四路 8 号	0471-3350092
600888	新疆众和	新疆众和股份有限公司	C6	刘　杰	新疆维吾尔自治区乌鲁木齐市喀什东路 18 号	0991-6689856
600889	南京化纤	南京化纤股份有限公司	C4	沈光宇	南京市六合瓜埠镇大庙村	025-84208005
600890	ST 中房	中房置业股份有限公司	J	岳慧欣	北京市海淀区苏州街 18 号院长远天地大厦 C 座 2 层	010-82618898
600891	秋林集团	哈尔滨秋林集团股份有限公司	H	蒋贤云	哈尔滨市南岗区东大直街 319 号	0451-58938188
600892	*ST 宝诚	宝诚投资股份有限公司	C7	姚建辉	北京市西城区阜外大街 7 号国投大厦 1107 室	010-68096096
600893	航空动力	西安航空动力股份有限公司	C7	蔡　毅	陕西省西安市未央区徐家湾	029-86152115
600894	广钢股份	广州钢铁股份有限公司	C6	张若生	广州市荔湾区芳村白鹤洞	020-81891212-3122
600895	张江高科	上海张江高科技园区开发股份有限公司	M	刘小龙	上海浦东张东路 1388 号张江高科 A、B 座	021-50800018
600896	中海海盛	中海(海南)海盛船务股份有限公司	F	王大雄	海南省海口市龙昆北路 2 号珠江广场帝豪大厦 25 层	0898-68583985
600097	开创国际	上海开创国际海洋资源股份有限公司	A	汤期庆	上海市杨浦区共青路 448 号	021-65686875
600897	厦门空港	厦门国际航空港股份有限公司	F	蔡明理	厦门高崎国际机场 3#候机楼西侧	0592-5706005
600898	三联商社	三联商社股份有限公司	H	王俊洲	济南市历下区趵突泉北路 12 号 5 层	010-59288705
600900	长江电力	中国长江电力股份有限公司	D	曹广晶	北京市西城区金融大街 19 号富凯大厦 B 座	010-58688891
600960	渤海活塞	山东滨州渤海活塞股份有限公司	C7	林风华	山东省滨州市渤海二十一路 569 号	0543-3288868
600961	株冶集团	株洲冶炼集团股份有限公司	C6	傅少武	湖南省株洲市石峰区清水塘(来信来件请寄往该处)	0731-28392172
600962	国投中鲁	国投中鲁果汁股份有限公司	A	郝　建	北京市西城区阜成门外大街 2 号万通新世界广场 B 座 21 层	010-88009005
600963	岳阳林纸	岳阳林纸股份有限公司	C3	童来明	湖南省岳阳市城陵矶洪家洲	0730-8590330
600965	福成五丰	河北福成五丰食品股份有限公司	A	李福成	河北省三河市燕郊经济技术开发区	010-61595607
600966	博汇纸业	山东博汇纸业股份有限公司	C3	杨振兴	山东省桓台县马桥镇工业路北首	0533-8539966
600967	北方创业	包头北方创业股份有限公司	C7	李金泉	包头市二号信箱北方创业股份有限公司	0472-3117903
600098	广州控股	广州发展实业控股集团股份有限公司	D	杨丹地	广州市珠江新城临江大道 3 号发展中心 28—30 楼	020-37850968
600969	郴电国际	湖南郴电国际发展股份有限公司	D	付　国	湖南省郴州市青年大道民生路口万国大厦十五楼 1511 室	0735-2339232
600970	中材国际	中国中材国际工程股份有限公司	E	王　伟	北京市朝阳区望京北路 16 号	010-64399527
600971	恒源煤电	安徽恒源煤电股份有限公司	B	龚乃勤	安徽省宿州市西昌路 157 号	0557-3981268
600973	宝胜股份	宝胜科技创新股份有限公司	C7	孙振华	江苏省宝应县安宜镇苏中路 1 号	0514-88248877
600975	新五丰	湖南新五丰股份有限公司	A	邱　卫	长沙市芙蓉区五一西路二号第一大道十九、二十楼	0731-84449593
600976	武汉健民	武汉健民药业集团股份有限公司	C8	汪　诚	武汉市汉阳区鹦鹉大道 484 号	027-85355032

续表 18 Continued 18

代码 Code	股票简称 Abbreviation	公司全称 Companies	行业代码 Industries Code	董事长 Board Chairman	地址 Address	电话 Telephone Number
600978	宜华木业	广东省宜华木业股份有限公司	C2	刘绍喜	广东省汕头市澄海区莲下槐东工业区	0754-85100989
600979	广安爱众	四川广安爱众股份有限公司	D	罗庆红	四川省广安市广安区渠江北路86号	0826-2983059
600980	北矿磁材	北矿磁材科技股份有限公司	C5	蒋开喜	北京市丰台区南四环西路188号六区5号楼	010-67537184
600981	江苏开元	江苏开元股份有限公司	H	蒋金华	南京市户部街15号	025-86648112
600099	林海股份	林海股份有限公司	C7	孙 峰	江苏省泰州市迎春西路199号	0523-86551888
600982	宁波热电	宁波热电股份有限公司	D	王凌云	宁波经济技术开发区大港工业城风洋一路66号	0574-86897102
600983	合肥三洋	合肥荣事达三洋电器股份有限公司	C7	金友华	合肥高新技术产业开发区北区L-2号	0551-5310502
600984	ST 建机	陕西建设机械股份有限公司	C7	杨宏军	西安市金花北路418号	029-82592297
600985	雷鸣科化	安徽雷鸣科化股份有限公司	C4	张海龙	安徽省淮北市东山路	0561-4948135
600986	科达股份	科达集团股份有限公司	E	刘锋杰	山东省东营市府前大街276号	0546-8301806
600987	航民股份	浙江航民股份有限公司	C1	朱重庆	浙江省杭州市萧山区瓜沥镇航民村	0571-82575698
600988	ST 宝龙	广东东方兄弟投资股份有限公司	C7	郑勇康	广州增城市新塘镇宝龙路1号	020-82708598
600990	四创电子	安徽四创电子股份有限公司	G	吴曼青	安徽省合肥市高新技术产业开发区香樟大道199号	0551-5391323
600991	广汽长丰	广汽长丰汽车股份有限公司	C7	张房有	湖南省长沙经济技术开发区漓湘路中路15号	0731-82881922
600992	贵绳股份	贵州钢绳股份有限公司	C6	赵 跃	贵州省遵义市桃溪路47号	0852-8419247
600010	包钢股份	内蒙古包钢钢联股份有限公司	C6	周秉利	内蒙古包头市昆区包钢信息大楼东副楼	0472-2189515
600100	同方股份	同方股份有限公司	G	荣泳霖	北京市海淀区五道口清华同方科技广场	010-82399888
600993	马应龙	马应龙药业集团股份有限公司	C8	陈 平	湖北省武汉市武昌南湖周家湾100号	027-87389583
600995	文山电力	云南文山电力股份有限公司	D	杨 斌	云南省昆明市东风东路48号金泰大厦19楼	0871-3193778
600997	开滦股份	开滦能源化工股份有限公司	B	裴 华	河北省唐山市新华东道70号东楼	0315-3026757
600998	九州通	九州通医药集团股份有限公司	H	刘宝林	湖北省武汉市汉阳区龙阳大道特8号	010-60210999
600999	招商证券	招商证券股份有限公司	I	宫少林	深圳市福田区益田路江苏大厦A座38—45层	0755-82943666
601000	唐山港	唐山港集团股份有限公司	F	孙文仲	河北唐山海港经济开发区唐山港大厦	0315-2916888
601001	大同煤业	大同煤业股份有限公司	B	吴永平	山西省大同市矿区新平旺	0352-7018978
601002	晋亿实业	晋亿实业股份有限公司	C7	蔡永龙	浙江省嘉善经济开发区晋亿大道8号	0573-4185001
601003	柳钢股份	柳州钢铁股份有限公司	C6	施沛润	广西柳州市北雀路117号	0772-2595996
601005	重庆钢铁	重庆钢铁股份有限公司	C6	董 林	重庆市大渡口区钢铁路30号	023-68845030
600101	明星电力	四川明星电力股份有限公司	D	尹友中	四川省遂宁市明月路88号	0825-2210076
601006	大秦铁路	大秦铁路股份有限公司	F	杨绍清	山西省大同市站北街14号	0352-7121395
601007	金陵饭店	金陵饭店股份有限公司	K	李建伟	南京市汉中路2号	025-84711888-4139
601008	连云港	江苏连云港港口股份有限公司	F	李春宏	江苏省连云港市连云区中华路18号鑫港花园5号楼鑫港大厦22层	0518-82389269
601009	南京银行	南京银行股份有限公司	I	林 复	南京市白下区淮海路50号	025-84551006
601010	文峰股份	文峰大世界连锁发展股份有限公司	H	徐长江	江苏省南通市青年东路1号	0513-85505666-8968
601011	宝泰隆	七台河宝泰隆煤化工股份有限公司	C4	焦 云	黑龙江省七台河市新兴区宝泰隆路1号	0464-2924686-8097
601018	宁波港	宁波港股份有限公司	F	李令红	宁波市北仑区明州路301号宁波港大厦	0574-27686151
601028	玉龙股份	江苏玉龙钢管股份有限公司	C6	唐永清	江苏省无锡市惠山区玉祁镇玉龙路15号	0510-83882982
601058	赛轮股份	赛轮股份有限公司	C4	杜玉岱	青岛经济技术开发区江山中路西侧(高新技术工业园)	0532-86916215
601088	中国神华	中国神华能源股份有限公司	B	张喜武	中国北京市东城区安定门西滨河路22号	010-58133348
600102	莱钢股份	莱芜钢铁股份有限公司	C6	陈启祥	山东省莱芜市钢城区	0634-6820011
601098	中南传媒	中南出版传媒集团股份有限公司	L	龚曙光	湖南省长沙市营盘东路38号	0731-84302628
601099	太平洋	太平洋证券股份有限公司	I	王 超	云南省昆明市青年路389号志远大厦18层	010-88320908
601100	恒立油缸	江苏恒立高压油缸股份有限公司	C7	汪立平	常州市武进高新区龙潜路99号	0519-81689797
601101	昊华能源	北京昊华能源股份有限公司	B	耿养谋	北京市门头沟区新桥南大街2号	010-69839412

续表 19　Continued 19

代码 Code	股票简称 Abbreviation	公司全称 Companies	行业代码 Industries Code	董事长 Board Chairman	地址 Address	电话 Telephone Number
601106	中国一重	中国第一重型机械股份公司	C7	吴生富	黑龙江省齐齐哈尔市富拉尔基区铁西厂前路 9 号	0452－6810123
601107	四川成渝	四川成渝高速公路股份有限公司	F	唐　勇	四川省成都市武侯祠大街 252 号	028－85527504
601111	中国国航	中国国际航空股份有限公司	F	孔　栋	中国北京市顺义区天竺经济开发区天柱路 30 号	010－61461959
601113	华鼎锦纶	义乌华鼎锦纶股份有限公司	C1	丁尔民	义乌市北园工业区雪峰西路 751 号	0579－85261479
601116	三江购物	三江购物俱乐部股份有限公司	H	陈念慈	宁波市海曙区孝闻街 29 弄 1 号	0574－83886810
601117	中国化学	中国化学工程股份有限公司	K	金克宁	北京市东直门内大街 2 号	010－59765656
600103	青山纸业	福建省青山纸业股份有限公司	C3	刘天金	福建省福州市鼓楼区五一北路 171 号新都会花园广场 16 层	0591－83367773
601118	海南橡胶	海南天然橡胶产业集团股份有限公司	A	王一新	海口市海垦路 13 号绿海大厦	0898－31669317
601126	四方股份	北京四方继保自动化股份有限公司	C7	王绪昭	北京市海淀区上地四街九号	010－62961515
601137	博威合金	宁波博威合金材料股份有限公司	C6	谢识才	浙江省宁波市鄞州区云龙镇太平桥	0574－83004712
601139	深圳燃气	深圳市燃气集团股份有限公司	D	包德元	深圳市深南大道 6021 号喜年中心 B 座 101	0755－83458639
601158	重庆水务	重庆水务集团股份有限公司	D	武秀峰	重庆市渝中区龙家湾 1 号	023－63860827
601166	兴业银行	兴业银行股份有限公司	I	高建平	福州市湖东路 154 号	0591－87838598
601168	西部矿业	西部矿业股份有限公司	B	汪海涛	青海省西宁市五四大街 52 号	0971－6108188
601169	北京银行	北京银行股份有限公司	I	闫冰竹	北京市西城区金融大街甲 17 号首层	010－66223811
601177	杭齿前进	杭州前进齿轮箱集团股份有限公司	C7	茅建荣	浙江省杭州市萧山区萧金路 45 号	0571－83802049
601179	中国西电	中国西电电气股份有限公司	D	张雅林	中国陕西省西安市高新区唐兴路 7 号 A 座	029－88832004
600104	上海汽车	上海汽车集团股份有限公司	C7	胡茂元	上海市静安区威海路 489 号上海汽车大厦	021－22011290
601186	中国铁建	中国铁建股份有限公司	E	李国瑞	北京市海淀区复兴路四十号东院	010－52688180
601188	龙江交通	黑龙江交通发展股份有限公司	F	孙熠嵩	黑龙江省哈尔滨市南岗区轩辕东路 1 号怡东大厦 3 层	0451－51688198
601199	江南水务	江苏江南水务股份有限公司	D	张亚军	江苏省江阴市长江路 141 号	0510－86276771
601208	东材科技	四川东材科技集团股份有限公司	C4	于少波	绵阳市东兴路 6 号	0816－2289750
601216	内蒙君正	内蒙古君正能源化工股份有限公司	C4	杜江涛	内蒙古自治区乌海市乌达区高载能工业园区	0473－6989106
601218	吉鑫科技	江苏吉鑫风能科技股份有限公司	C7	包士金	江阴市云亭镇工业园区那巷路 8 号	0510－86157378
601222	林洋电子	江苏林洋电子股份有限公司	C7	陆永华	江苏省启东经济技术开发区林洋路 666 号	0513－83356525
601233	桐昆股份	桐昆集团股份有限公司	C1	陈士良	浙江省桐乡市经济开发区光明路 199 号	0573－88187878
601258	庞大集团	庞大汽贸集团股份有限公司	H	庞庆华	北京市经济技术开发区荣华南路 16 号中冀斯巴鲁大厦 C 座	010－59767095
601268	二重重装	二重集团(德阳)重型装备股份有限公司	C7	孙德润	四川省德阳市珠江西路 460 号	0838－2342903
600105	永鼎股份	江苏永鼎股份有限公司	G	莫林弟	江苏省吴江市芦墟镇汾湖经济技术开发区	0512－63272395
601288	农业银行	中国农业银行股份有限公司	I	项俊波	中国北京市东城区建国门内大街 69 号	010－85109619
601299	中国北车	中国北车股份有限公司	C7	崔殿国	北京市丰台区芳城园一区 15 楼	010－51897398
601311	骆驼股份	骆驼集团股份有限公司	C7	刘国本	湖北省谷城县石花镇武当路 83 号	0710－3340127
601318	中国平安	中国平安保险(集团)股份有限公司	I	马明哲	深圳市福田中心区福华三路星河中心大厦 16 楼	0755－22623323
601328	交通银行	交通银行股份有限公司	I	胡怀邦	上海浦东新区银城中路 188 号	021－58400270
601333	广深铁路	广深铁路股份有限公司	F	徐啸明	广东省深圳市和平路 1052 号	0755－25587920
601336	新华保险	新华人寿保险股份有限公司	I	康　典	北京市朝阳区建国门外大街甲 12 号	010－85213233
601369	陕鼓动力	西安陕鼓动力股份有限公司	C7	印建安	同上	029－81871035
601377	兴业证券	兴业证券股份有限公司	I	兰　荣	福州市湖东路 268 号	0591－38281888
601390	中国中铁	中国中铁股份有限公司	E	李长进	北京市海淀区复兴路 69 号中国中铁广场	010－51843037
600106	重庆路桥	重庆路桥股份有限公司	F	江　津	重庆南坪经济技术开发区丹龙路 11 号	023－62803729
601398	工商银行	中国工商银行股份有限公司	I	姜建清	北京市西城区复兴门内大街 55 号	8610－6610－7151
601518	吉林高速	吉林高速公路股份有限公司	F	张　跃	吉林省长春市经开区浦东路 4488 号	0431－84687588
601519	大智慧	上海大智慧股份有限公司	G	张长虹	上海市浦东新区峨山路 91 弄 20 号陆家嘴软件园 9 号楼南塔 9 楼	021－20219261

续表 20 Continued 20

代码 Code	股票简称 Abbreviation	公司全称 Companies	行业代码 Industries Code	董事长 Board Chairman	地址 Address	电话 Telephone Number
601555	东吴证券	东吴证券股份有限公司	I	吴永敏	苏州工业园区翠园路 181 号	0512-62601555
601558	华锐风电	华锐风电科技(集团)股份有限公司	C7	韩俊良	北京市海淀区中关村大街 59 号文化大厦	010-62515566
601566	九牧王	九牧王股份有限公司	C1	林聪颖	厦门市思明区龙昌路 12 号	0592-2955789
601567	三星电气	宁波三星电气股份有限公司	C7	郑坚江	浙江省宁波市鄞州工业区(宁波市鄞州区姜山镇)	0574-88072272
601588	北辰实业	北京北辰实业股份有限公司	J	贺江川	北京朝阳区北辰东路 8 号汇欣大厦 A 座 707	010-64993370
601599	鹿港科技	江苏鹿港科技股份有限公司	C1	钱文龙	江苏省苏州市张家港市塘桥镇鹿苑	0512-58353258
601600	中国铝业	中国铝业股份有限公司	C6	熊维平	北京市海淀区西直门北大街 62 号	010-8229 8103
600107	美尔雅	湖北美尔雅股份有限公司	C1	杨闻孙	湖北省黄石市团城山开发区 8 号小区美尔雅工业园	0714-6360299
601601	中国太保	中国太平洋保险(集团)股份有限公司	I	高国富	上海市银城中路 190 号交银金融大厦南楼	021-58776688-3991
601607	上海医药	上海医药集团股份有限公司	C8	吕明方	上海市太仓路 200 号上海医药大厦	021-52586559
601616	广电电气	上海广电电气(集团)股份有限公司	C7	赵淑文	上海市奉贤区南桥镇环城东路 123 弄 1 号	021-67101661
601618	中国中冶	中国冶金科工股份有限公司	E	沈鹤庭	北京市朝阳区曙光西里 28 号中冶大厦	010-59868801
601628	中国人寿	中国人寿保险股份有限公司	I	袁　力	北京市西城区金融大街 16 号中国人寿广场 A 座	010-85659999
601633	长城汽车	长城汽车股份有限公司	C7	魏建军	河北省保定市朝阳南大街 2266 号	0312-2197813
601636	旗滨集团	株洲旗滨集团股份有限公司	C6	俞其兵	福建省漳州市东山县环岛路 8 号旗滨领海国际	0596-5699668
601666	平煤股份	平顶山天安煤业股份有限公司	B	刘银志	河南省平顶山市矿工路 21 号	0375-2726764
601668	中国建筑	中国建筑股份有限公司	E	易　军	北京市海淀区三里河路 15 号	010-88082888
601669	中国水电	中国水利水电建设股份有限公司	E	范集湘	北京市海淀区车公庄西路 22 号	010-58381999
600108	亚盛集团	甘肃亚盛实业(集团)股份有限公司	A	何宗仁	甘肃省兰州市城关区秦安路 105 号亚盛大厦东 11—16 楼	0931-8857037
601677	明泰铝业	河南明泰铝业股份有限公司	C6	马廷义	河南省巩义市回郭镇开发区	0371-67898155
601678	滨化股份	滨化集团股份有限公司	M	张忠正	山东省滨州市黄河五路 560 号	0543-2118571
601688	华泰证券	华泰证券股份有限公司	I	吴万善	江苏省南京市中山东路 90 号华泰证券大厦	025-83290788
601699	潞安环能	山西潞安环保能源开发股份有限公司	B	李晋平	山西省长治市襄垣县侯堡镇	0355-5923838
601700	风范股份	常熟风范电力设备股份有限公司	C7	范建刚	江苏常熟市尚湖镇人民南路 8 号	0512-52122997
601717	郑煤机	郑州煤矿机械集团股份有限公司	C7	焦承尧	郑州市华山路 105 号	18603861673
601718	际华集团	际华集团股份有限公司	M	沙　鸣	北京市丰台区南四环西路 188 号十五区 6 号楼	010-63706018
601727	上海电气	上海电气集团股份有限公司	C7	徐建国	上海市钦江路 212 号	021-52080616
601766	中国南车	中国南车股份有限公司	C7	赵小刚	北京市海淀区西四环中路 16 号	010-51862188
601777	力帆股份	力帆实业(集团)股份有限公司	C7	尹明善	重庆市沙坪坝区上桥张家湾 60 号	023-61663020
600109	国金证券	国金证券股份有限公司	I	冉　云	成都市青羊区东城根上街 95 号 16 楼	021-61038220
601788	光大证券	光大证券股份有限公司	I	徐浩明	上海市静安区新闸路 1508 号	021-22169588
601789	宁波建工	宁波建工股份有限公司	E	徐文卫	宁波市江东区兴宁路 46 号	0574-87066873
601798	蓝科高新	甘肃蓝科石化高新装备股份有限公司	C7	张延丰	甘肃省兰州市安宁区蓝科路 8 号	0931-7639858
601799	星宇股份	常州星宇车灯股份有限公司	C7	周晓萍	江苏省常州市新北区秦岭路 182 号	0519-85156063
601801	皖新传媒	安徽新华传媒股份有限公司	L	倪志敏	安徽省合肥市长江中路 279 号	0551-2669071
601808	中海油服	中海油田服务股份有限公司	B	李　勇	北京市朝阳门北大街 25 号海油大厦	010-84521129
601818	光大银行	中国光大银行股份有限公司	I	唐双宁	北京市西城区太平桥大街 25 号中国光大中心	010-68098061
601857	中国石油	中国石油天然气股份有限公司	B	蒋洁敏	北京东城区东直门北大街 9 号(董事会秘书局 梁刚)	010-59986900
601866	中海集运	中海集装箱运输股份有限公司	F	李绍德	上海市浦东新区福山路 450 号 3 楼	021-65966978
601872	招商轮船	招商局能源运输股份有限公司	F	傅育宁	上海市中山东一路 9 号	0755-26885593
600011	华能国际	华能国际电力股份有限公司	D	曹培玺	北京市西城区复兴门内大街 4 号华能大厦	010-63226990
600110	中科英华	中科英华高技术股份有限公司	C9	陈　远	吉林省长春市高新技术开发区火炬路 286 号	0431-85161088

续表 21 Continued 21

代码 Code	股票简称 Abbreviation	公司全称 Companies	行业代码 Industries Code	董事长 Board Chairman	地址 Address	电话 Telephone Number
601877	正泰电器	浙江正泰电器股份有限公司	C7	南存辉	浙江省乐清市北白象镇正泰工业园区正泰路1号	021-37791001
601880	大连港	大连港股份有限公司	F	孙 宏	辽宁省大连市中山区港湾街1号	0411-82798566
601886	江河幕墙	北京江河幕墙股份有限公司	E	刘载望	北京市顺义区牛汇北五街5号	010-60411166
601888	中国国旅	中国国旅股份有限公司	K	盖志新	北京市东城区东直门外小街甲2号A座8层	010-84479696
601890	亚星锚链	江苏亚星锚链股份有限公司	C7	陶安祥	靖江市东兴镇何德村	0523-84686986
601898	中煤能源	中国中煤能源股份有限公司	B	王 安	北京市朝阳区黄寺大街1号	010-82256618
601899	紫金矿业	紫金矿业集团股份有限公司	B	陈景河	厦门市湖里区泗水道599号海富中心19—22层	0592-2933662
601901	方正证券	方正证券股份有限公司	I	雷 杰	长沙市芙蓉中路二段华侨国际大厦22—24层	0731-85832367
601908	京运通	北京京运通科技股份有限公司	C7	冯焕培	北京市北京经济技术开发区经海四路158号	010-80803016-8080
601918	国投新集	国投新集能源股份有限公司	B	张长友	安徽省淮南市洞山中路12号	0551-2231858
600111	包钢稀土	内蒙古包钢稀土(集团)高科技股份有限公司	C6	周秉利	内蒙古包头市稀土高新技术产业开发区黄河路83号	0472-2207525
601919	中国远洋	中国远洋控股股份有限公司	F	魏家福	天津市天津港保税区通达广场1号3层	010-66492259
601928	凤凰传媒	江苏凤凰出版传媒股份有限公司	L	陈海燕	江苏省南京市仙新路98号	025-51883301
601933	永辉超市	永辉超市股份有限公司	H	张轩松	福建省福州市鼓楼区西二环中路436号	0591-83762200
601939	建设银行	中国建设银行股份有限公司	I	郭树清	北京市西城区金融大街25号	010-6759 8523
601958	金钼股份	金堆城钼业股份有限公司	B	张继祥	陕西省西安市高新技术产业开发区锦业一路88号金钼股份综合楼A座	0298-88320076
601988	中国银行	中国银行股份有限公司	I	肖 钢	北京市复兴门内大街1号	010-66592581
601989	中国重工	中国船舶重工股份有限公司	C7	李长印	北京市海淀区昆明湖南路72号	010-88475267
601991	大唐发电	大唐国际发电股份有限公司	D	翟若愚	北京市西城区广宁伯街9号	010-88008996
601992	金隅股份	北京金隅股份有限公司	C6	蒋卫平	北京市东城区北三环东路36号环球贸易中心D座	010-59575877
601996	丰林集团	广西丰林木业集团股份有限公司	C2	刘一川	广西南宁市白沙大道22号	0771-4016666-8616
600112	长征电气	贵州长征电气股份有限公司	C7	李 勇	贵州省遵义市上海路100号	0852-8622952
601998	中信银行	中信银行股份有限公司	I	孔 丹	北京市东城区朝阳门北大街8号富华大厦C座	010-65543981
601999	出版传媒	北方联合出版传媒(集团)股份有限公司	L	李家巍	辽宁省沈阳市和平区十一纬路29号	024-23284236
900929	锦旅B股	上海锦江国际旅游股份有限公司	K	宋超麒	上海市延安东路100号联谊大厦27楼	021-63299090
900935	阳晨B股	上海阳晨投资股份有限公司	K	徐 菲	上海市徐家汇路555号10楼C座	021-63901001
900939	ST汇丽B	上海汇丽建材股份有限公司	E	金永良	上海市南汇区康桥工业区康桥东路299号	021-58138717
900948	伊泰B股	内蒙古伊泰煤炭股份有限公司	B	张东海	内蒙古鄂尔多斯市东胜区天骄北路伊泰大厦	0477-8565735
900949	东电B股	浙江东南发电股份有限公司	D	毛剑宏	杭州市天目山路152号浙能大厦	0571-85774569
900950	新城B股	江苏新城地产股份有限公司	J	王振华	上海市中山北路3000号长城大厦22楼	021-32522906
900951	*ST大化B	大化集团大连化工股份有限公司	C4	刘平芹	大连市甘井子区工兴路10号	0411-86893436
900953	凯马B	恒天凯马股份有限公司	C7	傅伟民	上海市中山北路1958号华源世界广场15楼	021-52046619
600113	浙江东日	浙江东日股份有限公司	H	郑念鸿	浙江省温州市矮凳桥92号	0577-88852188
900956	东贝B股	黄石东贝电器股份有限公司	C7	杨百昌	湖北省黄石市铁山区武黄路5号	0714-5415858
900957	凌云B股	上海凌云实业发展股份有限公司	E	于爱新	上海浦东新区源深路1088号葛洲坝大厦12楼1201室	021-68400880
600114	东睦股份	东睦新材料集团股份有限公司	C6	芦德宝	宁波市鄞州工业园区(姜山)景江路8号	0574-87840906
600115	东方航空	中国东方航空股份有限公司	F	刘绍勇	上海市虹桥路2550号	021-22330920
600116	三峡水利	重庆三峡水利电力(集团)股份有限公司	D	叶建桥	重庆市渝中区邹容路68号大都会商厦3611室	023-63801161
600117	西宁特钢	西宁特殊钢股份有限公司	C6	杨 忠	青海省西宁市柴达木西路52号	0971-5299089
600118	中国卫星	中国东方红卫星股份有限公司	G	袁家军	北京市海淀区中关村南大街31号神舟大厦12层	010-68197793
600119	长江投资	长发集团长江投资实业股份有限公司	M	居 亮	上海闵行区光华路888号	021-68407009

数据来源：上海证券交易所
Source：Shanghai Stock Exchange

5-28 深圳证券交易所上市公司名录
Listed Companies in Shenzhen Stock Exchange

代码 Code	股票简称 Abbreviation	公司全称 Companies	行业代码 Industries Code	董事长 Board Chairman	地址 Address	电话 Telephone Number
000001	深发展A	深圳发展银行股份有限公司	I01	肖遂宁	广东省深圳市深南中路5047号深圳发展银行大厦	0755-22168622
000002	万科A	万科企业股份有限公司	J01	王石	深圳市盐田区大梅沙环梅路33号万科中心	0755-22198295
000004	国农科技	深圳中国农大科技股份有限公司	C8105	江玉明	广东省深圳市福田区商报路奥林匹克大厦6层D-E室	0755-83521694
000005	世纪星源	深圳世纪星源股份有限公司	M	丁芃	广东省深圳市人民南路发展中心大厦13楼	0755-82208888-40
000006	深振业A	深圳市振业(集团)股份有限公司	J01	李永明	广东省深圳市罗湖区宝安南路2014号振业大厦B座11—17层	0755-25863061
000007	ST零七	深圳市零七股份有限公司	K32	练卫飞	广东省深圳市福田区华强北路现代之窗大厦A座26楼	0755-83280053
000008	ST宝利来	广东宝利来投资股份有限公司	H0101	周瑞堂	广东省深圳市南山区内环路5号锦兴工业小区管理楼二楼	0755-26433480
000009	中国宝安	中国宝安集团股份有限公司	M	陈政立	广东省深圳市笋岗东路宝安广场A座28—29层	0755-25170296
000010	S ST华新	北京深华新股份有限公司	C7310	杜小莉	广东省深圳市福田区振兴路华美大厦西座五楼530室	0755-83320687
000011	深物业A	深圳市物业发展(集团)股份有限公司	J01	陈玉刚	广东省深圳市人民南路国贸大厦39、42层	0755-82210505
000012	南玻A	中国南玻集团股份有限公司	C61	曾南	广东省深圳市蛇口工业区工业六路一号南玻大厦	0755-26860498
000014	沙河股份	沙河实业股份有限公司	J01	杨建达	广东省深圳市沙河白石洲沙河商城七楼	0755-86091298
000016	深康佳A	康佳集团股份有限公司	C55	侯松容	广东省深圳市南山区华侨城	0755-26601139
000017	*ST中华A	深圳中华自行车(集团)股份有限公司	C75	罗桂友	广东省深圳市龙华油松工业区中华工业园	0755-28181569
000018	ST中冠A	深圳中冠纺织印染股份有限公司	C11	胡永峰	广东省深圳市福田区深南中路2008号华联大厦1308室	0755-83667895
000019	深深宝A	深圳市深宝实业股份有限公司	C05	郑煜曦	广东省深圳市罗湖区笋岗路1002号宝安广场BC座28楼	0755-82027522
000020	深华发A	深圳中恒华发股份有限公司	C51	李中秋	广东省深圳市福田区华发北路411栋东座六层	0755-83352206
000021	长城开发	深圳长城开发科技股份有限公司	G83	谭文鋕	广东省深圳市福田区彩田路7006号	0755-83205285
000022	深赤湾A	深圳赤湾港航股份有限公司	F11	郑少平	广东省深圳市南山区赤湾石油大厦13楼	0755-26694222-851
000023	深天地A	深圳市天地(集团)股份有限公司	E01	杨国富	广东省深圳市南山区高新技术产业园(北区)朗山路东物商业大楼10楼	0755-86154212
000024	招商地产	招商局地产控股股份有限公司	J01	林少斌	广东省深圳市南山区蛇口兴华路六号南海意库三号楼	0755-26819616
000025	特力A	深圳市特力(集团)股份有限公司	H0335	张瑞理	广东省深圳市福田区深南中路中核大厦十五楼	0755-83980339
000026	飞亚达A	飞亚达(集团)股份有限公司	H1199	吴光权	广东省深圳市南山区高新南一道飞亚达科技大厦20楼	0755-86013669
000027	深圳能源	深圳能源集团股份有限公司	D01	高自民	广东省深圳市区福田区深南中路2068号华能大厦5,33,35—36,38—41层	0755-83774911
000028	一致药业	深圳一致药业股份有限公司	H0160	魏玉林	广东省深圳市福田区八卦四路15号一致药业大厦	0755-25875195
000029	深深房A	深圳经济特区房地产(集团)股份有限公司	J01	周建国	广东省深圳市人民南路深房广场46—48楼	0755-82289517
000030	*ST盛润	广东盛润集团股份有限公司	C99	王建宇	广东省深圳市福田区泰然大道劲松大厦5D	0755-83875531
000031	中粮地产	中粮地产(集团)股份有限公司	J01	周政	深圳市福田区福华一路1号大中华国际交易广场35层	0755-27754517
000032	深桑达A	深圳市桑达实业股份有限公司	C57	张永平	广东省深圳市南山区科技园科技路1号桑达科技大厦15—17层	0755-86316169
000033	新都酒店	深圳新都酒店股份有限公司	K32	李聚全	广东省深圳市春风路1号新都酒店3楼	0755-82326536
000034	深信泰丰	深圳市深信泰丰(集团)股份有限公司	M	晏群	广东省深圳市宝安区宝城23区大宝路风采轩深信泰丰商务楼	0755-27596453
000035	*ST科健	中国科健股份有限公司	G81	洪和良	广东省深圳市南山区蛇口南海大道1065号南山大厦南座700A	0755-26692595-8585
000036	华联控股	华联控股股份有限公司	J01	董炳根	广东省深圳市深南中路2008号华联大厦1103室	0755-83667450
000037	深南电A	深圳南山热电股份有限公司	D01	杨海贤	广东省深圳市南山区华侨城汉唐大厦16、17楼	0755-26003683
000038	*ST大通	深圳大通实业股份有限公司	J01	许亚楠	广东省深圳市福田区都市阳光名苑1栋6B	0755-26921699

续表 1　Continued 1

代码 Code	股票简称 Abbreviation	公司全称 Companies	行业代码 Industries Code	董事长 Board Chairman	地址 Address	电话 Telephone Number
000039	中集集团	中国国际海运集装箱(集团)股份有限公司	C69	李建红	广东省深圳市蛇口工业区港湾大道 2 号中集集团研发中心	0755－26802706
000040	宝安地产	宝安鸿基地产集团股份有限公司	J01	陈泰泉	广东省深圳市罗湖区东门中路 1011 号鸿基大厦 25—27 楼	0755－82367726
000042	深 长 城	深圳市长城投资控股股份有限公司	J01	朱新宏	广东省深圳市福田区百花五路长源楼	0755－88393669
000043	中航地产	中航地产股份有限公司	J01	仇慎谦	广东省深圳市福田区振华路 163 号飞亚达大厦六楼	0755－83244353
000045	深纺织 A	深圳市纺织(集团)股份有限公司	C11	王　滨	广东省深圳市福田区华强北路 3 号深纺大厦 6 楼	0755－83776043
000046	泛海建设	泛海建设集团股份有限公司	J01	卢志强	北京市朝阳区建国门外大街 22 号赛特大厦十五层	0755－82985859
000048	ST 康达尔	深圳市康达尔(集团)股份有限公司	C01	罗爱华	广东省深圳市罗湖区深南东路 1086 号集浩大厦二、三楼	0755－25425020－359
000049	德赛电池	深圳市德赛电池科技股份有限公司	C76	刘　其	深圳市南山区高新科技园南区高新南一道德赛科技大厦 26 楼	0755－86022882
000050	深天马 A	天马微电子股份有限公司	C51	吴光权	广东省深圳市南山区马家龙工业城 64 栋	0755－26094882
000053	深基地 B	深圳赤湾石油基地股份有限公司	B50	范肇平	广东省深圳市南山区赤湾石油大厦 14 楼	0755－26694211－2610
000054	建 摩 B	重庆建设摩托车股份有限公司	C75	李华光	重庆市巴南区花溪工业园建设大道 1 号	023－66295333
000055	方大集团	方大集团股份有限公司	C69	熊建明	广东省深圳市南山区西丽龙井方大城科技大厦	0755－26788571－6622
000056	深 国 商	深圳市国际企业股份有限公司	H11	郑康豪	深圳市福田区金田路 2028 号皇岗商务中心 6 楼	0755－82285565
000058	深 赛 格	深圳赛格股份有限公司	C51	王　立	广东省深圳市福田区华强北路群星广场 A 座 31 层	0755－83748753
000059	辽通化工	辽宁华锦通达化工股份有限公司	C43	刘云文	辽宁省盘锦市双台子区红旗大街	0427－5855742
000060	中金岭南	深圳市中金岭南有色金属股份有限公司	C67	李进明	广东省深圳市福田区车公庙深南大厦 6013 号中国有色大厦 24 楼	0755－82839363
000061	农 产 品	深圳市农产品股份有限公司	H01	陈少群	深圳市福田区深南大道 7028 号时代科技大厦 13 楼	0755－82589021
000062	深圳华强	深圳华强实业股份有限公司	M	胡新安	广东省深圳市深南中路华强路口	0755－83030181
000063	中兴通讯	中兴通讯股份有限公司	G81	侯为贵	广东省深圳市南山区高新技术产业园科技南路中兴通讯大厦	0755－26770655
000065	北方国际	北方国际合作股份有限公司	E01	胡发荣	北京市广安门内大街 338 号港中旅大厦 11 层	010－83916913
000066	长城电脑	中国长城计算机深圳股份有限公司	G83	杜和平	广东省深圳市南山区科技工业园长城计算机大厦	0755－26634759
000068	ST 三星	深圳赛格三星股份有限公司	C51	胡建平	广东省深圳市大工业区兰竹东路 23 号	0755－28339057
000069	华侨城 A	深圳华侨城股份有限公司	K34	任克雷	广东省深圳市南山区华侨城办公大楼	0755－26606906
000070	特发信息	深圳市特发信息股份有限公司	G8101	王　宝	广东省深圳市南山区科技工业园科丰路 2 号通讯大厦	0755－26506649
000078	海王生物	深圳市海王生物工程股份有限公司	C81	张思民	广东省深圳市南山区郎山二路北海王技术中心科研大楼 1 栋	0755－26983386
000088	盐 田 港	深圳市盐田港股份有限公司	F11	李　冰	广东省深圳市盐田区盐田港海港大厦 18—19 层	0755－25290180
000089	深圳机场	深圳市机场股份有限公司	F11	汪　洋	广东省深圳市宝安国际机场机场路机场信息大楼	0755－23456168
000090	深 天 健	深圳市天健(集团)股份有限公司	E	辛　杰	广东省深圳市福田区红荔西路 7058 号市政大厦	0755－83928130
000096	广聚能源	深圳市广聚能源股份有限公司	H03	王建彬	广东省深圳市南山区海德三道天利中央商务广场 22 楼	0755－86221615
000099	中信海直	中信海洋直升机股份有限公司	F09	毕　为	广东省深圳市南山区南海大道 21 号深圳直升机场	0755－26971630
000100	TCL 集团	TCL 集团股份有限公司	C55	李东生	广东省惠州市鹅岭南路 6 号 TCL 工业大厦九楼	0755－33313801
000150	宜华地产	宜华地产股份有限公司	J	刘绍生	广东省汕头市澄海区文冠路口右侧宜都花园	0754－85899788
000151	中成股份	中成进出口股份有限公司	H21	邹宝中	北京市南四环西路 188 号二区 8 号楼	010－83676100
000152	山 航 B	山东航空股份有限公司	F09	张幸福	山东省济南市历下区二环东路 5746 号山东航空大厦 19F	0531－85698678
000153	丰原药业	安徽丰原药业股份有限公司	C81	徐桦木	安徽省合肥市包河工业区纬四路 16 号	0551－4846153
000155	川化股份	川化股份有限公司	C43	陈晓军	四川省成都市青白江区大弯镇团结路 311 号	028－89301891
000156	* ST 嘉瑞	湖南嘉瑞新材料集团股份有限公司	C6930	万　巍	湖南省长沙市雨花区人民中路 238 号上城星座大厦 2506 房	0731－84315151
000157	中联重科	中联重科股份有限公司	C71	詹纯新	湖南省长沙市银盆南路 361 号	0731－88923909
000158	常山股份	石家庄常山纺织股份有限公司	C11	汤彰明	河北省石家庄市和平东路 183 号	0311－86673856

续表 2 Continued 2

代码 Code	股票简称 Abbreviation	公司全称 Companies	行业代码 Industries Code	董事长 Board Chairman	地址 Address	电话 Telephone Number
000159	国际实业	新疆国际实业股份有限公司	C4115	丁治平	新疆维吾尔自治区乌鲁木齐市黄河路1号招商银行大厦11楼	0991-5854232
000160	ST大路B	承德大路股份有限公司	C11	阎启忠	河北省承德市承德县下板城镇帝贤大厦	0314-3115049
000168	ST雷伊B	广东雷伊(集团)股份有限公司	C13	陈鸿成	深圳市福田区福华三路深圳国际商会中心40楼4005室	0755-82231226
000301	东方市场	江苏吴江中国东方丝绸市场股份有限公司	M	计高雄	江苏省吴江市盛泽镇市场路丝绸股份大厦	0512-63573480
000338	潍柴动力	潍柴动力股份有限公司	C75	谭旭光	山东省潍坊市民生东街26号	0536-8197069
000400	许继电气	许继电气股份有限公司	C76	李富生	河南省许昌市许继大道1298号	0374-3212348
000401	冀东水泥	唐山冀东水泥股份有限公司	C61	张增光	河北省唐山市丰润区林荫路	0315-3083347
000402	金融街	金融街控股股份有限公司	J01	刘世春	北京市西城区金融大街丙17号北京银行大厦11层	010-66575356
000403	S*ST生化	振兴生化股份有限公司	C8101	史跃武	山西省太原市长治路227号高新国际大厦16层	0351-7038636
000404	华意压缩	华意压缩机股份有限公司	C73	刘体斌	景德镇市高新区长虹大道1号	0798-8470237
000407	胜利股份	山东胜利股份有限公司	C49	王　鹏	山东省济南市高新区天辰大街2238号胜利生物工程园	0531-86930581
000408	ST金谷源	金谷源控股股份有限公司	C61	路　联	河北省邯郸市峰峰矿区彭东街9号	010-62021686
000409	*ST泰复	泰复实业股份有限公司	C73	何宏满	安徽省蚌埠市治淮路587号	0552-3833409
000410	沈阳机床	沈阳机床股份有限公司	C71	关锡友	辽宁省沈阳市经济技术开发区开发大路17甲1号	024-25190865
000411	英特集团	浙江英特集团股份有限公司	H0160	王引平	杭州市滨江区江南大道96号·中化大厦(原华龙国际大厦)	0571-85068752
000413	宝石A	石家庄宝石电子玻璃股份有限公司	C51	李兆廷	河北省石家庄市高新技术产业开发区黄河大道9号	0311-86917775
000415	渤海租赁	渤海租赁股份有限公司	K39	高传义	新疆维吾尔自治区乌鲁木齐市南湖南路66号水清木华A栋7楼	0991-5852082
000416	民生投资	民生投资管理股份有限公司	H1130	马志军	青岛市市南区闽江二路2号综合办公楼二楼	0532-80770826
000417	合肥百货	合肥百货大楼集团股份有限公司	H11	郑晓燕	合肥市长江西路689号金座A2413室证券发展部	0551-5771035
000418	小天鹅A	无锡小天鹅股份有限公司	C76	方洪波	江苏省无锡市惠钱路67号	0510-81082280
000419	通程控股	长沙通程控股股份有限公司	H11	周兆达	湖南省长沙市劳动西路589号	0731-85534994
000420	吉林化纤	吉林化纤股份有限公司	C47	王进军	吉林省吉林市九站街516-1号	0432-3502331
000421	南京中北	南京中北(集团)股份有限公司	K01	朱　明	江苏省南京市建邺区应天大街927号	025-86383611
000422	湖北宜化	湖北宜化化工股份有限公司	C43	蒋远华	湖北省宜昌市沿江大道52号	0717-6442268
000423	东阿阿胶	山东东阿阿胶股份有限公司	C81	李福祚	山东省聊城市东阿县阿胶街78号	0635-3264069
000425	徐工机械	徐工集团工程机械股份有限公司	C73	王　民	徐州经济开发区工业一区	0516-87938766
000426	兴业矿业	内蒙古兴业矿业股份有限公司	B07	吉兴业	内蒙古自治区赤峰市松山区西站大街8号	0476-8833387
000428	华天酒店	华天酒店集团股份有限公司	K34	陈纪明	湖南省长沙市解放东路300号本公司贵宾楼五楼	731-84442888-80889
000429	粤高速A	广东省高速公路发展股份有限公司	F11	周余明	广东省广州市白云路85号	020-83731365
000430	ST张家界	张家界旅游集团股份有限公司	K34	李智勇	湖南省长沙市车站北路459号证券大厦604室	0744-8288630
000468	宁通信B	南京普天通信股份有限公司	G81	孙　良	江苏省南京市秦淮区普天路1号	025-52409954
000488	晨鸣纸业	山东晨鸣纸业集团股份有限公司	C31	陈洪国	山东省寿光市圣城街595号	0536-2158011
000498	*ST丹化	丹东化学纤维股份有限公司	C47	王振山	辽宁省丹东市振兴区纤维街58号	0415-6164666
000501	鄂武商A	武汉武商集团股份有限公司	H11	刘江超	湖北省武汉市汉口解放大道690号	027-85714295
000502	绿景控股	绿景控股股份有限公司	J01	余　斌	广东省广州市天河区林和中路8号海航大厦35楼	020-22082956
000503	海虹控股	海虹企业(控股)股份有限公司	M	康　健	海南省海口市滨海大道文华酒店7层	010-64424355
000504	ST传媒	北京赛迪传媒投资股份有限公司	L01	周江军	北京市海淀区紫竹院路66号赛迪大厦17层	010-88559875
000505	ST珠江	海南珠江控股股份有限公司	J01	郑　清	海南省海口市滨海大道珠江广场帝豪大厦29层	0898-68581970
000506	中润投资	山东中润投资控股集团股份有限公司	J01	郑峰文	山东省济南市顺河街176号	0531-81665777
000507	珠海港	珠海港股份有限公司	M	杨润贵	珠海市情侣南路278号	0756-3292216
000509	SST华塑	华塑控股股份有限公司	C49	邢乐成	四川省成都市武科东三路9号6号楼2楼	028-86658666
000510	金路集团	四川金路集团股份有限公司	C43	刘　汉	四川省德阳市岷江西路二段57号金路大厦	0838-2301092

续表 3　Continued 3

代码 Code	股票简称 Abbreviation	公司全称 Companies	行业代码 Industries Code	董事长 Board Chairman	地址 Address	电话 Telephone Number
000511	银基发展	沈阳银基发展股份有限公司	J01	沈志奇	辽宁省沈阳市沈河区青年大街 109 号	024-22903598
000512	闽灿坤 B	厦门灿坤实业股份有限公司	C76	简德荣	福建省漳州龙池开发区灿坤工业园	0596-6268161
000513	丽珠集团	丽珠医药集团股份有限公司	C81	朱保国	广东省珠海市拱北桂花北路 132 号丽珠大厦	0756-8135839
000514	渝 开 发	重庆渝开发股份有限公司	J	粟志光	重庆市南岸区铜元局刘家花园 96 号	023-63856995
000516	开元投资	西安开元投资集团股份有限公司	H11	王爱萍	陕西省西安市解放市场 6 号	0298-7217854
000517	荣安地产	荣安地产股份有限公司	J01	王久芳	浙江省宁波市海曙区尹江路 46 号	0574-87312566
000518	四环生物	江苏四环生物股份有限公司	C85	孙国建	江苏省江阴市滨江开发区定山路 10 号	0510-86408558
000519	江南红箭	湖南江南红箭股份有限公司	C71	齐振伟	湖南省湘潭国家高新技术产业开发区德国工业园莱茵路 1 号	028-83068899
000520	长航凤凰	长航凤凰股份有限公司	F07	刘锡汉	湖北省武汉市汉口民权路 39 号汇江大厦	027-82763901
000521	美菱电器	合肥美菱股份有限公司	C76	刘体斌	安徽省合肥市经济技术开发区莲花路 2163 号	0551-2219005
000522	白云山 A	广州白云山制药股份有限公司	C81	李楚源	广东省广州市白云区同和街云祥路 88 号	020-87063455
000523	广州浪奇	广州市浪奇实业股份有限公司	C43	胡守斌	广东省广州市天河区黄埔大道东 128 号	020-82162933
000524	东方宾馆	广州市东方宾馆股份有限公司	K32	冯　劲	广东省广州市流花路 120 号	020-83753615
000525	红 太 阳	南京红太阳股份有限公司	C43	杨寿海	江苏省南京市汉中路 89 号金鹰国际商城 19 层 C 座	025-84785866
000526	旭飞投资	厦门旭飞投资股份有限公司	M	张　浩	福建省厦门市湖里区东渡路 258 号银龙大厦 16 楼	021-54222877
000527	美的电器	广东美的电器股份有限公司	C76	方洪波	广东省佛山市顺德区美的大道 6 号 美的总部大楼	0757-23604698
000528	柳 工	广西柳工机械股份有限公司	C73	王晓华	广西壮族自治区柳州市柳太路 1 号	0772-3886510
000529	广弘控股	广东广弘控股股份有限公司	C0120	聂周荣	广东省鹤山市人民西路 40 号	020-83603995
000530	大冷股份	大连冷冻机股份有限公司	C71	张　和	辽宁省大连市沙河口区西南路 888 号	0411-86654530
000531	穗恒运 A	广州恒运企业集团股份有限公司	D01	黄中发	广东省广州开发区开发大道 235 号恒运大厦 6-6M 层	020-82208965
000532	力合股份	力合股份有限公司	M	李东义	广东省珠海市唐家大学路 101 号清华科技园创业大楼东六楼	0756-3612810
000533	万 家 乐	广东万家乐股份有限公司	C76	李　智	广东省佛山市顺德大良顺峰山工业区	0757-22321232
000534	万泽股份	广东万泽实业股份有限公司	J01	林伟光	广东省汕头市珠池路 23 号光明大厦 B 幢 8 楼	0754-88857179
000536	华映科技	华映科技(集团)股份有限公司	C5115	唐远生	福建省福州市五一中路 88 号平安大厦 19 层	0591-88022590
000537	广宇发展	天津广宇发展股份有限公司	J01	王志华	天津市南开区南京路 358 号今晚报大厦 24 层	022-27500420
000538	云南白药	云南白药集团股份有限公司	C81	王明辉	云南省昆明市二环西路 222 号	0871-8324116
000539	粤电力 A	广东电力发展股份有限公司	D01	潘　力	广东省广州市天河东路 2 号粤电广场南塔 23—26 楼	020-85138082
000540	中天城投	中天城投集团股份有限公司	M	罗玉平	贵州省贵阳市中华中路 1 号峰会国际大厦	0851-6809072
000541	佛山照明	佛山电器照明股份有限公司	C76	钟信才	广东省佛山市禅城区汾江北路 64 号	0757-82966062
000543	皖能电力	安徽省皖能股份有限公司	D01	张飞飞	安徽省合肥市马鞍山路 76 号能源大厦七至十楼	0551-2225802
000544	中原环保	中原环保股份有限公司	K0199	李建平	郑州市郑东新区 CBD 商务外环路西七街 3 号中华大厦 15A	0371-65376779
000545	*ST 吉药	吉林制药股份有限公司	C81	赵友永	吉林省吉林市长春路 99 号	0432-63398722
000546	光华控股	吉林光华控股集团股份有限公司	J01	许　华	吉林省长春市西安大路 727 号中银大厦 1009 号	0512-67325680
000547	闽福发 A	神州学人集团股份有限公司	G81	章高路	福州市台江区五一南路 67 号	0591-83267504
000548	湖南投资	湖南投资集团股份有限公司	F1101	谭应球	湖南省长沙市芙蓉中路 508 号之三君逸康年大酒店十二楼	0731-2327666
000550	江铃汽车	江铃汽车股份有限公司	C75	王锡高	江西省南昌市迎宾北大道 509 号	0791-5235675
000551	创元科技	创元科技股份有限公司	C71	曹新彤	江苏省苏州市南门东二路 4 号	0512-68241551
000552	靖远煤电	甘肃靖远煤电股份有限公司	B01	梁习明	甘肃省白银市平川区王家山镇	0931-8508220
000553	沙隆达 A	湖北沙隆达股份有限公司	C43	李作荣	湖北省荆州市北京东路 93 号	0716-8208232
000554	泰山石油	中国石化山东泰山石油股份有限公司	H03	冯东青	山东省泰安市东岳大街 104 号	0538-8265105
000555	ST 太 光	深圳市太光电信股份有限公司	G8101	宋　波	广东省深圳市福田区滨河路北与彩田路东联合广场 A 座 3608 室	0755-82910290

续表 4 Continued 4

代码 Code	股票简称 Abbreviation	公司全称 Companies	行业代码 Industries Code	董事长 Board Chairman	地址 Address	电话 Telephone Number
000557	*ST 广夏	广夏(银川)实业股份有限公司	C85	朱关湖	宁夏回族自治区银川市高新技术产业开发区 15 号路东	0951-5054694
000558	莱茵置业	莱茵达置业股份有限公司	J01	高继胜	浙江省杭州市文三路 535 号莱茵达大厦 20 楼	0571-87851738
000559	万向钱潮	万向钱潮股份有限公司	C75	鲁冠球	浙江省杭州市萧山经济技术开发区万向路 1 号	0571-82832999-5108
000560	昆百大 A	昆明百货大楼(集团)股份有限公司	H11	何道峰	云南省昆明市东风西路 99 号	0871-3623414
000561	烽火电子	陕西烽火电子股份有限公司	G8101	李荣家	陕西省宝鸡市清姜路 75 号	0917-3626561
000562	宏源证券	宏源证券股份有限公司	I21	冯 戎	新疆维吾尔自治区乌鲁木齐市文艺路 233 号宏源大厦八楼	010-88085868
000563	陕国投 A	陕西省国际信托股份有限公司	I31	薛季民	陕西省西安市高新区科技路 50 号金桥国际广场 C 座 24—27 层	029-83230252
000564	西安民生	西安民生集团股份有限公司	H11	马永庆	陕西省西安市解放路 103 号	029-87481871
000565	渝三峡 A	重庆三峡油漆股份有限公司	C43	苏中俊	重庆市江津区德感工业园区	023-68824806
000566	海南海药	海南海药股份有限公司	C81	刘悉承	海南省海口市龙昆北路 30 号宏源证券大厦 7 楼	0898-66785861
000567	海德股份	海南海德实业股份有限公司	J01	纪道林	海南省海口市龙昆南路 72 号耀江商厦三层	0898-66978322
000568	泸州老窖	泸州老窖股份有限公司	C05	谢 明	四川省泸州市泸州老窖营销网络指挥中心	0830-2398898
000570	苏常柴 A	常柴股份有限公司	C71	薛国俊	江苏省常州市怀德中路 123 号	0519-86603656-3155
000571	新大洲 A	新大洲控股股份有限公司	C75	赵序宏	上海市长宁区红宝石路 500 号东银中心 B 栋 2801	021-61050111-117
000572	海马汽车	海马汽车集团股份有限公司	C7505	景 柱	海南省海口市金盘工业区金牛路 2 号	0898-66822672
000573	粤宏远 A	东莞宏远工业区股份有限公司	J01	周明轩	广东省东莞市宏远工业区宏远大厦 16 层	0769-22412655
000576	ST 甘化	江门甘蔗化工厂(集团)股份有限公司	M	吴成文	广东省江门市甘化路 62 号	0750-3277651
000581	威孚高科	无锡威孚高科技集团股份有限公司	C71	王伟良	江苏省无锡市人民西路 107 号	0510-82719579
000582	北 海 港	北海港股份有限公司	F	黄葆源	广西壮族自治区北海市海角路 145 号	0779-3922254
000584	友利控股	四川友利投资控股股份有限公司	C4705	李峰林	四川省成都市蜀都大道暑袜北三街 20 号	028-86757539
000585	东北电气	东北电气发展股份有限公司	C76	苏伟国	辽宁省沈阳市铁西区兴顺街 2 号	024-23527080
000586	汇源通信	四川汇源光通信股份有限公司	G8599	徐明君	四川省成都市高新西区西芯大道 5 号	028-85516608
000587	ST 金叶	金叶珠宝股份有限公司	C25	成 钧	黑龙江省伊春市伊春区青山西路 118 号	010-64106338-818
000589	黔轮胎 A	贵州轮胎股份有限公司	C48	马世春	贵州省贵阳市百花大道 41 号	0851-4767826
000590	紫光古汉	紫光古汉集团股份有限公司	C81	李 义	湖南省衡阳市蒸湘区蔡伦路 33 号	0734-8239335
000591	桐 君 阁	重庆桐君阁股份有限公司	H1160	王小军	重庆市渝中区解放西路 1 号	023-89885243
000592	中福实业	福建中福实业股份有限公司	A	刘平山	福建省福州市五四路 159 号世界金龙大厦 23 层	0591-87871990-608
000593	大通燃气	四川大通燃气开发股份有限公司	H11	李占通	四川省成都市八宝街 88 号国信广场 21 层	028-86637727
000594	国恒铁路	天津国恒铁路控股股份有限公司	H0325	周静波	天津市华苑新技术产业园区榕苑路 1 号天津天财酒店 8 层	022-58396826
000595	*ST 西轴	西北轴承股份有限公司	C71	张立忠	宁夏回族自治区银川市西夏区北京西路 630 号	0951-2029011
000596	古井贡酒	安徽古井贡酒股份有限公司	C03	余 林	安徽省亳州市古井镇	0558-5710057
000597	东北制药	东北制药集团股份有限公司	C81	刘 震	沈阳经济技术开发区昆明湖街 8 号	024-25806963
000598	兴蓉投资	成都市兴蓉投资股份有限公司	K0199	谭建明	成都市航空路 1 号国航世纪中心 B 栋 2 层	028-85913967
000599	青岛双星	青岛双星股份有限公司	C48	汪 海	山东省青岛市瞿塘峡路 45 号(即原贵州路 5 号)海富楼三楼	0532-82674653
000600	建投能源	河北建投能源投资股份有限公司	D0101	李连平	河北省石家庄市裕华西路 9 号裕园广场 A 座 17 层	0311-85518875
000601	韶能股份	广东韶能集团股份有限公司	D01	陈来泉	广东省韶关市武江区沿江路 16 号	0751-8153162
000602	*ST 金马	广东金马旅游集团股份有限公司	G85	王志华	广东省潮州市潮枫路旅游大厦四层	0531-86035027
000603	ST 盛达	盛达矿业股份有限公司	B07	朱胜利	重庆市渝中区中山三路 168 号中安国际大厦 14-5	0931-8806789
000605	ST 四 环	四环药业股份有限公司	C81	张秉军	北京市西城区阜外大街 3 号东润时代大厦八层	010-68003377-8869
000606	青海明胶	青海明胶股份有限公司	C43	赵 华	青海省西宁市城北区(生物园)纬一路 18 号	0971-8013495

续表 5　Continued 5

代码 Code	股票简称 Abbreviation	公司全称 Companies	行业代码 Industries Code	董事长 Board Chairman	地址 Address	电话 Telephone Number
000607	*ST 华控	浙江华智控股股份有限公司	C78	刘浩军	重庆市北碚区童家溪镇同兴工业园区一路 8 号	023－68268800
000608	阳光股份	阳光新业地产股份有限公司	J01	唐　军	北京市西城区西直门外大街 112 号阳光大厦 11 层	010－68361088
000609	绵世股份	北京绵世投资集团股份有限公司	J01	李　方	北京市东城区建国门内大街 19 号中纺大厦 3 层	010－65275609
000610	西安旅游	西安旅游股份有限公司	K34	夏富喜	陕西省西安市南二环西段 27 号西安旅游大厦七层	029－82065555
000611	时代科技	内蒙古时代科技股份有限公司	C78	濮黎明	浙江省绍兴县安昌镇汽车东站东侧安华路口 1 号	0575－81182951
000612	焦作万方	焦作万方铝业股份有限公司	C67	蒋英刚	河南省焦作市马村区待王镇东	0391－3261289
000613	ST 东海 A	海南大东海旅游中心股份有限公司	K32	黎愿斌	海南省三亚市大东海	0898－88219921
000615	湖北金环	湖北金环股份有限公司	C47	蒋　岚	湖北省襄樊市樊城区陈家湖	0710－2108234
000616	亿城股份	亿城集团股份有限公司	J01	张丽萍	北京市海淀区长春桥路 11 号万柳亿城大厦 A 座 16—17 层	010－58818888
000617	石油济柴	济南柴油机股份有限公司	C71	姜小兴	山东省济南市经十西路 1999 号	0531－87422751
000619	海螺型材	芜湖海螺型材科技股份有限公司	C49	任　勇	安徽省芜湖市经济技术开发区港湾路	0553－5840135
000620	新华联	新华联不动产股份有限公司	J01	傅　军	北京市通州区潞城镇人民政府北楼 209 室	010－65303388－8666
000622	S*ST 恒立	岳阳恒立冷气设备股份有限公司	C73	苏　文	湖南省岳阳市青年中路	0730－8245282
000623	吉林敖东	吉林敖东药业集团股份有限公司	C81	李秀林	吉林省敦化市敖东大街 2158 号	0433－6225025
000625	长安汽车	重庆长安汽车股份有限公司	C75	徐留平	重庆市江北区建新东路 260 号	023－67591156
000626	如意集团	连云港如意集团股份有限公司	H09	秦兆平	江苏省连云港市新浦北郊路 6 号	0518－85153595
000627	天茂集团	天茂实业集团股份有限公司	C43	肖云华	湖北省荆门市杨湾路 132 号	0724－2223218
000628	高新发展	成都高新发展股份有限公司	J01	平　兴	四川省成都市高新技术产业开发区九兴大道 8 号	028－85130316
000629	攀钢钒钛	攀钢集团钢铁钒钛股份有限公司	C65	余自甦	四川省攀枝花市东区向阳村新钢钒公司办公大楼	0812－3393695
000630	铜陵有色	铜陵有色金属集团股份有限公司	C67	韦江宏	安徽省铜陵市长江西路有色大院西楼	0562－2825029
000631	顺发恒业	顺发恒业股份公司	J01	管大源	吉林省长春市高新产业技术产业开发区蔚山路 4370 号	0431－85180631
000632	三木集团	福建三木集团股份有限公司	M	兰　隽	福建省福州市群众东路 93 号三木大厦	0591－83341509
000633	ST 合金	沈阳合金投资股份有限公司	M	吴　岩	辽宁省沈阳市浑南新区世纪路 55 号	024－62336767
000635	英 力 特	宁夏英力特化工股份有限公司	C43	秦江玉	宁夏回族自治区石嘴山市惠农区河滨工业园钢电路	0952－3689598
000636	风华高科	广东风华高新科技股份有限公司	C51	钟金松	广东省肇庆市风华路 18 号风华电子工业城	0758－2844724
000637	茂化实华	茂名石化实华股份有限公司	C41	刘　华	广东省茂名市官渡路 162 号	0668－2231342
000638	万方地产	万方地产股份有限公司	J01	张　晖	北京市朝阳区曙光西里甲一号第三置业大厦 A 座 30 层	010－64656161
000639	西王食品	西王食品股份有限公司	C01	王　棣	湖南省株洲市天元区长江北路 333 号	0731－22867187
000650	仁和药业	仁和药业股份有限公司	C81	梅　强	江西省南昌市洪城路国贸广场 A 区巨豪峰 2601 室	0791－6496271
000651	格力电器	珠海格力电器股份有限公司	C76	朱江洪	广东省珠海市前山金鸡西路 6 号	0756－8669232
000652	泰达股份	天津泰达股份有限公司	M	张　军	天津市河东区十一经路 81 号天星河畔广场 15 楼	022－23201272
000655	金岭矿业	山东金岭矿业股份有限公司	B0501	张相军	山东省淄博市张店区中埠镇	0533－3089979
000656	金科股份	金科地产集团股份有限公司	J01	黄红云	重庆市江北区复盛镇正街(政府大楼)	023－67033650
000657	*ST 中钨	中钨高新材料股份有限公司	C67	杨伯华	湖南省长沙经济技术开发区开元大道 17 号开源鑫城大酒店 19 楼	0731－4650990
000659	珠海中富	珠海中富实业股份有限公司	C49	Gary John Guernier	珠海市保税区联锋路珠海中富实业股份有限公司	0756－8931096
000661	长春高新	长春高新技术产业(集团)股份有限公司	C81	杨占民	吉林省长春市同志街 2400 号火炬大厦 5 层	0431－85666367
000662	索 芙 特	索芙特股份有限公司	C4370	梁国坚	广西壮族自治区梧州市新兴二路 137 号	0774－3863880
000663	永安林业	福建省永安林业(集团)股份有限公司	A03	吴景贤	福建省永安市燕江东路 819 号	0598－3614875
000665	武汉塑料	武汉塑料工业集团股份有限公司	C49	徐亦平	湖北省武汉市经济技术开发区沌阳大道 156 号武塑工业园 1 号楼	027－59405215
000666	经纬纺机	经纬纺织机械股份有限公司	C73	叶茂新	北京市朝阳区亮马桥路 39 号第一上海中心 701 室	010－84534071

续表 6 Continued 6

代码 Code	股票简称 Abbreviation	公司全称 Companies	行业代码 Industries Code	董事长 Board Chairman	地址 Address	电话 Telephone Number
000667	名流置业	名流置业集团股份有限公司	J01	刘道明	北京市丰台区角门18号名流未来大厦14层	0871-3610134
000668	荣丰控股	荣丰控股集团股份有限公司	J01	王 征	上海市浦东新区浦东大道1200号1908室	021-51078987-819
000669	领先科技	吉林领先科技发展股份有限公司	G81	李建新	吉林省吉林市高新区恒山西路104号	0432-64569477
000670	S*ST天发	舜元地产发展股份有限公司	J	史浩樑	上海市长宁区天山西路799号北大青鸟产业园六楼	021-52197189
000671	阳光城	阳光城集团股份有限公司	J01	林腾蛟	福州市鼓楼区乌山西路68号阳光乌山荣域二楼	0591-88089227
000672	*ST铜城	白银铜城商厦(集团)股份有限公司	H11	潘亚敏	甘肃省白银市白银区五一街8号铜城商厦4楼	0943-8223409
000673	ST当代	山西当代投资股份有限公司	C61	王春芳	山西省大同市矿区五法路一号	0352-5115996
000676	ST思达	河南思达高科技股份有限公司	C78	刘双河	河南省郑州市经三路北26号思达数码大厦16楼	0371-65793200
000677	ST海龙	山东海龙股份有限公司	C47	张志鸿	山东省潍坊市寒亭区海龙路555号	0536-2275007
000678	襄阳轴承	襄阳汽车轴承股份有限公司	C7115	高少兵	湖北省襄樊市襄城区轴承路1号	0710-3577241
000679	大连友谊	大连友谊(集团)股份有限公司	H11	田益群	辽宁省大连市中山区七一街1号	0411-82802712
000680	山推股份	山推工程机械股份有限公司	C73	张秀文	山东省济宁市327国道58号	0537-2909532
000681	*ST远东	远东实业股份有限公司	C13	姜 放	江苏省常州市新北区岷江路1号	0519-85130681
000682	东方电子	东方电子股份有限公司	G87	丁振华	山东省烟台市芝罘区机场路2号	0535-5520178
000683	远兴能源	内蒙古远兴能源股份有限公司	C43	贺占海	鄂尔多斯市东胜区鄂托克西街博源大厦十二层	0477-8539874
000685	中山公用	中山公用事业集团股份有限公司	D0501	陈爱学	广东省中山市兴中道18号财兴大厦北座	0760-88380018
000686	东北证券	东北证券股份有限公司	I21	矫正中	吉林省长春市自由大路1138号证券大厦	0431-85096779
000687	保定天鹅	保定天鹅股份有限公司	C47	王东兴	河北省保定市新市区盛兴西路1369号	0312-3322262
000688	*ST朝华	朝华科技(集团)股份有限公司	G	史建华	重庆市北部新区人和汪家桥新村119号天宇大酒店六楼	023-67316603
000690	宝新能源	广东宝丽华新能源股份有限公司	D0101	宁远喜	广东省梅州市梅县华侨城香港花园香港大道宝丽华综合大楼	0753-2511298
000691	*ST亚太	海南亚太实业发展股份有限公司	M	梁德根	海南省海口市国贸大道56号北京大厦26楼G座	0898-68528293
000692	惠天热电	沈阳惠天热电股份有限公司	D01	孙 杰	辽宁省沈阳市沈河区热闹路47号	024-22928062
000693	S*ST聚友	成都聚友网络股份有限公司	L20	夏清海	四川省成都市上升街72号8楼	028-86758710
000695	滨海能源	天津滨海能源发展股份有限公司	D01	冯兆一	天津市开发区第十一大街27号	022-66203189
000697	*ST偏转	咸阳偏转股份有限公司	C51	郑 毅	陕西省咸阳市渭阳西路七十号	029-33628567
000698	沈阳化工	沈阳化工股份有限公司	C43	王大壮	辽宁省沈阳市铁西区卫工北街46号	024-25553506
000700	模塑科技	江南模塑科技股份有限公司	C75	曹克波	江苏省江阴市周庄镇长青路8号	0510-86242802
000701	厦门信达	厦门信达股份有限公司	M	周昆山	福建省厦门市湖里信宏大厦2楼	0592-5608098
000702	正虹科技	湖南正虹科技发展股份有限公司	C01	徐仲康	湖南省岳阳市屈原管理区营田镇	0731-84599909
000703	恒逸石化	恒逸石化股份有限公司	C47	邱建林	浙江省杭州市萧山区市心北路260号恒逸·南岸明珠3栋23层	0571-83872009
000705	浙江震元	浙江震元股份有限公司	H01	宋逸婷	浙江省绍兴市解放北路289号	0575-85144161
000706	瓦 轴B	瓦房店轴承股份有限公司	C71	王路顺	辽宁省瓦房店市北共济街一段1号	0411-39922369
000707	双环科技	湖北双环科技股份有限公司	C43	张忠华	湖北省应城市东马坊团结大道26号	0717-6442268
000708	大冶特钢	大冶特殊钢股份有限公司	C65	俞亚鹏	湖北省黄石市黄石大道316号	0714-6297769
000709	河北钢铁	河北钢铁股份有限公司	C65	王义芳	河北省唐山市滨河路9号	0315-2702825
000710	天兴仪表	成都天兴仪表股份有限公司	C75	文 武	四川省成都市外东十陵镇天兴仪表股份公司董事会办公室	028-84613721
000711	天伦置业	黑龙江天伦置业股份有限公司	J05	许环曜	广东省广州市天河路45号天伦大厦25楼	020-38303219
000712	锦龙股份	广东锦龙发展股份有限公司	D05	杨志茂	广东省清远市方正二街1号锦龙大厦	0763-3369393
000713	丰乐种业	合肥丰乐种业股份有限公司	A01	陈茂新	安徽省合肥市长江西路501号丰乐大厦	0551-2239888
000715	中兴商业	中兴-沈阳商业大厦(集团)股份有限公司	H11	刘芝旭	辽宁省沈阳市和平区太原北街86号	024-23838888-3703
000716	南方食品	广西南方食品集团股份有限公司	C0101	韦清文	广西壮族自治区南宁市双拥路36号	0771-5308080

续表 7 Continued 7

代码 Code	股票简称 Abbreviation	公司全称 Companies	行业代码 Industries Code	董事长 Board Chairman	地址 Address	电话 Telephone Number
000717	韶钢松山	广东韶钢松山股份有限公司	C65	余子权	广东省韶关市曲江区	0751-8787493
000718	苏宁环球	苏宁环球股份有限公司	J01	张桂平	江苏省南京市鼓楼区广州路188号苏宁环球大厦十七楼	025-83240888
000719	大地传媒	中原大地传媒股份有限公司	L01	刘少宇	河南省焦作市民主路北路15号	0391-2925951-256
000720	ST能山	山东新能泰山发电股份有限公司	D01	张 奇	山东省泰安市普照寺路5号	0538-8232022
000721	西安饮食	西安饮食股份有限公司	K30	李大有	陕西省西安市南二环西段27号西安旅游大厦6层	029-82065890
000722	*ST金果	湖南发展集团股份有限公司	M	杨国平	湖南省长沙市芙蓉中路二段106号中国石油大厦九楼	0731-88789296
000723	美锦能源	山西美锦能源股份有限公司	C4115	姚锦龙	山西省太原市劲松北路31号哈伯中心12层	0351-4236095
000725	京东方A	京东方科技集团股份有限公司	C51	王东升	北京市朝阳区酒仙桥路10号	010-64318888-6259
000726	鲁 泰A	鲁泰纺织股份有限公司	C11	刘石祯	山东省淄博市高新技术开发区铭波路11号	0533-5285166
000727	华东科技	南京华东电子信息科技股份有限公司	C5110	梁生元	南京经济技术开发区恒通大道19-1号	025-68192835
000728	国元证券	国元证券股份有限公司	I2121	凤良志	安徽省合肥市寿春路179号	0551-2207968
000729	燕京啤酒	北京燕京啤酒股份有限公司	C05	李福成	北京市顺义区双河路9号	010-89490729
000731	四川美丰	四川美丰化工股份有限公司	C43	张晓彬	四川省德阳市莹华南路10号	0838-2300044
000732	泰禾集团	泰禾集团股份有限公司	J01	黄其森	福建省福州市湖东路298号伊法达大厦四楼	0591-87731557
000733	振华科技	中国振华(集团)科技股份有限公司	C51	陈 中	贵州省贵阳市乌当区新添大道北段268号	0851-6301078
000735	罗 牛 山	海口农工贸(罗牛山)股份有限公司	A05	徐自力	海南省海口市珠江广场帝豪大厦9楼	0898-68581213
000736	重庆实业	重庆国际实业投资股份有限公司	J01	沈东进	重庆市渝北区洪湖东路9号财富大厦B座9楼	023-67530016
000737	*ST南风	南风化工集团股份有限公司	C43	万建军	山西省运城市解放路294号	0359-8967035
000738	中航动控	中航动力控制股份有限公司	C75	高 华	湖南省株洲市董家塅宇航公司办公大楼	0510-85706075
000739	普洛股份	普洛股份有限公司	C81	徐文财	山东省青岛市市南区湛山一路16号	0532-83870896
000748	长城信息	长城信息产业股份有限公司	G83	何 明	湖南省长沙经济技术开发区东三路5号	0731-85559798
000750	国海证券	国海证券股份有限公司	I21	张雅锋	广西壮族自治区南宁市滨湖路46号国海大厦	0771-5569592
000751	锌业股份	葫芦岛锌业股份有限公司	C67	王明辉	辽宁省葫芦岛市龙港区锌厂路24号	0429-2024121
000752	西藏发展	西藏银河科技发展股份有限公司	C05	闫清江	西藏自治区拉萨市色拉路36号	028-65317120
000753	漳州发展	福建漳州发展股份有限公司	F11	庄文海	福建省漳州市胜利东路漳州发展广场21楼	0596-2671753
000755	山西三维	山西三维集团股份有限公司	C43	卢辉生	山西省临汾市洪洞县赵城·山西三维公司	0357-6663123
000756	新华制药	山东新华制药股份有限公司	C81	张代铭	山东省淄博市高新技术产业开发区化工区	0533-2160469
000757	*ST方向	四川方向光电股份有限公司	C71	李 凯	四川省内江市甜城大道方向光电科技园	0832-2202731
000758	中色股份	中国有色金属建设股份有限公司	B0701	罗 涛	北京市朝阳区安定路10号中国有色大厦南楼	010-84427255
000759	中百集团	中百控股集团股份有限公司	H11	汪爱群	湖北省武汉市江汉区江汉路129号中百商厦24—25楼	027-82832006
000760	博盈投资	湖北博盈投资股份有限公司	C75	杨富年	北京市朝阳区亮马桥路39号第一上海中心C座412室	0716-5231009
000761	本钢板材	本钢板材股份有限公司	C65	张晓芳	辽宁省本溪市平山区人民路16号	0414-7828010
000762	西藏矿业	西藏矿业发展股份有限公司	B05	曾 泰	西藏自治区拉萨市中和国际城金珠二路8号	028-85355661
000766	通化金马	通化金马药业集团股份有限公司	C81	刘立成	吉林省通化市东昌区江南路100-1号	0435-3910232
000767	漳泽电力	山西漳泽电力股份有限公司	D01	张 锋	山西省太原市五一路197号	0351-4268602
000768	西飞国际	西安飞机国际航空制造股份有限公司	C75	唐 军	陕西省西安市阎良区西飞大道一号西飞国际	029-86846976
000770	*ST武锅B	武汉锅炉股份有限公司	C71	杨国威	湖北省武汉市武珞路586号	027-81993700
000771	杭汽轮B	杭州汽轮机股份有限公司	C71	聂忠海	浙江省杭州市石桥路357号	0571-85780189
000776	广发证券	广发证券股份有限公司	I2121	林治海	广州市天河区天河北路183—187号大都会广场43楼	020-87557390
000777	中核科技	中核苏阀科技实业股份有限公司	C71	邱建刚	苏州国家高新技术产业开发区浒关工业园	0512-66672245
000778	新兴铸管	新兴铸管股份有限公司	C69	张同波	河北省武安市上洛阳村北(2672厂区)	0310-5793247
000779	三毛派神	兰州三毛实业股份有限公司	C11	阮 英	甘肃省兰州市西固区玉门街486号	0931-7551627
000780	平庄能源	内蒙古平庄能源股份有限公司	B0101	孙金国	内蒙古自治区赤峰市元宝山区平庄镇哈河街	0476-3324281

续表 8 Continued 8

代码 Code	股票简称 Abbreviation	公司全称 Companies	行业代码 Industries Code	董事长 Board Chairman	地址 Address	电话 Telephone Number
000782	美达股份	广东新会美达锦纶股份有限公司	C4350	梁伟东	广东省新会市会城镇江会路上浅口	0750－6107981
000783	长江证券	长江证券股份有限公司	I2121	胡运钊	湖北省武汉市江汉区新华路特 8 号	027－65799866
000785	武汉中商	武汉中商集团股份有限公司	H11	郝 健	湖北省武汉市武昌区中南路 9 号	027－87362507
000786	北新建材	北新集团建材股份有限公司	C61	王 兵	北京市海淀区三里河路甲 11 号中国建材大厦	010－82945588－1666
000787	＊ST 创智	创智信息科技股份有限公司	G87	贾 鹏	湖南省长沙市高新技术产业开发区火炬城 M2 栋 3 楼	0731－88908008
000788	西南合成	北大国际医院集团西南合成制药股份有限公司	C81	李国军	重庆市渝北区洪湖东路 9 号财富大厦 B 座 18 楼	023－67525366
000789	江西水泥	江西万年青水泥股份有限公司	C61	刘明寿	江西省南昌市高新技术开发区京东大道 399 号	0791－8120789
000790	华神集团	成都华神集团股份有限公司	C81	周蕴瑾	四川省成都市十二桥路 37 号新 1 号华神科技大厦 A 座 6 楼	028－66616656
000791	西北化工	西北永新化工股份有限公司	C43	康海军	甘肃省兰州市城关区北龙口永新化工园区	4862482
000792	盐湖股份	青海盐湖工业股份有限公司	C43	安平绥	青海省格尔木市察尔汗	0979－8448123
000793	华闻传媒	华闻传媒投资集团股份有限公司	L0101	温子健	海南省海口市海甸四东路民生大厦	0898－66196060
000795	太原刚玉	太原双塔刚玉股份有限公司	C61	杜建奎	山西省太原市郝庄正街 62 号	0351－4935313
000796	易食股份	易食集团股份有限公司	C03	田力维	陕西省宝鸡市渭滨区经二路 114 号	0917－3229516
000797	中国武夷	中国武夷实业股份有限公司	J01	黄建民	福建省福州市五四路 89 号置地广场 33 层	0591－83170123
000798	中水渔业	中水集团远洋股份有限公司	A07	吴湘峰	北京市西单民丰胡同 31 号	010－88067461
000799	酒 鬼 酒	酒鬼酒股份有限公司	C05	王新国	湖南省吉首市振武营酒鬼工业园	0743－8312079
000800	一汽轿车	一汽轿车股份有限公司	C75	徐建一	吉林省长春市高新技术产业开发区蔚山路 4888 号	0431－85781108
000801	四川九洲	四川九洲电器股份有限公司	C55	霞 晖	四川省绵阳市九洲大道 259 号	0816－2336252
000802	北京旅游	北京京西风光旅游开发股份有限公司	K34	丁江勇	北京市门头沟区石龙工业区泰安路 5 号	010－60805568
000803	金宇车城	四川金宇汽车城(集团)股份有限公司	C11	戴凌翔	四川省南充市嘉陵区春江路二段九号	0817－6170888
000805	＊ST 炎黄	江苏炎黄在线物流股份有限公司	G87	卢 珊	江苏省常州市新北区太湖东路 9 号软件园大楼 A 座 3 楼 315 室	0519－85119993－8012
000806	银河科技	北海银河高科技产业股份有限公司	C76	唐新林	广西壮族自治区北海市银河软件科技园综合办公楼	0779－3202636
000807	云铝股份	云南铝业股份有限公司	C67	田 永	云南省昆明市呈贡县	0871－7455858
000809	中汇医药	四川中汇医药(集团)股份有限公司	C8501	韩广林	四川省成都市蜀西路 30 号	028－87503810
000810	华润锦华	华润锦华股份有限公司	C11	王春城	四川省遂宁市城区遂州中路 309 号	0825－2287329
000811	烟台冰轮	烟台冰轮股份有限公司	C71	于元波	山东省烟台市芝罘区西山路 80 号	0535－6697075
000812	陕西金叶	陕西金叶科教集团股份有限公司	C35	袁汉源	陕西省西安市锦业路 1 号都市之门 B 座 19 层	029－81778569
000813	天山纺织	新疆天山毛纺织股份有限公司	C11	王嫣红	新疆维吾尔自治区乌鲁木齐市银川路 235 号	0991－4336069
000815	美利纸业	中冶美利纸业股份有限公司	C31	王 昆	宁夏回族自治区中卫市城区柔远镇	0955－7078269
000816	江淮动力	江苏江淮动力股份有限公司	C71	胡尔广	江苏省盐城市环城西路 213 号	0515－88881908
000818	ST 化工	方大锦化化工科技股份有限公司	C43	易风林	辽宁省葫芦岛市连山区化工街	0429－2709065
000819	岳阳兴长	岳阳兴长石化股份有限公司	C41	侯 勇	湖南省岳阳市云溪区	0730－8844021
000820	＊ST 金城	金城造纸股份有限公司	C31	陆剑斌	辽宁省凌海市金城街金城造纸股份有限公司办公楼	0416－2735084
000821	京山轻机	湖北京山轻工机械股份有限公司	C73	孙友元	湖北省荆门市京山县经济技术开发区轻机工业园	0724－7210972
000822	山东海化	山东海化股份有限公司	C43	李云贵	山东省潍坊市滨海经济开发区	0536－5329931
000823	超声电子	广东汕头超声电子股份有限公司	C51	李大淳	广东省汕头市龙湖区龙江路 12 号	0754－83931133
000825	太钢不锈	山西太钢不锈钢股份有限公司	C65	李晓波	山西省太原市尖草坪街 2 号	0351－3017702
000826	桑德环境	桑德环境资源股份有限公司	K01	文一波	湖北省宜昌市西陵区绿萝路 77 号	0717－6319012
000828	东莞控股	东莞发展控股股份有限公司	F11	尹锦容	广东省东莞市东城区莞樟大道 55 号	0769－22083321
000829	天音控股	天音通信控股股份有限公司	H	黄绍文	江西省赣州市红旗大道 20 号七楼	0755－82090070
000830	鲁西化工	鲁西化工集团股份有限公司	C43	张金成	山东省聊城市东阿县化工工业园	0635－3481198
000831	＊ST 关铝	山西关铝股份有限公司	C67	焦 健	山西省运城市解州镇新建路 36 号	0359－2825002

续表 9 Continued 9

代码 Code	股票简称 Abbreviation	公司全称 Companies	行业代码 Industries Code	董事长 Board Chairman	地址 Address	电话 Telephone Number
000833	贵糖股份	广西贵糖(集团)股份有限公司	C3105	黄振标	广西壮族自治区贵港市广西贵糖(集团)股份有限公司办公大楼	0775－4201339
000835	四川圣达	四川圣达实业股份有限公司	C4115	常　锋	四川省成都市天府大道南段 2028 号石化大厦 17 楼	028－85322966－6014
000836	鑫茂科技	天津鑫茂科技股份有限公司	G8101	杜克荣	天津市华苑产业园区榕苑路 1 号 13 层	022－23080182
000837	秦川发展	陕西秦川机械发展股份有限公司	C71	龙兴元	陕西省宝鸡市姜谭路 22 号	0917－3670654
000838	国兴地产	国兴融达地产股份有限公司	J	朱凤先	北京市朝阳区建国路 79 号华贸中心 2 号写字楼1005—1006	010－59696396
000839	中信国安	中信国安信息产业股份有限公司	M	李士林	北京市朝阳区关东店北街 1 号国安大厦五层	010－65068509
000848	承德露露	河北承德露露股份有限公司	C05	管大源	河北省承德市高新技术产业开发区西区 8 号	0314－2059888
000850	华茂股份	安徽华茂纺织股份有限公司	C11	詹灵芝	安徽省安庆市纺织南路 80 号	0556－5919818
000851	高鸿股份	大唐高鸿数据网络技术股份有限公司	G8799	付景林	北京市海淀区学院路 40 号研 6 楼	62301907
000852	江钻股份	江汉石油钻头股份有限公司	C73	张召平	湖北省武汉市东湖新技术开发区华工园一路 5 号	027－87925236
000856	ST 唐陶	唐山冀东装备工程股份有限公司	C61	张增光	河北省唐山市路北区缸窑路 110 号	0315－8216998
000858	五 粮 液	宜宾五粮液股份有限公司	C03	刘中国	四川省宜宾市翠屏区岷江西路 150 号	0831－3566858
000859	国风塑业	安徽国风塑业股份有限公司	C49	赵文武	安徽省合肥市高新技术产业开发区天智路 36 号	0551－5336168
000860	顺鑫农业	北京顺鑫农业股份有限公司	A01	李维昌	北京市顺义区站前街南侧	010－69420860
000861	海印股份	广东海印集团股份有限公司	H1130	邵建明	广东省广州市越秀区东湖西路 56—58 号	020－83799848
000862	银星能源	宁夏银星能源股份有限公司	C7110	何怀兴	宁夏回族自治区吴忠市朝阳街 67 号	0951－2051879
000863	*ST 商务	深圳和光现代商务股份有限公司	G87	郑　洋	广东省深圳市福田区滨河路北 5022 号联合广场 B 座 703	0755－82900090－5200
000868	安凯客车	安徽安凯汽车股份有限公司	C75	王江安	安徽省合肥市葛淝路 1 号	0551－2297712
000869	张 裕 A	烟台张裕葡萄酿酒股份有限公司	C05	孙利强	山东省烟台市大马路 56 号	0535－6633656
000875	吉电股份	吉林电力股份有限公司	D01	陶新建	吉林省长春市人民大街 9699 号	0431－81150875
000876	新 希 望	四川新希望农业股份有限公司	C01	刘永好	四川省成都市锦江工业园区金石路 376 号	028－85950011
000877	天山股份	新疆天山水泥股份有限公司	C61	张丽荣	新疆维吾尔自治区乌鲁木齐市河北东路 1256 号天合大厦	0991－6686790
000878	云南铜业	云南铜业股份有限公司	C67	杨　超	云南省昆明市人民东路 111 号	0871－3106792
000880	潍柴重机	潍柴重机股份有限公司	C75	谭旭光	山东省潍坊市民生东街 26 号	0536－2297972
000881	大连国际	中国大连国际合作(集团)股份有限公司	M	朱明义	辽宁省大连市西岗区黄河路 219 号外经贸大厦	0411－83780066
000882	华联股份	北京华联商厦股份有限公司	H	赵国清	北京市西城区阜成门外大街 1 号四川大厦东塔五层	010－88337937
000883	湖北能源	湖北能源集团股份有限公司	D0101	肖宏江	湖北省武汉市武汉东湖新技术开发区东信路 18 号	027－86621188
000885	同力水泥	河南同力水泥股份有限公司	C6101	郭海泉	河南省郑州市农业路 41 号投资大厦 5 层	0371－69158315
000886	海南高速	海南高速公路股份有限公司	F11	温国明	海南省海口市蓝天路 16 号高速公路大楼	0898－66768394
000887	中鼎股份	安徽中鼎密封件股份有限公司	C4815	夏鼎湖	安徽省宁国市经济技术开发区	0563－4181887
000888	峨眉山 A	峨眉山旅游股份有限公司	K34	马元祝	四川省峨眉山市名山南路 41 号	0833－5528067
000889	渤海物流	秦皇岛渤海物流控股股份有限公司	H11	王福琴	河北省秦皇岛市海港区河北大街 146 号金原国际商务大厦 27 层	0335－3023349
000890	法 尔 胜	江苏法尔胜股份有限公司	C69	蒋纬球	江苏省江阴市通江北路 203 号	0510－86119890
000892	*ST 星美	星美联合股份有限公司	G85	何家盛	重庆市北部新区高新园星光大道 1 号星光大厦 B 座 6 楼	023－67882862
000893	东凌粮油	广州东凌粮油股份有限公司	C0111	赖宁昌	广东省广州市白云区人和镇人和大街 68 号	020－85506292
000895	双汇发展	河南双汇投资发展股份有限公司	C01	张俊杰	河南省漯河市双汇路 1 号双汇大厦	0395－2676158
000897	津滨发展	天津津滨发展股份有限公司	J01	许立凡	天津市经济技术开发区第二大街 42 号滨海发展大厦九楼	022－66223201
000898	鞍钢股份	鞍钢股份有限公司	C65	张晓刚	辽宁省鞍山市铁西区鞍钢厂区	0412－8419192
000899	赣能股份	江西赣能股份有限公司	D01	姚迪明	江西省南昌市高新技术开发区火炬大街 199 号	0791－8109899
000900	现代投资	现代投资股份有限公司	F11	宋伟杰	湖南省长沙市芙蓉中路二段 279 号金源大酒店南楼 11 层	0731－85160786
000901	航天科技	航天科技控股集团股份有限公司	C78	薛　亮	北京市丰台区科学城海鹰路 1 号海鹰科技大厦 15,16 层	010－83636110
000902	中国服装	中国服装股份有限公司	C13	战英杰	北京市朝阳区安贞西里三区 26 号浙江大厦 17 层	010－65817498

续表 10 Continued 10

代码 Code	股票简称 Abbreviation	公司全称 Companies	行业代码 Industries Code	董事长 Board Chairman	地址 Address	电话 Telephone Number
000903	云内动力	昆明云内动力股份有限公司	C71	李映昆	云南省昆明市穿金路715号	0871-5625802
000905	厦门港务	厦门港务发展股份有限公司	F11	柯　东	福建省厦门市湖里区长岸路海天港区联检大楼13楼	0592-5829955
000906	南方建材	南方建材股份有限公司	H03	袁仁军	湖南省长沙市五一大道235号	0731-84588390
000908	ST天一	湖南天一科技股份有限公司	C71	王　海	湖南省岳阳市平江县天岳经济开发区天岳大道天一科技	0730-6289517
000909	数源科技	数源科技股份有限公司	G81	章国经	浙江省杭州市西湖区教工路1号	0571-88271018
000910	大亚科技	大亚科技股份有限公司	C2105	陈兴康	江苏省丹阳市经济技术开发区金陵西路95号	0511-86883666
000911	南宁糖业	南宁糖业股份有限公司	C01	李俊贵	广西壮族自治区南宁市亭洪路48号	0771-4914317
000912	泸天化	四川泸天化股份有限公司	C43	邹仲平	四川省泸州市纳溪区	0830-4125103
000913	钱江摩托	浙江钱江摩托股份有限公司	C75	林华中	浙江省温岭市经济开发区	0576-86139218
000915	山大华特	山东山大华特科技股份有限公司	C8105	张兆亮	山东省济南市经十路17703号华特广场	0531-85198606
000916	华北高速	华北高速公路股份有限公司	F11	郑海军	北京市经济技术开发区东环北路9号	010-58021227
000917	电广传媒	湖南电广传媒股份有限公司	L10	龙秋云	湖南省长沙市浏阳河大桥东金鹰影视文化城	731-84252333-8339
000918	嘉凯城	嘉凯城集团股份有限公司	J01	张德潭	湖南省长沙市劳动中路65号亚华控股大厦5—7楼	0731-5797818
000919	金陵药业	金陵药业股份有限公司	C81	沈志龙	江苏省南京市中央路238号金陵药业大厦	025-83118511
000920	南方汇通	南方汇通股份有限公司	C75	黄纪湘	贵州省贵阳市都拉营	0851-4473371
000921	ST科龙	海信科龙电器股份有限公司	C76	汤业国	广东省佛山市顺德区容桂区容港路8号	0757-28362570
000922	ST阿继	阿城继电器股份有限公司	C76	高志军	黑龙江省哈尔滨市阿城区河东街	0451-53709792
000923	河北宣工	河北宣化工程机械股份有限公司	C73	冯喜京	河北省张家口市宣化区东升路21号	0313-3056036
000925	众合机电	浙江众合机电股份有限公司	C7301	陈　均	浙江省杭州市曙光路122号世贸中心A座505室	0571-87959026
000926	福星股份	湖北福星科技股份有限公司	J01	谭功炎	湖北省汉川市沉湖镇福星街1号	0712-8740018
000927	一汽夏利	天津一汽夏利汽车股份有限公司	C75	徐建一	天津市西青区中北斜乡李楼南	022-87915000-3074
000928	中钢吉炭	中钢集团吉林炭素股份有限公司	C61	杨　光	吉林省吉林市和平街九号	0432-2749800
000929	兰州黄河	兰州黄河企业股份有限公司	C05	杨世江	甘肃省兰州市城关区庆阳路219号金运大厦22层	0931-8449039
000930	中粮生化	中粮生物化学(安徽)股份有限公司	C03	夏令和	安徽省蚌埠市大庆路73号	0552-4926909
000931	中关村	北京中关村科技发展(控股)股份有限公司	K01	周　宁	北京市海淀区中关村南大街32号	010-62140168
000932	华菱钢铁	湖南华菱钢铁股份有限公司	C65	曹慧泉	湖南省长沙市天心区湘府西路222号华菱园主楼	0731-89952808
000933	神火股份	河南神火煤电股份有限公司	B01	张光建	河南省永城市新城区光明路17号	0370-5982722
000935	四川双马	四川双马水泥股份有限公司	C61	姜祥国	北京市朝阳区东三环北路2号南银大厦29层	028-86730850
000936	华西村	江苏华西村股份有限公司	C47	孙云丰	江苏省江阴市华士镇华西村	0510-86217149
000937	冀中能源	冀中能源股份有限公司	B01	王社平	河北省邢台市中兴西大街191号	0319-2068242
000938	紫光股份	紫光股份有限公司	G87	徐井宏	北京市海淀区清华大学紫光大楼	010-62770008
000939	凯迪电力	武汉凯迪电力股份有限公司	D01	陈义龙	湖北省武汉市东湖新技术开发区江夏大道特1号	027-67869270
000948	南天信息	云南南天电子信息产业股份有限公司	G87	雷　坚	云南省昆明市环城东路455号	0871-3366327
000949	新乡化纤	新乡化纤股份有限公司	C47	陈玉林	河南省新乡市凤泉区锦园路1号	0373-3978861
000950	建峰化工	重庆建峰化工股份有限公司	C43	曾中全	重庆市涪陵区白涛镇	023-72596038
000951	中国重汽	中国重汽集团济南卡车股份有限公司	C7505	王浩涛	山东省济南市市中区党家庄镇南首	0531-85587588
000952	广济药业	湖北广济药业股份有限公司	C81	何　谧	湖北省武穴市江堤路1号	0713-6216068
000953	ST河化	广西河池化工股份有限公司	C43	汤广斌	广西壮族自治区河池市	0778-2266867
000955	ST欣龙	欣龙控股(集团)股份有限公司	C1399	郭开铸	海南省海口市龙昆北路2号珠江广场帝豪大厦17层	0898-68585274
000957	中通客车	中通客车控股股份有限公司	C75	李海平	山东省聊城市建设东路10号	0635-8322765
000958	ST东热	石家庄东方热电股份有限公司	D01	安建国	河北省石家庄市建华南大街161号	0311-85053913
000959	首钢股份	北京首钢股份有限公司	C65	朱继民	北京市石景山区石景山路99号	010-88293727
000960	锡业股份	云南锡业股份有限公司	C67	雷　毅	云南省昆明市高新技术产业开发区	0873-3118622

续表 11　Continued 11

代码 Code	股票简称 Abbreviation	公司全称 Companies	行业代码 Industries Code	董事长 Board Chairman	地址 Address	电话 Telephone Number
000961	中南建设	江苏中南建设集团股份有限公司	E01	陈锦石	江苏省海门市常乐镇中南大厦六楼东座	0513-82738902
000962	东方钽业	宁夏东方钽业股份有限公司	C67	张创奇	宁夏回族自治区石嘴山市大武口区冶金路	0952-2098564
000963	华东医药	华东医药股份有限公司	H0160	李邦良	浙江省杭州市莫干山路866号	0571-89903292
000965	天保基建	天津天保基建股份有限公司	J01	沈　钢	天津市天津港保税区海滨九路131号4楼	022-66270431
000966	长源电力	国电长源电力股份有限公司	D01	张玉新	湖北省武汉市洪山区徐东大街113号国电大厦24—29楼	027-86610541
000967	上风高科	浙江上风实业股份有限公司	C76	温　峻	浙江省上虞市上浦镇	0575-82360805
000968	煤气化	太原煤气化股份有限公司	B01	王良彦	山西省太原市和平南路83号	0351-6019365
000969	安泰科技	安泰科技股份有限公司	C69	才　让	北京市海淀区学院南路76号	010-62188403
000970	中科三环	北京中科三环高技术股份有限公司	C5115	王震西	北京市海淀区中关村东路66号甲1号楼27层	010-82649988-263
000971	ST迈亚	湖北迈亚股份有限公司	C11	唐常军	湖北省仙桃市勉阳大道131号	0728-3275828
000972	新中基	新疆中基实业股份有限公司	C0199	曾　超	新疆维吾尔自治区乌鲁木齐市青年路北一巷8号	0991-8852110
000973	佛塑科技	佛山佛塑科技集团股份有限公司	C49	黄　平	广东省佛山市禅城区汾江中路85号	0757-83988189
000975	科学城	南方科学城发展股份有限公司	K01	杨海飞	北京市朝阳区建国门外大街2号银泰中心C座2103	010-85172798
000976	春晖股份	广东开平春晖股份有限公司	C4705	方振颖	广东省开平市长沙港口路10号	0750-2276949
000977	浪潮信息	浪潮电子信息产业股份有限公司	G83	孙丕恕	山东省济南市山大路224号	0531-85106679
000978	桂林旅游	桂林旅游股份有限公司	K34	章熙骏	广西壮族自治区桂林市翠竹路27-2号琴潭汽车客运站大楼309房	0773-3558955
000979	中弘股份	中弘控股股份有限公司	J01	王永红	安徽省宿州市浍水路271号	0557-3920707
000980	金马股份	黄山金马股份有限公司	C78	燕根水	安徽省黄山市歙县经济技术开发区	0559-6537808
000981	ST兰光	银亿房地产股份有限公司	J01	熊续强	广东省深圳市福田区振华路56号兰光大厦	0755-83220636
000982	中银绒业	宁夏中银绒业股份有限公司	C11	马生国	宁夏回族自治区灵武市羊绒工业园区中银大道南侧	0951-6180002
000983	西山煤电	山西西山煤电股份有限公司	B01	金智新	山西省太原市西矿街318号	0351-6217295
000985	大庆华科	大庆华科股份有限公司	C43	王一民	黑龙江省大庆市高新技术产业开发区建设路239号	0459-6280287
000986	粤华包B	佛山华新包装股份有限公司	C3105	童来明	广东省佛山市季华五路经华大厦18楼	0757-83992076
000987	广州友谊	广州友谊集团股份有限公司	H11	房向前	广东省广州市越秀区环市东路369号	020-83483216
000988	华工科技	华工科技产业股份有限公司	C51	马新强	湖北省武汉市东湖高新技术开发区华中科技大学科技园华工科技产业大厦	027-87180126
000989	九芝堂	九芝堂股份有限公司	C81	魏　锋	湖南省长沙市芙蓉中路一段129号	0731-84499762
000990	诚志股份	诚志股份有限公司	C81	龙大伟	江西省南昌市经济开发区玉屏东大道299号清华科技园(江西)华江大厦	0791-3826898
000992	中鲁B	山东省中鲁远洋渔业股份有限公司	A07	卢连兴	山东省济南市和平路43号	0531-86553276
000993	闽东电力	福建闽东电力股份有限公司	D01	罗红专	福建省宁德市环城路143号闽东大广场华隆大厦8—10层	0593-2768888
000995	ST皇台	甘肃皇台酒业股份有限公司	C05	卢鸿毅	甘肃省武威市新建路55号	0935-6139865
000996	中国中期	中国中期投资股份有限公司	F	姜　新	北京市朝阳区光华路14号中国中期大厦A座6层	010-65807596
000997	新大陆	福建新大陆电脑股份有限公司	G87	胡　钢	福建省福州市马尾区儒江西路1号新大陆科技园	0591-83979881
000998	隆平高科	袁隆平农业高科技股份有限公司	A01	伍跃时	湖南省长沙市车站北路459号证券大厦9楼	0731-82183880
000999	华润三九	华润三九医药股份有限公司	C81	李福祚	广东省深圳市罗湖区银湖路口(北环大道1028号)	0755-83360999-3579
001696	宗申动力	重庆宗申动力机械股份有限公司	C75	左宗申	重庆市巴南区宗申工业园	023-66372632
001896	豫能控股	河南豫能控股股份有限公司	D01	张文杰	河南省郑州市农业路东41号投资大厦B座8—12层	0371-69515111
002001	新和成	浙江新和成股份有限公司	C8101	胡柏藩	浙江省新昌县羽林街道江北路4号	0571-87178965
002002	ST琼花	江苏琼花高科技股份有限公司	C49	顾宏言	江苏省扬州市邗江区杭集镇曙光路	0514-87270833
002003	伟星股份	浙江伟星实业发展股份有限公司	C99	章卡鹏	浙江省临海市花园工业区	0576-85125002
002004	华邦制药	重庆华邦制药股份有限公司	C81	张松山	重庆市渝北区人和星光大道69号	023-67886985
002005	德豪润达	广东德豪润达电气股份有限公司	C76	王冬雷	广东省珠海市香洲区唐家湾镇金凤路1号	0756-3390188

续表 12 Continued 12

代码 Code	股票简称 Abbreviation	公司全称 Companies	行业代码 Industries Code	董事长 Board Chairman	地址 Address	电话 Telephone Number
002006	精功科技	浙江精功科技股份有限公司	C73	孙建江	浙江省绍兴柯桥经济开发区柯西工业区鉴湖路 1809 号	0575－84138692
002007	华兰生物	华兰生物工程股份有限公司	C85	安　康	新乡市华兰大道甲 1 号	0373－3559989
002008	大族激光	深圳市大族激光科技股份有限公司	C7350	高云峰	深圳市南山区高新科技园北区松坪山工厂区 5 号路 8 号	0755－86161224
002009	天奇股份	江苏天奇物流系统工程股份有限公司	C73	白开军	无锡市滨湖区环湖路 287 号双虹园内	0510－82720289
002010	传化股份	浙江传化股份有限公司	C43	徐冠巨	杭州市萧山经济技术开发区	0571－82872991
002011	盾安环境	浙江盾安人工环境股份有限公司	C71	周才良	浙江省杭州市滨江区西兴工业园区聚园路 8 号(滨康路与江陵路十字路口南)	0571－87113776
002012	凯恩股份	浙江凯恩特种材料股份有限公司	C31	计　皓	浙江省遂昌县妙高镇凯恩路 1008 号	0578－8128682
002013	中航精机	湖北中航精机科技股份有限公司	C75	王　坚	湖北省襄樊市高新区追日路 8 号	0710－3345045
002014	永新股份	黄山永新股份有限公司	C49	江继忠	安徽省黄山市徽州区徽州东路 188 号	0559－3514242
002015	霞客环保	江苏霞客环保色纺股份有限公司	C11	陈建忠	江苏省江阴市霞客镇马镇东街 7 号	0510－86520126
002016	世荣兆业	广东世荣兆业股份有限公司	J01	梁家荣	广东省珠海市斗门区珠峰大道 288 号 1 区 17 号楼	0756－5888899
002017	东信和平	东信和平智能卡股份有限公司	C99	周忠国	珠海市南屏科技工业园屏工中路 8 号	0756－8682736
002018	华星化工	安徽华星化工股份有限公司	C43	谢　平	安徽省巢湖市和县乌江镇	0551－5848155
002019	鑫富药业	浙江杭州鑫富药业股份有限公司	C43	过鑫富	浙江省临安市锦城街道琴山 50 号	0571－63759205
002020	京新药业	浙江京新药业股份有限公司	C81	吕　钢	浙江省新昌县羽林街道新昌大道东路 800 号	0575－86176531
002021	中捷股份	中捷缝纫机股份有限公司	C73	李瑞元	浙江省玉环县大麦屿街道兴港东路 198 号	0576－87378885
002022	科华生物	上海科华生物工程股份有限公司	C85	唐伟国	上海市钦州北路 1189 号	021－64850088－186
002023	海特高新	四川海特高新技术股份有限公司	F11	李　飚	成都市高新区科园南路 1 号	028－85921029
002024	苏宁电器	苏宁电器股份有限公司	H11	张近东	南京市玄武区苏宁大道 1 号	025－84418888－888122
002025	航天电器	贵州航天电器股份有限公司	C51	李权忠	贵州省贵阳市 361 信箱 4 分箱	0851－8697026
002026	山东威达	山东威达机械股份有限公司	C69	杨桂模	山东省文登市蔄山镇中韩路 2 号	0631－8549156
002027	七喜控股	七喜控股股份有限公司	G83	易贤忠	广州市高新技术产业开发区广州科学城科学大道 162 号 B3 区第三层 301 单位	82253777－1014
002028	思源电气	思源电气股份有限公司	C76	董增平	上海市闵行区华宁路 3399 号	021－61610958
002029	七 匹 狼	福建七匹狼实业股份有限公司	C13	周少雄	福建省晋江市金井镇南工业区	0595－85337739
002030	达安基因	中山大学达安基因股份有限公司	C85	何蕴韶	广州市高新技术开发区科学城香山路 19 号	020－32290420
002031	巨轮股份	广东巨轮模具股份有限公司	C73	吴潮忠	广东省揭东经济开发试验区 5 号路中段	0663－3271838
002032	苏 泊 尔	浙江苏泊尔股份有限公司	C69	苏显泽	浙江杭州高新技术产业区江晖路 1772 号苏泊尔大厦 19 楼	0571－86858778
002033	丽江旅游	丽江玉龙旅游股份有限公司	K34	和献中	丽江市古城区香格里大道转台东侧丽江玉龙旅游大楼	0871－3160890
002034	美 欣 达	浙江美欣达印染集团股份有限公司	C11	芮　勇	浙江省湖州市美欣达路 588 号	0572－2619936
002035	华帝股份	中山华帝燃具股份有限公司	C76	黄文枝	广东省中山市小榄镇工业大道南华园路 1 号	0760－22139888－8696
002036	宜科科技	宁波宜科科技实业股份有限公司	C11	张国君	宁波市鄞州区雅源南路 501 号	0574－88263738
002037	久联发展	贵州久联民爆器材发展股份有限公司	C43	周天爵	贵州省贵阳市宝山北路 213 号	0851－6751504
002038	双鹭药业	北京双鹭药业股份有限公司	C85	徐明波	北京市海淀区碧桐园一号楼	010－88799370
002039	黔源电力	贵州黔源电力股份有限公司	D01	耿元柱	贵阳市机场路 5 号黔源大厦	0851－5596623
002040	南 京 港	南京港股份有限公司	F11	章　俊	江苏省南京市下关区江边路 19 号	025－58582085
002041	登海种业	山东登海种业股份有限公司	A01	李登海	山东省莱州市城山路农科院南邻	0535－2788889
002042	华孚色纺	华孚色纺股份有限公司	C11	孙伟挺	深圳市福田区滨河大道 5022 号联合广场 B 座 14 楼	0755－83735593
002043	兔 宝 宝	德华兔宝宝装饰新材股份有限公司	C21	丁鸿敏	浙江省德清县武康镇临溪街 588 号	0572－8405635
002044	江苏三友	江苏三友集团股份有限公司	C13	葛　秋	江苏省南通市人民东路 218 号	0513－85238163
002045	广州国光	国光电器股份有限公司	C51	周海昌	广州市花都区新华镇镜湖大道 8 号	020－86609988
002046	轴研科技	洛阳轴研科技股份有限公司	C71	吴宗彦	洛阳市涧西区吉林路	0379－64881139

续表 13 Continued 13

代码 Code	股票简称 Abbreviation	公司全称 Companies	行业代码 Industries Code	董事长 Board Chairman	地址 Address	电话 Telephone Number
002047	成霖股份	深圳成霖洁具股份有限公司	C69	颜国基	深圳市南山区科技南十路航天科技创新研究院A座七楼	0755-86022812
002048	宁波华翔	宁波华翔电子股份有限公司	C75	周晓峰	浙江省象山县西周镇象西开发区	021-68948127
002049	晶源电子	唐山晶源裕丰电子股份有限公司	C51	陆致成	河北省玉田县无终西街3129号	0315-6198181
002050	三花股份	浙江三花股份有限公司	C71	张道才	浙江省新昌县七星街道下礼泉	0575-86255360
002051	中工国际	中工国际工程股份有限公司	K99	罗　艳	北京市海淀区丹棱街3号	010-82688653
002052	同洲电子	深圳市同洲电子股份有限公司	G81	袁　明	深圳市南山区高新科技园北区彩虹科技大厦六楼	26990000-8880
002053	云南盐化	云南盐化股份有限公司	C4301	杨建东	昆明市拓东路石家巷10号	0871-3126346
002054	德美化工	广东德美精细化工股份有限公司	C43	黄冠雄	佛山市顺德区广珠公路海尾段	0757-28399088-316
002055	得润电子	深圳市得润电子股份有限公司	C51	邱建民	深圳市光明新区观光路得润电子工业园	0755-89492168
002056	横店东磁	横店集团东磁股份有限公司	C51	何时金	东阳市横店工业区东磁大厦	0579-86588283
002057	中钢天源	中钢集团安徽天源科技股份有限公司	C43	洪石笙	马鞍山市经济技术开发区红旗南路51号	0555-5200209
002058	威尔泰	上海威尔泰工业自动化股份有限公司	C78	李　彧	上海市虹中路263号	021-64656465-652
002059	云南旅游	云南旅游股份有限公司	K34	王　冲	昆明市白龙路世博园	0871-5012363
002060	粤水电	广东水电二局股份有限公司	E01	黄迪领	广州市天河区珠江新城华明路9号华普广场西塔21层	020-61776666
002061	江山化工	浙江江山化工股份有限公司	C43	帅长斌	浙江省江山市景星东路38号	0570-4057919
002062	宏润建设	宏润建设集团股份有限公司	E01	郑宏舫	上海市龙漕路200弄28号	021-54976007
002063	远光软件	远光软件股份有限公司	G87	陈利浩	广东省珠海市科技创新海岸远光软件园	0756-3399888
002064	华峰氨纶	浙江华峰氨纶股份有限公司	C47	尤小平	浙江省瑞安市莘塍工业园区	0577-65178053
002065	东华软件	东华软件股份公司	G87	薛向东	北京市海淀区知春路紫金数码园东华合创大厦16层	010-62662318
002066	瑞泰科技	瑞泰科技股份有限公司	C61	曾大凡	北京市朝阳区管庄东里建材院主楼四层	010-51167282
002067	景兴纸业	浙江景兴纸业股份有限公司	C31	朱在龙	浙江省平湖市曹桥镇	0573-85969328
002068	黑猫股份	江西黑猫炭黑股份有限公司	C43	蔡景章	江西省景德镇市历尧	0798-8399126
002069	獐子岛	大连獐子岛渔业集团股份有限公司	A07	吴厚刚	大连市中山区人民路人寿大厦17层	0411-82659666-8015
002070	众和股份	福建众和股份有限公司	C11	许建成	福建省莆田市秀屿区西许工业区5—8号	0592-5054995
002071	江苏宏宝	江苏宏宝五金股份有限公司	C69	朱剑峰	张家港市大新镇128号	0512-58715059
002072	ST德棉	山东德棉股份有限公司	C11	尉　华	山东德州顺河西路18号	0534-2436301
002073	软控股份	软控股份有限公司	C73	袁仲雪	青岛市郑州路43号	0532-84012379
002074	东源电器	江苏东源电器集团股份有限公司	C76	孙益源	江苏省南通市通州区十总镇东源大道1号	0513-86268788
002075	沙钢股份	江苏沙钢股份有限公司	C65	陆锦祥	江苏省张家港经济开发区	0512-58690829
002076	雪莱特	广东雪莱特光电科技股份有限公司	C76	柴国生	佛山市南海区狮山工业科技工业园A区	0757-86695226
002077	大港股份	江苏大港股份有限公司	M	林子文	江苏省镇江新区大港通港路1号江苏大港股份有限公司物流信息中心办公楼	0511-88901898
002078	太阳纸业	山东太阳纸业股份有限公司	C31	李洪信	山东省兖州市友谊路1号	0537-3658715
002079	苏州固锝	苏州固锝电子股份有限公司	C5115	吴念博	江苏省苏州市新区狮山路199号新地中心19楼	86-512-68188888-2063
002080	中材科技	中材科技股份有限公司	C61	李新华	北京市海淀区板井路69号商务中心写字楼12Fa	010-88437750
002081	金螳螂	苏州金螳螂建筑装饰股份有限公司	E05	倪　林	苏州市西环路888号	051-268660622
002082	栋梁新材	浙江栋梁新材股份有限公司	C67	陆志宝	浙江省湖州市八里店镇	0572-2699791
002083	孚日股份	孚日集团股份有限公司	C11	孙日贵	山东省潍坊高密市孚日街1号	0536-2308043
002084	海鸥卫浴	广州海鸥卫浴用品股份有限公司	C69	唐台英	广州市番禺区市桥镇禺山西路联邦工业城内	020-34808178
002085	万丰奥威	浙江万丰奥威汽轮股份有限公司	C75	陈爱莲	浙江省新昌县城关镇新昌工业区	0575-86298339
002086	东方海洋	山东东方海洋科技股份有限公司	A07	车　轼	烟台市莱山区澳柯玛大街18号	0535-6729111
002087	新野纺织	河南新野纺织股份有限公司	C11	魏学柱	河南省新野县城关镇书院路15号	0377-66215788
002088	鲁阳股份	山东鲁阳股份有限公司	C6130	鹿成滨	山东省淄博市沂源县沂河路11号	0533-3283708
002089	新海宜	苏州新海宜通信科技股份有限公司	G81	张亦斌	苏州工业园区泾茂路168号新海宜科技园	0512-67606666-8638

续表 14 Continued 14

代码 Code	股票简称 Abbreviation	公司全称 Companies	行业代码 Industries Code	董事长 Board Chairman	地址 Address	电话 Telephone Number
002090	金智科技	江苏金智科技股份有限公司	C76	葛　宁	南京市江宁经济技术开发区将军大道100号	025-52762205
002091	江苏国泰	江苏国泰国际集团国贸股份有限公司	H01	谭秋斌	江苏省张家港市人民中路65号国泰时代广场A座24楼	0512-58988273
002092	中泰化学	新疆中泰化学(集团)股份有限公司	C4301	王洪欣	新疆乌鲁木齐市西山路78号	0991-8751690
002093	国脉科技	国脉科技股份有限公司	G85	陈榕华	福州市马尾区江滨东大道116号	0591-87307308
002094	青岛金王	青岛金王应用化学股份有限公司	C99	陈索斌	青岛市香港中路18号福泰广场B座25楼	0532-85779728
002095	生 意 宝	浙江网盛生意宝股份有限公司	G87	孙德良	杭州市莫干山路187号易盛大厦12F	0571-88228222
002096	南岭民爆	湖南南岭民用爆破器材股份有限公司	C4360	陈光正	湖南省双牌县泷泊镇双北路6号	0731-85636978
002097	山河智能	山河智能装备股份有限公司	C73	何清华	长沙经济技术开发区漓湘中路16号	0731-83572669
002098	浔兴股份	福建浔兴拉链科技股份有限公司	C99	施能坑	福建省晋江市深沪乌漏沟东工业区	0595-88298019
002099	海翔药业	浙江海翔药业股份有限公司	C81	罗煜竑	浙江省台州市椒江区市府大道507号台州国际商务广场A座8楼	0576-8828065
002100	天康生物	新疆天康畜牧生物技术股份有限公司	C01	杨　焰	新疆乌鲁木齐市高新区长春南路528号天康企业大厦11层	0991-6679232
002101	广东鸿图	广东鸿图科技股份有限公司	C71	邹剑佳	广东省高要市金渡世纪大道168号	0758-8512658
002102	冠福家用	福建冠福现代家用股份有限公司	C61	林文智	福建省泉州市德化县浔中镇土坂村	13505003502
002103	广博股份	广博集团股份有限公司	C37	戴国平	浙江省宁波市鄞州区石碶街道车何广博工业园	0574-28827003
002104	恒宝股份	恒宝股份有限公司	C57	钱云宝	江苏省丹阳市横塘工业区	0511-86644324
002105	信隆实业	深圳信隆实业股份有限公司	C37	廖学金	深圳市宝安区龙华街道办龙发路65号	0755-27749423-182
002106	莱宝高科	深圳莱宝高科技股份有限公司	C51	臧卫东	深圳市南山区高新技术产业园区朗山二路9号	0755-26982490
002107	沃华医药	山东沃华医药科技股份有限公司	C81	赵丙贤	潍坊高新技术产业开发区福寿东街创业大厦2楼	0536-8553373
002108	沧州明珠	沧州明珠塑料股份有限公司	C49	于新立	河北省沧州市新华西路43号	0317-2075245
002109	兴化股份	陕西兴化化学股份有限公司	C43	陈团柱	陕西省兴平市东城区	029-38839966
002110	三钢闽光	福建三钢闽光股份有限公司	C65	卫才清	福建省三明市梅列区工业中路群工三路	0598-8205158
002111	威海广泰	威海广泰空港设备股份有限公司	C73	李光太	威海市古寨南路160号	0631-3953335
002112	三变科技	三变科技股份有限公司	C76	卢旭日	浙江三门海游镇平安路167号	0576-83381318
002113	*ST天润	湖南天润实业控股股份有限公司	C43	赖淦锋	湖南省岳阳市九华山二号办公楼3楼	0730-3338763
002114	罗平锌电	云南罗平锌电股份有限公司	C67	许克昌	云南省曲靖市罗平县罗雄镇九龙大道南段	0874-8256825
002115	三维通信	三维通信股份有限公司	G81	李越伦	杭州市杭州市火炬大道581号	0571-88866999
002116	中国海诚	中国海诚工程科技股份有限公司	K20	陈鄂生	上海市宝庆路21号	021-64314018
002117	东港股份	东港安全印刷股份有限公司	C35	谷望江	山东省济南市山大北路23号	0531-82672212
002118	紫鑫药业	吉林紫鑫药业股份有限公司	C81	郭春生	吉林省柳河县英利路88号	0431-88661817
002119	康强电子	宁波康强电子股份有限公司	C51	郑康定	浙江省宁波市鄞州投资创业中心金源路988号	0574-56807119
002120	新海股份	宁波新海电气股份有限公司	C99	黄新华	宁波市慈溪市浒山街道北三环东路239号	0574-63029608
002121	科陆电子	深圳市科陆电子科技股份有限公司	C57	饶陆华	深圳市南山区高新技术产业园南区T2栋五楼	0755-26719528
002122	天马股份	浙江天马轴承股份有限公司	C71	马兴法	浙江省杭州市石祥路208号	0571-88027658
002123	荣信股份	荣信电力电子股份有限公司	C76	左　强	辽宁鞍山高新区鞍千路261号	0412-7213602
002124	天邦股份	宁波天邦股份有限公司	C01	吴天星	上海市松江区松卫北路665号企福天地9楼	021-37745053
002125	湘潭电化	湘潭电化科技股份有限公司	C43	周红旗	湖南省湘潭市滴水埠	0731-55544048
002126	银轮股份	浙江银轮机械股份有限公司	C75	徐小敏	浙江省天台县福溪街道交通运输机械工业园区	0576-83938250
002127	新民科技	江苏新民纺织科技股份有限公司	C47	柳维特	江苏省吴江市盛泽镇五龙路22号	0512-63550591
002128	露天煤业	内蒙古霍林河露天煤业股份有限公司	B01	刘明胜	内蒙古霍林郭勒市哲里木大街(霍矿珠斯花区)	0475-2352299
002129	中环股份	天津中环半导体股份有限公司	C51	张旭光	天津新技术产业园区华苑产业区(环外)海泰东路12号	022-23789766-3015
002130	沃尔核材	深圳市沃尔核材股份有限公司	C99	周和平	深圳市南山区西丽新围工业区沃尔工业园	0755-28299020
002131	利欧股份	浙江利欧股份有限公司	C73	王相荣	浙江省温岭市工业城中心大道	0576-89986666

续表 19 Continued 19

代码 Code	股票简称 Abbreviation	公司全称 Companies	行业代码 Industries Code	董事长 Board Chairman	地址 Address	电话 Telephone Number
002302	西部建设	新疆西部建设股份有限公司	C61	徐建林	新疆维吾尔自治区乌鲁木齐市西虹东路 456 号腾飞大厦 12 楼	0991 - 8853208
002303	美盈森	深圳市美盈森环保科技股份有限公司	C31	王海鹏	深圳市宝安区光明新陂头村美盈森厂区 A 栋	0755 - 29751877
002304	洋河股份	江苏洋河酒厂股份有限公司	C05	杨廷栋	江苏省宿迁市洋河中大街 118 号	025 - 52489218
002305	南国置业	武汉南国置业股份有限公司	J01	许晓明	武汉市汉口解放大道 387 号	027 - 83988055
002306	湘鄂情	北京湘鄂情股份有限公司	K30	孟　凯	北京市西城区教育街 3 号武警招待所	010 - 63695270
002307	北新路桥	新疆北新路桥建设股份有限公司	E01	朱建国	新疆维吾尔自治区乌鲁木齐市高新区高新街 217 号盈科广场 A 座 16 - 17 层	0991 - 3631208
002308	威创股份	广东威创视讯科技股份有限公司	G83	何正宇	广州高新技术产业开发区彩频路 6 号	020 - 22213431
002309	中利科技	中利科技集团股份有限公司	C76	龚　茵	江苏省常熟东南经济开发区常昆路 8 号	0512 - 52571118
002310	东方园林	北京东方园林股份有限公司	E01	何巧女	北京市朝阳区北苑家园绣菊园 7 号楼	010 - 84900497
002311	海大集团	广东海大集团股份有限公司	C01	薛　华	广州市番禺区迎宾路 730 号天安科技创新大厦 213	020 - 39388960
002312	三泰电子	成都三泰电子实业股份有限公司	G83	补　建	成都市蜀汉西路 42 号	028 - 87506875
002313	日海通讯	深圳日海通讯技术股份有限公司	G81	王文生	深圳市南山区科苑路清华信息港综合楼一层 107 号	0755 - 86185752
002314	雅致股份	雅致集成房屋股份有限公司	C69	田俊彦	深圳市南山区高新技术产业园区南区高新南十二路九洲电器大厦五楼	0755 - 26994739
002315	焦点科技	焦点科技股份有限公司	G87	沈锦华	南京高新开发区星火路软件大厦 A 座 12F	025 - 86903597
002316	键桥通讯	深圳键桥通讯技术股份有限公司	G85	叶　琼	深圳市南山区深南路高新技术工业村 R3A - 6 层	0755 - 26551650
002317	众生药业	广东众生药业股份有限公司	C81	张绍日	广东省东莞市石龙镇西湖工业区信息产业园	0769 - 86188131
002318	久立特材	浙江久立特材科技股份有限公司	C65	周志江	浙江省湖州市双林镇镇西	0572 - 7362125
002319	乐通股份	珠海市乐通化工股份有限公司	C43	张彬贤	珠海市金鼎官塘乐通工业园	0756 - 3383338
002320	海峡股份	海南海峡航运股份有限公司	F07	林　毅	海口市滨海大道东方洋大厦第七层	0898 - 68615335
002321	华英农业	河南华英农业发展股份有限公司	A05	曹家富	河南省潢川县跃进东路 308 号	0371 - 55697517
002322	理工监测	宁波理工监测科技股份有限公司	C76	周方洁	浙江省宁波市保税南区曹娥江路 22 号	0574 - 86821166
002323	中联电气	江苏中联电气股份有限公司	C73	季奎余	盐城市青年西路 88 号	0515 - 88448188
002324	普利特	上海普利特复合材料股份有限公司	C49	周　文	上海市青浦工业园区新业路 558 号	021 - 69210665
002325	洪涛股份	深圳市洪涛装饰股份有限公司	E05	刘年新	广东省深圳市罗湖区泥岗西洪涛路 17 号	0755 - 82122045
002326	永太科技	浙江永太科技股份有限公司	C43	王莺妹	浙江化学原料药基地临海园区	0576 - 85588006
002327	富安娜	深圳市富安娜家居用品股份有限公司	C11	林国芳	深圳市南山区创业南南油大道西路自行车加工厂 1 栋	0755 - 26055091
002328	新朋股份	上海新朋实业股份有限公司	C69	宋伯康	上海市青浦区嘉松中路 518 号	021 - 31166512
002329	皇氏乳业	广西皇氏甲天下乳业股份有限公司	C03	黄嘉棣	南宁市科园大道 66 号	0771 - 3211086
002330	得利斯	山东得利斯食品股份有限公司	C01	郑和平	山东省诸城市昌城镇驻地	0536 - 6339137
002331	皖通科技	安徽皖通科技股份有限公司	G87	王中胜	合肥市高新区梦园路 7 号	0551 - 5318666
002332	仙琚制药	浙江仙琚制药股份有限公司	C81	金敬德	浙江省仙居县仙药路 1 号	0576 - 87731138
002333	罗普斯金	苏州罗普斯金铝业股份有限公司	C67	吴明福	苏州市相城区阳澄湖中路 31 号	0512 - 65768211
002334	英威腾	深圳市英威腾电气股份有限公司	C76	黄申力	深圳市南山区龙井高发科技工业园 4 号厂房	0755 - 86312975
002335	科华恒盛	厦门科华恒盛股份有限公司	C76	陈成辉	厦门市软件园二期望海路 65 号北楼	0592 - 5163990
002336	人人乐	人人乐连锁商业集团股份有限公司	H11	何金明	深圳市南山区前海路心语家园裙楼二层	0755 - 86058141
002337	赛象科技	天津赛象科技股份有限公司	C73	张芝泉	天津市华苑新技术产业园区(环外)海泰发展四道 9 号	022 - 23788169
002338	奥普光电	长春奥普光电技术股份有限公司	C78	宣　明	吉林省长春市经济技术开发区营口路 588 号	0431 - 86176633
002339	积成电子	积成电子股份有限公司	G87	杨志强	济南市华阳路 69 号留学人员创业园 1 号楼 6 层	0531 - 88061716
002340	格林美	深圳市格林美高新技术股份有限公司	B07	许开华	深圳市宝安区宝安中心区兴华路南侧荣超滨海大厦 A 栋 20 层 2008 房	0755 - 33386666
002341	新纶科技	深圳市新纶科技股份有限公司	C43	侯　毅	深圳市南山区高新区科技南十二路曙光大厦 9 楼	0755 - 26993016

续表 20 Continued 20

代码 Code	股票简称 Abbreviation	公司全称 Companies	行业代码 Industries Code	董事长 Board Chairman	地址 Address	电话 Telephone Number
002342	巨力索具	巨力索具股份有限公司	C99	杨建忠	河北省保定市巨力路	0312－8608520
002343	禾欣股份	浙江禾欣实业集团股份有限公司	C49	沈云平	浙江省嘉兴经济开发区东方路 1568 号禾欣工业园	0573－82228188
002344	海宁皮城	海宁中国皮革城股份有限公司	H11	任有法	浙江省海宁市海州西路 201 号	0573－87217777
002345	潮宏基	广东潮宏基实业股份有限公司	C99	廖木枝	汕头市龙湖区龙新工业区龙新五街四号潮宏基工业园	0754－88781767
002346	柘中建设	上海柘中建设股份有限公司	C61	陆仁军	上海市奉贤区浦卫公路 50 号	021－57403737
002347	泰尔重工	安徽泰尔重工股份有限公司	C71	邰正彪	安徽省马鞍山市经济技术开发区红旗南路 18 号	0555－2229086
002348	高乐股份	广东高乐玩具股份有限公司	C37	杨旭恩	广东省普宁市占陇加工区振如大厦	0663－2348056
002349	精华制药	南通精华制药股份有限公司	C81	朱春林	南通市港闸经济开发区兴泰路 9 号	0513－85609152
002350	北京科锐	北京科锐配电自动化股份有限公司	C76	张新育	北京市海淀区上地创业路 8 号 3 号楼 4 层	010－62981321－631
002351	漫步者	深圳市漫步者科技股份有限公司	C55	张文东	深圳市宝安区公明街道长圳社区长兴工业城第 15、16、22、23 栋	0755－86029885
002352	鼎泰新材	马鞍山鼎泰稀土新材料股份有限公司	C69	刘冀鲁	安徽省马鞍山市当涂工业园	0555－6615988
002353	杰瑞股份	烟台杰瑞石油服务集团股份有限公司	B50	孙伟杰	烟台市莱山区澳柯玛大街 7 号	0535－6723532
002354	科冕木业	大连科冕木业股份有限公司	C21	魏　平	庄河市昌盛街道工业园区	0411－82507118
002355	兴民钢圈	山东兴民钢圈股份有限公司	C75	高赫男	山东省龙口经济开发区	0535－8882355
002356	浩宁达	深圳浩宁达仪表股份有限公司	C78	柯良节	深圳市南山区侨香路东方科技园华科大厦六楼	0755－26755598
002357	富临运业	四川富临运业集团股份有限公司	F03	陈曙光	成都市府青路二段 18 号新 1 号	028－83262759
002358	森源电气	河南森源电气股份有限公司	C76	楚金甫	河南省长葛市人民路北段	0374－6108288
002359	齐星铁塔	山东齐星铁塔科技股份有限公司	C69	赵长水	邹平县开发区会仙二路	0543－4305986
002360	同德化工	山西同德化工股份有限公司	C43	张云升	山西省河曲县文笔镇焦尾城大茂口	0350－7264191
002361	神剑股份	安徽神剑新材料股份有限公司	C43	刘志坚	芜湖经济技术开发区桥北工业园	0553－5316333
002362	汉王科技	汉王科技股份有限公司	G87	刘迎建	北京市海淀区东北旺西路 8 号 5 号楼三层	010－82786816
002363	隆基机械	山东隆基机械股份有限公司	C75	张海燕	山东省龙口市外向型经济开发区	0535－8881898
002364	中恒电气	杭州中恒电气股份有限公司	C76	朱国锭	杭州市高新区之江科技工业园东信大道 69 号	0571－86699838
002365	永安药业	潜江永安药业股份有限公司	C03	陈　勇	潜江市泽口经济开发区竹泽路 16 号	0728－6204039
002366	丹甫股份	四川丹甫制冷压缩机股份有限公司	C71	罗志中	四川省青神县黑龙镇	028－38926346
002367	康力电梯	康力电梯股份有限公司	C75	王友林	吴江(芦墟)临沪经济开发区 88 号	0512－63295388
002368	太极股份	太极计算机股份有限公司	G87	李建明	北京市海淀区北四环中路 211 号软件楼六层证券部	010－51616093
002369	卓翼科技	深圳市卓翼科技股份有限公司	G81	田　昱	深圳市南山区西丽平山民企科技园 5 栋	0755－26986749
002370	亚太药业	浙江亚太药业股份有限公司	C81	吕旭幸	浙江省绍兴县云集路 1152 号	0575－84810101
002371	七星电子	北京七星华创电子股份有限公司	C57	王彦伶	北京市朝阳区酒仙桥东路 1 号	010－64369908
002372	伟星新材	浙江伟星新型建材股份有限公司	C49	金红阳	浙江省临海经济开发区	0576－85225086
002373	联信永益	北京联信永益科技股份有限公司	G87	赵余粮	北京市海淀区北四环中路 238 号柏彦大厦 803—808 室	010－82335441
002374	丽鹏股份	山东丽鹏股份有限公司	C69	孙世尧	山东省烟台市牟平区姜格庄镇邹革庄村	0535－4660587
002375	亚厦股份	浙江亚厦装饰股份有限公司	E05	丁欣欣	浙江省杭州市望江东路 299 号冠盛大厦	0571－89880808
002376	新北洋	山东新北洋信息技术股份有限公司	G83	门洪强	山东省威海市火炬高技术产业开发区火炬路 169 号	0631－5675777
002377	国创高新	湖北国创高新材料股份有限公司	C41	高庆寿	武汉市武昌关东科技园高科大厦 17 层	027－87617347
002378	章源钨业	崇义章源钨业股份有限公司	C67	黄泽兰	江西省赣州市崇义县城塔下	0797－3813839
002379	鲁丰股份	山东鲁丰铝箔股份有限公司	C67	于荣强	山东省博兴县滨博大街 1568 号	0543－2385777
002380	科远股份	南京科远自动化集团股份有限公司	C76	刘国耀	南京市江宁经济技术开发区西门子路 27 号	025－68598968－9808
002381	双箭股份	浙江双箭橡胶股份有限公司	C48	沈耿亮	浙江省桐乡市洲泉镇晚村	0573－88533969
002382	蓝帆股份	山东蓝帆塑胶股份有限公司	C49	李振平	淄博齐鲁化学工业区清田路 21 号	0533－7480108
002383	合众思壮	北京合众思壮科技股份有限公司	G81	郭信平	北京市朝阳区酒仙桥北路甲 10 号 204 号楼	010－58275260
002384	东山精密	苏州东山精密制造股份有限公司	C69	袁永刚	苏州市吴中区东山镇凤凰山路 8 号	0512－66306201

续表 21 Continued 21

代码 Code	股票简称 Abbreviation	公司全称 Companies	行业代码 Industries Code	董事长 Board Chairman	地址 Address	电话 Telephone Number
002385	大北农	北京大北农科技集团股份有限公司	C01	邵根伙	北京市海淀区中关村大街27号中关村大厦14层	010-82856450-8059
002386	天原集团	宜宾天原集团股份有限公司	C43	肖池权	四川省宜宾市下江北	0831-3608918
002387	黑牛食品	黑牛食品股份有限公司	C05	林秀浩	汕头市潮汕路金园工业城内9A5A6	0754-88106868-8007
002388	新亚制程	深圳市新亚电子制程股份有限公司	C57	许伟明	深圳市福田区华强北路赛格广场33层3310A	0755-23818518
002389	南洋科技	浙江南洋科技股份有限公司	C51	邵雨田	浙江省台州市开发区开发大道388号	0576-88169788
002390	信邦制药	贵州信邦制药股份有限公司	C81	张观福	贵州省贵阳市白云经济开发区信邦大道227号	0851-8660261
002391	长青股份	江苏长青农化股份有限公司	C43	于国权	江苏省江都市浦头镇江灵路1号	0514-86424918
002392	北京利尔	北京利尔高温材料股份有限公司	C61	赵继增	北京市昌平区小汤山工业园	010-61712828
002393	力生制药	天津力生制药股份有限公司	C81	孙宝卫	天津市南开区黄河道491号	022-27642048
002394	联发股份	江苏联发纺织股份有限公司	C11	孔祥军	江苏省海安县城东镇恒联路88号	0513-88869069
002395	双象股份	无锡双象超纤材料股份有限公司	C49	唐炳泉	无锡市新区鸿山街道后宅中路188号	0510-88993888-8701
002396	星网锐捷	福建星网锐捷通讯股份有限公司	G81	黄奕豪	福州市金山大道618号橘园洲星网锐捷科技园	0591-83057977
002397	梦洁家纺	湖南梦洁家纺股份有限公司	C11	姜天武	长沙市高新技术产业开发区麓谷产业基地长川路2号	0731-82848012
002398	建研集团	厦门市建筑科学研究院集团股份有限公司	K20	蔡永太	厦门市思明区湖滨南路62号	0592-2273727
002399	海普瑞	深圳市海普瑞药业股份有限公司	C81	李 锂	深圳市南山区松坪山郎山路21号	0755-26980311
002400	省广股份	广东省广告股份有限公司	K20	戴书华	广州市越秀区东风东路745号之二	020-87617378
002401	中海科技	中海网络科技股份有限公司	G87	沈以华	上海市浦东新区民生路600号	021-58525694
002402	和而泰	深圳和而泰智能控制股份有限公司	C51	刘建伟	深圳市高新南区深圳航天科技创新研究院大厦D座10楼	0755-86119219
002403	爱仕达	浙江爱仕达电器股份有限公司	C69	陈合林	浙江温岭市经济开发区科技路2号	0576-86199005
002404	嘉欣丝绸	浙江嘉欣丝绸股份有限公司	C11	周国建	浙江省嘉兴市中山东路88号丝绸大楼	0573-82078789
002405	四维图新	北京四维图新科技股份有限公司	G87	吴劲风	北京市朝阳区曙光西里甲5号凤凰置地广场A座写字楼16层	010-82306399-6988
002406	远东传动	许昌远东传动轴股份有限公司	C75	刘延生	河南省许昌市北郊尚集镇	0374-5650017
002407	多氟多	多氟多化工股份有限公司	C43	李世江	河南省焦作市中站区焦克路	0391-2956956
002408	齐翔腾达	淄博齐翔腾达化工股份有限公司	C43	车成聚	山东省淄博市临淄区胶厂南路1号	0533-7544432-2404
002409	雅克科技	江苏雅克科技股份有限公司	C43	沈 琦	宜兴经济开发区荆溪北路	0510-87126509
002410	广联达	广联达软件股份有限公司	G87	刁志中	北京市海淀区东北旺西路8号院中关村软件园甲18号楼广联达大厦	010-82342059
002411	九九久	江苏九九久科技股份有限公司	C43	周新基	江苏省如东县马塘镇建设路40号	0513-84415116
002412	汉森制药	湖南汉森制药股份有限公司	C81	刘令安	湖南省益阳市银城南路	0737-6351486
002413	常发股份	江苏常发制冷股份有限公司	C71	黄小平	常州市武进区礼嘉镇建东村建华路南	0519-86237018
002414	高德红外	武汉高德红外股份有限公司	C57	黄 立	武汉市洪山区书城路26号	027-87671928
002415	海康威视	杭州海康威视数字技术股份有限公司	C57	陈宗年	浙江省杭州市滨江区东流路700号海康威视制造基地1号楼6楼	0571-89710492
002416	爱施德	深圳市爱施德股份有限公司	H03	黄文辉	深圳市福田区泰然大道东泰然劲松大厦20F	0755-21519966
002417	三元达	福建三元达通讯股份有限公司	G81	黄国英	福州市鼓楼区五凤街道软件大道89号福州软件园产业基地二期7#楼	0591-83736937
002418	康盛股份	浙江康盛股份有限公司	C71	陈汉康	浙江省淳安县千岛湖镇坪山工业园区康盛路268号	0571-64836953
002419	天虹商场	天虹商场股份有限公司	H11	吴光权	深圳市福田区福中一路1016号地铁大厦20—24层	0755-82769095
002420	毅昌股份	广州毅昌科技股份有限公司	C49	冼 燃	广州市高新技术产业开发区科学城科丰路29号	020-32200889
002421	达实智能	深圳达实智能股份有限公司	G87	刘 磅	深圳市南山区高新技术村W1栋A座五楼	0755-26525166
002422	科伦药业	四川科伦药业股份有限公司	C81	刘革新	成都市锦里西路107号锦江时代花园二幢18、19F	028-86133981
002423	中原特钢	中原特钢股份有限公司	C73	李宗樵	河南省济源市承留镇小寨村	0392-6099031
002424	贵州百灵	贵州百灵企业集团制药股份有限公司	C81	姜 伟	贵州省安顺市经济技术开发区西航大道	0853-3415126

续表 22 Continued 22

代码 Code	股票简称 Abbreviation	公司全称 Companies	行业代码 Industries Code	董事长 Board Chairman	地址 Address	电话 Telephone Number
002425	凯撒股份	凯撒(中国)股份有限公司	C13	郑合明	广东省汕头市龙湖珠津工业区珠津1街3号凯撒工业城	0754-88805099
002426	胜利精密	苏州胜利精密制造科技股份有限公司	C55	高玉根	苏州高新区浒关工业园	0512-69207200
002427	尤夫股份	浙江尤夫高新纤维股份有限公司	C47	茅惠新	浙江省湖州市和孚镇工业园区	0572-3961786
002428	云南锗业	云南临沧鑫圆锗业股份有限公司	C67	包文东	云南省临沧市临翔区忙畔街道办事处忙畔社区喜鹊窝组168号	0871-3629466
002429	兆驰股份	深圳市兆驰股份有限公司	C55	顾伟	深圳市福田区彩田路3069号星河世纪大厦A座31—32楼	0755-33345613
002430	杭氧股份	杭州杭氧股份有限公司	C71	蒋明	浙江省杭州市下城区中山北路592号弘元大厦	0571-85869076
002431	棕榈园林	棕榈园林股份有限公司	E01	吴桂昌	广东省广州市黄埔大道西638号广东农信大厦18层	020-37882986
002432	九安医疗	天津九安医疗电子股份有限公司	C73	刘毅	天津市南开区雅安道金平路3号	022-60526161-8220
002433	太安堂	广东太安堂药业股份有限公司	C81	柯少彬	广东省汕头市金园工业区11R2-2片区第1、2座	0754-88106066-188
002434	万里扬	浙江万里扬变速器股份有限公司	C75	黄河清	浙江省金华市宾虹西路3999号	0579-82216776
002435	长江润发	长江润发机械股份有限公司	C73	郁霞秋	江苏省张家港市金港镇镇山东路	0512-56926897
002436	兴森科技	深圳市兴森快捷电路科技股份有限公司	C51	邱醒亚	深圳市南山区深南路科技园工业厂房25栋1段3层	020-32213203
002437	誉衡药业	哈尔滨誉衡药业股份有限公司	C81	朱吉满	黑龙江省哈尔滨市呼兰区利民经济技术开发区北京路29号	010-59711207
002438	江苏神通	江苏神通阀门股份有限公司	C71	吴建新	江苏省启东市南阳工业区	0513-83335899
002439	启明星辰	北京启明星辰信息技术股份有限公司	G87	王佳	北京市海淀区东北旺西路8号中关村软件园21号启明星辰大厦	010-82779253
002440	闰土股份	浙江闰土股份有限公司	C43	阮加根	浙江省上虞市道墟镇闰土大道8号	0575-82516762
002441	众业达	众业达电气股份有限公司	H03	吴开贤	广东省汕头市衡山路62号	0754-88738831
002442	龙星化工	龙星化工股份有限公司	C43	刘江山	河北省沙河市东环路龙星街1号	0319-8869260
002443	金洲管道	浙江金洲管道科技股份有限公司	C69	沈淦荣	浙江省湖州市二里桥路57号	0572-2065280
002444	巨星科技	杭州巨星科技股份有限公司	C69	仇建平	杭州市江干区九环路35号	0571-81601139
002445	中南重工	江阴中南重工股份有限公司	C69	陈少忠	江苏省江阴市高新技术开发园金山路	0510-86996882
002446	盛路通信	广东盛路通信科技股份有限公司	G81	杨华	佛山市三水区西南工业园进业2路4号	0757-87744984
002447	壹桥苗业	大连壹桥海洋苗业股份有限公司	A07	刘德群	大连瓦房店市炮台镇鲍鱼岛村	0411-98990007
002448	中原内配	河南省中原内配股份有限公司	C75	薛德龙	河南省孟州市韩愈大街146号	0391-8298666
002449	国星光电	佛山市国星光电股份有限公司	C51	王垚浩	佛山市国星光电股份有限公司	0757-82100271
002450	康得新	北京康得新复合材料股份有限公司	C43	钟玉	北京市昌平区昌平科技园区振兴路26号	010-89710777
002451	摩恩电气	上海摩恩电气股份有限公司	C76	问泽鸿	上海浦东新区龙东大道5901号	021-58974262-2210
002452	长高集团	湖南长高高压开关集团股份公司	C76	马孝武	湖南省高科技食品工业基地金星大道西侧	0731-88585000
002453	天马精化	苏州天马精细化学品股份有限公司	C43	徐仁华	苏州市吴中区木渎镇花苑东路199-1号	0512-66571019
002454	松芝股份	上海加冷松芝汽车空调股份有限公司	C75	陈福泉	上海市莘庄工业区华宁路4999号	021-54429531
002455	百川股份	无锡百川化工股份有限公司	C43	郑铁江	江苏省江阴市云亭镇工业园区建设路55号	0510-86019100
002456	欧菲光	深圳欧菲光科技股份有限公司	C51	蔡荣军	深圳市宝安区公明街道松白公路华发路段欧菲光科技园	0755-27555331
002457	青龙管业	宁夏青龙管业股份有限公司	C61	陈家兴	银川市高新区创新园41号楼	0951-5673796
002458	益生股份	山东益生种畜禽股份有限公司	A05	曹积生	山东省烟台市芝罘区朝阳街80号	0535-6215377
002459	天业通联	秦皇岛天业通联重工股份有限公司	C73	朱新生	秦皇岛市经济技术开发区天山北路3号	0335-5302528
002460	赣锋锂业	江西赣锋锂业股份有限公司	C67	李良彬	江西省新余市经济开发区龙腾路	0790-6415506
002461	珠江啤酒	广州珠江啤酒股份有限公司	C05	方贵权	广州市海珠区新港东路磨碟沙大街118号	020-84207045
002462	嘉事堂	嘉事堂药业股份有限公司	H01	丁元伟	北京市海淀区昆明湖南路11号1号楼	010-88433464
002463	沪电股份	沪士电子股份有限公司	C51	吴礼淦	江苏省昆山市黑龙江北路55号	0512-57356148
002464	金利科技	昆山金利表面材料应用科技股份有限公司	C49	方幼玲	江苏省昆山市经济技术开发区昆嘉路1098号	0512-57901098

续表 23 Continued 23

代码 Code	股票简称 Abbreviation	公司全称 Companies	行业代码 Industries Code	董事长 Board Chairman	地址 Address	电话 Telephone Number
002465	海格通信	广州海格通信集团股份有限公司	G81	杨海洲	广州市高新技术产业开发区科学城海云路 88 号	020-82085300
002466	天齐锂业	四川天齐锂业股份有限公司	C43	蒋卫平	四川射洪县太和镇城北	028-85183501
002467	二六三	二六三网络通信股份有限公司	G85	李小龙	北京市朝阳区和平里东土城路 14 号建达大厦 16 层	010-84281263-7101
002468	艾迪西	浙江艾迪西流体控制股份有限公司	C69	李家德	浙江省玉环县机电工业园区	0576-87298766
002469	三维工程	山东三维石化工程股份有限公司	K20	曲思秋	山东省淄博市临淄区炼厂中路 22 号	0533-7574189
002470	金正大	山东金正大生态工程股份有限公司	C43	万连步	山东省临沭县兴大西街 19 号	0539-7198691
002471	中超电缆	江苏中超电缆股份有限公司	C76	杨　飞	宜兴市西郊工业园振丰东路 999 号	0510-87698008
002472	双环传动	浙江双环传动机械股份有限公司	C71	吴长鸿	浙江省玉环县机电工业园区 1—14 号	0576-87237669
002473	圣莱达	宁波圣莱达电器股份有限公司	C55	杨宁恩	宁波市江北区康庄南路 515 号	0574-87522994
002474	榕基软件	福建榕基软件股份有限公司	G87	鲁　峰	福建省福州市鼓楼区软件大道 89 号 A 区 15 座	0591-87860988-2036
002475	立讯精密	深圳立讯精密工业股份有限公司	C51	王来春	深圳市宝安区西乡镇洲石路翻身二业厂房 G1(1—3 层)	0755-19975828-840
002476	宝莫股份	山东宝莫生物化工股份有限公司	C43	夏春良	山东省东营市东营区西四路 892 号	0546-7788268
002477	雏鹰农牧	雏鹰农牧集团股份有限公司	A05	侯建芳	河南新郑市薛店镇世纪大道	0371-62583825
002478	常宝股份	江苏常宝钢管股份有限公司	C65	曹　坚	江苏省常州市延陵东路 558 号	0519-88814347
002479	富春环保	浙江富春江环保热电股份有限公司	D01	吴　斌	浙江省富阳市灵桥镇春永路 188 号	0571-63553779
002480	新筑股份	成都市新筑路桥机械股份有限公司	C71	黄志明	成都市四川新津工业园区	028-82550671
002481	双塔食品	烟台双塔食品股份有限公司	C03	杨君敏	山东省招远市金岭镇寨里	0535-8070881
002482	广田股份	深圳广田装饰集团股份有限公司	E05	叶远西	深圳市罗湖区沿河北路 1003 号京基东方都会大厦 1—2 层	0755-25886666-856
002483	润邦股份	江苏润邦重工股份有限公司	C73	吴　建	江苏省南通经济技术开发区振兴西路 9 号	0513-80100206
002484	江海股份	南通江海电容器股份有限公司	C51	陈卫东	江苏省通州市平潮镇通扬南路 79 号	0513-86726006
002485	希努尔	希努尔男装股份有限公司	C13	王桂波	山东省诸城市东环路 58 号	0536-6076188
002486	嘉麟杰	上海嘉麟杰纺织品股份有限公司	C11	黄伟国	上海市金山区亭林镇亭枫公路 1918 号	021-37330000-1132
002487	大金重工	辽宁大金重工股份有限公司	C69	金　鑫	辽宁省阜新市新邱区新邱大街 155 号	0418-6602618
002488	金固股份	浙江金固股份有限公司	C75	孙金国	浙江省富阳市富春街丰收路 28 号	0571-63133920
002489	浙江永强	浙江永强集团股份有限公司	C25	谢建勇	浙江省临海市前江南路 1 号	0576-85956868
002490	山东墨龙	山东墨龙石油机械股份有限公司	C73	张恩荣	山东省寿光市北环路 99 号	0536-5789083
002491	通鼎光电	江苏通鼎光电股份有限公司	G81	沈小平	吴江市震泽镇八都经济开发区小平大道 8 号	0512-63878226
002492	恒基达鑫	珠海恒基达鑫国际化工仓储股份有限公司	F21	王青运	广东珠海市吉大水湾路 368 号南油大酒店玻璃楼 3 楼	0756-3226242
002493	荣盛石化	荣盛石化股份有限公司	C47	李水荣	杭州市萧山区益农镇红阳路 98 号	0571-82520189
002494	华斯股份	华斯农业开发股份有限公司	C14	贺国英	河北省肃宁县尚村镇	0317-5090055
002495	佳隆股份	广东佳隆食品股份有限公司	C03	林平涛	广东省普宁市池尾工业区上寮园 256 幢 0138 号	0663-2912816
002496	辉丰股份	江苏辉丰农化股份有限公司	C43	仲汉根	江苏省大丰市人民南路 90 号	0515-83255333
002497	雅化集团	四川雅化实业集团股份有限公司	C43	郑　戎	四川省雅安市雨城区陇西路 20 号	0835-2872161
002498	汉缆股份	青岛汉缆股份有限公司	C76	张华凯	青岛市崂山区九水东路 628 号	0532-88817759
002499	科林环保	科林环保装备股份有限公司	C73	宋七棣	江苏省苏州工业园区通园路 210 号	0512-62515549
002500	山西证券	山西证券股份有限公司	I21	侯　巍	山西省太原市府西街 69 号山西国际贸易中心东塔楼	0351-8686668
002501	利源铝业	吉林利源铝业股份有限公司	C67	王　民	吉林省辽源民营经济开发区友谊工业园区	0437-3166501
002502	骅威股份	骅威科技股份有限公司	C37	郭卓才	汕头市澄海区澄华工业区玉亭路	0754-85854985
002503	搜于特	东莞市搜于特服装股份有限公司	H11	马　鸿	广东省东莞市道滘镇昌平第二工业区第一栋	0769-81333505
002504	东光微电	江苏东光微电子股份有限公司	C51	沈建平	江苏省宜兴市新街百合工业园区	0510-87138930
002505	大康牧业	湖南大康牧业股份有限公司	A05	陈黎明	湖南省怀化市鹤城区鸭嘴岩工业园 3 栋	0745-2828532
002506	超日太阳	上海超日太阳能科技股份有限公司	C57	倪开禄	上海市奉贤区南桥镇杨王经济园区旗港路 738 号	021-51881230
002507	涪陵榨菜	重庆市涪陵榨菜集团股份有限公司	C03	周斌全	重庆市涪陵区体育南路 29 号	023-72231475

续表 24 Continued 24

代码 Code	股票简称 Abbreviation	公司全称 Companies	行业代码 Industries Code	董事长 Board Chairman	地址 Address	电话 Telephone Number
002508	老板电器	杭州老板电器股份有限公司	C76	任建华	杭州余杭区余杭经济开发区临平大道 592 号	0571－86187810
002509	天广消防	天广消防股份有限公司	C73	陈秀玉	福建省南安市成功科技工业区	0595－26929988
002510	天汽模	天津汽车模具股份有限公司	C75	胡津生	天津空港物流加工区航天路 77 号	022－24895297
002511	中顺洁柔	中顺洁柔纸业股份有限公司	C31	邓颖忠	中山市东升镇坦背胜龙村	0760－87885678
002512	达华智能	中山达华智能科技股份有限公司	C51	蔡小如	中山市小榄镇泰丰工业区水怡南路 9 号	0760－22108818
002513	蓝丰生化	江苏蓝丰生物化工股份有限公司	C43	杨振华	江苏新沂经济开发区苏化路 1 号	0516－88920479
002514	宝馨科技	苏州宝馨科技实业股份有限公司	C69	叶云宙	苏州高新区浒墅关经济开发区新亭路 10 号	0512－66729265
002515	金字火腿	金字火腿股份有限公司	C01	施延军	浙江省金华市工业园区金帆街 1000 号	0579－82262717
002516	江苏旷达	江苏旷达汽车织物集团股份有限公司	C11	沈介良	江苏省常州市武进区雪堰镇旷达路 1 号	0519－86159358
002517	泰亚股份	泰亚鞋业股份有限公司	C13	林祥加	福建省泉州市经济技术开发区清濛园区美泰路 36 号	0595－22495000
002518	科士达	深圳科士达科技股份有限公司	C76	刘程宇	深圳市南山区高新北区软件园 1 栋 4 楼 401、402 室	0755－86168479
002519	银河电子	江苏银河电子股份有限公司	G81	吴建明	江苏省张家港市塘桥镇南环路 188 号	0512－58449138
002520	日发数码	浙江日发数码精密机械股份有限公司	C71	王本善	浙江省新昌县七星街道日发数码科技园	0575－86299388
002521	齐峰股份	山东齐峰特种纸业股份有限公司	C31	李学峰	山东省淄博市临淄朱台镇朱台路 22 号	0533－7785535
002522	浙江众成	浙江众成包装材料股份有限公司	C49	陈大魁	浙江省嘉善县经济开发区柳溪路	0573－84187345
002523	天桥起重	株洲天桥起重机股份有限公司	C73	成固平	湖南省株洲市石峰区田心北门	0731－22337000－8023
002524	光正钢构	光正钢结构股份有限公司	E01	周永麟	新疆维吾尔自治区乌鲁木齐经济技术开发区上海路 105 号	0991－3766551
002526	山东矿机	山东矿机集团股份有限公司	C73	赵笃学	山东省昌乐经济开发区矿机工业园	0536－6221012
002527	新时达	上海新时达电气股份有限公司	C76	纪德法	上海市嘉定区南翔镇新勤路 289 号	021－69926126
002528	英飞拓	深圳英飞拓科技股份有限公司	C57	刘肇怀	深圳市宝安区观澜高新技术产业园英飞拓厂房	0755－86090818
002529	海源机械	福建海源自动化机械股份有限公司	C73	李良光	福建闽侯县荆溪镇铁岭北路 2 号	0591－22917627
002530	丰东股份	江苏丰东热技术股份有限公司	C71	朱文明	江苏省大丰市经济开发区南翔西路 333 号	0515－83282808
002531	天顺风能	天顺风能(苏州)股份有限公司	C73	严俊旭	太仓经济开发区宁波东路 28 号	0512－81607016
002532	新界泵业	浙江新界泵业股份有限公司	C73	许敏田	浙江省温岭市大溪镇大洋城工业区	0576－81670968
002533	金杯电工	金杯电工股份有限公司	C76	吴学愚	长沙市湖南环保科技产业园新兴路 159 号	0731－88280636
002534	杭锅股份	杭州锅炉集团股份有限公司	C71	吴南平	杭州市下城区东新路 245 号	0571－85387519
002535	林州重机	林州重机集团股份有限公司	C73	郭现生	河南省林州市河顺镇申村	0372－6024321
002536	西泵股份	河南省西峡汽车水泵股份有限公司	C75	孙耀志	河南省西峡县工业大道	0377－69723888
002537	海立美达	青岛海立美达股份有限公司	C71	刘国平	青岛即墨市青威路 1626 号	0532－89066166
002538	司尔特	安徽省司尔特肥业股份有限公司	C43	金国清	安徽省宁国经济技术开发区	0563－4181590
002539	新都化工	成都市新都化工股份有限公司	C43	牟嘉云	成都市新都工业开发区南二路	028－87373422
002540	亚太科技	江苏亚太轻合金科技股份有限公司	C67	周福海	江苏省无锡市新区坊兴路 8 号	0510－88271111－838
002541	鸿路钢构	安徽鸿路钢结构(集团)股份有限公司	C69	开金伟	合肥市双凤工业区	0551－63914005
002542	中化岩土	中化岩土工程股份有限公司	E01	吴延炜	北京市大兴区北京市大兴工业开发区奥宇大厦 711 室	010－61271947
002543	万和电气	广东万和新电气股份有限公司	C76	卢础其	佛山市顺德高新区(容桂)建业中路 13 号	0757－28382828
002544	杰赛科技	广州杰赛科技股份有限公司	G85	何可玉	广州市新港中路 381 号杰赛科技大楼 1503 室	020－84118251
002545	东方铁塔	青岛东方铁塔股份有限公司	C69	韩方如	胶州市广州北路 318 号	0532－88056092
002546	新联电子	南京新联电子股份有限公司	C76	胡　敏	南京市江宁经济技术开发区利源北路 66 号	025－52768217
002547	春兴精工	苏州春兴精工股份有限公司	C69	孙洁晓	苏州市工业园区唯亭镇金陵东路 120 号	0512－62625319
002548	金新农	深圳市金新农饲料股份有限公司	C01	陈俊海	深圳市宝安区公明镇将石塘下围	0755－27166036－806
002549	凯美特气	湖南凯美特气体股份有限公司	C99	祝恩福	湖南省岳阳市七里山	0730－8553359
002550	千红制药	常州千红生化制药股份有限公司	C85	王耀方	江苏省常州市新北区长江中路 90 号	0519－85156003
002551	尚荣医疗	深圳市尚荣医疗股份有限公司	C73	梁桂秋	深圳市龙岗区宝龙工业城宝龙 5 路 2 号尚荣科技工业园 1 号厂房 2 楼	0755－82290938

续表 25 Continued 25

代码 Code	股票简称 Abbreviation	公司全称 Companies	行业代码 Industries Code	董事长 Board Chairman	地址 Address	电话 Telephone Number
002552	宝鼎重工	宝鼎重工股份有限公司	C71	朱宝松	杭州余杭区塘栖镇工业园区内	0571-86319217
002553	南方轴承	江苏南方轴承股份有限公司	C71	史建伟	常州市武进高新技术产业开发区龙翔路9号	0519-89810127
002554	惠博普	华油惠博普科技股份有限公司	B50	黄 松	北京西城区黄寺大街26号院德胜置业大厦1号楼706室	010-82809807
002555	顺荣股份	芜湖顺荣汽车部件股份有限公司	C75	吴绪顺	安徽省芜湖市南陵县经济开发区	0553-6816767
002556	辉隆股份	安徽辉隆农资集团股份有限公司	H11	李永东	安徽省合肥市祁门路1777号辉隆大厦	0551-2634360
002557	洽洽食品	洽洽食品股份有限公司	C01	陈先保	合肥市经济技术开发区莲花路	0551-2227008
002558	世纪游轮	重庆新世纪游轮股份有限公司	K34	彭建虎	重庆市南岸区江南大道8号万达广场1栋5层	023-62328999-9906
002559	亚威股份	江苏亚威机床股份有限公司	C71	吉素琴	江苏省江都市黄海南路仙城工业园	0514-86880522
002560	通达股份	河南通达电缆股份有限公司	C76	史万福	河南省偃师市史家湾工业区	0379-67512588
002561	徐家汇	上海徐家汇商城股份有限公司	H11	高云颂	上海市肇嘉浜路1068号	021-64269999
002562	兄弟科技	兄弟科技股份有限公司	C43	钱志达	浙江省海宁市周王庙镇联民村蔡家石桥3号	0573-80703928
002563	森马服饰	浙江森马服饰股份有限公司	H11	邱光和	上海市闵行区莲花南路2689号	0577-88095112
002564	张化机	张家港化工机械股份有限公司	C73	陈玉忠	江苏省张家港市金港镇后塍澄杨路20号	0512-58788351
002565	上海绿新	上海绿新包装材料科技股份有限公司	C31	王 丹	上海市普陀区真陈路200号	021-66278702
002566	益盛药业	吉林省集安益盛药业股份有限公司	C81	张益胜	吉林省集安市文化东路17—20号	0435-6236050
002567	唐人神	唐人神集团股份有限公司	C01	陶一山	湖南省株洲市国家高新技术产业开发区栗雨工业园	0731-28591247
002568	百润股份	上海百润香精香料股份有限公司	C43	刘晓东	上海市康桥工业区康桥东路558号	021-58135000-109
002569	步森股份	浙江步森服饰股份有限公司	C13	王建军	浙江省诸暨市枫桥镇步森大道419号	0575-87480311
002570	贝因美	浙江贝因美科工贸股份有限公司	C03	朱德宇	杭州市滨江区南环路3758号	0571-28038959
002571	德力股份	安徽德力日用玻璃股份有限公司	C61	施卫东	安徽省滁州市凤阳县工业园	0552-3152498
002572	索菲亚	索菲亚家居股份有限公司	C25	江淦钧	广州市增城市新塘镇宁西工业园	020-87533019
002573	国电清新	北京国电清新环保技术股份有限公司	K99	张开元	北京市海淀区西八里庄路69号人民政协报大厦10层	010-88111168-8020
002574	明牌珠宝	浙江明牌珠宝股份有限公司	C99	虞兔良	浙江省绍兴县福全工业区	0575-84024457
002575	群兴玩具	广东群兴玩具股份有限公司	C37	林伟章	汕头市澄海区莱芜经济开发试验区莱美工业区	0754-85504287
002576	通达动力	江苏通达动力科技股份有限公司	C76	姜煜峰	江苏省南通市通州区四安镇兴石路58号	0513-86213757
002577	雷柏科技	深圳雷柏科技股份有限公司	G83	曾 浩	深圳市宝安区福永街道凤凰第三工业区第一工业园A1栋、B1幢1号楼、B1幢2号楼、二期第一	0755-27306371
002578	闽发铝业	福建省闽发铝业股份有限公司	C67	黄天火	福建省南安市南美综合开发区	0595-86279713
002579	中京电子	惠州中京电子科技股份有限公司	C51	杨 林	惠州市鹅岭南路七巷三号中京科技园	0752-2288573
002580	圣阳股份	山东圣阳电源股份有限公司	C76	宋 斌	山东省曲阜市圣阳路1号	0537-4435777
002581	万昌科技	淄博万昌科技股份有限公司	C43	于秀媛	山东省淄博市张店区朝阳路18号	0533-2988888
002582	好想你	好想你枣业股份有限公司	C01	石聚彬	新郑市孟庄镇	0371-62589968
002583	海能达	海能达通信股份有限公司	G81	陈清州	深圳市南山区高新区北区北环路好易通大厦	0755-26972999
002584	西陇化工	西陇化工股份有限公司	C43	黄伟波	汕头市潮汕路西陇中街1—3号	020-62612188
002585	双星新材	江苏双星彩塑新材料股份有限公司	C49	吴培服	江苏省宿迁市宿豫区彩塑工业园区井头街1号	0527-84252088
002586	围海股份	浙江省围海建设集团股份有限公司	E01	冯全宏	浙江省宁波市江南路599号科技大厦9层	0574-87911788
002587	奥拓电子	深圳市奥拓电子股份有限公司	C57	吴涵渠	深圳市南山区深南大道高新技术工业村T2厂房T2A6-B	0755-26719889
002588	史丹利	史丹利化肥股份有限公司	C43	高文班	山东省临沂市临沭县城常林东大街东首	0539-6263620
002589	瑞康医药	山东瑞康医药股份有限公司	H01	韩 旭	烟台市芝罘区机场路326号	0535-6737695
002590	万安科技	浙江万安科技股份有限公司	C75	陈利祥	浙江省诸暨市店口镇工业区	0575-87165511
002591	恒大高新	江西恒大高新技术股份有限公司	C69	朱星河	江西省南昌市高新区金庐北路88号	0791-8194572
002592	八菱科技	南宁八菱科技股份有限公司	C75	顾 瑜	广西南宁市高新工业园区科德路1号	0771-3216598
002593	日上集团	厦门日上车轮集团股份有限公司	C75	吴子文	厦门市集美区杏林杏北路30号	0592-6666407
002594	比亚迪	比亚迪股份有限公司	C99	王传福	深圳市坪山新区比亚迪路3009号	0755-89888888-62237

续表 26 Continued 26

代码 Code	股票简称 Abbreviation	公司全称 Companies	行业代码 Industries Code	董事长 Board Chairman	地址 Address	电话 Telephone Number
002595	豪迈科技	山东豪迈机械科技股份有限公司	C73	张恭运	高密市密水科技工业园豪迈路 1 号	0536 - 2361002
002596	海南瑞泽	海南瑞泽新型建材股份有限公司	C61	张海林	三亚市田独镇迎宾大道干沟村	0898 - 88710266
002597	金禾实业	安徽金禾实业股份有限公司	C43	杨迎春	安徽省滁州市来安县城东大街 127 号	0550 - 5614224
002598	山东章鼓	山东省章丘鼓风机股份有限公司	C71	方润刚	山东省章丘市明水经济开发区世纪大道东首	0531 - 83250020
002599	盛通股份	北京盛通印刷股份有限公司	C35	贾春琳	北京市北京经济技术开发区经海三路 18 号	010 - 67871609
002600	江粉磁材	广东江粉磁材股份有限公司	C51	汪南东	广东省江门市龙湾路 8 号	0750 - 3506078
002601	佰利联	河南佰利联化学股份有限公司	C43	许　刚	焦作市中站区冯封办事处	0391 - 3126111
002602	世纪华通	浙江世纪华通车业股份有限公司	C75	王苗通	浙江省上虞市曹娥街道人民西路 439 号	0575 - 82148871
002603	以岭药业	石家庄以岭药业股份有限公司	C81	吴以岭	河北省石家庄市高新技术产业开发区天山大街 238 号	0311 - 85901311
002604	龙力生物	山东龙力生物科技股份有限公司	C03	程少博	禹城高新技术开发区汉槐街 1309 号	0534 - 7288765
002605	姚记扑克	上海姚记扑克股份有限公司	C37	姚文琛	上海市嘉定区黄渡镇曹安路 4218 号	021 - 69595008
002606	大连电瓷	大连电瓷集团股份有限公司	C76	刘桂雪	大连市沙河口区中山路 478 号上都大厦 A 座 1201 室	0411 - 84305686
002607	亚夏汽车	芜湖亚夏汽车股份有限公司	H11	周夏耘	安徽省芜湖市鸠江区弋江北路花塘村	0563 - 2871309
002608	舜天船舶	江苏舜天船舶股份有限公司	C75	王军民	南京市雨花台区软件大道 21 号 A 座 4 楼	025 - 52876100
002609	捷顺科技	深圳市捷顺科技实业股份有限公司	G87	唐　健	深圳市福田区梅林路捷顺大厦	0755 - 83112382
002610	爱康科技	江苏爱康太阳能科技股份有限公司	C99	邹承慧	江阴市华士工业集中区红苗园区勤丰路 1015 号	0510 - 86972386
002611	东方精工	广东东方精工科技股份有限公司	C73	唐灼林	佛山市南海区狮山大道北段	0757 - 86695489
002612	朗姿股份	朗姿股份有限公司	C13	申东日	北京市顺义区马坡镇白马路 63 号	010 - 82281088
002613	北玻股份	洛阳北方玻璃技术股份有限公司	C73	高学明	洛阳市高新区滨河路 20 号	0379 - 64331800
002614	蒙发利	厦门蒙发利科技(集团)股份有限公司	C76	邹剑寒	厦门市思明区前浦路 168 号	0592 - 3795740
002615	哈尔斯	浙江哈尔斯真空器皿股份有限公司	C69	吕　强	浙江省永康经济开发区哈尔斯路 1 号	0579 - 89295369
002616	长青集团	广东长青(集团)股份有限公司	C69	何启强	中山市小榄工业大道南 42 号	0760 - 22583660
002617	露笑科技	露笑科技股份有限公司	C67	鲁小均	浙江省诸暨市店口镇露笑路 38 号	0575 - 87061113
002618	丹邦科技	深圳丹邦科技股份有限公司	C51	刘　萍	深圳市南山区高新园朗山一路丹邦科技大楼	0755 - 26981518
002619	巨龙管业	浙江巨龙管业股份有限公司	C61	吕仁高	浙江省金华市婺城新区临江工业园区(白龙桥镇湖家)	0579 - 82201396
002620	瑞和股份	深圳瑞和建筑装饰股份有限公司	E05	李介平	深圳市福田区华强北赛格科技园 4 栋西十楼 A 座	0755 - 83345785
002621	大连三垒	大连三垒机器股份有限公司	C73	俞建模	大连高新技术产业园区七贤岭爱贤街 33 号	0411 - 84793300
002622	永大集团	吉林永大集团股份有限公司	C76	吕永祥	吉林省吉林市高新区吉林大街 45 - 1 号	0432 - 64602099
002623	亚玛顿	常州亚玛顿股份有限公司	C61	林金锡	江苏省常州市天宁区青龙东路 639 号	0519 - 88880015
002624	金磊股份	浙江金磊高温材料股份有限公司	C61	陈根财	浙江省德清县钟管镇龙山路 117 号	0572 - 8409712
002625	龙生股份	浙江龙生汽车部件股份有限公司	C75	俞龙生	桐庐县富春江镇机械工业区	0571 - 64662918
002626	金达威	厦门金达威集团股份有限公司	C03	江　斌	厦门市海沧区新昌路 33—35 号	0592 - 6511111 - 665
002627	宜昌交运	湖北宜昌交运集团股份有限公司	F03	董新利	湖北省宜昌市港窑路 5 号	0717 - 6451437
002628	成都路桥	成都市路桥工程股份有限公司	E01	郑渝力	成都市武侯区武科东四路 11 号	028 - 85003000 - 681
002629	仁智油服	四川仁智油田技术服务股份有限公司	B50	钱忠良	四川省绵阳市滨河北路东段 116 号	0816 - 2218523
002630	华西能源	华西能源工业股份有限公司	C71	黎仁超	自贡市高新工业园区荣川路 66 号	0813 - 4736870
002631	德尔家居	德尔国际家居股份有限公司	C21	汝继勇	江苏省吴江市盛泽镇舜湖西路国际大厦 28 楼	0512 - 63537615
002632	道明光学	浙江道明光学股份有限公司	C43	胡智彪	浙江省永康市象珠镇象珠工业区 3 号迎宾大道 1 号	0579 - 87321111
002633	申科股份	申科滑动轴承股份有限公司	C71	何全波	浙江省诸暨市望云路 132 号	0575 - 89005608
002634	棒杰股份	浙江棒杰数码针织品股份有限公司	C11	陶建伟	浙江省义乌市苏溪镇镇南小区	0579 - 85922001
002635	安洁科技	苏州安洁科技股份有限公司	G83	吕　莉	苏州市吴中区光福镇福锦路 8 号	0512 - 66316043
002636	金安国纪	金安国纪科技股份有限公司	C51	韩　涛	上海市松江工业区宝胜路 33 号	021 - 57747138 - 875
002637	赞宇科技	浙江赞宇科技股份有限公司	C43	洪树鹏	浙江省杭州市城头巷 128 号	0571 - 87830348

续表 27　Continued 27

代码 Code	股票简称 Abbreviation	公司全称 Companies	行业代码 Industries Code	董事长 Board Chairman	地址 Address	电话 Telephone Number
002638	勤上光电	东莞勤上光电股份有限公司	C76	李旭亮	东莞市常平镇横江厦村	0769－83996285
002639	雪人股份	福建雪人股份有限公司	C71	林汝捷	福建省福州滨海工业区(松下镇首祉村)	0591－28513121
002640	百圆裤业	山西百圆裤业连锁经营股份有限公司	H11	杨建新	山西省太原市建设南路 632 号	0351－7212033
002641	永高股份	永高股份有限公司	C49	张建均	台州市黄岩经济开发区埭西路 2 号	0576－84277186
002642	荣之联	北京荣之联科技股份有限公司	G87	王东辉	北京市海淀区北四环西路 56 号辉煌时代大厦 11 层	010－62602015
002643	烟台万润	烟台万润精细化工股份有限公司	C43	赵凤岐	山东烟台经济技术开发区五指山路 11 号	0535－6101018
002644	佛慈制药	兰州佛慈制药股份有限公司	C81	贾朝民	兰州市城关区佛慈大街 6 号	0931－8362318
002645	华宏科技	江苏华宏科技股份有限公司	C73	胡士勇	江苏省江阴市澄杨路 11 号华宏科技大厦	0510－80629685
002646	青青稞酒	青海互助青稞酒股份有限公司	C05	李银会	互助县威远镇西大街 6 号	0972－8322971
002647	宏磊股份	浙江宏磊铜业股份有限公司	C76	戚建萍	浙江省诸暨经济开发区迎宾路 2 号	0575－87387320
002648	卫星石化	浙江卫星石化股份有限公司	C43	马国林	嘉兴市嘉兴工业园区步焦路	0573－82229096
300001	特锐德	青岛特锐德电气股份有限公司	C76	于德翔	青岛市崂山区株洲路 101 号中韩工业园内	0532－80938126
300002	神州泰岳	北京神州泰岳软件股份有限公司	G87	王　宁	北京市朝阳区北苑路甲 13 号院 1 号楼 22 层 董事会办公室	010－58847002
300003	乐普医疗	乐普(北京)医疗器械股份有限公司	C73	孙建科	北京市西城区西外大街 1 号西环广场 T2 座 20 层	010－58305141
300004	南风股份	南方风机股份有限公司	C73	杨子善	佛山市南海区狮山大道	0757－81006199
300005	探路者	北京探路者户外用品股份有限公司	H1120	盛发强	北京市海淀区知春路 6 号锦秋国际大厦 A 座 21 层	010－81788188
300006	莱美药业	重庆莱美药业股份有限公司	C81	邱　宇	重庆市南岸区月季路 8 号	023－67300382
300007	汉威电子	河南汉威电子股份有限公司	C78	任红军	郑州市高新技术开发区雪松路 169 号	0371－67169159
300008	上海佳豪	上海佳豪船舶工程设计股份有限公司	K20	刘　楠	上海市漕宝路 111 号	021－60859829
300009	安科生物	安徽安科生物工程(集团)股份有限公司	C85	宋礼华	安徽省合肥市长江西路 669 号高新区海关路 K－1	0551－5316867
300010	立思辰	北京立思辰科技股份有限公司	G87	池燕明	北京市海淀区学清路 8 号科技财富中心 B 座 3A 层	010－82736433
300011	鼎汉技术	北京鼎汉技术股份有限公司	C75	顾庆伟	北京市丰台区南四环西路 188 号 18 区 2 号楼	010－51103366－8202
300012	华测检测	深圳市华测检测技术股份有限公司	K20	万　峰	深圳市宝安区 70 区留仙三路 6 号鸿威工业园 C 栋厂房 1 楼	0755－33682102
300013	新宁物流	江苏新宁现代物流股份有限公司	F21	王雅军	江苏省昆山市张浦镇阳光西路 760 号	0512－57120911
300014	亿纬锂能	惠州亿纬锂能股份有限公司	C51	刘金成	惠州市惠环镇西坑工业区亿纬工业园	0752－2605878
300015	爱尔眼科	爱尔眼科医院集团股份有限公司	K37	陈　邦	长沙市芙蓉中路二段 198 号新世纪大厦 12 楼	0731－85179288－8816
300016	北陆药业	北京北陆药业股份有限公司	C81	王代雪	北京市海淀区西直门北大街 32 号枫蓝国际 A 座写字楼 7 层	010－62622266－309
300017	网宿科技	网宿科技股份有限公司	G85	刘成彦	上海市徐汇区斜土路 2669 号 15 楼	021－64871177
300018	中元华电	武汉中元华电科技股份有限公司	C7610	邓志刚	中国湖北武汉东湖新技术开发区华中科技大学科技园六路 6 号	027－87180718
300019	硅宝科技	成都硅宝科技股份有限公司	C43	王跃林	四川省成都高新区新园大道 16 号	028－85317909
300020	银江股份	银江股份有限公司	G87	章建强	杭州市西湖科技经济园西园八路 2 号 G 座 7 楼	0571－89716110
300021	大禹节水	甘肃大禹节水集团股份有限公司	C73	王　栋	甘肃省酒泉市解放路 290 号	0937－2689028
300022	吉峰农机	吉峰农机连锁股份有限公司	H11	王新明	成都市郫县成都现代工业港北部园区港通北二路 219 号	028－67518546
300023	宝德股份	西安宝德自动化股份有限公司	C73	赵　敏	西安市高新区锦业路 69 号创业研发园 A 座 5 层	029－88323387－8315
300024	机器人	沈阳新松机器人自动化股份有限公司	C73	王越超	沈阳市浑南新区金辉街 16 号	024－31699971
300025	华星创业	杭州华星创业通信技术股份有限公司	G85	程小彦	杭州市西湖区文三路 553—555 号浙江省中小企业科技楼 10 楼	0571－87208518
300026	红日药业	天津红日药业股份有限公司	C81	姚小青	天津新技术产业园区武清开发区泉发路西	022－59623217
300027	华谊兄弟	华谊兄弟传媒股份有限公司	L10	王忠军	北京市朝外大街 18 号丰联广场 A 座 909 室	010－65805818
300028	金亚科技	成都金亚科技股份有限公司	G81	周旭辉	成都市蜀西路 50 号	028－68232100
300029	天龙光电	江苏华盛天龙光电设备股份有限公司	C73	冯金生	江苏省金坛经济开发区华城路 318 号	0519－82330395

续表 28 Continued 28

代码 Code	股票简称 Abbreviation	公司全称 Companies	行业代码 Industries Code	董事长 Board Chairman	地址 Address	电话 Telephone Number
300030	阳普医疗	广州阳普医疗科技股份有限公司	C73	邓冠华	广州市经济技术开发区科学城开源大道102号	020-81587393
300031	宝通带业	无锡宝通带业股份有限公司	C48	包志方	江苏省无锡市新区张公路19号	0510-83709871
300032	金龙机电	金龙机电股份有限公司	C51	金绍平	浙江省温州市乐清市北白象镇进港大道边金龙科技园	0577-61806666-8982
300033	同花顺	浙江核新同花顺网络信息股份有限公司	G87	易　峥	浙江省杭州市翠柏路7号杭州电子商务产业园2楼	0571-88852766
300034	钢研高纳	北京钢研高纳科技股份有限公司	C67	干　勇	北京市海淀区大柳树南村19号	010-62182656
300035	中科电气	湖南中科电气股份有限公司	C73	余　新	湖南省岳阳经济开发区168号	0730-8752229
300036	超图软件	北京超图软件股份有限公司	G87	钟耳顺	北京市朝阳区酒仙桥北路甲10号院电子城IT产业园201号楼E门3层	010-59896000
300037	新宙邦	深圳新宙邦科技股份有限公司	C43	覃九三	深圳市龙岗区坪山沙坣同富裕工业区	0755-89924512
300038	梅泰诺	北京梅泰诺通信技术股份有限公司	G81	张志勇	北京市西城区新街口外大街28号主楼302室(德胜园区)	010-82054080
300039	上海凯宝	上海凯宝药业股份有限公司	C81	刘宜善	上海市工业综合开发区程普路88号	021-37572069
300040	九洲电气	哈尔滨九洲电气股份有限公司	C76	李　寅	黑龙江省哈尔滨市南岗区哈平路162号	0451-86687723
300041	回天胶业	湖北回天胶业股份有限公司	C43	章　锋	湖北省襄阳市国家高新技术开发区航天路7号	0710-3626888-8068
300042	朗科科技	深圳市朗科科技股份有限公司	G87	成晓华	深圳市南山区高新区中国科技开发院孵化大楼六楼	0755-26995149
300043	星辉车模	广东星辉车模股份有限公司	C37	陈雁升	汕头市龙湖区黄山路荣兴大厦24层	0754-89890019
300044	赛为智能	深圳市赛为智能股份有限公司	G87	周　勇	深圳市南山区高新区科技中二路软件园2号楼3楼	0755-86169980
300045	华力创通	北京华力创通科技股份有限公司	G87	高小离	北京市海淀区东北旺西路8号乙18号	010-82966336
300046	台基股份	湖北台基半导体股份有限公司	C51	邢　雁	湖北省襄樊市襄城区胜利街162号	0710-3506236
300047	天源迪科	深圳天源迪科信息技术股份有限公司	G87	陈　友	深圳市高新区南区市高新技术工业村T3栋B3楼	0755-26745678
300048	合康变频	北京合康亿盛变频科技股份有限公司	C76	刘锦成	北京市经济技术开发区博兴二路3号	010-59180253
300049	福瑞股份	内蒙古福瑞中蒙药科技股份有限公司	C81	王冠一	北京市朝阳区北苑路170号凯旋城F座4层	010-58235701
300050	世纪鼎利	珠海世纪鼎利通信科技股份有限公司	G85	王　耘	珠海市港湾大道科技五路8号一层	0756-3626063
300051	三五互联	厦门三五互联科技股份有限公司	G87	龚少晖	厦门火炬高新技术产业开发区软件园二期观日路8号一层	0592-5391849
300052	中青宝	深圳中青宝互动网络股份有限公司	G87	李瑞杰	深圳市南山区高新区南区W1-B栋5楼	0755-26525516
300053	欧比特	珠海欧比特控制工程股份有限公司	C51	颜　军	珠海市唐家东岸白沙路1号欧比特科技园	0756-3391979
300054	鼎龙股份	湖北鼎龙化学股份有限公司	C43	朱双全	武汉市沌口街四五路25号	027-85791166-8316
300055	万邦达	北京万邦达环保技术股份有限公司	K20	王飘扬	北京市海淀区新街口外大街19号京师大厦9325室	010-58800231
300056	三维丝	厦门三维丝环保股份有限公司	C73	罗祥波	厦门火炬高新区(翔安)产业区翔岳路3号董事会办公室收	0592-7769767
300057	万顺股份	汕头万顺包装材料股份有限公司	C31	杜成城	汕头保税区万顺工业园	0754-83597123
300058	蓝色光标	北京蓝色光标品牌管理顾问股份有限公司	L20	赵文权	北京市朝阳区酒仙桥路甲10号星城国际大厦C座20层	010-84575596
300059	东方财富	东方财富信息股份有限公司	G87	其　实	上海市徐汇区龙田路190号2号楼	021-64388978
300061	康耐特	上海康耐特光学股份有限公司	C99	费铮翔	上海市浦东新区川大路555号	021-58598866-1218
300062	中能电气	福建中能电气股份有限公司	C76	陈添旭	福州市仓山区金山工业区金洲北路	0591-83856936
300063	天龙集团	广东天龙油墨集团股份有限公司	C43	冯　毅	广东省肇庆市金渡工业园内	0758-8507810
300064	豫金刚石	郑州华晶金刚石股份有限公司	C61	郭留希	郑州市高新开发区冬青街24号	0371-63377777
300065	海兰信	北京海兰信数据科技股份有限公司	G87	申万秋	北京市海淀区清华科技园科技大厦C座1902室	010-82151445
300066	三川股份	江西三川水表股份有限公司	C78	童保华	江西省鹰潭市工业园区	0701-6318013
300067	安诺其	上海安诺其纺织化工股份有限公司	C43	纪立军	上海市青浦工业园区崧华路881号	021-59867366-8230
300068	南都电源	浙江南都电源动力股份有限公司	C76	王海光	浙江省杭州市紫荆花路50号A座9楼	0571-28827025
300069	金利华电	浙江金利华电气股份有限公司	C7615	赵　坚	浙江省金华市金东经济开发区	0579-82913599
300070	碧水源	北京碧水源科技股份有限公司	K20	文剑平	北京市昌平区生命科学园路23-2号碧水源大厦	010-51660883-6003
300071	华谊嘉信	北京华谊嘉信整合营销顾问集团股份有限公司	L99	刘　伟	北京市石景山区实兴大街30号院8号楼3层	010-58039148

续表 29 Continued 29

代码 Code	股票简称 Abbreviation	公司全称 Companies	行业代码 Industries Code	董事长 Board Chairman	地址 Address	电话 Telephone Number
300072	三聚环保	北京三聚环保新材料股份有限公司	C43	刘　雷	北京市海淀区人大北路33号1号楼大行基业大厦9层	010-82685395
300073	当升科技	北京当升材料科技股份有限公司	C61	白厚善	北京市丰台区南四环西路188号总部基地18区22号	010-88399830
300074	华平股份	华平信息技术股份有限公司	G85	刘　焱	上海市国定路335号2号楼22—24层	021-65650210
300075	数字政通	北京数字政通科技股份有限公司	G87	吴强华	北京市海淀区西直门北大街32号枫蓝国际中心1号楼18层	010-62212336-655
300076	宁波GQY	宁波GQY视讯股份有限公司	G83	郭启寅	上海市新金桥路58号银东大厦27楼	021-61002033
300077	国民技术	国民技术股份有限公司	C5115	刘晋平	深圳市南山区高新南一道中国科技开发院三号楼塔楼12层	0755-86309903
300078	中瑞思创	杭州中瑞思创科技股份有限公司	C57	路　楠	杭州市莫干山路1418-25号(上城科技经济园)	0571-28818665
300079	数码视讯	北京数码视讯科技股份有限公司	G8115	郑海涛	北京市海淀区上地信息产业基地开拓路15号1幢	010-82345841
300080	新大新材	河南新大新材料股份有限公司	C61	宋贺臣	河南省开封市汪屯乡精细化工产业园区	0378-2656666-6617
300081	恒信移动	恒信移动商务股份有限公司	G85	孟宪民	河北省石家庄市建设南大街80号恒辉大厦A座六层	010-88846630
300082	奥克股份	辽宁奥克化学股份有限公司	C43	朱建民	辽阳市宏伟区东环路29号	0419-5167408
300083	劲胜股份	东莞劲胜精密组件股份有限公司	C5110	王九全	东莞市长安镇上角村	0769-82288265
300084	海默科技	兰州海默科技股份有限公司	B50	窦剑文	甘肃省兰州市城关区张苏滩593号(兰州高新技术开发区)	0931-8559076
300085	银之杰	深圳市银之杰科技股份有限公司	G87	陈向军	深圳市福田区天安数码城天祥大厦AB座5B2	0755-83562960
300086	康芝药业	海南康芝药业股份有限公司	C81	洪江游	海口国家高新技术产业开发区药谷工业园药谷三路6号	0898-66812876
300087	荃银高科	安徽荃银高科种业股份有限公司	A09	张　琴	合肥市高新区天智路3号	0551-5355175
300088	长信科技	芜湖长信科技股份有限公司	C51	陈　奇	安徽省芜湖市经济技术开发区汽经二路以东	0553-5656188-8102
300089	长城集团	广东长城集团股份有限公司	C61	蔡廷祥	广东省潮州市枫溪区蔡陇大道	0755-36988132
300090	盛运股份	安徽盛运机械股份有限公司	C71	开晓胜	安徽省桐城市同安路265号	0551-4844638
300091	金通灵	江苏金通灵流体机械科技股份有限公司	C73	季　伟	江苏省南通市钟秀中路百花科技楼三、四楼	0513-85198488
300092	科新机电	四川科新机电股份有限公司	C73	林祯华	四川省什邡市经济开发区沱江路西段21号	0838-8265210
300093	金刚玻璃	广东金刚玻璃科技股份有限公司	C61	庄大建	广东省汕头市大学路叠金工业区	0754-82514288
300094	国联水产	湛江国联水产开发股份有限公司	A09	李　忠	湛江开发区平乐工业区永平南路	0759-3153930
300095	华伍股份	江西华伍制动器股份有限公司	C71	聂景华	江西省丰城市工业园区新梅路7号	0795-6206009
300096	易联众	易联众信息技术股份有限公司	G87	古培坚	厦门市软件园二期观日路18号502室	0592-6307553
300097	智云股份	大连智云自动化装备股份有限公司	C73	谭永良	大连市西岗区黄河路17号21层	0411-86705641
300098	高新兴	广东高新兴通信股份有限公司	G81	刘双广	广州市萝岗区科学城开创大道2819号	020-32022824
300099	尤洛卡	尤洛卡矿业安全工程股份有限公司	C73	黄自伟	山东省泰安市高新区凤祥路以西规划支路以北	0538-8926155
300100	双林股份	宁波双林汽车部件股份有限公司	C75	邬建斌	浙江省宁海县西店镇潢溪口	0574-83518938
300101	国腾电子	成都国腾电子技术股份有限公司	G81	莫晓宇	成都高新区高朋大道1号	028-65557626
300102	乾照光电	厦门乾照光电股份有限公司	C51	邓电明	厦门火炬高新区(翔安)产业区翔岳路19号	0592-3716997
300103	达刚路机	西安达刚路面机械股份有限公司	C73	孙建西	陕西省西安市高新区科技三路60号	029-88327811
300104	乐视网	乐视网信息技术(北京)股份有限公司	L20	贾跃亭	北京市朝阳区光华路4号东方梅地亚中心C座8层	010-85597736-1062
300105	龙源技术	烟台龙源电力技术股份有限公司	C73	关晓春	山东省烟台市经济技术开发区衡山路9号	0535-6103007
300106	西部牧业	新疆西部牧业股份有限公司	A05	徐义民	新疆石河子市西四路5-2号	0993-2516883
300107	建新股份	河北建新化工股份有限公司	C43	朱守琛	河北省沧州市清池大道8号建新大厦802室	0317-3598366
300108	双龙股份	通化双龙化工股份有限公司	C43	卢忠奎	吉林省通化市二道江区铁厂镇	0435-3752903
300109	新开源	博爱新开源制药股份有限公司	C43	杨海江	河南省焦作市博爱县中山路9号	0391-8610680
300110	华仁药业	青岛华仁药业股份有限公司	C81	梁富友	青岛市崂山区株洲路187号	0532-88701303
300111	向日葵	浙江向日葵光能科技股份有限公司	C57	吴建龙	浙江省绍兴袍江工业区三江路	0575-88919159
300112	万讯自控	深圳万讯自控股份有限公司	C78	傅宇晨	深圳市南山区高新技术产业园北区三号路万讯自控大楼1-6层	0755-86250373

续表 30 Continued 30

代码 Code	股票简称 Abbreviation	公司全称 Companies	行业代码 Industries Code	董事长 Board Chairman	地址 Address	电话 Telephone Number
300113	顺网科技	杭州顺网科技股份有限公司	G87	华　勇	浙江省杭州市西湖区文一西路98号数娱大厦5楼	0571-87205808
300114	中航电测	中航电测仪器股份有限公司	C51	康学军	汉中市经济开发区北区鑫源路	0916-2386011
300115	长盈精密	深圳市长盈精密技术股份有限公司	C51	陈奇星	深圳市宝安区福永镇桥头富桥工业3区3号厂	0755-27343066-8068
300116	坚瑞消防	陕西坚瑞消防股份有限公司	C99	郭鸿宝	西安市高新区科技二路65号6幢10701房	029-88332970
300117	嘉寓股份	北京嘉寓门窗幕墙股份有限公司	E05	田家玉	北京市顺义区牛栏山镇牛富路1号	010-69415566
300118	东方日升	东方日升新能源股份有限公司	C57	林海峰	浙江省宁海县西店镇邵家村	0574-65173983
300119	瑞普生物	天津瑞普生物技术股份有限公司	C85	李守军	天津市东丽经济开发区六经路六号	022-24981953
300120	经纬电材	天津经纬电材股份有限公司	C76	董树林	天津市津南经济开发区(双港)旺港路12号	022-28571567
300121	阳谷华泰	山东阳谷华泰化工股份有限公司	C43	王传华	山东省阳谷县清河西路217号	0635-6381900
300122	智飞生物	重庆智飞生物制品股份有限公司	C85	蒋仁生	重庆市江北区金源路7号25-1至25-8	023-86356226
300123	太阳鸟	太阳鸟游艇股份有限公司	C75	李跃先	湖南省沅江市石矶湖	0737-2606630
300124	汇川技术	深圳市汇川技术股份有限公司	C76	朱兴明	深圳市福田区滨河路上沙创新科技园16栋307—308	0755-83185521
300125	易世达	大连易世达新能源发展股份有限公司	K20	刘　群	大连市高新园区火炬路32号B座18层	0411-84732571
300126	锐奇股份	上海锐奇工具股份有限公司	C76	吴明厅	上海市松江区新桥镇新茸路5号	021-57687503
300127	银河磁体	成都银河磁体股份有限公司	C51	戴　炎	四川省成都市高新技术开发区西区百草路6号	028-87823555-890
300128	锦富新材	苏州锦富新材料股份有限公司	C51	富国平	苏州工业园区华池街时代广场24幢苏州国际金融中心11楼	0512-62820000
300129	泰胜风能	上海泰胜风能装备股份有限公司	C71	柳志成	上海市金山区卫清东路1988号	021-57243692
300130	新国都	深圳市新国都技术股份有限公司	C73	刘　祥	深圳市福田区深南路车公庙工业区泰然劲松大厦17A	0755-83481391
300131	英唐智控	深圳市英唐智能控制股份有限公司	C51	胡庆周	深圳市宝安区石岩街道龙马工业城A1厂房5—8楼	0755-29042389
300132	青松股份	福建青松股份有限公司	C43	柯维龙	建阳市回瑶工业园区	0599-5820121
300133	华策影视	浙江华策影视股份有限公司	L10	傅梅城	杭州市文二西路683号西溪创意产业园C-C	0571-87553075
300134	大富科技	深圳市大富科技股份有限公司	G81	孙尚传	深圳市宝安区爱群路石岩同富裕工业区1—2#厂房	0755-29816303
300135	宝利沥青	江苏宝利沥青股份有限公司	C43	周德洪	江苏省江阴市云亭镇工业园区	0510-68975270
300136	信维通信	深圳市信维通信股份有限公司	C57	彭　浩	广东省深圳市宝安区沙井街道沙一万安路长兴高新技术工业园9号楼	0755-81773388
300137	先河环保	河北先河环保科技股份有限公司	C78	李玉国	石家庄市湘江道251号	0311-85323985
300138	晨光生物	晨光生物科技集团股份有限公司	C85	卢庆国	河北省邯郸市曲周县城晨光路1号	0310-8859023
300139	福星晓程	北京福星晓程电子科技股份有限公司	C51	程　毅	北京市海淀区西三环北路87号国际财经中心D座503	010-68459012
300140	启源装备	西安启源机电装备股份有限公司	C76	赵友安	西安市经济技术开发区凤城十二路98号	029-86531386
300141	和顺电气	苏州工业园区和顺电气股份有限公司	C76	姚建华	苏州工业园区和顺路8号	0512-62862607
300142	沃森生物	云南沃森生物技术股份有限公司	C85	李云春	昆明市高新开发区北区云南大学科技园2期A3幢4楼	0871-8312779
300143	星河生物	广东星河生物科技股份有限公司	A01	叶运寿	广东省东莞市塘厦镇蛟坪大道83号	0769-82012345
300144	宋城股份	杭州宋城旅游发展股份有限公司	K34	黄巧灵	浙江省杭州市之江路148号	0571-87091255
300145	南方泵业	南方泵业股份有限公司	C71	沈金浩	杭州市余杭区仁和镇	0571-86396201
300146	汤臣倍健	广东汤臣倍健生物科技股份有限公司	C03	梁允超	广州市天河区珠江新城华穗路263号双城国际大厦东塔23楼	020-38372403
300147	香雪制药	广州市香雪制药股份有限公司	C81	王永辉	广州市萝岗区广州经济技术开发区科学城金峰园路2号	020-22211010
300148	天舟文化	天舟文化股份有限公司	L01	肖志鸿	长沙市东二环二段194号天城新都商务楼四楼	0731-85565647
300149	量子高科	江门量子高科生物股份有限公司	C03	王丛威	江门市高新区高新西路133号	0750-3869162
300150	世纪瑞尔	北京世纪瑞尔技术股份有限公司	G87	牛俊杰	北京市海淀区上地信息路22号上地科技综合楼B座九、十层	010-62962298-6118
300151	昌红科技	深圳市昌红模具科技股份有限公司	C73	李焕昌	深圳市坪山新区坪山锦龙大道西侧	0755-89785568-885
300152	燃控科技	徐州燃控科技股份有限公司	C73	贾红生	徐州市经济开发区杨山路12号	0516-87986552

续表 31 Continued 31

代码 Code	股票简称 Abbreviation	公司全称 Companies	行业代码 Industries Code	董事长 Board Chairman	地址 Address	电话 Telephone Number
300153	科泰电源	上海科泰电源股份有限公司	C76	谢松峰	上海市青浦区崧华路 688 号	021 - 69758010
300154	瑞凌股份	深圳市瑞凌实业股份有限公司	C57	邱 光	深圳市宝安区福永街道凤凰第四工业区 4 号厂房	0755 - 27345888
300155	安居宝	广东安居宝数码科技股份有限公司	C57	张 波	广州高新技术产业开发区科学城南翔二路 21 号	020 - 82083888
300156	天立环保	天立环保工程股份有限公司	C73	王利品	北京市顺义区空港工业区 B 区融慧园 11 号	010 - 80470099
300157	恒泰艾普	恒泰艾普石油天然气技术服务股份有限公司	B50	孙庚文	北京市海淀区农大南路 1 号院硅谷亮城 2A 座 7 层	010 - 82825231
300158	振东制药	山西振东制药股份有限公司	C81	李安平	山西省长治县光明南路振东科技园	0355 - 8096012
300159	新研股份	新疆机械研究院股份有限公司	C73	周卫华	新疆维吾尔自治区乌鲁木齐市新市区北京北路 239 号	0991 - 3736150
300160	秀强股份	江苏秀强玻璃工艺股份有限公司	C61	卢秀强	江苏省宿迁经济开发区东区珠江路 102 号	0527 - 84459082 - 8102
300161	华中数控	武汉华中数控股份有限公司	C71	陈吉红	武汉市东湖开发区华工科技园	027 - 87180605
300162	雷曼光电	深圳雷曼光电科技股份有限公司	C51	李漫铁	深圳市南山区松白公路百旺信工业园区二区第八栋	0755 - 86137035
300163	先锋新材	宁波先锋新材料股份有限公司	C99	卢先锋	宁波市鄞州区集士港镇山下庄村	0574 - 88003135
300164	通源石油	西安通源石油科技股份有限公司	B50	张国桉	北京市朝阳区慧忠路 5 号远大中心 C 座 14 层	010 - 84891316
300165	天瑞仪器	江苏天瑞仪器股份有限公司	C78	刘召贵	江苏省昆山市中华园西路 1888 号天瑞大厦	0512 - 57018662
300166	东方国信	北京东方国信科技股份有限公司	G87	管连平	北京市朝阳区望京北路 9 号叶青大厦 D 座 1108	010 - 64398920
300167	迪威视讯	深圳市迪威视讯股份有限公司	G85	季 刚	深圳市高新区北区新西路 2 号 2 栋第四层 402—406 号、第五层 501—503 号	0755 - 26727427
300168	万达信息	万达信息股份有限公司	G87	史一兵	上海市联航路 1518 号	021 - 24178888 - 41904
300169	天晟新材	常州天晟新材料股份有限公司	C49	吕泽伟	江苏省常州市中吴大道 985 号	0519 - 88822688
300170	汉得信息	上海汉得信息技术股份有限公司	G87	范建震	上海市浦东新区科苑路 151 号 3 楼	021 - 50274885
300171	东富龙	上海东富龙科技股份有限公司	C73	郑效东	上海市闵行区放鹤路 2199 号	021 - 64909699
300172	中电环保	南京中电联环保股份有限公司	K99	王政福	南京市江宁经济开发区诚信大道 1800 号	025 - 86533865
300173	松德股份	松德机械股份有限公司	C73	郭景松	中山市南头镇南头大道东 105 号	0760 - 23380388
300174	元力股份	福建元力活性炭股份有限公司	C43	卢元健	福建省南平来舟经济开发区	0599 - 8558317
300175	朗源股份	朗源股份有限公司	A01	戚大广	山东省龙口高新技术产业园区朗源路 299 号	0535 - 8611766
300176	鸿特精密	广东鸿特精密技术股份有限公司	C71	卢楚隆	广东省肇庆市鼎湖城区北十区	0758 - 2696038
300177	中海达	广州中海达卫星导航技术股份有限公司	G81	廖定海	广州市番禺区东环街番禺大道北 555 号番禺节能科技园内天安科技创新大厦 1003 室	020 - 22883958
300178	腾邦国际	深圳市腾邦国际票务股份有限公司	K34	钟百胜	深圳市福田保税区桃花路腾邦物流大厦 5 楼	0755 - 83663222
300179	四方达	河南四方达超硬材料股份有限公司	C61	方海江	郑州市经济技术开发区第十大街 109 号	0371 - 66728022
300180	华峰超纤	上海华峰超纤材料股份有限公司	C49	尤小平	上海市金山区亭卫南路 888 号	021 - 57243140
300181	佐力药业	浙江佐力药业股份有限公司	C81	俞有强	浙江德清县武康镇志远路	0572 - 8281383
300182	捷成股份	北京捷成世纪科技股份有限公司	G87	徐子泉	北京市海淀区知春路 1 号学院国际大厦 7 层	010 - 82330899 - 181
300183	东软载波	青岛东软载波科技股份有限公司	G87	崔 健	山东省青岛市市北区上清路 16 号甲	0532 - 83676958
300184	力源信息	武汉力源信息技术股份有限公司	G87	赵马克	武汉市洪山区珞瑜路 424 号洪山创业大厦	027 - 87526790
300185	通裕重工	通裕重工股份有限公司	C73	司兴奎	禹城市高新技术产业开发区通裕重工股份有限公司	0534 - 7520688
300186	大华农	广东大华农动物保健品股份有限公司	A09	温均生	广东省新兴县新城镇东堤北路温氏科技园 2 号之三	0766 - 2986301
300187	永清环保	湖南永清环保股份有限公司	K99	刘正军	湖南省长沙市芙蓉中路 2 段 80 号顺天国际财富中心 17 层	0731 - 84432800
300188	美亚柏科	厦门市美亚柏科信息股份有限公司	G87	刘祥南	厦门市软件园二期观日路 12 号	0592 - 3912250
300189	神农大丰	海南神农大丰种业科技股份有限公司	A01	黄培劲	海口市紫荆路 2 - 1 号紫荆信息公寓 26A	0898 - 68598068
300190	维尔利	江苏维尔利环保科技股份有限公司	K01	李月中	江苏省常州市新北区汉江西路 156 号	0519 - 85125884
300191	潜能恒信	潜能恒信能源技术股份有限公司	B50	周锦明	北京市朝阳区拂林路 9 号景龙国际 B - 16	010 - 84922368
300192	科斯伍德	苏州科斯伍德油墨股份有限公司	C43	吴贤良	苏州相城区潘阳工业园东桥开发区旺庄路 3 - 1 号	0512 - 65370257
300193	佳士科技	深圳市佳士科技股份有限公司	C57	潘 磊	深圳市宝安区西乡街道鹤洲恒丰工业城 C2 栋 4 层	0755 - 61536880

续表 32 Continued 32

代码 Code	股票简称 Abbreviation	公司全称 Companies	行业代码 Industries Code	董事长 Board Chairman	地址 Address	电话 Telephone Number
300194	福安药业	重庆福安药业(集团)股份有限公司	C81	汪天祥	重庆长寿化工园区内	023-61028766
300195	长荣股份	天津长荣印刷设备股份有限公司	C73	李　莉	天津市北辰科技园区双川道20号	022-86988299
300196	长海股份	江苏长海复合材料股份有限公司	C61	杨国文	常州市武进区遥观镇塘桥村	0519-88712521
300197	铁汉生态	深圳市铁汉生态环境股份有限公司	E01	刘　水	深圳市福田区车公庙天祥大厦4D	0755-82927368
300198	纳川股份	福建纳川管材科技股份有限公司	C49	陈志江	福建省泉州市泉港区普安工业区	0595-87770399
300199	翰宇药业	深圳翰宇药业股份有限公司	C81	曾少贵	深圳市南山区高新技术工业园中区翰宇生物医药园四楼	0755-26588036
300200	高盟新材	北京高盟新材料股份有限公司	C43	王子平	北京市房山区燕山工业区8号	010-69343241
300201	海伦哲	徐州海伦哲专用车辆股份有限公司	C73	丁剑平	徐州经济开发区螺山路19号	0516-87987729
300202	聚龙股份	辽宁聚龙金融设备股份有限公司	C73	柳长庆	辽宁省鞍山市铁东区千山中路308号	0412-2538288
300203	聚光科技	聚光科技(杭州)股份有限公司	C78	王　健	浙江省杭州市滨江区滨安路760号	0571-85012176
300204	舒泰神	舒泰神(北京)生物制药股份有限公司	C85	周志文	北京市北京经济技术开发区荣京东街5号	010-67865255
300205	天喻信息	武汉天喻信息产业股份有限公司	C57	张新访	湖北省武汉市东湖新技术开发区华工大学科技园天喻楼	027-87920377
300206	理邦仪器	深圳市理邦精密仪器股份有限公司	C73	张　浩	深圳市南山区蛇口南海大道1019号南山医疗器械园B栋三楼	0755-26850550
300207	欣旺达	欣旺达电子股份有限公司	C76	王明旺	深圳市宝安区石岩街道水田社区同富康水田工业区C栋	0755-27352064
300208	恒顺电气	青岛市恒顺电气股份有限公司	C76	贾全臣	青岛市城阳区流亭街道双元路西侧(空港工业聚集区)	0532-87712934
300209	天泽信息	天泽信息产业股份有限公司	G85	陈　进	江苏省南京市建邺区云龙山路80号	025-87793753
300210	森远股份	鞍山森远路桥股份有限公司	C73	郭松森	辽宁省鞍山市鞍千路281号	0412-5223068
300211	亿通科技	江苏亿通高科技股份有限公司	G81	王振洪	常熟市通林路28号	0512-52816252
300212	易华录	北京易华录信息技术股份有限公司	G87	韩建国	北京市石景山区阜石路165号华录大厦十层	010-52281160
300213	佳讯飞鸿	北京佳讯飞鸿电气股份有限公司	G81	林　菁	北京市海淀区地锦路5号院1号楼	010-62492088
300214	日科化学	山东日科化学股份有限公司	C49	赵东日	昌乐县经济开发区科技二街以南500米	0536-6283716
300215	电科院	苏州电器科学研究院股份有限公司	K20	胡德霖	苏州新区滨河路永和街7号	0512-68252194
300216	千山药机	湖南千山制药机械股份有限公司	C73	刘祥华	湖南长沙经济技术开发区盼盼路9号	0731-84030025
300217	东方电热	镇江东方电热科技股份有限公司	C76	谭荣生	江苏省镇江市镇江新区大港五峰山路18号	0511-88988598
300218	安利股份	安徽安利合成革股份有限公司	C49	姚和平	安徽省合肥市经济技术开发区桃花工业园	0551-8991557
300219	鸿利光电	广州市鸿利光电股份有限公司	C51	李国平	广州市花都区汽车城东风大道以西	020-86733953
300220	金运激光	武汉金运激光股份有限公司	C57	梁　伟	武汉市江岸区新江岸五村188号	027-82943465
300221	银禧科技	广东银禧科技股份有限公司	C49	谭颂斌	广东省东莞市虎门镇居岐村	0769-88922936
300222	科大智能	上海科大智能科技股份有限公司	C76	黄明松	上海市张江高科技园区碧波路456号A203-A206室	021-50804882
300223	北京君正	北京君正集成电路股份有限公司	C51	刘　强	北京市海淀区东北旺中关村软件园信息中心A座108室	010-82825005
300224	正海磁材	烟台正海磁性材料股份有限公司	C51	秘波海	烟台经济技术开发区珠江路22号	0535-6397287
300225	金力泰	上海金力泰化工股份有限公司	C43	吴国政	上海市奉贤区青村镇沿钱公路2888号	021-57569153
300226	上海钢联	上海钢联电子商务股份有限公司	L20	朱军红	上海市宝山区友谊路1588弄1号楼6楼	021-26093295
300227	光韵达	深圳光韵达光电科技股份有限公司	C51	侯若洪	深圳市南山区高新区朗山一路聚友创业中心大厦一楼	0755-26981580
300228	富瑞特装	张家港富瑞特种装备股份有限公司	C73	邬品芳	张家港市杨舍镇晨新路19号	0512-58982295
300229	拓尔思	北京拓尔思信息技术股份有限公司	G87	李渝勤	北京市朝阳区大屯路风林西奥中心B座16层	010-82800995
300230	永利带业	上海永利带业股份有限公司	C49	史佩浩	上海市青浦区徐泾镇徐旺路58号	021-59884061
300231	银信科技	北京银信长远科技股份有限公司	G87	詹立雄	北京市海淀区苏州街18号长远天地大厦4号楼21层	010-82629666-666
300232	洲明科技	深圳市洲明科技股份有限公司	C51	林洺锋	深圳市宝安区福永街道桥头社区永福路112号A栋	0755-29918999
300233	金城医药	山东金城医药化工股份有限公司	C43	赵叶青	山东省淄博市淄川经济开发区	0533-5439432
300234	开尔新材	浙江开尔新材料股份有限公司	C61	邢翰学	浙江省金华市金东区曹宅工业区	0579-82888566
300235	方直科技	深圳市方直科技股份有限公司	L99	黄元忠	深圳市南山区科技中二路深圳软件园12#楼302	0755-86336966
300236	上海新阳	上海新阳半导体材料股份有限公司	C43	王福祥	上海市松江区小昆山镇文合路1268号	021-57850088-2268
300237	美晨科技	山东美晨科技股份有限公司	C48	张　磊	山东省诸城市密州路东首路南	0536-6151511
300238	冠昊生物	广东冠昊生物科技股份有限公司	C73	朱卫平	广州市萝岗区科学城广州国际企业孵化器D区408室	020-32052295

续表 33 Continued 33

代码 Code	股票简称 Abbreviation	公司全称 Companies	行业代码 Industries Code	董事长 Board Chairman	地址 Address	电话 Telephone Number
300239	东宝生物	包头东宝生物技术股份有限公司	C85	王 军	内蒙古包头市稀土高新技术产业开发区黄河大街 46 号	0472-5319863
300240	飞力达	江苏飞力达国际物流股份有限公司	F21	沈黎明	江苏省昆山经济技术开发区玫瑰路 999 号	0512-55278563
300241	瑞丰光电	深圳市瑞丰光电子股份有限公司	C51	龚伟斌	深圳市南山区松白公路百旺信工业园二区第六栋	0755-29675000
300242	明家科技	广东明家科技股份有限公司	C51	周建林	广东省东莞市横沥镇村头工业区	0769-88972266
300243	瑞丰高材	山东瑞丰高分子材料股份有限公司	C43	周仕斌	山东省沂源县经济开发区	0533-3220711
300244	迪安诊断	浙江迪安诊断技术股份有限公司	K37	陈海斌	杭州市西湖区城北商贸园 33 幢 211—214 室	0571-88933708
300245	天玑科技	上海天玑科技股份有限公司	G87	陆文雄	上海市桂平路 481 号 18 号楼 4 楼	021-54278888
300246	宝莱特	广东宝莱特医用科技股份有限公司	C73	燕金元	珠海市高新区科技创新海岸科技创新一路 2 号	0756-3399909
300247	桑乐金	安徽桑乐金股份有限公司	C76	金道明	合肥市高新区合欢路 34 号	0551-5329393
300248	新开普	郑州新开普电子股份有限公司	G87	杨维国	郑州高新区翠竹街 6 号 863 国家软件基地新开普大厦	0371-67579716
300249	依米康	四川依米康环境科技股份有限公司	C73	张 菀	成都高新区科园南二路二号	028-85185206
300250	初灵信息	杭州初灵信息技术股份有限公司	G81	洪爱金	杭州市滨江区浦沿街道伟业路 1 号 5 幢	0571-86791278
300251	光线传媒	北京光线传媒股份有限公司	L10	王长田	北京市东城区和平里东街 11 号 3 号楼 3 层	010-64516428
300252	金信诺	深圳金信诺高新技术股份有限公司	C76	黄昌华	深圳市南山区科技中二路深圳软件园 9# 楼 302	0755-26016250
300253	卫宁软件	上海金仕达卫宁软件股份有限公司	G87	周 炜	上海市共和新路 3388 号永鼎大厦 8 楼	021-56773525
300254	仟源制药	山西仟源制药股份有限公司	C81	翁占国	大同市经济技术开发区湖滨大街 53 号	0352-6116452
300255	常山药业	河北常山生化药业股份有限公司	C85	高树华	石家庄市正定富强路 9 号	0311-88712789
300256	星星科技	浙江星星瑞金科技股份有限公司	C51	王先玉	浙江省台州市椒江区洪家星星电子产业基地 4 号楼	0576-89081618
300257	开山股份	浙江开山压缩机股份有限公司	C71	曹克坚	浙江省衢州市经济开发区凯旋西路 9 号	0570-3662177
300258	精锻科技	江苏太平洋精锻科技股份有限公司	C75	夏汉关	江苏省姜堰市姜堰大道 91 号	0523-88814817
300259	新天科技	河南新天科技股份有限公司	C78	费战波	郑州高新技术产业开发区国槐街 19 号	0371-67992390
300260	新莱应材	昆山新莱洁净应用材料股份有限公司	C71	李水波	江苏省昆山市陆家镇陆丰西路 22 号	0512-57871991
300261	雅本化学	苏州雅本化学股份有限公司	C43	蔡 彤	江苏省太仓市太仓港港口开发区石化区东方东路 18 号	0512-53641368
300262	巴安水务	上海巴安水务股份有限公司	K99	张春霖	上海市普陀区常德路 1211 号宝华大厦 15 楼	021-32020653
300263	隆华传热	洛阳隆华传热科技股份有限公司	C71	李占明	洛阳空港产业集聚区	0379-67891813
300264	佳创视讯	深圳市佳创视讯技术股份有限公司	G81	陈坤江	深圳市福田区新洲 11 街 139 号中央西谷大厦 15 层	0755-83571200
300265	通光线缆	江苏通光电子线缆股份有限公司	C76	张 强	江苏省海门市海门镇渤海路 169 号	0513-82105999
300266	兴源过滤	杭州兴源过滤科技股份有限公司	C71	周立武	杭州市余杭区良渚镇良渚路 10 号	0571-88777830
300267	尔康制药	湖南尔康制药股份有限公司	C81	帅放文	长沙市浏阳生物医药工业园	0731-83282597
300268	万福生科	万福生科(湖南)农业开发股份有限公司	C01	龚永福	湖南省常德市桃源县陬市镇桂花路 1 号	0736-6689376
300269	联建光电	深圳市联建光电股份有限公司	C57	刘虎军	深圳市宝安区 68 区留仙三路安通达工业厂区四号厂房 2 楼	0755-29746682
300270	中威电子	杭州中威电子股份有限公司	G81	石旭刚	杭州市西湖区文三路 20 号浙江建工大厦 17 楼	0571-88373153
300271	紫光华宇	北京紫光华宇软件股份有限公司	G87	邵 学	北京市海淀区中关村东路 1 号院清华科技园科技大厦 C 座 25 层	010-82150085
300272	开能环保	上海开能环保设备股份有限公司	C76	瞿建国	上海市浦东新区川沙镇川大路 518 号	021-58599999-1399
300273	和佳股份	珠海和佳医疗设备股份有限公司	C73	郝镇熙	广东省珠海市洪湾珠海保税区 48 号	0756-8687957
300274	阳光电源	阳光电源股份有限公司	C76	曹仁贤	安徽省合肥市高新区天湖路 2 号	0551-5327839
300275	梅安森	重庆梅安森科技股份有限公司	G87	马 焰	重庆市九龙坡区二郎创业路 105 号高科创业园 C2 区 6 层	023-68467887
300276	三丰智能	湖北三丰智能输送装备股份有限公司	C73	朱汉平	黄石经济技术开发区黄金山工业新区金山大道 398 号	0714-6399668
300277	海联讯	深圳海联讯科技股份有限公司	G87	邢文飚	深圳市南山区深南大道市高新技术园 R2 厂房 B 区 3a 层	0755-26972918
300278	华昌达	湖北华昌达智能装备股份有限公司	C73	罗 慧	十堰市西城路 31 号	0719-8231228
300279	和晶科技	无锡和晶科技股份有限公司	C51	陈柏林	无锡新区坊兴路 16 号	0510-85259761
300280	南通锻压	南通锻压设备股份有限公司	C71	郭 庆	江苏省如皋经济开发区锻压产业园区内	0513-82153885
300281	金明精机	广东金明精机股份有限公司	C73	马镇鑫	汕头市濠江区纺织工业园	0754-89811399
300282	汇冠股份	北京汇冠新技术股份有限公司	G83	刘新斌	北京市朝阳区酒仙桥东路 1 号 M8 楼 4 层	010-84573455

数据来源：深圳证券交易所
Source：Shenzhen Stock Exchange

六、登 记 结 算

Securities Depository and Clearing

2011 年登记结算业务运行及发展情况

An Overview of Securities Depository, Clearing and Settlement in 2011

(一) 新开账户数有所减少

截止到 2011 年底,中国结算沪市 A 股账户开户代办点 5543 个,比上年增加 514 个;深市 A 股账户开户代办点 5010 个,比上年增加 393 个。

2011 年全年新开股票账户约 1079.51 万户,较上年减少约 414.74 万户,同比减少约 27.76%。其中,新开 A 股账户 1077.03 万户,较上年减少 412.74 万户,减少 27.70%;新开 B 股账户 2.48 万户,较上年减少 2.00 万户,减少 44.64%。

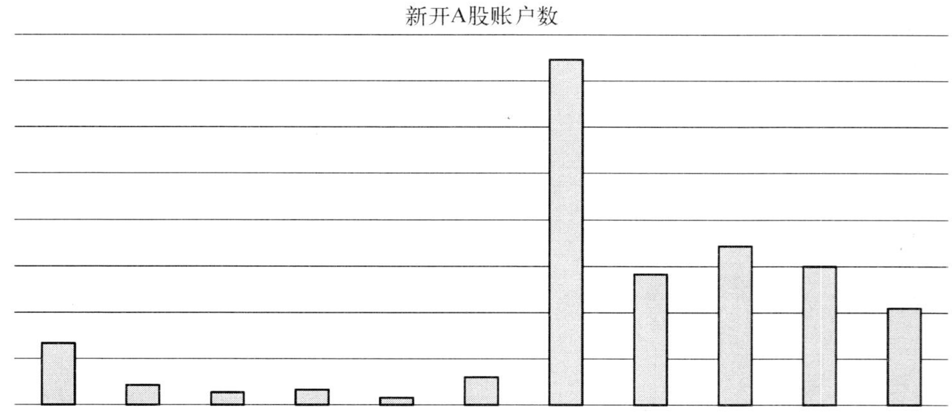

截止到 2011 年底,期末股票账户数约 16546.90 万户。其中,期末 A 股账户数为 16294.74 万户,比上年增加 1090.68 万户,增长 7.17%;B 股账户 252.16 万户,比上年增加 2.19 万户,增长 0.88%。经证券公司核实、申报的休眠账户数为 2496.53 万户。股票账户去除休眠账户后的有效账户数为 14050.37 万户。

(二) 登记存管的主要证券数量明显增加

截止到 2011 年末,中国结算登记存管的证券达到 3304 只。其中,A 股 2324 只,比上年增加 272 只;B 股 108 只,与上年持平;国债 109 只,比上年减少 1 只;地方债 4 只,比上年增加 3 只;公司债 166 只,比上年增加 77 只;企业债 322 只,比上年增加 93 只;可转债 20 只,比上年增加 7 只;分离式可转债 19 只,比上年减少 2 只;封闭式基金 57 只,比上年增加 10 只;ETF37 只,比上年增加 17 只;LOF132 只,比上年增加 53 只;资产证券化产品 6 只,比上年增加 2 只。

截止到 2011 年年末,中国结算登记存管的证券面值为 4.04 万亿元。其中,已上市流通 A 股面值 2.22 万亿元,流通 B 股面值 295.33 亿元,限售流通股面值 7017.54 亿元,非流通股面值 88.43 亿元,国债面值 1989.13 亿元,地方债面值 3.32 亿元,企业债面值 1546.27 亿元,公司债面值 2855.60 亿元,可转债面值 1162.93 亿元,分离式可转债面值 871.15 亿元,封闭式基金面值 1014.11 亿元,ETF 面值 943.09 亿元,LOF 面值 332.56 亿元,资产证券化产品 8.74 亿元。

2011 年年末登记存管证券已上市流通市值为 17.71 万亿元。其中,A 股已上市流通市值 16.55 万亿元,B 股流通市值 1443.17 亿元,国债流通市值 2012.38 亿元,地方债 3.32 亿元,企业债流通市值 1465.36 亿元,公司债流通市值 2809.99 亿元,可转债流通市值 1157.65 亿元,分离式可转债流通市值 803.89 亿元,封闭式基金流通市值 794.58 亿元,ETF 流通市值 755.88 亿元,LOF 流通市值 266.90 亿元,资产证券化产品流通市值 8.00 亿元。

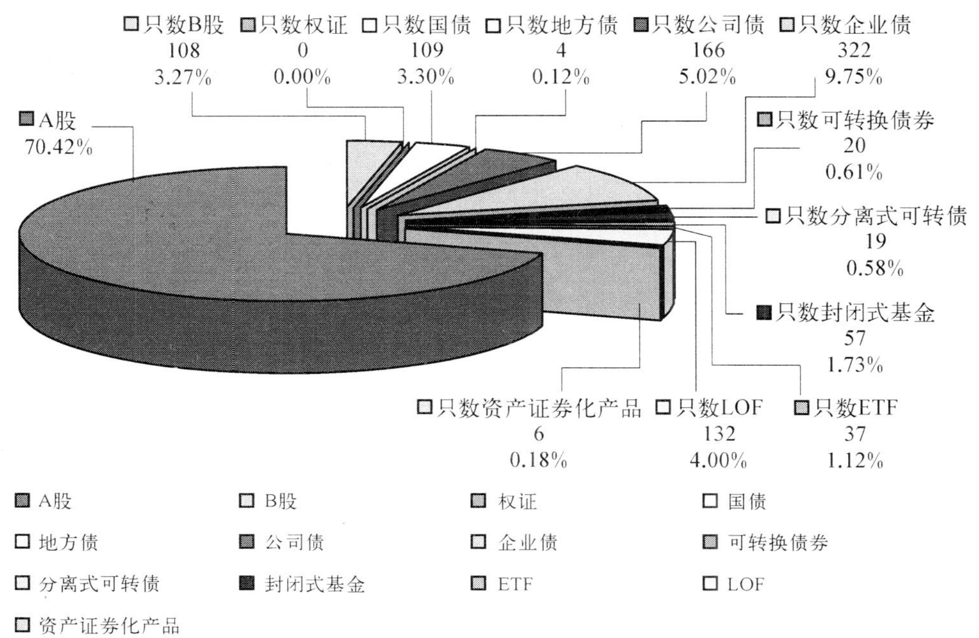
只数B股 108 3.27%
只数权证 0 0.00%
只数国债 109 3.30%
只数地方债 4 0.12%
只数公司债 166 5.02%
只数企业债 322 9.75%
A股 70.42%
只数可转换债券 20 0.61%
只数分离式可转债 19 0.58%
只数封闭式基金 57 1.73%
只数资产证券化产品 6 0.18%
只数LOF 132 4.00%
只数ETF 37 1.12%
A股
B股
权证
国债
地方债
公司债
企业债
可转换债券
分离式可转债
封闭式基金
ETF
LOF
资产证券化产品

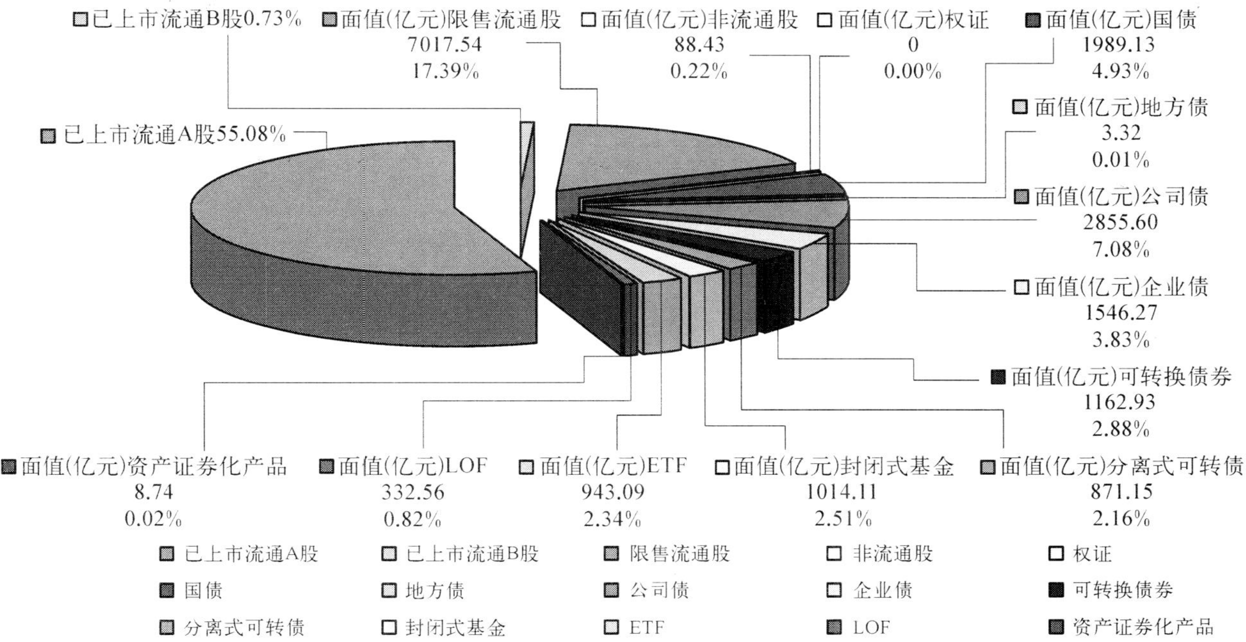
已上市流通B股0.73%
面值(亿元)限售流通股 7017.54 17.39%
面值(亿元)非流通股 88.43 0.22%
面值(亿元)权证 0 0.00%
面值(亿元)国债 1989.13 4.93%
已上市流通A股55.08%
面值(亿元)地方债 3.32 0.01%
面值(亿元)公司债 2855.60 7.08%
面值(亿元)企业债 1546.27 3.83%
面值(亿元)可转换债券 1162.93 2.88%
面值(亿元)资产证券化产品 8.74 0.02%
面值(亿元)LOF 332.56 0.82%
面值(亿元)ETF 943.09 2.34%
面值(亿元)封闭式基金 1014.11 2.51%
面值(亿元)分离式可转债 871.15 2.16%
已上市流通A股
已上市流通B股
限售流通股
非流通股
权证
国债
地方债
公司债
企业债
可转换债券
分离式可转债
封闭式基金
ETF
LOF
资产证券化产品

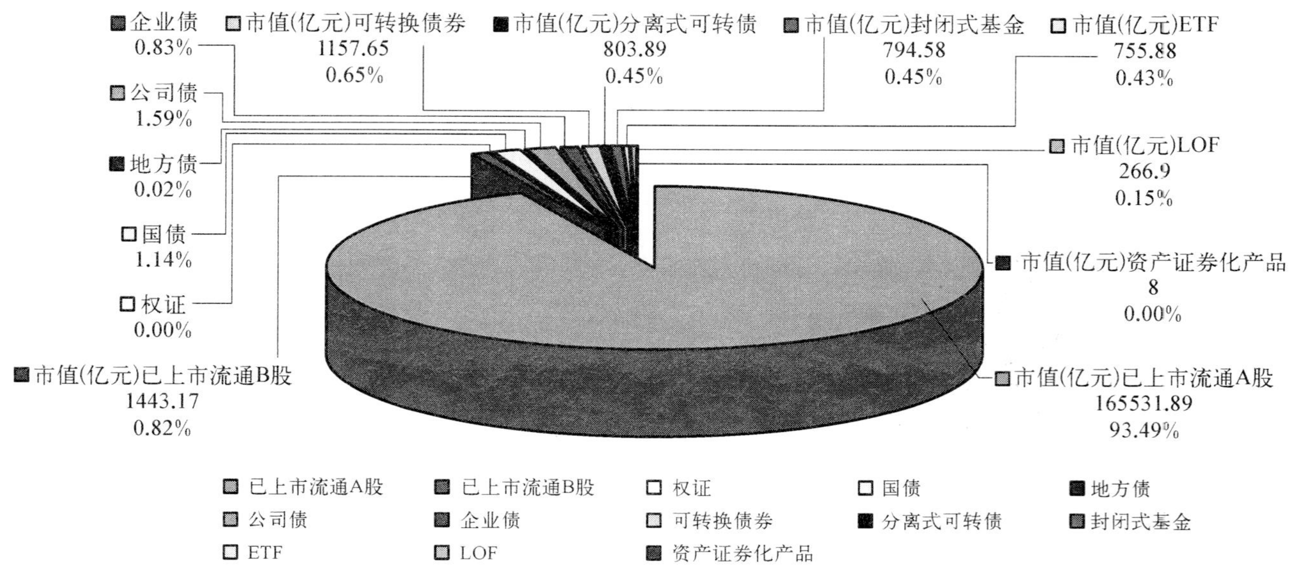

(三) 结算总额有所减少,结算净额明显增加

2011 年中国结算的证券结算总额为 263.92 万亿元,较上年减少了 91.75 万亿元,降幅为 25.80%;结算净额为 8.94 万亿元,较上年增加了 1.02 万亿元,增幅为 12.91%。

(四) 开放式基金业务稳步发展

截至 2011 年底,开放式基金 TA 系统内参与的管理人共有 105 家,其中基金公司 44 家、券商 60 家、银行 1 家;累计代理发行理财产品 533 只,其中开放式基金 212 只、创新型封闭式基金 22 只、券商集合理财产品 286 只、银行理财产品 13 只。产品类型涵盖了股票型、债券型、混合型、货币型、保本型、QDII、FOF、LOF、上证基金通、场外 ETF 等。另外,还全面支持了集合计划的参与、退出、权益分派、业绩报酬、收益补偿、展期以及 TA 移转等各类业务。

6－1　1993—2011 年投资者账户情况

Summary of Investors Accounts 1993—2011

单位：万户　Unit：10000

	1993 年	1994 年	1995 年	1996 年	1997 年	1998 年	1999 年	2000 年	2001 年	2002 年	2003 年	2004 年	2005 年	2006 年	2007 年	2008	2009	2010	2011
全国 Total																			
开户总数 Accounts Opening	835.17	1107.76	1294.19	2422.08	3480.26	4259.88	4810.63	6154.53	6965.90	7202.16	7344.41	7588.29	7712.33	8249.28	14306.61	15980.68	18001.57	19778.69	21235.01
新增开户数 Newly Opening Accounts	561.40	272.59	186.43	1127.89	1058.18	779.62	550.74	1343.93	811.35	236.25	142.27	248.10	124.05	537.63	6057.34	1674.06	2020.89	1777.12	1387.94
比例 Rate	67.22	24.61	14.41	46.57	30.41	18.30	11.45	21.84	11.65	3.28	1.94	3.27	1.61	6.52	42.34	10.48	11.23	8.99	6.54
账户总数 Accounts								6123.24	6898.68	6841.84	6981.24	7215.74	7336.07	7854.00	13886.18	15198.01	17149.68	18858.28	20259.20
新增账户数 Newly Opening Accounts									775.44	−56.84	139.40	240.04	120.33	517.94	6032.17	1311.83	1951.67	1708.60	1333.51
上海 Shanghai																			
开户总数 Accounts Opening	423.51	574.89	685.20	1207.87	1713.31	2006.57	2288.54	2966.99	3429.61	3566.61	3643.93	3787.22	3856.24	4101.47	7130.54	7972.86	8965.43	9850.75	10539.12
新增开户数 Newly Opening Accounts	312.28	151.38	110.31	522.67	505.44	293.26	281.96	678.47	462.60	137.00	77.33	147.54	69.02	245.90	3029.07	842.32	992.57	885.32	688.38
比例 Rate	73.74	26.33	16.10	43.27	29.50	14.61	12.32	22.87	13.49	3.84	2.12	3.90	1.79	6.00	42.48	10.56	11.07	8.99	6.53
账户总数 Accounts								2958.47	3388.71	3513.51	3589.25	3731.22	3799.00	4034.47	7046.10	7689.18	8646.89	9494.05	10152.15
新增账户数 Newly Opening Accounts									430.24	124.80	75.74	147.51	67.78	235.47	3011.63	643.08	957.71	847.16	658.10
深圳 Shenzhen																			
开户总数 Accounts Opening	411.66	532.87	608.99	1214.21	1766.95	2253.31	2522.09	3187.54	3536.29	3635.55	3700.48	3801.07	3856.09	4147.81	7176.07	8007.82	9036.13	9927.95	10695.89
新增开户数 Newly Opening Accounts	249.12	121.21	76.12	605.22	552.74	486.36	268.78	665.46	348.75	99.25	64.94	100.56	55.03	291.72	3028.27	831.74	1028.32	891.82	699.56
比例 Rate	60.52	22.75	12.50	49.84	31.28	21.58	10.66	20.88	9.86	2.73	1.75	2.65	1.43	7.03	42.20	10.39	11.38	8.98	6.54
账户总数 Accounts								3164.77	3509.97	3328.33	3391.99	3484.52	3537.07	3819.54	6840.08	7508.83	8502.79	9364.23	10107.05
新增账户数 Newly Opening Accounts									345.20	−181.64	63.66	92.53	52.55	282.47	3020.54	668.75	993.96	861.44	675.40

注：1. 账户总数＝开户总数—销户总数(包括注销账户和被清理账户)。开户总数、账户总数和新增开户数包括 A 股账户、B 股账户和基金账户。
2. 比例指新增开户数(新增账户数)占开户总数(账户总数)的比率。
3. 2002 年由于对不规范账户进行了集中清理，致使账户总数比上年减少。
4. 2004 年对账户统计口径和方法进行了调整。

数据来源：中国证券登记结算公司

Source：China Securities Depository and Clearing Corporation Limited

6－2　2011 年 A 股投资者账户情况

A-Share Investors Accounts Summary in 2011

单位：万户　Unit：10000

	全国 Total	上海 Shanghai	深圳 Shenzhen
账户总数 Total Accounts	16294.74	8168.26	8126.48
机　　构 Legal	61.32	32.75	28.57
个　　人 Person	16233.42	8135.51	8097.91
新增开户数 Newly Opening Accounts	1077.03	549.41	527.62
机　　构 Legal	4.05	2.18	1.87
个　　人 Person	1072.98	547.23	525.75

数据来源：中国证券登记结算公司

Source：China Securities Depository and Clearing Corporation Limited

6-3 2011年B股投资者账户情况

B-Share Investors Accounts Summary in 2011

单位：万户 Unit：10000

	全国 Total	上海 Shanghai	深圳 Shenzhen
账户总数 Total Accounts	252.16	152.72	99.44
机　　构 Legal	2.69	1.36	1.33
境内	0.02	0.00	0.02
境外	2.67	1.36	1.31
个　　人 Person	249.46	151.36	98.10
境内	221.81	133.85	87.96
境外	27.65	17.52	10.14
新增开户数 Newly Opening Accounts	2.48	1.38	1.10
机　　构 Legal	0.26	0.13	0.13
境内	0.00	0.00	0.00
境外	0.26	0.13	0.13
个　　人 Person	2.22	1.25	0.97
境内	2.12	1.21	0.91
境外	0.10	0.05	0.06

数据来源：中国证券登记结算公司
Source：China Securities Depository and Clearing Corporation Limited

6-4 2011年上海证券交易所A股账户地区分布统计表

Regional Statistics of A-Share Investors Accounts in Shanghai Stock Exchange in 2011

单位：万户 Unit：10000

地区 Area	本年末账户总数 Total in 2011	所占比例(%) Percent	本年新增开户数 Newly Opening Accounts	所占比例(%) percent
安　徽	168.10	2.06	17.25	3.14
北　京	546.71	6.69	29.02	5.28
重　庆	117.60	1.44	9.31	1.69
福　建	270.07	3.31	28.11	5.12
甘　肃	83.15	1.02	6.78	1.23
广　东	698.87	8.56	63.93	11.64
广　西	119.65	1.46	11.04	2.01
贵　州	51.14	0.63	5.14	0.94
海　南	44.56	0.55	2.92	0.53
河　北	196.07	2.40	18.35	3.34
河　南	272.34	3.33	28.54	5.19
黑龙江	176.51	2.16	9.04	1.65
湖　北	289.75	3.55	20.22	3.68
湖　南	224.44	2.75	24.09	4.38
吉　林	132.33	1.62	7.37	1.34
江　苏	629.16	7.70	34.09	6.21
江　西	130.00	1.59	13.56	2.47

续表 Continued

地区 Area	本年末账户总数 Total in 2011	所占比例(%) Percent	本年新增开户数 Newly Opening Accounts	所占比例(%) percent
辽　宁	301.57	3.69	16.52	3.01
内蒙古	81.57	1.00	8.60	1.56
宁　夏	39.10	0.48	2.88	0.52
青　海	28.84	0.35	1.26	0.23
山　东	462.38	5.66	32.07	5.84
山　西	143.82	1.76	11.66	2.12
陕　西	146.90	1.80	11.21	2.04
上　海	1144.41	14.01	25.97	4.73
深　圳	591.59	7.24	25.20	4.59
四　川	327.14	4.01	21.09	3.84
天　津	115.03	1.41	6.49	1.18
西　藏	2.27	0.03	0.16	0.03
新　疆	109.85	1.34	6.83	1.24
云　南	85.57	1.05	7.51	1.37
浙　江	437.75	5.36	43.19	7.86
其　他	0.00	0.00	0.00	0.00
合　计	8168.26	100.00	549.41	100.00

数据来源：中国证券登记结算公司
Source: China Securities Depository and Clearing Corporation Limited

6-5　2011年上海证券交易所B股账户地区分布统计表
Regional Statistics of B-Share Investors Accounts in Shanghai Stock Exchange in 2011

单位：户

国家或地区 Area	账户总数 Total	比例(%) Percent
一、境内合计 Total of Local(156)	1462922	95.79%
二、境外合计 Total of Overseas	62461	4.09%
中国香港 Hongkong(344)	15761	1.03%
中国台湾 Taiwan(158)	8606	0.56%
中国澳门 Macao(446)	791	0.05%
新加坡 Singapore(702)	1730	0.11%
韩　国 Korea(410)	1702	0.11%
美　国 USA(840)	12360	0.81%
英　国 U.K(826)	1766	0.12%
日　本 Japan(392)	4254	0.28%
马来西亚 Malaysia(458)	607	0.04%
印　尼 Indonesia(360)	120	0.01%
其他国家或地区 Others	14764	0.97%
三、其他 Others	1835	0.12%

数据来源：中国证券登记结算公司
Source: China Securities Depository and Clearing Corporation Limited

6-6 2011年深圳证券交易所A股账户地区分布统计表

Regional Statistics of A-Share Investors in Shenzhen Stock Exchange in 2011

单位:万户 Unit: 10000

地区 Area	本年末账户总数 Total in 2010	所占比例(%) Percent	本年新增开户数 Newly Opening Accounts	所占比例(%) percent
安 徽	152.76	1.88	15.10	2.86
北 京	426.68	5.25	27.17	5.15
重 庆	132.69	1.63	7.40	1.40
福 建	308.02	3.79	26.31	4.99
甘 肃	84.43	1.04	6.76	1.28
广 东	826.26	10.17	59.94	11.36
广 西	148.94	1.83	11.03	2.09
贵 州	50.26	0.62	4.85	0.92
海 南	66.11	0.81	2.88	0.55
河 北	214.70	2.64	16.43	3.11
河 南	327.28	4.03	27.99	5.31
黑龙江	186.65	2.30	8.95	1.70
湖 北	315.97	3.89	18.70	3.54
湖 南	294.11	3.62	23.35	4.43
吉 林	130.14	1.60	6.40	1.21
江 苏	636.86	7.84	32.23	6.11
江 西	160.65	1.98	12.74	2.41
辽 宁	323.63	3.98	15.89	3.01
内蒙古	78.64	0.97	8.68	1.65
宁 夏	27.94	0.34	2.87	0.54
青 海	21.17	0.26	1.24	0.24
山 东	474.41	5.84	27.41	5.20
山 西	135.56	1.67	10.99	2.08
陕 西	176.64	2.17	10.85	2.06
上 海	618.11	7.61	26.08	4.94
深 圳	551.31	6.78	24.65	4.67
四 川	359.70	4.43	21.51	4.08
天 津	145.32	1.79	6.60	1.25
西 藏	3.34	0.04	0.15	0.03
新 疆	104.95	1.29	6.35	1.20
云 南	93.33	1.15	6.84	1.30
浙 江	519.42	6.39	37.66	7.14
其 他	30.50	0.38	11.62	2.20
合 计	8126.48	100.00	527.62	100.00

数据来源:中国证券登记结算公司
Source: China Securities Depository and Clearing Corporation Limited

6-7 2011年深圳证券交易所B股账户地区分布统计表

Regional Statistics of B-Share Investors Accounts in Shenzhen Stock Exchange in 2011

单位：户

国家或地区 Area	账户总数 Total	比例(%)Percent
一、境内合计 Total of Local(156)	877494	88.25%
二、境外合计 Total of Overseas	116790	11.75%
中国香港 Hongkong(344)	82088	8.26%
中国台湾 Taiwan(158)	5983	0.60%
中国澳门 Macao(446)	3936	0.40%
新加坡 Singapore(702)	1165	0.12%
韩国 Korea(410)	1102	0.11%
美国 USA(840)	7716	0.78%
英国 U.K(826)	1547	0.16%
日本 Japan(392)	1329	0.13%
马来西亚 Malaysia(458)	587	0.06%
印尼 Indonesia(360)	105	0.01%
其他国家或地区 Others	11232	1.13%
三、其他 Others	77	0.01%

数据来源：中国证券登记结算公司
Source：China Securities Depository and Clearing Corporation Limited

6-8 2011年A股流通股托管市值地区分布

Regional Statistics of A-Share Negotiable Custodied Capitalization in 2011

地区 Area	A股托管市值(亿元)A-share Negotiable Custodied Capitalization(100000000yuan)			比例(%) Percent
	合计 Totle	上海 Shanghai	深圳 Shenzhen	
安徽	1874.89	985.10	889.79	0.88
北京	64285.37	57875.99	6409.38	30.15
重庆	3689.90	2406.28	1283.62	1.73
福建	1107.09	706.95	400.14	0.52
甘肃	11078.52	5796.89	5281.63	5.20
广东	1125.39	136.04	989.35	0.53
广西	634.84	384.84	250.00	0.30
贵州	344.93	184.36	160.57	0.16
海南	1612.50	969.10	643.40	0.76
河北	2496.34	1147.73	1348.61	1.17
河南	1330.20	914.20	416.00	0.62
黑龙江	3208.56	1899.51	1309.05	1.50
湖北	1513.60	623.07	890.53	0.71
湖南	712.72	358.99	353.73	0.33
吉林	12713.12	8994.44	3718.68	5.96
江苏	1100.45	456.18	644.27	0.52

续表 Continued

地区 Area	A 股托管市值(亿元)A-share Negotiable Custodied Capitalization(100000000yuan)			比例(%) Percent
	合计 Totle	上海 Shanghai	深圳 Shenzhen	
江 西	1996.27	694.15	1302.12	0.94
辽 宁	833.40	517.12	316.28	0.39
内蒙古	257.95	257.71	0.24	0.12
宁 夏	478.75	94.31	384.44	0.22
青 海	5370.59	3036.19	2334.40	2.52
山 东	2895.22	1905.02	990.20	1.36
山 西	1176.25	596.43	579.82	0.55
陕 西	34083.26	25318.81	8764.45	15.99
上 海	23575.15	10989.93	12585.22	11.06
深 圳	2912.03	1035.02	1877.01	1.37
四 川	1043.82	440.28	603.54	0.49
天 津	0.00	0.00	0.00	0.00
西 藏	1180.76	438.20	742.56	0.55
新 疆	1409.48	826.08	583.40	0.66
云 南	8326.10	3382.17	4943.93	3.91
浙 江	1912.48	963.07	949.41	0.90
其 他	16918.16	13171.81	3746.35	7.94
合 计	213198.09	147505.97	65692.12	100.00

注:沪市未办理指定交易的、深市暂不能识别地区的,归入其他。
数据来源:中国证券登记结算公司
Source: China Securities Depository and Clearing Corporation Limited

6-9 2011年B股流通股托管市值地区分布

Regional Statistics of B-share Negotiable Custodied Capitalization in 2011

单位:万 Unit: 10000

	B股托管市值(万元)	B股托管市值(万美元)	B股托管市值(万港币元)	比例(%)
一、境内合计 Total of Local	11302543.13	822318.04	7496106.61	78.32%
二、境外合计 Total of Overseas	2038721.47	102535.77	1708290.15	14.13%
中国香港 Hongkong	1942973.70	96032.99	1641184.04	13.46%
中国台湾 Taiwan	0.00	0.00	0.00	0.00%
新加坡 Singapore	250.66	39.61	0.00	0.00%
韩 国 Korea	92.26	0.00	113.40	0.00%
美 国 USA	0.00	0.00	0.00	0.00%
英 国 U.K	0.00	0.00	0.00	0.00%
日 本 Japan	85767.38	5027.16	66316.38	0.59%
马来西亚 Malaysia	0.00	0.00	0.00	0.00%
印 尼 Indonesia	0.00	0.00	0.00	0.00%
其他国家或地区 Others	9637.48	1436.01	676.33	0.07%
三、其他 Others	1090435.79	156425.75	123596.36	7.55%
合计 Total	14431700.39	1081279.56	9327993.12	100.00%

数据来源:中国证券登记结算公司
Source: China Securities Depository and Clearing Corporation Limited

6-10 2011年投资者流通股持股情况统计表

Negotiable Shares Holding of Investors for 2011

		A股			B股		
		户数（万户）	总持股数（亿）	总持股市值（亿元）	户数（万户）	总持股数（亿）	总持股市值（亿美元/港元）
沪市	小于1000股	786.63	34.03	275.67	9.93	0.52	0.64
	1000—4999股	1246.71	300.99	2170.68	39.18	9.65	7.34
	5000—9999股	460.47	321.13	2201.11	15.13	10.54	7.51
	10000—49999股	558.91	1150.69	7604.14	17.16	35.19	24.21
	50000—99999股	72.30	493.34	3223.00	2.24	15.33	10.31
	10万—50万股(不含)	44.11	817.11	5420.39	1.38	25.53	17.61
	50万—100万股(不含)	3.21	217.96	1495.49	0.09	6.22	4.53
	100万股以上	2.20	14531.63	99889.67	0.06	31.31	35.98
	合　计	3174.54	17866.88	122280.15	85.17	134.29	108.12
深市主板	小于1000股	629.33	25.34	208.40	5.87	0.29	1.78
	1000—4999股	769.23	175.89	1274.98	17.29	4.39	19.93
	5000—9999股	223.03	152.77	1045.70	7.65	5.38	22.18
	10000—49999股	233.86	462.38	3016.33	11.29	24.42	95.35
	50000—99999股	26.49	179.43	1140.52	2.01	13.91	54.19
	10万—50万股(不含)	16.34	301.57	1922.77	1.53	29.53	116.28
	50万—100万股(不含)	1.18	79.80	525.98	0.13	9.12	43.22
	100万股以上	0.79	1675.87	15080.35	0.09	74.01	579.86
	合　计	1900.25	3053.05	24215.02	45.86	161.05	932.79
深市中小板	小于1000股	380.47	15.42	204.73	0.00	0.00	0.00
	1000—4999股	392.05	86.03	1044.54	0.00	0.00	0.00
	5000—9999股	91.85	62.40	730.16	0.00	0.00	0.00
	10000—49999股	81.80	157.04	1795.18	0.00	0.00	0.00
	50000—99999股	7.74	52.27	590.93	0.00	0.00	0.00
	10万—50万股(不含)	4.58	85.00	982.03	0.00	0.00	0.00
	50万—100万(不含)	0.37	25.19	312.85	0.00	0.00	0.00
	100万以上	0.47	768.72	10290.66	0.00	0.00	0.00
	合　计	959.33	1252.07	15951.07	0.00	0.00	0.00
深市创业板	小于1000股	82.55	3.34	58.63	0.00	0.00	0.00
	1000—4999股	76.70	16.39	277.31	0.00	0.00	0.00
	5000—9999股	16.82	11.42	192.09	0.00	0.00	0.00
	10000—49999股	15.18	29.24	486.49	0.00	0.00	0.00
	50000—99999股	1.45	9.79	164.19	0.00	0.00	0.00
	10万—50万股(不含)	0.86	15.86	273.88	0.00	0.00	0.00
	50万—100万(不含)	0.08	5.72	107.43	0.00	0.00	0.00
	100万以上	0.12	59.12	1087.19	0.00	0.00	0.00
	合　计	193.76	150.88	2647.21	0.00	0.00	0.00

数据来源：中国证券登记结算公司

Source: China Securities Depository and Clearing Corporation Limited

6－11　2011 年沪深两市股改限售股解禁及减持情况

Release and Sell-off of Restricted Shares in Share Reform of Shanghai and Shenzhen Markets for 2011

时　间	大　非		小　非		合　计		
	解禁数量（亿股）	减持数量（亿股）	解禁数量（亿股）	减持数量（亿股）	解禁数量（亿股）	减持数量（亿股）	减持金额（亿元）
2006 年 6 月	0.00	0.00	0.11	0.00	0.11	0.00	0.06
2006 年 7 月	0.00	0.00	0.00	0.00	0.00	0.00	0.00
2006 年 8 月	9.40	0.10	23.42	2.10	32.82	2.20	19.75
2006 年 9 月	0.83	0.10	0.52	1.57	1.36	1.67	18.01
2006 年 10 月	0.88	0.19	22.85	2.07	23.73	2.25	19.05
2006 年 11 月	7.87	1.09	10.56	5.79	18.44	6.88	59.81
2006 年 12 月	11.22	1.80	14.01	7.40	25.24	9.20	87.14
2007 年 1 月	10.07	3.68	12.52	8.68	22.59	12.35	163.16
2007 年 2 月	9.76	2.00	13.08	5.24	22.84	7.23	92.58
2007 年 3 月	14.58	3.75	22.40	9.95	36.98	13.69	143.18
2007 年 4 月	27.32	5.92	56.40	20.33	83.72	26.25	311.72
2007 年 5 月	18.53	6.61	38.49	18.84	57.02	25.46	423.33
2007 年 6 月	14.37	3.51	16.86	11.49	31.22	15.01	272.30
2007 年 7 月	15.41	2.67	20.96	8.68	36.37	11.35	152.92
2007 年 8 月	34.67	5.36	16.39	13.24	51.05	18.60	311.51
2007 年 9 月	12.33	6.11	9.81	9.89	22.14	16.00	305.71
2007 年 10 月	75.20	3.54	48.81	4.43	124.01	7.96	183.53
2007 年 11 月	29.90	3.83	10.10	4.50	40.00	8.33	133.39
2007 年 12 月	16.25	7.71	5.64	7.95	21.89	15.66	237.77
2008 年 1 月	16.18	6.68	9.08	9.74	25.27	16.43	297.87
2008 年 2 月	11.24	2.56	35.82	4.89	47.06	7.45	136.38
2008 年 3 月	17.20	3.13	6.34	5.83	23.54	8.96	146.20
2008 年 4 月	25.32	1.60	6.35	4.38	31.68	5.98	92.57
2008 年 5 月	30.05	1.96	4.22	4.69	34.27	6.65	79.20
2008 年 6 月	23.58	1.39	6.03	3.11	29.61	4.51	47.34
2008 年 7 月	21.68	2.93	3.66	5.56	25.34	8.49	73.62
2008 年 8 月	210.37	0.94	5.10	3.87	215.47	4.80	34.88
2008 年 9 月	9.05	1.47	1.58	3.05	10.62	4.53	25.90
2008 年 10 月	79.44	1.42	10.61	2.62	90.05	4.04	23.81
2008 年 11 月	47.70	2.50	6.14	4.44	53.85	6.94	45.70
2008 年 12 月	110.01	3.63	16.02	4.60	126.03	8.23	52.36
2009 年 1 月	54.42	3.03	26.06	2.68	80.48	5.71	41.07
2009 年 2 月	107.39	4.55	30.44	5.64	137.83	10.19	88.14
2009 年 3 月	106.52	5.28	20.67	5.56	127.19	10.84	96.78
2009 年 4 月	153.37	4.11	18.32	6.05	171.69	10.16	84.44

续表 Continued

时间	大非		小非		合计		
	解禁数量（亿股）	减持数量（亿股）	解禁数量（亿股）	减持数量（亿股）	解禁数量（亿股）	减持数量（亿股）	减持金额（亿元）
2009年5月	227.77	4.85	18.83	5.69	246.60	10.54	88.65
2009年6月	111.13	6.52	15.54	5.88	126.67	12.40	131.14
2009年7月	77.26	7.29	6.09	6.34	83.35	13.63	149.67
2009年8月	108.92	4.50	2.30	2.57	111.22	7.07	68.13
2009年9月	100.00	6.11	9.56	3.43	109.56	9.54	98.86
2009年10月	602.31	4.59	4.93	3.72	607.24	8.31	98.28
2009年11月	42.40	9.55	4.36	5.59	46.76	15.14	186.00
2009年12月	38.63	7.17	8.83	5.11	47.46	12.28	138.39
2010年1月	19.71	3.70	6.09	2.01	25.80	5.72	66.27
2010年2月	7.55	2.70	4.07	1.17	11.63	3.87	42.69
2010年3月	30.83	3.50	4.81	2.28	35.64	5.77	67.97
2010年4月	26.86	3.43	7.25	2.64	34.11	6.07	79.05
2010年5月	23.72	1.11	4.80	1.25	28.52	2.36	26.10
2010年6月	32.50	1.33	2.59	1.10	35.09	2.44	25.90
2010年7月	17.61	1.79	1.01	1.14	18.62	2.93	28.44
2010年8月	56.73	2.02	2.89	3.24	59.62	5.26	60.53
2010年9月	17.54	4.03	1.82	2.20	19.36	6.23	81.84
2010年10月	15.30	3.67	3.68	2.96	18.98	6.63	89.01
2010年11月	39.59	5.58	7.83	4.75	47.42	10.33	124.58
2010年12月	101.25	4.65	0.71	4.32	101.96	8.97	104.50
2011年1月	73.69	1.93	2.24	0.82	75.93	2.74	31.60
2011年2月	20.75	1.69	0.76	1.24	21.51	2.93	43.56
2011年3月	43.12	4.44	2.55	2.29	45.66	6.73	72.81
2011年4月	103.13	2.92	3.38	1.28	106.51	4.20	48.59
2011年5月	74.17	1.97	5.04	1.26	79.21	3.23	38.57
2011年6月	37.94	1.67	2.83	1.72	40.77	3.38	44.23
2011年7月	30.80	3.19	3.33	1.54	34.13	4.73	53.19
2011年8月	10.38	1.76	9.89	1.38	20.27	3.14	35.91
2011年9月	5.68	2.19	2.17	0.63	7.86	2.81	26.06
2011年10月	9.73	1.49	0.12	1.12	9.85	2.61	24.64
2011年11月	11.96	1.94	0.94	1.63	12.90	3.57	35.55
2011年12月	22.24	1.41	5.97	1.81	28.21	3.22	35.85
合计	3473.30	219.81	706.59	302.97	4179.92	522.78	6547.74

注：1. 大非账户指在股改实施日日终持有某证券的股改限售股数量占该证券股本的比重大于等于5%的证券账户；
2. 小非账户指在股改实施日日终持有某证券的股改限售股数量占该证券股本的比重小于5%的证券账户；
3. 减持包括通过大宗交易方式和集中竞价方式进行的减持；
4. 解禁金额根据解禁日收盘价计算，减持金额根据交易价格计算的；
5. 全市场成交量是沪深两市合计的成交股数；
6. 减持占成交量的比例是指当月合计减持数量占当月全市场成交量的比重。

数据来源：中国证券登记结算公司

Source：China Securities Depository and Clearing Corporation Limited

七、期　　货

Futures

2011 年上海期货市场综述

Summary for Shanghai Futures Market in 2011

上海期货交易所是依照有关法规设立的,履行有关法规规定的职责,受中国证监会集中统一监督管理,并按照其章程实行自律管理的法人。上海期货交易所目前上市交易的有黄金、铜、铝、锌、铅、螺纹钢、线材、燃料油、天然橡胶等九种期货合约。

上海期货交易所坚持以科学发展观为统领,深入贯彻国务院关于推进资本市场改革开放和稳定发展的战略决策,依循“夯实基础、深化改革、推进开放、拓展功能、加强监管、促进发展”的方针,严格依照法规政策制度组织交易,切实履行市场一线监管职责,致力于创造构建安全、有序、高效的市场机制,营造公开公平公正和诚信透明的市场环境,长期目标是:努力建设成为规范、高效、透明,综合性、国际化的衍生品交易所,未来五年的目标是:建设成为一个在亚太时区以基础金属、贵金属、能源、化工等大宗商品为主的主要期货市场,发挥期货市场发现价格、规避风险的功能,为国民经济发展服务。

至 2011 年年底,上海期货交易所现有会员 208 家(其中经纪公司会员 163 家,占 77.9%),在全国各地开通远程交易终端 300 多个。

随着行业风险控制能力的强化提高、市场交易的持续活跃和规模的稳步扩大,市场功能及其辐射影响力显著增强,铜期货价格作为世界铜市场三大定价中心权威报价之一的地位进一步巩固;天然橡胶期货价格得到国内外各方的高度关注;燃料油期货在探索能源期货发展的道路上稳健运行;锌期货上市,与铜、铝期货关联,初步形成了有色金属期货品种系列;黄金期货上市,为促进黄金市场的发展,增进商品期货市场与金融市场的联系开辟了新路径;钢材期货上市,将逐步优化钢材价格形成机制,促进钢铁工业健康有序发展,进一步提高我国钢铁工业的国际竞争力。

按照《上海期货交易所章程》,会员大会是交易所的权力机构,由全体会员组成;理事会是会员大会的常设机构,下设监察、交易、结算、会员资格审查、调解、财务、技术、产品等 10 个专门委员会。

总经理为本所法定代表人。本所设有办公室、发展研究中心、文化建设办公室、新闻信息部、国际合作部、有色金属部、能源化工部、黄金钢材部、会员服务和投资者教育部、交易部、结算部、监查部、法律事务部、技术中心、人力资源部、党委办公室(纪律检查办公室)、内审合规部、财务部、行政部(保卫部)、张江中心管理办公室、北京联络处等 21 个职能部门。

根据国务院颁布的《期货交易管理条例》及中国证监会发布的《期货交易所管理办法》等法规,交易所建立了交易运作和市场管理规章制度体系。

交易所拥有适用可靠的计算机交易系统,通过高容量光纤及数据专线、双向卫星、三所联网等通讯手段确保前台和远程交易的实时和安全可靠。同时,通过中心数据库实现结算、资金、交割、异地交割仓库、风险监控等系统数据的实时同步传送和交换。

为维护市场稳定和投资者合法权益,交易所建有多元结合的风险控制体系,主要包括以交易规范为准则的一系列制度措施;以量化系列指标与计算机自动化运作相结合的风险预警系统;以全程控制风险为目标,按职能分工落实相关责任制的风险动态跟踪、分析、应对的工作机制。

上海期货交易所坚持监管、服务两手抓的理念,坚持稳健运行,稳步发展,推进改革创新,深化服务,真诚地为会员及投资者提供全面及时的各项服务。

交易所实行保证金和每日无负债结算制度,通过指定的结算银行每天对会员的交易进行集中清算,会员负责对其客户交易进行清算。交易所实行实物交割履约制度,合约到期须在规定期限内,以实物交割方式履约。交易所指定交割仓库为交割双方提供相关服务。客户交割须通过会员办理。

交易所坚持维护投资者合法权益的基本宗旨,制订、实施风险控制管理制度,健全风险监控机制,保证市场规范有序地运行。

交易所通过建立的卫星广播网和公共电讯网，将实时和延时交易行情经授权的国内外信息资讯机构进行同步信息发布。通过实时行情短信播报服务系统和电话语音报价服务系统，向市场提供动态交易行情咨询服务。交易所通过自建的网站（http://www.shfe.com.cn/）及时规范地向市场发布交易、交割、持仓、库存等各类统计数据资料及相关信息。交易所还通过新闻媒体报道、电话咨询交流、举办多种形式的培训班、开展各种形式的对外交流等形式，向会员、投资者及社会提供咨询、培训等服务。

2011 年郑州期货市场综述

Summary for Zhengzhou Futures Market in 2011

2011 年,面对复杂的宏观经济形势,在中国证监会正确领导下,在全体会员的大力支持和帮助下,郑商所认真贯彻全国证券期货监管工作会议和全国期货监管工作座谈会精神,加强市场一线监管,安全组织交易,防范市场风险,深化市场功能发挥,实现了市场持续稳定健康发展。2011 年全年累计成交合约 4.06 亿手,成交金额 33.41 万亿元。根据美国期货业协会(FIA) 2011 年交易数据统计,郑商所位居全球 81 家期货期权交易所第 11 位。

一、加强品种和业务创新,提升服务实体经济能力

坚持服务实体经济方向,依据市场需求,积极稳妥推进品种创新和业务创新,不断拓展服务实体经济的渠道和模式,推动期货市场在更高层面上服务实体经济。

甲醇期货成功上市后运行平稳,势头良好。玻璃、乙二醇、短纤、动力煤、尿素等新品种研发工作继续深入开展,商品指数、期权等研究工作稳步推进。玻璃期货获证监会批准立项。

举办期货服务"三农"系列活动,深入开展"走近产业,贴近行业,服务企业"主题活动,2011 年举办和协助会员举办各类活动 217 场,78.5%以上的会员均参与了"走进产业、贴近行业、服务企业"的主题活动。加大鼓励会员开发产业链企业的措施力度,全年共向会员提供资金支持 529.5 万元。以贴近现货市场需求、顺应市场发展趋势,扩大交割标的范围、创新车船板交割方式为主要内容的小麦期货合约修改方案获得证监会批准。成功举办首届"期货市场服务实体经济 30 人论坛"和 第二届"郑州农产品(粮油)期货论坛",凝聚社会各界对发展期货市场的共识,营造良好的市场环境。科学完善市场评估指标体系,开展了白糖、菜籽油、早籼稻和小麦的市场功能评估。

二、贯彻违规"零容忍",履行一线监管职责

更新监管理念,丰富监管手段,寓监管于服务之中,以严格监管防范市场风险,以优质服务提升监管效能,确保市场运行规范、稳定。

风险防范关口前移,通过采取预提醒、窗口指导、风险提示、警示谈话、首席风险官座谈会、风险防范视频会等方式,及时传达监管思路和要求,有效遏制了过度交易行为。及早制定风险防范预案和措施,稳妥处置了棉花、强麦和 PTA 等多个合约风险隐患。完善一线监管制度体系,修订完善《期货交易风险控制管理办法》等 5 项期货业务实施细则,发布实际控制关系账户 3 项配套制度。严厉打击违规交易行为,对违规行为保持"零容忍",全年处理异常交易 119 起,处罚违规交易 14 起。

建设交割仓库远程视频监控系统,对交割商品数量和质量从申请到出库实行全过程远程监控,提高了交割仓库监管效率,实现了对交割商品看得见、数得清、管得住。风险监控自动化系统持续优化和改造项目上线,实现了对实时监控、定单与成交查询、实际控制组管理、分析报表等项目的优化改造,提高了风险监控效率。

依据市场发展和防范风险需要,优化了白糖、棉花、PTA、小麦交割仓库布局。加强和完善会员服务系统功能,新增实际控制关系账户报备、甲醇套期保值网上申请与审批、程序化交易报备、厂库仓单处理等功能。优化仓单注册注销系统,实现了网上无纸化提货、交割预报网上提交与回复功能。进一步加强业务培训工作,举办会员单位交割结算员培训班 2 期、出市代表培训班 14 期、投资者培训班 9 期、全国棉检师培训班 5 期、首席风险官座谈会 4 期,培训人员合计约 5000 人。

三、坚持技术领先战略,为市场稳定发展提供有效支撑

持续加大技术软硬件、人才队伍建设投入,全面加强运维管理,不断深化交易信息技术系统建设。

探索研究出了新的定单排序算法,彻底解决了交易系统运行效率随着定单数量的增加而快速直线下降

的问题。根据前期交易系统技术咨询项目成果和确定的技术路线，探索通过改变通信方式，解决目前交易主机和前置机之间的负载不均衡问题，提高数据传输效率和系统整体性能，研究基于先进通信中间件技术的交易系统架构。

完善运维管理制度，修订制度7项，废止制度6项，新拟定制度、指引、规范8项。梳理主要的信息技术运维管理流程44项，新编制4个专项管理流程，基本建立比较完善的运维管理流程体系。建立运维人员24小时值守监控制度，不断完善以视频监控、温湿度监控、UPS监控、技术监控、网络监控和运维人员值守监控为主要内容的技术监控体系，并将技术监控管理网与业务网分离，强化了技术监控管理网的安全措施，实现了对各服务器系统信息、网络设备、数据库实时有效监控。与深圳证券交易所正式签署了《异地灾备中心建设协作框架协议》，启动深圳异地灾备中心建设一期工程，提高容灾能力。实施通信光缆改造工程，继续优化主中心和同城灾备中心的基础设施，改造和建设主中心的技术监控和管理网络。优化交易业务系统组网结构，将会员服务、统一开户、银期通等业务系统的组网整合为业务内网，并完成对会员服务和统一开户的网络改造。高度重视技术队伍建设，2011年新引进技术人才14人。

四、强化内部管理，建设一流人才队伍

不断优化内部组织结构，深化基础性制度建设，秉承"人才是第一资源"理念，健全完善人才培养机制，夯实支持市场发展的内部基础。

召开人力资源工作专题会议，研究完善岗职体系，实行岗位任职年限、岗位任期管理及轮换制度，明确员工职衔晋升规定和激励机制。科学规划了郑商所2011—2020年人才规模和结构，计划通过实施人才优化358工程、人才培养百人计划和优秀人才奖励工程，统筹推进人才队伍建设。

按照岗位需要、强化技能、拓宽视野、提升素质的人才队伍持续培养思路，稳步推进以境外高端培训、专项技能培训、交易所EDP培训、集中培训、个人自选培训和新入职人员培训为主要内容的多层次培训体系建设。为更好吸引人才，留住人才，弥补相对区域劣势，增强吸引力、凝聚力，完善劳动保障机制，郑商所制订了企业年金实施计划。2011年引进技术人才14人，市场开发人才3人和博士后科研人员1人。

适应郑商所发展实际，对现有内部管理制度进行认真梳理，废止制度34项，修订制度33项，新制定制度10项，继续执行的制度92项。加强人力资源管理，修订完善《郑州商品交易所劳动人事管理制度》、《郑州商品交易所绩效管理办法》等人力资源管理制度。完善绩效考核，在绩效考核中，开展工作日志管理，增加过程评价。开展工程建设领域和"小金库"专项治理工作。继续加强内部审计。

2011年大连期货市场综述

Summary for Dalian Futures Market in 2011

2011年，大连商品交易所坚决贯彻党中央、国务院有关精神，严格按照全国证券期货监管工作会议和全国期货监管工作座谈会要求，坚持稳定运行防风险，牢牢把握服务实体经济发展方向，持续加强市场基础性建设，全面深入推进市场服务，稳步推进各项改革创新，确保大连期货市场安全稳定运行，市场功能稳步提升，有力地配合和服务国家宏观调控大局。

（一）认真落实国家控制物价总水平的要求，切实加强风险防控和一线监管，确保业务和系统安全平稳运行，全年未发生重大风险事故。一是业务运行平稳。全年7次调整交易保证金标准和涨跌停板幅度，适时防范和化解市场运行风险。对15家会员、67家交割仓库（分品种计算）进行了现场检查。进行盘中资金风险测算6612次，盘中通知会员追加保证金179次，累计追加金额18.05亿元。二是系统运行稳健。通过加强系统运维工作，确保了交易系统和同城灾备系统安全稳定无故障运行，这在当前防范技术风险事故压力巨大的背景下显得尤为可贵。三是加强市场监管和违规处理。按要求认真做好程序化交易、异常交易、实际控制账户报备等管理工作，对30起市场异动行为展开调查并及时处理，对5家会员高管进行了约见谈话，筛查违规线索3000余条，发现涉嫌对敲（盗码）违规交易行为60起，对其中10起符合交易所立案调查标准的行为进行了调查，移交会稽查局处理3起。

（二）准确把握服务实体经济方向，成功上市焦炭期货，探索改革品种研发、维护、管理体制，品种合约规则制度进一步完善。一是品种创新取得新突破。成功上市全球第一个焦炭期货，9个月来运行平稳，合约规则经受住了各种考验，这是我们综合性交易所建设取得的又一项重大成果。同时，焦煤期货上市预审工作已经完成，经期货一部同意、承接了国家发改委有关铁矿石期货研究课题，重点品种开发取得重要突破。二是探索进行品种事业部制改革。5月份后我们设立交割部综合组、农产品组、化工产品组、能源产品组和品种部战略品种组，从工作机制上对原来相对割裂的品种开发、培育、维护工作进行整合，积累了一定的经验。三是品种维护工作有序推进。完成了全部农产品的市场功能评估和黄大豆1号、玉米等两个品种的交割评估，提出了棕榈油等品种合约和交割制度的改进优化方案。大力推进交割规则和流程管理优化，交割仓库管理更加规范有序。

（三）持续加强市场基础建设，稳步推进业务发展的规划和管理，加快业务优化创新步伐，技术系统建设取得积极进展。一是推进业务发展的规划和管理。初步梳理了交易、结算、交割和监察业务发展历程，通过开展交割地体系设置、合约单位设计、最小变动价位设计、品种上市机制等研究挖掘业务创新点。二是推进业务优化项目建设。对41项业务和配套技术进行升级，新数据查询系统（一期）和电子仓单系统上线运行，盘后出金、增量行情系统、容错总线性能优化、资金检查系统优化等重点项目基本完成，现货数据库建设全面启动。三是制度建设和立法研究取得新成果。加强套期保值、实际控制关系账户管理等业务制度建设，完成了11个规则、33项内容共131个条款的修改论证工作。按照证监会统一部署，积极开展《期货法》相关立法课题研究，取得了阶段性成果。四是系统建设取得新进展。加强了新一代交易系统规划和灾备系统建设工作，同城灾备二期机房建设、自建同城数据中心金融园区选址、异地灾备中心选址和功能规划等稳步推进。

（四）积极拓展国际国内合作，继续发挥品牌服务优势，加强舆论引导和对外交流，市场服务能力和市场影响力得到明显提升。一是成功举办系列重要会议。与FOW联合举办“中国及全球衍生品市场发展论坛”，有关政府领导、国内外17家交易所高层和行业专业人士共358人出席论坛，这是近年我国期货界国际化程度最高的一次会议。成功举办了塑料、玉米和油脂油料三个产业大会，吸引853个企业的1334位企业代表参会，产业参与度、国际化程度明显提升。理事会组织召开了6次理事会议、7次专门委员会会议，审议并通过焦炭期货合约及相关规则等11项报告或文件，对诸多问题提出了有益建议。二是深入开展市场服务工作。依托千村万户和千厂万企市场服务工程，组织180个产业链培训班，培训产业客户19395人次。期货学院培训期货公司高管人员87人。十大研发团队评选吸引了100家期货公司的193个研发团队、约890名分析师参与，活动持续三个月，公开发布深度研发报告共计1000余篇，市场服务品牌影响力进一步扩大。三是积极引导舆论宣传。与中央电视台合作积极打造东北期货新闻中心，深入开展以市场功能发挥宣传为主线的新闻宣传工作，促成央视新闻联播三次报道粮食期货助力国家调控。四是国内外友好交流频繁。为政府官员、党校学员、高校师生1300多人次开展期货知识培训，接待各级领导干部来访2000多人次，接待了包括美国首任华人驻华大使骆家辉、英国驻华大使吴思田先生等境外来访团组53起、381人次，为交易所发展营造了良好的外部环境。

（五）加强思想政治学习，推进人才队伍建设，改革创新管理体制机制，加强企业文化和廉政建设，团队战斗力和凝聚力进一步增强。一是加强思想政治学习。继续深入开展创先争优活动，举办纪念建党90周年暨先进表彰大会，围绕郭树清主席提出的"三个如何"深入开展大讨论活动，进一步把思想统一到会党委的决策部署上来。二是加强人才队伍和企业文化建设。组织对全所中层干部进行了考核续聘。公开招聘了36名新员工，充实了监察、技术和其他业务部门工作力量。开展了全所员工个性化培训，推进中高层干部提升管理能力。开展部门文化上墙活动，举办职工运动会和十八周年所庆征文比赛等丰富多彩的企业文化活动。三是切实加强内部管理和廉政建设。全年新制定或修订21项工作制度，梳理撰写部门工作流程140多个。加强财务管理，完善财务委员会工作、推动财务公开化和民主化，加强资产采购管理，成立综合采购审核委员会。加强内部审计监督，完善重大采购项目纪检、审计监督工作机制，组织了下属行政公司财务收支审计、期货大厦建设项目2011年度重大付款情况专项审计等重要审计。积极配合证监会巡视组开展工作，认真梳理了全所廉政风险点，深入开展了《廉政准则》自查工作，制定了《工作人员任职回避和公务回避规定（试行）》。四是创新完善管理体制。设立独立法人性质的研究中心，推进交易所战略和实务研究。成立国际合作部，积极拓展国际交流与合作。加强对子公司的财务管理、促进子公司独立经营。飞创公司稳步发展，充实一批技术人员，公司实力大幅提高。行政公司运作步入正轨，较好地发挥了后勤保障作用，物业公司力保期货大厦实现安全运营，高端写字楼品牌效应开始显现。

从2011年全年市场表现来看，在国家稳定物价总水平、全国期货市场成交同比大幅下降的背景下，大连期货市场交易规模下降明显，全年累计（单边）成交量2.89亿手，同比下降28.31%；成交金额16.88万亿元，同比下降19.07%。同时，大连商品交易所年日均持仓量182万手，同比增长7.64%，占全国期货市场的45.8%；年日均保证金233.76亿元，同比增长33%；年底投资者开户数增至138.7万个，同比增长15.5%，其中法人客户增加至3.7万个，较上年末增加16.5%，表明大连商品交易所市场发展基础仍然比较厚实，市场的广度、深度在继续增加，市场功能稳步提升。

总体来看，2011年大连商品交易所在确保市场规范安全平稳运行的同时，苦练内功、蓄积力量，稳步推进品种创新，持续加强规则制度调整优化、技术创新升级、品种研发储备等市场基础性建设，全面深入开展市场服务，实现了稳步发展，为下一步建设打下了良好基础。

2011 年金融期货市场综述

Summary for Financial Futures Market in 2011

2011 年，中国金融期货交易所(以下简称“中金所”)以科学发展观为统领，牢牢守住不发生系统性风险的底线，围绕确保市场稳健运行，促进功能良好发挥为重点，严格一线监管和市场风险控制，深化市场服务，认真扎实做好交易所各项工作。一年来，股指期货市场总体运行平稳、理性、规范、成熟，市场监管严格，交易秩序良好，股指期货避险保值功能有效发挥，顺利实现“高起点、稳起步”的预期目标。

2011 年共计 244 个交易日，累计开户约 8.7 万户。按照单边计算，总成交 5041.19 万手，总成交金额 43.77 万亿元，占全国期货市场成交金额的 31.8%，日均成交 20.66 万手，日均成交金额 1793.68 亿元，日均持仓量 3.94 万手，较上年增长 40.21%，市场持仓总体呈稳步增长之势。

一、继续保持股指期货安全平稳运行

2011 年股指期货市场参与秩序良好，未出现重大违法违规交易行为，没有出现会员强制平仓、客户投诉和交易纠纷，市场评价积极正面。一方面沪深 300 股指期货与现货指数保持高度相关性，主力合约与沪深 300 指数相关系数为 99.6%，基差率较低，市场成熟度较高。近月合约为主力合约，交易最为活跃，占市场总成交的 90%以上，符合成熟市场一般规律。市场成交持仓比呈下降趋势，逐渐接近海外成熟市场水平。顺利实现 12 个合约的到期交割，各合约交割量较低，市场没有出现对到期合约的过度炒作，交割日合约价格走势平稳，收敛性好，未出现“到期日效应”。另一方面牢牢守住不发生系统性风险的底线。沪深 300 指数期货近月及远月合约保证金标准分别为 15%和 18%，远高于合约最大日间和日内波幅水平。严格执行盘中实时资金监控和盘后资金压力测试工作，市场资金量较为充裕，市场资金占用率基本维持在 60%以内，未发生一起结算会员资金不足的风险事件。

二、引导机构投资者入市，股指期货市场功能初步发挥

中金所始终注重引导机构投资者参与股指期货市场，促进市场功能的发挥。一是全力协调推动特殊法人机构参与股指期货交易政策的出台。截至目前，证券公司、基金公司各类业务参与政策和《QFII 参与股指期货交易指引》、《信托公司参与股指期货交易业务指引》已颁布实施。二是完善规则、优化管理，引导机构投资者有序参与。根据市场发展需要，积极启动套期保值、套利管理系统建设，先后 2 次修订完善《特殊法人机构交易编码管理业务指南》，制定了《套期保值与套利管理办法》及其指南。三是套保业务全面展开，股指期货风险管理功能逐步发挥。截止 2011 年底，市场共有法人账户 1741 个，持仓占比接近 35%。其中，特殊法人账户共 226 个，参与股指期货以套保为主，持仓占比近 30%，是市场的重要参与力量，其中证券自营是套保业务的主力军。2011 年，受国内外市场各种风险因素影响，沪深 300 指数下跌 25%，部分机构投资者积极利用股指期货进行风险管理，有效对冲市场风险，保值避险效果明显。四是股指期货促进机构稳定持股，对股票市场稳定运行起到积极作用。机构投资者开始运用期货产品，进行“期货替代”，变现货交易为期货交易，减少在现货市场上的频繁操作，机构敢于稳定持股，坚持价值投资，明显增加了对大盘蓝筹股的投资力度，降低了股票换手率。五是股指期货促进资本市场同质化局面的逐步改变。作为基础性金融衍生品，股指期货的上市加速了金融创新步伐，形成金融产品多元化、投资策略多样化、交易方式多种化、竞争模式多层次化的金融生态环境，市场结构向成熟方向演进。利用股指期货，机构从传统的高风险、方向性投资，转为以市场中性策略为主的低风险、稳定收益的多样化业务模式，改变了长期低水平同质竞争状态。

三、巩固基础，强化运维，确保技术运行安全

中金所高度重视技术安全，确保“交易不断、数据不乱”。一是完成 ISO 20000 认证，运维规范化水平进一步提升。加强系统上线和业务变更管理，顺利完成全年重大业务系统上线。开展技能培训和风险教育，提高系统操作人员风险意识。二是完善应急制度，加强应急演练。制定了 23 项应急演练计划，开展同城应急

切换演练，增强风险防范能力。三是启用上海外高桥数据中心，实现生产系统同城双中心运行；自主完成交易系统两次大型升级，显著提高交易系统性能。

四、创新监管工作机制，坚持强势监管

中金所继续加强市场一线监管，各项监管举措实现机制化和常态化。一是制定发布《实际控制关系账户报备指引（试行）》，制定《关于〈期货异常交易监控指引（试行）〉有关监管标准及处理程序的补充通知》，完善实际控制关系账户投机持仓合并计算的规则，严肃查处异常交易行为监管，实现实际控制关系账户与程序化交易报备常态化。二是完善监控系统，继续加强盘前预判、盘中监控，强化快速反应，形成"及时发现、及时报告、及时处置"的监控工作机制。启动信息监控系统建设，顺利实现新风险实时监控系统（二期）、大户报告业务系统和新风控展示平台等上线。三是以持续督导检查工作为核心，逐步将落实适当性制度提升到促进会员合规管理的层面，推动各项监管工作的开展，积极贯彻落实"五位一体"的期货监管协作机制。四是与跨市场监管协作方继续全力推进跨市场监管协作，及时沟通，相互配合，在分析市场形势、研究潜在风险、防范违规隐患等方面，积极探索构建跨市场风险防线。

五、持续开展大规模的投资者教育活动，正确引导社会舆论和认识

2011 年，中金所细分市场层次，健全培训体系，努力推动培训工作向机制化、常态化的纵深发展。先后与 84 家会员、318 家期货营业部联合举办了 371 场培训，平均每周 6 场，覆盖全国 105 个大、中、小城市，培训人数达 7 万余人，是一年来股指期货新增开户人数的 2 倍。以套保研修班为重点，不断深化针对机构投资者的业务专题培训。全年开展 35 期套保研修班，累计培训超过 1.1 万人次，参训人员覆盖 70 多家证券、40 多家基金，以及期货、银行、保险、信托、上市公司等各类机构 1000 多家。以"金融期货高级管理课程"为突破，大力推进旨在提升从业队伍整体素质的行业人才培训。通过持续大规模的投资者教育和培训，投资者风险意识得到明显增强，市场投资理念逐渐成熟，市场参与结构逐步完善，行业素质获得较大提升，市场环境进一步改善。

六、加强研究与开发工作，全力做好新品种战略储备，品种创新有序推进

中金所从服务于资本市场发展的大局出发，战略思考金融衍生品市场的发展，积极谨慎地谋划新品种研究和开发，科学建构交易所产品体系。一是全面推进国债期货的研发与开发，启动国债期货仿真交易。在深入研究和广泛调研基础上，完成重推国债期货必要性和可行性分析；完成国债期货产品方案设计，制定完成国债期货交易细则、结算细则、交割细则、风险控制管理办法等业务规则，在交易所范围内启动国债期货仿真交易。二是积极推进股权类期货期权产品研究和开发。完成对境外市场股指期权产品设计和交易结算制度比较研究；构建股指期权业务研究平台；初步完成沪深 300 股指期权合约及业务规则设计。三是积极开展外汇期货及期权产品研究。

7-1 2011年全国期货交易所交易品种一览表

交易所(Exchanges)	简称(Abbreviation)
大连商品交易所 上海期货交易所 郑州商品交易所 中国金融期货交易所	大连商品交易所(DCE) 上海期货交易所(SHFE) 郑州商品交易所(ZCE) 中国金融期货交易所(CFFEX)

数据来源:上海期货交易所、大连商品交易所、郑州商品交易所、中国金融期货交易所
Source: SHFE、DCE、ZCE

7-2 2011年农产品期货合约汇总

品种 Items	黄大豆1号	豆 粕	玉 米	黄大豆2号	大豆原油	棕榈油
交易单位 Trading Unit	10吨/手	10吨/手	10吨/手	10吨/手	10吨/手	10吨/手
报价单位 Exchange	元(人民币)/吨	元(人民币)/吨	元(人民币)/吨	元(人民币)/吨	元(人民币)/吨	元(人民币)/吨
最小变动价位 Tick	1元/吨	1元/吨	1元/吨	1元/吨	2元/吨	2元/吨
每日价格最大波动限制 Daily Price Limit	上一交易日结算价的4%	上一交易日结算价的4%	上一交易日结算价的4%	上一交易日结算价的4%	上一交易日结算价的4%	上一交易日结算价的4%
合约交割月份 Contract Delivery Months	1、3、5、7、9、11月	1、3、5、7、8、9、11、12月	1、3、5、7、9、11月	1、3、5、7、9、11月	1、3、5、7、8、9、11、12月	1、2、3、4、5、6、7、8、9、10、11、12月
交易时间 Trading Time	上午9:00—11:30 下午1:30—3:00 法定节假日休息	上午9:00—11:30 下午1:30—3:00 法定节假日休息	上午9:00—11:30 下午1:30—3:00 法定节假日休息	上午 9:00—11:30 下午 1:30—3:00 法定节假日休息	上午9:00—11:30 下午1:30—3:00 法定节假日休息	上午9:00—11:30 下午1:30—3:00 法定节假日休息
最后交易日 Last Day of Trading	合约月份第十个交易日	合约月份第十个交易日	合约月份第十个交易日	合约月份第十个交易日	合约月份第十个交易日	合约月份第十个交易日
交割日期 Delivery Date	最后交易日后七日(遇法定节假日顺延)	最后交易日后第四个交易日	最后交易日后第二个交易日	最后交易日后第三个交易日	最后交易日后第三个交易日	最后交易日后第二个交易日
交割等级 Delivery Grade	大连商品交易所黄大豆1号交割质量标准(FA/DCE D001—2009)	大连商品交易所豆粕交割质量标准	大连商品交易所玉米交割质量标准(FC/DCE D001—2009)	大连商品交易所黄大豆2号交割质量标准(FB/DCE D001—2009)	符合《大连商品交易所豆油交割质量标准》	符合《大连商品交易所棕榈油交割质量标准》
交割地点 Delivery Local	大连商品交易所指定交割仓库	大连商品交易所指定交割仓库	大连商品交易所玉米指定交割仓库	大连商品交易所指定交割仓库	大连商品交易所指定交割仓库	大连商品交易所指定交割仓库
保证金 Margin Requirements	合约价值的5%	合约价值的5%	合约价值的5%	合约价值的5%	合约价值的5%	合约价值的5%
交易手续费 Trading Fee	不超过4元/手	不超过3元/手	不超过3元/手	不超过4元/手	不超过6元/手	不超过6元/手
交割方式 Trading Form	实物交割	实物交割	实物交割	实物交割	实物交割	实物交割
交易代码 Trading Code	A	M	C	B	Y	P
上市交易所 Listed Exchange	大连商品交易所	大连商品交易所	大连商品交易所	大连商品交易所	大连商品交易所	大连商品交易所

Items of Futures Exchanges in 2011

品种 (Formal Items)
黄大豆1号、黄大豆2号、豆粕、玉米、大豆原油、棕榈油、聚乙烯、聚氯乙烯、冶金焦炭
铜、铝、锌、铅、黄金、天然橡胶、燃料油、螺纹钢、线材
强麦 硬麦 一号棉花 白糖 PTA 菜籽油 早籼稻 甲醇
沪深300股指期货

Summary for Agricultural Product Contracts in 2011

天然橡胶	硬　麦	强　麦	一号棉花	早籼稻	白砂糖	菜籽油
10吨/手（从ru1208开始橡胶由原有5吨/手调整为10吨/手）	10吨/手	10吨/手	5吨/手	10吨/手	10吨/手	5吨/手
元(人民币)/吨	元(人民币)/吨	元(人民币)/吨	元(人民币)/吨	元(人民币)/吨	元(人民币)/吨	元(人民币)/吨
5元/吨	1元/吨	1元/吨	5元/吨	1元/吨	1元/吨	2元/吨
不超过上一交易日结算价±3%	不超过上一交易日结算价±3%	不超过上一交易日结算价±3%	不超过上一交易日结算价±4%	上一交易日结算价±3%及《郑州商品交易所期货交易风险控制管理办法》相关规定	不超过上一个交易日结算价±4%	不超过上一交易日结算价±4%
1、3、4、5、6、7、8、9、10、11月	1、3、5、7、9、11月	1、3、5、7、9、11月	1、3、5、7、9、11月	1、3、5、7、9、11月	1、3、5、7、9、11月	1、3、5、7、9、11月
上午9:00—11:30 下午1:30—3:00法定节假日休息	上午9:00—11:30 下午1:30—3:00法定节假日休息	上午9:00—11:30 下午1:30—3:00法定节假日休息	上午9:00—11:30 下午1:30—3:00法定节假日休息	上午9:00—11:30 下午1:30—3:00法定节假日休息	上午9:00—11:30 下午1:30—3:00法定节假日休息	上午9:00—11:30 下午1:30—3:00法定节假日休息
合约交割月份的十五日(遇法定假日顺延)	合约交割月份的倒数第七个交易日	合约交割月份的倒数第七个交易日	合约交割月份的第10个交易日	合约交割月份的倒数第七个交易日	合约交割月份的第十个交易日	合约交割月份第十个交易日
最后交易日后连续五个工作日	合约交割月份的第一个交易日至最后交易日	合约交割月份的第一个交易日至最后交易日	合约交割月份的第十二个交易日	合约交割月份的第一个交易日至倒数第五个交易日	合约交割月份的第十二个交易日	合约交割月份第十二个交易日
标准品:1.国产天然橡胶(SCR WF),质量符合国标GB/T8081—2008。2.进口3号烟胶片(RSS3),质量符合《天然橡胶等级的品质与包装国际标准(绿皮书)》(1979年版)。	基准交割品:三等硬白小麦符合GB1351—2008《小麦》替代品及升贴水见《郑州商品交易所期货交割细则》	标准交割品:符合郑州商品交易所期货交易用优质强筋小麦标准(Q/ZSJ 001—2003)二等优质强筋小麦,替代品升贴水见《郑州商品交易所期货交割细则》	基准交割品:328B级国产锯齿细绒白棉(符合GB1103—2007);替代品及升贴水见交易所交割细则	基准交割品:符合《中华人民共和国标准 稻谷》(GB1350—1999)三级及以上等级质量指标及《郑州商品交易所期货交割细则》规定的早籼稻。替代品及升贴水见《郑州商品交易所期货交割细则》。	标准品:一级白糖(符合GB317—2006);替代品及升贴水见《郑州商品交易所期货交割细则》	基准交割品:符合《郑州商品交易所期货交易用菜籽油》(Q/ZSJ 003—2007)四级质量指标及《郑州商品交易所菜籽油交割细则》规定的菜籽油。替代品及升贴水见《郑州商品交易所菜籽油交割细则》
交易所指定交割仓库	交易所指定交割仓库	交易所指定交割仓库	交易所指定交割仓库	交易所指定交割仓库	交易所指定交割仓库	交易所指定交割仓库
合约价值的5%	合约价值的5%	合约价值的5%	合约价值的5%	合约价值的5%	合约价值的6%	合约价值的5%
	2元/手(含风险准备金)	2元/手(含风险准备金)	8元/手(含风险准备金)	2元/手(含风险准备金)	4元/手(含风险准备金)	4元/手(含风险准备金)
实物交割	实物交割	实物交割	实物交割	实物交割	实物交割	实物交割
RU	WT	WS	CF	ER	SR	RO
上海期货交易所	郑州商品交易所	郑州商品交易所	郑州商品交易所	郑州商品交易所	郑州商品交易所	郑州商品交易所

附表 1:黄大豆 1 号品质技术要求

交割等级		纯粮率最低指标%	种皮	杂质%	水分%
标准品	三等黄大豆	91.0	黄色混有异色粒限度为 5.0%	1.0	13.0
替代品	一等黄大豆	96.0			
	二等黄大豆	93.5			
	四等黄大豆	88.5			

注:1. 黄大豆:种皮为黄色,脐色为黄褐、淡褐、深褐、黑色或其他颜色,粒形一般为圆形、椭圆形或扁圆形;
2. 转基因大豆不得以标准品或替代品交割;
3. 标准品交割价=交割结算价;
4. 替代品交割价=交割结算价+替代品升贴水+质量差异升扣价;
5. 质量检验标准及方法按照 GB5490—5539—85《粮食、油料及植物油脂检验》执行;
6. 卫生标准和动植物检疫项目按国家有关规定执行;
7. 水分、杂质允许范围见附表 2;
8. 包装物具体要求详见大商所交割的有关规定;
9. 入库指标:粗脂肪酸价≤3.5、蛋白质溶解比率≥75;出库指标:粗脂肪酸价≤5、蛋白质溶解比率≥60。

附表 2:黄大豆 1 号质量差异升扣价

	项目	质量标准%	允许范围%	质量差异% (高+;低-)	升扣价(元/吨)	备注
质量差异升扣价	水分	13	11,1,3 合约月份 <15.0	-1	20	1. 升水升至水分含量 12.0% 2. 低于或高于标准不足 1.0%不计算升扣价
			5,7,9 合约月份 ≤13.5	1	-55	
	杂质	1	<2.0	-0.5	10	低于或高于标准不足 0.5%不计算升扣价
				0.5	-30	

注:质量差异升扣价=水份升扣价+杂质升扣价
数据来源:上海期货交易所、大连商品交易所、郑州商品交易所
Source: SHFE、DCE、ZCE

7-3 2011 年金属期货合约汇总

Summary for Metal Product Contracts in 2011

品种 Items	阴极铜	铝	锌	铅	黄金
交易单位 Trading Unit	5 吨/手	5 吨/手	5 吨/手	25 吨/手	1000 克/手
报价单位 Unit	元(人民币)/吨	元(人民币)/吨	元(人民币)/吨	元(人民币)/吨	元(人民币)/克
最小变动价位 Tick	10 元/吨	5 元/吨	5 元/吨	5 元/吨	0.01 元/克
每日价格最大波动限制 Daily Price Limit	不超过上一交易日结算价±3%	不超过上一交易日结算价±3%	不超过上一交易日结算价±4%	不超过上一交易日结算价±5%	不超过上一交易日结算价±5%
合约交割月份 Contract Delivery Months	1—12 月	1—12 月	1—12 月	1—12 月	1—12 月
交易时间 Trading Time	上午 9:00—11:30 下午 1:30—3:00 法定节假日休息	上午 9:00—11:30 下午 1:30—3:00 法定节假日休息	上午 9:00—11:30 下午 1:30—3:00 法定节假日休息	上午 9:00—11:30 下午 1:30—3:00 法定节假日休息	上午 9:00—11:30 下午 1:30—3:00 法定节假日休息

续表　Continued

品种 Items	阴极铜	铝	锌	铅	黄　金
最后交易日 Last Day of Trading	合约交割月份的15日(遇法定假日顺延)	合约交割月份的15日(遇法定假日顺延)	合约交割月份的15日(遇法定假日顺延)	合约交割月份的15日(遇法定假日顺延)	合约交割月份的15日(遇法定假日顺延)
交割日期 Delivery Date	最后交易日后连续五个工作日	最后交易日后连续五个工作日	最后交易日后连续五个工作日	最后交易日后连续五个工作日	最后交易日后连续五个工作日
交割品级 Delivery Grade	标准品：标准阴极铜，符合国标GB/T467—1997标准阴极铜规定，其中主成份铜加银含量不小于99.95%。 替代品：高纯阴极铜，符合国标GB/T467—1997高纯阴极铜规定；或符合BS EN 1978：1998高纯阴极铜规定。	标准品：铝锭，符合国标GB/T1196—2008 AL99.70规定，其中铝含量不低于99.70%。 替代品：1. 铝锭，符合国标GB/T1196—2008 AL99.85、AL99.90规定。2. 铝锭，符合P1020A标准。	标准品：锌锭，符合国标GB/T 470—2008 ZN99.995规定，其中锌含量不小于99.995%。替代品：锌锭，符合BS EN 1179：2003 Z1规定，其中锌含量不小于99.995%。	标准品：铅锭，符合国标GB/T 469—2005 Pb99.994规定，其中铅含量不小于99.994%。	金含量不小于99.95%的国产金锭及经交易所认可的伦敦金银市场协会(LBMA)认定的合格供货商或精炼厂生产的标准金锭。
交割地点 Delivery Local	交易所指定交割仓库	交易所指定交割仓库	交易所指定交割仓库	交易所指定交割仓库	交易所指定交割金库
最低交易保证金 Margin Requirements	合约价值的5%	合约价值的5%	合约价值的5%	合约价值的8%	合约价值的7%
交易手续费 Trading Fee	不高于成交金额的万分之二(含风险准备金)	不高于成交金额的万分之二(含风险准备金)	不高于成交金额的万分之二(含风险准备金)		不高于成交金额的万分之二(含风险准备金)
最小交割单位 phisical delivery unit	无	无	25吨	25吨	
交割方式 Trading Form	实物交割	实物交割	实物交割	实物交割	实物交割
交易代码 Trading Code	CU	AL	ZN	PB	AU
上市交易所 Listed Exchange	上海期货交易所	上海期货交易所	上海期货交易所	上海期货交易所	上海期货交易所

数据来源：上海期货交易所、大连商品交易所、郑州商品交易所
Source：SHFE、DCE、ZCE

7-4　2011年能源及化工期货合约汇总

Summary for Energy Products Contracts in 2011

品种 Items	线型低密度聚乙烯	聚氯乙烯	冶金焦炭	燃料油	精对苯二甲酸(PTA)	甲　醇
交易单位 Trading Unit	5吨/手	5吨/手	100吨/手	50吨/手(从fu1202开始燃料油由原有10吨/手调整为50吨/手)	5吨/手	50吨/手
报价单位 Unit	元(人民币)/吨	元(人民币)/吨	元(人民币)/吨	元(人民币)/吨	元(人民币)/吨	元(人民币)/吨
最小变动价位 Tick	5元/吨	5元/吨	1元/吨	1元/吨	2元/吨	1元/吨
每日价格最大波动限制 Daily Price Limit	上一交易日结算价的4%	上一交易日结算价的4%	上一交易日结算价的4%	上一交易日结算价±5%	不超过上一个交易日结算价±4%	不超过上一交易日结算价±4%及《郑州商品交易所期货交易风险控制管理办法》相关规定
合约交割月份 Contract Delivery Months	1、2、3、4、5、6、7、8、9、10、11、12月	1、2、3、4、5、6、7、8、9、10、11、12月	1、2、3、4、5、6、7、8、9、10、11、12月	1—12月(春节月份除外)	1、2、3、4、5、6、7、8、9、10、11、12月	1、2、3、4、5、6、7、8、9、10、11、12月

续表 Continued

品种 Items	线型低密度聚乙烯	聚氯乙烯	冶金焦炭	燃料油	精对苯二甲酸(PTA)	甲 醇
交易时间 Trading Time	上午 9:00—11:30 下午 1:30—3:00 法定节假日休息	上午 9:00—11:30 下午 1:30—3:00 法定节假日休息	上午 9:00—11:30 下午 1:30—3:00 法定节假日休息	上午 9:00—11:30 下午 1:30—3:00 法定节假日休息	上午 9:00—11:30 下午 1:30—3:00 法定节假日休息	上午 9:00—11:30 下午 1:30—3:00 法定节假日休息
最后交易日 Last Day of Trading	合约月份第 10 个交易日	合约月份第 10 个交易日	合约月份第 10 个交易日	合约交割月份前一月份的最后一个交易日	交割月第 10 个交易日	合约交割月份的第 10 个交易日
交割日期 Delivery Date	最后交易日后第 2 个交易日	最后交易日后第 2 个交易日	最后交易日后第 2 个交易日	最后交易日后连续五个工作日	交割月第 12 个交易日	合约交割月份的第 12 个交易日
交割品级 Delivery Grade	大连商品交易所线型低密度聚乙烯交割质量标准	质量标准符合《悬浮法通用型聚氯乙烯树脂(GB/T 5761—2006)》规定的 SG5 型一等品和优等品	大连商品交易所焦炭交割质量标准	180CST 燃料油(具体质量规定见附件)或质量优于该标准的其他燃料油。	符合工业用精对苯二甲酸 SH/T 1612.1—2005 质量标准的优等品 PTA 详见《郑州商品交易所期货交割细则》	见《郑州商品交易所期货交割细则》
交割地点 Delivery Local	大连商品交易所线型低密度聚乙烯指定交割仓库	大连商品交易所指定交割仓库	大连商品交易所焦炭指定交割仓库	交易所指定交割地点	交易所指定交割仓库	交易所指定交割地点
保证金 Margin Requirements	合约价值的 5%(当前暂为 6%)	合约价值的 5%(当前暂为 6%)	合约价值的 5%(当前暂为 6%)	合约价值的 8%	合约价值的 6%	合约价值的 6%
交易手续费 Trading Fee	不超过 8 元/手(当前暂为 4 元/手)	不超过 6 元/手(当前暂为 4 元/手)	成交合约金额的万分之一,当日同一合约先开仓后平仓按万分之零点五收取		不高于 4 元/手(含风险准备金)	
交割方式 Trading Form	实物交割	实物交割	实物交割	实物交割	实物交割	实物交割
交易代码 Trading Code	L	V	J	FU	TA	ME
上市交易所 Listed Exchange	大连商品交易所	大连商品交易所	大连商品交易所	上海期货交易所	郑州商品交易所	郑州商品交易所

数据来源:上海期货交易所、大连商品交易所、郑州商品交易所
Source: SHFE、DCE、ZCE

7-5 2011 年钢材期货合约汇总

Summary for Steel Products Contracts in 2011

品种 Items	螺 纹 钢	线 材
交易单位 Trading Unit	10 吨/手	10 吨/手
报价单位 Unit	元(人民币)/吨	元(人民币)/吨
最小变动价位 Tick	1 元/吨	1 元/吨
每日价格最大波动限制 Daily Price Limit	不超过上一交易日结算价±5%	不超过上一交易日结算价±5%
合约交割月份 Contract Delivery Months	1—12 月	1—12 月
交易时间 Trading Time	上午 9:00—11:30 下午 1:30—3:00 法定节假日休息	上午 9:00—11:30 下午 1:30—3:00 法定节假日休息
最后交易日 Last Day of Trading	合约交割月份的 15 日(遇法定假日顺延)	合约交割月份的 15 日(遇法定假日顺延)
交割日期 Delivery Date	最后交易日后连续五个工作日	最后交易日后连续五个工作日

续表　Continued

品种 Items	螺　纹　钢	线　　材
交割品级 Delivery Grade	标准品：符合国标 GB1499.2—2007《钢筋混凝土用钢　第 2 部分：热轧带肋钢筋》HRB400或 HRBF400 牌号的 ϕ16 mm、ϕ18 mm、ϕ20 mm、ϕ22 mm、ϕ25 mm 螺纹钢。 替代品：符合国标 GB1499.2—2007《钢筋混凝土用钢　第 2 部分：热轧带肋钢筋》HRB335 或 HRBF335 牌号的 ϕ16 mm、ϕ18 mm、ϕ20 mm、ϕ22 mm、ϕ25 mm 螺纹钢。	标准品：符合国标 GB1499.1—2008《钢筋混凝土用钢第 1部分：热轧光圆钢筋》HPB235 牌号的 ϕ8 mm 线材。 替代品：符合国标 GB1499.1—2008《钢筋混凝土用钢第 1 部分：热轧光圆钢筋》HPB235 牌号的 ϕ6.5 mm 线材。 替代品：符合国标 GB1499.2—2007《钢筋混凝土用钢第 2部分：热轧带肋钢筋》HRB335 或 HRBF335 牌号的 ϕ16mm、ϕ18mm、ϕ20mm、ϕ22mm、ϕ25mm 螺纹钢。 替代品：符合国标 GB1499.1—2008《钢筋混凝土用钢第 1部分：热轧光圆钢筋》HPB235 牌号的 ϕ6.5mm 线材。
交割地点 Delivery Local	交易所指定交割仓库	交易所指定交割仓库
最低交易保证金 Margin Requirements	合约价值的 7%	合约价值的 7%
交易手续费 Trading Fee	不高于成交金额的万分之二(含风险准备金)	不高于成交金额的万分之二(含风险准备金)
最小交割单位 phisical delivery unit	300 吨	300 吨
交割方式 Trading Form	实物交割	实物交割
交易代码 Trading Code	RB	WR
上市交易所 Listed Exchange	上海期货交易所	上海期货交易所

数据来源：上海、大连、郑州期货交易所
Source：SHFE、CZCE、DCE

7－6　2011 年金融期货合约汇总
Summary for Financial Futures Contracts in 2011

品　种 Contract	沪深 300 指数期货合约
交易单位 Trading Unit	指数点
合约乘数 Contract Multipler	每点 300 元
最小变动价位 Tick Size	0.2 点
每日价格最大波动限制 Daily Price Limit	不超过上一交易日结算价±10%
合约交割月份 Contract Delivery Months	1—12 月
交易时间 Trading Time	上午 9:15—11:30　下午 1:00—3:15
最后交易日交易时间 Trading Time of Last Trading Day	上午 9:15—11:30　下午 1:00—3:00
最后交易日 Last Trading Day	合约到期月份的第三个周五(遇法定假日顺延)
交割日期 Delivery Date	同最后交割日
最低交易保证金 Minimum Margin Requirements	合约价值的 12%

续表 Continued

交割方式 Delivery Form	现金交割
交易代码 Trading Code	IF
上市交易所 Listed Venue	中国金融期货交易所

数据来源:中国金融期货交易所
Source: CFFEX

7-7 1993—2011年全国商品期货市场概况

Futures Market Reviews (1993—2011)

金额单位:亿元

年份 Year	全年总成交额 Total Trading Turnover	全年总成交量(万手) Total Trading Volume	全年总实物交割额 Physical Delivery Amount	全年总实物交割量(万手) Physical Delivery Volume
1993	5521.99	890.69	—	—
1994	31601.41	12110.72	—	—
1995	100565.30	63612.07	181.52	83.09
1996	84119.16	34256.77	174.13	78.33
1997	61170.66	15876.32	93.75	38.18
1998	36967.24	10445.57	48.04	20.56
1999	22343.01	7363.91	109.41	16.12
2000	16082.29	5461.07	65.11	8.40
2001	30144.98	12046.35	57.54	64.85
2002	39490.28	13943.37	101.44	141.16
2003	108396.59	27992.43	127.34	129.54
2004	146935.32	30569.76	181.68	31.32
2005	134463.38	32287.41	141.87	29.23
2006	210063.37	44950.82	216.93	28.68
2007	409740.77	72846.08	275.49	230.88
2008	719173.33	136396.00	323.52	51.29
2009	1305142.92	215751.76	266.73	45.95
2010	2269852.25	304194.19	474.31	65.29
2011	937503.89	100372.56	461.94	60.05

数据来源:上海期货交易所、大连商品交易所、郑州商品交易所
Source: SHFE、DCE、ZCE

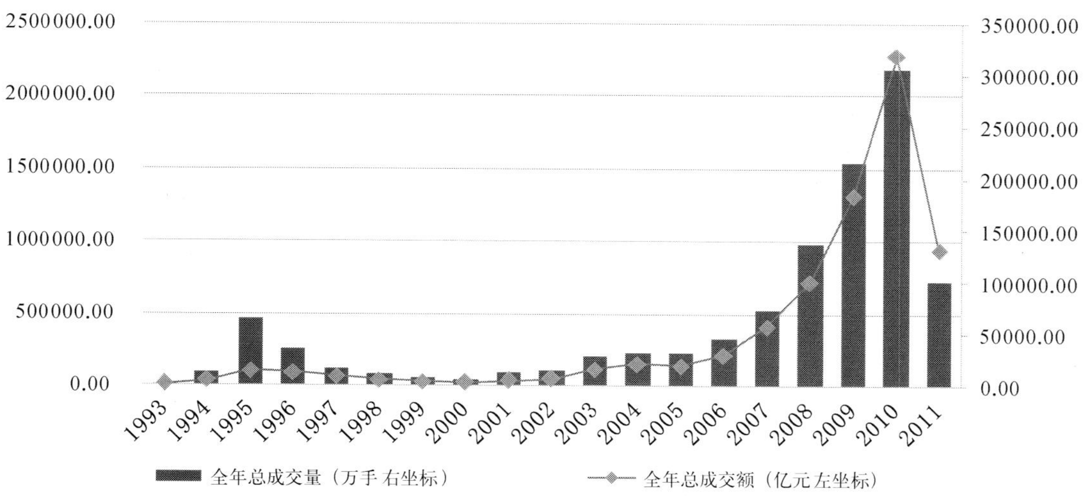

7－8　2011年全国商品期货交易分布概况

Futures Transaction Distribution of 2011

金额单位：亿元

	成交金额 Turnover	比重(%) of Total	成交量(万手) Trading Volume	比重(%) of Total
农产品　Agricultural Products	552826.37	58.97%	57274.00	57.06%
金属　Metal products	231153.84	24.66%	12009.36	11.96%
能源　Energy Products	116344.67	12.41%	22900.40	22.82%
钢材　steel products	37179.01	3.97%	8188.80	8.16%
总计　Total	937503.89	100.00%	100372.56	100.00%

数据来源：上海期货交易所、大连商品交易所、郑州商品交易所
Source：SHFE、DCE、ZCE

7－9　2011年全国商品期货交易所会员情况

Statistics of Membership in 2011

交易所 Exchanges	会员总数 No. Of Members	经纪公司会员 Broker Members	非经纪公司会员 Nonbroker Members
大连商品交易所	185	170	15
上海期货交易所	208	163	45
郑州商品交易所	213	171	42

数据来源：上海期货交易所、大连商品交易所、郑州商品交易所
Source：SHFE、DCE、ZCE

7－10　2011年金融期货交易所会员情况

Statistics of Membership in 2011

交　易　所	会员总数	全面结算会员	交易结算会员	交易会员
中国金融期货交易所	146	15	61	70

数据来源：中国金融期货交易所
Source：CFFEX

7－11　2011年全国期货交易所市场概况

Futures Market Review 2011

金额单位：万元、手

交易所 Exchanges	期货品种 Trading Items	会员总数 No. Of Members	总成交额 Total Trading Turnover	总成交量 Total Trading Volume	总实物交割额 Physical Delivery Amount	总实物交割量 Physical Delivery Volume
大连商品交易所	9	185	1687561701.11	289047000	866480.57	197397
上海期货交易所	9	208	4345343557.12	308239140	3124351.79	277360
郑州商品交易所	8	213	3342133626.70	406439457	628598.67	125714
小　计	26	606	9375038884.93	1003725597.00	4619431.03	600471
中国金融期货交易所	1	146	4376585522	50411860	/	/

注：如无特殊说明均为单边。
数据来源：上海期货交易所、大连商品交易所、郑州商品交易所、中国金融期货交易所
Source：SHFE、DCE、ZCE、CFFEX

7－12 2011年农产品期货交易分布概况

Agricultural Products Transaction Distribution in 2011

金额单位:万元

品种 Items	成交金额 Turnover	比重(%) % of Total	成交量(手) Trading Volume	比重(%) % of Total
黄大豆1号	113652862.04	2.06	25239532	4.41
黄大豆2号	50841.18	0.00	10662	0.00
玉　米	63044909.09	1.14	26849738	4.69
豆　粕	162679042.35	2.94	50170334	8.76
棕榈油	201942492.65	3.65	22593961	3.94
大豆原油	577757282.70	10.45	58012550	10.13
天然橡胶	1652371147.81	29.89	104286399	18.21
一号棉花	1812972960.48	32.79	139046624	24.28
白砂糖	883353783.22	15.98	128209968	22.39
早籼稻	15190865.64	0.27	5927416	1.03
强　麦	22379127.68	0.40	7911704	1.38
硬　麦	339559.11	0.01	153160	0.03
菜籽油	22528802.77	0.41	4327965	0.76
合　计	5528263676.71	100.00	572740013	100.00

数据来源:上海期货交易所、大连商品交易所、郑州商品交易所
Source: SHFE、DCE、ZCE

7－13 2011年金属期货交易分布概况

Metal Products Transaction Distribution in 2011

金额单位:万元

品种 Items	成交金额 Turnover	比重(%) % of Total	成交量(手) Trading Volume	比重(%) % of Total
铜	1496670926.10	64.75	48961130	40.77
铝	85351688.15	3.69	9953918	8.29
锌	461827474.00	19.98	53663483	44.68
铅	12807964.89	0.55	293280	0.24
黄　金	254880396.72	11.03	7221758	6.01
总　计	2311538449.86	100.00	120093569	100.00

数据来源:上海期货交易所、大连商品交易所、郑州商品交易所
Source: SHFE、DCE、ZCE

7－14 2011年能源及化工期货交易分布概况

Building Materials, Energy & Chemical Products Transaction Distribution in 2011

金额单位:万元

品种 Items	成交金额 Turnover	比重(%) % of Total	成交量(手) Trading Volume	比重(%) % of Total
聚乙烯	496635603.71	42.69	95219058	41.58
聚氯乙烯	37496117.56	3.22	9438431	4.12
焦　炭	34302549.83	2.95	1512734	0.66
燃料油	9643866.73	0.83	1971141	0.86
PTA	580822516.16	49.92	120546513	52.64
甲　醇	4546011.65	0.39	316107	0.14
总　计	1163446665.64	100.00	229003984	100.00

数据来源:上海期货交易所、大连商品交易所、郑州商品交易所
Source: SHFE、DCE、ZCE

7－15　2011年钢材期货交易分布概况

Steel Products Transaction Distribution in 2011

金额单位：万元

品种 Items	成交金额 Turnover	比重（%） % of Total	成交量（手） Trading Volume	比重（%） % of Total
螺纹钢	371775143.68	100.00	81884789	100.00
线　材	14949.00	0.00	3242	0.00
总　计	371790092.68	100.00	81888031	100.00

数据来源：上海、大连、郑州期货交易所
Source：SHFE、CZCE、DCE

7－16　2011年农产品期货交易情况

Transaction of Agricultural Product Futures in 2011

金额单位：万元

品种 Items	交易所 Exchange	合约 Contracts	年开盘价 Open Price	年最高价 High Price	最高价日 High Date	年最低价 Low Price	最低价日 Low Date	成交金额 Turnover	交易日数 Trading Days	日均成交金额 Daily Turnover
玉米	DCE	c1101	2129	2129	20110104	2003	20110104	245.58	10	24.56
		c1103	2073	2280	20110222	2052	20110301	3996.75	45	88.82
		c1105	2185	2369	20110316	2162	20110111	663259.17	87	7623.67
		c1107	2263	2399	20110210	2207	20110630	14386.18	129	111.52
		c1109	2331	2478	20110214	2186	20110729	21453203.04	173	124006.95
		c1111	2365	2528	20110118	2261	20111102	122464.13	210	583.16
		c1201	2410	2506	20110222	2135	20111125	18400480.94	234	78634.53
		c1203	2375	2462	20110411	2124	20111125	22493.01	199	113.03
		c1205	2420	2479	20110530	2148	20111124	16870402.57	157	107454.79
		c1207	2367	2449	20110812	2165	20111124	23041.28	115	200.36
		c1209	2428	2449	20110916	2177	20111124	5469808.75	71	77039.56
		c1211	2262	2288	20111115	2183	20111124	1127.69	34	33.17
黄大豆1号	DCE	a1101	3993	4120	20110104	3950	20110112	393.06	10	39.31
		a1103	4110	4350	20110225	3800	20110309	2304.08	45	51.20
		a1105	4355	4585	20110214	3900	20110516	148930.68	87	1711.85
		a1107	4460	4556	20110214	4050	20110624	8901.54	129	69.00
		a1109	4528	4610	20110211	4113	20110805	3878382.53	173	22418.40
		a1111	4499	4676	20110214	3890	20111010	13151.76	210	62.63
		a1201	4491	4744	20110411	3980	20110929	45701460.57	244	187301.07
		a1203	4515	4775	20110411	4068	20111115	13695.79	244	56.13
		a1205	4599	4828	20110411	4134	20110929	45499249.01	244	186472.33
		a1207	4340	4868	20110905	4185	20111020	9579.60	234	40.94
		a1209	4521	4942	20110905	4160	20110929	17400789.32	199	87441.15
		a1211	4471	4911	20110905	4162	20111020	2437.94	157	15.53
		a1301	4710	4887	20110905	4146	20110929	929143.38	115	8079.51
		a1303	4731	4731	20110920	4160	20111125	1127.07	71	15.87
		a1305	4330	4440	20111117	4279	20111124	43315.74	34	1273.99
黄大豆2号	DCE	b1103	4639	4863	20110124	4485	20110124	257.07	45	5.71
		b1105	4611	5145	20110415	4509	20110127	429.90	87	4.94
		b1107	4660	4926	20110518	4406	20110309	325.92	129	2.53

续表 1　Continued 1

品种 Items	交易所 Exchange	合约 Contracts	年开盘价 Open Price	年最高价 High Price	最高价日 High Date	年最低价 Low Price	最低价日 Low Date	成交金额 Turnover	交易日数 Trading Days	日均成交金额 Daily Turnover
黄大豆 2 号	DCE	b1109	4650	4999	20110811	4458	20110223	4225.34	173	24.42
		b1111	4739	5250	20110908	4301	20110224	2211.67	210	10.53
		b1201	4755	5220	20110905	4426	20111227	15772.25	234	67.40
		b1203	4640	5210	20110909	4475	20111031	1483.94	199	7.46
		b1205	4730	5220	20110909	4490	20111020	16632.55	157	105.94
		b1207	4851	5160	20110901	4405	20110929	481.83	115	4.19
		b1209	4734	4884	20111201	4462	20111020	9020.71	71	127.05
豆　粕	DCE	m1101	3450	3450	20110104	3310	20110105	5570.50	10	557.05
		m1103	3333	3659	20110214	3206	20110228	2801.55	45	62.26
		m1105	3391	3533	20110124	2930	20110504	569975.13	87	6551.44
		m1107	3346	3469	20110119	2938	20110608	19416.12	129	150.51
		m1108	3380	3633	20110117	3083	20110517	6037.20	150	40.25
		m1109	3439	3604	20110210	3082	20110505	28505936.29	173	164774.20
		m1111	3400	3528	20110117	2702	20111031	51954.75	210	247.40
		m1112	3393	3557	20110214	2651	20111128	91572.12	232	394.71
		m1201	3495	3565	20110211	2659	20111215	45783490.94	234	195655.94
		m1203	3379	3486	20110328	2707	20111212	11196.79	199	56.27
		m1205	3250	3444	20110831	2738	20111124	77003940.08	157	490470.96
		m1207	3378	3459	20110727	2773	20111215	7469.52	115	64.95
		m1208	3387	3472	20110902	2783	20111124	2517.38	94	26.78
		m1209	3285	3285	20110916	2749	20111124	10616153.90	71	149523.29
		m1211	2968	2995	20111229	2760	20111124	745.19	34	21.92
		m1212	2833	3013	20111229	2793	20111215	264.90	12	22.07
大豆原油	DCE	y1101	9902	10400	20110106	9850	20110104	1983.09	10	198.31
		y1103	10204	10400	20110215	9646	20110223	1028.38	45	22.85
		y1105	10252	10830	20110304	9614	20110418	757861.60	87	8711.05
		y1107	10410	10654	20110128	9450	20110627	8756.06	129	67.88
		y1108	10222	11028	20110210	9552	20110701	13141.89	150	87.61
		y1109	10520	10976	20110210	9356	20110809	154108683.35	173	890801.64
		y1111	10232	11236	20110104	8550	20111026	16580.46	210	78.95
		y1112	10500	10932	20110214	8322	20111130	25906.23	232	111.66
		y1201	10520	11018	20110210	8396	20111215	153916325.60	234	657762.08
		y1203	—	10750	20110408	8458	20111215	12559.69	199	63.11
		y1205	9938	10566	20110905	8576	20111215	230539366.00	157	1468403.61
		y1207	10534	10592	20110718	8650	20111215	10195.47	115	88.66
		y1208	10038	10640	20110905	8552	20111206	4686.47	94	49.86
		y1209	10186	10296	20110916	8608	20111130	38339860.90	71	539998.04
		y1211	9200	9200	20111122	8670	20111215	347.50	34	10.22
棕榈油	DCE	p1101	9980	9980	20110104	9920	20110105	4309.76	10	430.98
		p1102	9798	10140	20110125	9606	20110112	257.22	30	8.57
		p1103	9806	10680	20110214	9380	20110225	2246.21	45	49.92
		p1104	9928	10446	20110104	9090	20110314	890.99	68	13.10
		p1105	9870	10410	20110210	8702	20110503	359873.14	87	4136.47
		p1106	9814	10562	20110124	8930	20110527	1918.48	108	17.76
		p1107	10036	10286	20110210	8816	20110617	850.69	129	6.59
		p1108	9908	10380	20110112	8552	20110714	3191.58	150	21.28
		p1109	9820	10296	20110210	8178	20110809	60333053.25	173	348745.97
		p1110	9984	10522	20110210	8700	20110907	3882.59	194	20.01
		p1111	9810	10528	20110113	7406	20111026	2717.77	210	12.94
		p1112	9720	10318	20110107	7274	20111118	4055.89	232	17.48

续表 2　Continued 2

品种 Items	交易所 Exchange	合约 Contracts	年开盘价 Open Price	年最高价 High Price	最高价日 High Date	年最低价 Low Price	最低价日 Low Date	成交金额 Turnover	交易日数 Trading Days	日均成交金额 Daily Turnover
棕榈油	DCE	p1201	9514	10226	20110210	7394	20111230	52920617.37	234	226156.48
		p1202	8964	9674	20110411	7674	20111227	4413.12	214	20.62
		p1203	—	9834	20110411	7804	20111227	1379.40	199	6.93
		p1204	9498	9500	20110526	7676	20111130	1593.58	176	9.05
		p1205	8996	9558	20110603	7636	20111020	84163949.14	157	536076.11
		p1206	8948	9380	20110803	7710	20111215	2920.18	136	21.47
		p1207	—	9272	20110905	7796	20110929	491.28	115	4.27
		p1208	8900	9126	20110831	7702	20111020	715.75	94	7.61
		p1209	8946	8946	20110916	7702	20111215	4128725.27	71	58151.06
		p1210	—	8446	20111117	7622	20111215	281.34	50	5.63
		p1211	8064	8138	20111201	7642	20111214	158.65	34	4.67
天然橡胶	SHFE	ru1101	36485	38400	20110117	36100	20110104	46770.31	10	4677.03
		ru1103	36885	42900	20110214	32595	20110315	615548.81	46	13381.50
		ru1104	36560	43410	20110214	33380	20110315	82104.23	66	1244.00
		ru1105	37470	43500	20110209	32750	20110315	299793082.00	87	3445897.49
		ru1106	36900	43310	20110209	32230	20110506	254191.55	108	2353.63
		ru1107	37200	41860	20110210	30170	20110506	356967.75	130	2745.91
		ru1108	36560	41875	20110214	29795	20110506	156919.53	151	1039.20
		ru1109	37380	42895	20110209	29400	20110506	531148422.56	173	3070222.10
		ru1110	36085	42525	20110210	27000	20110929	161276.02	188	857.85
		ru1111	38035	41175	20110211	25500	20111115	811004.24	211	3843.62
		ru1201	37800	41970	20110214	23870	20111111	608654625.72	232	2623511.32
		ru1203	34405	37550	20110411	23965	20111111	1837946.60	194	9473.95
		ru1204	34000	36840	20110720	23995	20111111	58937.73	143	412.15
		ru1205	33195	37100	20110727	23600	20111111	208097855.62	155	1342566.81
		ru1206	32035	36415	20110721	23640	20111111	77557.19	108	718.12
		ru1207	35805	36995	20110801	23540	20111111	21545.44	96	224.43
		ru1208	33400	34400	20110831	23755	20111230	15184.05	65	233.60
		ru1209	33400	34345	20110916	23520	20111230	174334.05	71	2455.41
		ru1210	28240	28240	20111018	23655	20111230	5184.75	32	162.02
		ru1211	24815	26200	20111207	23575	20111124	1689.70	21	80.46
一号棉花	ZCE	CF101	28500	30300	20110117	27800	20110114	7996.20	10	799.62
		CF103	28190	33720	20110217	26500	20110106	188049.20	45	4178.87
		CF105	28175	34500	20110218	24000	20110506	6091825.56	87	70020.98
		CF107	28115	34580	20110217	20760	20110712	873589.16	129	6772.01
		CF109	28250	34870	20110217	19910	20110831	1118149712.40	173	6463293.14
		CF111	26260	31625	20110211	19100	20111021	19252008.87	210	91676.23
		CF201	26360	30610	20110211	19525	20111021	494796626.14	234	2114515.50
		CF203	25000	27750	20110411	19840	20111021	1018528.51	199	5118.23
		CF205	23380	25445	20110603	19850	20111021	167941628.78	157	1069691.90
		CF207	21855	22860	20110720	19820	20111021	875731.32	115	7615.05
		CF209	22085	22235	20110916	20000	20111021	3740201.86	71	52678.90
		CF211	20610	21140	20111206	20100	20111121	37062.49	34	1090.07
白砂糖	ZCE	SR101	7010	7200	20110104	6647	20110107	24507.58	10	2450.76
		SR103	7015	7470	20110214	6702	20110107	77928.90	45	1731.75
		SR105	7100	7480	20110214	6531	20110505	2117259.62	87	24336.32
		SR107	7094	7494	20110211	6627	20110506	419629.07	129	3252.94
		SR109	7180	7948	20110824	6385	20110524	313998575.27	173	1815020.67

续表 3　Continued 3

品种 Items	交易所 Exchange	合约 Contracts	年开盘价 Open Price	年最高价 High Price	最高价日 High Date	年最低价 Low Price	最低价日 Low Date	成交金额 Turnover	交易日数 Trading Days	日均成交金额 Daily Turnover
白砂糖	ZCE	SR111	7043	7818	20110812	6398	20110506	832514.33	210	3964.35
		SR201	6790	7537	20110812	6120	20110506	291369217.72	244	1194136.14
		SR203	6729	7450	20110815	5866	20110506	246300.44	244	1009.43
		SR205	6746	7455	20110727	5907	20111230	238096127.52	244	975803.80
		SR207	6806	7560	20110728	5950	20111230	98871.65	234	422.53
		SR209	6325	7446	20110727	5899	20111230	35787140.02	199	179834.87
		SR211	6377	7340	20110726	5937	20111230	26845.16	157	170.99
		SR301	6900	7287	20110725	5820	20111230	244335.52	115	2124.66
		SR303	6743	6751	20111017	5819	20111230	2772.96	71	39.06
		SR305	6263	6532	20111118	5830	20111230	11757.48	34	345.81
早籼稻	ZCE	ER101	2264	2266	20110104	2150	20110117	1288.28	14	92.02
		ER103	2306	2456	20110222	2222	20110221	1254.56	52	24.13
		ER105	2354	2430	20110215	2192	20110520	528099.22	92	5740.21
		ER107	2370	2470	20110215	2200	20110712	31919.31	134	238.20
		ER109	2539	2719	20110215	2422	20110506	8636132.49	178	48517.60
		ER111	2576	2754	20110215	2360	20111025	20331.75	216	94.13
		ER201	2579	2888	20110124	2372	20111125	4017746.88	230	17468.46
		ER203	2709	2779	20110530	2316	20111215	3337.07	192	17.38
		ER205	2718	2818	20110530	2386	20111125	1874245.64	152	12330.56
		ER207	2638	2737	20110818	2391	20111125	7593.23	110	69.03
		ER209	2710	2732	20110923	2475	20111125	68909.62	66	1044.09
		ER211	2503	2551	20111207	2503	20111207	7.59	28	0.27
强　麦	ZCE	WS101	2412	2555	20110117	2282	20110113	1643.55	14	117.40
		WS103	2474	2710	20110214	2372	20110113	5945.73	52	114.34
		WS105	2546	2803	20110214	2496	20110111	233674.65	92	2539.94
		WS107	2565	2814	20110214	2492	20110623	17509.64	134	130.67
		WS109	2735	3110	20110214	2410	20110901	14527009.80	178	81612.41
		WS111	2787	3108	20110214	2290	20111122	52763.90	216	244.28
		WS201	2819	3188	20110214	2225	20111129	4665192.61	244	19119.64
		WS203	2862	3188	20110214	2264	20111129	5421.71	244	22.22
		WS205	2902	3241	20110214	2305	20111129	2451344.10	244	10046.49
		WS207	2958	3233	20110214	2308	20111215	21117.14	230	91.81
		WS209	3162	3203	20110325	2440	20111129	386719.91	192	2014.17
		WS211	3083	3117	20110526	2502	20111216	778.05	152	5.12
		WS301	2965	3046	20110913	2516	20111129	8014.80	110	72.86
		WS303	2994	2994	20110923	2557	20111125	1159.94	66	17.57
		WS305	2611	2684	20111124	2538	20111124	832.14	28	29.72
硬　麦	ZCE	WT101		0				0.00	14	0.00
		WT103	2098	2181	20110216	2000	20110228	1522.99	52	29.29
		WT105	2195	2274	20110214	1927	20110429	11774.31	92	127.98
		WT107	2281	2465	20110214	1993	20110708	5350.56	134	39.93
		WT109	2281	2482	20110210	1849	20110901	48746.39	178	273.86
		WT111	2342	2517	20110214	2044	20110926	28338.72	216	131.20
		WT201	2380	2575	20110214	1992	20111202	132742.32	230	577.14
		WT203	2483	2508	20110530	2012	20111207	5792.19	192	30.17
		WT205	2420	2421	20110530	2057	20111207	72281.50	152	475.54
		WT207	2279	2342	20110926	2149	20111128	689.38	110	6.27
		WT209	2269	2390	20110926	2180	20111207	32300.68	66	489.40
		WT211	2170	2268	20111228	2170	20111222	20.08	28	0.72

续表 4　Continued 4

品种 Items	交易所 Exchange	合约 Contracts	年开盘价 Open Price	年最高价 High Price	最高价日 High Date	年最低价 Low Price	最低价日 Low Date	成交金额 Turnover	交易日数 Trading Days	日均成交金额 Daily Turnover
菜籽油	ZCE	RO101	9800	10140	20110106	9800	20110104	9517.57	10	951.76
		RO103	10052	10664	20110214	9640	20110223	622.16	45	13.83
		RO105	10440	10678	20110211	9200	20110516	851183.55	87	9783.72
		RO107	10686	10870	20110211	9648	20110317	3673.83	129	28.48
		RO109	10908	11184	20110211	9630	20110822	9715418.83	173	56158.49
		RO111	11000	11266	20110106	9814	20110926	3422.97	210	16.30
		RO201	11000	11438	20110214	9100	20111130	8909065.35	234	38072.93
		RO203	10934	11080	20110422	9318	20111129	1420.35	199	7.14
		RO205	10504	10974	20110603	9230	20111215	2948567.77	157	18780.69
		RO207	10708	11086	20110727	9268	20111130	264.37	115	2.30
		RO209	11104	11104	20110916	9294	20111125	85626.68	71	1206.01
		RO211	9640	9970	20111122	9498	20111124	19.36	34	0.57

数据来源：上海期货交易所、大连商品交易所、郑州商品交易所
Source：SHFE、DCE、ZCE

7－17　2011 年金属期货交易情况

Transaction of Metal Procuct Futures in 2011

金额单位：万元

品种 Items	交易所 Exchange	合约 Contracts	年开盘价 Open Price	年最高价 High Price	最高价日 High Date	年最低价 Low Price	最低价日 Low Date	成交金额 Turnover	交易日数 Trading Days	日均成交金额 Daily Turnover
铜	SHFE	cu1101	71110	71410	20110104	69000	20110107	448443.83	10	44844.38
		cu1102	70800	75400	20110215	69080	20110107	1705203.31	26	65584.74
		cu1103	71980	75950	20110209	68300	20110314	6739287.24	46	146506.24
		cu1104	72400	76290	20110215	68210	20110314	62451831.75	67	932116.89
		cu1105	72660	76950	20110215	65610	20110512	82934858.67	87	953274.24
		cu1106	73550	77250	20110215	64650	20110512	82937652.09	108	767941.22
		cu1107	72580	77280	20110215	64110	20110512	84685585.70	130	651427.58
		cu1108	73790	77400	20110215	63860	20110512	72222751.34	151	478296.37
		cu1109	72500	77450	20110215	63760	20110809	56343974.27	173	325687.71
		cu1110	73480	77310	20110215	51730	20111014	76588828.33	189	405231.90
		cu1111	72770	77440	20110215	51000	20111021	103277597.63	210	491798.08
		cu1112	72460	77470	20110215	51300	20111020	208363782.33	232	898119.75
		cu1201	72400	77340	20110215	50760	20111021	318605982.70	233	1367407.65
		cu1202	76200	76200	20110216	50600	20111021	224062069.04	217	1032544.10
		cu1203	70050	73880	20110411	50300	20111021	103326472.92	195	529879.35
		cu1204	70000	73980	20110720	50690	20111021	8337912.23	174	47919.04
		cu1205	68140	73830	20110801	51010	20111021	2354352.54	153	15387.93
		cu1206	67600	73560	20110801	50950	20111020	737659.05	131	5630.99
		cu1207	72000	73840	20110801	51070	20111020	169804.40	106	1601.93
		cu1208	66860	68660	20110901	51000	20111021	165487.90	92	1798.78
		cu1209	64230	64230	20110919	51000	20111021	128446.77	69	1861.55
		cu1210	54870	61250	20111028	51460	20111021	58016.12	54	1074.37
		cu1211	57000	59630	20111205	52630	20111215	20618.82	32	644.34
		cu1212	54200	55690	20111223	53250	20111219	4307.17	11	391.56

续表 1 Continued 1

品种 Items	交易所 Exchange	合约 Contracts	年开盘价 Open Price	年最高价 High Price	最高价日 High Date	年最低价 Low Price	最低价日 Low Date	成交金额 Turnover	交易日数 Trading Days	日均成交金额 Daily Turnover
		al1101	16550	16800	20110107	16395	20110104	117929.93	10	11792.99
		al1102	16655	16955	20110107	16430	20110107	381910.24	26	14688.86
		al1103	16835	17140	20110107	16360	20110315	1015035.38	46	22065.99
		al1104	17050	17320	20110107	16255	20110315	3400170.19	67	50748.81
		al1105	17150	17440	20110222	15640	20110315	4741160.77	87	54496.10
		al1106	17215	17515	20110222	16430	20110317	3749116.55	108	34714.04
		al1107	17315	17690	20110715	16500	20110506	3160573.15	130	24312.10
		al1108	17540	18660	20110801	16540	20110524	4188553.52	151	27738.77
		al1109	17620	18660	20110801	16570	20110518	4958737.22	173	28663.22
		al1110	17735	18645	20110801	16240	20110314	20933906.44	182	115021.46
		al1111	17760	18600	20110804	15985	20111110	16208917.55	200	81044.59
铝	SHFE	al1112	17855	18500	20110804	15705	20111215	9959977.48	214	46541.95
		al1201	17400	18395	20110804	15700	20111215	6481532.23	219	29596.04
		al1202	17600	18295	20110803	15500	20111114	2993969.01	196	15275.35
		al1203	17300	18175	20110804	15600	20111215	1853144.87	179	10352.76
		al1204	17205	18125	20110803	15560	20111215	659943.90	161	4099.03
		al1205	16815	18150	20110804	15600	20111215	318960.35	148	2155.14
		al1206	17080	18195	20110803	15605	20111220	111888.77	121	924.70
		al1207	17650	18125	20110804	15650	20111215	55699.05	108	515.73
		al1208	17065	17650	20110831	15655	20111222	25214.16	81	311.29
		al1209	17190	17190	20110916	15650	20111220	15606.53	67	232.93
		al1210	16400	17030	20111114	15680	20111220	17502.45	53	330.23
		al1211	16455	16810	20111123	15695	20111220	2238.44	21	106.59
		zn1101	19180	19340	20110106	18450	20110111	62573.20	10	6257.32
		zn1102	19370	19570	20110106	17600	20110126	232619.01	26	8946.89
		zn1103	19645	20115	20110222	17300	20110310	2520300.77	46	54789.15
		zn1104	19895	20345	20110222	17425	20110310	44345089.29	67	661867.00
		zn1105	20000	20560	20110222	16035	20110506	66856547.09	87	768466.06
		zn1106	20100	20715	20110222	16095	20110506	51386022.35	108	475796.50
		zn1107	20115	20815	20110221	16200	20110506	37766214.37	130	290509.34
		zn1108	20305	20890	20110222	15500	20110809	30813317.91	151	204061.71
		zn1109	20220	21230	20110217	15585	20110809	24570215.48	173	142024.37
		zn1110	20435	21290	20110222	14100	20110929	38046935.46	190	200247.03
		zn1111	20475	21200	20110221	13860	20111020	48552965.61	206	235694.01
锌	SHFE	zn1112	20450	21600	20110218	13805	20111020	35627653.80	224	159052.03
		zn1201	19455	21280	20110221	13730	20111230	41564283.74	217	191540.48
		zn1202	20900	21555	20110221	13800	20111020	24315023.01	208	116899.15
		zn1203	19640	20100	20110411	13830	20111020	13658270.02	187	73038.88
		zn1204	19245	19685	20110801	13885	20111021	1002744.62	164	6114.30
		zn1205	17800	19805	20110728	13935	20111020	393806.41	147	2678.96
		zn1206	18010	19825	20110728	14050	20111020	66260.72	127	521.74
		zn1207	19280	19810	20110728	14120	20111020	17990.53	104	172.99
		zn1208	17900	18180	20110830	14115	20111020	9903.74	83	119.32
		zn1209	16725	16725	20110922	14200	20111020	8799.66	63	139.68
		zn1210	15300	16240	20111028	14180	20111020	7594.57	53	143.29
		zn1211	15090	16150	20111202	14985	20111215	1888.50	28	67.45
		zn1212	15055	15455	20111223	14810	20111219	454.18	8	56.77
		pb1109	19230	19570	20110324	15130	20110809	9809231.65	121	81068.03
		pb1110	19235	19770	20110324	13490	20110929	1293678.59	135	9582.80
铅	SHFE	pb1111	19245	19720	20110324	13590	20110929	665874.61	86	7742.73
		pb1112	19300	19850	20110411	13675	20110929	503031.29	112	4491.35
		pb1201	19005	19965	20110324	13730	20111020	347649.15	118	2946.18

续表 2　Continued 2

品种 Items	交易所 Exchange	合约 Contracts	年开盘价 Open Price	年最高价 High Price	最高价日 High Date	年最低价 Low Price	最低价日 Low Date	成交金额 Turnover	交易日数 Trading Days	日均成交金额 Daily Turnover
铅	SHFE	pb1202	19695	19900	20110328	13800	20111020	130184.64	58	2244.56
		pb1203	19450	19450	20110331	14000	20110926	38211.60	55	694.76
		pb1204	18350	19005	20110420	14470	20111018	12554.03	62	202.48
		pb1205	17285	18315	20110607	14050	20111020	1727.18	15	115.15
		pb1206	17430	17430	20110805	14300	20111020	345.19	6	57.53
		pb1207	16790	16790	20110809	14835	20111021	389.00	7	55.57
		pb1208	17700	18345	20110901	14180	20111021	459.56	5	91.91
		pb1209	15505	16090	20111031	14600	20111021	425.61	6	70.94
		pb1210	15505	16090	20111129	15045	20111018	4202.80	4	1050.70
黄金	SHFE	au1101	296.50	296.50	20110105	296.00	20110105	888.42	1	888.42
		au1102	308.00	308.00	20110104	268.37	20110131	6409.55	20	320.48
		au1103	306.10	306.10	20110104	272.55	20110228	5807.04	29	200.24
		au1104	307.18	321.90	20110329	282.19	20110128	6930.19	42	165.00
		au1105	307.30	325.00	20110429	279.59	20110224	16682.70	64	260.67
		au1106	308.79	326.00	20110602	283.28	20110128	14163950.47	106	133622.17
		au1107	307.03	324.98	20110630	283.82	20110128	16075.09	74	217.23
		au1108	310.99	354.11	20110727	284.10	20110128	7830.60	52	150.59
		au1109	301.70	398.68	20110823	285.73	20110128	40409.61	128	315.70
		au1110	303.00	391.75	20110823	285.01	20110128	20712.17	113	183.29
		au1111	293.60	396.36	20110906	292.00	20110126	82591.69	134	616.36
		au1112	309.87	398.08	20110906	285.18	20110128	175733885.4	232	757473.64
		au1201	302.20	397.70	20110906	292.12	20110214	1636017.75	201	8139.39
		au1202	304.10	397.60	20110906	301.00	20110330	81446.29	157	518.77
		au1203	306.00	397.60	20110906	302.80	20110328	45846.34	147	311.88
		au1204	316.66	396.60	20110906	309.09	20110506	22217.95	99	224.42
		au1205	314.70	397.31	20110906	311.27	20110704	110172.9	113	974.98
		au1206	319.06	398.00	20110906	311.00	20110628	62719834.46	135	464591.37
		au1207	369.99	396.90	20110906	317.17	20111229	9014.46	46	195.97
		au1208	395.99	395.99	20110823	320.03	20111230	6284.33	37	169.85
		au1209	332.01	369.89	20111108	314.09	20111229	7225.31	36	200.70
		au1210	334.33	369.89	20111108	324.56	20111215	2768.06	26	106.46
		au1211	344.00	360.88	20111201	324.69	20111228	854.64	14	61.05
		au1212	329.00	333.23	20111221	315.53	20111229	136541.33	11	12412.85

数据来源：上海期货交易所、大连商品交易所、郑州商品交易所
Source：SHFE、DCE、ZCE

7－18　2011 年能源及化工期货交易情况

Transaction of Building Materials, Energy & Chemical Product Futures in 2011

金额单位：万元

品种 Items	交易所 Exchange	合约 Contracts	年开盘价 Open Price	年最高价 High Price	最高价日 High Date	年最低价 Low Price	最低价日 Low Date	成交金额 Turnover	交易日数 Trading Days	日均成交金额 Daily Turnover
聚乙烯	DCE	l1101	11200	11450	20110106	10900	20110107	25042.47	10	2504.25
		l1102	11500	11550	20110105	10770	20110125	513.86	30	17.13
		l1103	11570	11820	20110106	10200	20110224	51417.22	45	1142.60
		l1104	12305	13345	20110107	10845	20110401	18343.18	68	269.75
		l1105	12510	12845	20110106	10120	20110513	61177180.63	87	703185.98
		l1106	12430	12860	20110106	10050	20110525	10720.92	108	99.27
		l1107	12420	12630	20110214	10020	20110623	7349.19	129	56.97

续表 1 Continued 1

品种 Items	交易所 Exchange	合约 Contracts	年开盘价 Open Price	年最高价 High Price	最高价日 High Date	年最低价 Low Price	最低价日 Low Date	成交金额 Turnover	交易日数 Trading Days	日均成交金额 Daily Turnover
聚乙烯	DCE	l1108	12930	13000	20110110	9940	20110809	16241.83	150	108.28
		l1109	13005	13355	20110106	9950	20110819	122652440.83	173	708973.65
		l1110	12945	13010	20110222	8400	20111021	27068.20	194	139.53
		l1111	13195	13205	20110104	8370	20111021	12984.60	210	61.83
		l1112	12805	13545	20110215	8435	20111021	26134.32	232	112.65
		l1201	13085	13430	20110217	8470	20111021	196249694.42	234	838673.91
		l1202	—	12345	20110727	8515	20111021	14895.65	214	69.61
		l1203	12275	12595	20110414	8670	20111021	7618.43	199	38.28
		l1204	12160	12660	20110727	8845	20111024	8321.24	176	47.28
		l1205	11100	12875	20110801	8770	20111024	116030497.11	157	739047.75
		l1206	—	12575	20110714	8910	20111021	6138.12	136	45.13
		l1207	12345	12655	20110725	9310	20111215	1090.38	115	9.48
		l1208	11790	11985	20110913	9170	20111020	3124.24	94	33.24
		l1209	11635	11815	20110916	9120	20111024	287698.20	71	4052.09
		l1210	9735	10460	20111104	9430	20111124	574.48	50	11.49
		l1211	9405	10170	20111208	9405	20111124	504.29	34	14.83
		l1212	9805	10065	20111230	9805	20111229	9.94	12	0.83
聚氯乙烯	DCE	v1101	7930	7950	20110106	7650	20110117	2663.97	10	266.40
		v1102	8280	8300	20110106	7525	20110126	95.31	30	3.18
		v1103	8105	8600	20110106	7770	20110228	1541.87	45	34.26
		v1104	8480	8740	20110225	7565	20110314	1715.04	68	25.22
		v1105	8420	8715	20110225	7730	20110512	15892372.66	87	182670.95
		v1106	8530	8865	20110221	7550	20110525	3282.05	108	30.39
		v1107	8790	8790	20110106	7645	20110630	2268.25	129	17.58
		v1108	8610	8845	20110302	7570	20110811	1467.54	150	9.78
		v1109	8795	9025	20110228	7335	20110809	10209434.38	173	59014.07
		v1110	8795	9130	20110222	6405	20111010	1153.48	194	5.95
		v1111	8930	9125	20110222	6220	20111024	522.33	210	2.49
		v1112	8920	8995	20110302	6190	20111110	1971.19	232	8.50
		v1201	—	9155	20110228	6280	20111021	7406085.86	234	31649.94
		v1202	—	9050	20110304	6315	20111021	2387.38	214	11.16
		v1203	—	8835	20110408	6315	20111021	905.18	199	4.55
		v1204	—	8770	20110718	6515	20111125	699.42	176	3.97
		v1205	8405	8850	20110802	6435	20111021	3946871.07	157	25139.31
		v1206	8380	8850	20110801	6550	20111021	688.52	136	5.06
		v1207	8775	8815	20110729	6760	20111125	111.84	115	0.97
		v1208	8050	8725	20110824	6605	20111024	4785.81	94	50.91
		v1209	8315	8375	20110916	6615	20111125	15033.80	71	211.74
		v1210	7280	7280	20111027	6875	20111111	39.14	50	0.78
		v1211	—	7280	20111209	6995	20111213	21.50	34	0.63
焦炭	DCE	j1109	2300	2444	20110513	1980	20110823	25538874.47	107	238681.07
		j1110	2300	2456	20110615	1706	20110930	60265.92	128	470.83
		j1111	2288	2420	20110418	1668	20111021	4153.32	144	28.84
		j1112	2312	2516	20110516	1796	20111025	2327.33	166	14.02
		j1201	2301	2498	20110513	1775	20111229	7512113.43	178	42202.88
		j1202	2397	2458	20110516	1909	20111212	2557.38	178	14.37
		j1203	2264	2519	20110419	1878	20111020	11834.50	178	66.49
		j1204	2395	2519	20110808	2257	20110825	1182.57	178	6.64
		j1205	2470	2475	20110517	1911	20111215	1139655.35	157	7258.95
		j1206	—	2392	20110822	1949	20111128	1305.73	136	9.60
		j1207	—	2425	20110819	1906	20111215	2081.42	115	18.10
		j1208	2240	2395	20110922	1954	20111228	2613.83	94	27.81
		j1209	2358	2443	20110919	1959	20111110	23205.13	71	326.83
		j1210	—	2048	20111229	1955	20111129	338.96	50	6.78
		j1211	—	2069	20111226	1980	20111229	40.49	34	1.19

续表 2　Continued 2

品种 Items	交易所 Exchange	合约 Contracts	年开盘价 Open Price	年最高价 High Price	最高价日 High Date	年最低价 Low Price	最低价日 Low Date	成交金额 Turnover	交易日数 Trading Days	日均成交金额 Daily Turnover
燃料油	SHFE	fu1103	4756	4802	20110104	4242	20110201	364220.04	35	10406.29
		fu1104	4860	4920	20110112	4502	20110328	19349.37	48	403.11
		fu1105	4937	4980	20110104	4596	20110316	5477937.73	77	71142.05
		fu1106	5034	5135	20110523	4537	20110429	47834.18	88	543.57
		fu1107	5091	5109	20110526	4712	20110316	7292.34	87	83.82
		fu1108	5167	5167	20110104	4658	20110630	6521.66	98	66.55
		fu1109	5217	5218	20110104	4747	20110125	2938314.06	163	18026.47
		fu1110	5220	5220	20110106	4740	20110927	9844.13	142	69.32
		fu1111	5297	5334	20110104	4483	20110926	9208.16	149	61.80
		fu1112	5368	5368	20110104	4670	20110926	682972.30	210	3252.25
		fu1202	5250	5365	20110310	4676	20111110	10414.63	99	105.20
		fu1203	5402	5402	20110325	4728	20111020	65801.80	86	765.14
		fu1204	5210	5272	20110616	4850	20110526	684.43	9	76.05
		fu1205	4760	5360	20110609	4700	20111031	2624.40	33	79.53
		fu1206	5300	5300	20110608	4849	20111212	204.04	4	51.01
		fu1208	5819	5819	20111206	5083	20111206	131.97	3	43.99
		fu1209	5120	5337	20111107	4810	20110928	152.78	2	76.39
		fu1210	5163	5200	20111117	4891	20111117	306.77	3	102.26
		fu1212	5670	5670	20111201	4726	20111201	51.98	1	51.98
PTA	ZCE	TA101	9986	10650	20110117	9948	20110104	52905.19	10	5290.52
		TA102	10152	12108	20110215	10120	20110110	9020.55	30	300.68
		TA103	10340	12150	20110215	10194	20110111	58188.95	45	1293.09
		TA104	10498	12276	20110215	10282	20110110	43080.54	68	633.54
		TA105	10430	12396	20110215	9402	20110516	103418109.01	87	1188713.90
		TA106	10528	12360	20110215	9362	20110614	105719.08	108	978.88
		TA107	11110	12518	20110215	8782	20110701	41645.08	129	322.83
		TA108	10604	12666	20110215	8660	20110629	82134.94	150	547.57
		TA109	10598	12508	20110215	8688	20110629	129476601.84	173	748419.66
		TA110	10838	12480	20110211	8550	20111021	61473.72	194	316.87
		TA111	10762	12478	20110211	7866	20111110	51211.29	210	243.86
		TA112	10900	12470	20110211	7716	20111110	117758.38	232	507.58
		TA201	11248	12576	20110215	7700	20111110	283015955.25	234	1209469.89
		TA202	12014	12192	20110301	7742	20111110	34967.08	214	163.40
		TA203	11000	11540	20110318	7806	20111110	19502.76	199	98.00
		TA204	10000	10250	20110421	7836	20111124	6134.26	176	34.85
		TA205	9364	10240	20110908	7802	20111124	64099037.89	157	408274.13
		TA206	9120	10198	20110823	7828	20111124	7249.04	136	53.30
		TA207	9312	10172	20110908	7870	20111020	3575.24	115	31.09
		TA208	9722	10192	20110908	7980	20111117	555.09	94	5.91
		TA209	10256	10256	20110916	7844	20111124	115471.50	71	1626.36
		TA210	8722	8996	20111028	7964	20111111	718.15	50	14.36
		TA211	8150	8420	20111230	7876	20111129	810.78	34	23.85
		TA212	8652	8652	20111228	8112	20111228	690.56	12	57.55
甲　醇	ZCE	ME203	3199	3220	20111028	2661	20111215	4193299.60	46	91158.69
		ME204	3150	3209	20111028	2678	20111226	3513.32	46	76.38
		ME205	3192	3233	20111028	2666	20111227	343820.68	46	7474.36
		ME206	3258	3258	20111028	2677	20111216	349.91	46	7.61
		ME207	2710	2775	20111223	2710	20111223	96.65	46	2.10
		ME208	2762	2835	20111128	2739	20111125	181.56	46	3.95
		ME209	3195	3263	20111028	2747	20111209	4293.03	46	93.33
		ME210	2780	2880	20111129	2780	20111129	84.85	46	1.84
		ME211	2903	2958	20111228	2756	20111228	214.84	34	6.32
		ME212	3031	3031	20111223	2743	20111227	157.24	12	13.10

数据来源：上海期货交易所、大连商品交易所、郑州商品交易所
Source：SHFE、DCE、ZCE

7－19 2011年钢材期货交易情况

Transaction of Steel Product Futures in 2011

金额单位:万元

品种 Items	交易所 Exchange	合约 Contracts	年开盘价 Open Price	年最高价 High Price	最高价日 High Date	年最低价 Low Price	最低价日 Low Date	成交金额 Turnover	交易日数 Trading Days	日均成交金额 Daily Turnover
螺纹钢	SHFE	rb1101	4929	4959	20110112	4875	20110117	15553.04	8	1944.13
		rb1102	4864	5313	20110131	4845	20110105	5476.24	22	248.92
		rb1103	4830	5170	20110210	4500	20110311	17766.79	38	467.55
		rb1104	4800	5108	20110215	4612	20110330	29206.25	59	495.02
		rb1105	4830	5110	20110211	4640	20110314	12732034.86	84	151571.84
		rb1106	4834	5178	20110530	4649	20110119	17158.88	94	182.54
		rb1107	4839	5450	20110714	4598	20110322	40937.90	122	335.56
		rb1108	4803	5222	20110729	4602	20110311	15307.38	131	116.85
		rb1109	4850	5157	20110211	4380	20110324	127507.02	163	782.25
		rb1110	4900	5230	20110211	4250	20111012	180154056.81	190	948179.25
		rb1111	4916	5259	20110211	4017	20111020	48484.99	196	247.37
		rb1112	4880	5268	20110211	3958	20111020	23532.03	196	120.06
		rb1201	5040	5283	20110211	3838	20111020	95172778.95	232	410227.5
		rb1202	5188	5200	20110516	3880	20111020	32344.58	163	198.43
		rb1203	4936	4982	20110411	3918	20111020	6069.75	117	51.88
		rb1204	4988	5086	20110429	3900	20111020	9421.38	127	74.18
		rb1205	4992	4992	20110518	3895	20111020	82786133.45	155	534104.09
		rb1206	4857	4970	20110711	3900	20111020	16642.32	105	158.5
		rb1207	4900	4983	20110803	3907	20111020	1802.33	74	24.36
		rb1208	4841	4880	20110816	3968	20111021	2099.21	55	38.17
		rb1209	4640	4685	20110920	3970	20111020	6747.07	61	110.61
		rb1210	4218	4250	20111028	3980	20111020	513846.98	54	9515.68
		rb1211	4138	4180	20111206	3982	20111125	218.58	11	19.87
		rb1212	4287	4287	20111227	4194	20111227	16.91	1	16.91
线　材	SHFE	wr1101			20110104		20110104	0.00		0.00
		wr1102	4452	4848	20110114	4415	20110113	50.88	4	12.72
		wr1103	4736	5179	20110113	4601	20110113	292.53	5	58.51
		wr1104	4770	4959	20110128	4770	20110111	29.25	4	7.31
		wr1105	4779	5058	20110215	4537	20110422	1066.92	45	23.71
		wr1106	4820	4820	20110105	4640	20110105	18.96	3	6.32
		wr1107	4848	4951	20110110	4600	20110629	172.13	12	14.34
		wr1108	4516	5050	20110214	4516	20110105	190.86	15	12.72
		wr1109	4880	5169	20110211	4260	20110811	2006.70	35	57.33
		wr1110	4840	5156	20110211	4100	20110930	2416.87	69	35.03
		wr1111	4800	4960	20110715	4649	20110526	1175.94	13	90.46
		wr1112	4819	5245	20110303	4437	20110906	713.37	20	35.67
		wr1201	4723	5079	20110317	3818	20111025	1663.60	56	29.71
		wr1202	4730	5013	20110321	3696	20111028	485.18	18	26.95
		wr1203	5040	5109	20110804	3939	20111021	863.30	17	50.78
		wr1204	4945	4945	20110614	3987	20111130	196.30	11	17.85
		wr1205	4690	4970	20110614	3903	20111026	1825.54	41	44.53
		wr1206	4750	5031	20110812	3796	20111108	401.19	24	16.72
		wr1207	4698	4891	20110920	3777	20111024	1134.85	14	81.06
		wr1208	3899	4178	20111114	3806	20111110	126.47	5	25.29
		wr1209	4153	4740	20110921	3925	20111102	60.90	4	15.23
		wr1210	4028	4258	20111019	3889	20111125	53.03	4	13.26
		wr1211	4240	4240	20111222	4240	20111222	4.24	1	4.24
		wr1212			20111216		20111216	0.00	0	0

数据来源:上海期货交易所
Source: SHFE

7－20 2011年金融期货交易情况
Trading of Financial Futures in 2011

金额单位：亿元

品种 Items	交易所 Exchange	合约 Contract	年开盘价 Open Price	年最高价 High Price	最高价日 Date of Highest Price	年最低价 Low Price	最低价日 Date of Lowest Price	成交金额 Turnover	交易日数 Trading Days	日均成交金额 Average Daily Turnover
沪深300股指期货	CFFEX	IF1101	3171.80	3230	20110107	2935.60	20110121	21291.89	14	1520.85
		IF1102	3215.00	3262.2	20110217	2935.20	20110125	25094.89	29	865.34
		IF1103	3369.00	3372	20110309	2963.40	20110125	43150.27	49	880.62
		IF1104	3235.40	3389	20110309	3155.00	20110315	32623.68	38	858.52
		IF1105	3246.20	3396.4	20110411	3077.00	20110517	34270.10	42	815.95
		IF1106	3323.00	3427	20110309	2912.20	20110617	31989.09	110	290.81
		IF1107	3128.40	3150	20110707	2863.20	20110620	33161.97	39	850.31
		IF1108	2901.60	3157	20110718	2702.60	20110809	34156.48	45	759.03
		IF1109	3139.00	3476	20110309	2673.20	20110914	39035.61	160	243.97
		IF1110	2810.60	2924	20110825	2505.80	20111020	36361.96	39	932.36
		IF1111	2725.60	2795	20111104	2504.00	20111020	40084.95	40	1002.12
		IF1112	3453.60	3476.8	20110418	2334.20	20111216	38060.36	167	227.91
		IF1201	2619.80	2648.2	20111201	2601.00	20111121	27365.14	30	912.17
		IF1202	2389.00	2428	20111220	2305.20	20111228	221.88	10	22.19
		IF1203	3234.80	3242.8	20110718	2321.20	20111228	662.46	114	5.81
		IF1206	2585.40	2837.6	20111104	2345.40	20111228	127.82	50	2.56

数据来源：中国金融期货交易所
Source: CFFEX

7－21 2011年农产品期货持仓情况
Open Positions of Agricultural Products in 2011

品种 Items	交易所 Exchange	合约 Contracts	最高持仓量 High Open Positions	最高持仓日期 Date of High Open Positions	最后持仓 Open Positions at the End	最后持仓日期 Date of Open Positions at the End	年末持仓 Open Position at the End of year
玉 米	DCE	c1101	1714	20110104	371	20110106	0
		c1103	404	20110113	2	20110228	0
		c1105	63728	20110104	40	20110513	0
		c1107	1128	20110106	19	20110713	0
		c1109	407375	20110214	11	20110914	0
		c1111	4090	20110110	695	20111111	0
		c1201	232625	20110705	4978	20111230	4978
		c1203	619	20111011	447	20111230	447
		c1205	206180	20111121	110340	20111230	110340
		c1207	1053	20110913	176	20111230	176
		c1209	241763	20111214	189807	20111230	189807
		c1211	61	20111222	39	20111230	39
黄大豆1号	DCE	a1101	79	20110107	27	20110114	0
		a1103	113	20110221	83	20110308	0
		a1105	10286	20110411	638	20110513	0
		a1107	429	20110518	5	20110713	0

续表 1 Continued 1

品种 Items	交易所 Exchange	合约 Contracts	最高持仓量 High Open Positions	最高持仓日期 Date of High Open Positions	最后持仓 Open Positions at the End	最后持仓日期 Date of Open Positions at the End	年末持仓 Open Position at the End of year
黄大豆1号	DCE	a1109	103325	20110104	32	20110914	0
		a1111	396	20111031	396	20111031	0
		a1201	215004	20110411	16592	20111230	16592
		a1203	377	20110929	320	20111230	320
		a1205	262398	20110909	28686	20111230	28686
		a1207	188	20110923	61	20111230	61
		a1209	166964	20111103	139512	20111230	139512
		a1211	71	20111229	71	20111230	71
		a1301	48288	20111230	48288	20111230	48288
		a1303	56	20111110	51	20111230	51
		a1305	6227	20111230	6227	20111230	6227
黄大豆2号	DCE	b1101	0	20110104	9	20101230	0
		b1103	5	20110104	3	20110225	0
		b1105	9	20110104	3	20110425	0
		b1107	9	20110104	5	20110519	0
		b1109	75	20110107	1	20110810	0
		b1111	31	20110909	6	20111111	0
		b1201	85	20110509	0	20111230	0
		b1203	29	20110914	2	20111230	2
		b1205	249	20111012	7	20111230	7
		b1207	9	20110830	1	20111230	1
		b1209	162	20111018	30	20111230	30
		b1211	0	20111115	0	20111115	0
豆粕	DCE	m1101	1374	20110104	168	20110114	0
		m1103	218	20110225	15	20110311	0
		m1105	65094	20110104	4041	20110513	0
		m1107	1520	20110105	5	20110713	0
		m1108	169	20110603	25	20110811	0
		m1109	447316	20110118	235	20110914	0
		m1111	1843	20110117	50	20111107	0
		m1112	5527	20110114	18	20111201	0
		m1201	327803	20110704	1926	20111230	1926
		m1203	103	20111221	65	20111230	65
		m1205	754916	20110801	170877	20111230	170877
		m1207	251	20111021	99	20111230	99
		m1208	40	20111013	30	20111230	30
		m1209	276302	20111228	247521	20111230	247521
		m1211	79	20111229	79	20111230	79
		m1212	33	20111229	32	20111230	32
大豆原油	DCE	y1101	2027	20110106	531	20110114	0
		y1103	63	20110104	4	20110225	0
		y1105	38459	20110104	1356	20110513	0
		y1107	109	20110106	22	20110705	0
		y1108	190	20110408	20	20110729	0
		y1109	241037	20110112	1230	20110914	0
		y1111	212	20110412	30	20111025	0
		y1112	250	20110112	4	20111213	0
		y1201	281394	20110603	7581	20111230	7581
		y1203	65	20110725	33	20111230	33

续表 2　Continued 2

品种 Items	交易所 Exchange	合约 Contracts	最高持仓量 High Open Positions	最高持仓日期 Date of High Open Positions	最后持仓 Open Positions at the End	最后持仓日期 Date of Open Positions at the End	年末持仓 Open Position at the End of year
大豆原油	DCE	y1205	406080	20110909	106824	20111230	106824
		y1207	110	20111107	72	20111230	72
		y1208	18	20110926	6	20111230	6
		y1209	197832	20111227	190558	20111230	190558
		y1211	4	20111123	4	20111230	4
		y1212	0	20111215	0	20111230	0
棕榈油	DCE	p1101	193	20110104	193	20110104	0
		p1102	12	20110104	6	20110127	0
		p1103	83	20110104	60	20110311	0
		p1104	16	20110104	2	20110331	0
		p1105	10210	20110104	2718	20110513	0
		p1106	26	20110309	5	20110531	0
		p1107	18	20110225	3	20110624	0
		p1108	24	20110111	1	20110728	0
		p1109	94613	20110112	1145	20110914	0
		p1110	31	20110302	1	20110906	0
		p1111	80	20110104	10	20111026	0
		p1112	24	20110401	20	20111129	0
		p1201	128213	20110707	1851	20111230	1851
		p1202	35	20110531	9	20111230	9
		p1203	12	20110721	7	20111230	7
		p1204	4	20110927	0	20111230	0
		p1205	209342	20110909	81993	20111230	81993
		p1206	12	20111101	2	20111230	2
		p1207	7	20111114	3	20111230	3
		p1208	5	20110927	0	20111230	0
		p1209	51282	20111228	49913	20111230	49913
		p1210	7	20111111	1	20111117	0
		p1211	6	20111124	2	20111128	0
		p1212	0	20111215	0	20111230	0
天然橡胶	SHFE	ru1101	1869	20110104	1307	20110117	
		ru1103	6534	20110104	2405	20110315	
		ru1104	379	20110407	355	20110415	
		ru1105	126200	20110119	1100	20110516	
		ru1106	1462	20110509	835	20110615	
		ru1107	2354	20110105	966	20110715	
		ru1108	905	20110701	640	20110815	
		ru1109	144136	20110615	1439	20110915	
		ru1110	239	20111017	239	20111017	
		ru1111	3406	20110523	794	20111115	
		ru1201	126506	20111019	2136	20111230	2136
		ru1203	6417	20110823	2318	20111230	2318
		ru1204	759	20111227	753	20111230	753
		ru1205	144289	20111229	143044	20111230	143044
		ru1206	846	20111121	143	20111230	143
		ru1207	167	20111115	62	20111230	62
		ru1208	88	20111227	31	20111230	31
		ru1209	1148	20111230	1148	20111230	1148
		ru1210	18	20111130	17	20111230	17
		ru1211	13	20111230	13	20111230	13

续表 3 Continued 3

品种 Items	交易所 Exchange	合约 Contracts	最高持仓量 High Open Positions	最高持仓日期 Date of High Open Positions	最后持仓 Open Positions at the End	最后持仓日期 Date of Open Positions at the End	年末持仓 Open Position at the End of year
一号棉花	ZCE	CF101	773	20110104	584	20110114	0
		CF103	1900	20110217	1198	20110311	0
		CF105	26072	20110104	2637	20110513	0
		CF107	4078	20110420	2235	20110713	
		CF109	243604	20110510	1088	20110914	0
		CF111	34665	20110119	324	20111111	0
		CF201	327877	20110727	1288	20111230	1288
		CF203	3814	20110531	1376	20111230	1376
		CF205	258941	20110908	92480	20111230	92480
		CF207	14508	20110921	5150	20111230	5150
		CF209	30709	20111229	30433	20111230	30433
		CF211	2384	20111230	2384	20111230	2384
白砂糖	ZCE	SR101	3336	20110104	2131	20110114	0
		SR103	3390	20110111	1218	20110311	0
		SR105	38609	20110105	707	20110513	0
		SR107	7330	20110421	1315	20110713	0
		SR109	312593	20110408	1274	20110914	0
		SR111	6798	20110812	325	20111111	0
		SR201	415886	20110726	2589	20111230	2589
		SR203	2776	20111227	2522	20111230	2522
		SR205	333867	20111020	182380	20111230	182380
		SR207	1690	20111230	1690	20111230	1690
		SR209	274713	20111229	257222	20111230	257222
		SR211	751	20111230	751	20111230	751
		SR301	3703	20111230	3703	20111230	3703
		SR303	67	20110824	59	20111230	59
		SR305	165	20110729	165	20111230	165
早籼稻	ZCE	ER101	1851	20110107	1827	20110120	0
		ER103	146	20110118	91	20110228	0
		ER105	36865	20110111	3444	20110520	0
		ER107	3315	20110124	458	20110720	0
		ER109	83124	20110530	2827	20110921	0
		ER111	1009	20111013	671	20111031	0
		ER201	51715	20110728	2354	20111230	2354
		ER203	46	20110530	13	20111230	13
		ER205	34082	20111125	20126	20111230	20126
		ER207	416	20111125	316	20111230	316
		ER209	3083	20111109	2852	20111230	2852
		ER211	1	20110531	1	20111230	1
强麦	ZCE	WS101	5854	20110104	4824	20110120	0
		WS103	917	20110214	86	20110322	0
		WS105	17906	20110104	890	20110520	0
		WS107	1426	20110225	581	20110720	0
		WS109	149898	20110214	9317	20110921	0
		WS111	3499	20110818	2026	20111121	0
		WS201	65508	20110826	12388	20111230	12388
		WS203	62	20110321	28	20111230	28
		WS205	48577	20111230	48577	20111230	48577
		WS207	627	20111020	525	20111230	525
		WS209	21291	20111230	21291	20111230	21291
		WS211	31	20110803	11	20111130	11
		WS301	346	20110531	223	20111230	223
		WS303	63	20111101	19	20111230	19
		WS305	64	20110311	64	20111230	64

续表 4　Continued 4

品种 Items	交易所 Exchange	合约 Contracts	最高持仓量 High Open Positions	最高持仓日期 Date of High Open Positions	最后持仓 Open Positions at the End	最后持仓日期 Date of Open Positions at the End	年末持仓 Open Position at the End of year
硬麦	ZCE	WT101	127	20110104	127	20110120	0
		WT103	338	20110104	233	20110322	0
		WT105	1040	20110309	223	20110520	0
		WT107	366	20110504	210	20110720	0
		WT109	1867	20110225	100	20110921	0
		WT111	1928	20110901	674	20111031	0
		WT201	3371	20110802	562	20111230	562
		WT203	403	20110330	101	20111130	101
		WT205	1356	20111104	929	20111230	929
		WT207	34	20110503	9	20111031	9
		WT209	921	20111104	291	20111230	291
		WT211	0		0		0
菜籽油	ZCE	RO101	14793	20110104	13697	20110114	0
		RO103	48	20110104	9	20110311	0
		RO105	46945	20110104	5728	20110513	0
		RO107	118	20110228	100	20110630	0
		RO109	53641	20110411	4151	20110914	0
		RO111	75	20110209	13	20111111	0
		RO201	78956	20110610	1872	20111230	1872
		RO203	21	20110106	1	20110930	1
		RO205	57746	20111130	42853	20111230	42853
		RO207	5	20110420	2	20110831	2
		RO209	3067	20111228	2717	20111230	2717
		RO211	1	20110531	1	20111130	0

数据来源：上海期货交易所、大连商品交易所、郑州商品交易所
Source：SHFE、DCE、ZCE

7－22　2011 年金属期货持仓情况

Open Positions of Metal Products in 2011

品种 Items	交易所 Exchange	合约 Contracts	最高持仓量 High Open Positions	最高持仓日期 Date of High Open Positions	最后持仓 Open Positions at the End	最后持仓日期 Date of Open Positions at the End	年末持仓 Open Position at the End of year
铜	SHFE	cu1101	7185	20110104	2325	20110117	
		cu1102	13663	20110104	4595	20110215	
		cu1103	58224	20110104	4970	20110315	
		cu1104	95451	20110119	2630	20110415	
		cu1105	103400	20110217	1345	20110516	
		cu1106	88506	20110408	2065	20110615	
		cu1107	113003	20110505	2175	20110715	
		cu1108	95745	20110614	1745	20110815	
		cu1109	83904	20110707	2525	20110915	
		cu1110	81807	20110801	3225	20111017	
		cu1111	85236	20110819	2170	20111115	
		cu1112	118826	20111011	1945	20111215	
		cu1201	123455	20111102	9929	20111230	9929

续表 1 Continued 1

品种 Items	交易所 Exchange	合约 Contracts	最高持仓量 High Open Positions	最高持仓日期 Date of High Open Positions	最后持仓 Open Positions at the End	最后持仓日期 Date of Open Positions at the End	年末持仓 Open Position at the End of year
铜	SHFE	cu1202	138586	20111130	35013	20111230	35013
		cu1203	127975	20111220	111813	20111230	111813
		cu1204	38763	20111230	38763	20111230	38763
		cu1205	10096	20111229	10079	20111230	10079
		cu1206	5549	20111230	5549	20111230	5549
		cu1207	1297	20111230	1297	20111230	1297
		cu1208	905	20111229	902	20111230	902
		cu1209	740	20111230	740	20111230	740
		cu1210	456	20111229	[illegible]	20111230	454
		cu1211	183	20111229	178	20111230	178
		cu1212	74	20111229	74	20111230	74
铝	SHFE	al1101	11445	20110104	5985	20110117	
		al1102	19600	20110104	5810	20110215	
		al1103	44355	20110104	9780	20110315	
		al1104	42649	20110119	14155	20110415	
		al1105	54409	20110221	17280	20110516	
		al1106	39377	20110411	17270	20110615	
		al1107	38073	20110505	14480	20110715	
		al1108	47807	20110609	10585	20110815	
		al1109	53080	20110715	7375	20110915	
		al1110	135886	20110803	7375	20111017	
		al1111	90066	20110803	5660	20111115	
		al1112	60640	20110923	5625	20111215	
		al1201	45765	20111110	11200	20111230	11200
		al1202	46776	20111130	23510	20111230	23510
		al1203	37776	20111220	31883	20111230	31883
		al1204	30160	20111226	28517	20111230	28517
		al1205	17219	20111230	17219	20111230	17219
		al1206	7720	20111229	7708	20111230	7708
		al1207	2212	20111229	2210	20111230	2210
		al1208	1092	20111228	1092	20111230	1092
		al1209	611	20111230	611	20111230	611
		al1210	945	20111229	945	20111230	945
		al1211	52	20111229	52	20111230	52
		al1212	0	20111216	0	20111230	0
锌	SHFE	zn1101	7025	20110106	6590	20110117	
		zn1102	10779	20110104	5360	20110215	
		zn1103	49156	20110104	4830	20110315	
		zn1104	133874	20110125	6465	20110415	
		zn1105	198172	20110221	9170	20110516	
		zn1106	128008	20110317	7270	20110615	
		zn1107	131825	20110505	4845	20110715	
		zn1108	117739	20110610	4990	20110815	
		zn1109	109082	20110704	5070	20110915	
		zn1110	134747	20110727	5640	20111017	
		zn1111	145369	20110825	4310	20111115	
		zn1112	115071	20110926	2535	20111215	
		zn1201	119028	20111110	5140	20111230	5140
		zn1202	101770	20111125	27862	20111230	27862
		zn1203	131485	20111226	105030	20111230	105030
		zn1204	34907	20111230	34907	20111230	34907
		zn1205	10890	20111230	10890	20111230	10890
		zn1206	2258	20111230	2258	20111230	2258
		zn1207	242	20111230	242	20111230	242
		zn1208	228	20111230	228	20111230	228
		zn1209	141	20111230	141	20111230	141
		zn1210	73	20111103	69	20111230	69
		zn1211	51	20111230	51	20111230	51
		zn1212	16	20111230	16	20111230	16

续表 2　Continued 2

品种 Items	交易所 Exchange	合约 Contracts	最高持仓量 High Open Positions	最高持仓日期 Date of High Open Positions	最后持仓 Open Positions at the End	最后持仓日期 Date of Open Positions at the End	年末持仓 Open Position at the End of year
铅	SHFE	pb1109	5121	20110411	513	20110915	
		pb1110	2457	20110816	348	20111017	
		pb1111	1621	20110926	181	20111115	
		pb1112	1177	20111021	217	20111215	
		pb1201	1262	20111201	239	20111230	239
		pb1202	731	20111222	632	20111230	632
		pb1203	339	20111230	339	20111230	339
		pb1204	62	20111229	62	20111230	62
		pb1205	9	20111222	3	20111230	3
		pb1206	2	20111020	2	20111230	2
		pb1207	3	20111214	3	20111230	3
		pb1208	2	20110830	0	20111230	0
		pb1209	2	20111027	1	20111230	1
		pb1210	1	20111019	1	20111230	1
		pb1211	0	20111116	0	20111230	0
		pb1212	0	20111216	0	20111230	0
黄金	SHFE	au1101	30	20110104	0	20110117	
		au1102	146	20110105	78	20110215	
		au1103	74	20110104	9	20110315	
		au1104	51	20110105	6	20110415	
		au1105	79	20110201	18	20110516	
		au1106	36323	20110104	588	20110615	
		au1107	57	20110511	3	20110715	
		au1108	16	20110624	0	20110815	
		au1109	61	20110328	0	20110915	
		au1110	45	20110225	0	20111017	
		au1111	98	20110822	0	20111115	
		au1112	55481	20110822	24	20111215	
		au1201	742	20111024	93	20111230	93
		au1202	152	20111219	127	20111230	127
		au1203	104	20111229	104	20111230	104
		au1204	75	20111028	73	20111230	73
		au1205	112	20111123	101	20111230	101
		au1206	58072	20111229	48986	20111230	48986
		au1207	30	20111214	20	20111230	20
		au1208	19	20111116	14	20111230	14
		au1209	31	20110926	10	20111230	10
		au1210	8	20111221	6	20111230	6
		au1211	8	20111213	7	20111230	7
		au1212	1615	20111230	1615	20111230	1615

数据来源：上海期货交易所
Source：SHFE

7-23 2011年能源及化工期货持仓情况

Open Positions of Building Materials, Energy & Chemical Product Futures in 2011

品种 Items	交易所 Exchange	合约 Contracts	最高持仓量 High Open Positions	最高持仓日期 Date of High Open Positions	最后持仓 Open Positions at the End	最后持仓日期 Date of Open Positions at the End	年末持仓 Open Position at the End of year
聚乙烯	DCE	l1101	14565	20110105	13922	20110114	0
		l1102	46	20110117	234	20110218	0
		l1103	5445	20110309	5412	20110311	0
		l1104	1068	20110413	1066	20110415	0
		l1105	126370	20110221	20367	20110513	0
		l1106	261	20110614	261	20110614	0
		l1107	555	20110713	555	20110713	0
		l1108	490	20110803	904	20110811	0
		l1109	164816	20110608	21715	20110914	0
		l1110	1881	20111020	1881	20111020	0
		l1111	756	20111111	756	20111111	0
		l1112	791	20111213	791	20111213	0
		l1201	200425	20110919	13315	20111230	13315
		l1202	277	20111229	277	20111230	277
		l1203	206	20111230	206	20111230	206
		l1204	59	20111125	33	20111230	33
		l1205	202569	20111212	133649	20111230	133649
		l1206	42	20111013	7	20111230	7
		l1207	8	20111213	7	20111230	7
		l1208	105	20111214	17	20111230	17
		l1209	4023	20111230	4023	20111230	4023
		l1210	14	20111123	4	20111230	4
		l1211	33	20111206	11	20111230	11
		l1212	1	20111229	1	20111230	0
聚氯乙烯	DCE	v1101	10516	20110104	10447	20110114	0
		v1102	5	20110211	30	20110218	0
		v1103	104	20110217	74	20110311	0
		v1104	17	20110104	1	20110415	0
		v1105	107422	20110302	18874	20110513	0
		v1106	77	20110329	32	20110614	0
		v1107	23	20110408	8	20110713	0
		v1108	69	20110104	24	20110811	0
		v1109	49993	20110511	5062	20110914	0
		v1110	27	20110621	2	20111020	0
		v1111	6	20110711	14	20111111	0
		v1112	96	20111118	94	20111213	0
		v1201	33628	20110729	1367	20111230	1367
		v1202	12	20111011	3	20111230	3
		v1203	30	20110805	1	20111230	1
		v1204	10	20111017	2	20111230	2
		v1205	30755	20111202	19713	20111230	19713
		v1206	11	20110801	3	20111230	3
		v1207	4	20111202	4	20111230	4
		v1208	504	20110909	2	20111230	2
		v1209	334	20111230	334	20111230	334
		v1210	2	20111027	1	20111117	0
		v1211	1	20111209	1	20111209	0
		v1212	0	20111215	0	20111215	0

续表 1　Continued 1

品种 Items	交易所 Exchange	合约 Contracts	最高持仓量 High Open Positions	最高持仓日期 Date of High Open Positions	最后持仓 Open Positions at the End	最后持仓日期 Date of Open Positions at the End	年末持仓 Open Position at the End of year
焦炭	DCE	j1109	13207	20110513	550	20110914	0
		j1110	191	20110608	20	20111020	0
		j1111	17	20110831	20	20111104	0
		j1112	7	20110519	12	20111020	0
		j1201	5788	20111115	230	20111230	230
		j1202	16	20110921	2	20111230	2
		j1203	38	20110425	0	20111230	0
		j1204	6	20110513	0	20111230	0
		j1205	2831	20111214	1943	20111230	1943
		j1206	7	20111111	3	20111230	3
		j1207	37	20111018	0	20111230	0
		j1208	5	20111111	0	20111230	0
		j1209	164	20111116	51	20111230	51
		j1210	1	20111229	1	20111230	1
		j1211	1	20111226	1	20111226	0
		j1212	0	20111215	0	20111215	0
燃料油	SHFE	fu1103	27176	20110104	9580	20110228	
		fu1104	540	20110317	490	20110331	
		fu1105	47505	20110224	11980	20110429	
		fu1106	1320	20110401	300	20110531	
		fu1107	147	20110406	30	20110630	
		fu1108	127	20110408	70	20110729	
		fu1109	27028	20110408	8560	20110831	
		fu1110	158	20110602	40	20110930	
		fu1111	264	20110408	40	20111031	
		fu1112	12773	20110926	3020	20111130	
		fu1202	47	20111019	7	20111230	7
		fu1203	544	20111208	446	20111230	446
		fu1204	7	20110516	1	20111230	1
		fu1205	5	20111222	5	20111230	5
		fu1206	1	20110608	0	20111230	0
		fu1207	0	20110701	0	20111230	0
		fu1208	2	20111206	1	20111230	1
		fu1209	0	20110901	0	20111230	0
		fu1210	3	20111109	0	20111230	0
		fu1211	0	20111101	0	20111230	0
		fu1212	0	20111201	0	20111230	0
PTA	ZCE	TA101	13084	20110104	8269	20110114	0
		TA102	732	20110218	732	20110218	0
		TA103	2923	20110311	2923	20110311	0
		TA104	2216	20110411	1523	20110415	0
		TA105	143858	20110126	11665	20110513	0
		TA106	6719	20110607	6394	20110614	0
		TA107	2233	20110628	1371	20110713	0
		TA108	1877	20110701	657	20110811	0
		TA109	145992	20110615	4399	20110914	0
		TA110	2224	20110923	1705	20111020	0
		TA111	740	20111111	740	20111111	0
		TA112	1307	20110812	1247	20111213	0

续表 2 Continued 2

品种 Items	交易所 Exchange	合约 Contracts	最高持仓量 High Open Positions	最高持仓日期 Date of High Open Positions	最后持仓 Open Positions at the End	最后持仓日期 Date of Open Positions at the End	年末持仓 Open Position at the End of year
PTA	ZCE	TA201	258842	20110817	9830	20111230	9830
		TA202	293	20110819	220	20111230	220
		TA203	296	20111027	212	20111230	212
		TA204	134	20111117	65	20111230	65
		TA205	200413	20111213	170988	20111230	170988
		TA206	77	20111031	47	20111230	47
		TA207	163	20111213	91	20111230	91
		TA208	10	20110421	8	20111230	8
		TA209	4373	20111230	4373	20111230	4373
		TA210	14	20110209	1	20111230	1
		TA211	82	20111228	2	20111230	2
		TA212	80	20111228	80	20111228	0
甲醇	ZCE	ME203	6916	20111129	3422	20111230	3422
		ME204	38	20110504	11	20111230	11
		ME205	4073	20111229	3979	20111230	3979
		ME206	3	20110629	1	20111031	1
		ME207	3	20110629	3	20111230	3
		ME208	3	20110629	3	20111130	3
		ME209	31	20110803	26	20111230	26
		ME210	0		0		0
		ME211	1	20110531	1	20111229	0
		ME212	2	20110304	1	20111230	1

数据来源:上海期货交易所、大连商品交易所、郑州商品交易所
Source: SHFE、DCE、ZCE

7-24 2011年钢材期货持仓情况

Open Positions of Steel Products in 2011

品种 Items	交易所 Exchange	合约 Contracts	最高持仓量 High Open Positions	最高持仓日期 Date of High Open Positions	最后持仓 Open Positions at the End	最后持仓日期 Date of Open Positions at the End	年末持仓 Open Position at the End of year
螺纹钢	SHFE	rb1101	2190	20110104	120	20110117	
		rb1102	638	20110105	150	20110215	
		rb1103	1866	20110104	120	20110315	
		rb1104	3289	20110104	90	20110415	
		rb1105	288467	20110104	1470	20110516	
		rb1106	716	20110107	0	20110615	
		rb1107	2518	20110104	210	20110715	
		rb1108	255	20110324	30	20110815	
		rb1109	1369	20110125	60	20110915	
		rb1110	431411	20110505	900	20111017	
		rb1111	763	20110301	0	20111115	
		rb1112	323	20110426	0	20111215	
		rb1201	380519	20111017	3631	20111230	3631
		rb1202	1148	20111024	279	20111230	279
		rb1203	177	20111230	177	20111230	177
		rb1204	275	20111229	266	20111230	266
		rb1205	410599	20111123	307739	20111230	307739
		rb1206	684	20111201	610	20111230	610
		rb1207	63	20111125	39	20111230	39
		rb1208	58	20111108	36	20111230	36
		rb1209	164	20111223	156	20111230	156
		rb1210	27913	20111230	27913	20111230	27913
		rb1211	8	20111215	3	20111230	3
		rb1212	1	20111227	1	20111230	1

续表 1　Continued 1

品种 Items	交易所 Exchange	合约 Contracts	最高持仓量 High Open Positions	最高持仓日期 Date of High Open Positions	最后持仓 Open Positions at the End	最后持仓日期 Date of Open Positions at the End	年末持仓 Open Position at the End of year
线　材	SHFE	wr1101	0	20110104	0	20110117	
		wr1102	1	20110104	0	20110215	
		wr1103	3	20110104	0	20110315	
		wr1104	2	20110104	0	20110415	
		wr1105	24	20110218	0	20110516	
		wr1106	1	20110104	0	20110615	
		wr1107	3	20110513	0	20110715	
		wr1108	8	20110104	0	20110815	
		wr1109	54	20110210	0	20110915	
		wr1110	17	20110427	0	20111017	
		wr1111	100	20110121	0	20111115	
		wr1112	8	20110316	0	20111215	
		wr1201	12	20111020	0	20111230	0
		wr1202	5	20110909	0	20111230	0
		wr1203	2	20110322	0	20111230	0
		wr1204	3	20110708	0	20111230	0
		wr1205	13	20111230	13	20111230	13
		wr1206	12	20111214	11	20111230	11
		wr1207	4	20111110	0	20111230	0
		wr1208	1	20111104	0	20111230	0
		wr1209	0	20110916	0	20111230	0
		wr1210	1	20111019	0	20111230	0
		wr1211	1	20111222	1	20111230	1
		wr1212	0	20111216	0	20111230	0

数据来源：上海期货交易所
Source：SHFE

7－25　2011 年金融期货持仓情况

Open Postions of Financial Futures in 2011

单位：手

品种 Items	交易所 Exchange	合约 Contracts	最高持仓量 High Open Positions	最高持仓日期 Date of High Open Positions	最后持仓 Open Positions at the End	最后持仓日期 Date of Open Positions at the End	年末持仓 Open Position at the end of year
沪深 300 股指期货	CFFEX	IF1101	23331	20110110	4824	20110120	0
		IF1102	24192	20110125	3065	20110217	0
		IF1103	33381	20110221	4700	20110317	0
		IF1104	30975	20110330	5928	20110414	0
		IF1105	33348	20110428	4847	20110519	0
		IF1106	39790	20110527	10634	20110616	0
		IF1107	32160	20110620	5589	20110714	0
		IF1108	31707	20110721	3355	20110818	0
		IF1109	33276	20110825	7271	20110915	0
		IF1110	34691	20111011	4866	20111020	0
		IF1111	37628	20111024	5451	20111117	0
		IF1112	41616	20111121	12400	20111215	0
		IF1201	44916	20111216			37515
		IF1202	2759	20111230			2759
		IF1203	5786	20111229			5618
		IF1206	2551	20111230			2551

数据来源：中国金融期货交易所
Source：CFFEX

7－26 2011年农产品期货实物交割情况

Summary for Practical Delivery of Agricultural Products in 2011

金额单位:万元

品种 Items	交易所 Exchange	合约 Contract	交割量 Volume of Delivery	合约成交量 Trading Volume of Contract	最高持仓量 High Open Positions	最高持仓日期 Date of High Open Positions	交割金额 Amount of Delivery	合约成交金额 Turnover of Contract	结算价 Clearing Price	交割率(%)Delivery Rate Ⅰ	Ⅱ	Ⅲ
玉米	DCE	c1101	2144	6143604	132937	20100726	4325.28	11874794.51	2029	0.03	1.61	0.04
		c1103	2	16216	908	20101109	4.10	33673.19	2052	0.01	0.22	0.01
		c1105	14197	13125844	306487	20101021	31576.60	28311542.87	2222	0.11	4.63	0.11
		c1107	140	28918	2559	20101229	310.84	63645.00	2220	0.48	5.47	0.49
		c1109	31699	20432933	407375	20110214	75168.55	48155109.02	2381	0.16	7.78	0.16
		c1111	1292	62370	4090	20110110	3057.10	149279.50	2375	2.07	31.59	2.05
黄大豆1号	DCE	a1101	10924	5927668	118213	20100505	43913.07	23110345.71	4010	0.18	9.24	0.19
		a1103	112	8447	952	20100322	444.01	33010.01	4004	1.33	11.76	1.35
		a1105	10301	10854641	195016	20100817	42470.32	44398528.48	4107	0.09	5.28	0.10
		a1107	150	9404	881	20100205	637.43	38489.41	4237	1.60	17.03	1.66
		a1109	4498	11568098	182771	20101111	19230.20	51634527.62	4267	0.04	2.46	0.04
		a1111	436	11761	795	20100727	1750.98	48823.36	4016	3.71	54.84	3.59
黄大豆2号	DCE	b1111	6	480	31	20110909	27.12	2311.00	4520	1.25	19.35	1.17
豆粕	DCE	m1101	168	28414421	465599	20110104	560.95	82190399.23	3339	0.00	0.04	0.00
		m1103	15	17087	1841	20110225	50.84	52266.56	3389	0.09	0.81	0.10
		m1105	8041	37305795	801678	20110104	23957.54	116577649.01	2979	0.02	1.00	0.02
		m1107	518	43472	2210	20110105	1579.90	138352.34	3050	1.19	23.44	1.14
		m1108	85	7234	389	20110603	283.76	24048.80	3267	1.18	21.85	1.18
		m1109	304	40701773	793398	20110118	974.82	137709375.87	3208	0.00	0.04	0.00
		m1111	194	20019	1843	20110117	533.50	66594.62	2750	0.97	10.53	0.80
豆油	DCE	y1101	2782	14834842	223243	20110106	28370.49	114130399.50	10168	0.02	1.25	0.02
		y1105	1775	29641529	354105	20110104	17482.62	250194161.62	9880	0.01	0.50	0.01
		y1107	22	4639	773	20110106	208.12	43159.36	9460	0.47	2.35	0.48
		y1108	20	4162	687	20110408	199.00	41182.23	9950	0.48	2.91	0.48
		y1109	4759	40877426	395926	20110112	48007.73	409440857.15	10072	0.01	1.20	0.01
棕榈油	DCE	p1103	60	3110	585	20110104	571.80	18471.49	9530	1.93	10.26	3.10
		p1105	2718	6846447	80829	20110104	25038.22	88782971.73	9212	0.04	3.36	0.03
		p1109	1145	15010762	108752	20110112	9757.69	152475601.71	8522	0.01	1.05	0.01
橡胶	SHFE	ru1101	1307	22505941	156101	20100819	24940.83	277810278.47	38165	0.01	0.84	0.01
		ru1103	2405	14424910	151668	20101018	40854.94	205364516.11	33975	0.02	1.59	0.02
		ru1104	355	11837	379	20110407	6851.50	196404.92	38600	3.00	93.67	3.49
		ru1105	1100	41344399	126200	20110119	18656.00	738121131.47	33920	0.00	0.87	0.00
		ru1106	835	22240	1462	20110509	14885.96	376180.77	35655	3.75	57.11	3.96
		ru1107	966	87895	4452	20101117	16361.63	1428152.39	33875	1.10	21.70	1.15
		ru1108	640	13251	905	20110701	10750.40	216965.76	33595	4.83	70.72	4.95
		ru1109	1439	32288025	144136	20110615	23833.44	535477986.81	33125	0.00	1.00	0.00
		ru1110	239	11333	239	20111017	3567.08	189181.73	29850	2.11	100.00	1.89
		ru1111	794	50563	3406	20110523	10536.38	813890.37	26540	1.57	23.51	1.29
一号棉花	ZCE	CF101	800	11750286	111572	20100712	11419.22	106054598.23	28925	0.01	0.72	0.01
		CF103	1336	232621	6181	20100430	21256.84	2557952.29	30330	0.57	21.61	0.83
		CF105	3120	33640596	212943	20101012	39751.86	422242785.69	25045	0.01	1.47	0.01
		CF107	2488	316843	6122	20101012	28188.74	4095681.43	21145	0.79	40.64	0.69
		CF109	1112	107714928	243604	20110510	11228.84	1513382310.64	20250	0.00	0.46	0.00
		CF111	272	1751476	34665	20110119	2638.38	23947109.08	19300	0.02	0.78	0.01

续表 1　Continued 1

品种 Items	交易所 Exchange	合约 Contract	交割量 Volume of Delivery	合约成交量 Trading Volume of Contract	最高持仓量 High Open Positions	最高持仓日期 Date of High Open Positions	交割金额 Amount of Delivery	合约成交金额 Turnover of Contract	结算价 Clearing Price	交割率(%)Delivery Rate		
										Ⅰ	Ⅱ	Ⅲ
白砂糖	ZCE	SR101	2111	140486880	440583	20100426	14646.12	708254805.70	6923	0.00	0.48	0.00
		SR103	1470	179386	4477	20100429	10568.05	1001736.85	7021	0.82	32.83	1.05
		SR105	705	64579278	384510	20100901	4872.96	372461058.48	6906	0.00	0.18	0.00
		SR107	1335	172305	7330	20110421	9569.28	1071016.50	7222	0.77	18.21	0.89
		SR109	1288	87755663	325603	20101104	9550.52	598517876.46	7230	0.00	0.40	0.00
		SR111	269	146361	6798	20110812	1903.98	1014651.74	6989	0.18	3.96	0.19
早籼稻	ZCE	ER101	1824	2670850	98941	20100809	4060.22	5750519.27	2220	0.07	1.84	0.07
		ER103	91	26674	2059	20100721	206.66	59179.56	2271	0.34	4.42	0.35
		ER105	3604	20445728	182731	20101026	8012.17	49192285.42	2211	0.02	1.97	0.02
		ER107	458	120405	7215	20101015	1033.25	280833.33	2299	0.38	6.35	0.37
		ER109	2783	4662323	83124	20110530	6904.62	11944515.08	2490	0.06	3.35	0.06
		ER111	671	8797	1009	20111013	1633.89	22119.96	2398	7.63	66.50	7.39
强　麦	ZCE	WS101	5927	1115936	66688	20100806	14246.39	2714917.56	2400	0.53	8.89	0.52
		WS103	663	11876	1394	20080418	1689.34	29369.80	2560	5.58	47.56	5.75
		WS105	979	3519405	70190	20101018	2497.65	9263902.13	2610	0.03	1.39	0.03
		WS107	581	19205	1426	20110225	1464.12	48980.20	2520	3.03	40.74	2.99
		WS109	11046	5736279	149898	20110214	28498.41	16583447.07	2566	0.19	7.37	0.17
		WS111	2484	23045	3499	20110818	5889.73	60986.71	2301	10.78	70.99	9.66
硬　麦	ZCE	WT101	127	3558	342	20090605	252.60	7554.46	1989	3.57	37.13	3.34
		WT103	206	10211	519	20090107	430.13	22639.57	2077	2.02	39.69	1.90
		WT105	207	14983	1268	20101122	421.62	33294.20	2042	1.38	16.32	1.27
		WT107	200	3512	366	20110504	398.00	7720.37	1959	5.69	54.64	5.16
		WT109	60	23355	1867	20110225	120.54	53203.81	2010	0.26	3.21	0.23
		WT111	575	13570	1928	20090120	1208.65	29178.91	2100	4.24	29.82	4.14
菜籽油	ZCE	RO101	13894	2783783	83468	20100809	69022.59	11882739.07	9900	0.50	16.65	0.58
		RO103	17	1708	311	20101027	83.41	8111.79	9742	1.00	5.47	1.03
		RO105	9432	3775881	88571	20101025	44070.75	18269636.40	9200	0.25	10.65	0.24
		RO107	100	2712	287	20100809	502.30	13136.56	10046	3.69	34.84	3.82
		RO109	4775	2439204	53641	20110411	24544.14	12839146.42	10280	0.20	8.90	0.19
		RO111	13	978	131	20101214	69.08	5207.62	11130	1.33	9.92	1.33

数据来源：上海期货交易所、大连商品交易所、郑州商品交易所
Source：SHFE、DCE、ZCE

7－27　2011 年金属期货实物交割情况

Summary for Practical Delivery of Metal Products in 2011

金额单位：万元

品种 Items	交易所 Exchange	合约 Contract	交割量 Volume of Delivery	合约成交量 Trading Volume of Contract	最高持仓量 High Open Positions	最高持仓日期 Date of High Open Positions	交割金额 Amount of Delivery	合约成交金额 Turnover of Contract	结算价 Clearing Price	交割率(%)Delivery Rate		
										Ⅰ	Ⅱ	Ⅲ
铜	SHFE	cu1101	2325	2188847	90783	20101014	81909.75	68190910.98	70460	0.11	2.56	0.12
		cu1102	4595	3144536	104903	20101111	171921.93	102631771.72	74830	0.15	4.38	0.17
		cu1103	4970	4374819	113100	20101213	171564.40	144108100.41	69040	0.11	4.39	0.12
		cu1104	2630	2308005	95451	20110119	93654.30	82029649.34	71220	0.11	2.76	0.11
		cu1105	1345	2321373	103400	20110217	44916.28	84713493.37	66790	0.06	1.30	0.05

续表 1　Continued 1

品种 Items	交易所 Exchange	合约 Contract	交割量 Volume of Delivery	合约成交量 Trading Volume of Contract	最高持仓量 High Open Positions	最高持仓日期 Date of High Open Positions	交割金额 Amount of Delivery	合约成交金额 Turnover of Contract	结算价 Clearing Price	交割率(%)Delivery Rate		
										Ⅰ	Ⅱ	Ⅲ
铜	SHFE	cu1106	2065	2339584	88506	20110408	71624.53	83177397.18	69370	0.09	2.33	0.09
		cu1107	2175	2491263	113003	20110505	77832.38	84783030.31	71570	0.09	1.92	0.09
		cu1108	1745	2135727	95745	20110614	58666.90	72318752.21	67240	0.08	1.82	0.08
		cu1109	2530	1623929	83904	20110707	82760.35	56451464.29	65420	0.16	3.02	0.15
		cu1110	3225	2225211	81807	20110801	90961.13	76621388.14	56410	0.14	3.94	0.12
		cu1111	2170	3135712	85236	20110819	63233.80	103305531.64	58280	0.07	2.55	0.06
		cu1112	1945	7327080	118826	20111011	53341.63	208370428.00	54850	0.03	1.64	0.03
铝	SHFE	al1101	5985	1387750	75634	20101015	49540.84	11393302.51	16555	0.43	7.91	0.43
		al1102	5810	1945887	82070	20101111	48789.48	16299028.14	16795	0.30	7.08	0.30
		al1103	9780	824609	48999	20101224	80318.25	6875103.09	16425	1.19	19.96	1.17
		al1104	14155	500609	42649	20110119	117238.79	4237460.52	16565	2.83	33.19	2.77
		al1105	17280	611677	54409	20110221	142992.00	5187835.87	16550	2.83	31.76	2.76
		al1106	17270	458519	39377	20110411	147960.73	3864600.90	17135	3.77	43.86	3.83
		al1107	14580	379062	38073	20110505	128334.45	3203591.61	17605	3.85	38.29	4.01
		al1108	10585	490671	47807	20110609	95185.61	4204183.86	17985	2.16	22.14	2.26
		al1109	7475	571617	53080	20110715	66110.13	4980987.30	17690	1.31	14.08	1.33
		al1110	7375	2351641	135886	20110803	62189.69	20937230.14	16865	0.31	5.43	0.30
		al1111	5660	1859702	90066	20110803	45605.45	16211718.27	16115	0.30	6.28	0.28
		al1112	5625	1187821	60640	20110923	44367.19	9960721.07	15775	0.47	9.28	0.45
锌	SHFE	zn1101	6590	13658640	161151	20100916	62176.65	126063556.70	18870	0.05	4.09	0.05
		zn1102	5360	14289628	195323	20101025	51322.00	144471682.26	19150	0.04	2.74	0.04
		zn1103	4830	16369243	152184	20101207	42769.65	150956069.69	17710	0.03	3.17	0.03
		zn1104	6465	5657918	133874	20110125	58281.98	54274019.00	18030	0.11	4.83	0.11
		zn1105	9170	7122933	198172	20110221	75744.20	68613341.19	16520	0.13	4.63	0.11
		zn1106	7270	5648104	128008	20110317	62976.38	51561448.02	17325	0.13	5.68	0.12
		zn1107	4845	4427909	131825	20110505	43447.54	37843148.70	17935	0.11	3.68	0.11
		zn1108	4990	3573126	117739	20110610	42140.55	30864482.81	16890	0.14	4.24	0.14
		zn1109	5070	2771676	109082	20110704	42106.35	24631237.72	16610	0.18	4.65	0.17
		zn1110	5640	4298256	134747	20110727	43188.30	38074391.29	15315	0.13	4.19	0.11
		zn1111	4310	5747718	145369	20110825	32939.18	48562710.38	15285	0.07	2.96	0.07
		zn1112	2535	4628331	115071	20110926	18600.56	35627754.77	14675	0.05	2.20	0.05
铅	SHFE	pb1109	513	217407	5121	20110411	20763.68	9809231.65	16190	0.24	10.02	0.21
		pb1110	348	30979	2457	20110816	13063.05	1293678.59	15015	1.12	14.16	1.01
		pb1111	181	17500	1621	20110926	6939.09	665874.61	15335	1.03	11.17	1.04
		pb1112	217	13439	1177	20111021	8145.64	503031.29	15015	1.61	18.44	1.62
黄金	SHFE	au1101	0	2506	165	20100827	0.00	69652.68	296.14	0.00	0.00	0.00
		au1102	78	2726	205	20101112	2257.09	75735.83	294	2.86	38.05	2.98
		au1103	9	1975	110	20101216	261.62	56680.37	302	0.46	8.18	0.46
		au1104	6	1036	56	20100607	181.68	29111.21	300	0.58	10.71	0.62
		au1105	18	1743	79	20110201	577.22	51348.34	321	1.03	22.78	1.12
		au1106	588	1218031	42862	20101111	18740.74	36434647.35	318.02	0.05	1.37	0.05
		au1107	3	827	57	20110511	94.40	25091.76	315	0.36	5.26	0.38
		au1108	0	265	16	20110624	0.00	8390.31	340	0.00	0.00	0.00
		au1109	0	1439	61	20110328	0.00	45616.50	378	0.00	0.00	0.00
		au1110	0	781	45	20110225	0.00	25588.71	336.69	0.00	0.00	0.00
		au1111	0	2299	98	20110822	0.00	82801.51	354.42	0.00	0.00	0.00
		au1112	24	4877232	55481	20110822	840.62	175734594.69	329	0.00	0.04	0.00

数据来源:上海期货交易所、大连商品交易所、郑州商品交易所
Source: SHFE、DCE、ZCE

7－28　2011年能源及化工期货实物交割情况

Summary for Practical Delivery of Building Materials, Energy & Chemical Products in 2011

金额单位：万元

品种 Items	交易所 Exchange	合约 Contract	交割量 Volume of Delivery	合约成交量 Trading Volume of Contract	最高持仓量 High Open Positions	最高持仓日期 Date of High Open Positions	交割金额 Amount of Delivery	合约成交金额 Turnover of Contract	结算价 Clearing Price	交割率(%)		
										Ⅰ	Ⅱ	Ⅲ
聚乙烯	DCE	l1101	13662	22303543	147710	20100908	76507.20	120968001.35	11200	0.06	9.25	0.06
		l1102	39	1558	53	20101126	218.40	8904.94	11200	2.50	73.58	2.45
		l1103	5395	24224	5445	20110309	29712.96	140678.91	11015	22.27	99.08	21.12
		l1104	1066	6068	1068	20110413	5894.98	35391.92	11060	17.57	99.81	16.66
		l1105	19367	24479298	126370	20110221	103129.28	148830265.65	10650	0.08	15.33	0.07
		l1106	302	4886	506	20100909	1550.02	28160.33	10265	6.18	59.68	5.50
		l1107	573	2668	561	20101110	3121.42	15693.58	10895	21.48	102.14	19.89
		l1108	427	3434	490	20110803	2286.59	19075.55	10710	12.43	87.14	11.99
		l1109	19944	22135962	164816	20110608	102911.04	122783886.65	10320	0.09	12.10	0.08
		l1110	2067	5563	1881	20111020	9291.17	28530.52	8990	37.16	109.89	32.57
		l1111	744	2874	756	20111111	3541.44	15008.18	9520	25.89	98.41	23.60
		l1112	812	5374	791	20111213	3714.90	26225.82	9150	15.11	102.65	14.17
聚氯乙烯	DCE	v1101	10447	1738201	35840	20110104	40664.95	6841073.55	7785	0.60	29.15	0.59
		v1102	5	286	12	20110211	20.05	1140.93	8020	1.75	41.67	1.76
		v1103	70	1789	124	20110217	281.05	7237.91	8030	3.91	56.45	3.88
		v1105	18254	6590307	107422	20110302	72514.02	27713551.47	7945	0.28	16.99	0.26
		v1106	32	1332	148	20110329	128.16	5532.07	8010	2.40	21.62	2.32
		v1107	6	661	23	20110408	24.51	2767.06	8170	0.91	26.09	0.89
		v1108	8	1197	101	20110104	31.72	5147.34	7930	0.67	7.92	0.62
		v1109	5018	2483810	49993	20110511	18830.05	10229620.52	7505	0.20	10.04	0.18
		v1110	2	304	27	20110621	6.41	1254.92	6405	0.66	7.41	0.51
		v1111	2	529	52	20110711	6.26	2243.01	6260	0.38	3.85	0.28
		v1112	94	564	96	20111118	310.20	2073.03	6600	16.67	97.92	14.96
焦炭	DCE	j1109	540	1090354	13207	20110513	10945.80	25538874.47	2027	0.05	4.09	0.04
		j1110	20	2646	191	20110608	372.60	60265.92	1863	0.76	10.47	0.62
燃料油	SHFE	fu1101	7660	1115021	55046	20101025	35611.34	5245141.44	4595	0.69	13.92	0.68
		fu1103	9580	2481782	71400	20101111	44585.32	12128795.91	4667	0.39	13.42	0.37
		fu1104	490	6902	540	20110317	2255.47	33045.25	4560	7.10	90.74	6.83
		fu1105	11980	1256073	47505	20110224	57120.64	6061887.24	4780	0.95	25.22	0.94
		fu1106	300	11310	1320	20110401	1483.50	54598.35	4950	2.65	22.73	2.72
		fu1107	30	2044	147	20110406	145.80	10009.97	4860	1.47	20.41	1.46
		fu1108	70	2928	127	20110408	337.75	14539.36	4825	2.39	55.12	2.32
		fu1109	8560	592604	27028	20110408	42663.04	2948590.06	4914	1.44	31.67	1.45
		fu1110	40	2296	158	20110602	194.28	11562.40	4850	1.74	25.32	1.68
		fu1111	40	1992	264	20110408	193.96	9977.66	4930	2.01	15.15	1.94
		fu1112	3020	139353	12773	20110926	14580.56	683179.40	4750	2.17	23.64	2.13
PTA	ZCE	TA101	13986	19139694	378966	20100819	71598.73	76701902.10	10578	0.07	3.69	0.09
		TA102	710	9697	2354	20100415	4174.80	45013.42	11530	7.32	30.16	9.27
		TA103	3197	21819	5846	20110311	18491.79	109592.50	11320	14.65	54.69	16.87
		TA104	2834	16135	4432	20110411	15838.99	81276.18	10910	17.56	63.94	19.49
		TA105	12088	32982542	291346	20101227	60011.19	177523553.55	9510	0.04	4.15	0.03
		TA106	6449	22393	13438	20110607	30735.93	114383.41	9498	28.80	47.99	26.87
		TA107	1396	10943	4466	20110628	6286.19	52252.84	9146	12.76	31.26	12.03
		TA108	675	18449	3754	20110701	3243.38	88319.76	9762	3.66	17.98	3.67
		TA109	3548	25548911	291984	20110615	18623.20	129979633.64	10650	0.01	1.22	0.01
		TA110	1665	15066	4448	20110923	7752.24	75752.80	8580	11.05	37.43	10.23
		TA111	763	10856	1480	20090731	3129.06	54196.64	8120	7.03	51.55	5.77
		TA112	1380	25817	2614	20110812	5858.10	117967.21	8498	5.35	52.79	4.97

数据来源：上海期货交易所、大连商品交易所、郑州商品交易所

Source：SHFE、DCE、ZCE

7-29 2011年钢材期货实物交割情况

Summary for Practical Delivery of Steel Products in 2011

金额单位：万元

品种 Items	交易所 Exchange	合约 Contract	交割量 Volume of Delivery	合约成交量 Trading Volume of Contract	最高持仓量 High Open Positions	最高持仓日期 Date of High Open Positions	交割金额 Amount of Delivery	合约成交金额 Turnover of Contract	结算价 Clearing Price	交割率(%)Delivery Rate		
										Ⅰ	Ⅱ	Ⅲ
螺纹钢	SHFE	rb1101	120	61899035	683209	20100816	585.00	267050929.15	4875	0.00	0.02	0.00
		rb1102	150	136334	10763	20100811	763.50	606947.98	5090	0.11	1.39	0.13
		rb1103	120	81277	6517	20100906	540.00	368122.41	4500	0.15	1.84	0.15
		rb1104	90	62726	6525	20100908	427.95	281740.16	4755	0.14	1.38	0.15
		rb1105	1470	46721097	608142	20101104	7407.33	216105989.35	5039	0.00	0.24	0.00
		rb1106	0	15790	776	20101122	0.00	72710.46	4988	0.00	0.00	0.00
		rb1107	210	36536	3604	20100907	1144.50	168411.89	5450	0.57	5.83	0.68
		rb1108	30	13530	311	20100906	149.82	62319.68	4994	0.22	9.65	0.24
		rb1109	60	39373	1369	20110125	286.8	189395.28	4780	0.15	4.38	0.15
		rb1110	900	37343132	431411	20110505	4059	180811535.88	4510	0.00	0.21	0.00
		rb1111	0	12128	763	20110301	0	58709.91	4560	0.00	0.00	0.00
		rb1112	0	5052	323	20110426	0	23541.81	4570	0.00	0.00	0.00
线　材	SHFE	wr1101	0	2614	62	20100920	0	11473.77	4700	0.00	0.00	0.00
		wr1102	0	618	15	20100427	0	2860.99	4848	0.00	0.00	0.00
		wr1103	0	670	27	20100505	0	3074.42	5005	0.00	0.00	0.00
		wr1104	0	250	8	20101012	0	1158.17	4881	0.00	0.00	0.00
		wr1105	0	1237	38	20101122	0	5773.28	4880	0.00	0.00	0.00
		wr1106	0	139	3	20101029	0	627.89	4747	0.00	0.00	0.00
		wr1107	0	218	8	20100914	0	1004.334	4600	0.00	0.00	0.00
		wr1108	0	516	156	20100910	0	2438.123	4610	0.00	0.00	0.00
		wr1109	0	461	54	20110210	0	2247.184	4600	0.00	0.00	0.00
		wr1110	0	538	17	20110427	0	2595.13	4440	0.00	0.00	0.00
		wr1111	0	269	100	20110121	0	1299.358	4571	0.00	0.00	0.00
		wr1112	0	153	8	20110316	0	732.978	4312	0.00	0.00	0.00

数据来源：上海期货交易所
Source：SHFE

7-30 2011年农产品期货合约月末结算价

Clearing Price of Agricultural Product Contracts in 2011

合约品种 Items	交易所 Exchanges	合约 Contracts	1月 Jan.	2月 Feb.	3月 Mar.	4月 Apr.	5月 May	6月 June	7月 July	8月 Aug.	9月 Sept.	10月 Oct.	11月 Nov.	12月 Dec.
黄大豆1号	DCE	a1101	4010											
		a1103	4062	4178	4004									
		a1105	4309	4298	4336	4168	4107							
		a1107	4381	4388	4421	4217	4165	4116	4237					
		a1109	4436	4410	4515	4336	4270	4238	4242	4293	4267			
		a1111	4471	4428	4560	4388	4350	4335	4333	4390	4038	4015	4016	
		a1201	4479	4445	4618	4475	4458	4428	4433	4485	4084	4101	4019	4065
		a1203	4499	4423	4653	4526	4508	4467	4550	4615	4177	4241	4112	4163
		a1205	4594	4514	4685	4576	4550	4526	4652	4753	4262	4294	4205	4299
		a1207	4635	4521	4715	4622	4550	4480	4699	4792	4285	4354	4202	4308
		a1209			4770	4687	4591	4568	4732	4852	4301	4405	4225	4339
		a1211					4632	4583	4780	4820	4354	4399	4208	4315
		a1301							4786	4825	4299	4374	4197	4305
		a1303									4330	4377	4266	4340
		a1305											4311	4362

续表 1　Continued 1

合约品种 Items	交易所 Exchanges	合约 Contracts	1 月 Jan.	2 月 Feb.	3 月 Mar.	4 月 Apr.	5 月 May	6 月 June	7 月 July	8 月 Aug.	9 月 Sept.	10 月 Oct.	11 月 Nov.	12 月 Dec.
黄大豆 2 号	DCE	b1101	4621											
		b1103	4676	4560	4560									
		b1105	4554	4565	4614	5094	5094							
		b1107	4646	4675	4705	4705	4899	4899	4899					
		b1109	4609	4592	4693	4565	4797	4742	4870	4925	4925			
		b1111	4570	4610	4575	4575	4726	4725	4854	5070	4650	4750	4520	
		b1201	4646	4641	4795	4673	4826	4770	4955	5065	4663	4766	4650	4630
		b1203			4640	4749	4830	4750	4900	5120	4690	4657	4646	4646
		b1205					4840	4769	4954	5084	4628	4717	4629	4707
		b1207							4879	5090	4501	4755	4629	4658
		b1209									4557	4770	4653	4742
		b1211											4624	4624
玉　米	DCE	c1101	2029											
		c1103	2068	2182	2052									
		c1105	2204	2258	2223	2202	2222							
		c1107	2283	2342	2302	2287	2338	2253	2220					
		c1109	2353	2427	2380	2346	2379	2310	2287	2352	2381			
		c1111	2390	2464	2397	2391	2436	2337	2359	2371	2408	2355	2375	
		c1201	2367	2454	2388	2365	2419	2303	2333	2333	2273	2244	2156	2232
		c1203			2398	2394	2427	2332	2342	2346	2257	2239	2140	2237
		c1205					2465	2343	2391	2397	2284	2245	2178	2256
		c1207							2413	2424	2317	2287	2199	2261
		c1209									2335	2297	2210	2273
		c1211											2200	2275
豆粕	DCE	m1101	3339											
		m1103	3435	3269	3389									
		m1105	3436	3320	3152	3004	2979							
		m1107	3369	3332	3224	3086	2982	3042	3050					
		m1108	3483	3412	3315	3158	3195	3200	3368	3267				
		m1109	3478	3405	3325	3207	3211	3233	3337	3206	3208			
		m1111	3357	3353	3330	3250	3274	3288	3352	3312	2925	2751	2750	
		m1112	3401	3374	3369	3305	3328	3311	3416	3392	2960	2993	2710	2750
		m1201	3391	3406	3408	3328	3348	3322	3415	3410	2983	2988	2750	2856
		m1203			3423	3341	3321	3290	3408	3435	2977	3015	2787	2883
		m1205					3280	3241	3394	3431	3023	2984	2781	2900
		m1207							3428	3437	3055	3025	2822	2931
		m1208								3448	3058	3017	2820	2961
		m1209									3052	3017	2794	2945
		m1211											2802	2982
		m1212												2994
棕榈油	DCE	p1101	9952											
		p1102	9936	9936										
		p1103	9654	9530	9530									
		p1104	9800	9534	9392	9474								
		p1105	9958	9758	9428	9216	9212							
		p1106	9712	9692	9374	9230	9094	8950						
		p1107	9708	9590	9298	9162	9462	9132	9132					
		p1108	10018	9486	9234	9330	9290	8894	9098	9098				
		p1109	9830	9438	9182	9064	9348	8914	8914	8522	8522			
		p1110	10016	9506	9172	9080	9110	9398	9084	9002	8940	8940		
		p1111	9700	9274	9050	9092	9342	8802	9144	8830	7940	7778	7778	

续表 2　Continued 2

合约品种 Items	交易所 Exchanges	合约 Contracts	1月 Jan.	2月 Feb.	3月 Mar.	4月 Apr.	5月 May	6月 June	7月 July	8月 Aug.	9月 Sept.	10月 Oct.	11月 Nov.	12月 Dec.
		p1112	9942	9314	9218	9288	9374	8834	9036	8870	8284	8146	7282	7282
		p1201	9786	9284	9174	9090	9306	8870	8948	8858	7850	7842	7560	7536
		p1202		9300	9214	9120	9376	8802	9150	8876	8732	8088	8250	7728
		p1203			9114	9322	9324	9112	9066	8840	8928	8214	7990	7810
		p1204				9288	9352	8834	9114	8782	8094	8050	7806	8042
		p1205					9388	8902	9112	9036	8012	7974	7816	7982
		p1206						8860	9290	9088	8086	8238	7838	7966
		p1207							9054	9062	7796	8102	7838	7860
		p1208								9126	8088	8000	7782	7984
		p1209									8014	8054	7850	8014
		p1210										7788	7788	8006
		p1211											7892	7782
		p1212												7874
大豆原油	DCE	y1101	10168											
		y1103	10032	9820	9820									
		y1105	10366	10060	10078	9736	9880							
		y1107	10350	10080	10158	9980	9928	9650	9460					
		y1108	10426	10290	10190	9908	10050	9700	9950	9950				
		y1109	10556	10178	10104	9926	10098	9784	10028	10022	10072			
		y1111	10596	10252	10182	10176	10250	9960	10120	10142	8960	8946	8946	
		y1112	10450	10080	10058	9928	10160	9836	10046	10122	9396	9000	8462	8500
		y1201	10574	10284	10288	10128	10330	10016	10178	10300	9210	9172	8732	8634
		y1203			10170	10378	10348	10026	10188	10314	9152	9120	8626	8718
		y1205					10298	9970	10258	10468	9320	9240	8658	8892
		y1207							10306	10534	9270	9184	8706	8894
		y1208								10600	9396	9238	8662	8812
		y1209									9302	9312	8684	8978
		y1211											8734	8978
		y1212												8746
天胶	SHFE	ru1101	38165											
		ru1103	41000	39490	33975									
		ru1104	41215	39120	36685	38600								
		ru1105	41255	38825	35905	36015	33920							
		ru1106	40695	37910	35055	34780	35045	35655						
		ru1107	39820	37730	34600	32990	33895	33140	33875					
		ru1108	40070	37110	34525	32205	32955	32530	34830	33595				
		ru1109	40225	37220	34810	31980	32765	31670	34540	33585	33125			
		ru1110	39510	37040	34455	31750	32825	31785	34825	33745	28345	29850		
		ru1111	39005	36575	34360	31460	32845	31575	34930	33710	28100	27795	26540	
		ru1201	39890	37350	34980	32025	33525	31945	35665	34125	27185	27445	26210	26615
		ru1203			35005	32425	33670	32400	36005	34425	27425	27565	25775	25755
		ru1204				32865	33600	32280	35965	34245	27050	27790	25830	25125
		ru1205					33870	32520	35890	34525	27175	27650	24980	24320
		ru1206						32455	35850	34535	27165	27670	24905	24140
		ru1207							36185	34390	26865	27480	24800	24275
		ru1208								34375	26900	27355	25005	24085
		ru1209									26665	27525	24740	23820
		ru1210										27080	24400	23680
		ru1211											24825	23655
一号棉花	ZCE	CF101	28925											
		CF103	31635	31735	30330									
		CF105	31980	32225	28925	26290	25045							

续表 3　Continued 3

合约品种 Items	交易所 Exchanges	合约 Contracts	1月 Jan.	2月 Feb.	3月 Mar.	4月 Apr.	5月 May	6月 June	7月 July	8月 Aug.	9月 Sept.	10月 Oct.	11月 Nov.	12月 Dec.
一号棉花	ZCE	CF107	32345	32000	28865	26270	25940	23575	21145					
		CF109	32645	31605	28455	26350	26000	23835	20955	20115	20250			
		CF111	28705	28775	26250	24450	24890	23075	21330	20750	19745	19465	19300	
		CF201	27200	27185	25310	23900	24650	22795	21535	21225	20080	19945	20260	19830
		CF203			25240	24000	24730	22835	21875	21375	20120	20180	20280	20320
		CF205					24820	22790	22200	21725	20330	20315	20295	20745
		CF207							22415	21785	20315	20310	20425	21015
		CF209									20515	20515	20520	21195
		CF211											20665	20965
白砂糖	ZCE	SR101	6923											
		SR103	7268	7208	7021									
		SR105	7318	7209	7121	7176	6906							
		SR107	7358	7257	7073	7010	6857	7018	7222					
		SR109	7445	7253	7017	6820	6681	7002	7652	7688	7230			
		SR111	7401	7197	6922	6809	6691	7023	7619	7500	7191	7154	6989	
		SR201	7037	6823	6600	6529	6434	6751	7360	7182	6853	6917	6561	6423
		SR203	7025	6812	6591	6499	6430	6728	7318	7201	6789	6797	6428	6111
		SR205	7033	6812	6566	6492	6439	6775	7272	7201	6712	6713	6339	5984
		SR207	6965	6805	6564	6508	6427	6781	7266	7219	6752	6770	6357	6024
		SR209			6580	6518	6448	6839	7281	7212	6737	6769	6306	5967
		SR211					6410	6735	7185	7169	6735	6784	6305	5998
		SR301							6951	6986	6496	6594	6192	5872
		SR303									6532	6624	6163	5834
		SR305											6189	5876
早籼稻	ZCE	ER101	2220											
		ER103	2293	2271	2271									
		ER105	2344	2357	2271	2204	2211							
		ER107	2372	2402	2336	2262	2313	2253	2299					
		ER109	2586	2612	2542	2449	2602	2487	2473	2478	2490			
		ER111	2636	2657	2608	2516	2657	2549	2549	2538	2407	2440	2398	
		ER201	2670	2710	2663	2571	2712	2596	2602	2607	2464	2458	2424	2485
		ER203			2687	2606	2740	2637	2646	2667	2522	2511	2428	2487
		ER205					2784	2664	2678	2703	2546	2527	2442	2522
		ER207							2677	2705	2549	2529	2435	2511
		ER209									2673	2646	2505	2588
		ER211											2532	2554
强麦	ZCE	WS101	2400											
		WS103	2491	2539	2560									
		WS105	2569	2628	2618	2550	2610							
		WS107	2605	2662	2642	2568	2582	2520	2520					
		WS109	2836	2884	2867	2739	2800	2674	2644	2553	2566			
		WS111	2859	2925	2914	2784	2852	2724	2696	2616	2452	2402	2301	
		WS201	2915	2991	2993	2860	2933	2792	2778	2696	2521	2441	2271	2274
		WS203	2949	3017	3012	2912	2974	2829	2826	2752	2588	2482	2316	2327
		WS205	2981	3090	3064	2940	2999	2869	2861	2796	2616	2529	2359	2376
		WS207	2987	3098	3102	2980	2999	2857	2825	2769	2558	2483	2355	2375
		WS209			3192	3071	3092	2962	2954	2950	2759	2656	2493	2525
		WS211					3100	2983	2960	2973	2773	2731	2557	2547
		WS301							3003	3004	2851	2734	2563	2588
		WS303									2868	2752	2591	2633
		WS305											2613	2639

续表 4　Continued 4

合约品种 Items	交易所 Exchanges	合约 Contracts	1月 Jan.	2月 Feb.	3月 Mar.	4月 Apr.	5月 May	6月 June	7月 July	8月 Aug.	9月 Sept.	10月 Oct.	11月 Nov.	12月 Dec.
硬麦	ZCE	WT101	1989											
		WT103	2098	2053	2077									
		WT105	2184	2195	2102	1946	2042							
		WT107	2281	2276	2208	2056	2110	2050	1959					
		WT109	2359	2359	2316	2159	2185	2141	2041	1968	2010			
		WT111	2405	2463	2411	2267	2283	2176	2116	2114	2067	2112	2100	
		WT201	2418	2502	2454	2313	2331	2223	2194	2173	2120	2135	2089	2054
		WT203			2482	2355	2369	2255	2228	2210	2154	2151	2095	2074
		WT205					2389	2292	2262	2260	2213	2204	2159	2153
		WT207							2282	2281	2240	2238	2172	2186
		WT209									2283	2257	2203	2204
		WT211											2210	2243
菜籽油	ZCE	RO101	9900											
		RO103	10008	9742	9742									
		RO105	10280	9924	9904	9352	9200							
		RO107	10510	10164	10180	9922	10320	10046	10046					
		RO109	10774	10388	10450	10158	10272	10070	10306	10296	10280			
		RO111	10790	10578	10458	10352	10474	10226	10434	10496	9902	10406	11130	
		RO201	11006	10738	10658	10464	10646	10384	10564	10624	9794	9802	9260	9406
		RO203			10782	10600	10782	10530	10736	10750	9854	9852	9340	9386
		RO205					10816	10624	10788	10878	9886	9834	9328	9488
		RO207							11086	10946	10058	10022	9268	9508
		RO209									9990	9980	9360	9620
		RO211											9560	9616

数据来源：上海期货交易所、大连商品交易所、郑州商品交易所
Source：SHFE、DCE、ZCE

7－31　2011年金属期货合约月末结算价

Clearing Price of Metal Product Contracts in 2011

合约品种 Items	交易所 Exchanges	合约 Contracts	1月 Jan.	2月 Feb.	3月 Mar.	4月 Apr.	5月 May	6月 June	7月 July	8月 Aug.	9月 Sept.	10月 Oct.	11月 Nov.	12月 Dec.
铜	SHFE	cu1101	70460											
		cu1102	72230	74830										
		cu1103	72710	72820	69040									
		cu1104	72950	73260	70450	71220								
		cu1105	73550	73650	70490	70060	66790							
		cu1106	73620	73970	70520	69660	68950	69370						
		cu1107	73850	74190	70610	69210	68610	69770	71570					
		cu1108	73760	74230	70680	69120	68320	69590	72480	67240				
		cu1109	73790	74370	70730	69090	68130	69380	72660	68230	65420			
		cu1110	73970	74500	70790	69100	68060	69250	73040	68220	53480	56410		
		cu1111	73880	74430	70850	69050	68050	69010	73130	68190	53720	58980	58280	
		cu1112	74040	74340	70950	69010	68020	68910	72980	68190	53500	58770	55760	54850
		cu1201	74040	74380	70900	69130	68080	68870	73110	68250	53450	58400	55400	55460
		cu1202		74440	70810	69330	68100	68680	73200	68190	53340	58340	54890	55360
		cu1203			70840	69190	68340	68850	73110	68230	53820	58420	54740	55040
		cu1204				69260	68110	68780	73100	68250	53640	58540	54760	54930
		cu1205					68420	69170	73400	68140	53730	58580	54720	54960
		cu1206						68820	73390	68210	54250	58570	55000	54930

续表 1　Continued 1

合约品种 Items	交易所 Exchanges	合约 Contracts	1 月 Jan.	2 月 Feb.	3 月 Mar.	4 月 Apr.	5 月 May	6 月 June	7 月 July	8 月 Aug.	9 月 Sept.	10 月 Oct.	11 月 Nov.	12 月 Dec.
铜	SHFE	cu1207							73390	68270	53910	58670	55030	54830
		cu1208								68190	54390	58780	54820	54980
		cu1209									54600	58690	55090	54840
		cu1210										58980	54920	54900
		cu1211											55010	54940
		cu1212												55180
铝	SHFE	al1101	16555											
		al1102	16625	16795										
		al1103	16760	16815	16425									
		al1104	16895	16950	16545	16565								
		al1105	17045	17110	16655	16615	16550							
		al1106	17165	17235	16770	16740	16790	17135						
		al1107	17205	17310	16880	16845	16795	17220	17605					
		al1108	17275	17355	16975	16925	16835	17165	18405	17985				
		al1109	17425	17415	17070	16995	16870	17140	18330	17715	17690			
		al1110	17495	17470	17125	17040	16875	17110	18295	17570	16855	16865		
		al1111	17475	17495	17195	17080	16900	17095	18185	17475	16670	16385	16115	
		al1112	17410	17580	17240	17130	16915	17090	18030	17410	16560	16405	15885	15775
		al1201	17695	17685	17320	17125	16975	17100	17935	17395	16520	16415	15890	15990
		al1202		17620	17400	17245	17050	17085	17795	17365	16500	16450	15815	15900
		al1203			17430	17300	17100	17100	17730	17370	16510	16465	15800	15850
		al1204				17320	17075	17110	17700	17365	16500	16510	15810	15835
		al1205					17095	17170	17725	17365	16500	16585	15830	15850
		al1206						17205	17715	17350	16530	16620	15855	15845
		al1207							17705	17355	16580	16690	15895	15850
		al1208								17480	16575	16780	15970	15875
		al1209									16665	16795	15990	15900
		al1210										16840	16050	15935
		al1211											16045	15980
		al1212												15980
锌	SHFE	zn1101	18870											
		zn1102	18350	19150										
		zn1103	18495	18945	17710									
		zn1104	18670	19130	17855	18030								
		zn1105	18850	19335	18030	17025	16520							
		zn1106	18995	19535	18190	17195	17070	17325						
		zn1107	19180	19715	18335	17330	17180	17450	17935					
		zn1108	19300	19840	18455	17445	17265	17575	18540	16890				
		zn1109	19385	19980	18635	17585	17370	17680	18665	17085	16610			
		zn1110	19550	20105	18740	17710	17495	17745	18850	17210	14920	15315		
		zn1111	19630	20220	18850	17860	17565	17780	18975	17325	15010	15445	15285	
		zn1112	19750	20380	19090	17980	17660	17845	19120	17420	15070	15425	15180	14675
		zn1201	19850	20440	19115	18145	17885	17935	19175	17505	15140	15435	15175	14650
		zn1202		20910	19645	18335	18605	18235	19475	17580	15220	15430	15170	14720
		zn1203			19510	18300	17935	18025	19440	17675	15370	15415	15170	14750
		zn1204				18695	18135	18025	19545	17755	15465	15380	15180	14765
		zn1205					18210	17840	19515	17815	15540	15420	15205	14795
		zn1206						18000	19620	17890	15585	15530	15210	14835
		zn1207							19590	17975	15770	15550	15350	14890
		zn1208								18080	15730	15520	15300	14970
		zn1209									15855	15710	15360	15040
		zn1210										15690	15395	15060
		zn1211											15540	15220
		zn1212												15235

续表 2 Continued 2

合约品种 Items	交易所 Exchanges	合约 Contracts	1月 Jan.	2月 Feb.	3月 Mar.	4月 Apr.	5月 May	6月 June	7月 July	8月 Aug.	9月 Sept.	10月 Oct.	11月 Nov.	12月 Dec.
铅	SHFE	pb1109			18650	17600	17010	17125	17665	16800	16190			
		pb1110			18735	17755	17040	17110	17815	16950	14435	15015		
		pb1111			18970	17885	17075	17100	17905	17090	14590	15445	15335	
		pb1112			18975	18115	17365	17260	18020	17245	14775	15370	15315	15015
		pb1201			19020	17975	17640	17555	18240	17370	14985	15400	15325	15185
		pb1202			19245	17810	17850	17220	18715	17235	15210	15345	15330	15235
		pb1203			19165	18010	17555	17095	18485	17540	15430	15550	15420	15245
		pb1204				18525	17600	17600	18300	17300	15165	15425	15415	15275
		pb1205					17600	17890	19065	18115	15045	15660	15415	15230
		pb1206						17890	19065	18045	14985	15700	15510	15245
		pb1207							19065	18140	15115	15695	15700	15630
		pb1208								17765	14735	15325	15470	15245
		pb1209									14735	15860	15430	15790
		pb1210										16165	15875	15460
		pb1211											15875	15460
		pb1212												15460
黄金	SHFE	au1101	296.14											
		au1102	294.04	294.00										
		au1103	285.54	280.61	302.00									
		au1104	288.69	297.64	295.62	300.00								
		au1105	287.95	300.56	303.50	324.05	321.00							
		au1106	288.91	301.15	301.00	319.91	321.17	318.02						
		au1107	289.39	300.25	301.60	316.90	317.62	321.99	315.00					
		au1108	284.10	300.28	300.20	318.94	318.62	315.00	346.60	340.00				
		au1109	290.56	302.45	302.08	316.88	319.75	313.64	344.16	379.48	378.00			
		au1110	291.90	302.83	301.53	316.81	320.06	314.96	335.40	378.85	336.69	336.69		
		au1111	289.60	302.04	303.03	316.99	319.66	313.35	332.93	378.27	338.68	358.57	354.42	
		au1112	291.05	302.70	302.12	317.61	320.32	314.37	335.09	379.47	337.69	353.68	355.58	329.00
		au1201	295.70	300.02	301.66	317.97	320.34	314.71	334.07	379.51	338.60	353.56	355.86	319.00
		au1202		300.02	303.45	319.09	321.07	314.21	334.90	379.58	339.33	354.40	357.01	321.00
		au1203			304.28	318.75	320.73	314.02	334.78	379.77	338.61	355.43	356.97	320.96
		au1204				318.89	320.37	314.55	334.89	380.99	339.14	356.73	356.60	321.58
		au1205					319.80	314.60	341.20	379.79	339.89	352.55	355.64	320.52
		au1206						315.19	335.43	380.02	339.33	353.98	354.49	319.24
		au1207							335.43	382.84	340.30	353.07	347.98	319.38
		au1208								377.63	341.33	356.44	355.43	320.34
		au1209									339.80	354.35	353.57	319.24
		au1210										358.05	352.81	320.97
		au1211											354.90	319.40
		au1212												319.50

数据来源：上海期货交易所
Source：SHFE

7－32 2011 能源及化工期货合约月末结算价

Clearing Price of Building Materials, Energy & Chemical Product Contracts in 2011

合约品种 Items	交易所 Exchanges	合约 Contracts	1月 Jan.	2月 Feb.	3月 Mar.	4月 Apr.	5月 May	6月 June	7月 July	8月 Aug.	9月 Sept.	10月 Oct.	11月 Nov.	12月 Dec.
聚乙烯	DCE	l1101	11200											
		l1102	10770	11200										
		l1103	11060	10790	11015									
		l1104	11745	11580	11020	11060								

续表 1　Continued 1

合约品种 Items	交易所 Exchanges	合约 Contracts	1月 Jan.	2月 Feb.	3月 Mar.	4月 Apr.	5月 May	6月 June	7月 July	8月 Aug.	9月 Sept.	10月 Oct.	11月 Nov.	12月 Dec.
		l1105	11880	11770	11155	11185	10650							
		l1106	11955	11810	11185	11330	10280	10265						
		l1107	12080	12100	11380	11480	10420	10335	10895					
		l1108	11815	12180	11530	11660	10510	10415	11335	10710				
		l1109	12320	12345	11705	11790	10650	10520	11510	10525	10320			
		l1110	12565	12520	11770	11850	10740	10610	11620	10615	9050	8990		
		l1111	12500	12490	11765	11965	10855	10675	11825	10795	9235	9290	9520	
		l1112	12550	12800	12000	12065	10960	10800	11990	10925	9240	9305	9050	9150
		l1201	12570	12760	12140	12235	11115	11000	12145	11065	9340	9400	9140	9080
聚乙烯	DCE	l1202		13220	13220	13220	13220	13220	12260	11205	9435	9435	9175	9180
		l1203			12330	12325	11265	11185	12200	11305	9500	9490	9260	9255
		l1204				12380	11370	11370	12560	11620	9720	9775	9520	9540
		l1205					11605	11475	12750	11805	9775	9845	9520	9555
		l1206						11470	12475	11810	9960	9870	9580	9570
		l1207							12475	11620	10100	9960	9590	9605
		l1208								11700	10035	9820	9740	9770
		l1209									10165	10160	9765	9880
		l1210										10230	9830	9930
		l1211											9675	9945
		l1212												10065
		v1101	7785											
		v1102	7710	8020										
		v1103	8000	7950	8030									
		v1104	8135	8525	7955	8200								
		v1105	8270	8625	7910	8140	7945							
		v1106	8310	8710	8005	8220	7830	8010						
		v1107	8225	8705	8415	8330	7855	7740	8170					
		v1108	8415	8655	8345	8430	8000	7850	7950	7930				
		v1109	8510	8960	8280	8620	8220	7930	8125	7615	7505			
		v1110	8440	8940	8590	8680	8150	7950	8150	7735	6885	6405		
		v1111	8305	8895	8585	8655	8150	8140	8380	7790	6845	6260	6260	
		v1112	8305	8780	8785	8785	8355	8115	8465	7860	7055	6655	6270	6600
聚氯乙烯	DCE	v1201	8485	9115	8510	8880	8460	8150	8530	7945	6895	6660	6560	6535
		v1202		8910	8775	8880	8445	8385	8565	8010	7225	6805	6600	6550
		v1203			8560	8665	8665	8455	8600	7995	7295	6825	6540	6615
		v1204				8555	8405	8450	8560	8195	7460	6795	6615	6750
		v1205					8655	8390	8775	8295	7240	6865	6680	6885
		v1206						8435	8770	8325	7360	6895	6760	6935
		v1207							8800	8565	7705	7090	6805	6945
		v1208								8495	7725	7055	6880	7020
		v1209									7430	7085	6870	7075
		v1210										7270	7080	7080
		v1211											6965	7075
		v1212												6980
		j1109				2332	2371	2306	2286	2014	2027			
		j1110				2319	2358	2312	2305	2085	1744	1863		
		j1111				2375	2360	2345	2361	2148	1921	1780	1850	
		j1112				2437	2371	2349	2377	2174	2056	1880	1880	1880
		j1201				2421	2433	2381	2355	2239	2033	1966	2000	1806
冶金焦炭	DCE	j1202				2407	2395	2395	2393	2266	2085	2085	1988	1909
		j1203				2414	2403	2372	2390	2288	2037	1953	1984	1960
		j1204				2435	2456	2374	2377	2283	2283	2283	2283	2283
		j1205					2473	2473	2399	2310	2115	2002	2020	1998

续表 2 Continued 2

合约品种 Items	交易所 Exchanges	合约 Contracts	1月 Jan.	2月 Feb.	3月 Mar.	4月 Apr.	5月 May	6月 June	7月 July	8月 Aug.	9月 Sept.	10月 Oct.	11月 Nov.	12月 Dec.
冶金焦炭	DCE	j1206						2391	2391	2303	2179	1968	1949	2035
		j1207							2393	2308	2228	2046	2004	1979
		j1208								2281	2128	2096	1989	2005
		j1209									2212	2030	2007	2034
		j1210										2026	1990	2007
		j1211											2007	1980
		j1212												1999
燃料油	SHFE	fu1103	4562	4667										
		fu1104	4658	4741	4560									
		fu1105	4749	4869	4634	4780								
		fu1106	4807	4942	4725	4799	4950							
		fu1107	4868	5006	4795	4872	4862	4860						
		fu1108	4933	5061	4846	4896	4972	4825	4825					
		fu1109	5000	5144	4904	4943	5042	4955	5072	4914				
		fu1110	5037	5176	4951	4963	5013	5008	5051	5051	4850			
		fu1111	5072	5231	4990	4991	5024	4996	5063	4941	4715	4930		
		fu1112	5085	5254	5019	5019	5036	4990	5095	4943	4776	4877	4750	
		fu1202		5365	5210	5143	5070	5073	5130	5003	4802	4881	4921	5299
		fu1203			5263	5144	5065	5036	5120	5000	4776	4879	5047	5051
		fu1204				5181	5077	5065	5073	4968	4825	4950	5118	5052
		fu1205					5200	5082	5123	5118	4818	4883	5066	5043
		fu1206						5077	5213	5239	4874	4939	5182	5070
		fu1207							5213	5239	4874	4939	5182	5070
		fu1208								5239	4874	4939	5182	5108
		fu1209									4938	5005	5349	5269
		fu1210										5005	5179	5094
		fu1211											5179	5094
		fu1212												5108
PTA	ZCE	TA101	10578											
		TA102	11604	11530										
		TA103	11682	11426	11320									
		TA104	11702	11526	11438	10910								
		TA105	11792	11674	11534	10562	9510							
		TA106	11798	11672	11334	10290	9664	9498						
		TA107	11802	11688	11300	10274	9660	8848	9146					
		TA108	11954	11684	11078	10270	9678	8826	9350	9762				
		TA109	11964	11812	10982	10212	9738	8880	9288	10272	10650			
		TA110	12066	11804	10982	10200	9698	8862	9372	10120	9340	8580		
		TA111	12014	11804	10802	10184	9732	8730	9436	10092	9104	8662	8120	
		TA112	12082	11718	10918	10160	9742	8780	9432	10076	8954	8590	8242	8498
		TA201	12050	11872	10734	9988	9772	8762	9512	10118	8620	8526	8304	8712
		TA202		11976	10718	9980	9852	8818	9558	10124	8594	8522	8180	8512
		TA203			10660	10000	9824	8862	9588	10140	8498	8554	8124	8508
		TA204				9910	9838	8776	9684	10098	8448	8634	8020	8452
		TA205					9864	8832	9720	10120	8430	8540	7998	8370
		TA206						8850	9716	10140	8416	8602	7988	8298
		TA207							9774	10118	8496	8588	8008	8308
		TA208								10126	8594	8582	8012	8354
		TA209									8454	8562	8024	8318
		TA210										8598	8036	8306
		TA211											7972	8420
		TA212												8200

续表 1　Continued 1

合约品种 Items	交易所 Exchanges	合约 Contracts	1 月 Jan.	2 月 Feb.	3 月 Mar.	4 月 Apr.	5 月 May	6 月 June	7 月 July	8 月 Aug.	9 月 Sept.	10 月 Oct.	11 月 Nov.	12 月 Dec.
甲醇	ZCE	ME203										3144	2769	2719
		ME204										3135	2766	2734
		ME205										3178	2779	2726
		ME206										3227	2826	2742
		ME207										3050	2694	2747
		ME208										3070	2832	2801
		ME209										3180	2830	2787
		ME210										3122	2842	2884
		ME211											2868	2855
		ME212												2823

数据来源：上海期货交易所、大连商品交易所、郑州商品交易所
Source：SHFE、DCE、ZCE

7－33　2011 钢材期货合约月末结算价
Clearing Price of Steel Product Contracts in 2011

合约品种 Items	交易所 Exchanges	合约 Contracts	1 月 Jan.	2 月 Feb.	3 月 Mar.	4 月 Apr.	5 月 May	6 月 June	7 月 July	8 月 Aug.	9 月 Sept.	10 月 Oct.	11 月 Nov.	12 月 Dec.
螺纹钢	SHFE	rb1101	4875											
		rb1102	5171	5090										
		rb1103	5086	4950	4500									
		rb1104	5010	4968	4709	4755								
		rb1105	4982	4891	4761	4914	5039							
		rb1106	4995	4861	4757	4907	4988	4988						
		rb1107	5002	4877	4767	4905	4979	5182	5450					
		rb1108	5007	4873	4767	4888	4944	4971	4994	4994				
		rb1109	5032	4889	4759	4860	4902	4856	5028	4705	4780			
		rb1110	5092	4897	4795	4893	4873	4744	4933	4929	4589	4510		
		rb1111	5116	4914	4815	4899	4859	4765	4928	4913	4499	4560	4560	
		rb1112	5089	4940	4841	4910	4887	4753	4925	4877	4357	4206	4416	4570
		rb1201	5152	4950	4857	4946	4933	4731	4925	4827	4316	4118	4317	4344
		rb1202		4925	4855	4967	4931	4735	4907	4815	4305	4154	4275	4329
		rb1203			4896	5024	4935	4728	4911	4825	4330	4163	4209	4284
		rb1204				5024	4939	4734	4910	4788	4335	4169	4188	4269
		rb1205					4954	4738	4935	4851	4310	4143	4104	4201
		rb1206						4735	4925	4831	4352	4194	4110	4224
		rb1207							4913	4858	4333	4178	4137	4223
		rb1208								4831	4359	4135	4108	4201
		rb1209									4423	4171	4118	4180
		rb1210										4188	4086	4178
		rb1211											4070	4199
		rb1212												4222
线材	SHFE	wr1101	4700											
		wr1102	4848	4848										
		wr1103	5005	5005	5005									
		wr1104	4959	4959	4881	4881								
		wr1105	4849	4856	4818	4880	4880							
		wr1106	4821	4879	4721	4729	4747	4747						

续表 1　Continued 1

合约品种 Items	交易所 Exchanges	合约 Contracts	1月 Jan.	2月 Feb.	3月 Mar.	4月 Apr.	5月 May	6月 June	7月 July	8月 Aug.	9月 Sept.	10月 Oct.	11月 Nov.	12月 Dec.
线材	SHFE	wr1107	4831	4917	4787	4802	4749	4600	4600					
		wr1108	4945	4815	4808	4818	4818	4768	4610	4610				
		wr1109	4884	4860	4838	4863	4872	4783	4498	4600	4600			
		wr1110	4879	4853	4828	4911	4828	4777	4906	4737	4440	4440		
		wr1111	4845	4850	4779	4844	4789	4774	4914	4876	4571	4571	4571	
		wr1112	4840	5008	4894	4867	4867	4790	4789	4721	4312	4312	4312	4312
		wr1201	4893	4819	4884	4900	4893	4823	4813	4820	4304	4047	4107	4095
		wr1202		4895	4900	4856	4878	4790	4816	4824	4349	3952	3987	4074
		wr1203			4879	4888	4870	4753	4834	4717	4359	4065	4090	4095
		wr1204				4888	4870	4764	4851	4768	4390	4059	4013	4129
		wr1205					4777	4722	4818	4737	4495	4141	4099	4195
		wr1206						4722	4818	4740	4337	4184	4099	4166
		wr1207							4818	4750	4362	4221	3999	4129
		wr1208								4750	4362	4221	4049	4100
		wr1209									4473	4123	4068	4113
		wr1210										4337	3984	4208
		wr1211											3984	4240
		wr1212												4240

数据来源：上海期货交易所
Source：SHFE

7－34　2011年金融期货合约月末结算价

Month-end Settlement Price of Financial Futures in 2011

合约品种	交易所	合约	1月	2月	3月	4月	5月	6月	7月	8月	9月	10月	11月	12月
Items	Exchange	Contract	Jan.	Feb.	Mar.	Apr.	May	June	July	Aug.	Sept.	Oct.	Nov.	Dec.
沪深300股指期货	CFFEX	IF1101	—	—	—	—	—	—	—	—	—	—	—	—
		IF1102	3080.8	—	—	—	—	—	—	—	—	—	—	—
		IF1103	3105.6	3253.8	—	—	—	—	—	—	—	—	—	
		IF1104	—	3274.8	3238.6	—	—	—	—	—	—	—	—	—
		IF1105	—	—	3255.2	3206.8	—	—	—	—	—	—	—	—
		IF1106	3170.8	3317	3276.6	3223.4	2997.6	—	—	—	—	—	—	—
		IF1107	—	—	—	—	3011.4	3045.8	—	—	—	—	—	—
		IF1108	—	—	—	—	—	3055	2984.4	—	—	—	—	—
		IF1109	3212.2	3360.4	3319.8	3267.8	3042.2	3068.4	2994.6	2844.6	—	—	—	—
		IF1110	—	—	—	—	—	—	—	2852.8	2588.2	—	—	—
		IF1111	—	—	—	—	—	—	—	—	2593.4	2693.2	—	—
		IF1112	—	—	—	3313.4	3086.2	3117.2	3035.6	2866.8	2600	2698.4	2528	
		IF1201	—	—	—	—	—	—	—	—	—	—	2535.2	2353
		IF1202	—	—	—	—	—	—	—	—	—	—	—	2364
		IF1203	—	—	—	—	—	—	3075.8	2897.4	2621.2	2722.2	2548.4	2377.6
		IF1206	—	—	—	—	—	—	—	—	—	2735.6	2565.4	2400.6

数据来源：中国金融期货交易所
Source：CFFEX

7－35　2011年农产品期货交割仓库明细

Summary Delivery Points of Agricultural products in 2011

品种 Items	交易所 Exchanges	交割仓库 Delivery Points	地址 Address	电话 Telephone No.
玉米	DCE	吉粮集团大连运销总公司	大连市甘井子区甘海路4号	0411－82121339
		辽宁大连吴家国家粮食储备库	大连市金州区站前街道吴家村	0411－87700836
		大连北良港务有限公司	大连经济技术开发区海青岛柳柴沟	0411－39898186
		大连北海储运有限责任公司	大连市甘井子区革镇堡棋盘村	0411－86428095
		大连华腾物流有限公司	大连甘井子区革镇堡	0411－86458082
		大连金禾仓储有限公司	大连甘井子区大连湾镇毛莹子村	0411－87602442
		大连经济技术开发区湾港储运有限公司	甘井子区大连湾镇新街四号	0411－82627693
		大连港集团有限公司	大连市开发区新华路1号	0411－87598928
		营口港务集团有限公司	营口市鲅鱼圈区新港大路1号	0417－6268751
		锦州港股份有限公司	锦州经济技术开发区锦港大街一段1号	0416－3586138
		辽宁锦州锦阳国家粮食储备(中转)库	锦州经济技术开发区兴海路西段	0416－3581537
		锦州中孚仓储有限公司	锦州经济技术开发区阜新路	0416－3579578
黄大豆1号	DCE	大连市第二粮食储运工业公司	大连市甘井子区大连湾苏家村	0411－87859061
		大连良运集团储运有限公司	大连市甘井子区新水泥路2号	0411－86427570
		大连浙经乾元物资储运有限责任公司	大连市金州区站前街道双兴路20号	0411－87700431
		中粮辽宁粮油进出口公司大连储运贸易公司	大连市甘井子区西北路	0411－86429383
		大连经济技术开发区湾港储运有限公司	甘井子区大连湾镇新街四号	0411－82627613
		大连北海储运有限责任公司	大连市甘井子区革镇堡棋盘村	0411－86428095
		大连高泰仓储有限公司	大连市甘井子区毛营子村	0411－87112596
		辽宁大连粮贸国家粮食储备库	大连市甘井子区大连湾镇后盐村	0411－86872111
		中国外运辽宁储运公司	大连市甘井子区后革镇革钢路	0411－86428574
		大连北良港务有限公司	大连开发区海青岛柳柴沟	0411－39898186
		大连港集团有限公司	大连市开发区新华路1号	0411－87598928
黄大豆2号	DCE	中粮辽宁粮油进出口公司大连储运贸易公司	大连市甘井子区西北路	0411－86429383
		大连经济技术开发区湾港储运有限公司	大连市甘井子区大连湾新街4号	0411－82627693
		大连北良港务有限公司	大连经济技术开发区海青岛柳柴沟	0411－39898186
		大连港集团有限公司	大连市开发区大窑湾	0411－87598928
		大连北海储运有限责任公司	大连市甘井子区革镇堡棋盘村	0411－86428095
		中国华粮物流集团南通粮油接运有限责任公司	江苏南通市任港路62号	0513－83508460
		日照港(集团)有限公司	山东日照市海滨五路南首	0633－8383953
		日照港(集团)岚山港务有限公司	山东日照岚山港	0633－2633037
		青岛港(集团)有限公司	山东青岛市港青路6号	0532－82984649
豆粕	DCE	中粮新沙粮油工业(东莞)有限公司	广东省东莞市麻涌镇新沙港科技工业园区	0769－88825601－6606
		统一嘉吉(东莞)饲料蛋白科技有限公司	广东省东莞市麻涌镇新沙港科技工业园区	0769－88225888－666
		广州植之元油脂有限公司	广州市珠江新城华夏路8号国际金融广场28楼	020－85506280－106
		中粮东海粮油工业(张家港)有限公司	江苏省张家港市金港镇东海路1号	0512－58388228
		金光食品(宁波)有限公司	浙江省宁波市北仑区黄河北路1号	0574－86886932
		张家港江海粮油工业有限公司	江苏张家港市金港镇宝岛路1号	025－84799546
		益海(连云港)粮油工业有限公司	江苏省连云港市墟沟大港路	0518－82387405
		中粮黄海粮油工业(山东)有限公司	山东省日照市岚山港北	0633－2639066
		山东新良油脂有限公司	山东省日照市海滨五路南首新良路1号	0633－8890538
		邦基三维油脂有限公司	山东省日照市经济开发区海滨五路	0633－2211880
		龙口新龙食油有限公司	山东省龙口开发区新港路39号	0535－8857015
		益海(烟台)粮油工业有限公司	山东省烟台市港湾大道100号	0535－6505302
		秦皇岛金海粮油工业有限公司	河北省秦皇岛市海港区海滨路35号	0335－3097154

续表 1　Continued 1

品种 Items	交易所 Exchanges	交割仓库 Delivery Points	地址 Address	电话 Telephone No.
豆粕	DCE	九三集团天津大豆科技有限公司	天津市天津港保税区新港大道 266 号	022－66271996
		东莞市富之源饲料蛋白开发有限公司	东莞市洪梅镇樱花台盈工业区	0769－88436001
		路易达孚(霸州)饲料蛋白有限公司	河北省霸州市开发区地方货场西物资库(岔河集乡津保路北)	010－58693627
		南通来宝谷物蛋白有限公司	江苏省南通市跃龙南路 214 号	0513－85719561
		中纺粮油(湛江)有限公司	湛江市霞山区友谊路 1 号港务局 1 区	0759－2255990
		嘉吉粮油(南通)有限公司	江苏省南通市经济技术开发区同兴路	0513－85966071
		中纺粮油(东莞)有限公司	东莞市麻涌镇新沙工业园区	0769－88235183
		东莞嘉吉粮油有限公司	东莞市麻涌镇新沙工业园区	0769－88239773
		嘉吉粮油(阳江)有限公司	广东省阳江市阳江港沿港大道 3－6 号	0662－3828914
豆油	DCE	中粮北海粮油工业(天津)有限公司	天津塘沽区胡北路 869 号	022－66581824
		泰州市过船港务有限公司	泰兴市经济开发区通江西路 45 号	0523－7671292
		秦皇岛金海粮油工业有限公司	秦皇岛市海港区滨海路 35 号丙码头	0335－3097189
		中储粮镇江粮油有限公司	江苏省镇江市谏壁镇粮山村	0511－83355571
		益海(泰州)粮油工业有限公司	泰州市高港区永安洲镇疏港北路	0523－86991726
		江苏省江海粮油集团有限公司	江苏省张家港市金港镇宝岛路 1 号	0512－58388150
棕榈油	DCE	中粮北海粮油工业(天津)有限公司	天津市塘沽区胡北路 869 号	022－66581824
		泰州市过船港务有限公司	江苏省泰兴市经济开发区通江西路 45 号	0523－8767129
		丰益(上海)生物技术研发中心有限公司	上海市浦东新区高东路 118 号	021－58486278
		金光食品(宁波)有限公司	浙江省宁波市北仑区黄河北路 1 号	0574－86886932
		张家港保税区东方华谷油脂贸易仓储有限公司	张家港保税区物流园区中华北路	0512－58387211
		中粮新沙粮油工业(东莞)有限公司	广东省东莞市麻涌镇新沙港后工业区	0769－88825601
		中储粮油脂工业东莞有限公司	广东省东莞市麻涌镇新沙港后工业区	0769－88236688
		中粮东洲粮油工业(广州)有限公司	广东省增城市新塘镇东洲湾码头	020－82762119
		益海(广州)粮油工业有限公司	广州经济技术开发区东江大道 2 号	020－82208122
		中储粮镇江粮油有限公司	江苏省镇江市谏壁镇粮山村	0511－83355571
		中粮东海粮油工业(张家港)有限公司	江苏省张家港市金港镇东海路 1 号	0512－58388228
		嘉里粮油(天津)有限公司	天津港保税区津滨大道 95 号	022－66271665
天胶	SHFE	海南新思科电子商务有限公司	海南省海口市长流金盘永桂开发区永桂路 9 号	0898－66700097
		海南省海口港集团(货运公司)	海南省海口市秀英码头海港大厦 3 楼	0898－68652597
		山东储备物资管理局八三二处	山东省青岛市城阳区京城路 80 号	0532－87756153
		山东省奥润特贸易有限公司	山东省青岛市李沧区长顺路 15 号	0532－84816601
		上海长桥物流有限公司	上海市老沪闵路 1070 号	021－64106734
		上海晶通化轻发展有限公司	上海市南大路 478 号	021－62843206
		中储发展股份有限公司	天津市北辰区天穆村顺义道	022－86563406
		云南天然橡胶储运中心	云南省昆明市东郊凉亭	0871－3914605
		中储发展股份有限公司	上海市南大路 137 号	021－52843316
一号棉	ZCE	江阴市协丰棉麻有限公司	江阴市华西村物流园(沿江高速华西出口处)	0510－86060699　13801522007
		河南储备物资管理局四三二处	河南省获嘉县史庄镇南	0373－5965905　13569868886
		南阳红棉仓储有限公司	河南省南阳市光武西路万商街 9 号	0377－63298868　13507638377
		河南豫棉物流有限公司	河南郑州管城区南曹乡小李庄火车站	0371－66713101　13937160659
		衡水市棉麻总公司储备库	衡水市人民西路西段 98 号	0318－2398268　13932894467
		菏泽市棉麻公司	菏泽市长江路东段	0530－5110033　13805302233
		中国储备棉管理总公司徐州直属库	江苏省徐州市铜山县新区二堡	0516－66665978　15996961037
		湖北银丰仓储物流有限责任公司	湖北省武汉市东西湖区余氏墩	027－83258241　15827420551
		芜湖市棉麻有限责任公司	芜湖市褐山路 79 号	0553－5809370　13955315865
		山东省禹城棉麻有限公司	禹城市人民路 777 路	0534－2126278　13953458198
		中国储备棉管理总公司绍兴直属库	浙江省绍兴市亭山工业园区	0575－88329755　13806752341

续表 2　Continued 2

品种 Items	交易所 Exchanges	交割仓库 Delivery Points	地址 Address	电话 Telephone No.
一号棉	ZCE	南通棉麻有限公司	江苏省南通市崇川区崇川路 46 号	0513－85597011　13912272686
		山东省棉麻有限公司	济南市章丘双山街道办事处明埠路北首西侧	0531－61323991　13505311391
		中国储备棉管理总公司盐城直属库	盐城市开放大道 316 号	0515－86013015　18936312776
		连云港新苏豫棉花储运有限公司	连云港开发区(猴嘴)沿新西路 16 号	0518－85447039　13705137669
		湖北物资储备管理局三三八处	湖北省孝昌县卫店镇三三八处	0712－4835048　13871898880
		湖南银华现代农业物流股份有限公司	常德德山经济开发区海德路	0736－7326689　18974222501
		滨州中纺银泰实业有限公司	山东省滨州市高新区小营办事处虎跃三路十四号	0543－3613613　13905430020
白砂糖	ZCE	陕西西瑞粮食储备库有限公司	西安市丰禾路 56 号	029－84416564　13991944341
		河北藁城永安国家粮食储备库	藁城市永安路 18 号	0311－88199970　13582026905
		广西柳州国家粮食储备库	广西柳州市柳太路 11－1 号	0772－3735278　18907722217
		广西中糖物流有限公司	广西北海市深水港旁	0779－3905169　13877930305
		广西南宁国家粮食储备库	广西南宁市新阳路 292 号	0771－3158892　13607716286
		湛江糖库储运有限公司	湛江市霞山区南山村	0759－3306501　13802828047
		佛山市华商物流有限公司	佛山市南海区小塘工业大道(小塘段)45 号	0757－86667500　13790003900
		昆明国家粮食储备有限公司	云南省昆明市东郊小石坝黄龙山	0871－7330035　13888171852
		上海东方通海物流有限公司	上海市凉闵行区吴泾镇通海路 315 号	021－64501854　13386161203
		中糖世纪股份有限公司河南分公司	新郑市和庄镇道西北 4 号	0371－66250707　13703955700
		广西荣桂贸易公司	南宁市竹溪大道中段 43 号荣桂商厦 B 座六楼	0771－5757656　15177103600
		广西储备物资管理局九三一处	广西南宁市五一西路 15－2 号	0771－4985887　13907712293
		云南广大铁路物资储运有限公司	云南祥云火车站、大理东火车站	0878－3399195　13987072245
		广西鼎华商业股份有限公司	南宁市五一西路 48 号	0771－4862156　13978668986
		广西柳州桂糖有限责任公司	柳州市航生路 9 号	0772－3213992　13977219332
		浙江糖业烟酒有限公司	杭州市拱康路 158 号	0571－88041202　13515716716
		天津中糖华丰物流有限公司	天津市西青区中北镇东姜井村南	022－27515479　13702162792
		营口港务集团有限公司	辽宁省营口市鲅鱼圈新港大路 1 号	0417－6268751　13841790121
		中国糖酒集团成都有限公司	德阳市旌阳区经济集中发展区	0838－2801297　13508010267
		中糖世纪股份有限公司湖北分公司	武汉市解放大道 1127 号富商大厦六楼	027－83603469　13907157793
		佛山市顺德区中糖储备糖库	佛山市顺德区大良沙头	0757－22321735　13928882261
		东莞市制糖厂有限公司	东莞市中堂镇	0769－88881332　13602390162
		日照凌非华商仓储有限公司	日照市西安路南首	0633－3601359　13906339731
		青岛中糖海湾物流有限公司	青岛高新区新产业团地	0532－66965882　15964557680
		中国储备棉管理总公司天津直属库	天津市东丽区华明镇北坨村北	022－84828798　13820689315
		中国华粮物流集团青山港口库	湖北省武汉市青山区建设一路四号	027－86537385　13476166548
		广东湛江金海粮油有限公司	广东省湛江市霞山区新尚路 13 号	0759－2201352　13326518798
		徐州恒富仓储管理有限公司	徐州市下淀路 160 号	0516－93643363　13685136868
		安徽中谷国家粮食储备库	合肥市双凤经济开发区中粮工业园	0551－2686661　13966689800
		中储发展股份有限公司郑州南阳寨分公司	郑州市兴隆铺路 9 号	0371－63720132　13613842271
		河北藁城国家粮食储备有限责任公司	藁城市永安路新桥西 169 号	0311－88198155　13731185811
		海口集装箱码头有限公司	海南省海口市海滨大道 96 号海口港第二作业区内	0898－68623716　13389822888
		云南新储物流有限公司	云南省昆明市凉亭路 156 号	13987160969
		广西黑五类物流有限公司	广西南宁市江南区五一西路 48 号沙井仓库	13978827973
		广西荣桂贸易公司来宾仓储分公司	广西来宾市盘古大道	13978291363
		天津市军粮城机米厂	天津市东丽区军粮城大街 193 号	022－24360539　13001373168
		邢台国家粮食储备分库有限责任公司	河北省邢台市守敬南路 119 号	0319－2024128　13932972669
早籼稻	ZCE	湖南金霞粮食产业有限公司	湖南省长沙市开福区金霞路二段 289 号	0731－84471311　13607487349
		湖南金健粮油实业发展有限公司	湖南省常德市德山开发区崇德路	0736－7308680　13873659639
		湖南永州下河国家粮食储备库	湖南省永州市冷水滩区零陵路 411 号	0746－8466615　13874607385
		中国华粮物流集团城陵矶港口库	湖南岳阳城陵矶桂花园路 1 号	0730－8571866　13975090668
		湖南益阳粒粒晶粮食购销公司	湖南省益阳市赫山区兰溪镇	0737－3279800　15898409228
		湖南赤山国家粮食储备库	湖南省沅江市南嘴镇沅南路 8 号	0737－2286511　13907373286

续表 3 Continued 3

品种 Items	交易所 Exchanges	交割仓库 Delivery Points	地址 Address	电话 Telephone No.
早籼稻	ZCE	江西省温圳粮库	江西省进贤县温圳镇城北大道 169 号	0791-5540486 13807001492
		九江市粮油总公司储备仓库	江西省九江市滨江路 577 号五丰大厦 9 楼	0792-8138902 13979289831
		江西樟树国家粮食储备库	江西樟树市药都北大道 15 号	0795-7348126 13970568889
		江西中储粮吉安直属库	江西省吉安市青原区学苑路 19 号	0796-8188354 13979685982
		江西中储粮万年直属库	江西万年县城六零南大道 82 号	0793-3841888 15807933601
		武汉市大花岭粮食储备库	湖北省武汉市江夏区大桥街环岭路 18 号	027-81946536 13098868698
		万福生科(湖南)农业开发股份有限公司	湖南省桃源县陬市镇桂花路 1 号	0739-6686577 13707428989
		广西宾阳黎塘国家粮食储备库	广西宾阳县黎塘镇永安路 228 号	0771-3158892 13978683020
		中央储备粮南昌直属库	江西省南昌市庐山中大道 911 号支路	0791-3801124 13907008101
		江西省粮油集团新干购销有限公司	江西省新干县城南工业园区	0796-2689566 13755423388
		湖南粮食批发市场	湖南省长沙市新河路 470 号	0731-84497522 13907316619
		浙江嘉善银粮国家粮食储备库	浙江省嘉善县开源路 298 号	0573-84161295 13506835071
强　麦	ZCE	陕西西瑞粮食储备库有限公司	西安市丰禾路 56 号	029-84416564 13991944341
		河北藁城永安国家粮食储备库	藁城市永安路 18 号	0311-88199970 13582026905
		山东济宁第一粮库	山东省济宁市车站西路 67 号	0537-2250416 13345198339
		河南新乡新华国家粮食储备库	新乡市解放路 425 号	0373-2117217 13603930213
		河北省粮食局直属机械化粮油储备库	河北省元氏县城北	0311-84626134 13931129002
		河北邢台国家粮食储备库有限公司	邢台市中兴西大街 36 号	0319-2166003 13503289866
		河北衡水和平国储粮库有限责任公司	衡水市和平东路道岔街 4 号	0318-2057008 13603189586
		荷泽市粮油中转储备库	菏泽市人民南路 43 号	0530-5967760 13853050340
		江苏徐州国家粮食储备库	徐州市下淀路 174 号	0516-83643222 13705213101
		河南濮阳皇甫国家粮食储备库	河南濮阳市高新区黄河路西段	0393-8951016 13803935338
		河南郑州兴隆国家粮食储备库	郑州市南阳路北段粮仓路 1 号	0371-63752525 13608682889
硬　麦	ZCE	河北藁城国家粮食储备有限责任公司	藁城市永安路新桥西 169 号	0311-88198155 13731185811
		邢台国家粮食储备分库有限责任公司	河北省邢台市守敬南路 119 号	0319-2024128 13932972669
		南京铁心桥国家粮食储备库	南京市雨花台区铁心桥镇吴尚村	025-52891674 13605152082
		中央储备粮徐州直属库	江苏省徐州市铜山新区	0516-83530510 13805207361
		河南濮阳国家粮食储备库	河南省濮阳市石化路东段	0393-8110560 13703835908
		德州天马粮油食品集团有限公司	德州经济开发区湘江路 1 号	0534-2561179 13639483168
		江苏省扬子江现代粮食物流中心	江苏省靖江市经济开发区新港园区	0523-84206589 13382588868
		中国华粮物流集团南通粮油接运有限责任公司	南通市任港路 62 号	0513-83508460 13951411759
		中谷江阴工贸储运有限公司	江苏省江阴市经济开发区定山路 2 号	0510-86408269 13961613775
		河南新乡铁西国家粮食储备库	新乡市卫滨区立东路 3 号	0373-2627355 13603930939
		河南安阳安林国家粮食储备库	安阳市柏庄镇青春村	0372-8798529 15037255816
		河北柏乡国家粮食储备库	河北省柏乡县镇内(柏镇路南侧)	0319-7702677 13831933076
菜籽油	ZCE	东海粮油工业(张家港)有限公司	江苏省张家港市金港镇	0512-58388228 13812990889
		中粮粮油安徽有限公司	安徽省合肥市双凤工业区中谷园	0551-2686661 13655518719
		益海嘉里(武汉)粮油工业公司	湖北省武汉市东西湖区慈惠农场良种站	027-83241031 13907115515
		中粮祥瑞粮油工业(荆门)有限公司	湖北省钟祥市莫愁湖经济开发区	0724-4285729 13774057872
		浙江新市油脂股份有限公司	浙江省德新县新市镇塔园路 1 号	0572-8444090 13957260990
		泰州市过船港务有限公司	江苏省泰兴市经济开发区沿江路 2 号	13801490696 18761039860
		湖北奥星粮油工业有限公司	湖北省老河口市城东工业园区汉江大道中段 7 号	0710-8222177 15997180338
		荆州金楚科技有限公司	湖北省荆州市开发区三湾路 72 号	0716-4308906 18972155678
		益海(广汉)粮油饲料有限公司	四川省(德阳市)广汉市湘潭路一段 80 号	0838-5303973 13881091003
		益海嘉里(岳阳)粮油工业有限公司	湖南省岳阳市城陵矶港长江路 2 号	0730-8571612 13981060803
		中储粮镇江粮油有限公司	镇江市京口区谏壁镇粮山村	0511-83355571 15051115966
		中国储备粮管理总公司合肥油脂库	合肥市蒙城北路双凤经济开发区	0551-2917588 13721109885
		南京铁心桥国家粮食储备库	南京市栖霞区石埠桥河西里 1 号	025-52890848 13851421688
		西安市油脂公司油脂仓库	西安市北二环余家寨	029-86712046 13772095917

数据来源：上海期货交易所、大连商品交易所、郑州商品交易所
Source：SHFE、DCE、ZCE

7-36　2011年金属期货交割仓库明细

Summary Delivery Points of Metal products in 2011

品种	交易所	交割仓库	地址	电话
铜、铝、锌、铅	上期所	上海国储天威仓储有限公司	上海市嘉定区黄渡工业园区星塔路1289号	021-56354900
铜、铝		上海国储天威仓储有限公司	上海市外高桥保税区荷丹路68号	021-50640027
铅		上海国储天威仓储有限公司	上海市浦东新区同顺大道1111号	021-51242188
铜、铝、锌、铅		中储发展股份有限公司	上海宝山铁山路495号	021-33794175
铜、铝、锌、铅		中储发展股份有限公司	上海市宝山区南大路257号、310号、137号	021-62500165
铝、铅		中储发展股份有限公司	江苏无锡市城南路32-1号	0510-85368888
铅		中储发展股份有限公司	天津市北辰区顺义道	022-86563351
铝、铅		广东储备物资管理局八三0处	广东佛山市南海区盐步镇三眼桥货场西侧	0757-85760802
铝		广东晟世有色金属仓储物流有限公司	广东佛山市南海区盐步镇三眼桥货场西侧三河东路虎榜段	0757-85785606
铝、锌、铅		广东晟世有色金属仓储物流有限公司	广东省佛山市南海区小塘西货场侧晟世物流小塘西仓库	0575-87501753
铝、锌、铅		南储仓储管理有限公司	广东佛山市禅城区佛罗公路166号	0757-88015023
铜、铝		上海期晟储运管理有限公司	上海市闵行区剑川路2280号	021-64305295
锌、铅			上海市曹安路3645号	021-51642912
铜、铝(保税)		中储临港物流开发有限公司	上海洋山港区双惠路195号	021-68280480
铝、锌、		浙江康运仓储有限公司	杭州市拱康路98号(铁路康桥货场内)	0571-56725585
			浙江诸暨市陶朱街道西二环路539号	0575-87501753
铜、铝、锌		上港物流金属仓储(上海)有限公司	上海宝山区安达路240号、军工路4049号、军工路4051号	021-56442456
铜、铝、锌		上海裕强物流有限公司	上海共和新路3501号	021-36030075
铜、铝、锌		上海同盛物流园区投资开发有限公司	上海浦东新区芦潮港同顺大道777号	021-68281891
铜、铝(保税)			上海洋山港区顺运路389号	021-68281891
铝、锌、铅		国家物资储备局浙江八三七处	宁波镇海区大通路331号	0574-86266748
铝、锌		无锡市国联物流有限公司	无锡市惠山区洛社镇石塘湾梅径村南	0510-83076358
铝、锌		宁波九龙仓仓储有限公司	宁波市镇海区平海路299号	0574-27685010
铅		天津渤海物流有限公司	天津市北辰区北仓道55号	022-26916700
铅		国家物资储备局天津八三三处	天津市滨海新区临港路15号	022-59823612
黄金	上期所	工商银行北京市分行营业部	北京市复兴门南大街2号天银大厦B座	010-66410615
		工商银行上海市分行营业部	上海市中山东一路24号	021-63215820 63211678*1038
		工商银行深圳市分行	深圳市深南东路金融中心北座二楼	0755-82246264, 25930009 25930009
		工商银行贵溪支行	江西省贵溪市雄石路38号	0701-3773031 13970159069
		工商银行三门峡分行	河南省三门峡市崤山路40号	0398-2836749
		工商银行灵宝支行	河南省灵宝市函谷路中段	0398-8862627,8861995
		工商银行龙岩分行	福建省龙岩市新罗区九一南路47号	0597-2227697
		工商银行龙岩分行上杭支行	福建省龙岩市上杭县北环路东段	0597-3835952
		工商银行招远支行	山东省招远市魁星路95号	0535-8224694
		工商银行莱州支行	山东省莱州市鼓城街88号	0535-2211315
		工商银行洛阳分行	河南省洛阳市中州中路230号	0379-63336969
		建行北京市分行现金服务中心铁道分金库	北京西客站北广场东配楼铁道支行	010-51996841
		建设银行上海分行	上海陆家嘴环路900号	021-58880000*1311
		建设银行深圳市分行	广东省深圳市红岭南路金融中心东座	0755-82488307
		建设银行安徽省铜陵市分行	安徽省铜陵市长江西路41号	0562-2820013

续表 1　Continued 1

品种	交易所	交割仓库	地址	电话
黄　金	上期所	建设银行河南省三门峡市分行	河南省三门峡市崤山路 52 号	0398-2985036
		建设银行河南省灵宝支行金库	灵宝市金城大道西段 7 号	0398-8869166
		建设银行山东省烟台市分行	山东省烟台市南大街 9 号	0535-6603087
		建设银行福建省分行龙岩分行	福建省龙岩市九一北路 111 号	0597-2239529
		建设银行福建省分行上杭支行	福建省龙岩市上杭县临江镇北环路 261 号	0597-3843041
		建设银行贵州省分行	贵州省贵阳市中华北路 56 号	0851-6696431
		交通银行北京市分行	北京市西城区金融大街 33 号	010-66101662
		交通银行上海市分行	上海市东园路 158 号	021-63111000*2847
		交通银行深圳分行	深圳市福田区红荔西路 3002 号交行大厦	0755-83680283
		交通银行云南省分行	云南省昆明市护国路 67 号	0871-3107221
		交通银行湖北省分行	湖北省武汉市建设大道 847 号 A 座	027-85487301
		交通银行广西区分行	广西南宁市人民东路 228 号	0771-2835721
		中国银行股份有限公司上海市分行	上海市中山东一路 23 号	021-63291331
		中国银行股份有限公司深圳市分行	深圳市和平路 1195 号中怡大厦	0755-22332136 13798311383
		中国银行股份有限公司莱州支行	山东省莱州市莱州北路 733 号	0535-2232071
		中国银行股份有限公司招远支行	山东省招远市府前路 78 号	0535-8210553 13853582518
		中国银行股份有限公司福建省分行	福建省福州市五四路 136 号	0591-87090355
		中国银行股份有限公司三门峡分行	河南省三门峡市崤山东路 15 号	0398-2982760
		中国银行股份有限公司灵宝支行	河南省灵宝市金城大道 10 号	0398-2982821

数据来源：上海期货交易所
Source：SHFE

7－37　2011 年能源及化工期货交割仓库明细

Summary Delivery Points of Building Materials, Energy & Chemical products in 2011

品种 Items	交易所 Exchanges	交割仓库 Delivery Points	地址 Address	电话 Telephone No.
聚乙烯	DCE	天津全程物流配送有限公司	天津市东丽区华明镇华粮道 2298 号	022-84828862
		天津开发区泰达公共保税仓有限公司	天津经济技术开发区渤海路 39 号	022-62008116
		青州中储物流有限公司	山东省青州市玲珑山北路 638 号	0536-3292571
		中储发展股份有限公司	上海市宝山区南大路 257 号	021-51621983
		中储发展股份有限公司	上海市浦东新区仁庆路 200 号	021-68916778
		中储发展股份有限公司	天津市北辰区南仓道	022-86563406
		上海长桥物流有限公司	上海市徐汇区老沪闵路 1070 号	021-64106734
		国家物资储备局浙江八三七处	浙江省宁波市镇海区大通路 331 号	0574-86378767
		中国物资储运广州公司	广州市黄埔区大沙地西 139 号	020-82299020
		南储仓储管理有限公司	佛山市禅城区佛罗公路 166 号	0757-88015023
		宁波保税区高新货柜有限公司	宁波保税区东区兴业四路二号	0574-86820043
		上海安石仓储管理有限公司	上海市虹口区海宁路 137 号	021-61806025
		浙江省国际贸易集团物流有限公司	杭州市体育场路 229 号	0571-85779792
		浙江尖峰国际贸易有限公司	浙江金东经济开发区 B 区	0579-82382768
		广州市川金路物流有限公司	广东省广州市萝岗区开发大道 1330 号综合楼 101-102 房	020-32287605

续表 1　Continued 1

品种 Items	交易所 Exchanges	交割仓库 Delivery Points	地址 Address	电话 Telephone No.
聚氯乙烯	DCE	中国物资储运广州公司	广州市黄埔区大沙地西 139 号	020－82299020
		南储仓储管理有限公司	佛山市禅城区佛罗公路 166 号	0757－88015023
		中储发展股份有限公司	上海市浦东新区仁庆路 200 号	021－68916778
		国家物资储备局浙江八三七处	浙江省宁波市镇海区大通路 331 号	0574－86378767
		浙江省国际贸易集团物流有限公司	杭州市体育场路 229 号	0571－85779792
		上海华谊天原化工物流有限公司	上海市金山区漕泾镇合展路 155 号	021－64340000－3515
		浙江尖峰国际贸易有限公司	浙江金东经济开发区 B 区	0579－82382768
		广东储备物资管理局八三〇处	广东省广州市萝岗区开发大道 1330 号	020－32288072
		上港集团物流有限公司	上海市黄浦路 53 号	021－56443180
		江阴市协丰棉麻有限公司	江苏省江阴市华西村商贸城物流园	0510－86060698
		江苏华东国际塑化城有限公司	苏州市太仓浮桥镇新港公路	0512－53686800
		上海安石仓储管理有限公司	上海市虹口区海宁路 137 号	021－61806025
		广州华润物流有限公司	广州南沙经济技术开发区金沙北路华润物流仓库	020－39052290
		广州市川金路物流有限公司	广东省广州市萝岗区开发大道 1330 号综合楼 101－102 房	020－32287605
冶金焦炭	DCE	河北旭阳焦化有限公司	河北省定州市定曲路	0312－5538420
		唐山佳华煤化工有限公司	河北省唐山市海港开发区 1 号路南	0315－2923416
		青岛钢铁集团兖州焦化厂	山东省兖州市金谷路 99 号	0537－3412326
		山西美锦煤炭气化股份有限公司	山西省太原市府西街 92 号同巨大酒店 12 层	0351－4236868
		山西宏安焦化科技有限公司	山西省太原市平阳路 126 号安泰大厦 20 层	0351－7658007
燃料油	SHFE	中油燃料油股份有限公司湛江公司(中油湛江)	湛江港第二作业区中油燃料湛江油库	0759－2259028
		广州南沙泰山石化发展有限公司(泰山石化)	广州南沙区黄阁镇小虎岛石化工业区粤海大道	020－34689468
		广州发展碧辟油品有限公司(碧辟南沙)	广州南沙区环市大道北 19 号	020－84684191
		中国石油化工股份有限公司广东石油分公司(西基油库)	广州市经济技术开发区西基村	020－85507950
		珠海中燃石油有限公司(中燃珠海)	广东珠海桂山岛	0756－3231670
		中化兴中石油转运(舟山)有限公司(中化兴中)	浙江省舟山市岙山岛	0580－2061786
		洋山申港国际石油储运有限公司(洋山石油)	上海洋山深水港东港区	021－68405060
		浙江海洋石油仓储有限公司(海洋仓储)	浙江省舟山市定海区岑港镇海洋化工工业园区 22 号(烟墩)	0580－8710828
		上海百联石化物流有限公司(百联油库)	上海市金山区州工路 158 号	021－67250066
PTA	ZCE	国家物资储备局浙江八三七处	浙江省宁波市镇海区海塘大通路 331 号	0574－86378767 13566523632
		江苏省江海粮油贸易公司张家港储运部	江苏省张家港市金港镇港区宝岛路 1 号	0512－58388128 13906249916
		太仓新港物流管理中心有限公司	江苏省太仓市浮桥镇北环路 9 号	0512－53706218 13606246878
		张家港保税区华瑞物流有限公司	张家港保税区福建南路	0512－56308901 13773225051
		杭州临港物流有限公司	浙江省杭州市萧山区建设一路 66 号华瑞中心 1 号楼 29 楼	0571－83786763 15067159380
		宁波保税区高新货柜有限公司	宁波保税东区兴业四路 2 号	0574－87270612 13806669798
		江阴市协丰棉麻有限公司	江阴市华西村物流园(沿江高速华西出口处)	0510－86060699 13801522007

数据来源：上海期货交易所、大连商品交易所、郑州商品交易所
Source：SHFE、DCE、ZCE

7－38　2011年钢材期货交割仓库明细

Summary Delivery Points of Steel products in 2011

螺纹钢、线材	上期所	上海五钢物流有限责任公司	24万吨螺纹钢或8万吨线材	上海市宝杨路2035号	021－33790928
		上海中农吴泾农资有限公司	6万吨螺纹钢或2万吨线材	上海市闵行区吴泾通海路275号	021－64501589
		上海铁路闵行钢铁发展有限公司	24万吨螺纹钢或8万吨线材	上海市闵行区昆阳路1658号	021－51161118
		浙江物产物流投资有限公司	21万吨螺纹钢或7万吨线材	浙江省杭州市余杭区良渚镇古运河路12号	0571－89005500
		浙江康运仓储有限公司	4.5万吨螺纹钢或1.5万吨线材	浙江省杭州市拱康路98号(铁路康桥货场内)	0571－88027012
			9万吨螺纹钢或3万吨线材	浙江省杭州市崇贤镇长路兜22－1号	0571－88013253
			4.5万吨螺纹钢或1.5万吨线材	浙江省宁波市江北区白沙路353号	0574－27690096
		镇江惠龙长江港务有限公司	180万吨螺纹钢或60万吨线材	江苏镇江金桥大道88号	0511－85898888
		上海期晟储运管理有限公司	60万吨螺纹钢或20万吨线材	江苏省靖江市经济开发区新港园区六助港路1号	0523－84835065
		中储发展股份有限公司	12万吨螺纹钢或4万吨线材	无锡市新区城南路32－1号	0510－85368888
			45万吨螺纹钢或15万吨线材	天津市北辰区顺义道	022－86563338
		天津开发区泰达公共保税仓有限公司	15万吨螺纹钢或5万吨线材	天津经济技术开发区渤海路39号	022－66206861

数据来源：上海期货交易所、大连商品交易所、郑州商品交易所
Source：SHFE、DCE、ZCE

八、证券期货中介机构

Securities and Futures Intermediate Institutions

2011 年机构监管综述

Summary for Securities Institutions Supervising in 2011

2011 年，机构监管工作按照 2010 年全国证券期货监管工作会议的总体要求和部署深入开展、有序推进，取得了积极成效。各项基础性制度进一步巩固健全，证券公司合规管理和风险控制能力进一步提升，全行业在国际经济金融形势异常复杂、国内证券市场持续低迷的情况下，总体上仍然保持了健康发展的良好态势。截至 2011 年底，109 家证券公司总资产 15723 亿元，净资产 6298 亿元，净资本 4629 亿元，全行业累计实现营业收入 1359 亿元、净利润 389 亿元，各项风控指标均大幅优于监管标准。2011 年机构监管重点工作实施情况如下：

一、调整优化行政许可制度

在 2010 年实现审核工作全过程向社会公开的基础上，稳步向派出机构下放审批权限，推进监管重心下移，进一步提高审核效率。2011 年共分 3 批授权全部 36 家派出机构审核 5 项行政许可事项。

二、做好融资融券业务转常规工作

2010 年 3 月中国证监会实质启动融资融券业务试点以来，先后批准 25 家证券公司开展试点，目前运行情况良好。在总结试点经验的基础上，2011 年 10 月修订发布了《证券公司融资融券业务管理办法》(证监会公告[2011]31 号)和《证券公司融资融券业务内部控制指引》(证监会公告[2011]32 号)，实现融资融券业务由试点转入常规。同时，为完善融资融券配套机制，制定发布了《转融通业务监督管理试行办法》(证监会令第 75 号)，明确了转融通业务的基本制度框架，积极做好转融通业务推出的准备工作。截止 2011 年底，全年累计融资融券交易金额 5856 亿元，融资融券余额 383 亿元；已开通融资融券业务的证券营业部总数 2156 家，客户开立的信用证券账户 34.86 万户。

三、改进加强证券公司风险监管

借鉴国际监管组织最新风险监管理念，指导证券业协会制定发布了《证券公司压力测试指引(试行)》，推动证券公司将压力测试引入风险管理体系，建立健全压力测试机制。组织开展全行业统一情景压力测试，从测试结果看，在压力情景下证券行业总体风险在可承受范围之内，不存在影响金融稳定的重大系统性风险。评估现有风险控制指标体系，研究提出建立“逆周期”调节机制和完善风控指标体系的总体思路。综合运用各种措施和手段，加强对证券公司各项业务尤其是股指期货、融资融券等新业务风险的动态监测和分析，防范跨市场的风险传递。

四、推动证券公司深化合规管理

督促证券公司结合实际，有针对性地健全完善并严格执行信息隔离墙制度，切实防范公司与客户、客户与客户之间的利益冲突和内幕交易。跟踪掌握行业信息隔离墙制度建设和实施的情况，及时加以指导校正，证券公司信息隔离墙制度建设与 2010 年相比有了长足进展，开始在防范内幕交易、利益冲突方面发挥作用。督导证券公司改进加强合规管理有效性评估工作，通过评估自我发现问题、采取改进措施，不断健全合规管理机制。研究修订《证券公司治理准则(试行)》和《证券公司内部控制指引》，将合规管理等基础性制度建设实践中的有效经验和做法上升为规则，推动证券公司进一步健全治理结构和内部控制机制。

五、促进证券公司提升客户服务水平

评估新设证券营业网点政策，研究提出了支持证券公司对营业网点实行差异化建设和管理的政策方案。指导证券业协会研究起草证券公司客户服务指引，推动证券公司完善客户分类和产品、服务分级管理制度，提高客户适当性管理水平。研究修订《客户交易结算资金管理办法》，进一步规范客户交易结算资金的管理，保护客户合法权益。

六、积极支持证券公司创新发展

在总结分析行业创新实践的基础上，制定发布了《证券公司业务(产品)创新指引(试行)》，进一步明确创

新的准入机制、风险防范机制、激励机制和监管机制。指导8家证券公司分别开展报价回购、约定购回式交易和现金管理产品3项创新试点。支持符合条件的证券公司通过发行上市、市场化并购整合等方式做优做强。截至2011年底,全年新增上市证券公司3家,上市证券公司累计达到18家。总结直接投资业务试点经验,将其纳入常规监管。2011年新增3家证券公司直投子公司,证券公司直投子公司累计达到34家。

七、强化证券投资咨询机构日常监管

研究明确《证券投资咨询机构监管规定》起草思路,健全证券投资咨询机构常规监管机制。推动落实《发布证券研究报告暂行规定》、《证券投资顾问业务暂行规定》,妥善应对处理媒体集中质疑研究报告质量的所谓"研报门"事件,规范证券机构发布证券研究报告行为。

八、稳步推进证券公司"走出去"和对外开放工作

稳步推进证券公司"走出去"和对外开放工作。开展证券公司"走出去"和对外开放专题调研,研究支持境内证券公司及其境外子公司开展RQFII试点等跨境业务的政策措施。完善证券公司设立境外子公司的政策。持续督导证券公司加强对境外子公司的管理,防范境外投资风险。2011年新批2家证券公司在香港设立子公司,已开业证券公司香港子公司达到16家。按照我会统一部署,继续做好合资公司审批工作,2011年批准1家合资证券公司的设立申请,已受理1家合资证券投资咨询公司的设立申请。

8－1 全国证券期货行业机构统计表

Sataistics of Securities & Futures Institutions

机构 Institutions	1994 年	1995 年	1996 年	1997 年	1998 年	1999 年	2000 年	2001 年	2002 年	2003 年	2004 年	2005 年	2006 年	2007 年	2008 年	2009 年	2010 年	2011 年
证券交易所 Stock Exchange	2	2	2	2	2	2	2	2	2	2	2	2	2	2	2	2	2	2
证券结算公司 Securities Trading Center	2	2	2	2	2	2	2	1	1	1	1	1	1	1	1	1	1	1
证券公司 Securities Company	91	97	94	90	90	90	100	109	127	133	133	116	104	106	107	106	106	109
证券营业部 Securities House	2262	N	2420	2412	2412	2412	2680	2700	2936	3020	3075	3090	3105	3060	3170	3956	4644	5008
基金管理公司 Funds Company					6	10	10	15	21	34	45	53	58	59	61	60	63	69
期货交易所 Futures Exchange	14	14	14	14	3	3	3	3	3	3	3	3	3	4	4	4	4	4
期货公司 Futures Brokerage	N	N	329	294	278	213	178	200	179	186	188	183	183	177	171	167	163	163

数据来源：中国证监会
Source：CSRC

8－2 2011 年证券经营机构 A 股交易金额前 20 名排名表

Top 20 of Securities Companies by A Share Turnover in 2011

金额：亿元

序号 No.	上海 Shanghai			深圳 Shenzhen		
	会员名称 Companies	交易金额 Turnover	比重(%) of Total	会员名称 Companies	交易金额 Turnover	比重(%) of Total
1	中国银河证券股份有限公司	24770.25	5.23	中国银河证券股份有限公司	18767.78	5.11
2	国泰君安证券股份有限公司	23031.82	4.86	国泰君安证券股份有限公司	16899.19	4.60
3	申银万国证券股份有限公司	19542.20	4.13	国信证券股份有限公司	16779.72	4.57
4	国信证券股份有限公司	19495.63	4.12	广发证券股份有限公司	15664.72	4.27
5	海通证券股份有限公司	19450.58	4.11	招商证券股份有限公司	15217.22	4.15
6	广发证券股份有限公司	18839.44	3.98	海通证券股份有限公司	14888.09	4.06
7	华泰证券股份有限公司	18027.09	3.81	华泰证券股份有限公司	14286.42	3.89
8	招商证券股份有限公司	17837.30	3.77	申银万国证券股份有限公司	12998.02	3.54
9	中信建投证券股份有限公司	15209.98	3.21	中信建投证券股份有限公司	11372.02	3.10
10	中信证券股份有限公司	13978.65	2.95	光大证券股份有限公司	11282.23	3.07
11	光大证券股份有限公司	13910.68	2.94	安信证券股份有限公司	9357.15	2.55
12	齐鲁证券有限公司	11537.94	2.44	中信证券股份有限公司	9260.01	2.52
13	安信证券股份有限公司	11406.69	2.41	中国中投证券有限责任公司	9194.16	2.51
14	中国中投证券有限责任公司	11182.22	2.36	齐鲁证券有限公司	9090.36	2.48
15	中信金通证券有限责任公司	9366.71	1.98	中信金通证券有限责任公司	7208.41	1.96
16	方正证券股份有限公司	8073.47	1.70	方正证券股份有限公司	6667.84	1.82
17	长江证券股份有限公司	8067.65	1.70	长江证券股份有限公司	6599.22	1.80
18	兴业证券股份有限公司	7786.14	1.64	兴业证券股份有限公司	6272.89	1.71
19	东方证券股份有限公司	7665.40	1.62	华泰联合证券有限责任公司	6142.32	1.67
20	华泰联合证券有限责任公司	7284.56	1.54	东方证券股份有限公司	5584.69	1.52
合计		286464.40	60.50		223532.46	60.90

注：表中交易金额为双边计算
数据来源：上海、深圳证券交易所
Source：Shanghai Shenzhen Stock Exchange

8-3 2011年证券经营机构B股交易金额排名表

Top 20 of Securities Companies by B Share Turnover in 2011

金额:亿元

序号 No.	上海 Shanghai			深圳 Shenzhen		
	会员名称 Companies	交易金额 Turnover	比重(%) of Total	会员名称 Companies	交易金额 Turnover	比重(%) of Total
1	申银万国证券股份有限公司	175.81	11.78	招商证券股份有限公司	94.02	8.41
2	国泰君安证券股份有限公司	107.33	7.19	中国国际金融有限公司	81.93	7.33
3	中国银河证券股份有限公司	100.56	6.74	国泰君安证券股份有限公司	72.89	6.52
4	海通证券股份有限公司	97.42	6.53	广发证券股份有限公司	71.38	6.38
5	华泰证券股份有限公司	71.99	4.82	申银万国证券股份有限公司	67.03	5.99
6	招商证券股份有限公司	61.94	4.15	国信证券股份有限公司	66.97	5.99
7	广发证券股份有限公司	54.69	3.66	中国银河证券股份有限公司	47.51	4.25
8	国信证券股份有限公司	48.64	3.26	安信证券股份有限公司	36.69	3.28
9	中信建投证券股份有限公司	41.18	2.76	海通证券股份有限公司	35.88	3.21
10	方正证券股份有限公司	40.41	2.71	光大证券股份有限公司	32.22	2.88
11	中信证券股份有限公司	38.11	2.55	中国中投证券有限责任公司	27.59	2.47
12	东方证券股份有限公司	35.56	2.38	华泰联合证券有限责任公司	26.19	2.34
13	光大证券股份有限公司	32.33	2.17	平安证券有限责任公司	24.45	2.19
14	中信金通证券有限责任公司	31.41	2.10	中银国际证券有限责任公司	20.27	1.81
15	中国国际金融有限公司	31.13	2.09	华泰证券股份有限公司	19.39	1.73
16	中国中投证券有限责任公司	30.77	2.06	广州证券有限责任公司	15.59	1.39
17	中银国际证券有限责任公司	27.99	1.88	中信证券股份有限公司	14.41	1.29
18	安信证券股份有限公司	26.56	1.78	方正证券股份有限公司	14.18	1.27
19	长江证券股份有限公司	23.94	1.60	中信建投证券股份有限公司	13.88	1.24
20	渤海证券股份有限公司	20.29	1.36	长江证券股份有限公司	11.67	1.04
合计		1098.06	73.57		794.14	71.00

注:表中交易金额为双边计算。
数据来源:上海、深圳证券交易所
Source:Shanghai Shenzhen Stock Exchange

8-4 2011年证券经营机构国债现货交易金额排名表

Top 20 of Securities Companies by Cash T-Bonds Turnover in 2011

金额:亿元

序号 No.	上海 Shanghai			深圳 Shenzhen		
	会员名称 Companies	交易金额 Turnover	比重(%) of Total(%)	会员名称 Companies	交易金额 Turnover	比重(%) of Total(%)
1	海通证券股份有限公司	420.43	16.47	中信证券股份有限公司	10.59	52.82
2	国泰君安证券股份有限公司	283.69	11.11	招商证券股份有限公司	4.63	23.12
3	中国国际金融有限公司	146.26	5.73	海通证券股份有限公司	2.19	10.95
4	平安证券有限责任公司	144.06	5.64	中信建投证券股份有限公司	0.67	3.35
5	中信证券股份有限公司	122.15	4.79	申银万国证券股份有限公司	0.16	0.78
6	国信证券股份有限公司	117.95	4.62	国信证券股份有限公司	0.13	0.63
7	招商证券股份有限公司	112.53	4.41	中国银河证券股份有限公司	0.12	0.58
8	申银万国证券股份有限公司	109.27	4.28	安信证券股份有限公司	0.11	0.56

续表 1 Continued 1

序号 No.	上海 Shanghai			深圳 Shenzhen		
	会员名称 Companies	交易金额 Turnover	比重(%) of Total(%)	会员名称 Companies	交易金额 Turnover	比重(%) of Total(%)
9	中原证券股份有限公司	105.01	4.11	渤海证券股份有限公司	0.11	0.56
10	东方证券股份有限公司	91.60	3.59	广发证券股份有限公司	0.10	0.51
11	中国银河证券股份有限公司	71.46	2.80	国泰君安证券股份有限公司	0.08	0.41
12	广发证券股份有限公司	68.48	2.68	光大证券股份有限公司	0.08	0.40
13	中信建投证券股份有限公司	60.74	2.38	齐鲁证券有限公司	0.08	0.38
14	华泰证券股份有限公司	36.91	1.45	中国中投证券有限责任公司	0.07	0.34
15	中银国际证券有限责任公司	34.65	1.36	山西证券股份有限公司	0.05	0.26
16	华泰联合证券有限责任公司	27.85	1.09	兴业证券股份有限公司	0.05	0.26
17	财通证券有限责任公司	27.84	1.09	华泰证券股份有限公司	0.05	0.25
18	国元证券股份有限公司	27.47	1.08	中天证券有限责任公司	0.05	0.23
19	南京证券有限责任公司	26.57	1.04	东莞证券有限责任公司	0.04	0.19
20	兴业证券股份有限公司	25.60	1.00	长江证券股份有限公司	0.03	0.15
合计		2060.52	80.72		19.39	96.72

注:表中交易金额为双边计算。

数据来源:上海、深圳证券交易所

Source:Shanghai Shenzhen Stock Exchange

8-5 2011年证券经营机构国债回购交易金额排名表

Top 20 of Securities Companies by turnover of T-Bond Repurchase in 2011

序号 No.	上海 Shanghai 金额:亿元			深圳 Shenzhen 金额:元		
	会员名称 Companies	交易金额 Turnover	比重(%) of Total(%)	会员名称 Companies	交易金额 Turnover	比重(%) of Total(%)
1	国泰君安证券股份有限公司	29784.19	7.46	宏源证券股份有限公司	18000	39.13
2	申银万国证券股份有限公司	26823.45	6.72	申银万国证券股份有限公司	12000	26.09
3	中国国际金融有限公司	21122.38	5.29	中信金通证券有限责任公司	6000	13.04
4	海通证券股份有限公司	19847.40	4.97	华安证券有限责任公司	5000	10.87
5	中信证券股份有限公司	18653.34	4.67	长江证券股份有限公司	5000	10.87
6	招商证券股份有限公司	16619.58	4.16			
7	平安证券有限责任公司	16519.18	4.14			
8	中国银河证券股份有限公司	16453.38	4.12			
9	国信证券股份有限公司	14607.03	3.66			
10	中信建投证券股份有限公司	14313.19	3.59			
11	广发证券股份有限公司	11244.55	2.82			
12	长江证券股份有限公司	10396.22	2.6			
13	光大证券股份有限公司	9237.53	2.31			
14	华泰证券股份有限公司	8687.41	2.18			
15	东方证券股份有限公司	8635.67	2.16			
16	兴业证券股份有限公司	6607.58	1.66			
17	安信证券股份有限公司	5828.79	1.46			
18	国元证券股份有限公司	5471.98	1.37			
19	齐鲁证券有限公司	4211.45	1.06			
20	宏源证券股份有限公司	4174.57	1.05			
合计		269238.87	67.45		46000	100

注:表中交易金额为双边计算。

数据来源:上海、深圳证券交易所

Source:Shanghai Shenzhen Stock Exchange

8-6 2011年证券营业部A股交易金额排名表

Top 20 of Securities Sale Departments by Turnover of A share in 2011

金额:亿元

序号 No.	上海 Shanghai			深圳 Shenzhen		
	营业部名称 Business Department	交易金额 Turnover	比重(%) of Total(%)	营业部名称 Business Department	交易金额 Turnover	比重(%) of Total(%)
1	中国国际金融有限公司北京建国门外大街证券营业部	2161.67	0.46	国信证券股份有限公司深圳泰然九路证券营业部	1917.02	0.52
2	中国国际金融有限公司上海淮海中路证券营业部	2023.06	0.43	国信证券股份有限公司上海北京东路证券营业部	1349.09	0.37
3	国信证券股份有限公司深圳泰然九路证券营业部	1993.01	0.42	国信证券股份有限公司广州东风中路证券营业部	1250.10	0.34
4	国信证券股份有限公司上海北京东路证券营业部	1851.00	0.39	国信证券股份有限公司北京平安大街证券营业部	1099.73	0.30
5	国信证券股份有限公司北京平安大街证券营业部	1463.59	0.31	国信证券股份有限公司杭州体育场路证券营业部	917.54	0.25
6	申银万国证券股份有限公司上海新昌路营业部	1461.07	0.31	国信证券股份有限公司深圳红岭中路证券营业部	724.56	0.20
7	国信证券股份有限公司广州东风中路证券营业部	1434.44	0.30	招商证券股份有限公司深圳益田路免税商务大厦证券营业部	675.38	0.18
8	国信证券股份有限公司杭州体育场路证券营业部	1071.39	0.23	华西证券有限责任公司北京紫竹院路证券营业部	622.00	0.17
9	国泰君安证券股份有限公司上海江苏路证券营业部	1048.74	0.22	国泰君安证券股份有限公司上海江苏路证券营业部	621.28	0.17
10	中银国际证券有限责任公司上海欧阳路证券营业部	1022.74	0.22	中国国际金融有限公司上海淮海中路证券营业部	589.15	0.16
11	国信证券股份有限公司深圳红岭中路证券营业部	1022.51	0.22	国信证券股份有限公司义乌稠州北路证券营业部	579.49	0.16
12	国泰君安证券股份有限公司北京知春路证券营业部	1006.79	0.21	华泰证券股份有限公司深圳深南大道证券营业部	533.20	0.15
13	招商证券股份有限公司深圳益田路免税商务大厦证券营业部	968.68	0.20	华泰证券股份有限公司江阴福泰路证券营业部	530.51	0.14
14	长江证券股份有限公司上海汉口路证券营业部	934.79	0.20	中信金通证券有限责任公司温岭东辉北路证券营业部	505.77	0.14
15	中国国际金融有限公司深圳福华一路证券营业部	917.11	0.19	财通证券有限责任公司绍兴人民中路证券营业部	494.03	0.13
16	华泰证券股份有限公司南京长江路证券营业部	904.53	0.19	招商证券股份有限公司深圳南山南油大道证券营业部	483.87	0.13
17	中信证券股份有限公司上海淮海中路证券营业部	848.50	0.18	国信证券股份有限公司南京洪武路证券营业部	468.82	0.13
18	招商证券股份有限公司深圳南山南油大道证券营业部	825.86	0.17	兴业证券股份有限公司福州湖东路证券营业部	467.80	0.13
19	招商证券股份有限公司北京建国路证券营业部	813.27	0.17	中信金通证券有限责任公司义乌城中中路证券营业部	467.21	0.13
20	东方证券股份有限公司上海张杨路证券营业部	800.94	0.17	中国银河证券股份有限公司北京金融街证券营业部	460.87	0.13
合计		24573.69	5.19		14757.43	4.02

注:表中交易金额为双边计算。

数据来源:上海、深圳证券交易所

Source:Shanghai Shenzhen Stock Exchange

8-7 2011年证券营业部国债现货交易金额排名表

Top 20 of Securities Sale departments by Turnover of Cash T-Bonds in 2011

金额:亿元

序号 No.	上海 Shanghai			深圳 Shenzhen		
	营业部名称 Business Department	交易金额 Turnover	比重(%) of Total(%)	营业部名称 Business Department	交易金额 Turnover	比重(%) of Total(%)
1	中国国际金融有限公司上海淮海中路证券营业部	60.30	2.36	中信证券股份有限公司深圳福华一路证券营业部	0.29	1.43
2	招商证券股份有限公司哈尔滨长江路证券营业部	56.11	2.20	中信证券股份有限公司北京北三环中路证券营业部	0.19	0.96
3	招商证券股份有限公司上海娄山关路证券营业部	33.86	1.33	渤海证券股份有限公司北京西外大街证券营业部	0.10	0.49
4	中银国际证券有限责任公司上海欧阳路证券营业部	27.06	1.06	中信证券股份有限公司北京张自忠路证券营业部	0.09	0.44
5	东方证券股份有限公司上海周东路证券营业部	25.29	0.99	中信证券股份有限公司南京高楼门证券营业部	0.06	0.30
6	财通证券有限责任公司杭州解放路证券营业部	24.64	0.97	中信证券股份有限公司上海漕溪北路证券营业部	0.06	0.29
7	平安证券有限责任公司深圳福华路证券营业部	24.24	0.95	申银万国证券股份有限公司上海吴中路证券营业部	0.06	0.28
8	广发证券股份有限公司广州环市东路证券营业部	23.71	0.93	山西证券股份有限公司太原府西街证券营业部	0.05	0.24
9	申银万国证券股份有限公司上海昌化路营业部	20.93	0.82	安信证券股份有限公司上海南丹路证券营业部	0.05	0.23
10	申银万国证券股份有限公司南通青年中路证券营业部	19.94	0.78	中天证券有限责任公司沈阳南京北街证券营业部	0.04	0.22
11	中信证券股份有限公司北京北三环中路证券营业部	18.43	0.72	光大证券股份有限公司上海淮海中路证券营业部	0.04	0.19
12	中信证券股份有限公司北京安外大街证券营业部	18.06	0.71	齐鲁证券有限公司济南经十路证券营业部	0.04	0.18
13	广发证券股份有限公司珠海粤海中路证券营业部	17.42	0.68	兴业证券股份有限公司福州五四路证券营业部	0.04	0.18
14	中信建投证券股份有限公司北京市三里河路证券营业部	17.39	0.68	国信证券股份有限公司深圳泰然九路证券营业部	0.03	0.16
15	中国国际金融有限公司北京建国门外大街证券营业部	14.87	0.58	中信建投证券股份有限公司济南泺源大街证券营业部	0.03	0.16
16	北京高华证券有限责任公司北京金融大街证券营业部	14.80	0.58	申银万国证券股份有限公司哈尔滨中山路证券营业部	0.03	0.14
17	中国国际金融有限公司深圳福华一路证券营业部	14.39	0.56	中国银河证券股份有限公司沈阳南八马路证券营业部	0.03	0.13
18	中国银河证券股份有限公司长春西民主大街证券营业部	14.38	0.56	东莞证券有限责任公司东莞东城大道证券营业部	0.02	0.12
19	长江证券股份有限公司上海锦绣路证券营业部	12.98	0.51	国信证券股份有限公司佛山体育路证券营业部	0.02	0.10
20	国泰君安证券股份有限公司上海打浦路证券营业部	12.32	0.48	中国中投证券有限责任公司绵阳临园路证券营业部	0.02	0.10
合计		471.12	18.45		1.27	6.34

注:表中交易金额为双边计算。
数据来源:上海、深圳证券交易所
Source:Shanghai Shenzhen Stock Exchange

8-8 2011年证券营业部国债回购交易金额排名表

Top 20 of Securities Sale departments by Turnover of T-Bond Repurchase in 2011

金额:亿元

序号 No.	上海 Shanghai 金额:亿元			深圳 Shenzhen 金额:元		
	营业部名称 Business Department	交易金额 Turnover	比重(%) of Total(%)	营业部名称 Business Department	交易金额 Turnover	比重(%) of Total(%)
1	中国国际金融有限公司北京建国门外大街证券营业部	9547.72	2.39	宏源证券股份有限公司北京东四环中路证券营业部	18000	39.13
2	申银万国证券股份有限公司北京劲松九区证券营业部	7192.37	1.80	申银万国证券股份有限公司上海沪太路证券营业部	12000	26.09
3	招商证券股份有限公司哈尔滨长江路证券营业部	6478.17	1.62	中信金通证券有限责任公司杭州市心南路证券营业部	6000	13.04
4	中国国际金融有限公司上海淮海中路证券营业部	5359.14	1.34	华安证券有限责任公司北京慧忠北里证券营业部	5000	10.87
5	中国国际金融有限公司深圳福华一路证券营业部	5293.16	1.33	长江证券股份有限公司鄂州南浦路证券营业部	5000	10.87
6	中信证券股份有限公司北京安外大街证券营业部	3583.99	0.90			
7	国元证券股份有限公司上海斜土路证券营业部	3154.44	0.79			
8	光大证券股份有限公司北京月坛北街证券营业部	2884.00	0.72			
9	申银万国证券股份有限公司上海昌化路营业部	2833.13	0.71			
10	申银万国证券股份有限公司上海南汇证券营业部	2597.95	0.65			
11	长江证券股份有限公司上海锦绣路证券营业部	2591.25	0.65			
12	国泰君安证券股份有限公司上海江苏路证券营业部	2386.48	0.60			
13	招商证券股份有限公司深圳南山南油大道证券营业部	2003.67	0.50			
14	第一创业证券有限责任公司北京平安大街证券营业部	1997.79	0.50			
15	上海证券有限责任公司杭州解放路证券营业部	1899.15	0.48			
16	中信建投证券股份有限公司北京市三里河路证券营业部	1827.25	0.46			
17	国金证券股份有限公司上海遵义路证券营业部	1415.91	0.35			
18	招商证券股份有限公司郑州商务外环路证券营业部	1383.03	0.35			
19	中国银河证券股份有限公司福州中山路证券营业部	1379.71	0.35			
20	广发证券股份有限公司广州天河北路大都会广场证券营业部	1367.56	0.34			
合计		67175.87	16.83		46000	100

注:表中交易金额为双边计算。

数据来源:上海、深圳证券交易所

Source:Shanghai Shenzhen Stock Exchange

8-9　2011年证券公司增资扩股情况统计表

Summary for Expanding Capital of Securities Companies in 2011

序号 No.	公司名称 Companies Name	增资后注册资本(亿元) Register Capital After Expanding(RMB 100m)	增加资本(亿元)Register Capital After Expanding(RMB 100m)
1	安信证券股份有限公司	28.25	4.36
2	渤海证券股份有限公司	32.27	10.00
3	财通证券有限责任公司	14.00	2.73
4	长江证券股份有限公司	23.71	2.00
5	第一创业证券股份有限公司	19.70	3.80
6	东方证券股份有限公司	42.82	9.88
7	东吴证券股份有限公司	20.00	5.00
8	东兴证券股份有限公司	20.04	5.00
9	方正证券股份有限公司	61.00	15.00
10	广发证券股份有限公司	29.60	4.53
11	国海证券股份有限公司	7.17	−0.83
12	国开证券有限责任公司	58.70	35.00
13	华龙证券有限责任公司	21.76	6.00
14	华融证券股份有限公司	30.03	6.00
15	华西证券有限责任公司	14.13	4.00
16	南京证券有限责任公司	18.79	1.08
17	天风证券股份有限公司	8.37	5.22
18	信达证券股份有限公司	25.69	10.58
19	招商证券股份有限公司	46.61	10.76
20	浙商证券有限责任公司	29.15	7.95
21	中国中投证券有限责任公司	50.00	25.00
22	中信建投证券有限责任公司	61.00	34.00
23	中信证券股份有限公司	110.17	10.71

注:国海证券因借壳上市注册资本金额减少0.83亿元。
数据来源:中国证监会
Source: CSRC

8-10　2011年具有外资股业务资格的境外证券经营机构名单

List of Oversea Business Qualified Foreign Securities in 2011

序号 No.	公司名称 Companies	资格种类 Qualification
1	星展唯高达香港有限公司	经纪商、主承销商
2	ING霸菱证券(香港)有限公司	经纪商、主承销商
3	百德能证券有限公司	经纪商、主承销商
4	宝来证券(香港)有限公司	经纪商、主承销商
5	倍利证券(香港)有限公司	主承销商
6	大福证券有限公司	经纪商、主承销商
7	大和证券住银资本市场(香港)有限公司	经纪商、主承销商
8	德意志证券亚洲有限公司	经纪商、主承销商
9	帝杰亚洲有限公司	经纪商、主承销商
10	东方惠嘉证券有限公司	经纪商、主承销商
11	东亚证券有限公司	经纪商

续表 1　Continued 1

序号 No.	公司名称 Companies	资格种类 Qualification
12	东洋证券亚洲有限公司	经纪商
13	东洋证券株式会社	经纪商、主承销商
14	发展证券香港有限公司	经纪商
15	法国巴黎融资（亚太）有限公司	主承销商
16	法国巴黎证券（亚洲）有限公司	经纪商、主承销商
17	法国兴业证券（香港）有限公司	经纪商、主承销商
18	高盛（亚洲）有限责任公司	经纪商、主承销商
19	东盛证券（经纪）有限公司	经纪商、主承销商
20	广利证券有限公司	经纪商
21	联昌国际（香港）有限公司	经纪商
22	和升国际有限公司	经纪商、主承销商
23	荷银融资亚洲有限公司	主承销商
24	荷银证券亚洲有限公司	经纪商
25	亨泰证券有限公司	经纪商
26	恒生证券有限公司	经纪商
27	汇富证券有限公司	经纪商、主承销商
28	极讯亚太有限公司	经纪商
29	加拿大怡东融资有限公司	主承销商
30	加怡证券经纪有限公司	经纪商
31	嘉诚亚洲有限公司	经纪商、主承销商
32	嘉佳证券有限公司	经纪商
33	永丰金证券（亚洲）有限公司	经纪商、主承销商
34	京华山一国际（香港）有限公司	经纪商、主承销商
35	京华证券国际有限公司	经纪商、主承销商
36	凯基证券亚洲有限公司	经纪商、主承销商
37	乐金投资证券公司	经纪商、主承销商
38	里昂证券有限公司	经纪商、主承销商
39	摩根士丹利亚洲有限公司	经纪商
40	内藤证券株式会社	经纪商
41	培基证券有限公司	主承销商
42	群益证券（香港）有限公司	经纪商、主承销商
43	软库金汇投资服务有限公司	经纪商、主承销商
44	瑞士信贷（香港）有限公司	经纪商、主承销商
45	三星证券株式会社	经纪商、主承销商
46	顺隆证券行有限公司	经纪商
47	所罗门美邦香港有限公司	经纪商
48	万信证券有限公司	经纪商
49	联昌国际证券（香港）有限公司	经纪商
50	新鸿基投资服务有限公司	经纪商、主承销商
51	新加坡大华亚洲（香港）有限公司	主承销商
52	新加坡发展亚洲融资有限公司	主承销商
53	新日本证券国际（香港）有限公司	经纪商、主承销商
54	信诚证券有限公司	经纪商
55	野村国际（香港）有限公司	经纪商、主承销商
56	怡富证券有限公司	经纪商、主承销商
57	英明证券有限公司	经纪商
58	元富证券（香港）有限公司	经纪商、主承销商
59	中银国际证券有限公司	经纪商
60	周生生证券有限公司	经纪商

续表 2　Continued 2

序号 No.	公司名称 Companies	资格种类 Qualification
61	大华继显(香港)有限公司	经纪商
62	东海东京证券公司	经纪商
63	中国国际金融香港有限公司	经纪商
64	美林远东有限公司	经纪商
65	敦沛证券有限公司	经纪商
66	瑞银证券亚洲有限公司	经纪商
67	日本日联飞翼证券股份有限公司	经纪商
68	香港上海汇丰银行有限公司	经纪商
69	国泰君安证券(香港)有限公司	经纪商
70	致富证券有限公司	经纪商
71	申银万国证券(香港)有限公司	经纪商

数据来源：中国证监会
Source：CSRC

8-11　2011年具有投资咨询业务资格的机构名单
List of Securities Investment Consulting Qualified Companies in 2011

序号 No.	地区 Area	机构名称 Companies
1	北京	北京首证投资顾问有限公司
2	北京	北京中富金石咨询有限公司
3	北京	北京盛世华商投资咨询有限公司
4	北京	北京金昌投资咨询有限公司
5	北京	北京金美林投资顾问有限责任公司
6	北京	和讯信息科技有限公司
7	北京	北京京放投资管理顾问有限责任公司
8	北京	北京君之创证券投资咨询有限公司
9	北京	北京中方信富投资管理咨询有限公司
10	北京	北京中和应泰财务顾问有限公司
11	北京	北京新兰德证券投资咨询有限责任公司
12	北京	天相投资顾问有限公司
13	北京	北京中资北方投资顾问有限公司
14	北京	北京博星投资顾问有限公司
15	北京	北京海问咨询有限公司
16	北京	北京和众汇富咨询有限公司
17	北京	北京东方高圣投资顾问有限公司
18	天津	天津证券投资咨询有限公司
19	天津	联合信用投资咨询有限公司
20	辽宁	沈阳麟龙投资顾问有限公司
21	江苏	江苏天鼎投资咨询有限公司
22	江苏	江苏金百临投资咨询有限公司
23	四川	成都倍新投资咨询有限责任公司
24	四川	成都银华投资资讯有限公司
25	四川	成都汇阳投资顾问有限公司
26	河南	河南九鼎德盛投资顾问有限公司
27	大连	大连华讯投资咨询有限公司

续表 1　Continued 1

序号 No.	地区 Area	机构名称 Companies
28	大连	大连北部资产经营有限公司
29	黑龙江	黑龙江省容维投资顾问有限责任公司
30	安徽	安徽大时代投资咨询有限公司
31	安徽	安徽华安新兴证券投资咨询有限责任公司
32	福建	福建天信投资咨询顾问有限公司
33	厦门	厦门市鑫鼎盛证券投资咨询服务有限公司
34	厦门	厦门高能投资咨询有限公司
35	厦门	厦门金相投资咨询有限公司
36	厦门	厦门市新汇通投资咨询有限公司
37	云南	云南产业投资管理有限公司
38	海南	海南港澳资讯产业股份有限公司
39	山东	山东神光咨询服务有限责任公司
40	山东	山东英大投资顾问有限责任公司
41	浙江	浙江同花顺投资咨询有限公司
42	浙江	杭州海能证券投资顾问有限公司
43	浙江	杭州顶点财经证券投资顾问有限公司
44	宁波	宁波海顺投资咨询有限公司
45	深圳	深圳市天生人和经济信息咨询有限公司
46	深圳	深圳市尊悦证券投资顾问有限公司
47	深圳	深圳市珞珈投资咨询有限公司
48	深圳	深圳市芙浪特证券投资顾问有限公司
49	深圳	深圳市怀新企业投资顾问有限公司
50	深圳	深圳市中证投资资讯有限公司
51	深圳	深圳市新兰德证券投资咨询有限公司
52	深圳	深圳市国诚投资咨询有限公司
53	深圳	深圳市智多盈投资顾问有限公司
54	深圳	深圳大德汇富咨询顾问有限公司
55	陕西	陕西巨丰投资资讯有限责任公司
56	陕西	陕西融泰投资咨询有限公司
57	重庆	重庆东金管理顾问有限公司
58	上海	上海凯石证券投资咨询有限公司
59	上海	上海中广信息传播咨询有限公司
60	上海	上海益邦投资咨询有限公司
61	上海	上海新兰德证券投资咨询顾问有限公司
62	上海	上海森洋投资咨询有限公司
63	上海	上海亚商投资顾问有限公司
64	上海	上海世基投资顾问有限公司
65	上海	上海申银万国证券研究所有限公司
66	上海	上海东方财富证券研究所有限公司
67	上海	上海证券通投资资讯科技有限公司
68	上海	上海金汇信息系统有限公司
69	上海	上海荣正投资咨询有限公司
70	上海	上海证联投资咨询服务有限责任公司
71	上海	上海涌金理财顾问有限公司
72	上海	上海证券之星综合研究有限公司
73	上海	上海大智慧投资咨询有限公司
74	上海	上海新资源证券咨询有限公司
75	上海	上海益盟操盘手证券研究有限公司

续表 2　Continued 2

序号 No.	地区 Area	机构名称 Companies
76	上海	上海迈步投资管理有限公司
77	河北	河北源达证券投资咨询有限公司
78	青岛	青岛市大摩投资咨询有限公司
79	湖南	湖南金证投资咨询顾问有限公司
80	广东	广东博众证券投资咨询有限公司
81	广东	广州越声理财咨询有限公司
82	广东	广州市万隆证券咨询顾问有限公司
83	广东	广东科德投资顾问有限公司
84	广东	广州汇正财经顾问有限公司
85	北京	北京禧达丰证券投资顾问有限公司*
86	广东	广东百灵信投资管理有限公司*
87	黑龙江	哈尔滨新思路投资咨询有限公司*
88	黑龙江	哈尔滨大富证券投资顾问有限公司*

备注：
带“*”的证券投资咨询机构已被立案稽查，暂停新增证券投资咨询业务，继续配合调查。
数据来源：中国证监会
Source：CSRC

8-12　2011年外资证券类机构驻华代表处名录

Office of Foreign Securities Companies in China(2011)

序号 No.	机构名称 Name	地区 Area
1	野村证券株式会社上海代表处	上海
2	法国巴黎资本(亚洲)有限公司上海代表处	上海
3	美林国际有限公司上海代表处	上海
4	里昂证券有限公司上海代表处	上海
5	新鸿基投资服务有限公司上海代表处	上海
6	摩根士丹利亚洲有限公司上海代表处	上海
7	高盛(中国)有限责任公司上海代表处	上海
8	巴克莱证券有限公司上海代表处	上海
9	苏皇证券亚洲有限公司上海代表处	上海
10	友利投资证券公司上海代表处	上海
11	瑞银证券亚洲有限公司上海代表处	上海
12	群益国际控股有限公司上海代表处	上海
13	元大证券(香港)有限公司上海代表处	上海
14	韩国现代证券公司上海代表处	上海
15	元富证券(香港)有限公司上海代表处	上海
16	日盛嘉富证券国际有限公司上海代表处	上海
17	永丰金证券(亚洲)有限公司上海代表处	上海
18	星展唯高达香港有限公司上海代表处	上海
19	星展亚洲融资有限公司上海代表处	上海
20	兆丰资本(亚洲)有限公司上海代表处	上海
21	花旗环球金融亚洲有限公司上海代表处	上海
22	凯基证券亚洲有限公司上海代表处	上海
23	洛希尔中国控股有限公司上海代表处	上海

续表 1　Continued 1

序号 No.	机构名称 Name	地区 Area
24	海通国际证券有限公司上海代表处	上海
25	统一证券(香港)有限公司上海代表处	上海
26	韩国三星证券公司上海代表处	上海
27	大华证券(香港)有限公司上海代表处	上海
28	香港上海汇丰银行有限公司(证券业务)上海代表处	上海
29	韩华证券股份有限公司上海代表处	上海
30	内藤证券公司上海代表处	上海
31	摩根大通证券(亚太)有限公司上海代表处	上海
32	卓亚(企业融资)有限公司上海代表处	上海
33	法国兴业银行(香港)有限公司上海代表处	上海
34	宝来证券股份有限公司上海代表处	上海
35	瑞士信贷(香港)有限公司上海代表处	上海
36	日本瑞穗证券股份有限公司上海代表处	上海
37	德意志银行股份有限公司(证券业务)上海代表处	上海
38	富邦综合证券股份有限公司上海代表处	上海
39	渣打证券(香港)有限公司上海代表处	上海
40	杰富瑞投资银行上海代表处	上海
41	派杰公司上海代表处	上海
42	冈三证券股份有限公司上海代表处	上海
43	威廉-博莱有限责任公司上海代表处	上海
44	美国罗仕证券有限责任公司上海代表处	上海
45	麦格理证券(澳大利亚)股份有限公司上海代表处	上海
46	致富证券有限公司上海代表处	上海
47	东洋证券股份有限公司上海代表处	上海
48	韩国大信证券股份有限公司上海代表处	上海
49	益华证券有限公司上海代表处	上海
50	新韩金融投资股份有限公司上海代表处	上海
51	蓝泽证券股份有限公司上海代表处	上海
52	韩国爱思开证券股份有限公司上海代表处	上海
53	联昌国际证券(香港)有限公司上海代表处	上海
54	盈透证券有限公司上海代表处	上海
55	华南永昌综合证券股份有限公司上海代表处	上海
56	韦仕投资银行集团有限合伙上海代表处	上海
57	明富环球新加坡私人有限公司(证券业务)上海代表处	上海
58	大宇证券股份有限公司上海代表处	上海
59	香港博大证券有限公司上海代表处	上海
60	香港第一金和昇证券有限公司上海代表处	上海
61	大和投资管理(香港)有限公司上海代表处	上海
62	三井住友资产管理股份有限公司上海代表处	上海
63	马丁可利投资管理有限公司上海代表处	上海
64	英国施罗德集团上海代表处	上海
65	英杰华投资集团全球服务有限公司上海代表处	上海
66	荷宝基金管理公司上海代表处	上海
67	未来资产迈普斯资产运用株式会社上海代表处	上海
68	新加坡东京海上国际资产管理有限公司上海代表处	上海
69	新加坡安本亚洲资产管理有限公司上海代表处	上海
70	科提比资产运用株式会社上海代表处	上海
71	日本大和住银投信投资顾问株式会社上海代表处	上海

续表 2 Continued 2

序号 No.	机构名称 Name	地区 Area
72	道富环球投资管理亚洲有限公司上海代表处	上海
73	德盛安联资产管理香港有限公司上海代表处	上海
74	新加坡利安资金管理公司上海代表处	上海
75	富达基金(香港)有限公司上海代表处	上海
76	法国巴黎投资管理亚洲有限公司上海代表处	上海
77	韩国投资信托运用株式会社上海代表处	上海
78	韩国华宜资产运用株式会社上海代表处	上海
79	台湾复华证券投资信托股份有限公司上海代表处	上海
80	台湾宝来证券投资信托股份有限公司上海代表处	上海
81	野村投资管理香港有限公司上海代表处	上海
82	日本野村证券株式会社北京代表处	北京
83	大和证券资本市场株式会社北京代表处	北京
84	三菱日联证券股份有限公司北京代表处	北京
85	瑞士信贷(香港)有限公司北京代表处	北京
86	高盛(中国)有限责任公司北京代表处	北京
87	美林国际有限公司北京代表处	北京
88	花旗环球金融中国有限公司北京代表处	北京
89	摩根士丹利亚洲有限公司北京代表处	北京
90	瑞银证券亚洲有限公司北京代表处	北京
91	台湾宝来证券股份有限公司北京代表处	北京
92	里昂证券有限公司北京代表处	北京
93	苏皇融资亚洲有限公司北京代表处	北京
94	法国巴黎资本(亚洲)有限公司北京代表处	北京
95	汇富金融服务有限公司北京代表处	北京
96	渣打证券(香港)有限公司北京代表处	北京
97	洛希尔中国控股有限公司北京代表处	北京
98	金鼎综合证券(香港)有限公司北京代表处	北京
99	京华山一国际(香港)有限公司北京代表处	北京
100	香港上海汇丰银行有限公司(证券业务)北京代表处	北京
101	兆丰资本(亚洲)有限公司北京代表处	北京
102	香港国浩资本有限公司北京代表处	北京
103	新百利有限公司北京代表处	北京
104	台湾摩根大通证券(亚太)有限公司北京代表处	北京
105	元大证券股份有限公司北京代表处	北京
106	德意志银行股份有限公司(证券业务)北京代表处	北京
107	日本瑞穗证券股份有限公司北京代表处	北京
108	香港星展亚洲融资有限公司北京代表处	北京
109	香港第一上海融资有限公司北京代表处	北京
110	中银国际控股有限公司北京代表处	北京
111	蒙特利尔银行利时证券公司北京代表处	北京
112	法国外贸银行(证券业务)北京代表处	北京
113	中央三井信托银行株式会社(证券业务)北京代表处	北京
114	韩国未来资产证券株式会社北京代表处	北京
115	加皇投资理财有限公司北京代表处	北京
116	交银国际控股有限公司北京代表处	北京
117	韩国友利投资证券股份有限公司北京代表处	北京
118	城市信贷投资银行有限公司北京代表处	北京
119	韩国大宇证券股份有限公司北京代表处	北京
120	现汽投资证券股份有限公司北京代表处	北京

九、大　事　记

Events

2011年中国证券期货市场大事记

Events for China Securities Market in 2011

1月

13日　全国证券期货监管工作会议在京召开,中国证监会主席尚福林作工作报告,副主席桂敏杰作总结讲话。

14日　全国证券期货监管系统纪检监察工作会议在京召开,中国证监会主席尚福林出席会议并讲话,副主席桂敏杰主持会议,纪委书记李小雪作工作报告,副主席庄心一、姚刚分别传达胡锦涛总书记重要讲话和贺国强同志工作报告精神。

17日　深圳证券交易所发布《深圳证券交易所交易规则》(2011年修订)。

2月

9日　中国证监会发布《证券期货业标准体系》,首次规划证券期货业未来3—5年的标准化工作,明确标准制定的工作重点。

23日　人保部、银监会、证监会、保监会联合公布了新修订的《企业年金基金管理办法》,将企业年金投资股票比例放宽到30%。

3月

5日　《"十二五"规划纲要(草案)》发布,对资本市场明确提出"显著提高直接融资比重"。

23日　中国证监会发布《期货公司期货投资咨询业务试行办法》。

4月

12日　中国证监会发布《期货公司分类监管规定》,引导期货公司进一步深化中介职能定位,促进期货公司持续规范健康发展和做优做强。

29日　中国证监会发布《关于证券公司证券自营业务投资范围及有关事项的规定》,进一步明确证券自营业务的投资范围,允许证券公司通过设立子公司投资其他金融产品。

29日　中国证监会发布《信息披露违法行为责任认定规则》,进一步明确信息披露违法案件中的归责原则和认定标准。

5月

4日　中国证监会发布了《合格境外机构投资者参与股指期货交易指引》,允许QFII参与股指期货交易,并对其交易类型、交易行为进行适度限制,保证股指期货产品平稳运行。

6月

9日　中国证监会发布《证券投资基金销售管理办法》(修订),降低独立基金销售机构的准入门槛,提高专业能力准入要求,促进基金销售多元化发展。

7月

7日　《基金行业人员离任审计及审查报告内容准则》发布。

8日　中国证监会发布《关于防范期货配资业务风险的通知》,严防配资业务扰乱期货市场秩序。

8 月

1 日 中国证监会发布《关于修改上市公司重大资产重组与配套融资相关规定的决定》，规范借壳上市行为，完善发行股份购买资产的制度规定，支持并购重组配套融资。

3 日 中国证监会发布《证券投资基金管理公司公平交易制度指导意见》。

25 日 中国证监会发布《关于开展期货市场账户规范工作的决定》。

9 月

1 日 中国证监会颁布了《基金管理公司特定客户资产管理业务试点办法》及两个配套合同准则，降低了专户理财的门槛标准、扩大了专户理财业务试点、进一步优化了业务规则，为公司的差异化发展创造了条件。

2 日 中国证监会发布《关于开展期货市场账户规范工作的决定》，规定期货账户规范工作的基本要求、各阶段工作的进度要求以及相关各方的职责安排。

19 日 中国证监会发布《创业板专家咨询委员会工作规则（试行）》，加强和规范咨询委的工作。

23 日 中国证监会发布《证券投资基金销售结算资金管理暂行规定》。

10 月

25 日 中国证监会发布《关于上市公司建立内幕信息知情人登记管理制度的规定》。

26 日 中国证监会修订发布《证券公司融资融券业务管理办法》、《证券公司融资融券业务内部控制指引》，明确融资融券业务由时点转入常规。同时发布《转融通业务监督监督管理试行办法》，明确转融通业务的基本制度框架。

28 日 中国证券金融股份有限公司成立。

11 月

3 日 中国证监会发布《期货营业部管理规定（试行）》，对营业部的设施条件、负责人履职、内部控制、“四统一”操作和合规管理等方面提出明确的要求。

14 日 国务院发布《关于清理整顿各类交易场所切实防范金融风险的决定》（国发[2011]38 号），正式启动对各类交易场所违法违规交易活动的清理整顿工作，规范市场秩序。

25 日 中国证监会发布实施了《关于上市公司建立内幕信息知情人登记管理制度的规定》，进一步加强了上市公司内幕信息的监督管理工作，为打击内幕交易违法行为构建了基础性的制度框架。

12 月

16 日 中国证监会、中国人民银行、国家外汇管理局联合发布了《基金管理公司、证券公司人民币合格境外机构投资者境内证券投资试点办法》。

22 日 中国证监会发布《证券期货业信息系统安全登记保护基本要求（试行）》、《证券期货业信息系统安全等级保护测评要求（试行）》两个行业标准，进一步明确证券期货业开展信息安全等级保护工作的标准和要求。

附　　录

Appendix

世界交易所市值排名前30位

The Top 30 Biggest Stock Markets In the World by Domestic Market Capitalization

中文名称	Exchange	2011		2010		2009		2008		2007		2006		2005		2004	
		市值 Market Capitalization	排名 Rank	市值 Market Capitalization	排名 Rank	市值 Market Capitalization	排名 Rank	市值 Market Capitalization	排名 Rank	市值 Market Capitalization	排名 Rank	市值 Market Capitalization	排名 Rank	市值 Market Capitalization	排名 Rank	市值 Market Capitalization	排名 Rank
纽约证券交易所	NYSE Group	11795575.45	1	13394081.80	1	11837793.30	1	9208934.10	1	15650832.50	1	15421167.90	1	13310591.60	1	12707578.30	1
纳斯达克证券交易所	Nasdaq	3845131.59	2	3889369.88	2	3239492.44	3	2396344.33	3	4013650.32	4	3865003.60	3	3603984.87	3	3532912.03	3
东京证券交易所	Tokyo SE	3325387.76	3	3827774.20	3	3306082.05	2	3115803.51	2	4330921.86	2	4614068.83	2	4572901.03	2	3557674.42	2
伦敦证券交易所	London SE	3266418.15	4	3613063.97	4	2796444.32	5	1868152.97	5	3851705.87	5	3794310.29	4	3058182.41	4	2865243.18	4
泛欧证券交易所	Euronext	2446767.49	5	2930072.44	5	2869393.11	4	2101745.85	4	4222679.82	3	3708150.05	5	2706803.49	5	2441261.38	5
上海证券交易所	Shanghai SE	2357423.32	6	2716470.22	6	2704778.46	6	1425354.02	6	3694347.97	6	917507.53	14	286190.31	20	314315.71	20
香港证券交易所	Hong Kong Exchanges	2258035.20	7	2711316.16	7	2305142.81	7	1328768.47	7	2654416.06	7	1714953.25	6	1054999.32	8	861462.94	9
多伦多证券交易所集团	TSX Group	1912121.91	8	2170432.73	8	1676814.19	8	1033448.53	9	2186550.15	8	1700708.09	7	1482184.56	6	1177517.65	7
巴西交易所	BM&FBOVESPA	1228936.23	9	1545565.66	11	1337247.68	10	591965.55	15	1369711.27	13	710247.45	19	474646.88	19	330346.57	19
澳大利亚证券交易所	Australian SE	1198187.41	10	1454490.57	12	1261909.34	13	683871.56	12	1298315.04	14	1095857.96	12	804014.82	11	776402.76	12
法兰克福证券交易所	Deutsche Börse	1184500.16	11	1429719.05	13	1292355.31	12	1110579.63	8	2105197.82	9	1637609.77	8	1221106.05	7	1194516.79	6
瑞士证券交易所	SIX Swiss Exchange	1089519.37	12	1229356.54	15	1064686.54	15	880334.43	11	1271047.73	15	1212308.36	10	935448.32	10	826040.81	10
深圳证券交易所	Shenzhen SE	1054684.97	13	1311370.08	14	868374.00	16	353430.02	21	784518.56	20	227947.34	26	115661.94	31	133404.58	27
西班牙马德里交易所	BME Spanish Exchanges	1030987.55	14	1171624.98	16	1434540.47	9	948352.29	10	1799833.98	11	1322915.30	9	959910.39	9	940672.88	8
孟买证券交易所	Bombay SE	1007182.90	15	1631829.54	9	1306520.25	11	647204.76	13	1819100.51	10	818878.58	16	553073.74	15	386321.10	16
韩国证券交易所	Korea Exchange	996139.92	16	1091911.46	17	834596.86	17	470797.28	19	1122606.33	17	834404.28	15	718010.71	14	389473.36	15
印度国家证券交易所	National Stock Exchange India	985269.43	17	1596625.26	10	1224806.44	14	600281.62	14	1660096.89	12	774115.60	17	515972.48	17	363276.02	18
OMX交易所	OMX Nordic Exchange	842100.87	18	1042153.74	18	817222.78	18	563099.58	16	1242577.94	16	1122705.04	11	802561.36	12	—	—
约翰内斯堡证券交易所(南非)	Johannesburg SE	789037.13	19	925007.15	20	657609.50	20	356710.54	20	663716.04	21	594659.35	20	476017.96	18	441435.78	14
莫斯科交易所	MICEX	770609.01	20	949148.90	19	—	—	—	—	—	—	—	—	—	—	—	—
台湾证券交易所	Taiwan SE Corp.	635505.80	21	818490.46	21	481246.70	22	264974.40	22	539176.63	22	384286.35	21	257340.62	21	217617.78	21
新加坡证券交易所	Singapore Exchange	598272.70	22	647226.41	22	352045.44	23	234054.92	23	397724.64	23	348345.13	22	239127.95	22	171940.26	24
墨西哥证券交易所	Mexican Exchange	408689.83	23	454345.22	23	289219.39	25	189239.21	24	325290.26	25	235580.90	25	180517.54	24	181623.79	23
吉隆坡证券交易所(马来西亚)	Bursa Malaysia	395623.82	24	408689.12	24	214941.47	29	98760.60	32	211692.97	33	138886.36	36	81428.12	36	73250.64	34
印度尼西亚证券交易所	Indonesia SE	390106.89	25	360388.10	25	318733.65	24	—	—	—	—	—	—	—	—	—	—
沙特证券交易所	Saudi Stock Market-Tadawul	338873.29	26	353409.59	26	230732.39	27	131807.89	28	212910.23	31	710247.45	19	474646.88	19	116924.27	29
圣地亚哥证券交易所(智利)	Santiago SE	270289.08	27	341798.88	27	233996.66	26	118328.67	29	286571.70	26	162398.87	31	161537.55	25	98298.85	32
泰国交易所	The StockExchange of Thailand	268488.82	28	277731.70	30	—	—	—	—	—	—	—	—	—	—	—	—
奥斯陆证券交易所(挪威)	Oslo Bors	220936.39	29	295288.30	29	188733.90	30	134802.39	26	235056.38	30	161731.74	32	122577.93	30	90157.87	33
伊斯坦布尔证券交易所(土耳其)	Istanbul SE	197074.46	30	307051.98	28	227233.23	28	145906.34	25	353353.05	24	279910.40	24	190952.11	23	141624.15	26

注：表中各交易所市值均按美元计算。(单位：百万)

数据来源：世界交易所联合会

Source: World Federation of Exchanges

世界交易所日均成交额排名前20位
The Top 20 Biggest Stock Markets In the World by Daily Turnover

中文名称	Exchange	2011		2010		2009		2008		2007		2006		2005		2004	
		日成交额 Daily Turnover	排名 Rank	日成交额 Daily Turnover	排名 Rank	日成交额 Daily Turnover	排名 Rank	日成交额 Daily Turnover	排名 Rank	日成交额 Daily Turnover	排名 Rank	日成交额 Daily Turnover	排名 Rank	日成交额 Daily Turnover	排名 Rank	日成交额 Daily Turnover	排名 Rank
纽约证券交易所	NYSE Group	71536.0	1	70617.5	1	114886.30	1	144057.50	1	61036.39	2	47041.80	2	40026.75	2	34790.16	2
纳斯达克证券交易所	Nasdaq	50490.2	2	50234.9	2	70573.75	2	132960.23	2	119163.32	1	86815.12	1	56052.56	1	46103.77	1
东京证券交易所	Tokyo SE	16270.2	3	15480.5	4	16423.49	4	22801.33	4	26433.26	4	23479.12	4	18292.74	4	13081.76	4
上海证券交易所	Shanghai SE	15041.6	4	18539.2	3	20744.44	3	10601.15	7	16816.05	7	3055.42	15	985.62	18	1328.51	17
深圳证券交易所	Shenzhen SE	11654.2	5	14726.4	5	13403.57	5	25486.66	3	40683.80	3	30046.42	3	22530.64	3	20350.49	3
伦敦证券交易所	London SE	11081.0	6	10782.5	6	11369.12	6	5047.75	15	8690.16	10	1753.69	18	637.40	23	800.24	20
泛欧证券交易所	Euronext	8270.1	7	7838	7	8608.00	7	18600.34	5	17162.41	6	10818.95	6	7452.55	6	5996.59	6
韩国证券交易所	Korea Exchange	8155.8	8	6392.6	8	7740.31	8	17400.06	6	22030.32	5	15111.06	5	11308.20	5	9544.91	5
法兰克福证券交易所	Deutsche Börse	6812.7	9	6375.2	9	6162.21	9	5881.12	13	8255.12	12	5433.55	10	4862.10	9	1961.48	14
多伦多证券交易所集团	TSX Group	6164.6	10	5443.4	11	5948.99	11	9600.97	8	11691.02	8	7583.50	7	6141.60	7	4794.26	7
香港证券交易所	Hong Kong Exchanges	5872.8	11	6008.9	10	6030.68	10	6650.04	10	8686.63	11	3370.04	14	1879.65	16	1764.91	16
西班牙马德里交易所	BME Spanish Exchanges	4755.1	12	5315.5	12	4940.02	12	6916.67	9	6487.58	15	5106.77	12	3587.62	12	2578.45	11
澳大利亚证券交易所	Australian SE	4738.7	13	4197.6	13	3667.54	13	4955.78	16	5421.92	16	3411.01	13	2668.21	13	2053.60	13
巴西交易所	BM&FBOVESRA	3717.6	14	3510.7	15	3486.52	15	6032.56	11	9176.72	9	6264.52	8	5053.45	8	3771.34	8
台湾证券交易所	Taiwan SE Corp.	3593.2	15	3584.3	14	3606.10	14	3364.56	17	4089.33	17	2969.63	16	2369.95	15	2875.22	10
瑞士证券交易所	Swiss Exchange	3473.3	16	3110.8	17	3025.37	17	6015.54	12	7575.54	13	5563.88	9	3817.68	10	3115.64	9
OMX交易所	OMX Nordic Exchange	3224.4	17	2939.2	18	2887.35	18	5331.67	14	7370.23	14	5245.55	11	3760.56	11	—	—
印度国家证券交易所	National Stock Exchange India	2364.9	18	3156.7	16	3237.38	16	3011.79	18	3017.66	18	1694.25	19	1253.74	17	1025.23	18
莫斯科交易所	MICEX	2075.4	19	1643.5	19	2545.62	19	5978.19	11	—	—	—	—	—	—	—	—
伊斯坦布尔证券交易所（土耳其）	Istanbul SE	1601.3	20	1642.4	20	1802.71	20	1994.49	21	—	—	—	—	—	—	—	—

数据来源：世界交易所联合会

Source: World Federation of Exchanges

上海证券交易所收费标准

The Standard Cost and Fee in Shanghai Stock Exchange

<table>
<tr><th colspan="3">业务类别</th><th>收费项目</th><th colspan="2">收费标准</th><th>最终收费对象</th></tr>
<tr><td rowspan="36">交易</td><td colspan="2" rowspan="3">A股</td><td>经手费</td><td colspan="2">成交金额的 0.011%(双向)</td><td>会员等交上证所</td></tr>
<tr><td>证管费</td><td colspan="2">成交金额的 0.004%(双向)</td><td>会员等交中国证监会(上证所代收)</td></tr>
<tr><td>印花税</td><td colspan="2">成交金额的 0.1%(单向)</td><td>投资者交税务机关(上证所代收)</td></tr>
<tr><td colspan="2" rowspan="2">B股</td><td>经手费</td><td colspan="2">成交金额的 0.026%(双向)</td><td>会员等交上证所</td></tr>
<tr><td>证管费</td><td colspan="2">成交金额的 0.004%(双向)</td><td>会员等交中国证监会(上证所代收)</td></tr>
<tr><td colspan="2" rowspan="2">证券投资基金
(封闭式基金、ETF)</td><td>经手费*</td><td colspan="2">成交金额的 0.0045%(双向)</td><td>会员等交上证所</td></tr>
<tr><td>证管费</td><td colspan="2">成交金额的 0.004%(双向)</td><td>会员等交中国证监会(上证所代收)</td></tr>
<tr><td colspan="2" rowspan="2">权证</td><td>经手费</td><td colspan="2">成交金额的 0.0045%(双向)</td><td>会员等交上证所</td></tr>
<tr><td>证管费</td><td colspan="2">成交金额的 0.004%(双向)</td><td>会员等交中国证监会(上证所代收)</td></tr>
<tr><td colspan="2" rowspan="2">债券现券(国债、企业债、公司债、可转换公司债券、分离交易的可转换公司债券等)</td><td>经手费</td><td colspan="2">成交金额的 0.0001%(双向)(固定收益平台现券交易,最高不超过 100 元/笔)</td><td>会员等交上证所</td></tr>
<tr><td>证管费</td><td colspan="2">成交金额的 0.001%(双向)</td><td>会员等交中国证监会(上证所代收)</td></tr>
<tr><td rowspan="8">质押式回购</td><td>1 天</td><td>经手费</td><td>成交金额的 0.00005%(双向)</td><td rowspan="8">暂免</td><td>会员等交上证所</td></tr>
<tr><td>2 天</td><td>经手费</td><td>成交金额的 0.00010%(双向)</td><td>会员等交上证所</td></tr>
<tr><td>3 天</td><td>经手费</td><td>成交金额的 0.00015%(双向)</td><td>会员等交上证所</td></tr>
<tr><td>4 天</td><td>经手费</td><td>成交金额的 0.00020%(双向)</td><td>会员等交上证所</td></tr>
<tr><td>7 天</td><td>经手费</td><td>成交金额的 0.00025%(双向)</td><td>会员等交上证所</td></tr>
<tr><td>14 天</td><td>经手费</td><td>成交金额的 0.00050%(双向)</td><td>会员等交上证所</td></tr>
<tr><td>28 天</td><td>经手费</td><td>成交金额的 0.00100%(双向)</td><td>会员等交上证所</td></tr>
<tr><td>28 天以上</td><td>经手费</td><td>成交金额的 0.00150%(双向)</td><td>会员等交上证所</td></tr>
<tr><td rowspan="3">国债买断式回购</td><td>7 天</td><td>经手费</td><td>成交金额的 0.000625%(双向)</td><td rowspan="3">(同上)</td><td>会员等交上证所</td></tr>
<tr><td>28 天</td><td>经手费</td><td>成交金额的 0.0025%(双向)</td><td>会员等交上证所</td></tr>
<tr><td>91 天</td><td>经手费</td><td>成交金额的 0.00375%(双向)</td><td>会员等交上证所</td></tr>
<tr><td rowspan="5">大宗交易</td><td rowspan="2">A、B股、证券投资基金</td><td>经手费</td><td colspan="2">相对于竞价市场同品种费率下浮 30%(大宗交易系统专场业务经手费按照竞价交易系统经手费标准的 10%收取,即成交金额的 0.0011%,优惠期至 2009 年 12 月 31 日结束)</td><td>会员等交上证所</td></tr>
<tr><td>证管费</td><td colspan="2">同同品种竞价交易</td><td>会员等交中国证监会(上证所代收)</td></tr>
<tr><td rowspan="2">债券现券(国债、企业债、公司债、可转换公司债券、分离交易的可转换公司债券等)</td><td>经手费</td><td colspan="2">成交金额的百万分之一的 90%,最高不超过 100 元/笔(双向)</td><td>会员等交上证所</td></tr>
<tr><td>证管费</td><td colspan="2">同同品种竞价交易</td><td>会员等交中国证监会(上证所代收)</td></tr>
<tr><td>质押式回购、国债买断式回购</td><td>经手费</td><td colspan="2">暂免</td><td>会员等交上证所</td></tr>
<tr><td colspan="2">ETF 申购、赎回</td><td>经手费</td><td colspan="2">暂免</td><td>会员等交上证所</td></tr>
<tr><td colspan="2">专项资产管理计划转让</td><td>经手费</td><td colspan="2">转让金额的 0.0009%</td><td>会员等交上证所</td></tr>
</table>

续表 Continued

业务类别		收费项目	收费标准	最终收费对象
发行	新股认购	经手费	成交金额的0.012%，暂免	会员等交上证所
	可转换公司债券认购	经手费	成交金额的0.01%，暂免	会员等交上证所
	投资基金认购	经手费	成交金额的0.0085%	会员等交上证所
	配股、转配股、职工股配股、国家股配售、股票配可转换公司债	经手费	成交金额的0.012%(双向)，暂免	会员等交上证所
	投资基金配售	经手费	成交金额的0.0085%(双向)	会员等交上证所
上市	A股	上市初费	总股本的0.03%，不超过3万元	上市公司交上证所
		上市年费	上市总面额的0.012%，不超过6000元	上市公司交上证所
	B股	上市初费	发行总股本的0.1%，折成美元最高不超过5000美元	上市公司交上证所
		上市年费	600美元/年	上市公司交上证所
	证券投资基金	上市初费	基金总额的0.01%，起点1万元，不超过3万元	基金管理人交上证所
		上市年费	60000元/年	基金管理人交上证所
	权证	上市初费	20万元	发行人交上证所
	企业债券	上市初费	上市总额的0.01%，起点8000元，不超过4万元(暂免)	发行人交上证所
		上市年费	上市总额的0.0096%，起点4800元，不超过24000元(暂免)	发行人交上证所
	可转换公司债券	上市初费	上市总面额的0.01%，起点1万元，不超过3万元(暂免)	发行人交上证所
		上市年费	6000元/年(暂免)	发行人交上证所
席位	非B股席位	初费	60万元/个	会员等交上证所
	B股席位	初费	7.5万美元/个	会员等交上证所
交易单元		交易单元使用费	会员等机构拥有的每个席位可抵免一个交易单元的使用费。对超出其席位数量的部分，本所收取每个交易单元每年5万元的交易单元使用费。(2010年12月1日起，暂免收取债券现券及回购交易专用的交易单元使用费。)	会员等交上证所
		流速费	会员等机构接入交易系统流速之和超出其免费流速额度时，超出部分每年按每个标准流速计收1万元的流速费。(2010年12月1日起，暂免收取债券现券及回购交易专用的交易单元流速费。)	
		流量费*	1. 计费期间为上年12月1日至当年11月30日。	
			2. 流量费=(该机构所用交易单元的年交易类申报笔数总和－3万笔/年×持有席位数)×0.10元+(该机构所用交易单元的年非交易类申报笔数总和－3万笔/年×持有席位数)×0.01元。	
			3. 详见《关于调整本所席位年费收费模式有关问题的通知》和《关于收取2010年交易单元年费的通知》。	
			4. 2010年12月1日起，暂免收取各交易参与人参与债券现券及回购交易的流量费。	
其他业务		费用项目、标准、收取方式按照相关业务规定执行		

深圳证券交易所收费标准

The Standard Cost and Fee in Shenzhen Stock Exchange

收费对象	收费项目	收费标的	收费标准	备注
投资者	佣金	A股	不得高于成交金额的0.3%,也不得低于代收的证券交易监管费和证券交易经手费,起点5元(要约收购费用参照A股收费标准。)	投资者交证券公司
		B股	不得高于成交金额的0.3%,也不得低于代收的证券交易监管费和证券交易经手费,起点5港元	
		基金	不得高于成交金额的0.3%,也不得低于代收的证券交易监管费和证券交易经手费,起点5元	
		权证	不得高于成交金额的0.3%,也不得低于代收的证券交易监管费和证券交易经手费,起点5元	
		国债现货	不超过成交金额的0.02%	
		企业债/公司债现货	不超过成交金额的0.02%	
		国债回购	1天　不超过成交金额的0.001% 2天　不超过成交金额的0.002% 3天　不超过成交金额的0.003% 4天　不超过成交金额的0.004% 7天　不超过成交金额的0.005% 14天　不超过成交金额的0.01% 28天　不超过成交金额的0.02% 28天以上　不超过成交金额的0.03%	
		其他债券回购	1天　不超过成交金额的0.001% 2天　不超过成交金额的0.002% 3天　不超过成交金额的0.003% 7天　不超过成交金额的0.005%	
		可转债	不超过成交金额的0.1%	
		专项资产管理计划	不超过转让金额的0.02%	
		代办A股	按成交金额收取0.3%	
		代办B股	按成交金额收取0.4%	
	证券交易经手费	A股	按成交额双边收取0.1475‰	1. 由深交所收取(证券交易所风险基金由交易所自行计提,不另外收取) 2. 大宗交易收费:A股大宗交易按标准费率下浮30%收取;B股、基金大宗交易按标准费率下浮50%收取;债券、债券回购大宗交易费率标准维持不变 3. 此项费用包含在佣金之中
		B股	按成交额双边收取0.301‰	
		基金	按成交额双边收取0.0975‰	
		权证	按成交额双边收取0.045‰	
		国债现货	成交金额在100万元以下(含)每笔收0.1元	
			成交金额在100万元以上每笔收10元	
		企业债/公司债现货	成交金额在100万元以下(含)每笔收0.1元	
			成交金额在100万元以上每笔收10元	
		国债回购	成交金额在100万元以下(含)每笔收0.1元,反向交易不再收取	
			成交金额在100万元以上每笔收1元,反向交易不再收取	

续表 1　Continued 1

收费对象	收费项目	收费标的	收费标准	备注
投资者	证券交易经手费	其他债券	成交金额在 100 万元以下(含)每笔收 0.1 元,反向交易不再收取	1. 由深交所收取(证券交易所风险基金由交易所自行计提,不另外收取) 2. 大宗交易收费:A 股大宗交易按标准费率下浮 30% 收取;B 股、基金大宗交易按标准费率下浮 50% 收取;债券、债券回购大宗交易费率标准维持不变 3. 此项费用包含在佣金之中
		回购	成交金额在 100 万元以上每笔收 1 元,反向交易不再收取	
		可转债	按成交金额双边收取 0.04‰	
		专项资产管理计划	成交金额在 100 万元以下(含)每笔收 0.1 元	
			成交金额在 100 万元以上每笔收 10 元	
		代办 A 股	按成交金额双边收取 0.1‰	
		代办 B 股	按成交金额双边收取 0.13‰	
	证券交易监管费	A 股	按成交额双边收取 0.04‰	1. 代中国证监会收取 2. 此项费用包含在佣金之中
		B 股		
		基金		
		权证		
		企业债/公司债现货	按成交额双边收取 0.01‰	
		可转债		
		专项资产管理计划	按转让金额双边收取 0.01‰	
		国债现货	按成交额双边收取 0.01‰(从交易经手费中扣除,不另收)	
		代办 A 股	按成交金额双边收取 0.5‰	1. 代证券业协会收取 2. 此项费用包含在佣金之中
		代办 B 股	按成交金额双边收取 0.67‰	
	证券交易印花税	A 股	对出让方按成交金额的 1‰征收,对受让方不再征税。	代国家税务局扣缴
		B 股		
		代办 A 股		
		代办 B 股		
发行人	上市初费	A 股	30000 元	深交所收取
		B 股	30000 元	
		国债	免收	
		企业债/公司债	暂免收取	
		基金	30000 元	
		权证	200000 元	
		专项资产管理计划	暂免收取	
	上市月费	A 股	5000 万股本以下 500 元;每增加 1000 万元股本增收 100 元,最高限额 2500 元	
		B 股		
		债券	暂免收取	
		基金	5000 元	
		专项资产管理计划	暂免收取	

续表 2　Continued 2

收费对象	收费项目	收费标的	收费标准	备注
会员	席位费	席位	60 万元/个	深交所收取
	交易单元费用	交易单元	1. 交易单元使用费 对会员使用超出交费席位(指已交席位初费的席位)数量以外的交易单元,每年收取 30000 元/个的交易单元使用费。	
			2. 流速费 对会员使用超出交费席位(指已交席位初费的席位)数量以外的流速,每年收取 9600 元/份的流速费。	
			3. 流量费 每笔交易类申报(指买入、卖出、撤单申报)收取 0.15 元,每笔非交易类申报(指除买入、卖出、撤单以外的申报)收取 0.01 元。此项费用以会员为单位收取,最低收费标准为每家会员每年 2 万元。详细计收方法见本所《关于调整席位管理年费收费模式的通知》(深证会〔2004〕191 号)。	

中国证监会派出机构通讯录

Contact List of CSRC Regional Offices

机构名称	机 构 地 址	邮政编码	电　话	网　址
北京证监局	北京市西城区金融街33号通泰大厦B座10层	100033	010－88088060	www. csrc. gov. cn/pub/beijing/
天津证监局	天津市和平区大理道98号	300050	022－23132235	www. csrc. gov. cn/pub/tianjin/
河北证监局	河北省石家庄市友谊北大街71号	050081	0311－83632219	www. csrc. gov. cn/pub/hebei/
山西证监局	山西省太原市平阳路101号国瑞大厦12、13、14层	030006	0351－7218177	www. csrc. gov. cn/pub/shanxi/
内蒙古证监局	内蒙古呼和浩特市赛罕区东风路8号农发行大厦12层	010010	0471－4688865	www. csrc. gov. cn/pub/neimenggu/
辽宁证监局	辽宁省沈阳市和平区十一纬路12号	110003	024－22899877	www. csrc. gov. cn/pub/liaoning/
吉林证监局	吉林省长春市解放大路2518号交通大厦19楼	130021	0431－85097916	www. csrc. gov. cn/pub/jilin/
黑龙江证监局	黑龙江省哈尔滨市香坊区珠江路56号	150036	0451－82357000	www. csrc. gov. cn/pub/heilongjiang/
上海证监局	上海市浦东新区迎春路555号	200135	021－50121047	www. csrc. gov. cn/pub/shanghai/
江苏证监局	江苏省南京市中山东路90号华泰证券大厦19层	210002	025－84575558	www. csrc. gov. cn/pub/jiangsu/
浙江证监局	浙江省杭州市文三路90号东部软件园1号楼3楼	310012	0571－55473333	www. csrc. gov. cn/pub/zhejiang/
安徽证监局	合肥市高新技术产业开发区天波路6号	230088	0551－5367100	www. csrc. gov. cn/pub/anhui/
福建证监局	福建省福州市五四路119号嘉信大厦11层	350003	0591－87828160	www. csrc. gov. cn/pub/fujian/
江西证监局	江西省南昌市东湖区紫金城紫金大厦	330006	0791－7601271	www. csrc. gov. cn/pub/jiangxi/
山东证监局	山东省济南市黑虎泉西路139号胜利大厦6层	250011	0531－86106973	www. csrc. gov. cn/pub/shandong/
河南证监局	河南省郑州市纬四路东段19号广发大厦7层	450008	0371－65611887	www. csrc. gov. cn/pub/henan/
湖北证监局	湖北省武汉市洪山区珞瑜路540号	430079	027－87460061	www. csrc. gov. cn/pub/hubei/
湖南证监局	湖南省长沙市车站北路459号证券大厦	410001	0731－82180108	www. csrc. gov. cn/pub/hunan/
广东证监局	广东省广州市临江大道3号发展中心大厦15楼	510623	020－37853800	www. csrc. gov. cn/pub/guangdong/
广西证监局	广西南宁市金湖路52－1号东方曼哈顿大厦22层	530028	0771－5555736	www. csrc. gov. cn/pub/guangxi/
海南证监局	海南省海口市南宝路36号证券大厦9楼	570206	0898－66515232	www. csrc. gov. cn/pub/hainan/
重庆证监局	重庆市渝中区临江支路2号合景大厦27号	400010	023－89031960	www. csrc. gov. cn/pub/chongqing/
四川证监局	四川省成都市洗面桥街26号	610041	028－85541337	www. csrc. gov. cn/pub/sichuan/
贵州证监局	贵州省贵阳市中华北路18号银海大厦北楼五层	550001	0851－6904175	www. csrc. gov. cn/pub/guizhou/
云南证监局	云南省昆明市北京路577号	650051	0871－5135262	www. csrc. gov. cn/pub/yunnan/
西藏证监局	西藏自治区拉萨市中和国际城滨河广场东6号	850000	0891－6873078	www. csrc. gov. cn/pub/xizang/

续表 Continued

机构名称	机 构 地 址	邮政编码	电 话	网 址
陕西证监局	陕西省西安市高新区高新四路1号高科广场23-24楼	710075	029-88361799	www. csrc. gov. cn/pub/shanxidong/
甘肃证监局	甘肃省兰州市城关区张掖路87号中广大厦18层	730030	0931-8475698	www. csrc. gov. cn/pub/gansu/
青海证监局	青海省西宁市南大街75号	810000	0971-8251563	www. csrc. gov. cn/pub/qinghai/
宁夏证监局	宁夏银川市兴庆区北京东路379号金源大厦11、12楼	750004	0951-6736401	www. csrc. gov. cn/pub/ningxia/
新疆证监局	新疆乌鲁木齐市民主路40号附2号金新信托大厦5层	830001	0991-2826731	www. csrc. gov. cn/pub/xinjiang/
深圳证监局	深圳市福田区笋岗西路体育大厦东座	518028	0755-83268222	www. csrc. gov. cn/pub/shenzhen/
大连证监局	大连市中山区中路136号希望大厦15层	116001	0411-88008567	www. csrc. gov. cn/pub/dalian/
宁波证监局	宁波市药行街139号15层	315010	0574-87175008	www. csrc. gov. cn/pub/ningbo/
厦门证监局	厦门市湖滨南路388号国贸大厦6层	361004	0592-5165635	www. csrc. gov. cn/pub/xiamen/
青岛证监局	青岛市东海西路39号世纪大厦23层	266071	0532-85798505	www. csrc. gov. cn/pub/qingdao/

后　记
Postscript

在年鉴的编写过程中，我们得到了中国证监会领导的关心和指导，得到了会内外有关单位的大力支持和配合。他们是：中国证监会机构监管部、基金监管部、期货监管一部、期货监管二部、上市监管部、国际合作部、国家统计局国民经济核算司、中国人民银行调查统计司、上海证券交易所、深圳证券交易所、中国证券登记结算公司、上海期货交易所、郑州商品交易所、大连商品交易所、中国金融期货交易所。学林出版社在年鉴的编辑、出版及发行过程中给予了大力的支持。在此，我们对上述单位表示衷心的感谢！

参加年鉴编写的人员有：

王建军　霍　达　朱树山　卢大彪　王春玲　金　星　吴一超

王斯聪　相　楠　吴年文　袁珊玲　周　旋　马雪飞

李树憬　潘崴伟　张延波

赵　然　卜方可　陆　谳　费永健　刘　峻　刘　兵　王子莹

申　兵　朱玉玺　齐　林　徐庆雯

张　超　史喜超　于　力　刘　琛　张若斌

中国证券监督管理委员会

2012年10月